Guide du Bois, de la Menuiserie et de l'Ebénisterie

Albert Jackson • David Day

La Maison Rustique

Guide du Bois, de la Menuiserie et de l'Ebénisterie

Albert Jackson • David Day
Réalisation de Simon Jennings

La Maison Rustique

LES PANNEAUX DE LA PAGE DE TITRE
ET DE DÉBUTS DE CHAPITRES
SONT EN BOIS DE SYCOMORE (BORDURE)
ET EN BOIS D'ÉRABLE MOUCHETÉ (PANNEAU CENTRAL).

LE GUIDE DU BOIS, DE LA MENUISERIE ET DE L'ÉBÉNISTERIE a été créé en exclusivité pour William Collins Sons & Co. Ltd par INKLINK et fabriqué à Londres, 1-3 Highbridge Wharf Greenwich, SE10 9PS Angleterre.
Texte rédigé par ALBERT JACKSON et DAVID DAY et publié sous la direction de Peter Leek. Réalisation et direction artistique : SIMON JENNINGS. MISE EN PAGE : Alan Marshall. PHOTOGRAPHIE en couleur : Neil Waving. DESSINS au trait : Robin Harris et David Day. Exemples d'ASSEMBLAGES : William Brooker. Placage et marqueterie des PANNEAUX de titres : Desmond Ryan. Exemples de SCULPTURE sur bois : Marcus Cornish et David Day.

Les chapitres 1 à 7 ont été traduits par
Aderald Van Luipen et adaptés par Marie-Anne Tattevin;
les chapitres 8 à 13 et le glossaire
ont été traduits et adaptés par Paul Borie

Titre de l'édition originale en langue anglaise :
Collins Complete Woodworker's Manual.

ISBN : 2-0824-0533-8.
N° d'édition : FX053304.
Dépôt légal : octobre 2000.
Photocomposition : S.C.M. Toulouse.

Imprimé en Italie

INTRODUCTION

Dans la vie de tous les jours, nous sommes tous entourés par des structures en bois massif ainsi que par des meubles en bois. Nos maisons et nos lieux de travail sont partiellement ou entièrement construits en bois brut ; il nous arrive fréquemment de manger et de travailler en utilisant des meubles et des ustensiles en bois, nos enfants grandissent avec des jouets en bois ; et même en tant qu'adultes, le bois fournit nos besoins de récréation sous la forme d'équipements de sport, de plateaux de jeux et de jetons. Bref, le bois est tellement courant que nous le considérons presque comme une chose banale. Et, cependant, une fois que sa beauté a été dévoilée à quiconque le travaille avec une lame ou un ciseau, le bois est tout sauf banal. Le bois a des qualités de résistance que l'on ne trouve dans aucun autre matériau – à la fois chaud et plaisant au toucher, sa richesse de couleur et de texture constitue un plaisir pour les yeux. En effet, la nature du bois est telle qu'elle donne à chaque objet travaillé une certaine unicité, impression que ne donnent pas même les métaux précieux. Avec d'autres artisans du bois à travers le monde, nous sommes extrêmement préoccupés car conscients que certaines essences de bois sont en voie de disparition. Une action concertée doit être menée afin de préserver ce qui reste des forêts tropicales du monde et d'y replanter les essences indigènes qui deviennent de plus en plus rares. Il est impératif que nous agissions afin de protéger et de remplacer les sources de cette précieuse matière première de sorte que les générations futures d'artisans du bois puissent hériter des mêmes privilèges que ceux dont nous jouissons aujourd'hui.

SOMMAIRE

1 Chapitre 1 — Le bois matière première

2 Chapitre 2 — Création

3 Chapitre 3 — Outils à main

4 Chapitre 4 — Outillage électrique

5 Chapitre 5 — Les machines-outils

6 Chapitre 6 — Votre atelier

7 Chapitre 7 — L'assemblage

SOMMAIRE

Inklink est également reconnaissant envers les personnes et organismes suivants pour leur concours et leur aide. Fourniture d'échantillons de bois : C.F. Anderson & Son Ltd., Annandale Timber & Moulding Co. Pty. Ltd., The Art Veneer Co. Ltd., John Boddy's Fine Wood & Tool Store Ltd., Egger Ltd., Fidor, General Woodworking Supplies, Highland Forest Products Plc, E. Jones & Son, Limehouse Timber, Ravensbourne College of Design and Communication, Seabord International Ltd., F.R. Outillage à main : The Art Veneer Co. Ltd., John Boddy's Fine Wood & Tool Company Ltd., Burton McCall Ltd., E.C. Emmerich, Garrett Wade Co. Ltd., George Higgins Ltd., Record Marples Ltd., Skarsten Manufacturing Co. Ltd., Alec Tiranti Ltd. Outillage électrique : The Black & Decker Corporation, Black & Decker Professional Products Division, Robert Bosch Ltd., Leroy Somer Electric Motors Ltd., M & M Distributors Ltd. Machines-outils : Black & Decker Professional Products Division, Coronet Lathe and Tool Co., Hegner Ltd., Record Marples Ltd., Robert Sorby Ltd., Startrite Machine Tool Co. Ltd., Tyme Machines Ltd., Warren Machine Tools Ltd. Etablis et accessoires : Emmerich (Berlon) Ltd. Finitions : English Abrasives & Chemicals Ltd., Graco Ltd., Rustins Ltd., John Myland Ltd. Colles et quincaillerie : European Industrial Services Ltd., John Myland Ltd., Woodfit Ltd. Illustration p. 10 : Michael Woods. Matériel de dessin p. 74 : Gelliot Whitman. Renseignements supplémentaires fournis par : Advanced Machinery Imports Ltd., American Plywood Association, Australian Particleboard Research Institute Inc., P & J Dust Extraction Ltd., Borden Ltd., Ciba-Geigy Plastics, Clico Tooling Ltd., Council of Forest Industries of British Columbia, Dunlop Adhesives, Euro Models, Evode Ltd., Felder Woodworking Machines, Finnish Plywood International, Walter Fischer, Furniture Industry Research Association, Louisiana-Pacific, Hitachi Power Tools (U.K.) Ltd., Luna Tools and Machinery Ltd., Microflame Ltd., Theodor Nagel (GmBh & Co.), Ian & Betty Norbury - The White Knight Gallery, Plywood Association of Australia Ltd., Ryobi Ltd., Timber Development Association (N.S.W.) Ltd., Timber Research and Development Association, Timber Trade Federation, John Tiranti, U.S. Forest Products Laboratory, Verein Deutscher Holzeinfuhrhäuser e.V., Woodworking Machines of Switzerland Ltd., Carl Zeiss Jena Ltd. Conseillers spécialisés : Frederick Spalding (machines-outils). Les Reed (placage et marqueterie). John Perkins (autres matériaux). Jim Cummins (U.S.A.). Créateurs-fabricants : Ashley Cartwright pages 43 BG; 45 HD. Chris Auger page 44 HD. David Colwell page 49 BD. David Field page 48 HG, HD. David Pye page 45 C. Derek Pearce page 48 B. Desmond Ryan pages 44 B; 45 BG. Gordon Russell page 46 HD. Hugh Scriven pages 45 HG; 47 CD; 49 HG, HD. Huw Davies page 46 CD. Ian Norbury pages 275; 281 HG. Jane Cleal page 42 BG, BC. Matthew Morris page 49 CD. Mike Scott page 47 B. Nicholas Dyson pages 47 HG, HD; 49 CG. Paul Phillips page 49 BG. Richard La Trobe-Bateman page 42 BD. Robert Williams pages 41 B, 46 BD. Rod Wales pages 45 BD; 46 HG, BG. Stephen Hounslow page 47 CG. Stewart Linford page 41 H. Stuart Groves page 44 HG. Photographies de Inklink à l'exception de : Ben Jennings pages 124, 125. Black & Decker Professional Products Division pages 133, 147 CD, 187. Buckinghamshire College of Higher Education pages 42 BG, BC; 46 HD; 49 CD, BG. Cartwright Designs pages 43 BG; 45 HD. David Field page 48 HG, HD. Georg Ott Werkzeug-und Maschinen-Fabrik GMBH & Co. page 212 BD. Hugh Scriven pages 45 HG; 47 CD; 49 HG, HD, TR. John Perkins page 141 HD, BD. Kodama Woodwork page 46 CD. Nicholas Dyson Furniture Ltd. pages 47 HG, HD; 49 CG. Pearl Dot Ltd. pages 41 B; 46 BD. Richard La Trobe-Bateman page 42 BD. Robert Bosch Ltd. page 149 HD. Rod Wales page 46 HG. Theo Bergstrom page 41 H. Trannon Furniture page 49 BD. Warren Machine Tools Ltd. pages 186, 188, 190,191. Woodworker Magazine page 44 HD.

G = gauche. D = droite. H = haut. HG = en haut à gauche. HD = en haut à droite. C = centre. HC = en haut au centre. CG = au centre à gauche. CD = au centre à droite. B = bas. BG = en bas à gauche. BD = en bas à droite. BC = en bas au centre.

CHAPITRE 1

LE BOIS

Par la diversité des couleurs et des textures, ainsi que des propriétés physiques de souplesse et de résistance, chaque espèce de bois présente des caractéristiques qui offrent à l'artisan créatif un défi et une source d'inspiration. L'ancienneté des techniques de menuiserie transparaît dans la conception des meubles et immeubles à travers les siècles. Cependant, malgré ces liens traditionnels avec le passé, le bois est également un

MATIÈRE PREMIÈRE

matériau extrêmement moderne. Il est aujourd'hui plus utilisé que jamais, et grâce aux techniques modernes de fabrication, de nouveaux composés à base de bois sont constamment élaborés, élargissant ainsi son utilité et ses domaines d'application. Des sélections de bois tendres et de bois durs du monde entier, de produits manufacturés sous forme de placages et de panneaux dérivés du bois sont illustrés dans les pages suivantes et leurs caractéristiques décrites.

LA CROISSANCE DE L'ARBRE

Les arbres sont indéniablement une source de richesse, mais leur valeur ne peut être assimilée à celle de l'or. Bien que l'on puisse soutenir que le bois est aussi beau et désirable que n'importe quel métal précieux, c'est le caractère renouvelable des arbres qui en fait la ressource d'une immense valeur. Historiquement, aucun autre matériau ne s'est avéré si adaptable et d'un bénéfice si grand pour l'humanité.

VOIR AUSSI

Transformation du bois	12
Bois résineux	16/19
Bois de feuillus	20/29
Outils à main	75/114
Outillage électrique	123/154
Machines-outils	155/208

LA VIE D'UN ARBRE

Afin d'apprécier les propriétés du bois, il convient de comprendre la croissance des arbres.

Les arbres forment une division importante du royaume végétal, connue sous le nom de spermatophytes(plantes se reproduisant par les graines), elle-même subdivisée en gymnospermes et angiospermes. Les gymnospermes sont des conifères à feuilles en forme d'aiguilles, communément appelés « résineux ». Les angiospermes sont des arbres à feuilles larges, plus connus comme « feuillus », leur feuillage étant soit caduc soit persistant.

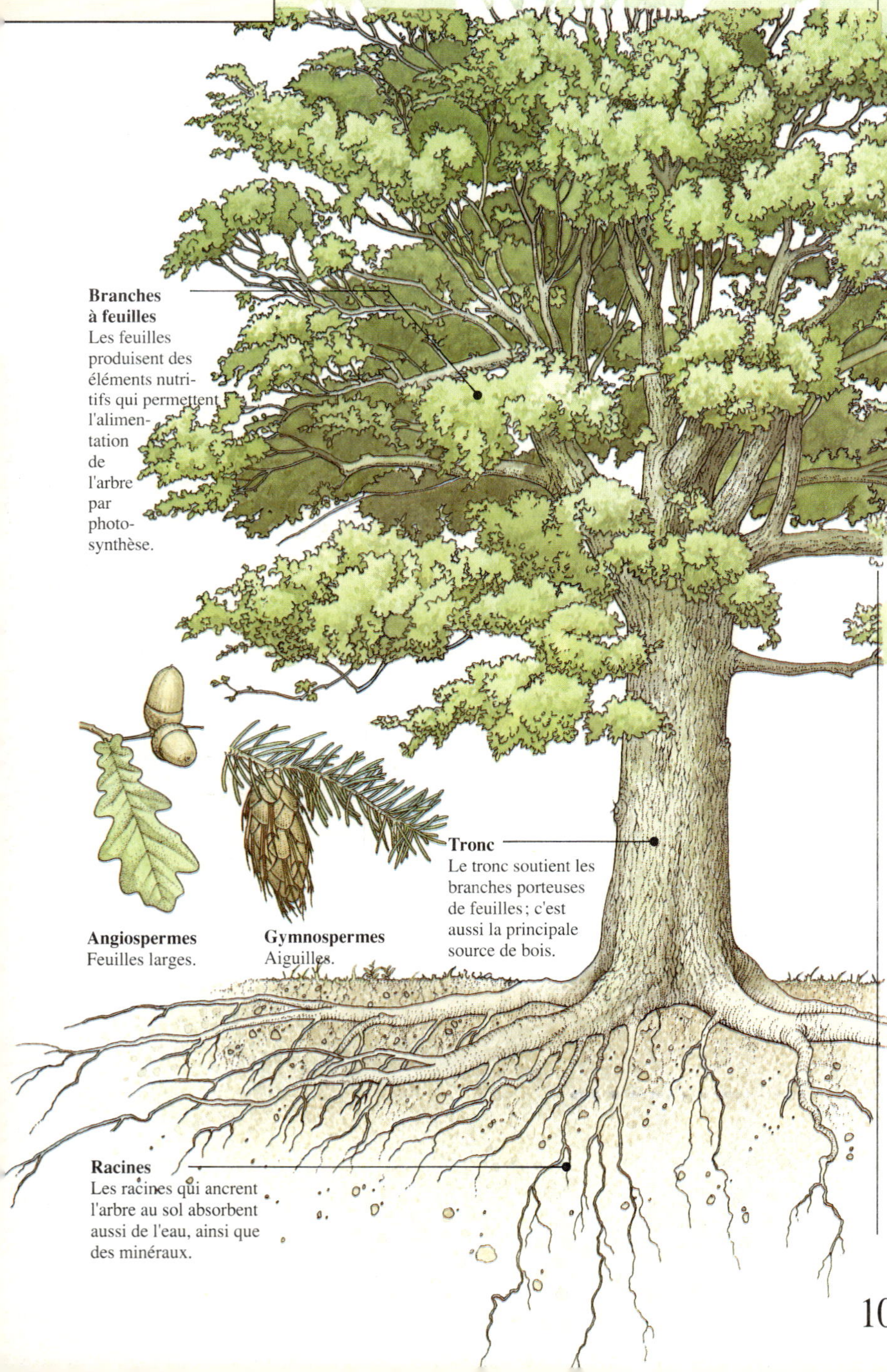

La structure de l'arbre
Tout arbre possède une tige principale appelée fût ou tronc, qui supporte une couronne de branches porteuses de feuilles. Un réseau de racines ancre l'arbre dans le sol et absorbe l'eau et les minéraux qui le nourrissent. Le tronc transporte la sève des racines vers les feuilles à travers le système cellulaire.

Stockage de la nourriture
Le phénomène d'évaporation au niveau des feuilles attire la sève à travers de minuscules cellules qui forment la structure de l'arbre. Le gaz carbonique présent dans l'air est aspiré par l'arbre à travers les pores des feuilles appelés stomates. La nourriture produite par les feuilles est distribuée aux parties croissantes de l'arbre et stockée par certaines cellules.

Photosynthèse
La photosynthèse (réaction produisant des composés organiques à partir de l'eau et du gaz carbonique) a lieu lorsque l'énergie, sous forme de lumière, est absorbée par la chlorophylle (le pigment vert présent dans les feuilles), afin de produire la substance nutritive grâce à laquelle un arbre vit. Ce processus dégage de l'oxygène qui se propage dans l'atmosphère.

Structure du bois
Le bois est un ensemble de cellules tubulaires de cellulose reliées entre elles par un produit chimique organique appelé lignine. Ces cellules varient en taille et en forme, mais sont généralement longues et minces et suivent l'axe longitudinal principal du tronc ou des branches de l'arbre, le sens du fil étant déterminé par l'orientation de celles-ci. Les cellules constituent la structure de l'arbre tout en assurant la circulation de la sève et le stockage des matières nutritives. Les résineux ou conifères ont une structure cellulaire simple, composée principalement de trachéides (semblables à de la fibre), qui rayonnent régulièrement pour former le corps de l'arbre tout en assurant la conduction de la sève et le soutien physique de l'arbre.

Les bois de feuillus possèdent moins de trachéides que les bois résineux, la conduction de la sève étant assurée par des vaisseaux, tandis que le soutien de l'arbre est assuré par un réseau fibreux. C'est cette spécialisation des cellules qui permet d'identifier un bois résineux d'un bois de feuillus à partir d'une coupe. La taille et la répartition des cellules varient selon les essences, produisant ainsi des bois à grain fin ou grossier.

La croissance de l'arbre est assurée par la production annuelle de cellules formées par la couche de cambium, une fine couche de cellules vivantes et actives située entre l'écorce et le bois. Pendant la période de croissance, les cellules se divisent pour former le nouveau bois dans la partie intérieure de l'arbre, et le phloème (tissu qui conduit les substances nutritives synthétisées à toutes les parties de l'arbre) dans la partie extérieure.

Au fur et à mesure que la circonférence de l'arbre augmente, l'ancienne écorce se fend, et une nouvelle écorce se forme. Les nouvelles cellules du bois se développent en cellules spécialisées qui forment le bois d'aubier, composé en partie de cellules vivantes qui stockent la nourriture et en partie de cellules mortes qui assurent cependant la conduction de la sève le long de l'arbre.

En plus des cellules disposées selon l'axe du tronc, on trouve des cellules disposées selon des rayons partant du centre de l'arbre, ces dernières assurant horizontalement le transport et le stockage à travers le bois d'aubier. Les rayons médullaires forment des bandes plates et verticales qui, à peine visible dans les bois résineux, sont très apparentes dans une coupe sur quartier d'un bois de feuillus tel que le chêne.

Au fur et à mesure que l'arbre grandit, un nouveau cerne de bois d'aubier se forme autour de l'aubier produit l'année précédente. Le bois d'aubier le plus ancien ne sert plus alors à la conduction de l'eau, et à la suite de transformations chimiques progressives, il devient du bois de cœur qui compose l'épine dorsale de l'arbre. C'est ainsi que la surface du bois de cœur augmente, tandis que l'épaisseur du bois d'aubier reste à peu près constante.

Bois d'aubier et bois de cœur

Le bois d'aubier est de couleur claire et généralement reconnaissable par le contraste qu'il offre avec le bois de cœur plus foncé. Mais cette différence de couleur est peu accentuée sur des bois de couleur claire, notamment les résineux. Le bois d'aubier est inférieur en qualité au bois de cœur et il n'est généralement pas utilisé par les fabricants de meubles. Il n'offre pas la même résistance à la détérioration fongique et est sujet aux attaques des insectes coléoptères à cause des hydrates de carbone stockés dans certaines de ses cellules. Celles-ci, aux membranes peu épaisses, sont poreuses et ne conservent pas l'humidité longtemps ; en conséquence, le bois d'aubier se rétracte plus que le bois de cœur, plus dense. Sa porosité permet cependant une bonne absorption des teintures et agents conservateurs.

Le bois de cœur étant la partie intérieure de l'arbre, qui mûrit et se forme à partir d'ancien bois d'aubier, il ne participe aucunement à sa croissance. Ces cellules mortes peuvent être bouchées par un matériau organique qui, par la présence de substances chimiques appelées constituants secondaires, provoque le changement de couleur des parois cellulaires. Cette substance est à l'origine des couleurs riches que l'on trouve dans bon nombre de feuillus. Ces constituants secondaires assurent une certaine protection contre les champignons et les insectes.

Le bois de printemps et le bois d'été

Comme pour beaucoup de plantes, la croissance de l'arbre dépend des conditions climatiques. Dans un climat tempéré, il y a généralement une poussée rapide au printemps, moindre en été et inexistante en hiver. Le bois de printemps est, comme son nom l'indique, la partie du cerne annuel de croissance qui s'est formée pendant la première partie de la période de croissance. Les trachéides à membrane fine dans les bois résineux, et les veines tubulaires ouvertes dans les bois feuillus, composent l'essentiel du bois de printemps afin de faciliter la circulation rapide de la sève. Le bois de printemps apparaît généralement comme une large bande de bois plus clair dans chaque cerne annuel de croissance.

Le bois d'été est la partie de cerne annuel qui se développe dans la deuxième partie du cerne de croissance. Il produit des cellules à membranes plus épaisses, formant un bois plus dense et plus foncé, moins apte à faire circuler la sève, mais utile au port de l'arbre. A chaque période de croissance annuelle de l'arbre, correspond un cerne bien distinct, révélant ainsi l'âge de l'arbre abattu, ainsi que le type de climat dans lequel il a poussé. De larges cernes de croissance indiquent de bonnes conditions de croissance, des cernes étroits révèlent des conditions de croissance pauvres ou sèches.

La différence de texture entre un bois de printemps et un bois d'été est importante pour un menuisier, car cela signifie un bois plus ou moins difficile à travailler. Le bois de printemps plus léger, est plus facile à découper que le bois d'été plus dense.

Ceci ne pose cependant aucun problème particulier, si les tranchants des outils sont bien affûtés. Le bois d'été plus dur, présente un meilleur aspect après ponçage. Généralement, le travail et le fini sont plus aisés sur des bois dont les cernes de croissance sont réguliers.

La répartition des cellules de bois de feuillus a un effet important sur la texture des bois. Les bois de feuillus, à zones poreuses, comme le chêne ou le frêne, présentent des vaisseaux clairement définis dans le bois de printemps, et un tissu de cellules et de fibres denses dans le bois d'été. La finition de ces bois est plus difficile à exécuter que celle des bois à pores diffus comme le hêtre dont les fibres et les vaisseaux sont uniformément répartis. Bien que des bois comme l'acajou soient souvent à pores diffus, leurs cellules plus larges peuvent leur donner une apparence plus grossière.

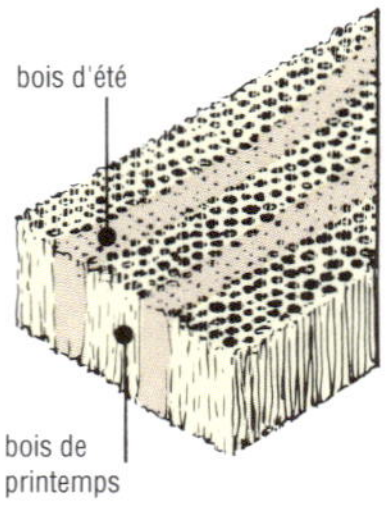

Bois de printemps et bois d'été

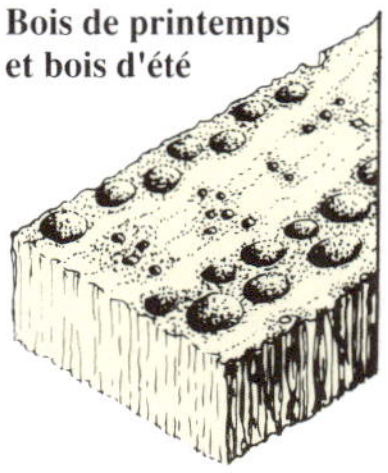
Bois homogène

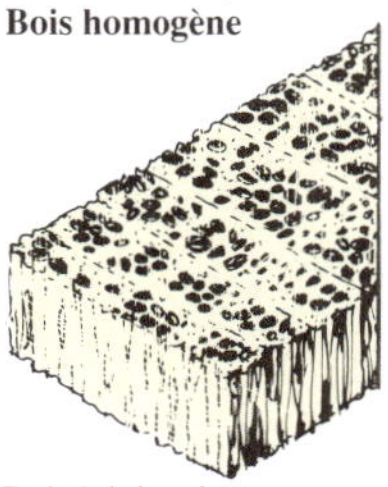
Bois hétérogène

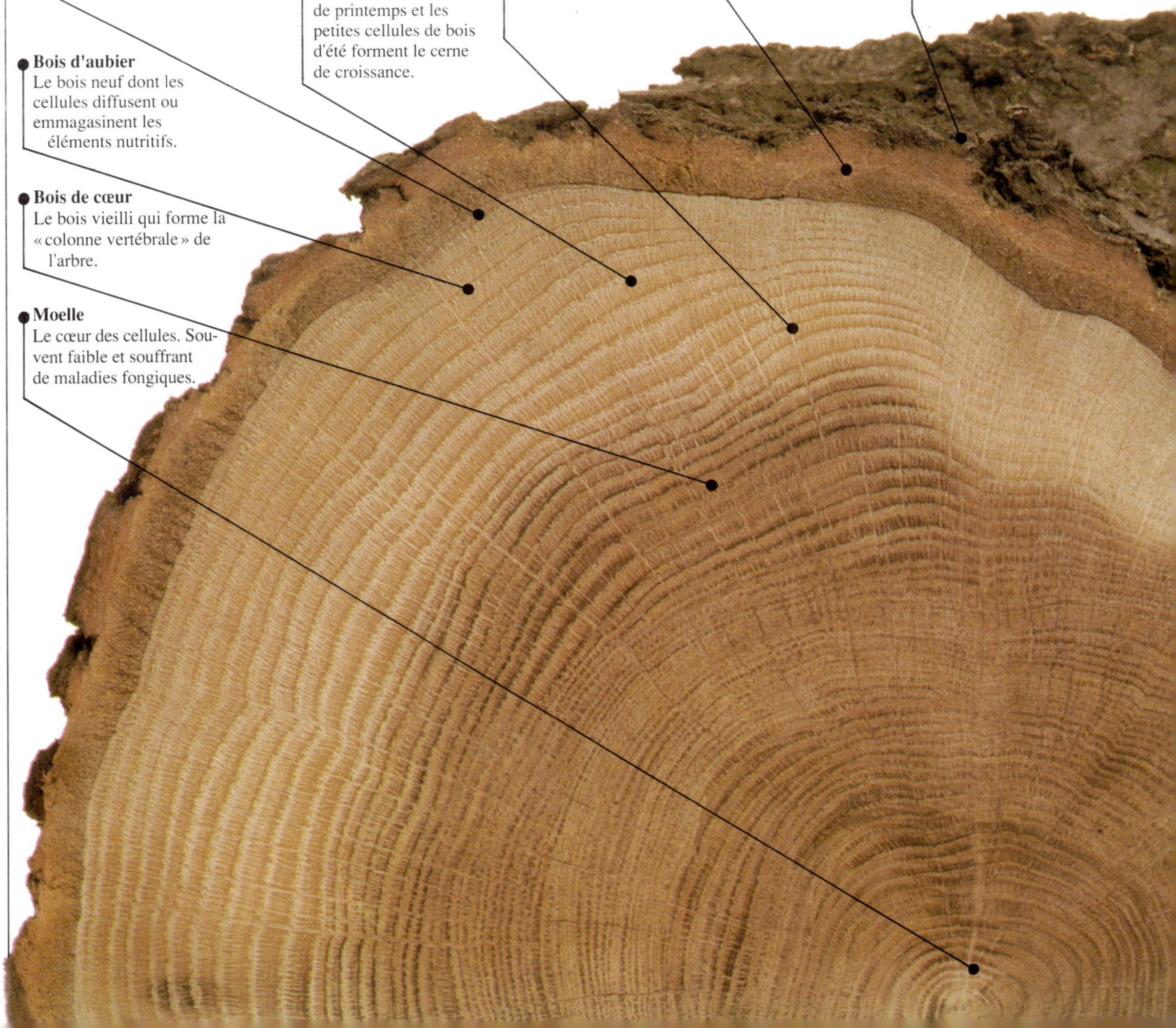

Cambium
Une fine couche de tissu cellulaire qui forme le bois neuf et l'écorce.

Bois d'aubier
Le bois neuf dont les cellules diffusent ou emmagasinent les éléments nutritifs.

Bois de cœur
Le bois vieilli qui forme la « colonne vertébrale » de l'arbre.

Moelle
Le cœur des cellules. Souvent faible et souffrant de maladies fongiques.

Cerne de croissance
L'épaisseur de bois formée en une saison de croissance. Les grandes cellules de bois de printemps et les petites cellules de bois d'été forment le cerne de croissance.

Rayons médullaires
Des lignes de cellules rayonnantes qui diffusent les éléments nutritifs horizontalement.

Phloème ou Liber
L'écorce intérieure qui diffuse la nourriture synthétisée.

Écorce
La couche extérieure protectrice, composée de cellules mortes. Ce terme peut aussi désigner le tissu intérieur vivant.

LA TRANSFORMATION DU BOIS

Il faut des années, voire des siècles pour certaines espèces, afin qu'un arbre atteigne une taille commercialement intéressante. Cependant, avec les méthodes modernes de sylviculture, les arbres à fût droit, tels les pins, peuvent être abattus, étêtés et dépouillés de leur écorce, en quelques minutes. Etant donné la croissance relativement rapide des conifères, il est possible avec une gestion attentionnée de contrôler l'offre et la demande des bois résineux.. Mais il est triste que l'on réduise ainsi les forêts du monde - et en particulier, les bois de feuillus qui grandissent lentement et sont de plus en plus rares -, bien que la plupart des fournisseurs spécialisés ne stockent que de petites quantités de bois exotiques.

VOIR AUSSI

Bois résineux	16/19
Bois de feuillus	20/29
Placages	30/33
Panneaux dérivés du bois	34/35

LE PROCESSUS DE TRANSFORMATION

La plupart du bois commercialisé est coupé dans le tronc de l'arbre. Certaines des plus grandes branches peuvent également être débitées en rondins, mais le branchage en général a des cernes de croissance asymétriques qui produisent un bois de « réaction » instable, qui se voile et se fend facilement. On trouve ce bois de réaction dans les grosses branches et les troncs non rectilignes. Dans les bois résineux, il s'agit principalement des branches inférieures qui produisent du bois dit de compression, tandis que dans les bois de feuillus, les branchages supérieurs produisent le bois dit de tension.

Les arbres abattus sont débités en billes ou en grumes et transportés aux scieries locales pour être convertis en grumes. Les déchets sont généralement transformés en produits de papeterie et en panneaux dérivés du bois. Le bois brut peut être exporté en billes entières ou sciées. Mais les producteurs de certains bois exotiques, par exemple en Malaisie péninsulaire, en Indonésie, aux Philippines et au Brésil, ne traitent plus désormais qu'en bois débité ; cela afin de protéger leurs arbres d'un excès d'abattage, ainsi que de donner du travail aux habitants du pays, tout en augmentant leurs revenus en devises. Les billes de première qualité provenant de troncs grands et réguliers se négocient à des prix élevés et sont généralement utilisées pour le placage.

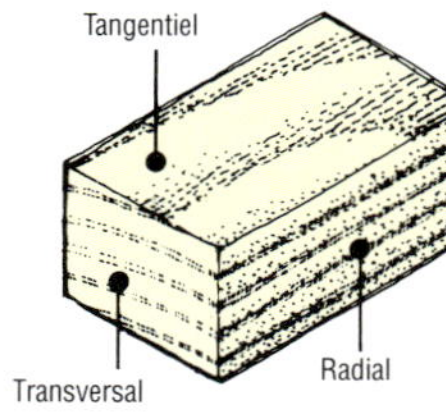

Plans de référence
Ce terme désigne le sens de la coupe par rapport aux cernes de croissance.

Types de coupes
1 Débit en plot
2 Coupe sur quartier
3 Coupe tangentielle

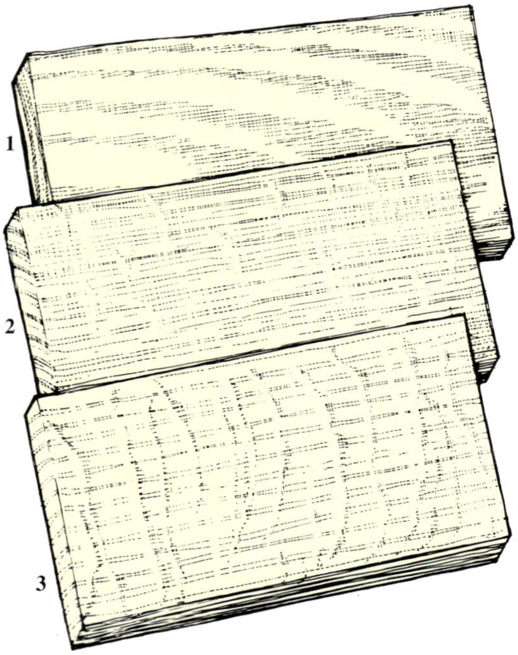

Le débitage
De nos jours, la plupart des billes sont transformées en sciages au moyen de scies à ruban ou circulaires. Avant l'ère des machines, ce travail était fait à la main avec une scie de long. On utilisait une large scie rigide maniée par deux hommes, dont l'un se tenait dans un trou situé sous la bille, tandis que l'autre se maintenait debout sur celle-ci. L'un poussant, l'autre tirant, ils transformaient progressivement la bûche en planches ou en poutres.

Les méthodes modernes de sciage permettent principalement deux types de coupes qui sont le débit sur dosse et le débit sur quartier.

Les bois de dosse sont caractérisés par le fait que les cernes ligneux y font avec les faces un angle inférieur à 45 degrés. Dans les bois sur quartier, cet angle doit être égal ou supérieur à 45 degrés.

Dans ces deux catégories de sciage, d'autres termes peuvent être utilisés : le sciage ordinaire peut être « débit sur dosse » ou « débit en plot » ; le sciage sur quartier peut être dit sur faux-quartier ou sur maille selon l'angle des cernes.

En Amérique, les bois de dosse sont ceux dont la tranche forme un angle inférieur à 30 degrés avec les cercles de croissance. Lorsque cet angle est compris entre 30 et 60 degrés, on parle de coupe tangentielle.

Les véritables planches sciées sur quartier sont débitées obliquement avec les cernes perpendiculaires à la tranche de la planche, mais la pratique veut que l'on classe sous cette appellation toutes les planches dont les cercles forment un angle supérieur à 60 degrés.

Les planches issues du débit sur dosse sont sciées tangentiellement aux anneaux de croissance et présentent un dessin elliptique, décoratif et caractéristique.

La coupe oblique produit des planches présentant un uni avec quelques rayons médullaires apparents et sont quelquefois appelées *combgrain*. Le sciage sur quartier révèle un dessin uni, entrecoupé de motifs à ruban ou « écaillés » que l'on trouve sur les bois de feuillus tel le chêne.

Transformer une bille
La stabilité et le dessin du bois sont déterminés par l'inclinaison de la scie par rapport aux cernes de croissance annuels. La méthode la plus économique pour transformer une bille est le débit en plot (1). Cette méthode consiste à effectuer des coupes parallèles à travers la longueur de la bûche, et l'on obtient du bois de dosse oblique et un faible pourcentage de bois scié sur quartier (2). Les billes débitées en plot produisent un mélange de planches de dosse et sur quartier.

Convertir un tronc pour produire des planches sciées sur quartier peut être fait de plusieurs manières. L'idéal étant de débiter chaque planche parallèlement aux rayons médullaires, tel le rayonnement d'une roue ; mais cette méthode est peu rentable et n'est pas utilisée commercialement. La méthode conventionnelle, bien qu'elle soit un compromis, consiste à couper un tronc en quatre, puis à débiter chaque quart en planches (3). Le sciage sur quartier commercial commence par débiter le tronc en planches épaisses que l'on divisera en quatre par la suite (4).

Lorsque vous sélectionnez du bois débité sur quartier, vérifiez le grain sur l'extrémité de la planche et choisissez les planches dont les cernes de croissance forment un angle d'à peu près 90 degrés avec la face. Tous les négociants ne vous laisseront pas choisir les planches au hasard et attendez-vous à ce que les planches choisies par vos soins soient plus chères.

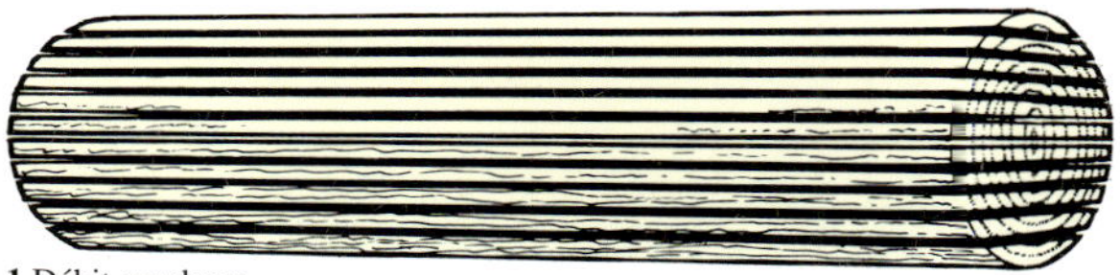
1 Débit sur dosse

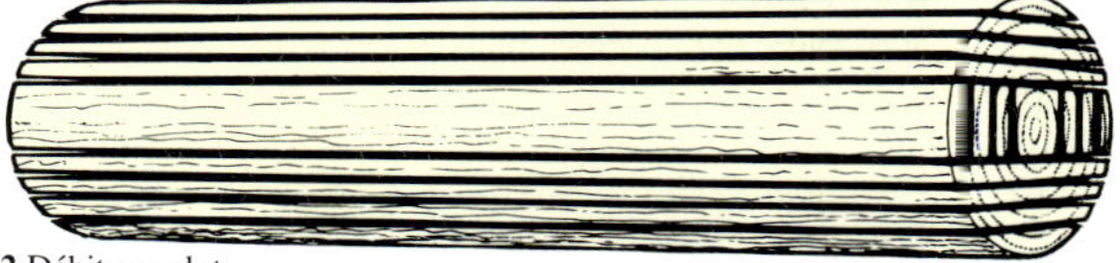
2 Débit sur plot

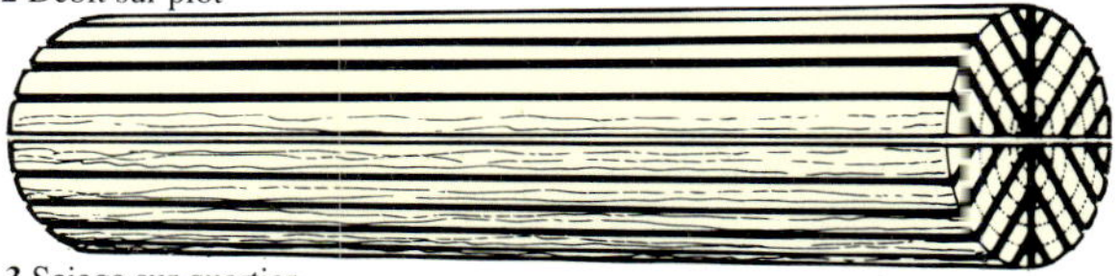
3 Sciage sur quartier

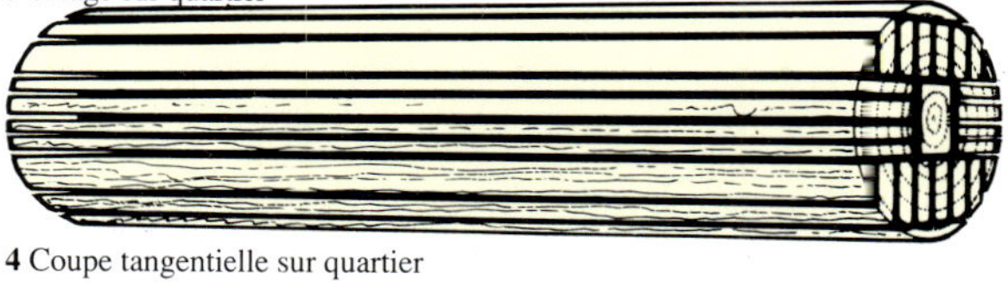
4 Coupe tangentielle sur quartier

LE SÉCHAGE DU BOIS

Le bois que l'on vient de débiter contient un pourcentage très élevé d'humidité. Les parois cellulaires sont saturées, et l'eau est retenue dans les alvéoles. Le séchage du bois consiste à retirer cette eau ainsi que l'essentiel de l'humidité retenue par les parois cellulaires. Au fur et à mesure que le bois sèche, les alvéoles perdent leur eau jusqu'à ce que seules les parois cellulaires retiennent de l'humidité.

Ce phénomène est connu sous le nom de point de saturation des fibres, et il survient, selon les espèces, aux alentours de 30 pour cent d'humidité. C'est lorsque les parois cellulaires commencent à perdre leur humidité que le retrait débute. La perte d'eau s'arrêtera lorsqu'elle sera en équilibre avec l'humidité relative environnante ; ceci est connu sous le nom de degré d'humidité d'équilibre.

Il est important que le processus de séchage soit parfaitement suivi, afin d'empêcher le bois de subir des contraintes et d'assurer que le degré d'humidité d'équilibre permette d'éviter les déformations dues au gonflement et au retrait.

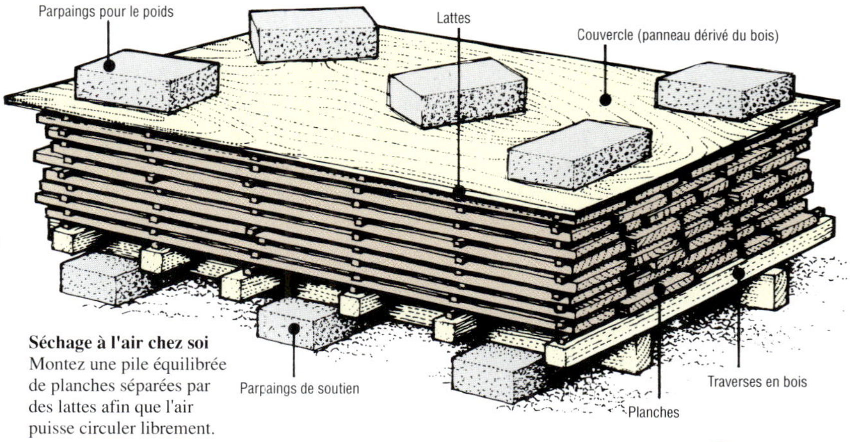

Séchage à l'air chez soi
Montez une pile équilibrée de planches séparées par des lattes afin que l'air puisse circuler librement.

Séchage à l'air
Le séchage à l'air est la méthode traditionnelle de séchage du bois. Les planches sont empilées régulièrement sur des lattes d'écartement, baguettes de section carrée de 25 mm et espacées entre elles de 450 mm. Ces tas sont généralement surélevés par rapport au sol, et situés dans un endroit abrité, protégé de la pluie et de la lumière directe du soleil. Le courant d'air naturel qui passe à travers le tas sèche le bois progressivement.

En gros, il faut à peu près une année pour sécher une épaisseur de 25 mm de bois de feuillus, et à peu près la moitié du temps pour les bois résineux. Cette méthode est bon marché, mais ne réduit l'humidité qu'à 14 à 16 pour cent. Pour un usage intérieur, le bois doit sécher davantage, cette fois dans un séchoir, ou être laissé à sécher naturellement dans l'environnement dans lequel il sera utilisé.

Séchage au séchoir
Le bois à usage intérieur nécessite une teneur en humidité d'à peu près 8 à 10 pour cent, peut-être même moins, cela dépend de l'humidité de l'endroit.

Le séchage au séchoir est utilisé commercialement pour réduire la teneur en humidité du bois au-dessous du niveau atteint par le séchage à l'air, et ne prend que quelques jours. Les planches sont chargées en piles sur des chariots, et roulées à l'intérieur du séchoir, où un mélange soigneusement contrôlé d'air chaud et de vapeur est insufflé à travers le bois empilé jusqu'à ce que la teneur en humidité se soit progressivement réduite pour atteindre un niveau précis, correspondant à l'essence en cours de séchage. Le bois séché au-dessous du niveau de séchage à l'air a tendance à récupérer un certain pourcentage d'humidité lorsqu'il est exposé ; il est donc nécessaire si possible de le stocker dans l'environnement dans lequel il devra être utilisé.

Stabilité
Lorsque le bois sèche, il rétrécit. La forme d'une planche peut varier lors de ce retrait. En général, le retrait est deux fois plus important dans le sens des cernes annuels que transversalement à ceux-ci. Par conséquent, les planches débitées sur dosse rétrécissent plus dans leur largeur, tandis que les planches débitées sur quartier subissent un retrait imperceptible, tant dans leur largeur que dans leur épaisseur.

Les mouvements de retrait peuvent aussi altérer la forme des planches. Les cernes de croissance concentriques des planches débitées sur dosse vont approximativement d'un bord à l'autre et varient en longueur ; le cerne extérieur étant plus long, il rétrécit plus que les cernes intérieurs et la planche a ainsi tendance à se courber ou à « toiler » dans sa largeur. Des sections de bois carrées ont tendance à devenir des parallélogrammes, et les sections rondes, des ovales.

Les cernes de croissance d'une planche débitée sur quartier sont face à face, et étant virtuellement de même taille, subissent peu ou aucune altération. Cette stabilité, doublée d'une surface égale, fait des planches sciées sur quartier, les plus appréciées pour fabriquer planchers et meubles.

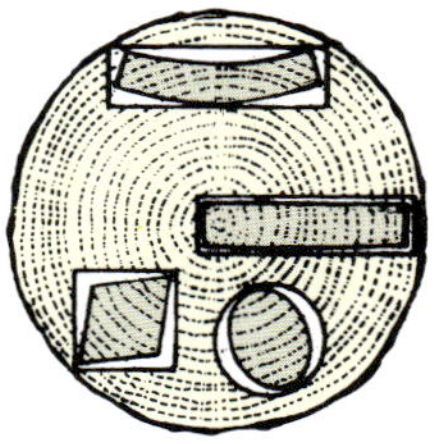

Mouvements de retrait
Les sections de bois subiront des retraits différents selon l'orientation des cercles de croissance.

Séchage commercial
Planches débitées, séparées par des lattes et positionnées en hautes piles dans le séchoir (voir ci-dessous).

Vérifier la teneur en humidité
La teneur en humidité d'un bois est donnée comme un pourcentage de son poids anhydre. Ceci est calculé en comparant le poids initial d'un échantillon (de préférence pris dans le centre de la planche plutôt qu'à son extrémité) avec son propre poids après qu'il a été complètement séché dans un séchoir. Le poids anhydre est soustrait du poids initial afin de déterminer la perte en poids, et l'équation suivante est faite pour déterminer le pourcentage de teneur en humidité :

$$\frac{\text{Poids de l'eau perdue dans l'éprouvette}}{\text{Poids de l'éprouvette anhydre}} \times 100$$

L'humidimètre à capacité diélectrique est un moyen simple et pratique pour vérifier la teneur en humidité. Il mesure la résistance du bois humide et donne une lecture immédiate en pourcentage de la teneur en humidité.

Enfoncez les électrodes dans le bois à des endroits différents le long de la planche afin d'obtenir une moyenne, car toutes les parties de la planche ne sèchent pas à la même vitesse.

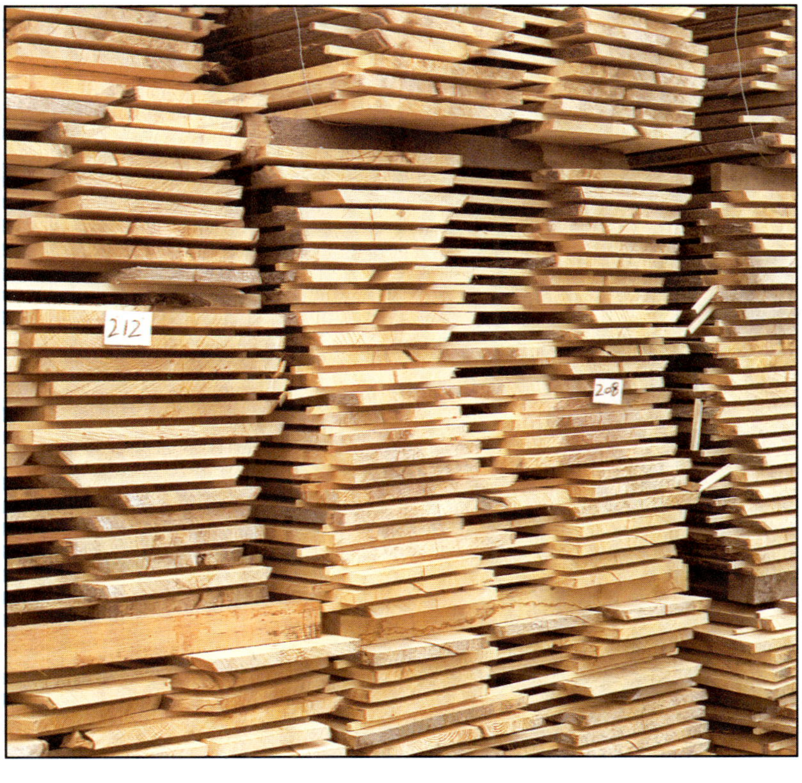

CHOISIR LE BOIS

VOIR AUSSI	
Transformation du bois	12/13
Bois résineux	16/19
Bois de feuillus	20/29
Placages	32/33
Rabots de coupe	93
Rebouchage des trous et des fentes	284

Les fournisseurs ont généralement en stock de l'épicéa, du sapin et du pin, les bois résineux les plus communément utilisés en charpenterie et en menuiserie. Ces bois sont vendus sous forme de débits à dimensions fixes, c'est-à-dire débités ou rabotés aux dimensions normalisées. Une ou plusieurs des faces peuvent être rabotées, mais il faut remarquer que ce processus peut retirer au moins trois millimètres de chaque côté du bois, rendant la véritable largeur et épaisseur du bois inférieure à la « taille de coupe » annoncée par le fournisseur. La longueur de la planche par contre, sera toujours celle annoncée. Même si la majorité des bois de feuillus sont vendus en planches de longueur et largeur non normalisées, certaines essences d'acajou, de teck, de chêne et de ramin sont vendues en stocks standardisés, au pied ou par unité de 300 millimètres. (Il convient de vérifier quel système de mesure est utilisé par votre fournisseur, car l'unité métrique diffère d'à peu près 5 millimètres du pied anglo-saxon). En raison des pertes, achetez toujours une longueur supérieure à vos besoins.

Classement

Les bois résineux sont classés par la régularité de leur grain et leur nombre de défauts admissibles, tels les nœuds. Les meilleures qualités, « bois ordinaire » et « bois d'atelier ou de manufacture », sont probablement les plus intéressantes pour le menuisier amateur. Les bois résineux, dits bois de charpente, conviennent à un usage structurel qui exige une certaine résistance. Le terme « net de défauts visibles » correspond aux bois qui ne présentent aucun nœud ni défaut. En général, ces bois ne sont disponibles chez le fournisseur que sur commande.

Les bois de feuillus sont classés selon la surface exempte de défauts ; plus cette surface est grande, meilleure est la qualité du bois ; les meilleures qualités étant « hors choix » et « premier et deuxième choix ».

Beaucoup de fournisseurs spécialisés expédient le bois sur commande postale, mais il vaut mieux choisir le bois soi-même. Lorsque l'on achète du bois, il est recommandé de se munir d'un rabot permettant de gratter une petite surface de la planche si sa couleur et son grain sont obscurcis par de la sciure ou de la poussière.

DÉFAUTS DU BOIS

Si le bois n'est pas soigneusement séché, il risque d'être soumis à des contraintes internes qui le gâcheraient tout en le rendant difficile à travailler. Un séchage insuffisant entraînerait le voilement, l'ouverture des joints collés, la courbure et le fendillement du bois. Avant d'acheter du bois, vérifiez que la surface ne présente pas de fissures, de nœuds ou d'irrégularités, et regardez la section afin d'identifier de quelle partie de la bille provient la planche. Vérifiez également la planche dans sa longueur afin de vous assurer qu'elle n'est ni gauchie ni voilée.

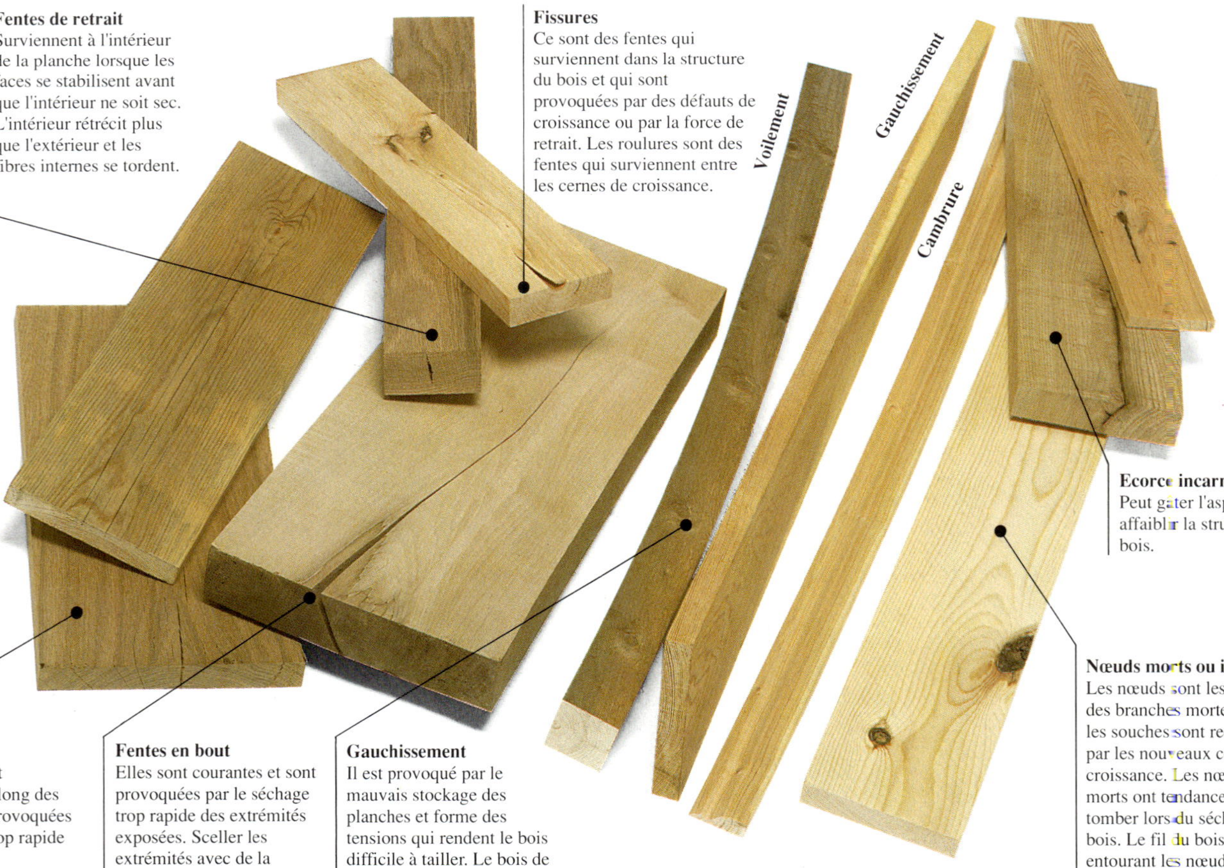

Fentes de retrait
Surviennent à l'intérieur de la planche lorsque les faces se stabilisent avant que l'intérieur ne soit sec. L'intérieur rétrécit plus que l'extérieur et les fibres internes se tordent.

Fissures
Ce sont des fentes qui surviennent dans la structure du bois et qui sont provoquées par des défauts de croissance ou par la force de retrait. Les roulures sont des fentes qui surviennent entre les cernes de croissance.

Ecorce incarnée
Peut gâter l'aspect, et affaiblir la structure du bois.

Fentes de face
Elles surviennent généralement le long des rayons, et sont provoquées par le séchage trop rapide des faces.

Fentes en bout
Elles sont courantes et sont provoquées par le séchage trop rapide des extrémités exposées. Sceller les extrémités avec de la peinture imperméable peut éviter ce défaut.

Gauchissement
Il est provoqué par le mauvais stockage des planches et forme des tensions qui rendent le bois difficile à tailler. Le bois de réaction aura tendance à se fendre lors du séchage ou de la découpe.

Nœuds morts ou incrustés
Les nœuds sont les restes des branches mortes, dont les souches sont recouvertes par les nouveaux cernes de croissance. Les nœuds morts ont tendance à tomber lors du séchage du bois. Le fil du bois entourant les nœuds est irrégulier ce qui le rend difficile à travailler.

LES PROPRIÉTÉS DU BOIS

Le bois étant un produit naturel, chaque pièce qui en est tirée est unique. Deux échantillons provenant d'un même arbre ou d'une même planche sont différents : ils peuvent présenter une couleur et une résistance comparables, mais le dessin du fil diffère. C'est cette variété de caractère, couleur, maniabilité, voire de parfum, qui fait du bois un matériau si attachant. Le travail du bois est une éternelle découverte et ce n'est qu'à force d'expérience que l'artisan apprend à anticiper ses réactions au façonnage et à apprécier pleinement ses propriétés.

CARACTÉRISTIQUES NATURELLES

Lorsque l'on envisage de réaliser un ouvrage en bois, il faut en premier lieu apprécier l'apparence du matériau en étudiant son fil, sa couleur, sa texture. Sa résistance et sa maniabilité constituent également des critères de sélection essentiels, tant il est vrai que toutes les essences ne se prêtent pas à une application donnée. Il vous appartiendra donc d'évaluer judicieusement les propriétés du bois, sans négliger son poids, sa souplesse et, bien entendu, son prix et sa disponibilité.

C'est essentiellement la nature de sa structure cellulaire qui détermine les caractéristiques d'un bois.

Le fil

L'ensemble de la structure cellulaire d'un bois constitue son fil, que l'on caractérise en fonction de son agencement et de son orientation par rapport à l'axe principal du tronc. Les arbres à croissance rectiligne produisent un bois au fil « droit ». Lorsque les fibres dévient de cet axe, on parle de fil « entremêlé » ou « entrecroisé ». Lorsque l'arbre pousse en spirale, il produit un fil « tors » ou « vissé ». Certaines essences présentent une croissance particulière, formant une succession de couches de fibres alternativement couchées à droite et à gauche et délimitées par les cernes de croissance ; leur fil est « alterné » ou « rubanné ». Les fils « ondés » et « madrés » présentent des fibres ondoyantes, le dessin étant régulier pour l'un et irrégulier pour l'autre.

Les bois à fil « tourmenté » peuvent être difficiles à travailler du fait du changement constant d'orientation des cellules. Dans les planches dont le fil est irrégulier ou ondulé, le dessin varie selon l'angle de débitage et la capacité des fibres à réfléchir la lumière. Ce sont précisément ces effets que l'on exploite pour produire des placages décoratifs.

Le terme de « fil » est également employé pour qualifier certaines coupes et opérations. Ainsi, le bois est débité « dans le sens du fil » lorsque la coupe est faite dans la longueur de l'arbre, c'est-à-dire parallèlement aux fibres.
De même, raboter une planche « dans le sens du fil » consiste à manier le rabot de sorte que les fibres soient parallèles ou à l'oblique par rapport à l'axe de coupe, ce qui permet d'obtenir une surface lisse et régulière. En revanche, le rabotage « à contre fil », effectué en direction opposée du sens des fibres, produit inévitablement un aspect grossier. Le sciage ou le rabotage « à travers fil » désigne les coupes faites plus ou moins perpendiculairement au sens du fil.

La figure

On parle souvent de « fil » pour décrire l'apparence du bois, mais cette expression abusive fait en réalité référence à un ensemble de caratéristiques naturelles de croissance que l'on appelle la figure, ou le dessin.

La limite entre le bois de printemps et le bois d'été, la densité des cernes annuels ainsi que leur disposition concentrique ou excentrée, la répartition des couleurs, l'effet des maladies ou des contraintes, et la méthode de débitage utilisée contribuent à la formation de la figure.

La plupart des arbres produisent des fûts de forme conique qui, lorsqu'ils sont débités sur dosse en planches ordinaires, mettent en évidence le dessin ogival des cernes de croissance. Lorsque la bille est débitée sur quartier, les cernes étant perpendiculaires au plan de coupe, le dessin devient moins apparent et produit des rayures parallèles. Certaines essences, dotées de rayons ligneux visibles révélés par le sciage sur quartier, présentent un motif « flammé » très décoratif.

Outre les figures provenant de la partie rectiligne du tronc, la fourche que forme une branche avec le fût de l'arbre produit un dessin « fourchu » et ondoyant, très prisé pour le placage.
De même, la loupe est une excroissance maladive qui, comme le bois de souche, dessine un décor aléatoire parsemé de petites ondes.

La texture

Ce terme désigne la taille relative des cellules du bois. De petites cellules très rapprochées produisent une texture fine ; inversement, les cellules larges forment une texture grossière. La texture est également définie en fonction de la répartition des cellules dans le cerne de croissance. Lorsque la limite entre bois de printemps et bois d'été est peu visible, le bois présente une texture homogène. On parle en revanche de texture irrégulière ou hétérogène lorsque le cerne est franchement contrasté.

IDENTIFICATION

Vous trouverez dans les pages suivantes une sélection de bois commerciaux provenant des quatre coins de la planète. Chacun est désigné par le nom sous lequel il est commercialisé en France et, le cas échéant, ses appellations courantes ou locales sont mentionnées. Les noms botaniques, notés en italique, indiquent le genre et l'espèce et constituent la seule classification universelle fiable permettant d'identifier une essence. Les guides de référence et les catalogues des fournisseurs utilisent souvent les termes « sp. » et « spp. » pour indiquer qu'un bois est une des variétés d'une famille ou d'un genre d'arbre. L'origine principale de chaque essence est également fournie. Les essences exotiques sont pour la plupart disponibles sur nos marchés, leur exportation étant tributaire de l'offre et de la demande et de certaines limitations réglementaires.

CONSERVATION DES FORÊTS

Les organisations écologiques ont alerté l'opinion du monde occidental sur les abus de la déforestation des forêts tropicales et subtropicales. Les arbres constituent certes une ressource renouvelable, mais seuls des programmes de gestion durables peuvent assurer une production régulière de bois tropicaux. Les sylviculteurs, négociants en bois et consommateurs sont aujourd'hui appelés à s'assurer que les bois qu'ils échangent et utilisent proviennent bien de forêts bien gérées.

A l'heure actuelle, les seules réglementations internationales sur la protection des espèces en danger émanent de la Convention sur le commerce international des espèces de faune et de flore sauvages menacées d'extinction (CITES). La CITES a dressé trois annexes, régulièrement réévaluées, classifiant les espèces en péril. L'annexe I regroupe les espèces menacées d'extinction et dont les bois, semis et produits finis (anciens ou neufs) sont interdits à la vente. L'annexe II comprend toutes les espèces qui risquent de disparaître si leur commerce n'est pas soumis à une réglementation stricte. Leur exportation nécessite la délivrance d'un permis d'exportation émis par les autorités compétentes du pays exportateur, garantissant l'origine légale du spécimen et certifiant que l'opération à l'exportation ne nuit pas à la survie de l'espèce. L'importateur doit pour sa part obtenir un certificat d'importation.

L'annexe III inclut toutes les espèces qu'un Etat contractant déclare menacées dans leur pays d'origine et dont il demande l'inscription à l'annexe I ou II. Ces espèces sont soumises à une réglementation limitant les quantités de bois exportées et obligeant l'importateur à obtenir un certificat d'importation de la CITES.

Les réglementations de la CITES mettront fin à la commercialisation de certaines essences, dont on ne trouvera plus que des stocks anciens. Les fournisseurs sérieux sauront néanmoins proposer au consommateur des bois équivalents provenant de sources dont le renouvellement n'est plus menacé.

LES BOIS RÉSINEUX DANS LE MONDE

L'appellation « bois résineux » désigne la famille botanique de l'arbre plutôt que ses propriétés physiques. Les bois résineux proviennent des conifères qui appartiennent à la famille des gymnospermes (plantes aux graines apparentes). La plupart des conifères ont un feuillage persistant et des feuilles étroites en forme d'aiguilles. On se représente généralement le conifère comme un arbre haut et pointu, mais ce n'est pas le cas pour tous.
Lorsqu'ils sont transformés en planches, les bois résineux sont faciles à identifier grâce à leur gamme de couleurs plutôt claires, allant de jaune pâle à rouge brun, et au contraste intense qu'offre le bois de printemps avec le bois d'été dans les cernes de croissance annuels.

VOIR AUSSI

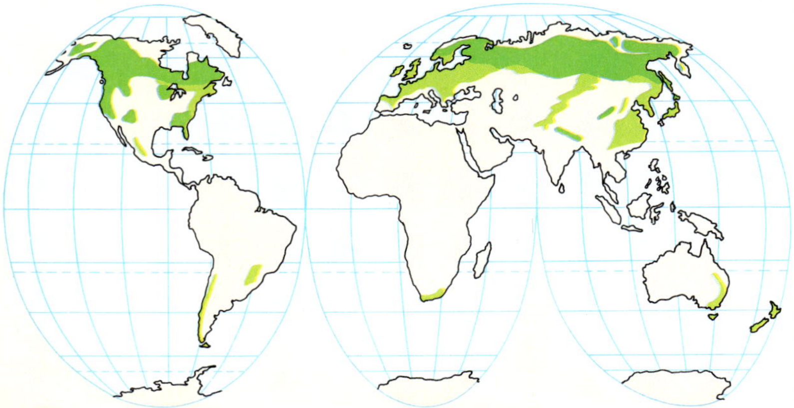

Répartition des bois résineux
- Forêts de conifères
- Forêts mélangées d'arbres à feuilles caduques et de conifères.

L'échelle de la carte ne permet de montrer la répartition des bois que d'une façon générale.

Les régions de bois résineux
L'hémisphère Nord, depuis les régions arctiques et subarctiques d'Europe et d'Amérique du Nord jusqu'au sud-est des Etats-Unis, est le principal fournisseur mondial de bois résineux commerciaux. Les conifères, étant des arbres à croissance relativement rapide et aux fûts rectilignes, peuvent être cultivés et abattus d'une manière économique dans des exploitations forestières artificielles. Meilleur marché que les bois de feuillus, ils sont amplement utilisés dans le bâtiment et la menuiserie ainsi que dans la fabrication de panneaux de fibres et de papier.

Les planches de résineux
Des planches de bois indigènes peuvent être achetées à l'état brut, c'est-à-dire munies de leur écorce et non équarries, dans toutes les scieries locales. Les planches importées par contre, sont généralement fournies écorcées et équarries. L'échantillon de mélèze qui figure dans les pages suivantes montre bien l'écorce, le bois d'aubier et le bois de cœur mûr. Le bois d'aubier étant le bois clair moins résistant aux champignons et aux insectes que le bois de cœur.

Variation de couleurs
La couleur d'un bois peut varier considérablement non seulement au sein d'une espèce mais aussi à l'intérieur d'un même arbre. La plupart des bois s'obscurcissent au contact de la lumière, bien que certains bois s'éclaircissent ou changent de couleur. L'application de vernis, si clairs soient-ils, a tendance à foncer la couleur d'un bois. Les petits échantillons qui figurent dans les pages suivantes montrent, en taille réelle, le bois avant et après l'application d'un vernis clair.
Un test simple qui vous permettra de constater l'effet d'un vernis clair sur la couleur du bois consiste à se lécher le doigt et à humecter la surface de la planche.

CÈDRE DU LIBAN
Cedrus libani
Autres noms : Aucun.
Origines : Moyen-Orient.
Caractéristiques : Un bois aromatique, au bois de cœur d'un brun léger. Fil très marqué dû au contraste entre le bois de printemps et le bois d'été. Peut être noueux.
Aptitude au façonnage : Bonne.
Poids moyen sec : 560 kg/m³.
Utilisation courante : Meubles d'intérieur et de jardin, bâtiment, menuiserie.
Fini : Bon

THUYA GÉANT
Thuia plicata
Autres noms : Giant arbor vitae (USA) ; Red cedar (Canada) ; British Columbia red cedar (GB).
Origines : Canada, USA, GB, Nouvelle-Zélande.
Caractéristiques : Bois aromatique relativement tendre, de couleur brun-rougeâtre, tourne au gris argenté après une exposition prolongée.
Aptitude au façonnage : Bonne.
Poids moyen sec : 370 kg/m³.
Utilisation courante : Bardeaux, planchéiage extérieur et revêtement, serres et appentis.
Fini : Bon

Changements de couleur
Les petits échantillons carrés montrent le fil de chaque essence grandeur nature ainsi que son aspect après application d'un vernis clair.

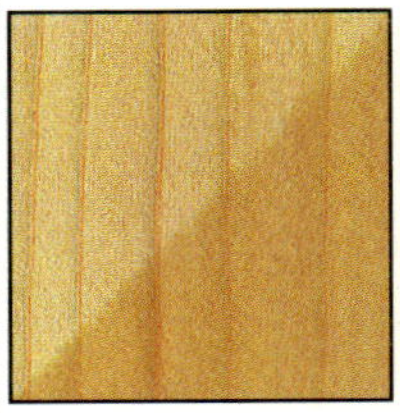

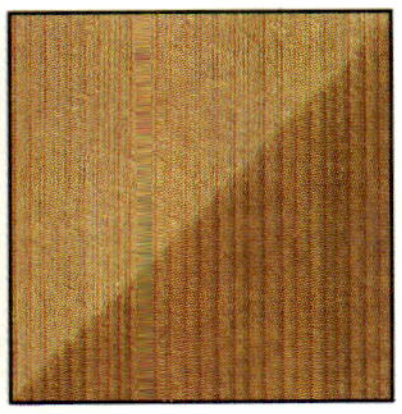

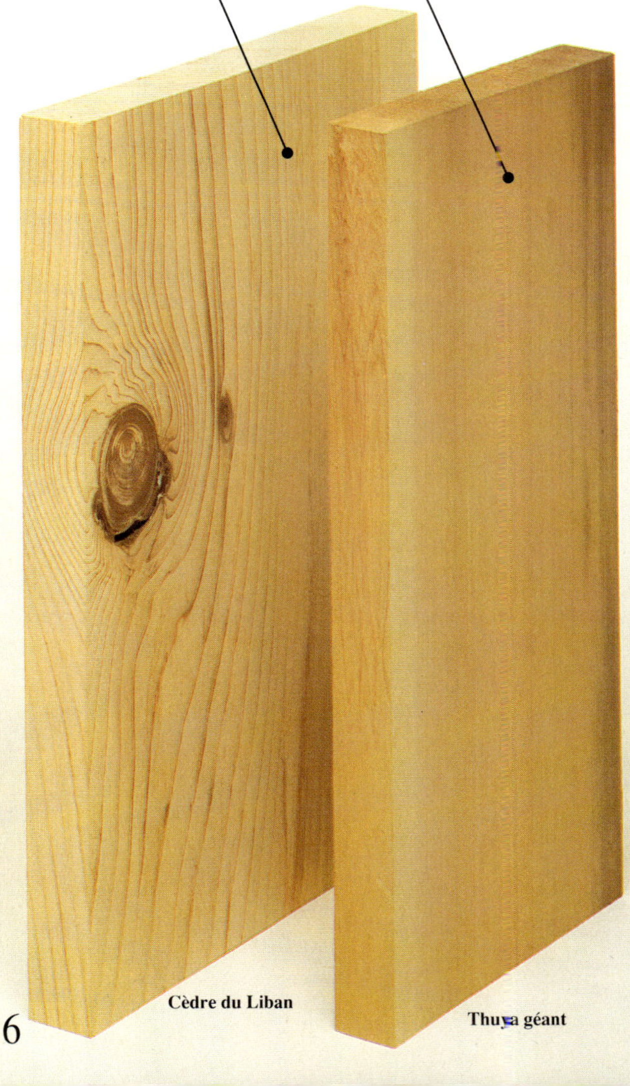

Cèdre du Liban

Thuya géant

CYPRÈS DU NUTKA
Chamaecyparis nootkatensis
Autres noms :
Faux cyprès du Nootka.
Origines :
Côte ouest de l'Amérique du Nord.
Caractéristiques :
Un bois jaune à texture uniforme et au fil fin et droit. Relativement léger, il est rigide et stable une fois sec.
Aptitude au façonnage :
Bonne.
Poids moyen sec :
500 kg/m^3.
Utilisation courante :
Ameublement, constructions navales, menuiserie, placage.
Fini : Bon.

DOUGLAS VERT
Pseudotsuga menziesii
Autres noms :
Douglasie, Sapin de Douglas, Pin d'Orégon.
Origines :
Canada, ouest des USA, GB.
Caractéristiques :
Un bois brun-rougeâtre au fil droit et prononcé. Peut s'obtenir sans nœuds en grandes tailles.
Aptitude au façonnage :
Bonne.
Poids moyen sec :
530 kg/m^3.
Utilisation courante :
Placage pour contre-plaqués. Très utilisé en Amérique du Nord dans le bâtiment.
Fini : Correct.

SAPIN PECTINÉ
Abies alba
Autres noms :
Sapin argenté, Sapin des Vosges.
Origines :
Europe centrale et méridionale.
Caractéristiques :
Un bois couleur crème, non résineux et presque incolore, au fil droit et de texture fine. Semblable à l'Épicéa commun *(Picea abies)* avec lequel il est souvent commercialisé.
Aptitude au façonnage :
Bonne.
Poids moyen sec :
480 kg/m^3.
Utilisation courante :
Menuiserie, construction, caisses, contre-plaqué, poteaux.
Fini : Bon.

TSUGA DE CALIFORNIE
Tsuga heterophylla
Autres noms :
Pruche de l'ouest.
Origines :
Canada, USA, GB.
Caractéristiques :
Un bois brun pâle semi-brillant, aux cernes de croissance relativement prononcés. De texture régulière, son fil est droit et il n'est pas résineux.
Aptitude au façonnage :
Bonne.
Poids moyen sec :
500 kg/m^3.
Utilisation courante :
Construction, menuiserie, contre-plaqué.
Fini : Bon.

KAURI DU QUEENSLAND
Agathis spp.
Autres noms :
Kaori.
Origines :
Australie.
Caractéristiques :
Un bois au fil droit et de texture fine et régulière. Sa couleur varie entre le brun-crème pâle et le brun-rosé.
Aptitude au façonnage :
Bonne.
Poids moyen sec :
480 kg/m^2.
Utilisation courante :
Menuiserie, ameublement.
Fini : Bon.

MÉLÈZE D'EUROPE
Larix decidua
Autres noms :
Mélèze commun.
Origines : Europe, en particulier dans les régions montagneuses.
Caractéristiques : Plus résistant que la plupart des conifères, c'est un bois au fil droit et de texture uniforme. La couleur du bois de cœur peut varier entre rouge pâle et rouge profond ; le bois d'aubier est de couleur claire. Les mélèzes perdent leurs aiguilles en hiver.
Aptitude au façonnage :
Moyenne.
Poids moyen sec :
590 kg/m^3.
Utilisation courante :
Menuiserie, étançons, planches pour bateaux.
Fini : Correct

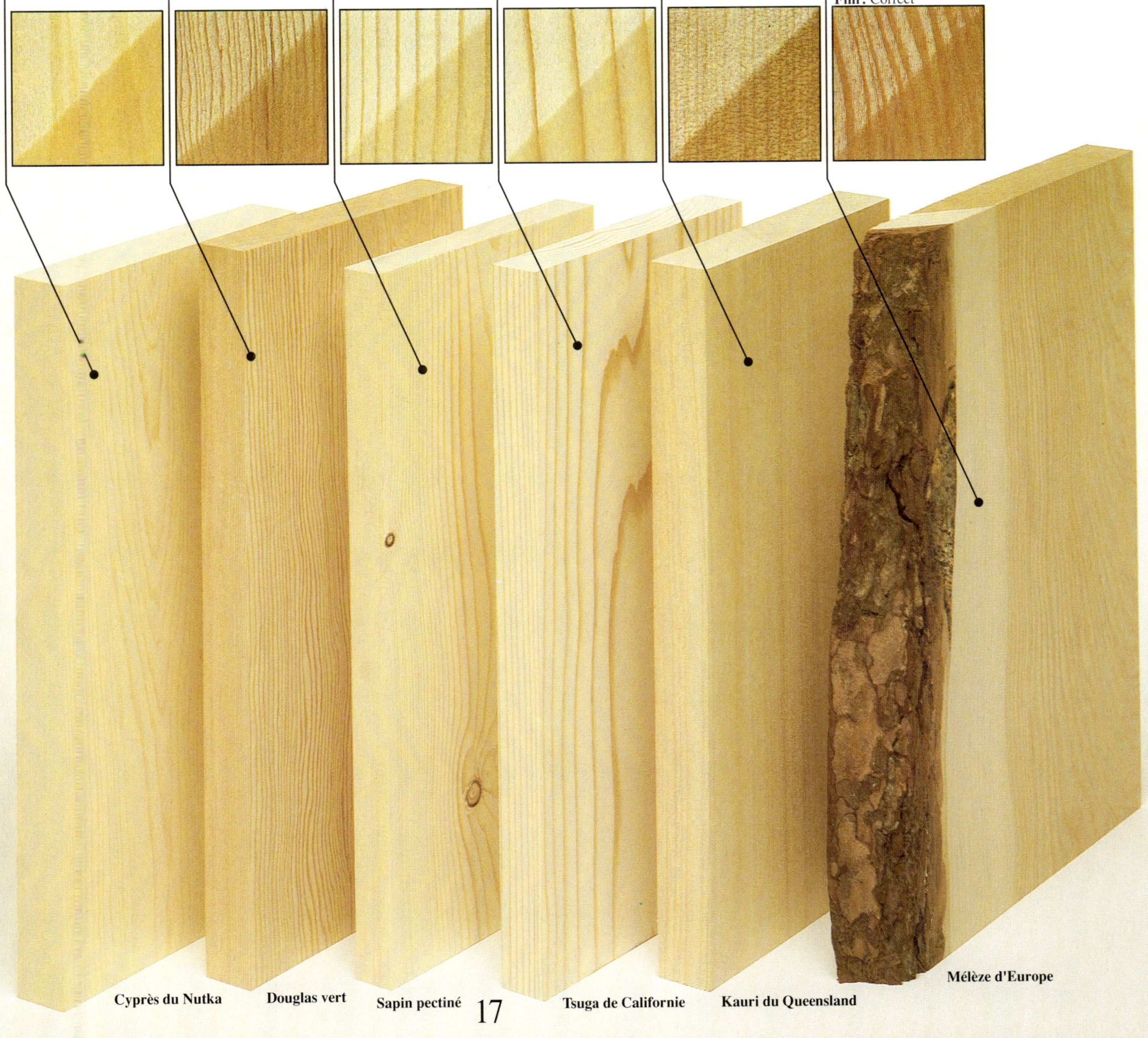

PIN D'AUSTRALIE
Araucaria cunninghamii
Autres noms: Aucun.
Origines: Australie, Papouasie Nouvelle-Guinée.
Caractéristiques: Un bois au fil droit et de texture fine. Semblable en apparence au pin du Parana, son bois d'aubier est brun clair et son bois de cœur, brun-jaune.
Aptitude au façonnage: Bonne.
Poids moyen sec: 560 kg/m^3.
Utilisation courante: Menuiserie, ameublement, travail au tour, construction.
Fini: Bon.

PIN DU PANAMA
Araucaria angustifolia
Autres noms: Sapin du Brésil, Brazilian pine (USA).
Origines: Argentine, Brésil, Paraguay.
Caractéristiques: Bois au fil droit et de texture régulière, aux cernes de croissance peu marqués. Bois de cœur brun-clair à moelle brun-foncé. Souvent recouvert de striures rouge-vif.
Aptitude au façonnage: Bonne.
Poids moyen sec: 540 kg/m^3.
Utilisation courante: Menuiserie, ameublement, travail au tour.
Fini: Bon.

PIN à BOIS LOURD
Pinus ponderosa
Autres noms: Pin de Bentram; Californian white pine (USA); British Columbia soft pine (Canada).
Origines: Ouest du Canada et des USA.
Caractéristiques: Le bois d'aubier jaune pâle est tendre, non résineux et de texture régulière. Le bois de cœur plus lourd est jaune foncé et résineux.
Aptitude au façonnage: Bonne/correcte.
Poids moyen sec: 480 kg/m^3.
Utilisation courante: Maquettes, ameublement (bois d'aubier); menuiserie, (bois de cœur).
Fini: Correct.

PIN GIGANTESQUE
Pinus lambertiana
Autres noms: Pin de Lambert, Pin géant.
Origines: USA.
Caractéristiques: Moyennement tendre, de texture semi-rugueuse et au fil régulier. Son bois d'aubier est blanc, et son bois de cœur est brun clair à rougeâtre.
Aptitude au façonnage: Bonne.
Poids moyen sec: 430 kg/m^3.
Utilisation courante: Menuiserie, constructions légères.
Fini: Correct

PIN ARGENTÉ AMÉRICAIN
Pinus monticola
Autres noms: Aucun.
Origines: Canada, USA.
Caractéristiques: Un bois au fil droit et de texture régulière. Couleur allant de jaune pâle à brun-rougeâtre, avec peu de changement de couleur entre le bois de printemps et le bois d'été.
Aptitude au façonnage: Bonne.
Poids moyen sec: 450 kg/m^3.
Utilisation courante: Menuiserie, construction, ameublement, constructions navales, contre-plaqué.
Fini: Bon.

PIN WEYMOUTH
Pinus strobus
Autres noms: Pin Baliveau, Pin du Lord, Northern white pine (USA); Quebec pine, Weymouth pine (GB).
Origines: USA, Est du Canada.
Caractéristiques: Un pin tendre au fil droit, de texture fine et régulière, et aux cernes de croissance peu marqués. Il est jaune pâle à brun pâle, avec de fins canaux de résine.
Aptitude au façonnage: Bonne.
Poids moyen sec: 420 kg/m^3.
Utilisation courante: Fabrication de maquettes, menuiserie, instruments de musique, ameublement, travaux de construction.
Fini: Bon.

- **Changements de couleur**
  Les petits échantillons carrés montrent le fil de chaque essence grandeur nature ainsi que son aspect après application d'un vernis clair.

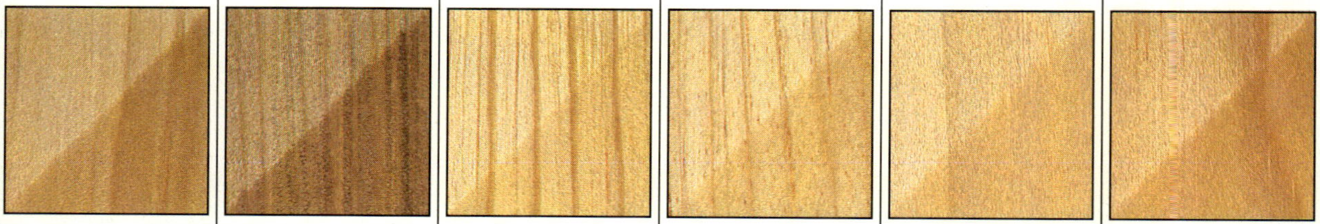

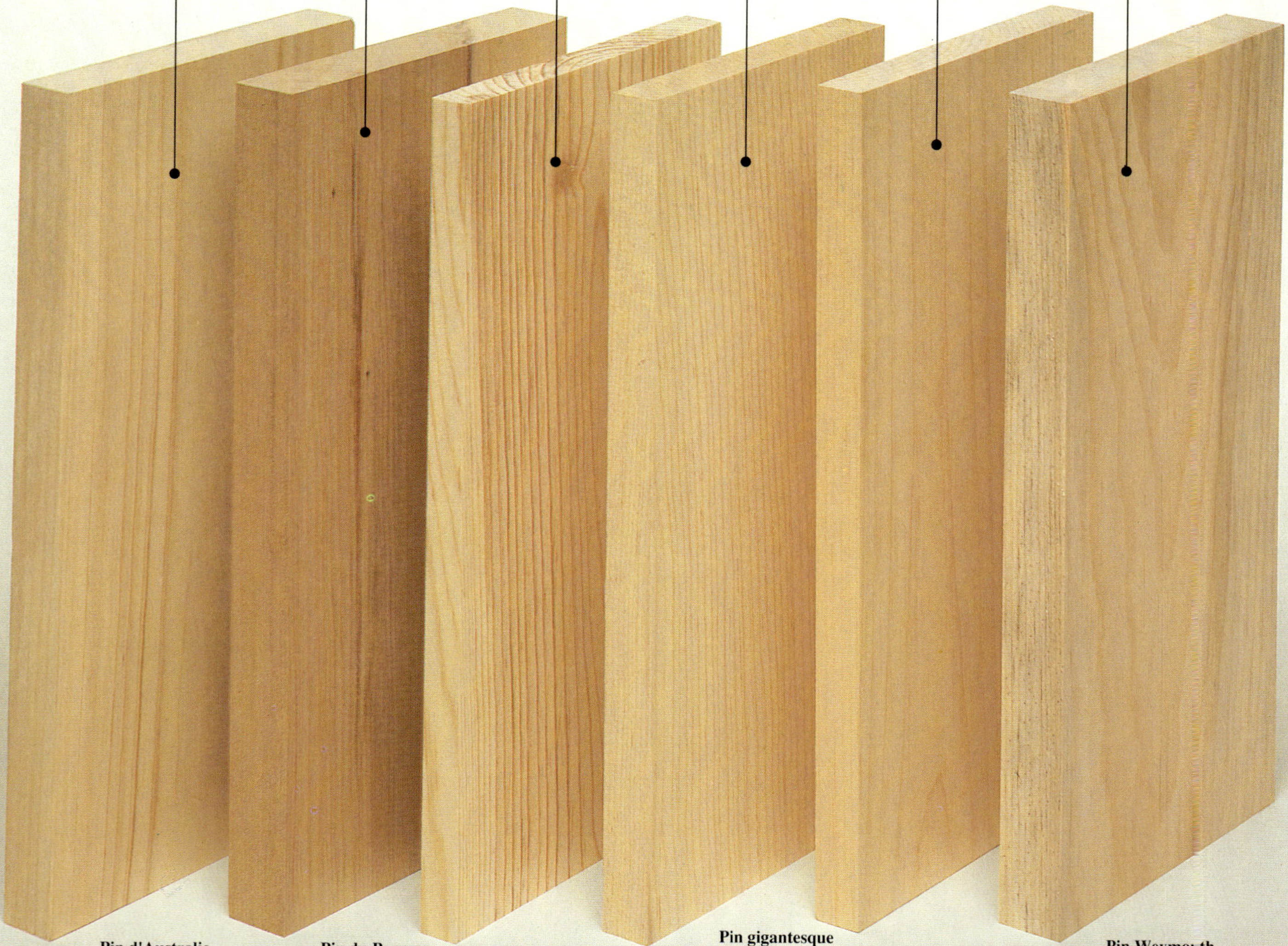

RIMU
Dacrydium cupressinum
Autres noms : Aucun.
Origines : Nouvelle-Zélande.
Caractéristiques : Un bois au fil droit, de texture fine et régulière. Le bois de cœur est brun-rougeâtre, avec des nuances de brun et de jaune.
Aptitude au façonnage : Bonne.
Poids moyen sec : 530 kg/m^3.
Utilisation courante : Ameublement, menuiserie, contre-plaqué, placage.
Fini : Bon.

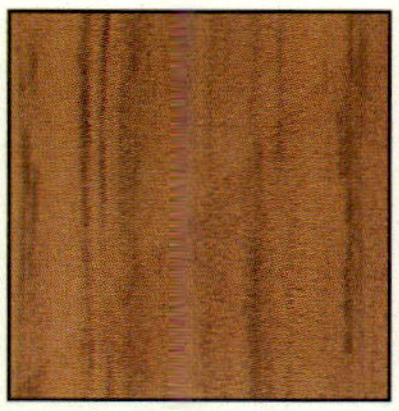

PIN SYLVESTRE
Pinus sylvestris
Autres noms : Pin commun, Pin du Nord, Pin d'Ecosse, Pin de Riga.
Origines : Europe, Asie septentrionale.
Caractéristiques : Un bois résineux de couleur claire ; bois de cœur brun-jaune à brun-rougeâtre ; bois d'aubier jaune très clair. Dessin très visible, avec du bois de printemps clair et du bois d'été rougeâtre.
Aptitude au façonnage : Moyenne.
Poids moyen sec : 510 kg/m^3.
Utilisation courante : Ameublement, menuiserie, travaux de construction.
Fini : Bon.

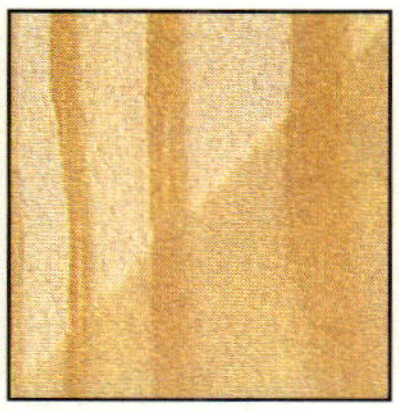

SÉQUOIA
Sequoia sempervirens
Autres noms : Pin rouge d'Amérique ; Séquoia toujours vert.
Origines : USA.
Caractéristiques : Un bois résineux de couleur claire, aux bois de printemps et bois d'été très contrastés. La texture peut aller de fine et régulière à relativement rugueuse. C'est un bois non résineux.
Aptitude au façonnage : Correcte.
Poids moyen sec : 420 kg/m^3.
Utilisation courante : Bardeaux, revêtement extérieur, menuiserie d'intérieur, cercueils, poteaux, contre-plaqué.
Fini : Bon.

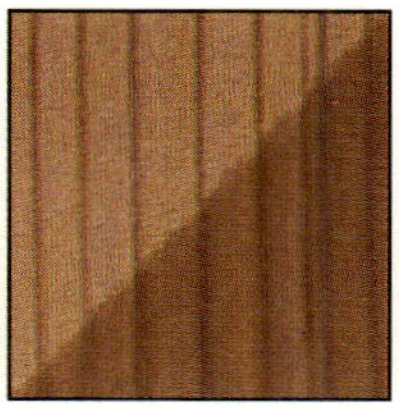

ÉPICÉA COMMUN
Picea abies
Autres noms : Epicea d'Europe.
Origines : Europe.
Caractéristiques : Un bois d'aspect satiné, au fil droit et de texture régulière. Bois de printemps presque blanc, et bois d'été brun-jaune pâle.
Aptitude au façonnage : Bonne.
Poids moyen sec : 470 kg/m^3.
Utilisation courante : Construction, menuiserie d'intérieur, contre-plaqué, caisses de résonance pour pianos, corps de violons.
Fini : Bon.

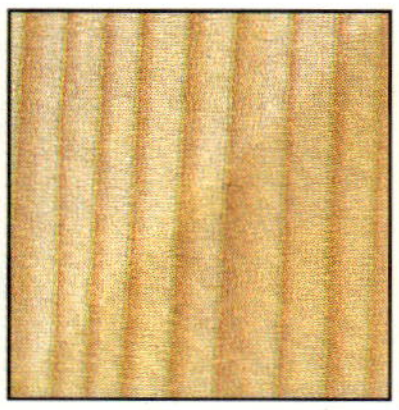

ÉPICÉA DE SITKA
Picea sitchensis
Autres noms : Épicéa de Menziès.
Origines : Canada, USA, GB.
Caractéristiques : Un bois blanc-crème non résineux, au bois de cœur légèrement rose. Généralement au fil droit et de texture régulière, en fonction du rythme de croissance.
Aptitude au façonnage : Bonne.
Poids moyen sec : 450 kg/m^3.
Utilisation courante : Constructions navales, menuiserie d'intérieur, construction, instruments de musique, planeurs, rames, coques de course, contre-plaqué.
Fini : Bon.

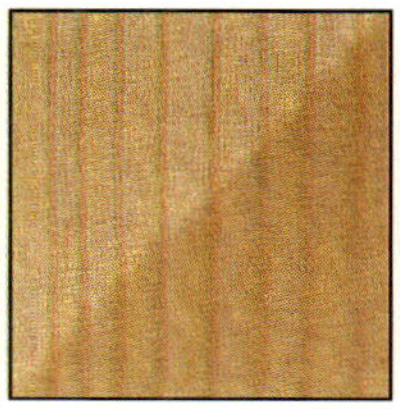

IF
Taxus baccata
Autres noms : If commun.
Origines : Europe, Asie Mineure, Afrique du Nord, Birmanie, la chaîne de l'Himalaya.
Caractéristiques : Un bois tendre et résistant. Bois de cœur rouge-orangé, bois d'aubier bien discernable de couleur claire. Le dessin des cernes de croissance en fait un bois très décoratif.
Aptitude au façonnage : Difficile.
Poids moyen sec : 670 kg/m^3.
Utilisation courante : Ameublement, travail au tour, menuiserie.
Fini : Bon.

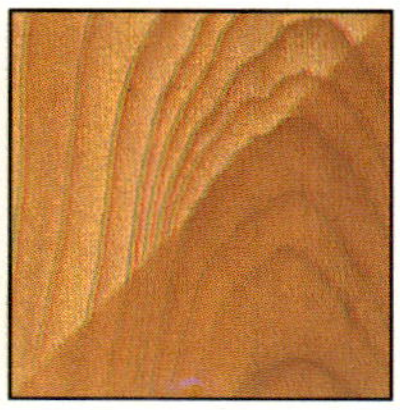

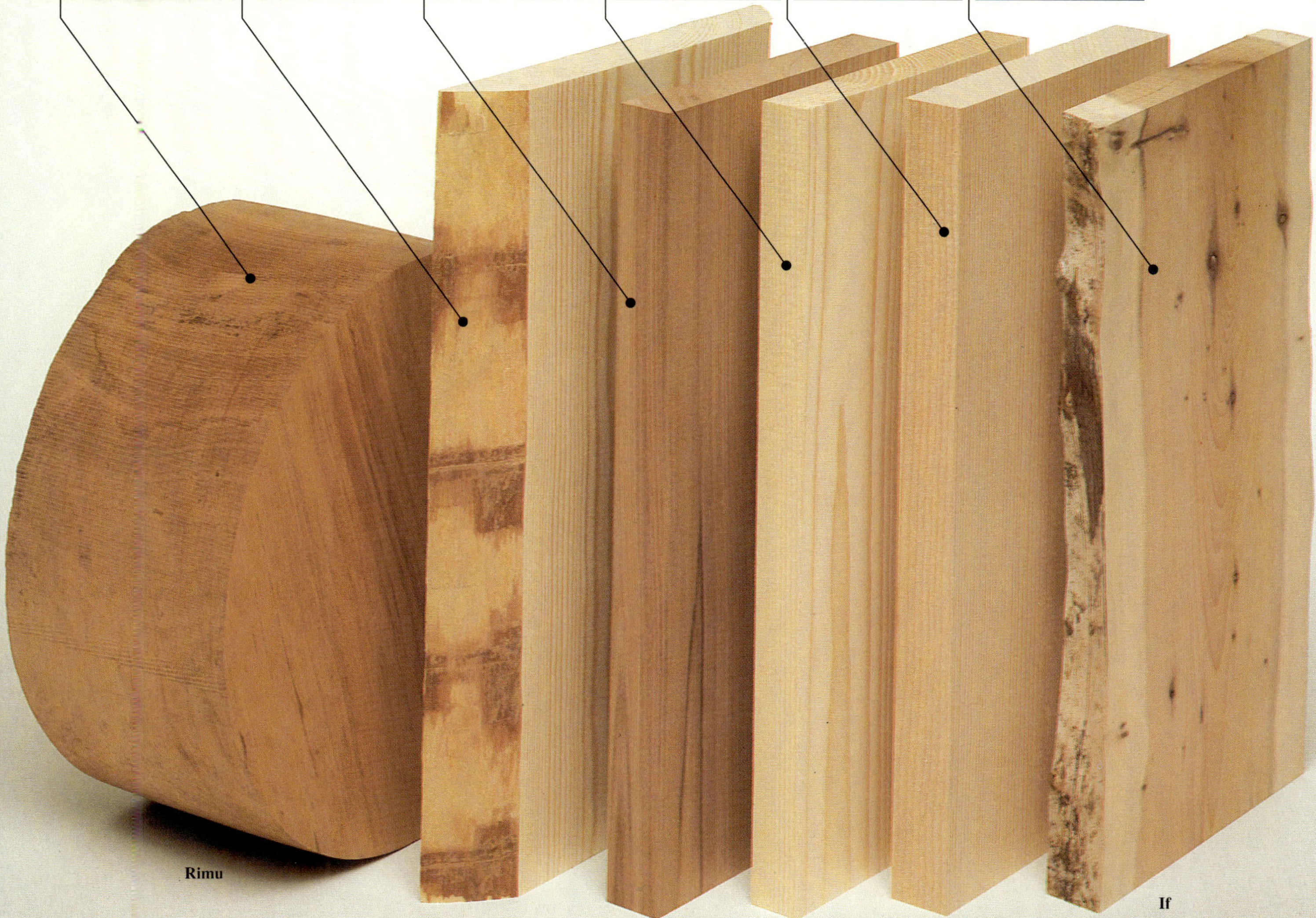

LES BOIS DE FEUILLUS DANS LE MONDE

VOIR AUSSI

La croissance de l'arbre	10/11
Bois résineux	16/19
Placages	30/33
Finition des bois	284/294

Le terme « bois de feuillus » fait référence à la famille botanique et non aux propriétés physiques. La majorité de ces bois sont plus durs que les bois résineux à l'exception notable du balsa qui bien qu'appartenant à la première catégorie est le plus tendre de tous les bois. Les bois de feuillus proviennent d'arbres à larges feuilles appartenant à la famille des angiospermes (plantes à fleur). Les angiospermes produisent des ovaires porteurs de graines qui, après fertilisation se transforment en fruits ou noix. On considère cette catégorie d'arbres comme étant à un stade d'évolution plus avancé que celui plus ancien et primitif des conifères gymnospermes dont la structure cellulaire est plus simple. Les arbres angiospermes des zones tempérées sont caducs et perdent leurs feuilles en hiver, à l'exception de ceux qui ont développé un feuillage persistant. Dans les régions tropicales, ces arbres sont essentiellement à feuillage persistant. Les bois de feuillus sont généralement plus résistants et offrent un plus grand choix de couleur, texture et figure. Ils sont également plus chers, et beaucoup d'entre eux sont destinés au placage, en particulier les très prisés bois exotiques.

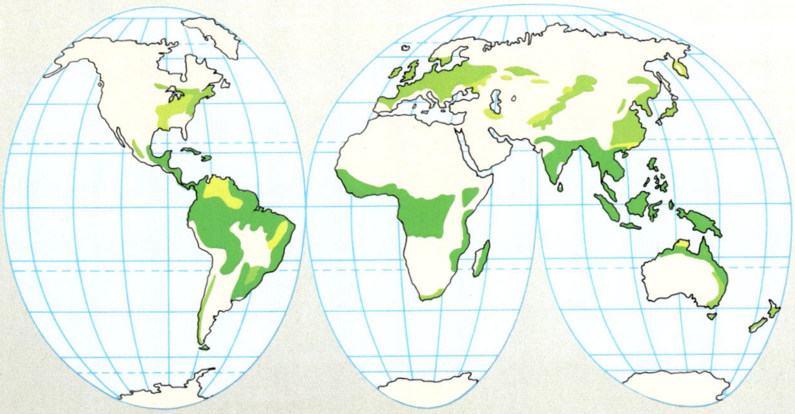

Répartition des bois de feuillus

- Forêts d'arbres feuillus à feuillage persistant
- Forêts de feuillus à feuillage caduc
- Forêts de feuillus à feuillage persistant et caduc
- Forêts mélangées à feuillage caduc et conifère.

L'échelle de la carte ne permet de montrer la répartition des bois que d'une façon générale.

Les régions de bois de feuillus

Il existe des milliers d'essences de bois de feuillus à travers le monde, dont plusieurs centaines sont exploitées à des fins commerciales. Le climat détermine principalement l'emplacement de chaque espèce. Généralement les arbres à feuilles larges caduques effectuent leur croissance sous les climats tempérés de l'hémisphère Nord, tandis que ceux à feuillage persistant se trouvent sous les tropiques et dans l'hémisphère Sud.

La croissance des bois de feuillus est relativement lente, et bien que des programmes de reboisement aident à la conservation des forêts, les nouveaux arbres ne sont pas d'aussi bonne qualité que ceux qui constituaient l'ancien stock.

La carte ci-dessus indique la répartition par régions des arbres à feuilles larges et caduques, larges et persistantes, des bois de feuillus persistants et caducs, et des forêts mixtes d'arbres angiospermes et gymnospermes.

Essences en voie de disparition
La destruction aveugle des forêts tropicales de la Terre cause une grave pénurie de bois de feuillus tropicaux.
Afin de préserver ces ressources d'une grande valeur, n'utilisez que les bois provenant des plantations ou des forêts gérées. Les essences les plus en péril sont désignées par le symbole de l'arbre abattu.

- **Changements de couleur**
Les petits échantillons carrés montrent le fil de chaque essence en grandeur nature ainsi que son aspect après application d'un vernis clair.

ASSAMELA
Pericopsis elata
Autres noms : Afrormosia ; Kokrodua (Côte d'Ivoire, Ghana) ; Ayin, Egbi (Nigéria)
Origines : Afrique occidentale
Caractéristiques : Bois résistant, au fil droit ou entremêlé. Le bois de cœur brun-jaune peut foncer jusqu'à ressembler au teck, mais sa texture est plus fine et il est moins huileux.
Aptitude au façonnage : Bonne
Poids moyen sec : 710 kg/ m³.
Utilisation courante : Placage, menuiserie intérieure et extérieure, ameublement d'intérieur et d'extérieur, construction.
Fini : Bon
Inscrit à l'annexe II de la CITES.

AUNE D'ORÉGON
Alnus rubra
Autres noms : Aucun.
Origines : Côte ouest de l'Amérique du Nord.
Caractéristiques : Un bois tendre, de texture régulière et au fil relativement droit ; jaune pâle à brun-rougeâtre.
Aptitude au façonnage : Bonne.
Poids moyen sec : 530 kg/m³.
Utilisation courante : Ameublement, travail au tour, gravure, contre-plaqué, placage.
Fini : Bon.

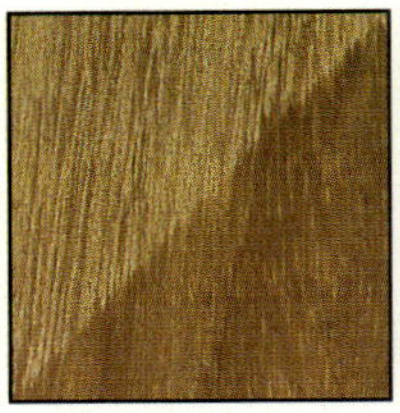

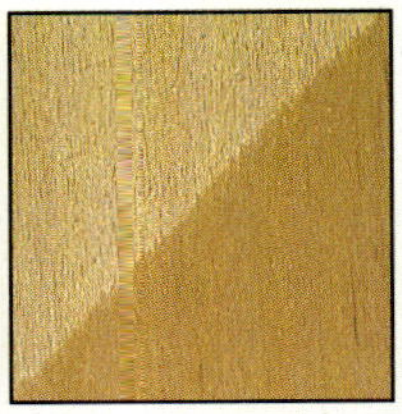

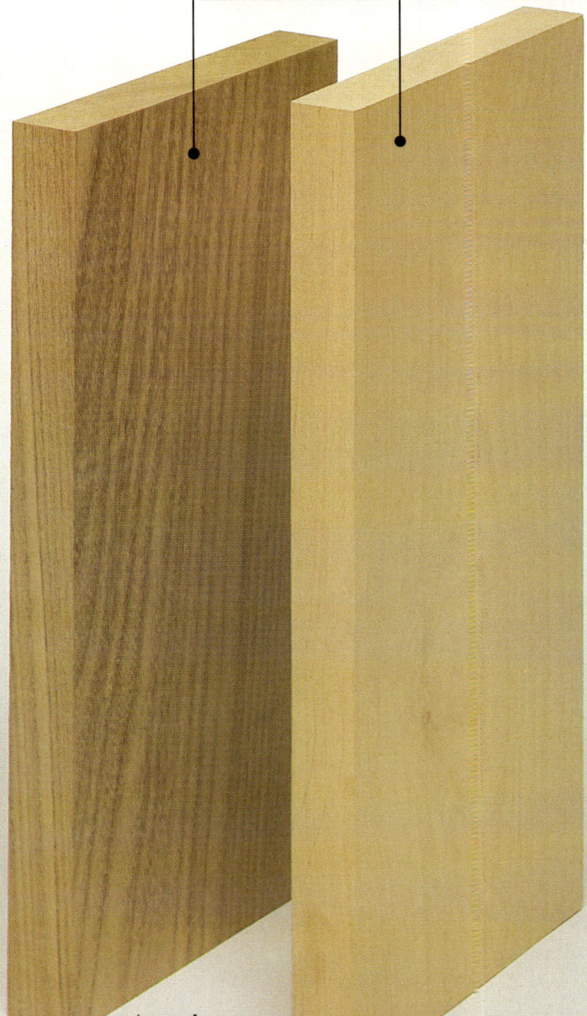

Assamela

Aune d'Orégon

FRÊNE BLANC D'AMÉRIQUE
Fraxinus americana
Autres noms : Canadian Ash (Canada) ; White Ash (USA).
Origines : Canada, USA.
Caractéristiques : Un bois rugueux mais au fil généralement droit. Bois d'aubier presque blanc ; bois de cœur brun-pâle, semblable au Frêne commun.
Aptitude au façonnage : Moyenne.
Poids moyen sec : 670 kg/m^3.
Utilisation courante : Equipements sportifs et manches d'outils, constructions navales, menuiserie.
Fini : Bon.

FRÊNE COMMUN
Fraxinus excelsior
Autres noms : Frêne d'Europe.
Origines : Europe.
Caractéristiques : Un bois rugueux et résistant, au fil droit et de couleur blanche à brun pâle. Les billes au bois de cœur à taches foncées sont appelées Frêne olive.
Aptitude au façonnage : Bonne.
Poids moyen sec : 710 kg/m^3.
Utilisation courante : Équipements sportifs et manches d'outils, ameublement en bois cintré, fabrication d'armoires, contre-plaqué, placage.
Fini : Bon.

BALSA
Ochroma lagopus
Autres noms : Guano (Puerto Rico, Honduras) ; Lanero (Cuba) ; Polak (Belize, Nicaragua) ; Topa (Pérou) ; Tami (Bolivie).
Origines : Amérique du Sud.
Caractéristiques : Le plus léger et le plus tendre des bois de feuillus commercialisés. Un bois à fil ouvert et droit, d'aspect satiné et de couleur beige pâle à rosée.
Aptitude au façonnage : Bonne.
Poids moyen sec : 160 kg/m^3.
Utilisation courante : Isolation, accessoires flottables, modélisme, emballages.
Fini : Correct.

TILLEUL AMÉRICAIN
Tilia americana
Autres noms : Tilleul noir.
Origines : Canada, USA.
Caractéristiques : Un bois de texture régulière et au fil fin et droit. Blanc-crème, tourne au brun-pâle quand exposé.
Aptitude au façonnage : Bonne.
Poids moyen sec : 416 kg/m^3.
Utilisation courante : Gravure et travail au tour, fabrication de maquettes, placage, menuiserie.
Fini : Bon.

HÊTRE AMÉRICAIN
Fagus grandifolia
Autres noms : Aucun.
Origines : Canada, USA.
Caractéristiques : Bois au fil droit et de texture régulière et fine. Brun clair à brun-rougeâtre, légèrement plus rugueux que le Hêtre commun.
Aptitude au façonnage : Moyenne.
Poids moyen sec : 740 kg/m^3.
Utilisation courante : Fabrication d'armoires, ameublement en bois cintré, menuiserie d'intérieur, travail au tour.
Fini : Bon.

HÊTRE COMMUN
Fagus sylvatica
Autres noms : Aucun.
Origines : Europe.
Caractéristiques : Bois au fil droit et de texture régulière et fine. Brun-blanc, tourne au brun-jaune quand exposé. Le hêtre passé à la vapeur est brun-rougeâtre.
Aptitude au façonnage : Moyenne.
Poids moyen sec : 720 kg/m^3.
Utilisation courante : Fabrication d'armoires, ameublement en bois cintré, menuiserie d'intérieur, travail au tour, contre-plaqué.
Fini : Bon.

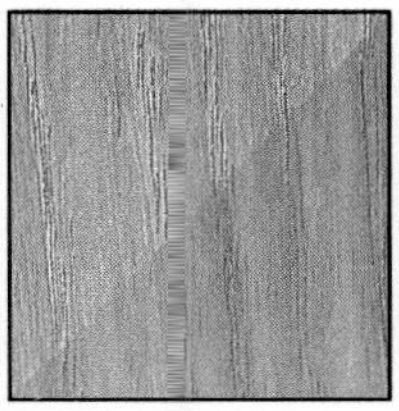
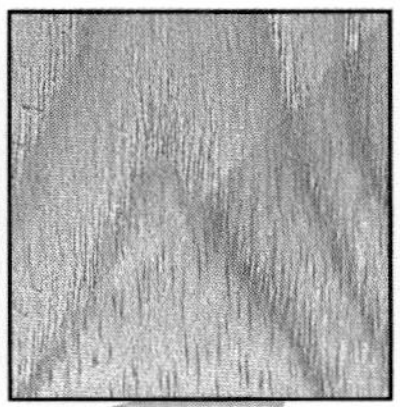

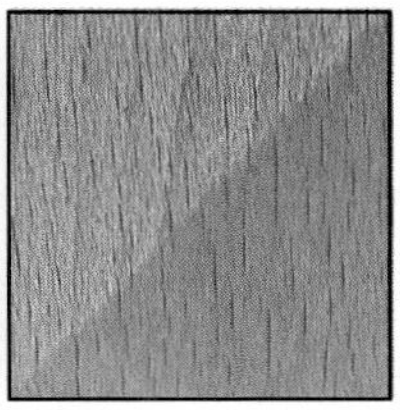

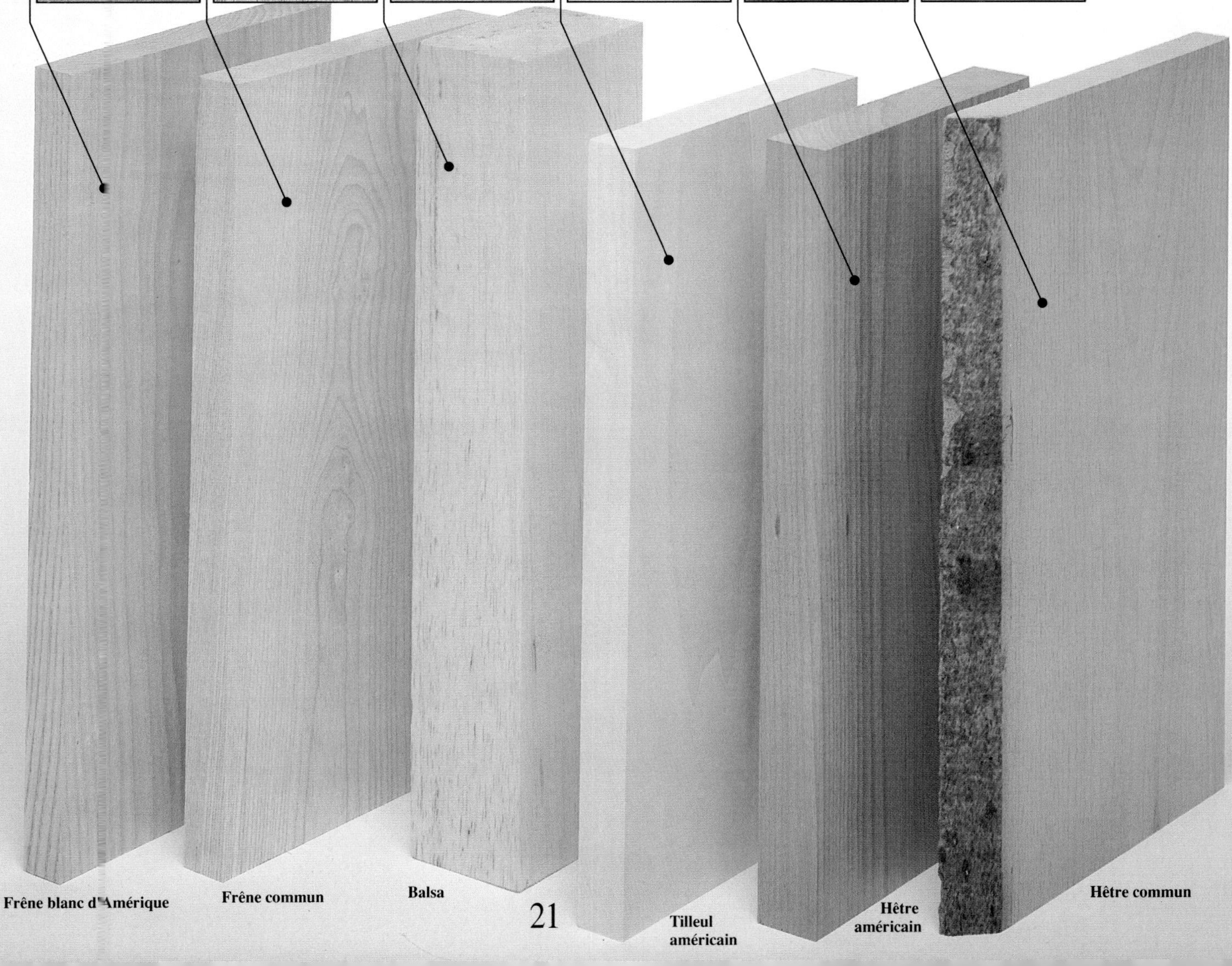

Essences en voie de disparition
La destruction aveugle des forêts tropicales de la Terre cause une grave pénurie de bois de feuillus tropicaux.
Afin de préserver ces ressources d'une grande valeur, n'utilisez que les bois provenant des plantations ou des forêts gérées. Les essences les plus en péril sont désignées par le symbole de l'arbre abattu.

- **Changements de couleur**
Les petits échantillons carrés montrent le fil de chaque essence en grandeur nature ainsi que son aspect après application d'un vernis clair.

BOULEAU À PAPIER
Betula papyrifera
Autres noms : American birch (GB) ; White birch (Canada).
Origines : Canada, USA.
Caractéristiques : Un bois fin au fil droit et de texture régulière. Bois d'aubier large et blanc-crème, bois de cœur brun pâle.
Aptitude au façonnage : Bonne.
Poids moyen sec : 640 kg/m³.
Utilisation courante : Travail au tour, ustensiles domestiques en bois, contre-plaqué, placage.
Fini : Bon.

BOULEAU JAUNE CANADIEN
Betula alleghaniensis
Autres noms : Betula wood (Canada) ; Canadian yellow birch, Quebec birch, American birch (UK).
Origines : Canada, USA.
Caractéristiques : Bois au fil droit de texture fine et régulière. Bois d'aubier jaune clair, bois de cœur brun-rougeâtre avec des cernes de croissance bien visibles et plus foncés.
Aptitude au façonnage : Bonne.
Poids moyen sec : 710 kg/m³.
Utilisation courante : Ameublement, menuiserie, travail au tour, contre-plaqué.
Fini : Bon.

BLACKBEAN
Castanospermum australe
Autres noms : Aucun.
Origines : Australie orientale.
Caractéristiques : Un bois au fil généralement droit, quoique parfois entremêlé. Dur et lourd, il est brun chaud avec des stries gris-brun.
Aptitude au façonnage : Moyenne.
Poids moyen sec : 710 kg/m³.
Utilisation courante : Ameublement, menuiserie, placage.
Fini : Bon.

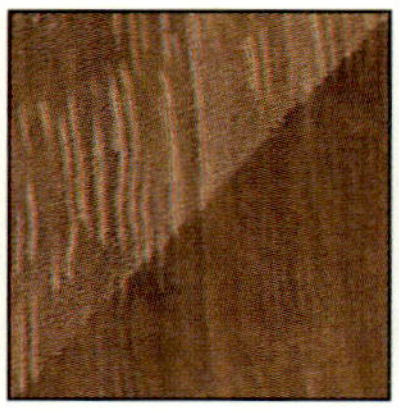

BLACKWOOD D'AUSTRALIE
Acacia melanoxylon
Autres noms : Acacia d'Australie.
Origines : Australie.
Caractéristiques : Un bois au fil généralement droit, quoique parfois entremêlé et ondulant. De texture moyenne et régulière, allant du brun-doré au brun foncé.
Aptitude au façonnage : Moyenne.
Poids moyen sec : 670 kg/m³.
Utilisation courante : Ameublement, menuiserie d'intérieur, travail au tour, tables de billard, crosses de fusils, placages décoratifs.
Fini : Bon.

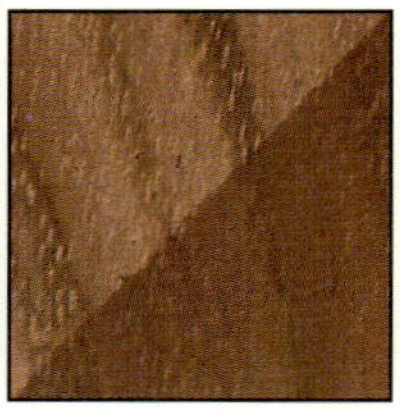

BUIS
Buxus sempervirens
Autres noms : Buis commun.
Origines : Europe méridionale, Asie Mineure, Asie occidentale.
Caractéristiques : Un bois de texture fine et régulière. Il est dense et lourd, son fil peut être droit ou irrégulier, il est jaune clair.
Aptitude au façonnage : Moyenne.
Poids moyen sec : 930 kg/m³.
Utilisation courante : Gravure, manche d'outils, travail au tour, règles, incrustations.
Fini : Bon.

BOIS DU BRÉSIL
Guilandina echinata
Autres noms : Pernambouc.
Origines : Brésil.
Caractéristiques : Dur et lourd, c'est un bois au fil droit et de texture fine et régulière. Bois d'aubier clair, offrant un contraste avec le bois de cœur rouge-orangé brillant, tournant au rouge-brun. Présente des stries.
Aptitude au façonnage : Moyenne.
Poids moyen sec : 1 280 kg/m³.
Utilisation courante : Bois de teinture, travail au tour, archets pour violons, crosses de fusil, menuiserie d'extérieur, placage.
Fini : Bon.

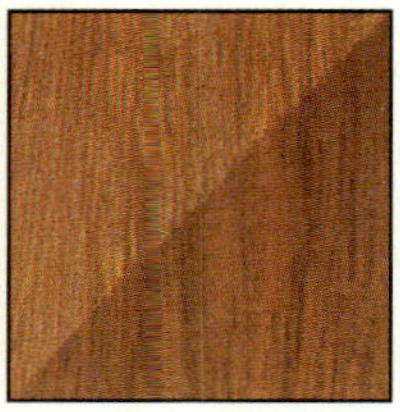

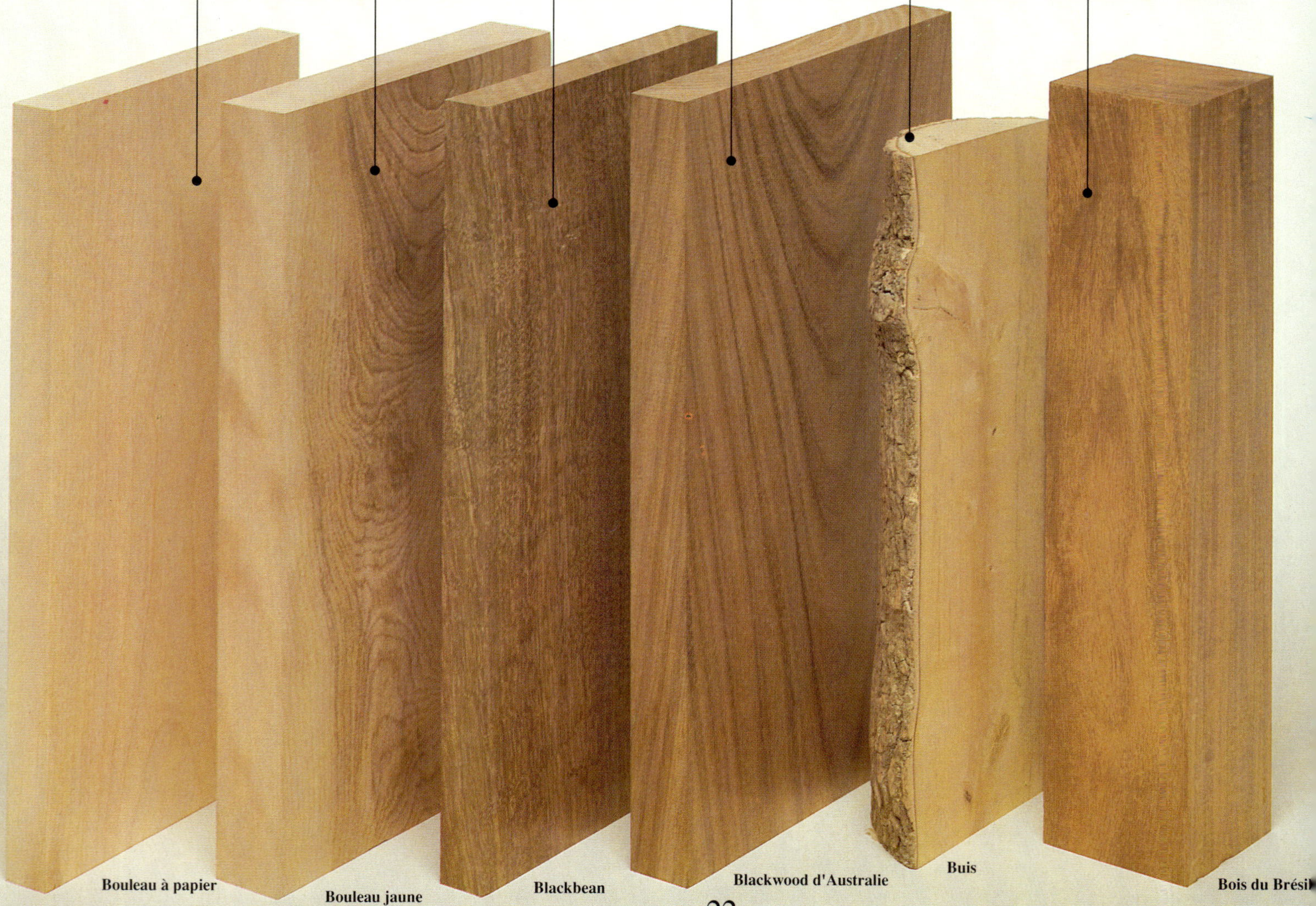

BUBINGA
Guibourtia demeusei
Autres noms : Kevazingo (Gabon) ; Essingang (Cameroun).
Origines : Cameroun.
Caractéristiques : Bois de texture régulière et modérément rugueuse. Son fil peut être droit ou entremêlé et irrégulier. Rouge-brun, à veiné de violet.
Aptitude au façonnage : Bonne.
Poids moyen sec : 880 kg/m^3
Utilisation courante : Ameublement, placage, ustensiles en bois.
Fini : Bon.

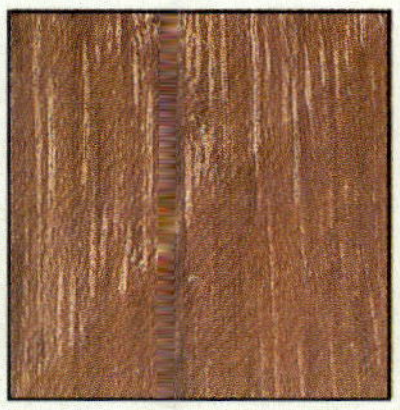

NOYER GRIS D'AMÉRIQUE
Junglans cinerea
Autres noms : Noyer cendré.
Origines : Canada, USA.
Caractéristiques : Un bois au fil droit et de texture rugueuse, au bois de cœur brun-léger.
Aptitude au façonnage : Bonne.
Poids moyen sec : 450 kg/m^3.
Utilisation courante : Ameublement, gravure, menuiserie d'intérieur, placage.
Fini : Bon.

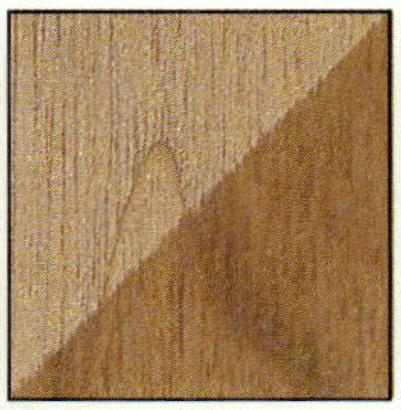

MERISIER D'AMÉRIQUE
Prunus serotina
Autres noms : Black Cherry (Canada, USA) ; Cabinet cherry (USA).
Origines : Canada, USA.
Caractéristiques : Un bois dur au fil droit et de texture fine. Le bois de cœur est brun-rougeâtre, allant jusqu'à rouge profond, moucheté de brun et avec des poches à gomme.
Aptitude au façonnage : Bonne.
Poids moyen sec : 580 kg/m^3.
Utilisation courante : Ameublement, fabrication de maquettes, menuiserie, instruments de musique, pipes.
Fini : Bon.

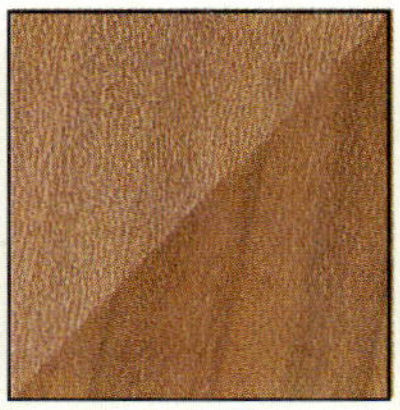

CHÂTAIGNER D'AMÉRIQUE
Castanea dentata
Autres noms : Aucun.
Origines : Canada, USA.
Caractéristiques : De texture rugueuse, avec de larges cernes de croissance. Semblable d'aspect au chêne, mais sans rayons apparents. Les attaques des insectes causent l'effet « châtaigner vermoulu ».
Aptitude au façonnage : Bonne.
Poids moyen sec : 480 kg/m^3.
Utilisation courante : Ameublement, cercueils, poteaux, piquets.
Fini : Bon.

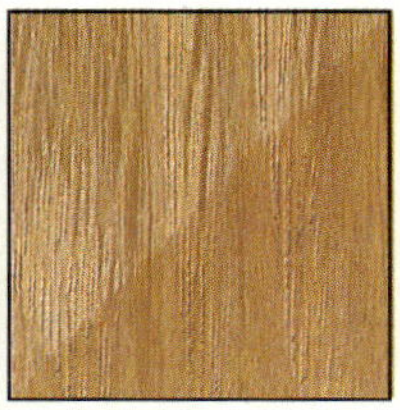

CHÂTAIGNER
Castanea sativa
Autres noms : Aucun.
Origines : Europe, Asie Mineure.
Caractéristiques : Un bois de texture rugueuse, au fil droit ou en spirale. Texture et aspect semblables à ceux du chêne, mais sans le dessin des rayons. Réagit avec métaux ferrugineux.
Aptitude au façonnage : Bonne.
Poids moyen sec : 560 kg/m^3.
Utilisation courante : Ameublement, travail au tour, cercueils, poteaux, piquets.
Fini : Bon

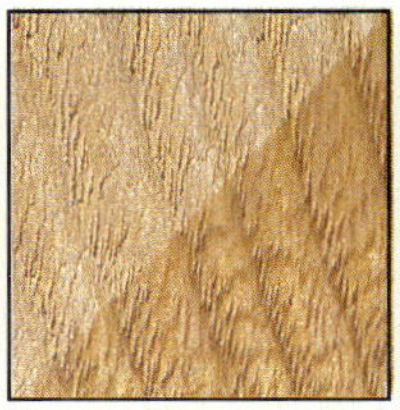

COCOBOLO
Dalbergia retusa
Autres noms : Granadillo (Mexique).
Caractéristiques : Un bois dur, lourd, résistant, au fil irrégulier et de texture moyenne. Sa couleur est plaisamment bariolée entre le jaune et le violet, avec des taches noires qui tournent à l'orangé quand exposé.
Aptitude au façonnage : Bonne.
Poids moyen sec : 1 100 kg/m^3.
Utilisation courante : Travail au tour, manche de couverts, dos de brosses, placages.
Fini : Bon.

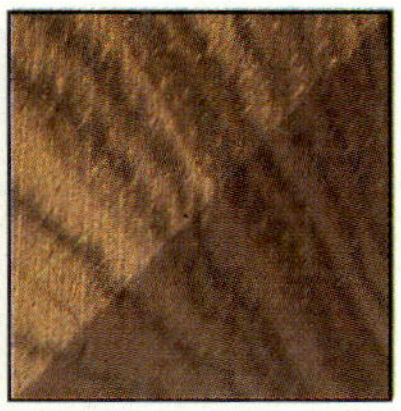

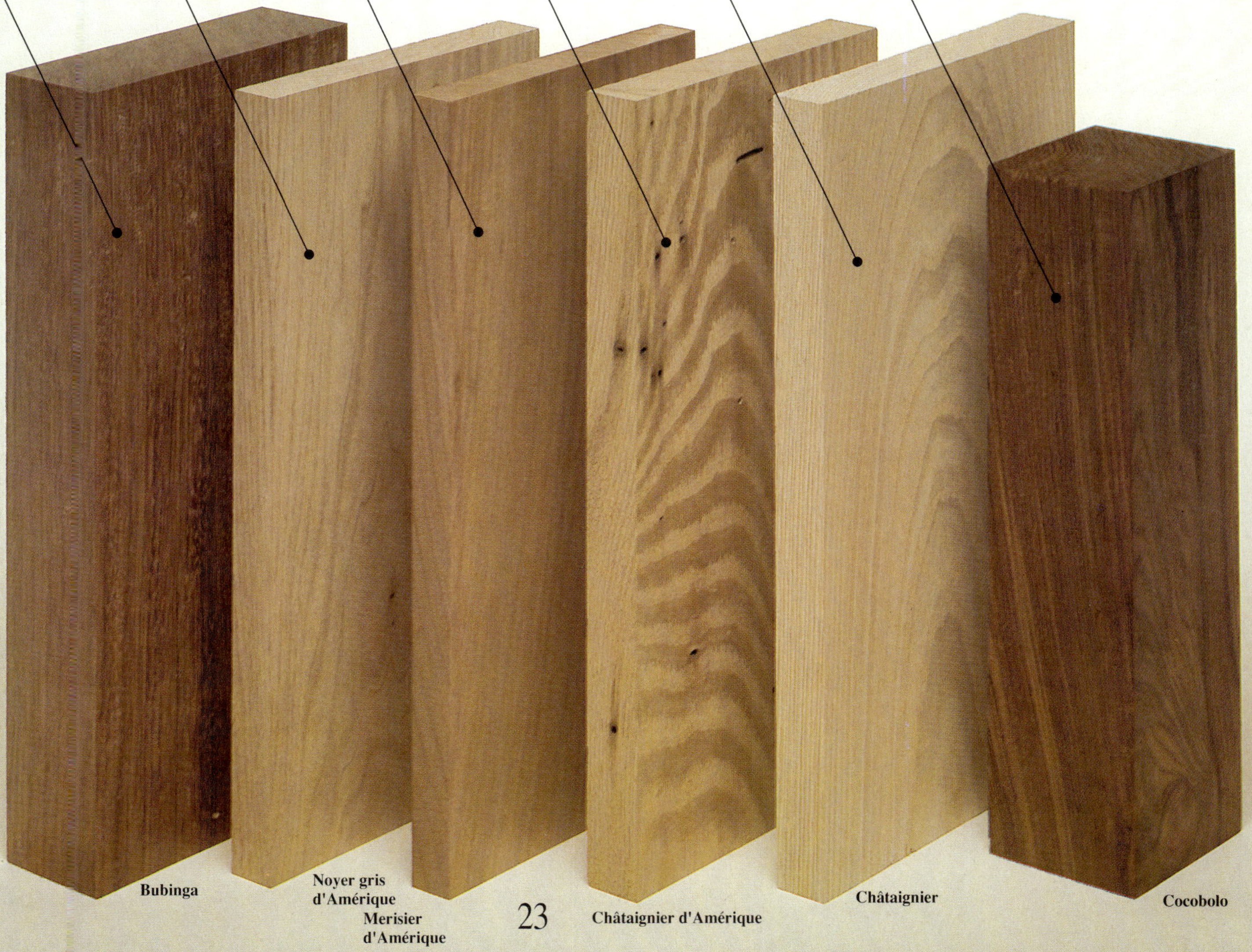

Essences en voie de disparition
La destruction aveugle des forêts tropicales de la Terre cause une grave pénurie de bois de feuillus tropicaux. Afin de préserver ces ressources d'une grande valeur, n'utilisez que les bois provenant des plantations ou des forêts gérées. les essences les plus en péril sont désignées par le symbole de l'arbre abattu.

- **Changements de couleur**
  Les petits échantillons carrés montrent le fil de chaque essence en grandeur nature ainsi que son aspect après application d'un vernis clair.

ÉBÈNE DE CEYLAN
Diospyros ebenum
Autres noms:
Aucun.
Origines:
Sri Lanka, Inde.
Caractéristiques:
Un bois dur, dense, de texture fine et régulière, et au fil droit, irrégulier ou ondulant. Le bois d'aubier est jaunâtre et le bois de cœur brun foncé tirant sur le noir.
Aptitude au façonnage:
Difficile.
Poids moyen sec:
1 190 kg/m^3.
Utilisation courante:
Travail au tour, instruments de musique, manches de couverts, incrustations.
Fini: Bon.

ORME BLANC AMÉRICAIN
Ulmus americana
Autres noms:
Water elm, Swamp elm, Soft elm (USA); Orhamwood (Canada).
Origines: Canada, USA.
Caractéristiques:
Un bois de texture rugueuse, solide, résistant, à densité moyenne; généralement au fil droit, mais parfois entremêlé. Très apte au cintrage. Le bois de cœur est brun-rougeâtre pâle.
Aptitude au façonnage:
Bonne.
Poids moyen sec:
580 kg/m^3.
Utilisation courante:
Constructions navales, tonnellerie,ameublement, instruments agricoles.
Fini: Bon.

ORME COMMUN
Ulmus hollandica
Autres noms:
Orme de Hollande.
Origines: Europe.
Caractéristiques:
Bois de texture rugueuse, avec des cernes de croissance bien apparents ce qui donne un dessin agréable. Bois de cœur brun-beige. Il arrive qu'il soit difficile de s'approvisionner en orme, à cause de la maladie des ormes.
Aptitude au façonnage:
Moyenne.
Poids moyen sec:
560 kg/m^3.
Utilisation courante:
Ameublement, ameublement en bois cintré, travail au tour, constructions navales.
Fini: Bon.

GONCALO ALVES
Astronium fraxinifolium
Autres noms:
Zebrawood (GB); Tigerwood (USA).
Origines:
Brésil.
Caractéristiques:
Bois dur, de texture moyenne et au fil droit et entremêlé, formé d'alternance de couches dures et tendres. Brun rougeâtre à stries foncées, semblable d'aspect au Palissandre de Rio.
Aptitude au façonnage:
Difficile.
Poids moyen sec:
950 kg/m^3.
Utilisation courante:
Ameublement, travail au tour, placage.
Fini: Bon.

NOYER D'AMÉRIQUE
Carya illinoensis
Autres noms:
Hickory nucifère.
Origines:
USA.
Caractéristiques:
Un bois de texture rugueuse, au fil généralement droit, quoique parfois irrégulier ou ondulant. Bois d'aubier blanc, bois de cœur brun rougeâtre.
Aptitude au façonnage:
Difficile.
Poids moyen sec:
750 kg/m^3.
Utilisation courante:
Manches d'outils, équipements sportifs, chaises, ameublement en bois cintré.
Fini: Bon.

JELUTONG
Dyera costulata
Autres noms:
Jelutong bukit, Jelutong paya (Sarawak).
Origines:
Asie du Sud-Est.
Caractéristiques:
Un bois tendre, d'aspect satiné, de texture fine et régulière, au fil droit. Brun-crème léger. Peut présenter des laticifères.
Aptitude au façonnage:
Bonne.
Poids moyen sec:
470 kg/m^3.
Utilisation courante:
Fabrication de maquettes, planches à dessiner, menuiserie d'intérieur, gravure.
Fini: Bon.

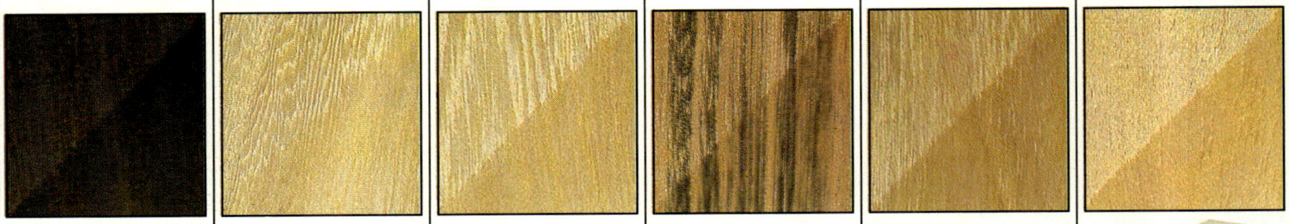

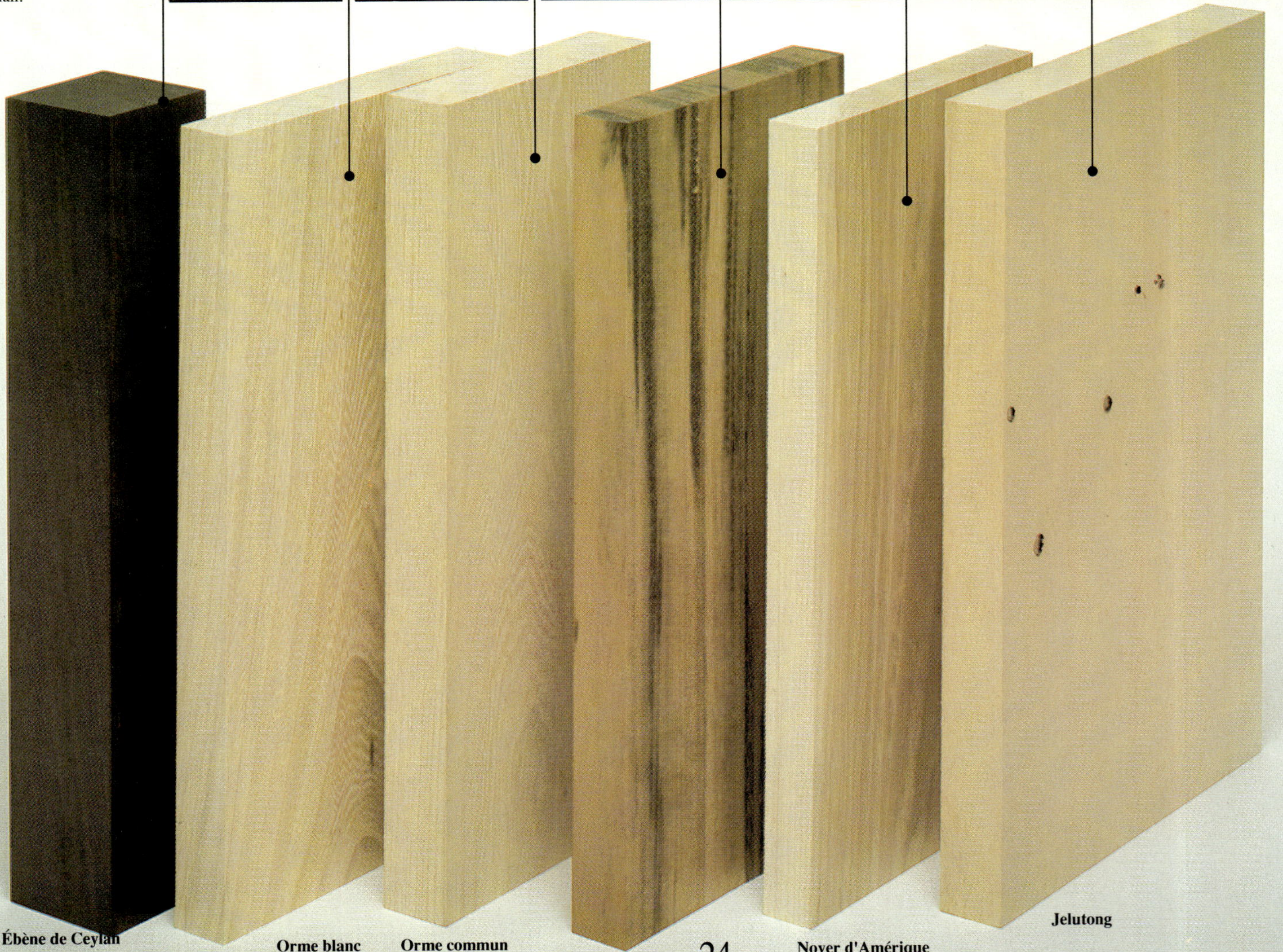

TILLEUL DE NOUVELLE-GUINÉE
Endospermum medullosum
Autres noms : Aucun.
Origines : Papouasie, Nouvelle-Guinée, îles Salomon.
Caractéristiques : Un bois de texture régulière, brun-jaune clair, d'aspect plutôt neutre.
Aptitude au façonnage : Bonne.
Poids moyen sec : 480 kg/m³.
Utilisation courante : Menuiserie d'intérieur, ameublement.
Fini : Bon.

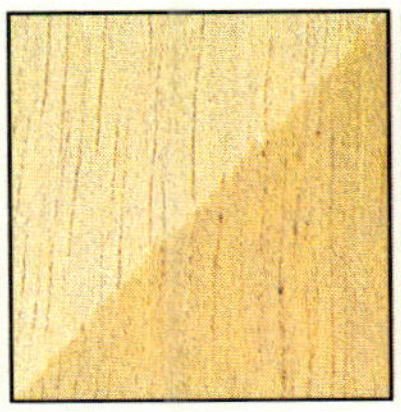

BOIS VIOLET
Dalbergia cearensis
Autres noms : Jacaranda violette ; Violetwood, Violetta (USA).
Origines : Amérique du Sud.
Caractéristiques : Un bois de texture fine et régulière, et d'aspect satiné. Le bois de cœur est agréablement bariolé de stries brun-violet, noires et jaune-doré.
Aptitude au façonnage : Bonne.
Poids moyen sec : 1 200 kg/m³.
Utilisation courante : Incrustations, travail au tour, marqueterie.
Fini : Bon.

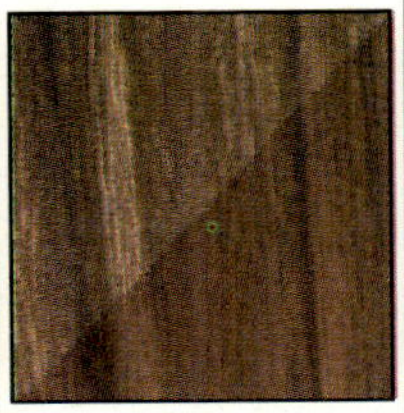

LAUAN ROUGE
Shorea negrosensis
Autres noms : Aucun.
Origines : Les Philippines.
Caractéristiques : Un bois de texture relativement rugueuse, au fil entremêlé. Bois de cœur rouge tirant sur le rouge foncé.
Aptitude au façonnage : Bonne.
Poids moyen sec : 630 kg/m³.
Utilisation courante : Menuiserie d'intérieur, chantiers navals, ameublement, placage.
Fini : Bon.

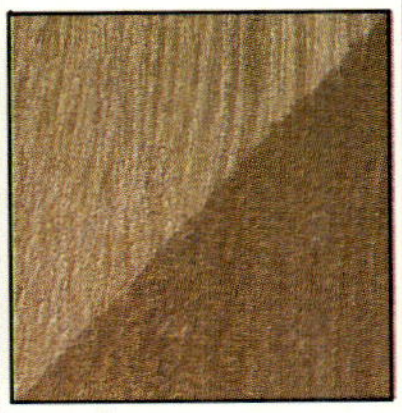

TILLEUL D'EUROPE
Tilia vulgaris
Autres noms : Linden (Allemagne).
Origines : Europe.
Caractéristiques : Un bois tendre au fil régulier, de texture fine et uniforme. Blanc à jaune pâle, fonce et devient brun clair quand exposé.
Aptitude au façonnage : Bonne.
Poids moyen sec : 560 kg/m³.
Utilisation courante : Manches de balais, support de chapeaux, caisses de résonance, touches de piano, harpes, jouets, sabots, gravure.
Fini : Bon.

ACAJOU D'AMÉRIQUE
Swietenia macrophylla
Autres noms : Aucun.
Origines : Amérique du Sud et centrale.
Caractéristiques : Un bois de texture moyenne, au fil droit, régulier ou entremêlé. Bois de cœur brun-rougeâtre à brun foncé.
Aptitude au façonnage : Bonne.
Poids moyen sec : 560 kg/m³.
Utilisation courante : Lambrissage et menuiserie d'intérieur, planches pour bateaux, gravure, ameublement, pianos, placage.
Fini : Bon.

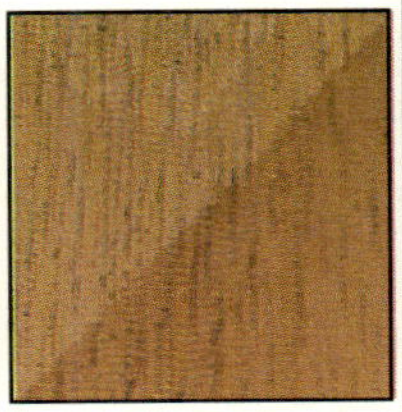

BOIS DE GAIAC
Guaiacum officinale
Autres noms : Guayacan (Espagne) ; Guayacan negro, Palo santo (Cuba)
Origines : Grandes Antilles et Amérique tropicale
Caractéristiques : Bois lourd et très dur, de texture fine et au fil entremêlé très serré. Bois de cœur brun-vert foncé tirant sur le noir. Naturellement huileux.
Aptitude au façonnage : Difficile
Poids moyen sec : 1 250 kg/ m³.
Utilisation courante : Paliers, poulies, maillets et travail au tour
Fini : Bon
Inscrit à l'annexe II de la CITES.

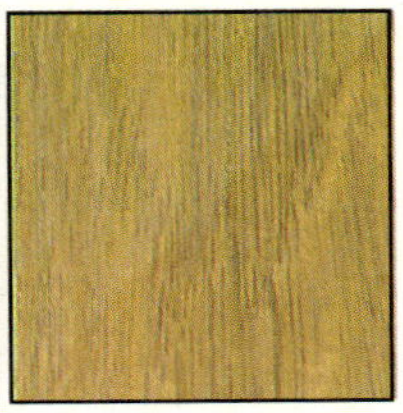

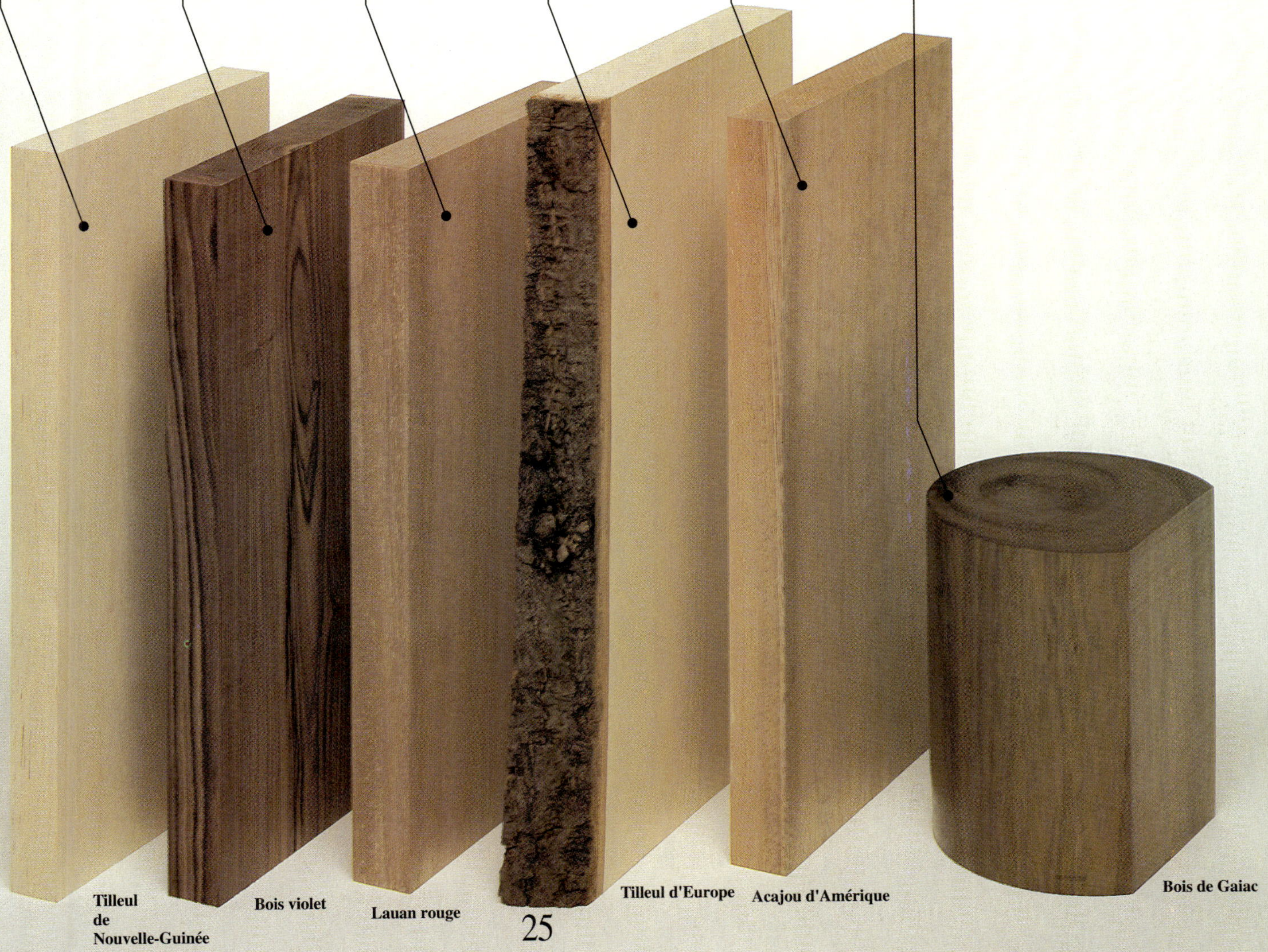

Essences en voie de disparition
La destruction aveugle des forêts tropicales de la Terre cause une grave pénurie de bois de feuillus tropicaux. Afin de préserver ces ressources d'une grande valeur, n'utilisez que les bois provenant des plantations ou des forêts gérées. Les essences les plus en péril sont désignées par le symbole de l'arbre abattu.

- **Changements de couleur**
Les petits échantillons carrés montrent le fil de chaque essence en grandeur nature ainsi que son aspect après application d'un vernis clair.

ÉRABLE MOUCHETÉ D'AMÉRIQUE
Acer saccharum
Autres noms : Érable à sucre.
Origines : USA, Canada.
Caractéristiques : Un bois dur et lourd, au fil droit et de texture fine. Bois d'aubier blanc, bois de cœur, brun-rougeâtre clair.
Aptitude au façonnage : Difficile.
Poids moyen sec : 740 kg/m³.
Utilisation courante : Ameublement, travail au tour, instruments de musique, billots de boucherie, parquets, placage.
Fini : Correct.

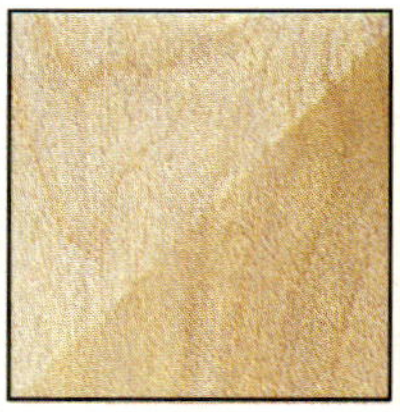

ÉRABLE ROUGE
Acer rubrum
Autres noms : Aucun.
Origines : Canada, USA.
Caractéristiques : Un bois au fil fin et de texture fine, quoique moins résistant que l'Érable moucheté d'Amérique. Brun-crème clair.
Aptitude au façonnage : Moyenne.
Poids moyen sec : 630 kg/m³.
Utilisation courante : Ameublement, menuiserie d'intérieur, travail au tour, placage, instruments de musique, parquets, contre-plaqué.
Fini : Bon.

CHÊNE ROUGE D'AMÉRIQUE
Quercus rubra
Autres noms : Aucun.
Origines : Canada, USA.
Caractéristiques : Un bois au fil droit, de texture rugueuse et d'un aspect moins plaisant que le Chêne blanc. Rouge rosé.
Aptitude au façonnage : Bonne.
Poids moyen sec/ 790 kg/m³.
Utilisation courante : Ameublement, menuiserie d'intérieur, parquet, placage.
Fini : Bon.

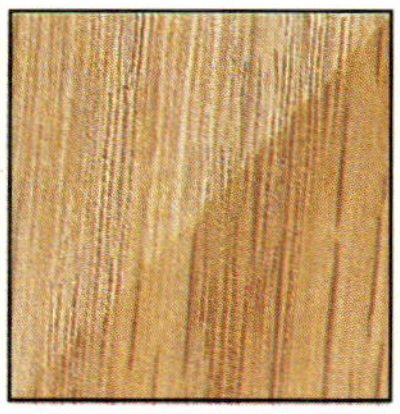

CHÊNE BLANC D'AMÉRIQUE
Quercus alba
Autres noms : White oak (USA).
Origines : USA, Canada.
Caractéristiques : Un bois au fil fin et de texture rugueuse à semi-rugueuse. Semblable d'aspect au chêne pédonculé, mais de couleur plus variable.
Aptitude au façonnage : Bonne.
Poids moyen sec : 770 kg/m³.
Utilisation courante : Construction, parquet, ameublement, menuiserie d'intérieur, contre-plaqué, placage.
Fini : Bon.

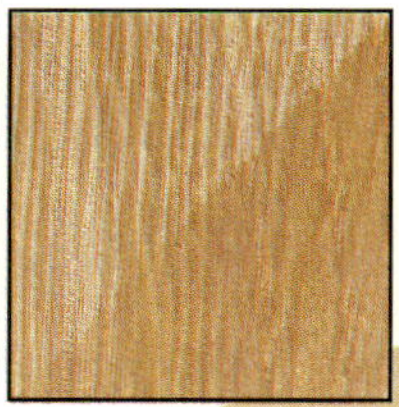

CHÊNE DU JAPON
Quercus mongolica
Autres noms : Aucun.
Origines : Japon.
Caractéristiques : Un bois au fil droit et de texture rugueuse, plus tendre que le Chêne pédonculé et que le Chêne blanc d'Amérique. Brun jaunâtre clair.
Aptitude au façonnage : Bonne.
Poids moyen sec : 670 kg/m³.
Utilisation courante : Ameublement, lambrissage, parquet, constructions navales, menuiserie, placage.
Fini : Bon.

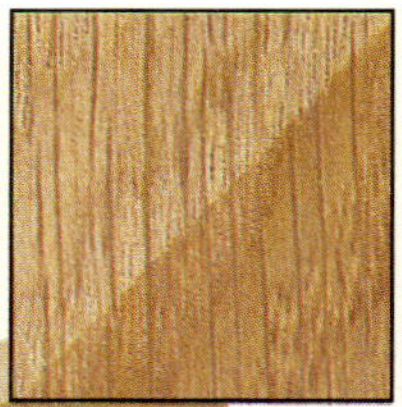

CHÊNE PÉDONCULÉ
Quercus robur
Quercus petraea
Autres noms : Chêne d'Europe.
Origines : Europe, Asie Mineure, Afrique du Nord.
Caractéristiques : Un bois de texture rugueuse et au fil droit ; cernes de croissance bien visibles lorsque scié sur quartier. Brun pâle.
Aptitude au façonnage : Bonne.
Poids moyen sec : 720 kg/m³.
Utilisation courante : Ameublement, menuiserie, usage extérieur, parquet, gravure, chantiers navals.
Fini : Bon.

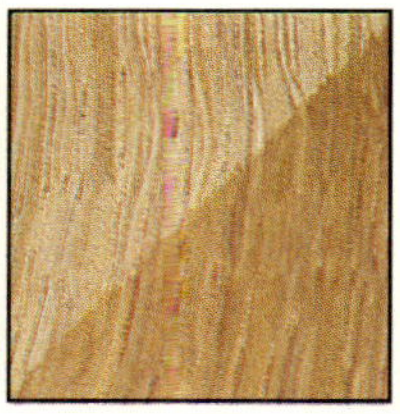

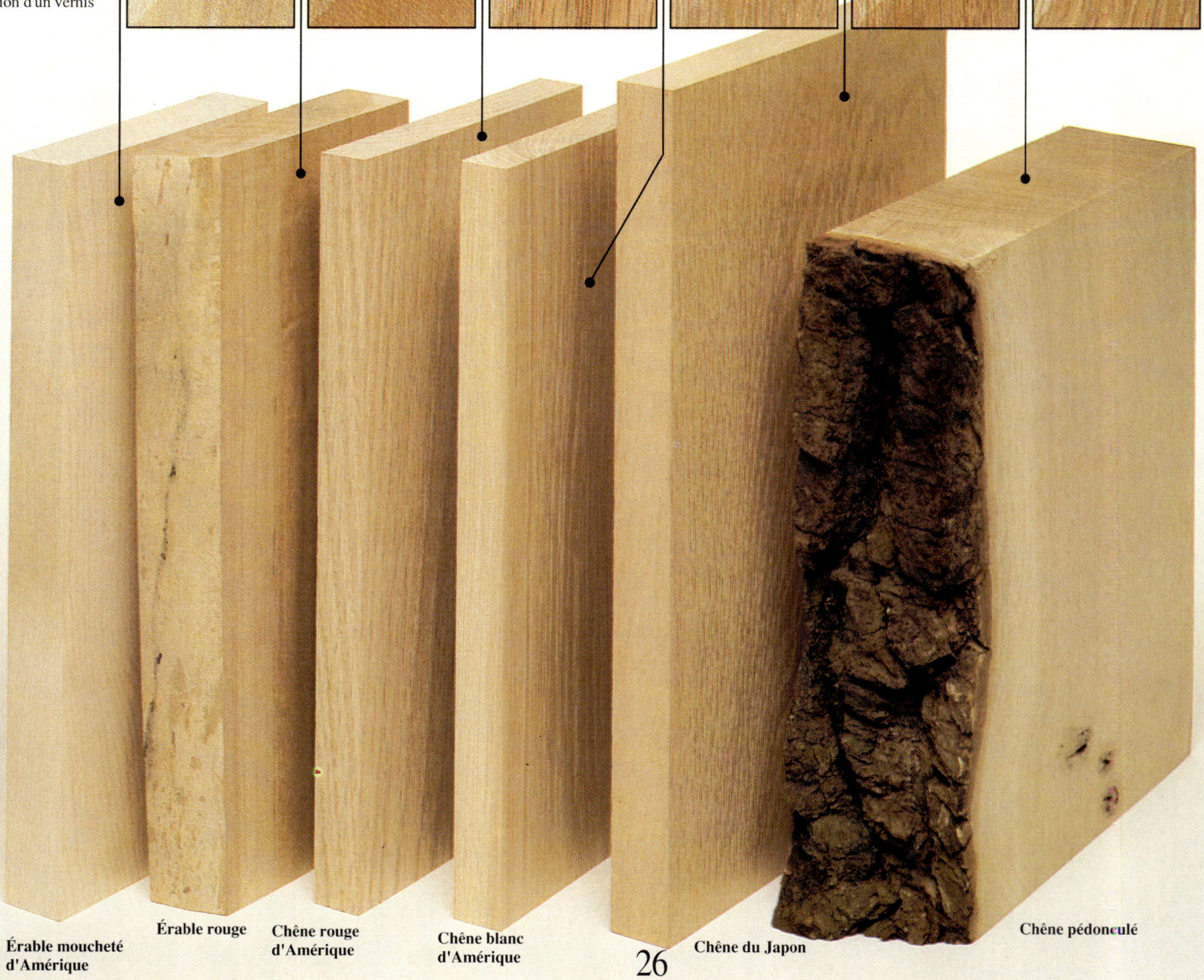

OBÈCHE
Triplochiton scleroxylon
Autres noms : Obechi, Arere (Nigeria) ; Wawa (Ghana) ; Samba, Wawa (Côte-d'Ivoire) ; Ayous (Cameroun).
Origines : Afrique occidentale.
Caractéristiques : Un bois plutôt léger, de texture fine et régulière. Le fil peut être entremêlé. Blanc-crème tirant sur le jaune pâle.
Aptitude au façonnage : Bonne.
Poids moyen sec : 390 kg/m^3.
Utilisation courante : Menuiserie d'intérieur, bandes de recouvrement pour tiroirs, ameublement, contre-plaqué, modélisme.
Fini : Bon.

CORAIL
Pterocarpus soyauxii
Autres noms : N'Gula, Padauk d'Afrique.
Origines : Afrique occidentale.
Caractéristiques : Un bois dur et lourd, au fil droit ou entremêlé, et de texture relativement rugueuse. Rouge profond tirant sur le brun-violet, avec des stries rouges.
Aptitude au façonnage : Bonne.
Poids moyen sec : 710 kg/m^3.
Utilisation courante : Menuiserie d'intérieur, ameublement, travail au tour, manches, parquet, connu comme bois de teinture.
Fini : Bon.

PLATANE COMMUN
Platanus acerifolia
Autres noms : Aucun.
Origines : Europe.
Caractéristiques : Bois au fil droit et de texture fine tirant sur moyen. Bois de cœur brun-rougeâtre avec des cernes de croissance plus foncés bien apparents qui donnent un dessin connu sous le nom de « grain en dentelle », quand scié sur quartier. Semblable d'aspect quoique plus foncé que l'Érable sycomore *(Platanus occidentalis)*.
Aptitude au façonnage : Bonne.
Poids moyen sec : 640 kg/m^3.
Utilisation courante : Ameubl., menuiserie, travail au tour, placage.
Fini : Bon.

AMARANTE
Peltogyne spp.
Autres noms : Amaranth (USA) ; Kokoboreli, Saka, Sakavalli (Guyane) ; Pau roxo, Amarante (Brésil).
Origines : Amérique du Sud et centrale.
Caractéristiques : Un bois de texture fine à moyenne et uniforme. Généralement au fil droit. D'une agréable couleur violette, ce bois s'obscurcit en un brun foncé sous l'effet de l'oxydation.
Aptitude au façonnage : Bonne.
Poids moyen sec : 880 kg/m^3.
Utilisation courante : Travaux de construction, constructions navales, placage, travail au tour, ameublement.
Fini : Bon.

RAMIN
Gonystylus macrophyllum
Autres noms : Melawis (Malaysia) ; Ramin lelur (Sarawak).
Origines : Asie du Sud-Est.
Caractéristiques : Un bois de texture modérément fine et régulière, généralement au fil droit. Brun-crème léger.
Aptitude au façonnage : Bonne.
Poids moyen sec : 670 kg/m^3.
Utilisation courante : Ameublement, menuiserie d'intérieur, travail au tour, menuiserie, jouets, gravure, parquet, placage.
Fini : Bon.

PALISSANDRE DE RIO
Dalbergia nigra
Autres noms : Palissandre du Brésil ; Jacaranda de Bahia ; Jacarando preto (Brésil)
Origines : Brésil
Caractéristiques : Bois dur et lourd, de texture moyenne et à fil droit. Extrêmement décoré, brun, violet-brun, noir.
Aptitude au façonnage : Moyenne
Poids moyen sec : 870 kg/ m^3.
Utilisation courante : Placage, ameublement, menuiserie, travail au tour, gravure.
Fini : Bon
Inscrit à l'annexe I de la CITES. Interdit à l'importation.

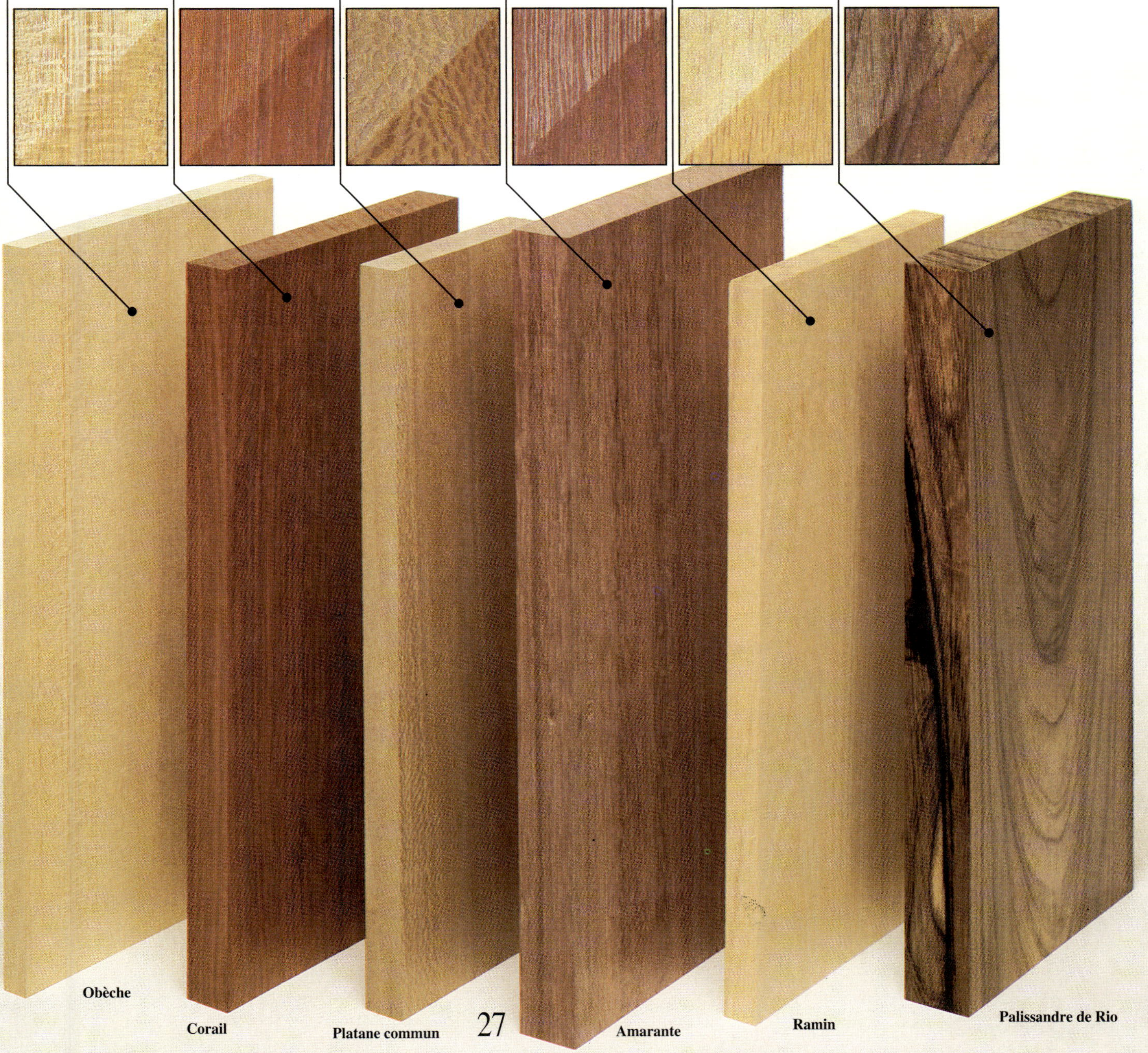

Essences en voie de disparition
La destruction aveugle des forêts tropicales de la Terre cause une grave pénurie de bois de feuillus tropicaux. Afin de préserver ces ressources d'une grande valeur, n'utilisez que les bois provenant des plantations ou des forêts gérées. Les essences les plus en péril sont désignées par le symbole de l'arbre abattu.

Changements de couleur
Les petits échantillons carrés montrent le fil de chaque essence en grandeur nature ainsi que son aspect après application d'un vernis clair.

PALISSANDRE DES INDES
Dalbergia latifolia
Autres noms : Bombay rosewood (GB) ; Bombay blackwood (Inde).
Origines : Inde.
Caractéristiques : Un bois lourd, de texture relativement rugueuse et uniforme. Fil entremêlé, ce qui produit des bandes étroites. Brun doré à brun-violet, avec des stries foncées violettes ou noires.
Aptitude au façonnage : Moyenne.
Poids moyen sec : 870 kg/m³.
Utilisation courante : Ameublement, instruments de musique, constructions navales, placage, travail au tour, parquet.
Fini : Bon.

CITRON DE CEYLAN
Chloroxylon swietenia
Autres noms : Citronnier de Ceylan.
Origines : Inde centrale et méridionale ; Sri Lanka.
Caractéristiques : Bois lourd à l'aspect satiné, de texture fine et régulière, au fil entremêlé produisant un dessin rayé brun doré avec des stries plus foncées.
Aptitude au façonnage : Moyenne.
Poids moyen sec : 990 kg/m³.
Utilisation courante : Ameublement, menuiserie d'intérieur, travail au tour, placage.
Fini : Bon.

SILKY OAK D'AUSTRALIE
Cardwellia sublimis
Autres noms : Chêne soyeux ; Bull oak, Northern silky oak (Australie) ; Australian silky oak (GB).
Origines : Australie.
Caractéristiques : Un bois de texture rugueuse et régulière, généralement au fil droit, avec de larges rayons. Brun rougeâtre, semblable d'aspect au Chêne rouge d'Amérique, bien que ce ne soit pas un véritable chêne.
Aptitude au façonnage : Bonne.
Poids moyen sec : 560 kg/m³.
Utilisation courante : Ameublement, placage, menuiserie d'intérieur.
Fini : Bon.

PLATANE OCCIDENTAL
Platanus occidentalis
Autres noms : Érable faux platane ; American plane (GB) ; Buttonwood (USA).
Origines : USA.
Caractéristiques : Un bois de texture fine et régulière au fil droit. C'est un platane, mais il est plus léger que le platane commun. Brun pâle avec des rayons apparents produisant un dessin de dentelle quand scié sur quartier.
Aptitude au façonnage : Bonne.
Poids moyen sec : 550 kg/m³.
Utilisation courante : Ameublement, placage, menuiserie d'intérieur.
Fini : Bon.

ÉRABLE SYCOMORE
Acer pseudoplatanus
Autres noms : Sycamore plane, Great maple (GB) ; Plane (Écosse).
Origines : Europe, Asie occidentale.
Caractéristiques : Un bois de texture fine et régulière. Généralement au fil droit, quoique parfois ondulant et produisant un motif de raclage quand scié sur quartier. Blanc tirant sur blanc jaunâtre.
Aptitude au façonnage : Bonne.
Poids moyen sec : 630 kg/m³.
Utilisation courante : Ameublement, parquet. Fabrication de violons (motif de raclage).
Fini : Bon.

TECK DE BIRMANIE
Tectona grandis
Autres noms : Teck de Java, Teck de l'Inde.
Origines : Asie du Sud et du Sud-Est, Afrique, Caraïbes.
Caractéristiques : Un bois de texture rugueuse, irrégulière et huileuse. Selon son origine, son fil est soit droit, soit ondulé. Le Teck de Birmanie est d'un brun doré uniforme, les autres sont plus foncés et plus marqués.
Aptitude au façonnage : Bonne.
Poids moyen sec : 660 kg/m³.
Utilisation courante : Menuiserie d'intérieur et d'extérieur, ameublement d'extérieur, contre-plaqué, placage.
Fini : Bon.

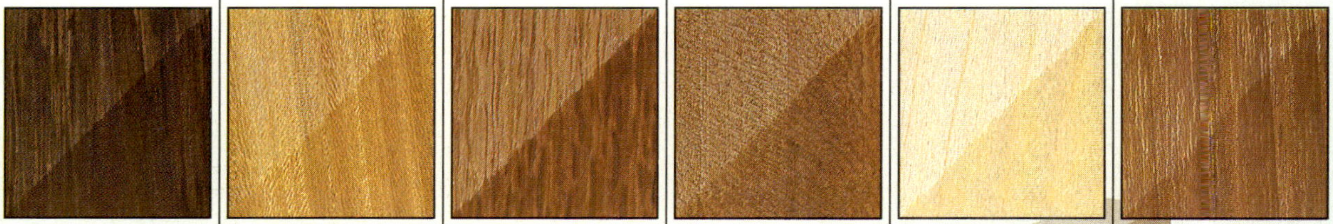

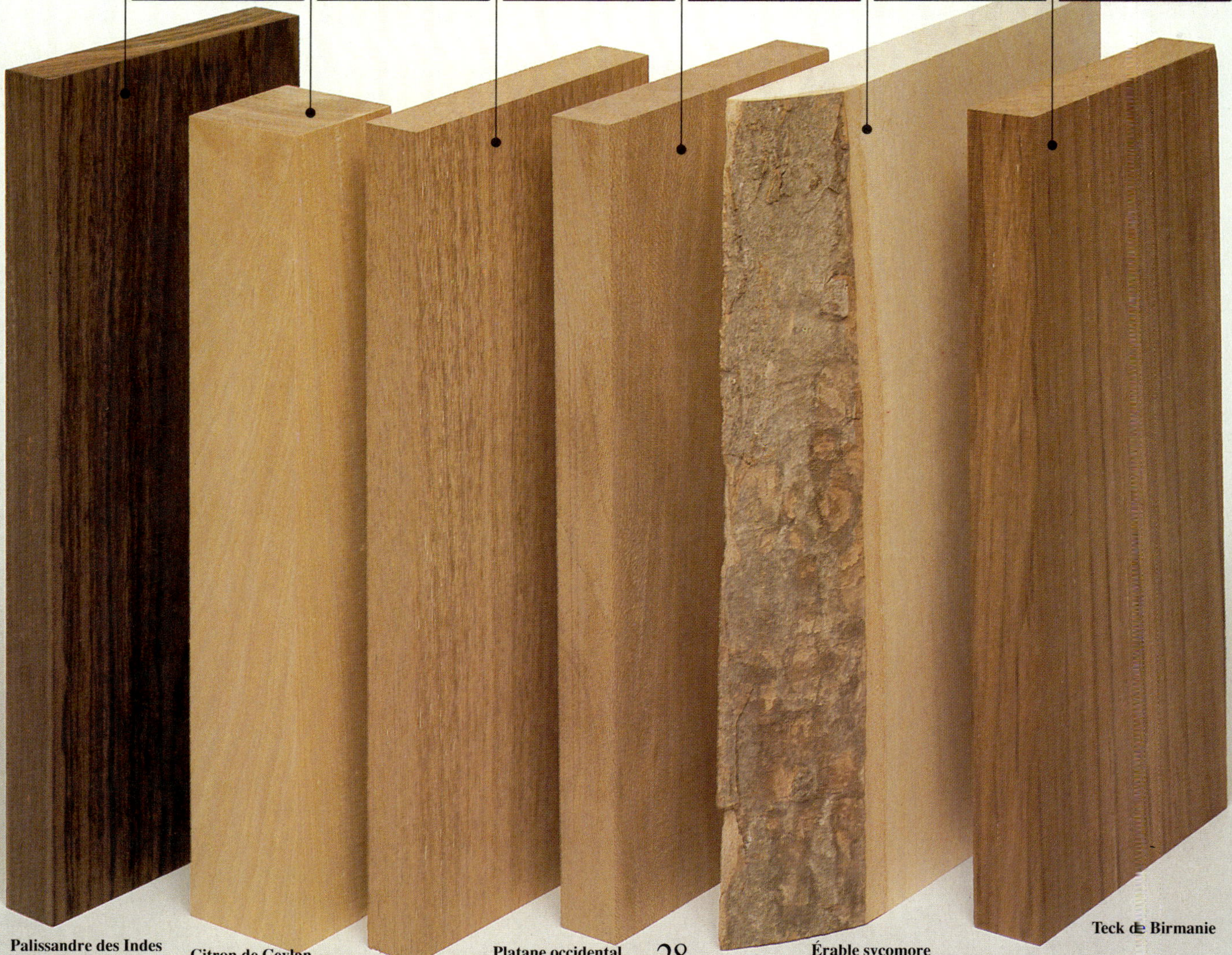

BOIS DE ROSE DE BAHIA
Dalbergia frutescens
Autres noms : Bois de rose véritable ; Pinkwood (USA) ; Pau rosa, Jacaranda rosa, Pau de fuso (Brésil) ; Tulipwood (GB).
Origines : Brésil.
Caractéristiques : Un bois dur et dense de texture moyenne à fine ; généralement au fil irrégulier. Il est d'un agréable jaune rosé, avec des stries rose à rouge-violet.
Aptitude au façonnage : Difficile.
Poids moyen sec : 960 kg/m^3.
Utilisation courante : Travail au tour, instruments en bois, caisses, incrustations, placage.
Fini : Bon.

SIPO
Entandrophragma utile
Autres noms : Acajou sipo ; Assie (Cameroun).
Origines : Afrique.
Caractéristiques : Un bois de texture moyenne, généralement au fil entremêlé, produisant un motif à rayures quand scié sur quartier. Brun rosé tirant sur le rouge-brun.
Aptitude au façonnage : Bonne.
Poids moyen sec : 660 kg/m^3.
Utilisation courante : Ameublement, menuiserie d'intérieur et d'extérieur, constructions navales, parquet, contre-plaqué, placage.
Fini : Bon.

NOYER NOIR D'AMÉRIQUE
Juglans nigra
Autres noms : Black american walnut, Virginia walnut (GB) ; Black walnut (USA, GB).
Origines : USA, Canada.
Caractéristiques : Un bois résistant de texture plutôt rugueuse, généralement au fil droit, quoique parfois ondulant. Brun foncé profond, tirant sur le noir violacé.
Aptitude au façonnage : Bonne.
Poids moyen sec : 660 kg/m3.
Utilisation courante : Ameublement, crosses de fusils, menuiserie d'intérieur, instruments de musique, travail au tour, gravure, contre-plaqué.
Fini : Bon.

NOYER COMMUN
Juglans regia
Autres noms : Noyer de France.
Origines : Europe, Asie Mineure, Asie du Sud-Est.
Caractéristiques : Un bois de texture plutôt rugueuse, au fil droit ou ondulé. Brun-gris, avec des stries plus foncées, quoique la couleur et les taches varient selon l'origine.
Aptitude au façonnage : Bonne.
Poids moyen sec : 670 kg/m^3.
Utilisation courante : Ameublement, menuiserie d'intérieur, crosses de fusils, travail au tour, gravure, placage.
Fini : Bon.

ENDIANDRA D'AUSTRALIE
Endiandra palmerstonii
Autres noms : Aucun.
Origines : Australie.
Caractéristiques : Semblable d'aspect au Noyer commun, bien que ce ne soit pas un véritable noyer. Généralement au fil entremêlé et ondulé. La couleur peut varier considérablement, allant de brun clair à brun foncé.
Aptitude au façonnage : Bonne.
Poids moyen sec : 690 kg/m^3.
Utilisation courante : Ameublement, menuiserie d'intérieur, rayonnage pour magasins, parquet, placage.
Fini : Bon.

TULIPIER D'AMÉRIQUE
Liriodendron tulipifera
Autres noms : Arbre aux tulipes ; Yellow poplar, Tulip poplar (USA) ; Canary whitewood (GB).
Origines : Est des USA, Canada.
Caractéristiques : Un bois modérément tendre et léger, de texture fine et au fil droit. Bois d'aubier blanc, bois de cœur vert-olive pâle tirant sur le brun, avec des stries de couleur.
Aptitude au façonnage : Bonne.
Poids moyen sec : 510 kg/m^3.
Utilisation courante : Menuiserie, ameublement, constructions légères, jouets, contre-plaqué.
Fini : Bon.

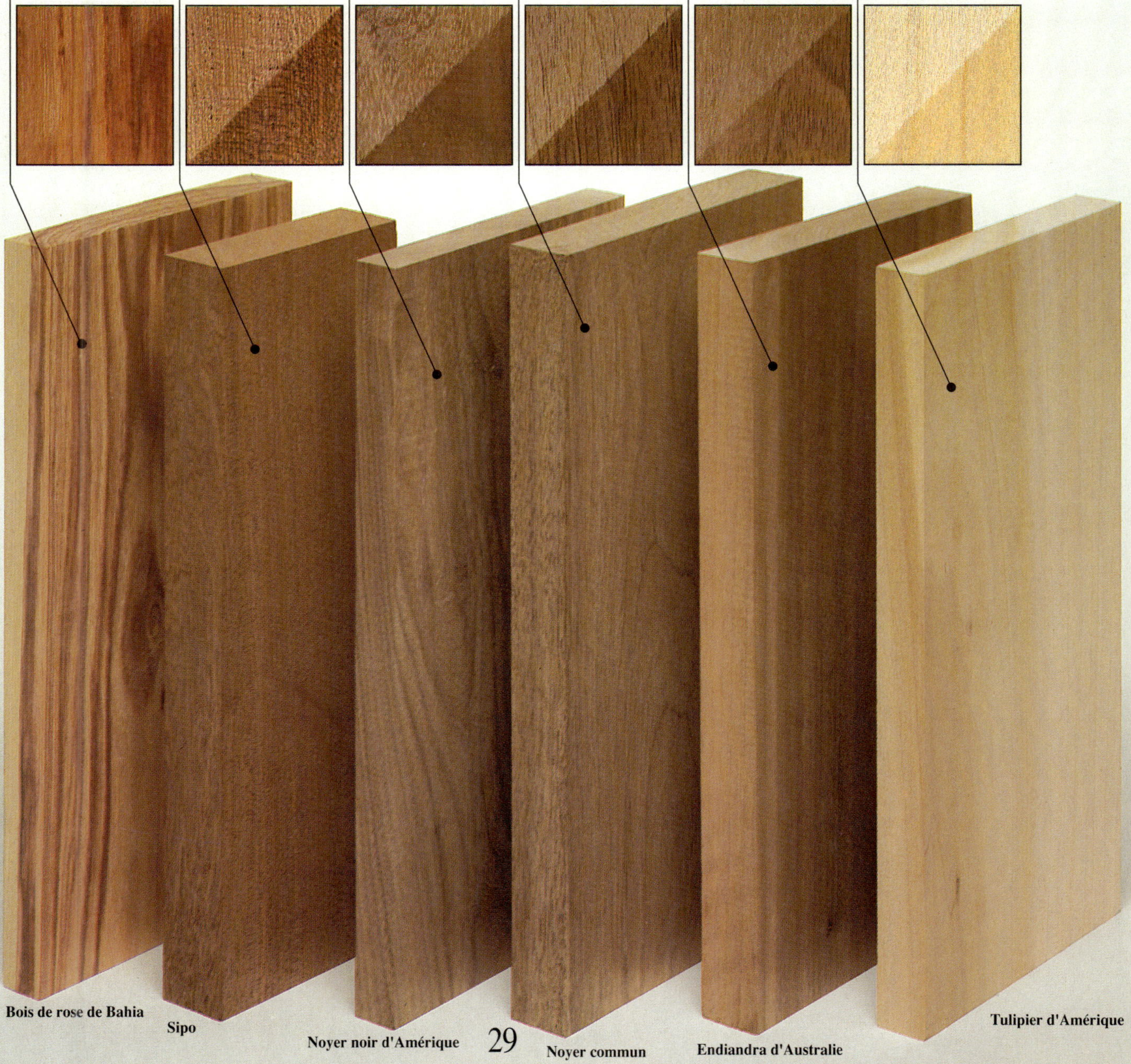

LES PLACAGES

VOIR AUSSI

Panneaux dérivés du bois	34/38
Construction de meubles	40/49
Scies circulaires à tables	155/159
Scies à ruban	172/177
Le placage	258/270

Les placages sont de très fines feuilles de bois qui sont coupées dans une bille pour être utilisées en décoration ou en construction. Paradoxalement, bien que des placages tirés des bois les plus rares aient été utilisés pour certains des plus beaux meubles jamais fabriqués, de nombreuses personnes considèrent encore le placage comme inférieur au bois brut. Néanmoins, peu de gens nieront que le placage apporte une qualité unique aux meubles et aux objets en bois, qu'il soit choisi pour sa couleur naturelle et son dessin, ou pour les superbes motifs qu'il permet de composer. Aujourd'hui, grâce à l'usage très répandu d'adhésifs performants et de contre-plaqués de support très stables, il existe des domaines où les plaqués sont de qualité supérieure au bois massif. Face à la disparition progressive de nos ressources en bois précieux, le placage nous permet de continuer à apprécier ces bois de manière économique.

PRODUCTION DU PLACAGE

La fabrication du placage nécessite des connaissances spécialisées. L'acheteur doit avoir le talent requis pour interpréter la qualité d'une bille en vue de la transformer en placage commercialement valable. En se fiant à son jugement et à son expérience, l'acheteur doit estimer la condition du bois qui compose la bille à partir d'un simple examen externe.

Il doit, en observant l'extrémité de la bille, déterminer la qualité du bois, le dessin potentiel du placage, la couleur et la proportion de bois d'aubier par rapport au bois de cœur.

D'autres facteurs qui affectent la valeur de la bille doivent aussi être pris en compte : la présence et l'étendue de toute tache, faiblesse ou défaut, tels les fissures, les écorces incluses, un excès de nœuds et enfin des veines ou des poches de résine. Une grande partie de cette information sera révélée lors de la première coupe dans la longueur de la bille - mais l'acheteur doit bien sûr procéder à l'achat avant la moindre découpe.

Une fois la bille achetée et livrée à la scierie, un expert décide de la meilleure méthode de débitage, afin d'obtenir le plus grand nombre de placages de bonne qualité.

Classement

Une fois les placages décoratifs coupés, ils sont retirés de la débiteuse, empilés et subissent un processus de séchage avant d'être classés. La plupart sont alors massicotés afin de leur donner une forme et une taille régulières, à l'exception de certains placages comme l'if et le broussin qui sont laissés tels quels. Le prix du placage est fonction de la taille et de la qualité. Un contrôle est effectué, relatif aux défauts naturels ou de transformation, à l'épaisseur, au dessin et à la couleur qui déterminent le classement. Des placages de différentes valeurs peuvent provenir d'une même grume. Les plus beaux placages seront apparents, et leur valeur est supérieure aux placages moins beaux et plus étroits qui serviront à former l'âme.

Les placages sont stockés par multiple de quatre et par catégories, pour être ensuite empaquetés par 16, 24, 28 ou 32 feuilles. Les paquets ainsi formés sont ensuite assemblés dans l'ordre initial, et les billes reconstituées sont entreposées au frais avant d'être vendues.

DÉBITER LES PLACAGES

Les billes destinées au bois de placage proviennent du fût de l'arbre pris entre la souche et la première branche. L'écorce est retirée et on vérifie que la bille ne contient aucun élément étranger tel que des clous.

Avant d'être transformée en placage, la bille est conditionnée (ramollie) dans un bain d'eau chaude ou de vapeur. La bille peut être ainsi traitée, ou préalablement découpée en quartiers afin d'être adaptée aux différentes méthodes de débitage. La durée de ce conditionnement varie entre plusieurs jours et quelques semaines et est fonction du genre et de la dureté du bois, ainsi que de l'épaisseur de placage désirée. Les bois clairs tel l'érable ne subissent aucun conditionnement, car cela pourrait entraîner une décoloration du placage.

Il existe trois méthodes pour débiter le placage : le sciage, le déroulage et le tranchage.

Sciage

Jusqu'à l'apparition des débiteuses au début du dix-huitième siècle, les placages étaient obtenus au moyen de scies à mains, puis mécaniques. Ces placages étaient relativement épais, certains atteignant même 3 millimètres.

Cette méthode, malgré le très faible pourcentage de placage qu'elle produit, est encore appliquée à certains bois spéciaux au fil irrégulier ou ondoyant, au moyen d'immenses scies circulaires. Il en est de même pour certains cas où cette méthode s'avère être la plus économique. Les placages ainsi obtenus ont une épaisseur de 1 à 1,2 millimètres.

Vous pouvez utiliser la scie à ruban ou la table de sciage de votre atelier afin de produire des bandes de placage destinées à la fabrication de lamellés, particulièrement si ce procédé se révèle être meilleur marché, ou donne un résultat plus adéquat à vos besoins, que les placages disponibles dans le commerce.

Déroulage

Les placages de résineux et de certains feuillus servant à la construction sont débités par déroulage. La bille entière est placée sur un immense tour où elle est pelée pour former une immense feuille continue de placage.

La bille est maintenue par une barre de pression et tourne devant un couteau qui couvre toute sa longueur. L'épaisseur du placage est déterminée par l'écartement entre la barre de pression et le couteau, leur bon positionnement par rapport à la dosse étant essentiel afin d'éviter les anicroches qui abîmeraient la surface du placage. A chaque révolution du tour, le couteau est automatiquement rapproché de la dosse.

Les placages obtenus au moyen de cette méthode sont reconnaissables à un dessin caractéristique rappelant le vent sur l'eau, en raison des coupes tangentielles et continues à travers les cernes de croissance.

Le déroulage est une méthode particulièrement efficace pour obtenir des placages utilisés pour la fabrication de panneaux dérivés du bois, car elle permet un débitage dans n'importe quelle largeur.

Bien qu'essentiellement utilisée pour la fabrication de placages de construction, cette méthode permet d'obtenir des placages décoratifs aux motifs irréguliers.

Déroulage excentrique

La dérouleuse peut aussi débiter la bille en de larges bandes de placage décoratif ayant du bois d'aubier à chaque extrémité, ceci afin d'obtenir un dessin semblable au mixte obtenu par tranchage. Ce procédé consiste à décaler la dosse par rapport à l'axe du tour permettant ainsi un découpage excentré.

Un plateau de déroulage excentré est un artifice placé dans le centre du tour qui permet de découper une demi-bille. Un placage déroulé avec l'aide d'un tel plateau est coupé à un angle moins important que celui du déroulage excentré ; le dessin obtenu s'apparente lui aussi au mixte généralement obtenu par tranchage.

Les demi-billes peuvent être placées avec le bois de cœur vers l'extérieur. Ce procédé est connu sous le nom de tranchage sur âme et produit un placage au grain « flambé » ou « elliptique ».

Tranchage

Le tranchage est utilisé afin d'obtenir des placages décoratifs à partir de bois de feuillus. Le débitage de la bille est fonction des caractéristiques naturelles du bois. On commence par couper la bille en deux dans sa longueur afin d'apprécier le dessin du bois ; celle-ci peut ensuite être découpée en quartiers selon le dessin que l'on veut obtenir. Le dessin est déterminé par le positionnement de la bille sur le tour, ainsi que par la méthode de coupe. La largeur des placages débités par tranchage dépend des dimensions du quartier. La bille coupée en deux ou en quartiers est montée sur un cadre coulissant qui peut s'abaisser et s'élever. Le couteau et la barre de pression sont placés devant la bille et à chaque abaissement du cadre, une tranche de placage est découpée. Après chaque coupe, le couteau et la barre sont automatiquement avancés.

Une demi-bille débitée par tranchage produit le placage au fil « ondulé » généralement utilisé dans la fabrication de secrétaires, c'est un dessin aussi agréable que celui d'une planche obtenue par sciage tangentiel.

Les bois présentant un dessin frappant et agréable lorsqu'ils sont débités sur maille, sont généralement divisés en quartiers ou semi-quartiers. Ceux-ci sont positionnés avec leurs rayons médullaires suivant le plus possible l'axe de coupe, afin d'obtenir la plus grande quantité de placage possible.

Les quartiers peuvent aussi être positionnés pour obtenir un tranchage tangentiel. Les placages ainsi obtenus sont plus étroits que ceux dont le fil est « ondulé » et qui proviennent du tranchage d'une demi-bille, mais leur motif est aussi plaisant.

FENTES DE DÉROULAGE

Les trancheuses et dérouleuses sont comme d'immenses rabots dont les placages seraient en quelque sorte les copeaux. Il est important ici de contrôler soigneusement la quantité de « copeaux » ainsi produite, ainsi que la qualité de la coupe ; celle-ci est contrôlée par le positionnement relatif de la barre de pression et du couteau (1). De fines fissures ou fentes, peuvent apparaître sur la face interne du placage, en particulier lorsque l'on débite par déroulage. La face interne est appelée face ouverte ou « déliée » et la face externe, face fermée ou « serrée ». Un moyen d'identifier les faces consiste à cintrer le placage, la face ouverte se courbant davantage lorsqu'elle est convexe.

Il faut toujours utiliser le placage avec la face ouverte en dessous, car étant légèrement plus rugueuse, celle-ci est plus difficile à finir que la face fermée. Ceci n'est pourtant pas toujours possible, car lorsque l'on veut reproduire un dessin symétrique, il faut alterner les faces lors de la pose.

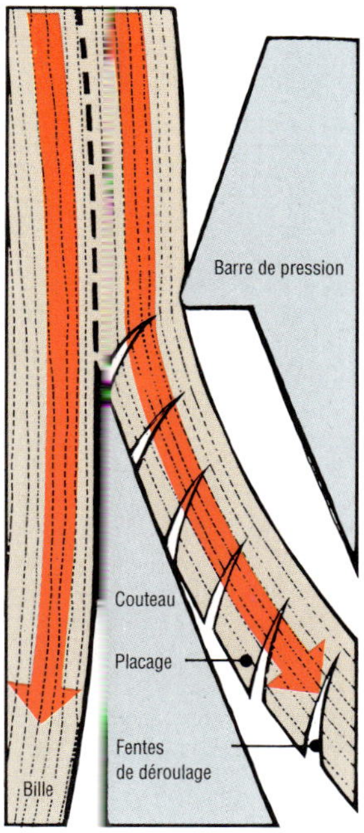

1 Fentes de déroulage sur la face arrière

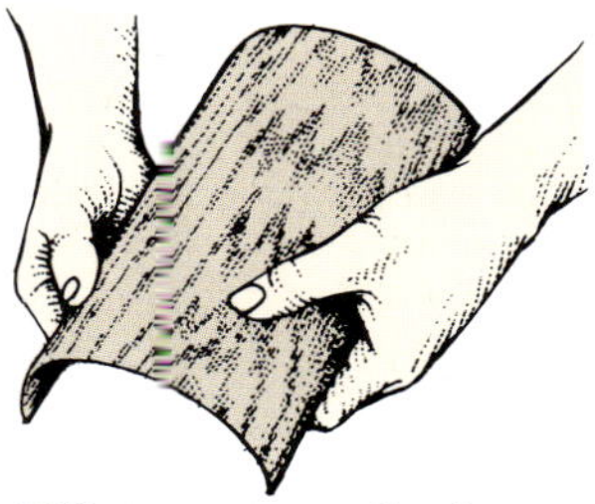
2 Effectuez un test en pliant le placage

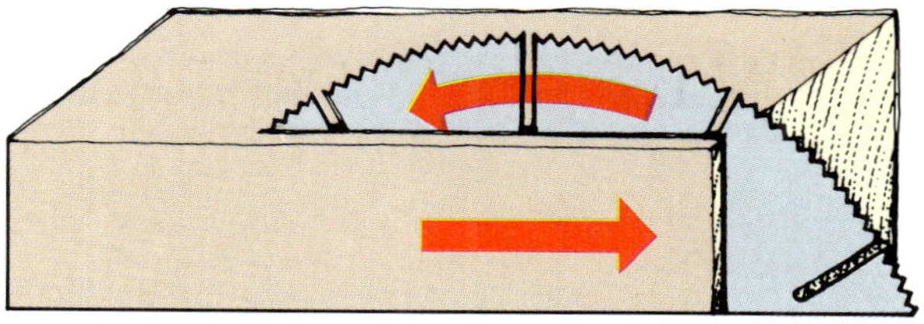
Sciage
Cette méthode n'est plus courante de nos jours, mais elle est encore utilisée pour les placages épais.

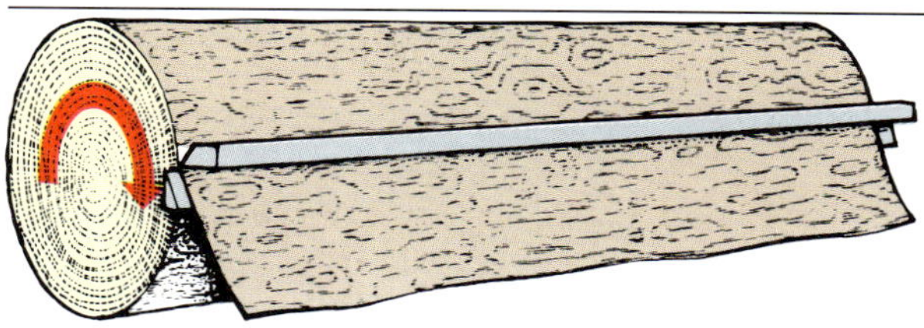
Déroulage
Méthode courante pour les placages de construction, ainsi que pour certains placages décoratifs, tel que l'érable moucheté.

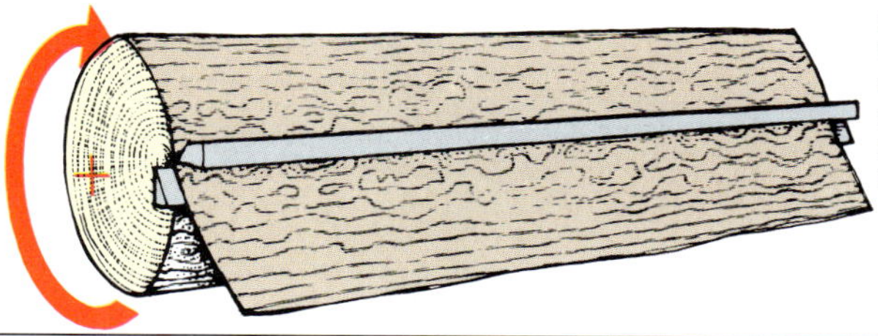
Déroulage excentrique
Une méthode de déroulage qui produit un dessin semblable à celui que l'on obtient par tranchage à plat.

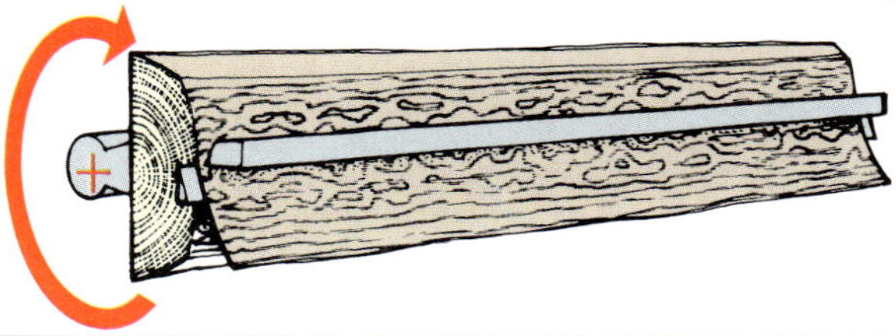
Placage semi-déroulé
Cette méthode est semblable au débitage excentrique, et produit aussi un dessin semblable à celui que l'on obtient par tranchage à plat.

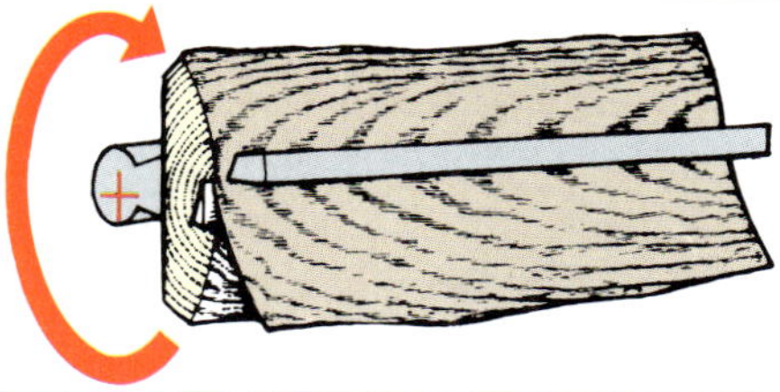
Déroulage sur âme
Une méthode de déroulage utilisée pour obtenir des placages décoratifs tels que l'ondé et le flambé.

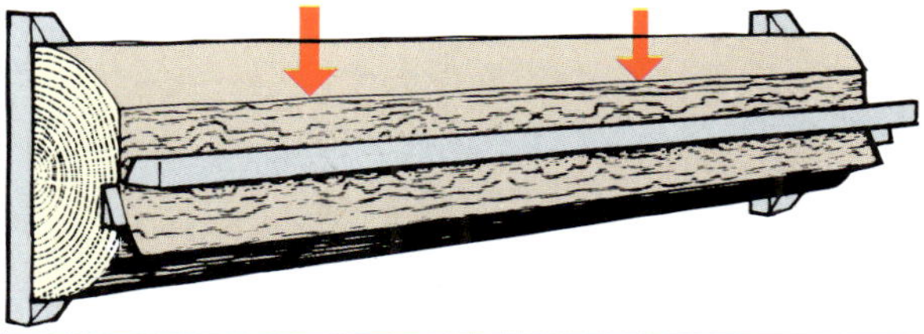
Tranchage à plat
Une méthode courante pour obtenir les placages ondés traditionnels.

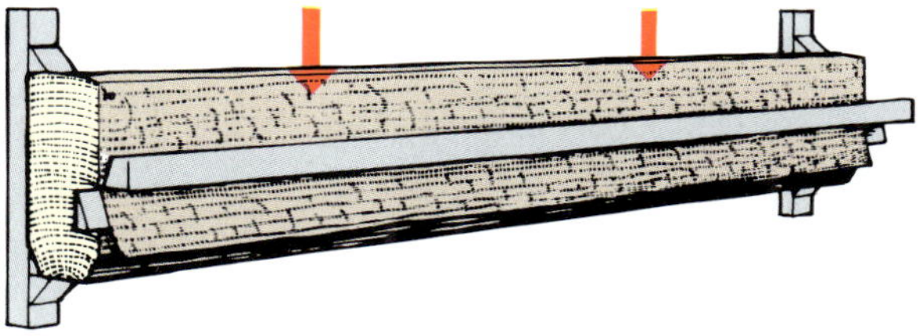
Tranchage sur maille
Une méthode utilisée pour produire des placages avec un agréable motif de découpe sur quartier.

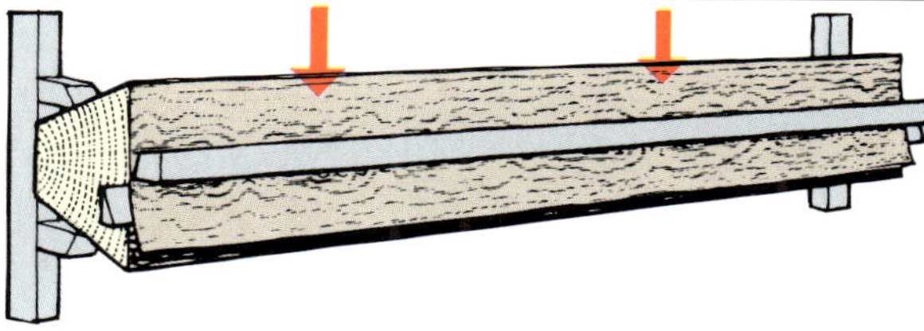
Tranchage sur quartier
Il arrive que l'on taille tangentiellement les billes divisées en quatre, ceci afin d'obtenir des placages tranchés sur quartier.

DIFFÉRENTS TYPES DE PLACAGE

Le processus de fabrication des placages rend disponible un grand choix de bois de feuillus, dont la majorité sont trop chers ou inaptes pour être utilisés comme bois massif. On peut tirer d'un arbre différents types de placages décoratifs. Ce ne sont pas seulement les caractéristiques naturelles de l'arbre, telles que la couleur, le fil et la texture, qui déterminent l'aspect décoratif d'un placage, mais aussi la partie utilisée ainsi que la méthode de débitage. La plupart des placages sont tirés du fût de l'arbre qui fournit les plus longs placages ainsi que les dessins les plus larges. La variété des types de placage est obtenue en tranchant le bois de diverses manières. La dénomination du type peut se référer à la méthode de débitage, « noyer tranché sur bille », ou à la partie de l'arbre d'où provient le placage, la loupe ou le broussin. La plupart des placages sont débités à une épaisseur de 0,6 millimètres, bien que certains bois débités en placages plus épais servent à restaurer des meubles.

VOIR AUSSI
Bois de feuillus 20/29
Le placage 258/270

ACHETER DU PLACAGE

On peut acheter de simples feuilles ou des lots de placages à des fournisseurs spécialisés et à des marchands de bois, soit directement, soit par courrier. Il est important de conserver les placages dans leur ordre consécutif étant donné qu'ils sont assortis. Vous serez donc servis à partir du dessus du lot, et le fournisseur n'en dérangera pas l'ordre, car ceci en diminuerait la valeur.

Avant d'acheter des placages, calculez la surface dont vous avez besoin en mesurant large. Un placage étant unique, si par mégarde vous n'en aviez pas acheté suffisamment, il est peu probable que vous réussissiez à retrouver le même. Le prix des feuilles est généralement donné au mètre carré, bien que certains négociants vendent des pièces prédécoupées à un prix établi. Pour la marqueterie, on peut trouver des assortiments choisis de différents types de placages.

Les petites commandes de feuilles entières de placage sont généralement expédiées enroulées. De petites pièces de loupe ou de madré sont expédiées à plat, mais peuvent aussi être incluses dans un envoi de feuilles, auquel cas elles sont humidifiées afin de pouvoir être enroulées sans être endommagées. Ouvrez un paquet de placages avec précaution, et si certaines pièces ont les extrémités fendillées, ce qui est assez courant, recouvrez les fentes de papier collant (particulièrement pour les bois de couleur claire) afin d'éviter que la poussière ne s'y fixe.

Si le placage reste enroulé une fois que vous l'avez retiré de son emballage, trempez-le ou humidifiez-le à la vapeur d'une bouilloire, puis aplatissez-le entre deux planches d'aggloméré ; prenez garde cependant à la formation de champignons. Stockez les placages à plat, en les protégeant de la poussière et de la trop forte lumière, car le bois réagit à celle-ci et peut s'éclaircir ou s'obscurcir selon les essences.

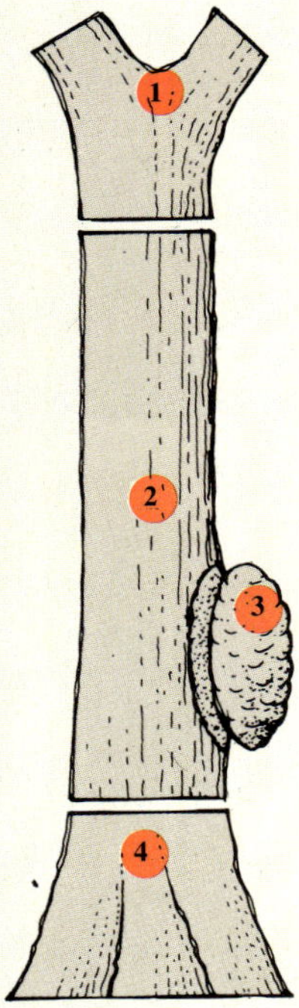

Parties de l'arbre utilisées pour le placage
1 Fourche
2 Tronc
3 Loupe
4 Souche ou billot

Exemples de placages disponibles dans le commerce
1 Loupe de Thuya
2 Ronce de noyer
3 « Bois de lièvre » artificiellement coloré
4 Placage teint
5 Placage mixte de noyer
6 Placage rayé « dos de violon »
7 Le placage elliptique de l'acajou
8 Placage de bouleau
9 Érable moucheté
10 Saule piqué
11 « Bois de dentelle » tranché sur maille
12 Rayonné de chêne
13 Placage veiné
14 Placage à motif rubanné

La loupe
La loupe est une excroissance du tronc de l'arbre. Elle expose un agréable motif représentant des bourgeonnements serrés semblables à des anneaux et à des points. C'est le plus cher de tous les placages, et il est très apprécié pour l'ébénisterie et les petits ouvrages en bois.
La loupe est produite en formes irrégulières et en diverses tailles, variant entre 150 x 100 millimètres et 1 mètre de long par 450 millimètres de large.

La ronce
La ronce est taillée dans la souche ou le billot de certains arbres. En utilisant la méthode de déroulage sur âme, on obtient des placages aux motifs extrêmement intéressants, ceci à cause du fil déformé.

Placages colorés
Des placages artificiellement colorés sont disponibles chez des fournisseurs spécialisés. On utilise des bois de couleur claire tel le sycomore ou faux platane. Le « bois de lièvre » est en fait du faux platane traité chimiquement, qui tourne au gris argenté. On utilise des teintures afin d'obtenir d'autres couleurs, et le placage est traité sous pression afin d'assurer une pénétration maximale.

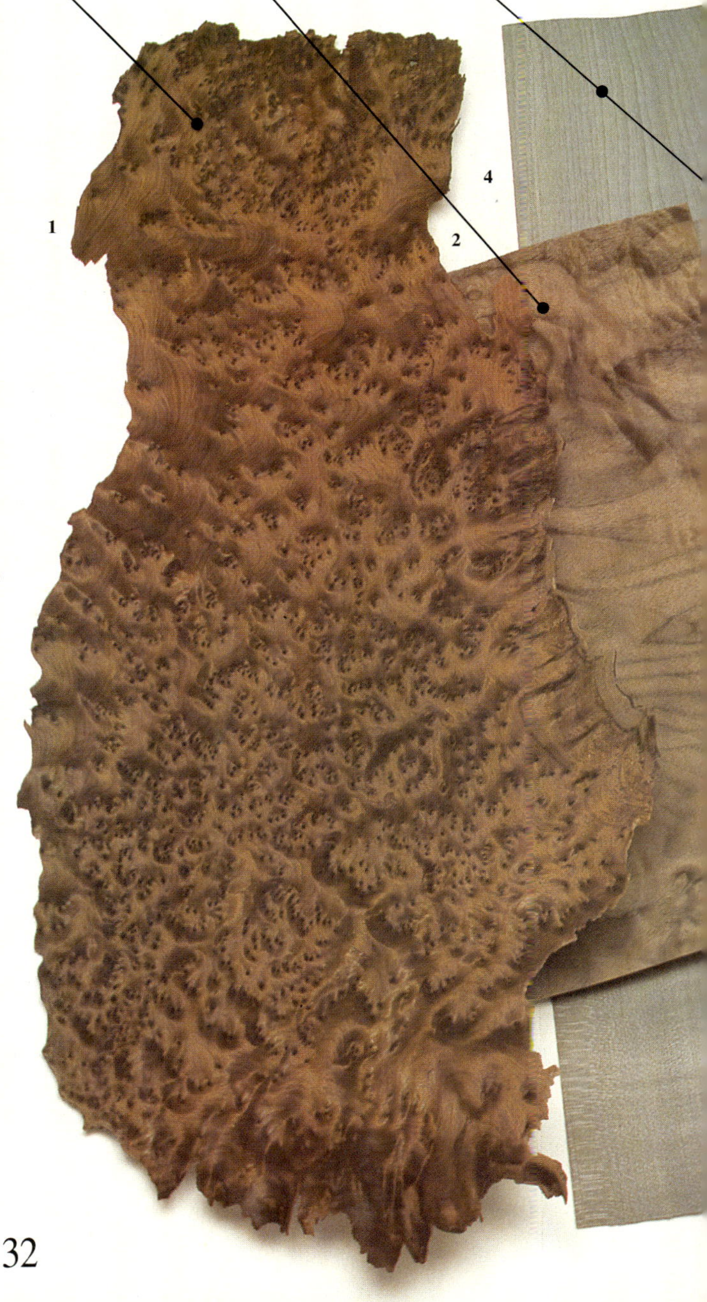

Le mixte
Le placage tranché tangentiellement à plat est connu sous le nom de « mixte ». Ce placage présente un agréable motif de courbes et d'ovales le long du centre de la feuille, le fil étant plutôt veiné près des chants. Le mixte est produit en longueurs de 2,4 mètres ou plus et en différentes largeurs variant entre 225 et 600 millimètres, selon les espèces. On s'en sert principalement en ébénisterie et pour le lambrissage.

Placage rayé
Les bois à fil ondulant produisent des placages avec des bandes de fil sombre et clair courant en travers de la largeur de la feuille. Le faux platane « dos de violon » en est un exemple typique. Ce bois tire son nom de son utilisation dans la fabrication des violons.

L'elliptique
L'elliptique est taillé dans la fourche de l'arbre, là où il se scinde. Lorsque cette fourche est tranchée perpendiculairement, un motif très agréable apparaît. Le fil déformé et partant dans toutes les directions produit un motif d'aspect satiné de plumes ébouriffées, connu sous le noms de « dessin à plumes ». Ce placage est produit en tailles variant entre 300 millimètres et 1 mètre pour la longueur et entre 200 et 450 millimètres pour la largeur.

Placage à motif fantaisie
Les billes de bois de feuillus à croissance irrégulière peuvent être déroulées afin d'obtenir des placages présentant des motifs différents. L'érable et le bouleau mouchetés en sont des exemples. Les bois au fil irrégulier peuvent aussi produire des placages à motifs « piqués » et « boursouflés ».

Placage à arêtes
Les bois tels que le chêne et le platane révèlent des motifs caractéristiques lorsqu'ils sont tranchés sur maille. Les rayons médullaires apparents du chêne produisent le « rayonné » ou l'« éclaboussé ». Le placage obtenu par tranchage sur maille de platane est connu sous le nom de « bois de dentelle ».

Placage veiné
Les placages tranchés sur maille présentent généralement un motif à rayures lorsque la coupe radiale est effectuée en travers de la largeur des cernes de croissance. Le veiné ou le « ruban » surviennent aussi sur les bois qui poussent avec un fil à spirale inversée entremêlée. Les rayures du « ruban » semblent passer du clair au sombre, selon l'angle sous lequel on les regarde.

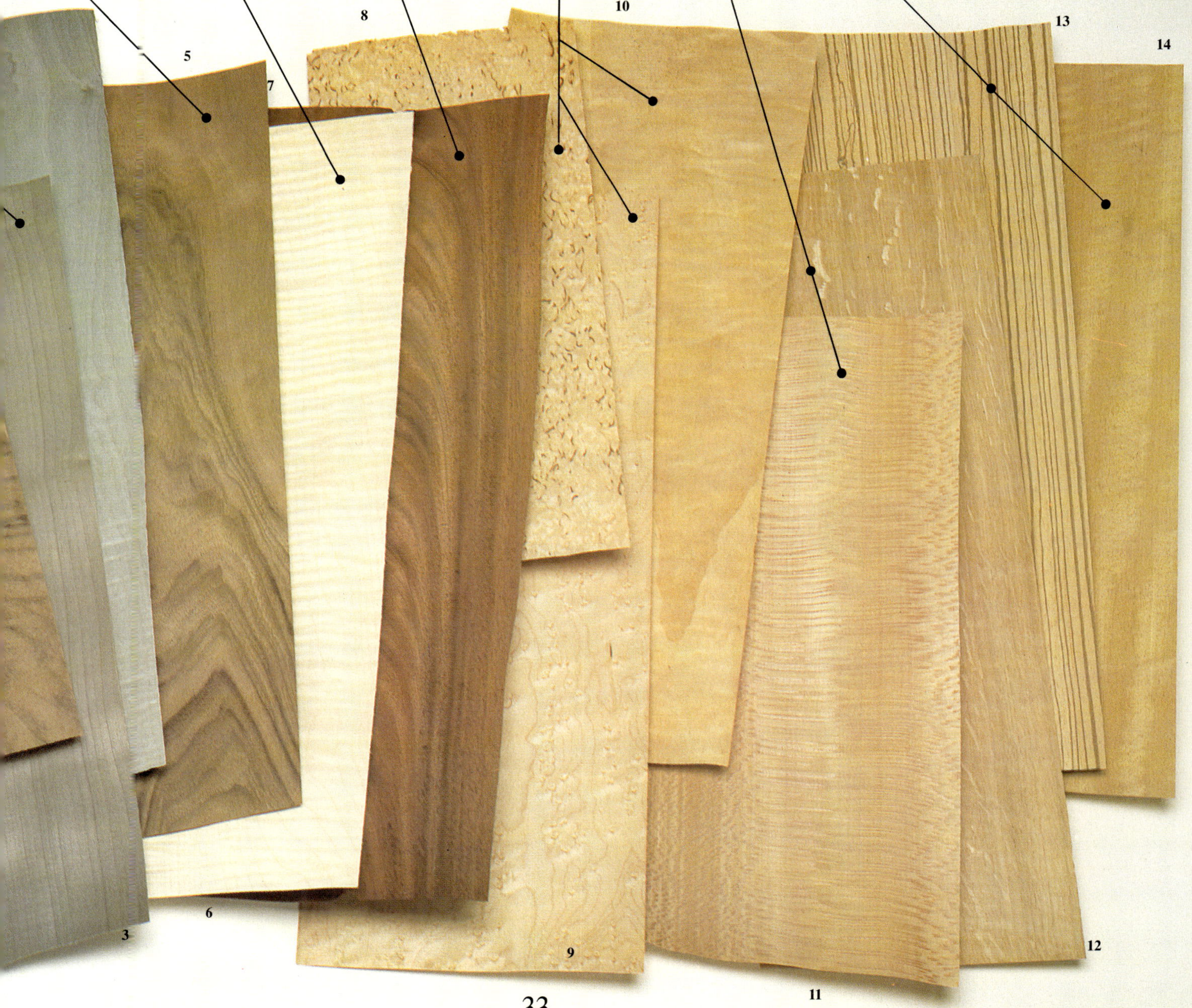

LES PANNEAUX DÉRIVÉS DU BOIS

Les panneaux dérivés du bois sont relativement nouveaux et ont été adoptés avec enthousiasme tant par les industriels que par les amateurs. Les fabricants de panneaux améliorent constamment leurs produits afin d'en parfaire la qualité, d'économiser la matière première et de faciliter le travail. En conséquence, il existe aujourd'hui une large gamme de panneaux, divisée en trois catégories : les contre-plaqués, les panneaux de particules et les panneaux de fibres. Au fur et à mesure que de nouveaux produits sont introduits sur le marché, certains types de contre-plaqués disparaissent au profit des panneaux de particules et de fibres qui sont moins chers.

VOIR AUSSI

Bois résineux	16/19
Bois de feuillus	20/29
La fabrication des armoires	63/65/70
Assemblages de panneaux dérivés du bois	246/247
Travailler les panneaux dérivés du bois	248

LE CONTRE-PLAQUÉ

Le contre-plaqué est un matériau fabriqué à partir de fines feuilles de bois appelées placages de construction qui sont liées entre elles en couches afin de former un panneau stable et solide. Le contre-placage du bois était une méthode connue déjà des artisans de l'Antiquité, mais le contre-plaqué est un matériau relativement récent que l'on commença à produire commercialement vers le milieu du dix-neuvième siècle. La taille des panneaux obtenus, la stabilité et la facilité de travail sont les caractéristiques qui en ont fait un matériau très utile pour les assemblages d'intérieur et la construction des charpentes, mais ce n'est qu'avec le développement dans les années trente d'adhésifs imperméables que le contre-plaqué a trouvé une véritable place dans le bâtiment.

Fabrication du contre-plaqué

Une planche de bois massif est relativement instable et gonfle ou se rétracte plus dans sa largeur que dans sa longueur. Elle peut aussi se voiler, ceci dépendant de la manière dont elle a été débitée. Un bois possède une force élastique supérieure dans sa longueur, mais c'est aussi dans le sens du fil que l'on trouve les fentes.

On fabrique le contre-plaqué en apposant des placages l'un sur l'autre en alternant à angle droit le sens du fil ou des fibres, de façon à contrer les mouvements du bois. Le résultat est une planche stable et résistante au gauchissement qui n'a pas de sens de fissure naturel. La plus grande résistance d'un panneau de contre-plaqué se trouve dans le sens du fil du parement. La plupart des contre-plaqués sont faits de placages assemblés en nombres impairs afin d'augmenter l'équilibre, le minimum étant trois. Le nombre varie selon l'épaisseur des placages et du panneau et, quel qu'il soit, la fabrication doit se faire d'une manière symétrique en partant du placage central ou de l'âme du panneau.

Les placages de surface d'un panneau de contre-plaqué sont appelés faces. Lorsque la qualité diffère entre ces deux faces, la meilleure est appelée parement tandis que l'autre est appelée contre-parement. Généralement, on utilise un code lettre pour classifier chaque face. Les placages situés entre les deux faces sont appelés plis transversaux, la ou les couches centrales constituant l'âme.

Dimensions

Les contre-plaqués sont fabriqués dans une large gamme de dimensions et leur épaisseur varie généralement entre 3 et 30 millimètres en suivant une progression de 3 millimètres. Il existe des « contre-plaqués d'aviation » spéciaux, fournis en très petites épaisseurs.

En général, la largeur d'une planche est de 1,22 mètre (4 pieds), mais il en existe aussi d'une largeur de 1,52 mètre (5 pieds). La longueur courante est de 2,44 mètres (8 pieds), bien qu'il existe des planches ayant une longueur de 3,66 mètres (12 pieds). Les mesures sont données en unités métriques ou impériales selon la source de fabrication. Le fil du parement court généralement dans la longueur de la planche, mais pas obligatoirement. Il court le plus souvent dans le sens de la première mesure citée par le fournisseur ; ainsi, une planche de 1,22 x 2,44 mètres (4 x 8 pieds) aura le sens du fil dans sa largeur.

COLLAGE

Les performances du contre-plaqué ne sont pas seulement déterminées par la qualité des placages, mais aussi par la qualité des adhésifs utilisés lors de sa fabrication. On peut classer les contre-plaqués par type d'utilisation.

Contre-plaqué intérieur

On utilise ce type de contre-plaqué pour tous les travaux d'intérieur excepté la construction de charpentes. Il est communément fabriqué avec un parement de qualité décorative et un contre-parement de qualité inférieure.

Les contre-plaqués intérieurs sont assemblés avec de la colle urée-formaldéhyde, un adhésif de couleur claire. La plupart de ces panneaux sont destinés à l'utilisation dans un environnement sec : fabrication de meubles ou cloisonnement. Dans la fabrication de certains types de panneaux, on se sert d'adhésifs traités qui permettent l'utilisation de ces planches dans un environnement saturé d'humidité. Ne vous servez jamais de contre-plaqués intérieurs pour un usage extérieur.

Contre-plaqué extérieur

Les contreplaqués extérieurs peuvent servir pour une exposition totale ou partielle aux intempéries selon le type d'adhésif utilisé, ceci excluant les travaux de charpente.

Les panneaux fabriqués pour être totalement exposés aux intempéries sont assemblés avec un adhésif de couleur foncée au phénol-formaldéhyde. Ce type de contre-plaqué est résistant aux intempéries et à l'eau bouillante. Les adhésifs intervenant dans ce processus de fabrication doivent respecter certaines normes et subissent des tests systématiques. Utilisés avec succès depuis de longues années, ils ont prouvé leur capacité de résistance aux intempéries, aux micro-organismes, à l'eau froide ou bouillante, à la vapeur et à la chaleur.

Certains panneaux de contre-plaqué extérieur sont assemblés avec de la colle urée-mélamine ou -formaldéhyde et servent dans des conditions d'exposition partielle, c'est pourquoi elles sont idéales pour être utilisées dans les cuisines ou les salles de bains.

Contre-plaqué marin

Le contre-plaqué marin possède des faces de très bonne qualité et est idéal pour les travaux de charpente. Conçu à l'origine pour les travaux de marine, il est fabriqué à partir de placages sélectionnés provenant d'une étroite gamme de bois genre acajou. Il n'a pas de « trous » ni d'espacements et est assemblé avec un adhésif à la résorcine particulièrement durable. On peut aussi s'en servir pour des travaux d'intérieur.

Contre-plaqué de charpente

Les contre-plaqués de charpentes sont fabriqués pour être utilisés là où la force et la résistance est la première nécessité. Assemblés avec un adhésif à la résorcine, leurs faces sont de qualité inférieure, et leur finition est grossière.

TYPES DE CONTRE-PLAQUÉ

Différents types de contre-plaqué sont produits et utilisés dans des situations aussi diverses que les installations agricoles, la construction d'avions ou de bateaux, la charpente des immeubles, la fabrication de placards, dégagements, jouets ou meubles. Les performances et l'adaptabilité dépendent de l'espèce de bois, du type d'assemblage et de la qualité du placage.

Les panneaux de contre-plaqué sont fabriqués dans le monde entier, et les espèces de bois utilisées varient selon le pays d'origine. Les faces et l'âme peuvent être faites de deux bois différents, ou tout le panneau peut être composé des mêmes placages.
On utilise communément le Douglas ou d'autres types de pins pour fabriquer les panneaux de contre-plaqué de bois résineux, et les planches de bois de feuillus proviennent de bois tempérés et de couleur claire comme le bouleau ou le hêtre. Dans certains cas, des bois tropicaux de couleur rouge peuvent aussi être utilisés.

CLASSIFICATION D'APPARENCE

Les fabricants de contre-plaqué emploient un système de codage pour cataloguer la qualité des placages utilisés dans la fabrication d'une planche.

Le système le plus commun emploie les lettres A, B, C, C rapiécé et D. La lettre A désigne la meilleure qualité, parfaitement lisse et ne présentant aucun défaut, tandis que la lettre D désigne la qualité inférieure, présentant presque tous les défauts admis tels que les nœuds, les trous, les fentes et la décoloration. Les lettres citées ou marquées sur le panneau ne font référence qu'à l'aspect des faces, sans tenir compte des caractéristiques structurelles. Une planche de catégorie AA possède deux bonnes faces, tandis qu'une planche de catégorie BC possède des faces de qualité inférieure (B désignant le parement et C, le contre-parement). On désigne les contre-plaqués décoratifs par le nom des placages choisis et assortis.

Contre-plaqué décoratif
Sa face de parement est un placage sélectionné, généralement un bois dur tel que le kokrodua, le hêtre, le merisier ou le chêne ; ce type de contre-plaqué est généralement utilisé pour le lambrissage. La face arrière ou contre-parement est faite d'un placage correspondant, mais de qualité inférieure.

Contre-plaqué à trois plis
Les plis externes sont collés sur une âme à un pli. L'épaisseur des plis de parement peut être identique ou plus épaisse que l'âme, ceci afin d'améliorer l'équilibre de la construction. Ce type de contre-plaqué est parfois appelé contre-plaqué « balancé » ou à « âme solide ». Les fins contre-plaqués à trois plis sont utilisés comme fond de tiroir et de placard.

Contre-plaqué pour côté de tiroir
Ce type de contre-plaqué fait exception à la règle d'interversion des fils, car le fil de tous les plis est dans le même sens. En bois dur d'une épaisseur pouvant atteindre 12 millimètres, il est utilisé pour fabriquer les côtés des tiroirs au lieu de bois massif.

Contre-plaqué multiplis
L'âme de ce type de contre-plaqué est composée d'un nombre impair de plis, ayant tous la même épaisseur. Cependant, les plis inversés peuvent aussi être plus épais, ceci aidant à donner aux placages la même résistance dans leur longueur que dans leur largeur. C'est un bon matériau pour la construction de meubles.

Contre-plaqué à quatre et à six plis
Le contre-plaqué à quatre plis est composé de plis épais collés entre eux, avec le fil dans le même sens et perpendiculaire à celui des plis de parement. Il est plus résistant dans un sens et s'utilise pour des châssis. Les contre-plaqués à six plis sont identiques, mais leur âme est parallèle aux plis de parement, les plis intermédiaires étant inversés.

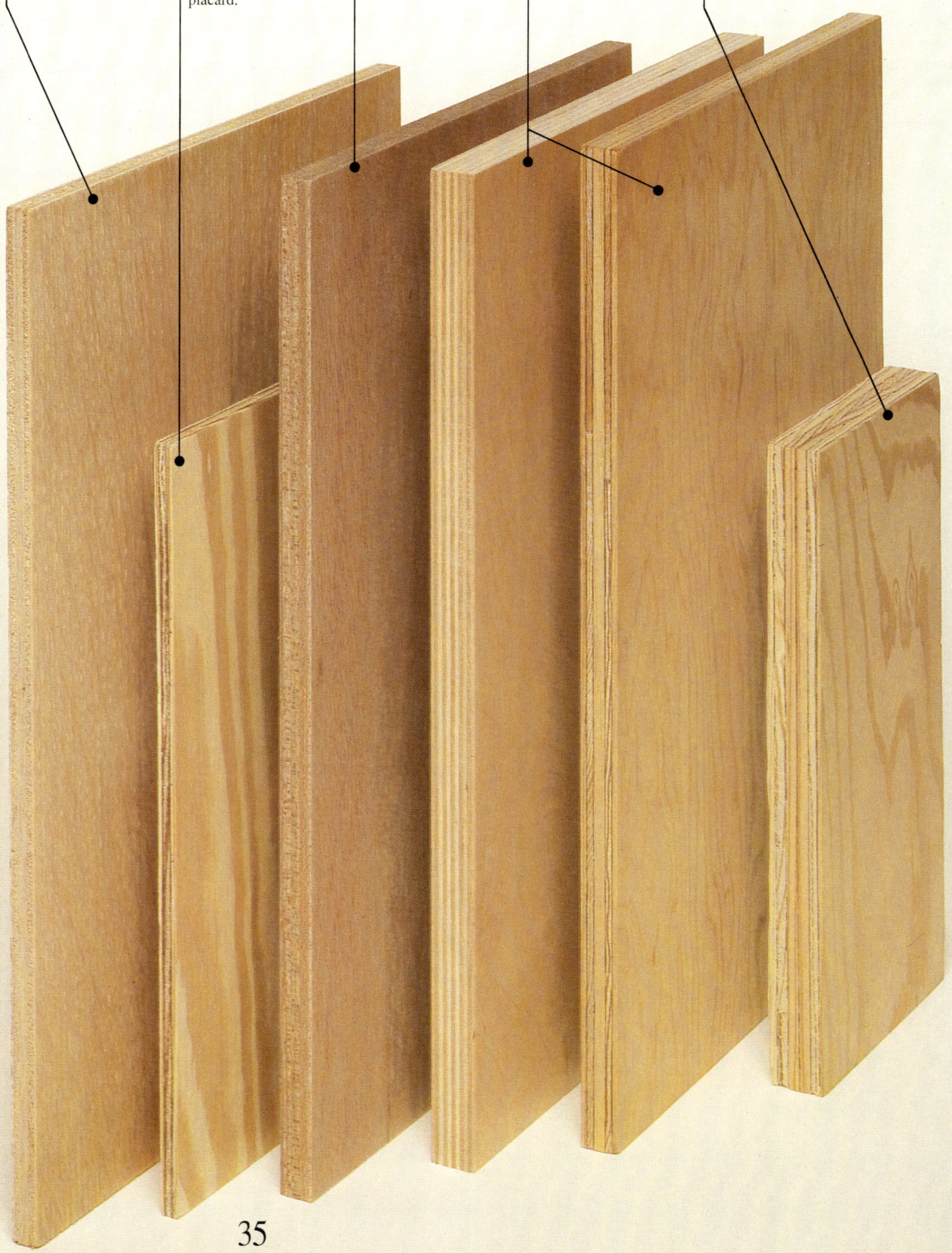

LES PANNEAUX LATTÉS ET LAMELLÉS

Les panneaux lattés sont une variante de contre-plaqué dont la particularité réside dans la méthode de fabrication. L'âme est formée de lattes de bois massif taillées à angle droit et assemblées chant sur chant sans être collées. L'âme est ensuite recouverte par une ou deux épaisseurs de placage sur chaque face.

Les panneaux lamellés sont quasiment identiques, à ceci près que les lamelles très fines mesurent 5 millimètres de large et sont collées entre elles.

VOIR AUSSI

La fabrication des armoires	63/65/70
Votre atelier	210/211
Le placage	258/270
Les vis	304
Les ferrures d'assemblage	308

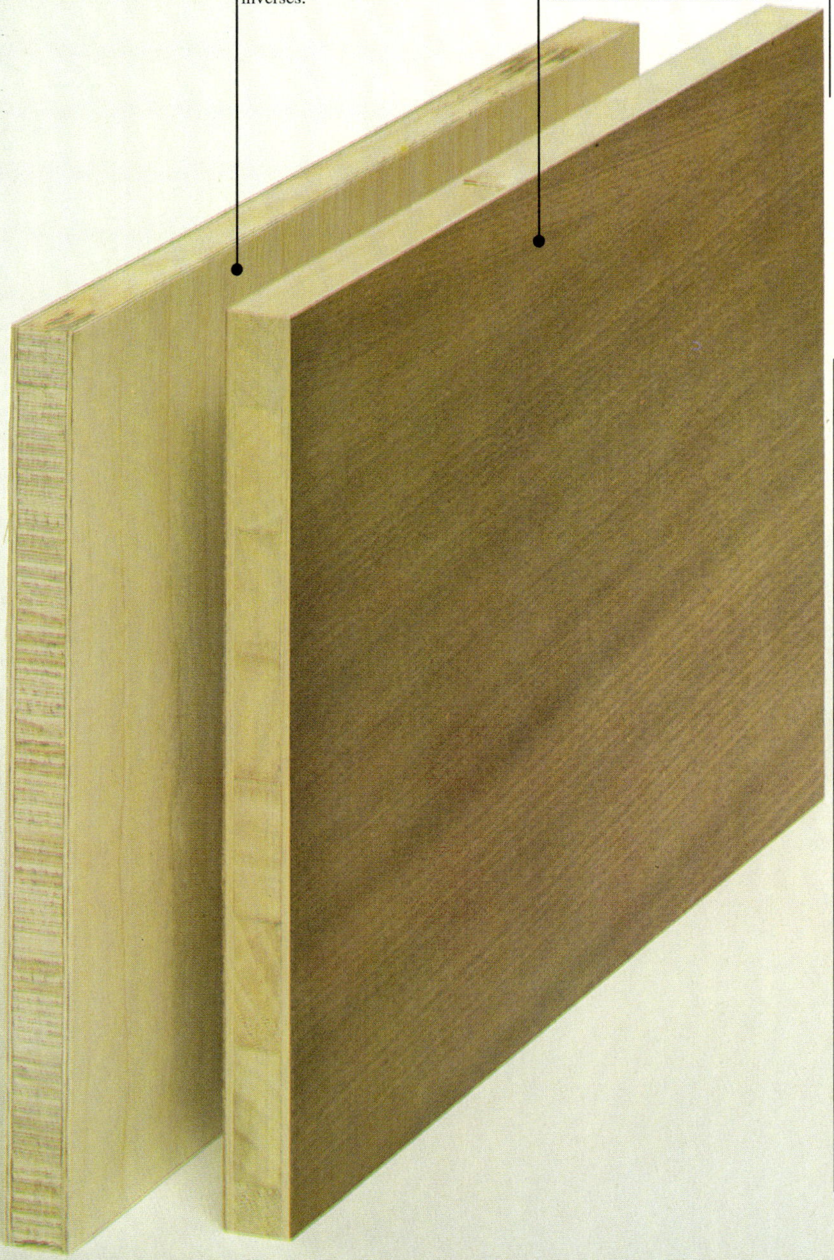

Panneau lamellé
Les panneaux lamellés sont supérieurs aux panneaux lattés en ce qui concerne le travail du placage, car leur âme est moins susceptible d'être apparente. Ils sont aussi plus chers. Il existe des panneaux à trois et à cinq placages intermédiaires. Les plis des panneaux à cinq plis intermédiaires peuvent être soit perpendiculaires à l'âme, soit inversés.

Panneau latté
C'est un matériau adapté pour les accessoires de meubles, surtout les rayonnages ou les dessus d'armoire. Ce matériau peut aussi faire une bonne base pour les travaux de placage, bien que les bandes formant l'âme puissent transparaître. Ils sont fabriqués en panneaux de mêmes dimensions que le panneau de contre-plaqué, et d'une épaisseur variant entre 12 et 25 millimètres.

LES PANNEAUX DE PARTICULES

Les panneaux de particules sont constitués de flocons ou d'éclats de bois liés entre eux sous pression. Plusieurs espèces sont fabriquées ; elles se différencient par la taille et la forme des particules, la répartition de celles-ci à travers l'épaisseur du bois et le type d'adhésif qui les lie entre elles. La matière première est le bois résineux bien que certains bois de feuillus puissent aussi être utilisés.

Type de panneaux

Les panneaux de particules sont des matériaux stables et d'une consistance homogène. La surface des panneaux fabriqués avec des particules très fines est exempte de défauts, ce qui la rend idéale pour servir de base à un placage. Il existe un grand choix de panneaux décoratifs préplaqués au bois, au papier ou au plastique. La plupart des panneaux de particules sont très friables et ont une résistance à la traction inférieure à celle du contre-plaqué.

Panneaux de copeaux

La plupart des panneaux de particules susceptibles d'intéresser un menuisier sont destinés à un usage intérieur, et sont appelés panneaux de copeaux. Ce matériau, comme tous les produits à base de bois, est affecté par un excès d'humidité -- le panneau se gonfle dans son épaisseur et ne retrouve pas sa forme initiale en séchant. Il existe néanmoins des types de panneaux résistant à l'humidité, à utiliser pour les planchers ou dans des endroits susceptibles d'être mouillés.

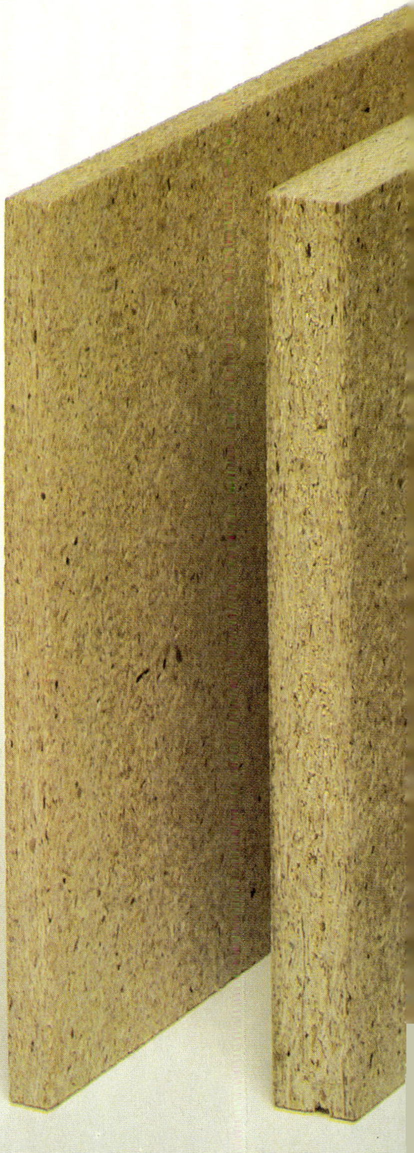

STOCKAGE ET TRAVAIL DES PANNEAUX

Stockage
Pour gagner de la place, stockez les panneaux sur un de leur chant. Fabriquez une étagère afin qu'ils ne reposent pas directement sur le sol et penchez-les légèrement. Lorsque vous stockez des panneaux de faible épaisseur, soutenez-les par un panneau plus épais.

Travail
Une vis sera plus solidement fixée dans la face d'un panneau dérivé du bois que dans son chant. Si vous devez fixer une vis dans le chant d'un panneau de contre-plaqué, percez au préalable un avant-trou afin d'éviter que le bois ne se fendille. Le diamètre d'une vis ne doit jamais dépasser le quart de l'épaisseur de la planche.

En ce qui concerne les panneaux lattés ou lamellés, il faut fixer une vis dans le chant mais jamais dans le bout. Quant aux panneaux de particules, tout dépend de la densité du panneau ; généralement ils supportent mal les vis.

Panneau de particules à une couche
Ces panneaux sont fabriqués à partir de particules également réparties. La surface est relativement rugueuse. Ce type de panneau convient pour les placages du bois ou les revêtements de plastique, mais non pour la peinture.

Panneau de particules à trois couches
Ces panneaux sont composés d'une âme de particules grossières recouverte des deux côtés par deux couches de fines particules à haute densité. Les couches extérieures contiennent une plus grande proportion de résine, ce qui produit une surface lisse parfaite pour la plupart des finis.

Panneau de particules à densité variée
Les surfaces sont en particules fines qui enveloppent une âme de particules plus grossières. Par opposition aux panneaux à couches, il y a une certaine transition qui s'opère entre les particules grossières et la surface lisse.

Panneau de particules décoratif
Ces panneaux sont fabriqués avec une face recouverte d'un placage choisi, d'un lamifié de plastique ou d'une fine feuille de mélamine. Les panneaux recouverts de placage sont poncés prêts à être polis, les panneaux recouverts de lamifié ou d'une feuille de mélamine sont prêts à être employés. Certains panneaux recouverts de lamifié sont fabriqués avec les chants profilés, tandis que des bandes de recouvrement correspondantes sont disponibles pour les panneaux revêtus de placages ou de mélamine.

Panneau OSB
(Oriented Strand Board)
C'est un matériau à trois couches fabriqué à partir de grandes particules de pin. Les bandes de chaque couche sont disposées dans une direction et chaque couche est perpendiculaire à la précédente de la même façon que pour les panneaux de contre-plaqué.

Panneau de flocons
Ces panneaux utilisent de larges copeaux de bois étendus horizontalement se recouvrant les uns les autres. Ces panneaux ont une plus grande résistance élastique que les panneaux de particules clas

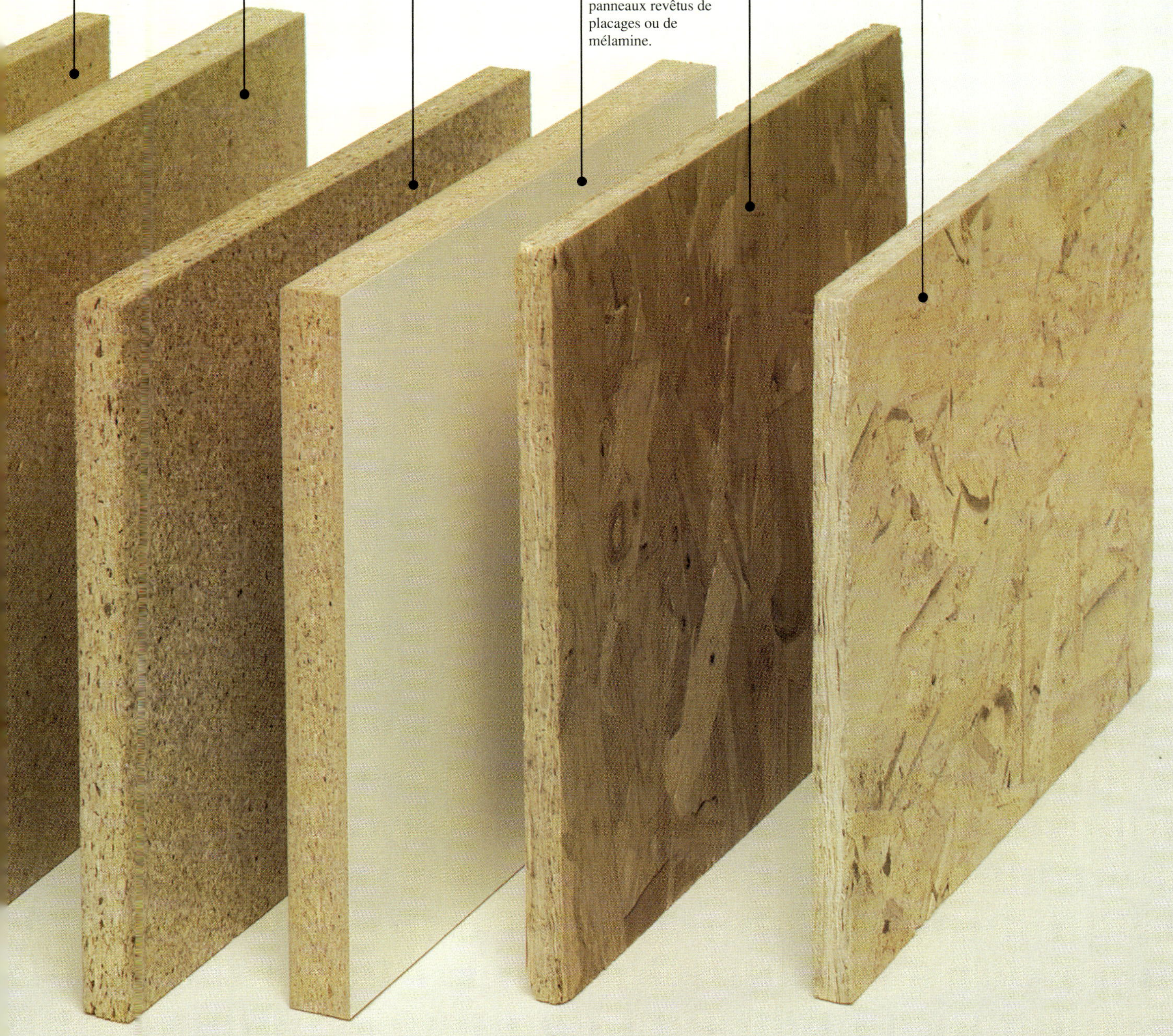

LES PANNEAUX DE FIBRES

VOIR AUSSI
La fabrication des armoires 63/65/70

Le panneau de fibres est fabriqué à partir de bois réduit à son état fibreux, puis recomposé afin de former un matériau stable et homogène. Selon la pression appliquée et le type d'adhésif utilisé, on fabrique des panneaux de différentes densités.

Panneaux de fibres durs
Le panneau de fibres dur est un panneau de haute densité, fabriqué à partir de fibres mouillées et pressées à chaud et à une très grande pression. Les fibres sont liées entre elles par la résine naturelle qu'elles contiennent (lignine).

Panneau trempé : C'est un panneau de densité moyenne qui, imprégné de résine et d'huile, est plus solide et résistant à l'humidité et à l'abrasion.
Panneau de fibres mi-dur : C'est un panneau à une face lisse, fabriqué en plusieurs épaisseurs entre 1,5 et 12 millimètres. Matériau bon marché, il est communément utilisé comme fond de tiroir et de placard.
Panneau deux faces (b) : Identique au précédent, ce panneau est fabriqué avec deux faces lisses.
Panneau décoratif : Ce panneau est fabriqué avec une surface distinctive et perforée, striée ou teintée.

Panneaux de fibres tendres
Les panneaux de fibres tendres sont fabriqués selon le même procédé que les panneaux de fibres durs, et sont produits en deux catégories. Les panneaux à faible densité (FD) ont une épaisseur variant entre 6 et 12 millimètres et sont utilisés comme planche de support ou comme lambris. Les panneaux à haute densité (HD) sont plus solides et sont utilisées pour faire des cloisons intérieures.

Panneaux de fibres de densité moyenne (MDF)
Les panneaux de fibres de densité moyenne (MD) sont fabriqués avec deux faces lisses et selon un procédé à sec. Les fibres sont liées entre elles au moyen de résines synthétiques. La structure de ces panneaux est homogène et leur texture fine, ce qui permet une excellente finition.

Ce type de panneaux peut se travailler comme des planches de bois massif et peut même être utilisé comme substitut de celles-ci. Il fournit une excellente base pour les placages et accepte très bien les produits de fini. Les panneaux traités MD sont fabriqués en épaisseur variant entre 6 et 32 millimètres et dans une large gamme de dimensions.

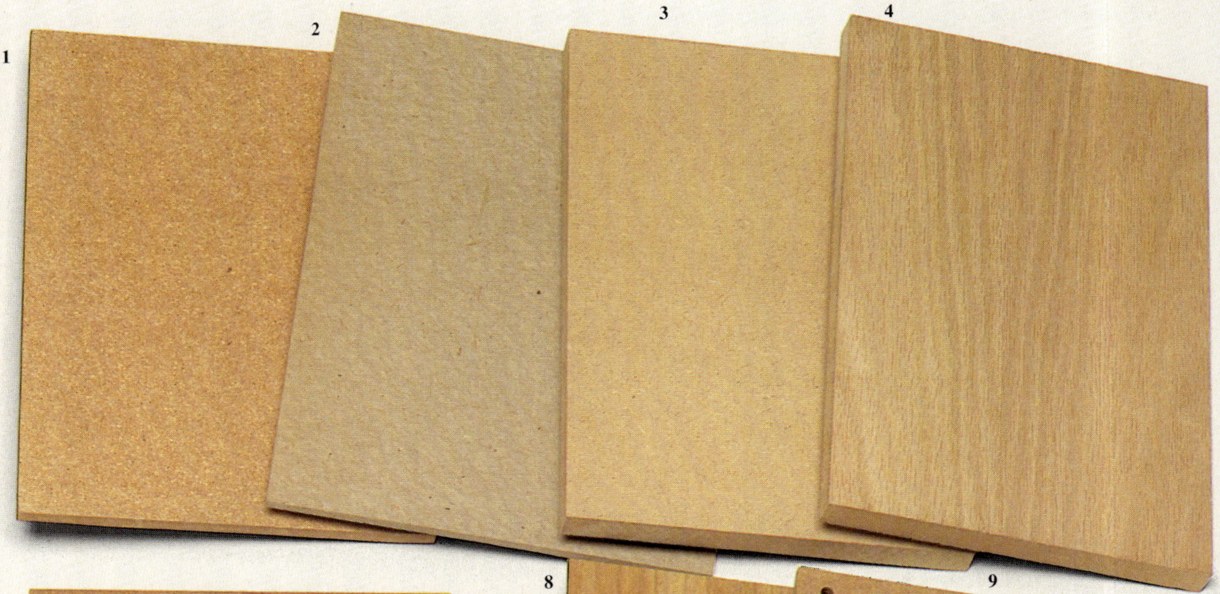

Les panneaux de fibres
1 Panneau de fibres de haute densité (HD)
2 Panneau de fibres de faible densité (FD)
3 Panneau de fibres de moyenne densité (MD)
4 Panneau de fibres MDF plaqué de chêne.

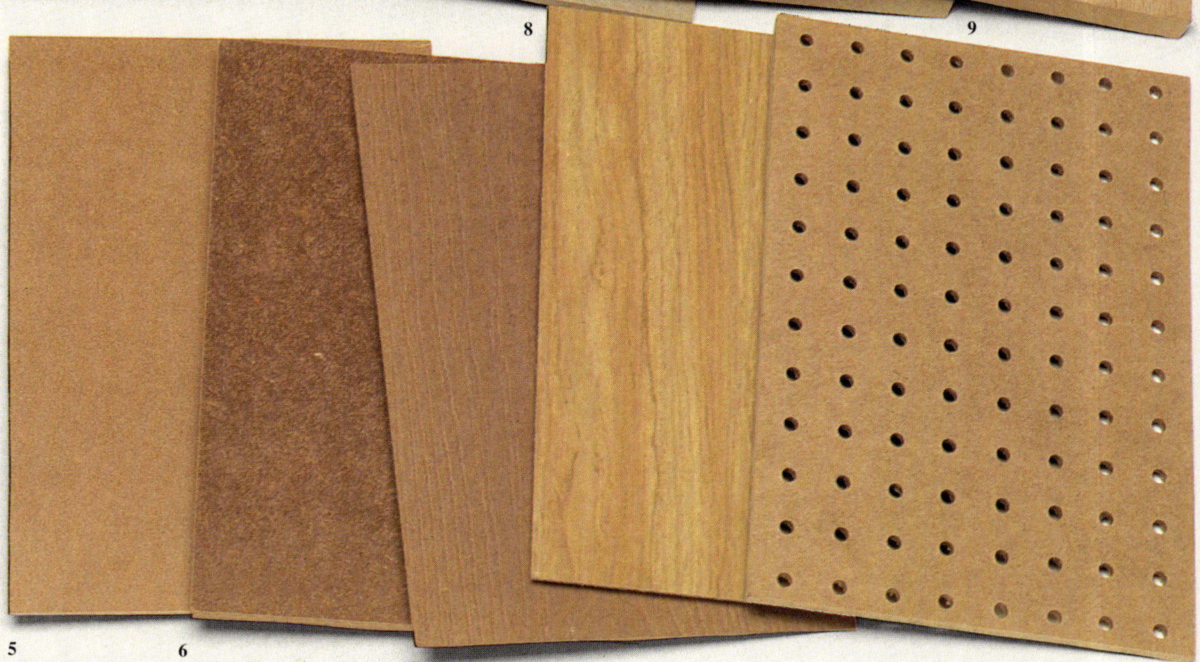

Les panneaux de fibres durs
5 Panneau de fibres dur standard
6 Panneau de fibres extra-dur
7 Panneau de fibres dur gaufré
8 Panneau de fibres décoratif
9 Panneau de fibres dur perforé

CHAPITRE 2

CRÉATION

Pour créer en trois dimensions, il faut pouvoir visualiser l'objet fini avant de le commencer. Le processus de création n'est jamais simple, et il devient encore plus complexe lorsque vous travaillez avec des formes ou des matériaux qui ne vous sont pas familiers. En effet, vous verrez qu'il est souvent nécessaire de construire une série de prototypes, afin d'évaluer chaque décision créative et d'être certain que l'objet que vous créez fonctionnera de manière satisfaisante. Cependant, même si vous êtes débutant, vous pouvez profiter de l'expérience accumulée par des générations d'artisans créateurs. Ce chapitre donne un aperçu des questions qu'un créateur doit se poser, tout en considérant la structure, la sécurité et

L'UTILISATION **FINALE**

sans oublier l'esthétique et l'aspect décoratif de l'objet. Vous trouverez dans ce chapitre, des croquis illustrant les principes de base de la construction d'une chaise, d'une table ou d'un meuble de rangement. Vous pourrez utiliser ces croquis comme une source d'inspiration, ou comme un guide des aspects pratiques de la création d'un meuble, tels que le choix d'un type d'assemblage et de l'ordre de montage.

LE PROCESSUS DE CRÉATION

Les nouvelles formes ou concepts proviennent rarement de l'imagination pure. Si vous étudiez la création du meuble à travers l'histoire, vous découvrirez un mouvement d'évolution progressive correspondant à la compréhension par le menuisier de l'influence de l'humidité sur le bois. Vous verrez comment les techniques furent modifiées par les progrès technologiques, et comment l'aspect extérieur des meubles fut influencé par l'évolution des goûts. Cependant, la progression fut lente. La majorité des menuisiers étaient, en termes actuels, des artisans plutôt que des créateurs. Ils continuaient à fabriquer des objets familiers, utilisant les mêmes outils, méthodes et matériaux qu'utilisaient leurs pères et grand-pères, sûrs qu'ils étaient des résultats obtenus. Il n'y avait que les ateliers les plus en vogue pour produire de nouvelles créations, destinées à des clients suffisamment riches pour payer ce que nous appelons aujourd'hui le « coût du progrès ». Ces nouveautés devaient être essayées et testées avant de prendre place dans le répertoire du commun des menuisiers. Un amateur doit à tout prix suivre cet exemple afin d'acquérir les principes fondateurs du métier. Nous ne voulons aucunement freiner votre originalité ou votre talent créatif, mais il serait dommage d'ignorer cette richesse d'expérience à seule fin de ne pas copier ce qui a été fait auparavant. Le créateur doit faire son possible pour comprendre le comportement des matériaux qu'il a choisis, apprécier le fonctionnement de l'objet fini et éviter les astuces trop apparentes.

VOIR AUSSI
Concevoir une chaise confortable 50
Les chaises à barreaux 54
Concevoir une table fonctionnelle 55
Concevoir des espaces de rangement 61
Renforcer les étagères 62

FONCTION

On parle beaucoup de création mais, pour comprendre la signification de ce concept, il faut l'étudier sous plusieurs angles. Un billot de bois peut être utilisé comme tabouret, mais un beau tabouret bien dessiné est tellement plus appréciable. Un tabouret de bar supporte un homme assis tout autant qu'un tabouret à traire, mais leur utilité différente a pour conséquence une taille différente. Un tabouret doit-il être suffisamment léger pour être portable ou, dans un immeuble public, doit-il être vissé au sol pour l'empêcher, s'il tombait, de bloquer une issue de secours ? Doit-il avoir une hauteur ajustable ? Doit-il être pliable pour pouvoir être rangé ? Sera-t-il stable sous les variations de poids ? Un fabricant doit se poser toutes ces questions afin de déterminer la fonction de cet objet, puis, trouver une solution fondée sur des nécessités réelles et non des idées préconçues. Malgré tout, ce sera presque toujours un compromis. La solution élégante est celle qui donne presque toutes les réponses ; elle sera rarement parfaite.

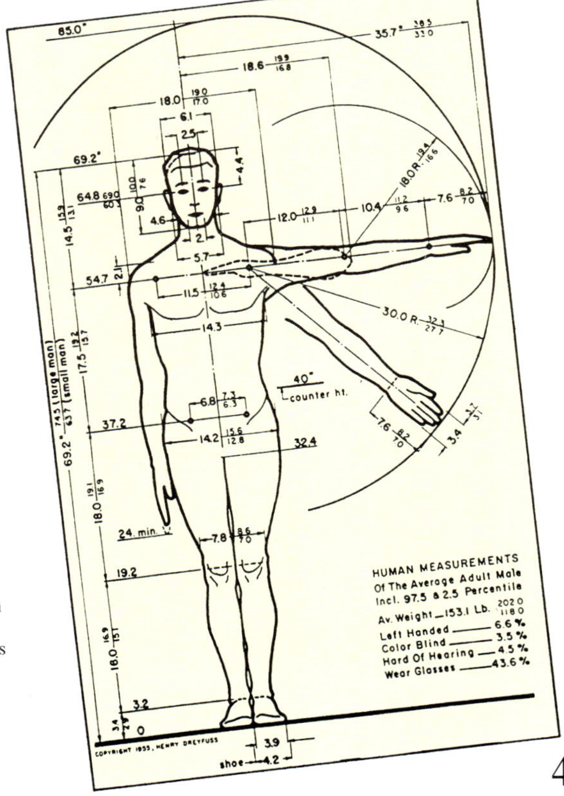

L'être humain
Le designer américain Henry Dreyfuss fut un pionnier dans l'étude de l'anthropométrie. Son livre, *Concevoir pour les gens*, nous fournit des renseignements détaillés sur les dimensions moyennes de l'homme et de la femme.

Créer pour l'homme
Pour être fonctionnels, les objets fabriqués à partir du bois doivent avoir un rapport avec l'anatomie du corps humain. Les hommes sont très différents, en taille, forme et poids. C'est pourquoi, lorsque vous fabriquez une chaise pour une personne en particulier, vous devez prendre ses mesures précises, avant de pouvoir être sûr que la chaise sera confortable. Néanmoins, l'anthropométrie et l'ergonomie -- l'étude comparative de l'homme par rapport à son environnement -- fournissent au fabricant les dimensions idéales des meubles et postes de travail qui conviennent aux gens de taille et de poids moyens. La plupart des gens se trouvent à l'aise avec des meubles fabriqués selon ces dimensions. Cependant, si vous fabriquez un objet destiné à une catégorie particulière de personnes, comme des enfants ou des personnes âgées, il vous faudra peut-être « personnaliser » votre travail afin de l'adapter à leurs besoins. Dans ce chapitre, des renseignements anthropométriques spécifiques vous sont fournis lorsqu'ils sont nécessaires.

Adaptabilité
Créer un objet dans un souci d'adaptabilité augmente l'utilité de celui-ci. Des lits bateaux pouvant se transformer en deux grands lits -- très utile à une famille dont les enfants grandissent -- sont un bon exemple d'adaptabilité. La chaise ergonomique d'une secrétaire est conçue pour le confort de gens de statures différentes ; et une table à rabats est l'exemple d'un objet compact et adaptable. Les étagères d'une bibliothèque sont plus utiles ajustables que fixes ; et dans une armoire, il vaut mieux avoir des tiroirs, des paniers et des plateaux coulissants, que de simples compartiments.

Nécessités structurelles
Aucun objet ne dure ou ne fonctionne bien s'il n'est bien construit. Il est gênant de couper son steak sur une table bancale ; de même, un bureau qui vibre lorsque vous y travaillez peut vous distraire ; quant à une chaise qui s'écroule soudainement, en plus d'être ennuyeux, c'est un véritable danger.

Un objet construit en bois peut soutenir un poids considérable du moment qu'il a été dessiné pour absorber les tensions et les contraintes d'un usage courant.

L'armature des pieds d'une chaise coloniale illustre parfaitement ce principe. Les quatres pieds sont fixés en dessous d'un solide siège, et des barreaux d'écartement horizontaux empêchent qu'un poids ne les fasse se plier ou s'écarter. Les pièces qui composent cette chaise, sont assemblées à des angles qui se renforcent mutuellement sous un poids car aucune tension n'est exercée directement sur l'une d'entre elles. Lorsqu'on se balance sur les pieds arrière évasés, ceux-ci sont en position idéale pour supporter l'excès de poids qu'apporte cet angle. Cette structure est en fait parfaitement bien adaptée à l'utilisation pour laquelle elle a été conçue.

Une étagère surchargée s'affaissera et finira par se casser sous l'effet de la compression et de la tension. Cependant, si vous découpez dans la longueur de la planche un support de 50 millimètres de large, et collez ce support perpendiculairement sous la planche, celle-ci pourra absorber plus de poids sans s'affaisser. Ce faisant, vous avez construit une poutre de support actif. L'armature d'une table ou les barreaux d'une chaise ont la même utilité. Le poids reposant sur ces barreaux est distribué aux pièces les supportant à chaque extrémité, par exemple les pieds d'une chaise ou d'une table. L'assemblage entre les barreaux et les pieds doit être capable de résister à une grande force (l'opposition entre la pression vers le bas due au poids et la rigidité des supports). Cette force est considérablement augmentée lorsque s'exerce une pression latérale faisant levier sur les assemblages. Un solide assemblage en queue d'aronde où la languette de l'assemblage par tenon et mortaise supporteront cette puissance de levier, et d'autant mieux si les barreaux sont suffisamment profonds pour bien soutenir l'assemblage et si des renforts d'angle maintiennent la structure intérieure.

Les assemblages d'un meuble à tiroir ou d'une boîte sont particulièrement vulnérables aux pressions latérales, et le cadre en s'affaissant se transforme en parallélogramme. Cependant, l'adjonction d'un fond rigide, de renforts verticaux ou d'équerres, réduira les mouvements de l'assemblage, et assurera la rigidité de la structure. Une plinthe intégrée ou un tasseau donneront le même résultat, tandis que des croisillons métalliques empêchent l'affaissement en liant diagonalement les coins opposés.

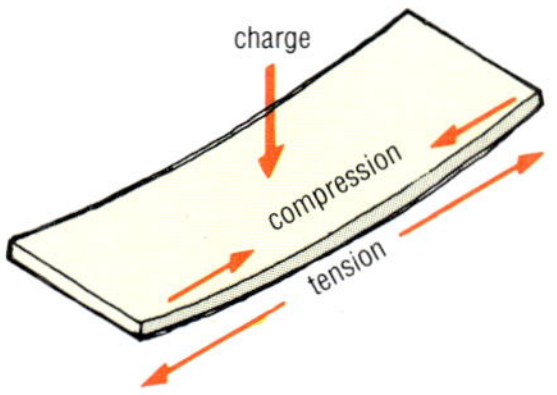

L'effet d'une charge sur une étagère

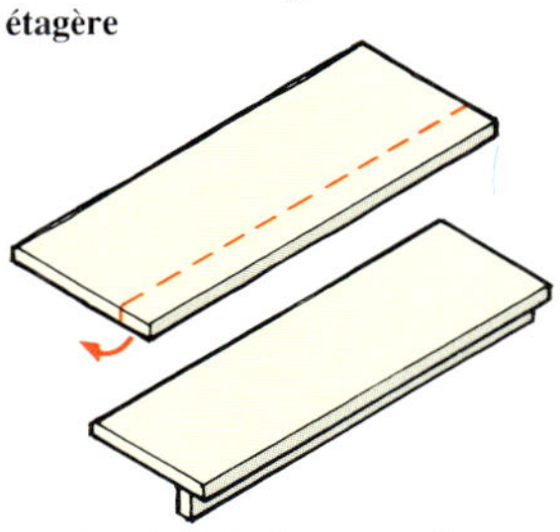

Une bande de bois sous un des chants fournit un soutien

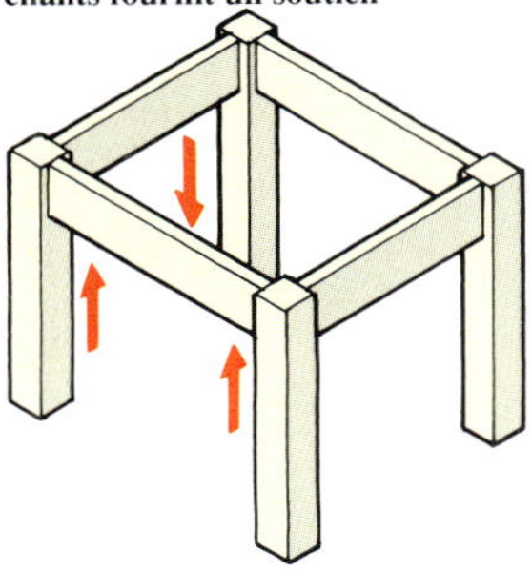

Les pieds supportent la charge d'une des traverses

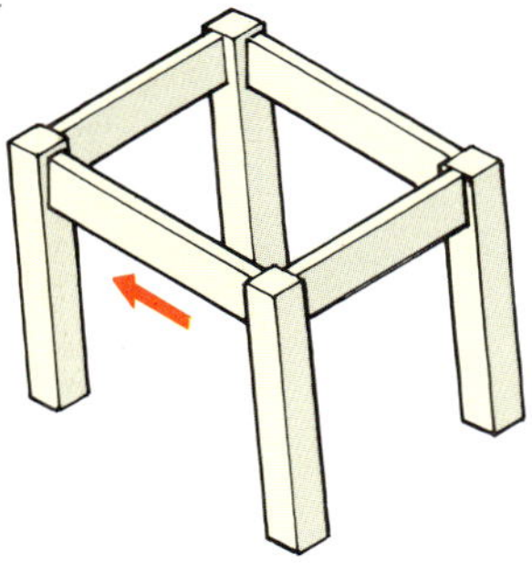

Une pression latérale exerce une force de levier sur les joints

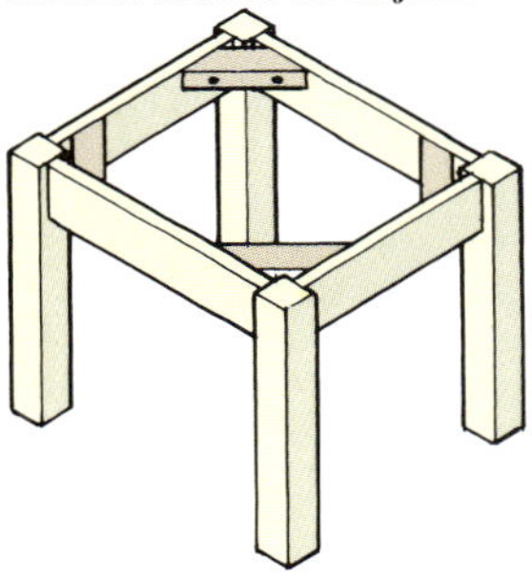

Des joints solides et des cales d'angle maintiennent la rigidité du cadre

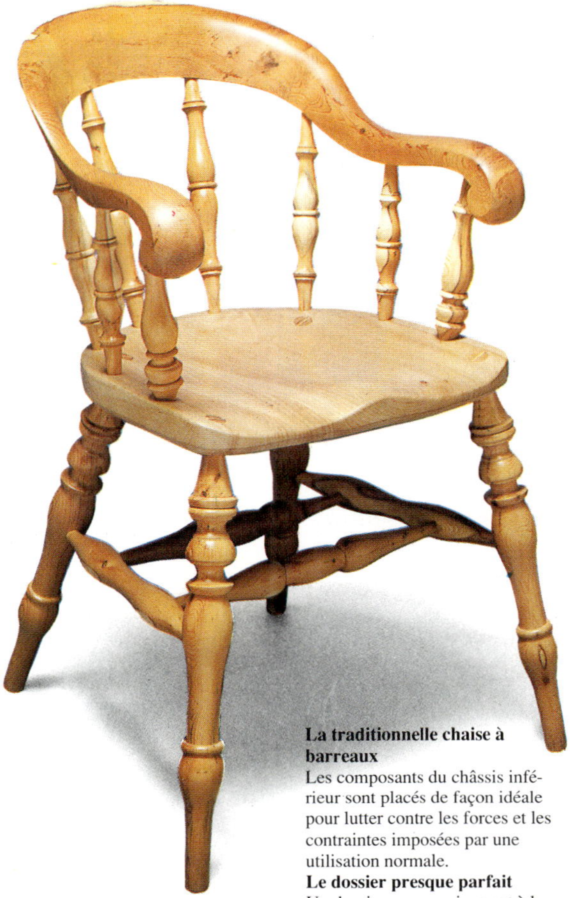

La traditionnelle chaise à barreaux
Les composants du châssis inférieur sont placés de façon idéale pour lutter contre les forces et les contraintes imposées par une utilisation normale.

Le dossier presque parfait
Un dossier ergonomique est à la fois beau et confortable.

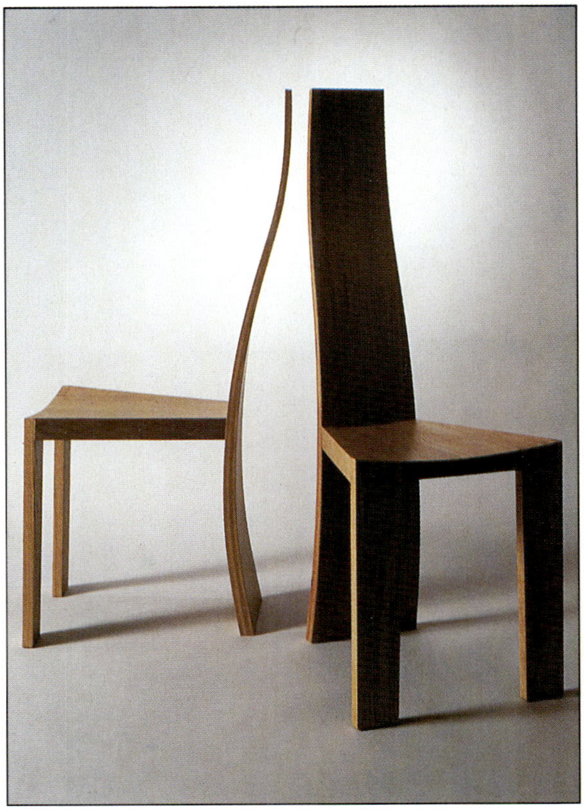

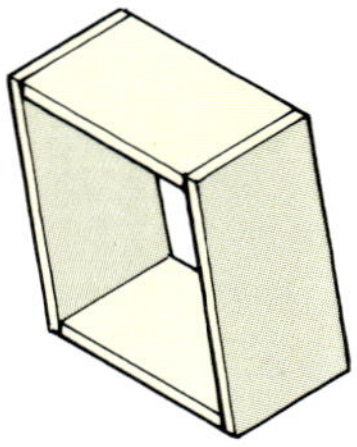

Une boîte sans soutien s'effondrera

Assurer la rigidité de la boîte
Pour fabriquer un châssis rigide, les joints d'une boîte ou d'une armoire doivent être renforcés selon une des méthodes suivantes.

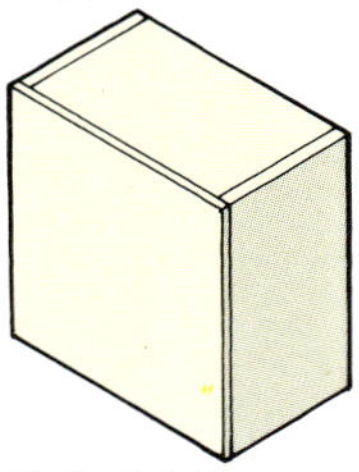

Un fond rigide

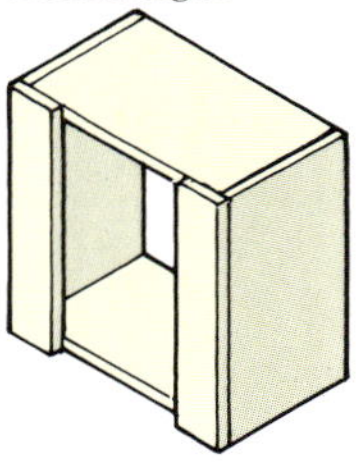

Des montants verticaux

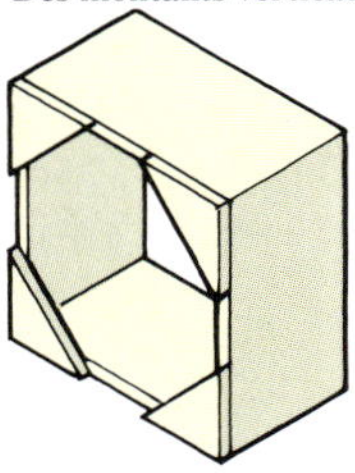

Des équerres d'angle

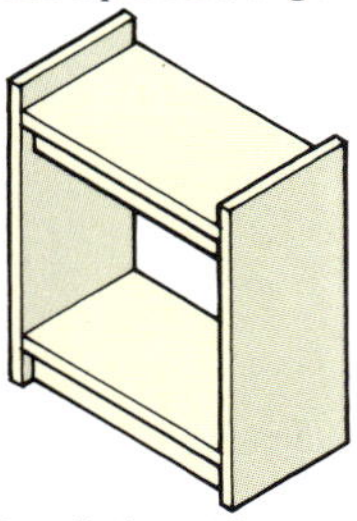

Des plinthes et des tasseaux de soutien

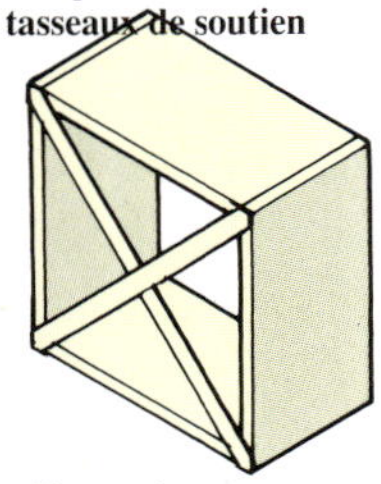

Entretoisement

CRÉER POUR LA SÉCURITÉ

S'il existe la possibilité de mal employer un objet, il est certain que tôt ou tard quelqu'un le fera. Il arrive fréquemment que l'on se mette debout sur la plus fragile des chaises, qu'on en utilise les barreaux comme d'une échelle afin d'atteindre la plus haute étagère de la bibliothèque ; se balancer sur une chaise à la fin d'un repas est un abus courant. Même si , au départ, une chaise n'est pas conçue pour ces usages, vous devez en tenir compte dans le processus de création, et essayer de modifier vos plans afin de minimiser les risques d'accident.

VOIR AUSSI

Bois résineux et feuillus	10/29
Le séchage du bois	13
Panneaux dérivés du bois	34/38
Joindre les plateaux de table	56
Construction à cadre et panneaux	66/70
Tasseaux de soutien	67

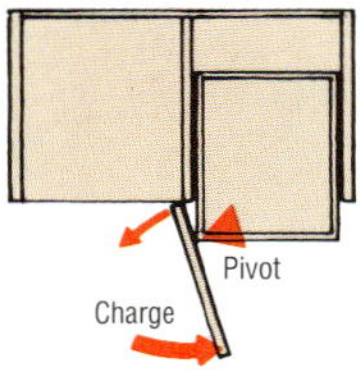

L'effet de levier
Faire subir un effet de levier à une porte en la poussant contre un tiroir peut faire sortir celle-ci de ses gonds.

L'effet de levier

Les gens s'assoient souvent sur les tables. Si les barreaux de support et les assemblages sont suffisamment résistants, la table ne souffrira que des éraflures et rayures causées par les boutons de vos poches. Dans le cas d'une surface rabattable, le simple fait de s'appuyer sur le rabat provoque une force de levier considérable sur les gonds. Si le rabat est accroché par des supports métalliques pliants, le risque de cassure des gonds est diminué ; de même on peut utiliser des tirettes (tasseaux qui coulissent pour venir soutenir le rabat). Ces deux méthodes permettent d'avancer le point de pivot vers l'extrémité du rabat, réduisant ainsi l'effet de levier. Si la porte d'un buffet ou d'un meuble de cuisine bat contre un tiroir voisin mal rentré, le coin du tiroir risque d'agir comme un pivot et de faire sortir la porte de ses gonds. Si vous ne pouvez modifier la position de la porte ou du tiroir, utilisez des charnières qui empêcheront la porte de s'ouvrir à un angle supérieur à 90 degrés.

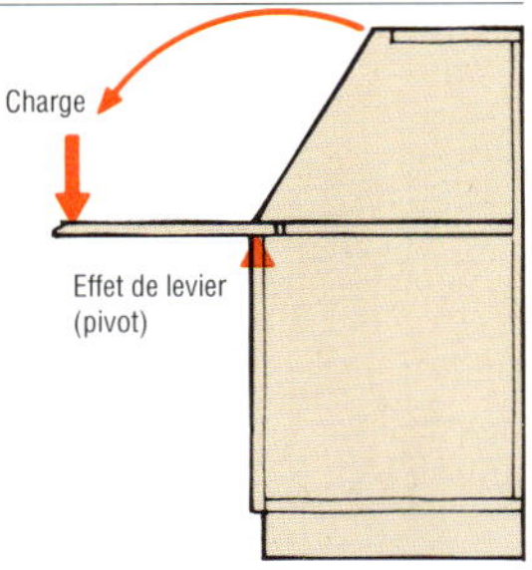

Un abattant non soutenu surtend les charnières

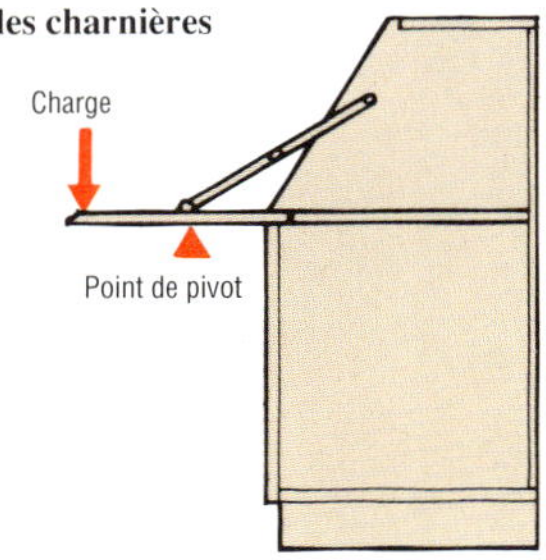

Des compas pliants diminuent l'effet de levier

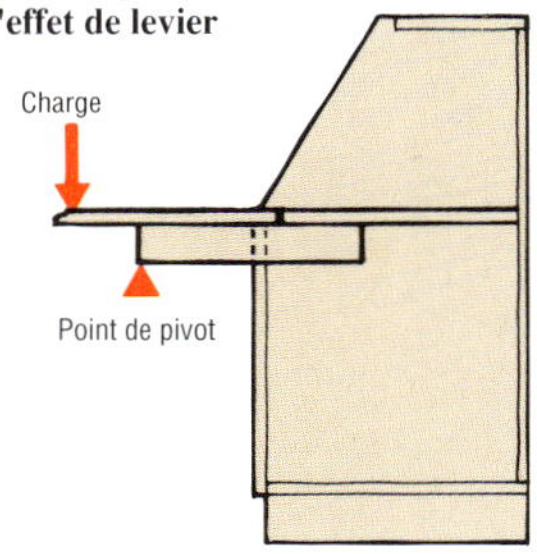

Les tasseaux ont la même utilité

Stabilité

Si un meuble est stable en position normale, il faut cependant se demander s'il ne risque pas de se renverser facilement. Une chaise reste stable tant que son centre de gravité se trouve dans l'espace défini par ses quatre pieds (1) – mais si le fait de se balancer en arrière déplace le centre de gravité hors de cet espace (2), la chaise devient instable et se renverse. Pour cette raison, les pieds arrière d'une chaise sont souvent évasés (3), ce qui lui garde un bon équilibre même lorsqu'on se balance légèrement (4).

Une commode à tiroirs peut devenir dangereusement instable si tous les tiroirs sont ouverts en même temps. Cependant, un petit meuble à tiroirs a un centre de gravité relativement bas si sa base est large et ne risque donc pas de se renverser accidentellement. Un meuble plus grand pourra être vissé au mur ou au sol. De même, un placard aura un meilleur équilibre s'il est équipé de portes coulissantes au lieu de lourdes portes à battants.

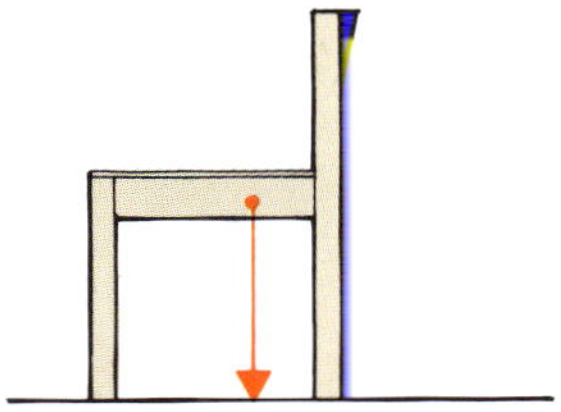

1 Chaise stable

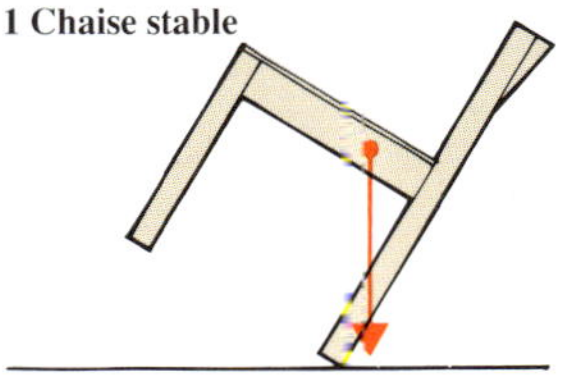

2 Chaise instable

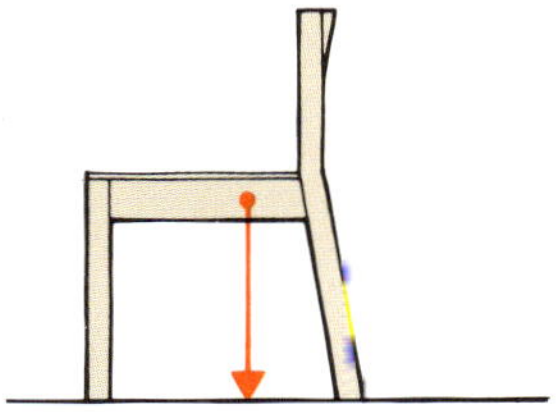

3 L'inclinaison des pieds arrière agrandit le polygone de sustentation

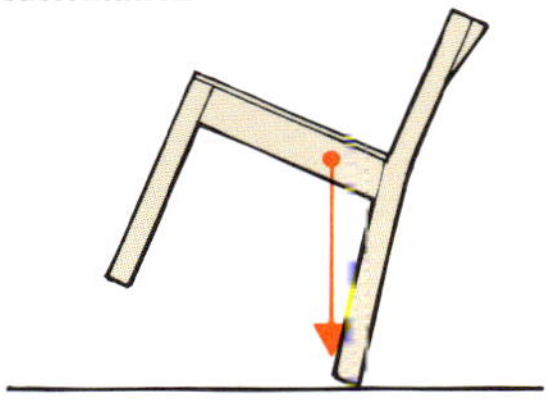

4 Le centre de gravité est à la verticale du polygone de sustentation

Bureau en chêne
Des tasseaux de soutien rétractables encastrés dans le cadre inférieur (ci-dessous) soutiennent un rabat bordé de cuir (centre).

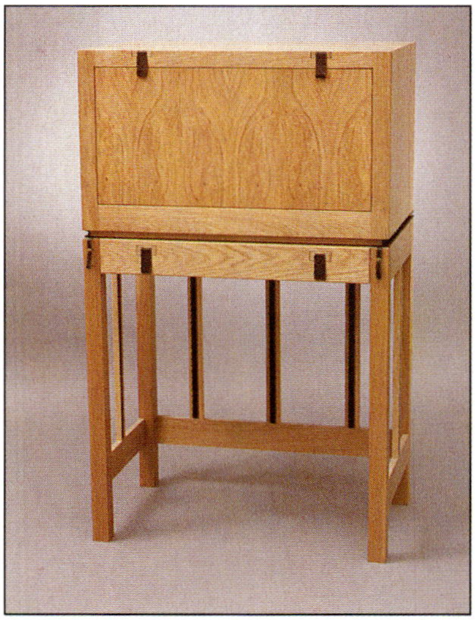

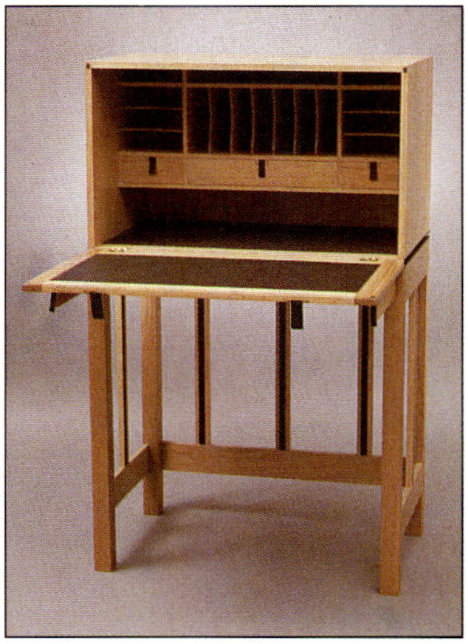

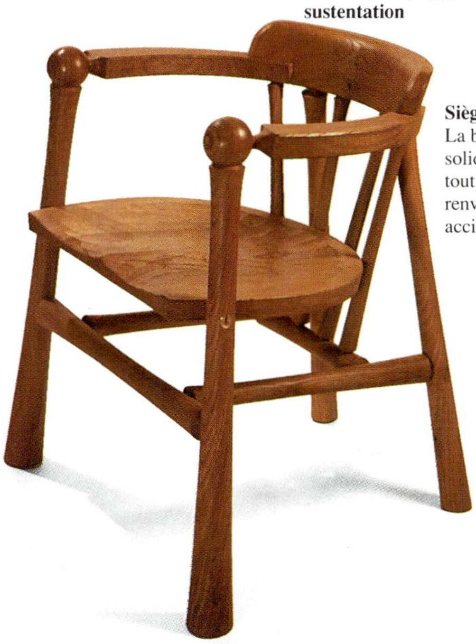

Siège à pieds inclinés
La base élargie de ce solide fauteuil élimine tout risque de le voir se renverser accidentellement.

CRÉER À PARTIR DU BOIS

Eviter les détails dangereux

De sérieuses blessures peuvent être causées par de petits détails. Evitez de laisser des bords ou des coins coupants, particulièrement lorsqu'ils sont à « hauteur d'enfant ». Les tables en verre sont à cet égard spécialement dangereuses. Un plateau de table rond dont les bords ont été polis est relativement sûr, cependant dans le cas d'un plateau rectangulaire, il est conseillé de prévoir un cadre de protection. Les bords coupants sont encore plus dangereux lorsqu'ils risquent de se refermer comme des ciseaux : il est certainement douloureux de se coincer les doigts dans le couvercle d'une boîte, mais les conséquences peuvent être bien plus sérieuses lorsqu'une chaise pliante s'écroule sous votre poids !

Le risque est moins évident avec une chaise de bureau pivotante. La hauteur entre le dessous du bureau et les accoudoirs doit être suffisante pour éviter de se cogner les mains lorsque l'on pivote sur sa chaise pour se lever.

Des poignées protubérantes et coupantes risquent de déchirer vos vêtements même si elles ne causent aucun dommage physique ; choisissez des poignées arrondies ou encastrées.

Détail et sécurité
Les poignées de tiroir intégrées peuvent être un détail décoratif qui respecte les règles de sécurité.

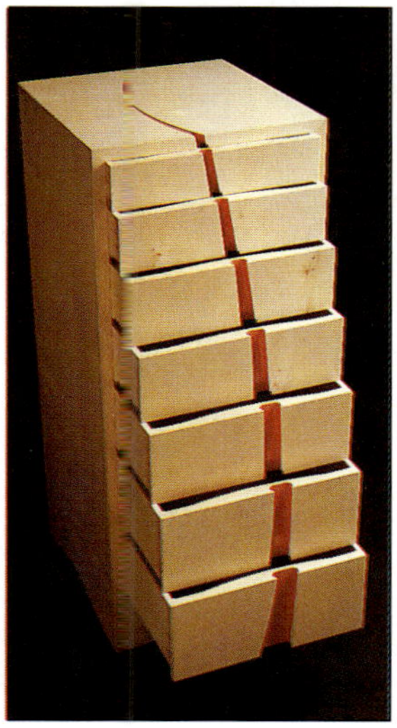

Généralement, les principes d'utilité et de sécurité sont pris en considération quel que soit le matériau, mais avec le bois, il faut en plus tenir compte de l'influence de l'humidité ambiante, ceci indépendamment de l'âge du bois. Si vous prenez une commode centenaire conservée dans une pièce non chauffée, et la placez à côté d'un radiateur, elle ne cessera de sécher, et réabsorbera l'humidité si vous la remettez à sa première place. Les variations de taille qui accompagnent ce phénomène sont un problème pour le menuisier – le bois rétrécit lorsqu'il perd de l'eau, et gonfle lorsqu'il récupère cette eau. Si l'on essaye d'empêcher ces variations, le bois risque de se fendre ou de gondoler. En travaillant, l'artisan devra tenter d'intégrer ces variations pour qu'elles ne nuisent pas à son travail.

Intégrer les variations du bois

Les mouvements différentiels du bois sont souvent cause de problèmes. En raison de la structure même du bois, le gonflement ou le retrait d'une planche seront plus importants dans sa largeur que dans sa longueur (1). Si vous fabriquez une boîte en assemblant quatre planches du même bois et en faisant coïncider le sens de leur fil, leurs mouvements seront analogues et la boîte ne subira aucun dommage (2). Si d'autres éléments sont fixés perpendiculairement au fil de ces planches, cela empêchera le mouvement naturel du bois, et les planches finiront par se fendre dans la longueur (3). Pour éviter cela, il faut attacher les pièces de telle sorte qu'il y ait un peu de jeu, tout en assurant la solidité de la structure.

Une bonne garantie contre les mouvements dans les panneaux de bois est de les assembler à rainure, ils ne devraient jamais être collés. C'est en tout cas la méthode traditionnelle pour l'assemblage de cadres et de panneaux.

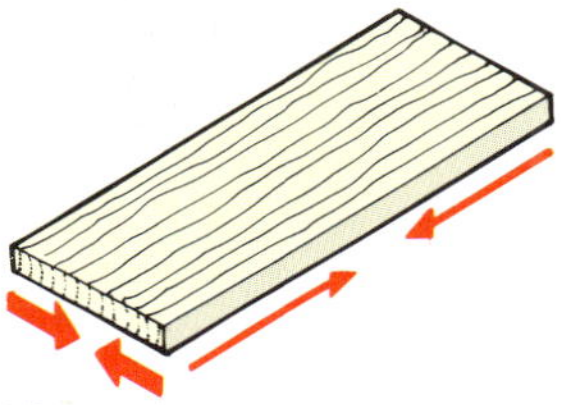

1 Le retrait est plus grand en travers du fil

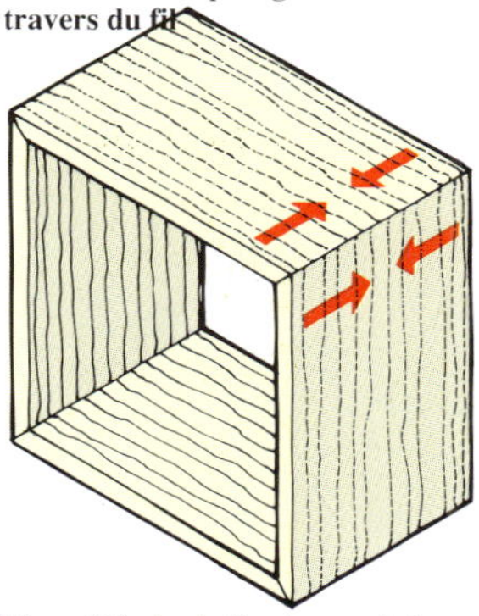

2 Les côtés des boîtes bougent simultanément

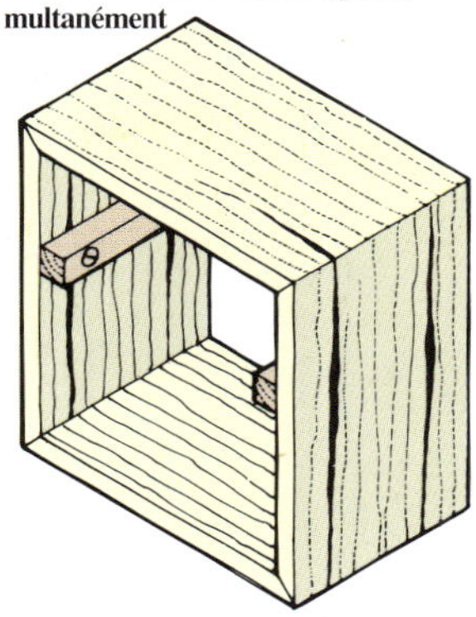

3 Les tasseaux transversaux diminuent les variations jusqu'à ce que les fissures soulagent les contraintes.

Les fixations qui autorisent les variations

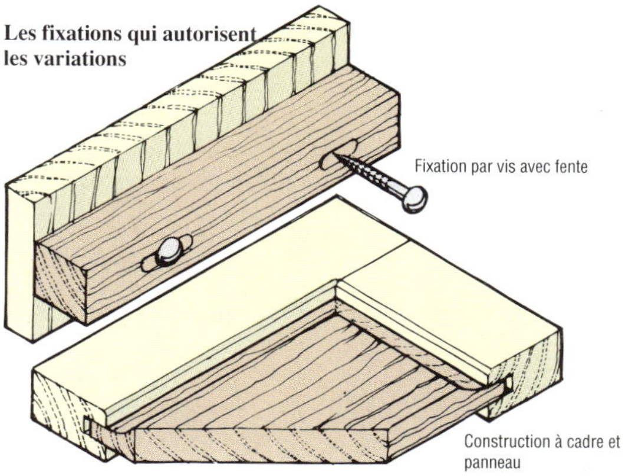

Camoufler les conséquences des variations

Un artisan expérimenté utilise certaines distractions visuelles lorsqu'il sait que les variations du bois affecteront le détail d'un travail. Le devant d'un tiroir peut être parfaitement bien calibré lorsqu'il vient d'être terminé, et laisser poindre un jour au bout de seulement quelques mois. Il suffira d'une simple moulure le long des bords du tiroir pour camoufler ce problème (1).

Alternativement, sachant que le mouvement aura lieu de toute façon, vous pouvez dès le début tirer parti d'un défaut. Par exemple, les variations dans un assemblage à rainure et à languette sont pratiquement invisibles, grâce au dessin linéaire délibérément donné à ce type d'assemblage (2).

A première vue, un plateau de table bien nivelé avec ses montants est peut-être très agréable à voir, mais l'effet est gâché dès que le plateau se met à rétrécir (3). Une fine rainure le long du plateau crée une ligne d'ombre rendant les variations presque indiscernables (4). Vous pouvez également laisser le plateau déborder sur ses montants (5), ou bien le placer en recul et le moulurer (6).

Éviter la difficulté

Il est tout à fait concevable qu'un artisan choisisse des panneaux de contre-plaqué qui sont stables pour construire des plateaux de table ou des commodes et éviter ainsi le retrait existant dans les planches de bois brut.

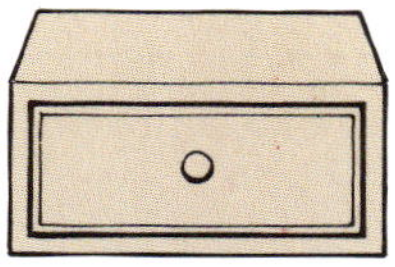

1 Déguiser un intervalle

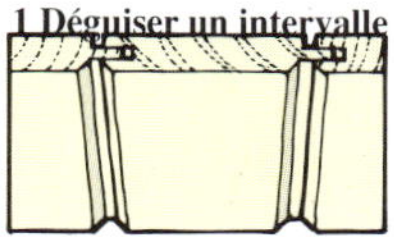

2 Une moulure utile

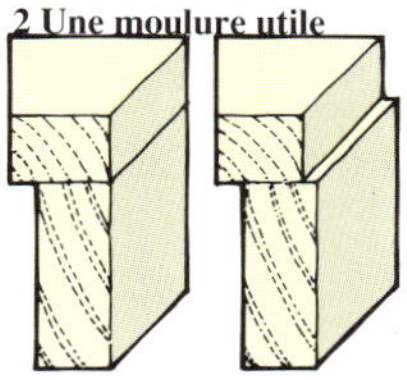

3 Le retrait nuit à l'aspect d'un dessus à ras

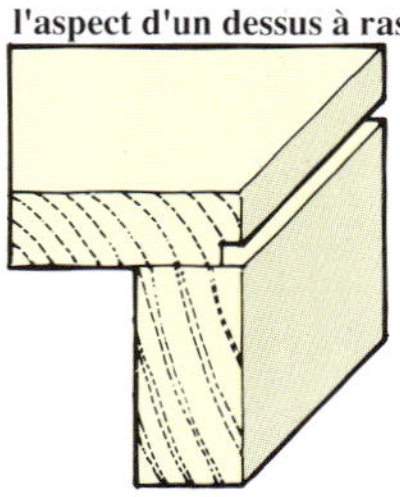

4 Plateau de table feuilluré

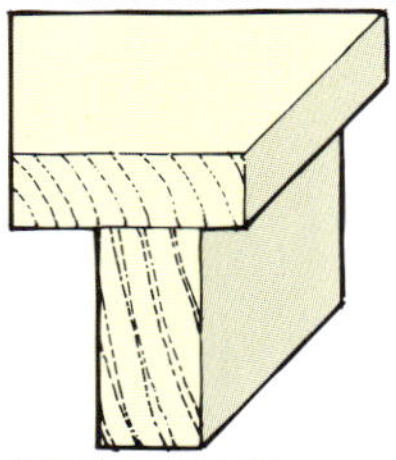

5 Plateau de table en surplomb

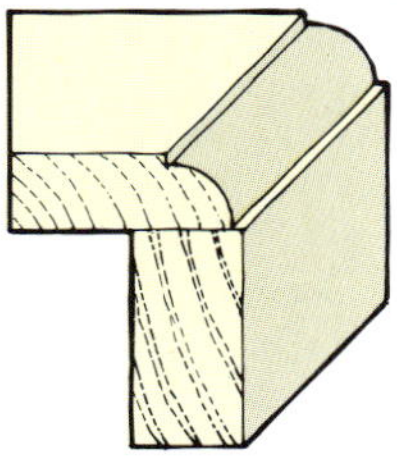

6 Plateau de table en retrait

CRÉER DANS UN SOUCI ESTHÉTIQUE

On peut penser que l'aspect d'un objet doit être largement déterminé par le choix des dimensions, des formes et des dispositifs mécaniques. En effet c'est ce que signifie le vieil adage : « la forme naît de la fonction ». En réalité, ce point de vue est trop simpliste. Les créateurs feront l'impossible pour qu'un objet ait le meilleur aspect possible. Ils tricheront avec ses proportions, prendront le temps nécessaire pour choisir la pièce de bois qui le mettra en valeur, ajouteront des moulures, des gravures, des incrustations et des pièces travaillées, tout cela afin d'améliorer son aspect extérieur. En bref, l'aspect d'un objet est tout aussi important que son utilité, mais il est pratiquement impossible de porter un jugement objectif sur les mérites esthétiques d'une quelconque création. La seule solution est de développer vos propres critères esthétiques.

VOIR AUSSI

Bois résineux et feuillus	10/29
Les placages	30/33
Le contre-plaqué	34/35
Assemblage à queue droite	163, 208
Les motifs rapportés	265/266/297
La sculpture	272/282

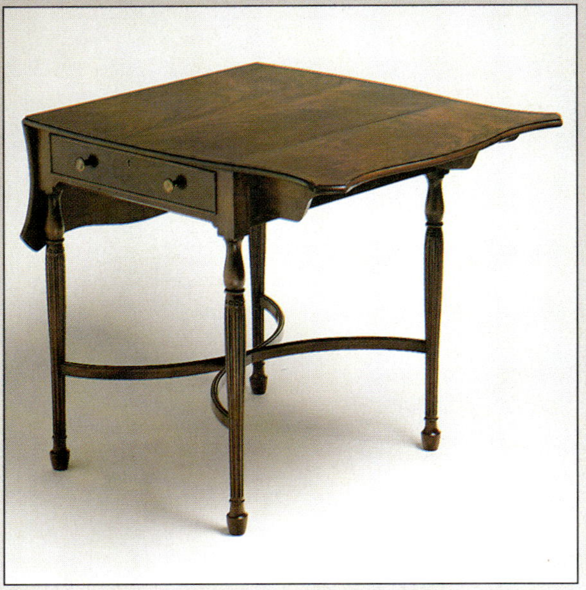

Table Pembroke à l'ancienne
La copie de véritables antiquités est une façon de vous assurer que votre ouvrage s'insère parfaitement dans un intérieur d'une époque précise.

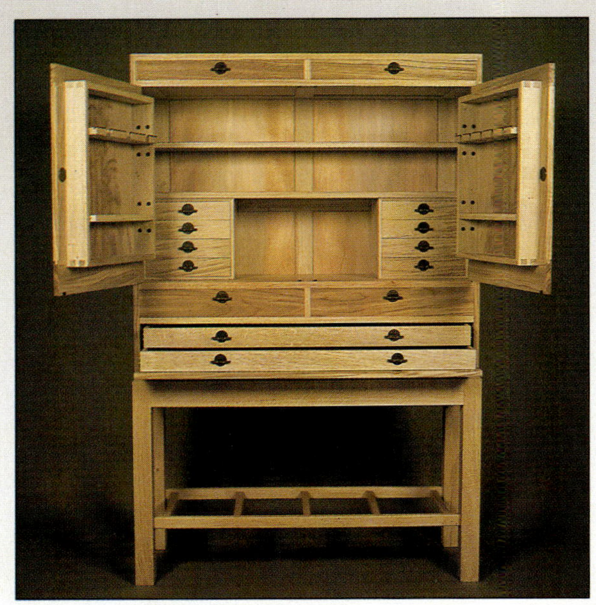

Armoire à outils traditionnelle en chêne
Une armoire à outils magnifiquement proportionnée qui semble presque trop belle pour un atelier.

1 Boîte en corail
Un design délibérément simple qui montre des joints charnière taillés dans du bois massif.

2 Boîtes hexagonales
Elles sont façonnées dans du palissandre des Indes, avec du placage de loupe pour les couvercles.

3 Dominos
Dominos en Blackwood d'Australie incrusté de « points » en faux platane.

4 Boîte en une pièce
Une petite boîte décorative taillée dans de l'if.

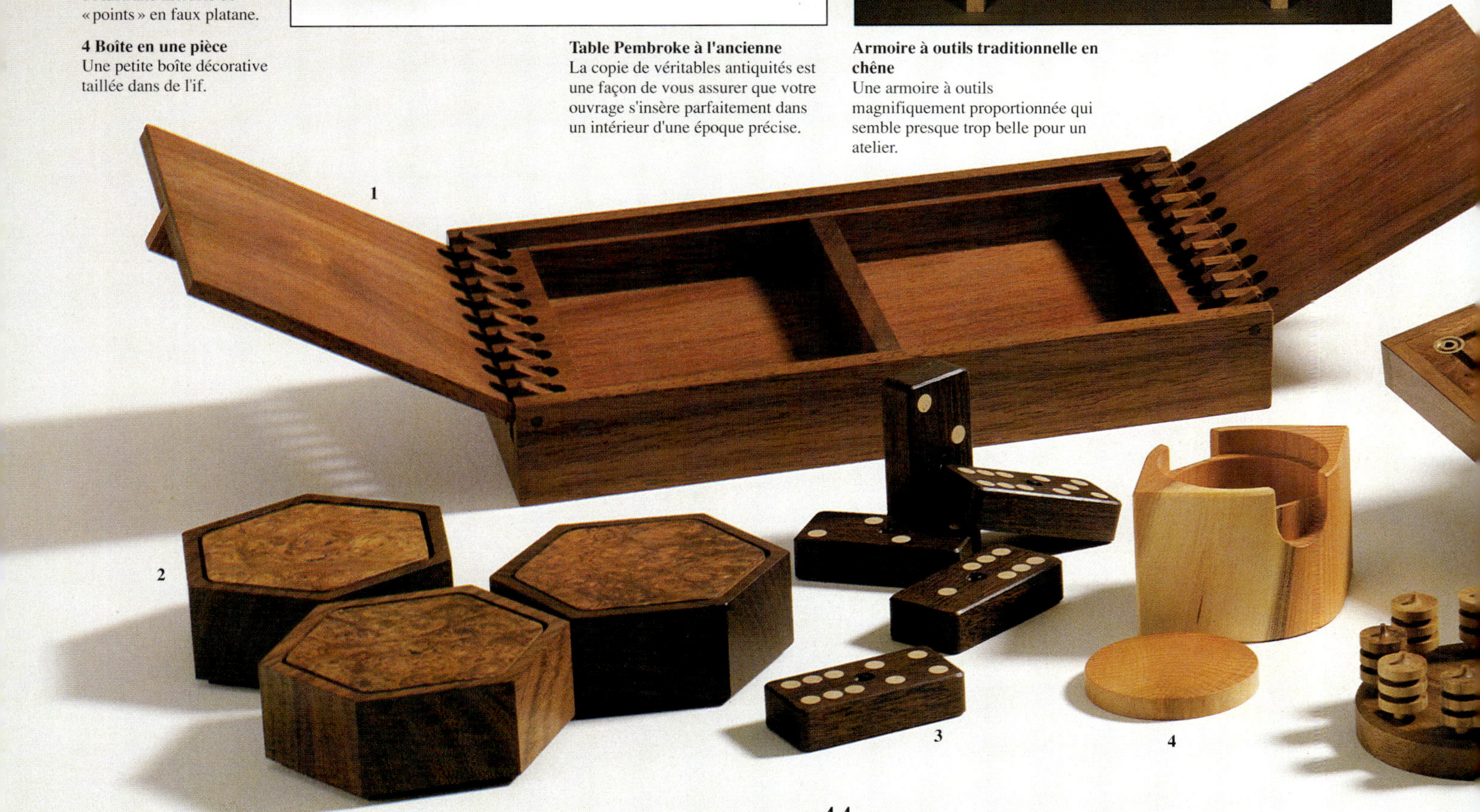

Un cadre adapté
Pourquoi apprécions-nous autant la simplicité d'une chaise de style colonial ou Windsor que le délicat travail d'une chaise Sheraton, pourtant si totalement différents ? Une des raisons est notre capacité à les envisager chacune dans les décors pour lesquels elles ont été créées. Des chaises coloniales paraîtraient déplacées autour d'une table en bois vernis dans un cadre élégant et raffiné, de même qu'une chaise Sheraton serait incongrue dans une cuisine rustique. Inversez les cadres, et l'équilibre sera rétabli !

Il convient d'envisager l'utilisation et l'emplacement futur d'un objet afin de choisir les bois appropriés, et de lui donner la forme, les proportions et la finition adéquates pour obtenir le résultat désiré. Bien que certaines personnes aient un sens inné pour combiner les meubles et les accessoires de tous styles et époques, il est certainement plus facile d'adapter l'objet au style et au décor du lieu où il sera intégré. Ceci ne vous oblige nullement à reproduire les meubles et les accessoires d'une période déterminée : si vous employez un matériau et une finition identique, votre création sera au moins en harmonie avec son environnement.

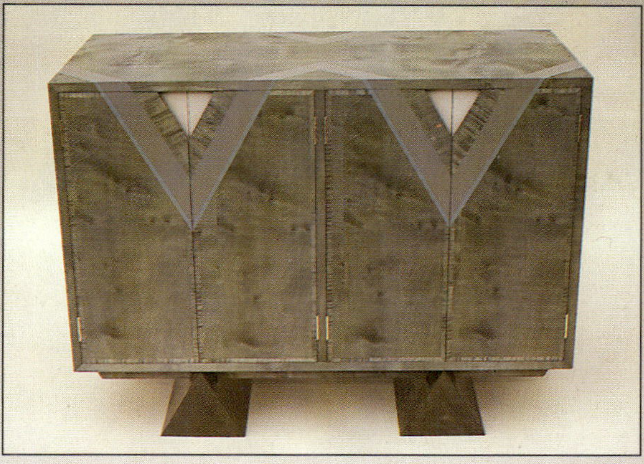

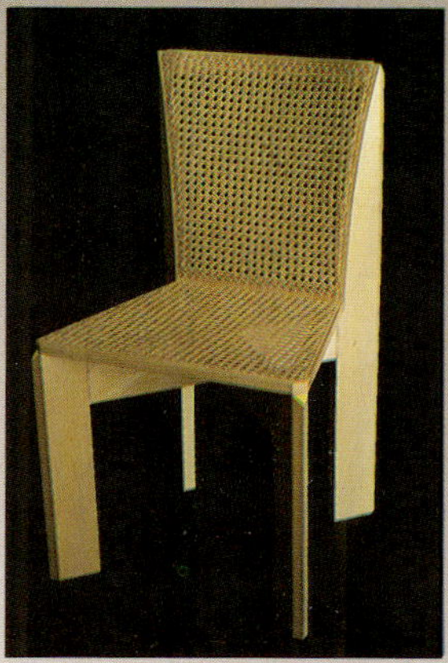

Armoire plaquée
Une armoire simple mais décorative pour un intérieur moderne. Elle est fabriquée à partir de faux platane taché et peint.

Chaise cannée
Les chants étroits des pieds et des traverses ajoutent de la délicatesse à cette solide chaise.

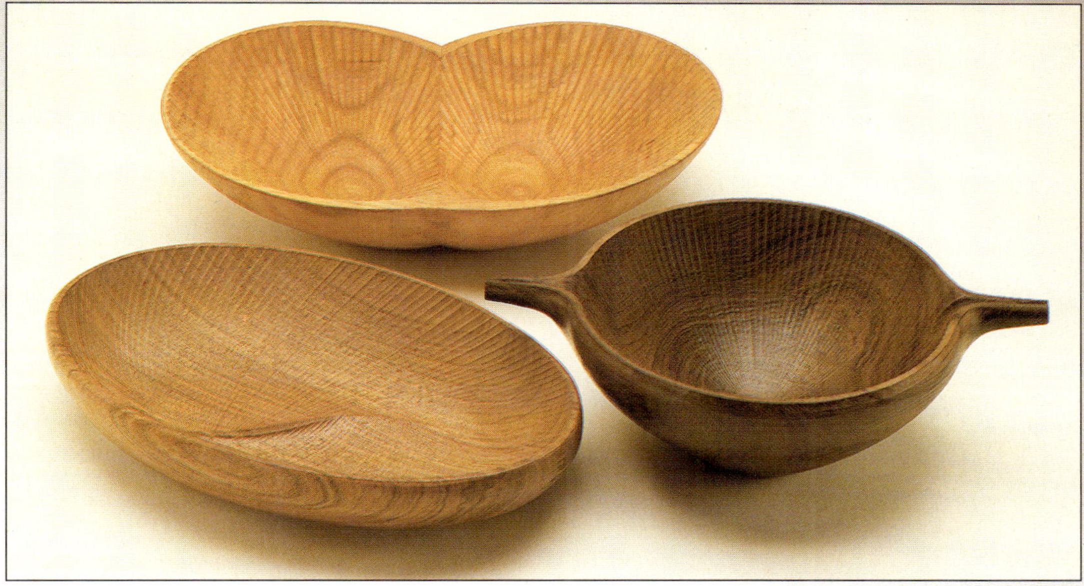

Bols en bois creusé
Taillés et creusés dans du merisier, du châtaignier et du noyer massif, ces bols sont décorés de canelures précises.

5

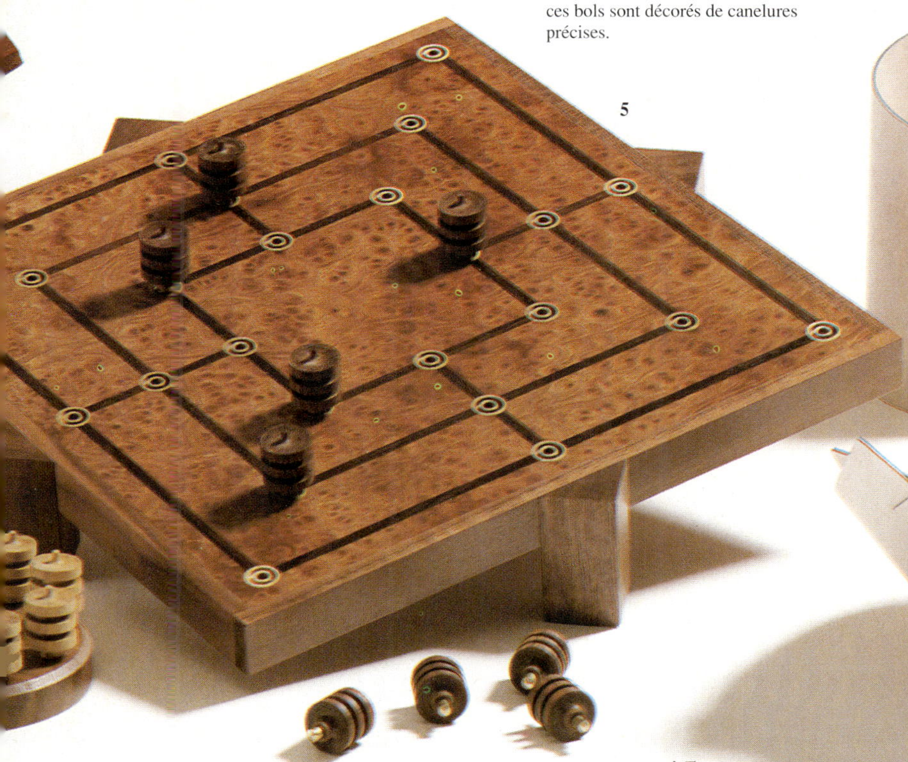

6

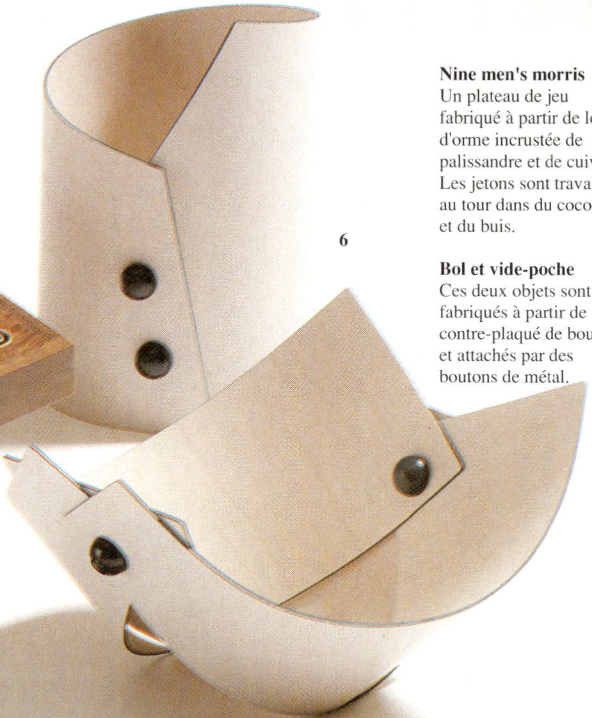

Nine men's morris
Un plateau de jeu fabriqué à partir de loupe d'orme incrustée de palissandre et de cuivre. Les jetons sont travaillés au tour dans du cocobolo et du buis.

Bol et vide-poche
Ces deux objets sont fabriqués à partir de contre-plaqué de bouleau et attachés par des boutons de métal.

SIMPLICITÉ ET DÉCORATION

VOIR AUSSI

Bois résineux et feuillus	10/29
Les placages	30/33
Les raboteuses	180/185
L'assemblage	216/248
Le placage	258/270
La sculpture	272/273
La finition des bois	284/294
Autres matériaux	296/300

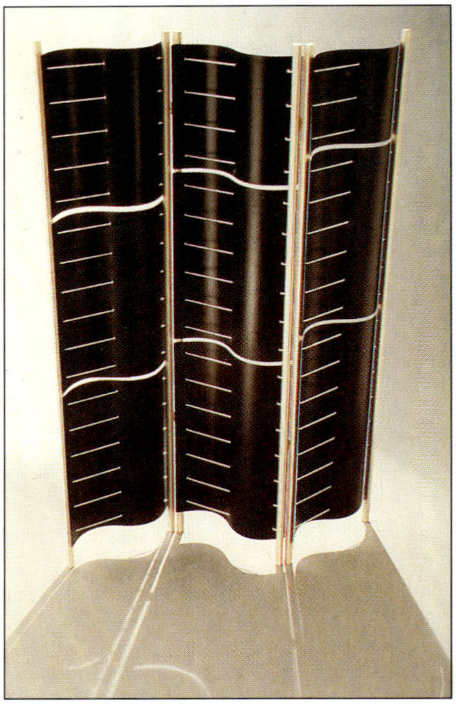

Paravent
Fabriqué essentiellement à partir de panneaux de contre-plaqué cintrés, ce paravent est une agréable combinaison de laque noire, de frêne et d'acier inoxydable.

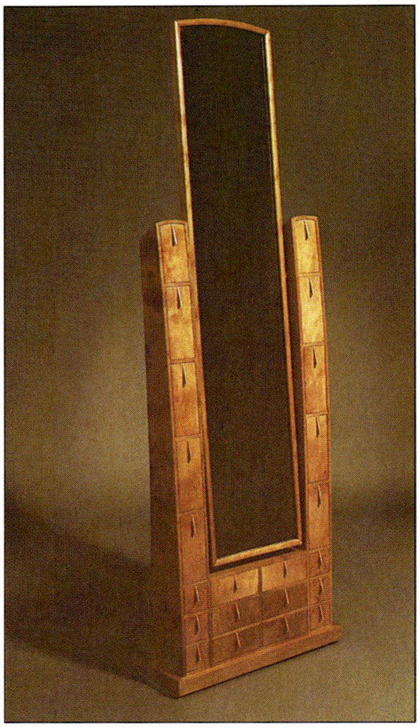

Chevalet à miroir London
Un élégant miroir de plain-pied pivotant, entouré de casiers de rangement.

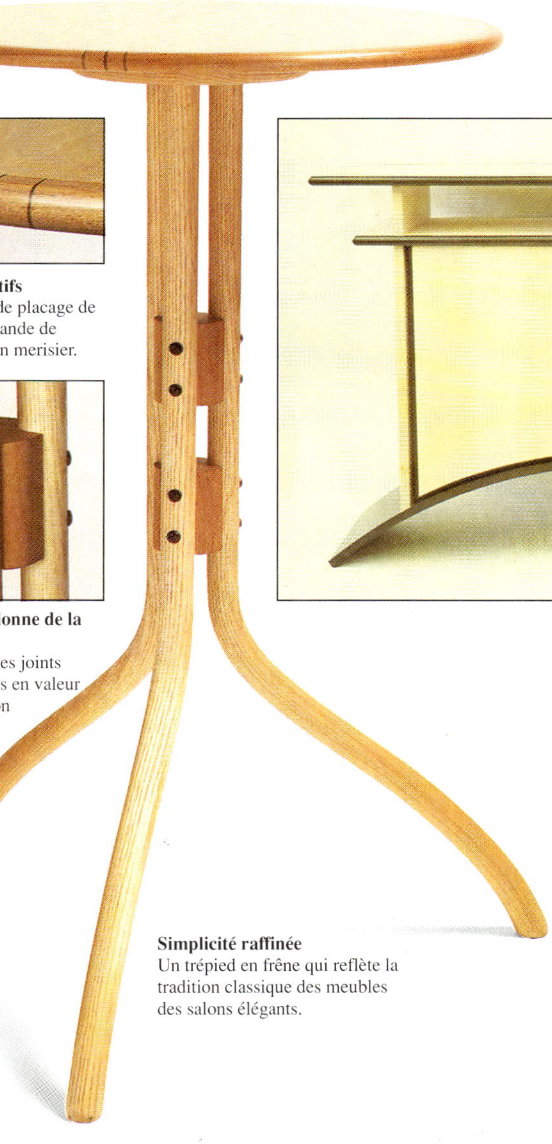

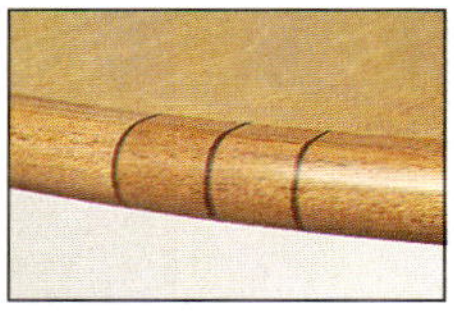

Détails décoratifs
Des insertions de placage de corail sur une bande de recouvrement en merisier.

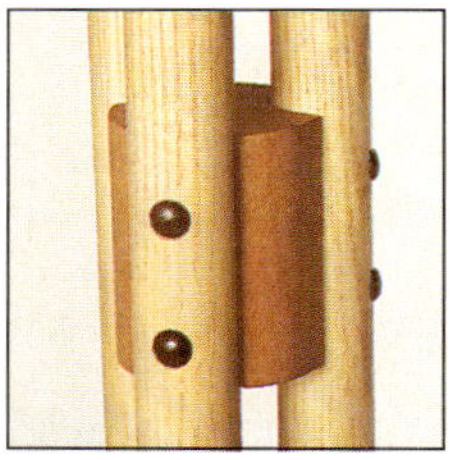

Joints de la colonne de la table
Même de simples joints peuvent être mis en valeur par une sélection soigneuse de bois colorés.

Simplicité raffinée
Un trépied en frêne qui reflète la tradition classique des meubles des salons élégants.

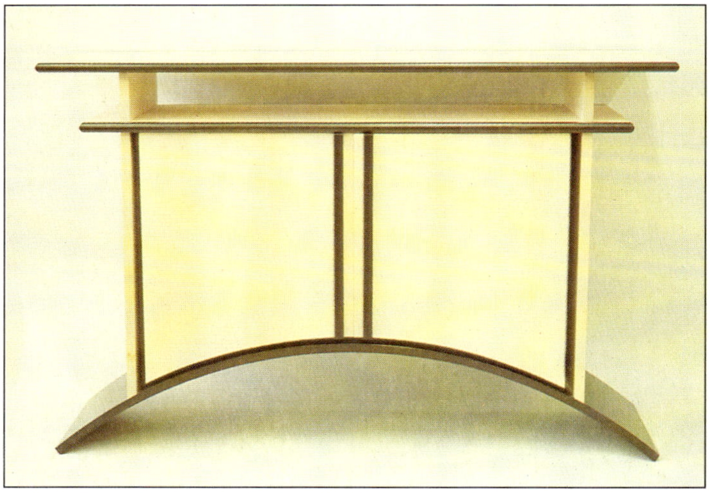

Trompe-l'œil
Cette desserte semble être en lévitation sur sa base profondément incurvée.

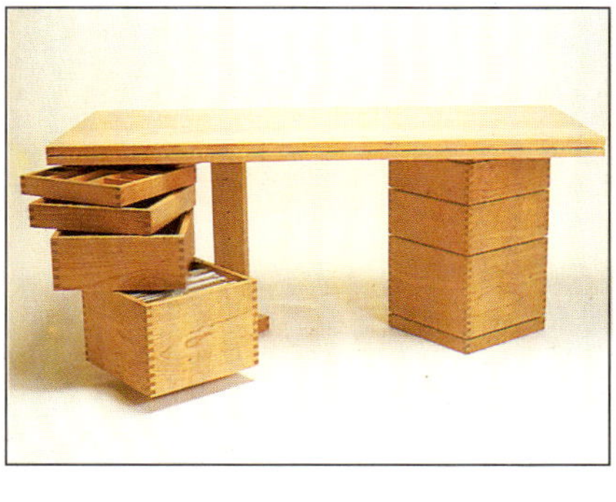

Rien que l'essentiel
Des tiroirs empilés pivotants ainsi qu'un plateau de table rectangulaire constituent un bureau dénué de détails superflus.

Chercher la simplicité

Si vous ne prévoyez aucun endroit déterminé pour accueillir l'objet que vous créez, il vaut mieux viser la simplicité de façon à ce qu'il soit virtuellement adapté à tout environnement. Mais ne croyez pas qu'il s'agisse là d'une solution de facilité ! Les designers professionnels travaillent des années à aiguiser leurs talents afin de faire simple et de donner à l'objet les proportions précises dont dépendra son aspect esthétique. Qui plus est, la fabrication d'un tel objet requièrt une très grande habileté ; en effet, aucune fioriture ne détournant le regard, les moindres défauts tels qu'un fini imparfait, des assemblages imprécis ou des détails disgracieux risquent d'apparaître au premier coup d'œil.

Décorer

Comme il a déjà été dit, les moulures sont souvent employées pour masquer les effets du retrait du bois. La gravure peut également être utilisée afin de rendre acceptable une surface qui autrement devrait avoir un fini impeccable. Ce stratagème était courant à l'époque où le bois était essentiellement travaillé à la main ; l'avènement des machines ayant permis de simplifier les corvées de rabotage et de ponçage, les créateurs tendent aujourd'hui à utiliser la décoration dans un but purement esthétique.

Par exemple, les placages de bois exotiques, tout comme la marqueterie, la parqueterie, les incrustations de bois ou de métal, sont exclusivement utilisés pour leurs qualités décoratives. Avec un peu d'imagination, toute forme de travail du bois peut virtuellement être exploitée pour attirer le regard. D'ailleurs, certains artisans expérimentés créent des objets dans le seul but d'attirer l'attention de leurs collègues sur un assemblage particulièrement fin ou une queue d'aronde extrêmement décorative.

COULEUR, TEXTURE ET ILLUSION

Couleur et texture

Choisir le bois approprié peut suffire pour améliorer l'aspect banal d'un objet, mais la combinaison du bois avec d'autres matériaux permet d'offrir à l'œil de nouveaux attraits. L'aspect froid et lisse du verre ou du marbre crée un contraste plaisant avec un bois au grain chaleureux, et le reflet des accessoires ou des incrustations en cuivre poli peut rehausser l'aspect d'un bois sombre.

Le choix du fini peut influencer de manière significative l'aspect d'un objet. Des teintures et des vernis clairs accentuent la couleur d'un bois, et l'on peut aussi jouer sur les qualités relatives d'une cire mate ou brillante.

On peut également colorer le bois à l'aide de peintures appliquées au pinceau ou au pistolet.

Créer l'illusion

Si les proportions d'un objet ne vous plaisent pas ou si vous désirez qu'il paraisse plus lourd ou plus léger qu'il ne l'est vraiment, vous pouvez employer certains artifices pour créer l'effet choisi.

Ajouter un rebord à l'extrémité d'une étagère ou d'un panneau de bois permet de suggérer la masse et la solidité sans toutefois augmenter exagérément le poids de l'ensemble. Inversement, adapter un moulage ou une incrustation linéaire permet d'alléger une forme trop lourde.

On peut donner de l'élégance à un plateau de table épais, en biseautant ses bords de manière à ce que ceux-ci semblent plus fins qu'ils ne le sont. Une table aux pieds effilés paraîtra plus haute et plus légère ; incurver la base d'un buffet ou d'une commode leur donne une apparence moins massive.

Même la texture et le ton d'un bois peuvent influencer notre perception d'un objet. Un bois foncé dominera dans une pièce, tandis qu'un bois clair sera moins omniprésent. Un fil tourmenté introduit une sensation de force tandis qu'une coupe radicale produira plutôt une impression de tranquillité.

Table richement décorée
La marqueterie fait se combiner les couleurs et les matériaux pour former un plateau de table (voir ci-contre) reposant sur des pieds de poirier.

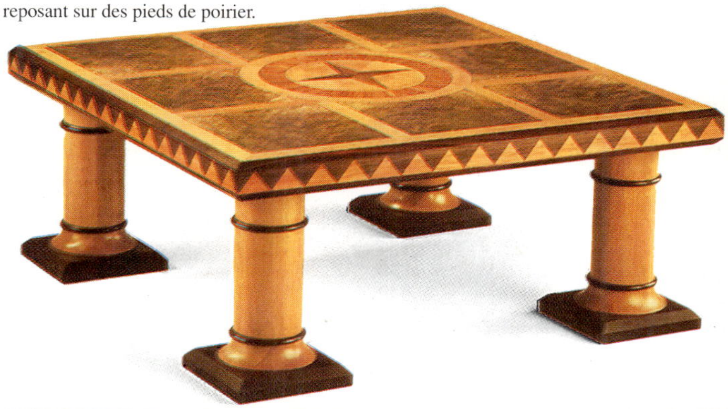

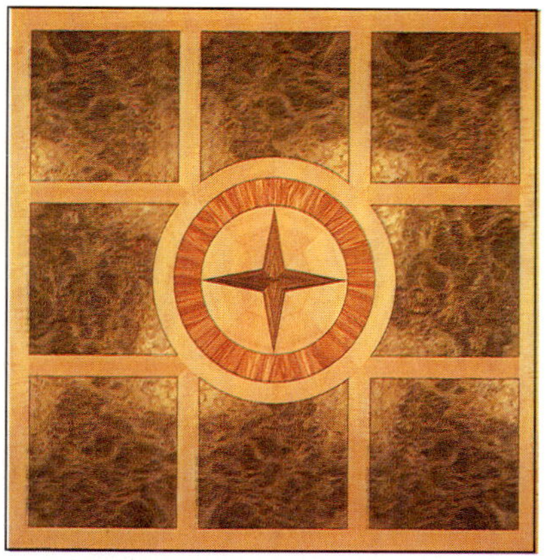

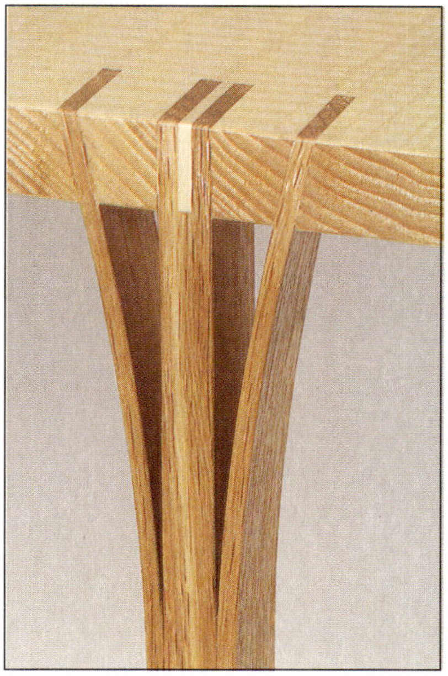

Joint décoratif
Ce joint de pied en lamellé de chêne est à la fois résistant et décoratif.

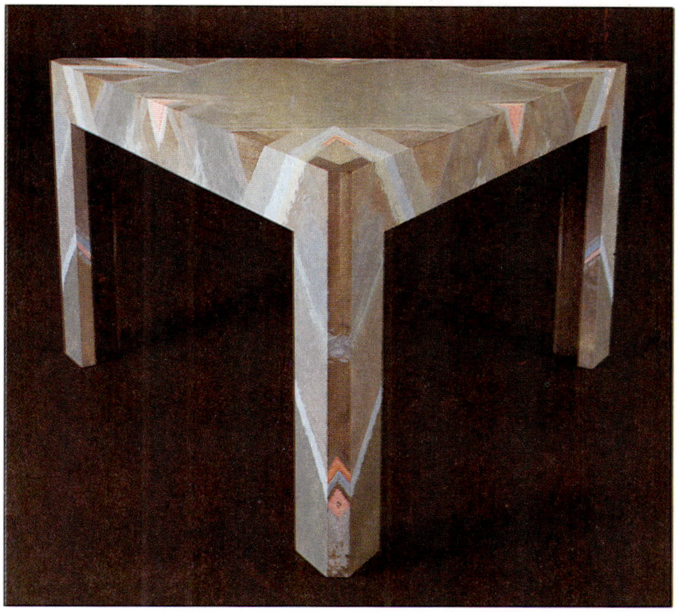

Couleurs faites pour attirer l'œil
Cette table peinte avec une grande liberté dans la conception montre la manière dont l'utilisation des couleurs peut rendre un objet unique.

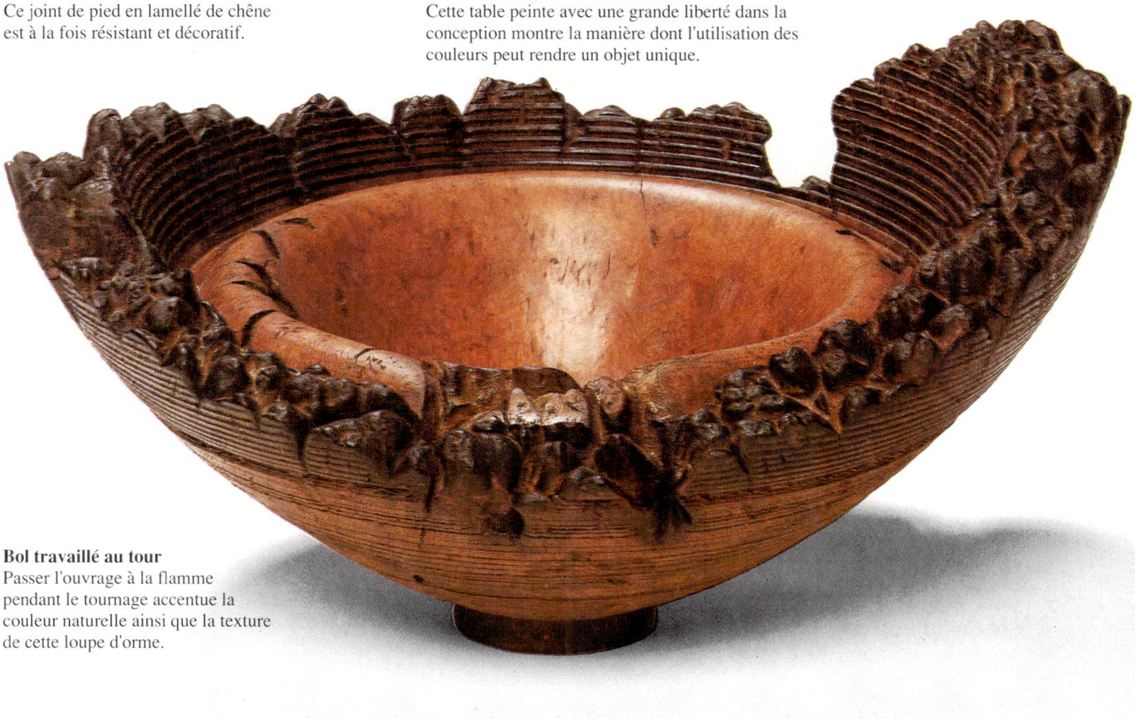

Bol travaillé au tour
Passer l'ouvrage à la flamme pendant le tournage accentue la couleur naturelle ainsi que la texture de cette loupe d'orme.

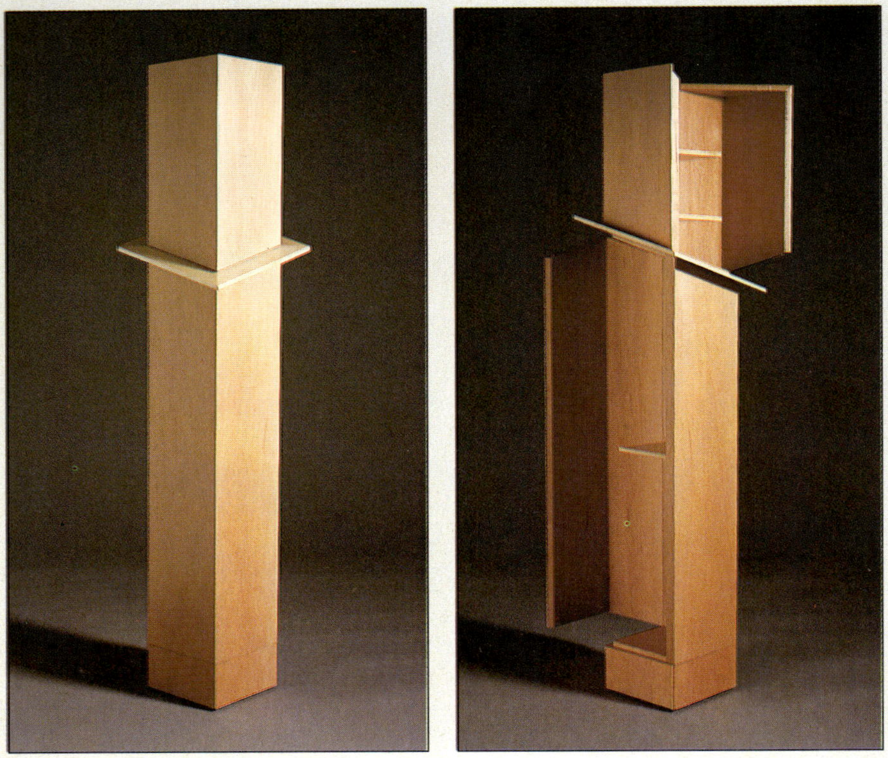

Armoire en colonne
De conception originale, ce meuble en « tour » est accessible des deux côtés.

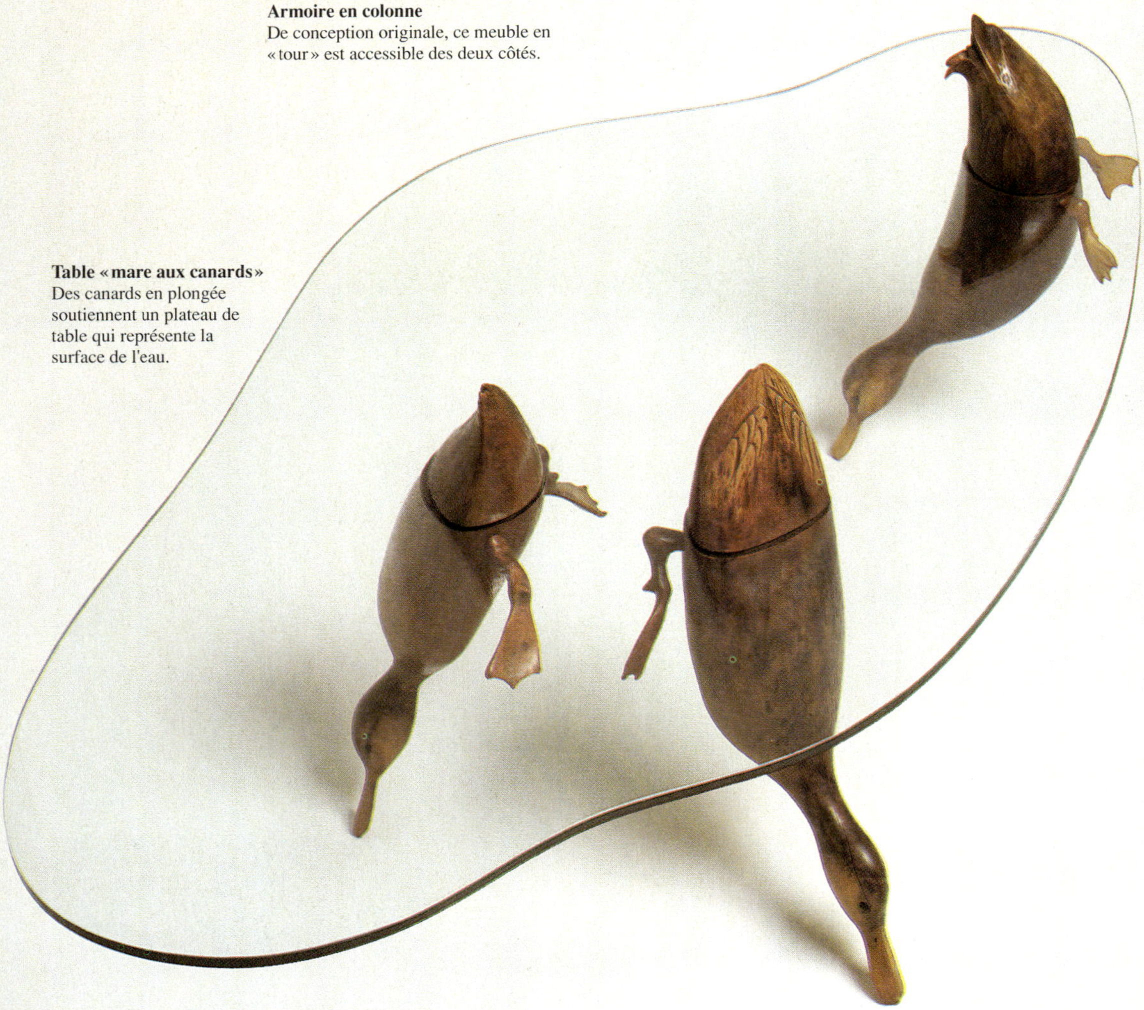

Table « mare aux canards »
Des canards en plongée soutiennent un plateau de table qui représente la surface de l'eau.

DÉVELOPPER UN STYLE PROPRE

Le but de la plupart des menuisiers sérieux est d'acquérir un style propre qui individualise leur travail. Pour être original, votre style ne doit pas nécessairement être éclatant ou excentrique. Par exemple, vous pouvez vous inspirer d'un style historiquement reconnu, sans toutefois recopier un objet dans ses moindres détails, mais plutôt en utilisant l'essence même de ce style comme un point de départ et un tremplin pour votre propre imagination. D'autre part, il se peut qu'une certaine méthode de travail vous attire particulièrement et exerce une forte influence sur les formes que vous créez.

Votre énergie créatrice peut ainsi s'exprimer à travers certaines techniques particulières telles que le tournage ou le travail de placages lamellés.

Briser délibérément les règles peut s'avérer l'approche la plus difficile. Remettre en question les principes établis qui définissent l'aspect qu'un objet doit avoir demande du talent, de l'imagination, ainsi que de la persévérance. Si nous trouvons évident que les meubles de rangement s'appuient ordinairement contre un mur, on peut parfaitement concevoir un meuble isolé auquel on pourrait accéder de tous les côtés. Une table qui posséderait trois pieds, plutôt que quatre conformément à la tradition, attirerait les regards, et qui plus est elle serait plus stable sur un sol inégal. Et pourquoi encombrer la surface au sol avec un lit, alors qu'il est possible de l'accrocher au plafond ? Ces questions trouveront rarement des réponses originales. Vous risquez tôt ou tard d'en revenir à des méthodes plus traditionnelles tout simplement parce qu'elles donnent les meilleurs résultats ; cependant, il vous arrivera peut-être un jour d'avoir une idée géniale qui vous amènera à créer un objet vraiment original.

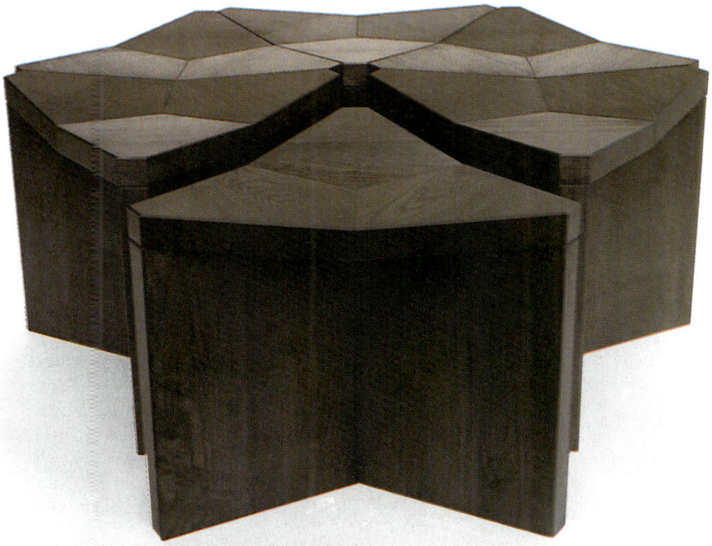

Tabourets nichoirs
Des tabourets en frêne qui sont conçus pour former un groupe plaisant.

Tabourets lamellés
Deux tabourets formés de panneaux latéraux cintrés en contre-plaqué lamellé, fixés à des assises de merisier massif.

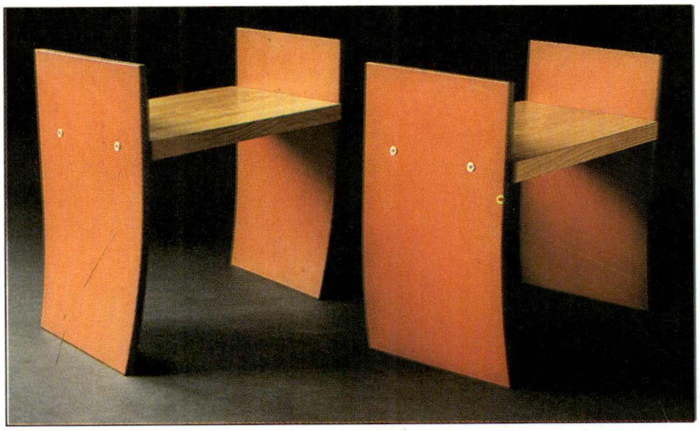

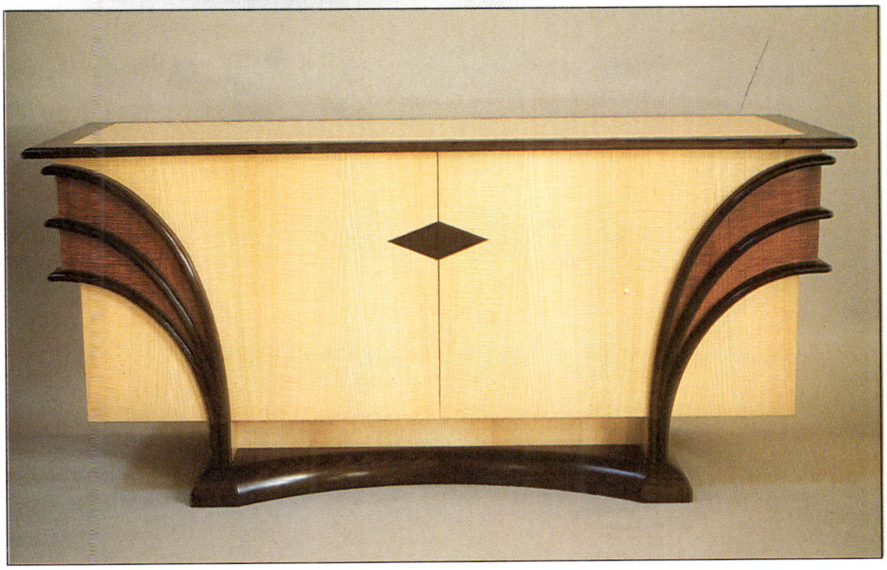

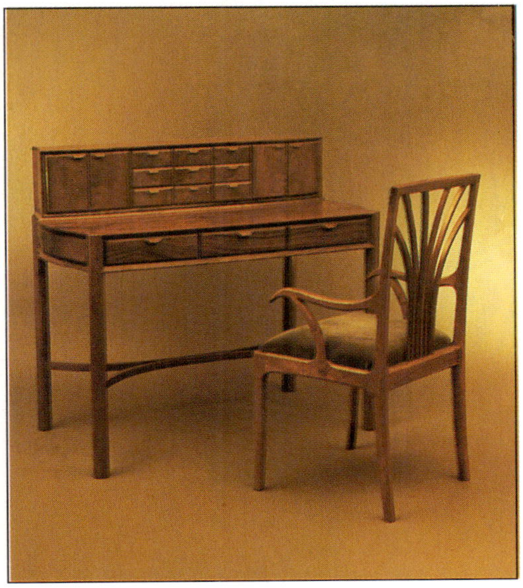

Desserte plaquée
Un meuble original en frêne et palissandre où l'on peut remarquer l'influence Art-Déco.

Chaise et bureau en noyer
Fabriqués en noyer massif, ces meubles sont une confortable combinaison des styles moderne et traditionnel.

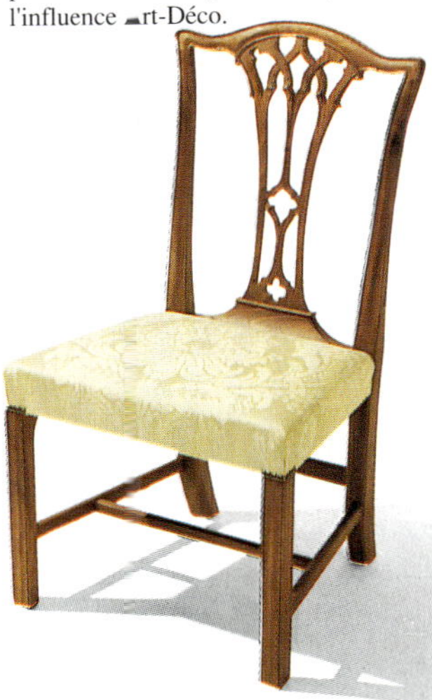

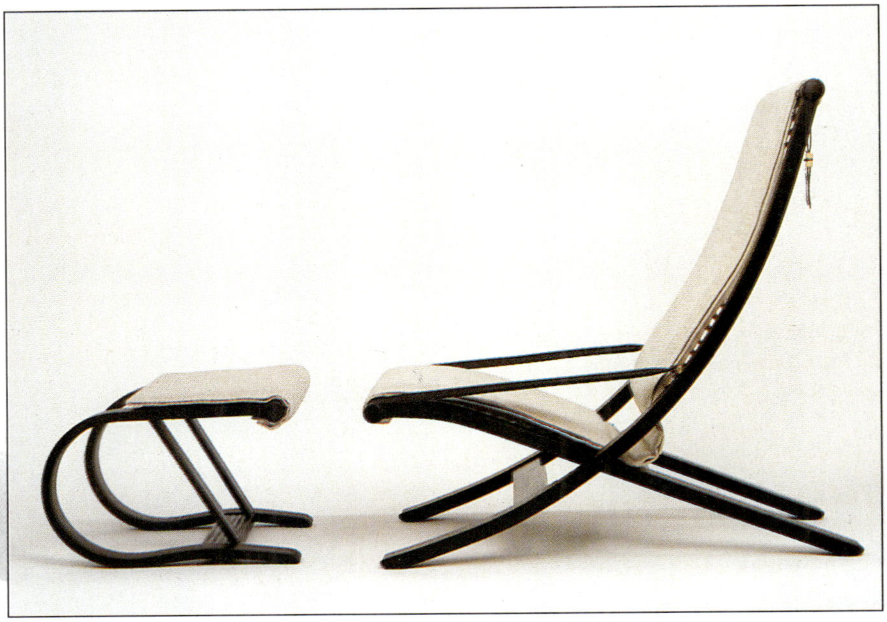

Chaise longue et repose-pieds
Avec des composants cintrés à la vapeur, les courbes gracieuses deviennent inévitables.

Chaise Chippendale
Une chaise en acajou sculpté.

PRINCIPES DE CONSTRUCTION D'UNE CHAISE

VOIR AUSSI

Insertion d'une vis	119
Assemblage à tenon et mortaise	226/234
Assemblage chevillé	236/237
Les vis	304/305
Charnières et paumelles	306/307

La traditionnelle chaise de table a traversé les siècles en empruntant différentes formes, mais les principes régissant sa construction sont immuables. Le rôle d'une chaise est de soutenir celui qui y est assis de manière à lui permettre de travailler ou de prendre son repas confortablement et, si elle est pourvue de bras, de s'asseoir et de se lever facilement. Une chaise doit être suffisamment solide pour soutenir le poids d'une personne, tout en étant assez légère pour être facilement déplaçable. Cet équilibre délicat peut paraître difficile à atteindre, mais il existe un ensemble de règles qui résolvent admirablement le problème et auquel chaque artisan ou créateur se réfère systématiquement. Il existe une infinité de combinaisons possibles, les exemples qui suivent fournissant d'utiles points de départ à partir desquels vous pourrez développer vos propres créations.

CONCEVOIR UNE CHAISE CONFORTABLE

Le respect de mesures standard permet au designer de construire des chaises qui seront confortables pour la majorité de la population, mais, pour être certain que la taille, la forme et l'inclinaison des différents éléments composant une chaise sont adéquats, il vous faudra probablement construire une maquette des assemblages particulièrement délicats, ou tester et modifier certains détails au fur et à mesure que votre travail progressera.

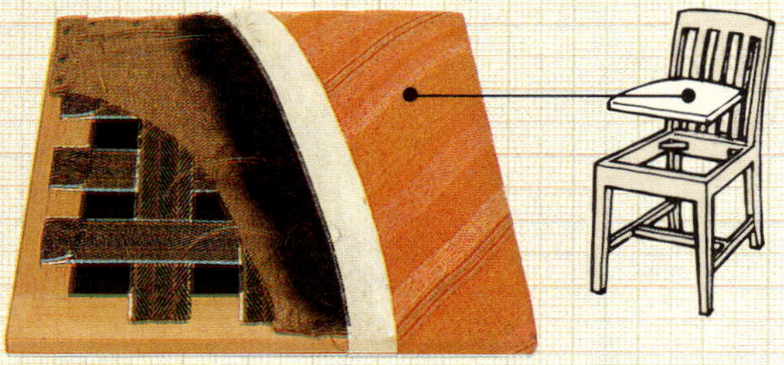

Rembourrage
Le rembourrage améliore le confort d'une chaise s'il est suffisamment ferme. L'idéal est d'utiliser un rembourrage en mousse, en crin ou en fibre végétale.

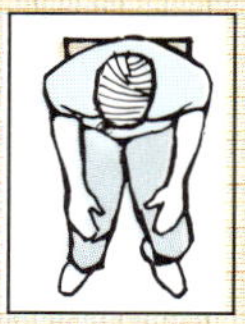

Largeur du siège
430 à 450 mm
Un siège est souvent plus large à l'avant qu'à l'arrière afin de laisser assez de place aux jambes et aux vêtements vers l'avant, tout en laissant un espace confortable pour les coudes à l'arrière.

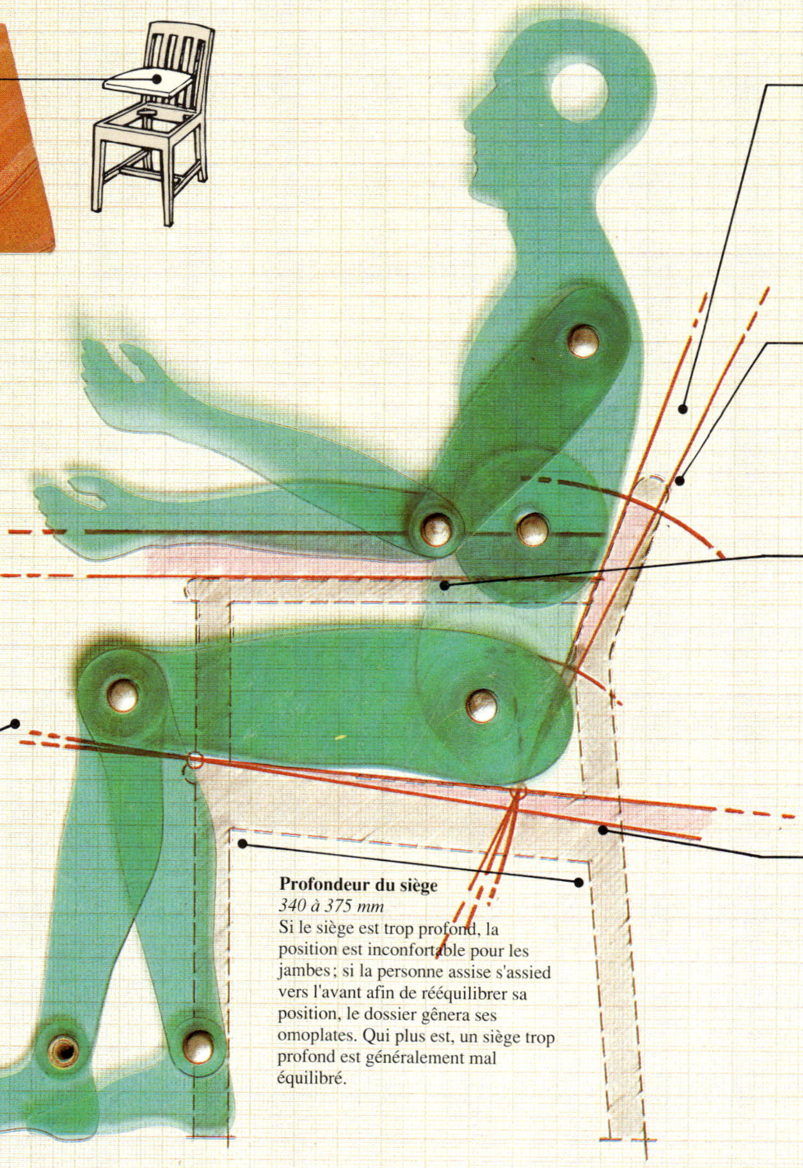

Angle du siège
5 à 8 degrés de l'horizontale
Un siège est en général légèrement penché vers l'arrière afin d'empêcher que la personne assise ne glisse vers l'avant ; néanmoins une chaise de bureau ou de secrétaire est plate afin de permettre à la personne assise de se pencher vers l'avant.

Profondeur du siège
340 à 375 mm
Si le siège est trop profond, la position est inconfortable pour les jambes ; si la personne assise s'assied vers l'avant afin de rééquilibrer sa position, le dossier gênera ses omoplates. Qui plus est, un siège trop profond est généralement mal équilibré.

Angle du dossier
20 à 25 degrés de la verticale
Un dossier droit est un bon support pour le dos, mais s'il penche trop, la personne assise est poussée vers l'avant et son cou souffrira de l'effort fourni.

Position du dossier
100 à 200 mm de hauteur et 150 à 180 mm au-dessus du siège
Le dossier doit supporter la partie médiane du dos d'une personne, appelée région lombaire.

Hauteur des accoudoirs
200 à 250 mm au-dessus du siège
Les accoudoirs supportent l'avant-bras à une hauteur confortable, ils servent aussi d'appui pour s'asseoir ou se lever. Un fauteuil muni de demi-accoudoirs peut être utilisé à une table.

Hauteur du siège
390 à 430 mm
Si le barreau avant est trop élevé, il gênera les cuisses en interrompant la bonne circulation sanguine. Si le siège est trop bas, un adulte éprouvera une certaine difficulté à se lever et s'asseoir.

CHAISES À CADRE

La chaise à cadre est la plus fonctionnelle des chaises. A chaque coin du cadre, composé de quatre barreaux, est fixé un pied dont deux sont prolongés pour recevoir le dossier. L'assise peut être rembourrée en rotin, en paille ou tout simplement en bois massif.

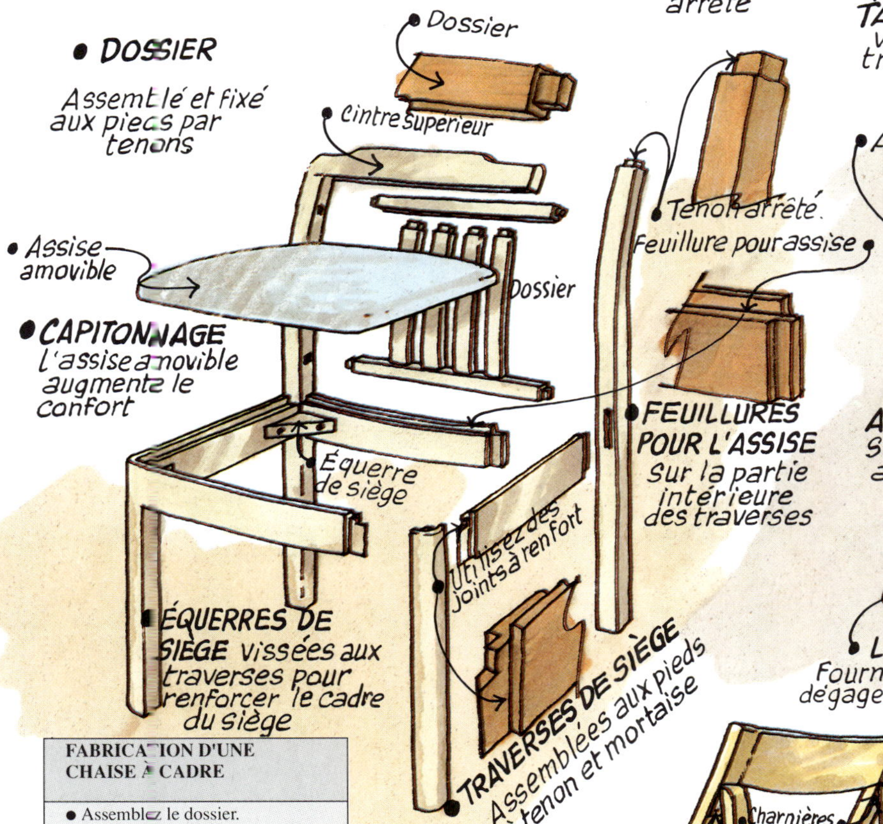

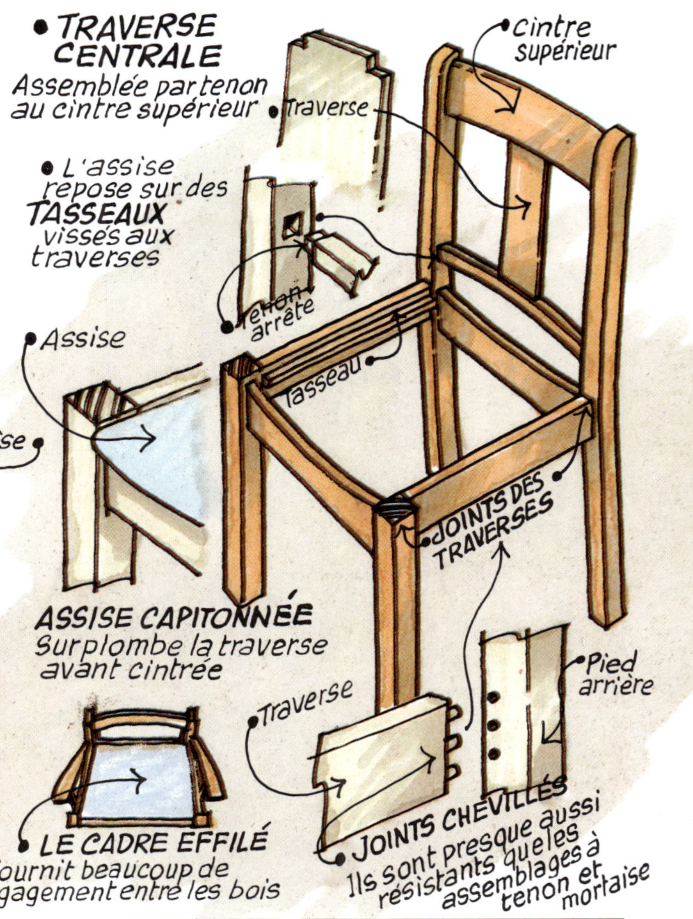

FABRICATION D'UNE CHAISE À CADRE

- Assemblez le dossier.
- Fixez les pieds arrière au dossier et à la traverse du siège.
- Fixez la traverse supérieure aux pieds arrière.
- Fixez les pieds à la traverse avant.
- Assemblez le cadre avant au cadre arrière par des traverses latérales.

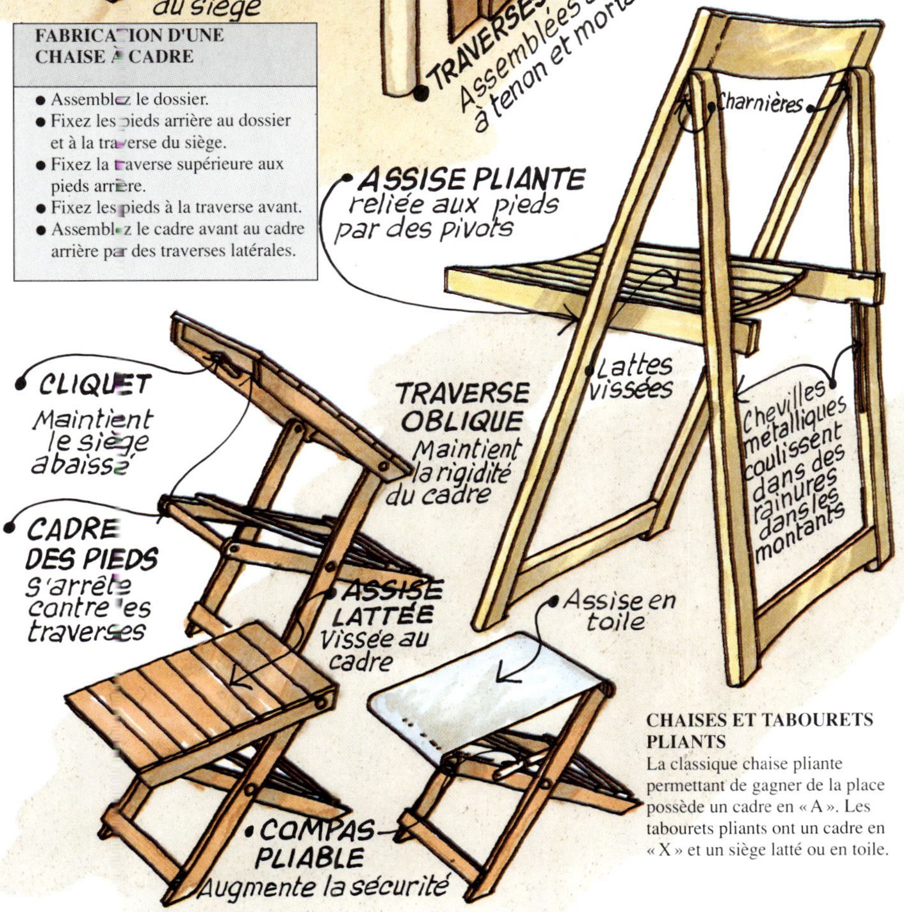

CHAISES ET TABOURETS PLIANTS

La classique chaise pliante permettant de gagner de la place possède un cadre en « A ». Les tabourets pliants ont un cadre en « X » et un siège latté ou en toile.

FABRICATION D'UN ACCOUDOIR

Les accoudoirs sont solidaires des montants arrière de la chaise auxquels ils sont fixés à l'aide d'assemblages à queue d'aronde ou vissés. Les supports sont fixés au cadre de la même manière.

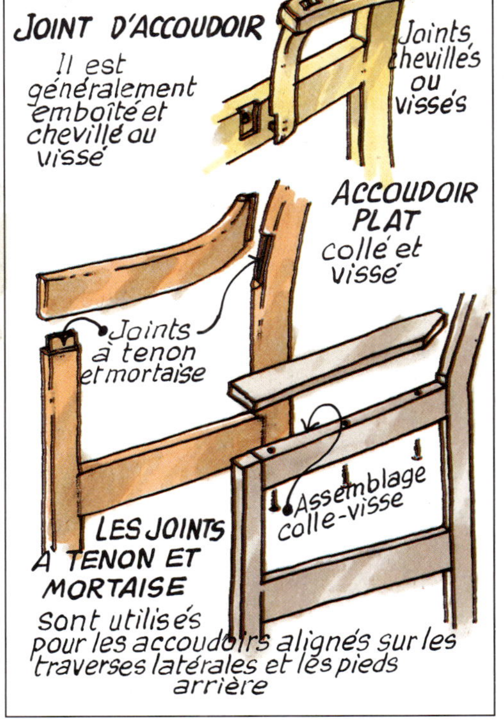

CHAISES EMPILABLES

L'écartement des pieds arrière étant supérieur à la largeur du cadre, on peut facilement empiler ces chaises pour les ranger.

VOIR AUSSI

Concevoir une chaise confortable	50
Assemblage à queue droite	163
Joints à recouvrement	218
Tenons et mortaises	226/234
Assemblage chevillé	236/237
Cintrage à la vapeur	251/253
Le lamellé-collé	254/256

LES ÉTAPES DE LA FABRICATION
Chaise empilable

- Assemblez les pieds à la traverse arrière, et posez la traverse supérieure.
- Assemblez les pieds à la traverse avant.
- Assemblez le cadre.
- Collez le dossier à la traverse et le siège au cadre.

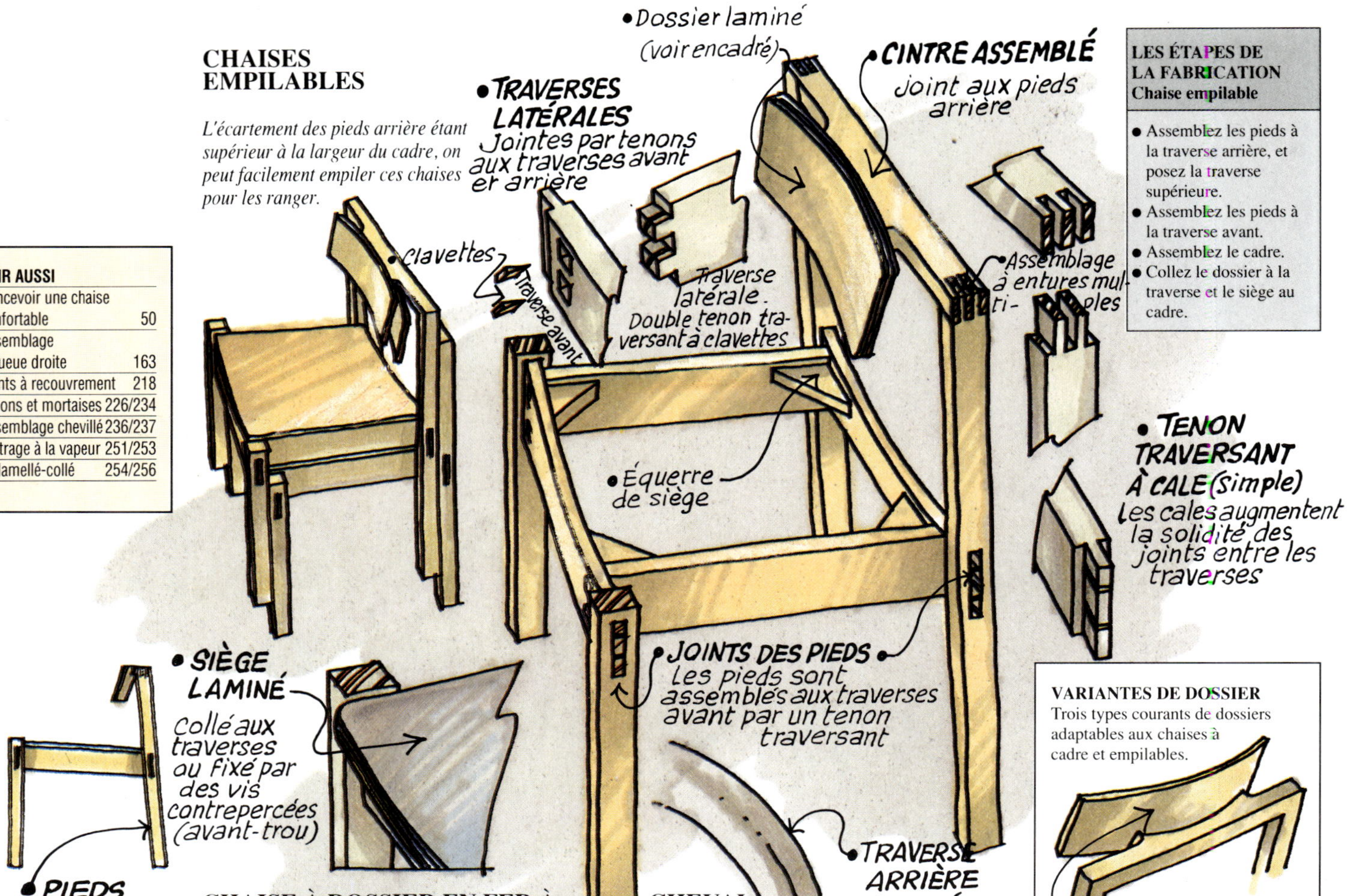

CHAISE À DOSSIER EN FER À CHEVAL

Ce type de chaise tire son nom de la forme caractéristique de son dossier.

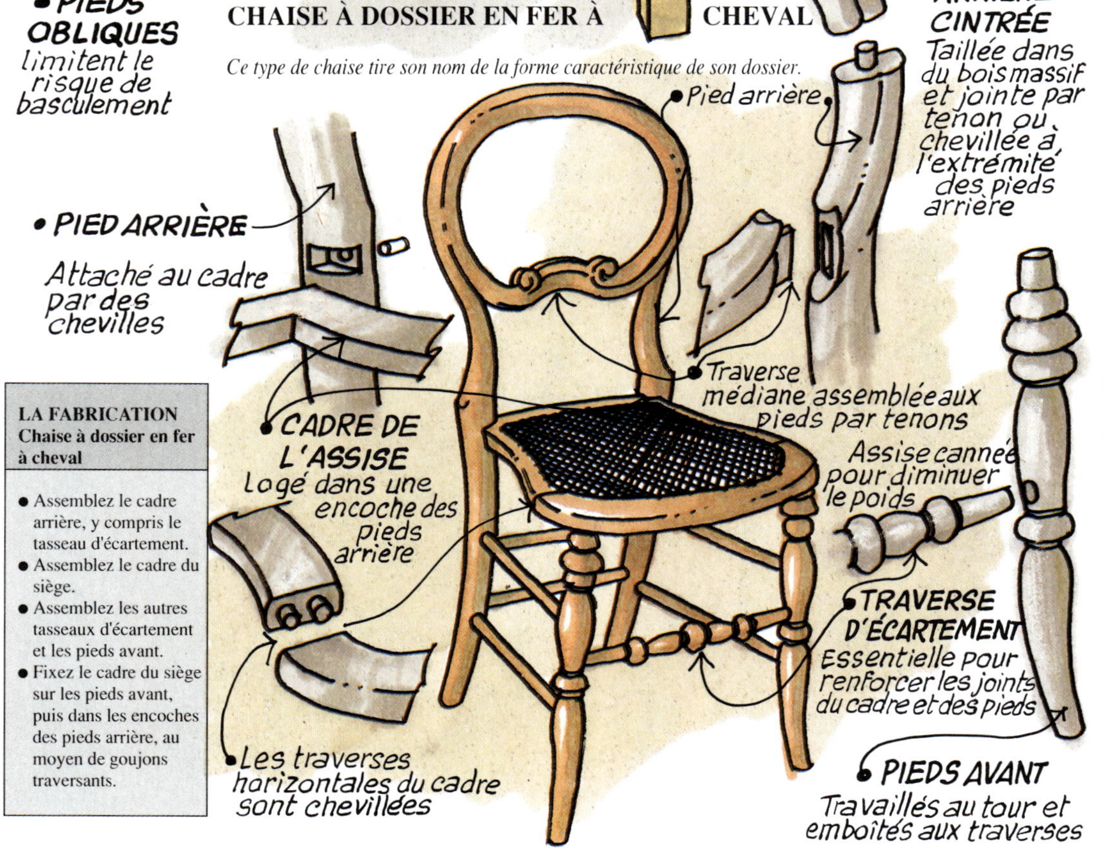

LA FABRICATION
Chaise à dossier en fer à cheval

- Assemblez le cadre arrière, y compris le tasseau d'écartement.
- Assemblez le cadre du siège.
- Assemblez les autres tasseaux d'écartement et les pieds avant.
- Fixez le cadre du siège sur les pieds avant, puis dans les encoches des pieds arrière, au moyen de goujons traversants.

VARIANTES DE DOSSIER

Trois types courants de dossiers adaptables aux chaises à cadre et empilables.

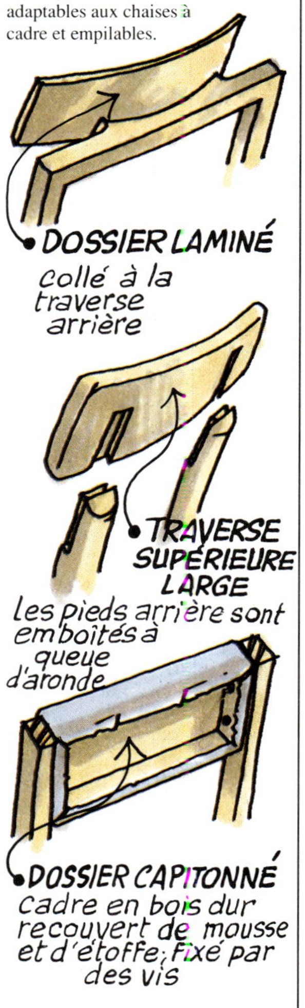

CHAISES EN BOIS CINTRÉ

Les chaises en bois cintré se fabriquent en assemblant, à l'aide de vis ou de boulons, les pièces de hêtre cintrées à la vapeur. Ce type de chaises est extrêmement souple et résistant du moment que les assemblages n'ont pas de jeu.

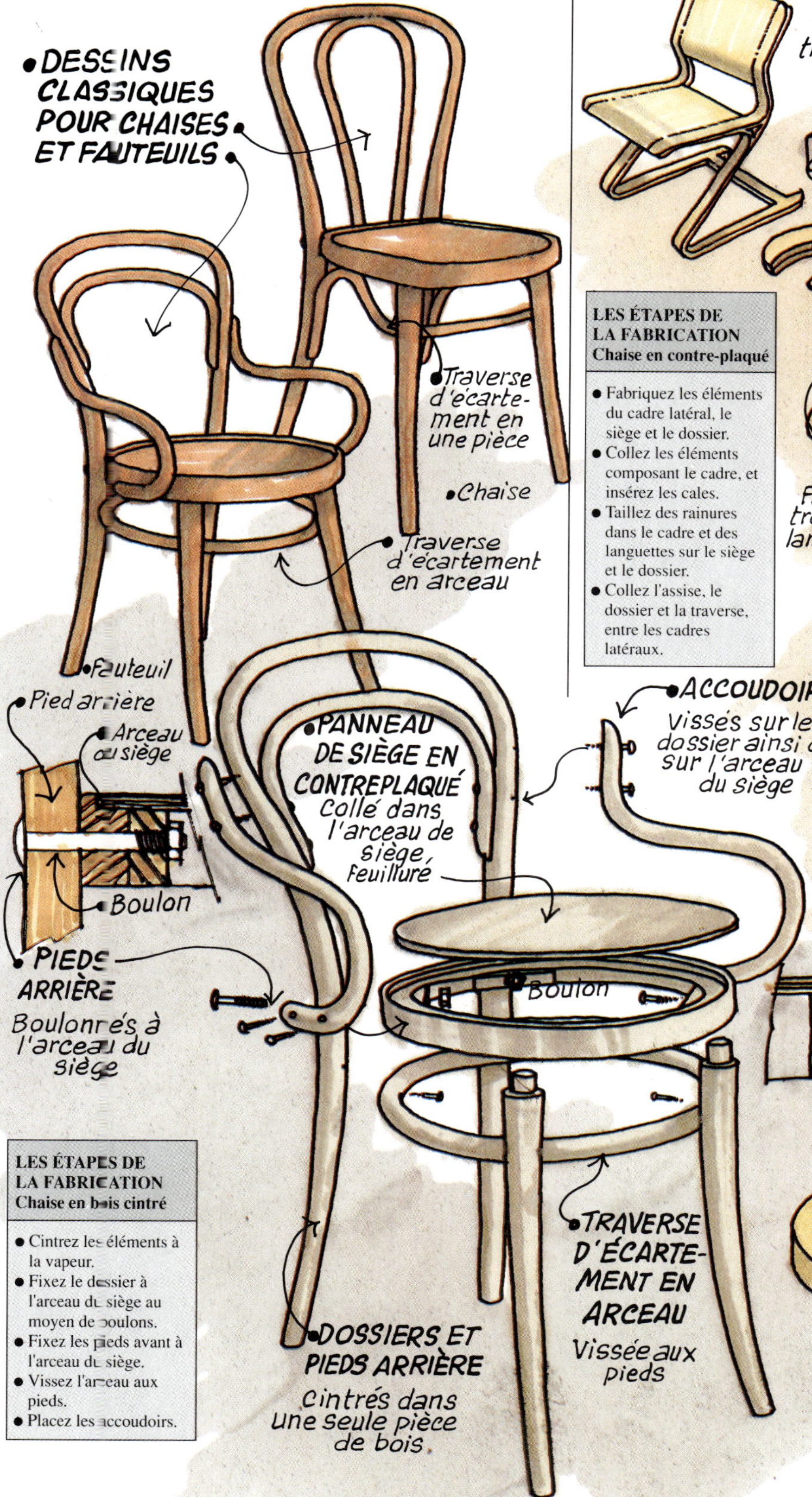

LES ÉTAPES DE LA FABRICATION
Chaise en bois cintré

- Cintrez les éléments à la vapeur.
- Fixez le dossier à l'arceau du siège au moyen de boulons.
- Fixez les pieds avant à l'arceau du siège.
- Vissez l'arceau aux pieds.
- Placez les accoudoirs.

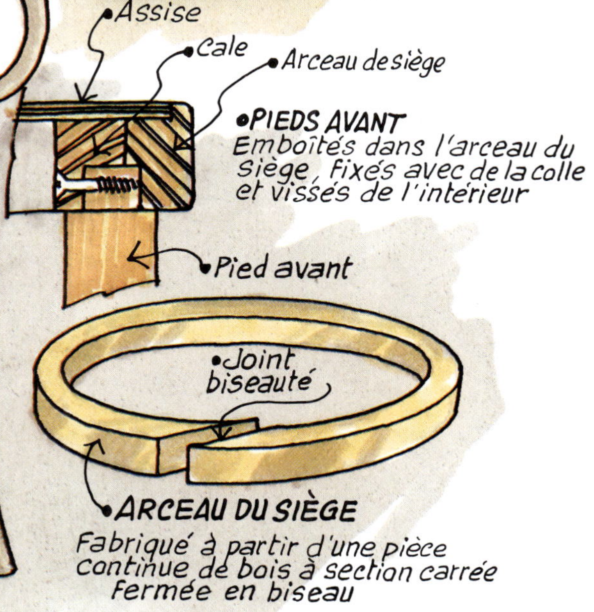

CHAISES EN BOIS LAMELLÉ

Des bois faibles au fil court peuvent être utilisés sous forme de contre-plaqués épais, permettant de fabriquer des chaises à la structure souple et résistante.

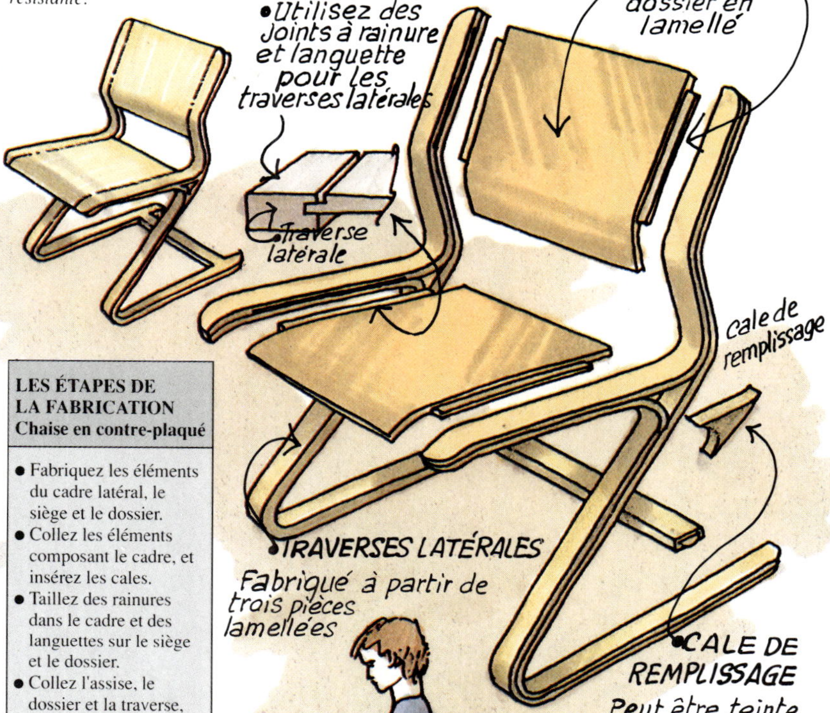

LES ÉTAPES DE LA FABRICATION
Chaise en contre-plaqué

- Fabriquez les éléments du cadre latéral, le siège et le dossier.
- Collez les éléments composant le cadre, et insérez les cales.
- Taillez des rainures dans le cadre et des languettes sur le siège et le dossier.
- Collez l'assise, le dossier et la traverse, entre les cadres latéraux.

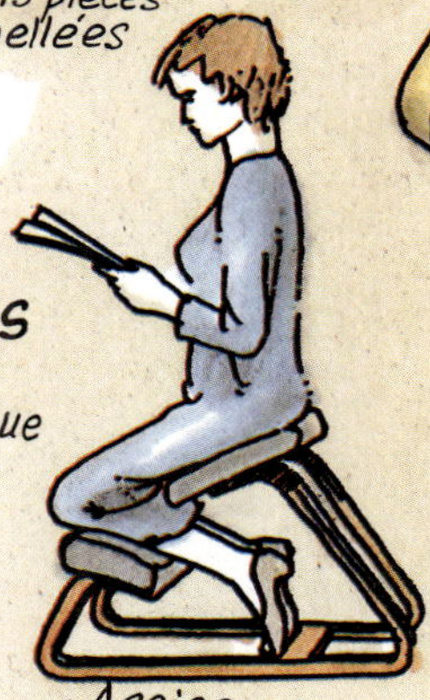

CHAISES À GENOUX

De nombreuses idées préconçues ont été bouleversées ces dernières années : avec la « chaise à genoux », le poids du corps est porté vers l'avant sur les genoux permettant ainsi d'améliorer la posture et de réduire la pression exercée sur le bas du dos.

CHAISES À BARREAUX

La chaise à barreaux sous ses innombrables variantes est un meuble magnifiquement proportionné et fonctionnel qui doit son développement à l'expérience et au talent des artisans d'Europe et d'Amérique. La parfaite répartition des forces qui s'exerce sur sa structure empêche les nombreux éléments qui la composent de se désolidariser, ce qui lui donne résistance et rigidité. Les chaises à barreaux ont toujours été fabriquées à partir de bois indigènes durs et denses, tels que le hêtre, le chêne, le frêne et l'orme ; ces bois peuvent être assouplis à la vapeur afin d'être cintrés pour les modèles au dossier arrondi.

VOIR AUSSI

CHAISE À BARREAUX ET DOSSIER EN ÉCHELLE
Tous les supports du dossier de cette chaise sont assemblés à tenons invisibles aux pieds arrière.

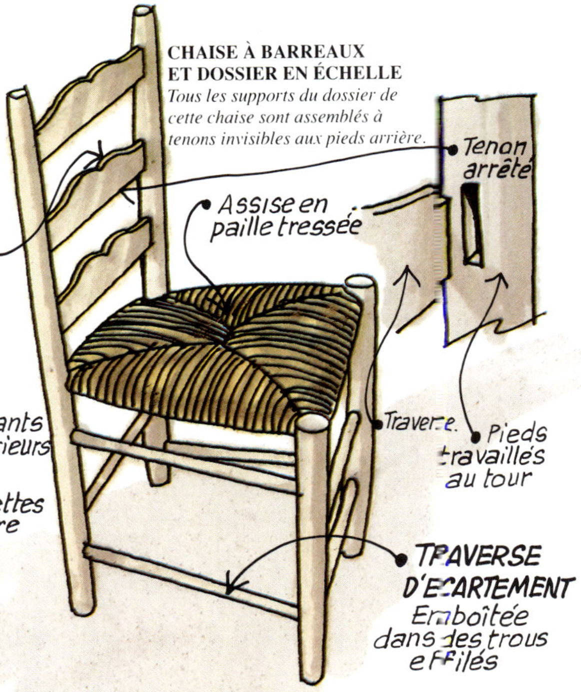

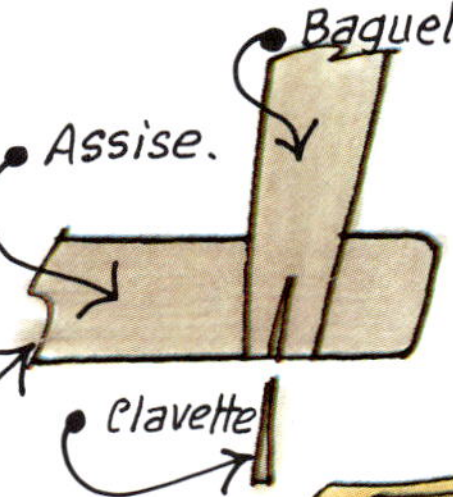

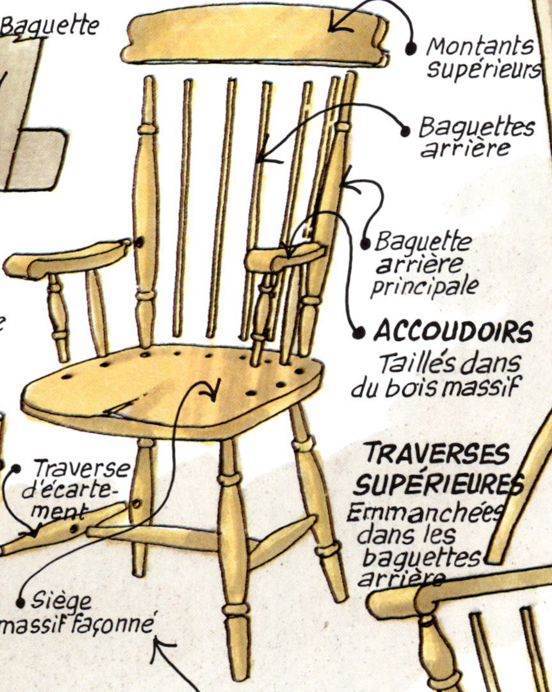

LES ÉTAPES DE LA FABRICATION
Chaise à barreaux

- Assemblez les pieds et les barreaux.
- Posez l'assise sur un établi, et enfoncez au maillet les pieds dans les trous percés dans le dessous.
- Mettez en place les barreaux arrière et la traverse supérieure.
- Fixez les accoudoirs et les supports.

CHAISE DE CUISINE
Ce type de chaise de cuisine possède le même cadre inférieur qu'une chaise à barreaux. Les barres du dossiers et les supports sont en bois massif.

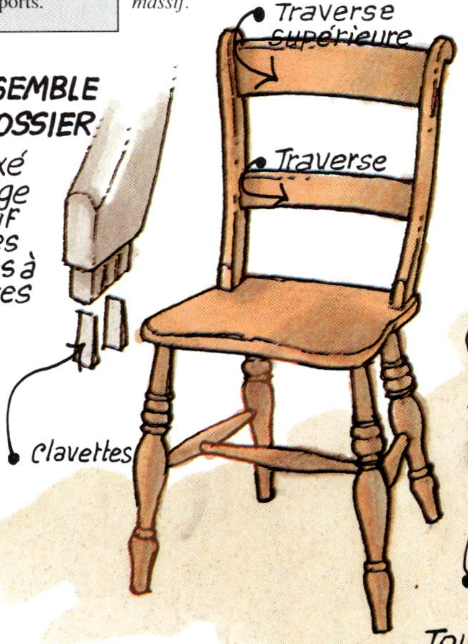

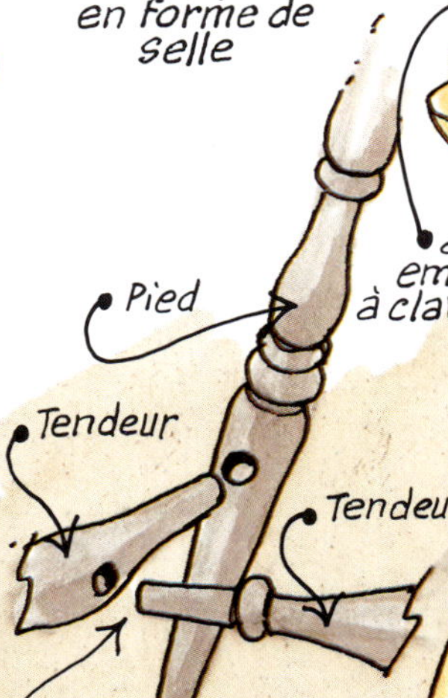

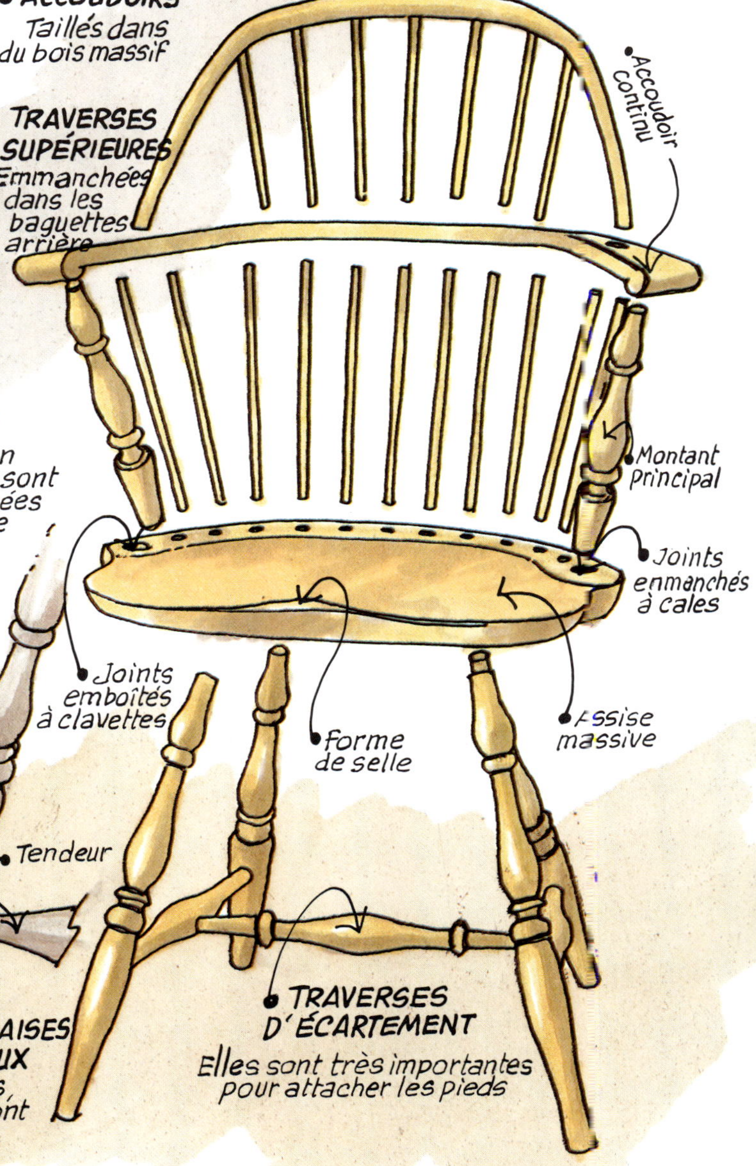

PRINCIPES DE CONSTRUCTION D'UNE TABLE

Une table n'est rien d'autre qu'une surface plane que l'on situe à une hauteur permettant de prendre ses repas, d'étudier, de travailler ou de boire son café... Et pourtant, les designers ont dépensé une énergie créative considérable sur cette catégorie de meubles apparemment si simple. Ils ont expérimenté de multiples types de plateaux afin de déterminer lesquels convenaient le mieux pour accueillir un dîner. Le piétement d'une table peut aller d'une structure simple conçue pour laisser le maximum de place aux jambes, à une structure extrêmement compliquée et surtout décorative. La recherche a été particulièrement poussée afin de trouver des moyens simples pour augmenter la taille des tables compactes lorsqu'il est nécessaire d'y accueillir plus de monde. Les exemples qui suivent illustrent des méthodes traditionnelles applicables à des tables de toutes tailles. Des mécanismes simples permettant de moduler une table seront également décrits.

CONCEPTION D'UNE TABLE FONCTIONNELLE

Prendre un repas autour d'une table peut être une occasion de réjouissance ou devenir un cauchemar de crampes et de coudes entrechoqués, selon la place prévue par le designer. La plupart des gens peuvent travailler ou dessiner confortablement sur une table de salle à manger. Mais avant de concevoir une table de travail, vous devez savoir quel usage en fera l'utilisateur : par exemple, s'il doit utiliser un ordinateur ou une machine à écrire, il convient de ne pas situer le plateau trop haut afin de permettre une ergonomie idéale.

TABLE DE SALLE À MANGER

Déplacement d'une chaise
700 mm
Une personne en train de dîner nécessite à peu près cet espace pour pouvoir se lever de table.

Hauteur d'une table de salle à manger
700 mm
Cette hauteur est la plus confortable pour ce genre de tables, bien que pour manger dans un bol avec des baguettes, la hauteur adéquate soit celle d'une desserte de cuisine, ou alors celle d'une table beaucoup plus basse *(300 mm)* où l'on s'assied en tailleur par terre.

Espace pour les coudes
600 mm
Ceci est l'espace adéquat pour permettre à une personne adulte d'utiliser une fourchette et un couteau sans gêner son voisin.

Espace pour les jambes
600 mm
Prévoyez au moins cet espace entre le sol et le plateau de la table.

Espace pour les genoux
250 mm
Ceci est l'espace minimal requis entre le plateau et le pied d'une table pour donner suffisamment d'espace.

Table de salle à manger rectangulaire
Afin d'asseoir six personnes de manière confortable, les dimensions d'une table de salle à manger rectangulaire doivent être d'au moins 1,5 m par 1 mètre.

Table ronde de salle à manger
Pour asseoir quatre personnes, il faut prévoir un diamètre de un mètre. Pour six personnes, augmentez ce diamètre à 1,2 mètre et pour huit personnes, à 1,5 mètre.

TABLES DE TRAVAIL (BUREAUX)

Hauteur d'un bureau
700 mm
La hauteur d'un bureau doit être identique à celle d'une table de salle à manger.

Hauteur permettant de taper à la machine
650 mm
Pour taper à la machine, la hauteur d'une table doit être inférieure de 50 millimètres à celle d'un bureau normal.

Hauteur maximale des accessoires
475 mm
Une personne assise peut atteindre une étagère située à cette hauteur au-dessus d'un bureau.

TABLES D'APPOINT

360 à 600 mm
Les tables d'appoint ou à café ont une hauteur extrêmement variable.

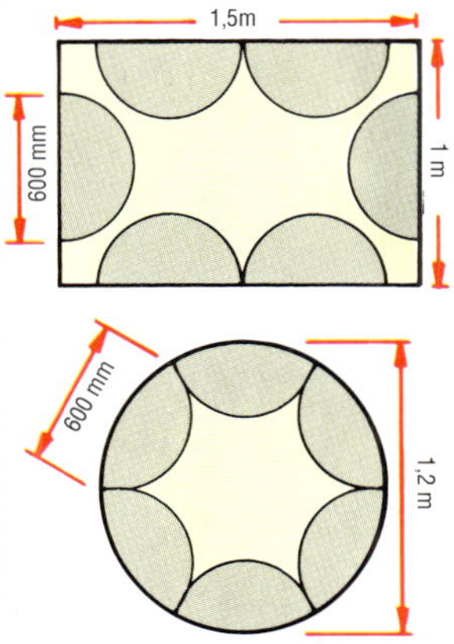

PLACES ASSISES TABLE SALLE À MANGER

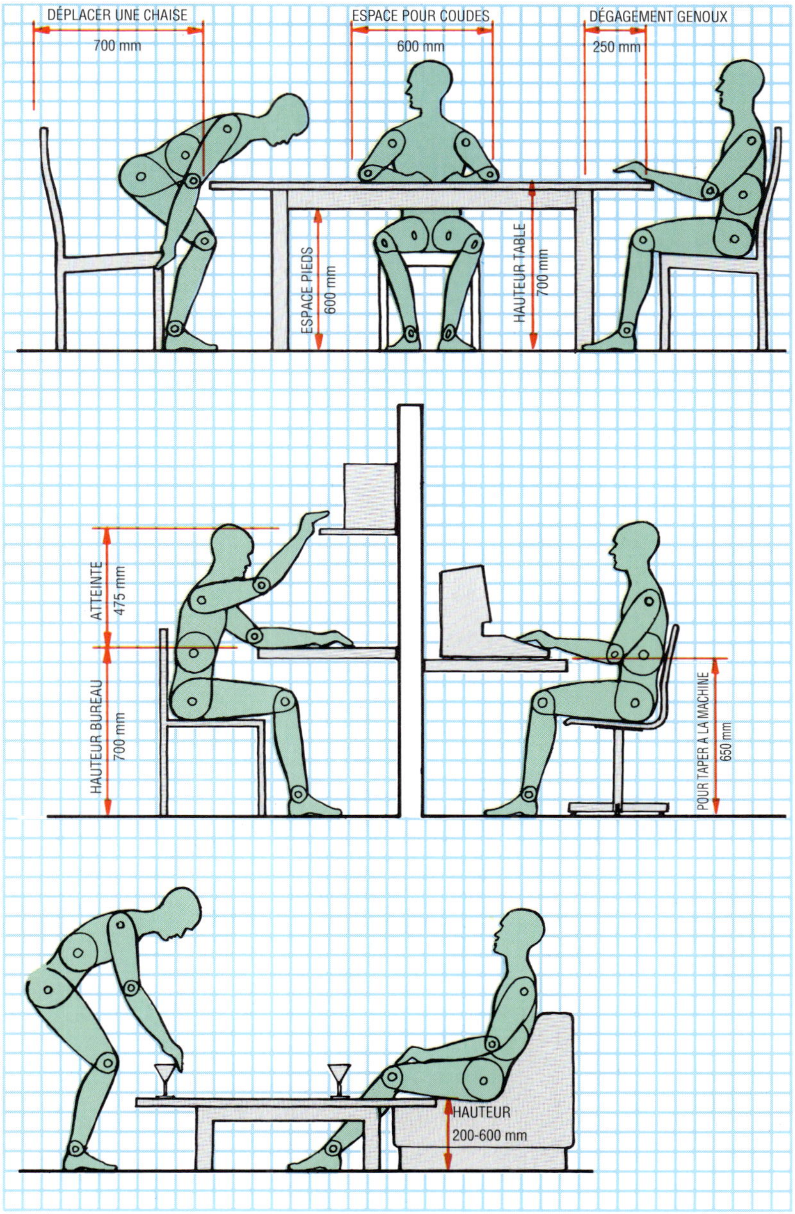

TABLE À CADRE

Une table à cadre à quatre pieds, un à chaque coin. Assemblé avec tenon et mortaise ou à tourillons, ce dessin au demeurant fort classique peut être adapté à toute taille de table. Le plateau peut être en bois brut, mais dans un souci de stabilité les plus grands sont souvent en contre-plaqué bordé.

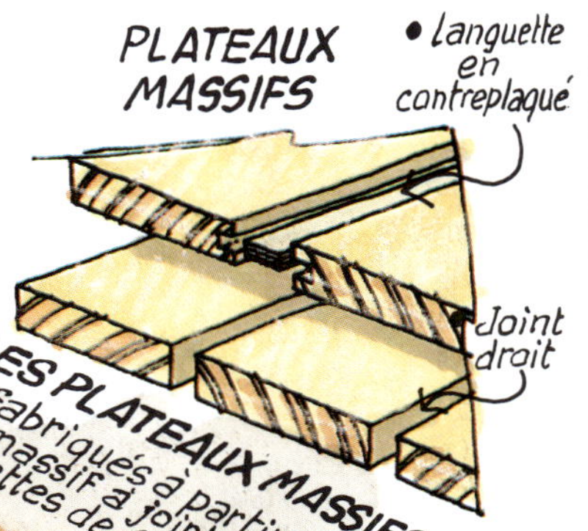

LES ÉTAPES DE LA FABRICATION
Table à cadre

- Collez les pieds aux traverses.
- Collez les cadres latéraux assemblés aux longerons.
- Fixez le plateau.

VOIR AUSSI

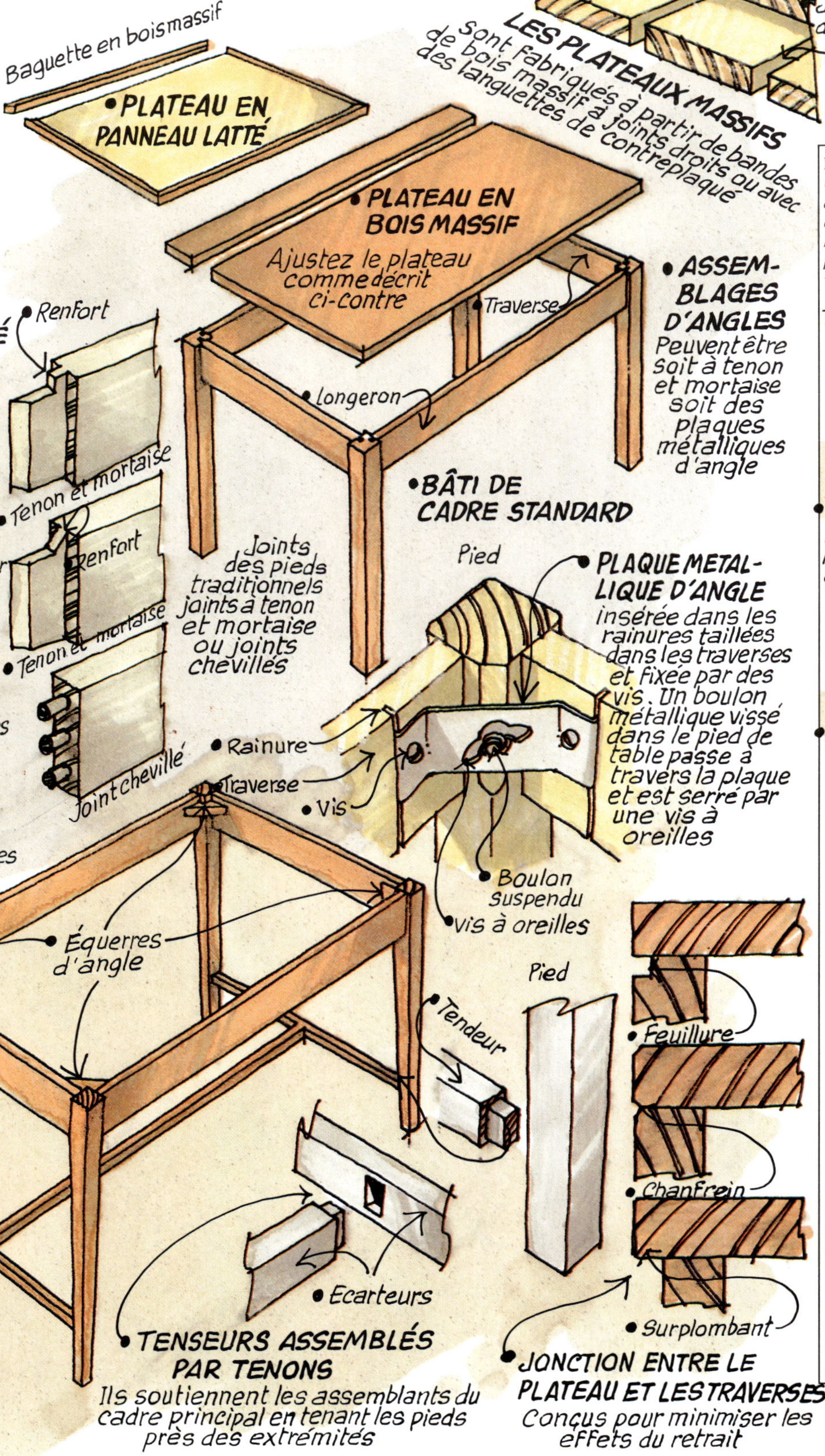

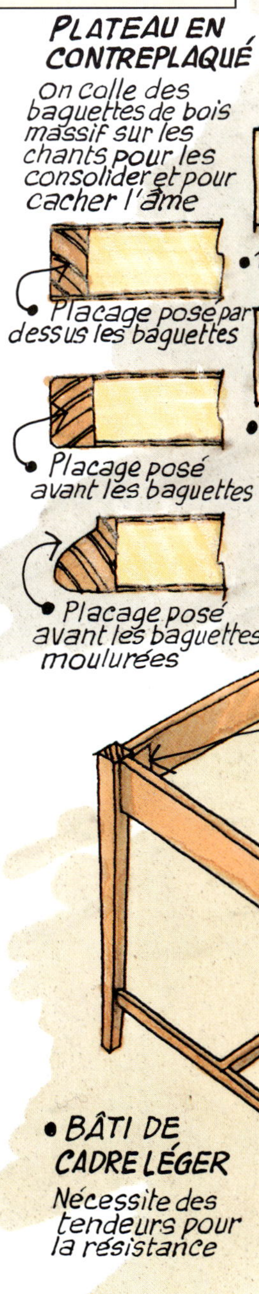

FIXER UN PLATEAU

Un plateau fait dans un panneau dérivé du bois peut être fixé au cadre de façon rigide. La méthode de fixation d'un plateau de bois doit permettre les variations de dimension.

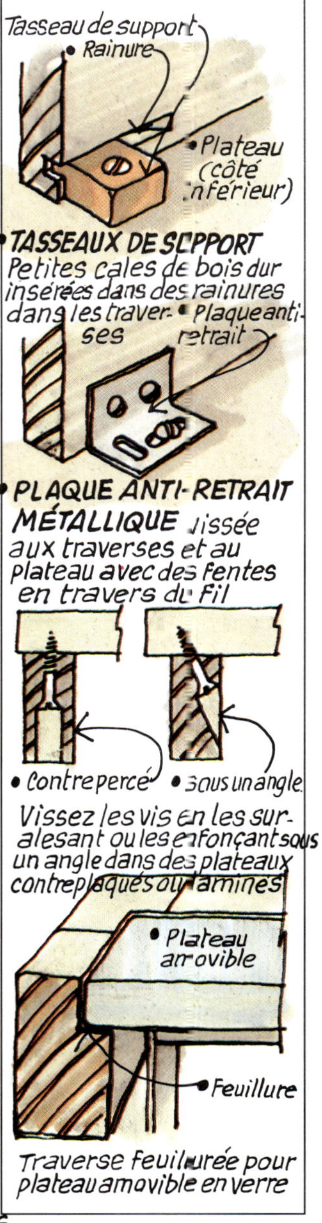

BUREAU OU DESSERTE

Pour fabriquer un bureau ou une desserte, il vous suffit d'ajouter des tiroirs à une table cadre.

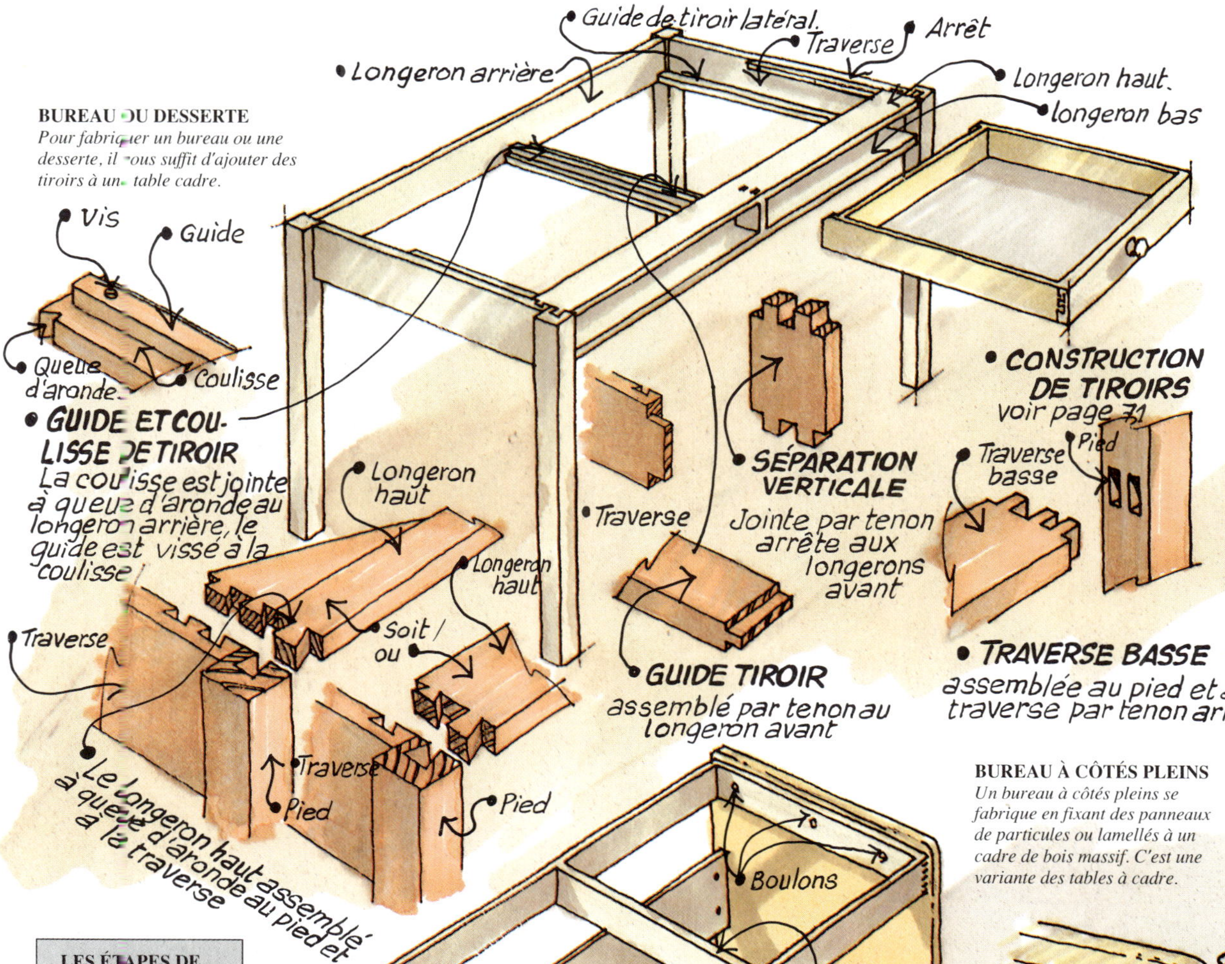

LES ÉTAPES DE LA FABRICATION
Bureau ou desserte

- Collez les pieds aux traverses.
- Assemblez les longerons arrière et avant bas aux cadres latéraux, fixez la séparation verticale au longeron bas et le longeron haut.
- Fixez le coulisseau central, serrez le cadre.
- Fixez les coulisseaux latéraux.
- Fixez le plateau.
- Fabriquez et ajustez les tiroirs.

BUREAU À CÔTÉS PLEINS

Un bureau à côtés pleins se fabrique en fixant des panneaux de particules ou lamellés à un cadre de bois massif. C'est une variante des tables à cadre.

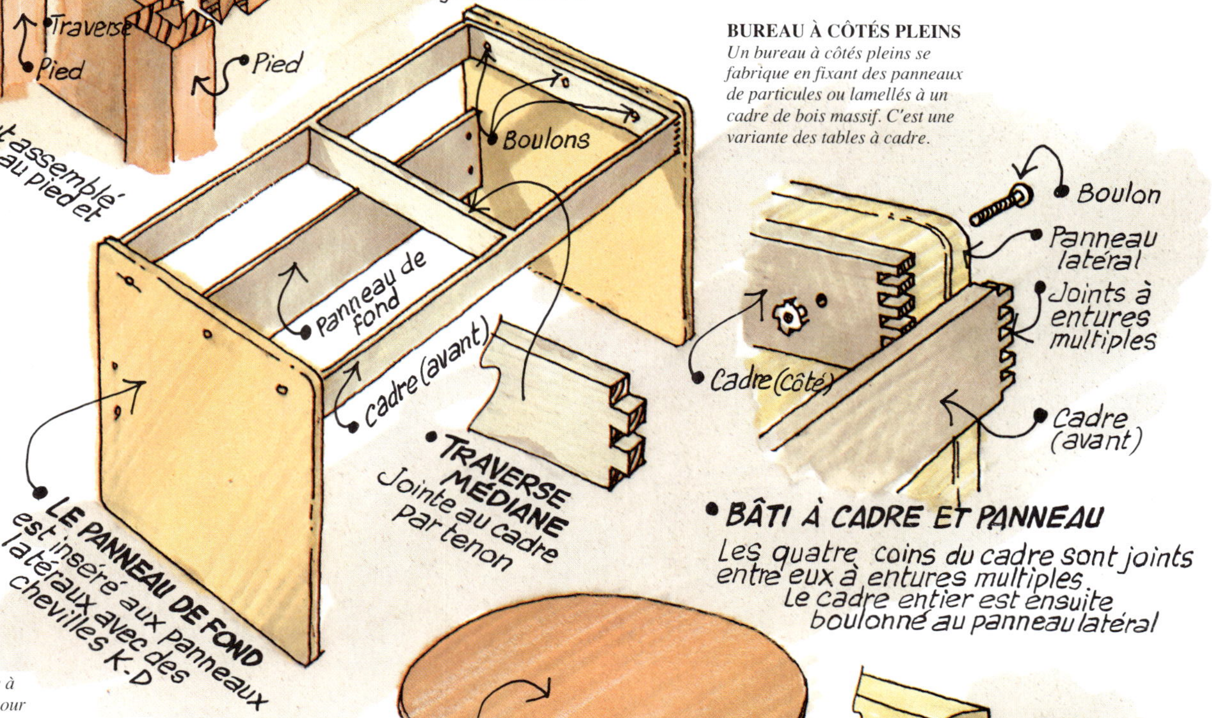

LES ÉTAPES DE LA FABRICATION
Bureau à côtés pleins

- Assemblez le cadre.
- Fixez la bande de recouvrement sur les panneaux latéraux.
- Fixez les panneaux latéraux au cadre et positionnez le fond.
- Fixez le plateau de table.

TABLE À CADRE À PIEDS RONDS

Fabriquée comme une table à cadre, ce modèle est idéal pour servir de table à café.

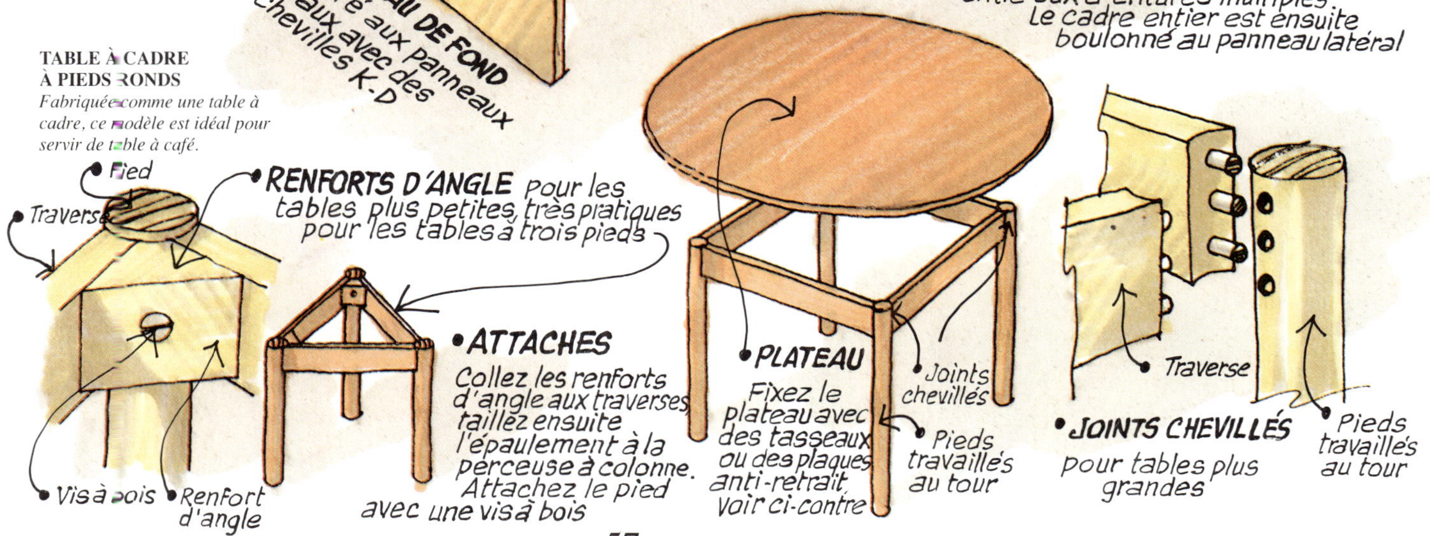

TABLE DE RÉFECTOIRE

Ce type de piètement peut servir pour des tables à café ou de salle à manger. Généralement elles sont conçues pour être démontées lorsqu'on les déplace. Dans les grandes tailles, ce genre de tables doit être construit très solidement pour assurer sa stabilité. Fixez un plateau en bois massif ou en contre-plaqué en le vissant aux montants.

VOIR AUSSI

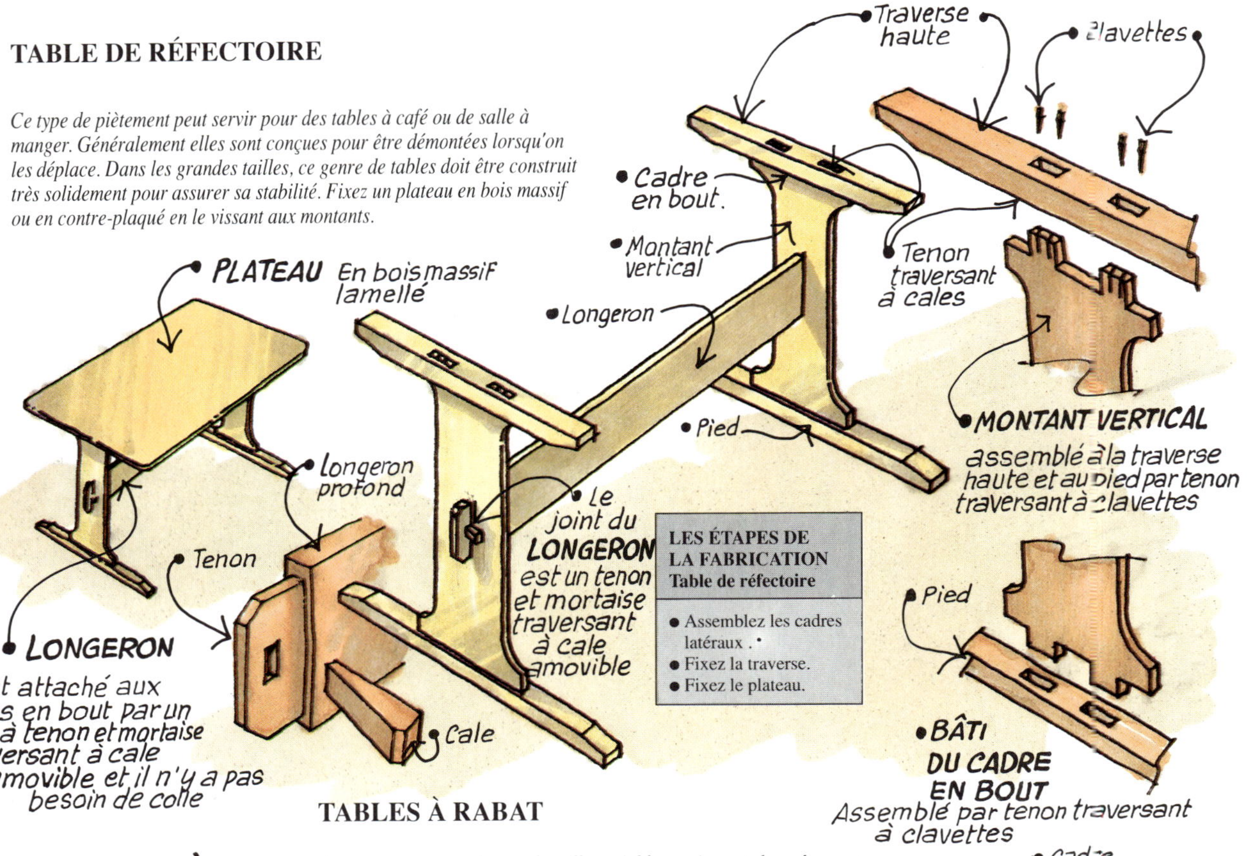

LES ÉTAPES DE LA FABRICATION
Table de réfectoire

- Assemblez les cadres latéraux.
- Fixez la traverse.
- Fixez le plateau.

TABLES À RABAT

On peut obtenir un plateau de taille variable en ajoutant des rabats par des charnières à un plateau de la taille du cadre. Relevés, les rabats sont soutenus par des pieds pivotants ou des tasseaux.

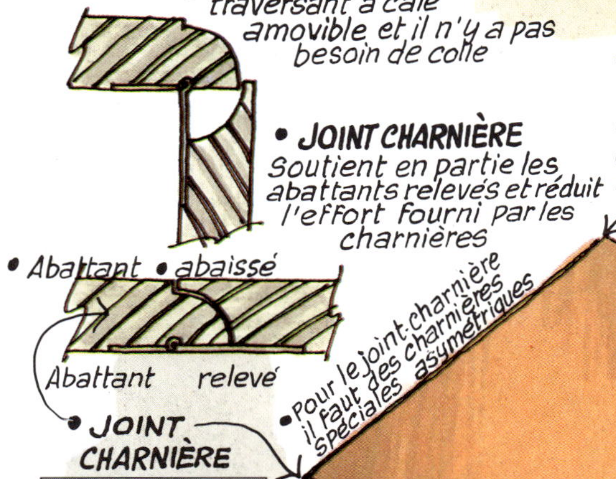

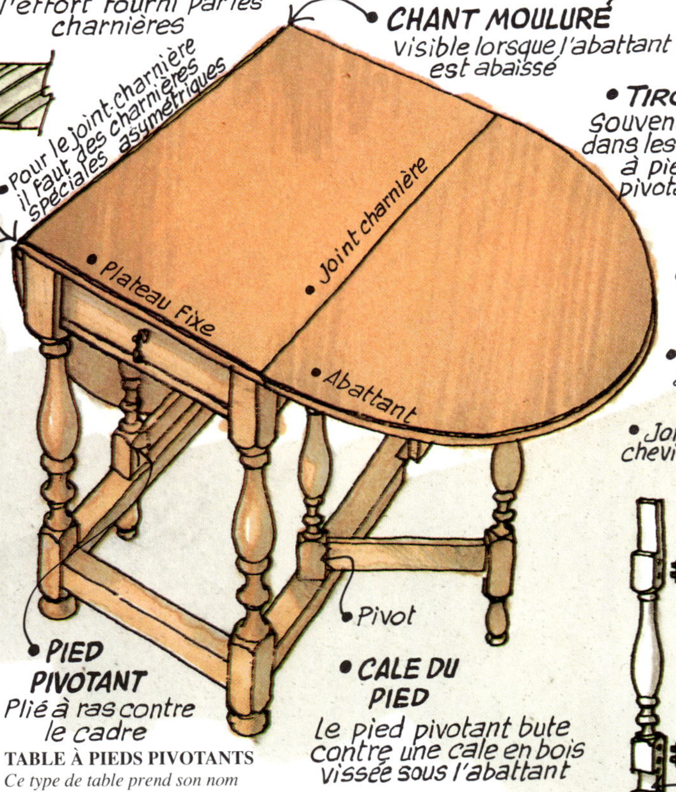

LES ÉTAPES DE LA FABRICATION
Table à pieds pivotants

- Assemblez les éléments composant les pieds pivotants.
- Assemblez les cadres longitudinaux, fixez les pieds pivotants entre les longerons.
- Assemblez les cadres longitudinaux au moyen des traverses latérales, fixez la traverse du tiroir.
- Fixez les coulisseaux.
- Assemblez les rabats au plateau central.
- Fixez le plateau central sur le cadre.

TABLE À PIEDS PIVOTANTS
Ce type de table prend son nom du système de soutien du rabat.

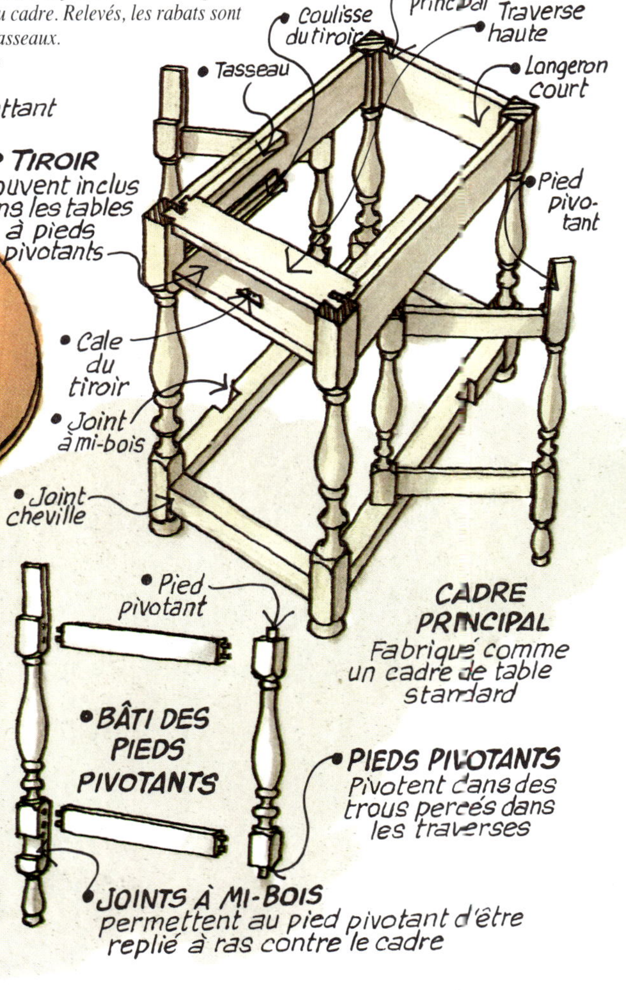

TABLE PEMBROKE
Ce type de table est une version délicate d'une table à rabat, dont les rabats sont soutenus par des tasseaux pivotants.

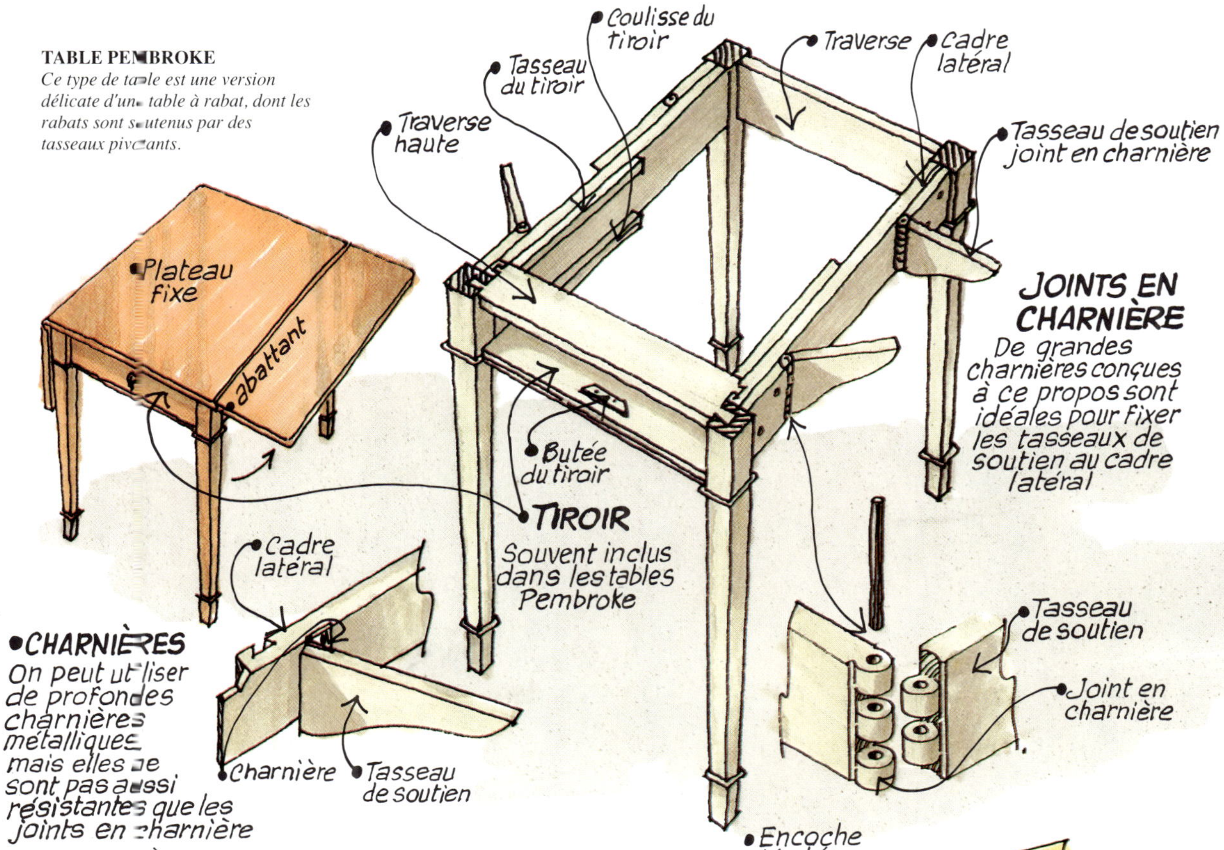

LES ÉTAPES DE LA FABRICATION
Table Pembroke

- Assemblez les deux cadres longitudinaux.
- Assemblez les cadres longitudinaux au moyen des traverses latérales, et fixez la traverse du tiroir.
- Vissez et collez les tasseaux de soutien à charnière au longeron.
- Fixez les coulisseaux.
- Fabriquez le tiroir.
- Assemblez les rabats au plateau central.
- Fixez le plateau central au cadre.

TABLES À RALLONGES

On augmente souvent le plateau d'une table en tirant des rallonges montées sur un système coulissant. Une version courante de ce type de table possède un plateau central que l'on pose une fois que les rallonges sont tirées.

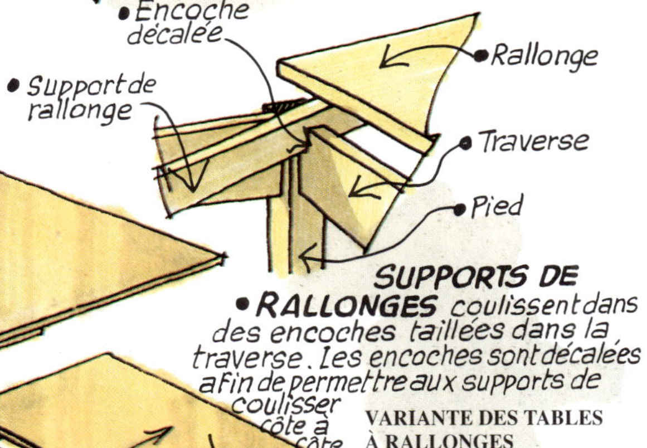

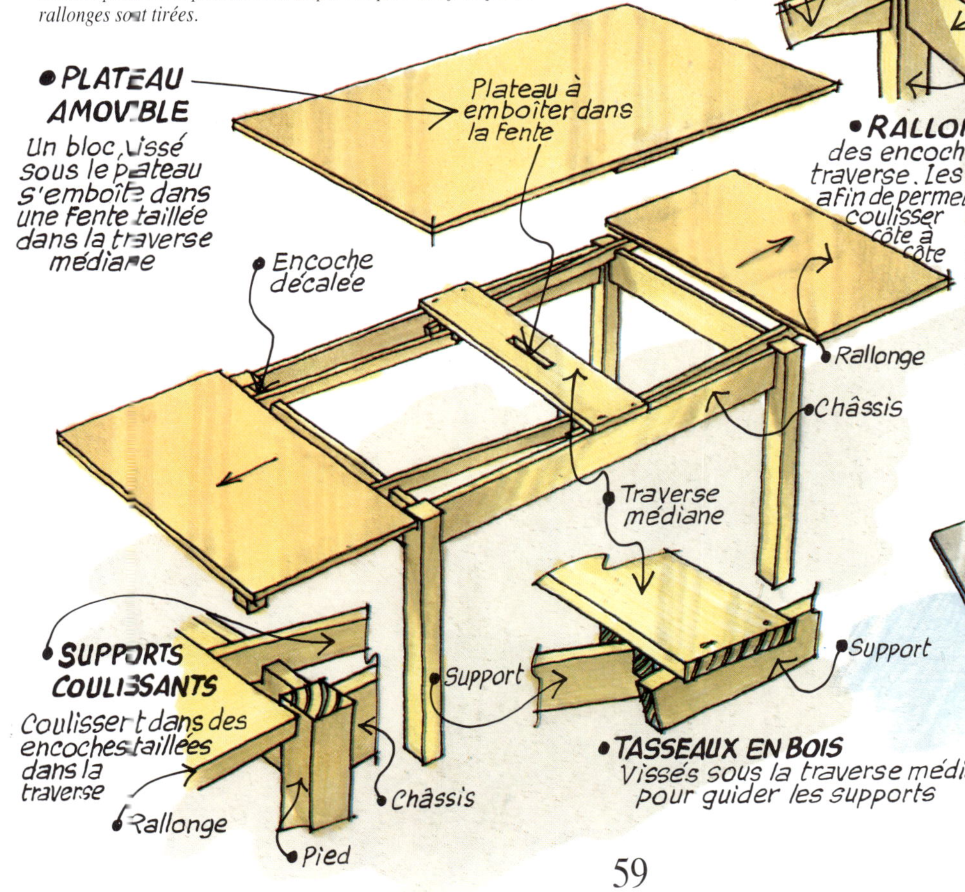

VARIANTE DES TABLES À RALLONGES
Il existe une variante des tables à rallonges qui permet de camoufler le plateau central dans le cadre grâce à un système de charnières.

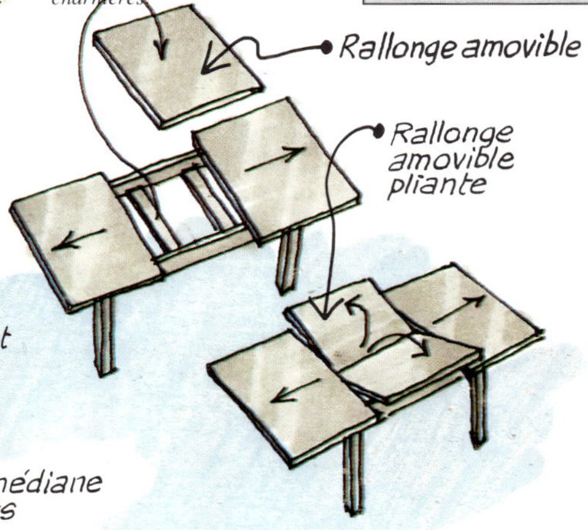

LES ÉTAPES DE LA FABRICATION
Table à rallonges

- Assemblez le cadre inférieur.
- Vissez les guides des tasseaux de soutien à la traverse médiane et celle-ci aux longerons.
- Vissez et collez les tasseaux de soutien aux rallonges.
- Positionnez les tasseaux de soutien dans les encoches en bout de traverses.
- Vissez et collez la cale de positionnement sur le plateau de table.
- Abaissez le plateau sur le cadre, pour que la cale de positionnement s'ajuste dans la fente taillée dans la traverse médiane.

TABLES À UN RABAT

Une manière de diminuer la place que prend une table lorsqu'elle n'est pas utilisée, consiste à y adapter un rabat que l'on replie sur l'autre moitié du plateau.

DESSERTE
Une desserte peut être convertie en table de jeux en faisant pivoter les deux pieds sur un assemblage en charnière, et en rabattant l'autre moitié du plateau.

VOIR AUSSI	
Concevoir une table fonctionnelle	55
Joints à queues d'aronde	146, 224
Assemblage à enfourchement	235
Les tenons et mortaises	226/234
Les tenons à cales	227/229
Les charnières	306/307

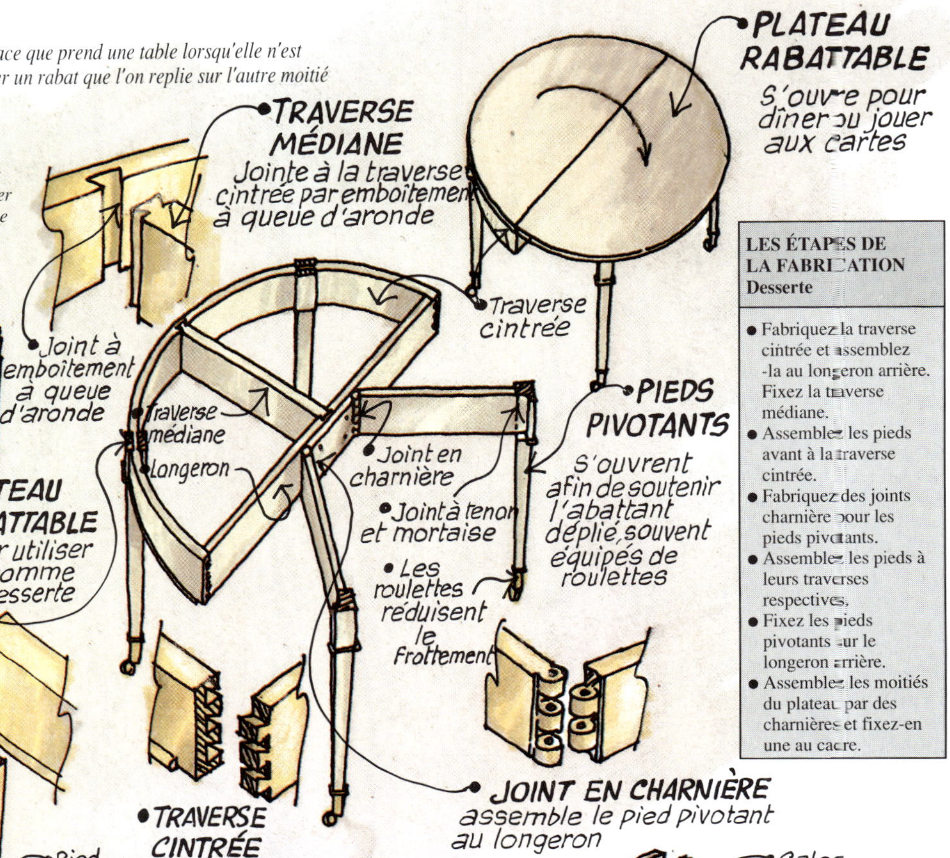

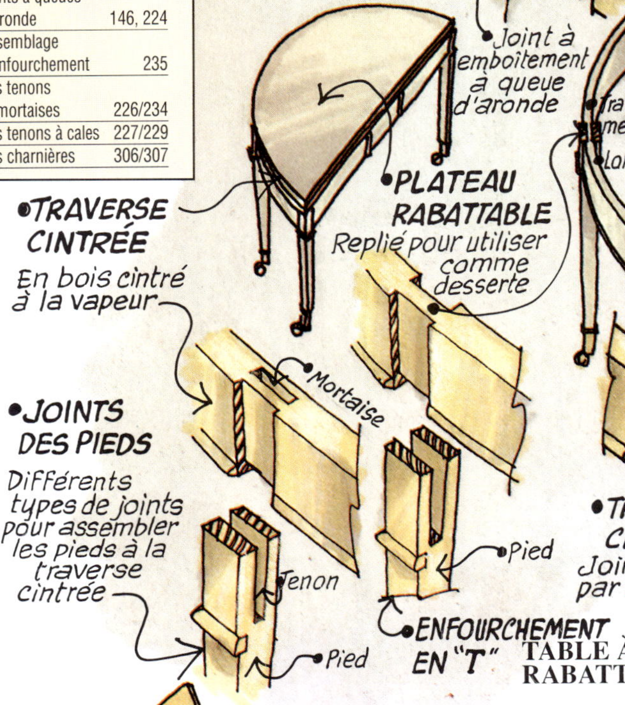

LES ÉTAPES DE LA FABRICATION
Desserte

- Fabriquez la traverse cintrée et assemblez-la au longeron arrière. Fixez la traverse médiane.
- Assemblez les pieds avant à la traverse cintrée.
- Fabriquez des joints charnière pour les pieds pivotants.
- Assemblez les pieds à leurs traverses respectives.
- Fixez les pieds pivotants sur le longeron arrière.
- Assemblez les moitiés du plateau par des charnières et fixez-en une au cadre.

TABLE DE SALLE À MANGER
Cette table de salle à manger carrée peut se convertir en table rectangulaire. Le double plateau à charnière, fait de panneaux dérivés du bois stables, pivote sur un coin pour s'ouvrir.

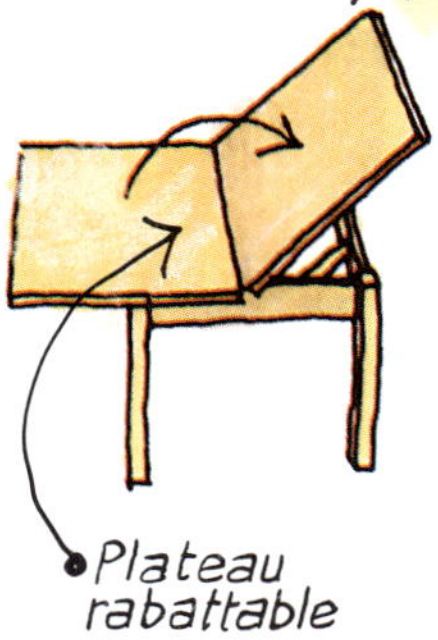

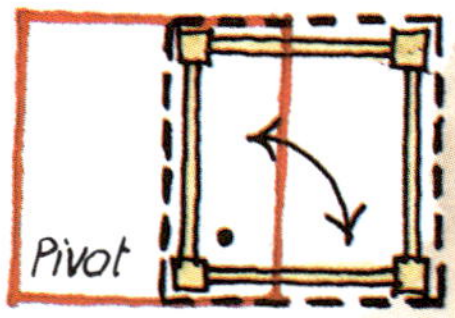

Mécanisme du pivot
Quatre étrésillons sont fixés par assemblage à onglet aux quatre coins du cadre. Un pivot métallique est ensuite fixé à l'un de ces étrésillons.

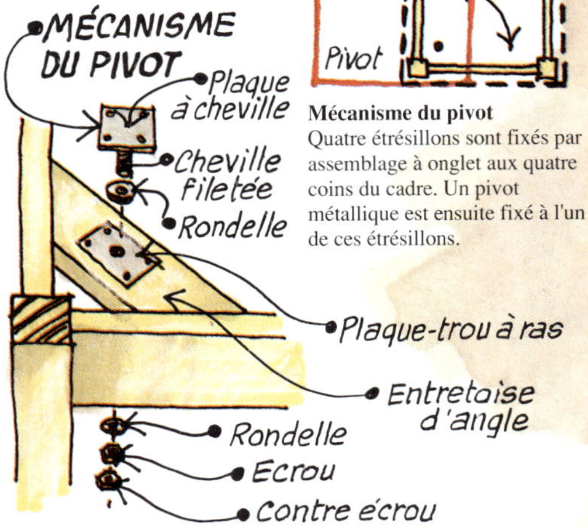

TABLE À PLATEAU RABATTABLE

De petites tables à vin peuvent être conçues avec un plateau se rabattant en position verticale afin de gagner de la place lorsqu'on ne s'en sert pas.

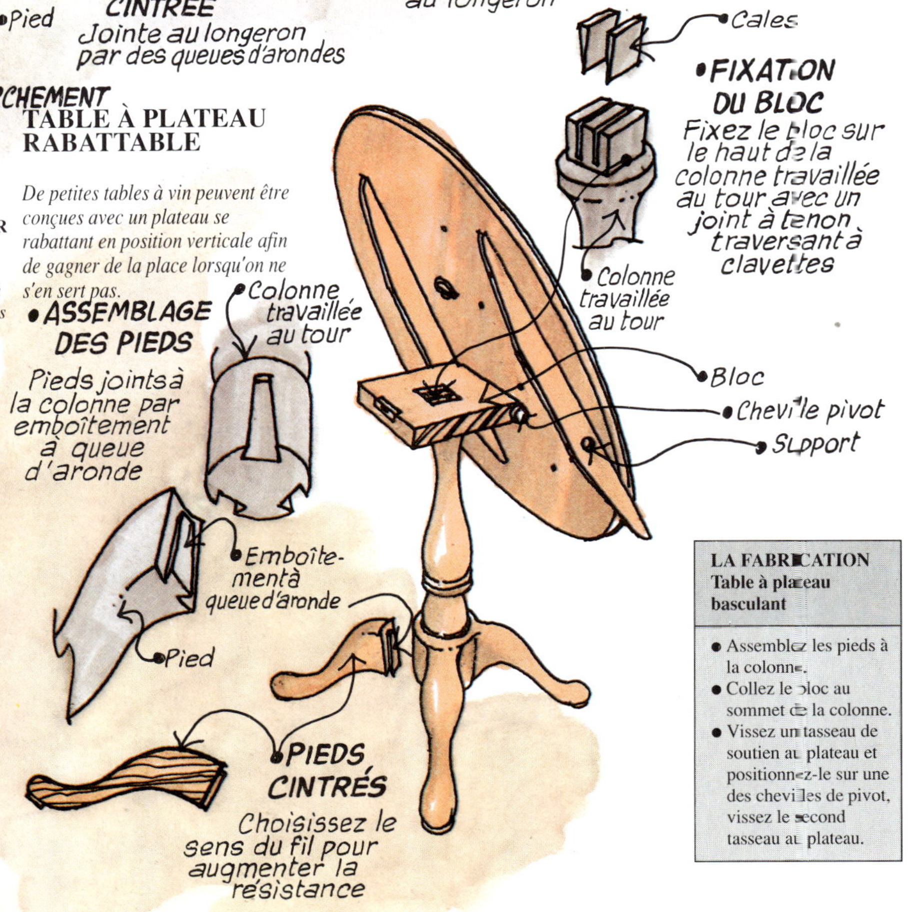

LA FABRICATION
Table à plateau basculant

- Assemblez les pieds à la colonne.
- Collez le bloc au sommet de la colonne.
- Vissez un tasseau de soutien au plateau et positionnez-le sur une des chevilles de pivot, vissez le second tasseau au plateau.

CONSTRUCTION DE MEUBLES DE RANGEMENT

En règle générale, les gens sont par nature assez ordonnés et il leur faut une importante variété de rangements pour conserver leurs biens. Des étagères faciles d'accès permettent de ranger efficacement des collections de livres, de disques ou de cassettes. Traditionnellement, lorsque nous parlons des différents types de meubles de rangement nous utilisons des noms spécifiques tels que bureau, garde-robe, buffet et bibliothèque qui indiquent tout à la fois leur fonction et leur localisation dans la maison. De nos jours, les designers considèrent ces classifications traditionnelles comme restrictives, et préfèrent fabriquer des combinaisons modulables et adaptables de tiroirs, étagères et placards, aussi bien pour la cuisine que la chambre à coucher ou le salon. Vous trouverez décrites et illustrées dans les pages qui suivent différentes méthodes pour construire des placards, tiroirs et étagères que vous pourrez utiliser dans toutes les combinaisons capables de satisfaire vos besoins.

CONCEVOIR UN ESPACE DE RANGEMENTS

Concevez des espaces de rangement en utilisant les dimensions recommandées qui permettent à une personne de taille moyenne d'atteindre l'étagère du haut ou le fond de l'armoire sans effort.

Hauteur maximale de l'étagère
1,8 à 2 m
A cette distance, une personne adulte peut atteindre une étagère à partir du sol.

Étagère intermédiaire
1,5 à 1,7 m
Installez à cette hauteur une étagère où vous rangerez livres, dossiers, cassettes et autres objets que vous voudrez consulter fréquemment.

Hauteur maximale au-dessus d'un plan de travail
1,05 m
A cette hauteur, une personne adulte peut atteindre une étagère au-dessus d'un plan de travail.

Hauteur minimale au-dessus d'un plan de travail
450 mm
Si vous installez des étagères ou des placards plus bas, ils risquent de vous gêner lorsque vous utilisez des appareils électro-ménagers, et vous empêcheront de voir correctement votre travail.

Hauteur standard d'un plan de travail
900 mm
Ceci est une bonne hauteur pour permettre à une personne adulte de travailler.

Profondeur du plan de travail
600 mm
Ceci est la taille idéale, car les principaux appareils électroménagers (machine à laver, lave-vaisselle) sont conçus pour tenir sous un plan de travail ayant ces dimensions.

Profondeur d'un placard mural
300 mm
Ceci est la profondeur idéale pour un placard mural accroché au-dessus d'un plan de travail.

Dégagement devant un placard
1 m
Laissez à peu près cet espace afin de pouvoir vous accroupir devant un placard.

Espace permettant un passage en sûreté
900 mm
Les cuisines étroites et mal agencées sont souvent à l'origine des accidents. Veillez à laisser cette largeur comme couloir de passage en y ajoutant les 450 millimètres nécessaires à une personne travaillant sur un plan de travail.

Accès aux tiroirs
1,25 m
C'est l'espace nécessaire pour qu'une personne puisse s'agenouiller devant un tiroir.

Espace pour accrocher les vêtements
1,45 à 1,6 mètre pour accrocher des manteaux et des robes.
850 millimètres pour accrocher des vestes et des jupes.
600 millimètres : profondeur parfaite pour des vêtements accrochés à une tringle.

Dimensions d'un tiroir
425 à 500 mm
Cette profondeur est idéale pour ranger des chemises ou des serviettes dans un tiroir ou sur un plateau.

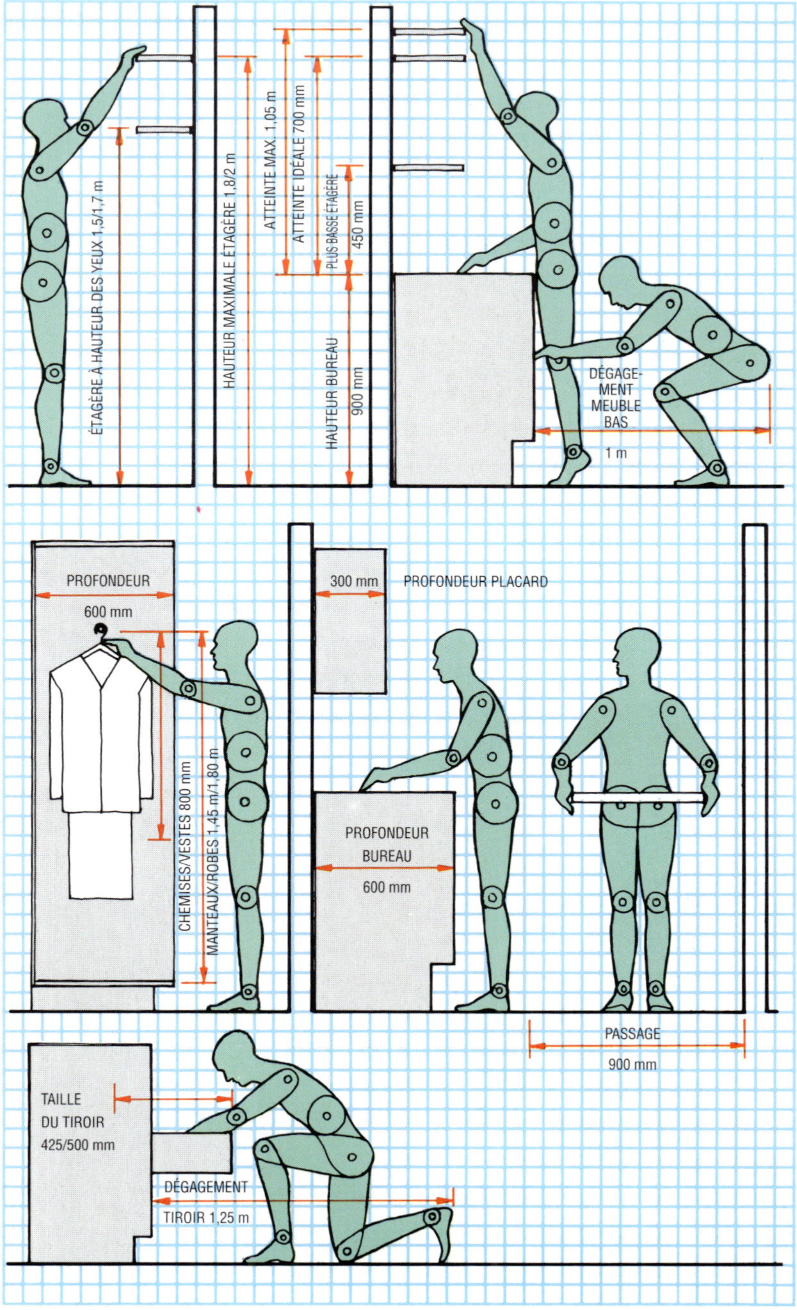

MEUBLES À ÉTAGÈRE

De simples espaces de rangements à étagères, fabriqués en bois massif ou en panneaux dérivés du bois, sont parfaitement adéquats pour ranger des disques ou des livres. Le principe de construction est identique lorsque l'on inclut ce type de meubles dans un espace de rangement plus complexe.

MEUBLE EN BOIS MASSIF

Les meubles à étagères sont plus esthétiques fabriqués en bois massif, que fabriqués en panneaux dérivés du bois.

VOIR AUSSI

Concevoir un espace de rangement accessible	61
Les défonceuses	140/146
Les joints à languettes	136/137
Les joints à emboîtement	224/225
Les joints chevillés	236/237
Les joints à queues d'aronde	238/245

LES ÉTAPES DE LA FABRICATION
Meuble en bois massif

- Ajustez l'étagère inférieure fixe dans la rainure des panneaux latéraux.
- Enfoncez le dessus à queue d'aronde dans les rainures des panneaux latéraux.
- Fixez le fond dans la feuillure.
- Installez les étagères.

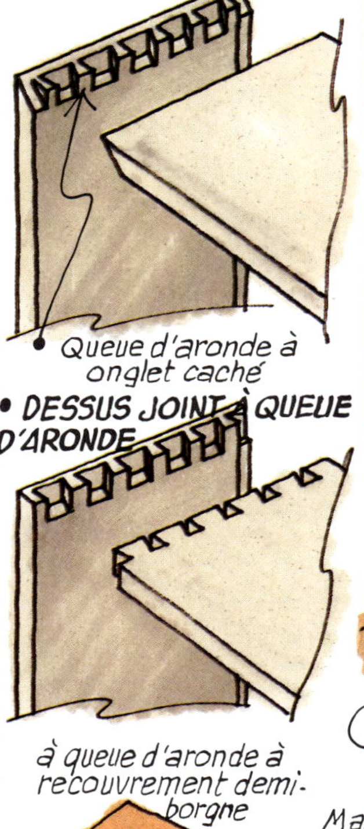

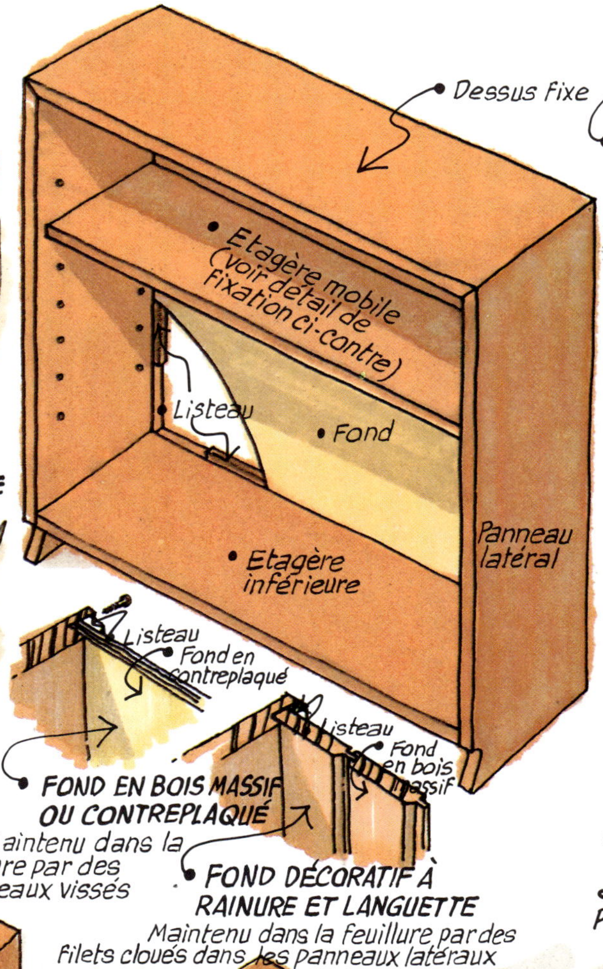

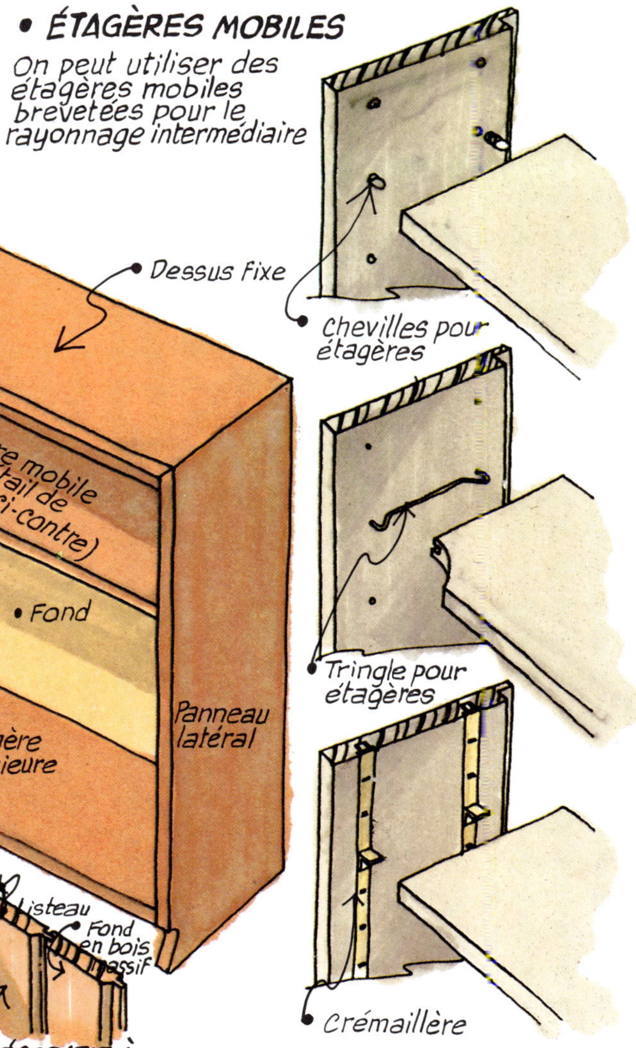

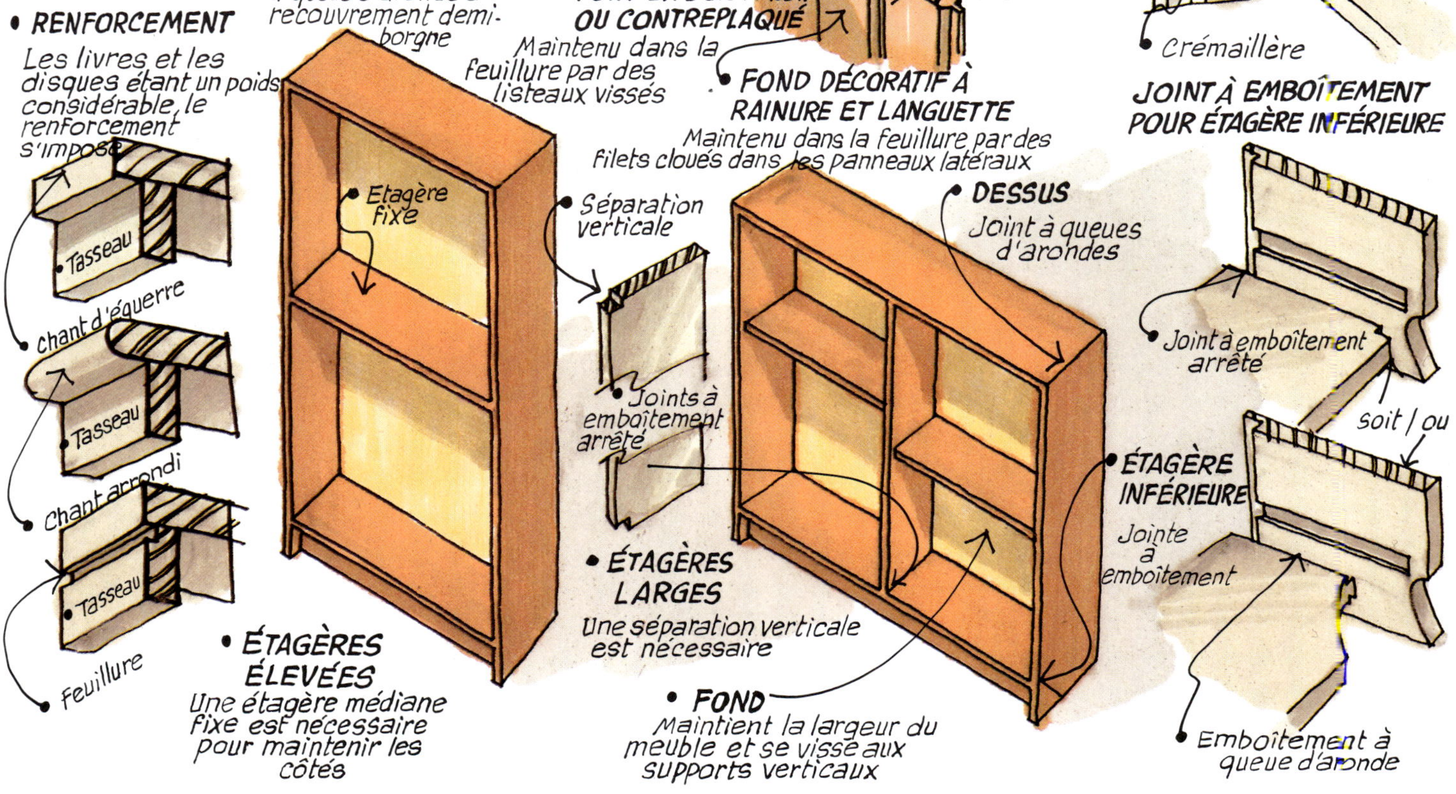

MEUBLE EN PANNEAU DE PARTICULES

Un meuble étagère fabriqué en panneau de particules ou de fibres coûte moins cher à fabriquer qu'un meuble en bois massif.

LA FABRICATION
Meuble en panneau de particules

- Collez la plinthe à l'étagère inférieure.
- Assemblez les panneaux latéraux et les étagères. Fixez en même temps le fond et vissez-le au chant arrière de l'étagère inférieure.
- Installez les étagères amovibles.

MEUBLE ÉTAGÈRE À SUSPENDRE

On peut accrocher un meuble étagère à un mur par une barre assemblée au corps du meuble ou par un fond assemblé au meuble par une rainure continue.

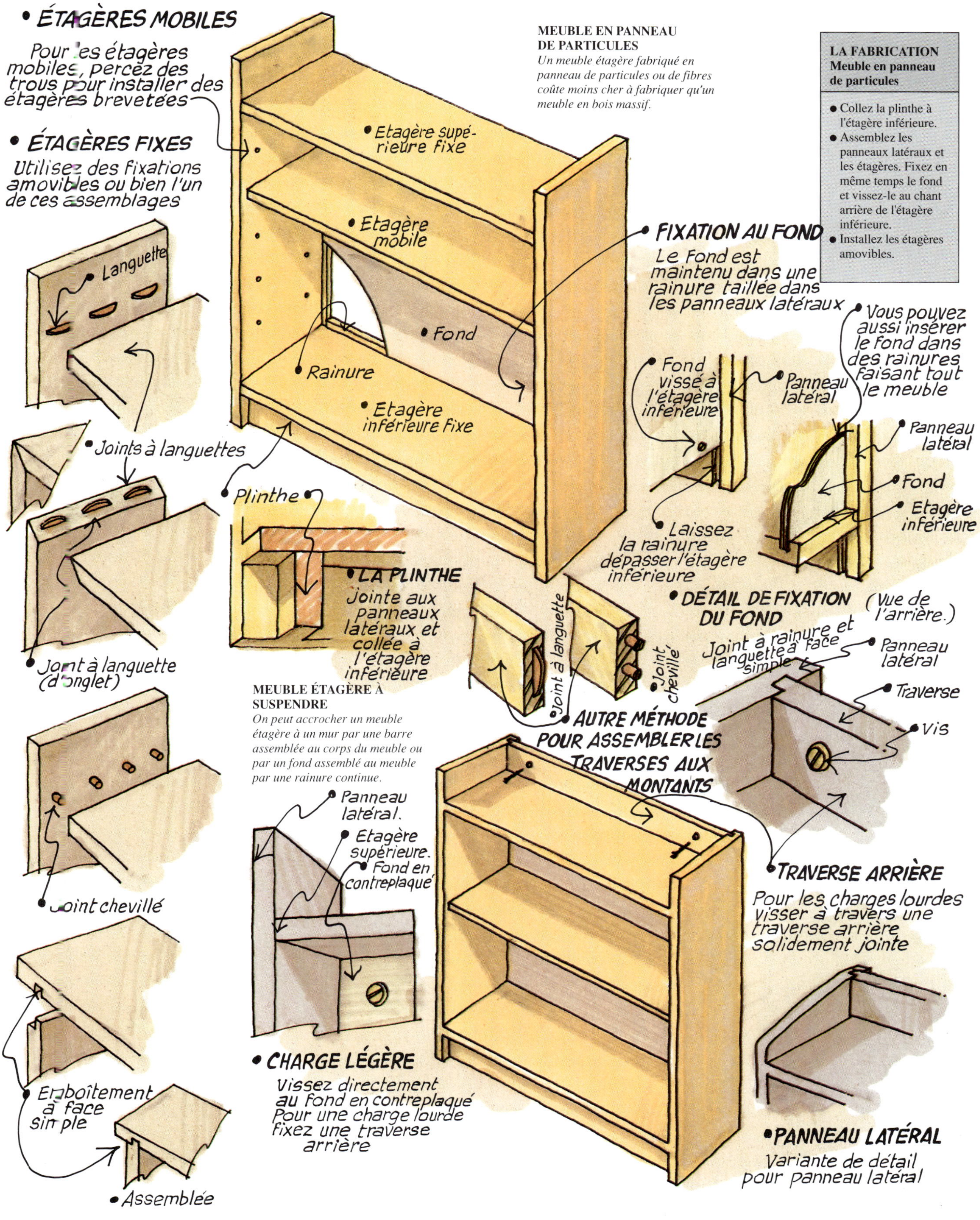

On peut utiliser des méthodes de fabrication modernes ou anciennes pour fabriquer un placard isolé et, avec certaines modifications, on peut facilement le transformer en placard de cuisine.

VOIR AUSSI

MÉTHODE TRADITIONNELLE

La fabrication d'un placard en bois massif demande de grandes précautions car il faut tenir compte des mouvements qui s'opèrent dans le bois.

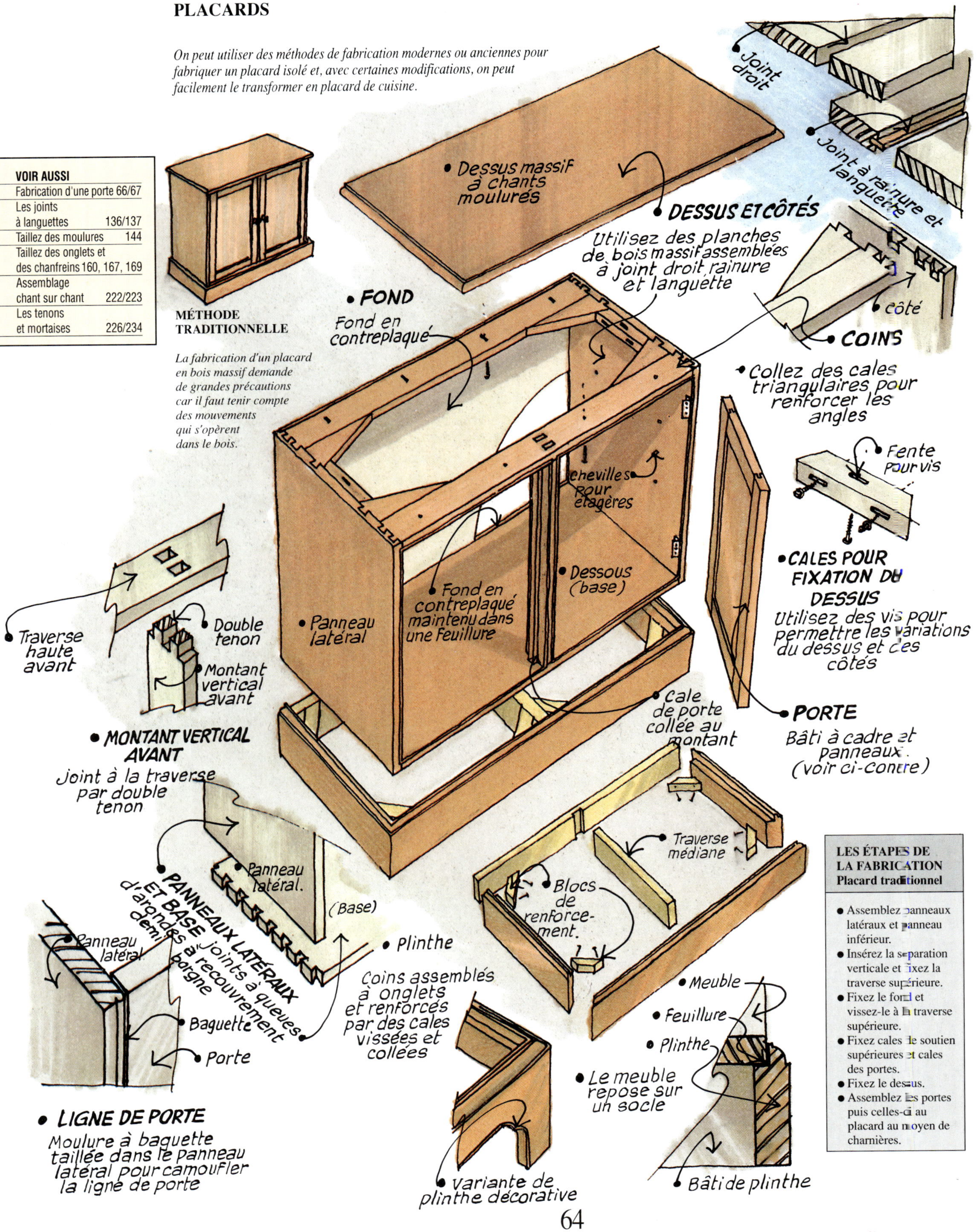

LES ÉTAPES DE LA FABRICATION
Placard traditionnel

- Assemblez panneaux latéraux et panneau inférieur.
- Insérez la séparation verticale et fixez la traverse supérieure.
- Fixez le fond et vissez-le à la traverse supérieure.
- Fixez cales de soutien supérieures et cales des portes.
- Fixez le dessus.
- Assemblez les portes puis celles-ci au placard au moyen de charnières.

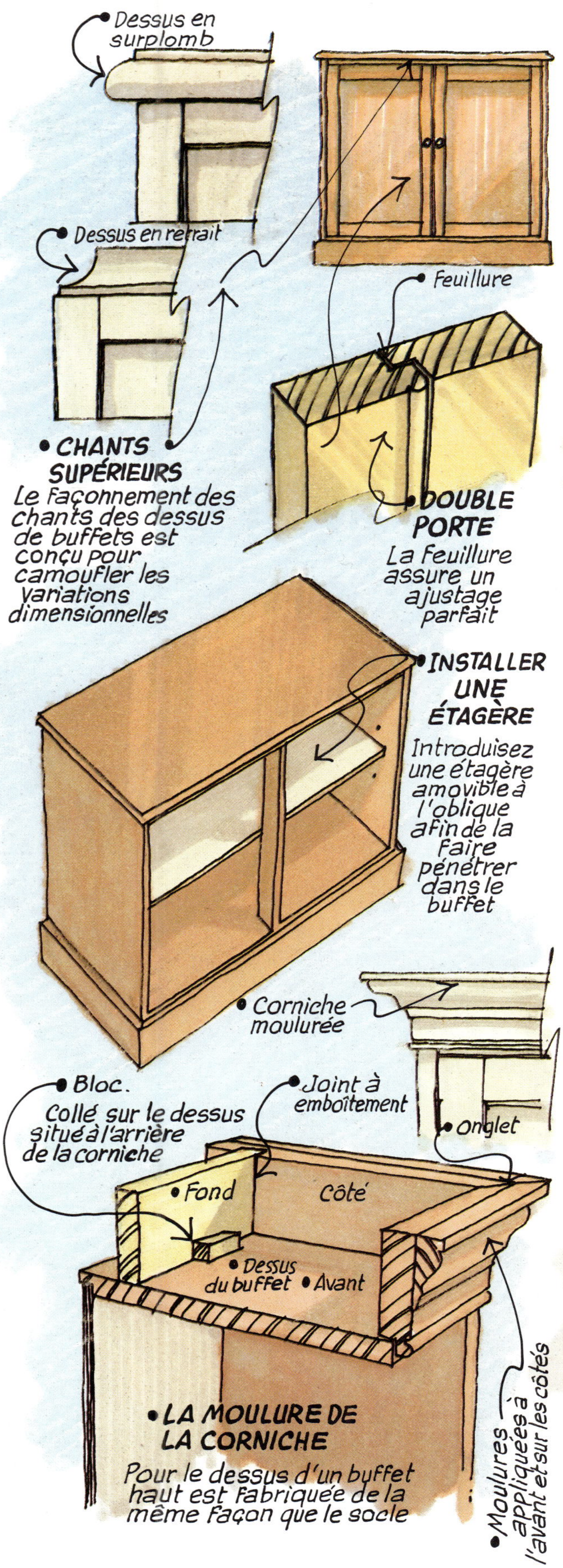

MÉTHODE MODERNE

Etant donné la relative stabilité de ce matériau, il est facile de fabriquer un placard avec des panneaux dérivés du bois. Pour des raisons de gain de temps, de précision et de résistance, il est recommandé d'assembler les pièces à la machine, si vous fabriquez plusieurs placards sur le même modèle.

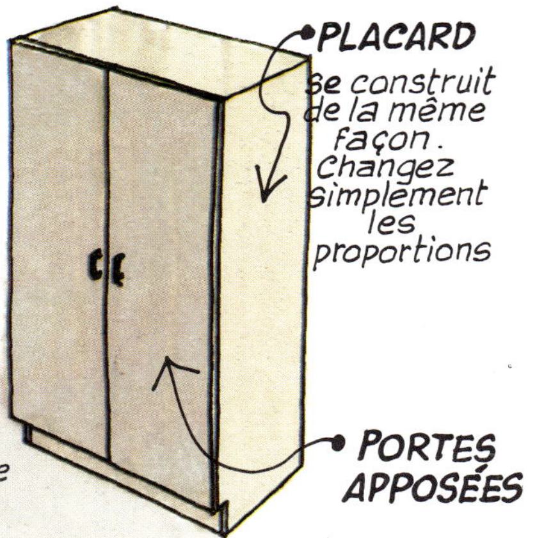

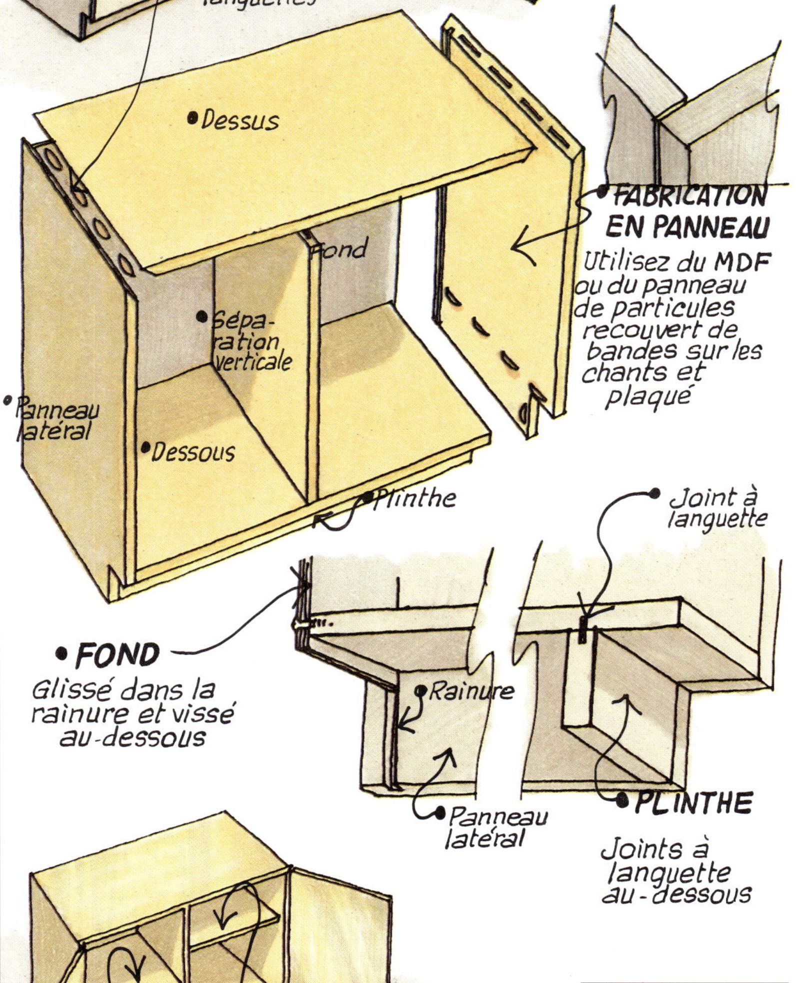

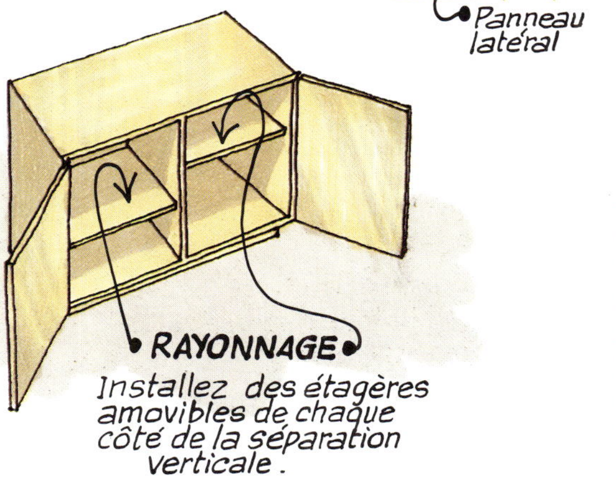

LES ÉTAPES DE LA FABRICATION
Placard moderne

- Fixez la plinthe au panneau inférieur.
- Fixez les deux panneaux latéraux au panneau inférieur.
- Fixez la séparation verticale, puis le dessus.
- Assemblez le fond.
- Accrochez les portes.

PORTES DE PLACARDS

On peut adapter toutes sortes de portes ou volets à un placard, à un meuble de rangement ou à n'importe quel meuble. Les méthodes les plus courantes de fabrication de portes vous sont décrites ci-dessous.

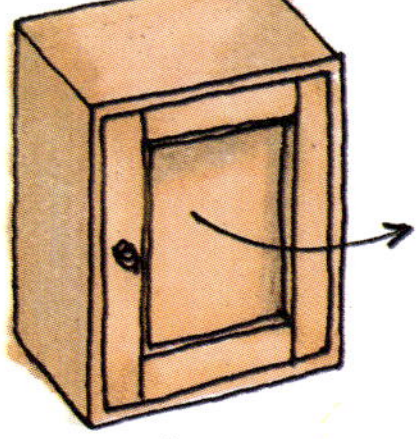

PORTE À CADRE ET PANNEAU
La méthode traditionnelle de fabrication est conçue pour gérer les inévitables mouvements du mince panneau de bois massif. En raison de sa qualité artistique, cette méthode est aussi fréquemment employée pour travailler des panneaux de contre-plaqué.

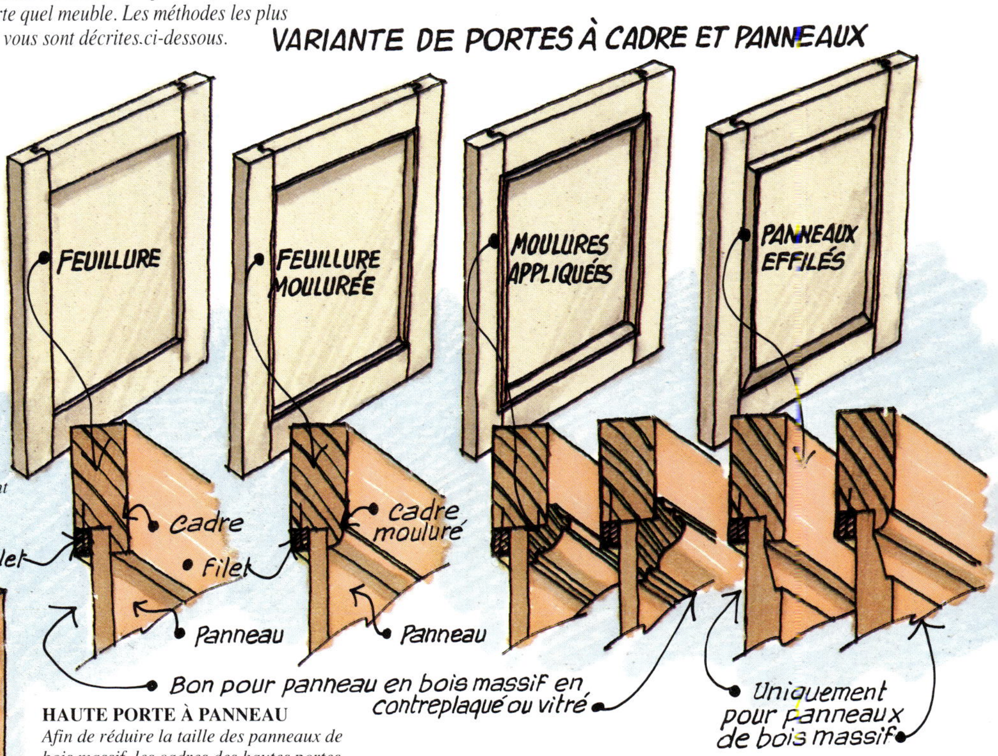

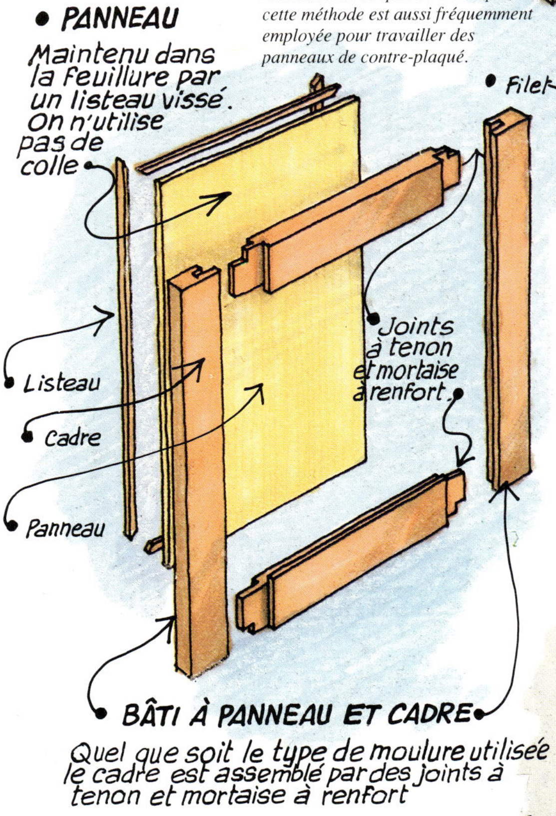

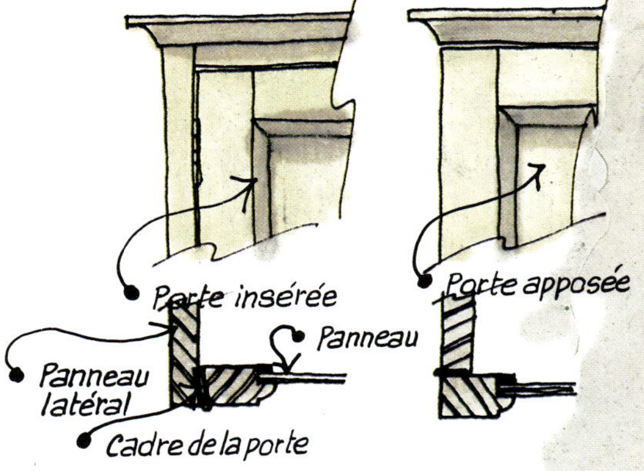

HAUTE PORTE À PANNEAU
Afin de réduire la taille des panneaux de bois massif, les cadres des hautes portes sont divisés par des traverses et montants verticaux.

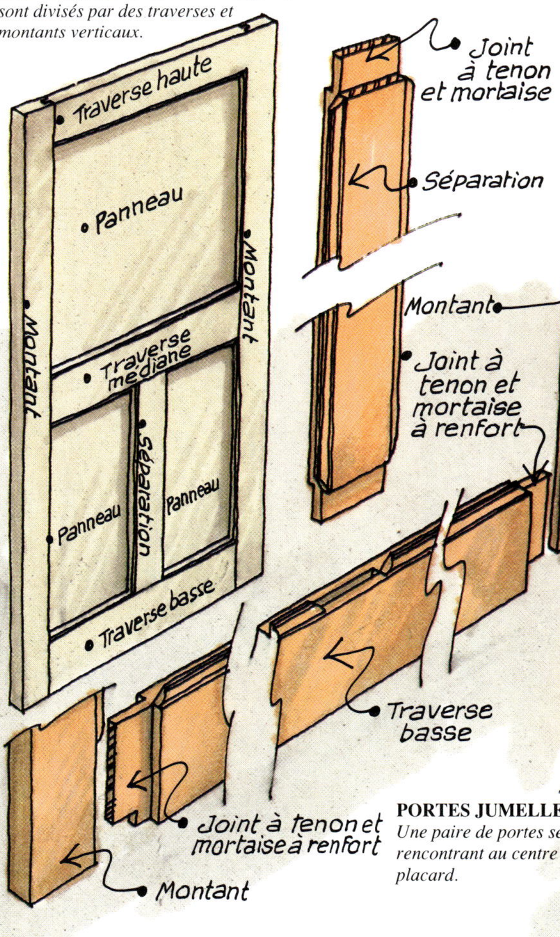

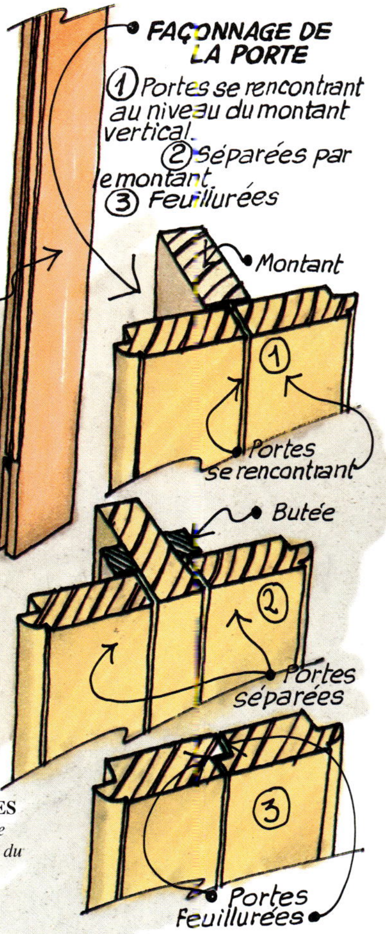

PORTES JUMELLES
Une paire de portes se rencontrant au centre du placard.

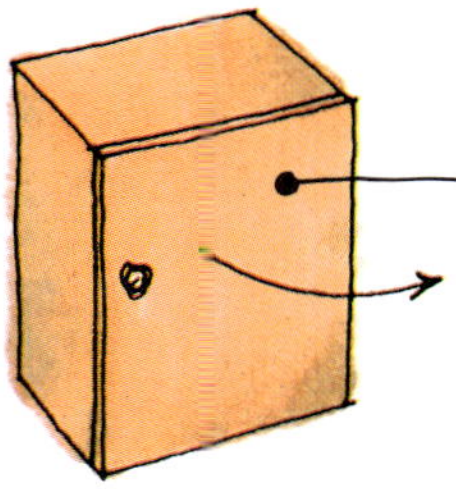

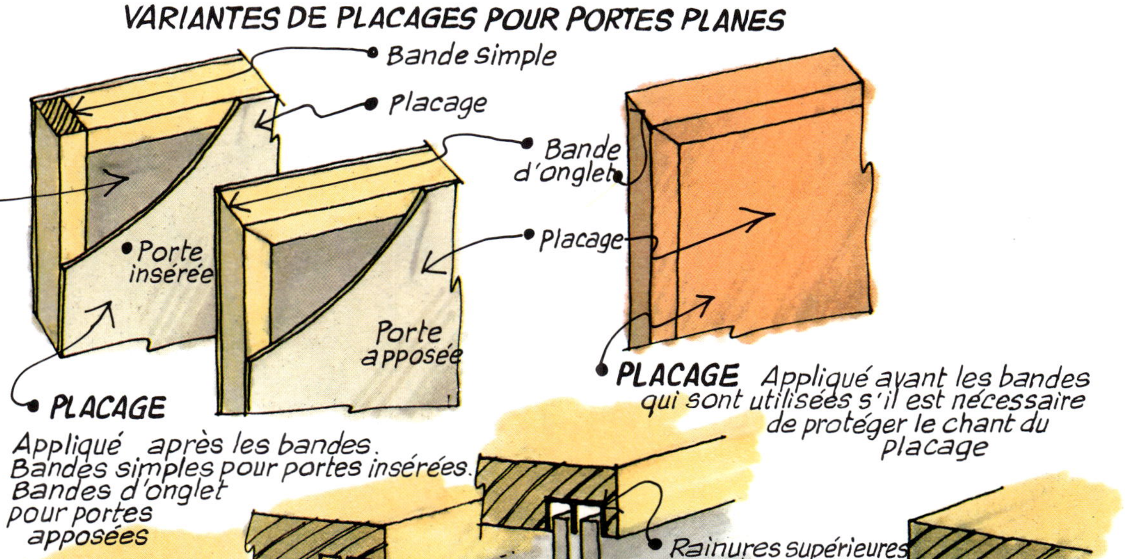

PORTES RASES
Ce type de porte est facile à exécuter et son aspect fini est très agréable. Il est généralement fabriqué en collant un placage sur un panneau et en ponçant le tout à ras.

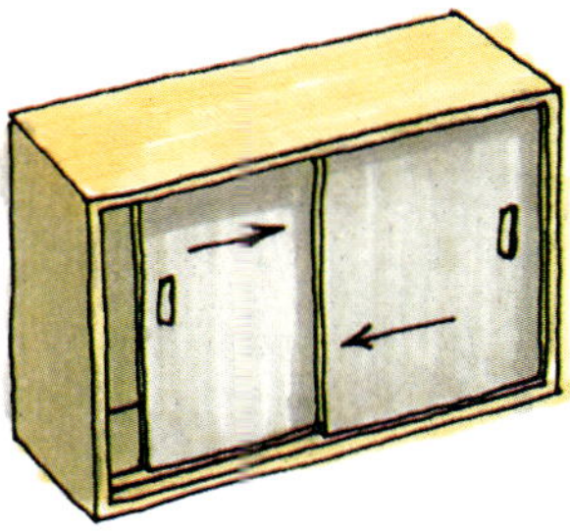

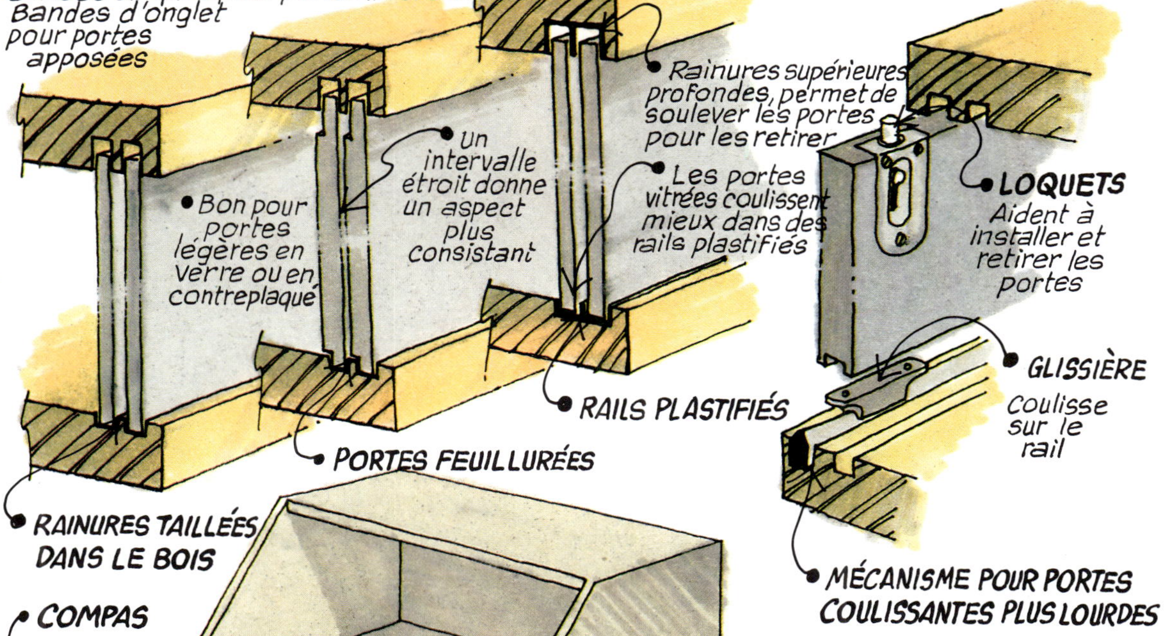

PORTES COULISSANTES
On adapte en général un système de portes coulissantes lorsque les battants sont trop lourds pour être bien soutenus par des charnières ou lorsqu'il manque l'espace nécessaire pour les ouvrir. Il existe plusieurs méthodes de fabrication, allant de la porte en verre ou en bois encastrée dans une simple rainure, jusqu'aux systèmes les plus sophistiqués.

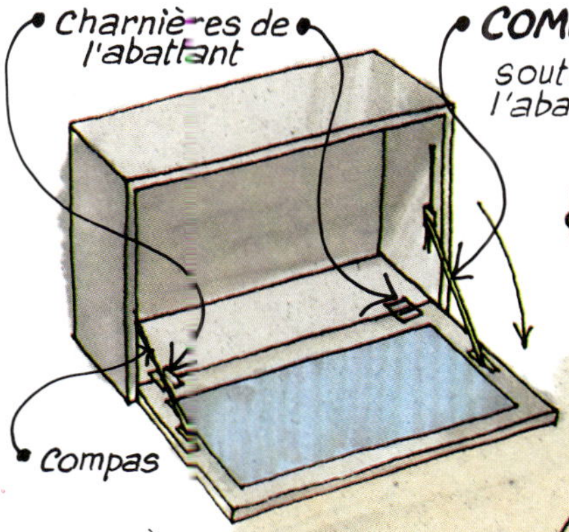

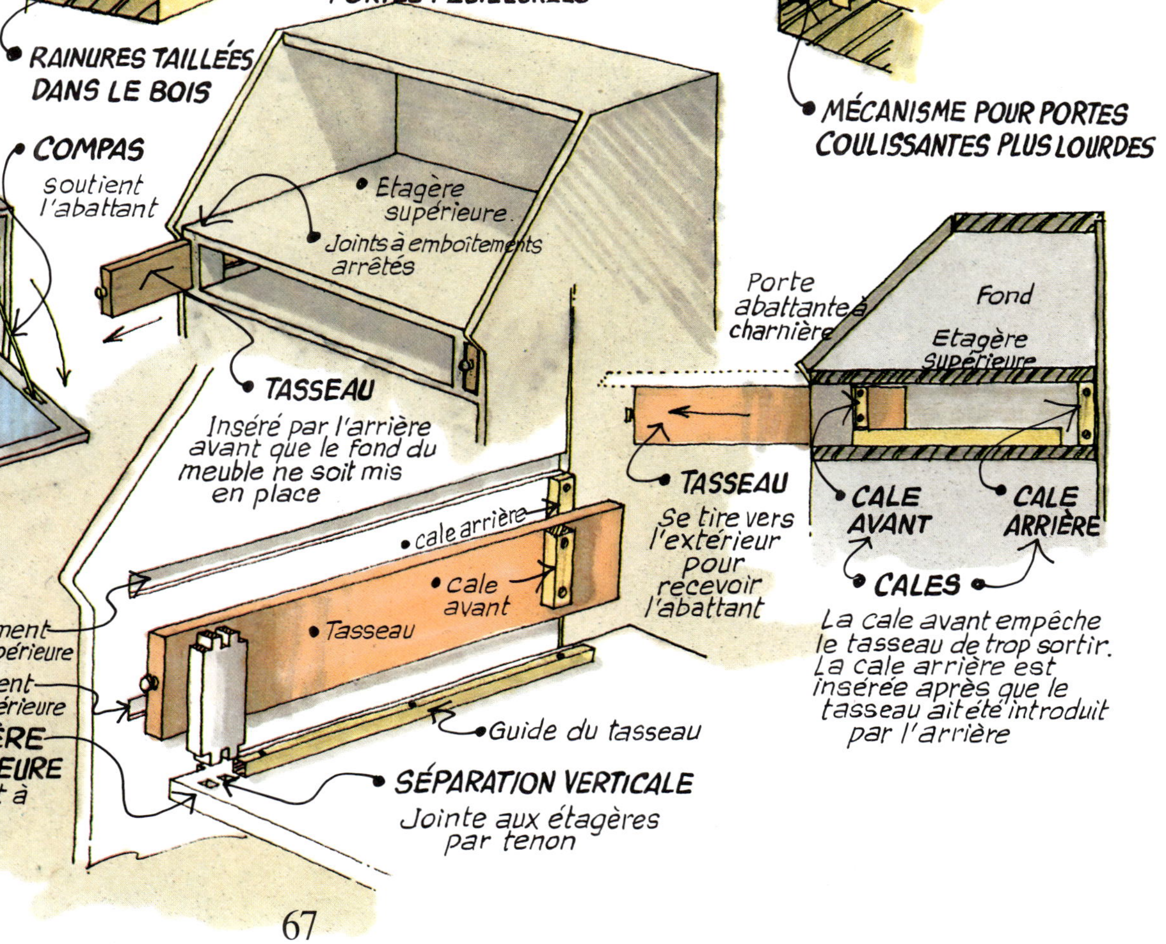

PORTES À RABATS
On utilise des portes à rabats se transformant en plans de travail horizontaux pour la fabrication de secrétaires ou de bars. Ces rabats sont soutenus par des ferrures ou des tasseaux rétractables.

PORTES DE PLACARDS

VOIR AUSSI

Concevoir des espaces de rangement	61
Fabrication des tiroirs	71
Les défonceuses	140/146
Les tenons et mortaises	226/234
Assemblage à queue d'aronde	238/245
Les charnières	306/307
Les poignées	310

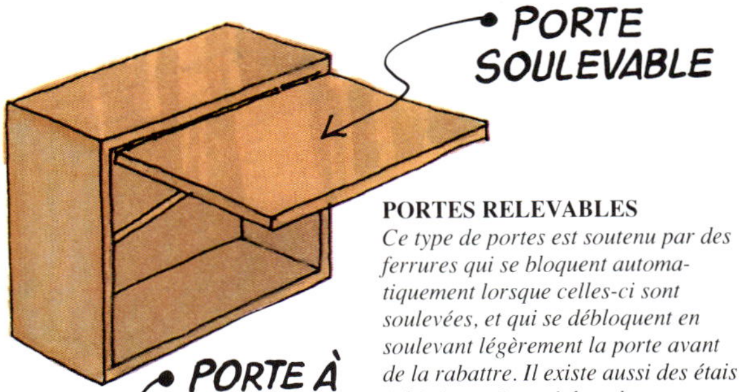

PORTES RELEVABLES
Ce type de portes est soutenu par des ferrures qui se bloquent automatiquement lorsque celles-ci sont soulevées, et qui se débloquent en soulevant légèrement la porte avant de la rabattre. Il existe aussi des étais à friction qui empêchent les portes de se rabattre trop brutalement.

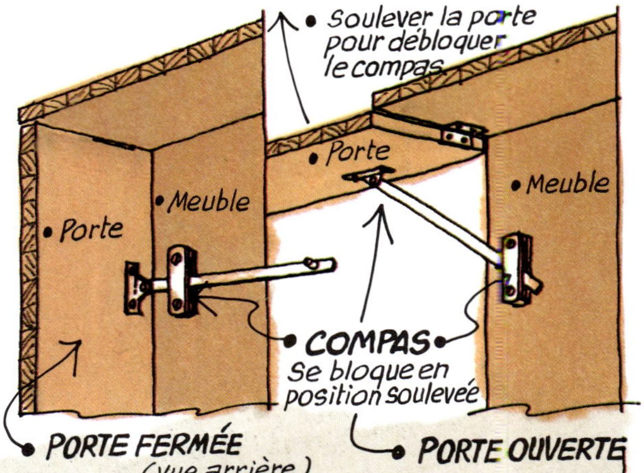

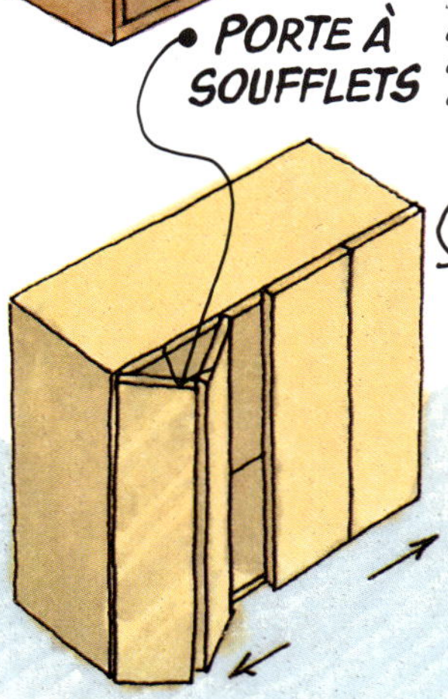

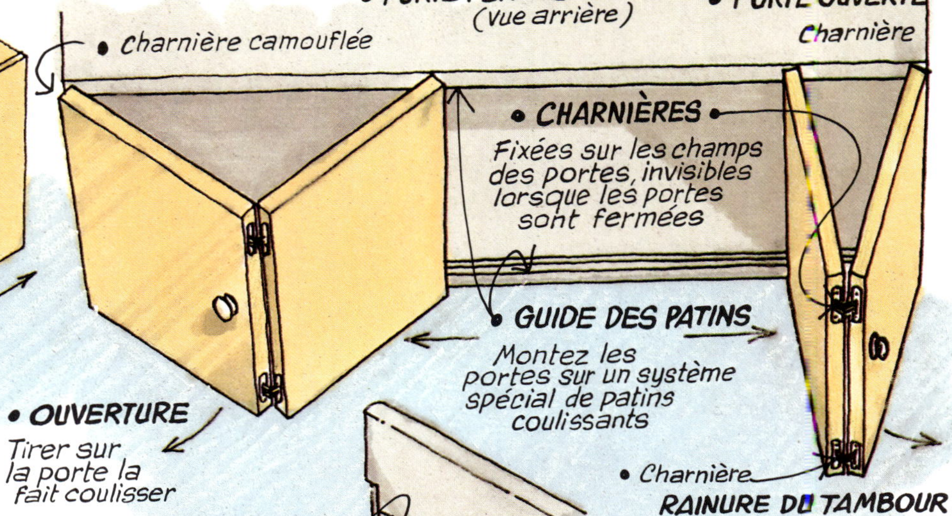

PORTES À SOUFFLETS
Ce type de portes doit être monté sur un mécanisme à roulettes. Elles sont d'une grande utilité là où l'espace est restreint, et leur avantage sur les portes coulissantes est de permettre l'accès total au placard, qui sinon, reste toujours à moitié fermé.

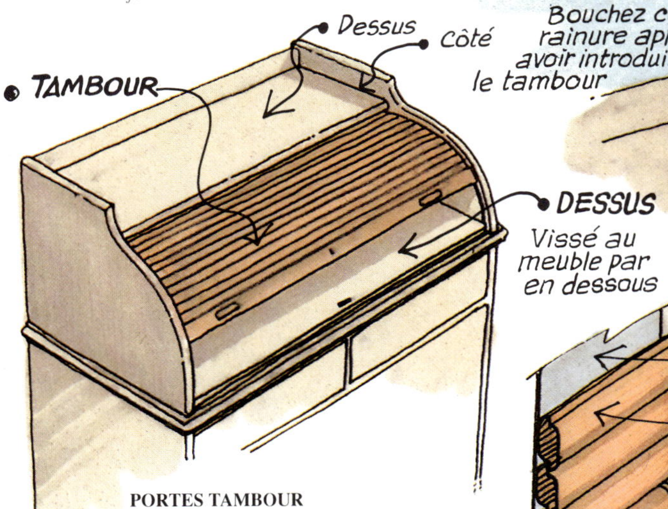

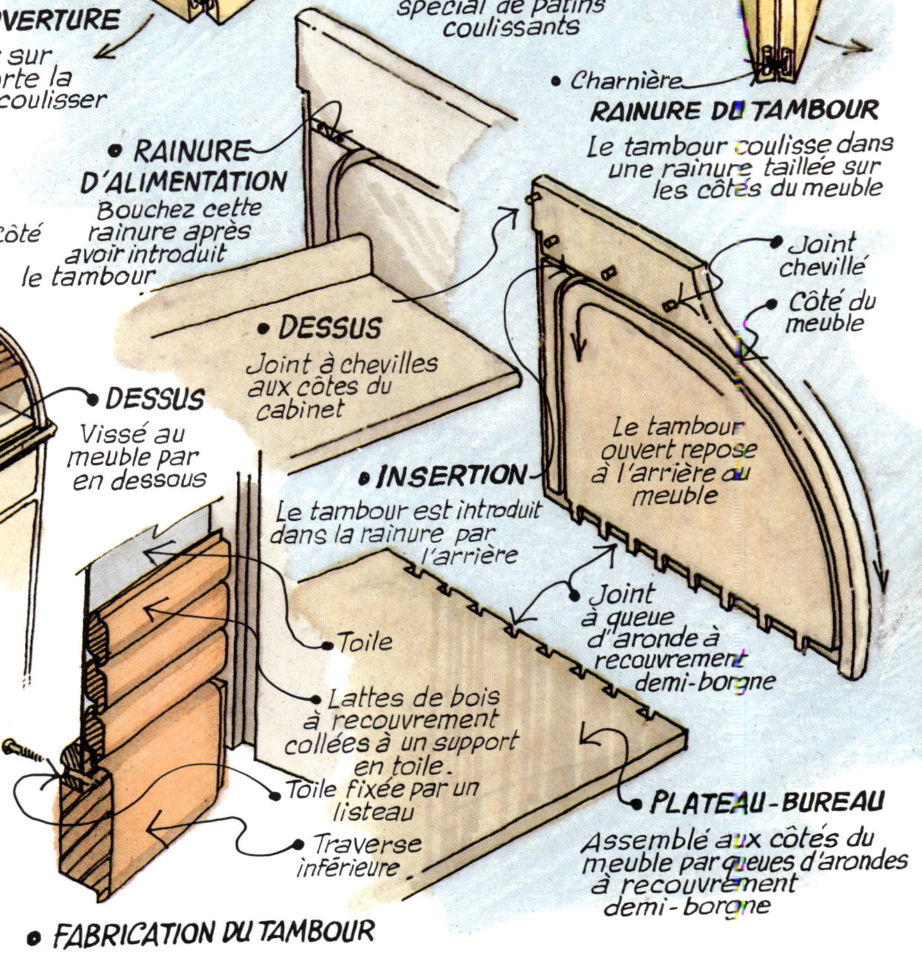

PORTES TAMBOUR
La porte à tambour est une alternative sympathique bien que compliquée, à la porte classique. Fabriqué à partir de minces lattes de bois assemblées entre elles et collées à une pièce de toile, le tambour peut coulisser entre deux rainures situées sur les côtés du meuble tout en négociant les courbes de celui-ci.

MEUBLES À TIROIRS

La fabrication d'un meuble à tiroirs est beaucoup plus compliquée que celle d'un placard de dimensions égales. Une grande précision est nécessaire afin que les tiroirs soient parfaitement ajustés et coulissent facilement et durablement.

MEUBLES À TIROIRS EN BOIS MASSIF

La fabrication de base est identique à celle d'un placard, mais il faut y ajouter les guides des tiroirs, les panneaux de séparation et les barreaux de soutien. Les tiroirs inférieurs coulissent sur des guides attachés aux panneaux latéraux..

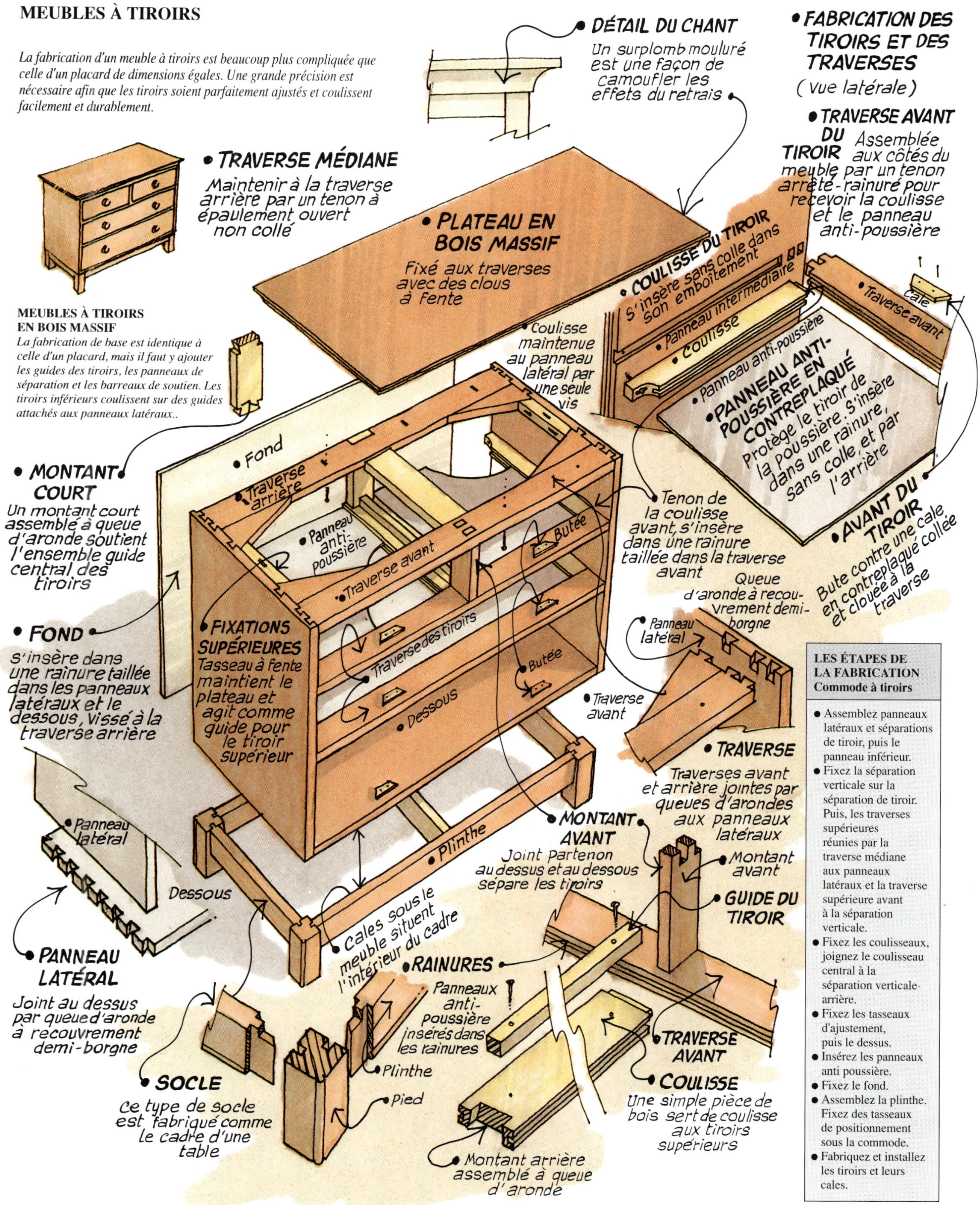

LES ÉTAPES DE LA FABRICATION
Commode à tiroirs

- Assemblez panneaux latéraux et séparations de tiroir, puis le panneau inférieur.
- Fixez la séparation verticale sur la séparation de tiroir. Puis, les traverses supérieures réunies par la traverse médiane aux panneaux latéraux et la traverse supérieure avant à la séparation verticale.
- Fixez les coulisseaux, joignez le coulisseau central à la séparation verticale arrière.
- Fixez les tasseaux d'ajustement, puis le dessus.
- Insérez les panneaux anti poussière.
- Fixez le fond.
- Assemblez la plinthe. Fixez des tasseaux de positionnement sous la commode.
- Fabriquez et installez les tiroirs et leurs cales.

MEUBLES À TIROIRS

TIROIRS À CADRES ET À PANNEAUX

Des placards relativement légers peuvent être fabriqués à cadre et panneaux et munis d'un dessus en bois massif et d'un fond en contre-plaqué.

VOIR AUSSI

Concevoir un espace de rangement	61
Les joints à recouvrement	218
Assemblage à emboîtement	224/225
Les tenons et mortaises	226/234
Assemblage à queue d'aronde	238/245

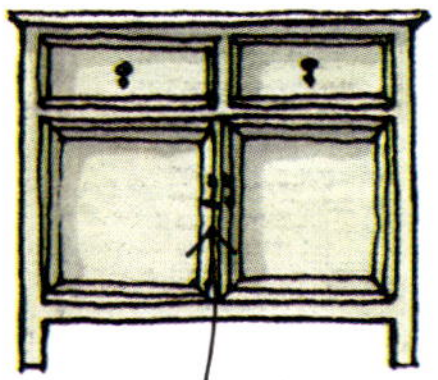

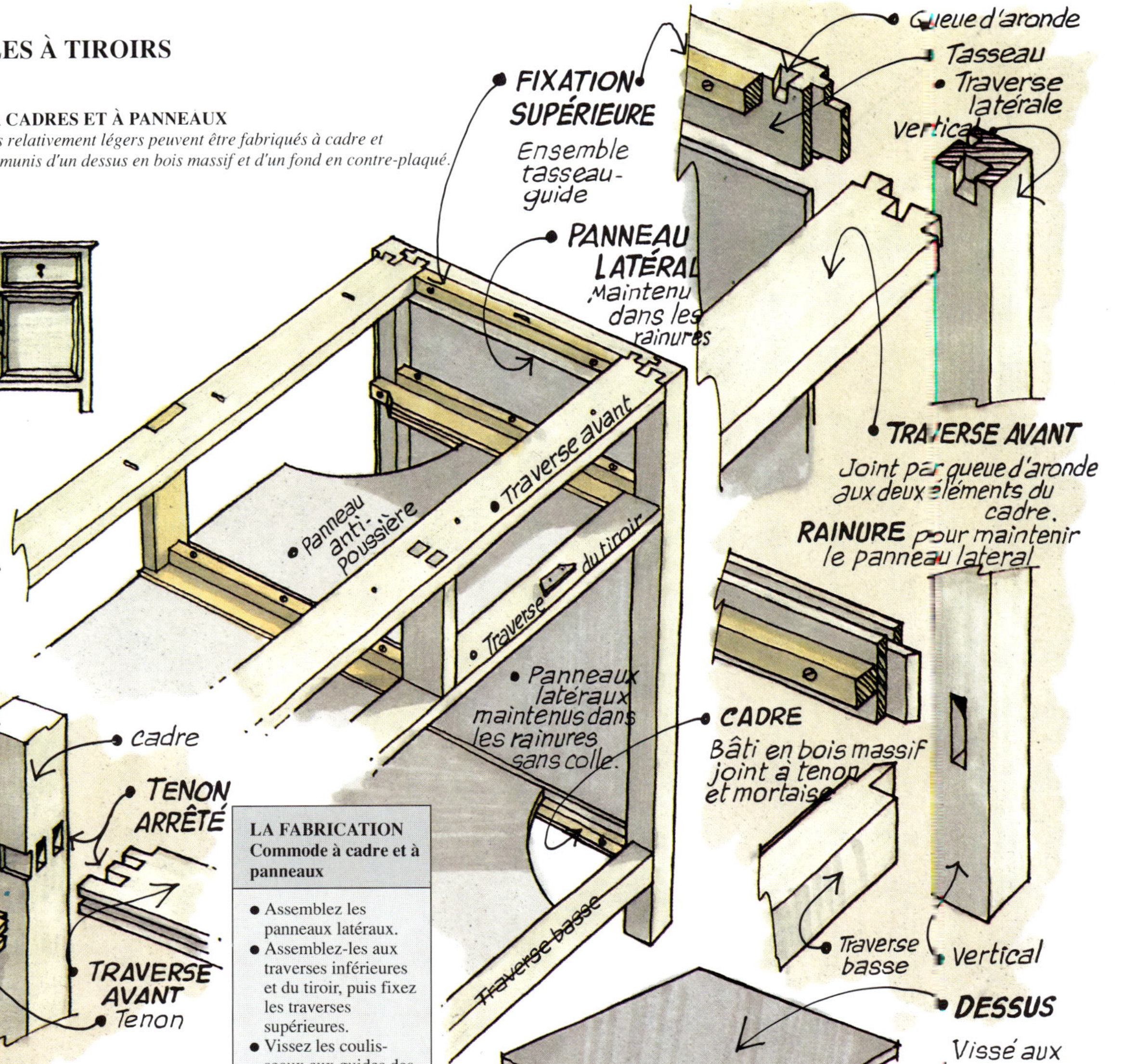

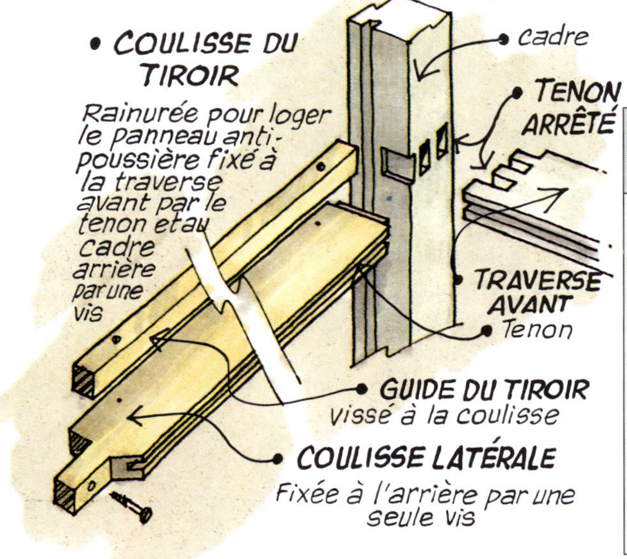

LA FABRICATION
Commode à cadre et à panneaux

- Assemblez les panneaux latéraux.
- Assemblez-les aux traverses inférieures et du tiroir, puis fixez les traverses supérieures.
- Vissez les coulisseaux aux guides des tiroirs, et fixez-les au cadre.
- Fixez les panneaux antipoussière.
- Fixez le fond.
- Fabriquez et installez les tiroirs et/ou les portes.

FABRICATION À PANNEAUX

On utilise fréquemment des panneaux MDF ou d'autres panneaux dérivés du bois pour fabriquer des meubles simplifiés. Attachez les panneaux et les supports par des assemblages à onglet ou à queue d'aronde. Cette méthode de construction est idéale pour des tiroirs à rainures qui coulissent sur des tasseaux vissés sur les panneaux latéraux.

LES ÉTAPES DE LA FABRICATION
Commode à panneaux

- Collez les plinthes au panneau inférieur.
- Assemblez les panneaux latéraux aux traverses et au panneau inférieur.
- Fixez le fond.
- Fixez le dessus du meuble.
- Fixez les coulisseaux des tiroirs.
- Fabriquez et ajustez les tiroirs.

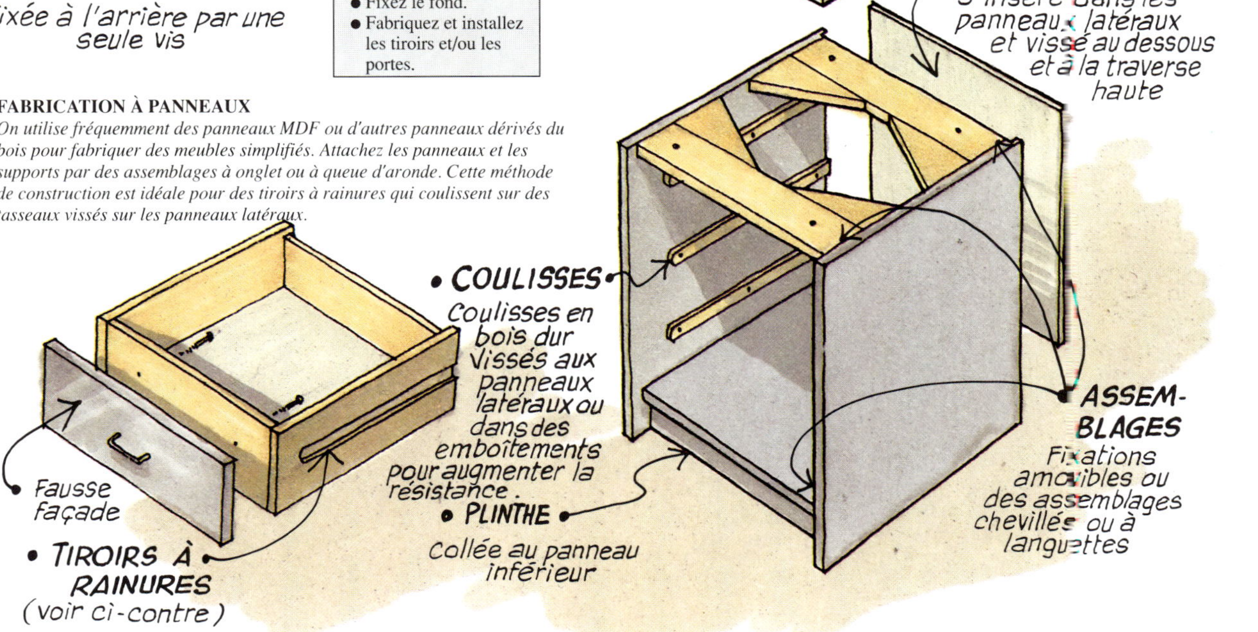

TIROIRS

Les tiroirs sont conçus pour améliorer l'accès à l'intérieur d'un meuble. La partie frontale du tiroir sert à camoufler l'ouverture. Les tiroirs profonds et les plateaux coulissants sont souvent utilisés en remplacement des étagères derrière les portes d'un placard, particulièrement dans les espaces de rangement encastrés. La construction des plateaux est extrêmement simple, il suffit d'assembler trois côtés et d'y placer un fond en contre-plaqué.

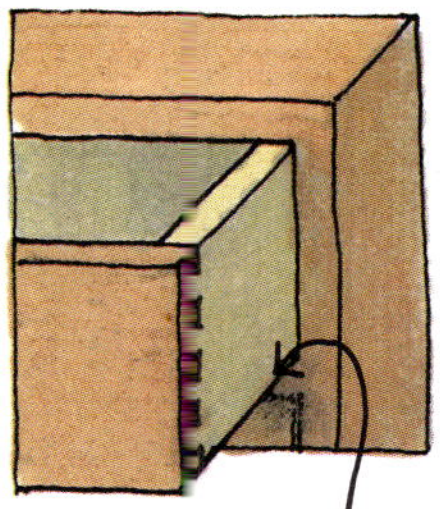

Tiroir simple
La partie inférieure du tiroir coulisse sur des tasseaux de bois dur fixés aux parois latérales du meuble ; ces tasseaux servent aussi à bloquer le tiroir inférieur lorsqu'il est ouvert.

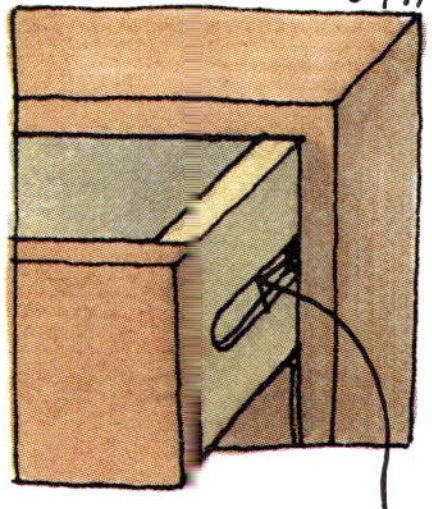

Tiroirs à rainure
Une rainure taillée dans les côtés du tiroir permet à celui-ci de coulisser sur des tasseaux de bois dur vissés et collés aux parois latérales du meuble. Creusez une entaille dans les parois latérales et encastrez-y les tasseaux.

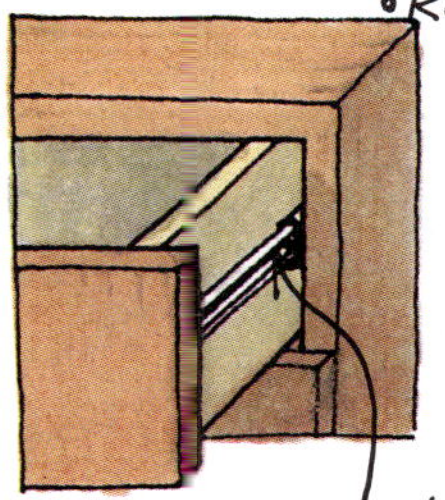

Tiroirs à coulisse
Vous pouvez acheter des mécanismes coulissants que vous visserez sur les côtés des tiroirs. La façade de tiroir doit déborder afin de cacher ce mécanisme.

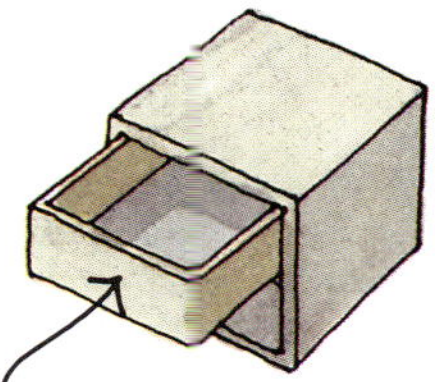

Tiroirs encastrés
Ce type de tiroirs doit être parfaitement à ras avec le meuble. Il doit aussi être parfaitement ajusté.

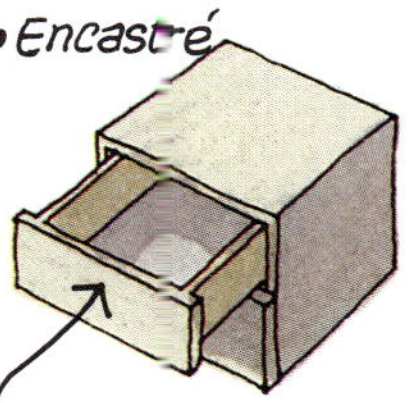

Tiroirs à façade à recouvrement
Les tiroirs à recouvrement sont le plus souvent fabriqués avec une fausse face, ce qui facilite les assemblages.

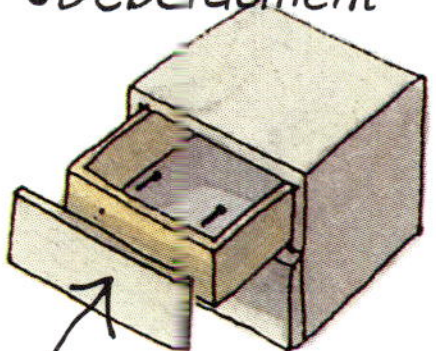

Fausse façade
Les fausses façadeds sont le plus souvent vissées au tiroir.

LE TIROIR SIMPLE CLASSIQUE

Les côtés d'un tiroir simple sont en fines planches de bois feuillus délicatement assemblées à queues d'aronde à recouvrement demi-borgne à l'avant et ouvertes à l'arrière. Le fond est encastré dans une rainure à l'avant, et dans des moulures rainurées sur les côtés.

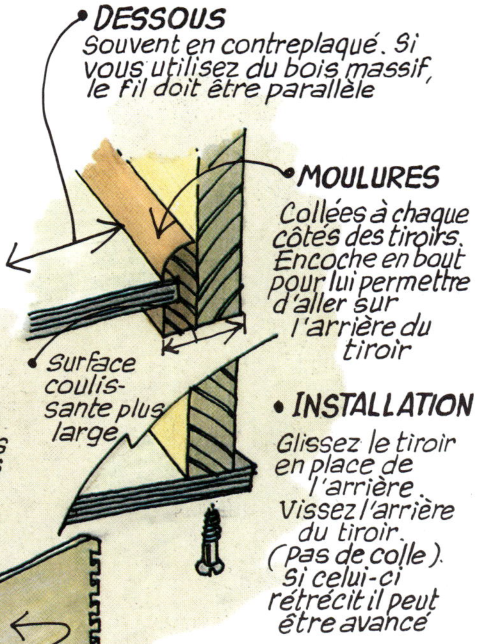

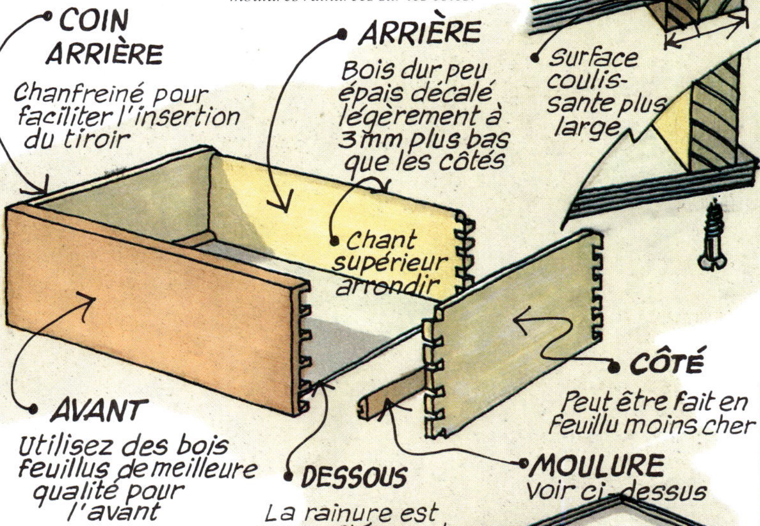

AJUSTER UN TIROIR

Rabotez le devant du tiroir de façon qu'il s'emboîte parfaitement dans son ouverture. Fabriquez les autres éléments puis assemblez-les. Si le tiroir est à l'étroit dans son ouverture, cherchez les taches brillantes sur les côtés qui indiquent les points de friction ; réduisez-les au rabot.

RENFORCER LE FOND D'UN GRAND TIROIR

On utilise une barre centrale en bois feuillu pour séparer et soutenir les deux moitiés d'un grand tiroir.

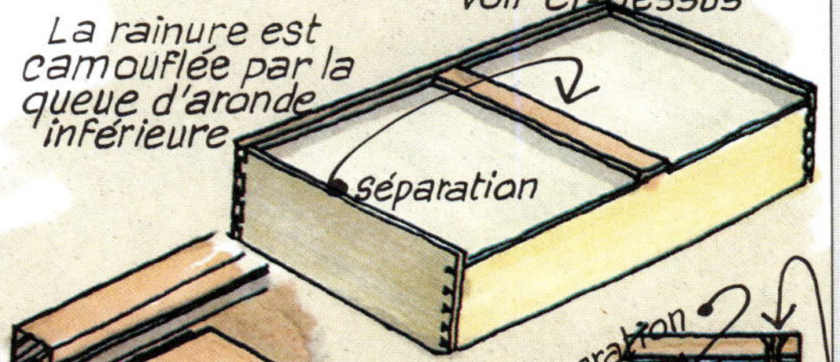

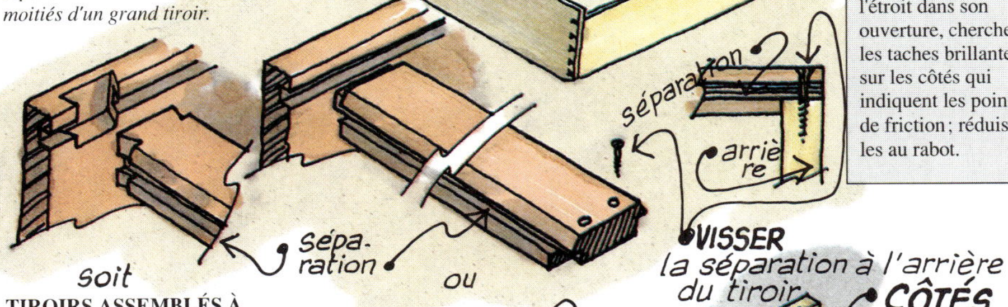

TIROIRS ASSEMBLÉS À FEUILLURE OU À EMBOîTEMENT

Pour les meubles meilleur marché, les tiroirs peuvent être fabriqués avec de simples assemblages à feuillure pour le devant et des assemblages à emboîtement pour l'arrière. La résistance de ces assemblages dépend du type de colle utilisé. Mais ils peuvent être renforcés par de petites pointes à panneaux.

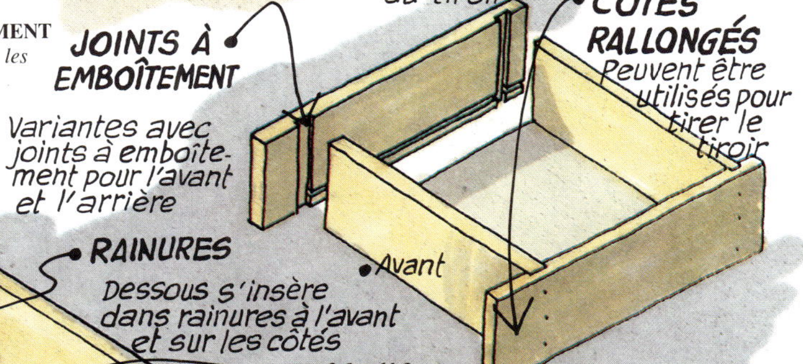

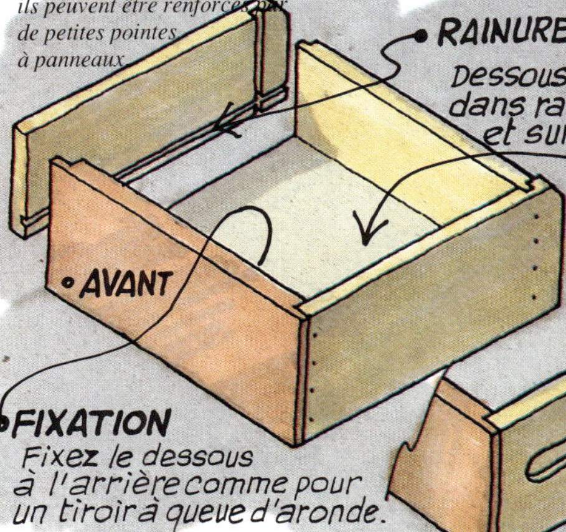

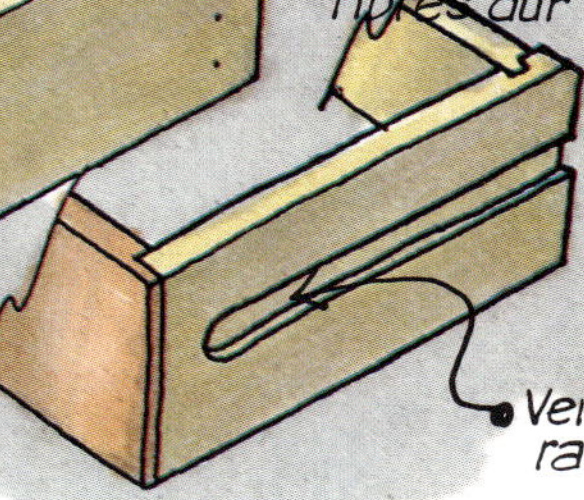

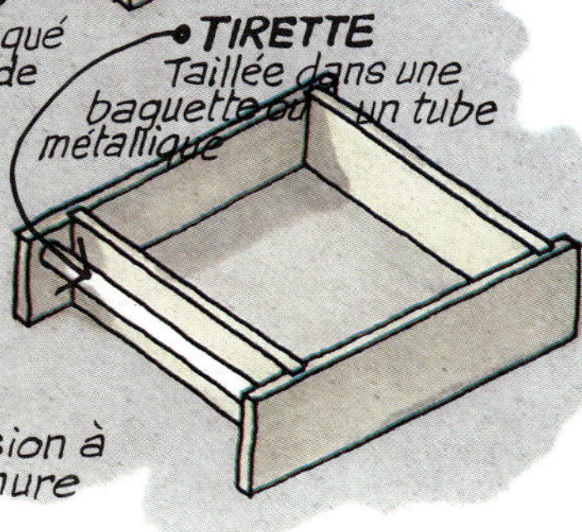

Les espaces de rangement encastrés sont relativement bon marché à fabriquer. Une alternative à cette méthode consiste à fabriquer des « modules » que l'on assemble côte à côte. Assurez-vous toujours de pouvoir faire passer par la porte de votre atelier les modules que vous construirez. Si besoin est, assemblez les pièces composant votre module sur place, ou préparez le meuble en « parties » que vous assemblerez par la suite. Si le meuble doit être peint, vous pouvez camoufler les clous et les vis avec du mastic.

VOIR AUSSI

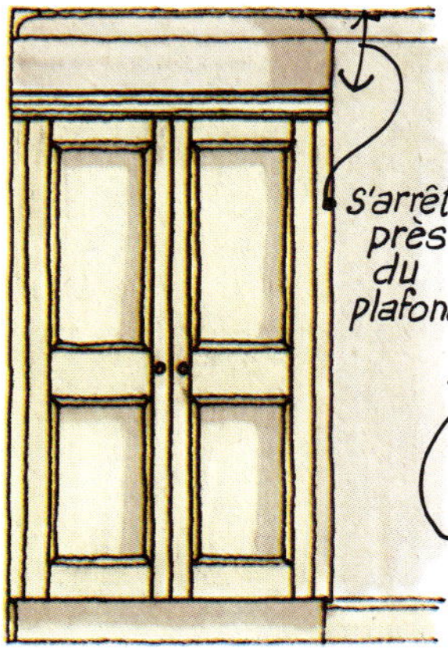

MEUBLE EN ALCÔVE
Profitez au maximum de la place en accrochant des portes par des charnières à des montants fixés au mur. Afin d'éviter d'abîmer les moulures, ne construisez pas jusqu'au plafond.

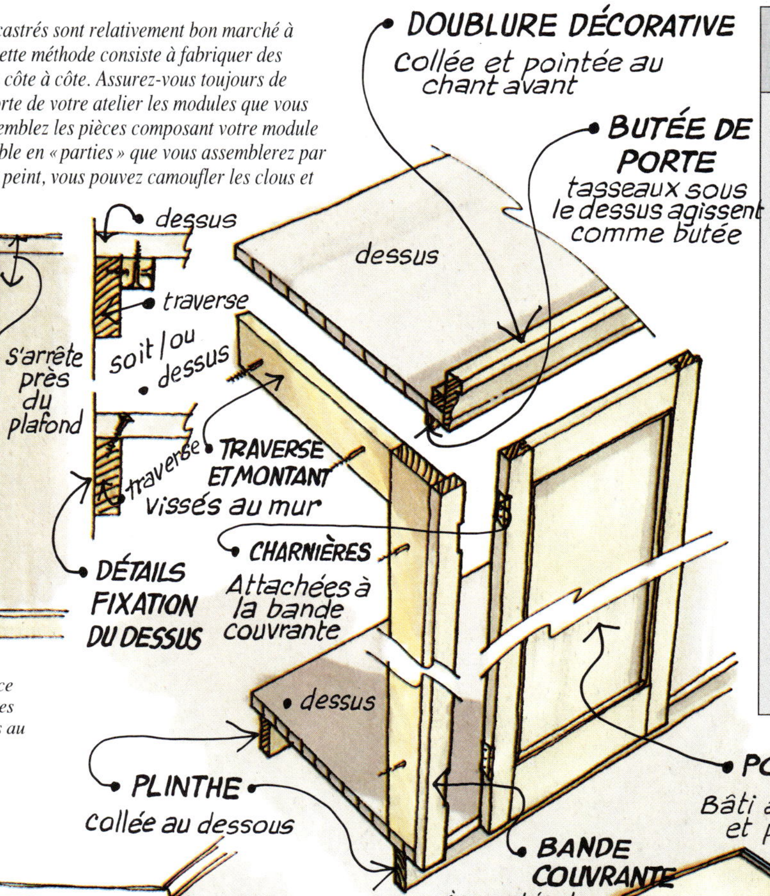

LA FABRICATION
Espace de rangement en alcôve

- Positionnez le panneau inférieur, après y avoir accollé la plinthe.
- Vissez les traverses et les montants au mur, de chaque côté de l'espace de rangement.
- Vissez directement le dessus sur les traverses, ou bien vissez le dessus sur des tasseaux fixés aux traverses.
- Fixez les bandes de recouvrement sur le mur, et fixez-y les montants.
- Clouez et collez des moulures sur les chants de parements supérieurs.
- Assemblez les portes et attachez-les par des charnières aux bandes de recouvrement.
- Clouez des tasseaux sur la face inférieure du dessus.

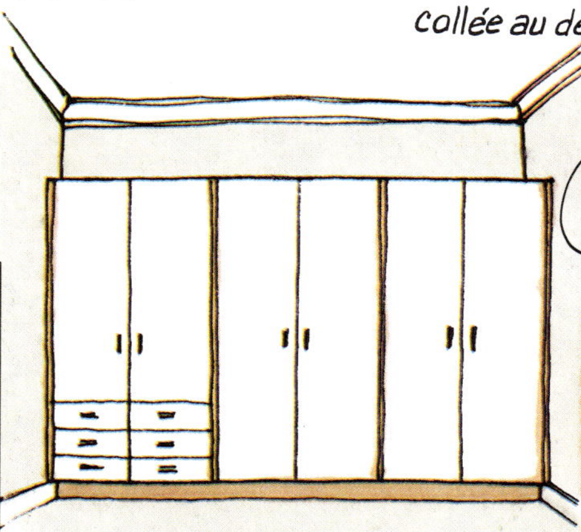

ENSEMBLES MODULAIRES
Des cadres préalablement fabriqués sont assemblés entre des panneaux de séparation. Les portes font toute la hauteur (placez derrière certaines des étagères, et derrière les autres une penderie), bien que l'on puisse en raccourcir une ou deux et placez en-dessous des tiroirs.

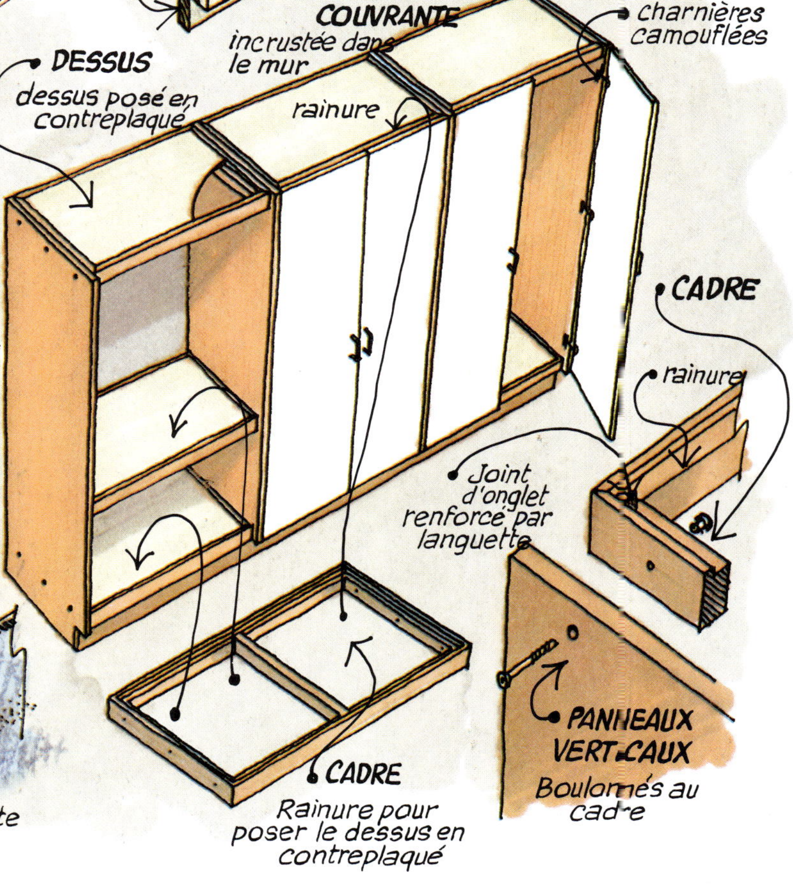

LA FABRICATION
Espace de rangement modulaire

- Assemblez les cadres dans l'atelier, puis fixez-les ensemble sur place entre des séparations verticales. Vissez le dernier panneau de l'intérieur. Fixez l'ensemble au mur au moyen de vis positionnées dans le cadre supérieur.
- Clouez une bande de recouvrement sur le chant de parement de chacun des panneaux verticaux.
- Insérez des couvercles en contre-plaqué dans des feuillures taillées dans le cadre.
- Attachez des portes aux cadres verticaux.
- Fabriquez et installez des tiroirs et/ou autres agencements.

PLACARD ENCASTRÉ

Assemblez le cadre sur place, fixez-le au mur à chaque extrémité, et tracez une bande de remplissage entre le plafond et la partie supérieure du cadre. Installez enfin des portes coulissantes.

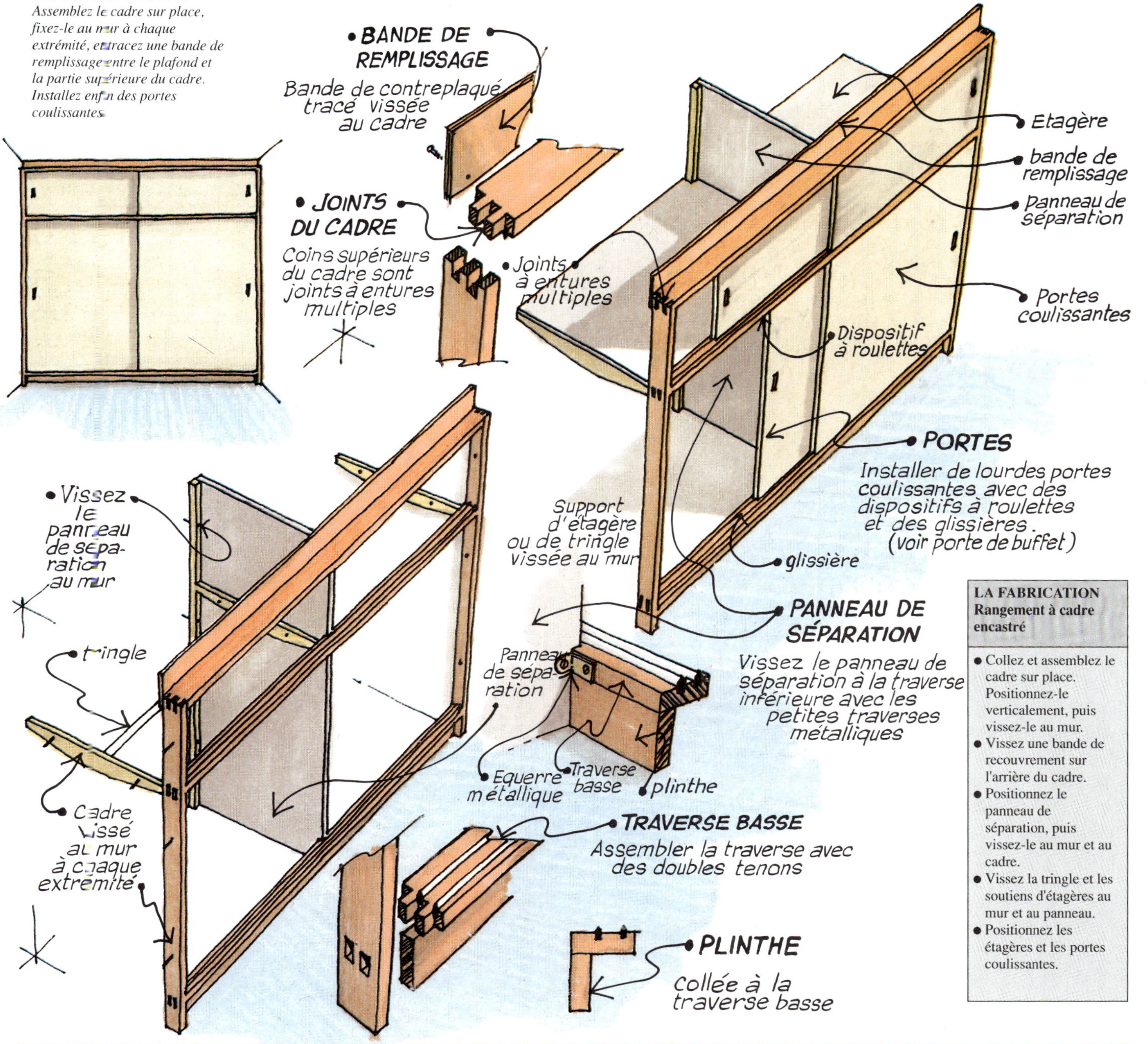

LA FABRICATION
Rangement à cadre encastré

- Collez et assemblez le cadre sur place. Positionnez-le verticalement, puis vissez-le au mur.
- Vissez une bande de recouvrement sur l'arrière du cadre.
- Positionnez le panneau de séparation, puis vissez-le au mur et au cadre.
- Vissez la tringle et les soutiens d'étagères au mur et au panneau.
- Positionnez les étagères et les portes coulissantes.

UTILISATION DE BAGUETTES TRACÉES

Au lieu d'essayer d'ajuster parfaitement un espace de rangement à un mur inégal, il est souvent plus pratique d'utiliser une baguette pour combler le vide entre ce mur et l'espace de rangement.

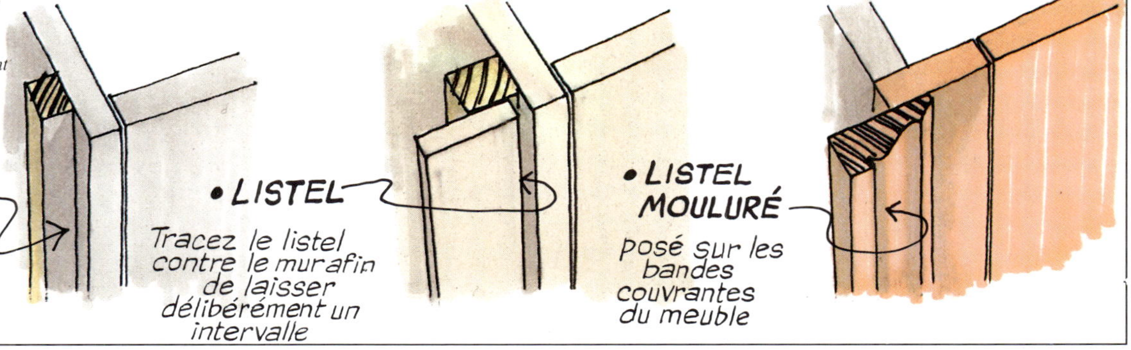

EXÉCUTION DES PLANS

Si un artisan exceptionnellement doué est capable d'exécuter un projet directement sur son établi, la plupart des gens doivent réaliser au préalable un plan détaillé de leur projet, et le cas échéant une maquette en trois dimensions.

VOIR AUSSI
Mètre-ruban 76
Le pistolet à colle 302

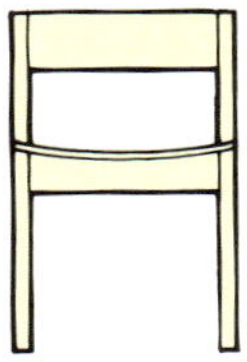
Vue de face

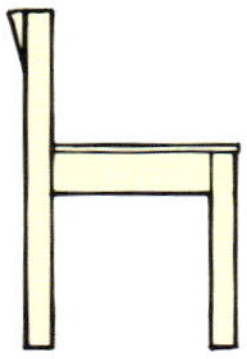
Vue de côté

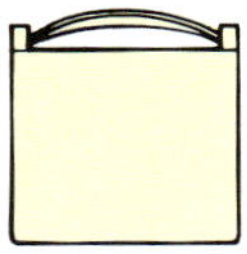
Vue de dessus

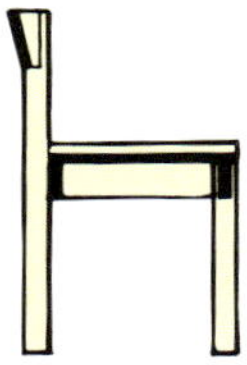
Vue en coupe

Esquisses
En général, un designer fera un premier croquis de son projet qui lui donnera un aperçu général de sa forme et du travail à réaliser. Ces croquis (semblables à ceux montrés dans les pages précédentes) lui permettront d'envisager les différentes possibilités et de retenir la solution la plus adéquate.
Il est malheureusement facile d'être induit en erreur par un croquis, soit en sous-estimant les dimensions globales de l'objet à réaliser, soit en exagérant la taille de l'un de ses éléments.
La prudence recommande d'exécuter un dessin à l'échelle afin de vérifier toutes les proportions et les détails de construction.

Dessin à l'échelle
Le designer professionnel utilise des dessins à l'échelle afin de transmettre des informations à l'atelier ou à l'usine où l'objet sera réalisé. Il vous est recommandé d'utiliser la même technique pour améliorer vos propres esquisses. Par convention, on utilise l'échelle 1/5 (10 mn représentent 50 mm) dans le système métrique; l'échelle est 1/4 dans le système de mesures anglo-saxon (0,5 pouce pour 2 pouces). Vous pouvez utiliser l'un ou l'autre de ces systèmes, mais n'essayez jamais de les mélanger ! Il est approprié d'utiliser de plus petites échelles (respectivement 1/20 et 1/24) pour des meubles encastrés. Pour les chaises et autres objets relativement petits, les dessins sont réalisés grandeur nature. Des vues spécifiques de l'objet sont réalisées dans un ordre précis : vues de face, de côté et de dessus; par ailleurs, des vues en coupe (à travers l'épaisseur) permettent de montrer la structure interne de l'objet. Les détails particulièrement complexes font généralement l'objet d'une représentation grandeur nature.

L'équipement d'un dessinateur professionnel coûte très cher, mais vous ne pouvez envisager de réaliser des dessins précis sans l'aide d'une planche à dessin (une simple planche suffira), d'un té pour les lignes horizontales, et d'une grande équerre pour les lignes verticales. Il vous faudra d'autre part une règle graduée donnant les mesures dans les échelles les plus courantes, et un rapporteur servant à mesurer les angles. Bien que ce ne soit pas essentiel, il est conseillé de se munir de règles en plastique servant à tracer des courbes, appelées « perroquets ou traceurs de cercles ». Pour les plus grands cercles, utilisez un compas. Exécutez vos dessins avec un crayon dur et bien taillé et sur du papier calque afin de pouvoir superposer les étapes de votre projet.

Modèles réduits
Utilisez le dessin à l'échelle, que vous avez réalisé, pour construire, à partir de balsa et de carton, un modèle réduit de votre projet, afin d'en avoir un aperçu en trois dimensions. Certains designers vont jusqu'à réaliser un modèle réduit extrêmement détaillé, en employant les matériaux véritables, mais ceci ne semble nécessaire que si vous désirez impressionner le client !

Maquettes
Réaliser une maquette grandeur nature à partir de matériaux bon marché et des rebuts de votre atelier peut être très instructif. C'est, par exemple, le seul moyen de s'assurer du confort d'une chaise ou de la solidité de sa structure. Une maquette construite avec des matériaux légers tel que de l'aggloméré ou du carton ondulé constitue un moyen idéal pour vérifier les proportions d'un objet de grande taille, particulièrement si vous pouvez l'installer dans le cadre auquel votre projet est destiné.

Commande des matériaux
Avant de commander les matériaux auprès de votre fournisseur, établissez une liste spécifiant la longueur, la largeur et l'épaisseur de chacun des éléments composant l'objet à réaliser. Cette liste précisera également en quel matériau et dans quelle quantité chaque élément doit être réalisé. Précisez bien que les dimensions sont celles des pièces finies, afin de prévoir une marge de manœuvre raisonnable.

MESURER LES LOCAUX

Mesurez soigneusement la pièce, et notez dans le détail tous ses traits saillants avant de réaliser les plans de meubles incorporés que vous voudriez fabriquer.

- Prenez les mesures principales d'une pièce à l'aide d'un mètre ruban, sans oublier les diagonales pour vérifier quelle est la véritable forme de la pièce. Les murs n'étant pas forcément perpendiculaires, prenez vos mesures à différentes hauteurs, particulièrement aux endroits où seront encastrés les meubles.
- Mesurez la hauteur et la taille des détails architecturaux, tels que les corniches des plafonds, les plinthes, les lambris et les moulures décoratives.
- Mesurez également fenêtres et portes, et indiquez sur vos croquis la manière dont ils s'ouvrent.
- Indiquez la position des cheminées et radiateurs.
- Prenez en compte les prises et les interrupteurs électriques, ainsi que les arrivées de courant.

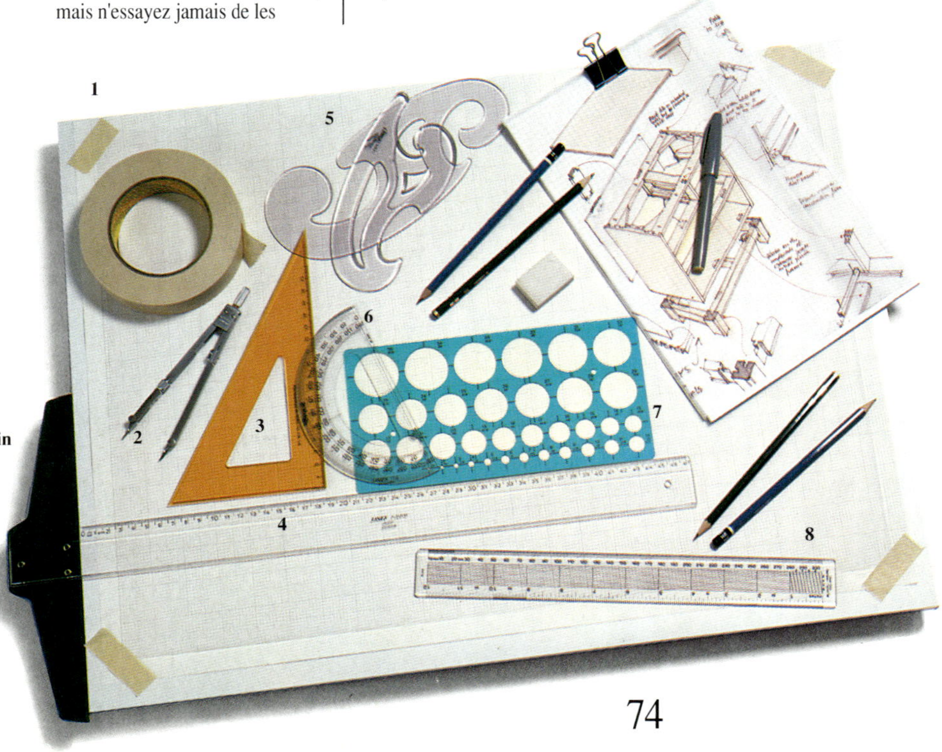

Équipement de dessin
1 Planche à dessin
2 Compas
3 Équerre
4 Té
5 Gabarit de courbes
6 Rapporteur
7 Gabarit de cercles
8 Règle graduée

CHAPITRE 3

OUTILS
À MAIN

A une époque où de plus en plus d'artisans se tournent vers les machines pour plus de facilité et de précision, un débutant en menuiserie pourrait croire que les outils à main ne sont plus que des reliques, témoins des jours dorés où les artisans étaient payés plus pour la qualité de leur travail que pour leur labeur. Pourtant, cette croyance est tout simplement inexacte. Il faudra souvent le même temps à un artisan compétent pour terminer un travail à la main qu'il ne lui en faudrait pour préparer une machine ! Le travail à la main permet également une perception des matériaux que l'on ne peut retrouver avec une machine. Par exemple, le comportement du fil sous la lame, ou la manière dont certains bois pardonnent les erreurs alors que sur d'autres le moindre défaut saute aux yeux. Pour ces raisons et bien d'autres, la moindre d'entre elles n'étant pas le plaisir que l'on prend à les utiliser, un bon assortiment d' OUTILS *à main doit toujours figurer dans un atelier, même le plus sophistiqué.*

OUTILS DE MESURAGE ET DE TRAÇAGE

Utiliser un gabarit (modèle de carton ou de bois) pour tracer le contour d'un objet est une bonne habitude à prendre. L'utilisation du gabarit queue d'aronde est un très bon exemple. Cette méthode est non seulement la plus précise, mais évite également le risque d'une mauvaise lecture de la règle ou du ruban.

VOIR AUSSI

Défauts du bois	14
Assemblage bout à bout	216/217
Tracer les queues d'aronde	239/243
Les outils pour le placage	258/259

Mètre pliant
Un mètre pliant traditionnel est fait de bois de buis avec des charnières en cuivre et des embouts protecteurs.
Un mètre bien fait demeure rigide en position dépliée tant que les charnières ne sont pas volontairement repliées. L'instrument d'un mètre, pliable en quatre, est le modèle le plus populaire. Quel que soit votre système de mesure préféré, il est conseillé d'acquérir un mètre dont les graduations sont en centimètres d'un côté, et en pieds et en pouces de l'autre.

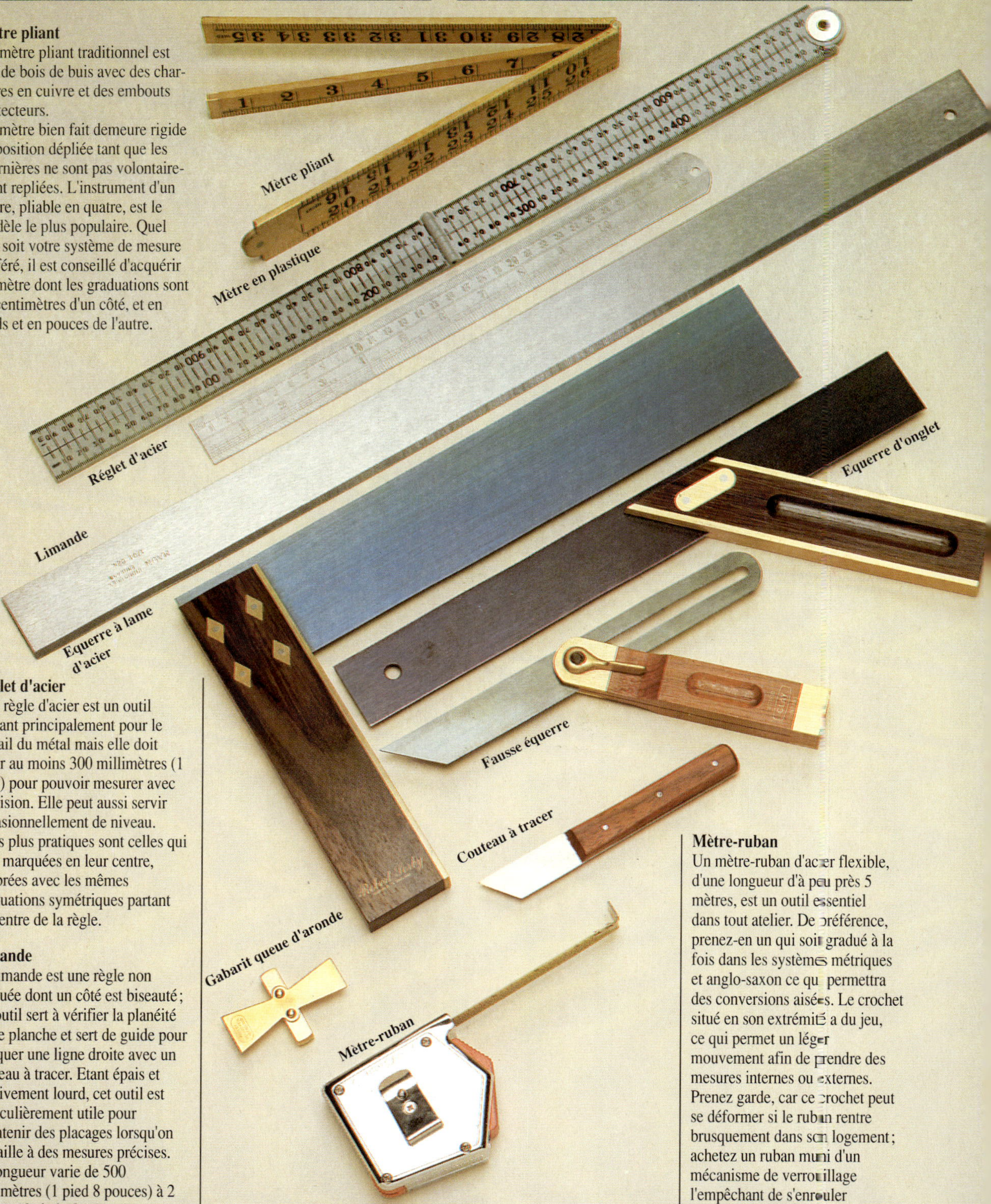

- **L'entretien des règles**
Il faut traiter avec soin les règles et autres instruments à tracer et mesurer car autrement ils risquent de perdre leur précision. Ne taillez jamais contre une règle en plastique ou en bois - utilisez toujours une règle en acier. Les règles métalliques rouillent dans un environnement humide - enduisez-les donc d'huile lorsque vous les rangez pour une longue période. Si vous pliez ou tordez un mètre-ruban d'acier flexible, celui-ci ne restera plus droit lorsque vous le déroulerez.

Réglet d'acier
Une règle d'acier est un outil servant principalement pour le travail du métal mais elle doit avoir au moins 300 millimètres (1 pied) pour pouvoir mesurer avec précision. Elle peut aussi servir occasionnellement de niveau.
Les plus pratiques sont celles qui sont marquées en leur centre, calibrées avec les mêmes graduations symétriques partant du centre de la règle.

Limande
La limande est une règle non graduée dont un côté est biseauté ; cet outil sert à vérifier la planéité d'une planche et sert de guide pour marquer une ligne droite avec un couteau à tracer. Etant épais et relativement lourd, cet outil est particulièrement utile pour maintenir des placages lorsqu'on les taille à des mesures précises. Sa longueur varie de 500 millimètres (1 pied 8 pouces) à 2 mètres (6 pieds 6 pouces).

Mètre-ruban
Un mètre-ruban d'acier flexible, d'une longueur d'à peu près 5 mètres, est un outil essentiel dans tout atelier. De préférence, prenez-en un qui soit gradué à la fois dans les systèmes métriques et anglo-saxon ce qui permettra des conversions aisées. Le crochet situé en son extrémité a du jeu, ce qui permet un léger mouvement afin de prendre des mesures internes ou externes. Prenez garde, car ce crochet peut se déformer si le ruban rentre brusquement dans son logement ; achetez un ruban muni d'un mécanisme de verrouillage l'empêchant de s'enrouler accidentellement.

Équerres
Une équerre est composée d'une lame aux bords parallèles fixée à angle droit sur un socle de bois, d'acier ou de plastique. Cet outil sert à vérifier l'exactitude des angles à 90 degrés, et à tracer des lignes formant un angle droit avec un bord. Si le socle forme dans le coin un angle de 45 degrés, l'outil sert à tracer les assemblages à onglets.

Une équerre au socle en acier ou en plastique restera précise grâce à la stabilité des matériaux ; un socle de bois risque de réagir à l'humidité, et les rivets maintenant la lame de se desserrer si l'outil venait à tomber. Néanmoins, l'équerre au socle de palissandre bordé de cuivre reste l'outil préféré des menuisiers en raison de son exceptionnelle beauté.

Une équerre avec une lame de 300 millimètres (1 pied) se révèlera être de la plus grande utilité.

Equerre d'onglet
La lame d'une équerre d'onglet rencontre son socle à un angle de 45 degrés. Cet outil est utilisé pour tracer des assemblages à onglets, et en vérifier la précision.

Fausse équerre
Le fonctionnement d'une fausse équerre est semblable à celui d'une équerre d'onglet, à la différence près que l'angle entre le socle et la lame est variable et se verrouille au moyen d'un levier ou d'une vis de blocage.

Gabarit queue d'aronde
Utilisez ce gabarit spécial pour tracer des assemblages à queue d'aronde. Cet outil possède deux lames, l'une pour les bois résineux (inclinaison 1 - 6), et l'autre pour les feuillus (1 - 8).

Couteau à tracer
Utilisez un crayon pour le marquage préliminaire des assemblages ; mais, afin de faciliter le passage de la scie, il convient d'entamer superficiellement le bois à l'aide d'un couteau à tracer. La lame n'est biseautée que d'un côté. Faites courir la lame sur le côté extérieur du tracé, en faisant coulisser le plat le long d'une équerre.

UTILISATION DES OUTILS DE MESURAGE ET DE TRAÇAGE

Chaque menuisier utilise plusieurs outils pour les étapes préliminaires de mesurage et de traçage du bois. Utilisez et rangez ces outils avec soin, un traitement brusque pouvant affecter leur précision.

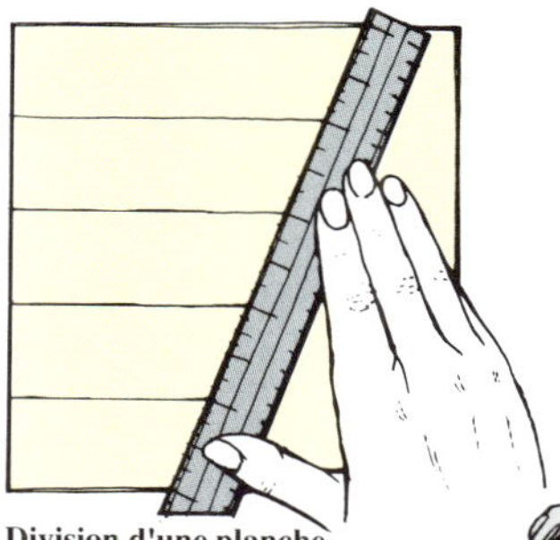

Division d'une planche en parties égales

Diviser une planche en parties égales
N'importe quelle règle permet de diviser une planche en deux ou plusieurs parties égales. La division en cinq parties se fera en alignant l'extrémité de la règle avec l'un des bords de la planche et la cinquième division avec l'autre bord, puis en marquant chacune des divisions.

Vérifier le gauchissement d'une planche
Le gauchissement peut sauter aux yeux s'il est important, mais vérifiez qu'il n'existe pas de gauchissement plus léger en tenant une règle en acier en travers de la planche à chacune de ses extrémités. La planche est plane si les deux règles semblent parallèles.

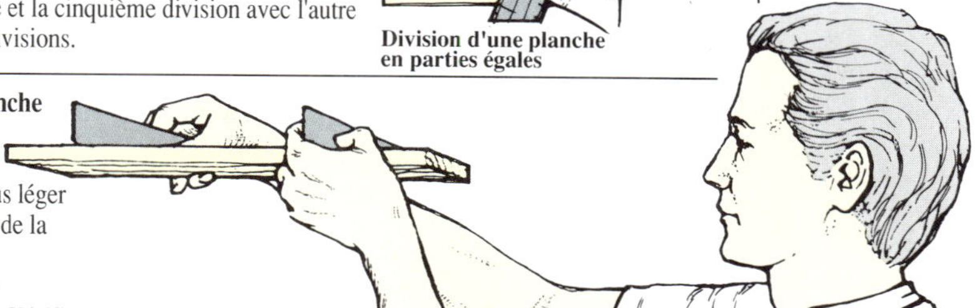

Vérification du gauchissement

Vérification de la planéité
Placez une limande sur le parement d'une planche dont vous voulez vérifier la planéité. Tant que vous apercevrez des jours sous la règle ou si elle bute sur des renflements, la surface ne sera pas plane. Faites tourner la règle sur son axe pour couvrir toute la superficie à vérifier.

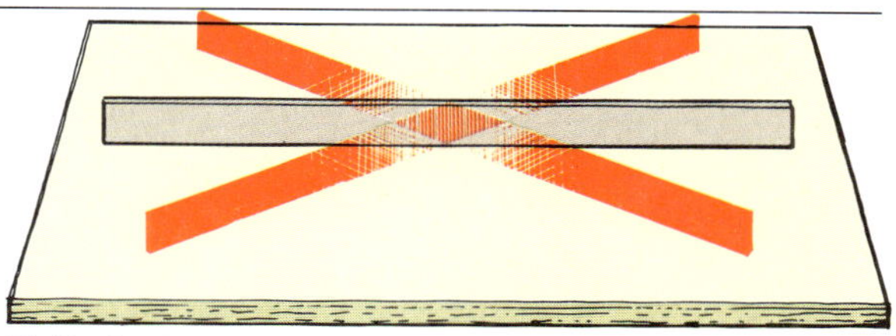

Vérification de la planéité d'une importante surface

Mesures internes et externes
Pour prendre les mesures externes, crochetez le ruban flexible à une extrémité de la pièce à mesurer, et relevez la mesure sur l'autre extrémité (1). Pour les mesures internes, la lecture se fait en ajoutant au chiffre indiqué la longueur du boîtier (2).

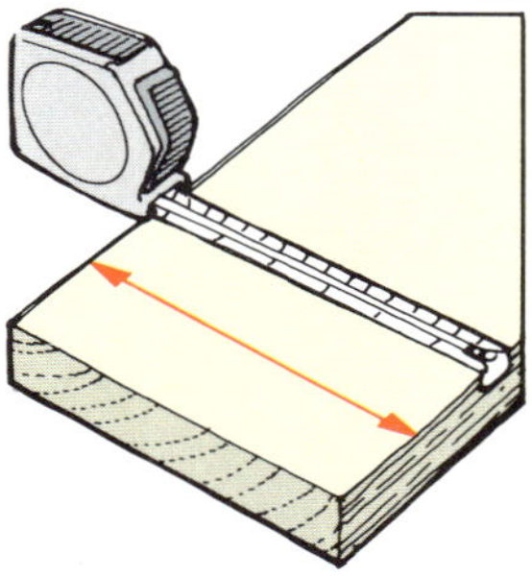

1 Prendre les mesures extérieures

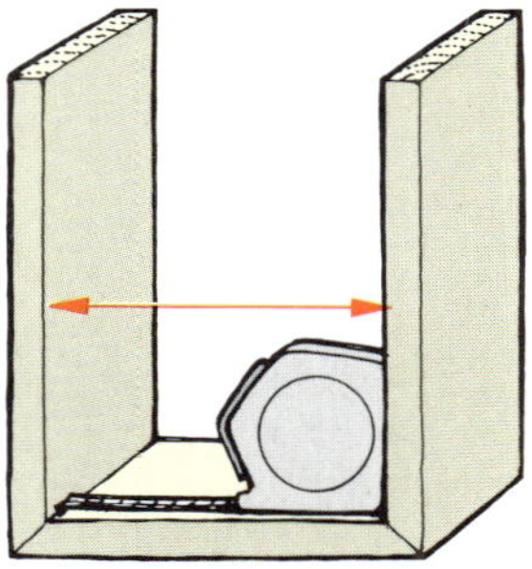

2 Prendre les mesures intérieures

Vérification d'une équerre
Afin de vérifier la précision d'une équerre, tracez d'abord une ligne formant un angle droit avec une surface. Puis, retournez la lame et alignez-la sur la droite ainsi tracée. Le bord de la lame et la droite doivent coïncider parfaitement.

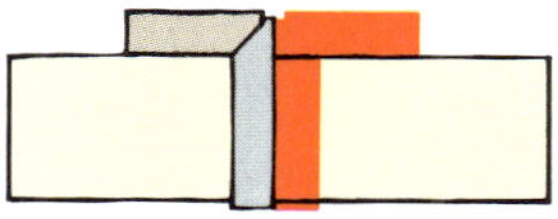

Vérification d'une équerre

Utilisation d'une équerre
Utilisez une équerre pour vérifier que les deux parties d'un assemblage forment un angle à 90 degrés (1).

Pour tracer un angle droit, maintenez fermement le socle contre la pièce et faites courir un couteau à tracer le long de la lame (2). Pour tracer un onglet, alignez la jonction de la lame et du socle avec le bord de la pièce et tracez une ligne à un angle de 45 degrés (3).

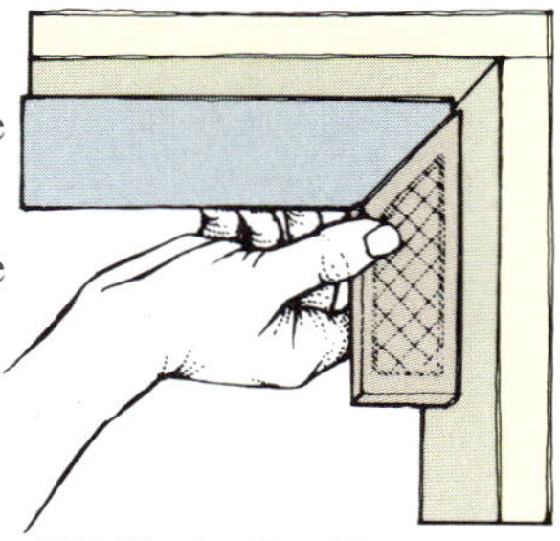

1 Vérification d'un joint

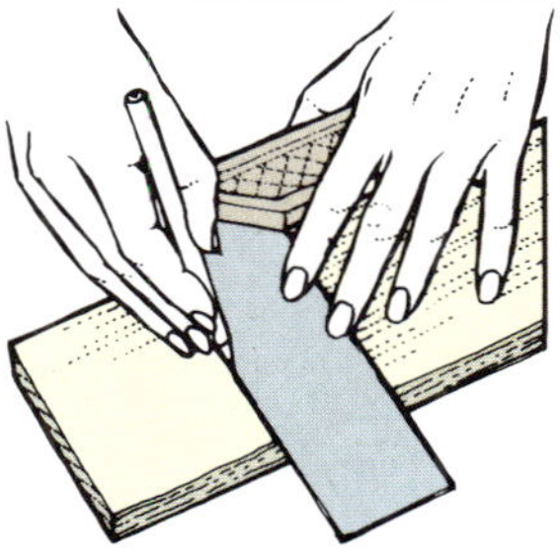

2 Tracer un angle droit

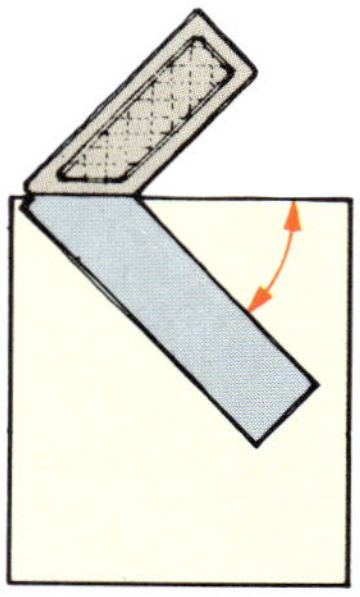

3 Tracer un onglet

Vérification d'un onglet
Glissez une équerre d'onglet sur le bord extérieur d'un des éléments d'un assemblage à onglet en vous assurant que la lame est en contact sur toute la largeur.

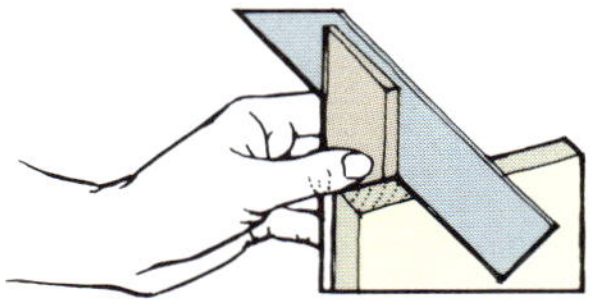

Vérification d'un onglet

TRUSQUINS À MARQUER ET À COUPER

VOIR AUSSI

Les équerres	76/77
Les rabots	88/91
Tracer les joints	216/245
Les tenons et mortaises	226/235
Tailler des filets composés	265

- **Ranger les trusquins en bois**
La semelle en bois d'un trusquin est si finement ajustée qu'elle se bloquerait si la tige venait à gonfler. Si votre atelier est humide, gardez les trusquins dans des sacs en plastique.

Trusquin à tracer
Cet outil sert à tracer des lignes parallèles au chant ou à l'extrémité d'une planche. Une pointe d'acier est fixée à l'une des extrémités d'une tige graduée en bois dur. La tête ou « semelle » glisse le long de la tige et est bloquée à la distance désirée de la pointe au moyen d'une vis de serrage. Des bandes de cuivre sont incrustées dans la face de la semelle afin d'éviter l'usure de celle-ci. Une tige de trusquin standard mesure 200 millimètres (8 pouces) mais on peut en trouver d'une longueur de 300 millimètres (1 pied) pour tracer les planches larges.

Trusquin à lame
Un trusquin à lame est en tous points semblable au trusquin à tracer, à cela près qu'il possède, au lieu d'une pointe en acier, une petite lame maintenue au moyen d'une clavette en cuivre. Cet outil sert à tracer des lignes en travers du fil, là où une pointe en acier déchirerait la surface de la planche. En général, la lame est arrondie, mais il existe aussi des lames pointues comme des couteaux pour le découpage des placages.

Trusquin à mortaise
Un trusquin à mortaise possède deux pointes permettant de tracer simultanément les mortaises et les tenons. Une des pointes est fixe, l'autre fixée sur une tige coulissante ; un réglage précis peut être obtenu au moyen d'une vis de serrage. Sur la plupart des trusquins à mortaise, une pointe est fixée sur la face opposée de la tige permettant son utilisation comme un simple trusquin à tracer.

Trusquin à courbes
Il est difficile de tracer une ligne parallèle à un chant courbé au moyen de la semelle plate d'un trusquin ordinaire. Sur un trusquin à courbes, un guide en cuivre est fixé en deux points sur la semelle afin de permettre à l'outil de suivre la courbe avec précision pendant le traçage. On peut aussi se servir de cet outil pour des traçages rectilignes.

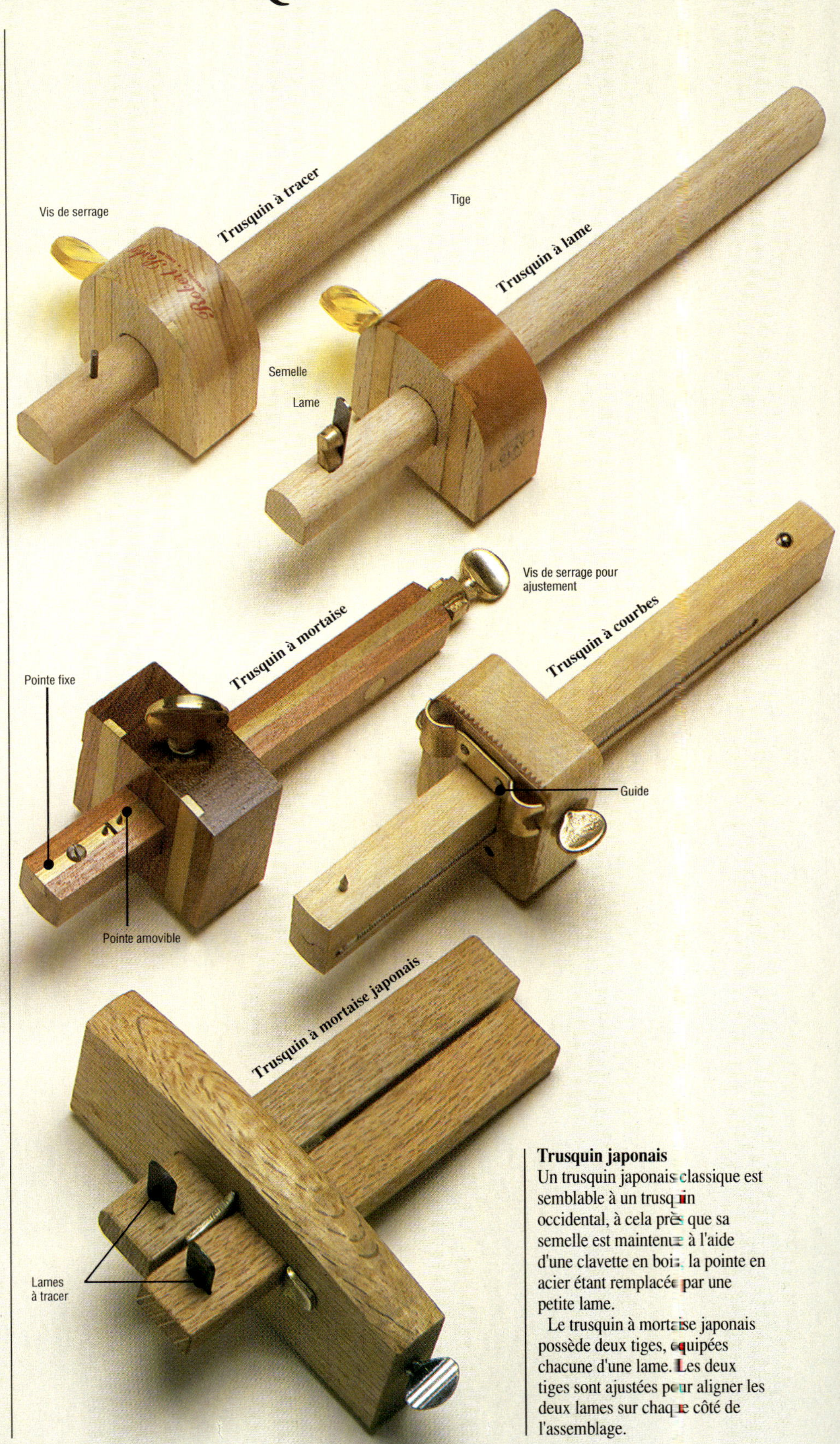

Trusquin japonais
Un trusquin japonais classique est semblable à un trusquin occidental, à cela près que sa semelle est maintenue à l'aide d'une clavette en bois, la pointe en acier étant remplacée par une petite lame.
Le trusquin à mortaise japonais possède deux tiges, équipées chacune d'une lame. Les deux tiges sont ajustées pour aligner les deux lames sur chaque côté de l'assemblage.

AUTRES OUTILS DE TRAÇAGE

Peigne à moulure
Un peigne à moulure est composé de rangées de pointes métalliques ou de lames en plastique, qui épousent fidèlement la forme d'une moulure lorsque l'outil y est appliqué. Les lames sont maintenues entre elles par friction au moyen d'un ressort central.

Cordeau
Il est difficile de trusquiner une ligne droite sur une planche aux bords irréguliers : utilisez une cordelette pour marquer une ligne de coupe. Celle du cordeau est enroulée dans un boîtier contenant de la craie colorée qui s'y dépose à chaque va et vient. Avec l'aide d'un assistant, tendez le cordeau le long de la ligne de coupe ; puis pincez la cordelette afin que les vibrations fassent se déposer la craie sur la ligne de coupe.

Peigne à moulures

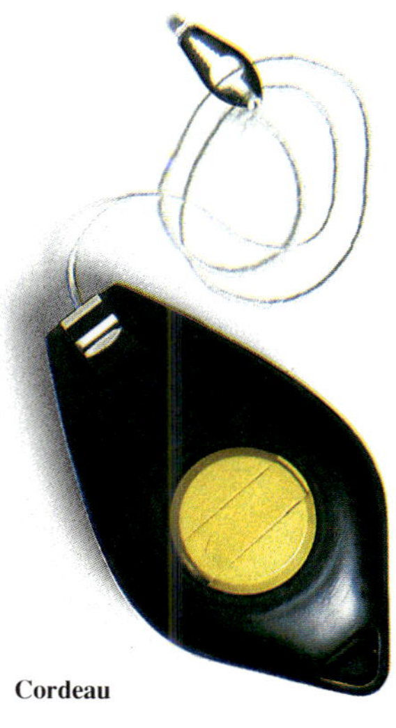

Cordeau

UTILISATION DES OUTILS DE MESURAGE ET DE TRAÇAGE

Lorsque vous utilisez des trusquins à tracer ou à lames, votre intention est d'obtenir une marque fine et légère sur la pièce à découper. Tracer une ligne profonde risquerait de déchirer la surface du bois.

Ajuster un trusquin à tracer
Positionnez la semelle à l'écartement voulu au moyen d'un décimètre (1) et verrouillez-la. Vérifiez l'écartement et affinez le réglage en tapotant la base de l'outil sur votre établi afin d'augmenter la distance entre la semelle et la pointe (2). Vous réduirez l'écartement en tapotant l'autre extrémité de l'outil (3).

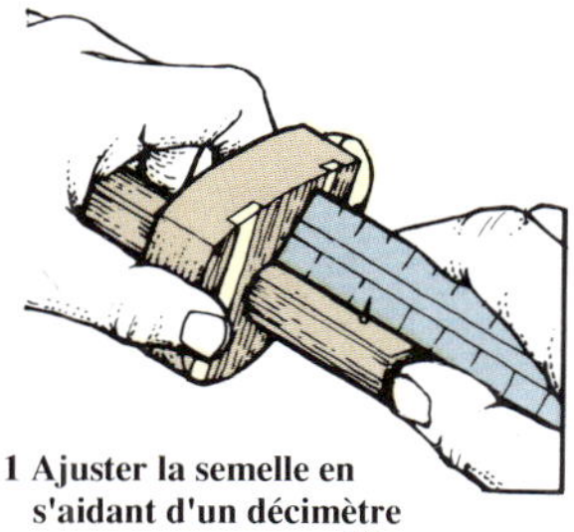

1 Ajuster la semelle en s'aidant d'un décimètre

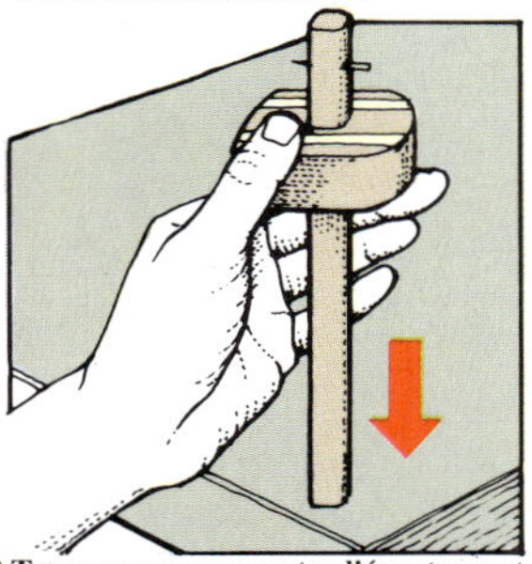

2 Taper pour augmenter l'écartement

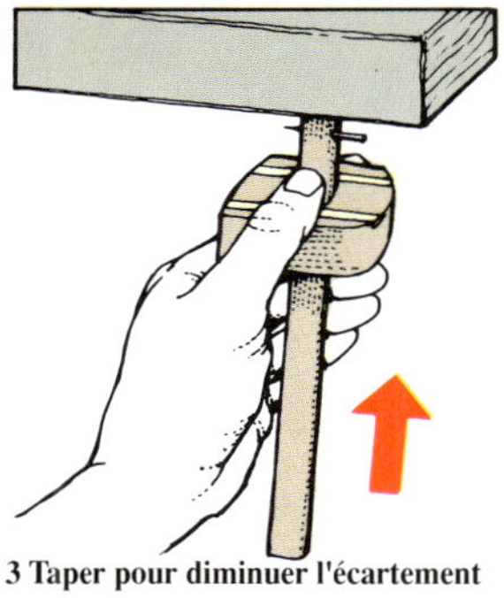

3 Taper pour diminuer l'écartement

Ajuster un trusquin à mortaise
Réglez les pointes sur l'écartement d'un ciseau à mortaise, puis ajustez la semelle en fonction de l'épaisseur des parois de la mortaise.

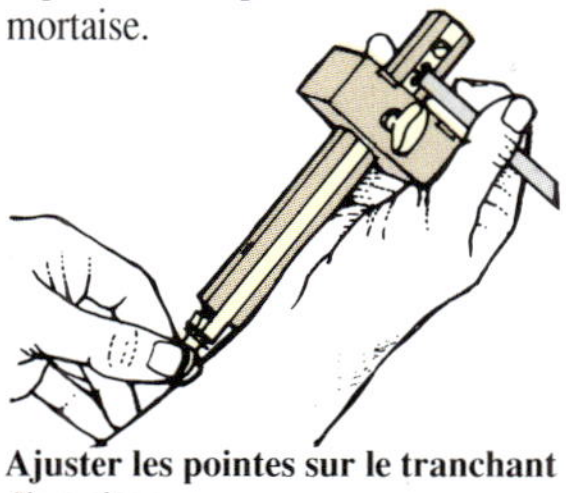

Ajuster les pointes sur le tranchant d'un ciseau

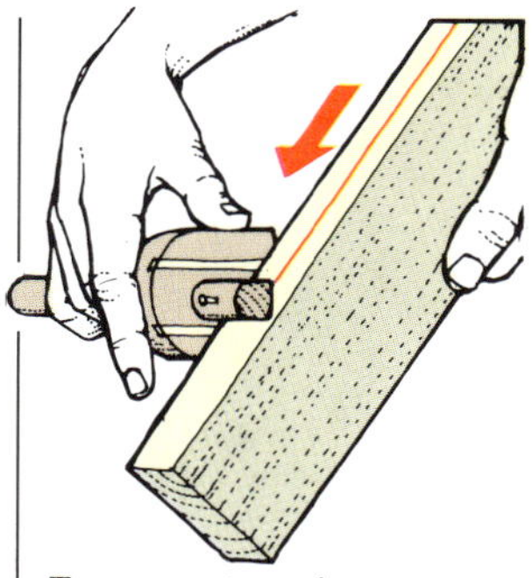

Traçage au trusquin
Appuyez la semelle du trusquin contre la rive de la pièce à tracer, et éloignez l'outil de vous de façon que la pointe trace sur le bois une fine marque parallèle à la rive.

Recherche du centre
Lorsque vous effectuez le traçage de certains joints, il est essentiel de pouvoir trouver le centre exact du chant. L'utilisation d'une règle n'est pas une méthode suffisamment précise. Ajustez approximativement l'écartement d'un trusquin à tracer sur la moitié de l'épaisseur du chant, puis maintenez la semelle contre un côté du chant et imprimez une légère pression sur la pointe pour obtenir une marque ; effectuez la même opération de l'autre côté du chant. Si les deux marques coïncident, le trusquin est bien ajusté. Dans le cas contraire, renouvelez l'opération en ajustant le trusquin jusqu'à ce que les deux marques coïncident parfaitement.

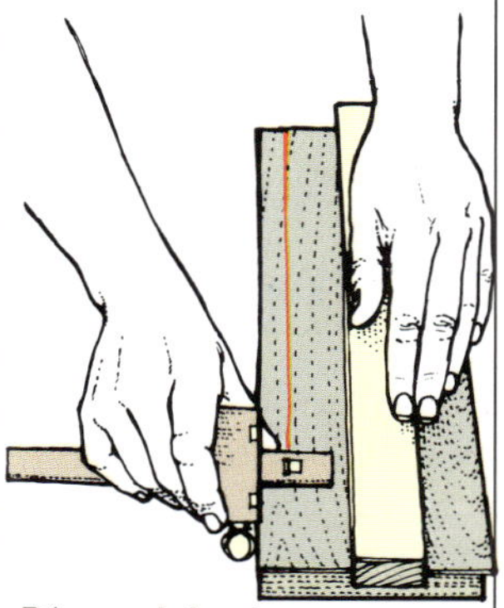

Découpe de bandes de placage
Alignez un bord du placage avec le chant d'une planche. Maintenez le placage bien à plat au moyen d'une limande et utilisez un trusquin à lame pour débiter des bandes parallèles de placage.

CORROYER UNE PLANCHE

Corroyer une planche signifie l'aplanir et faire se rencontrer toutes les surfaces adjacentes à angle droit.

Méthode de corroyage
Choisissez la face qui vous semble avoir le meilleur grain, la plus belle couleur et le moins de défauts ; aplanissez cette face au rabot, et marquez-la d'une croix se prolongeant sur un chant comme « face de parement » (1). Rabotez ensuite ce chant et vérifiez qu'il forme un angle droit avec la face marquée à l'aide d'une équerre. Marquez d'une flèche pointant vers la « face de parement » ce « chant de parement » (2). Toutes les autres mesures seront prises à partir de cette face et ce chant.

Ajustez un trusquin à l'épaisseur voulue et tracez une ligne sur les deux chants à partir de la face de parement (3). Rabotez ainsi l'autre face à l'épaisseur voulue (4). Tracez les dimensions finales de la planche (5), et terminez le corroyage au rabot (6).

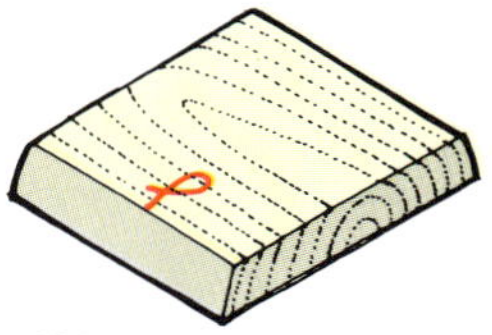

1 Marquer la face de parement

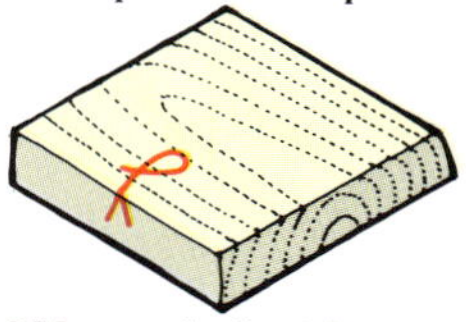

2 Marquer le chant de parement

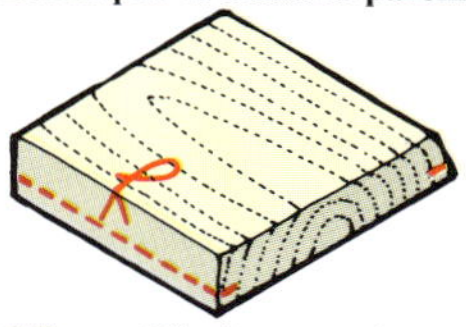

3 Tracer l'épaisseur au trusquin

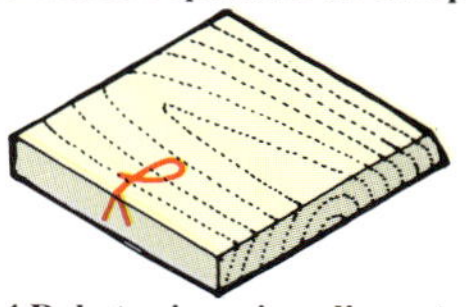

4 Raboter jusqu'aux lignes tracées

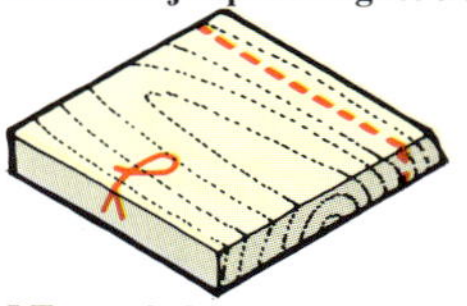

5 Tracer la largeur au trusquin

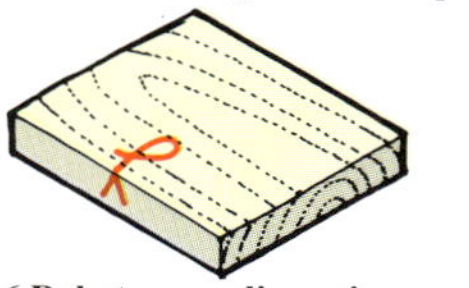

6 Raboter aux dimensions voulues

IMPROVISER UN TRUSQUIN

Lorsqu'une précision absolue n'est pas importante, utilisez le bout de votre doigt pour guider la pointe d'un crayon parallèlement à un des chants (1). Pour des mesures plus larges, appuyez la pointe d'un crayon sur l'extrémité d'une règle maintenue à angle droit du chant ; le doigt maintenant la règle agissant comme la semelle d'un trusquin à tracer (3).

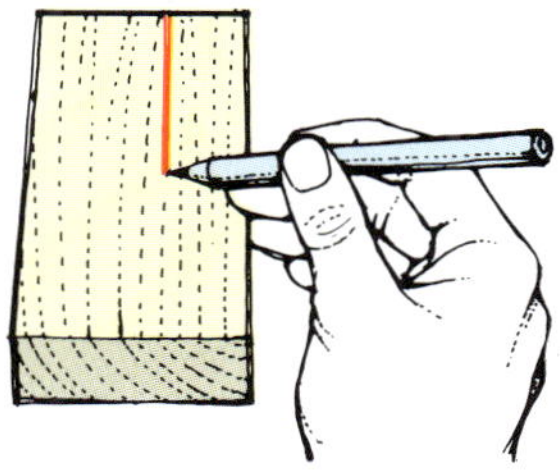

1 Tracer en se servant du doigt comme d'un trusquin

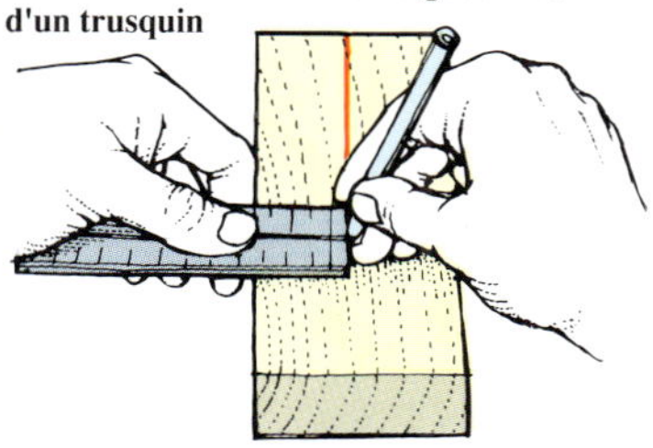

2 Tracer en se servant d'une règle comme d'un trusquin

FONCTIONNEMENT D'UNE SCIE

L'histoire des scies de menuiserie s'étend sur plus de 4 000 ans. A travers les siècles, les progrès technologiques ont permis d'améliorer la qualité des matériaux utilisés pour la fabrication des scies. L'ingéniosité de générations d'artisans nous a fourni de nombreuses solutions pour faciliter la découpe du bois - découpe rapide, découpe droite, découpe en courbes ou découpe précise. Certaines scies sont dessinées pour être tirées et d'autres pour être poussées. Néanmoins, toutes permettent de découper le bois d'une manière presque identique. La lame d'une scie est équipée d'une rangée continue de dents acérées sur l'un de ses bords, voire sur les deux. Chaque dent, agissant comme un ciseau ou une lame de couteau miniature, débite de minuscules copeaux de bois qui tombent en sciure sur le sol.

VOIR AUSSI

L'équerre	76
L'équerre d'onglet	76/77
L'entretien des scies à main	82
L'utilisation des scies à main	82
Remplacer une cordelette	85
Les scies japonaises	86
Aiguiser une scie	87

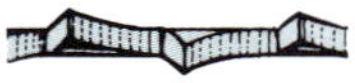

L'avoyage

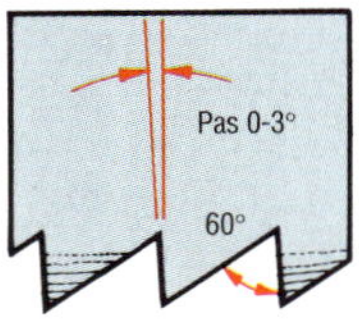

1 Dents à refendre

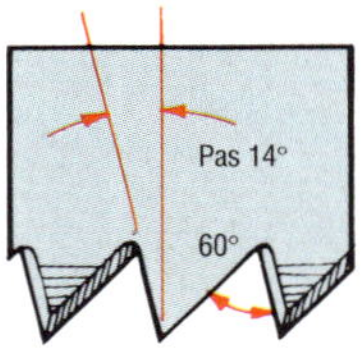

2 Dents à tronçonner

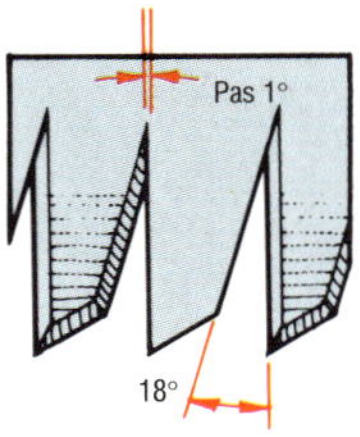

3 Dents japonaises

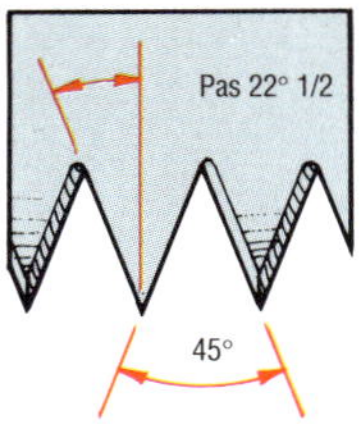

4 Dents double usage

Avoyage d'une scie

Si les dents étaient simplement en ligne les unes derrière les autres, la lame se coincerait dans la coupe après quelques instants de travail. Pour résoudre ce problème toutes les dents à l'exception des plus fines sont avoyées, c'est-à-dire que les dents sont alternativement inclinées vers la droite ou vers la gauche, ce qui permet de découper un trait plus large que l'épaisseur de la lame.

La forme des dents

La forme des dents d'une scie dépend du travail que l'on veut leur faire exécuter.
Les dents des scies à refendre (1) permettent une coupe dans le sens du fil pour découper une planche aux mesures. Ce sont de grandes dents avec un bord d'attaque droit. Chaque dent est affûtée à angle droit de la lame, et sa pointe acérée coupe le bois comme un ciseau. *Les dents des scies à tronçonner* (2) permettent de découper le bois en travers du fil sans abîmer les fibres. Ceci est utile pour découper les pièces d'assemblage ou pour scier une planche à la bonne longueur. Les bords d'attaque des dents sont légèrement inclinés vers l'arrière et affûtés à un angle formant un tranchant et une pointe coupante. Chaque dent agit comme un couteau, attaquant le bois des deux côtés du trait, et rejetant la sciure.
Les dents des scies à tronçonner japonaises (3) ont un dessin similaire, mais elles sont hautes et étroites et sont en plus biseautées en leur extrémité.
Les dents des scies à double action (4) sont symétriques et affûtées sur leurs deux bords, ce qui permet de couper dans le sens ou en travers du fil.

La taille des dents d'une scie

Une scie dessinée pour un travail de précision - tel que le découpage d'une queue d'aronde - aura les dents petites et finement avoyées. Mais les petites dents coupent lentement. Afin de pouvoir couper rapidement, en particulier les bois résineux, une scie doit avoir un grand pas, lui permettant de dégager de grandes quantités de sciure du trait.

Le pas des dents d'une scie se calcule à partir du nombre de dents présentes dans 25 millimètres (1 pouce) de lame.

Dans le système anglo-saxon, le pas d'une scie est encore calculé en TPI (*teeth per inch* ou dent par pouce), mesuré de la base d'une dent à l'autre. On peut aussi mesurer en PPI, (*points per inch* ou pointes par pouce), il y a toujours une pointe de plus que le nombre de dents dans un pouce.

Certaines scies ont comme particularité un pas ascendant, c'est-à-dire que les dents, fines à la pointe, grossissent en taille et écartement en s'approchant de la poignée. Le trait se forme avec la pointe de la lame et le gros du travail est ensuite fait avec toute la longueur de celle-ci.

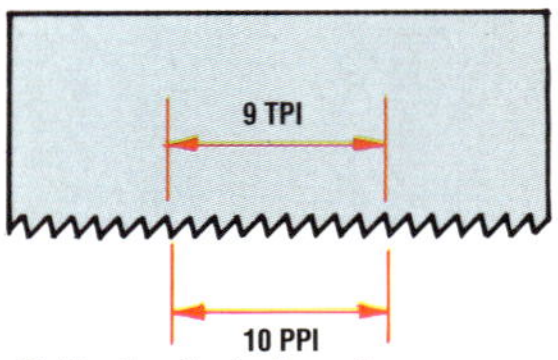

Taille des dents des scies

Dents endurcies

Beaucoup de scies ont les dents électroniquement endurcies. Elles restent affûtées plus longtemps que les dents d'acier classiques, mais ne peuvent être aiguisées à la main.

LES SCIES ÉGOÏNES

Toutes les scies à main possèdent une lame longue et flexible dont la profondeur permet d'assurer une coupe droite. Les meilleures lames sont effilées à partir de leur base – l'épaisseur au-dessus des dents allant en diminuant – permettant ainsi un meilleur passage dans la voie. Elles ont aussi le dos oblique, s'effilant vers la pointe pour améliorer l'équilibre de l'outil. Les lames sont parfois recouvertes de polytétrafluoroethylène (PTFE) pour réduire le frottement.

Une scie à main bien faite

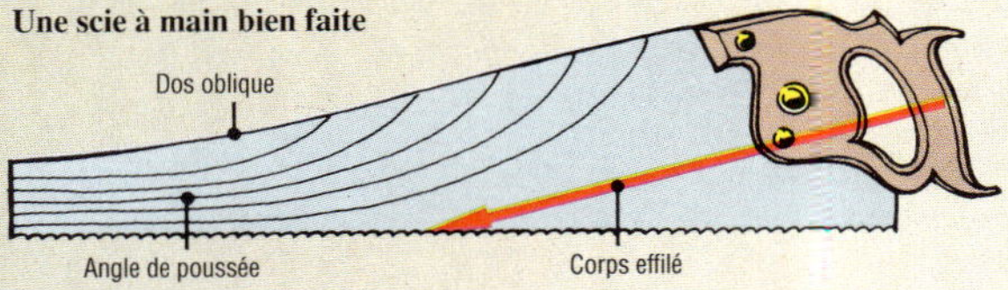

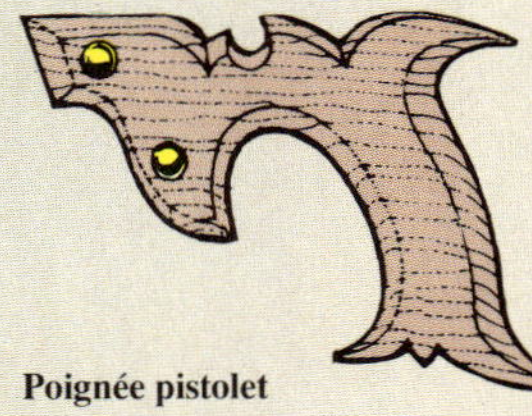

Poignée pistolet

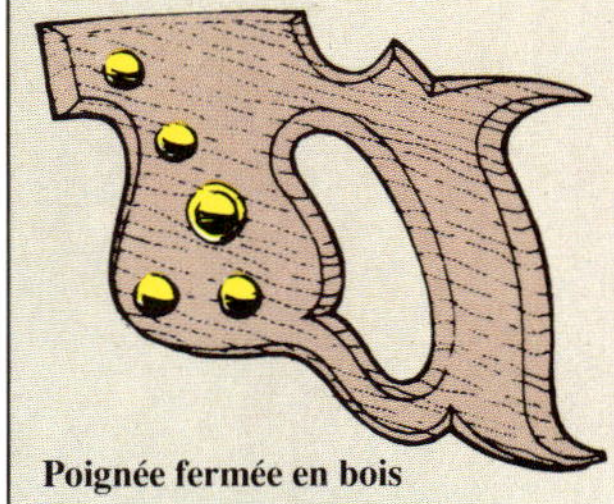

Poignée fermée en bois

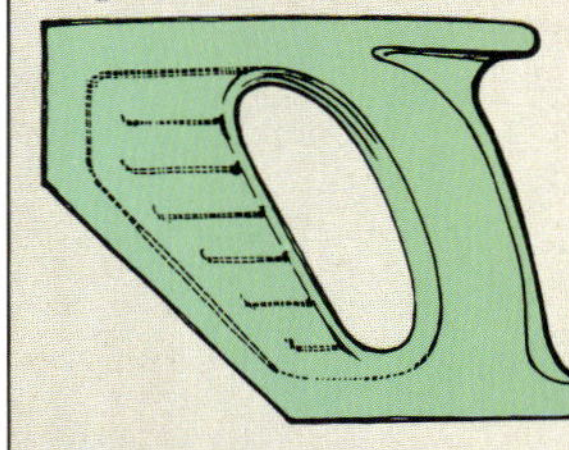

Poignée fermée en plastique

POIGNÉES

Les poignées doivent être situées légèrement au-dessus de la lame, pour permettre à la rangée de dents de recevoir une poussée maximale. Bien que quelques scies soient encore équipées de l'ancienne poignée pistolet, la plupart ont des poignées fermées en bois ou en plastique, plus résistantes. La traditionnelle poignée en bois travaillé est à la fois fonctionnelle et confortable, mais de nombreux fabricants lui préfèrent la poignée en plastique, plus économique et dont la forme permet d'utiliser le dos de la longue lame comme une très longue équerre.

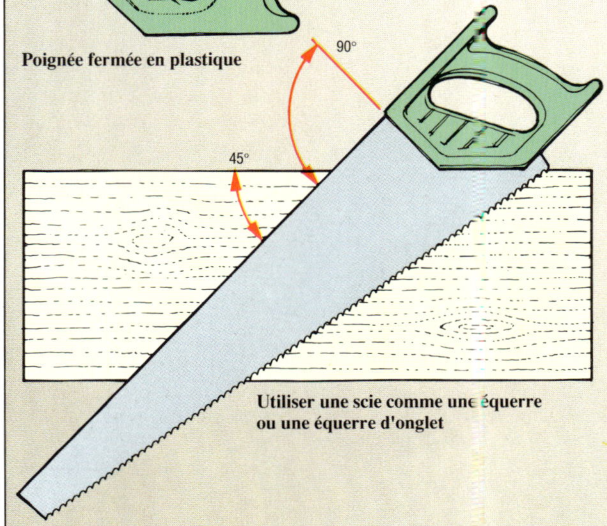

Utiliser une scie comme une équerre ou une équerre d'onglet

Scies pour débit longitudinal
La scie pour débit longitudinal est la plus longue de toutes les scies, sa lame pouvant atteindre 650 millimètres avec un PPI de 5. C'est un outil spécialisé utilisé uniquement pour découper du bois massif dans le sens du fil.

Scies à tronçonner
La scie à tronçonner a une longueur de 500 à 650 millimètres (2 pieds à 2 pieds 2 pouces), et un PPI de 6 à 8. C'est la scie idéale pour découper de grosses planches dans la largeur, mais elle n'est pas tout à fait appropriée pour les panneaux dérivés du bois. Certaines scies occidentales sont équipées d'une denture avoyée à la japonaise, permettant un travail plus rapide.

Scie à panneaux
Une scie à panneaux possède des dents à tronçonner plutôt fines – au PPI de 10 à 12.
Elle sert principalement à découper des panneaux dérivés du bois mais peut rendre les même services qu'une scie à refendre classique. La longueur de la lame varie de 500 à 550 millimètres (1 pied 8 pouces à 1 pied 10 pouces).

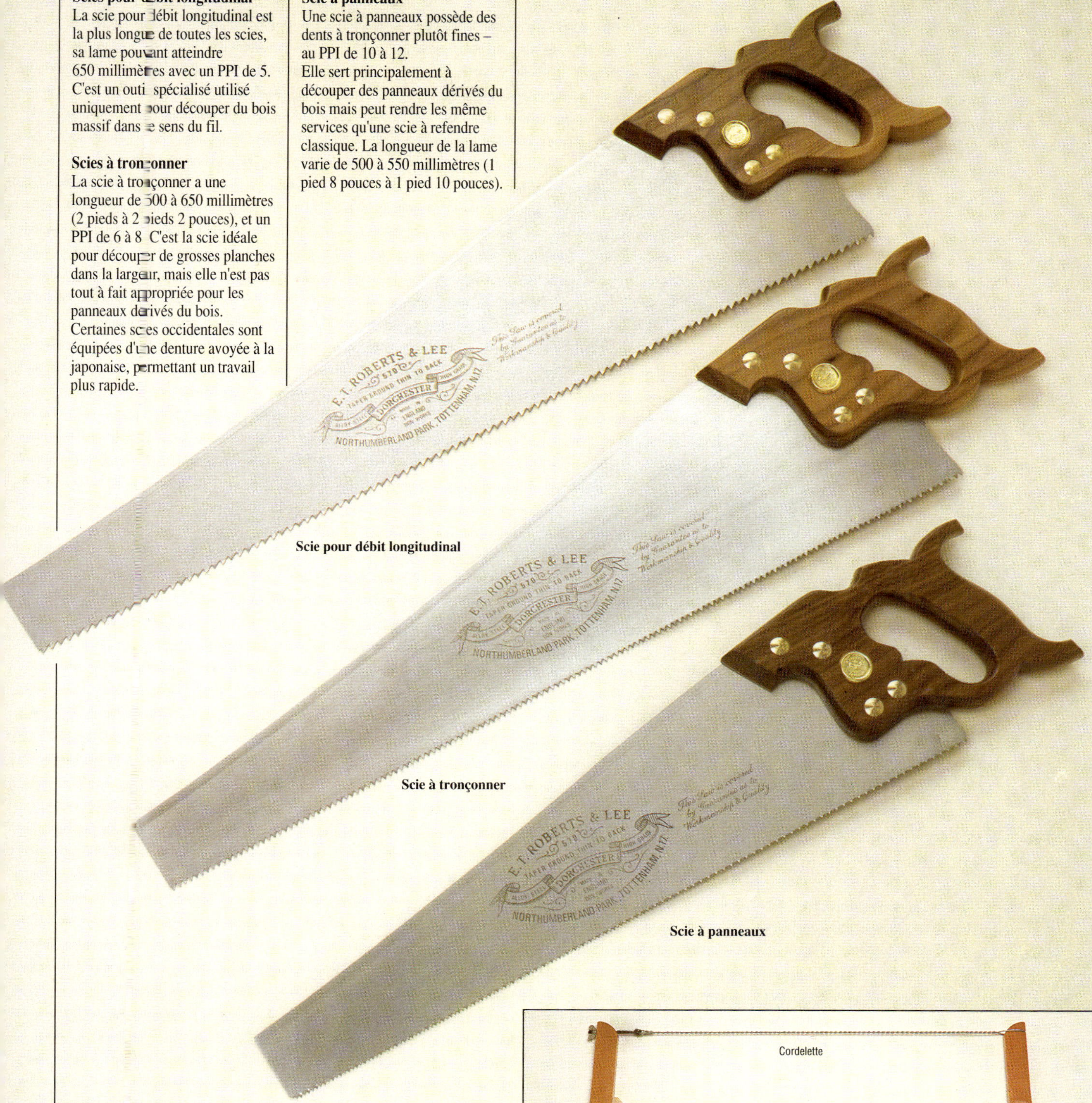

Scie pour débit longitudinal

Scie à tronçonner

Scie à panneaux

Scie à cadre
La scie à cadre traditionnelle n'a pratiquement pas changé depuis le Moyen Age. L'étroite lame est maintenue sous tension par la torsion d'une corde ou d'un câble reliant les deux montants ou « bras » de la scie. La lame est orientable, ce qui permet de dégager le cadre lorsque l'on débite une longue planche. On équipe ce genre de scie de lames au PPI de 4,5, 6 ou 11 selon l'usage voulu.

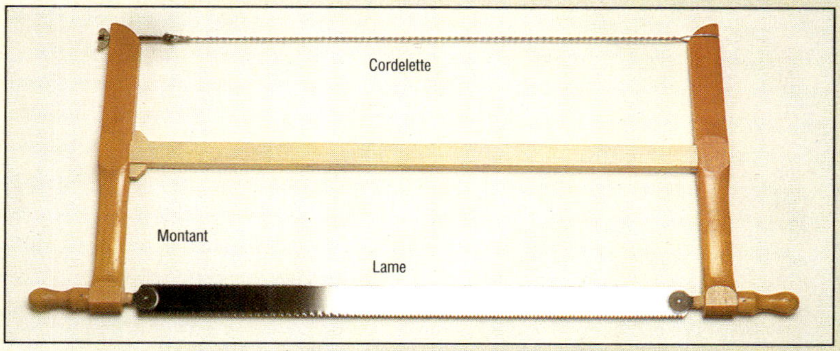

VOIR AUSSI

Panneaux dérivés du bois	34/38
Aiguiser les scies	87
Les scies égoïnes	80/81
L'établi et ses accessoires	212/213
Les trétaux de sciage	213
Les tenons traversants	226
Les tenons et mortaises	226/235

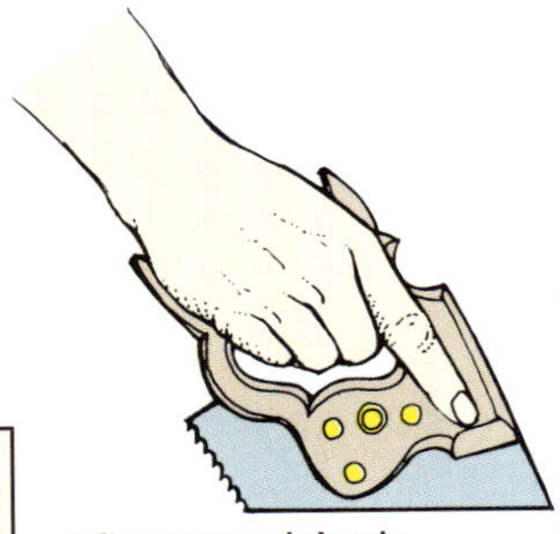

1 Comment tenir la scie

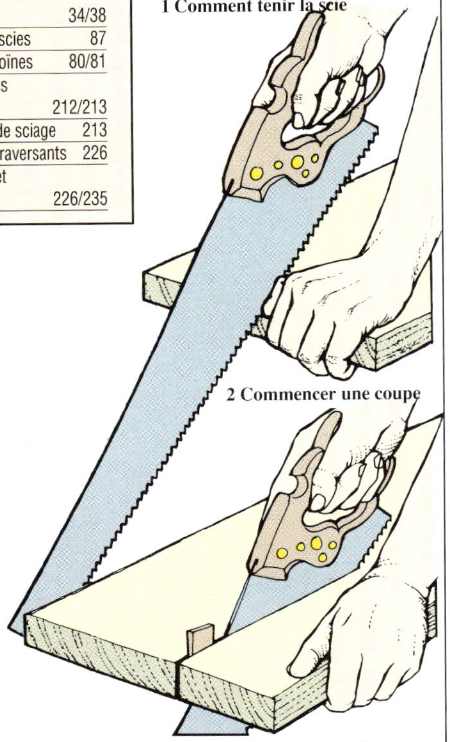

2 Commencer une coupe

3 Maintenir l'ouverture de la voie au moyen d'un coin

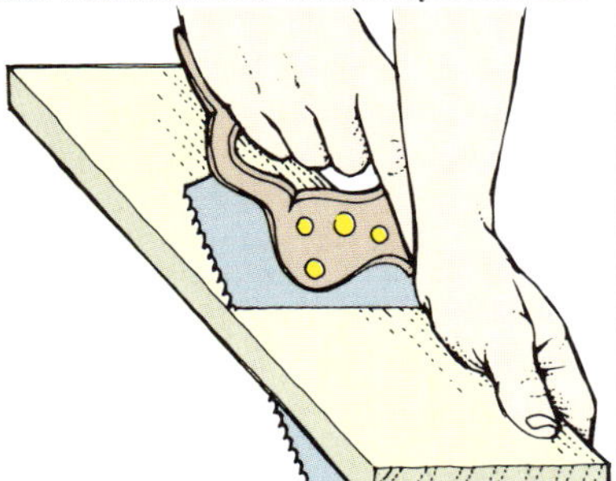

4 Soutenir la chute

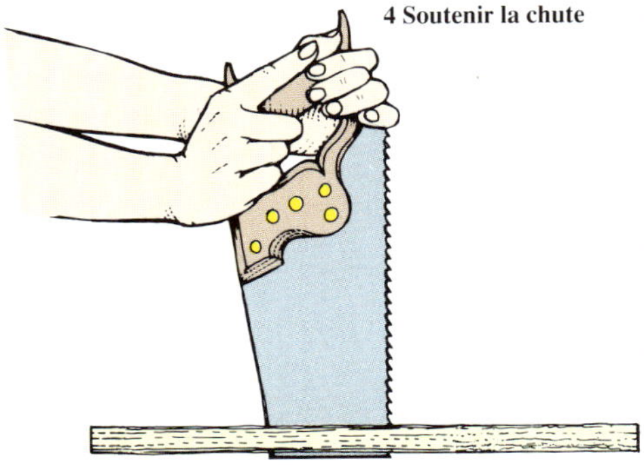

5 Comment tenir la scie pour scier à l'envers

USAGE ET ENTRETIEN D'UNE SCIE À MAIN

Positionnez la pièce à travailler de façon à former un angle de 45 degrés avec la scie dont la lame sera dans le prolongement de votre bras.

Contrôler une scie à main
Tenez la scie avec votre doigt tendu vers sa pointe (1) ; ceci vous donnera un plus grand contrôle sur la lame et empêchera la poignée de se tordre. Commencez la coupe avec la lame contre le trait de sciage, du côté chute ; puis guidez celle-ci à l'aide de votre pouce (2), tout en effectuant de courts mouvements en arrière avec la scie.

Une fois que la voie est apparente, utilisez toute la longueur de la lame en de lents va-et-vient réguliers. Les mouvements rapides et désordonnés sont à la fois fatigants et imprécis. Si la lame commence à dévier du trait de sciage, tordez-la légèrement tout en sciant. Lorsque le trait se remplit et bloque la lame, introduisez un coin dans le trait de sciage pour le maintenir ouvert (3).

Lubrifiez la lame en la frottant avec de la bougie.

Terminer la coupe
Pour terminer de débiter une planche dans sa largeur, retenez le rebut de votre main libre (4), tout en travaillant doucement et avec soin afin de séparer les dernières fibres sans endommager le bois. Lorsqu'il s'agit d'une large planche de bois massif ou contre-plaqué, retournez la scie, et sciez à l'envers en maintenant la scie verticale. A cet effet, vous devrez peut-être placer la planche à hauteur d'établi pour éviter que la pointe de la scie ne touche par terre.

Prendre soin de votre scie
Lorsque vous ne l'utilisez pas, protégez les dents de votre scie en les recouvrant d'une garde en plastique. Retirez les traces de rouille sur la lame avec de la paille de fer trempée dans du white spirit puis protégez celle-ci en la frottant avec un chiffon huileux avant de la remiser.

SOUTIEN DE LA PIÈCE À TRAVAILLER

A moins de soutenir convenablement la pièce à travailler, vous ne scierez ni efficacement ni en sécurité. Posez la pièce sur des tréteaux de 550 millimètres (1 pied 10 pouces).
Lorsque vous sciez des panneaux larges et fins, ils auront tendance à bouger et à se gondoler si vous ne les soutenez pas au moyen d'autres planches posées entre les tréteaux ; maintenez-les avec votre genoux.
Si vous trouvez mieux de scier à hauteur d'établi, maintenez la pièce à travailler à l'aide de serre-joints ou d'un valet d'établi.

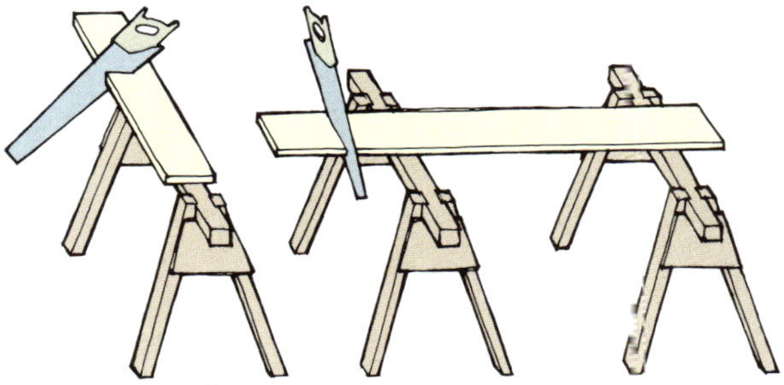

Tronçonner sur tréteaux
Vous n'utiliserez peut-être qu'un tréteau pour de petites pièces de bois, mais soutenez toujours une longue planche sur deux tréteaux.

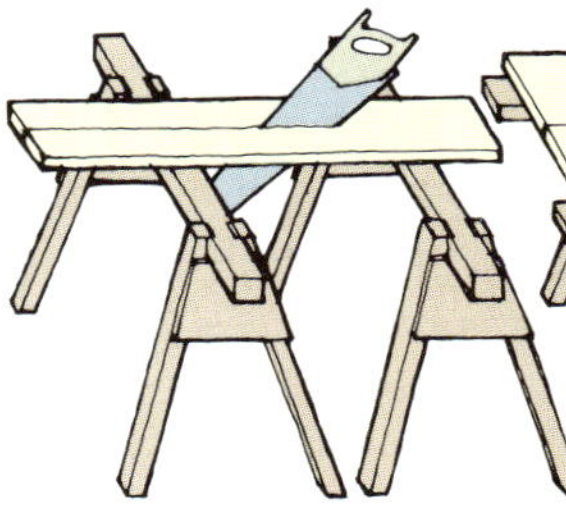

Refendre
Lorsque vous refendez sur des tréteaux, déplacez ceux-ci au fur et à mesure que vous avancez dans votre travail.

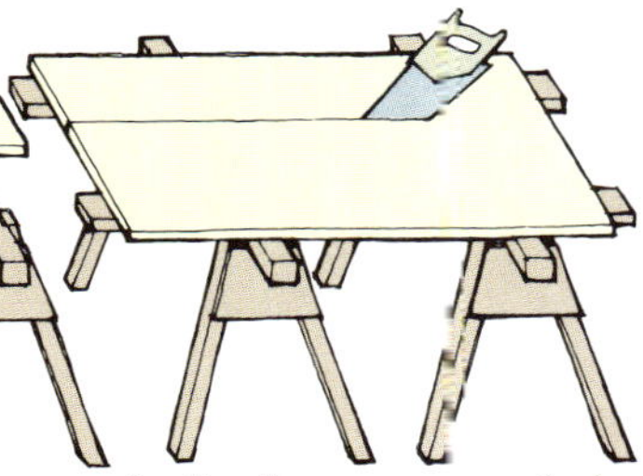

Soutien d'un panneau peu épais
Placez des planches entre les tréteaux pour aider à soutenir un panneau large et peu épais.

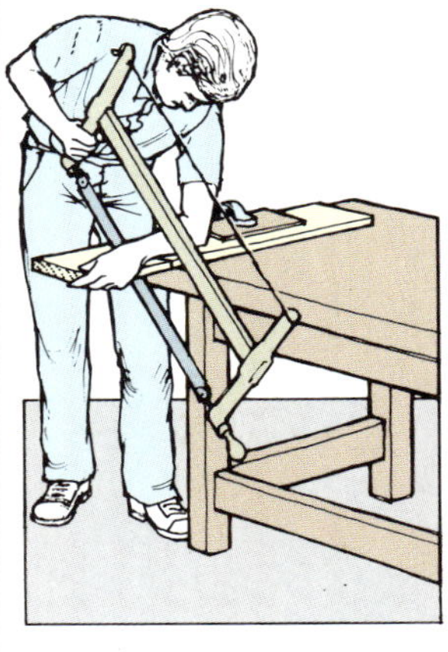

Tronçonner avec une scie à cadre
Pour tronçonner avec une scie à cadre, orientez légèrement la lame afin d'avoir une bonne vue sur le trait de sciage. Vers la fin, soutenez le rebut en passant votre main à travers le cadre et de l'autre côté de la lame.

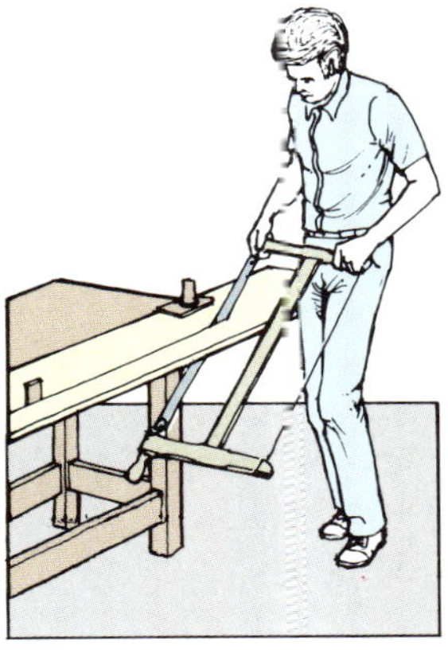

Refendre avec une scie à cadre
Ajustez la pièce à travailler afin de la laisser dépasser de l'établi ; orientez la lame à 90 degrés par rapport au cadre et utilisez vos deux mains pour contrôler la scie.

LES SCIES À DOS

Les scies à dos, avec leurs lames peu épaisses et leurs petites dents finement avoyées, sont à utiliser pour tout travail de précision. L'aspect caractéristique de cette famille de scies est son dos, une bande d'acier ou de laiton qui maintient la lame droite et facilite le travail grâce à son poids.

Accessoires
Pour tronçonner une petite longueur de bois avec une scie à dos, on peut se servir d'une cale d'établi. Une boîte à onglets aide à débiter des onglets : la lame de la scie est guidée par les entailles de chaque côté. Un bloc à onglets est une version ne comprenant qu'un seul côté.

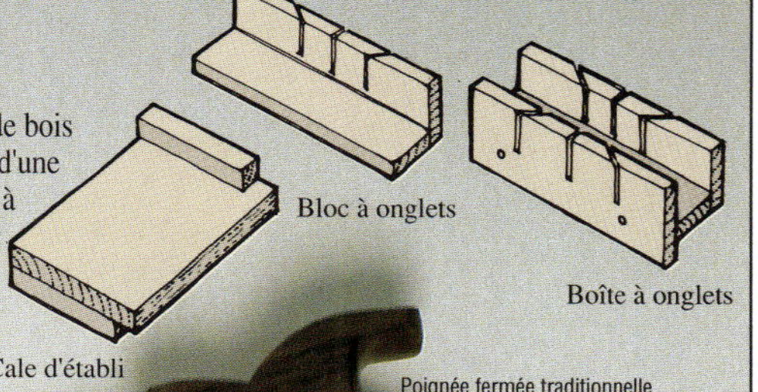

Scie d'encadreur
La scie d'encadreur est la plus grande de toutes les scies à dos ; la lame mesure de 250 à 300 millimètres (10 pouces à 1 pied 2 pouces) et le PPI est de 13 à 15. C'est une bonne scie à tout faire, aussi utile pour découper une épaisse latte de bois que l'élément d'un assemblage. Sa poignée est le plus souvent fermée comme celle d'une scie égoïne.

Petite scie d'encadreur
La petite scie d'encadreur est une version plus petite de la scie d'encadreur, avec une lame de 200 millimètres (8 pouces) et un PPI de 16 à 22. Les dents les plus fines ne sont pas avoyées au sens propre du terme, le seul passage de la lime pour l'aiguiser laissant un écartement suffisant à son bon fonctionnement. Sa poignée est traditionnellement fermée ou « pistolet ». Une version plus longue de cette scie possède une poignée du type manche à outil et une lame plus longue. Les deux versions servent à découper des éléments d'assemblage en bois de feuillus.

Scie à araser
La scie à araser sert à découper à ras les tenons, les chevilles et autres bouts de bois qui dépassent lors d'un assemblage. La version possédant la poignée réversible permet de scier avec la main droite comme avec la main gauche.

Scie à baguette
La scie à baguette est une minuscule scie à dos avec un PPI de 26 permettant d'effectuer des travaux extrêmement délicats.

Scie « fine »
La scie « fine » est une scie à dos extrêmement délicate pouvant servir pour le modélisme. Les dents, au PPI de 33, sont tellement fines que l'on remplace les lames plutôt que de les aiguiser.

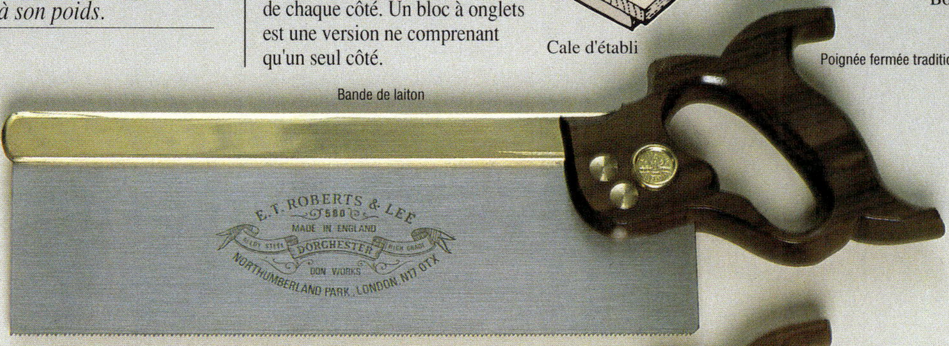

Scie d'encadreur

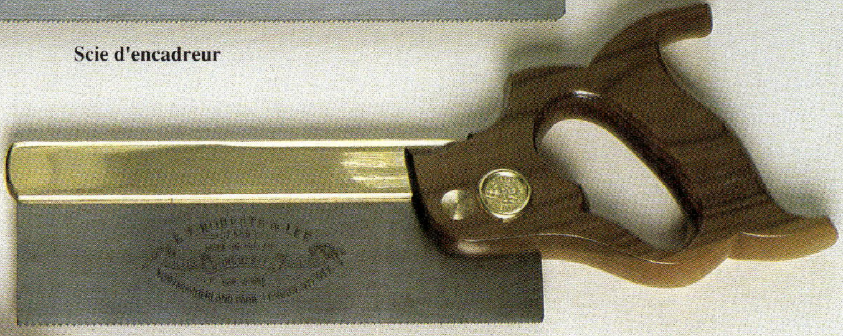
Petite scie d'encadreur (modèle traditionnel)

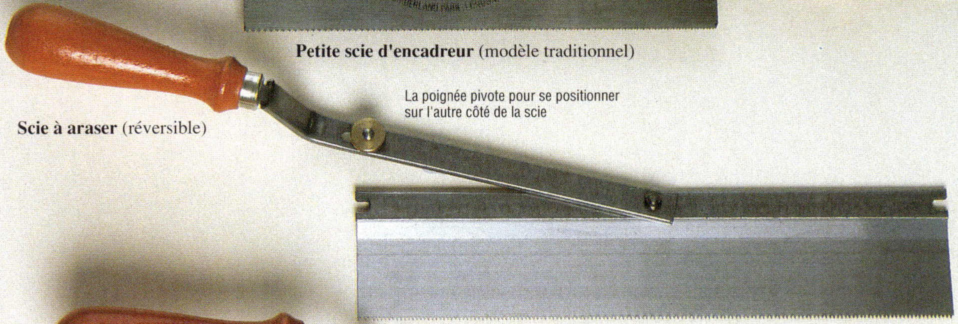

Scie à araser (réversible)

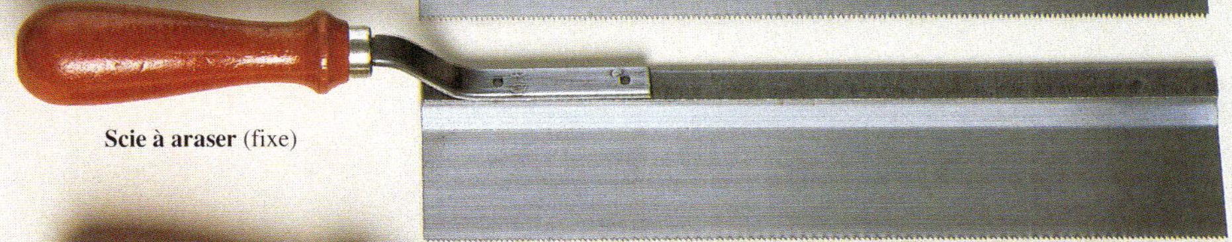
Scie à araser (fixe)

Petite scie d'encadreur

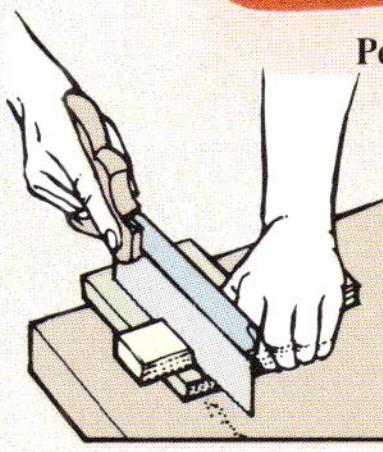

Utilisation d'une scie à dos
Commencez le travail avec de courts mouvements vers l'arrière en donnant peu d'angle à la scie. Abaissez progressivement la lame dans le chemin jusqu'à ce qu'elle soit horizontale, puis continuez votre travail.

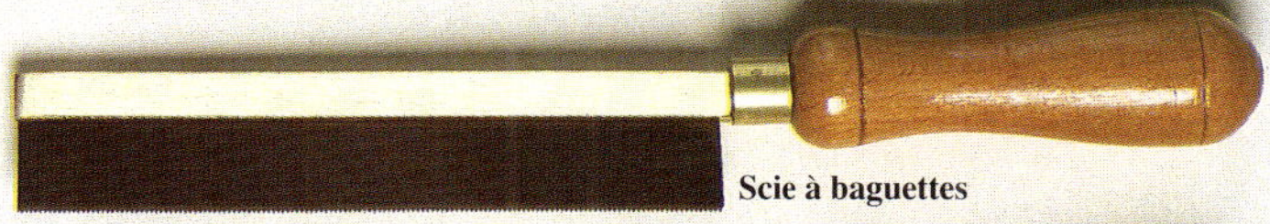
Scie à baguettes

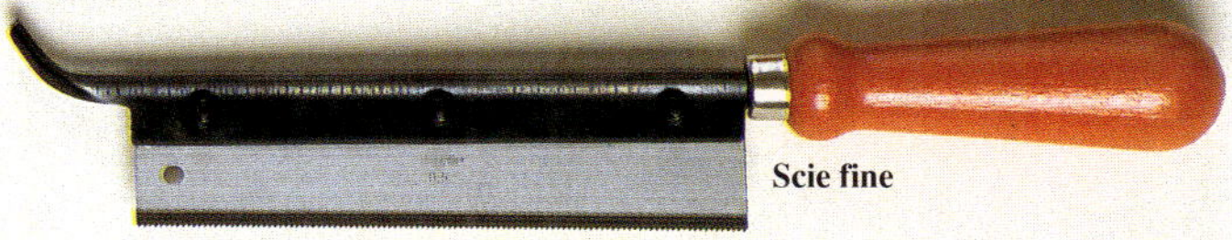

Scie fine

LES SCIES À DÉCOUPER LES COURBES

Il existe une famille de scies dont l'utilité est de découper des éléments en courbe. On trouve ces scies en différentes tailles, adaptées au travail d'éléments d'épaisseurs variées, depuis les planches en bois dur massif jusqu'aux plus fins placages.

VOIR AUSSI

La scie à cadre	81
Les scies à découper	178/180
La scie à métaux	296

Scie à chantourner
Cette scie à cadre, petite et légère, est équipée d'une étroite lame permettant de découper des courbes. On peut y adapter des lames mesurant de 200 à 300 millimètres (8 à 12 pouces), avec un PPI de 9 à 17, et suffisamment solides pour scier d'épaisses pièces de bois brut. La lame peut s'orienter sur 360 degrés ce qui permet de dégager le cadre.

Scie à archet
La lame de 150 millimètres (6 pouces) d'une scie à archet est maintenue sous tension par l'effet de ressort de l'archet métallique. Elle permet de découper des courbes dans le bois brut et dans les panneaux dérivés du bois. Les lames, au PPI de 15 à 17, trop étroites pour être aiguisées, sont jetées lorsqu'elles sont émoussées ou cassées.

Scie à découper à archet profond
Cette scie, équipée d'un archet extrêmement profond, permet de découper des courbes très serrées dans des panneaux dérivés du bois ou des placages de faible épaisseur. Les lames dont le PPI atteint 32 sont extrêmement fragiles.

Scie à guichet
S'il est impossible d'utiliser une scie à archet pour effectuer une découpe dans le milieu d'une grande planche, la lame étroite et effilée d'une scie à guichet est au contraire adaptée pour effectuer des courbes assez serrées dans ces conditions. Celle-ci est également assez longue pour effectuer un travail en ligne droite. On peut adapter à la poignée pistolet toute sorte de lames (PPI de 8 à 10).

Certains artisans préfèrent utiliser une version de la scie à guichet dont la poignée est en forme de manche à outil, ce qui permet de scier confortablement dans toutes les directions.

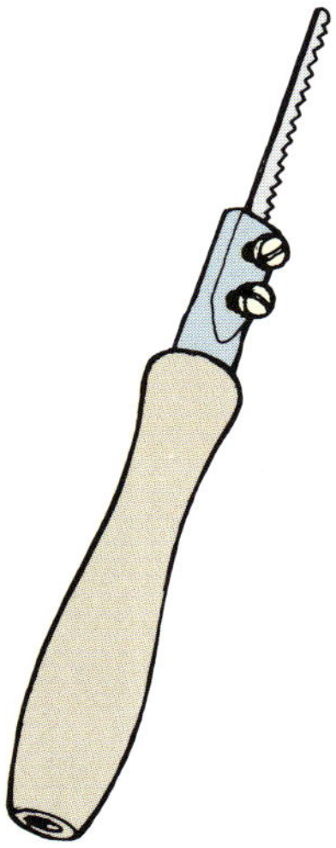

Scie escamotable
La lame escamotable est maintenue serrée par les vis à fentes de la frette.

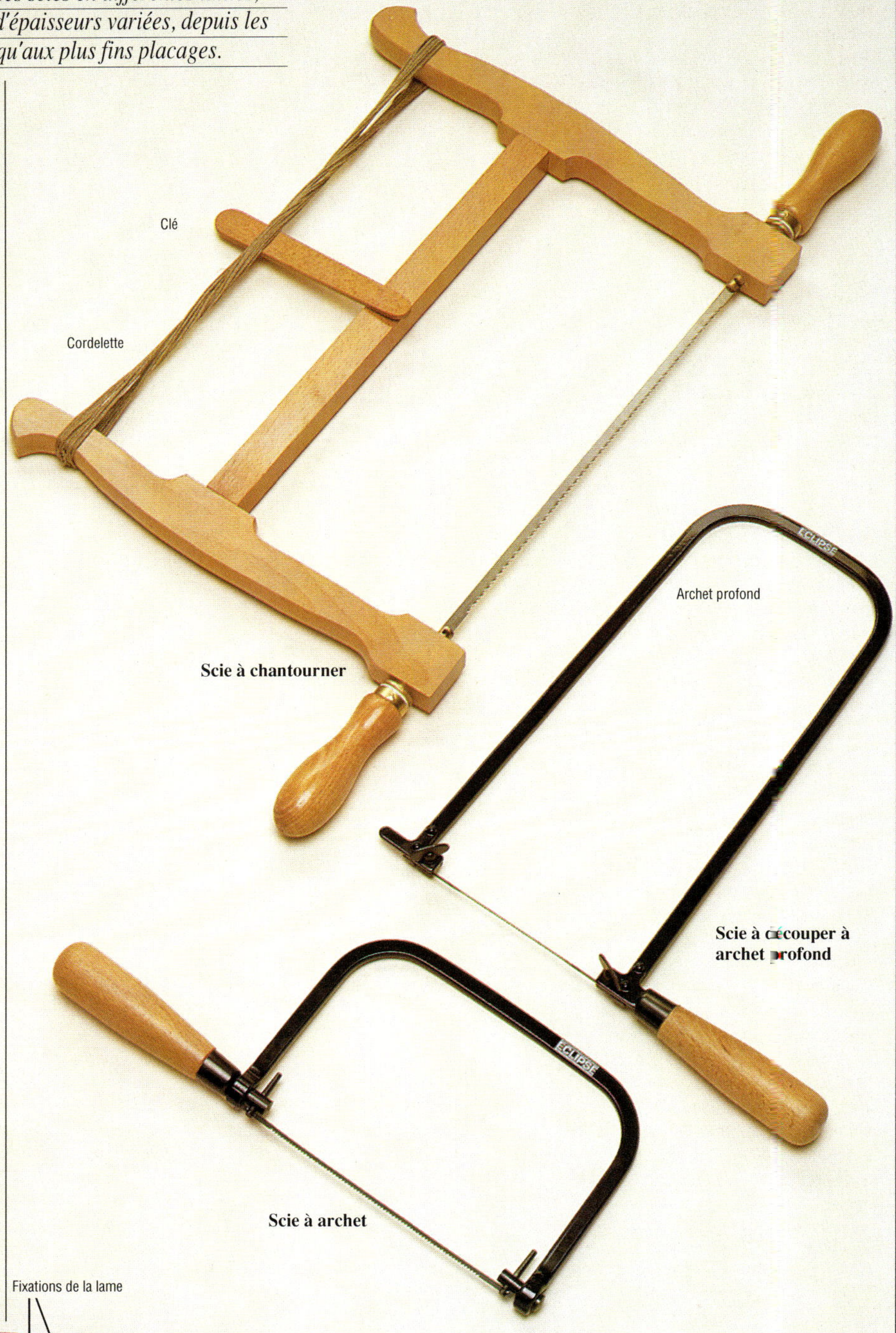

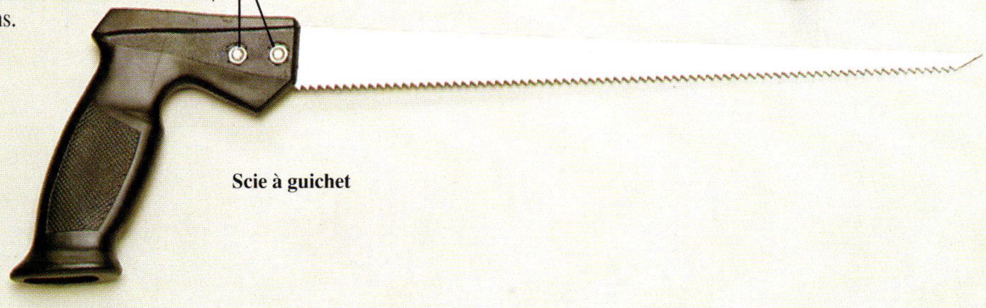

CHANGEMENT DES LAMES D'UNE SCIE À DÉCOUPER DES COURBES

Ces scies possèdent des lames relativement étroites qui finissent par se tordre ou se casser. Ayez donc toujours un jeu de lames de rechange.

Montage de la lame d'une scie à chantourner
Détendez la cordelette fixée aux extrémités des deux bras, puis positionnez la nouvelle lame, les dents vers le bas, entre les deux goupilles des poignées (1). Passez ensuite les goupillons dans les trous des goupilles et de la lame. Serrez la cordelette afin de tendre la lame, et bloquez la clé sur le sommier. Enfin redressez la lame en tournant les poignées (2 .

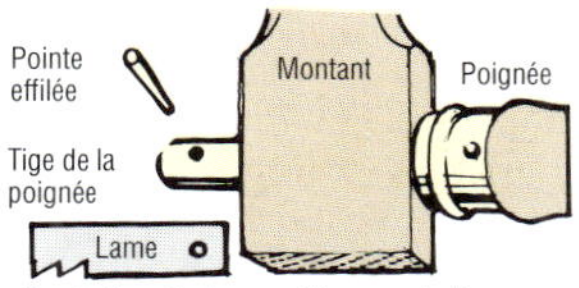

Installer la lame d'une scie à chantourner

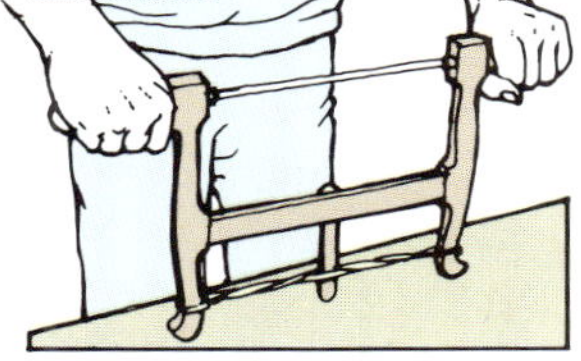
Redresser la lame

Remplacer une cordelette
Remplacez une cordelette cassée par une nouvelle longueur de corde. La lame fixée, maintenez fermement les bras entre des valets d'établi. Attachez la corde et faites à peu près quatre aller et retour entre chaque bras afin de former la cordelette. Faites un nœud avec la cordelette du côté de la première attache (1).
Utilisez la clé pour tordre la cordelette sur elle-même jusqu'à ce que la lame soit tendue (2).

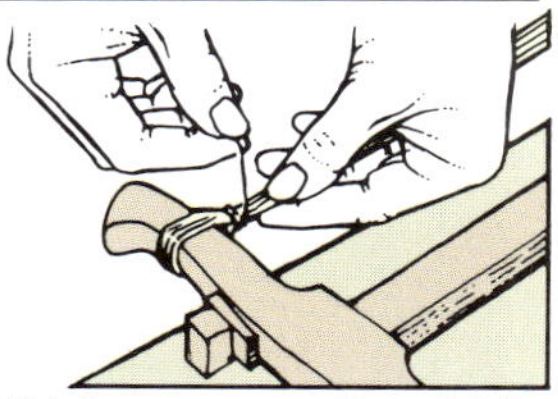
1 Fabriquer une nouvelle cordelette

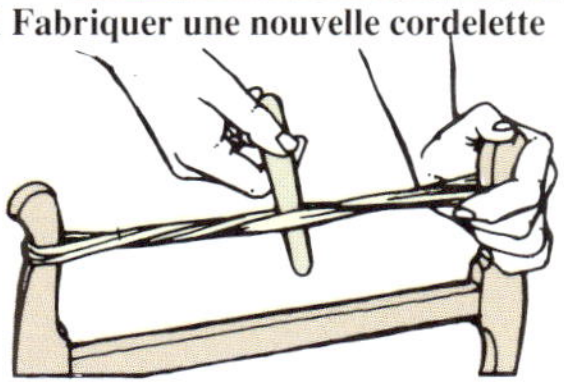
2 Serrer la corde au moyen de la clé

Remplacer la lame d'une scie à archet
La lame d'une scie à archet est fixée dans les deux fentes des pivots à chaque extrémité de l'archet (1). Pour fixer une nouvelle lame, tournez d'abord la poignée dans le sens contraire des aiguilles d'une montre pour diminuer l'écartement entre les mâchoires. Accrochez la lame à la pointe de la scie, les dents tournées vers l'extérieur, puis, fléchissez l'archet (2) contre l'établi afin de pouvoir accrocher l'autre extrémité de la lame. Tout en tenant le pivot, resserrez l'archet au moyen du manche et alignez les pivots.

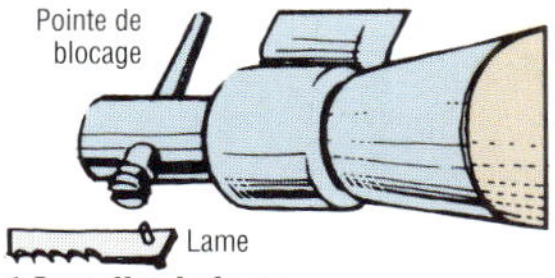

1 Installer la lame

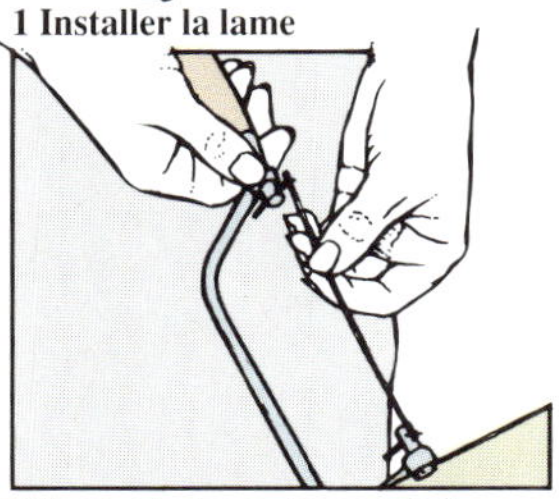
2 Tendre la lame d'une scie à archet

Ajuster la lame d'une scie à archet profond
Chaque extrémité de la lame est attachée par les vis papillon. Fléchissez légèrement l'archet pour introduire la lame avec les dents du côté de la poignée.

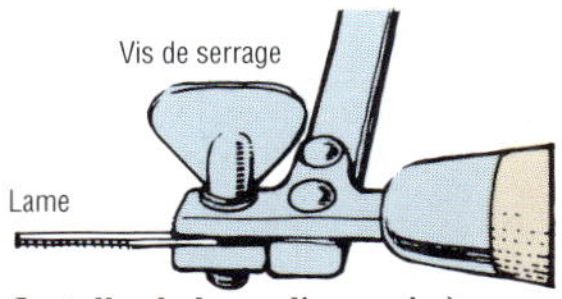

Installer la lame d'une scie à découper à archet profond

Ajustage d'une lame de scie à guichet
Pour changer la lame d'une scie à guichet, desserrez les vis d'attache, glissez la partie fendue de la lame dans la poignée, puis resserrez.

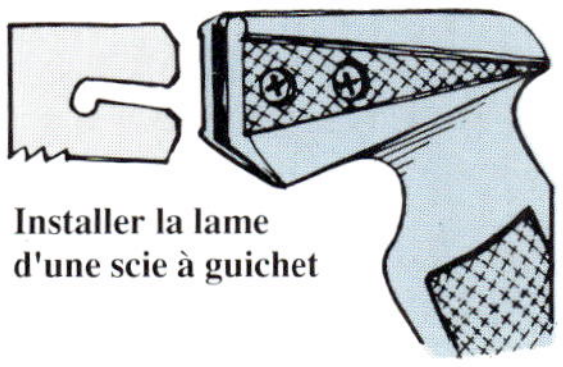
Installer la lame d'une scie à guichet

UTILISATION DES SCIES À DÉCOUPER LES COURBES

A l'exception de la scie à guichet qui s'emploie comme une scie traditionnelle, un menuisier débutant sera maladroit avec une scie à découper des courbes. Il est nécessaire de maîtriser des techniques spécifiques pour compenser la force de torsion exercée par leurs cadres sous tension.

Utilisation d'une scie à chantourner
Pour manier une scie à chantourner, il convient de tenir la poignée à deux mains selon une méthode permettant de bien contrôler la scie. Placez une main sur la poignée en positionnant votre index dans le sens de la lame. Placez votre autre main sur la première, l'index et le médium entourant le bras de chaque côté de la lame.

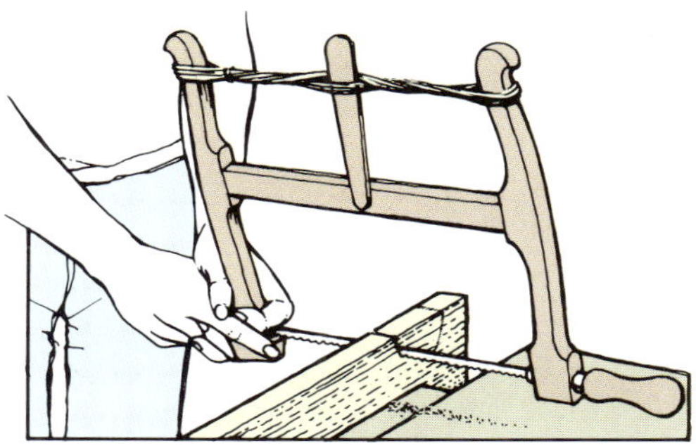
Prise correcte d'une scie à chantourner

Utilisation d'une scie à archet
La lame étroite est difficile à garder en ligne. Il est plus simple de tenir la poignée à deux mains (1) ou, en utilisant une seule main, de placer la première articulation de votre index sur l'archet.
Pour effectuer une découpe fermée loin d'un des bords, commencez par forer un trou dans le rebut, puis introduisez la lame dans ce trou et réajustez-la sur l'archet (2).

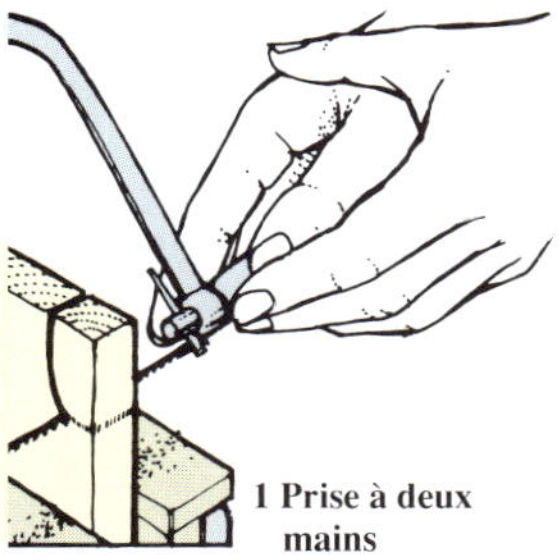
1 Prise à deux mains

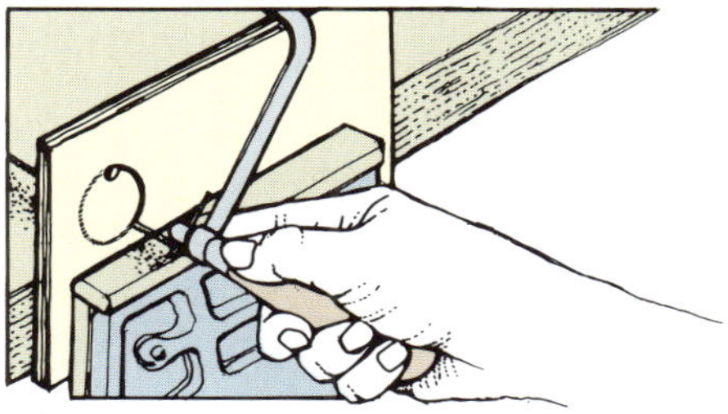
2 Exécuter une découpe serrée

Utilisation d'une scie à découper à archet profond
Asseyez-vous sur un petit tabouret lorsque vous utilisez ce genre de scie et laissez dépasser légèrement la pièce à travailler du bord de l'établi. La lame est si étroite qu'elle pourra suivre une courbe sans qu'il soit nécessaire de la faire pivoter sur l'archet. Si la pièce à travailler est souple et élastique, effectuez une entaille en « V » dans un morceau de bois ou de contre-plaqué que vous visserez à l'établi, ceci permettant de soutenir la pièce à travailler de chaque côté de la lame.

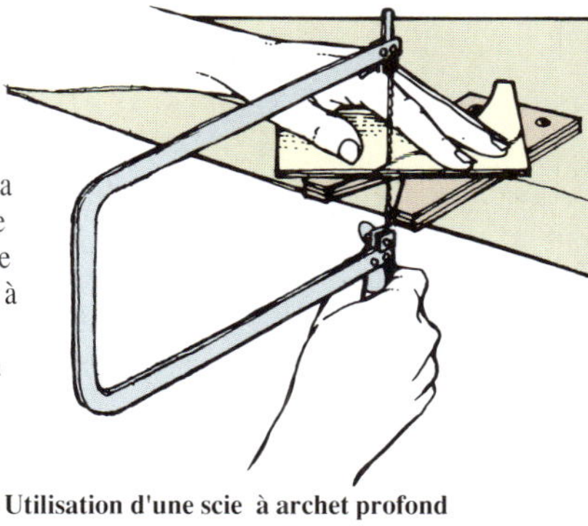
Utilisation d'une scie à archet profond

Utilisation d'une scie à guichet
Percez dans le rebut un petit trou permettant d'introduire la pointe de la lame. Travaillez lentement et soigneusement afin d'éviter de voiler la lame.

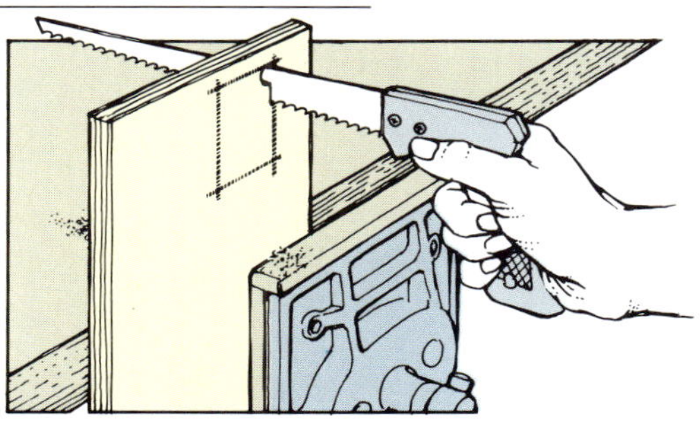
Utilisation d'une scie à guichet

LES SCIES JAPONAISES

Les scies japonaises sont efficaces lorsqu'elles sont tirées, c'est pourquoi leurs lames sont beaucoup plus fines que les lames occidentales, et leur denture très finement avoyée. En conséquence, elles permettent d'obtenir un trait étroit et n'endommagent presque pas le fil. Les meilleures lames sont effilées afin de réduire le frottement.

VOIR AUSSI
Les scies égoïnes 80/81
Les petites scies d'encadreur 83
Les scies d'encadreur 83
Les scies à guichet 84
Les tenons traversants 226

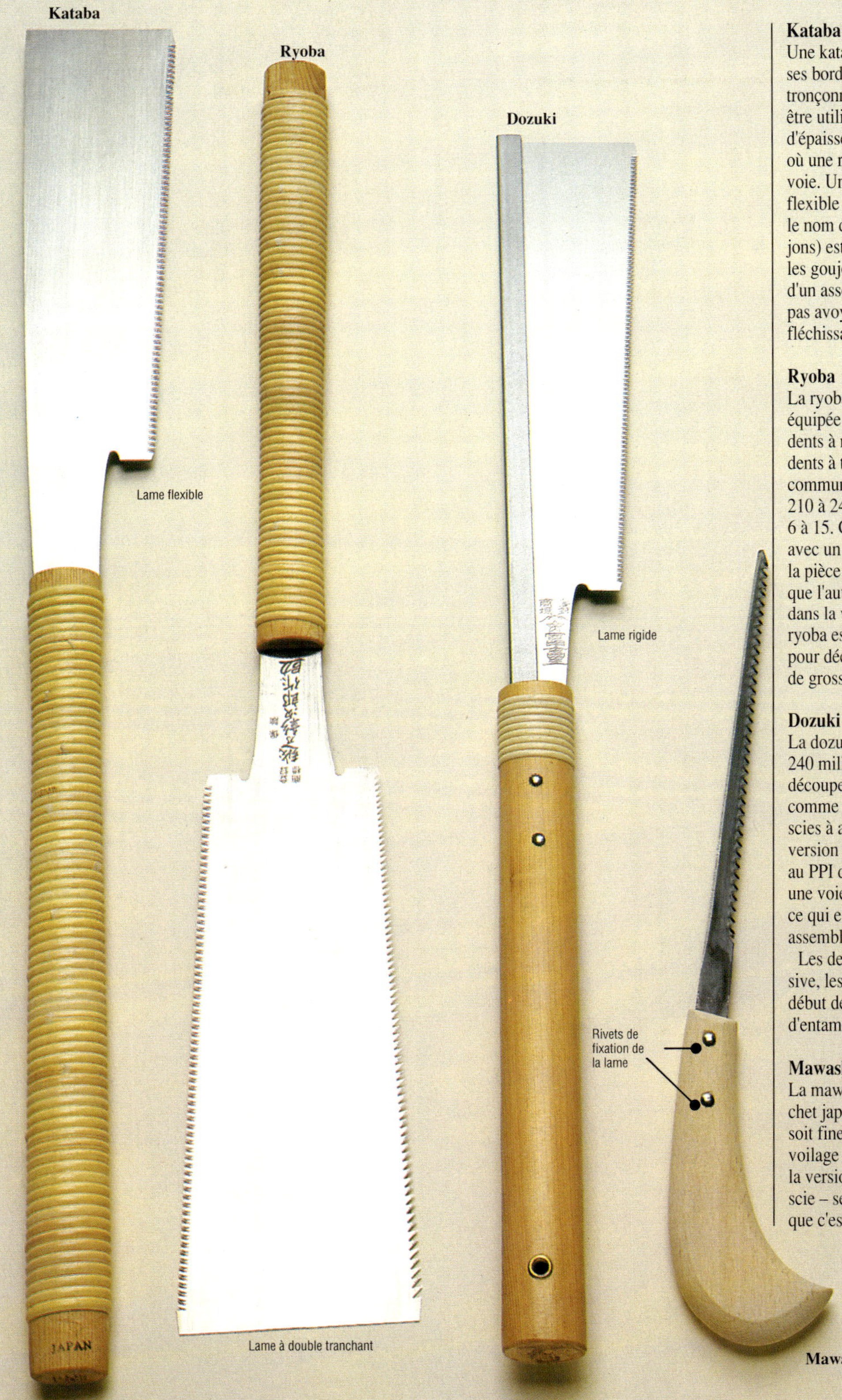

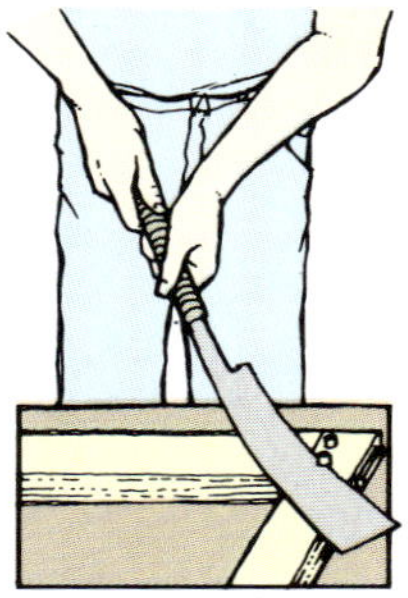

Utilisation d'une hugihiki
Fléchir la lame contre l'ouvrage pour tailler un goujon à ras.

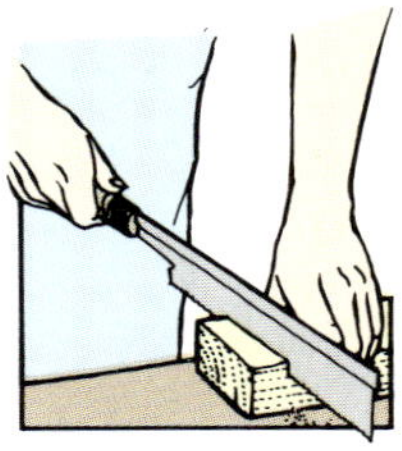

Découper avec une dozuki
Sciez en maintenant la lame parallèle à l'établi. Certains menuisiers préfèrent tailler une voie sur les quatre faces avant d'effectuer la découpe.

Kataba
Une kataba est équipée, sur l'un de ses bords seulement, de dents à tronçonner ou à refendre et peut être utilisée pour découper d'épaisses pièces de bois massif, là où une ryoba se voilerait dans la voie. Une version extrêmement flexible de cette scie, connue sous le nom de hugihiki (scie à goujons) est utilisée pour couper à ras les goujons ou tenons dépassant d'un assemblage ; ses dents ne sont pas avoyées et on l'utilise en la fléchissant comme une spatule.

Ryoba
La ryoba est une scie combinée équipée sur l'un de ses bords de dents à refendre et sur l'autre de dents à tronçonner. La lame a communément une longueur de 210 à 240 millimètres et un PPI de 6 à 15. Cette scie doit être utilisée avec un angle faible par rapport à la pièce à travailler pour empêcher que l'autre bord n'entre lui aussi dans la voie. En conséquence, une ryoba est généralement utilisée pour découper des planches et non de grosses pièces de bois massif.

Dozuki
La dozuki est une scie à dos de 240 millimètres dessinée pour découper des assemblages, tout comme les scies d'encadreur et les scies à araser occidentales. Une version proche de la scie à araser, au PPI de 23, permet de découper une voie particulièrement étroite, ce qui est très utile pour des assemblages délicats.

Les dents sont de taille progressive, les plus petites situées au début de la lame, ce qui permet d'entamer la coupe.

Mawashibiki
La mawashibiki est la scie à guichet japonaise. Bien que sa lame soit finement effilée, les risques de voilage – problème constant avec la version occidentale de cette scie – se trouvent réduits parce que c'est une scie qu'on tire.

AIGUISAGE ET AVOYAGE DES SCIES

Une scie doit être aiguisée dès que son utilisation réclame un effort important. La plupart des menuisiers rétablissent volontiers eux-mêmes le tranchant d'une scie, mais ils préfèrent s'adresser à un professionnel pour l'avoyage.
Un avoyage est nécessaire après 4 ou 5 aiguisages ou lorsque la scie dévie constamment de son chemin. Les dents électroniquement durcies ne peuvent pas être aiguisées à la main, et certaines lames très fines doivent être jetées lorsqu'elles sont émoussées.

CHOISIR UNE LIME À AIGUISER

Scie	PPI	Taille de la lime
Scie à refendre	5 à 7	250 mm
Scie à tronçonner	6 à 8	230 mm
Scie à panneaux	10 à 12	200 mm
Scie d'encadreur	13 à 15	180 mm
Petite scie d'encadreur	16 à 22	150 mm

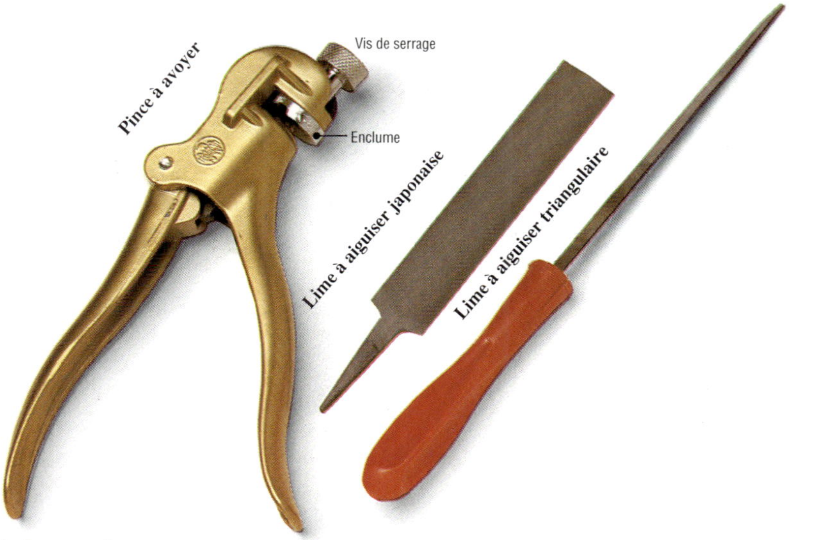

Limes à aiguiser
Le tranchant de chaque dent s'entretient au moyen d'un tiers point. Chaque côté de la lime doit avoir environ deux fois la taille de la dent. Utilisez le tableau ci-dessus comme un guide approximatif pour sélectionner la lime adéquate.

Limes à aiguiser japonaises
Il existe des limes à aiguiser particulières pour les scies japonaises. Cependant, l'aiguisage et l'avoyage de ces scies est un travail compliqué qu'il vaut mieux laisser à un professionnel.

Guide à lime
Cet outil garantit une uniformité d'angle et de profondeur lors de l'aiguisage.

Pince à avoyer
Une pince à avoyer est un outil servant à plier les dents des scies à un angle voulu. En serrant cette pince vous actionnez un piston qui appuie la dent contre une enclume oblique, celle-ci est graduée, permettant ainsi de régler l'avoyage jusqu'à un PPI de 12. Pour avoyer des scies avec un PPI inférieur, il est recommandé de s'adresser à un professionnel.

Presse à aiguiser
Un scie doit être fermement immobilisée lorsqu'elle est aiguisée afin d'éviter qu'elle ne vibre bruyamment et que la lime ne soit déviée. Improvisez une presse à partir de deux tasseaux de bois dur de la longueur de la lame et pourvus d'une encoche pour la poignée. Installez la scie et les tasseaux dans un étau d'établi en ajoutant, si c'est nécessaire, un serre-joints.

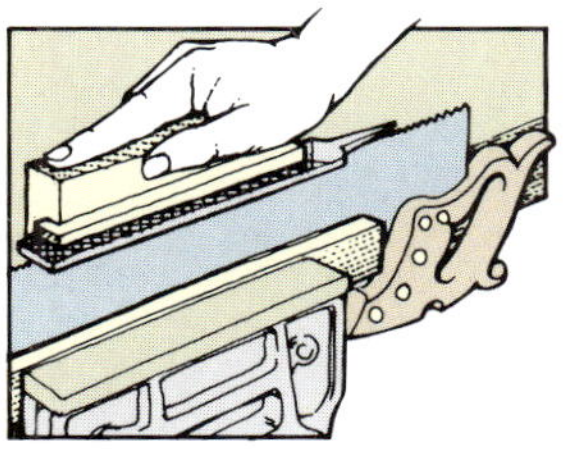
2 Niveler une scie

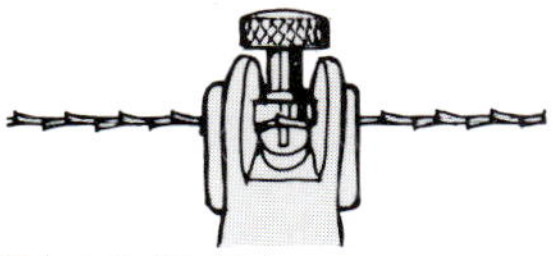
3 Avoyer les dents d'une scie

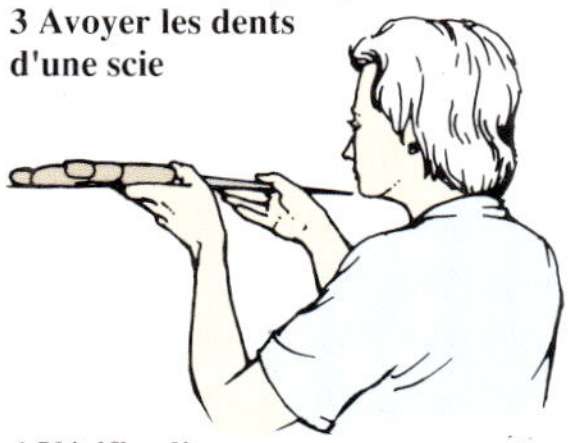
4 Vérifier l'avoyage

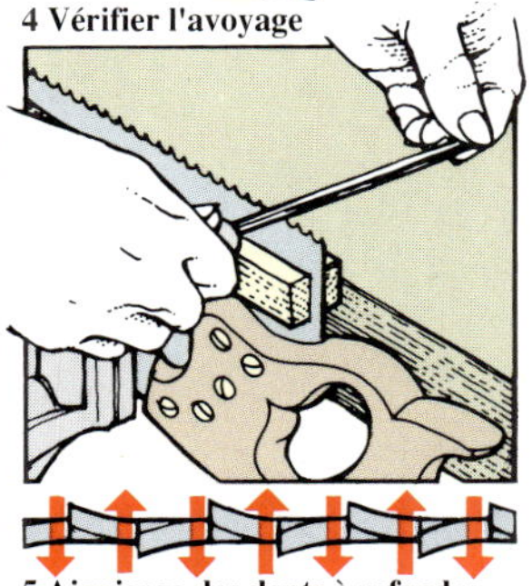
5 Aiguisage des dents à refendre

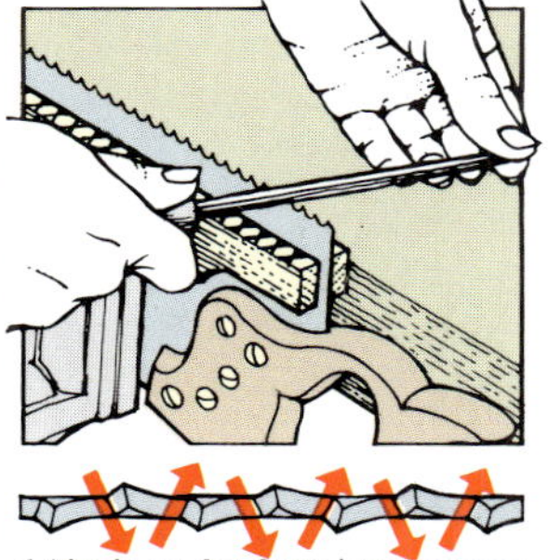
6 Aiguisage des dents à tronçonner

Niveler une scie
Lorsqu'une scie a été endommagée ou mal aiguisée, il est nécessaire de niveler la lame en limant toutes les dents à même hauteur. Même si ce n'est pas nécessaire, niveler la lame peut s'avérer utile, car les dents laissées brillantes par ce procédé sont plus faciles à aiguiser. Fabriquez un gabarit à niveler en ajustant une lime douce dans un bloc de bois dur rainuré (1). En effilant la rainure vous pourrez faciliter l'ajustage en introduisant un coin de serrage. Faites coulisser le bloc de bois le long de la lame en reposant le plat de la lime sur la pointe des dents (2). Deux ou trois passages devraient suffire pour rendre une scie en bon état prête à aiguiser. Si l'état de votre scie nécessite un nivelage important, il est préférable de faire reformer les dents par un professionnel avant de l'aiguiser et de l'avoyer.

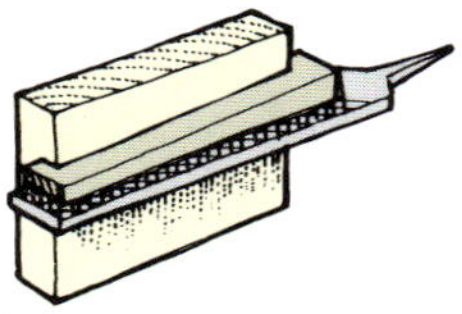
1 Gabarit à niveler

Avoyage des dents
Si votre scie se bloque ou dévie de son chemin, il faut l'avoyer. Ajustez la pince à avoyer en défaisant la vis de serrage et en positionnant l'éclume sur le PPI voulu. Resserrez la vis et travaillez à partir d'une extrémité de la scie en avoyant d'abord les dents dont l'angle s'éloigne de vous (3), puis retournez la scie, et avoyez les dents restantes. Vérifiez le bon avoyage en regardant la scie horizontalement pour voir si vous avez manqué une dent (4).

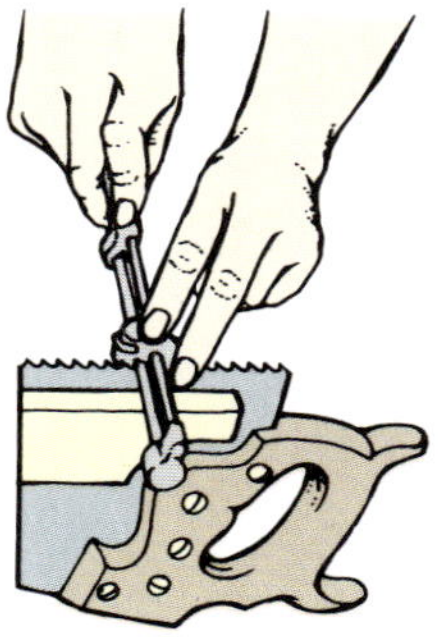
Guide à lime
Ce gabarit se pose sur la scie afin de maintenir la lame à aiguiser à l'angle voulu.

Aiguiser à la lime
Maintenez la scie dans l'étau, les deux tasseaux positionnés juste en dessous de la denture, et la poignée sur votre droite.

Commencez l'aiguisage du côté de la poignée, en reposant la lime sur la première dent dont l'angle s'éloigne de vous et contre la dent suivante dont l'angle va vers vous.

Pour une scie à refendre, positionnez la lime à angle droit de la lame et horizontalement. Effectuez quelques va-et-vient avec la lime tout en accentuant la poussée vers l'avant, jusqu'à ce que la pointe brillante des dents ait à moitié disparu. Avancez vers la poignée, en limant une dent sur deux, puis retournez la scie et réitérez ce procédé jusqu'à ce que les pointes brillantes aient entièrement disparu, laissant ainsi une pointe aiguisée à chaque dent (5).

Aiguisez une scie à tronçonner de la même manière, mais en positionnant la lime à un angle d'à peu près 65 degrés par rapport à la lame et en travaillant toujours vers la poignée (6). Pour vous aider à maintenir correctement l'angle voulu, dessinez sur les tasseaux de support des lignes parallèles, ayant un penchant de 65 degrés, qui vous serviront de guide.

LES RABOTS

Les rabots sont les « chevaux de labour » de tous les jours, utilisés pour aplanir des surfaces en bois tout en réduisant la pièce à travailler à sa dimension finale. Les rabots en bois sont plus légers que les métalliques et glissent sur l'ouvrage, mais certains détails simples sont plus difficiles à obtenir qu'avec un rabot métallique. Parce qu'ils sont fabriqués en grande quantité, les rabots métalliques sont souvent meilleur marché.

VOIR AUSSI

Utilisation des rabots	91
Affûtage des lames	102/107
Assemblage chant sur chant	222/223
Rabot à dents	259

Rabot à dents
Le rabot à dents est un outil spécialisé servant à corroyer grossièrement une pièce de bois à une dimension voulue. Il doit être manié diagonalement en travers du fil avant d'aplanir à la demi-varlope. Sa lame au tranchant convexe est maintenue dans le corps de l'outil au moyen d'un coin en bois.

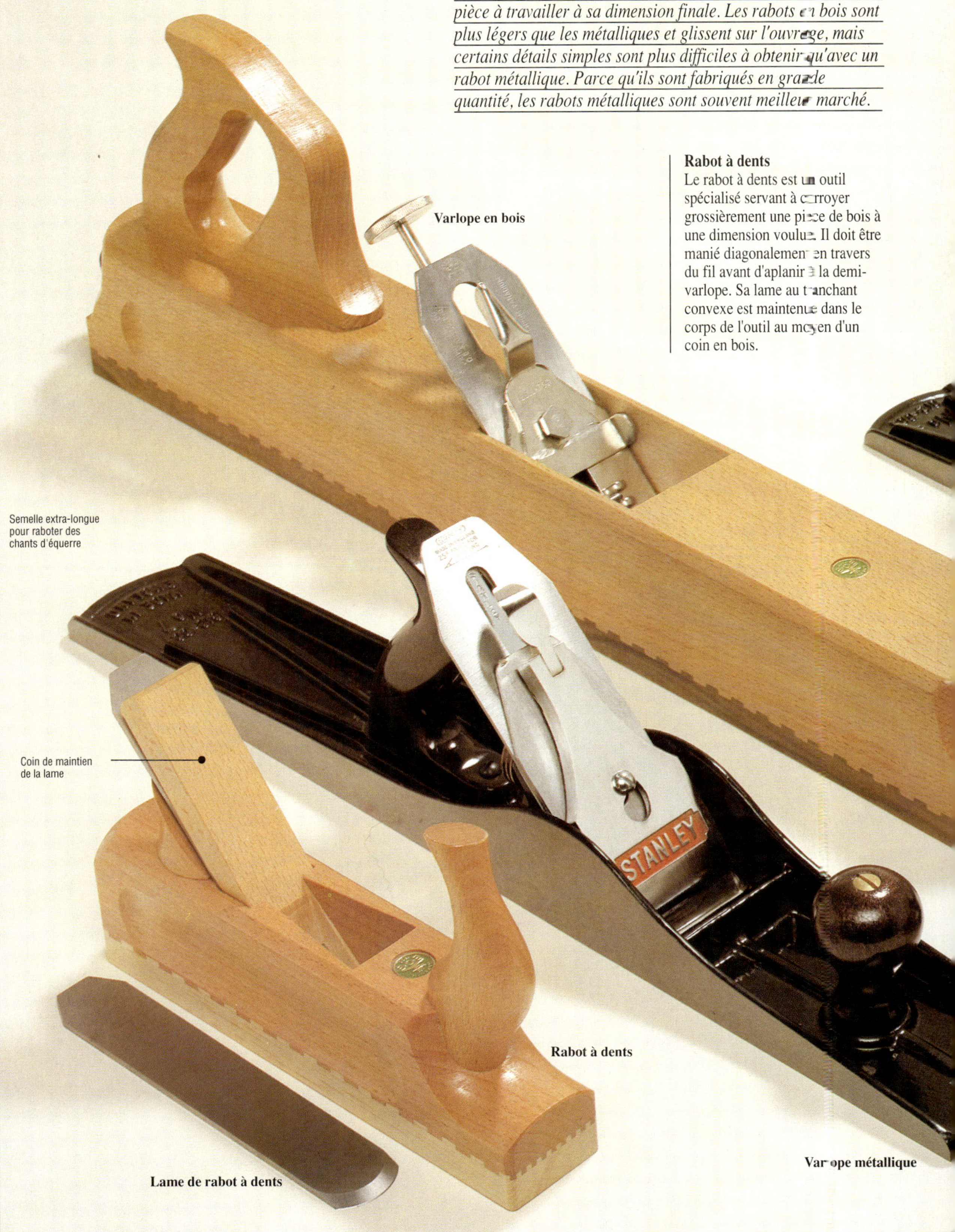

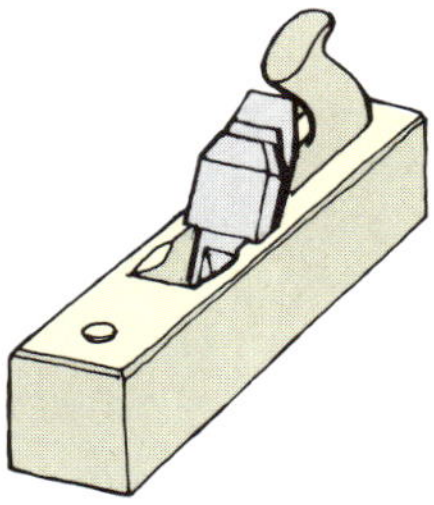

Riflard traditionnel
Bien que sa lame, maintenue par un coin, soit difficile à ajuster, ce type de rabot est très apprécié des fanatiques de vieux outils. On peut encore trouver des modèles neufs chez les fournisseurs spécialisés.

La varlope
La varlope possède une semelle pouvant mesurer jusqu'à 600 millimètres et sert à ôter les irrégularités de l'ouvrage. En conséquence, elle permet d'obtenir un chant parfait là où un rabot plus court épouserait les formes. Une varlope est particulièrement utile pour former les longs rebords des assemblages à joints plats lors de la fabrication d'un panneau.

La demi-varlope
La demi-varlope mesurant entre 350 et 387 millimètres est un outil à usage multiple servant à aplanir et à corroyer une planche en bois. Comme pour les autres rabots métalliques, la varlope est équipée d'une semelle lisse ou, pour travailler les bois résineux, d'une semelle à rainures réduisant la friction.

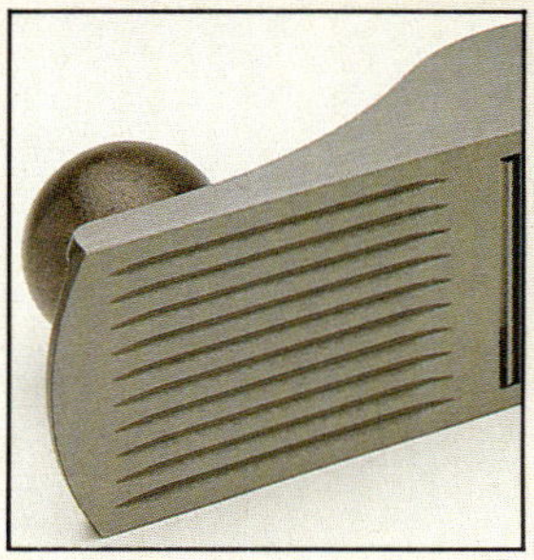

Semelle ondulée

Le rabot à recaler
Le rabot à recaler est équipé d'une lame délicatement ajustée permettant de glisser sur la surface à travailler en lui donnant une dernière retouche. Les rabots à recaler en bois d'aujourd'hui sont équipés d'une poignée ergonomique reconnaissable. Les meilleurs rabots possèdent une semelle auto-lubrifiante en bois de gaïac. Les rabots à recaler mesurent en moyenne 225 millimètres.

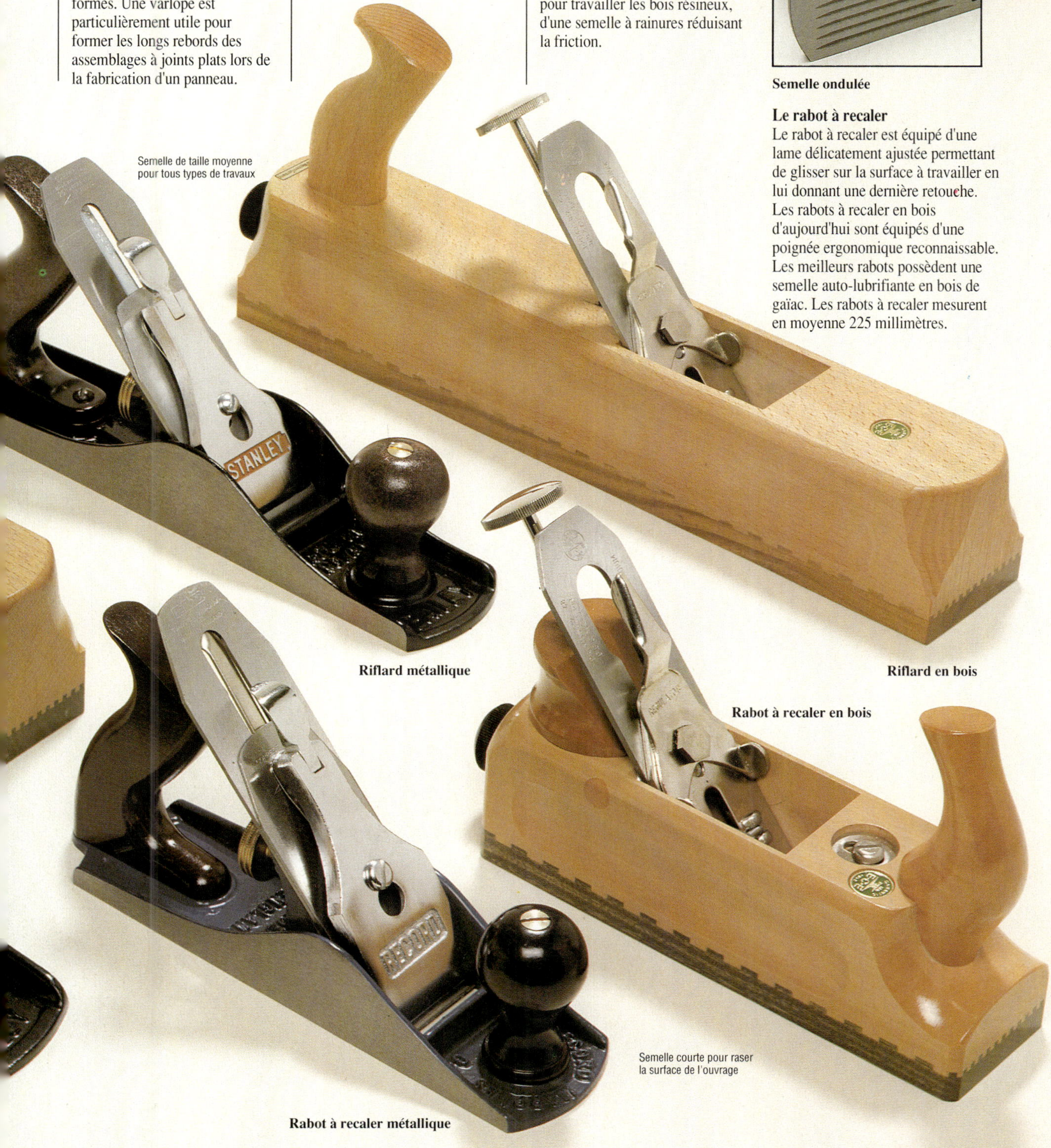

Semelle de taille moyenne pour tous types de travaux

Riflard métallique

Riflard en bois

Rabot à recaler en bois

Semelle courte pour raser la surface de l'ouvrage

Rabot à recaler métallique

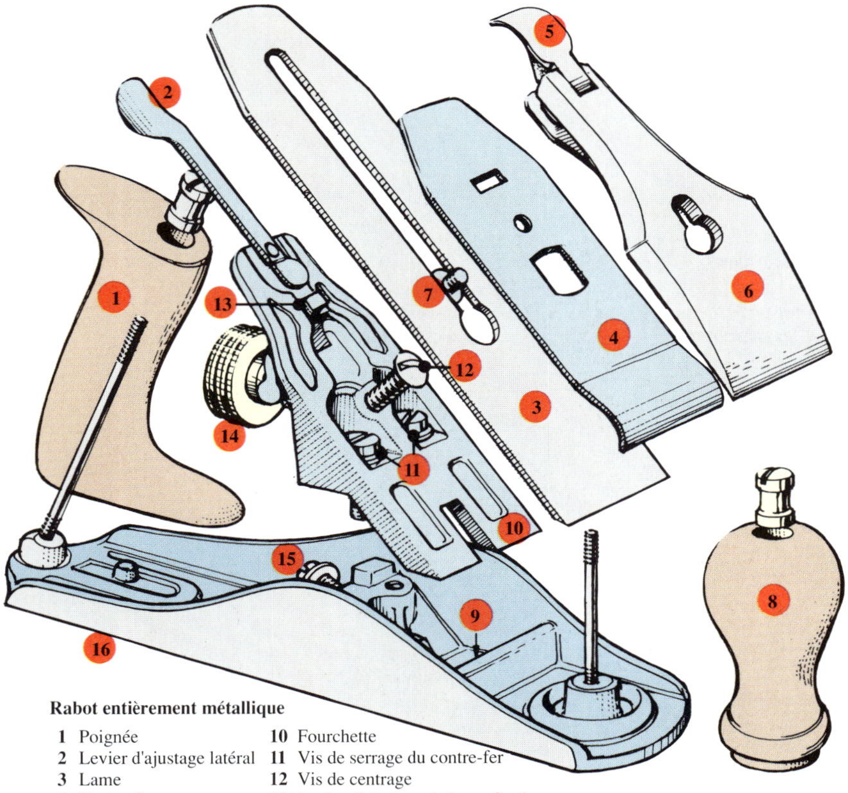

Rabot entièrement métallique

- 1 Poignée
- 2 Levier d'ajustage latéral
- 3 Lame
- 4 Contre-fer
- 5 Excentrique
- 6 Presseur
- 7 Vis du contre-fer
- 8 Pommeau
- 9 Fente de la lame
- 10 Fourchette
- 11 Vis de serrage du contre-fer
- 12 Vis de centrage
- 13 Levier d'ajustage de la profondeur
- 14 Vis moletée
- 15 Vis de réglage de la fourchette
- 16 Semelle

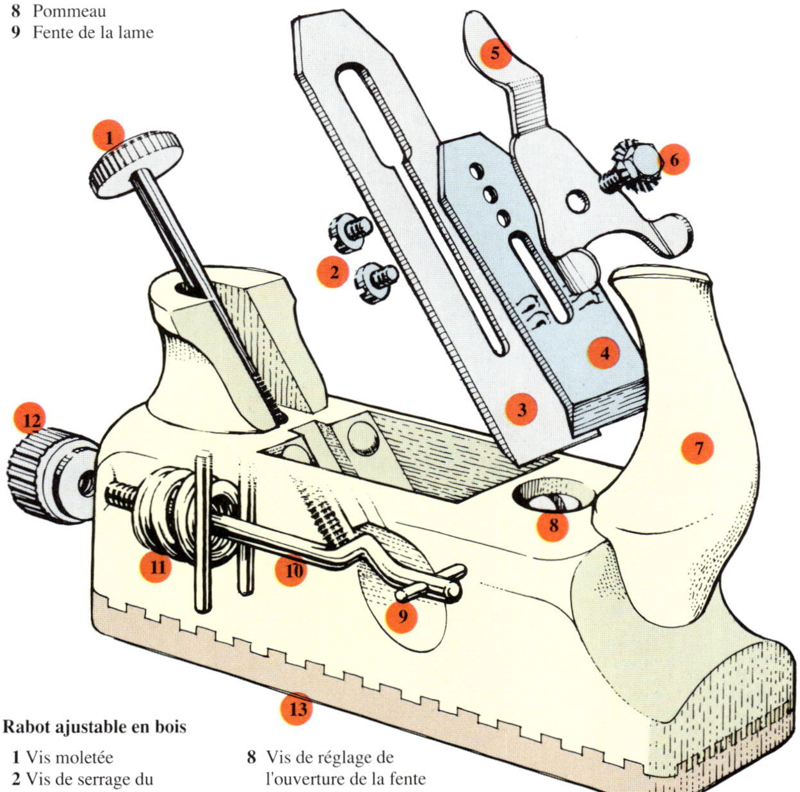

Rabot ajustable en bois

- 1 Vis moletée
- 2 Vis de serrage du contre-fer
- 3 Lame
- 4 Contre-fer
- 5 Presseur
- 6 Vis de serrage du presseur
- 7 Poignée
- 8 Vis de réglage de l'ouverture de la fente
- 9 Tige
- 10 Vis de tension
- 11 Ressort
- 12 Vis de réglage de la tension
- 13 Semelle

ENTRETIEN ET UTILISATION DES RABOTS

Les rabots d'aujourd'hui sont des outils de précision mais, comme toute chose fabriquée en série, certains bricolages judicieux peuvent considérablement améliorer leurs performances. De toute façon, tous les rabots nécessitent une révision et un réglage réguliers afin de fonctionner parfaitement.

Démontage d'un rabot métallique

Pour retirer la lame ou fer, premièrement, soulevez le levier du bloc d'arrêt et dégagez celui-ci de la vis de centrage. Soulevez le corps même du rabot de fer et son contre-fer. Utilisez un grand tournevis pour desserrer la vis du contre-fer et séparez-le du fer en le faisant coulisser vers l'avant.

Ajuster la fourchette

Une fois le bloc de coupe retiré, vous trouverez la fourchette, un instrument en forme de coin qui sert à calibrer aussi bien la profondeur de coupe que l'écartement latéral.

La fourchette peut être déplacée vers l'avant ou l'arrière, afin d'ajuster l'ouverture de la fente – l'ouverture située dans la semelle à travers laquelle se projette la lame. Pour un rabotage grossier, la fente est ouverte de manière à laisser passer les copeaux épais, tandis que pour un rabotage délicat, l'ouverture sera très réduite.

Pour ajuster la fourchette, desserrez les deux vis et réglez sa position avec un tournevis.

Assemblage et ajustage d'un rabot

Une fois la lame affûtée, posez le contre-fer sur le côté plat de celle-ci (1), afin de pouvoir glisser la vis dans la rainure ; puis alignez le contre-fer avec la lame (2), et glissez-le jusqu'à 1 millimètre du tranchant du fer (3) – ou même moins pour un rabotage extrêmement fin – resserrez la vis du contre-fer. Installez cet assemblage dans le corps du rabot, par-dessus la vis de centrage et sur le levier d'ajustage. Remettez le bloc d'arrêt et tournez la vis moletée jusqu'à ce que la lame sorte par la fente.

Inspectez le tranchant de la lame à partir du nez du rabot et ajustez son parallélisme avec la semelle au moyen du levier de réglage latéral. Terminez par un dernier ajustage de la profondeur de coupe.

Démontage d'un rabot en bois

Dévissez la vis d'ajustement de profondeur d'à peu près 10 millimètres et desserrez la vis de serrage située sur le talon du rabot.

Tournez la barre transversale prolongeant la vis de serrage sur 90 degrés et retirez ainsi l'assemblage de la lame. Retirez les deux vis à l'arrière de la lame et détachez le contre-fer et le bloc d'arrêt.

Assemblage d'un rabot en bois

Une fois la lame affûtée, rattachez-y le contre-fer et installez cet assemblage dans le corps du rabot tout en repositionnant la barre transversale de tension dans l'emplacement qui lui est réservé et en l'attachant au contre-fer. Tournez la vis moletée jusqu'à ce que la lame dépasse de la fente, réglez son parallélisme avec la semelle, et pour terminer, ajustez la vis de serrage.

Utilisez la vis située dans le talon pour ajuster la largeur de la fente.

Remplacer un contre-fer

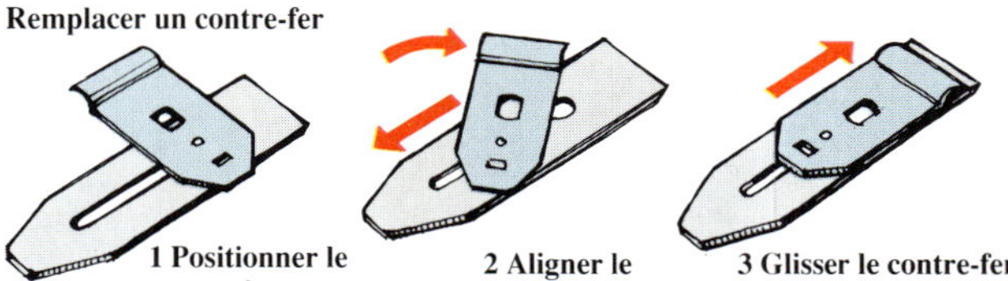

1 Positionner le contre-fer en travers de la lame

2 Aligner le contre-fer sur la lame

3 Glisser le contre-fer jusqu'au tranchant

ENTRETIEN D'UN RABOT

Il est presque certain que votre rabot fonctionnera dès que vous l'achèterez. Néanmoins, si vous éprouvez quelques difficultés à obtenir les résultats voulus, vérifiez qu'il ne comporte aucun des défauts de manufacture courants.

Voilure de la semelle
Si vous n'arrivez pas à obtenir des copeaux fins, vérifiez que la semelle n'est pas voilée au moyen d'une règle plate en acier. Vous pouvez aplanir une semelle métallique en la ponçant avec de la toile émeri montée sur une plaque de verre, mais ceci étant un procédé long et laborieux, vous préférerez probablement la faire dégauchir par un professionnel (ou simplement la retourner au fabricant).

Aplanir un rabot en bois avec du papier de verre est plus facile. Retirez la lame, et poncez la semelle sur le long tout en vérifiant régulièrement sa planéité au moyen d'une règle plate en acier.

Lame mal ajustée
Une lame mal ajustée vibrera et patinera sur la surface à travailler; vérifiez donc la vis de serrage. Si le défaut continue à se manifester, assurez-vous qu'il n'y ait pas de corps étrangers sous la lame et, pour un rabot métallique, sous la fourchette.

Blocage de copeaux sous le contre-fer
Si le contre-fer n'est pas parfaitement attaché au fer, les copeaux risquent de se loger dans la partie centrale de l'assemblage. Si la lame est tordue, redressez-la en la martelant sur une surface plane.

Aiguisez le côté contact du contre-fer sur une pierre à huile jusqu'à ce qu'il soit plat.

Entretien général du rabot
C'est en les utilisant que les semelles en bois se « font », c'est pourquoi elles ne nécessitent aucun traitement. Lorsqu'elle accroche, frotter une semelle métallique avec de la bougie peut être utile. Retirez les lames des rabots lorsque vous lez rangez.

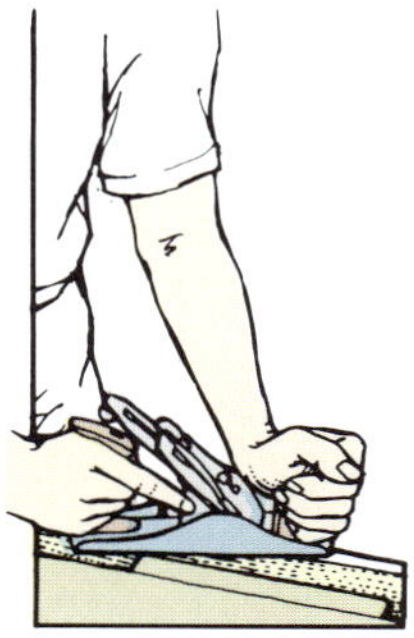

Utilisation d'un rabot métallique

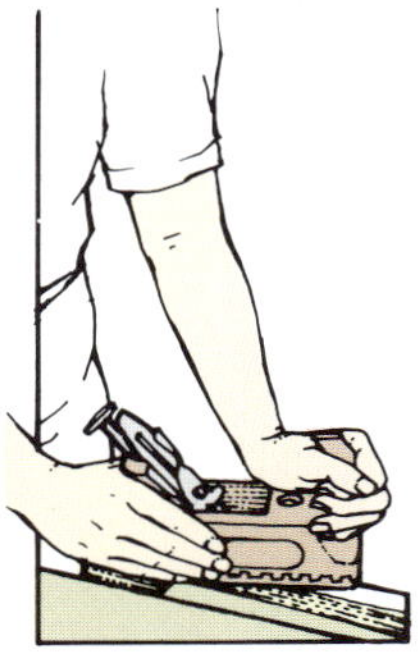

Utilisation d'un rabot en bois

UTILISATION DES RABOTS

Sur une pièce à travailler, les cernes de croissance d'un arbre apparaissent comme des lignes foncées ou fil. Pour travailler, maintenez l'ouvrage au moyen d'une griffe d'établi ou faites-le reposer contre des cales. Positionnez-le toujours de façon à pouvoir travailler dans le sens du fil, ce qui permet à la lame de couper d'une manière aisée et sans déchirer les fibres du bois.

Maniement d'un rabot
Tenez la poignée d'un rabot métallique en allongeant votre index le long de la lame ou de la fourchette. Cela vous permettra de contrôler efficacement la direction du rabot. Servez-vous de votre main libre pour exercer une pression sur le rabot en appuyant sur le pommeau.

Lorsque vous utilisez un rabot en bois, positionnez la fourche formée par votre index et votre pouce autour de l'appui situé en dessous de la vis d'ajustage de profondeur, et entourez le corps du rabot de vos doigts. Votre autre main ira naturellement se poser sur la poignée.

Tenez-vous bien droit, les jambes écartées, un pied parallèle à l'établi, l'autre perpendiculaire. Les pieds bien ancrés, ne bougez que la partie supérieure de votre corps lorsque vous rabotez. Lorsque vous rabotez en long, appuyez sur le pommeau pour entamer le bois, et diminuez la pression lorsque vous approchez l'angle afin d'éviter de l'arrondir.

Lorsque vous rabotez un bois de texture difficile, maintenez le rabot à plat mais légèrement en travers du fil afin de faciliter la coupe.

Raboter un chant d'équerre
Afin d'éviter que le rabot n'oscille lorsque vous rabotez un chant, appuyez sur le nez de la semelle avec votre pouce et guidez le rabot avec vos doigts repliés. Utilisez la même méthode pour maintenir le rabot penché lorsque vous rabotez un chanfrein.

Aplanir une face
Pour aplanir une face, utilisez une varlope ou une demi-varlope selon la surface à travailler.

Rabotez dans le sens général du fil, mais aussi légèrement de travers. Vérifiez la planéité à l'aide d'une règle plate en acier (le long côté d'une varlope peut très bien faire l'affaire), et terminez avec une lame plus délicate et en parallèle aux bords de l'ouvrage.

Si la pièce à travailler est trop convexe, retirez la plus grande partie du rebut à l'aide d'un rabot-râpe avant d'attaquer avec un autre type de rabot.

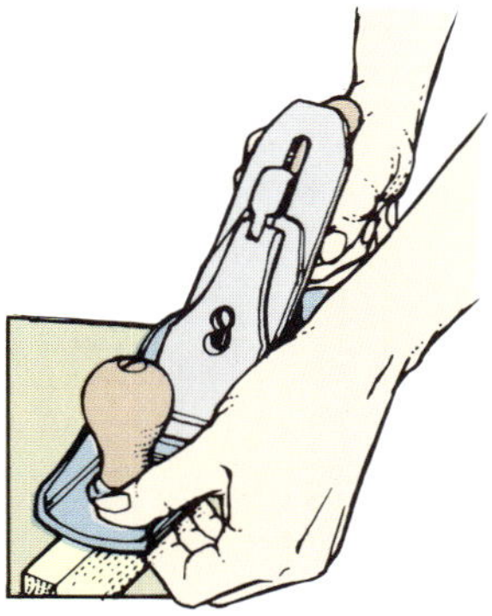

Maintenir l'équerrage d'un chant

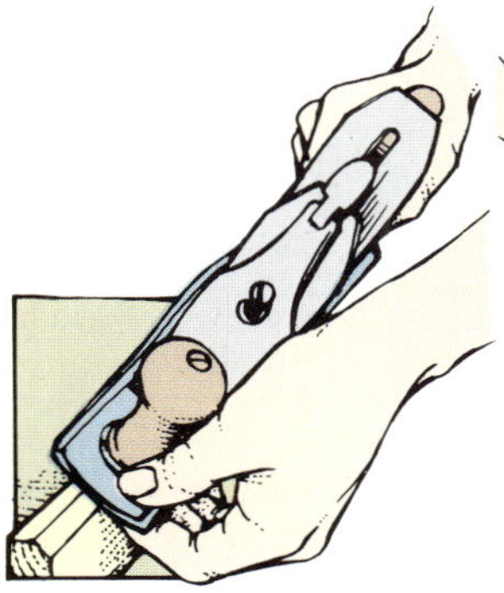

Chanfreinage

Raboter un chant d'équerre
Commencez en exerçant une pression sur le nez du rabot, mais transmettez cette pression au talon lorsque vous atteignez le bout.

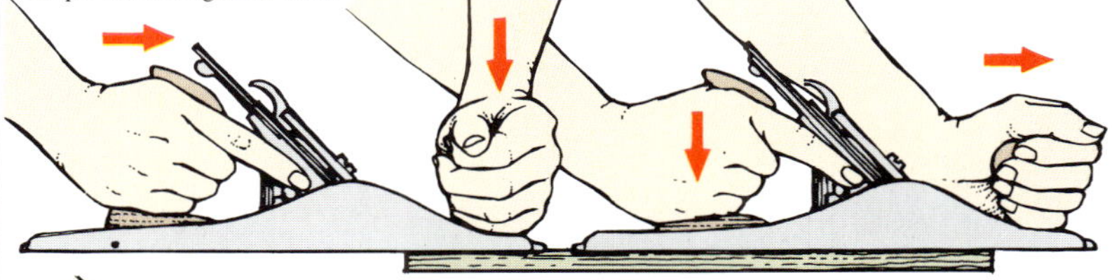

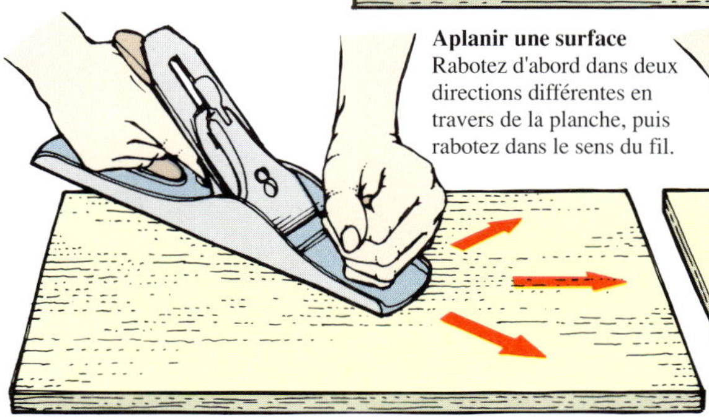

Aplanir une surface
Rabotez d'abord dans deux directions différentes en travers de la planche, puis rabotez dans le sens du fil.

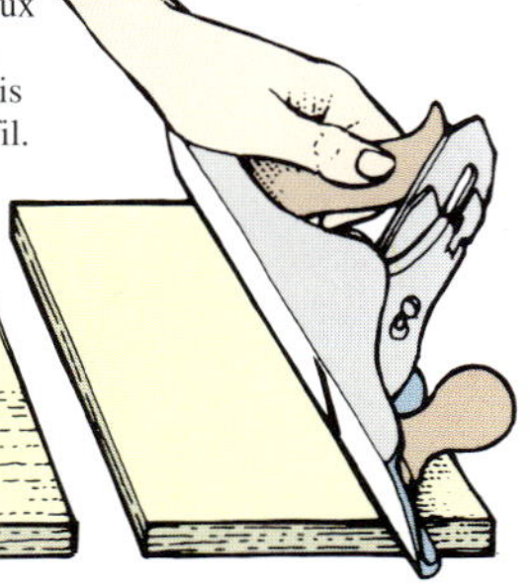

Vérification de la planéité

RABOTS À FEUILLURER

Une feuillure est une encoche rectangulaire faite sur le chant d'une pièce de bois, servant à accueillir à angle droit une pièce équarrie – par exemple un panneau de contre-plaqué dans le cadre d'un meuble. Ce travail nécessite l'utilisation de rabots spécialisés.

VOIR AUSSI

Insérer le fond d'un meuble	62/65/69/70
Affûtage des lames	102/107
Banc de rabotage	212/213
Assemblage chant sur chant	222/223
Les tenons et mortaises	226/234
Ponçage des bois de bout	285

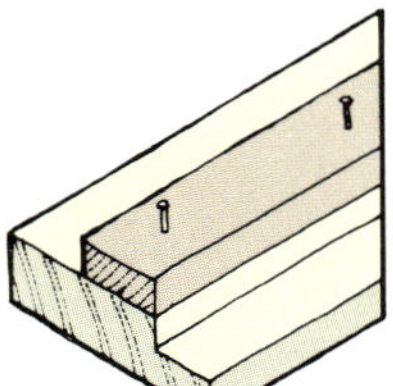

Utiliser un guide
Clouez ou serrez un guide à votre ouvrage lorsque vous utilisez un rabot à feuillurer.

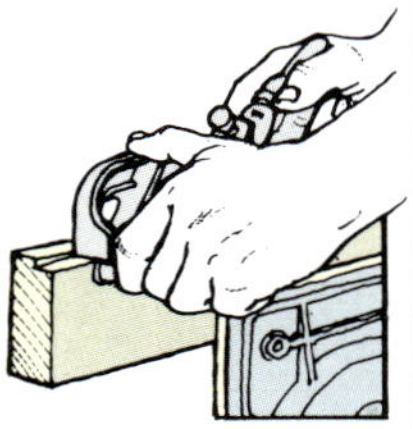

Utilisation d'un rabot à feuillurer
Commencez à travailler à une extrémité et reculez progressivement.

Rabot à feuillurer
Avec le rabot à feuillurer – une version spécialisée du rabot standard – on peut effectuer de larges feuillures grâce à une lame faisant toute la largeur de la semelle. Ce rabot ne possédant ni guide latéral ni guide de profondeur, il est recommandé de clouer un tasseau à la pièce à travailler jusqu'à ce que la feuillure soit suffisamment profonde pour guider la lame. En maintenant l'outil fermement contre le tasseau, rabotez régulièrement jusqu'à la ligne indiquant la profondeur.

Guillaume
Un guillaume est un rabot à rainurer sophistiqué possédant un guide de profondeur et un guide latéral. La lame peut être montée en deux endroits, l'un étant sa position normale, l'autre étant situé dans le nez du rabot pour permettre de dégager une feuillure obstruée. Ce type de rabot est aussi muni d'un éperon qui entame le bois devant la lame lorsque l'on rabote en contrefil.

Pour tailler une feuillure, ajustez le guide, rabotez en gestes courts, en commençant à l'extrémité de la pièce à travailler. Tout en maintenant le guide latéral fermement contre la pièce à travailler, reculez et allongez progressivement vos gestes. Rabotez enfin sur toute la longueur de l'ouvrage jusqu'à ce que le guide de profondeur empêche la lame de couper davantage.

Guillaume à nez aplati
Ce rabot court et léger est une version à nez aplati du guillaume à épaulements, et est utilisé pour effectuer des petits épaulements ou raboter des tenons. Cet outil existe en de nombreuses variétés, à la fois en bois et métalliques.

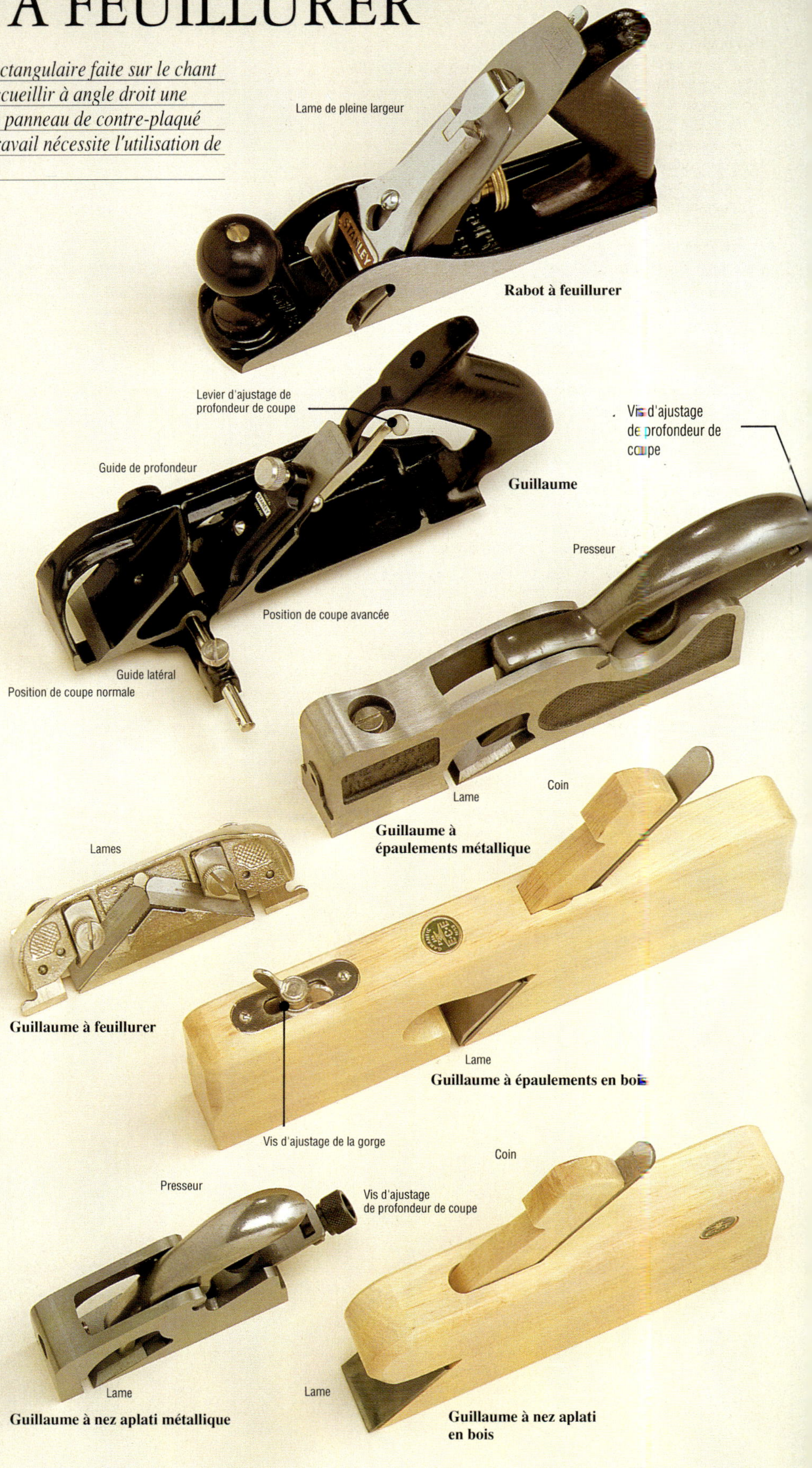

Rabot à feuillurer

Guillaume

Guillaume à épaulements métallique

Guillaume à feuillurer

Guillaume à épaulements en bois

Guillaume à nez aplati métallique

Guillaume à nez aplati en bois

RABOTS DE COUPE

Le rabot de coupe est un rabot léger et multi-usage. Il est utilisé à une main, mais on peut en augmenter la pression en appuyant sur le nez du bout des doigts.

Guillaume à épaulements
Le guillaume à épaulements est un outil au corps précisément usiné dont les côtés forment un angle droit parfait avec la lame. On peut s'en servir de la même manière que d'un rabot à feuillurer, mais il trouve toute son utilité lorsqu'il est employé à terminer les épaulements de grands assemblages (1). L'angle de la lame permet de raboter en bout délicatement.

Guillaume à feuillurer
Ce rabot minuscule sert à terminer délicatement les feuillures ou les rainures étroites (2). On s'en sert sur les bords, sa lame rasant les parois verticales. Possédant deux lames, cet outil peut aisément raboter les deux parois d'une rainure tout en respectant le sens du fil. Chaque nez est détachable afin de pouvoir raboter des rainures borgnes. Le guide de profondeur permet de contrôler l'orientation de la lame.

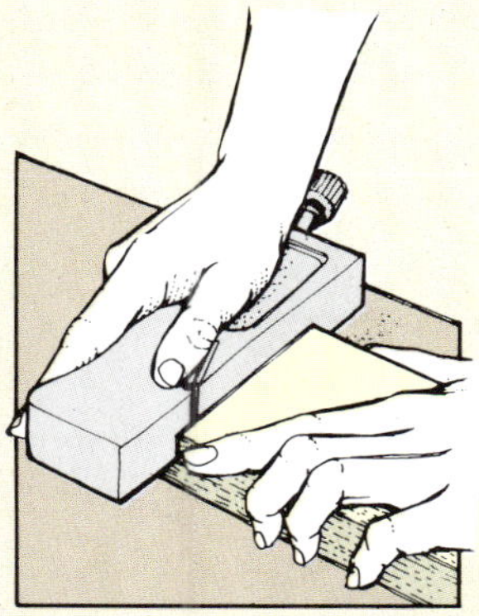

1 Réduire un grand épaulement

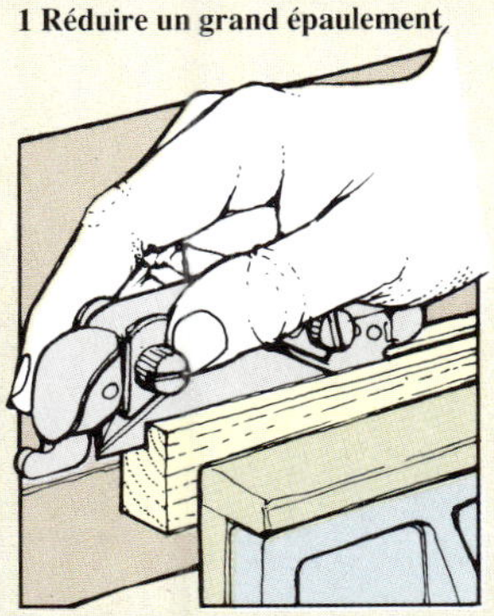

2 Tailler une rainure

Lames des rabots de coupe
Les rabots de coupe en bois possèdent une grosse vis moletée permettant d'ajuster la lame avec précision.

Dans la version métallique plus sophistiquée, l'angle de la lame est spécialement ajusté à 20 degrés afin de pouvoir raboter en bout. Il existe une version particulière dont l'angle est à 12 degrés. Ces rabots, qu'ils soient en bois ou métalliques, ont des lames ajustables latéralement et en profondeur ainsi qu'une fente à ouverture variable. Pour être affûtée, la lame est retirée du rabot en enlevant le contre-fer qui est maintenu en place par un petit levier. Lorsque vous repositionnez la lame assurez-vous que son tranchant a le côté biseauté vers le haut.

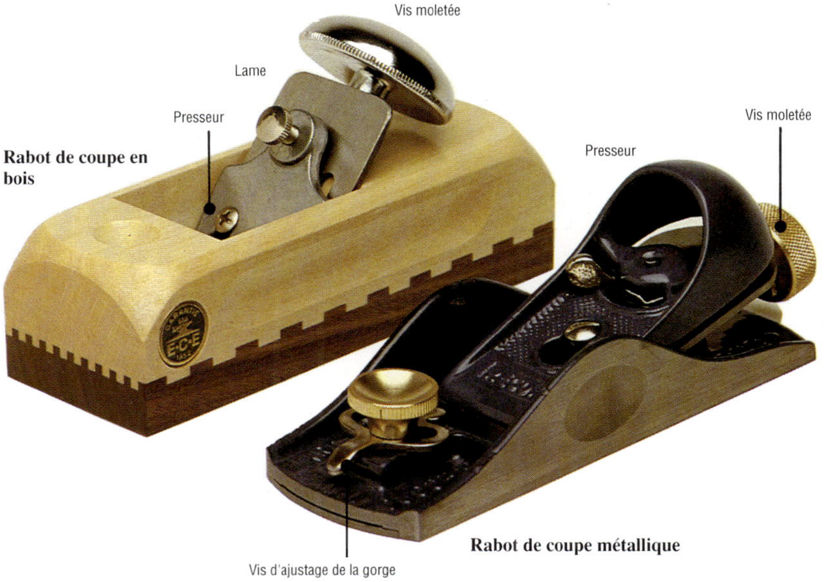

RABOTER EN BOUT

Il est plus pratique de raboter en bout au moyen d'un rabot de coupe, mais pour s'assurer de la précision d'un angle droit ou oblique, utilisez un rabot et un banc de rabotage.

Avec un rabot de coupe
Lorsque vous rabotez en bout avec un rabot de coupe, veillez à ce que le tranchant de la lame soit aiguisé comme une lame de rasoir, et appuyez fermement sur le nez du rabot (1). Travaillez à partir des deux extrémités du bout et vers son milieu, ceci afin d'éviter l'éclatement d'un chant. Taillez ensuite un chanfrein correspondant à la profondeur que vous désirez raboter sur l'une des extrémités (2), et ne travaillez plus que vers celle-ci, ou bien ajoutez un bloc de bois à votre ouvrage afin de supporter le chant (3).

Avec un banc de rabotage
Rabotez en bout avec un simple rabot en vous aidant d'un banc de rabotage. La pièce à travailler est maintenue par une cale vissée sur la planche supérieure. Utilisez le rabot couché et guidé par la feuillure du banc. En travaillant vers la cale, rabotez avec une lame finement aiguisée.

Un banc de rabotage équipé de cales obliques, sert à raboter en bout et sur un angle.

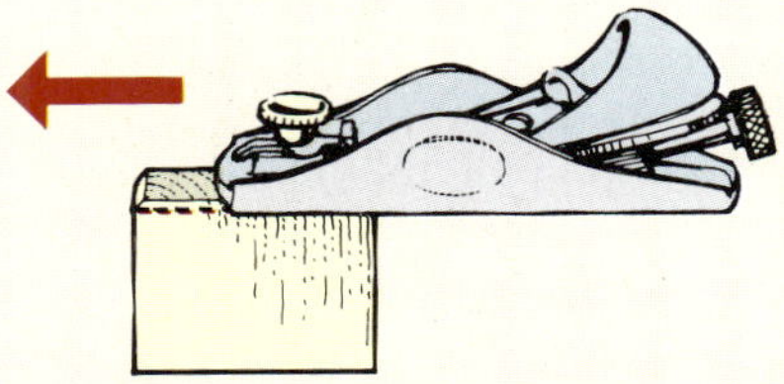

2 Raboter vers le chanfrein

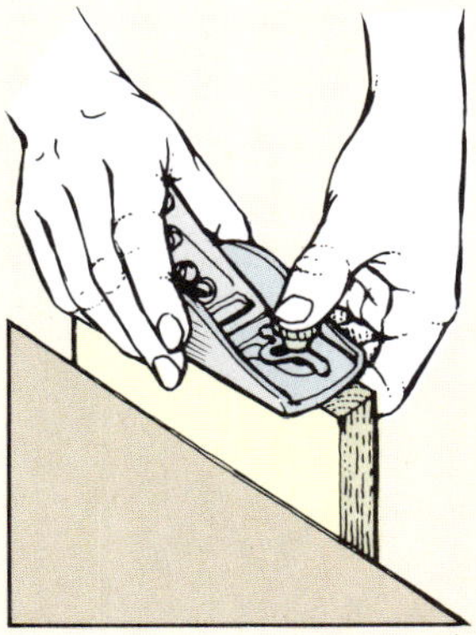

1 Exercer la pression sur le nez

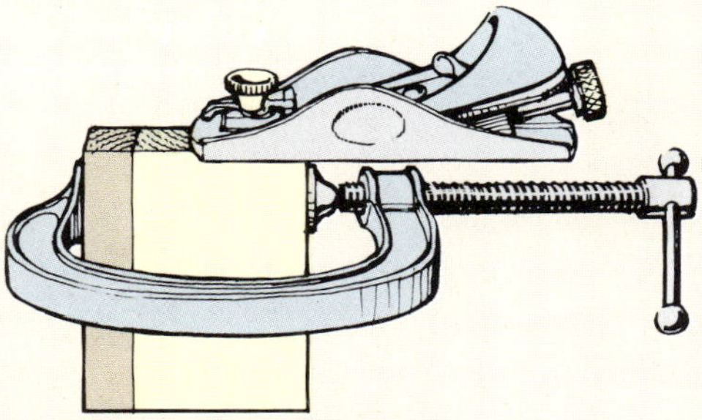

3 Soutenir le chant au moyen d'une cale

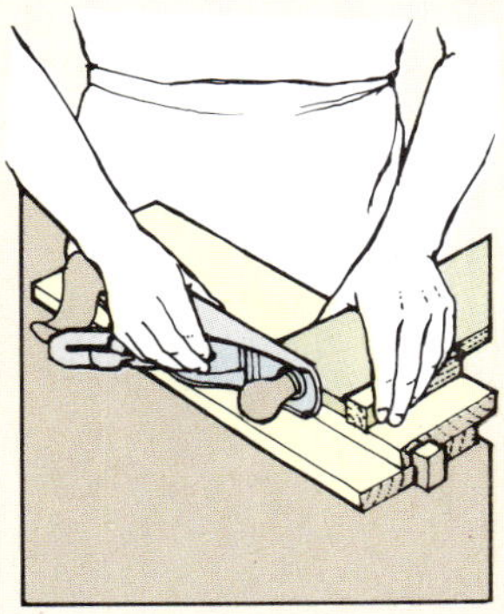

Utilisation d'une cale d'établi

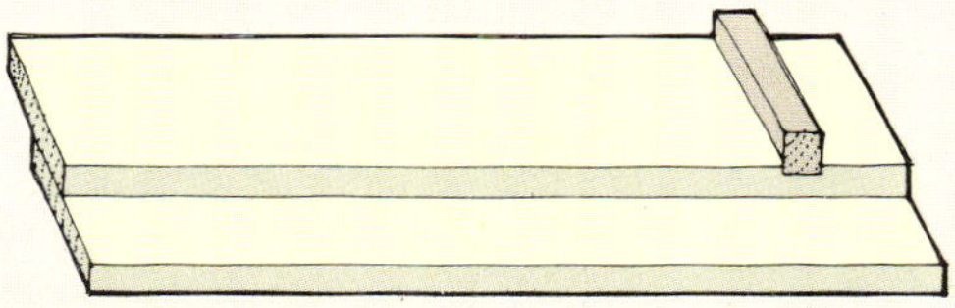

Cale d'établi

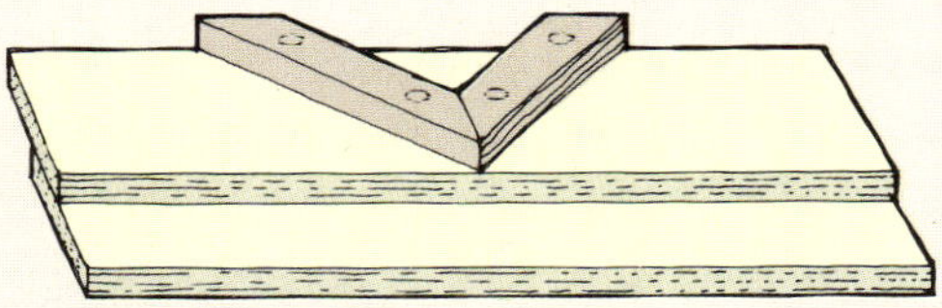

Cale d'établi pour onglets

RABOTS JAPONAIS

Un rabot japonais traditionnel est une structure extrêmement simple, composée d'un corps rectangulaire de bois dur, d'une lame et d'un contre-fer. Une barrette transversale en acier maintient le contre-fer contre la lame. La réputation de qualité de ce genre de rabot est quasi légendaire. On les utilise en les tirant, la pièce à travailler étant posée sur une grosse poutre, celle-ci s'appuyant sur un tréteau triangulaire à une extrémité et butant contre un mur à l'autre extrémité.

VOIR AUSSI

Les rabots	88/89
Les guillaumes à épaulements	92/93
L'affûtage des lames	102/107
L'affûtage des lames japonaises	105
Les vastringues	108
Assemblage à emboîtements	224/225

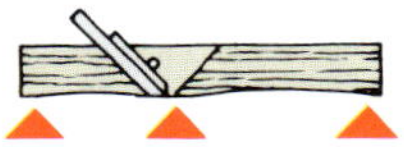

Une semelle creusée
La semelle d'un kanna est creusée, ceci afin de laisser trois points de contact avec l'ouvrage.

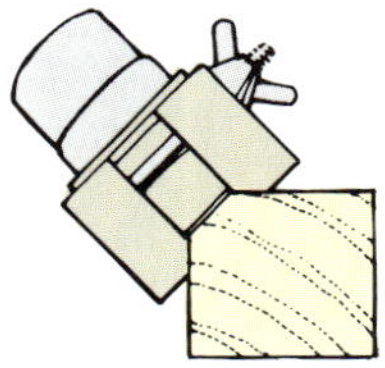

Utiliser un kirimen kanna
Ce type de rabot s'utilise sur un des coins de l'ouvrage.

Kanna
(rabot d'établi)
Les rabots d'établi en chêne mesurent entre 162 et 356 millimètres. Leurs lames sont laminées avec une fine couche d'acier à haute teneur en carbone formant le tranchant. Le corps même de la lame est d'acier tendre et à faible teneur en carbone permettant ainsi l'absorption des chocs lorsque l'on rabote un bois noueux ou contre le fil.

L'arrière de la lame est creux ce qui la rend plus facile à aiguiser et permet un ajustage précis avec le contre-fer.

Frappez sur la partie supérieure de la lame avec un maillet afin d'augmenter la profondeur de coupe, et pour diminuer celle-ci frappez doucement sur la partie du corps du rabot située derrière la lame. Frappez enfin un coup sec sur cette même partie pour déloger la lame afin de pouvoir l'affûter.

Sur les rabots les plus larges, la semelle est creusée en certains endroits au moyen d'un rabot-râpe (dai-nishi-kanna), ne laissant que trois points de contact, sous le nez, juste devant la fente et sous le talon du rabot; ceci pour diminuer la friction sur la pièce à travailler.

Sakuri kanna
(rabot à feuillurer)
L'utilisation de ce rabot est identique à celle du guillaume européen. La lame d'une largeur allant de 12 à 24 millimètres est encastrée dans un corps en chêne mesurant 275 millimètres.

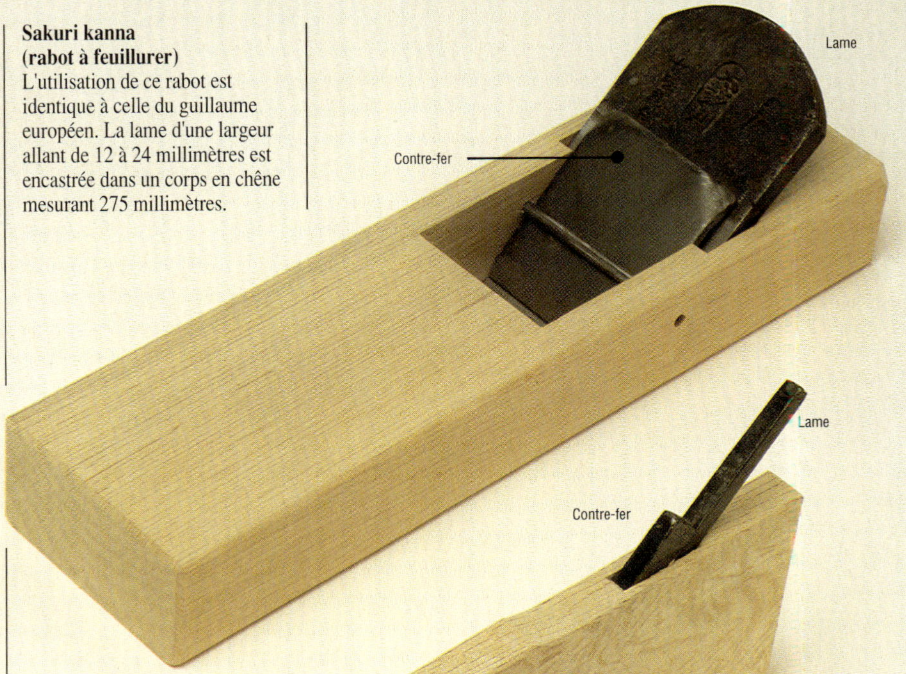

Kanna (rabot)

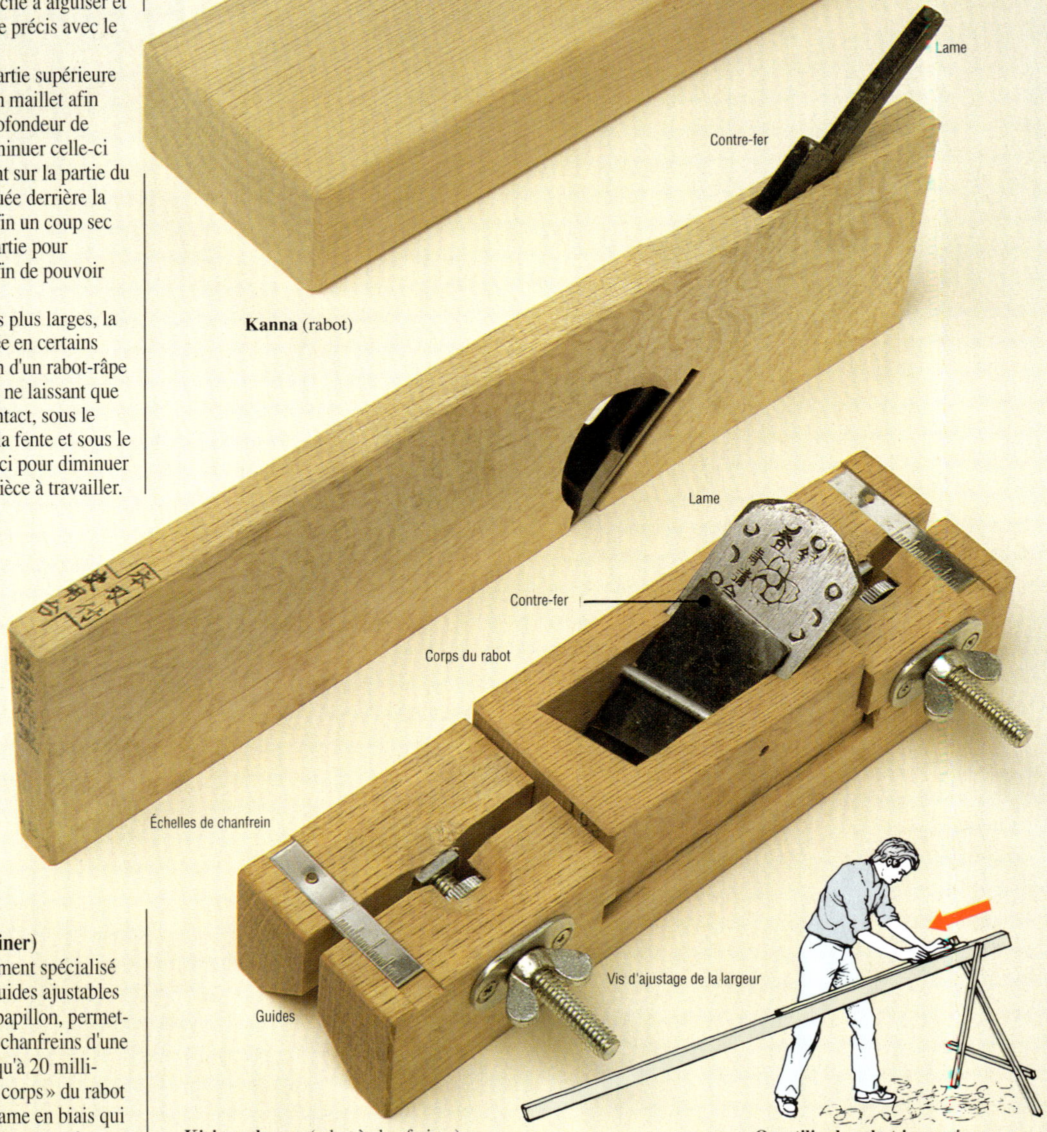

Sakuri kanna
(rabot à feuillurer)

Kirimen kanna
(rabot à chanfreiner)
Ce rabot extrêmement spécialisé est constitué de guides ajustables au moyen de vis papillon, permettant de tailler des chanfreins d'une largeur allant jusqu'à 20 millimètres. Le petit «corps» du rabot est équipé d'une lame en biais qui coulisse latéralement entre les deux guides.

Kirimen kanna (rabot à chanfreiner)

On utilise le rabot japonais en le tirant vers soi

RABOTS SPÉCIALISÉS

Il existe d'autres méthodes pour atteindre les résultats obtenus au moyen de rabots spécialisés, mais ceux-ci permettent à l'artisan exigeant de terminer son travail rapidement et avec un plus grand degré de précision.

Rabot cintrable
Le rabot cintrable est équipé comme un rabot standard d'une lame, d'un contre-fer et d'un bloc d'arrêt ; sa semelle est en revanche composée d'une bande d'acier flexible. Celle-ci peut être ajustée au moyen d'une vis moletée afin de former une courbe convexe ou concave.

Le rabot cintrable est particulièrement utile pour aplanir des longues courbes comme les bords d'une table ronde, là où une plane épouserait les bosses et les creux.

Sciez le bois grossièrement, et ajustez la semelle de votre rabot pour qu'elle suive la courbe que vous aurez tracée.

Repositionnez régulièrement la pièce à travailler afin de toujours raboter dans le sens du fil.

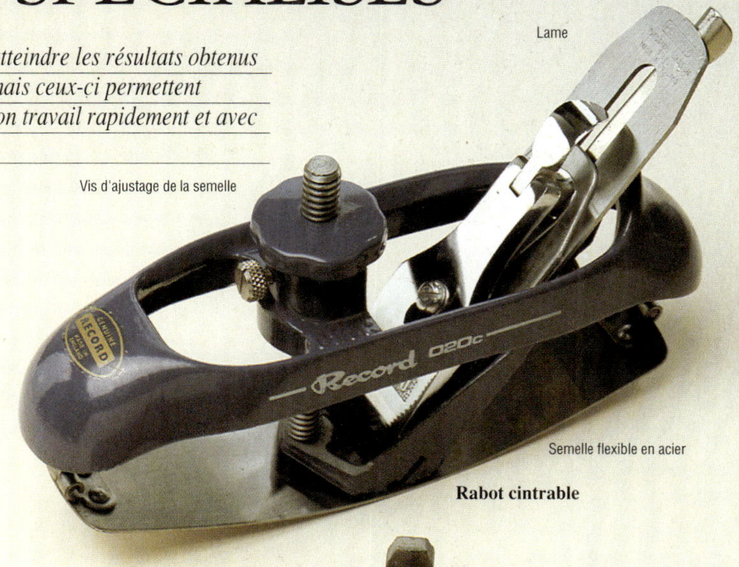

Rabot cintrable

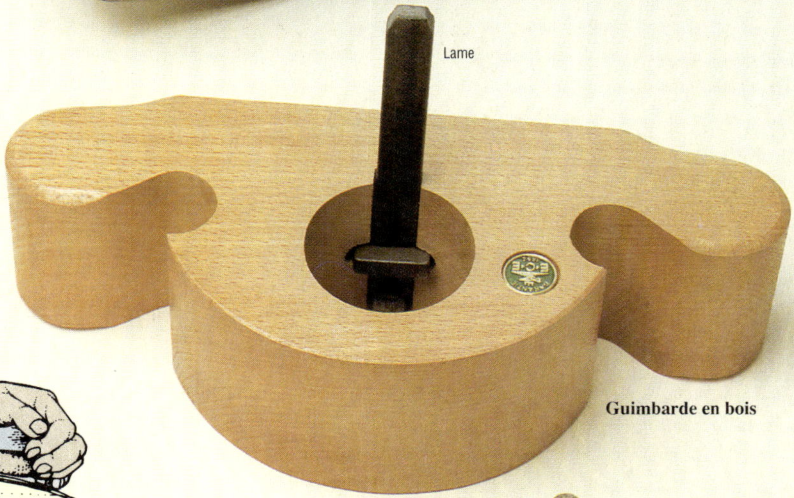

Guimbarde en bois

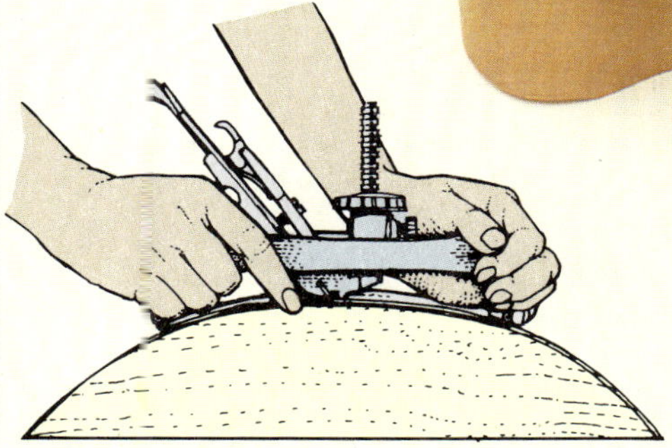
Utilisation d'un rabot cintrable

La guimbarde
La guimbarde qui autrefois était l'outil favori pour aplanir le fond d'une entaille est maintenant largement remplacée par la défonceuse électrique.

Néanmoins, étant donné son prix et sa simplicité, on la trouve encore dans de nombreux ateliers où elle sert notamment à faire des petites entailles permettant de placer des serrures et des charnières. Une version en bois de cet outil est disponible en Europe, mais la version métallique est bien plus pratique. Cet outil est équipé de lames spéciales qui peuvent être très délicatement ajustées au moyen d'une vis. Les lames-ciseaux servent à aplanir les entailles à angles droits, et il existe des lames pointues pour atteindre les dessous des dents d'un assemblage à queue d'aronde ainsi que les coins serrés. Placée à l'avant du porte-lame, la lame aplanira une entaille pour un assemblage à emboîtement ouvert ; la lame placée à l'arrière, la guimbarde s'utilise à l'envers et sert à aplanir l'entaille d'un assemblage à emboîtement arrêté.

Le petit guide vissé à la semelle sert à maintenir la lame à une distance régulière d'un bord droit ou courbé. La petite semelle placée sous le nez de la guimbarde est utile lorsque la pièce à travailler est plus étroite que la gorge de l'outil, rendant les deux semelles principales inutiles.

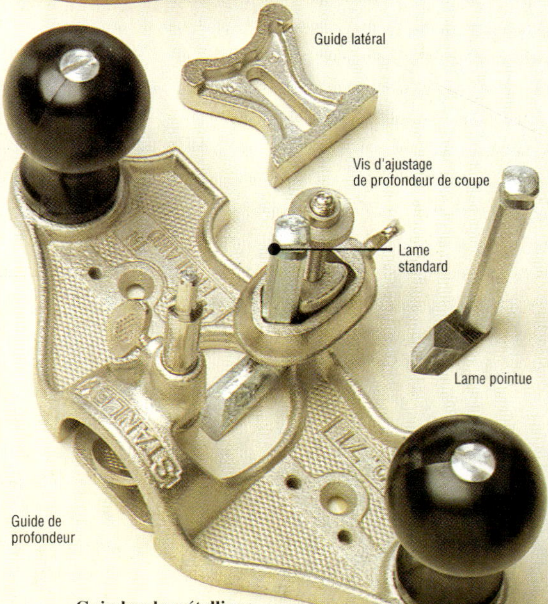

Guimbarde métallique

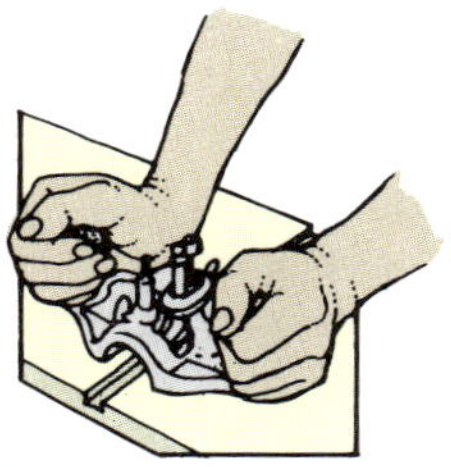
Tailler un emboîtement
Sciez le long des deux lignes d'épaulement de l'emboîtement. Ajustez la profondeur de coupe au fur et à mesure, de façon à éliminer progressivement le rebut jusqu'à ce que vous ayez atteint le fond de l'emboîtement.

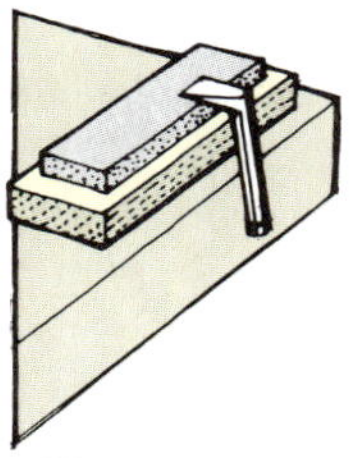
Affûter les lames
Affûtez les lames d'une guimbarde sur une pierre à huile, de la même façon qu'un ciseau, mais placez la pierre près du bord de l'établi afin de laisser le dégagement nécessaire pour la tige de la lame.

BOUVETS ET RABOTS À COMBINAISONS

Au début du siècle, les bouvets en bois servant à joindre, moulurer ou à approfondir occupaient la moitié du coffre à outils de l'artisan moyen – chacun de ces bouvets avait une utilité précise et était accompagné de sa lame adéquate. Il n'est donc pas surprenant qu'un outil combinant toutes ces capacités ait été fort bien accueilli et, malgré la concurrence faite par la défonceuse électrique, reste encore très populaire pour son ingéniosité.

VOIR AUSSI

Insérer le fond d'un meuble 62/65/69/70
Construction à cadre et panneaux 66/70
Fabrication des tiroirs 71
Affûtage des lames 102/107
Les défonceuses électriques 140/146
Assemblage chant sur chant 222/223

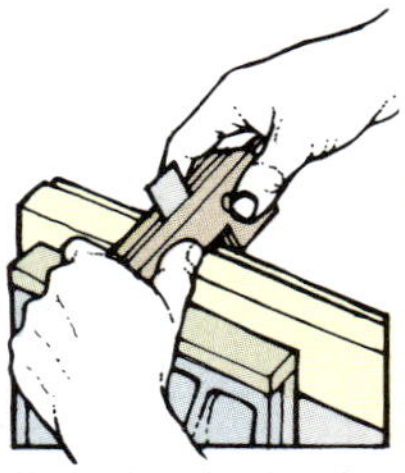

Utilisation d'un bloc à gratter
Serrez la lame entre deux pièces de contreplaqué identiques vissées ensemble de façon à former un simple bloc avec un guide incorporé. En inclinant l'outil loin de vous, raclez le bois avec la partie débordante de la lame, jusqu'à ce que le bloc repose de lui-même sur l'ouvrage.

Le bouvet
Le bouvet est un rabot spécialisé destiné à tailler des rainures, mais il peut aussi servir à tailler des feuillures étroites. Des lames à angles droits, d'une largeur allant de 3 à 12 millimètres, sont maintenues par une mâchoire de serrage coulissante et ajustées par une vis moletée. Le bouvet est équipé d'un guide latéral ainsi que de profondeur. On fabrique encore des bouvets en bois pour les amateurs de vieux outils.

Le rabot à combinaisons
Un rabot à combinaisons est un bouvet possédant des caractéristiques supplémentaires qui lui permettent d'effectuer des assemblages à rainures et languettes, ainsi que les baguettes arrondies souvent employées pour décorer les épaulements et camoufler le retrait du bois.

Une lame spécialement conçue pour effectuer des languettes est assortie à une des lames à rainurer. La largeur des lames servant à effectuer des baguettes varie entre 3 et 12 millimètres.

La mâchoire de serrage s'étend jusqu'au nez du rabot en une pièce totalement amovible qui épouse la forme du rabot. Le rabot à combinaisons est aussi équipé d'un guide optionnel utilisé pour aplanir une baguette sur une languette qui encombrerait le guide latéral.

Le corps du rabot ainsi que la partie coulissante sont équipés d'un tranchant qui prépare le terrain lorsque vous rabotez à contrefil.

Le bouvet à combinaisons multiples
Le bouvet à combinaisons multiples est un rabot à combinaisons équipé de lames supplémentaires. Celles-ci taillent des moulures concaves, des moulures rainurées et des cannelures simples ou multiples. On peut ajuster sur le rabot des lames à fendre qui permettent de découper des bandes de bois parallèles sur le chant d'une planche.

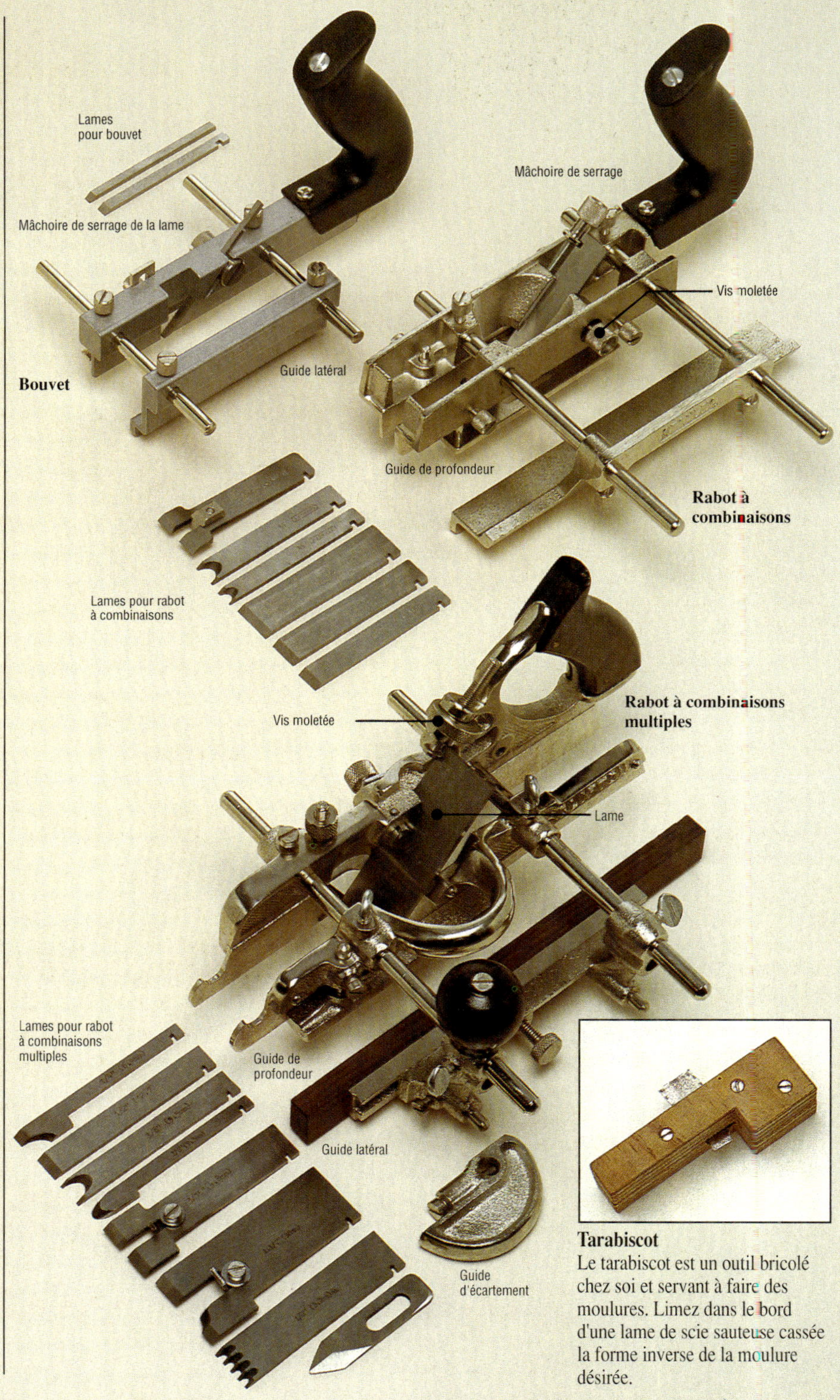

Tarabiscot
Le tarabiscot est un outil bricolé chez soi et servant à faire des moulures. Limez dans le bord d'une lame de scie sauteuse cassée la forme inverse de la moulure désirée.

UTILISATION DE CES RABOTS

Introduisez la lame dans le rabot et prenez-la comme point de départ pour mesurer l'écartement du guide latéral et la profondeur de coupe. Positionnez le rabot à l'extrémité de la pièce à travailler en soutenant le guide latéral de votre main gauche. Commencez par de courts passages, en reculant progressivement jusqu'à ce que vous rabotiez sur toute la longueur de l'ouvrage.

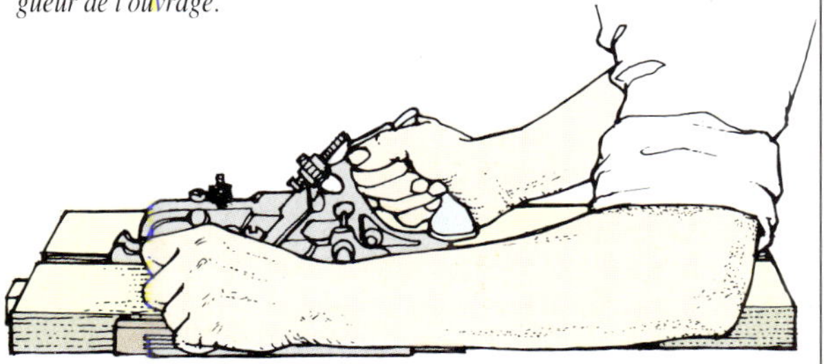

Soutenir l'ensemble du guide latéral avec la main gauche

Tailler une rainure
En général, on rabote un chant dans le sens du fil, et le plus souvent il s'agit du chant d'une planche. Vous pouvez tailler une rainure avec n'importe quel rabot. Vous pouvez aussi tailler une rainure en bout mais, afin d'éviter de fendre le chant sur son extrémité, il est recommandé de tailler au préalable celle-ci avec une scie et un ciseau avant d'attaquer avec le rabot.

Tailler une entaille
Une entaille est une rainure en travers du fil. Pour ce faire, guidez le corps d'un rabot à combinaisons ou d'un bouvet à combinaisons multiples le long d'un tasseau que vous aurez cloué à la pièce à travailler. Ajustez bien les tranchants afin de bien « nettoyer » les deux parois de l'entaille.

Tailler une feuillure
Pour tailler une feuillure, préparez n'importe quel rabot comme pour tailler une rainure, mais ajustez le guide latéral de manière à ce que la lame soit positionnée sur le bord de la pièce à travailler. Il est possible de tailler progressivement des feuillures plus larges en augmentant chaque fois la coupe de la largeur de la lame.

Tailler une rainure et une languette
Commencez par tailler la languette avec la lame appropriée encastrée dans un rabot ou un bouvet à combinaisons. Etant donné que cette lame possède son propre guide de profondeur, il n'est pas nécessaire d'ajuster celui du rabot.

Tailler une baguette
Pour tailler une baguette sur une languette, placez le guide adéquat qui positionnera automatiquement la lame de manière à ce qu'elle puisse aplanir la moulure à l'extrémité de la languette. On peut aussi tailler une baguette tout simplement en ajustant le guide latéral à angle droit.

Tailler des moulures concaves
Taillez une moulure concave de la même façon qu'une feuillure. Pour tailler les quatre côtés d'une planche de bois massif, taillez les deux bouts à contrefil, puis les deux chants dans le sens du fil.

Tailler des moulures rainurées
Taillez une moulure rainurée sur le chant d'une planche en aplanissant d'abord une moitié, puis retournez la pièce à travailler afin d'aplanir l'autre. Terminez en découpant la moulure achevée avec le ciseau à fendre.

Tailler une cannelure
Taillez une cannelure de la même façon qu'une baguette, en utilisant le guide latéral et de profondeur du rabot.

Tailler des cannelures multiples
Une lame à cannelures multiples exécute une série de baguettes parallèles en une seule fois.
Ajustez le rabot comme pour tailler une baguette ou cannelure.

Affûtage des lames
Affûtez les lames de rabot sur une pierre à huile, de la même façon que les ciseaux, mais en maintenant un seul angle de meulage. Ces petites lames sont faciles à affûter lorsqu'elles sont insérées dans un guide d'affûtage. Utilisez une petite pierre fine pour affûter les tranchants arrondis.

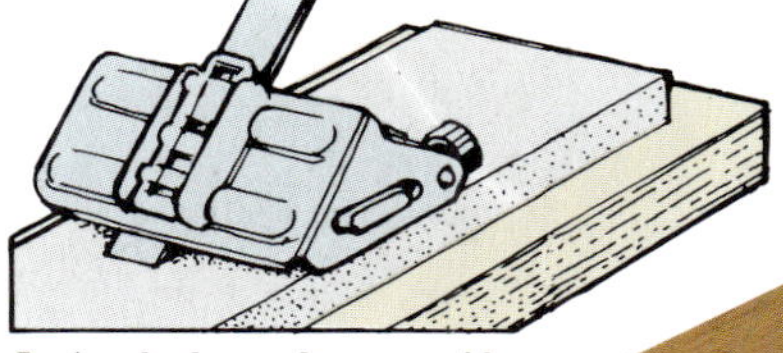

Insérer les lames dans un guide d'affûtage

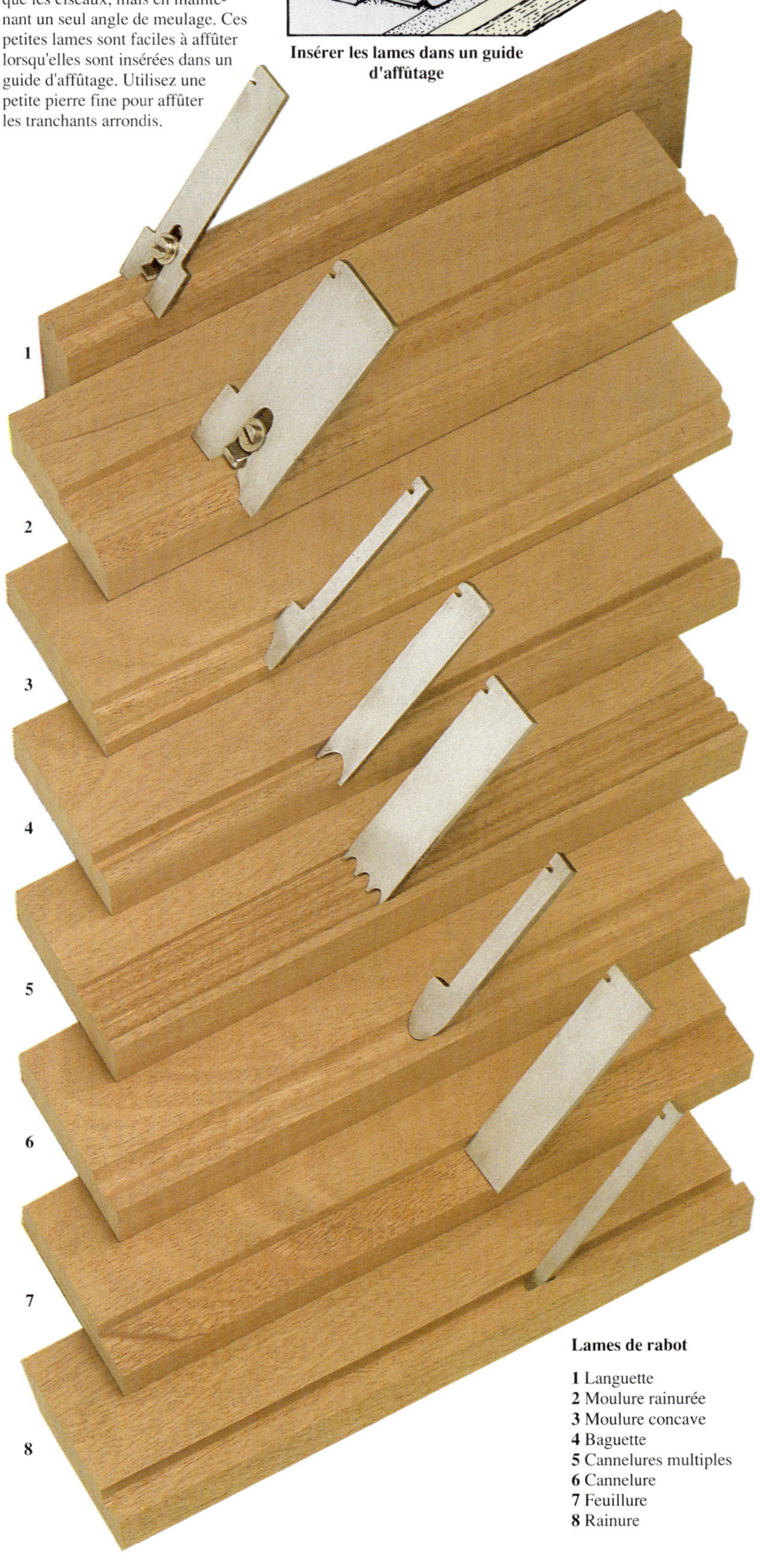

Lames de rabot

1 Languette
2 Moulure rainurée
3 Moulure concave
4 Baguette
5 Cannelures multiples
6 Cannelure
7 Feuillure
8 Rainure

CISEAUX ET GOUGES

Les ciseaux et les gouges sont comme les scies et les rabots les outils essentiels du menuisier. Ils servent principalement à dégager le rebut lors de l'exécution d'un joint, bien que les plus légers d'entre eux servent aussi à former et désépaissir des pièces de bois. Les ciseaux et les gouges plus épais et massifs sont quelquefois employés avec un maillet lorsque la quantité de bois à retirer est importante, mais en règle générale, la pression manuelle est suffisante.

VOIR AUSSI

Affûter les lames	102/107
Les maillets	116
Votre atelier	210/211
Assemblage à emboîtement	224/225
Assemblage à queue d'aronde	238/245

SÉCURITÉ

Maintenez vos ciseaux bien affûtés. Il faut exercer une pression supplémentaire pour tailler avec un ciseau émoussé, ce qui peut provoquer un faux mouvement.

Ne travaillez jamais vers vous et gardez vos deux mains derrière le tranchant.

Les longs côtés d'un ciseau neuf peuvent être tranchants. Émoussez-les avec une petite pierre à aiguiser enduite d'huile.

Ciseau à lame droite
Le ciseau de base à usages multiples est le ciseau à lame droite. Cette lame rectangulaire est suffisamment forte pour tailler à travers des bois résistants à l'aide d'un maillet. La largeur des ciseaux à lame droite varie entre 3 et 38 millimètres mais il en existe aussi un d'une largeur de 50 millimètres.

Ciseau chanfreiné
Le dessous de la lame est plat comme celui du ciseau à lame droite mais, sur le dessus, les arêtes latérales sont biseautées. Cet outil est léger et ne doit être employé qu'avec la main ; il est idéal pour tailler les rebuts des assemblages à queue d'aronde. Les ciseaux chanfreinés existent dans les mêmes largeurs que les ciseaux à lame droite.

Ciseau de modeleur
Un ciseau de modeleur est un ciseau chanfreiné de grande taille, qui sert à tailler le rebut des assemblages à emboîtement.

Ciseau de modeleur coudé
Le col coudé de ce ciseau permet à l'artisan de maintenir la lame à plat sur l'ouvrage, même lorsqu'il travaille sur le milieu d'une planche.

Ciseau oblique
L'extrémité de ce ciseau est biaisée à un angle de 60 degrés afin d'effectuer une action de tranchage lorsqu'il est utilisé en poussée vers l'avant. Ceci permet une découpe délicate, même à travers une texture difficile ; la pointe est aussi particulièrement utile pour nettoyer des recoins difficiles à atteindre. Les lames sont limitées à trois largeurs à savoir : 12, 18 et 25 millimètres.

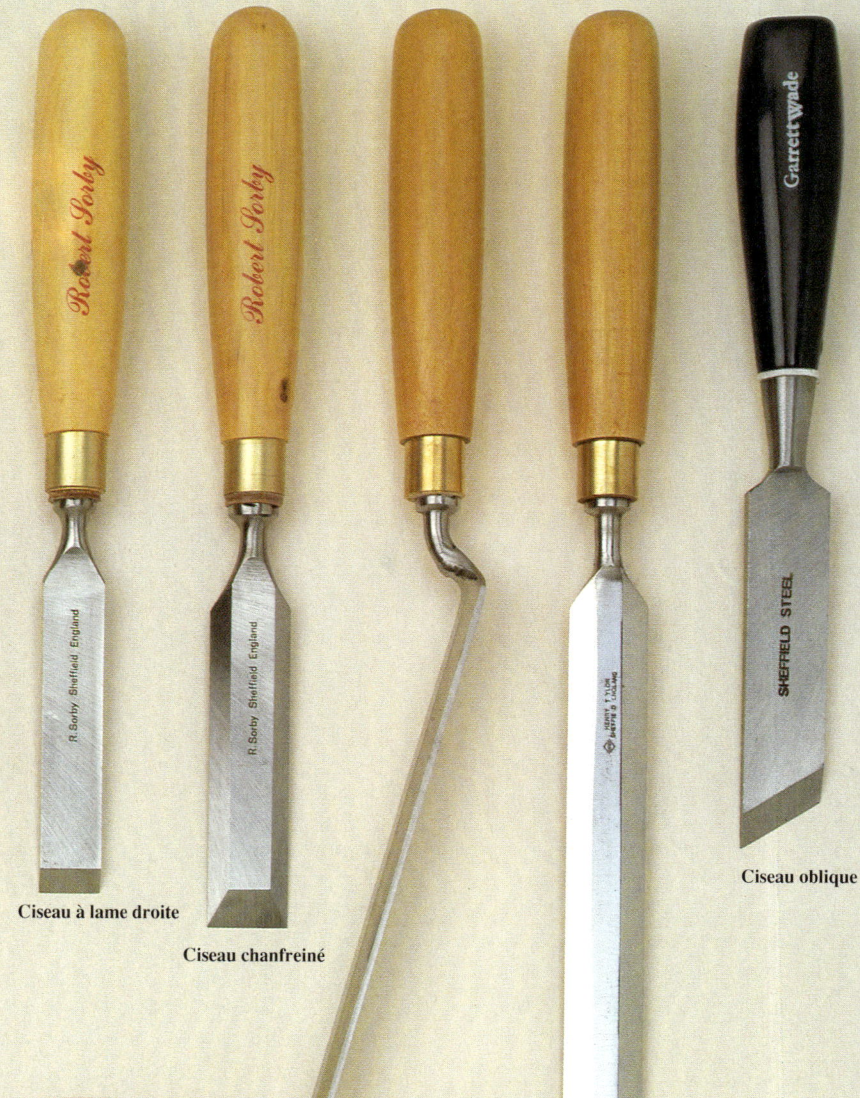

Ciseau à lame droite

Ciseau chanfreiné

Ciseau de modeleur coudé

Ciseau de modeleur

Ciseau oblique

Les manches des ciseaux ➤
Les ciseaux ont toujours été équipés d'une grande variété de manches, ceci principalement en raison de préférences régionales. Les poignées en plastique sont si solides qu'elles résistent toujours aux coups de marteaux, qui en revanche endommagent les manches en bois.

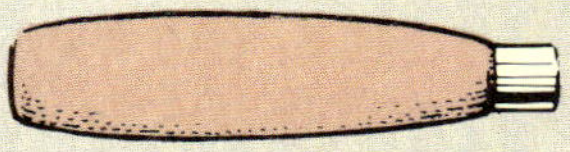

1 Manche de ciseau à graver

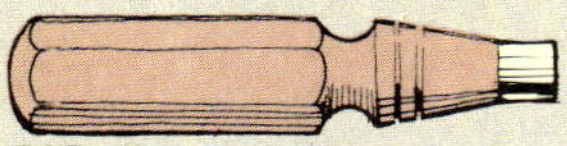

2 Manche octogonal

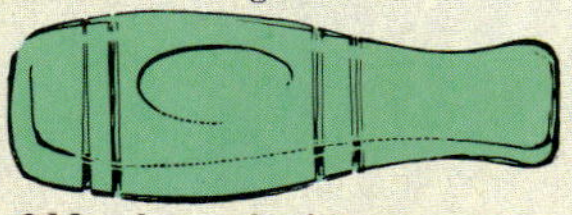

3 Manche en plastique

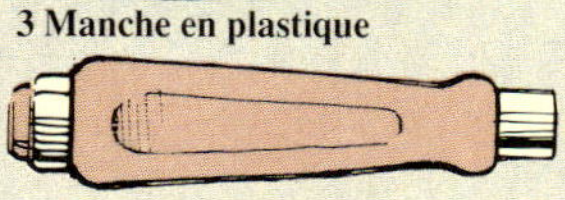

4 Manche renforcé

Les différents styles de manches de ciseaux
Le manche cylindrique et légèrement bombé du ciseau à graver (1) est fonctionnel et ergonomique. Les manches octogonaux (2) tendent à empêcher le ciseau de rouler et de tomber de l'établi, et les manches en plastique (3) ont des parties plates pour les mêmes raisons. Les têtes des manches en bois (4) sont souvent renforcées au moyen d'une rondelle métallique afin d'éviter l'éclatement des fibres sous les coups du maillet.

On a toujours utilisé des bois durs tels que le buis, le frêne et le hêtre pour fabriquer des manches de ciseau, mais on tend de plus en plus à les mouler dans du plastique.

FABRICATION DES CISEAUX

Les ciseaux sont principalement des outils composés d'une lame métallique et rigide, mais leurs détails varient selon le type et le fabricant. La partie qui unit le manche à la lame est déterminante dans la conception du ciseau.

Les lames

La longueur de lame d'un ciseau varie en général entre 125 et 175 millimètres. Certains artisans préfèrent la version plus courte et trapue, le ciseau de bout, dont la lame mesure entre 75 et 100 millimètres. Certains ciseaux spécialisés sont équipés de lame d'une longueur pouvant atteindre 250 millimètres. L'extrémité de la lame d'un ciseau est biseautée afin de pouvoir trancher.

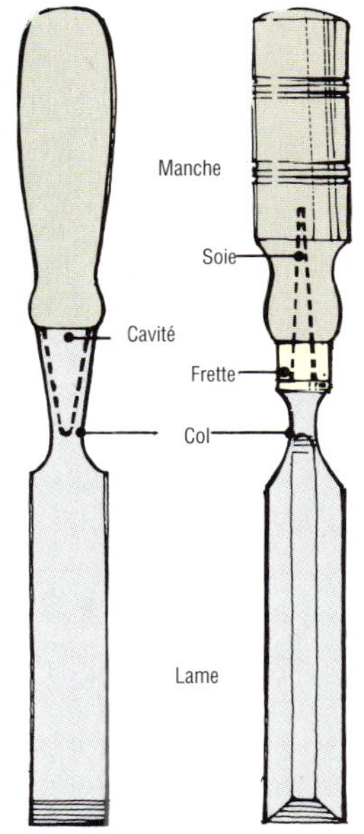

Ciseaux à emboîtement résistant

Le point déterminant

La lame d'un ciseau s'effile sensiblement sur le « col » juste avant le manche. En ce point déterminant, la plupart des lames ont une pointe ou « queue » qui est enfoncée dans un manche en bois ou moulée dans un manche en plastique. La jonction entre le manche et la lame est renforcée par un collier métallique appelé frette.

Par opposition, le col de certains ciseaux s'évase et forme une cavité dans laquelle se niche le manche.

UTILISATION ET RANGEMENT DES CISEAUX

Rangement des ciseaux

Ranger vos ciseaux dans une boîte à outils sans précautions particulières n'est pas une bonne habitude. Rangez-les en les enveloppant dans une toile à poches individuelles ou en les accrochant à un porte-outil.
Vous pouvez acheter un porte-outil magnétique ou, tout simplement en fabriquer un à partir de deux bandes de contre-plaqué maintenues écartées par de petits tasseaux, vissez ce montage au mur et glissez les ciseaux entre les deux bandes. Certains menuisiers préfèrent protéger le tranchant de leurs ciseaux avec un cache en plastique ; ces enveloppes sont souvent munies d'un anneau permettant d'accrocher les outils à des clous ou crochets plantés dans les murs de l'atelier.

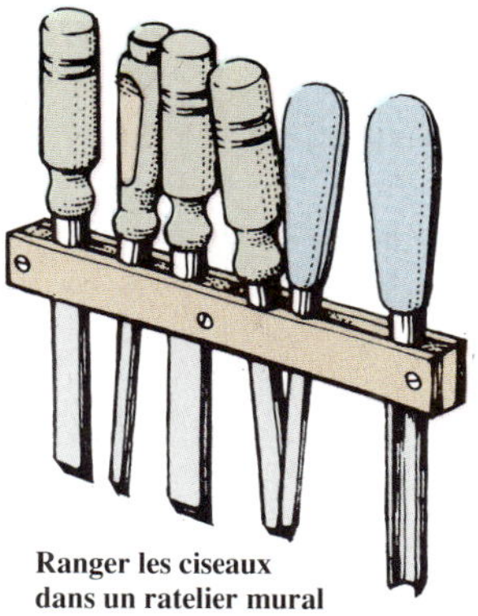

Ranger les ciseaux dans un ratelier mural

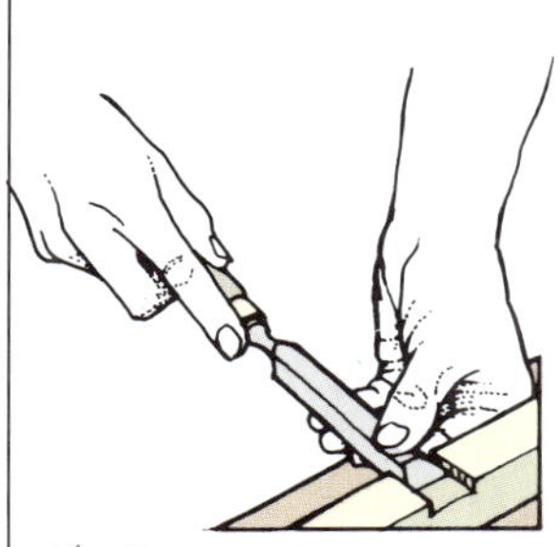

1 Équilibrer un ciseau

Exécuter une entaille horizontale

Lorsque vous exécutez une entaille horizontale, tenez le ciseau en allongeant l'index vers la lame. Maintenez votre avant-bras en ligne avec le ciseau et collez votre coude au corps. Maintenez la lame avec votre main libre en plaçant le pouce et l'index juste derrière le tranchant. Cette façon de tenir le ciseau permet non seulement de diriger la pointe de l'outil, mais aussi de contrôler la force appliquée en agissant comme un frein sur la lame. Appuyez enfin l'ensemble de votre main sur la pièce de bois afin de stabiliser l'outil (1).

Positionnez-vous face à l'établi avec votre bras et le ciseau parallèle au sol, les jambes écartées, et utilisez le poids de votre corps pour faire avancer le ciseau (2).

S'il s'avère nécessaire d'augmenter la force de coupe, frappez la tête du ciseau avec la paume de votre main (3).

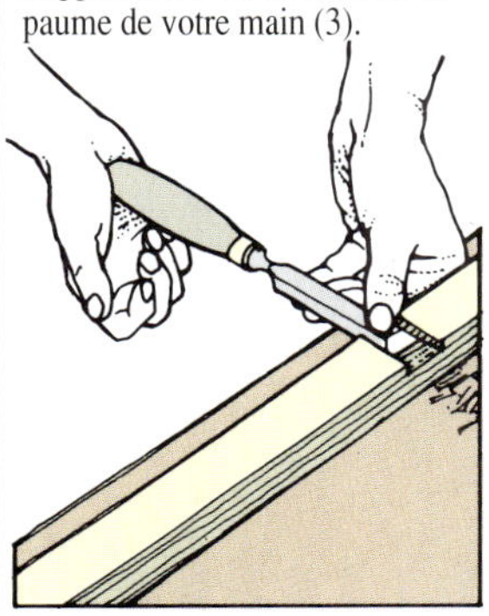

3 Exercer une pression supplémentaire

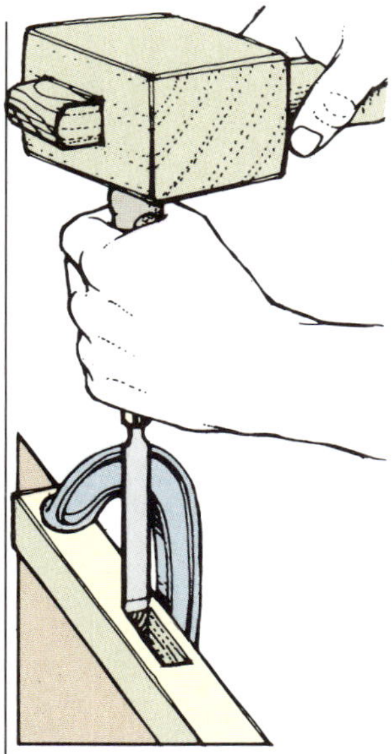

Frapper avec le côté du maillet

Utilisation du maillet

Pour donner un maximum de puissance au ciseau frappez franchement sur la tête de celui-ci avec la face d'un maillet. Cependant, souvent le seul poids du maillet augmentera la force de coupe ; lorsque vous voulez contrôler celle-ci, attrapez le manche juste derrière la masse et frappez délicatement avec le côté du maillet.

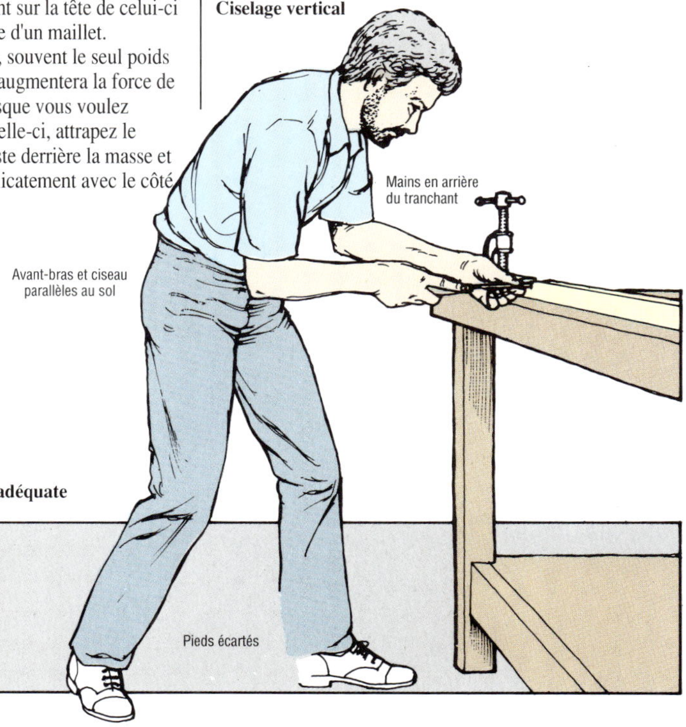

2 Position adéquate

Tailler une entaille verticalement

Désépaississez en bout, la tête penchée sur l'établi et en tenant le ciseau verticalement. Tenez la poignée en recouvrant la tête avec le pouce, et maintenez la lame entre le pouce, l'index et le majeur. Appliquez une force régulière avec l'épaule.

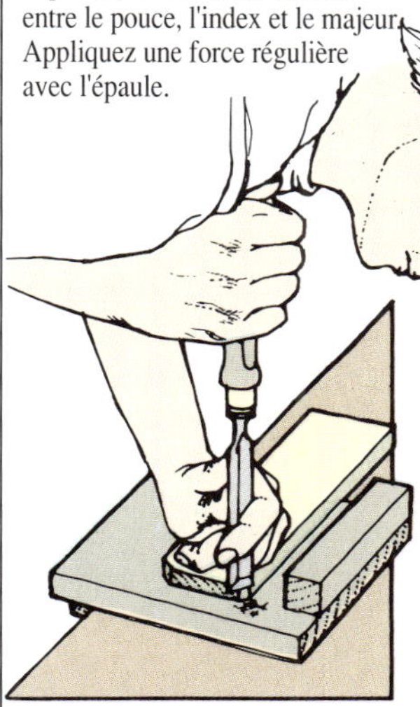

Ciselage vertical

CISEAUX À MORTAISES

La découpe de mortaises profondes nécessite l'emploi d'un ciseau particulièrement conçu pour ce travail, les ciseaux courants étant trop faibles ou trop difficiles à manier.

VOIR AUSSI

Un assortiment typique de gouges

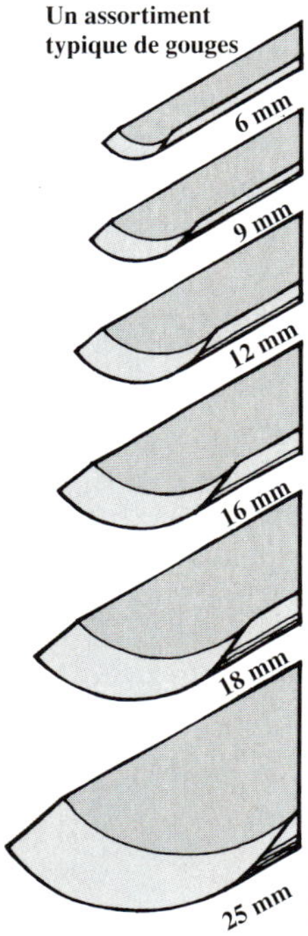

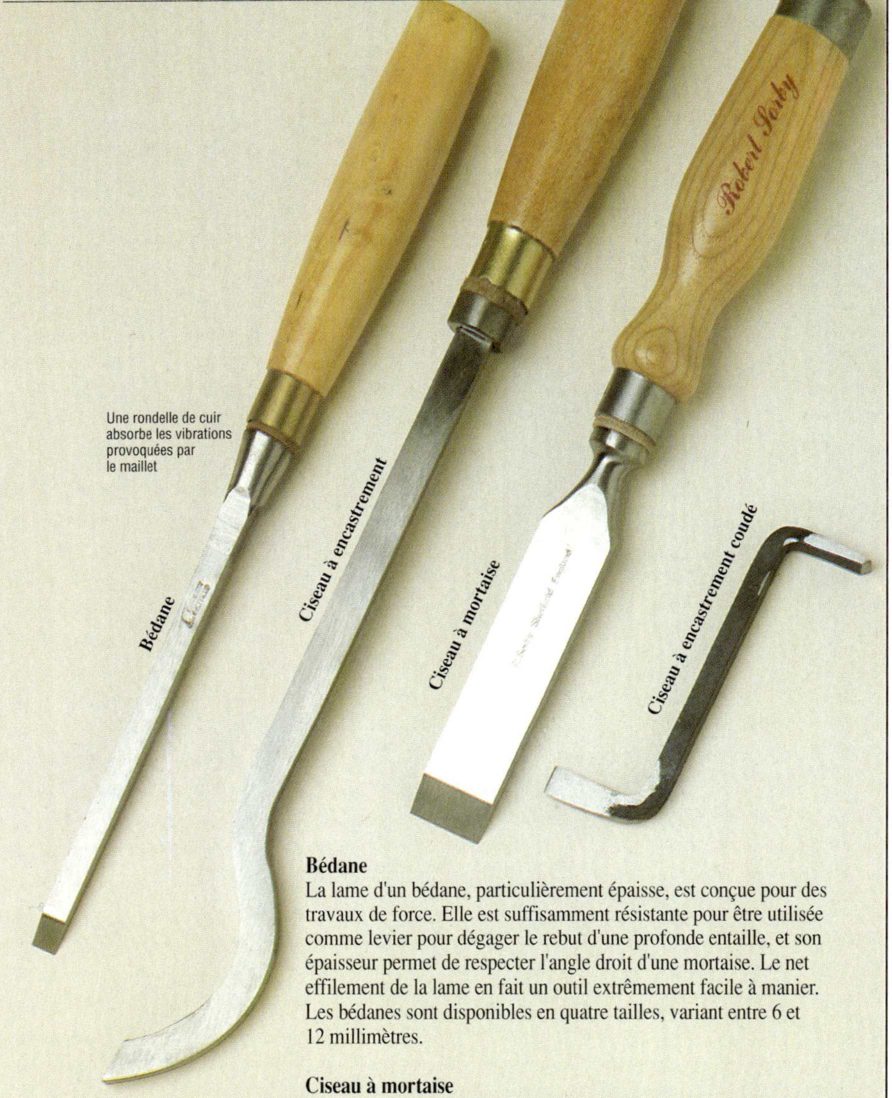

Bédane
La lame d'un bédane, particulièrement épaisse, est conçue pour des travaux de force. Elle est suffisamment résistante pour être utilisée comme levier pour dégager le rebut d'une profonde entaille, et son épaisseur permet de respecter l'angle droit d'une mortaise. Le net effilement de la lame en fait un outil extrêmement facile à manier. Les bédanes sont disponibles en quatre tailles, variant entre 6 et 12 millimètres.

Ciseau à mortaise
Conçu à l'origine pour les constructeurs de navires, la lame du ciseau à mortaise peut aller jusqu'à 38 millimètres et sert pour la fabrication d'armatures consistantes. La bague en cuir insérée entre la poignée et la lame absorbe les chocs du maillet.

Ciseau à encastrement
L'extrémité courbée en col de cygne de cet outil permet au menuisier de dégager le rebut d'une profonde entaille. Après avoir taillé la mortaise avec un ciseau à mortaise utilisez un ciseau à encastrement de la même taille ou plus petit pour finir le travail.

Ciseau à encastrement coudé
Ce ciseau entièrement métallique sert à tailler des mortaises et des encastrements pour charnières dans des endroits particulièrement étroits où l'utilisation d'un ciseau classique serait difficile. Les deux extrémités sont coupantes, l'une étant parallèle à la tige, et l'autre perpendiculaire à celle-ci. En appuyant le ciseau sur la pièce à travailler, frappez sur la tige à l'aide d'un marteau.

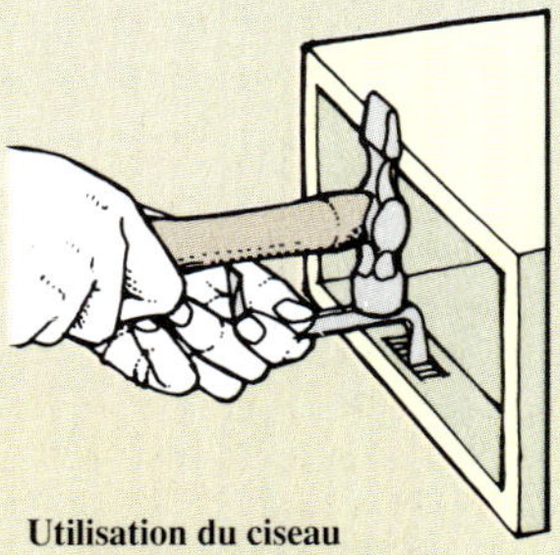

Utilisation du ciseau à encastrement coudé

GOUGES À LAMES DROITES

Une gouge est un ciseau à lame incurvée. L'extrémité est aiguisée en biseau vers l'extérieur (tranchant extérieur) ou vers l'intérieur (tranchant intérieur).

Une gouge à tranchant extérieur est utilisée pour évider des creux, tandis qu'une gouge à tranchant intérieur sert à désépaissir des épaulements courbés, tels ceux que l'on peut trouver sur l'extrémité d'un barreau de chaise s'encastrant dans un montant arrondi. La taille moyenne des gouges varie entre 6 et 25 millimètres.

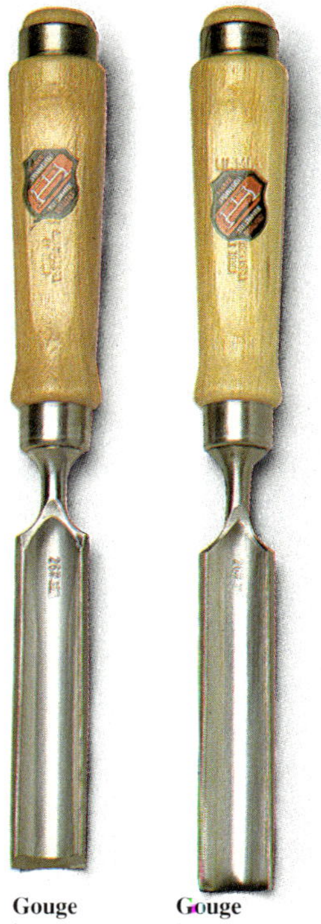

Gouge à tranchant intérieur — **Gouge à tranchant extérieur**

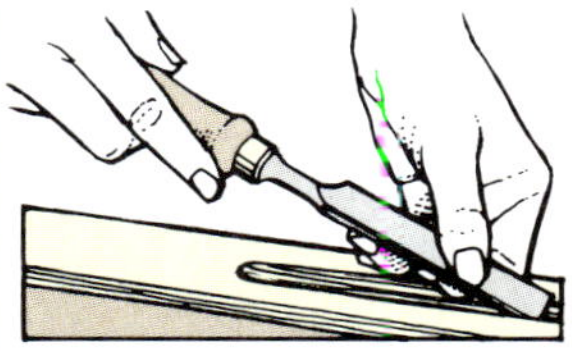

Utilisation de la gouge à tranchant extérieur

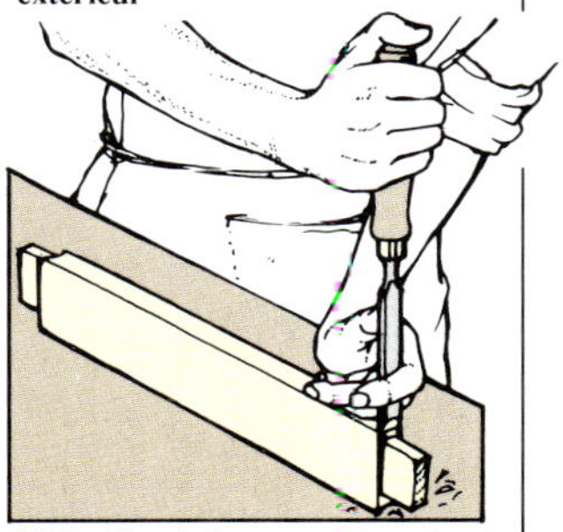

Utilisation de la gouge à tranchant intérieur

CISEAUX JAPONAIS

Les lames des ciseaux japonais sont fabriquées avec le même acier laminé qui est employé pour les lames de rabots. Le dos de la lame est dur et creusé, soutenu par une épaisse bande d'acier mou qui absorbe les chocs. La queue de la lame est encastrée dans le manche, ce qui garantit la solidité de l'assemblage. Tous les ciseaux japonais sont équipés de manches en bois dur et certains sont renforcés d'une rondelle métallique qui encercle la tête.

Oiri-nomi
(ciseau chanfreiné)
Le ciseau le plus courant est chanfreiné, mais, par opposition à son équivalent occidental il est suffisamment solide pour être frappé au maillet. La largeur des lames varie entre 3 et 42 millimètres.

Shinogi-nomi
(ciseau à queue d'aronde)
La lame triangulaire de ce ciseau est idéale pour débiter le rebut entre les épaulements et les queues des assemblages à queue d'aronde. Leur largeur varie entre 3 et 12 millimètres.

Usu-nomi
(ciseau de modeleur)
Les ciseaux de modeleur japonais sont conçus pour être tenus à deux mains. Les lames, plus étroites que celles des oiri-nomis standard, varient entre 3 et 42 millimètres.

Kote-nomi
(ciseau de modeleur coudé)
Le col coudé de ce ciseau permet au menuisier de nettoyer des rainures et des encastrements de taille importante.

Mukomachi-nomi
(bédane)
La lame du bédane japonais est épaisse et rectangulaire, et permet de découper de profondes entailles. Cet outil est disponible en largeurs variant entre 6 et 18 millimètres.

Mori-nomi et sokozarai-nomi
(bédanes crochets)
Ces outils spécialisés sont utilisés en même temps qu'un bédane classique pour nettoyer le fond et les parois des mortaises aveugles. Les deux ciseaux forment un crochet pour faciliter l'évacuation du bois enlevé.

Chokkatu-nomi
(ciseau à encoignures)
Cet outil extrêmement spécialisé, sert à nettoyer les encoignures des très larges mortaises. Chaque moitié de la lame pliée à 90 degrés mesure 9, 16 ou 25 millimètres de large.

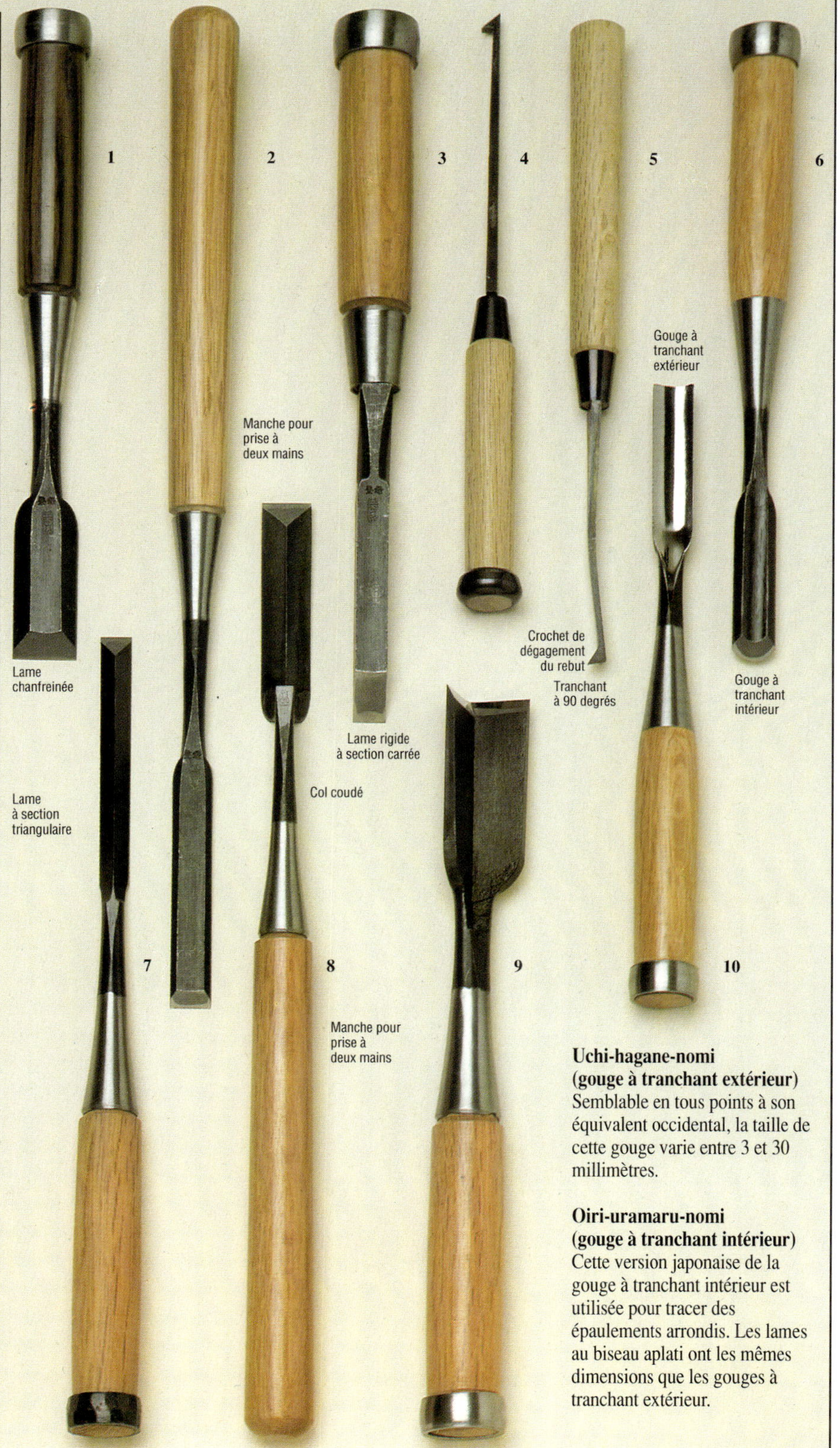

Ciseaux japonais

1 Oiri-nomi
2 Usu-nomi
3 Mukomachi-nomi
4 Mori-nomi
5 Sokozarai-nomi
6 Oiri-uramaru-nomi
7 Shinogi-nomi
8 Kote-nomi
9 Chokkatu-nomi
10 Uchi-hagane-nomi

Uchi-hagane-nomi
(gouge à tranchant extérieur)
Semblable en tous points à son équivalent occidental, la taille de cette gouge varie entre 3 et 30 millimètres.

Oiri-uramaru-nomi
(gouge à tranchant intérieur)
Cette version japonaise de la gouge à tranchant intérieur est utilisée pour tracer des épaulements arrondis. Les lames au biseau aplati ont les mêmes dimensions que les gouges à tranchant extérieur.

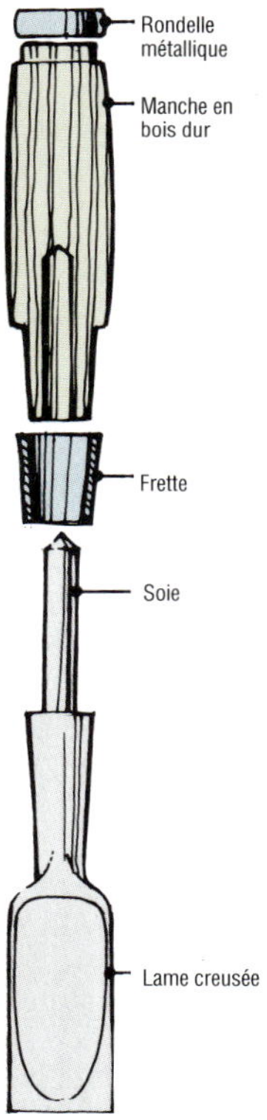

Structure du ciseau japonais

LES PIERRES À AIGUISER

Conserver le tranchant d'un outil est d'une importance capitale. Comparé avec un outil émoussé, un ciseau ou un rabot bien aiguisés permettent non seulement une meilleure finition, mais sont aussi plus faciles à manier, offrent moins de résistance et produisent un son de coupe net. Autant travailler avec un outil effilé est un véritable plaisir, autant cela devient une corvée lorsque l'outil est émoussé.
Un ciseau ou le fer d'un rabot est meulé à l'usine pendant la fabrication, mais on ne peut pas vraiment dire qu'il soit aiguisé.
Avant que la lame ne soit en parfait état de fonctionnement, elle doit être effilée sur une pierre à aiguiser et, dès que ses performances diminuent en qualité, elle doit être effilée à nouveau. Dès que le tranchant comporte une brèche ou qu'il est déformé par le nombre d'affûtages, le biseau avec lequel il est sorti de l'usine doit être reformé sur une pierre particulièrement rugueuse ou sur une meule.
Le tranchant des outils de menuiserie est entretenu en éliminant le métal sur des blocs de pierre abrasive spécialement conçus, formant ainsi un mince filet extrêmement coupant. Les meilleures pierres à aiguiser sont chères, mais on peut obtenir des résultats très satisfaisants sur des pierres synthétiques qui sont meilleur marché. Selon la nature de la pierre, celle-ci doit être lubrifiée à l'eau ou à l'huile pendant l'affûtage. Ce procédé empêche l'acier de surchauffer et immobilise les débris de pierre et de métal afin qu'ils n'obstruent pas la surface abrasive de la pierre.

VOIR AUSSI

Les rabots	88/97
Les ciseaux	98/101
Les tourets à meuler	106/107
Les planes	109
Ciseaux et gouges pour sculpture	272/273

Pierres à huile
La plupart des menuisiers affûtent leurs outils émoussés sur un bloc de pierre rectangulaire lubrifié à l'huile. Les pierres à huile de l'Arkansas sont communément considérées comme les plus fines. Les pierres douces de l'Arkansas, mouchetées de gris, sont très performantes et élimineront rapidement le métal lors de l'affûtage des outils. Les pierres dures blanches de l'Arkansas affûtent très finement les lames, mais il est recommandé d'utiliser les pierres dures noires de l'Arkansas pour un affûtage particulièrement précis. Les pierres à huile synthétiques, fabriquées en oxyde d'aluminium ou en silice de carbone, sont classées en trois catégories de grain : gros, moyen et fin.

Certains menuisiers ont une pierre de chaque catégorie montée sur leur établi afin de pouvoir passer de l'une à l'autre rapidement. Néanmoins, il est plus économique d'acheter deux pierres au grain différent que vous collerez dos à dos. On assemble généralement une pierre grosse avec une pierre moyenne, ou une pierre moyenne avec une pierre fine. Il est aussi possible d'acheter des combinaisons préassemblées de pierres synthétiques ou naturelles.

Pierres de sculpteur
Les pierres à eau moulées auxquelles on donne des formes correspondant à celles des outils du sculpteur sont disponibles en trois catégories de grain : gros, moyen et fin.

- **Montage des pierres à aiguiser**
L'idéal serait de monter vos pierres sur un établi séparé, tout à côté de l'établi sur lequel vous travaillez. Si vous rangez chaque pierre dans une boîte individuelle, la surface de celle-ci sera protégée de la poussière.

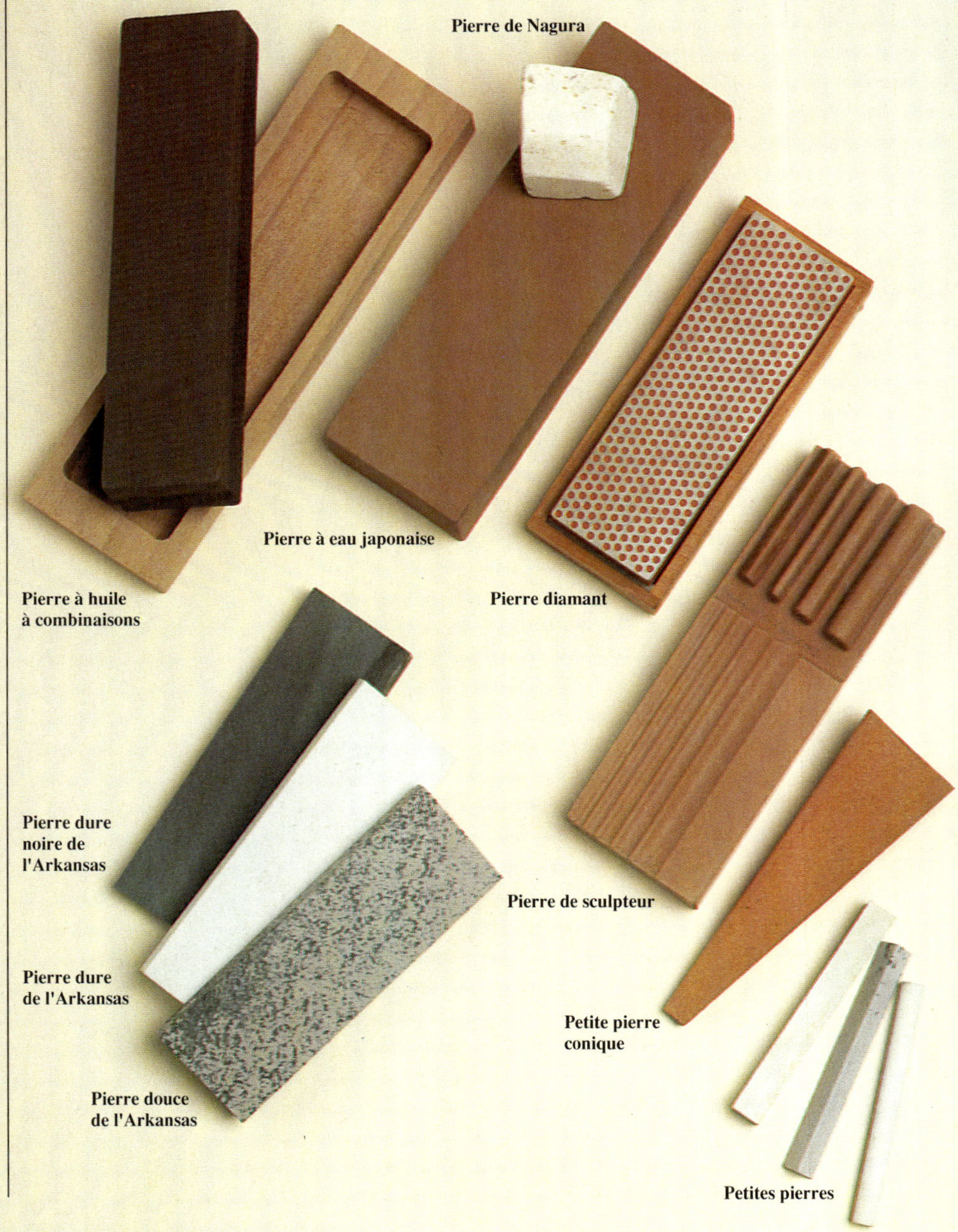

Pierre diamant
Les pierres fabriquées avec des particules de diamant encastrées dans une base en plastique, et représentant un dessin semblable à une grille, sont très solides et durables. Disponibles en trois catégories de grain : extra gros, gros et fin, ces pierres peuvent servir à aplanir les pierres naturelles à eau et à huile.

Pulvérisateur de particules de diamant
Pulvériser des particules de diamant sur une tuile de céramique produit une surface très pratique pour aiguiser tous les outils émoussés. Un pulvérisateur de particules de 45 microns sert pour un affûtage général. Il existe aussi des particules fines (14 microns) et extra-fines (6 microns), mais il faut pulvériser chacune d'entre elles sur une tuile différente.

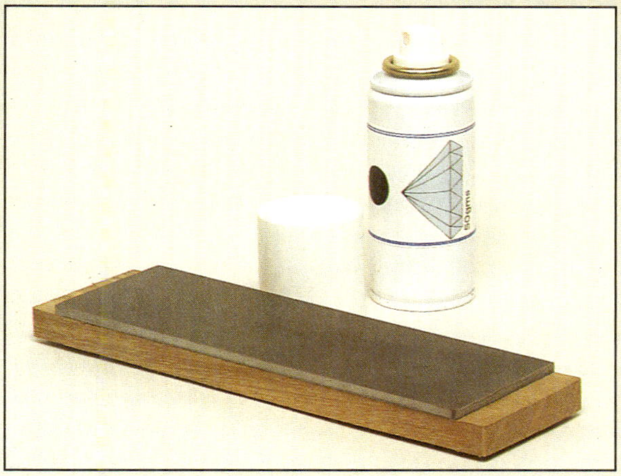

Pulvérisateur de particules de diamant

Petites pierres et limes
Pour affûter les gouges et les ciseaux à sculpture, de petites pierres aux formes précises sont nécessaires. Des pierres naturelles à eau et à huile sont fabriquées sous forme de petites pierres et existent en différentes catégories. Les pierres coniques ou en forme de larmes sont les plus utiles, mais il existe aussi des pierres spécialisées à angle droit et à tranchant, ainsi qu'une grande variété de pierres à section carrée, ronde et triangulaire. Les petites pierres à eau combinées servent à affûter les planes, les haches et les outils de jardinage.

Pierres à eau japonaises
Les pierres à affûter japonaises à la fois synthétiques et naturelles aiguisent extrêmement rapidement et sont disponibles dans une variété de grains bien plus étendue que les pierres à huile. Leur grain s'étend entre 800 pour le très gros, et 4 000, 6 000 et 8 000 pour le très fin, en passant par 1 000 qui est un grain moyennement fin.

Le prix des pierres à eau naturelles est si élevé, que seuls les artisans particulièrement doués peuvent se permettre d'en posséder une variété. La plupart des menuisiers se contentent de pierres artificielles mais possèdent souvent une pierre naturelle pour finir leur travail. Les pierres à combinaisons sont disponibles dans les assortiments courants.

Pour améliorer encore la qualité d'affûtage d'une pierre à eau, juste avant de l'utiliser, rendez-la plus glissante en frottant sa surface mouillée avec une pierre de Nagura semblable à de la craie. Ceci est particulièrement utile lorsque vous utilisez une pierre dure au grain fin.

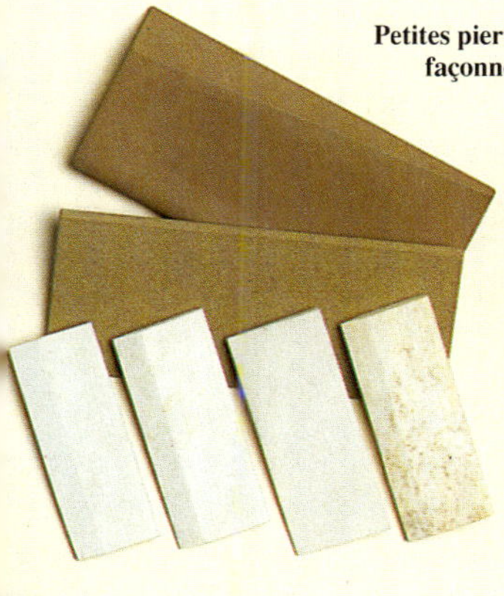
Petites pierres façonnées

ENTRETIEN DES PIERRES À AFFÛTER

Protégez vos pierres à huile afin d'éviter qu'elles ne se recouvrent de poussière. une pierre à huile finira toujours par s'encrasser avec de l'huile et de la poussière métallique. Dès que la pierre n'affûte plus de manière efficace, frottez-en la surface avec de la paraffine et une toile rugueuse.

Imbiber une pierre à eau
Avant d'utiliser une pierre à eau, on doit complètement l'imbiber d'eau par immersion. Une pierre à gros grain peut prendre quatre à cinq minutes avant d'être saturée, mais une pierre dure à grain fin prendra sensiblement moins de temps.

Rangez votre pierre à eau dans une boîte en vinyle destinée à cet usage afin que l'humidité ne s'évapore pas et qu'elle soit toujours prête à l'emploi. Vous pouvez aussi la ranger immergée dans un bocal. Il est en tout cas essentiel de toujours protéger une pierre à eau du gel car il est presque certain qu'elle se fendrait.

Aplanir une pierre à eau
Après un usage intensif, toutes les pierres à affûter finissent par se creuser. Pour les aplanir, frottez-les bien à plat sur de la poudre de carborundum mélangée à de l'eau ou de l'huile, étalée sur une plaque de verre (glace). Quant aux pierres à eau, aplanissez-les en les frottant sur une feuille de silice de carbone mouillée ayant un grain de 200, et collée à une plaque de verre (glace).

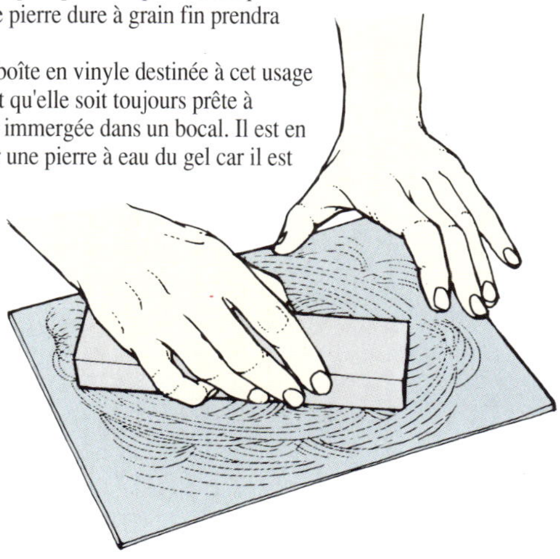
Aplanir une pierre à aiguiser

Types de grain des pierres à affûter
Les pierres à affûter sont classées selon différentes méthodes ; elles sont présentées ci-dessous afin de vous permettre de comparer les méthodes. Tout menuisier doit posséder au moins une pierre au grain moyen et une au grain fin.

TYPE DE GRAIN	PIERRES À HUILE ARTIFICIELLES	PIERRES À HUILE NATURELLES	PIERRES À EAU JAPONAISES
Extra-fort			**Grain de 100 et 200**
Fort	**Fort**	**P. douces de l'Arkansas**	**Grain de 800**
Moyen	**Moyen**	**P. dures de l'Arkansas**	**Grain de 1 000**
Fin	**Fin**	**P. dures noires de l'Ark.**	**Grain de 1 200**
Extra fin			**Grain de 6 à 8 000**

Brunissoir
Après avoir aiguisé vos outils sur une pierre, utilisez un brunissoir pour retirer toute trace de morfil et laisser à vos outils un tranchant semblable au fil d'un rasoir. Utilisez une simple bande de cuir, ou un brunissoir à combinaisons perfectionné, dont un des côtés est en toile émeri et les trois autres en cuir au grain allant de rugueux à fin.

Lubrifiez toutes les faces du brunissoir, sauf la plus fine, avec une pâte à brunir.

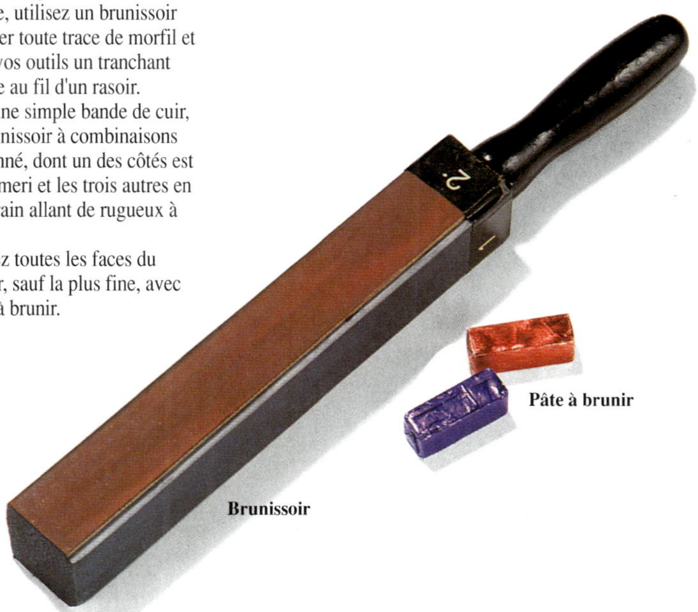

Pâte à brunir
Brunissoir

AFFÛTAGE DES CISEAUX ET FERS DE RABOTS

Le processus de meulage exécuté à l'usine laisse de minuscules éraflures sur le dos et le biseau d'un fer de rabot ou d'un ciseau neuf ; le tranchant est en dents de scie et inutilisable pour un travail délicat. Il est donc nécessaire d'affûter le dos et le biseau de l'outil sur une pierre au grain fin ou moyen avant de l'utiliser, ceci afin que son tranchant soit en parfait état.

VOIR AUSSI

Les rabots	88/97
Les rabots japonais	94
Ciseaux et gouges	98/101
Ciseaux et gouges japonais	101
Les pierres à aiguiser	102/103
Les ciseaux et gouges pour sculpture	272/273

Aplanir le dos d'une lame neuve
Lubrifiez votre pierre et placez-y la lame, à plat, biseau vers le haut. Frottez la lame le long de la pierre, en maintenant la pression afin qu'elle reste stable. Réitérez l'opération sur une pierre au grain plus fin.

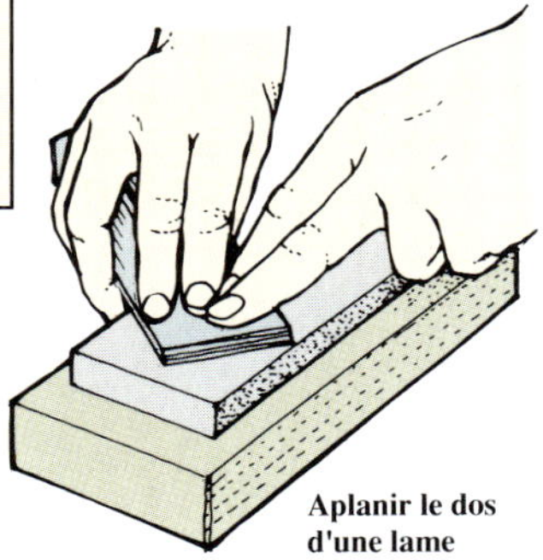

Aplanir le dos d'une lame neuve

Affûter le tranchant
Le biseau des lames de rabot et des ciseaux est meulé à un angle d'à peu près 25 degrés. Certains menuisiers affûtent le biseau de leurs outils à cet angle pour travailler les bois résineux, mais il est insuffisant pour les bois de feuillus. Il est donc nécessaire d'affûter un second biseau à un angle de 35 degrés sur l'extrémité du précédent, afin de fortifier la lame. Ce processus est très rapide car il ne faut éliminer qu'une très petite quantité de métal. Empoignez la lame avec la main droite, biseau vers le bas, index le long d'un des bords. Placez le bout des doigts de la main gauche sur la lame, pouce en dessous et en travers de celle-ci (1). Placez le biseau meulé sur une pierre lubrifiée au grain moyen et assurez-vous que celui-ci est bien à plat, puis soulevez légèrement la lame pour affûter le second biseau.

Maintenez vos poignets bien rigides afin de ne pas changer l'angle d'affûtage et frottez la lame en un mouvement de va-et-vient sur toute la longueur.

Affûtez le fer d'un rabot de façon que le tranchant soit en contact permanent avec la pierre (2). Quant à la lame d'un ciseau, frottez-la d'un côté à l'autre de la pierre afin que celle-ci ne se creuse pas en son centre (3). Affûtez enfin les lames extrêmement étroites sur le bord de la pierre.

Une fois que vous avez formé un biseau d'à peu près 1 millimètre, prenez une pierre au grain plus fin et passez-y la lame. L'affûtage produit un rebut, appelé morfil, sur le dos de la lame ; vous pouvez le sentir en y frottant légèrement votre pouce (4). Retirez ce morfil en affûtant le dos de la lame, repassez légèrement le biseau, repassez enfin le dos une dernière fois : le morfil s'est détaché et le tranchant est impeccable.

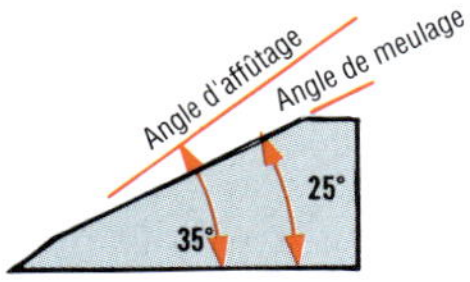

Aiguiser un biseau secondaire sur le tranchant de la lame, renforce celle-ci.

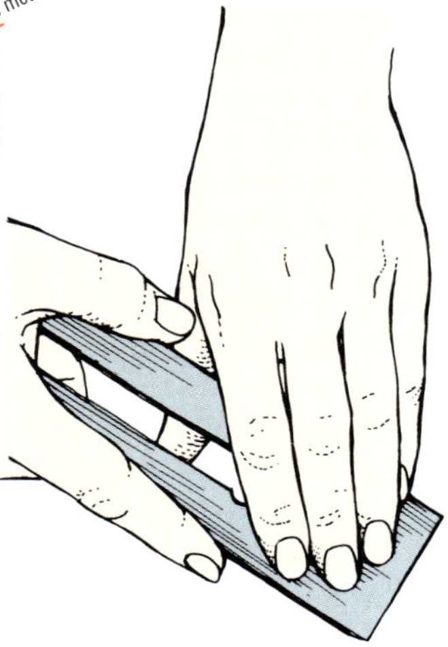

1 Tenir une lame pour l'affûter

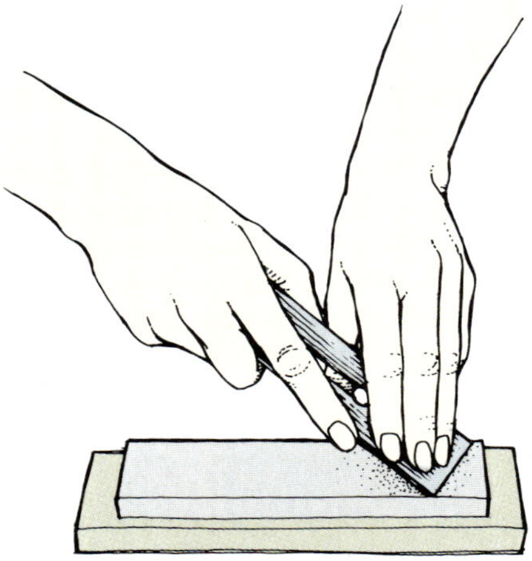

2 Positionner la lame selon un angle afin de bien recouvrir la pierre

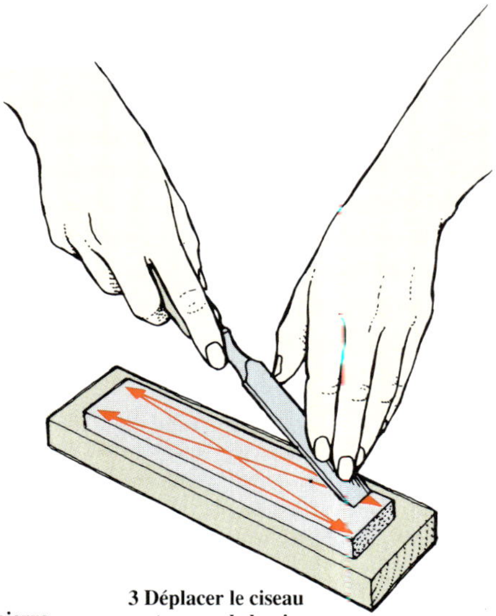

3 Déplacer le ciseau en travers de la pierre

UTILISATION D'UN GUIDE D'AFFÛTAGE

L'affûtage main est rapide et efficace, mais si vous ne réussissez pas à bien maîtriser la technique, vous pouvez caler le fer d'un rabot ou un ciseau dans un appareil servant à les maintenir selon l'angle adéquat par rapport à la pierre. Il existe différentes sortes de guides d'affûtage, mais ils ont tous la même utilité.

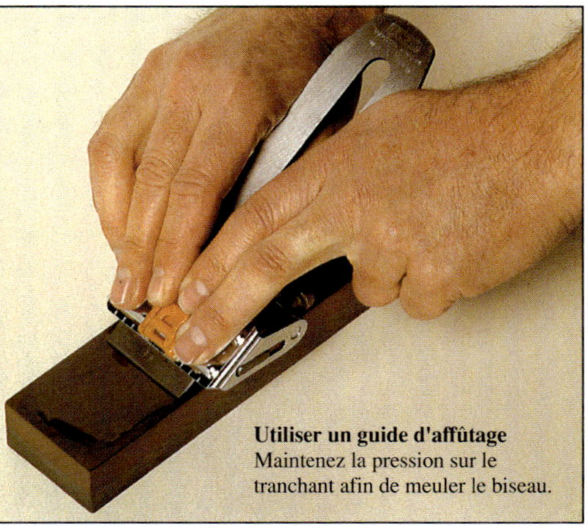

Utiliser un guide d'affûtage
Maintenez la pression sur le tranchant afin de meuler le biseau.

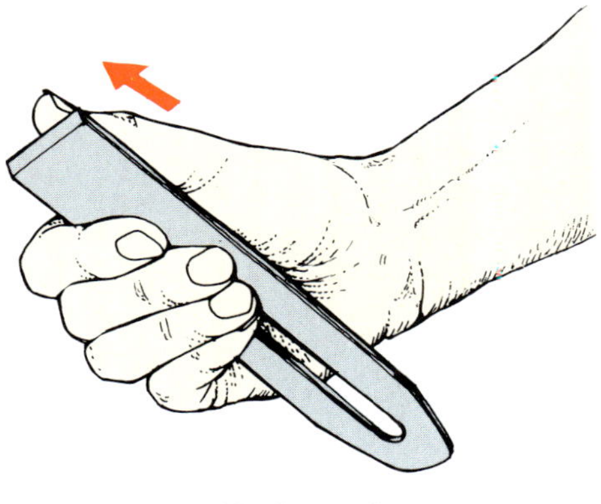

4 Sentir le morfil avec votre pouce

AFFÛTAGE DES GOUGES

Pour affûter une gouge à tranchant extérieur, frottez celle-ci d'un côté à l'autre de la pierre tout en lui imprimant un mouvement en huit afin d'égaliser l'usure (1). Retirez le morfil accumulé sur l'intérieur de la lame au moyen d'une petite pierre lubrifiée (2). Utilisez cette même pierre pour affûter le biseau d'une gouge à tranchant intérieur (3) et éliminez le morfil en frottant la lame d'un côté à l'autre d'une pierre tout en lui imprimant un léger mouvement de rotation (4).

Les gouges à sculpter s'affûtent de la même façon ; utilisez les petites pierres à tranchant pour affûter le tranchant de certains ciseaux spécialisés pour la sculpture, comme le ciseau en V.

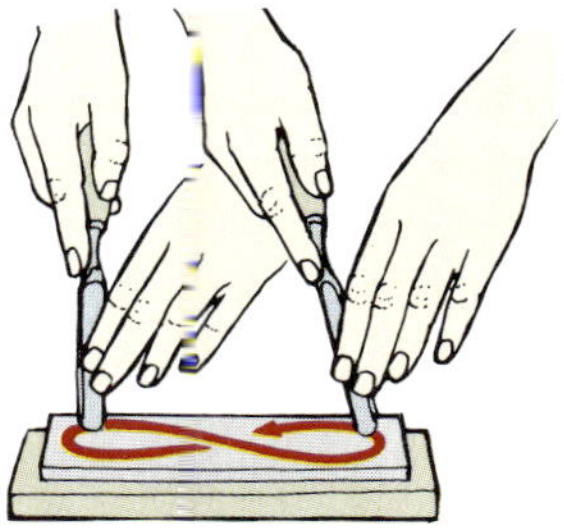

1 Affûter une gouge à tranchant extérieur

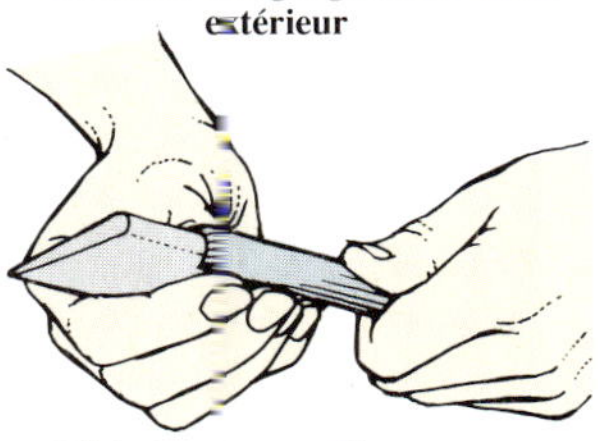

2 Éliminer le morfil avec une petite pierre

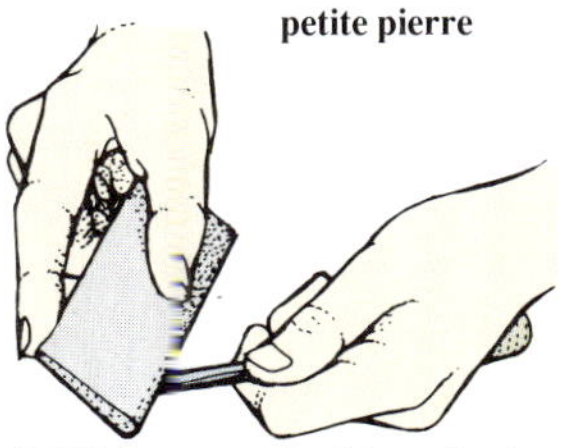

3 Affûter une gouge à tranchant intérieur

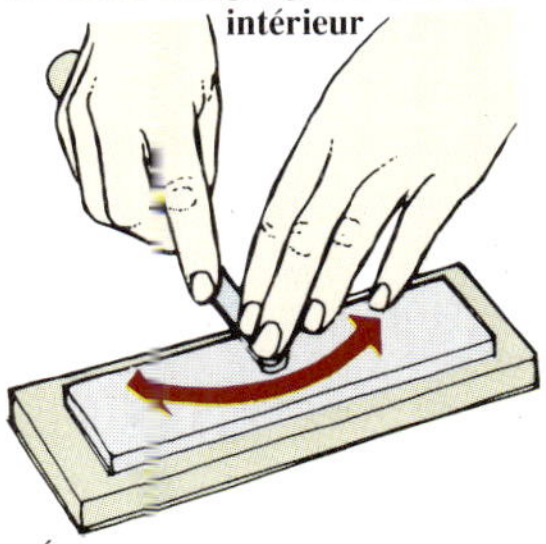

4 Éliminer le morfil sur une pierre à huile

AFFÛTAGE DES LAMES JAPONAISES

Les rabots et les ciseaux japonais s'affûtent de la même manière que les lames occidentales mais avec certaines différences dues à leur fabrication particulière. Etant donné que le tranchant de la lame est en acier dur laminé, il n'est pas nécessaire d'affûter un deuxième biseau pour les fortifier. Le creux formé au meulage sur le dos des lames crée une étroite bordure métallique que l'on peut facilement aplanir sur une pierre. Cependant, l'affûtage répété du biseau use ce creux et déforme le fil du tranchant. On maintient donc ce creux en aplanissant le dos de la lame après chaque affûtage. Néanmoins, ce travail non seulement use la lame assez rapidement mais est plutôt laborieux lorsqu'il s'agit de larges ciseaux ou fers de rabots. Les artisans japonais préfèrent reformer ce creux en remplissant régulièrement de métal l'étroite bordure située derrière le tranchant.

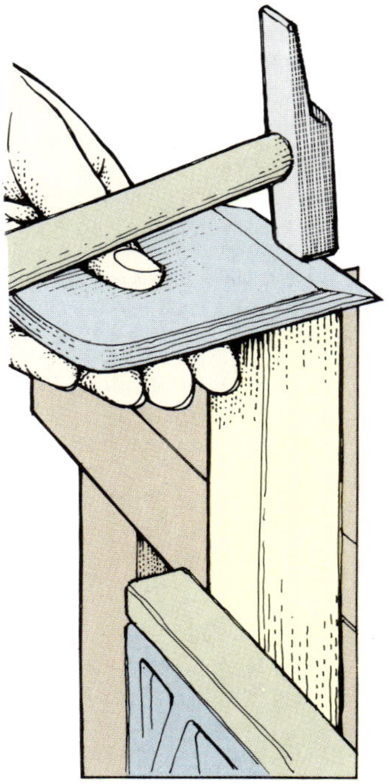

Maintenir un dos creusé
Une méthode consiste à marteler le biseau de métal tendre.

Aplanir des lames neuves
On aplanit les nouvelles lames de ciseaux et de rabots japonais tout comme les lames occidentales. Le métal est si dur qu'il faut meuler les lames sur une plaque à aplanir en acier sur laquelle on aura versé une pincée de carborundum ou de silice de carbone à gros grain, mélangé à de l'eau.

Tenez la lame bien à plat sur la surface de la plaque et à angle droit avec celle-ci, et maintenez-la appuyée au moyen d'un petit morceau de bois tendre. Lorsque l'étroite bordure est de couleur uniforme, réitérez l'opération avec une poudre au grain plus fin. Nettoyez la lame et repassez-la sur une pierre au grain moyen afin de continuer à aplanir le dos. Terminez le travail sur une pierre au grain fin jusqu'à ce que la lame brille comme un miroir.

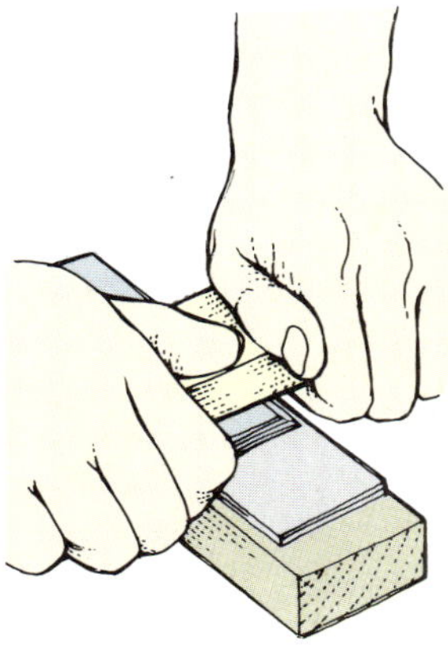

Aplanir une lame
Meulez le dos d'une lame en utilisant une pièce de bois pour exercer une pression.

Affûtage du tranchant
Affûtez le tranchant des lames japonaises de la même manière que les lames occidentales, mais en travaillant sur toute la largeur du biseau. N'affûtez jamais un second biseau.

Préserver le creux du dos de la lame
Reformer ce creux relève d'un grand talent. La tradition veut que l'on repose la lame sur le bord d'une bille de bois et que l'on frappe le biseau au moyen d'un marteau carré afin que la bordure métallique se reforme. Il faut toujours frapper sur la partie tendre du biseau, la partie dure, étant fragile, se casserait sous les coups du marteau.

Une fois la bordure reformée, aplanissez le dos de la lame sur une plaque de meulage selon le procédé décrit plus haut (voir à gauche).

Gabarit de martelage de lame
Comme il faut une grande habitude pour mener à bien le martelage, on emploie souvent un gabarit de martelage. Une lourde barre métallique coulissant dans un tuyau est lâchée sur le biseau de la lame qui est soutenu par une enclume.

Vous pouvez aussi faire reformer vos lames japonaises par un professionnel.

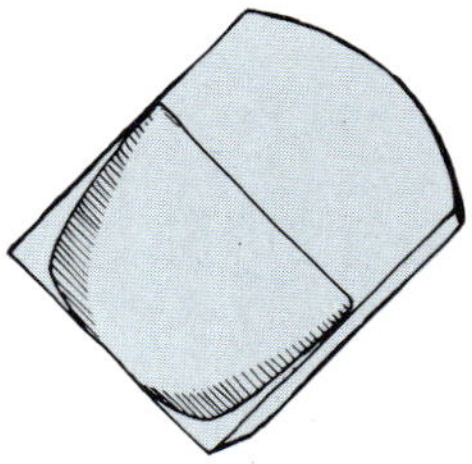

Un affûtage répétitif use le creux de la lame

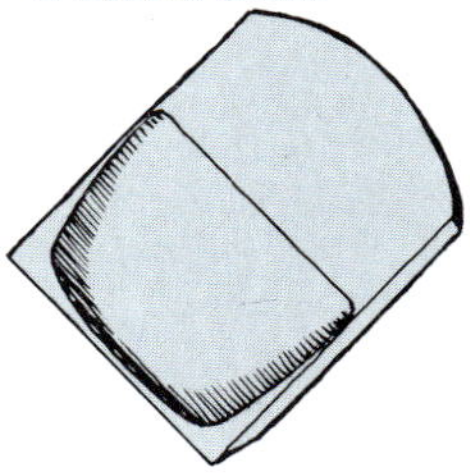

Le martelage du biseau de métal tendre reforme le chant

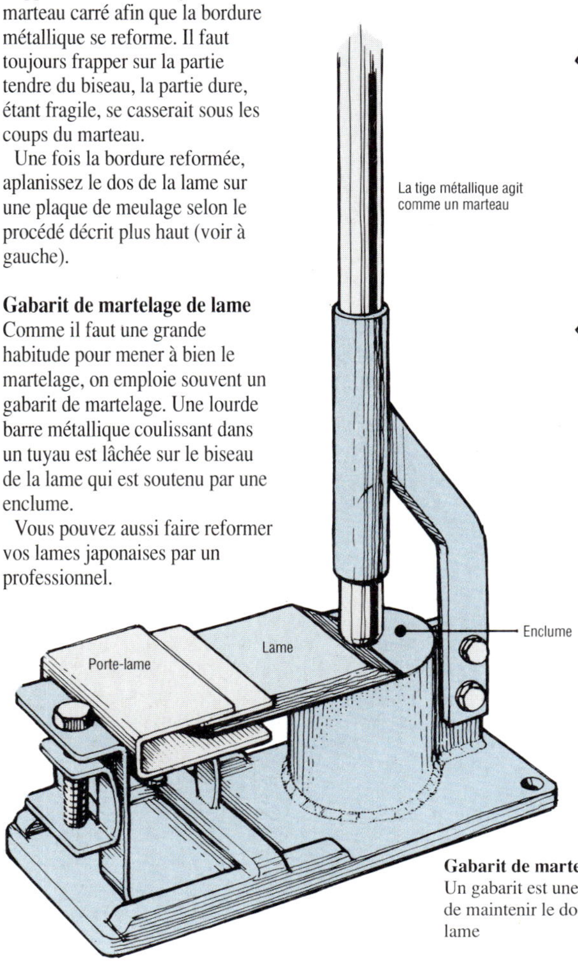

Gabarit de martelage des lames
Un gabarit est une façon plus facile de maintenir le dos creusé d'une lame

LES TOURETS À MEULER

Pendant des siècles, les lames émoussées ou déformées ont été meulées sur des pierres d'établi au grain variant entre 100 et 200. Bien que cette méthode soit encore parfaitement adéquate, beaucoup de menuisiers préfèrent réparer le tranchant de leurs lames et fers de rabot sur des tourets à meuler électriques à grande vitesse ou sur des pierres à repasser à petite vitesse.

Tourets à meuler à grande vitesse
Un touret à meuler d'établi classique est équipé d'un moteur électrique dont la puissance varie entre 1/4 et 3/4 de cheval, et fait tourner deux meules en oxyde d'aluminium à à peu près 3 000 tours/minute. La majorité des meules ont un diamètre variant entre 125 et 200 millimètres. Les plus larges sont idéales pour meuler les lames, car les petites meules ont tendance à exagérer le creux du biseau. Ces meules sont interchangeables, mais la plupart des tourets à meuler sont fournis avec une meule à gros grain et une au grain fin. Tous les tourets à meuler à grande vitesse sont protégés pour éviter les accidents et équipés de déflecteurs d'étincelles servant à protéger les yeux. Un porte-outil réglable est installé devant chaque meule.

Un touret à meuler doit toujours être solidement fixé sur un établi avant d'être utilisé.

Les tourets à meuler à grande vitesse affûtent les lames rapidement. Equipés d'une variété de meules, de brosses de fer et de tampons à polir, ils peuvent aussi façonner, nettoyer ou polir tout travail des métaux.

Roues abrasives en caoutchouc
Après avoir meulé un biseau sur une lame, il faut normalement l'affûter sur une pierre afin de bien former son tranchant. Néanmoins, vous pouvez utiliser un touret à meuler d'établi équipé d'une meule en néoprène garni de silice de carbone pour affûter vos ciseaux, gouges et fers de rabots. Ces meules, au diamètre variant entre 100 et 150 millimètres, sont résistantes à l'eau et à l'huile et existent en grain gros, moyen et fin.

On meule une lame sur une meule tournant vers soi, cependant, une meule en néoprène doit tourner dans le sens contraire car la lame abîmerait ce matériau relativement fragile. Si vous ne réussissez pas à inverser le sens giratoire de votre touret à meuler, vous pouvez toujours affûter votre lame sur le côté de la meule.

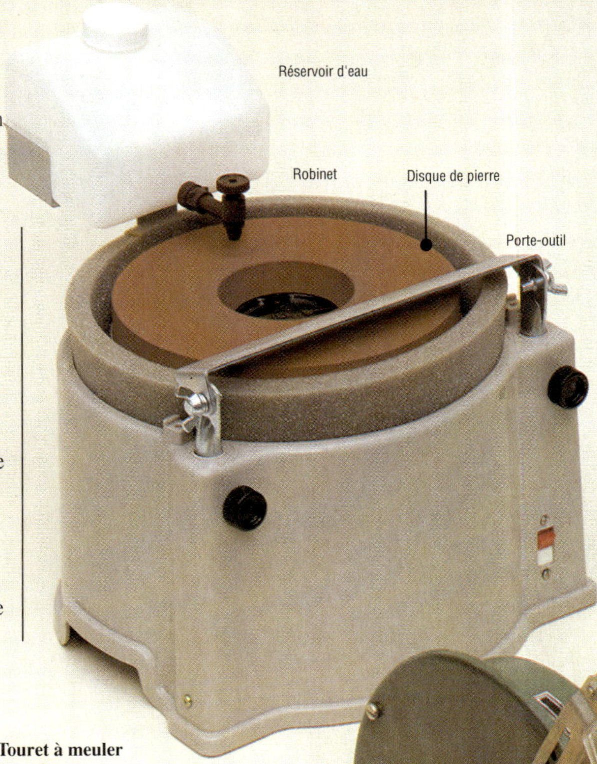

Touret à meuler électrique

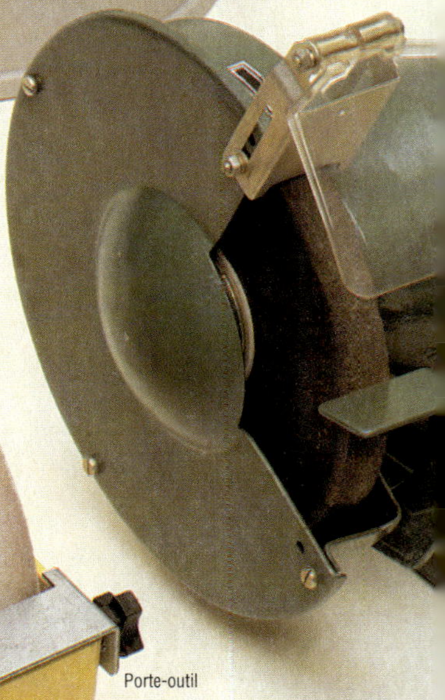

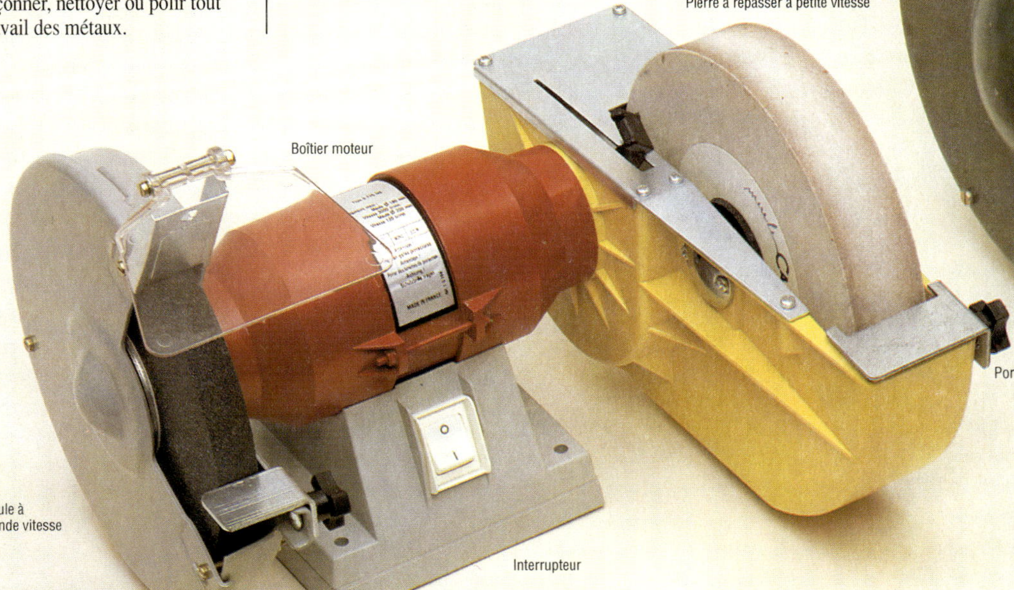

Meule à combinaisons

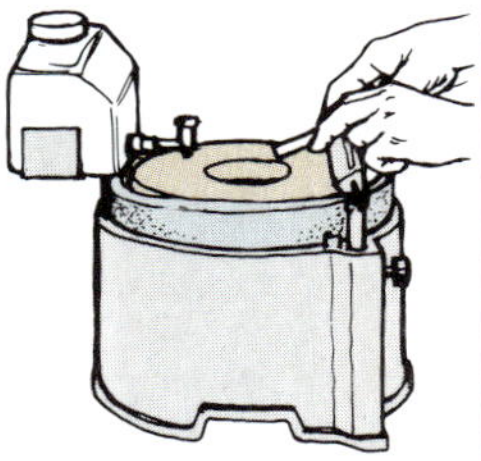
Utiliser un touret à meuler électrique

Pierres à repasser électriques
On peut éviter le problème courant que pose la surchauffe des lames en travaillant avec une pierre à repasser électrique et à petite vitesse. Un disque en pierre ne tourne qu'à une vitesse de 500 tours/minute et est lubrifié en permanence par un filet d'eau continu coulant d'un petit réservoir monté sur la machine.
Ce type de machine est généralement fourni équipé d'une pierre à usage multiple et au grain de 1 000, mais il est très facile de changer celle-ci pour une autre dont le grain peut varier entre 180 et 6 000, cette dernière servant à affûter un tranchant particulièrement délicat.

Meules à combinaisons
Il existe certaines machines qui combinent les avantages d'un touret à meuler à grande vitesse avec ceux d'une pierre à repasser à petite vitesse. Vous trouverez, par exemple, la meule en oxyde d'aluminium à une extrémité de la machine, tandis qu'à l'autre, vous trouverez une pierre à repasser actionnée par un levier et tournant dans un bain d'eau. On affûte généralement les lames sur le bord de ce type de pierre à repasser.

D'autres machines encore combinent une meule classique avec une courroie à meuler abrasive. Etant donné la plus grande surface des courroies, celles-ci chauffent bien moins vite que les meules à grande vitesse. Lorsqu'une courroie est encrassée, elle est remplacée.

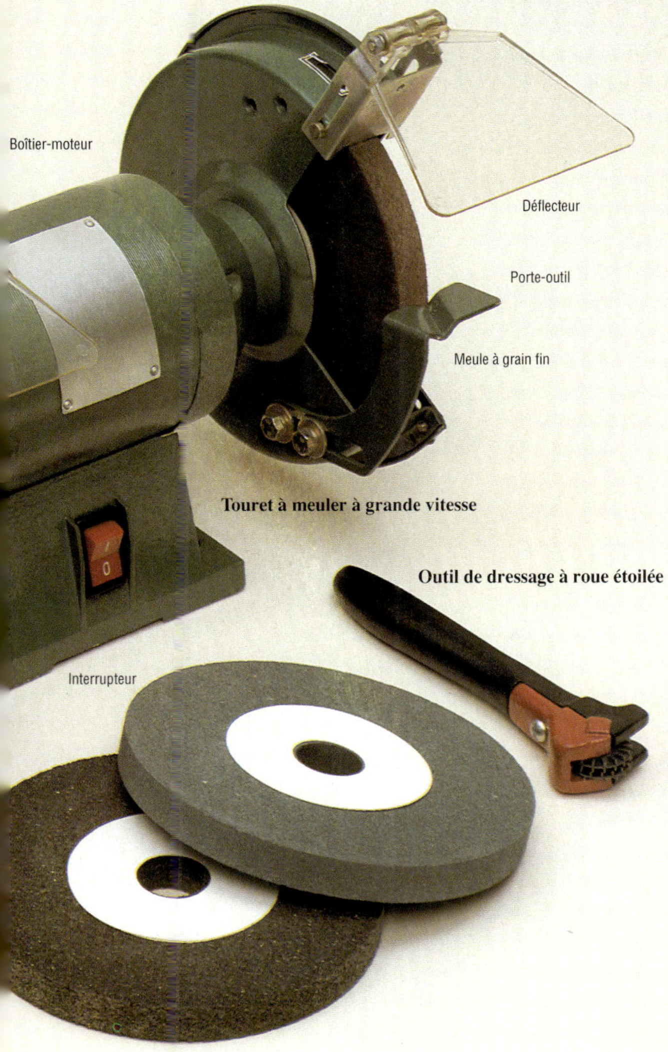

Meules

NETTOYAGE D'UNE MEULE

Les meules en oxyde d'aluminium ne sont plus efficaces lorsque leur surface est « glacée » – c'est-à-dire encrassée par des particules métalliques.

On retrouve une surface propre et efficace en appuyant un outil de dressage à roue étoilée sur la surface de la meule en mouvement. Ce travail peut aussi être fait avec un bloc de carborundum.

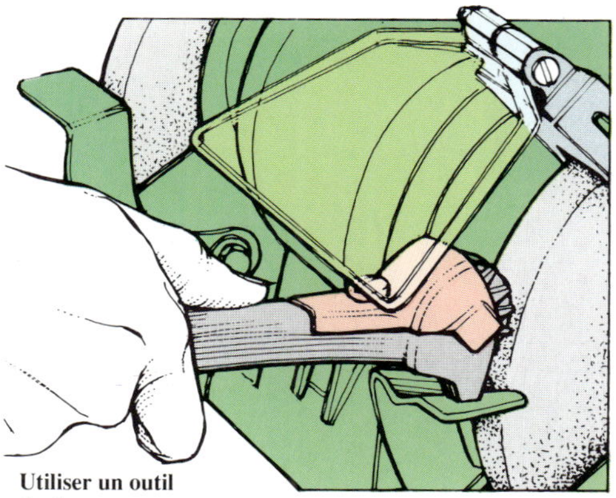

Utiliser un outil de dressage

MEULER UN CISEAU OU UN FER DE RABOT

Pour reformer une lame très endommagée, commencez par une meule au gros grain et passez progressivement à un grain plus fin.

Avant de reformer le biseau d'une lame, vérifiez sa rectitude au moyen d'une équerre (1). Si l'usure a provoqué une dénivellation marquez une nouvelle ligne à angle droit des bords de la lame avec un feutre.

Ajustez le porte-outil à peu près à 3 millimètres de la meule, vérifiez que toutes les vis d'ajustage sont bien serrées, puis allumez la machine.

Munissez-vous de lunettes protectrices, trempez la lame dans l'eau, et posez-la, biseau vers le bas, sur le porte-outil. Avancez progressivement la lame vers la meule et dès que le contact est établi, imprimez-lui un mouvement latéral (2), ceci sans interruption afin de ne pas surchauffer la lame. Trempez celle-ci régulièrement dans l'eau.

Une fois l'équerrage rétabli, coupez le moteur et réajustez le porte-outil afin qu'il présente la lame à un angle d'à peu près 25 degrés par rapport à la meule.

Rallumez la machine et travaillez comme précédemment, cette fois cependant sur toute la largeur de la lame (3). N'appuyez jamais trop fort et trempez régulièrement la lame pour la refroidir, ou pulvérisez directement l'eau sur la lame en contact avec la meule. Si vous exagérez la pression sur la lame, elle chauffera à une température qui la bleuira, et son tranchant ne sera ni résistant ni durable ; le seul remède à ce problème est de réaffûter la lame au-delà de la partie bleuie.

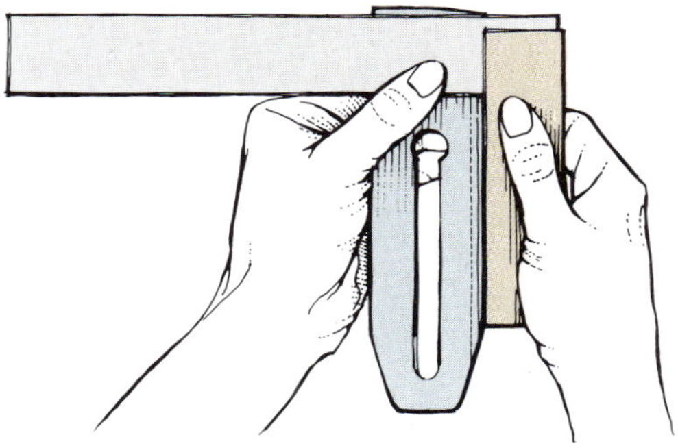

1 Vérifier l'équerrage au moyen d'une équerre

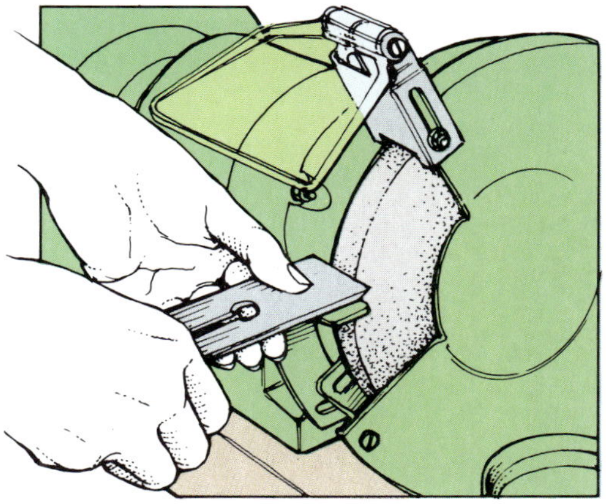

2 Meuler le tranchant d'équerre

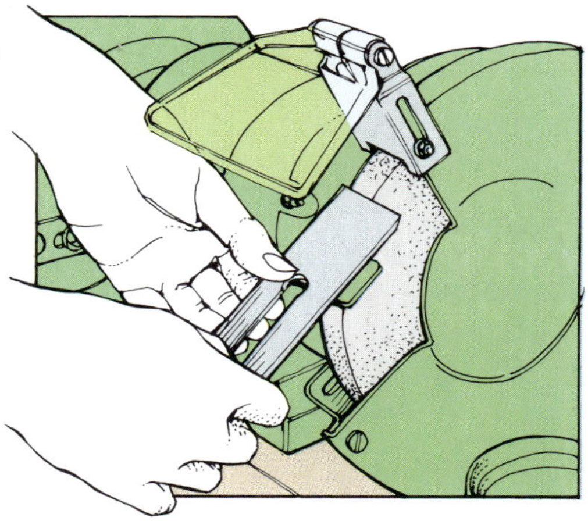

3 Meuler le biseau du tranchant

LES VASTRINGUES

Une vastringue donne le même fini qu'un rabot, mais vu l'étroitesse de sa lame, c'est un outil très difficile à manier et un certain « tour de main » doit être acquis avant de pouvoir l'employer d'une manière efficace. Néanmoins, conçue pour lisser les pièces courbées, la vastringue reste dans certaines situations, le seul outil utilisable. Enfin, certaines vastringues spécialisées ne sont pas essentielles dans un atelier, car le même résultat peut être obtenu avec un rabot ou une varlope, bien que cela prenne plus de temps.

VOIR AUSSI

Les bols sculptés	45
Les chaises à barreaux	54
Les pierres à aiguiser	102/103
Les tourets à meuler	106/107
Les établis	212/213

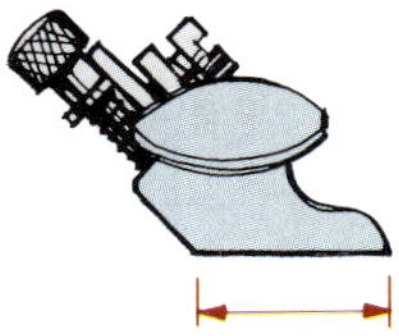

Face droite

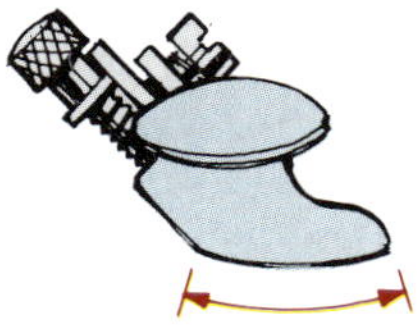

Face arrondie

VASTRINGUES SPÉCIALISÉES

Jadis un artisan, qu'il soit tonnelier, charron ou charpentier, se serait fabriqué sa propre vastringue spécialisée. Les catalogues d'outils exposent encore des vastringues qui ne sont pas essentielles à l'artisan moyen, mais qui servent néanmoins à accélérer ou faciliter un travail.

Vastringue semi-arrondie
Avec la face et la lame profondes et concaves, cet outil sert à façonner des barreaux et montants arrondis. Le même travail peut être accompli avec un rabot ou une vastringue plate, mais cet outil retire plus de bois à chaque passage.

Vastringue à rayon
C'est l'outil idéal pour creuser des trous profonds lors de la fabrication d'une chaise en bois.

Vastringue à combinaisons
C'est une vastringue à double usage, équipée d'une lame semi-ronde montée à côté d'une lame droite. Cet outil est très utile pour façonner un ouvrage au profil variable, évitant ainsi de changer d'outil trop fréquemment.

Vastringue à chanfrein
Cette vastringue est équipée de guides ajustables permettant de tailler avec précision des chanfreins pouvant mesurer jusqu'à 38 millimètres. Cet outil se tient selon un angle de 45 degrés par rapport à la face de l'ouvrage.

VASTRINGUES ORDINAIRES

Vastringue arrondie
Cette vastringue est à face convexe et s'utilise pour lisser une pièce de bois concave ; il n'existe aucun outil aussi performant pour ce travail.

La lame de la vastringue ressemble à un minuscule fer de rabot, et se maintient au moyen d'un simple contre-fer. Sur les vastringues les plus simples, la profondeur de coupe s'ajuste en déplaçant la lame à la main jusqu'à ce que sa position soit satisfaisante, elle est ensuite serrée au moyen de la vis placée sur le contre-fer. Un ajustage plus précis peut être effectué sur une vastringue équipée d'une vis de serrage sur chaque coin supérieur de la lame.

Vastringues à lames droites
Ce type de vastringue est en tous points identique à la vastringue arrondie, excepté en ce qui concerne sa face plate conçue pour lisser une courbe convexe. Une fois de plus, la pièce à travailler doit être positionnée de manière à travailler dans le sens du fil.

Divers types de vastringues
1 Vastringue ordinaire
2 Vastringue à combinaisons
3 Vastringue à chanfrein
4 Vastringue semi-arrondie
5 Vastringue à rayon

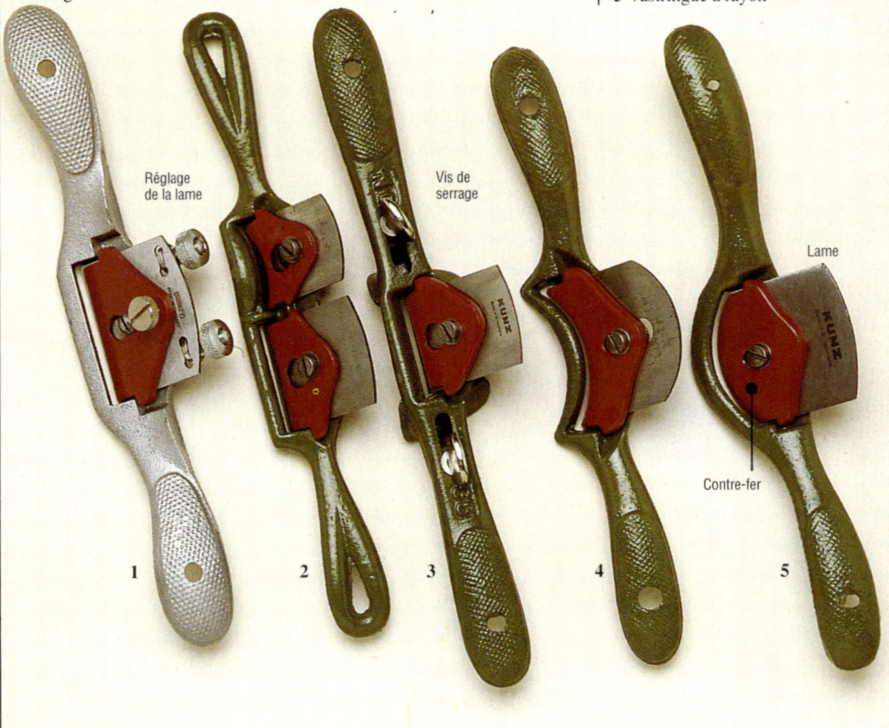

UTILISATION ET AFFÛTAGE D'UNE VASTRINGUE

Jusqu'à ce que vous ayez acquis le « tour de main » adéquat, ou la vastringue glissera sur la surface à travailler sans jamais entailler le bois, ou elle se bloquera systématiquement dans le bois. Entraînez-vous sur des rebuts de bois résineux, avant d'attaquer les coûteux bois de feuillus.

Contrôler une vastringue
Les vastringues coupent lorsqu'elles sont poussées. Un contrôle précis de l'angle de la lame par rapport à la pièce à travailler s'obtient en tenant l'outil à deux mains, les pouces reposés sur le dos des poignées. En appuyant la vastringue sur la surface à lisser, balancez-la légèrement de l'avant à l'arrière jusqu'à ce qu'elle taille convenablement. Taillez toujours dans le sens du fil.

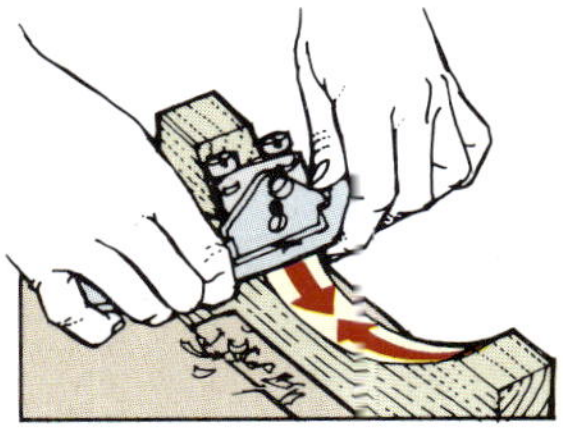

Diriger une vastringue

Affûtage d'une lame de vastringue
Une lame de vastringue s'affûte sur une pierre de la même façon qu'une lame de ciseau. Mais il est très difficile de maintenir une si petite lame à un angle constant par rapport à la pierre.
Vous pouvez soit l'insérer dans un guide d'affûtage, soit tailler une fente dans une pièce de bois dans laquelle vous introduirez le haut de la lame.

Rétablissez le biseau d'une lame sur une pierre en la maintenant de la même façon, ou sur un touret à meuler en la serrant dans une pince-étau.

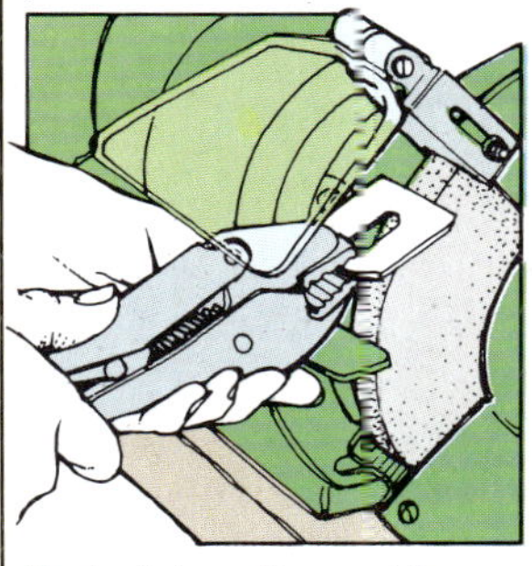

Meuler la lame d'une vastringue

LES PLANES

Avec l'herminette et la hache, la plane est l'un des outils les plus anciens. Il était utilisé par différents artisans, du fabricant de bateaux au fabricant de chaises, pour façonner grossièrement une pièce de bois qu'ils peaufineraient ensuite au rabot ou à la vastringue. De nos jours, la plane est rarement utilisée, sauf par certains artisans qui apprécient la vitesse avec laquelle on peut réduire une pièce de bois pour ensuite la travailler au tour ou la graver. La plane reste néanmoins un outil pratique qui peut servir, dans les mains d'artisans chevronnés, à fabriquer des dossiers ou des bras de chaise cintrés, et bien d'autres choses encore.

Plane
A travers les siècles, et sous l'influence des styles locaux, ou des besoins des artisans spécialisés, la plane s'est développée sous différents aspects.

Il existe encore aujourd'hui plusieurs variantes de la plane. Une plane courante peut avoir une lame droite ou courbée, biseautée sur un chant. La partie métallique située de chaque côté de la lame est taillée en « ergots », pliés à angle droit et encastrés dans une poignée en bois.

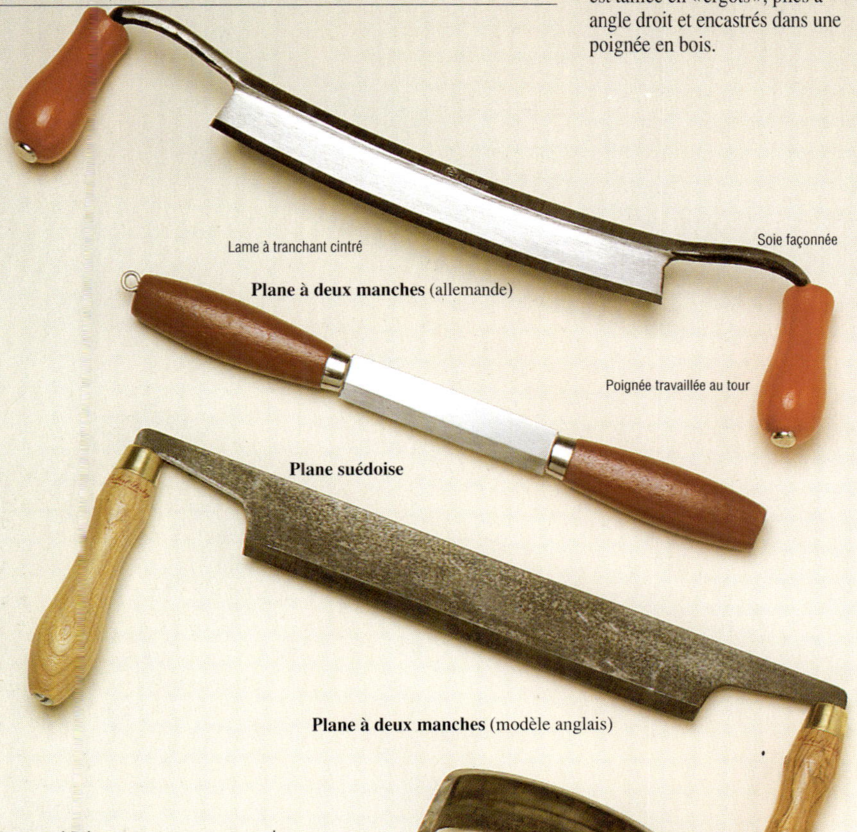

Plane à deux manches (allemande)

Plane suédoise

Plane à deux manches (modèle anglais)

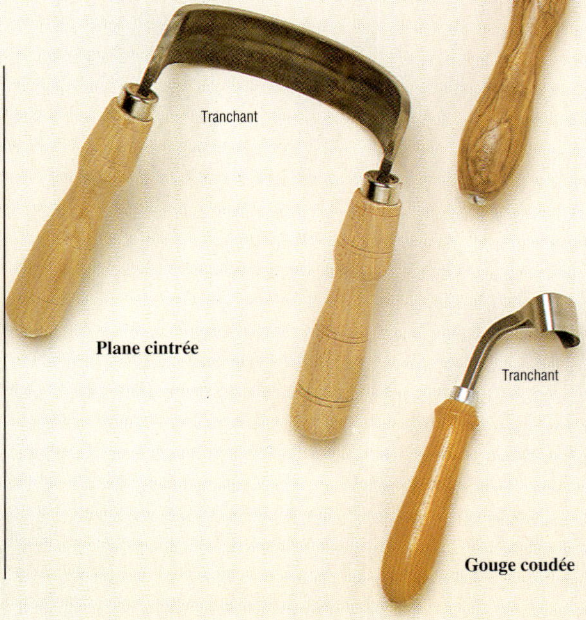

Plane cintrée

Gouge coudée

Plane suédoise
Cet outil, un dérivé contemporain de la plane, est équipé d'une lame mesurant 100 millimètres par 25 millimètres et de deux poignées horizontales prolongeant celle-ci. On peut se servir de cet outil, soit en le tirant, soit en le poussant.

Plane cintrée
Ce type de plane est extrêmement cintré, afin de pouvoir travailler des courbes serrées ou des creux profonds. Ces planes sont généralement biseautées sur l'extérieur.

Gouge coudée
La gouge coudée est une gouge cintrée que l'on tient d'une main et qui sert à façonner des bols ou des cuillers en bois.

UTILISATION D'UNE PLANE

Lorsque vous utilisez une plane, appuyez vos pouces sur l'angle que forme la lame avec la poignée afin d'empêcher l'outil de tourner, et de bien contrôler l'angle de coupe. On utilise une plane en la tirant vers soi dans le sens du fil. Positionner la lame en travers de la pièce crée une action de tranchage fort utile pour travailler les bois difficiles.

- **Affûter une plane**
Maintenez la plane en position verticale en faisant reposer une de ses poignées dans un étau. Affûtez au moyen d'une pierre à huile lubrifiée en petits coups circulaires.

Façonner avec une plane
Si vous façonnez une pièce de bois convexe, maintenez le biseau de l'outil vers le haut. Retournez l'outil lorsque vous travaillez sur une pièce concave, où le biseau s'enfoncerait profondément dans le bois.

Maintenir la pièce à travailler
Traditionnellement lorsqu'ils travaillent à la plane, les artisans maintiennent la pièce à travailler dans un chevalet – un long banc équipé d'un levier de blocage actionné par le pied (1).

Néanmoins il est fort possible de s'installer à l'extrémité d'un établi, et de travailler sur une pièce de bois maintenue par un valet d'établi (2). On peut aussi utiliser un bavoir que l'on aura taillé dans une planche de bois et attaché au cou par une cordelette. En appuyant une extrémité de la pièce à travailler contre l'établi et l'autre contre le bavoir, l'ouvrage est parfaitement stable.

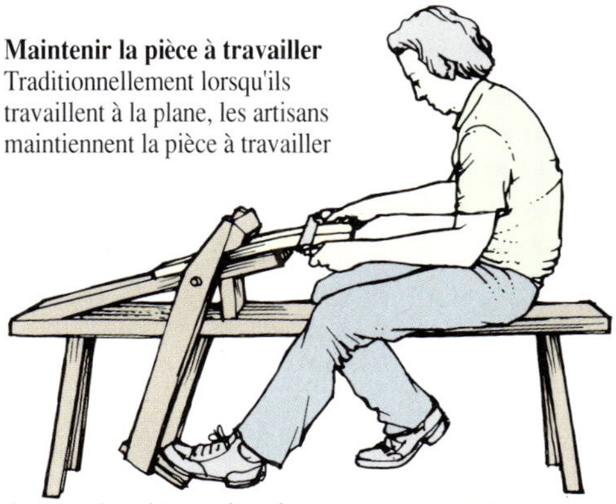

1 Chevalet traditionnel

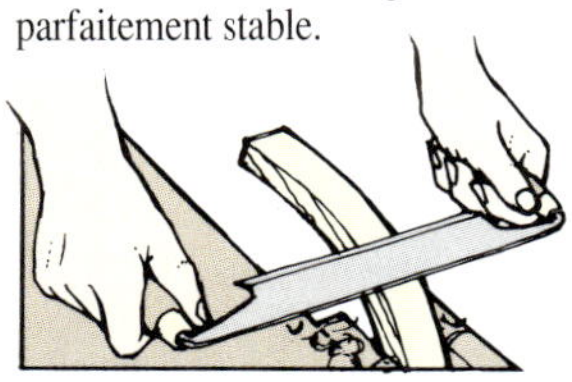

2 Serrer l'ouvrage fermement

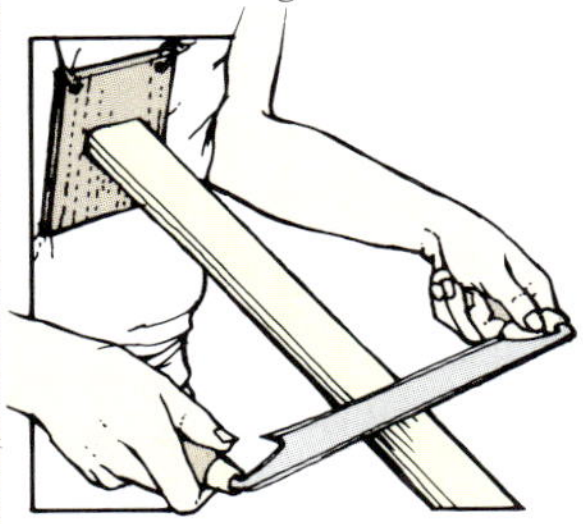

3 Utiliser un bavoir

VOIR AUSSI

Les pierres à aiguiser	102/103
La sculpture	272/281
Préparation des surfaces	284/285
Les papiers abrasifs	285

AFFÛTAGE DES RACLOIRS

N'importe quelle pièce d'acier sans tranchant raclera le bois jusqu'à un certain degré. Il est fort probable que celle-ci ne racle que de la poussière et, si d'aventure un copeau se forme, il sera irrégulier et inconsistant, laissant derrière lui une surface mal finie. Il faut meuler, affûter et polir un grattoir jusqu'à ce que le minuscule morfil qui se sera formé agisse comme un fer de rabot miniature.

Former le tranchant
Serrez un grattoir neuf dans un étau, et utilisez une lime métallique douce pour préparer le tranchant. Servez-vous du bout de vos doigts pour guider la lime et éviter qu'elle ne tangue trop pendant que vous la faites courir le long du grattoir (1).

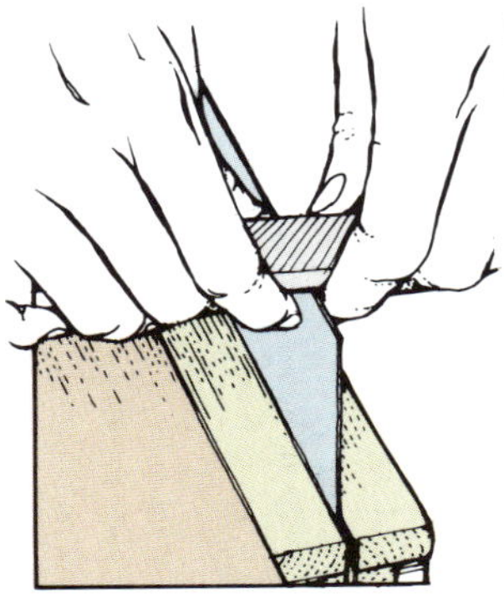

1 Travailler le tranchant à la lime

Affûtage à la pierre
Après avoir préparé le tranchant à la lime jusqu'à ce qu'il soit doux et brillant, affûtez-le avec une pierre à huile de la même manière que vous avez travaillé avec la lime. Retournez souvent la lame afin que sa surface ne se creuse pas. Frottez la pierre de chaque côté du grattoir afin de l'ébarber (2).

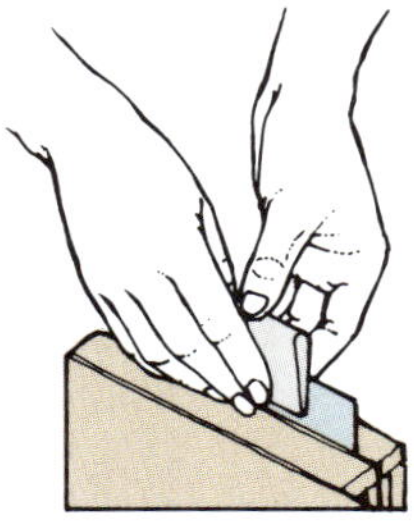

2 Adoucir à la pierre à aiguiser

Créer un morfil
Pour créer un morfil, placez le grattoir sur le bord de l'établi et passez fermement un polissoir sur sa face quatre ou cinq fois (3), puis retournez le grattoir et réitérez ce procédé.

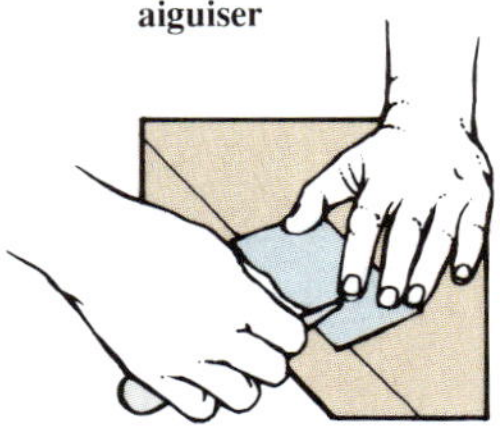

3 Soulever le morfil

Pour rabattre le morfil à angle droit, tenez le grattoir sur un des côtés et effectuez deux ou trois passages avec le polissoir positionné à un angle de 85 degrés (4).

Chaque fois que le grattoir ou la lame ne coupent plus correctement, reformez le morfil. Il n'est pas nécessaire de meuler à nouveau le tranchant à moins que celui-ci ne soit émoussé ou gauchi.

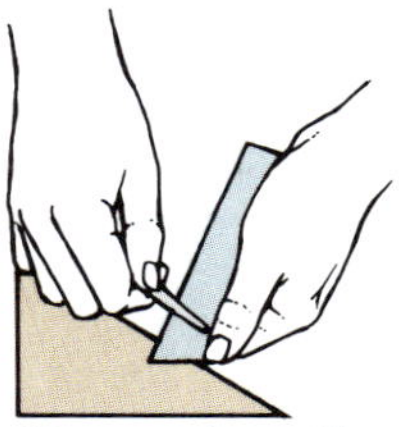

4 Retourner le morfil

LES RACLOIRS

L'usage d'un racloir métallique finement aiguisé retirant des copeaux fins comme du papier à cigarette laisse au bois un fini bien supérieur à celui obtenu par le ponçage, qui encrasse le grain avec de la poussière. Ceci est encore plus flagrant avec des bois au grain irrégulier qui s'abîmeraient, même sous l'action d'un rabot très finement ajusté. Le racloir sert aussi à effacer les traces de colle et autres taches.

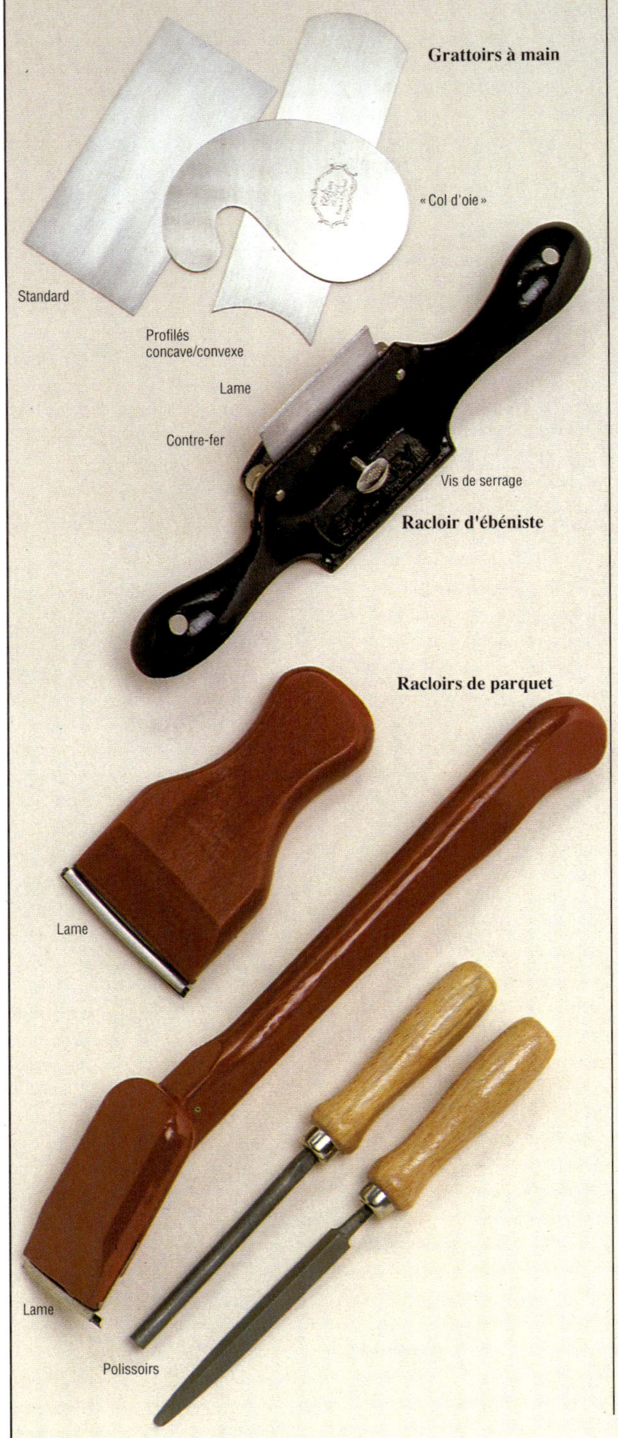

Grattoirs à main
Le grattoir à main servant à racler des surfaces planes, est un simple rectangle d'acier trempé. Il n'est pas affûté lorsqu'on l'achète, et son tranchant doit être façonné avant de pouvoir l'utiliser.

Les racloirs profilés en col d'oie ou concave/convexe servent à finir les moulures et autres travaux à courbes.

Racloirs de parquet
Un racloir de parquet à poignée en bois est un outil facile à utiliser et agréable à tenir en main. Il est équipé de lames jetables, remplacées dès qu'elles sont émoussées. Les modèles équipés d'un long manche sont particulièrement utiles pour des travaux d'envergure sur les parquets, les bateaux et ainsi de suite. Lorsque vous utilisez un racloir de parquet (qui ne fonctionne que lorsqu'il est tiré) maintenez-le à un angle constant par rapport à la surface.

Racloir d'ébéniste
Un simple grattoir à main peut devenir fastidieux pour les pouces, particulièrement lorsqu'il chauffe à un tel point qu'il peut brûler les doigts. Le racloir d'ébéniste est un simple outil en acier coulé conçu pour faciliter les travaux à exécuter au grattoir. Encastrée dans le socle à un angle adéquat, la lame est courbée sous l'action d'une vis moletée centrale.

Par opposition au grattoir, fourni sans tranchant, le racloir d'ébéniste est meulé sur les deux faces à un angle de 45 degrés. Affûtez cette lame sur une pierre de la même façon qu'un grattoir, et éliminez-en le morfil.

Serrez la lame dans le bâti de l'outil entre les vis d'arrêt, et au moyen de la vis moletée ; ajustez ensuite celle-ci jusqu'à ce que la courbe de la lame fournisse un travail adéquat. Plus la courbe est profonde, plus les copeaux seront épais.

Polissoirs
Les polissoirs, en acier renforcé, à section ronde, ovale ou triangulaire servent à retirer le morfil d'un racloir.

UTILISATION D'UN GRATTOIR

Tenez un grattoir à deux mains et en le courbant avec la force des pouces appuyés vers le bas de celui-ci.

Technique de raclage
Penchez le racloir loin de vous et poussez l'outil pour obtenir un copeau (1). Variez l'angle et la courbe du grattoir jusqu'à ce que les copeaux soient de la taille voulue.

Un grattoir peu courbé survole presque la surface à travailler; plus la courbe est accentuée, plus l'entaille est profonde et mieux on retire les taches.

Pour aplanir une surface au racloir, couvrez une large étendue en travaillant transversalement, dans et contre le fil; finissez le travail en respectant le sens du fil.

Partez toujours d'un des chants ou le long d'un détail en tirant le racloir vers vous.

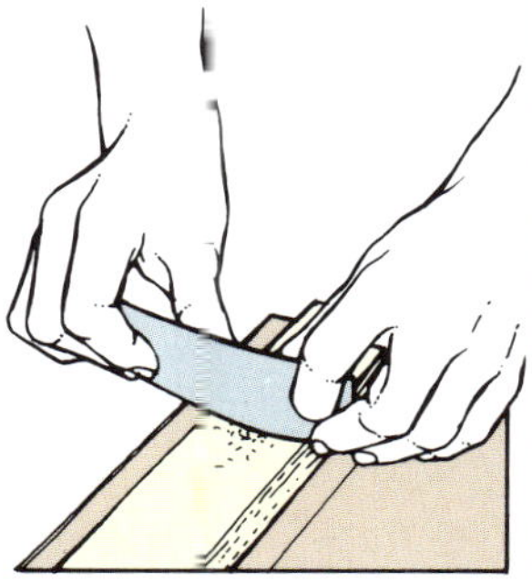

1 Cintrer un grattoir
Cintrez un grattoir avec vos pouces afin de finir une surface plane.

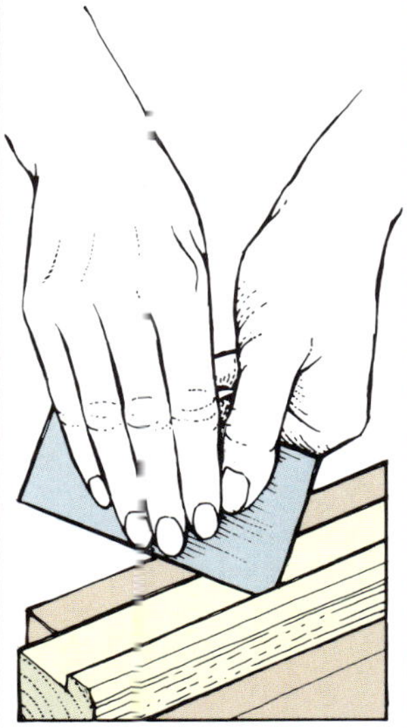

2 Tirer un grattoir
Tirez le grattoir vers vous pour travailler dans un coin.

LIMES ET RÂPES À BOIS

Les râpes et les limes sont rarement utilisées dans les ateliers de menuiserie, sauf peut-être par les sculpteurs. La râpe en particulier élimine le bois très rapidement et est souvent utilisée par les sculpteurs pour grossièrement former leur ouvrage, car elle peut s'utiliser dans et contre le fil du bois. La râpe laisse une surface rugueuse et l'on emploie une lime correspondante pour améliorer le fini.

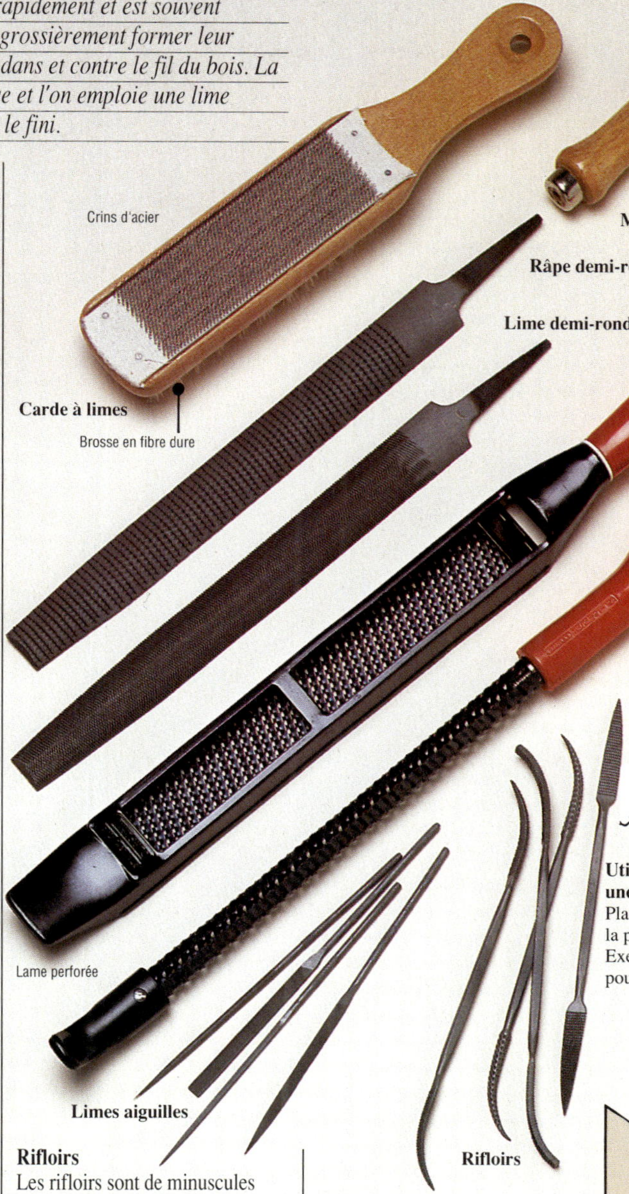

Râpes
La surface de la râpe est couverte de dents individuelles qui coupent vers l'avant. La taille et la répartition de ces dents déterminent le « grain » de la râpe. Les fabricants divergent quelque peu dans la dénomination des divers gains, mais en gros on parle de taille râpe, taille double et taille simple, la taille râpe étant la plus grossière.

Il existe des râpes plates et rondes, mais la plus polyvalente est la râpe demi-ronde. Les râpes mesurent généralement 200, 250 ou 300 millimètres, mais vous verrez qu'une râpe de 250 millimètres est un excellent outil à usage multiple.

Limes à bois
La surface d'une lime à bois est constituée d'arêtes serrées et aiguisées, qui « aplanissent » les points saillants laissés sur le bois par la râpe. La dénomination des divers grains des limes est identique à celle des râpes, à savoir : taille râpe, taille double et taille simple, mais ces grains sont beaucoup plus fins que ceux d'une râpe. Pour un fini encore plus délicat, enveloppez une lime de papier abrasif.

Râpes à lames aérées
Les râpes à lames aérées sont une récente amélioration des râpes classiques. Leurs fines lames sont fabriquées en perforant des dents à espacement régulier et aux bords coupants tendus vers l'avant, laissant dans la lame des trous qui permettent d'évacuer les copeaux. Ceci permet à une râpe à lames aérées de couper plus rapidement qu'une râpe ordinaire, et sans s'encrasser. Il en existe différents types, mais elles ne sont que des variations sur le principe de base. Les plus simples et les plus courantes sont la lime ronde et creuse et la lime plate.

Rifloirs
Les rifloirs sont de minuscules limes que l'on tient par le milieu, spécifiquement conçues pour être utilisées dans des recoins étroits et confinés. Choisissez plutôt les rifloirs possédant une extrémité râpe et une extrémité lime.

Cardes à limes
Lorsque les dents d'une lime s'encrassent à cause des débris, elles ne sont plus efficaces. Les crins d'acier situés sur le dos de la carde dégagent les débris de bois qui sont ensuite balayés avec l'épaisse brosse.

Manches de limes
Ajustez toujours un manche sur l'ergot d'une râpe ou d'une lime. Travailler avec un outil non protégé appelle l'accident; si l'outil venait à se bloquer soudainement, l'ergot pourrait perforer la paume de votre main.

Encastrez le manche sur l'ergot en le frappant sur l'établi (1). Retirez le manche en le frappant avec un bloc de bois tout en tenant la lime avec un bloc de bois.

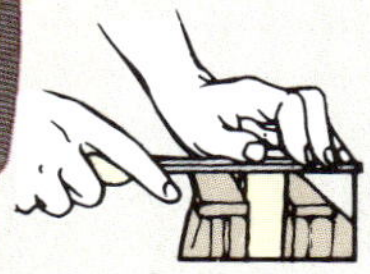

Utiliser une râpe ou une lime
Placez les doigts près de la pointe de la lime. Exercez la pression sur la poussée vers l'avant.

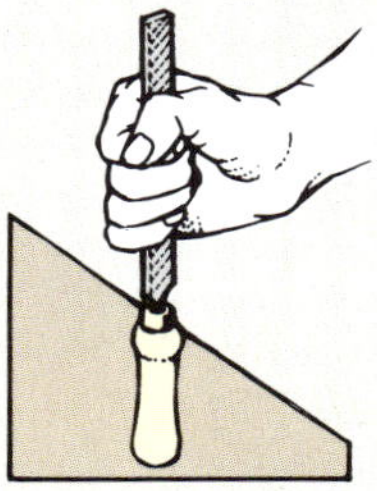

1 Frapper le manche

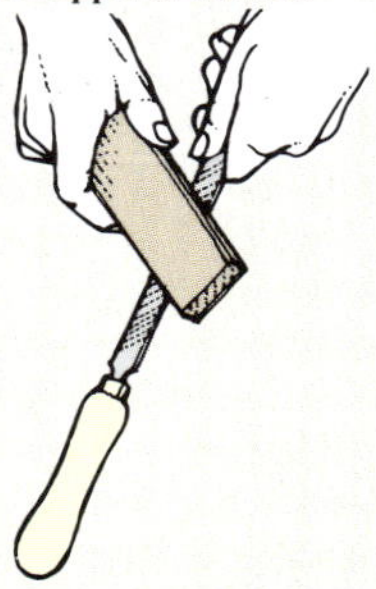

2 Retirer un manche

VILEBREQUINS ET CHIGNOLES

La polyvalence des perceuses électriques, augmentée depuis l'apparition des modèles à vitesse variable, a fait des chignoles et des vilebrequins, des outils quelque peu désuets. Cependant, de par leur poids léger, leur silence et leur autonomie au plan énergétique, ces outils gardent encore une place dans l'atelier.

VOIR AUSSI

Pierres à aiguiser	102/103
Perceuses électriques	124/127
Perceuses à colonnes	188/189
Assemblage chevillé	236/237
Les vis	304/305

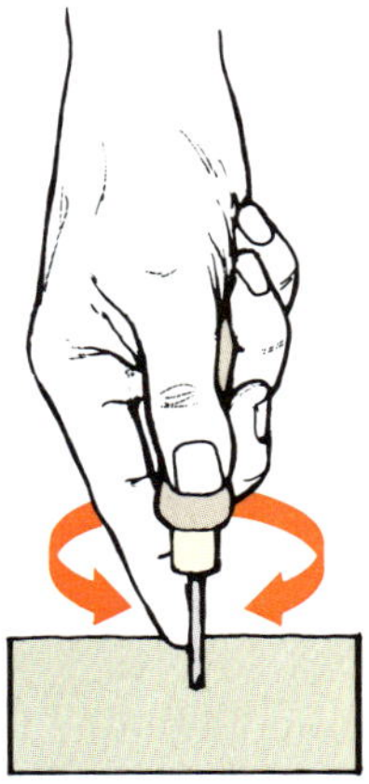

Utiliser une pointe carrée
Pour préparer l'avant-trou pour une vis, vissez l'outil en lui imprimant un mouvement latéral tout en l'enfonçant dans le bois.

Pointe carrée
La pointe carrée est probablement le plus simple des outils à perforer; il ne retire pas le bois comme le fait une perceuse, il le déplace tout simplement en forçant l'écartement des fibres. On se sert d'une pointe carrée pour faire un avant-trou permettant d'introduire une vis ou pour marquer le centre d'un trou pour une perceuse.

Au fur et à mesure que l'alène s'enfonce dans le bois, la pointe tournevis de l'outil bien aiguisée coupe les fibres sans risquer d'abîmer le fil. En tournant l'outil, on forme l'avant-trou. Affûtez une pointe carrée sur une pierre.

Vrille
Le travail que fait la vrille est identique à celui que fait la pointe à ferrer; cependant cet outil, retirant du bois de la même façon qu'une perceuse, permet d'exécuter des trous plus profonds.

Chignoles
Actionner la manivelle d'une chignole déclenche un système d'engrenages qui fait tourner le mandrin. Ce mandrin est équipé de trois mors concentriques, qui selon les modèles acceptent des forets à percer dont le diamètre va jusqu'à 9 millimètres.

L'engrenage de certaines chignoles est enchâssé dans un boîtier en fonte, hermétique à la poussière.

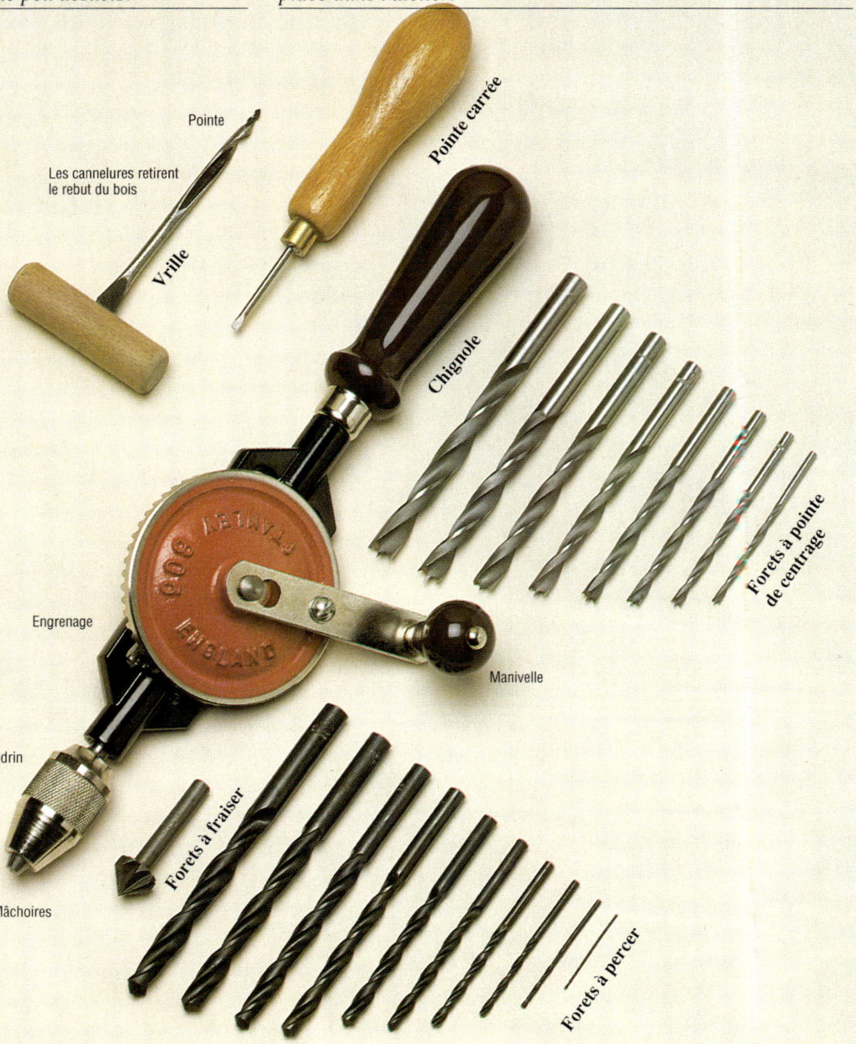

FORETS DE CHIGNOLE

N'achetez que des forets de qualité ; les forets de mauvaise qualité non seulement s'émoussent rapidement mais sont aussi souvent mal calibrés.

Forets à percer
Le foret à percer est une simple mèche cylindrique à cannelures hélicoïdales (rainures en spirales) qui permet de dégager le rebut d'un trou. Les cannelures s'achèvent en deux extrémités coupantes qui forment une pointe. La pointe de la plupart des forets est meulée à un angle de 59 degrés permettant de perforer le métal. Pour le bois, un angle de 45 degrés est plus approprié, cependant la plupart des menuisiers se contentent d'utiliser les forets à métal.

Les diamètres d'une série complète de forets vont de 1 à 13 millimètres, mais le mandrin d'une chignole n'accepte pas les diamètres supérieurs à 9 millimètres.

Forets hélicoïdaux
Ce sont des forets à percer équipés d'une pointe centrale et de deux « éperons » qui empêchent la pointe d'être déviée par le fil du bois. Ils permettent de percer en bout pour des assemblages à goujons.

Foret à fraiser
Un foret à fraiser permet de creuser un enfoncement pour y encastrer la tête d'une vis de manière que celle-ci soit à ras avec la surface de l'ouvrage. Il faut généralement faire un avant-trou afin de bien centrer celle-ci.

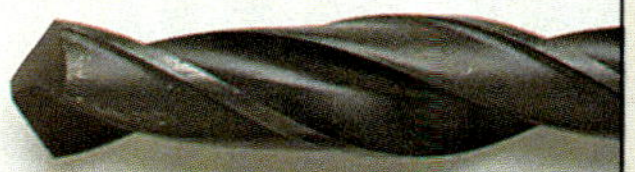

Pointe de foret à percer

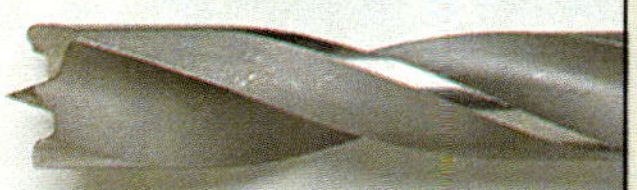

Pointe de foret hélicoïdal

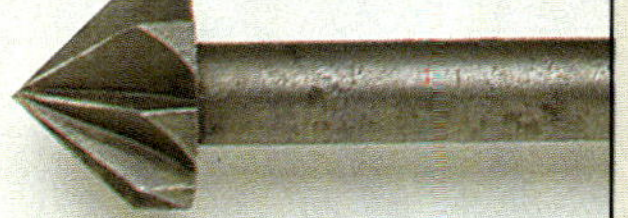

Pointe de foret à fraiser

MÈCHES À VILEBREQUINS

Les mors des mandrins de vilebrequins sont conçus pour recevoir des mèches à queue carrée. Certains vilebrequins cependant sont équipés de mors universels pouvant aussi recevoir des mèches à queue lisse.

Mèche à centrer
Cette mèche est équipée d'une mèche centrale servant à creuser des trous peu profonds. Le couteau situé sur un des côtés de cette tige centrale mord le bord du trou avant que l'autre éperon ne le pénètre.
Cette combinaison assure le percement d'un trou bien net, la tige centrale attirant progressivement le reste de la mèche dans le trou. Le diamètre de ces mèches varie entre 6 et 50 millimètres.

Mèches hélicoïdales
Une mèche hélicoïdale à âme centrale travaille selon le même principe qu'une mèche à centrer, mais ses cannelures hélicoïdales font qu'elle dévie très peu lors du percement d'un trou profond, et amènent progressivement le rebut à la surface. Ce type de mèche aussi est équipé de deux couteaux. Les cannelures d'une mèche hélicoïdale dite américaine sont à double torsion.
Le diamètre des mèches hélicoïdales à âme centrale varie entre 6 et 38 millimètres, le diamètre des mèches dites américaines est plus restreint, ne dépassant pas 25 millimètres.

Mèches à couteau extensible
Une mèche à couteau extensible peut, dans la limite de son extensibilité, perforer des trous de n'importe quel diamètre. Son couteau calibré est maintenu par un ressort ou sur certains modèles, par une vis à dents.
Ces mèches sont généralement disponibles en deux tailles, perforant des trous au diamètre variant entre 12 et 38 millimètres et entre 22 et 75 millimètres.

Mèche à fraiser
Ayant la même utilité que le foret à fraiser d'une chignole, cette mèche est équipée d'une queue carrée adaptable au mandrin d'un vilebrequin.

Mèche tournevis
Cette mèche transforme un vilebrequin en tournevis pour gros travaux, capable d'une puissante rotation qui permet de fixer les grosses vis.

Vilebrequin
On utilise un vilebrequin en actionnant sa broche dans le sens des aiguilles d'une montre, tandis que la pression est exercée sur la paume située à l'arrière de l'outil. On appelle rayon d'action, le cercle décrit par la rotation de la broche, le diamètre de ce rayon d'action déterminant la taille d'un vilebrequin. La plupart des menuisiers utilisent un vilebrequin de 250 millimètres, mais il existe de très petits vilebrequins possédant un rayon d'action de 147 millimètres, et de très grands pouvant aller jusqu'à 300 millimètres.
La plupart des vilebrequins sont pourvus d'un cliquet qui permet, grâce à l'immobilisation du mandrin, d'utiliser l'outil dans les endroits où un tour de broche complet est impossible. Il suffit de tourner cette dernière le plus loin possible vers l'avant, puis de revenir en arrière et de réitérer cette opération jusqu'à ce que le trou soit percé.
L'action du cliquet peut être inversée ou annulée grâce à la bague d'immobilisation.

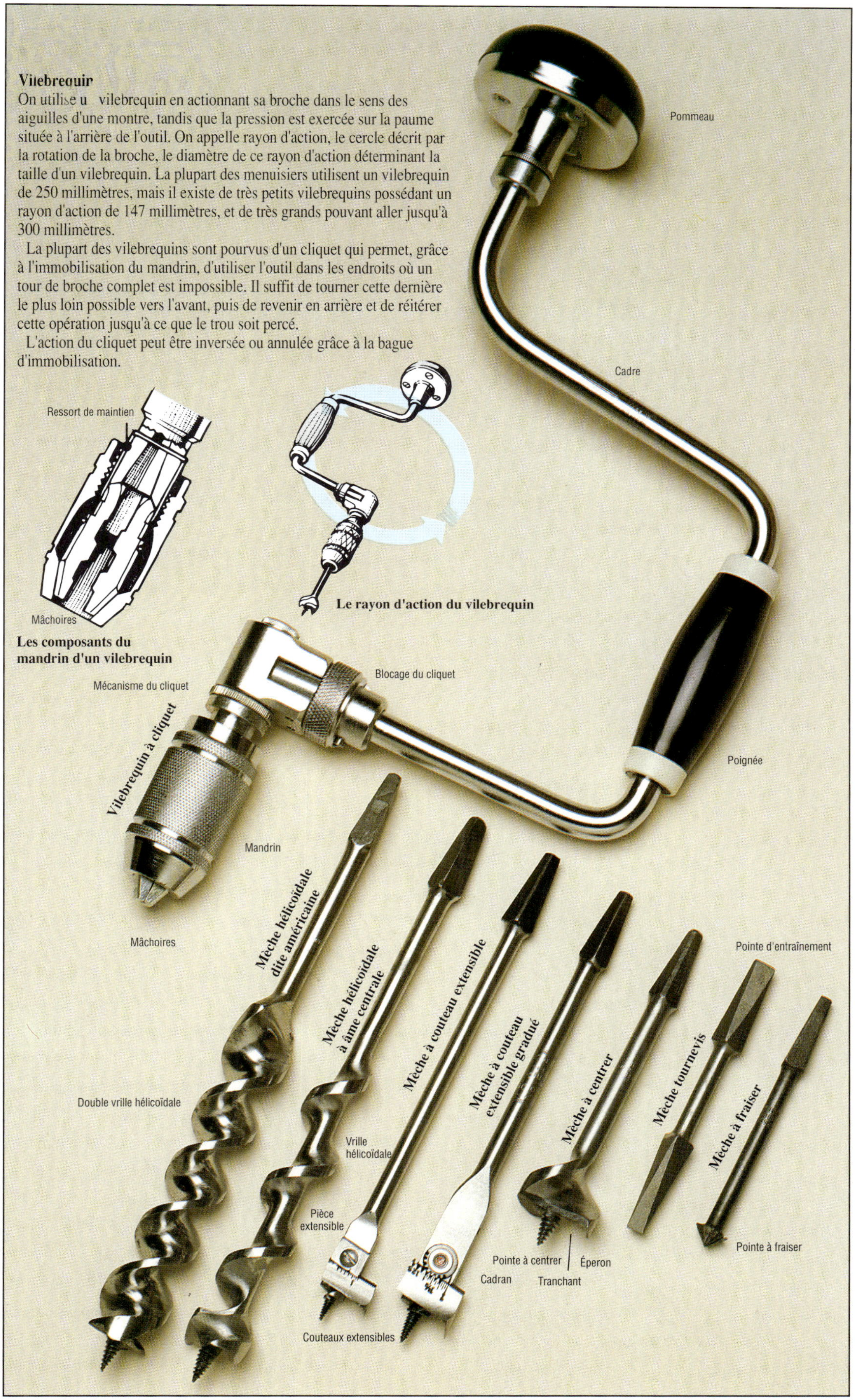

Les composants du mandrin d'un vilebrequin

UTILISATION D'UNE CHIGNOLE ET D'UN VILEBREQUIN

Une chignole sert principalement à perforer de petits trous qui accueilleront des vis ou des goujons. Etant spécifiquement conçu pour le travail du bois, un vilebrequin est plus polyvalent ; équipé d'une grande mèche cet outil permet d'effectuer un trou profond presque sans effort.

VOIR AUSSI

Les équerres	76/77
Affûtage des lames	106/107
Forets à percer et hélicoïdaux	112
Mèches à percer et hélicoïdales	113
Utilisation des marteaux	116/117

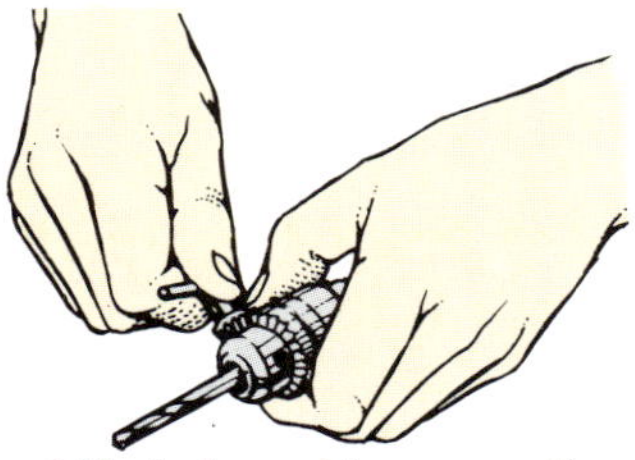

1 Manier le mandrin avec une clé

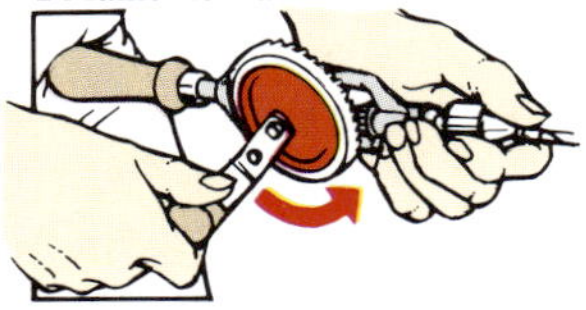

2 Ouvrir le mandrin d'une chignole

Mise en place d'un foret dans une chignole

Sur certaines chignoles, le mandrin s'ouvre et se ferme avec une clé comme sur une perceuse électrique (1).

Pour ouvrir le mandrin d'une chignole courante, maintenez-le d'une main et tournez la manivelle dans le sens contraire des aiguilles d'une montre (2). Introduisez un foret dans l'ouverture et serrez le mandrin en tournant la manivelle dans le sens des aiguilles d'une montre.

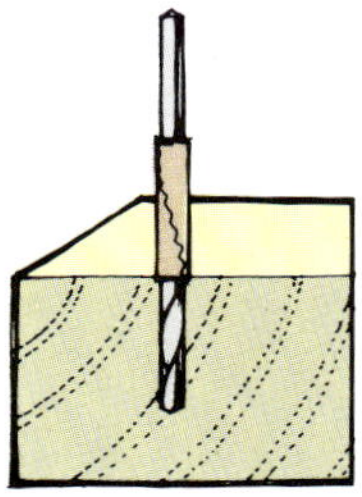

Guide de profondeur
Collez une bande de papier adhésif sur le foret, celle-ci servira de guide de profondeur.

Utilisation d'une chignole

Positionnez avec précision la pointe du foret sur l'ouvrage, et tournez délicatement la manivelle jusqu'à ce que le foret pénètre le bois, puis continuez à tourner la manivelle jusqu'à ce que vous ayez atteint la profondeur voulue.

Afin d'éviter qu'un petit foret ne casse, laissez le poids de la chignole l'enfoncer dans le bois, et maintenez l'outil sans lui appliquer de pression.

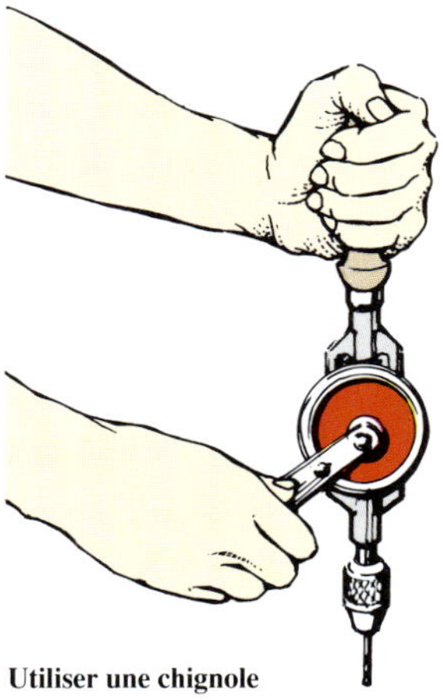

Utiliser une chignole

Mise en place d'une mèche dans un vilebrequin

Bloquez le cliquet au moyen de la bague d'immobilisation, et maintenez fermement le mandrin tout en tournant la broche dans le sens des aiguilles d'une montre. Introduisez une mèche dans les mors du mandrin, et serrez ce dernier en inversant la rotation de la broche.

Utilisation d'un vilebrequin

Maintenez le vilebrequin verticalement d'une main, tout en tournant la broche de l'autre (1). Afin de vous assurer que vous perforez verticalement, demandez à un assistant de vérifier le penchant de l'outil de l'avant vers l'arrière et vérifiez vous-même le mouvement latéral. Vous pouvez aussi faire cela en vous servant d'un té posé sur l'établi, mais il vous sera difficile de regarder à la fois le té et le vilebrequin.

Le vilebrequin peut aussi s'utiliser horizontalement en appuyant la paume contre votre torse.

La tige centrale de la mèche attirera celle-ci à l'intérieur du trou ; ayant atteint la profondeur voulue, dégagez la tige centrale en tournant une ou deux fois la broche dans le sens inverse et retirez la mèche délicatement tout en dégageant le rebut.

Si vous devez perforer à travers un ouvrage, placez une pièce de bois derrière celui-ci, afin d'empêcher l'éclatement du bois, ou retournez l'ouvrage dès que vous verrez apparaître la tige centrale, et terminez le trou de l'autre côté de l'ouvrage en vous servant du point de sortie de la tige centrale comme point de départ (2).

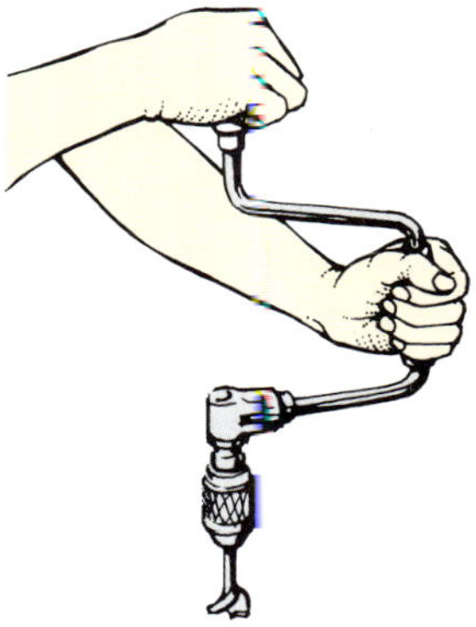

1 Maintenir un vilebrequin en position verticale

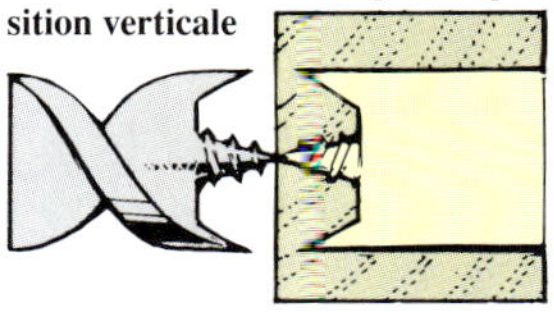

2 Trouver le trou de sortie

AFFÛTAGE DES MÈCHES ET FORETS

Toutes les mèches resteront suffisamment aiguisées pour travailler avec efficacité durant une longue période de temps. Mais si vous avez un trou particulièrement difficile à percer, il vaut mieux affûter la mèche d'une manière appropriée.

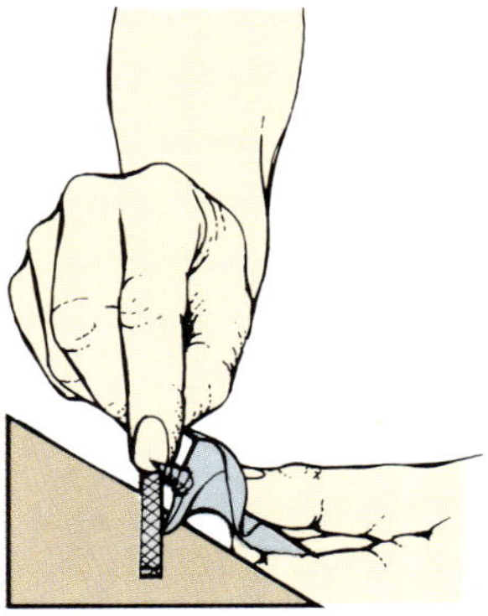

1 Affûtage des éperons

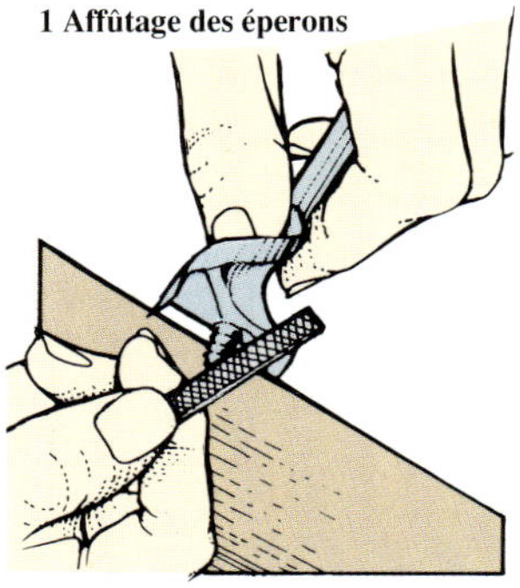

2 Affûtage des tranchants

Mèches de vilebrequins

Affûtez les mèches à couteau extensible et les mèches à centrer de façon identique en utilisant une petite lime aiguille triangulaire. Affûtez chaque couteau sur sa face interne (1), sans jamais toucher sa face externe. Affûtez les tranchants de la tige centrale en appuyant celle-ci sur le bord de l'établi (2), utilisez la même lime pour affûter une mèche à centrer.

Forets à percer

Il existe des machines électriques qui affûtent parfaitement les forets, il suffit d'introduire le foret pointe en avant dans la machine et d'allumer celle-ci.

Il existe aussi des gabarits d'affûtage qui serrent le foret tout en le frottant sur un papier de verre.

La plupart des menuisiers affûtent leurs forets en les tournant sur un touret à meuler (3). N'appuyez jamais trop fort et appliquez-vous à meuler les deux côtés d'une manière égale afin de maintenir la pointe au centre du foret.

Forets hélicoïdaux

Retouchez les tranchants et les couteaux d'un foret hélicoïdal avec une lime aiguille pointue tout en vous appliquant à affûter également les deux côtés.

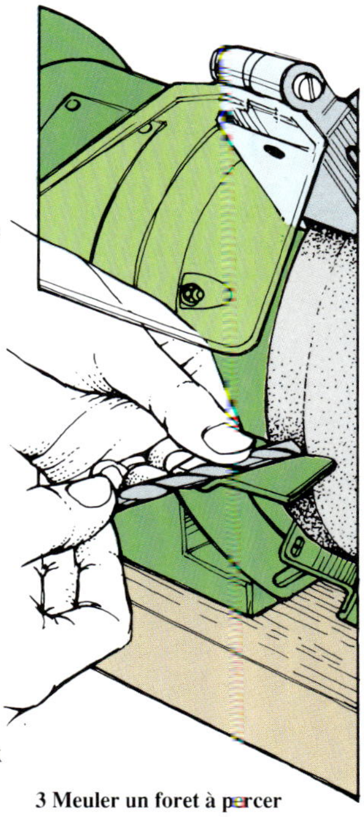

3 Meuler un foret à percer

LES MARTEAUX

Bien qu'un ébéniste utilise des assemblages précis et encollés pour la fabrication d'un meuble, il aura besoin d'un marteau pour construire une maquette ou un cadrage. Qui plus est, les assemblages de base à joint plat, à onglets ou à feuillure se renforcent avec des clous.

Marteau de menuisier
La plupart des ébénistes préfèrent utiliser un marteau de poids moyen – 300 à 350 grammes pour l'usage général. La particularité de ce marteau réside dans le côté opposé au frappant, qui se termine en une pointe et s'utilise pour commencer à enfoncer un clou que l'on tient entre le pouce et l'index, avant de le marteler. La tête du marteau est étroitement calée sur un solide manche en frêne ou en noyer.

Petit marteau de menuisier
Le petit marteau de menuisier, plus léger (100 grammes), mais identique au marteau de menuisier sert à enfoncer des petits clous, des pointes, des semences et des agrafes.

Marteau de charpentier
Il faut avoir au moins un marteau de charpentier (550 grammes) parmi vos outils. Il est suffisamment lourd pour enfoncer facilement de grands clous, et sa fourche est conçue pour arracher ceux qui sont tordus. La fourche courbée est la plus utilisée, mais l'on peut aussi trouver des fourches droites pour démonter des cadres ou des coffrages.

L'arrachage des clous tire énormément sur le joint qui unit le manche à la tête. Si vous pensez avoir beaucoup de clous à retirer, achetez un marteau dont le manche sera en acier trempé ou en plastique renforcé, et assemblé à la tête de façon à ne former qu'une seule pièce. Une gaine vinylique ou en caoutchouc est généralement moulée au manche, le rendant ainsi confortable et antidérapant.

Le marteau de charpentier classique est suffisamment solide pour tout type d'utilisation. Son manche en noyer prérétréci est enfoncé de force dans le creux profond de la tête et renforcé par des coins en bois dur ou en acier.

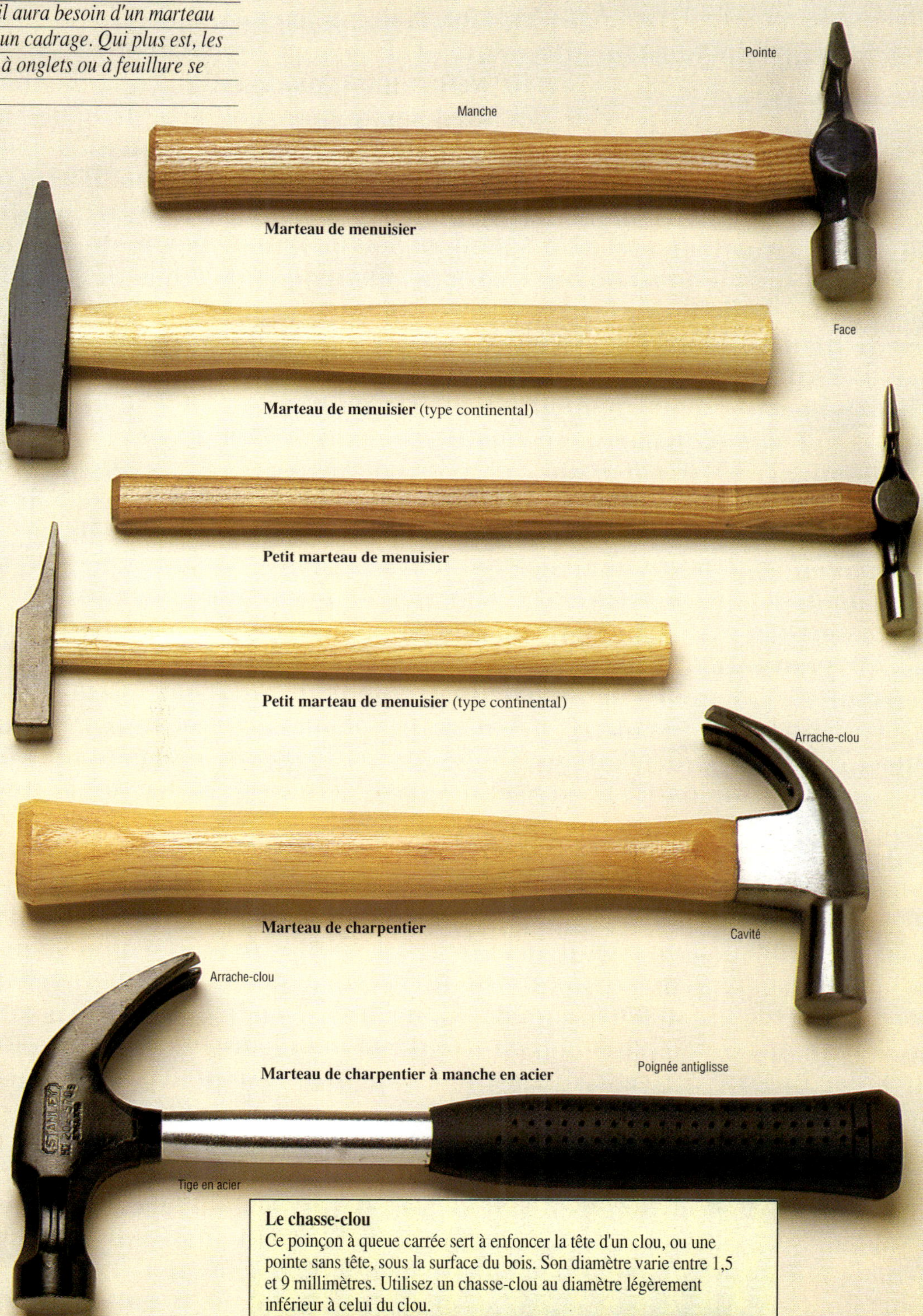

Marteau de menuisier

Marteau de menuisier (type continental)

Petit marteau de menuisier

Petit marteau de menuisier (type continental)

Marteau de charpentier

Marteau de charpentier à manche en acier

Le chasse-clou
Ce poinçon à queue carrée sert à enfoncer la tête d'un clou, ou une pointe sans tête, sous la surface du bois. Son diamètre varie entre 1,5 et 9 millimètres. Utilisez un chasse-clou au diamètre légèrement inférieur à celui du clou.

LES MAILLETS

A l'exception de certains ciseaux équipés de manches en plastique, un maillet en bois est nécessaire pour enfoncer les ciseaux et les gouges. Un maillet de charpentier sert aussi à joindre certains assemblages, bien qu'un maillet à surface douce abîme moins l'ouvrage.

VOIR AUSSI

Ciseaux et gouges	98/101
Les marteaux	115
Les papiers abrasifs	285
Les pointes	305

Maillet de charpentier
Le manche et la tête d'un maillet de charpentier sont généralement taillés dans du hêtre massif. La tête d'un maillet est effilée de façon à toujours frapper à angle droit la tête d'un ciseau. L'œil de la tête aussi est effilé de façon à ce que le manche se bloque par la force centrifuge chaque fois que le maillet est balancé.

Maillet à surface douce
Un maillet équipé d'une tête douce en caoutchouc peut servir à joindre ou à séparer un assemblage sans craindre d'abîmer le bois.

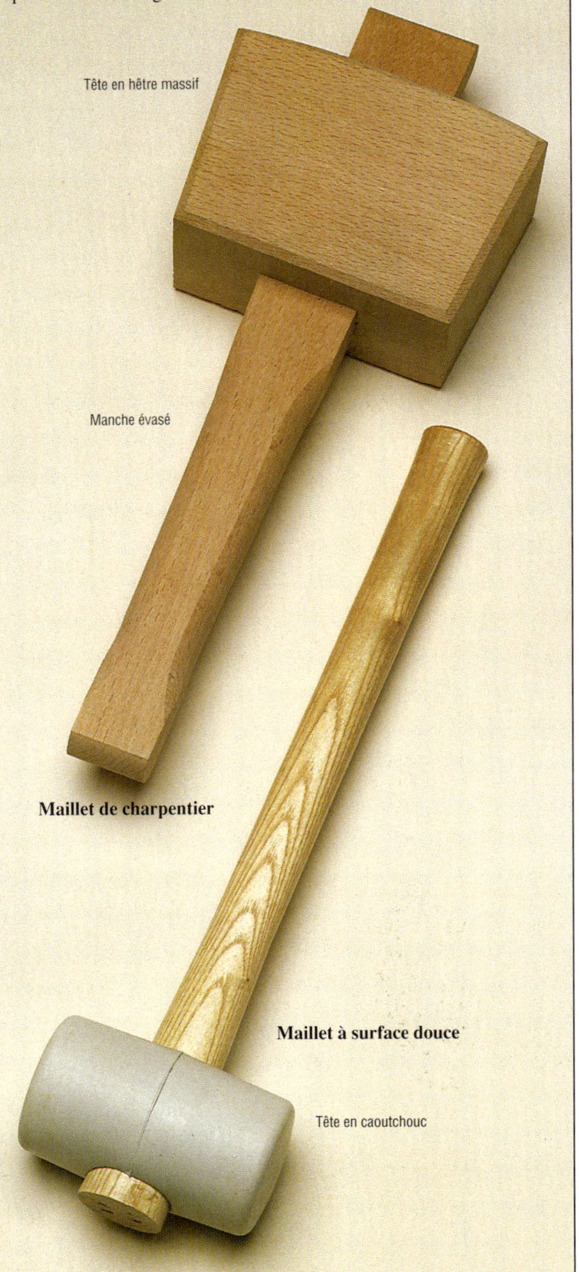

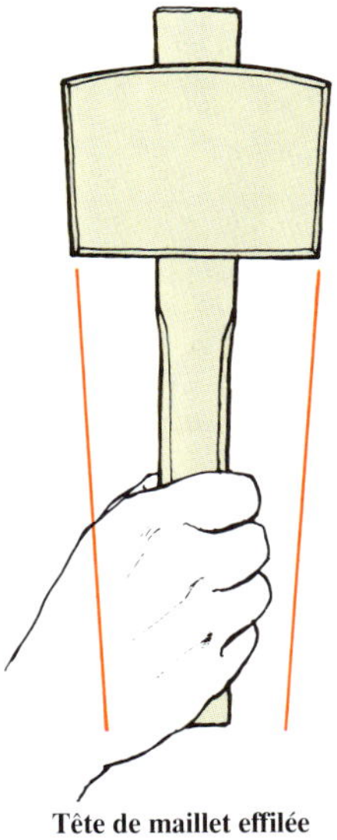

Tête de maillet effilée
La tête d'un maillet s'effile vers le manche.

UTILISATION DES MARTEAUX

Il n'existe aucune méthode particulière pour utiliser un marteau, mais il faut de la patience et un certain entraînement avant de pouvoir enfoncer un clou rapidement sans le tordre et sans endommager le bois.

Mise en place du clou
Pour commencer à enfoncer un clou, assurez-vous qu'il soit dans la position correcte, maintenez-le entre le pouce et l'index et martelez-le jusqu'à ce qu'il tienne tout seul, pointe enfoncée dans le bois. Positionnez les petits clous ou les clous à plaquer avec le côté en pointe du marteau (1). Si vous ne possédez pas de marteau de menuisier, enfoncez le petit clou dans un morceau de carton afin de le maintenir en place (2), et retirez celui-ci dès que le clou est suffisamment enfoncé.

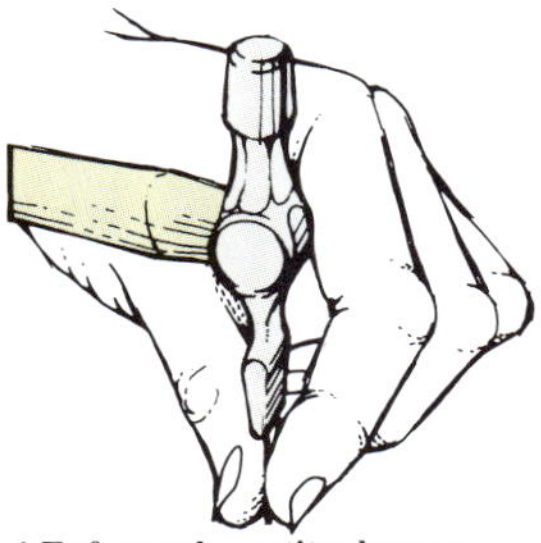

1 Enfoncer les petits clous au moyen de la panne

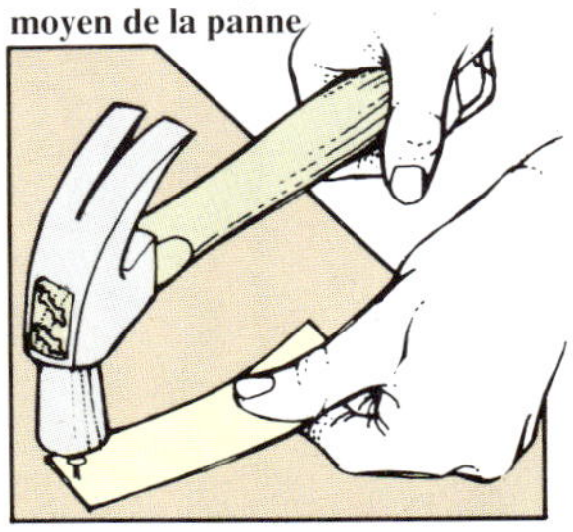

2 Soutenir une pointe avec une fine bande de carton

Enfoncer un clou
Vous devez pouvoir vous servir d'un marteau bien équilibré sans trop d'effort. Tenez celui-ci par l'extrémité du manche et balancez le bras à partir du coude tout en gardant votre poignet rigide. Si vous devez rapprocher votre main de la tête du marteau afin d'améliorer votre prise, c'est que le marteau est trop lourd pour vous. Regardez constamment le clou, et frappez-le fermement et par coups nets. Il est possible d'enfoncer un clou en quelques coups. Si vous éprouvez une certaine difficulté, soit votre marteau est trop léger, soit l'ouvrage est trop flexible et il faut le soutenir avec quelque chose de plus solide.

Réparation d'une meurtrissure
Si vous endommagez ou meurtrissez l'ouvrage par un coup de marteau déplacé, imprégnez immédiatement la meurtrissure d'eau chaude et attendez que le bois gonfle et soulève les fibres. Une fois la planéité de la surface rétablie, attendez qu'elle sèche, puis poncez.

Enfoncer un clou à ras
Evitez les meurtrissures en vous arrêtant de marteler à près d'un millimètre de la surface de l'ouvrage et terminez avec un chasse-clou. Tenez celui-ci verticalement entre le pouce et l'index et stabilisez-le avec votre annulaire. Martelez fermement jusqu'à ce que la tête du clou soit à ras, ou enfoncez-la davantage pour ensuite boucher le trou avec du mastic et peindre par-dessus.

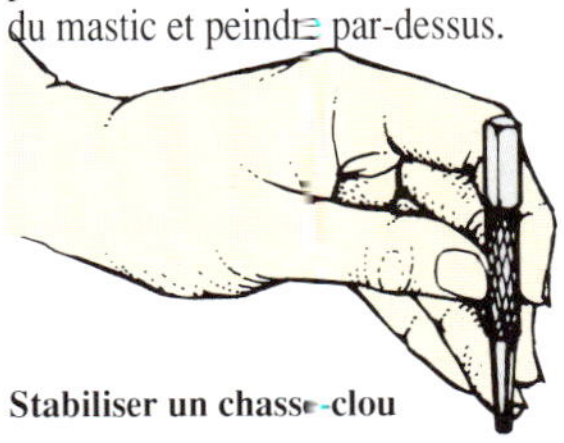

Stabiliser un chasse-clou

Clouage dissimulé
Afin de camoufler un clou de la surface d'un ouvrage, soulevez une fine lamelle de bois avec une gouge, enfoncez le clou bien à ras dans l'évidement, puis recollez la lamelle de bois par-dessus.

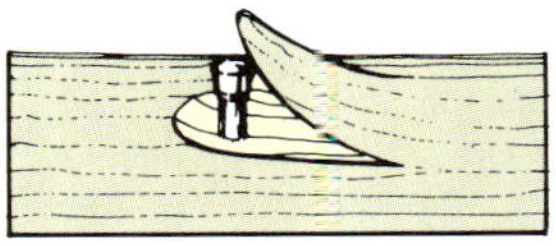

Cacher le clou sous une lame de bois

Éviter que le bois ne se fende
Lorsque vous enfoncez un clou en bout, vous risquez de fendre le bois car le clou écarte les fibres. Emoussez au préalable la pointe du clou afin qu'elle enfonce les fibres au lieu de les écarter. Ce simple « truc » est idéal pour les bois résineux, mais il vaut mieux percer un avant-trou lorsque l'on travaille avec des bois durs.

ENTRETIEN DES MARTEAUX

Si la face d'un marteau devient sale et graisseuse, elle risque de glisser de la tête du clou, tordant ainsi celui-ci et risquant d'abîmer la surface de l'ouvrage. Gardez la face de votre marteau propre en la frottant régulièrement avec de la toile émeri ou du papier de verre très fin. Entretenez aussi le manche en caoutchouc en le frottant régulièrement avec une brosse à ongles trempée dans un mélange d'eau chaude et de détergent.

Ajuster un nouveau manche
Lorsque vous cassez le manche en bois d'un marteau, retirez au ciseau le tronçon restant et rabotez un nouveau manche qui s'ajuste étroitement à l'œil de la tête.

Pratiquez à la scie deux ou trois entailles obliques (selon la taille du marteau) sur l'extrémité supérieure du manche (1), et à une profondeur égale à près d'un tiers de l'œil. Encastrez la tête sur le manche et frappez fermement l'autre extrémité de celui-ci sur l'établi afin de bien enfoncer la tête (2). Sciez tout ce qui dépasserait de l'autre côté de la tête et introduisez des coins en acier dans les entailles pour écarter le haut du manche (3). Si les coins ne s'enfoncent pas à ras, meulez-les sur un touret à meuler.

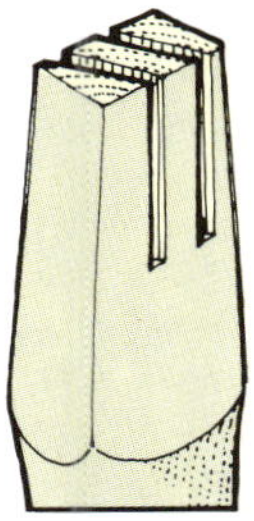

1 Tailler deux encoches dans le manche

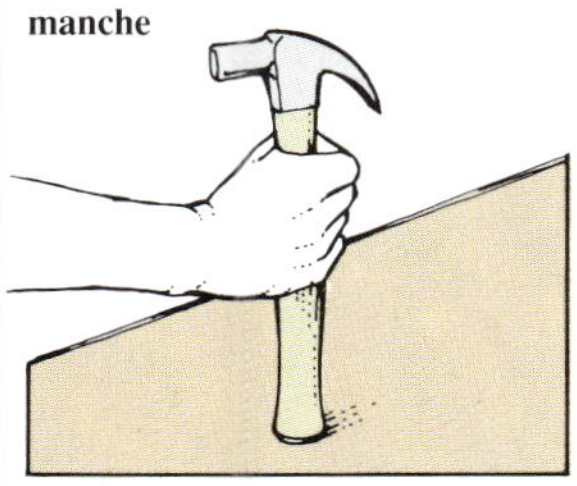

2 Taper sur le manche pour enfoncer la tête

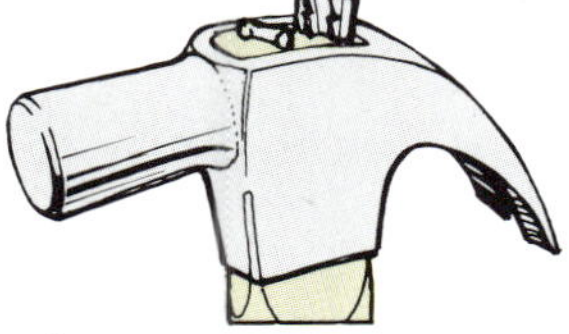

3 Écarter le manche au moyen de coins

ARRACHAGE DES CLOUS

Malgré toute l'expérience que vous pouvez posséder, il vous arrivera inévitablement de mal enfoncer ou de tordre un clou. N'essayez pas de le redresser, car dès que vous recommencerez à le marteler, il se retordra, et cette fois abîmera aussi le bois. Arrachez le clou tordu et remplacez-le.

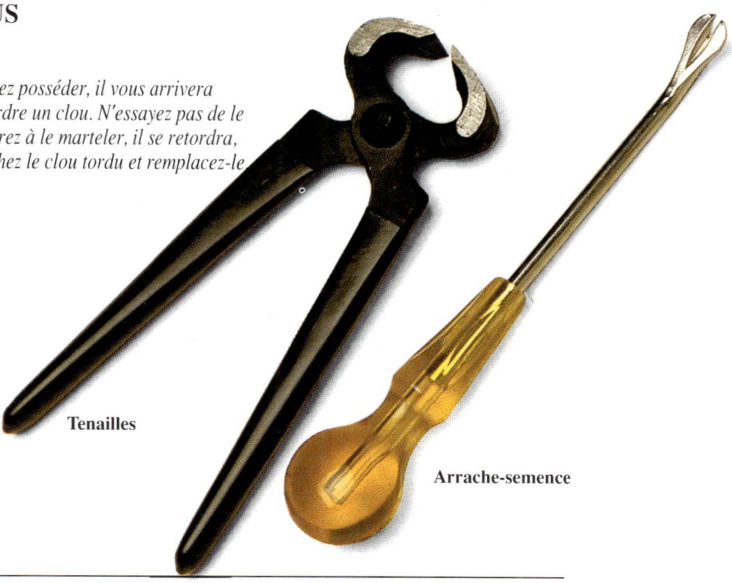

Tenailles
L'arrache-clou d'un marteau est un outil parfait pour retirer de gros clous, mais pour de petits clous ou des pointes ovales, vous obtiendrez un meilleur résultat avec une paire de tenailles.

Arrache-semence
La petite fourche cintrée d'un arrache-semence est idéale pour retirer les semences qui servent à maintenir les sangles ou les tissus d'un rembourrage.

Utilisation de l'arrache-clou du marteau
Pour arracher un clou à moitié sorti, glissez la fourche sous la tête du clou et actionnez le manche du marteau comme un levier. Protégez le bois de parement avec une pièce de carton (1). Si le clou est trop long et ne peut être extrait d'un seul coup, rehaussez le marteau avec une cale en bois (2).

Retirez les vieux clous d'un cadrage démantelé soit en martelant la pointe afin de la faire ressortir, soit en coinçant la partie apparente du clou dans l'encoignure de la fourche, et en tirant jusqu'à ce que la tête vienne.

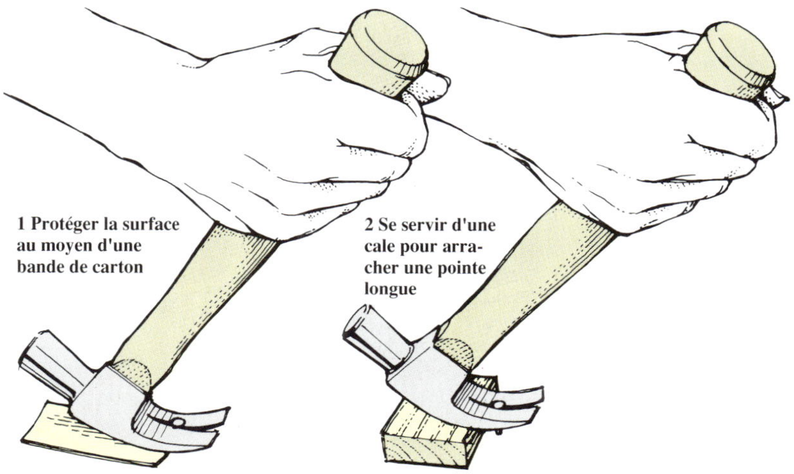

1 Protéger la surface au moyen d'une bande de carton

2 Se servir d'une cale pour arracher une pointe longue

Arracher un clou avec des tenailles
Tenez les tenailles verticalement et attrapez le clou tout en appuyant les mâchoires de l'outil sur l'ouvrage. Serrez les tenailles et balancez-les sur l'une des mâchoires afin d'extraire le clou. Travaillez par à-coups pour extraire un long clou, afin de ne pas endommager le bois.

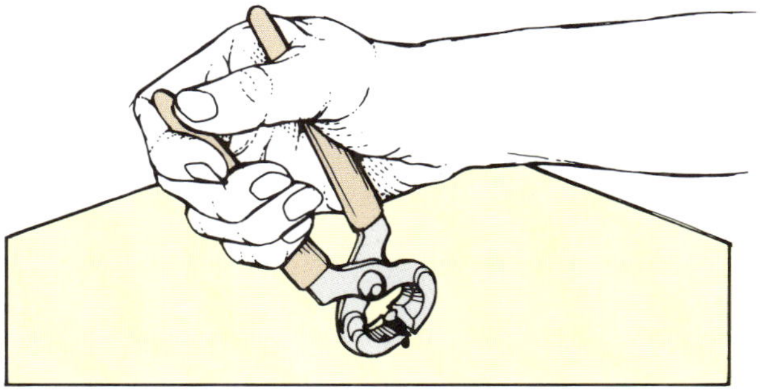

Arracher des semences
Introduisez la fourche d'un arrache-semence sous le tissu ou le sanglage maintenu par une semence et appuyez sur le manche de l'outil.

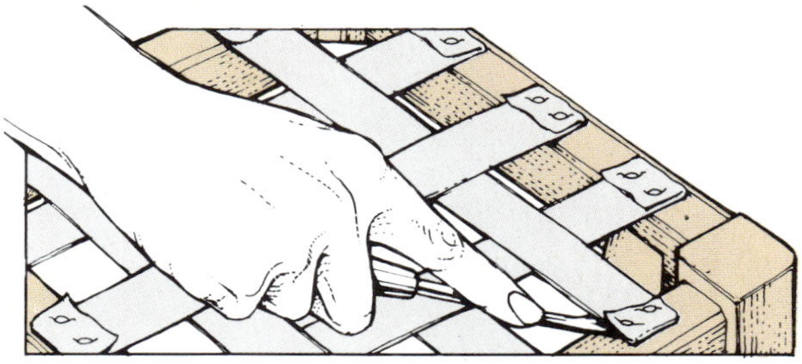

LES TOURNEVIS

N'oubliez jamais lorsque vous achetez un tournevis, que sa lame doit être parfaitement adaptée à la fente de la vis – et que par conséquent vous aurez besoin du même tournevis dans une variété de tailles. En ce qui concerne le style, choisissez le type de manche que vous trouvez le plus confortable, sans oublier que le manche doux et en forme de bulbe offre la meilleure prise malgré l'apparence fonctionnelle des manches cannelés, fuselés ou à facettes.

VOIR AUSSI

Les tourets à meuler	106/107
Pointe carrée	112
Forets de chignole	112
Chignoles et vilebrequins	112/113
Mèches hélicoïdales à âme centrale	113
Mèches tournevis	113, 127
Fraise	126
Les vis	304/305

Tournevis de menuisier
Le tournevis de menuisier est l'un des outils les plus courants dans le travail du bois. Son manche à section ovale sied à la main humaine et est idéal pour transmettre à la lame la puissance de rotation. Autrefois, la queue de lame de ce type de tournevis était plate et large, et s'encastrait dans la bague du manche. Aujourd'hui, ce système a été modifié et la queue de lame est cylindrique et s'enfonce directement dans le manche. La lame d'un tournevis de menuisier s'évase vers la pointe, mais il arrive qu'on la meule, afin qu'elle devienne effilée.

Tournevis d'électricien
Certains menuisiers préfèrent un type de tournevis qui fut conçu et développé pour l'industrie électrique et automobile. Équipé d'un manche relativement mince, celui-ci peut être tourné du bout des doigts et la pointe de la lame, souvent d'un diamètre identique à celui du manche, s'adapte parfaitement à la fente d'une vis même si celle-ci est profondément noyée.

La pointe de ce type de tournevis gardera toujours la même forme, peu importe le nombre de fois qu'on la meule.

Tournevis à pointe cruciforme
Afin d'améliorer la prise entre l'outil et la vis, ces tournevis à lame cylindrique ont une pointe cruciforme qui s'adapte aux empreintes de certaines vis. Il en existe trois types courants : la Philips qui s'adapte à une simple croix, la Posidriv, conçue pour s'adapter à une croix dont le centre est formé par un carré et la Supadriva, très semblable à la précédente, qui permet de tenir une vis sur sa pointe afin de l'introduire dans l'avant-trou.

L'idéal est de toujours utiliser le tournevis approprié au type de vis utilisé et de s'assurer que l'adaptation est parfaite, afin d'éviter que l'empreinte ne s'abîme.

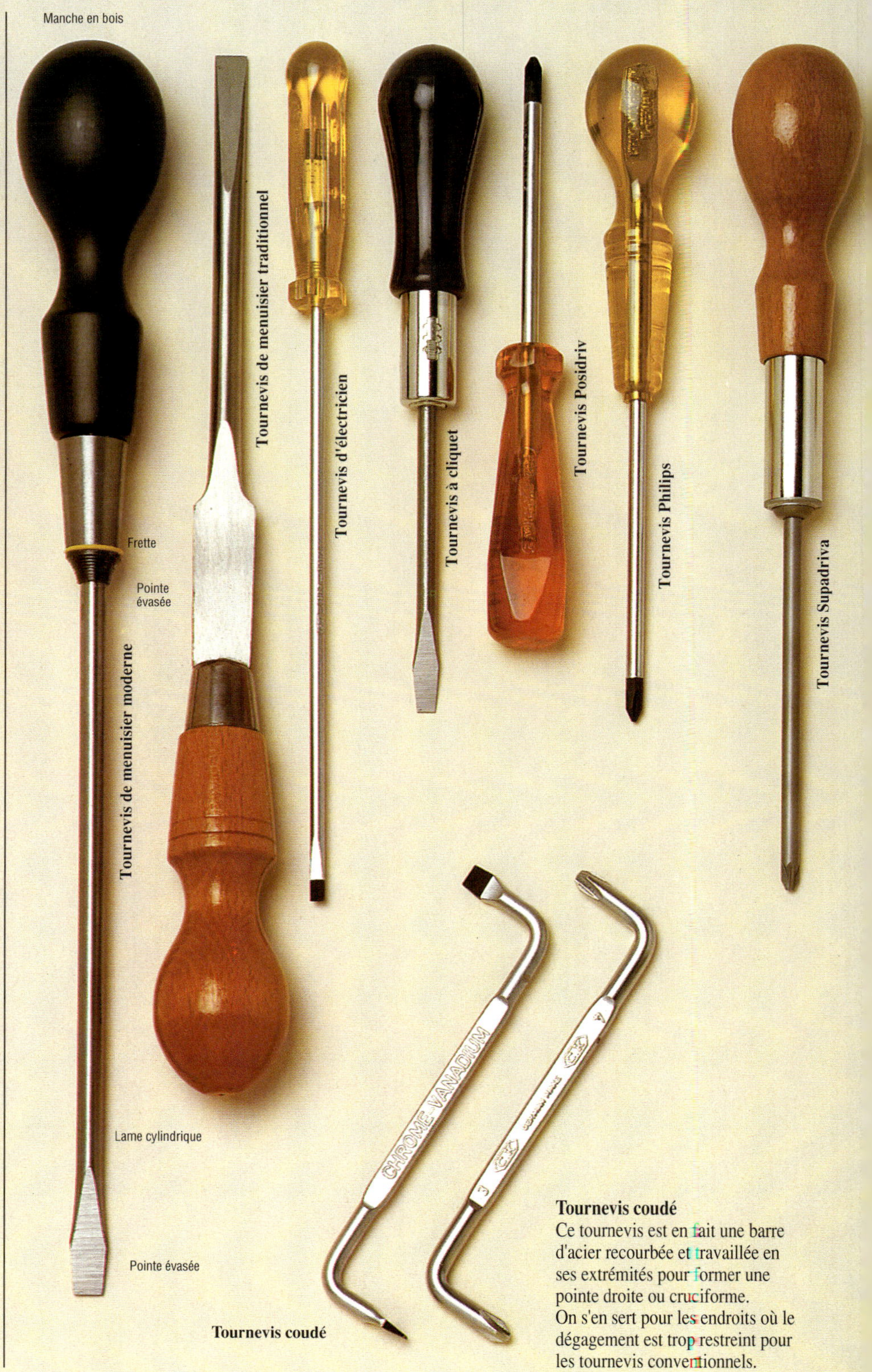

Tournevis coudé
Ce tournevis est en fait une barre d'acier recourbée et travaillée en ses extrémités pour former une pointe droite ou cruciforme.
On s'en sert pour les endroits où le dégagement est trop restreint pour les tournevis conventionnels.

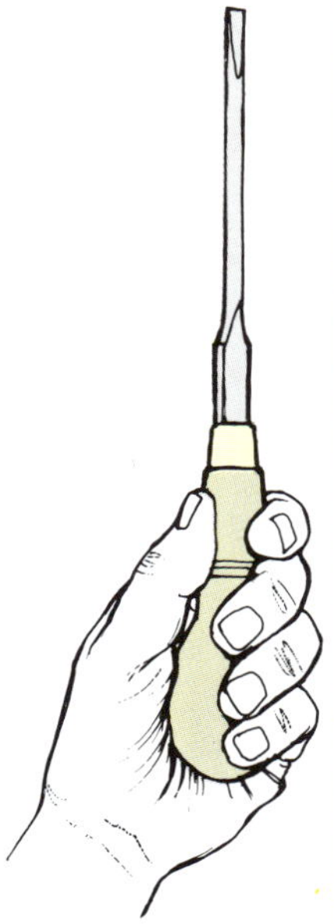

Manche ergonomique
Choisissez un tournevis au manche large qui tienne bien dans la paume de votre main.

Tournevis court
Ce tournevis existe dans les deux variétés de pointes, et sert à enfoncer de grandes vis dans des emplacements à dégagement restreint. Sa lame est courte, sa pointe large et son manche de dimensions normales.

Tournevis d'horloger
Ces minuscules tournevis s'utilisent pour des travaux de haute précision, tels que l'installation des charnières sur une petite boîte. Tout en appuyant sur la tête pivotante avec l'index, tournez la tige moletée du tournevis entre le pouce et les autres doigts.

Tournevis à cliquet
Un tournevis à cliquet, à pointe droite ou cruciforme permet de visser ou de dévisser sans devoir modifier votre prise sur l'outil. Une petite glissière située sur le côté de la bague permet d'inverser le sens de rotation du cliquet, à savoir dans le sens ou en sens contraire des aiguilles d'une montre. Lorsque la glissière est dans sa position médiane, le mécanisme du cliquet est bloqué et l'outil peut servir comme un tournevis conventionnel.

Tournevis à spirale automatique à cliquet
Ce type de tournevis est conçu pour les travaux rapides. La poussée exercée sur le manche se transforme en un mouvement rotatif à la pointe, cela grâce aux cannelures spiralées de la tige intérieure. Cette tige intérieure, équipée d'un ressort, fonctionne comme une pompe, s'allongeant chaque fois que la pression est relâchée. Le sens du mouvement rotatif est contrôlé par un cliquet, et une bague de serrage peut bloquer la tige intérieure, transformant ainsi l'outil en simple tournevis à cliquet. Le mandrin accepte des lames interchangeables, à pointe droite ou cruciforme et dans toutes les tailles. Pour charger une lame, tirez le mandrin vers l'arrière, introduisez une lame et relâchez le mandrin.
Lorsque vous utilisez ce genre de tournevis en action automatique, stabilisez le mandrin avec votre main, afin que la lame ne glisse pas de la fente de la vis et n'abîme pas la surface de l'ouvrage.

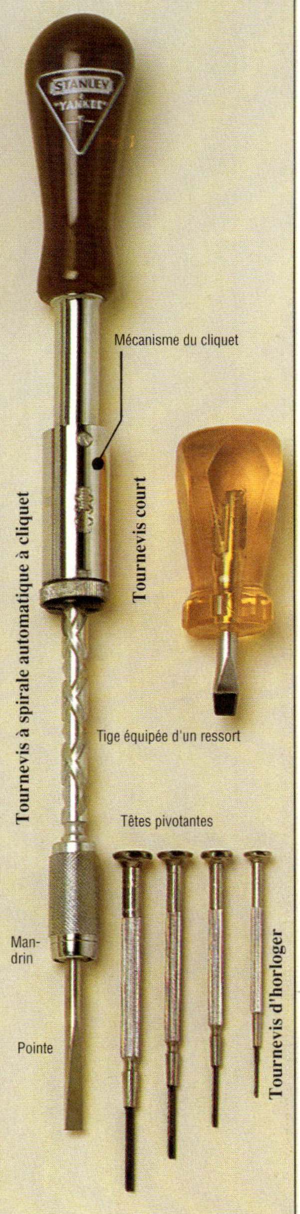

CHOISIR UN TOURNEVIS

Choisissez un tournevis dont la pointe s'adapte exactement à la fente de la vis ; ainsi, le travail sera facilité et vous ne risquerez pas d'abîmer la fente de la vis ou la surface de l'ouvrage.

Si la pointe du tournevis est trop large (1), elle mordra le bois autour de la vis ; si elle est trop courte, le mouvement rotatif sera insuffisant et vous abîmerez probablement la fente de la vis. Testez la taille d'un tournevis cruciforme en plaçant sa pointe sur la tête de la vis et en tournant l'outil du bout des doigts. Si la pointe est trop grande, elle sortira de l'empreinte ; si elle est trop petite, vous sentirez le jeu. La pointe adéquate tiendra parfaitement sans aucun mouvement.
N'essayez pas de visser une vis à empreinte cruciforme avec un tournevis à pointe droite, vous risqueriez d'abîmer le centre de celle-ci.

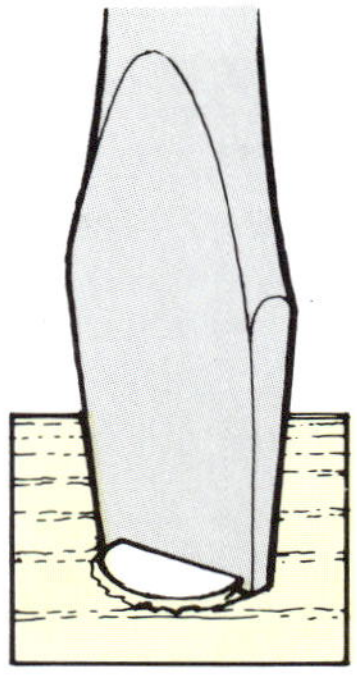

1 Les pointes trop larges abîment le bois

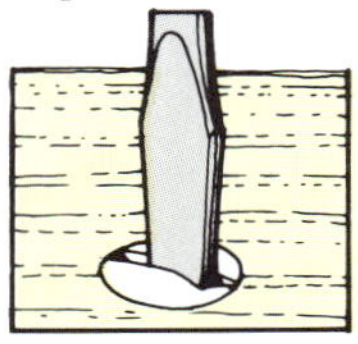

2 Les pointes trop étroites abîment la fente

INSERTION D'UNE VIS

On peut insérer une vis dans du bois dur sans aucune préparation, mais le bois risque de se fendre ou la vis de se bloquer à mi-chemin. Il vaut mieux préparer les fibres avec une pointe à ferrer ou, mieux encore, percer un avant-trou et un trou de dégagement qui guideront la vis et limiteront la friction. Lorsque vous travaillez avec des bois durs, les procédés décrits ci-dessous sont essentiels.

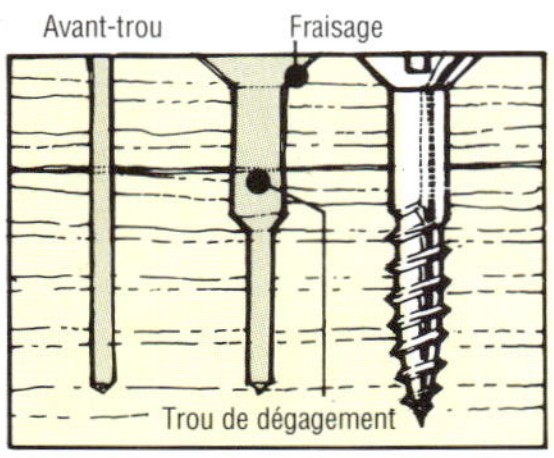

Perçage des avant-trous et trous de dégagement
Pour percer un avant-trou, choisissez un foret d'un pas légèrement inférieur à celui de la vis, puis percez un trou de dégagement du même diamètre que celui de la vis. Si besoin est, fraisez la partie supérieure du trou de dégagement avant d'insérer la vis. Si une vis est trop serrée, retirez-la et graissez légèrement sa tige.

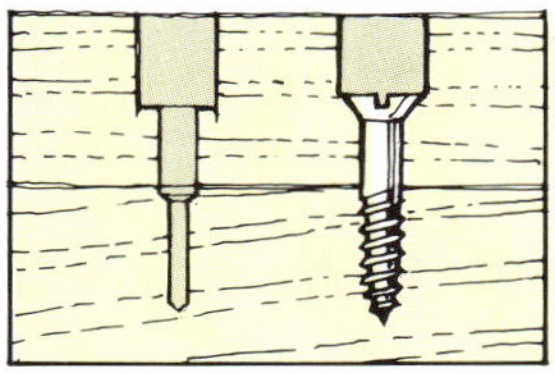

Chambrage d'une vis
Si vous devez noyer une vis sous la surface de l'ouvrage – par exemple pour traverser un profond barreau – chambrez celle-ci en perçant d'abord un trou plus large avec une mèche à couteau extensible, puis percez le trou de dégagement et l'avant-trou.

Retirer une vis endommagée
Pour retirer une vis endommagée, choisissez la pointe la plus large qui puisse s'adapter à la fente, en chanfreinant ses angles si besoin est.
Essayez de frapper la tête du tournevis avec un maillet, ce procédé aidant parfois la vis à se dégager.
Une autre méthode consiste à chauffer la tête de la vis avec un fer à souder ; la chaleur dilate le métal et, lorsque la vis aura refroidi, il se peut qu'elle se débloque.
Enfin, si toutes ces méthodes ne réussissent pas, percez avec des mèches progressivement plus grandes afin d'évider la vis.

Préparer un tournevis
Un tournevis à pointe émoussée est inutile. Vous pouvez soit affûter celle-ci sur une pierre soit la reformer sur un touret à meuler. Meulez d'abord le creux des deux faces (1), puis reformez le carré de la pointe.
Il est presque impossible de reformer soi-même la pointe d'un tournevis cruciforme, vous pourrez réajuster une lame très légèrement abîmée, mais en règle générale, il faudra remplacer ce genre de tournevis.

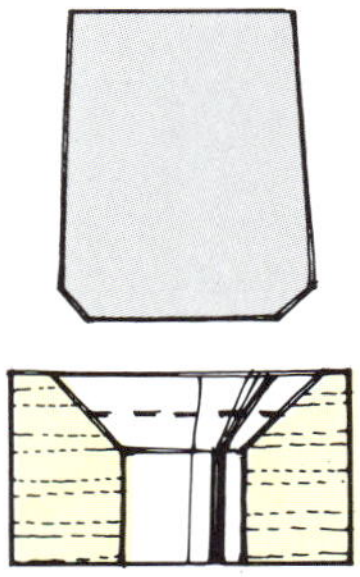

Retirer une vis
Meulez les coins d'une pointe large

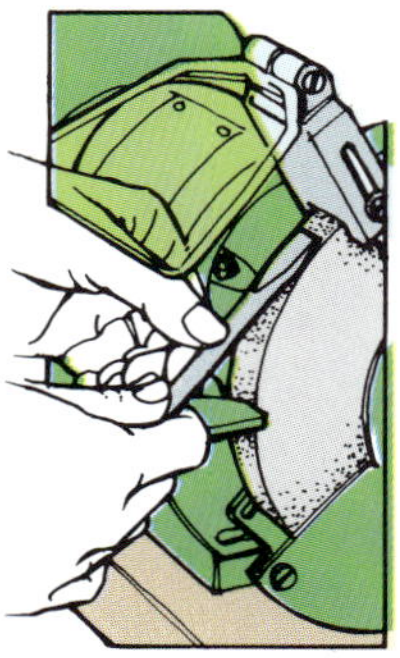

Réparer une pointe endommagée
Meulez chaque côté d'une pointe de tournevis sur un touret à meuler, ceci afin de les creuser.

LES SERRE-JOINTS

Tout atelier nécessite un assortiment de serre-joints – des presses à panneaux ou des serre-joints tubulaires pour des « collages » d'envergure, des presses à cadres ou des serre-cadres à ruban pour les pièces de formes irrégulières, et plusieurs presses rapides ou presses à main qu'on utilise pour serrer de petits assemblages ou pour servir de « main supplémentaire » lorsque la situation se complique. Monter une collection de serre-joints est coûteux, mais vous pouvez les acheter au fur et à mesure que vous en aurez besoin ou même les louer.

VOIR AUSSI

Les équerres	76/77
Les petites presses	122
Assemblage bout à bout d'onglet	216/217
Les colles à bois	302/303

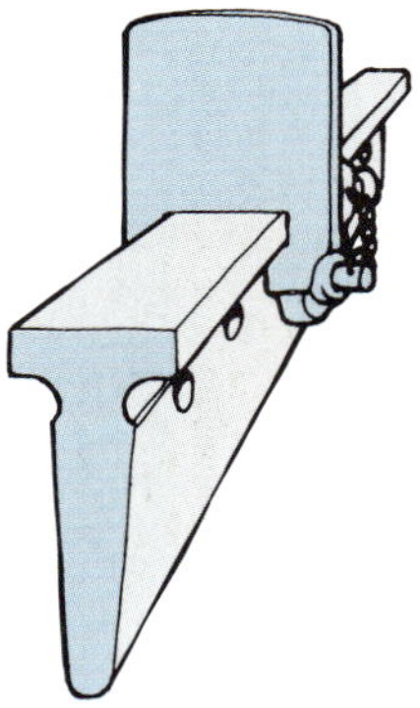

Presse à panneaux à section en « T »
Les presses de très grand format sont taillées en « T » afin d'augmenter la rigidité.

Presse à panneaux
Le serre-joints ou presse à panneaux est un outil essentiel à tous travaux de menuiserie et sert à serrer les cadres, les carcasses ou les panneaux de bois dur pendant que les collages sèchent. Une mâchoire à vis est fixée à l'extrémité d'une tige d'acier rigide. Une autre mâchoire appelée mentonnet ou sabot, coulisse le long de la tige pour s'adapter aux dimensions de l'ouvrage. Ce sabot est maintenu à l'emplacement voulu par une goupille effilée que l'on introduit dans un des trous de la tige. Les serre-joints mesurent normalement entre 450 et 1 200 millimètres mais on peut en louer de plus longs pour des travaux de dimensions exceptionnelles ; ces derniers ont généralement une tige à section en T qui augmente leur rigidité. Cependant, la plupart des menuisiers achètent des tiges d'extension qu'ils boulonnent au serre-joints afin de prolonger ceux-ci.

Serre-joints à action rapide
Sur ce type de serre-joints, à la fois la mâchoire de serrage et le sabot sont coulissants. Au fur et à mesure que l'on serre la vis, les deux mâchoires se penchent et se bloquent sur la tige. Il existe différentes versions de ce type de serre-joints, mais elles fonctionnent toutes selon le même principe et peuvent s'ajuster très rapidement sur n'importe quel ouvrage.

Sabots
On peut adapter des sabots en acier coulé sur des tiges de bois d'une épaisseur de 25 millimètres.

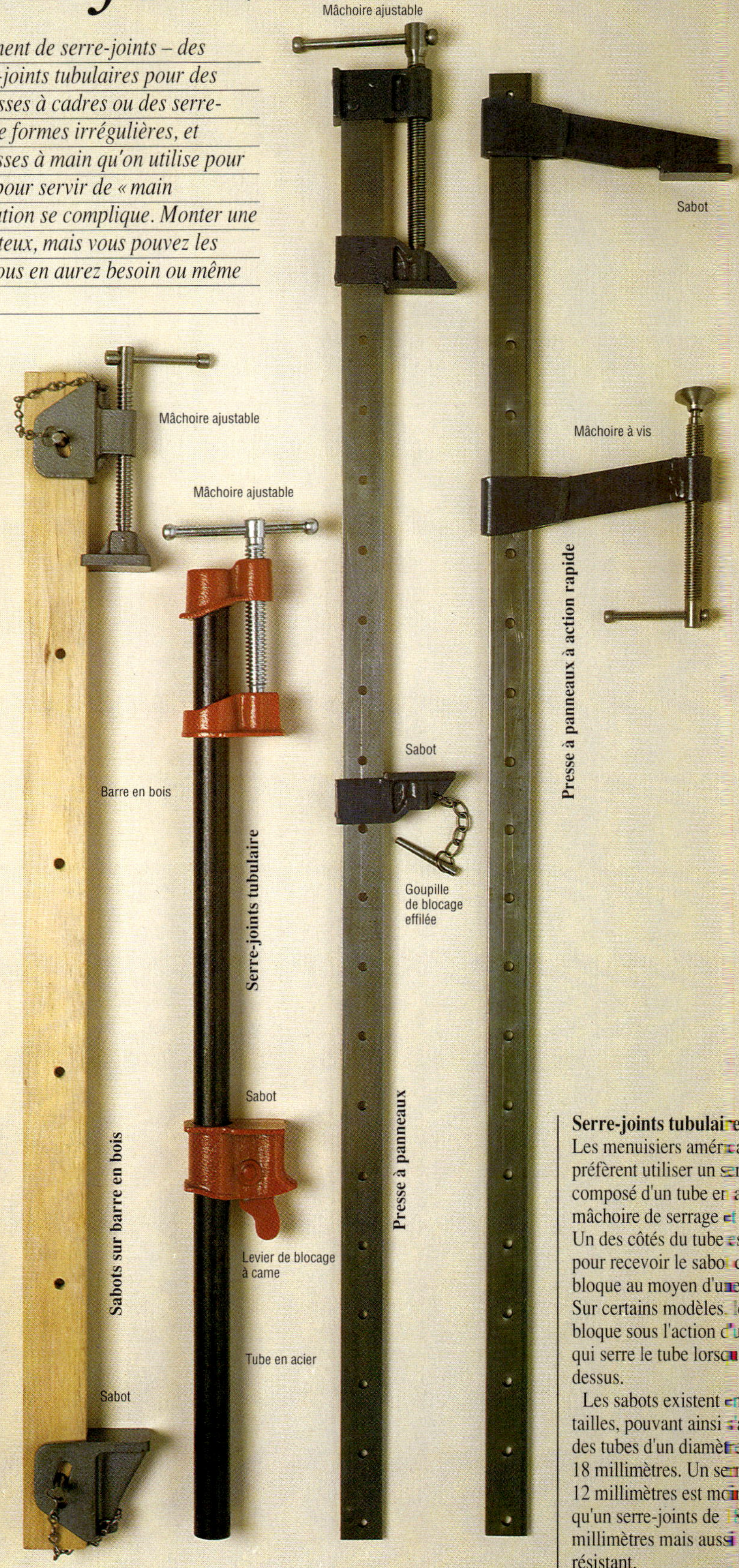

Serre-joints tubulaires
Les menuisiers américains préfèrent utiliser un serre-joints composé d'un tube en acier, d'une mâchoire de serrage et d'un sabot. Un des côtés du tube est crénelé pour recevoir le sabot qui se bloque au moyen d'une gâchette. Sur certains modèles, le sabot se bloque sous l'action d'un levier qui serre le tube lorsqu'on appuie dessus.

Les sabots existent en deux tailles, pouvant ainsi s'adapter à des tubes d'un diamètre de 12 ou 18 millimètres. Un serre-joints de 12 millimètres est moins cher qu'un serre-joints de 18 millimètres mais aussi moins résistant.

UTILISATION D'UN SERRE-JOINTS

Le collage et le serrage de pièces de bois doit être fait avec calme et confiance. En conséquence, entraînez-vous avec un assemblage à sec afin de tester le positionnement des différentes pièces et de vous assurer que vous possédez l'outillage nécessaire. Faites-vous aider par quelqu'un qui tiendra l'autre extrémité d'un long serre-joints et, au fur et à mesure que vous avancez dans les étapes de l'exercice, déterminez qui fera quoi lors du véritable assemblage. Organisez votre planning de manière à ce que l'assemblage soit le dernier travail de la journée : le collage pourra sécher tranquillement pendant la nuit. Néanmoins, il vaut mieux reporter au lendemain l'opération d'assemblage plutôt que de la mener à la hâte ou de devoir laisser sécher l'objet dans un atelier non chauffé et très froid.

Séparez les étapes de l'assemblage. Par exemple, pour construire le cadre d'une table, assemblez d'abord les pieds aux barreaux d'extrémité, puis, cet assemblage sec et nettoyé, assemblez les barreaux latéraux qui compléteront le cadre.

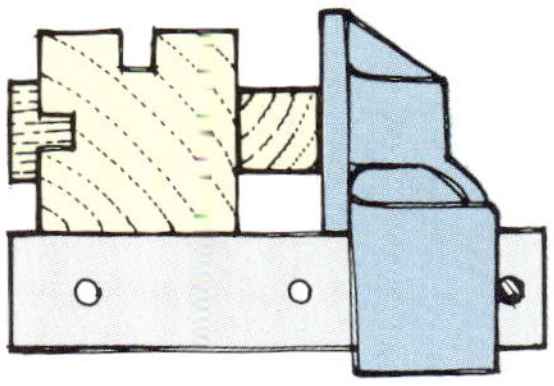

1 Aligner la cale sur le joint

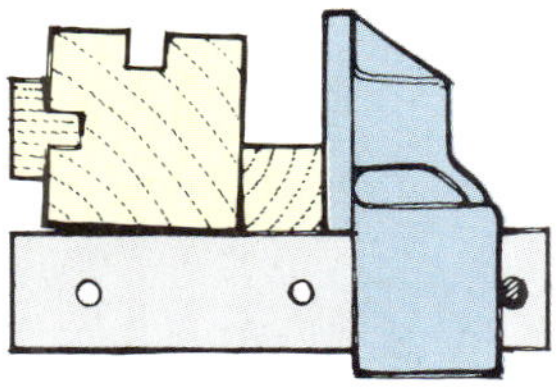

2 Une cale mal alignée ouvre le joint

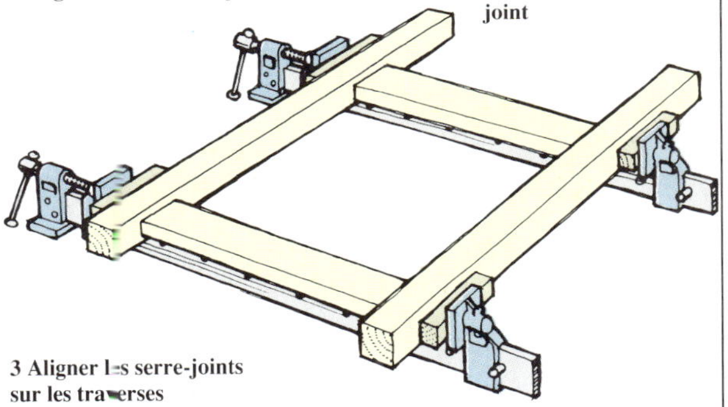

3 Aligner les serre-joints sur les traverses

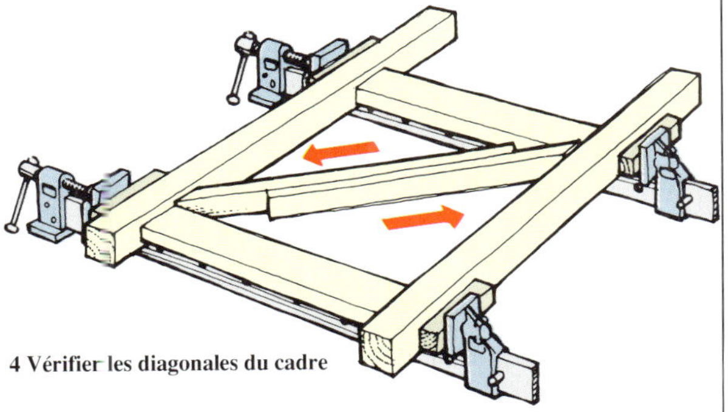

4 Vérifier les diagonales du cadre

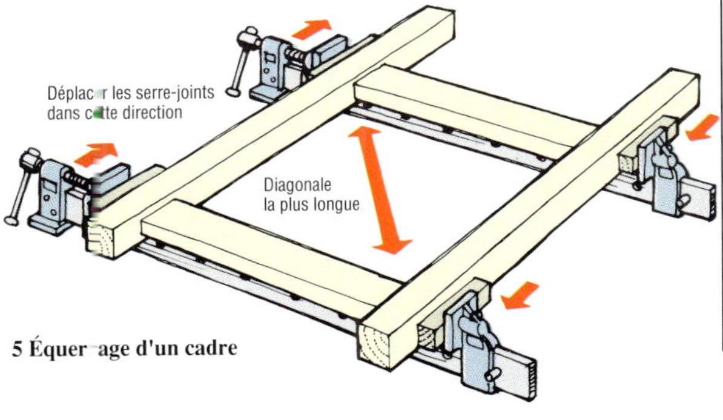

5 Équerrage d'un cadre

Serrage d'un cadre

Ajustez un serre-joints sur chaque extrémité d'un cadre carré ou rectangulaire. Utilisez des cales découpées dans du bois tendre pour éviter d'endommager le bois et bien aligner sur les joints la pression exercée par les serre-joints (1). Une cale mal positionnée déformera l'assemblage et séparera les épaulements (2).

Appliquez la colle légèrement sur les surfaces d'accouplement. Faites attention à ne pas appliquer trop de colle car en plus du gâchis, l'excès de colle peut ouvrir les assemblages et faire se fendre le bois sous l'effet de la pression hydraulique. Assemblez le cadre, alignez les serre-joints sur les barreaux (3), et serrez progressivement les mâchoires jusqu'à ce que la colle déborde des fentes, puis essuyez l'excès de colle avec un chiffon.

Vérification du voilement

Assurez-vous que le cadre n'est pas voilé en le regardant horizontalement pour vérifier le parallélisme des barreaux.
Pour redresser un cadre voilé, desserrez un des serre-joints, rectifiez l'alignement et vérifiez à nouveau le parallélisme. Si besoin est, desserrez tous les serre-joints et repositionnez le cadre.

Vérification de l'équerrage

Vous pouvez utiliser une équerre pour vérifier l'équerrage des assemblages d'un cadre.
Néanmoins il est préférable de vérifier celui-ci en mesurant les diagonales du cadre. Fabriquez une baguette à pincement (deux tasseaux rabotés en une extrémité), et positionnez-la dans la diagonale du cadre, en la faisant coulisser jusqu'à ce que les extrémités rabotées se nichent dans les coins opposés du cadre (4).

Retirez la baguette en la tenant bien serrée entre vos doigts et positionnez-la dans l'autre diagonale, si elle ne s'adapte pas exactement, desserrez les serre-joints et rectifiez légèrement l'angle du cadre sur la diagonale la plus longue, réajustant ainsi l'équerrage du cadre (5), puis revérifiez les diagonales.

Serre-cadres à ruban

Un ruban en nylon d'une largeur de 25 millimètres s'enroule autour de l'ouvrage et se serre au moyen d'un mécanisme à cliquet.
Ce ruban fournit une pression égale aux quatre coins d'un assemblage oblique et peut aussi servir pour serrer une chaise ou un tabouret à pieds ronds, travail difficile à réaliser avec un serre-joints. Ajustez le ruban aux dimensions voulues en serrant le cliquet avec un tournevis ou une clef à molette puis attendez que le collage ait séché et desserrez le ruban en actionnant le levier de déblocage.

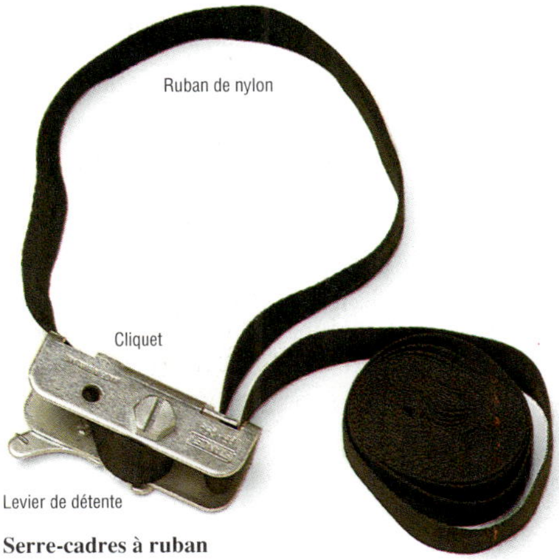

Serre-cadres à ruban

Presse à cadres

Une presse à cadres permet de serrer des assemblages d'onglets pendant que le collage sèche. Insérez les clous ou vis de renforcement avant de positionner la presse.

Les plus grandes presses à cadres ont une ouverture de mâchoire de 112 millimètres.

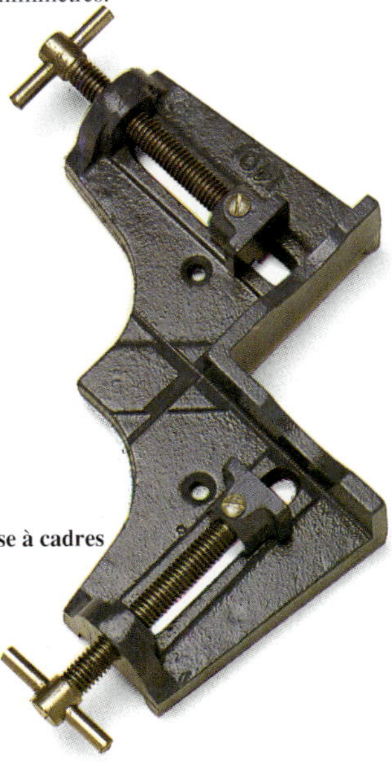

Presse à cadres

PETITES PRESSES

Presse à main
La presse à main, un outil extrêmement polyvalent et très utile dans un atelier, est utilisée pour toutes sortes de collages ainsi que pour assujettir un ouvrage à l'établi. Ce type de presse existe avec une ouverture de mâchoires allant de 28 à 300 millimètres.

Presse à main de grande profondeur
La gorge de cette presse à main est à peu près deux fois plus profonde qu'une presse à main courante et s'utilise lorsque l'on veut maintenir un ouvrage loin des bords de l'établi.

Presse à bordures
Ce type de presse est utilisé spécifiquement pour serrer une bordure sur une pièce de bois et est particulièrement utile sur un chant courbé, là où un serre-joints aurait peu de prise.

Presse rapide
Cette presse est en fait une version raccourcie d'un serre-joints et s'utilise dans les mêmes conditions qu'une presse à main, à ceci près qu'elle peut se serrer très rapidement – ce qui est appréciable lorsque l'on travaille avec de la colle à prise rapide.

Presse à came
La presse à came est un serre-joints rapide et léger à mâchoires en bois dont le sabot se bloque en actionnant le levier à came. Afin de protéger la surface de l'ouvrage, le bord des mâchoires est garni de liège.

Presse articulée
De nos jours, il est rare de trouver des presses articulées dans un atelier, bien qu'elles soient uniques, étant équipées de mâchoires pouvant se fermer à des angles différents et serrer des pièces irrégulières ou effilées.

VOIR AUSSI

Les presses à panneaux	120
Les alèses	248
Les colles à bois	302/303

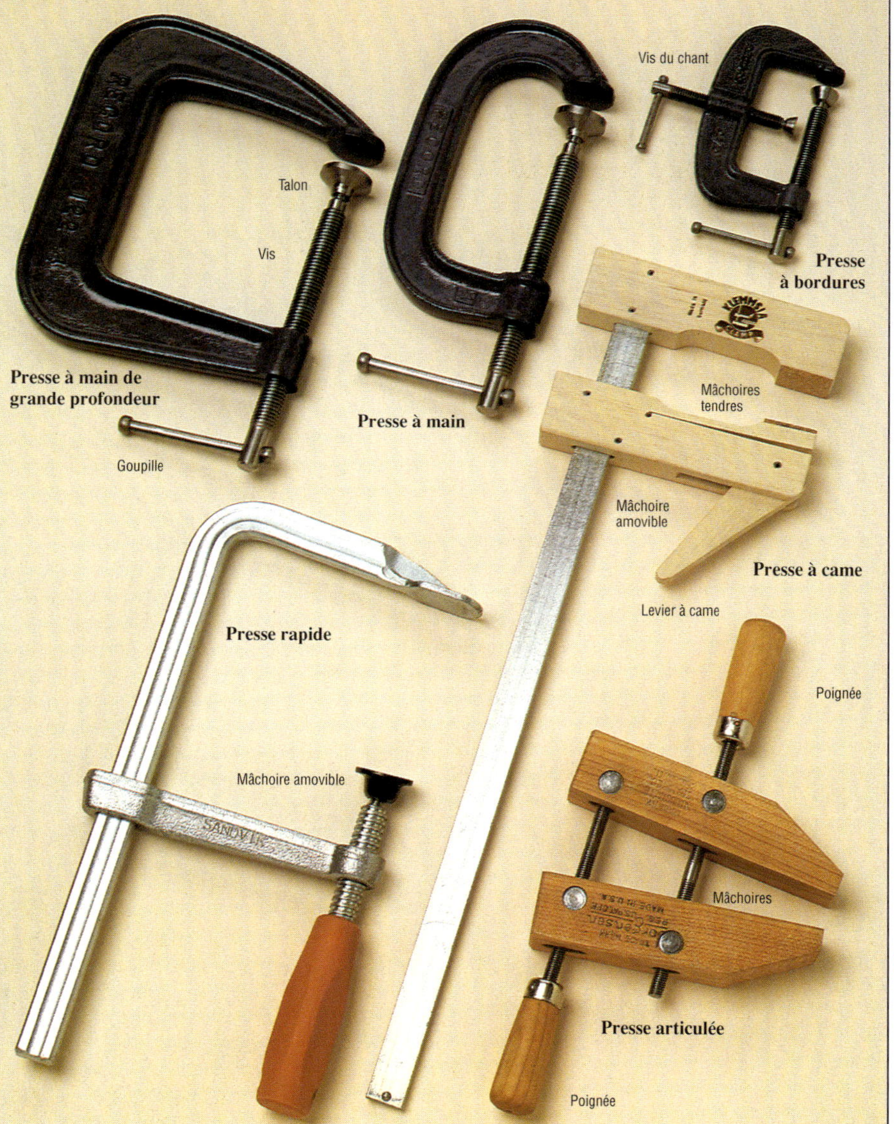

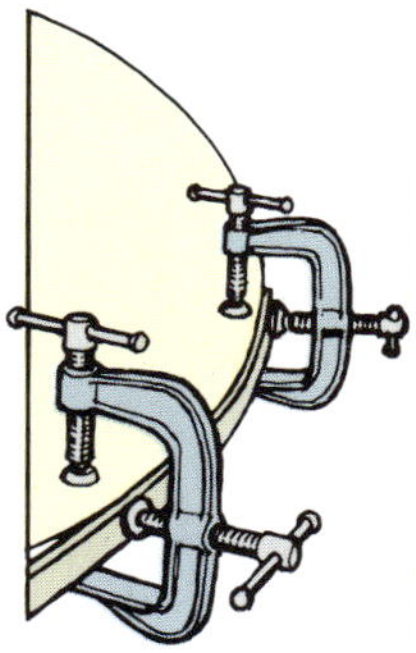

Utiliser des presses à double serrage
Serrez une bande de recouvrement sur un chant cintré avec ces presses à main spécialisées.

UTILISATION DES PETITES PRESSES

Utilisation d'une presse à main
Tournez la vis crénelée entre le pouce et les doigts jusqu'à ce que la mâchoire coulissante entre en contact avec l'ouvrage, puis serrez avec la vis. La mobilité du sabot lui permet de s'adapter à n'importe quel angle, mais prenez soin d'utilisez une cale afin d'éviter de marquer le bois.

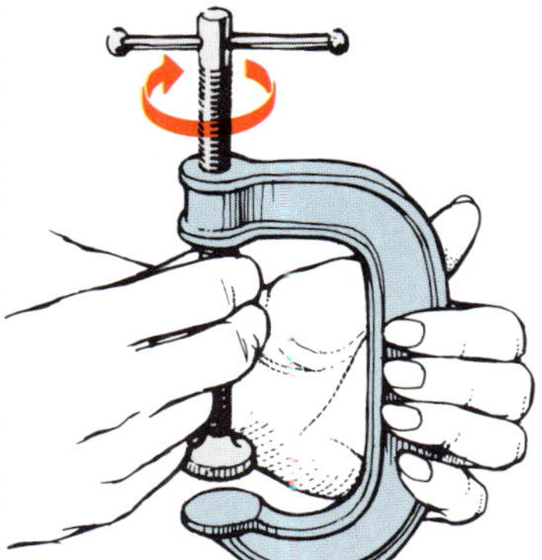

Ajuster une presse à main
Tournez la vis afin de fermer les mâchoires, puis serrez lentement au moyen de la goupille.

Presse articulée
Pour ajuster cette presse, prenez un manche dans chaque main et tournez l'outil pour ouvrir ou fermer la mâchoire. Glissez la presse sur l'ouvrage et vissez les manches afin que la pression s'exerce. Etant faites en bois, les mâchoires risquent moins d'abîmer l'ouvrage, mais prenez soin de glisser du papier entre le bois et les mâchoires afin que ces dernières ne soient pas accidentellement collées à l'ouvrage.

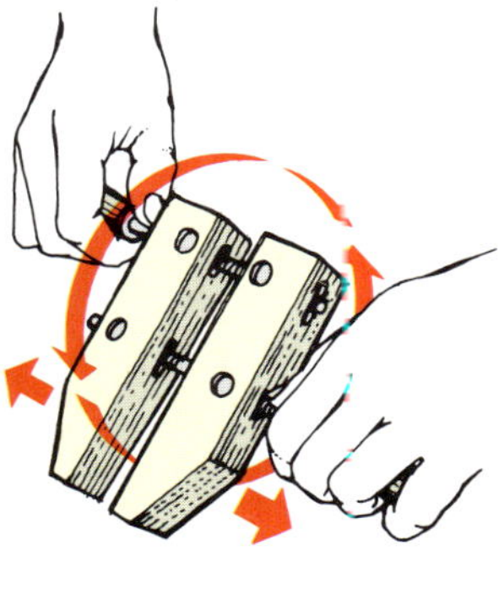

Ajuster une presse articulée
Faites pivoter les poignées afin de fermer ou d'ouvrir les mâchoires.

CHAPITRE 4

OUTILLAGE ÉLECTRIQUE

Il y a tout juste quelques années, les ateliers d'amateur n'étaient équipés que d'une perceuse électrique et de ses quelques accessoires qui la convertissaient en scie circulaire, en scie sauteuse ou en ponceuse à disque. Aujourd'hui, le panorama est complètement différent. Les menuisiers reconnaissent la qualité supérieure de l'outillage électrique moderne et sont beaucoup plus enclins à investir dans l'équipement spécialisé, plutôt que de compter sur des accessoires peu efficaces. Les outils électriques modernes ont un carter isolant et sont légers; ils sont mieux conçus et plus puissants que leurs prédécesseurs.

Un autre progrès de taille a été l'invention d' OUTILS *sans fils à batteries rechargeables. Jusqu'à présent, ces batteries ne peuvent pas stocker suffisamment d'électricité pour alimenter des moteurs puissants pendant une longue période, mais assez cependant pour exécuter de petits travaux tels que percer ou visser.*

LES PERCEUSES ÉLECTRIQUES

La perceuse électrique est l'outil le plus courant et le plus vendu sur le marché. C'est non seulement un outil de menuiserie inestimable, mais aussi l'outil de bricolage par excellence, ayant sa place dans tous les foyers. Les fabricants essayent de satisfaire la demande de perceuses en en produisant une très grande variété, allant de la perceuse « jetable » très bon marché aux modèles professionnels plus puissants et sophistiqués. Le menuisier a besoin d'une perceuse intermédiaire, un outil qui soit à la fois précis et raisonnablement polyvalent.

La majorité des personnes achètent une perceuse alimentée sur secteur, bien que les perceuses silencieuses et sans fil soient très populaires pour exécuter de petits perçages ainsi que pour visser.

VOIR AUSSI

Les mèches et accessoires pour perceuse	126/127
Protection des yeux	214
Les vis	304/305

PERCEUSES ÉLECTRIQUES ALIMENTÉES SUR SECTEUR

Lorsque vous choisissez une perceuse alimentée sur secteur, cherchez les détails qui donnent à l'outil que vous achetez le meilleur rapport efficacité/prix. Théoriquement, les outils conçus pour les professionnels sont plus rapides et durent longtemps sans que leurs performances ne s'en ressentent, mais, en réalité, beaucoup de professionnels utilisent avec plaisir des outils de bonne qualité conçus pour satisfaire les besoins des amateurs talentueux.

Capacité du mandrin

La plupart des mandrins présentent trois mors à serrage concentrique qui bloquent la tige de l'accessoire. Sur certains modèles, on utilise une clé à dents pour serrer et desserrer les mors. Sur les perceuses dotées d'un mandrin autoserrant, il suffit de revisser le collet cylindrique qui entoure les mors. La capacité du mandrin, de 10 à 13 mm sur la grande majorité des modèles, désigne le diamètre maximal de mèche que peut accueillir un mandrin et correspond aussi au diamètre maximal du trou que peut effectuer la perceuse dans l'acier. Doté de mèches à bois à tige raccourcie, le même outil percera des trous deux à trois fois plus larges dans le bois.

- **Taille du moteur**
  Les fabricants spécifient généralement que le moteur de la perceuse est de tant de watts. Une perceuse de 500 à 600 W, capable de produire environ 3 000 tours/minute, est parfaite pour des travaux courants.

Mandrins automatiques

Les perceuses haut de gamme sont équipées d'un mandrin autoserrant : lorsque le mandrin est tiré vers l'arrière, les mors s'ouvrent automatiquement et peuvent accueillir des mèches spéciales à tige rainurée qui, une fois le mandrin relâché, restent emprisonnées dans le guide-mors. Ces mandrins admettent des mèches de toutes tailles, mais le diamètre de la tige doit être constant. Les mèches ordinaires ne peuvent être utilisées qu'avec un adaptateur, proposé en option.

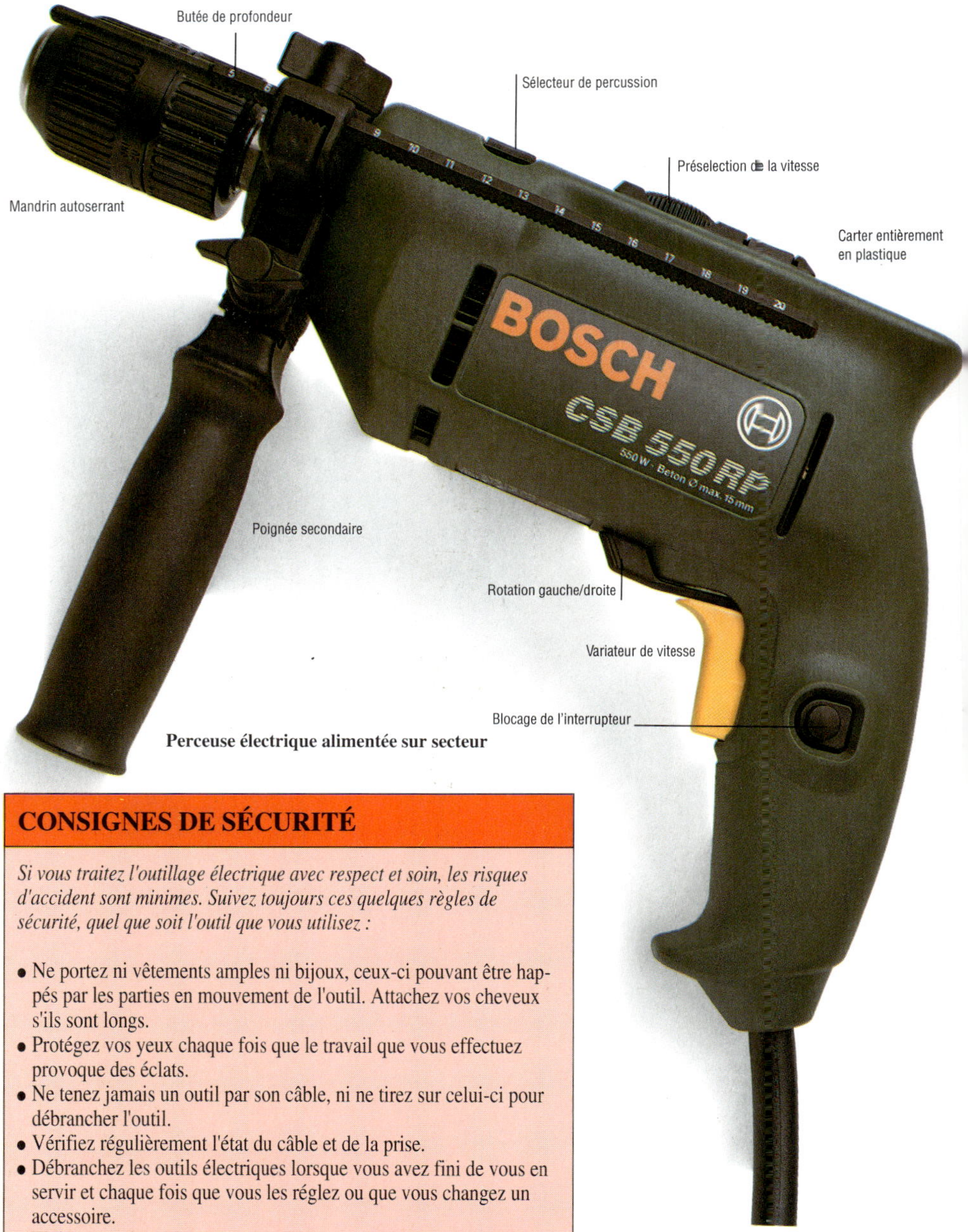

Perceuse électrique alimentée sur secteur

CONSIGNES DE SÉCURITÉ

Si vous traitez l'outillage électrique avec respect et soin, les risques d'accident sont minimes. Suivez toujours ces quelques règles de sécurité, quel que soit l'outil que vous utilisez :

- Ne portez ni vêtements amples ni bijoux, ceux-ci pouvant être happés par les parties en mouvement de l'outil. Attachez vos cheveux s'ils sont longs.
- Protégez vos yeux chaque fois que le travail que vous effectuez provoque des éclats.
- Ne tenez jamais un outil par son câble, ni ne tirez sur celui-ci pour débrancher l'outil.
- Vérifiez régulièrement l'état du câble et de la prise.
- Débranchez les outils électriques lorsque vous avez fini de vous en servir et chaque fois que vous les réglez ou que vous changez un accessoire.
- Eloignez toujours les enfants de l'endroit où vous utilisez des outils électriques, et rangez ces outils sous clé.
- Fixez toujours solidement la pièce à travailler.
- N'utilisez pas l'outillage électrique sous la pluie ou dans des conditions de grande humidité.
- Maintenez toujours les poignées de vos outils sèches et assurez-vous qu'elles ne sont pas graisseuses.

PERCEUSES SANS FIL

Choix de la vitesse
Pour optimiser les performances de la perceuse, sélectionnez la vitesse adaptée à chaque opération. Les dispositifs de contrôle et de sélection de la vitesse varient d'un modèle à un autre. Les perceuses les plus simples possèdent deux vitesses, que l'on sélectionne par un interrupteur. D'autres sont équipés d'un variateur de vitesse mécanique, simple gâchette sur laquelle l'utilisateur appuie plus ou moins selon la vitesse requise. La vitesse peut dans certains cas être préselectionnée sur un cadran gradué, accessoire particulièrement précieux pour les opérations de vissage ; la gâchette sert alors simplement à lancer la rotation de la mèche. La présence d'un engrenage mécanique deux vitesses assure un couple plus élevé à basse vitesse.

La plupart des perceuses électriques actuelles sont dotées d'un variateur électronique. Les plus performantes maintiennent une vitesse constante et une réserve de puissance instantanée en charge ; un débrayage de sécurité protège l'utilisateur et la machine en cas de blocage du foret. Une fonction d'amorce en douceur réduit le couple de retour des moteurs électriques à haute vitesse, ce qui évite d'entamer les têtes de vis.

Les fabricants de perceuses recommandent de sélectionner la vitesse en fonction de l'application envisagée ; en règle générale, préférez une vitesse lente pour percer le métal et le béton et pour visser, et rapide pour percer le bois.

Poignée secondaire et butée de profondeur
La plupart des perceuses accueillent en option une poignée supplémentaire qui s'insère à l'angle voulu. Choisissez une poignée équipée d'un guide de profondeur gradué, qui bute contre l'ouvrage lorsque la profondeur voulue est atteinte. Le logement des embouts est parfois intégré à la poignée secondaire.

Inversion de marche
Beaucoup de perceuses sont équipées d'un interrupteur qui invertit le sens de rotation, permettant ainsi de dévisser une vis.

Système de percussion
Bien qu'il soit inutile au travail du bois, il vaut mieux acheter une perceuse équipée d'un système de percussion intégré afin de pouvoir percer dans de la brique, du béton ou de la pierre. Enclenché par un interrupteur, le système de percussion assure une frappe de plusieurs centaines de coups par seconde, afin de briser la maçonnerie au fur et à mesure que la mèche progresse. Avec ce système, il ne faut employer que des mèches spéciales à percussion, et s'assurer qu'elles sont solidement serrées dans le mandrin.

Isolation électrique
Le carter entièrement en plastique d'une perceuse protège l'utilisateur d'une décharge électrique si un court-circuit venait à se produire dans le moteur; cette protection est appelée double isolation. Lorsqu'on dit qu'une perceuse est à isolation totale, non seulement vous êtes protégé, mais si par mégarde vous percez un câble électrique, le moteur lui aussi est protégé.

Taille du collet
Une perceuse dont le collet est conforme aux normes internationales et mesure 43 millimètres, accepte tous les accessoires et les adaptations fabriqués par les autres marques qui respectent les mêmes normes. Ainsi, vous pourrez compléter l'équipement de votre perceuse avec du matériel moins cher ou de meilleure qualité que celui fournit par son fabricant.

Bouton de blocage
Pour bloquer la gâchette et permettre une action continue, appuyez sur un petit bouton situé sur le manche de l'outil. Pour relâcher la gâchette, appuyez de nouveau sur le bouton.

Les perceuses sans fil, moins polyvalentes que les modèles précédents, demeurent d'excellents outils : légères, silencieuses, faciles à manier, elles sont indiquées pour travailler là où il n'y a pas de prise de courant. et évitent d'avoir à utiliser des rallonges, toujours gênantes.

La plupart des perceuses sans fil sont dotées d'un mandrin autoserrant de 10 mm, et de 13 mm pour quelques unes. Équipées de mèches à bois spéciales, elles peuvent percer dans le bois des trous d'un diamètre atteignant 30 mm. Les perceuses à percussion permettent également d'attaquer le béton.

Il existe des modèles à vitesse unique ou variable, et certains sont équipés d'un variateur électronique. Tous présentent un système d'inversion du sens de rotation droite/gauche qui leur confère toutes les fonctions de visseuse.

Certains fabricants livrent avec la perceuse une applique murale et un chargeur. Si l'outil est systématiquement replacé sur son support après usage, il sera toujours chargé. D'autres modèles sont équipés de batteries amovibles que l'on branche sur un chargeur ; dans ce cas, vous disposez en permanence d'une batterie de rechange chargée et prête à l'usage. Il faut généralement compter entre une et trois heures pour recharger une batterie, mais les chargeurs rapides réduisent ce délai à un quart d'heure. Les batteries peuvent être rechargées plusieurs milliers de fois avant d'être remplacées.

Veillez à ne pas exposer une perceuse sans fil à des températures extrêmes qui réduiraient considérablement sa durée de vie.

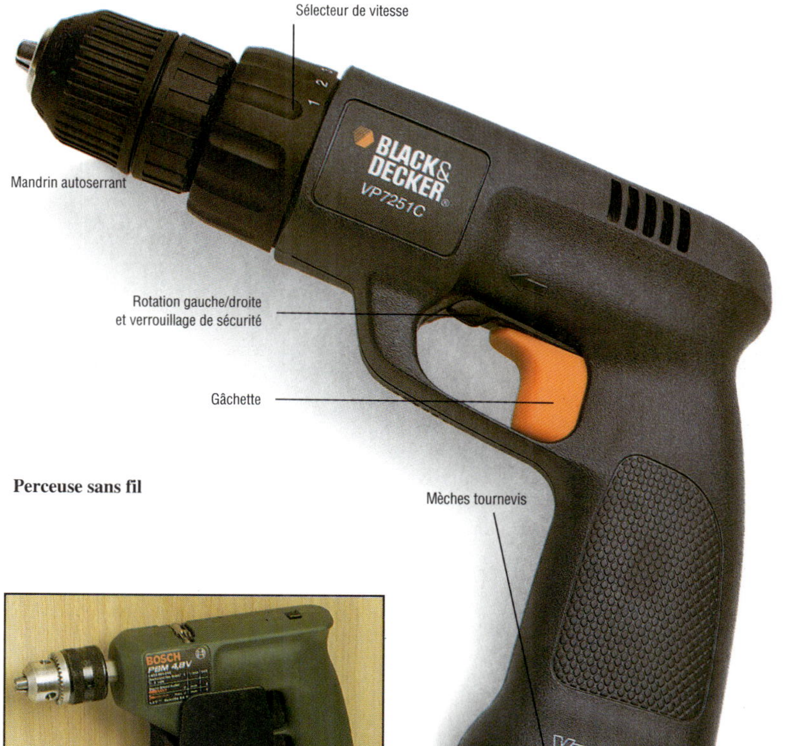

Perceuse sans fil

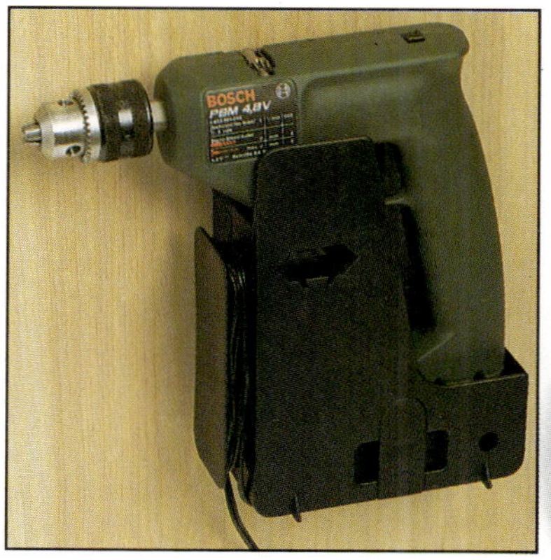

Perceuse rechargeable avec applique murale
Ce type de perceuse sans fil se recharge lorsqu'elle est placée sur une applique murale.

MÈCHES ET ACCESSOIRES

VOIR AUSSI

Limes et râpes	111
Affûtage des mèches	114
Insertion d'une vis	119
Consignes de sécurité	124
Perceuses électriques	124/125
Perceuses à colonne	188/189
Assemblage chevillé	236/237

En temps que menuisier, vous aurez besoin d'un jeu complet de forets hélicoïdaux aux diamètres allant jusqu'à 13 millimètres. Mais il vaut mieux acheter des mèches à cheviller et autres mèches à percer plus grandes au fur et à mesure que vous en aurez besoin. Les accessoires d'une perceuse ne font qu'augmenter ses capacités et ne sont pas considérés comme essentiels à un atelier de menuiserie. Le support de perceuse vertical est une exception à cette règle car, à moins de posséder un guide de perçage adéquat, cet accessoire est essentiel pour percer perpendiculairement à la face de l'ouvrage.

Foret hélicoïdal
Bien que conçus pour le travail du métal, les forets hélicoïdaux sont parfaits pour percer le bois. Les forets en acier de carbone sont parfaitement adéquats pour le perçage du bois, mais comme vous aurez certainement besoin à un moment ou à un autre de percer aussi du métal, cela vaut la peine d'investir dans un jeu de forets en acier rapide. Les forets hélicoïdaux, au diamètre allant de 13 à 25 millimètres, sont à tige raccourcie afin de pouvoir s'adapter aux mandrins des perceuses courantes.

Maintenez les pointes de vos forets bien aiguisées et nettoyez toute poussière de bois qui encrasserait les cannelures avant de les utiliser.

Les forets hélicoïdaux sont difficiles à centrer. Lorsque vous travaillez avec des bois durs, il convient de marquer le trou au préalable en utilisant une pointe à tracer. Afin d'éviter de fendre le bois, relâchez la pression lorsque le foret sort de l'autre côté de l'ouvrage. Ou bien alors, placez un rebut de bois derrière la pièce à travailler.

Mèche à hélice
La mèche à hélice est un foret hélicoïdal muni d'une pointe centrale qui empêche la mèche de dévier et de deux couteaux qui nettoient les parois du trou.

Mèche anglaise
Ces mèches plutôt bon marché servent à percer de larges trous d'un diamètre allant de 6 à 38 millimètres. La longue pointe centrale permet de positionner la mèche avec beaucoup de précision sur le centre du trou, même lorsque vous ne travaillez pas à la verticale de l'ouvrage.

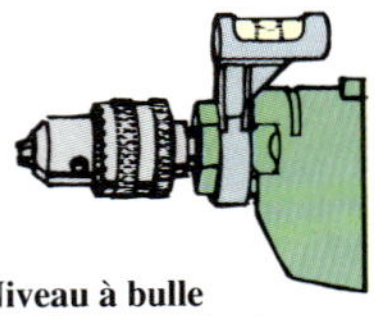

• **Niveau à bulle**
Installez un petit niveau à bulle sur le collet de la perceuse afin d'assurer l'équerrage lorsque vous percez. Pour le perçage horizontal, maintenez la bulle centrée entre les lignes, pour le perçage vertical, centrez-la sur l'extrémité en verre du niveau.

Mèche à découper les nœuds
Ces mèches sont de qualité supérieure et percent des trous exceptionnellement nets et à fond parfaitement plat. Elles existent en diamètre allant jusqu'à 50 millimètres. Une mèche à découper les nœuds ne sera gênée ni par les nœuds, ni par le fil du bois et permet de percer des trous se chevauchant ou situés sur le chant de l'ouvrage sans aucune difficulté.

Fraise
La fraise sert à percer le logement des têtes de vis à bois que l'on veut noyer. Commencez par percer l'avant-trou et le trou de dégagement, afin de centrer la fraise, puis percez à grande vitesse pour que le logement soit net.

Foret-fraise combinés
Ces mèches percent en une seule fois l'avant-trou, le trou de dégagement et le logement de la vis. Leur diamètre correspond à celui de la majorité des vis à bois.

Foret-fraise à tampons
Ces mèches font le même travail que les forets-fraises combinés, mais en plus, elles laissent un logement parfaitement net que l'on peut aisément remplir avec un tampon servant à camoufler la tête de la vis.

Mèche à faire les tampons
On se sert d'une mèche à faire les tampons pour tailler un tampon qui ira s'adapter exactement au trou percé par un foret-fraise à tampons. Taillez les tampons dans un bois de couleur et de fil semblables à ceux de votre ouvrage.

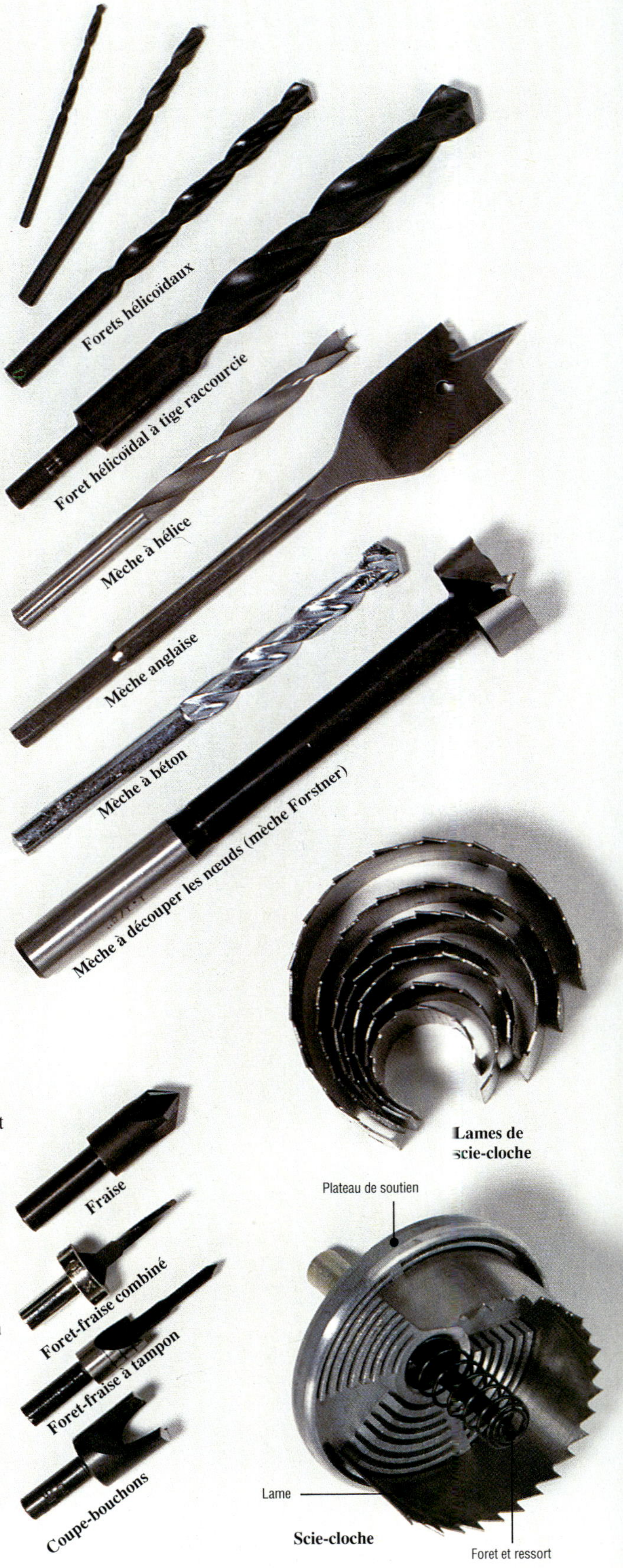

Mèches à maçonnerie
Les mèches à maçonnerie sont des forets hélicoïdaux à tête en carbure de tungstène, conçues pour percer la brique, la pierre ou le béton.

Mèches à percussion
Ces mèches pour travaux de maçonnerie ont une tête à l'épreuve des vibrations provoquées par le système de percussion de la perceuse.

Scies-cloches
Une scie-cloche est encastrée dans un support en plastique ou métallique, lui-même serré autour d'un foret. Les scies-cloches sont vendues par séries allant de 25 à 89 millimètres.
Ajustez la tige du foret dans le mandrin. La lame de la scie tourne beaucoup plus vite que le foret, travaillez donc à petite vitesse et contrôlez la pénétration de la lame dans le bois.

Mèches tournevis
On peut adapter à une perceuse des mèches tournevis à pointes droites ainsi que toutes les variétés de pointes cruciformes. On peut fixer une vis dans le bois sans avoir à percer un avant-trou ou un trou de dégagement, mais il est néanmoins recommandé de le faire afin d'éviter que la vis ne dévie ou que le bois ne se fende. Lorsque vous vissez ou dévissez une vis, utilisez la plus petite vitesse disponible et exercez une pression constante sur la perceuse afin que la pointe ne glisse pas de la fente.

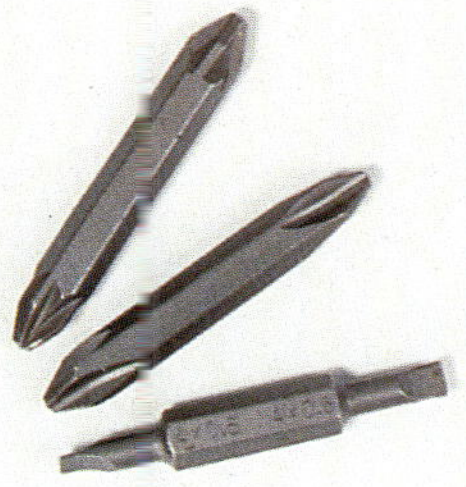

Mèches tournevis

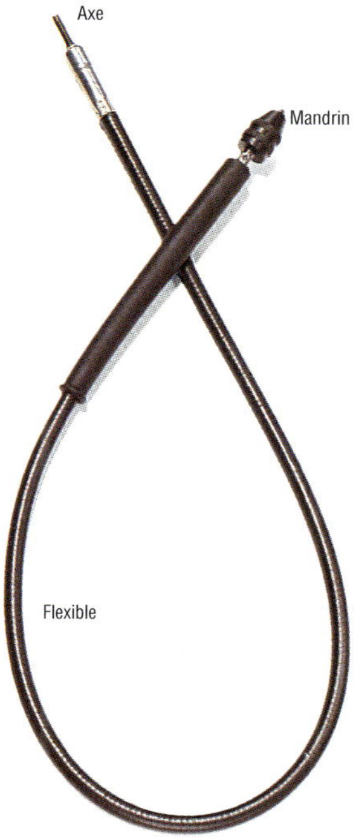

Flexible
Un flexible permet de travailler avec des mèches, des râpes ou des limes dans des endroits difficiles à atteindre avec une perceuse.
Un flexible est composé d'un câble de transmission enveloppé dans un fourreau flexible, d'un arbre à une extrémité et d'un mandrin court à poignée stylo de l'autre. L'arbre s'ajuste au mandrin d'une perceuse courante, fixée au préalable à l'établi. La capacité des mandrins des câbles flexibles varie entre 6 et 8 millimètres.

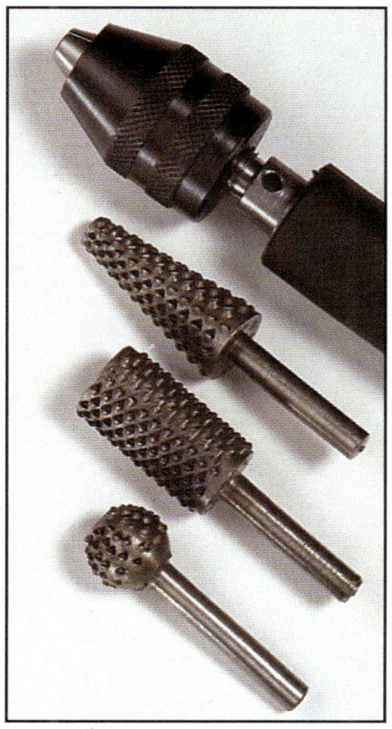

Râpes rotatives
Des râpes rotatives au grain fort, que l'on adapte au mandrin, sont parfaites pour des façonnages complexes.

Guide de chevillage
Un guide de chevillage est un appareil servant à guider une mèche bien droit et fournit aussi un moyen de respecter l'espacement des trous dans les deux parties d'un assemblage à goujons. Choisissez un appareil solide, bien bâti et qui permet de guider la mèche sur des barreaux de bois durs et de larges planches servant à la construction de meubles. Ce type d'appareil est équipé d'une tête fixe à partir de laquelle toutes les mesures sont prises et assemblée par deux barres en acier à un guide coulissant qui serre l'appareil à l'ouvrage. Des guides coulissants supplémentaires sont fixés aux barres afin de permettre un positionnement variable. On peut cheviller de très larges planches en retirant les extrémités de l'appareil. Maintenez les guides latéraux des mèches contre l'ouvrage et espacez les trous avec précision le long de la planche tout en fixant l'appareil au premier trou percé par une cheville.

Support de perceuse vertical
Un support de perceuse vertical transforme une perceuse portable en perceuse à colonne. En tirant sur le levier d'abaissement, on amène la mèche au contact de la surface à travailler. Si le support est équipé d'un ressort de retour, la perceuse remonte automatiquement à sa position initiale dès que vous lâchez le levier.
Assurez-vous que la colonne du support que vous choisissez soit solide et rigide, et que la mâchoire de serrage soit de bonne qualité. Les fentes pratiquées dans le socle de l'appareil permettent d'attacher de petites presses pour tenir les pièces métalliques servant au perçage, mais vous pouvez aussi les utiliser pour y attacher un guide en bois que vous aurez fabriqué vous-même et qui vous sera d'une grande utilité pour bien positionner votre ouvrage.
Un guide de profondeur placé sur le support limite le mouvement de la perceuse lorsque vous percez un trou à une profondeur précise. Lorsque vous percez directement à travers une pièce de bois, placez derrière celle-ci une pièce d'aggloméré afin d'éviter qu'elle ne se fende.

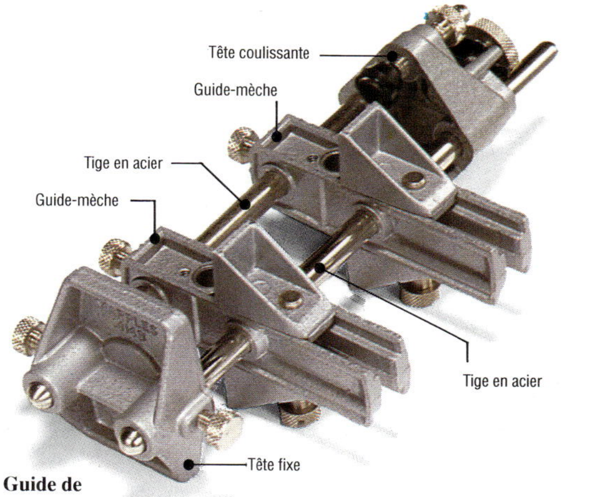

Guide de chevillage

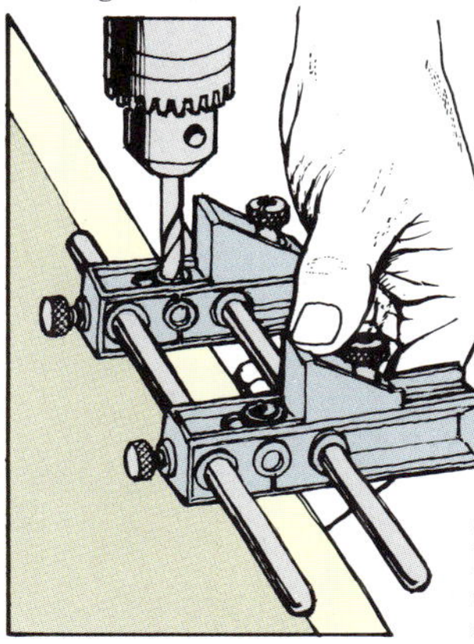

Cheviller une planche
Retirez les têtes aux extrémités du gabarit afin de percer des trous sur le chant d'une large planche.

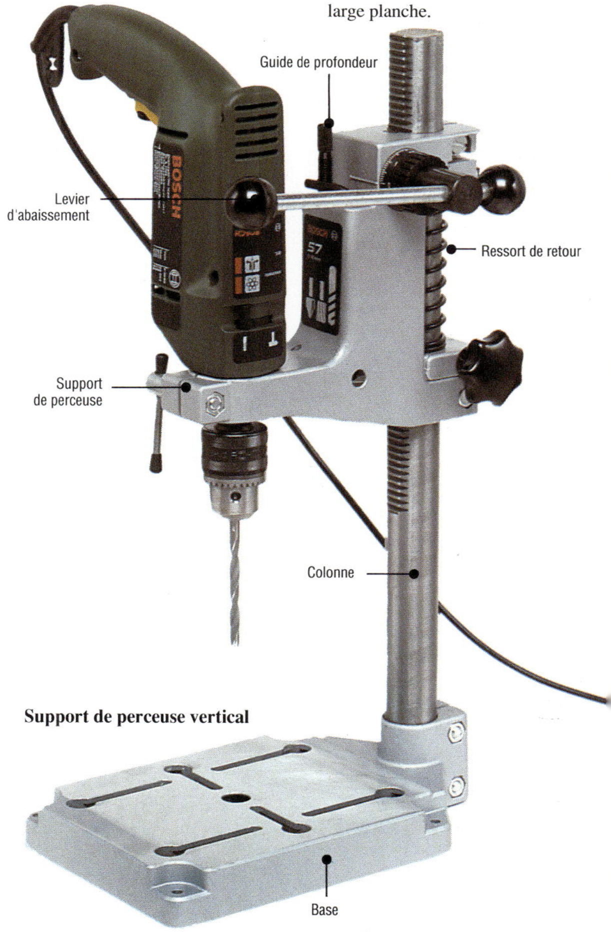

Support de perceuse vertical

LES SCIES SAUTEUSES

Outil remarquablement polyvalent — mais bien moins toutefois que ne le clament certains fabricants ! — la scie sauteuse permet aussi bien de trancher dans un panneau manufacturé que de couper en droit fil ou en travers une pièce de bois massif et n'a pas son pareil pour les coupes curvilignes. Equipée de lames adéquates, elle peut également scier des feuilles de métal ou de plastique. Certains modèles, munis d'accessoires spécifiques, se montent en outre à l'envers sur une table de sciage, ce qui laisse les mains libres pour guider la pièce avec précision.

VOIR AUSSI

Les scies à découper les courbes	84
Consignes de sécurité	124
Lames de scies sauteuses	130/131
Scies à découper	178/180
Les aspirateurs de poussière	214

SCIES SAUTEUSES ALIMENTÉES PAR SECTEUR

Jadis, la scie sauteuse avait mauvaise réputation auprès des menuisiers sérieux, car sa lame avait tendance à dévier du trait de scie et à se plier en charge, rendant presque impossible une coupe franche et précise.
Les fabricants proposent aujourd'hui des scies sauteuses de qualité, équipées de contrôles électroniques assurant une vitesse constante et de moteurs électriques parfaitement réglés ne produisant que très peu de vibrations. Avec une lame bien affûtée, ce type de scie offre un grand confort d'utilisation, une bonne prise en main et est relativement silencieuse. Un modèle de base suffit à la plupart des travaux de menuiserie, mais si votre budget vous le permet, optez pour une scie plus performante.

Mouvement pendulaire
Sur une scie sauteuse simple, la lame oscille de haut en bas. Les scies à mouvement orbital ou pendulaire sont plus rapides, car la lame ne coupe dans l'ouvrage que lors de sa course descendante, puis recule et dégage ainsi l'entaille en remontant. Ce dispositif réduit les efforts nécessaires et augmente sensiblement la longévité de la lame. Le degré d'oscillation peut être réglé en fonction du matériau à découper. En poussée maximale, la lame pénètre aisément et rapidement les bois tendres et les plastiques. Sur les pièces plus épaisses, de bois tendre ou dur, de panneaux de particules ou de métaux tendres, le mouvement pendulaire est ralenti progressivement, et il complètement stoppé pour découper l'acier ou des matériaux en feuilles très minces.

- **Puissance du moteur**
La plupart des scies sauteuses alimentées sur secteur sont équipées de moteurs de 350 à 600 W, capables d'atteindres une vitesse maximale de l'ordre de 3 000 coupes/minute. Les moteurs plus puissants sont conçus pour découper d'épaisses plaques d'acier, mais ne sont pas plus rapides.

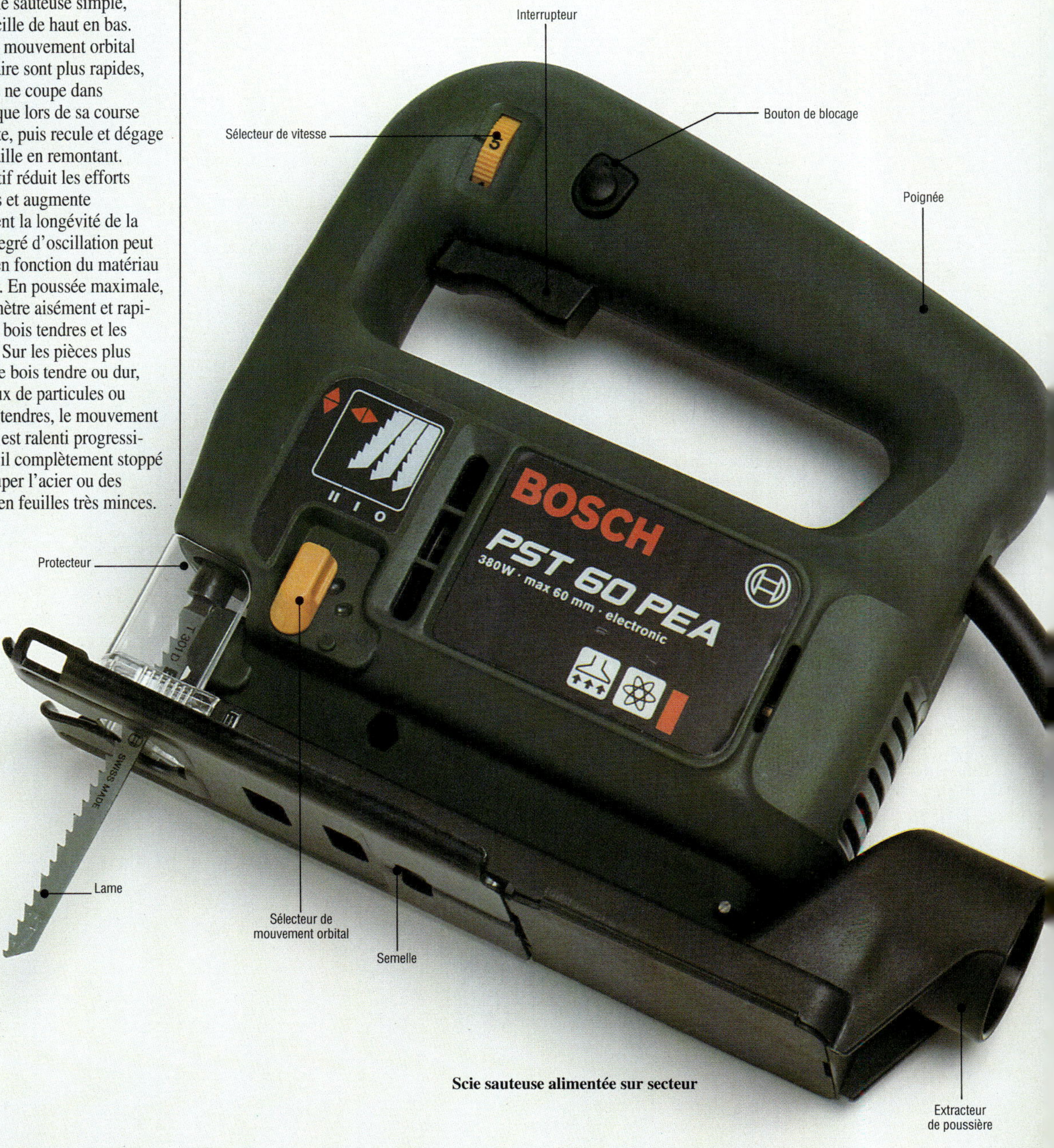

Scie sauteuse alimentée sur secteur

CONSIGNES DE SÉCURITÉ

Suivez les règles générales déjà indiquées pour l'outillage électrique en général, mais soyez particulièrement prudent lorsque vous utilisez une scie sauteuse.

- Vérifiez que rien n'obstrue le chemin sur lequel vous allez travailler avec la scie.
- Assurez-vous que le câble est toujours derrière la scie.
- N'utilisez que des lames bien affûtées car les lames émoussées doivent forcer leur chemin à travers l'ouvrage.
- Tenez toujours vos doigts bien éloignés de la trajectoire de la scie.
- Relâchez la pression exercée lorsque vous arrivez en fin de coupe, afin d'éviter une soudaine accélération de la lame au moment où elle quitte la voie.
- Coupez le moteur et attendez que la lame se soit immobilisée avant de reposer la scie.

Profondeur de coupe
Une scie sauteuse type peut effectuer des découpes sur une épaisseur pouvant aller jusqu'à 70 mm pour les bois tendres et durs, 18 mm pour les métaux non ferreux, et 3 mm pour l'acier. Les outils destinés aux professionnels ne sont que légèrement plus performants pour le bois, mais coupent en revanche dans l'aluminium jusqu'à 20 mm et dans l'acier jusqu'à 10 mm.

Extracteur de poussière
Sur la plupart des scies sauteuses, un jet d'air soufflant à l'arrière de la lame dégage la sciure du trait de scie. Ce système suffit à la plupart des travaux de menuiserie, mais si vous devez travailler longtemps ou scier des bois dégageant des poussières toxiques, munissez-vous d'un modèle doté d'un extracteur de poussière. Il s'agit d'un dispositif raccordé par un tuyau flexible à l'arrière de l'outil, et qui évacue directement la poussière dans une cloche d'aspiration.

Isolation
Choisissez une scie sauteuse logée dans un carter entièrement en plastique qui protège l'utilisateur de toute décharge en cas de défaillance du moteur.

Isolation
Choisissez une scie sauteuse équipée d'un carter entièrement en plastique qui protège l'utilisateur en cas de déficience du fonctionnement du moteur.

Sélecteur de vitesse
Les scies sauteuses à vitesse unique fonctionnent à grande vitesse et servent principalement au travail du bois, et l'on ne doit pas s'attendre à ce que ces modèles puissent découper les métaux pendant une longue période de temps sans surchauffe de la part du moteur. Certaines scies sauteuses sont équipées d'un cadran permettant de sélectionner une vitesse de coupe particulière, entre 500 et 3 000 coups/minute, afin de l'adapter au matériau à découper. Mais sur une véritable scie sauteuse à vitesse variable, la sélection de vitesse se fait par la pression exercée sur la gâchette ou encore par un sélecteur.

On utilise généralement la vitesse maximale pour la découpe du bois, la vitesse moyenne pour les plastiques ou les métaux tendre, et la petite vitesse pour l'acier et la céramique. Néanmoins la pratique veut que ce soit le son de la scie et l'aisance avec laquelle elle coupe qui déterminent la vitesse adéquate.

Les meilleures scies sauteuses sont équipées de variateurs électroniques incorporés qui contrôlent la vitesse et vérifient qu'elle s'accorde avec l'effort fourni, tout en maintenant une vitesse constante.

Si vous utilisez une scie sauteuse en vitesse minimale pendant une longue période de temps, le moteur risque de surchauffer ; alors laissez régulièrement la scie tourner à vide pendant quelques instants afin de permettre au moteur de se refroidir.

Bouton de blocage
Un bouton de blocage situé sur le manche permet de caler la gâchette lors d'une utilisation continue de la scie. Ce détail réduit la tension et la fatigue que peut entraîner une découpe longue et compliquée.

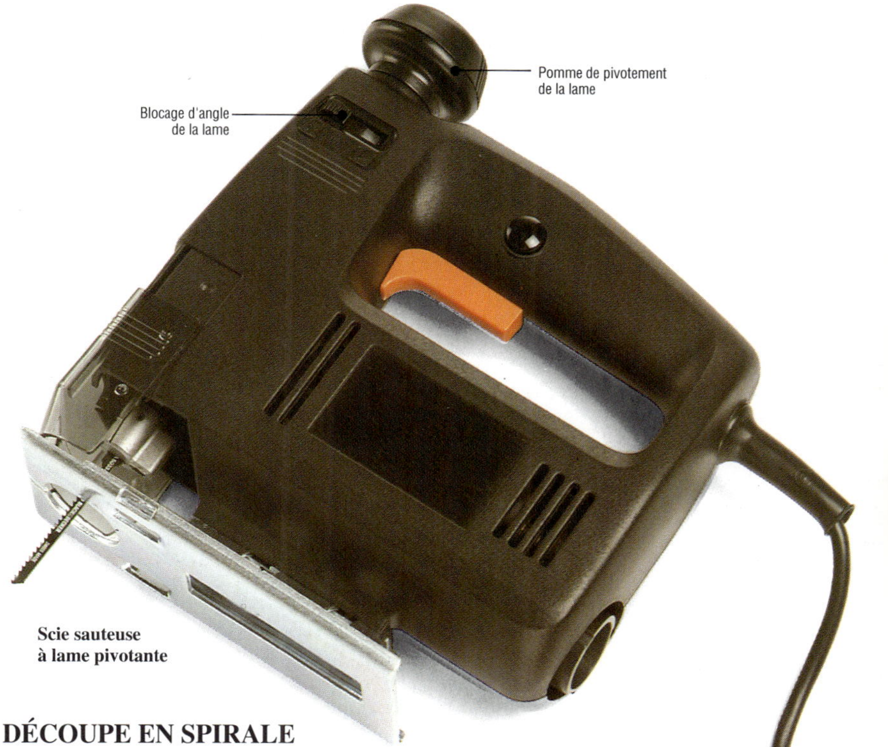

Scie sauteuse à lame pivotante

DÉCOUPE EN SPIRALE

Bien qu'équipée d'une lame suffisamment fine, n'importe quelle scie sauteuse puisse découper des formes aux courbes compliquées, il faut à chaque fois soit tourner tout le corps de la scie, soit déplacer l'ouvrage. Néanmoins, sur une scie équipée d'un dispositif permettant la découpe en spirale, la lame peut être dirigée indépendamment au moyen d'un pommeau monté sur l'outil ; de même, la lame peut être bloquée vers l'avant, l'arrière ou un des côtés.

Lorsque vous découpez en spirale, prenez garde de bien exercer la pression juste derrière le côté coupant afin d'éviter que la lame ne se déforme ou ne se casse.

SCIES SAUTEUSES SANS FIL

Les fabricants proposent une vaste gamme de scies sauteuses sans fil à usage professionnel, mais le marché est relativement pauvre en modèles conçus pour les amateurs. Les avantages d'un outil sans fil sont évidents, mais les scies sauteuses de ce type sont souvent bien moins puissantes que leurs équivalents alimentés par secteur. Leur capacité de profondeur de coupe est très inférieure pour tous les matériaux, et sur les supports denses, tels que l'aggloméré, elles ne présentent qu'une faible autonomie et doivent être rechargées souvent. Si vous avez en permanence une batterie de rechange chargée, cet inconvénient n'est pas très gênant.

Lors de l'achat, assurez-vous que la scie est équipée d'un dispositif de sécurité empêchant toute mise en route accidentelle.

Empêcher l'éclatement du bois
En découpant, la lame de la scie a tendance à soulever des écailles le long de la voie, sur la face supérieure de la planche. Il est donc important de travailler avec la face de parement vers le bas, à moins que votre scie maintienne bien le bois. Sur certaines scies, on fait cela en glissant la semelle vers l'arrière, et en casant la lame dans une petite encoche conçue à cet effet. Sur d'autres scies, on peut insérer un cache en plastique qui bouche le vide autour de la lame.

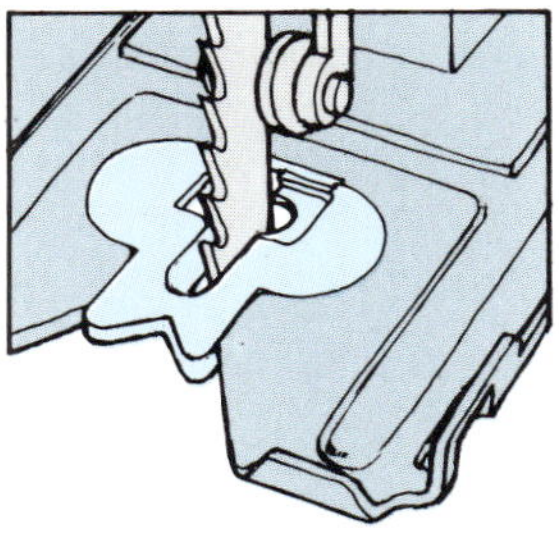

Un cache prévient l'éclatement du bois

VOIR AUSSI

Panneaux dérivés du bois	34/38
Consignes de sécurité	124/129
Les scies sauteuses	128/129
Le métal	296/297

- **Découper le métal**
  Découper une feuille de métal, même fine est un procédé extrêmement lent, et vous ne devez pas essayer de forcer la scie afin d'accélérer la vitesse de coupe. Appliquez une fine couche d'huile ou d'essence de térébenthine sur le trait de coupe afin de faciliter le déplacement de la lame. Portez des lunettes de sécurité et des protecteurs auditifs.

- **Découper des panneaux stratifiés**
  Afin de réduire l'éclatement des panneaux de particules stratifiés, adaptez une lame à stratifié à dents inversées. Vous pouvez aussi utiliser une fine lame à métaux – cependant, retournez la planche et maintenez-la entre deux panneaux de fibres durs.

LAMES DE SCIES SAUTEUSES

Les lames des scies sauteuses sont faciles à changer ; tout d'abord, parce qu'elles ne sont pas affûtables et qu'on les jette lorsqu'elles sont émoussées ou cassées ; ensuite, parce qu'il existe une lame différente pour chaque type de matériau et que leur dentition est spécifique à une coupe, à savoir : plus fine, plus rapide ou plus nette.

Bien que la plupart des fabricants décrivent leurs lames de façon différente, une compréhension élémentaire de leurs caractéristiques vous permettra de choisir les lames appropriées pour des travaux spécifiques.

Longueur de lame

La longueur de lame décrit la section à dents ou coupante de la lame ; celle-ci varie entre 50 et 100 millimètres. La longueur de la lame n'est pas d'importance capitale, étant donné que vous utiliserez rarement la partie supérieure de celle-ci ; cependant, lorsque vous débitez du bois épais, utilisez une lame plus longue de 15 à 20 millimètres que l'épaisseur maximale du bois.

Taille des dents

Certains fabricants spécifient la taille des dents en donnant le nombre de dents dans une portion de 25 millimètres de lame ; d'autres utilisent le terme « pas » qui désigne l'écartement entre deux dents, mesuré en millimètre d'une pointe à l'autre. Ainsi, on peut décrire une lame en disant qu'elle a 10 dents par portion de 25 millimètres ou encore qu'elle a un pas de 2,5 millimètres.

En règle générale, plus les dents d'une lame sont petites, plus la coupe sera fine, et plus la taille des dents augmente, plus la coupe sera rapide.

Avoyage des dents

On appelle « voie », la fente découpée par la lame d'une scie. Si la voie découpée par une lame était de même épaisseur que celle-ci, la pression imposée par la friction appliquée à la lame finirait par la casser. En conséquence, les lames sont conçues pour découper une voie légèrement plus large permettant ainsi un minimum de dégagement. Ce dégagement s'obtient en avoyant les dents d'une des manières suivantes.

Lames à tronçonner. Les dents sont pliées une sur deux soit à droite soit à gauche selon la méthode traditionnelle utilisée pour les scies à main. Néanmoins, on n'avoye ainsi que les lames à dents relativement grandes, qui coupent rapidement et taillent un trait grossier.

Lames meulées. Sur ce type de lames, les dents ne sont pas vraiment avoyées, c'est plutôt le dos de la lame qui est effilé, permettant ainsi le dégagement. Les lames meulées taillent un chemin très net dans les panneaux dérivés du bois et le bois massif. Une lame meulée, aux dents légèrement avoyées et au dos effilé coupera encore plus vite.

Lames ondulées. Les lames équipées de très petites dents sont ondulées afin de tailler un trait plus large. Ce type de lames s'utilise généralement pour découper les métaux, mais elles taillent aussi un trait net et étroit dans du contreplaqué ou du bois massif.

Changer la lame d'une scie sauteuse

A moins que votre scie sauteuse ne soit équipée d'un levier de libération automatique de la lame, desserrez d'abord le dispositif de verrouillage à l'aide d'une clé 6 pans. Puis suivez les instructions du fabricant, et assurez-vous toujours que la queue de la lame est bien insérée dans son guide.

UTILISATION D'UNE SCIE SAUTEUSE

Le mouvement orbital d'une scie sauteuse causera toujours des vibrations dans l'ouvrage, à moins que celui-ci ne soit bien ajusté sur un établi ou un chevalet. Ce principe est encore plus vrai lorsqu'il s'agit de minces panneaux de contre-plaqué ou de bois dur qui doivent être soutenus par des tasseaux ou des planches sous les deux côtés du chemin.

Sciage à main levée

Appuyez la pointe de la semelle sur l'ouvrage et positionnez la lame devant la ligne de coupe sur le bord de celui-ci. Mettez la scie en marche et introduisez la lame dans le bois, côté rebut. Faites avancer la scie à travers l'ouvrage à un rythme régulier en ralentissant sur les derniers centimètres tout en soutenant le rebut.

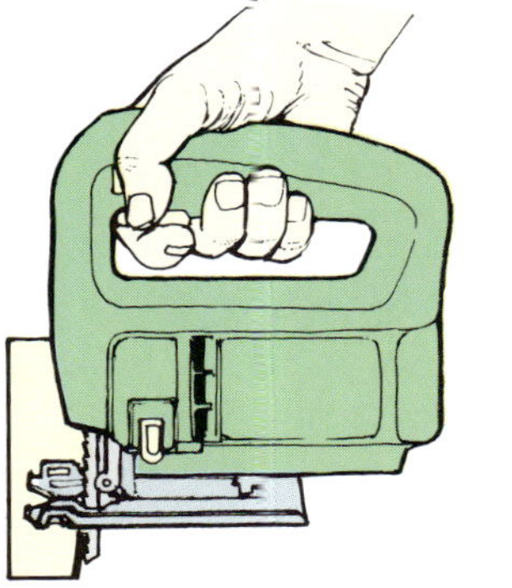

Commencer une découpe à main levée

Refendage en parallèle à un chant

Un guide de sciage ajustable que l'on fixe à la semelle permet de refendre en parallèle à un chant. Assurez-vous que le guide est aligné avec précision par rapport à la lame et bien ajusté à la semelle. Si cela n'est pas le cas, la lame ne refendra pas correctement et risque d'abîmer ou de brûler l'ouvrage. Vous pouvez prolonger le guide en y apposant une butée de bois.

Ajustez la taille du guide entre sa face interne et la lame, ou positionnez la lame sur le début de la ligne de coupe et faites coulisser le guide jusqu'à l'extrémité de la planche ; puis serrez celui-ci. Allumez la scie et faites progresser la lame dans la voie tout en appuyant sur le guide pendant toute la durée de la découpe.

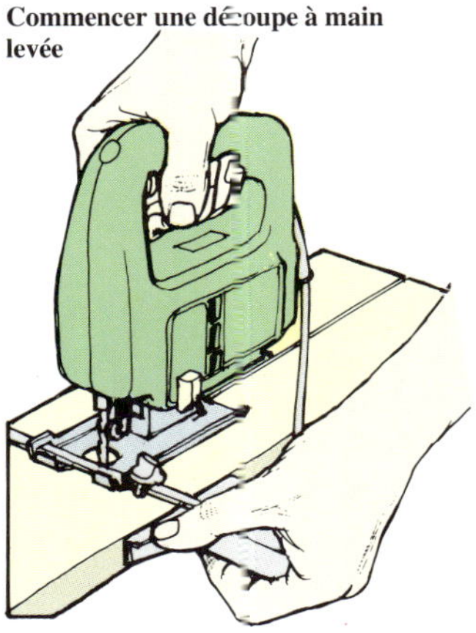

Maintenir le guide contre l'ouvrage

Fabrication d'un guide de secours

Si la ligne de coupe est située trop loin d'un des chants, rendant ainsi difficile l'utilisation d'un guide de coupe, faites coulisser la semelle de la scie le long d'un tasseau de bois serré à l'ouvrage par le valet.

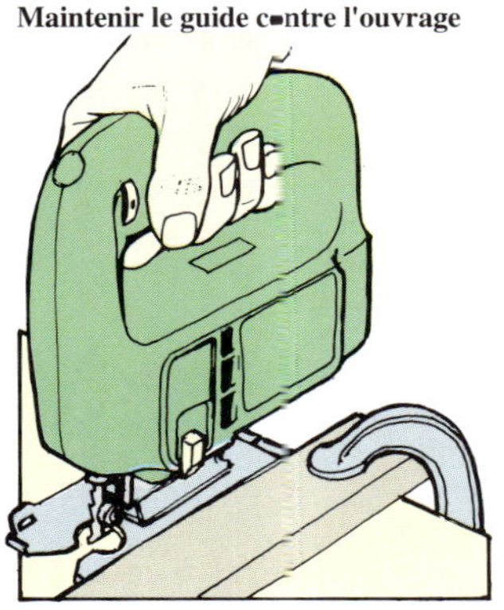

Faire courir la semelle le long du tasseau guide

Découpe en biais

La semelle d'une scie sauteuse peut s'orienter à n'importe quel angle jusqu'à 45 degrés, cela de chaque côté de la lame. Pour ce faire, desserrez légèrement les vis de la semelle et frappez sur celle-ci avec le manche d'un tournevis jusqu'à atteindre l'angle voulu, que vous pourrez vérifier sur la jauge d'inclination, puis resserrez les vis. Découper en biais est une opération difficile ; servez-vous de préférence d'un guide de coupe ou d'un tasseau serré à l'ouvrage.

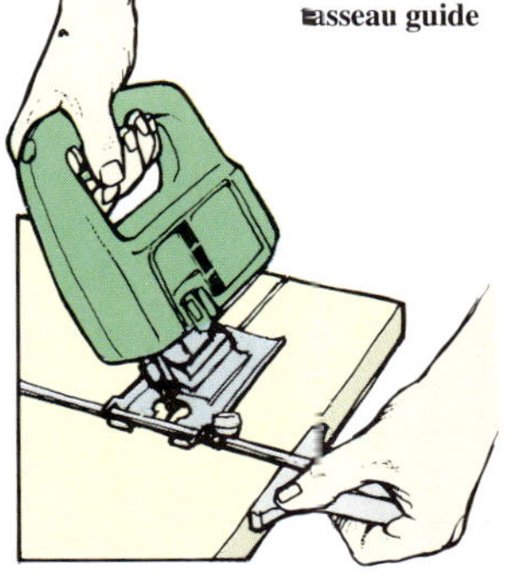

Tailler un biseau en vous aidant d'un guide

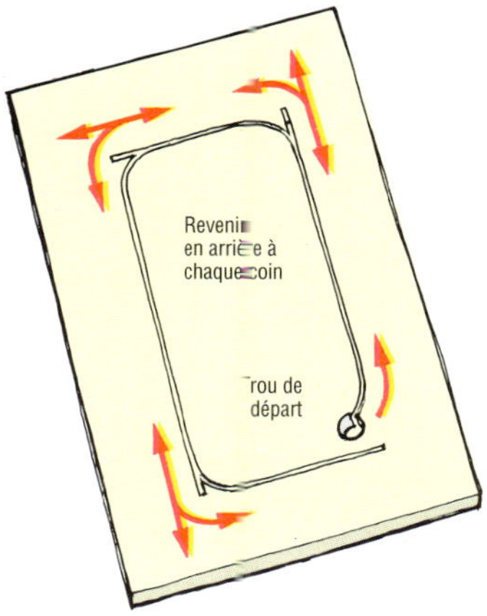

Découper un trou carré

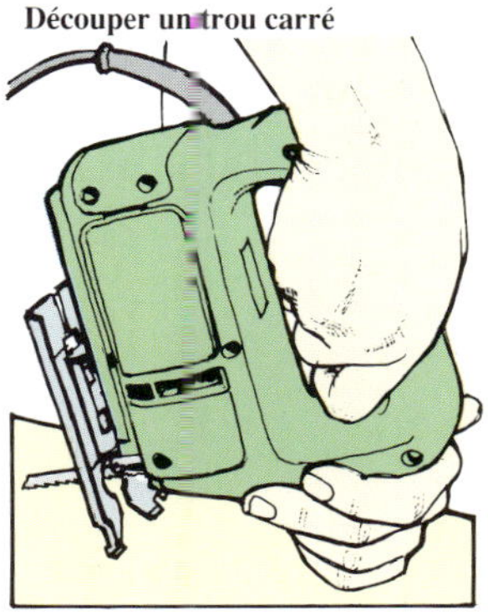

Commencer une découpe en plongée

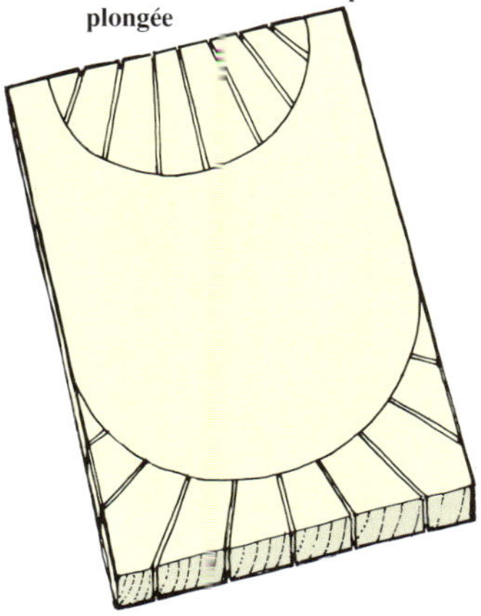

Effectuer une découpe en courbe
Débitez le rebut en portions si la courbe est trop serrée.

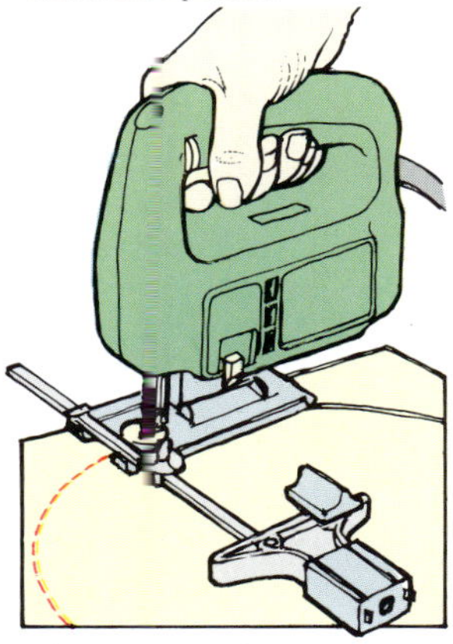

Découper un cercle
Transformez le guide latéral en compas afin de découper un cercle.

Découpe interne

Pour découper un trou circulaire dans une planche, commencez par percer un trou d'amorce permettant d'introduire la lame à l'intérieur de la surface du trou, puis effectuez la découpe en une seule fois.

Pour découper un trou carré, employez la même technique, mais coupez jusqu'à chaque coin formant le carré, puis revenez en arrière d'à peu près 25 millimètres et coupez en courbe jusqu'au côté suivant du carré. Terminez la découpe en nettoyant le rebut de chaque coin.

Découpe en plongée

Au lieu de percer un trou d'amorce, vous pouvez amorcer une découpe interne selon la méthode de découpe en plongée. Appuyez le nez incurvé de la semelle sur l'ouvrage, allumez la scie et abaissez la lame progressivement dans l'ouvrage jusqu'à ce que l'outil soit vertical, et la semelle bien à plat sur l'ouvrage. Effectuez toujours une découpe en plongée sur le rebut de l'ouvrage, et pas trop près de la ligne de coupe.

Découpe circulaire

Lorsque vous voulez découper des courbes très serrées, utilisez plutôt une scie équipée d'un dispositif de découpe en spirale. Cependant, vous pouvez découper des courbes larges à main levée avec presque toutes les lames existantes. Si la pression sur la lame devient trop forte, débitez au préalable le rebut en portions, de façon que celles-ci tombent au fur et à mesure que la lame progresse sur la ligne de coupe, éliminant ainsi tout risque pour la lame.

Pour effectuer une découpe interne parfaitement circulaire, transformez le guide de coupe en compas, en utilisant la pointe fournie avec l'outil. Fixez cette pointe sur le centre du cercle tracé et faites pivoter la scie autour de celle-ci.

LAMES DE SCIES SAUTEUSES POUR LE TRAVAIL DU BOIS

LONGUEUR RÉELLE	NOMBRE DE DENTS AUX 25 MM/TAILLE		AVOYAGE, UTILISATION
75 mm 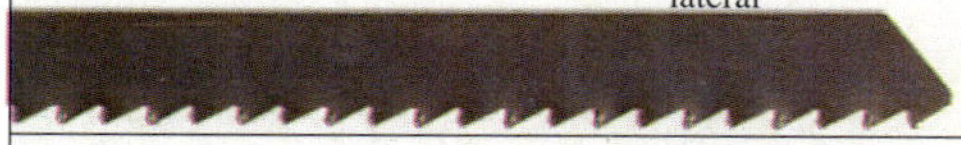	8/3 mm	Avoyage latéral	Les bois durs et tendres jusqu'à 60 mm d'épaisseur. Idéal pour refendre. Coupe grossière.
75 mm 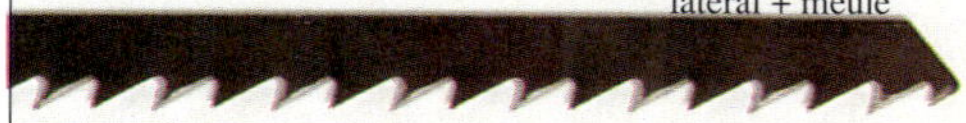	6/4 mm	Avoyage latéral + meulé	Identique à la précédente, mais avec une coupe propre.
75 mm 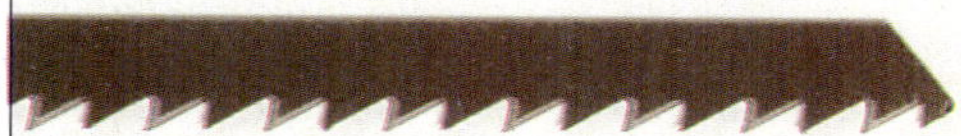	6/4 mm	Meulé	Les bois tendres et durs, ainsi que les panneaux jusqu'à 60 mm d'épaisseur. Coupe très nette.
50 mm 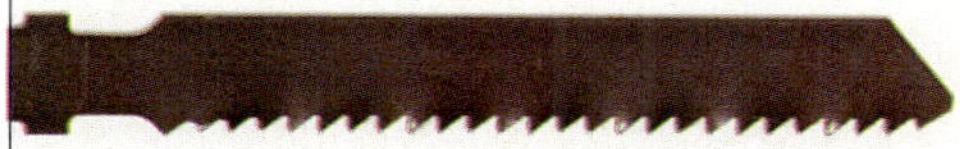	12/2 mm	Ondulé	Panneaux jusqu'à 30 mm d'épaisseur. Coupe très fine.
50 mm 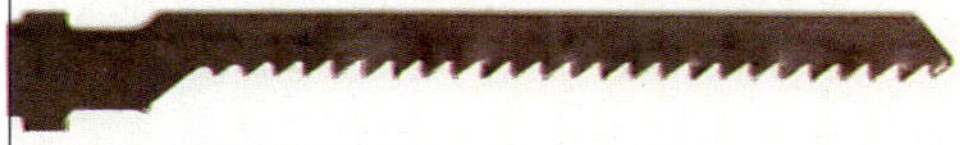	12/2 mm	Ondulé	Pour effectuer des découpes en courbes serrées dans des panneaux dérivés du bois et du bois jusqu'à 20 mm d'épaisseur.
75 mm 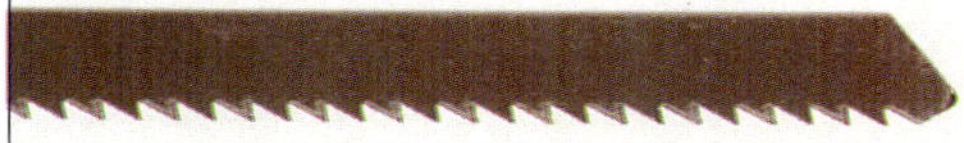	10/2,5 mm	Meulé	Dents inversées pour couper dans la descente. Pour découper les agglomérés plastifiés.
60 mm 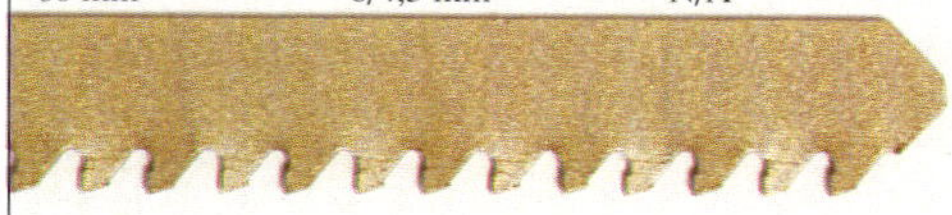	6/4,5 mm	N/A	Dents à pointes au carbone, particulièrement bonnes pour venir à bout de la haute teneur en colle de l'aggloméré.
70 mm 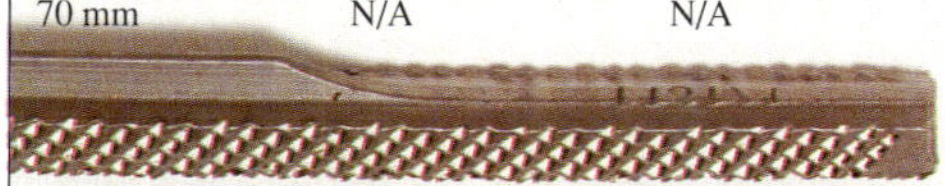	N/A	N/A	Limes semi-rondes plates et triangulaires pour planches artificielles et bois.

LAMES POUR LE TRAVAIL DES MÉTAUX

LONGUEUR RÉELLE	NOMBRE DE DENTS AUX 25 MM/TAILLE		AVOYAGE, UTILISATION
75 mm 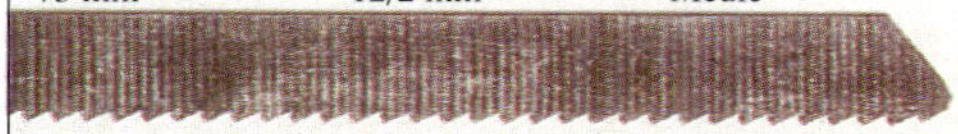	12/2 mm	Meulé	Métaux non ferreux jusqu'à 10 mm d'épaisseur. Coupe très nette.
75 mm 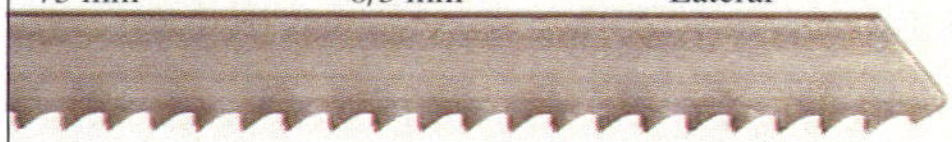	8/3 mm	Latéral	Lame en acier rapide pour aciers tendres et métaux non ferreux jusqu'à 20 mm d'épaisseur.
50 mm 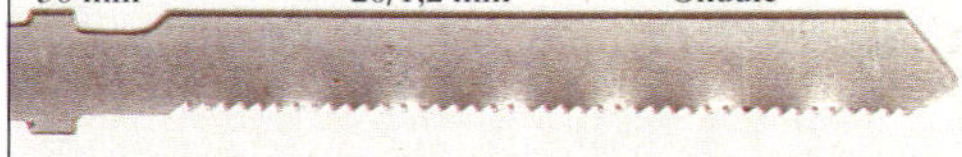	20/1,2 mm	Ondulé	Lame en acier rapide pour aciers tendres et métaux non ferreux jusqu'à 1,5 mm d'épaisseur.

AUTRES MATÉRIAUX

LONGUEUR RÉELLE	NOMBRE DE DENTS AUX 25 MM/TAILLE		AVOYAGE, UTILISATION
54 mm 	N/A	N/A	Lame au carbone pour GRP et tomettes en céramique.
75 mm 	N/A	Couteau	Caoutchouc tendre, liège, cartons, tapis et plastiques.

SCIES CIRCULAIRES PORTATIVES

Même lorsque l'équipement complet d'un atelier comprend une table de sciage, vous verrez qu'un menuisier possède aussi une scie circulaire portative afin de pouvoir travailler dans un endroit précis ou de pouvoir débiter des planches trop larges pour une table de sciage.

VOIR AUSSI

Consignes de sécurité	124
Les centres d'usinage	151/153
Les scies circulaires à table	156/157
Les scies radiales	164/165
Les aspirateurs de poussière	214

- **Puissance du moteur** Comme l'on pourrait s'y attendre, la puissance du moteur augmente en proportion du diamètre de la lame ; ceci, non pas afin d'accroître la vitesse, mais plutôt afin d'augmenter la force de rotation et de compenser l'effet de levier exercé sur la lame au fur et à mesure que celle-ci traverse le bois. En règle générale, plus le moteur est puissant pour un même diamètre de lame, plus la scie sera efficace.

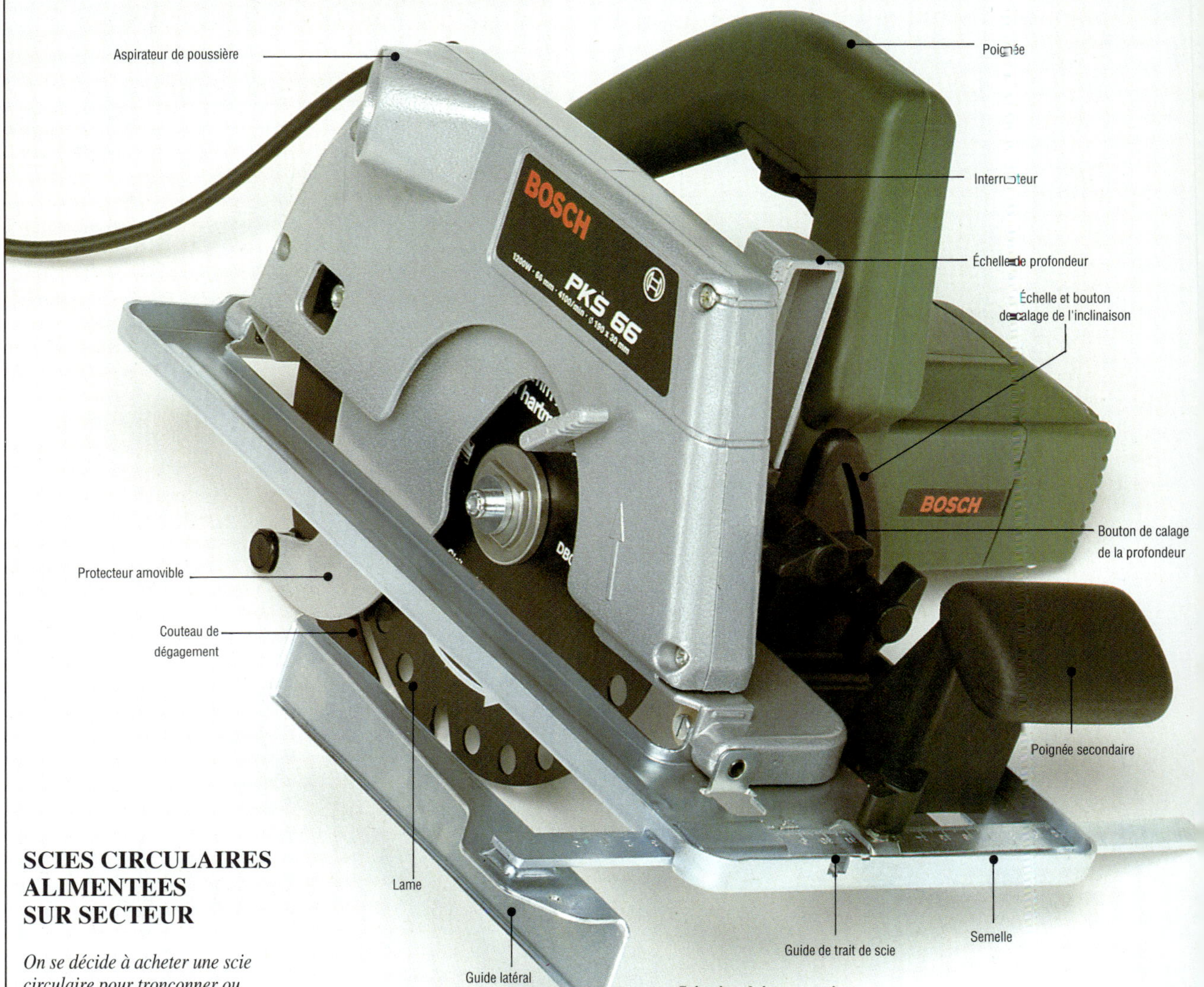

Scie circulaire portative alimentée sur secteur

SCIES CIRCULAIRES ALIMENTEES SUR SECTEUR

On se décide à acheter une scie circulaire pour tronçonner ou refendre avec précision, rapidité et surtout en toute sécurité, des bois durs ou tendres et des panneaux manufacturés. Ne lésinez pas sur la qualité : les guides et les protège-lames doivent être d'une robustesse à toute épreuve. Avant même de le mettre en route, vérifiez que l'outil est bien équilibré, raisonnablement léger, et que vous l'avez bien en main. Certains modèles disposent de contrôles électroniques de présélection de la vitesse en continu et assurent un démarrage progressif lors de la mise sous tension. Une régulation électronique constante accroît également les performances de la scie.

PROFONDEUR DE COUPE DES LAMES TYPIQUES

Diamètre de la lame	Profondeur de coupe
130 mm	40 mm
150 mm	46 mm
160 mm	54 mm
190 mm	66 mm
210 mm	75 mm
230 mm	85 mm

Aspirateur de poussière
Une puissante scie circulaire produit une grande quantité de poussière. Celle-ci rend le sol de l'atelier glissant, salit les vêtements et couvre les cheveux, ce qui, en plus d'être désagréable, est mauvais pour la santé.
Sur certaines scies, la poussière est évacuée sur les côtés par un aspirateur de poussière auquel vous pouvez soit attacher un sac, soit connecter un aspirateur.

Lame orientable
En desserrant une vis, le corps et la lame de la scie peuvent s'orienter à n'importe quel angle jusqu'à 45 degrés. Un cadran indique l'angle, mais il est préférable de faire un essai au préalable si l'angle du biseau doit être précis. Lorsque la lame est orientée, la profondeur de coupe est diminuée.

Verrou de sécurité
Afin d'éviter que la scie ne s'allume accidentellement, celle-ci est équipée d'un verrou de sécurité qui doit être déclenché avec le pouce avant de pouvoir actionner la gâchette.
Les scies circulaires portatives ne sont pas équipées de boutons de verrouillage pour un usage continu, mais les fabricants d'accessoires pour tables de sciage fournissent généralement des presses ou des sangles qui permettent de bloquer la gâchette.

Carters
La partie supérieure de la lame est recouverte par un carter inamovible. Au fur et à mesure que la lame progresse dans l'ouvrage, le protège-lame inférieur escamotable est poussé en arrière par le bois, dégageant ainsi la lame ; dès que celle-ci sort de l'ouvrage, le protège-lame mû par un ressort se remet en position et recouvre la lame. Assurez-vous du bon fonctionnement de cette protection avant d'utiliser la scie.

Dispositif antiblocage
Des brides de serrage situées sur chaque côté de la lame servent de dispositif antiblocage.
Ce dispositif permet à la lame de débrayer si elle venait à se bloquer soudainement, et annule ainsi le risque d'abîmer le mécanisme d'entraînement.

Isolation électrique
Un carter tout en plastique et recouvrant entièrement le moteur de la scie protège l'utilisateur de tout risque de décharge électrique.

Poignées
Une poignée confortable et ergonomique, ainsi qu'une poignée secondaire située sur le nez de l'outil assurent un maintien de la scie précis et sans danger.

Profondeur de coupe
Bien qu'une scie circulaire portative soit souvent cataloguée par le diamètre de sa lame, ceci est insuffisant pour désigner les réelles capacités de la lame. Le tableau ci-contre montre les profondeurs de coupe d'une série courante de lames de scies circulaires.
Au grand maximum, la plupart des menuisiers ont besoin d'une scie qui refend du bois d'une épaisseur de 50 millimètres. En haut de l'échelle, la taille et le poids de la scie sont à prendre en considération. Par exemple, l'utilisation sur une longue période de temps d'une scie de 230 millimètres est très fatigante. Par contre, l'utilisation de la même scie montée sur une table de sciage est sans désavantage.

Ajustage de la profondeur de coupe
La profondeur de coupe s'ajuste en élevant ou en abaissant le corps de la scie par rapport à la semelle.
On peut lire la profondeur sur une échelle, mais beaucoup de menuisiers préfèrent s'ajuster sur l'ouvrage. Le protecteur inférieur escamotable relevé, posez la semelle sur l'ouvrage, lame sur le chant (1). Desserrez la vis d'ajustage de profondeur et abaissez la lame jusqu'à ce qu'elle dépasse le chant de 3 millimètres, puis resserrez la vis.
Pour une coupe partielle, marquez la profondeur voulue sur le chant et ajustez la lame sur cette trace (2).

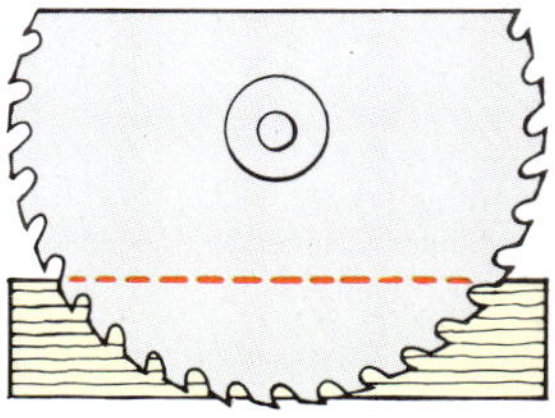
1 Ajustage pour traverser

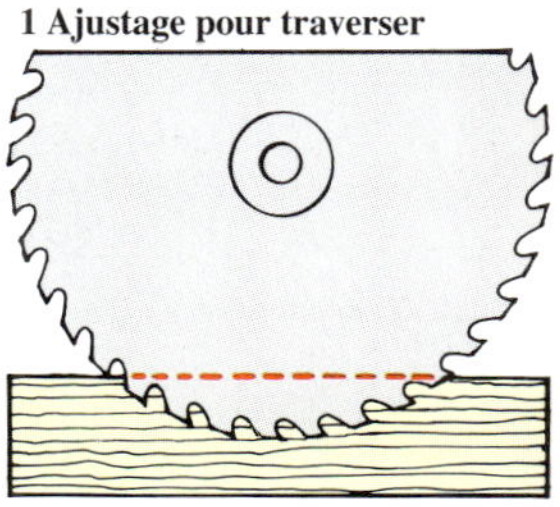
2 Ajustage de la lame pour découper partiellement l'ouvrage

CONSIGNES DE SÉCURITÉ POUR LES SCIES CIRCULAIRES PORTATIVES

Même une petite scie circulaire est capable de provoquer des blessures sérieuses. Néanmoins, les accidents sont très rares si les consignes de sécurité sont bien respectées. Suivez les principes de base applicables à l'outillage électrique en général, mais soyez particulièrement prudent en utilisant une scie circulaire et veillez à ne pas passer outre ces consignes.

- Avant d'utiliser la scie, vérifiez la surface de l'ouvrage afin de voir si celle-ci ne comporte pas de clous qui pourraient émousser la lame, ou de nœuds branlants qui pourraient être projetés en l'air au contact de la lame.
- Ne vous contentez pas d'éteindre la scie lorsque vous changez ou ajustez une lame, débranchez-la.
- N'utilisez que des lames bien affûtées, et changez-les lors-qu'elles sont tordues ou fêlées.
- Ne soyez jamais tenté de retirer le couteau de dégagement.
- Ne bloquez jamais le protecteur inférieur escamotable en position ouverte, sauf lorsque la scie est fixée à un accessoire de table de sciage, où il est remplacé par un autre protecteur et un autre couteau de dégagement.
- Ne forcez jamais la lame à travers l'ouvrage ; si celle-ci ne progresse pas avec aisance, cela signifie qu'elle est émoussée et doit être changée.
- N'essayez pas de freiner une lame en mouvement en appliquant sur celle-ci une pression latérale.

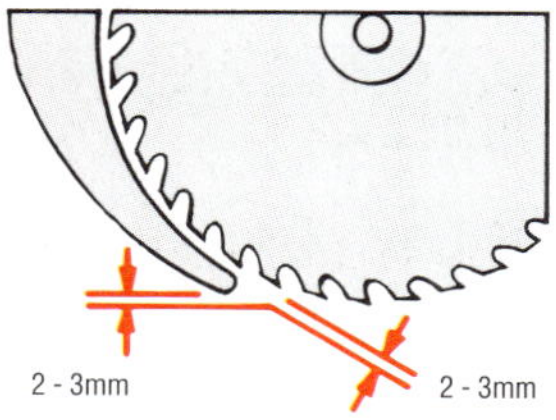

Couteau de dégagement
Lorsque l'on refend une pièce de bois massif sur sa longueur, la tension exercée par le fil peut provoquer le resserrement de la voie derrière la lame. Afin d'empêcher que la lame ne se bloque dans la voie, un couteau de dégagement se trouve juste derrière celle-ci. Ce couteau doit être ajusté à une distance de 2 à 3 millimètres derrière la lame et 2 à 3 millimètres au-dessus de la dent la plus basse.

SCIES CIRCULAIRES PORTATIVES SANS FIL

La technologie n'est pas encore suffisamment au point pour que l'on dispose de batteries offrant assez d'autonomie pour accomplir de longs travaux à la scie circulaire. Une batterie de rechange peut certes résoudre le problème, mais le menuisier trouvera généralement très peu d'avantages techniques à une scie portative, sauf s'il n'y a pas d'électricité sur le chantier.
Par précaution, retirez toujours la batterie avant de changer la lame d'une scie circulaire sans fil.

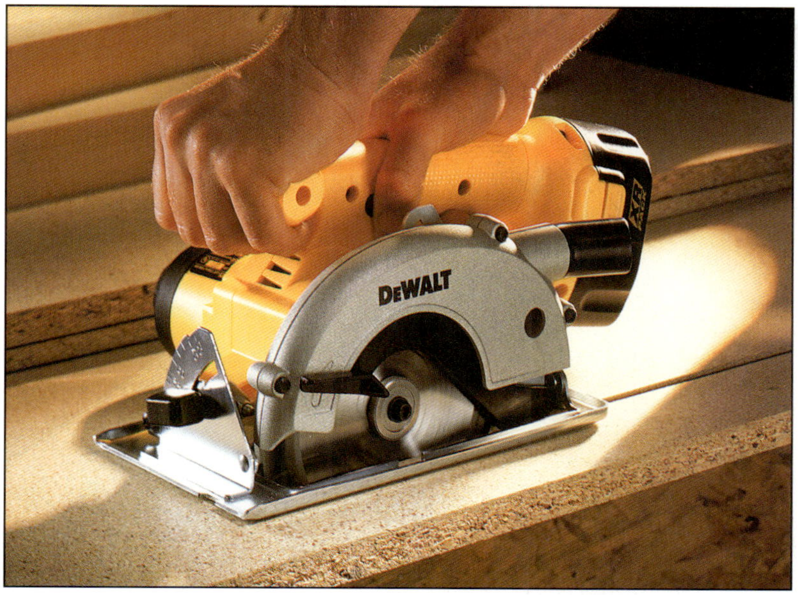

Ne forcez jamais la lame d'une scie sans fil à travers un panneau de particules épais

LAMES DE SCIES CIRCULAIRES PORTATIVES

Si vous désirez refendre un poteau ou tronçonner une traverse, une lame bon marché fera l'affaire ; cependant, si vous désirez une coupe nette qui nécessite peu de rabotage ou de ponçage, vous devez utiliser une lame de qualité supérieure. Enfin, si vous pensez fixer la scie à une table de sciage afin d'exécuter des découpes précises pour des assemblages, vous devez absolument utiliser une lame de toute première catégorie.

La résine au carbone fluoré Téflon (RCFT) dont les lames sont enduites réduit la friction, prolongeant ainsi leur durée de vie tout en amoindrissant l'usure du mécanisme d'entraînement, et diminue le risque d'abîmer l'ouvrage.

Les lames à pointe au carbure effectuent une découpe plus nette et restent affûtées dix fois plus longtemps que les lames normales. Les dents montrées ci-dessous sont les lames traditionnellement employées en menuiserie. Selon le modèle et la taille de la scie que vous possédez, vous pouvez aussi acheter des lames servant à découper les métaux, les plastiques et la maçonnerie.

VOIR AUSSI

Consignes de sécurité	124/133
Les scies circulaires portatives	132/133
Les centres d'usinage	151/153
Les aspirateurs de poussière	214

1 Lame à tronçonner
2 Lame à dents fines
3 Lame à refendre
4 Lame raboteuse
5 Lame universelle à pointes au carbure de tungstène

Lame à tronçonner
C'est une lame à dents multiples servant à tronçonner des pièces de bois massif. Le fini est de qualité moyenne.

Lame à dents fines
Ce type de lame sert à découper avec précision des panneaux de plastique et d'aggloméré. La découpe est lente.

Lame à refendre
Cette lame dont les larges dents sont à pointes au carbure est parfaite pour refendre les bois tendres ; elle peut aussi servir pour découper les bois durs et les panneaux dérivés du bois. L'écartement des dents donne un fini très grossier.

Lame universelle
Cette lame de prix moyen sert à tronçonner ou refendre les bois tendres ou durs ainsi que les panneaux dérivés du bois.

Lame universelle à pointe au carbure
Cette lame universelle de qualité supérieure donne un fini parfait lorsqu'on l'emploie pour tronçonner ou refendre des pièces de bois massif, ainsi que tous les panneaux dérivés du bois, y compris les panneaux à parement laminé.

Changer les lames
Tenez-vous en aux instructions du fabricant lorsque vous changez la lame d'une scie ; assurez-vous que le diamètre du trou central est adéquat. Une fois la lame ajustée, vérifiez son écartement avec le couteau de dégagement. Faites toujours affûter vos lames émoussées par un professionnel.

UTILISATION DES SCIES CIRCULAIRES

Etant donné que le sens de rotation des dents d'une scie circulaire est dirigé vers le haut, un éventuel éclatement du fil se fera sur la face supérieure. Une lame de bonne qualité ne provoquera qu'un éclatement minime, mais, par précaution, placez toujours la « bonne » face vers le bas.

Soutenez soigneusement l'ouvrage, en le calant sur un établi ou mieux encore sur des chevalets. Afin d'éviter de déplacer les chevalets pendant que vous travaillez, clouez des tasseaux sur leur partie supérieure.

Vous pourrez ainsi effectuer une longue découpe sans abîmer les chevalets, prenez soin cependant de ne pas placer les clous sur la ligne de coupe.

Découpe à main levée
La semelle des scies circulaires portatives est équipée d'un guide de trait de sciage qui est très utile lorsque l'on découpe à main levée. Entraînez-vous à plusieurs reprises afin de comprendre le rapport entre ce guide et la voie taillée par la scie. Lorsque vous travaillez à main levée, découpez toujours du côté rebut de l'ouvrage. Certaines scies sont équipées d'un deuxième guide de trait de sciage à utiliser pour découper un biseau de 45 degrés. Tenez l'outil à deux mains et positionnez le nez de la semelle sur l'ouvrage, tout en alignant le guide sur la ligne de coupe. Allumez la scie et faites progresser la lame avec régularité. Une fois la découpe terminée, laissez le protecteur inférieur se refermer et attendez que la lame se soit totalement immobilisée avant de reposer la scie.

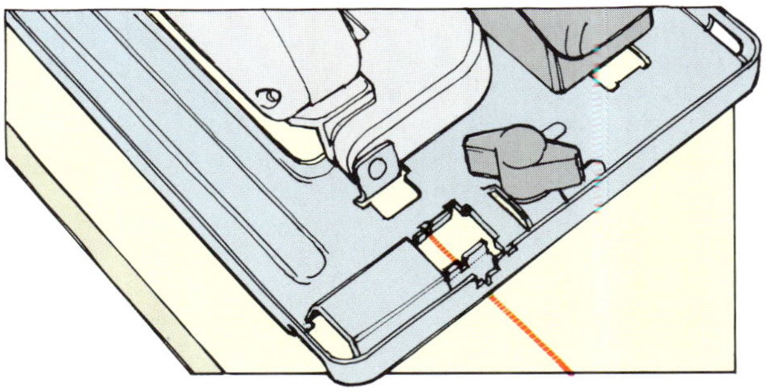

Alignez le guide de trait de coupe sur un trait que vous aurez tracé pour scier à main levée

Refendre en parallèle à un chant
Toutes les scies circulaires sont équipées d'un guide de refendage qui permet d'effectuer des coupes parallèles au chant d'une pièce de bois ou d'une planche. Un guide de bonne qualité est solide et attaché de telle façon qu'il reste toujours parallèle à la lame. Il peut être adapté aux deux côtés de la scie et prolongé par un tasseau de bois dur sur les plus grands modèles.

Utilisez l'échelle située sur le guide pour l'ajuster, puis effectuez une coupe d'essai afin de vérifier la mesure. Lorsque vous refendez, travaillez régulièrement, tout en maintenant le guide appuyé contre le chant pendant toute la découpe.

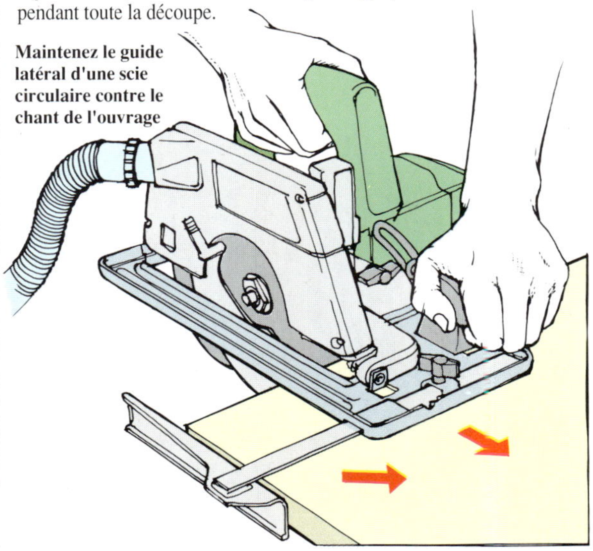

Maintenez le guide latéral d'une scie circulaire contre le chant de l'ouvrage

Refendre avec un tasseau-guide

Lorsque la bande parallèle que vous devez refendre est trop large pour utiliser le guide de refendage, fixez ou clouez momentanément un tasseau sur l'ouvrage afin de diriger la semelle. Maintenez celle-ci appuyée contre le tasseau pendant le découpage.

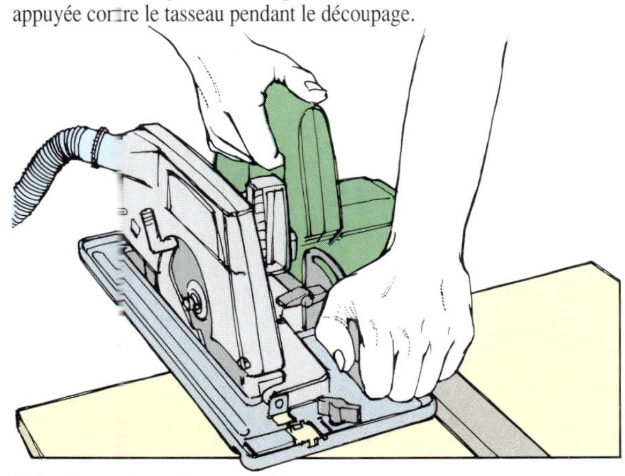

Refendre contre un tasseau-guide

Rainurage et feuillurage

Rainurer ou feuillurer avec une scie circulaire portative est un travail laborieux mais précis. Ajustez le guide de refendage pour tailler les deux côtés d'une rainure (1), ou la paroi interne d'une feuillure (2). Réajustez le guide pour retirer progressivement le rebut en faisant des coupes successives avec la scie (3 et 4).

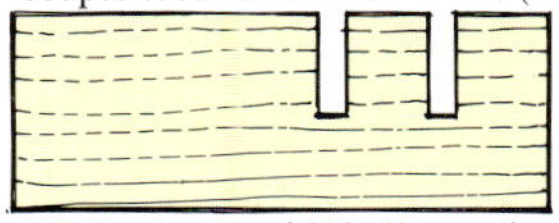

1 Taillez les deux côtés d'une rainure

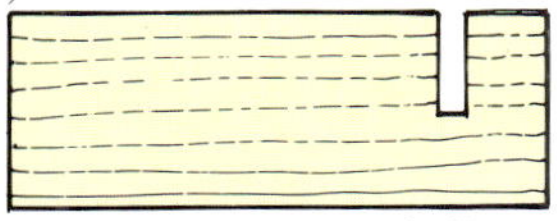

2 Une découpe pour une feuillure

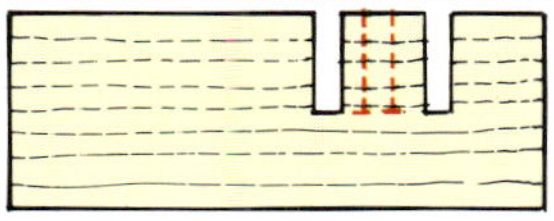

3 Éliminez le rebut par section

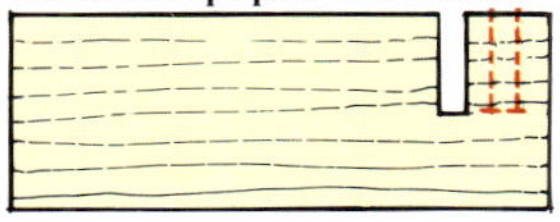

4 Faites la même chose pour une feuillure

Tronçonner

Pour tronçonner en ligne droite ou oblique (1), il faut fixer un tasseau-guide à l'ouvrage.

Pour égaliser plusieurs planches, clouez un tasseau de calage sur l'établi et faites-y buter les bouts des planches ; laissez dépasser de l'établi les bouts à égaliser. Installez une presse-guide en travers des planches et égalisez-les en une seule fois.

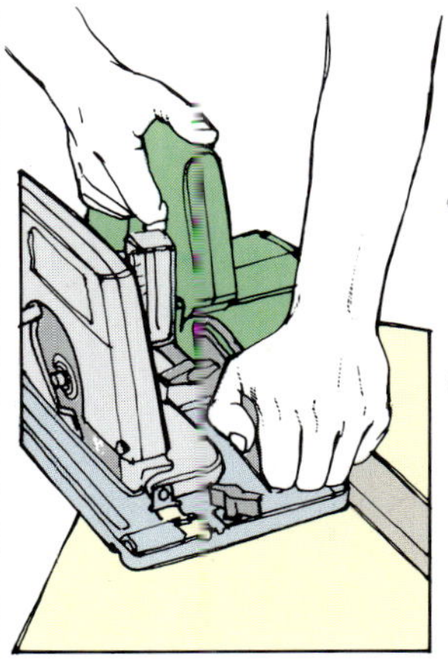

1 Débiter une planche à l'oblique

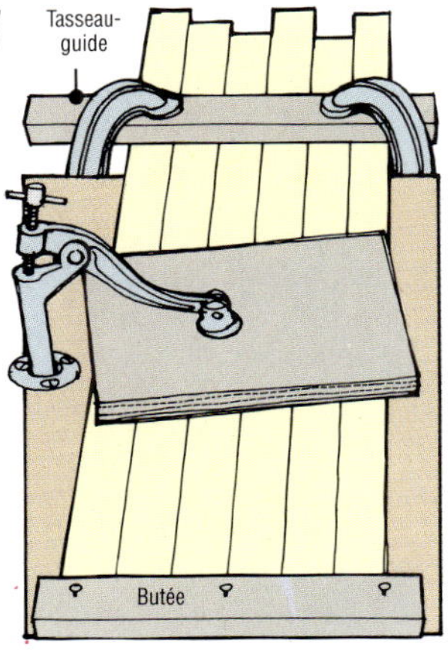

2 Tronçonner plusieurs planches

Fabriquer un té à refendre

Vous pouvez fabriquer un guide de refendage permanent en collant et vissant deux pièces de bois pour former la lettre T (1). Positionnez ce té sur une planche de rebut et faites glisser la scie le long du fût afin de tailler la tête (2). En alignant la tête sur le trait de sciage (3), la lame de la scie sera automatiquement ajustée pour découper sur le côté rebut de l'ouvrage. Collez une pièce de papier abrasif sous le fût afin d'en augmenter l'adhérence ; cependant, si vous ne réussissez pas à maintenir le té parfaitement stable, fixez-le à l'ouvrage.

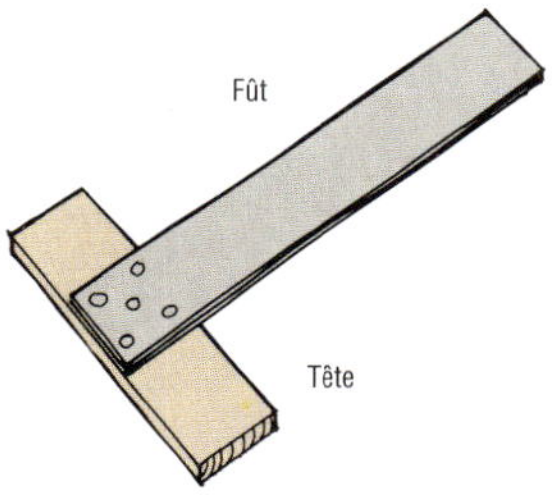

1 Formez un « T »

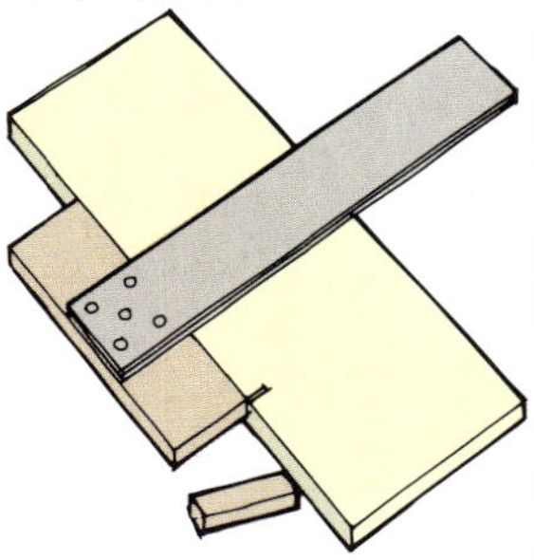

2 Réduisez la tête

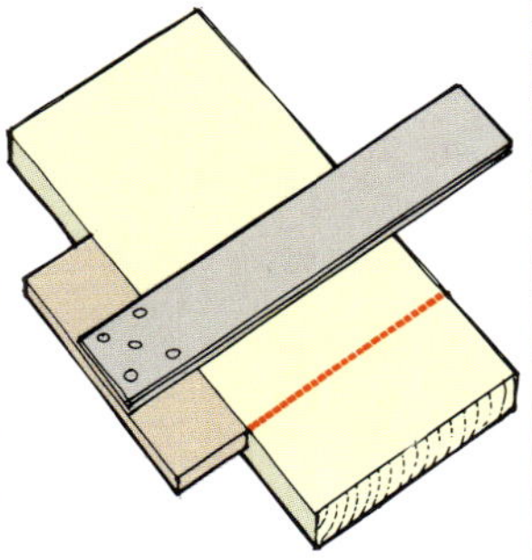

3 Alignez la tête sur le trait de coupe

CONVERSION EN TABLE DE SCIAGE

La plupart des fabricants fournissent un établi qui permet de convertir les scies circulaires portatives en table de sciage. La scie est boulonnée à l'envers au côté inférieur de l'établi, la lame ressortant à travers le dessus de la table.

Théoriquement, la table de sciage présente certains avantages. Elle permet d'avoir les deux mains libres pour maintenir l'ouvrage, les guides de sciage sont plus pratiques et vous pouvez utiliser une grande scie sans danger ni fatigue. Malheureusement, la plupart des adaptations en tables de sciage s'avèrent bien trop petites pour être vraiment pratiques et il est impossible de faire passer un grand panneau sur ces tables à moins qu'elles ne soient pourvues de rallonges. Qui plus est, les guides sont souvent fragiles ou coulissent mal et l'encombrement provoqué par les protecteurs pousse les utilisateurs à retirer ceux-ci.

Une table de sciage doit avoir un cadre stable et solide et être équipée d'un interrupteur facilement accessible. Actionner la gâchette de la scie au moyen d'une cordelette n'est pas un substitut adéquat en cas d'urgence.

Il serait plus raisonnable qu'un menuisier sérieux dépense un peu plus et s'offre un meuble-outil de bonne qualité, qui non seulement lui servira de base pour une scie circulaire, mais pourra en plus se convertir en mortaiseuse ou en toupie horizontale en remplaçant la scie par une défonceuse.

Ne fixez jamais la scie par sa poignée sur la presse d'un établi traditionnel pour tenter d'utiliser ce montage comme table de sciage de fortune, car si la lame venait à se bloquer ou si l'utilisateur glissait en découpant une pièce de bois, l'outil serait arraché de l'établi.

- **Ranger les lames** Lorsque vous les rangez pour longtemps, recouvrez les lames dont les pointes ne sont pas au carbone, d'une fine couche de graisse ou d'huile non acide, et nettoyez-les à nouveau lorsque vous les réutilisez.

LES SCIES À RAINURER

Une scie à rainurer est une minuscule scie spécialisée à mécanisme de plongée, conçue pour tailler les assemblages à rainures et languettes utilisés dans la fabrication des meubles. L'assemblage fonctionne de la même façon qu'un assemblage chevillé, mais au lieu d'une cheville ronde placée dans un trou percé dans le bois, c'est une « languette » faite de hêtre compressé qui est encastrée dans une fente taillée par une lame de scie circulaire. Lorsque l'on introduit de la colle vinylique à l'eau dans l'assemblage, la languette gonfle et remplit la fente pour former un assemblage extrêmement solide. Pour qu'un assemblage chevillé soit correctement encastré, les trous des chevilles doivent être parfaitement alignés. Avec un assemblage à languettes, certains ajustements latéraux peuvent s'effectuer en déplaçant légèrement les deux composants de l'assemblage.

La scie à rainurer peut aussi servir pour tailler des rainures pour fonds de tiroirs ou pour égaliser des revêtements muraux, des panneaux ou du parquet.

VOIR AUSSI

La fabrication des tiroirs	71
Consignes de sécurité	124
Assemblages bout à bout	216/217
Assemblage bout à bout d'onglet	217
Assemblages chant sur chant	222/223
Les colles à bois	302

Profondeur de coupe
La profondeur de coupe d'une scie à rainurer varie entre 0 et 22 millimètres. L'échelle de profondeur doit être graduée aux dimensions requises pour adapter les languettes de taille standard. Si vous utilisez cette scie pour égaliser l'extrémité d'une pièce de bois, ajustez la profondeur de coupe de manière à ce que la lame dépasse juste la face inférieure de la pièce.

Mécanisme de plongée
Selon les modèles, la lame d'une scie à rainurer s'abaisse sur l'ouvrage en faisant pivoter ou en appuyant sur le boîtier moteur qui est mû par un ressort.

Guide latéral
Afin de guider la lame parallèlement à un chant, la scie à rainurer est équipée d'un guide ajustable. Certaines scies à rainurer sont équipées d'un guide supplémentaire permettant de tailler une rainure sur le biseau à 45 degrés d'un assemblage d'angle.

Guide de coupe
Une entaille appelée guide de coupe est située sur la base du guide latéral et sert à indiquer le centre d'une entaille taillée en plongée.

Aspirateur de poussière
La sciure peut être évacuée dans un sac ou dans un aspirateur connectés à la machine.

Poignée secondaire
Le boîtier-moteur sert de poignée principale, mais la scie à rainurer est équipée d'une, quelquefois de deux, poignée secondaire qui facilite le maniement de l'outil.

Interrupteur marche-arrêt
L'interrupteur marche-arrêt est situé soit sur la partie inférieure du boîtier-moteur pour être actionné par l'index, soit sur la partie supérieure pour être actionné par le pouce.

LAMES

Les scies à rainurer sont équipées de minuscules lames de scies circulaires, d'un diamètre allant de 100 à 105 millimètres, et à pointes au carbure. Les lames à rainurer taillent une fente de 4 millimètres d'épaisseur et il existe des lames plus fines servant à égaliser des pièces de bois.

LANGUETTES

Les languettes de hêtre compressé sont fabriquées en trois tailles, pour des épaisseurs de planches allant de 10 à 12 mm, de 13 à 18 mm et supérieures ou égales à 19 mm. Il existe des languettes en plastique conçues pour les essais d'assemblage.

• **Vitesse**
Étant donné que leurs lames sont si petites, les scies à rainurer peuvent atteindre une vitesse de 10 000 tours/minute, cela afin d'entraîner les dents de la lame à une vitesse suffisante pour produire une découpe nette et précise.

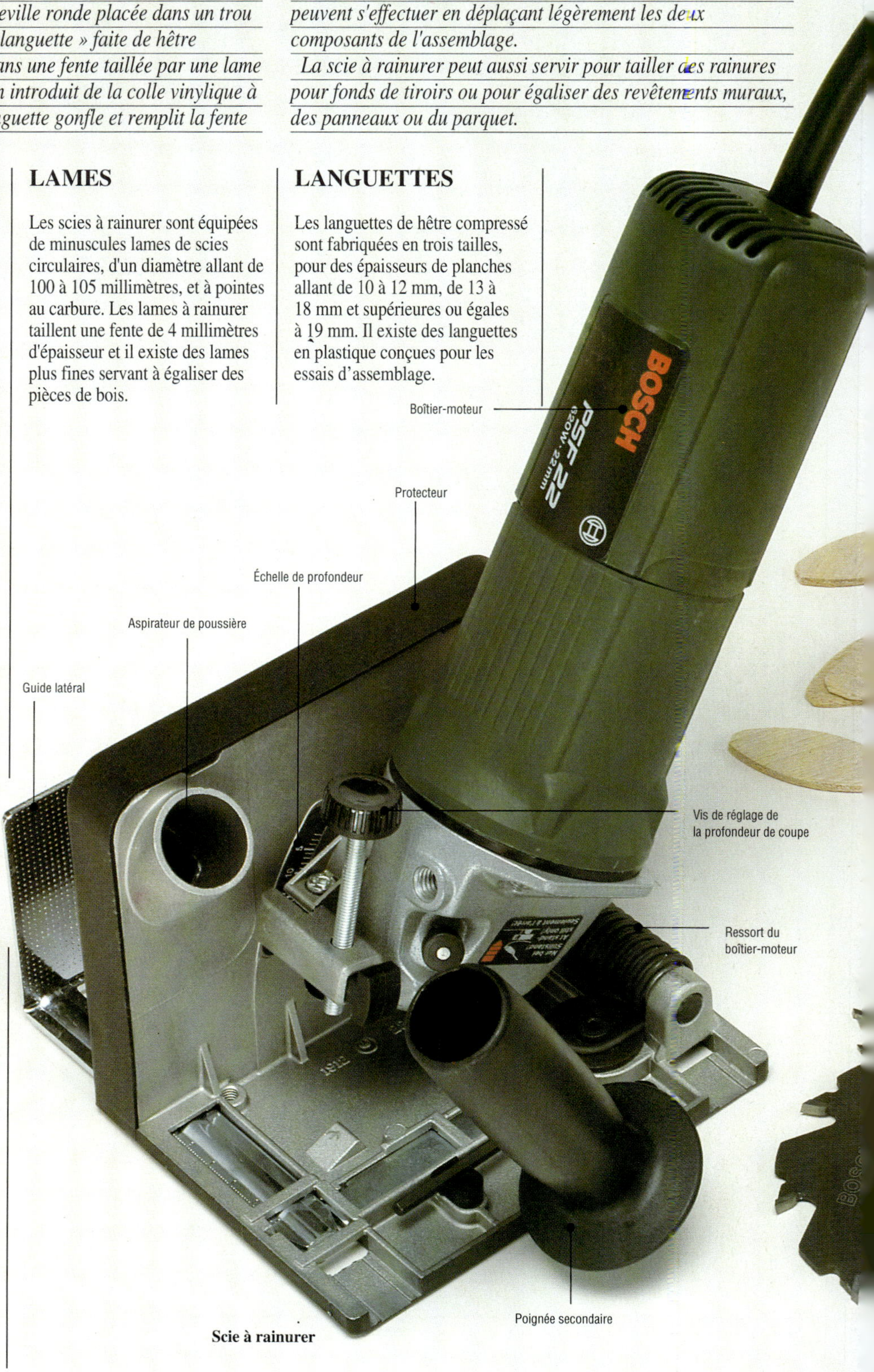

Scie à rainurer

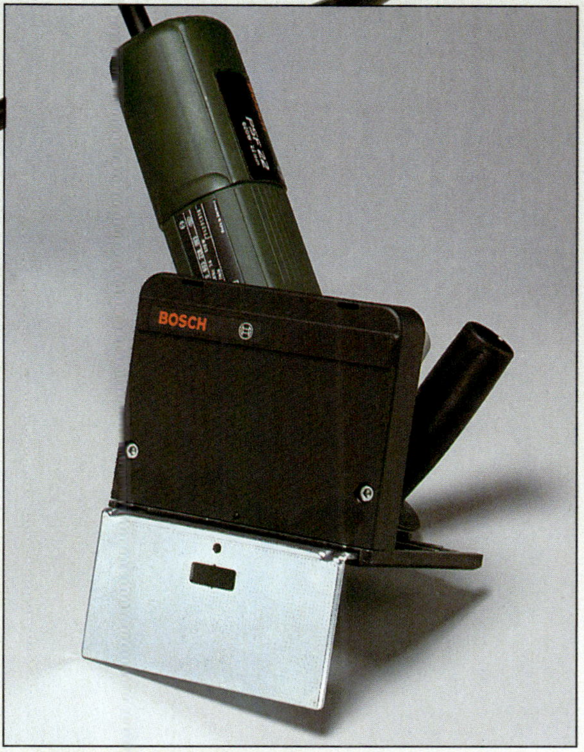

Le guide de coupe du guide latéral indique le centre de la fente

Languettes en hêtre compressé

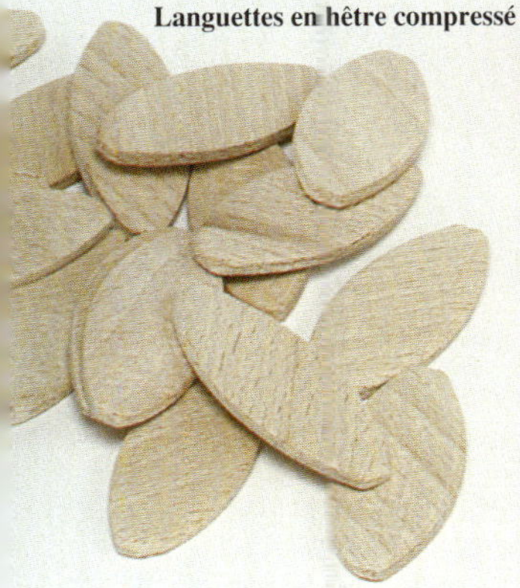

Lame à découper le bois

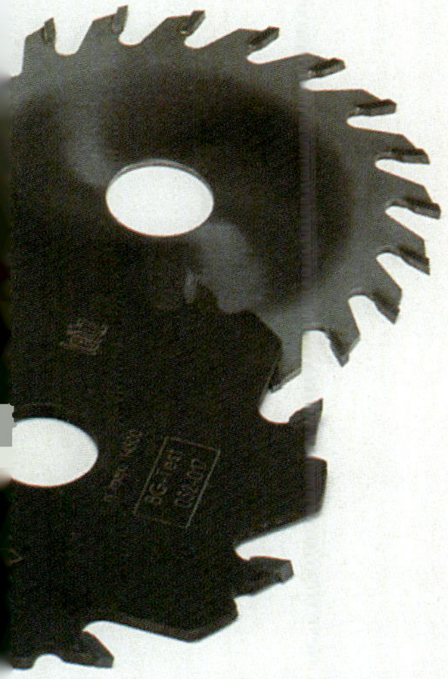

Lame à rainurer

CONSIGNES DE SÉCURITÉ POUR LES SCIES À RAINURER

Suivez les principes de base applicables à l'outillage électrique en général tout en respectant ceux-ci :

- N'abaissez pas la lame dans le bois si le moteur n'est pas en marche.
- N'utilisez que des lames bien affûtées et jetez celles qui sont déformées ou fendues.
- N'utilisez jamais l'outil sans son protège-lame.
- Lorsque vous taillez une rainure, faites progresser la lame à un rythme régulier tout en éloignant l'outil de vous.

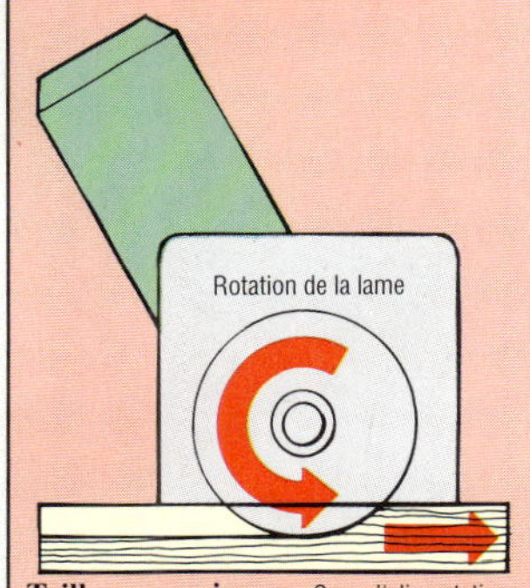

Tailler une rainure

TAILLER DES ASSEMBLAGES À LANGUETTES

L'assemblage à languettes est parfaitement adéquat pour la fabrication de meubles ou de cadres avec des planches artificielles ou du bois massif, assemblés en bout, en biseau ou onglet ou chant sur chant.

Assemblage en bout

Ayant tracé le centre de l'assemblage sur l'ouvrage, tracez les centres des rainures en les séparant d'à peu près 100 millimètres. Ajustez la profondeur de coupe sur les languettes que vous allez utiliser, et ajustez le guide latéral sur le centre de l'assemblage.

Ajustez le guide de coupe sur le centre de chaque rainure, appuyez le guide latéral contre le chant de l'ouvrage et abaissez la lame pour effectuer la coupe (1).

Pour tailler une rainure sur le chant de l'autre moitié de l'assemblage, placez celle-ci sur une surface plane et positionnez la scie à ses côtés (2). On utilise la même méthode pour les assemblages chant sur chant.

Pour tailler des rainures sur le centre d'une planche, positionnez une moitié de l'assemblage à plat et l'autre verticalement, puis tracez le point d'attache et faites basculer la moitié verticale en l'alignant sur la ligne tracée. Utilisez la moitié basculée comme guide pour tailler les rainures en travers de la planche posée à plat (3) ; puis, repositionnez la scie pour tailler les rainures sur le chant de l'autre moitié selon la méthode indiquée ci-dessus.

Assemblage d'onglet

Si la scie à rainurer est équipée du guide supplémentaire pour tailler sur les biseaux, vous pouvez tailler des rainures pour un assemblage d'onglet en positionnant l'ouvrage à plat (1).

Si la scie n'est équipée que du guide latéral, calez l'ouvrage sur l'établi en laissant dépasser le biseau et laissez courir le guide latéral sur le bord externe du biseau.

Rainurer

Pour tailler une rainure continue, ajustez la scie de la même façon que pour un assemblage bout à bout. Positionnez l'outil à une extrémité de l'ouvrage, allumez-le et abaissez la scie. Faites avancer la lame jusqu'à l'autre extrémité de la pièce à travailler, soulevez la lame et éteignez la scie.

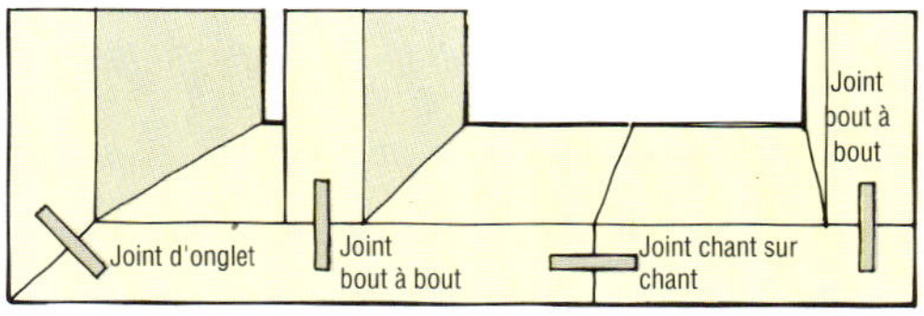

Applications du rainurage

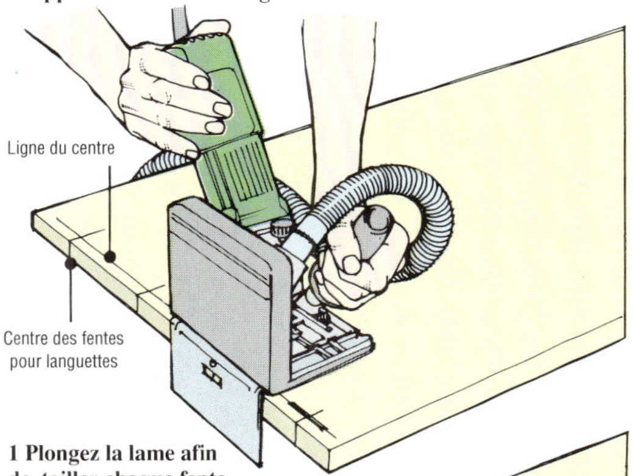

1 Plongez la lame afin de tailler chaque fente

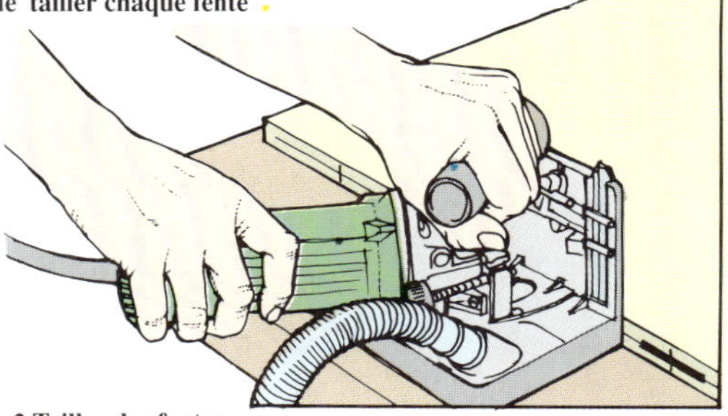

2 Tailler des fentes sur les éléments correspondants

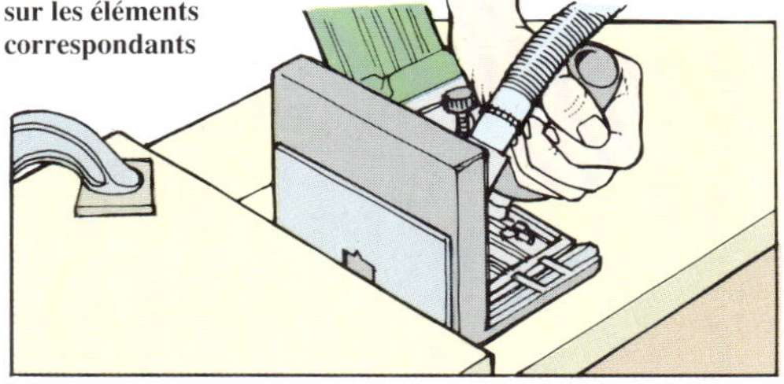

3 Tailler des fentes en travers d'une planche

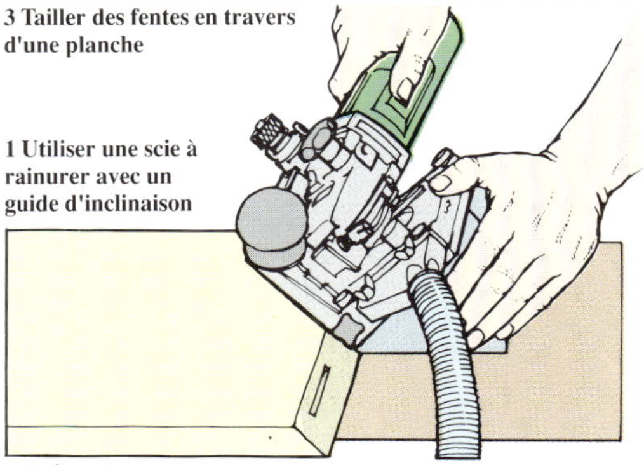

1 Utiliser une scie à rainurer avec un guide d'inclinaison

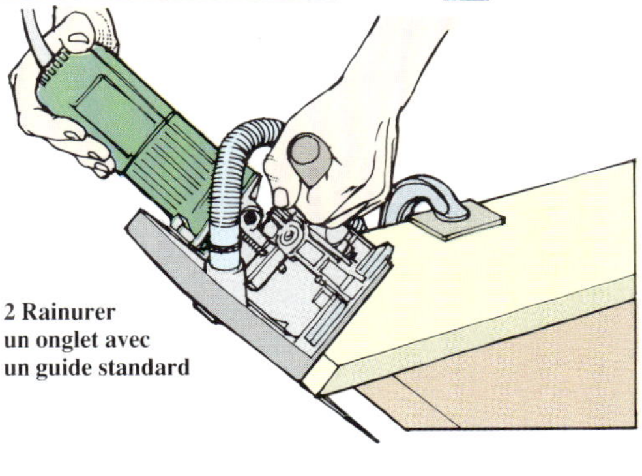

2 Rainurer un onglet avec un guide standard

RABOTS ÉLECTRIQUES PORTATIFS

Le rabot électrique portatif n'est pas un outil conçu pour des travaux de précision. Néanmoins, c'est un outil excellent pour corroyer une pièce de bois à des dimensions précises avant de l'aplanir au rabot. C'est aussi un outil d'une grande utilité pour les travaux courants de menuiserie, tels que raboter le dessous d'une porte qui frotte à cause de la moquette ou pour raboter un chanfrein sur un rebord de fenêtre.

Monté sur un meuble-outil spécifique, le rabot-outil se convertit en surfaceuse ou assembleuse de qualité moyenne.

VOIR AUSSI

Irrégularités de croissance	15
Consignes de sécurité	124
Les rabots	180/185
Sens du fil	184

Profondeur de feuillurage
Une butée de profondeur fixée au corps de l'outil permet de régler la profondeur maximale d'une feuillure réalisée avec un rabot électrique. Sur les plus petits rabots, cette profondeur ne dépasse pas 8 mm, mais elle peut atteindre entre 20 et 24 mm sur la plupart des modèles. Un guide latéral détermine la largeur de la feuillure.

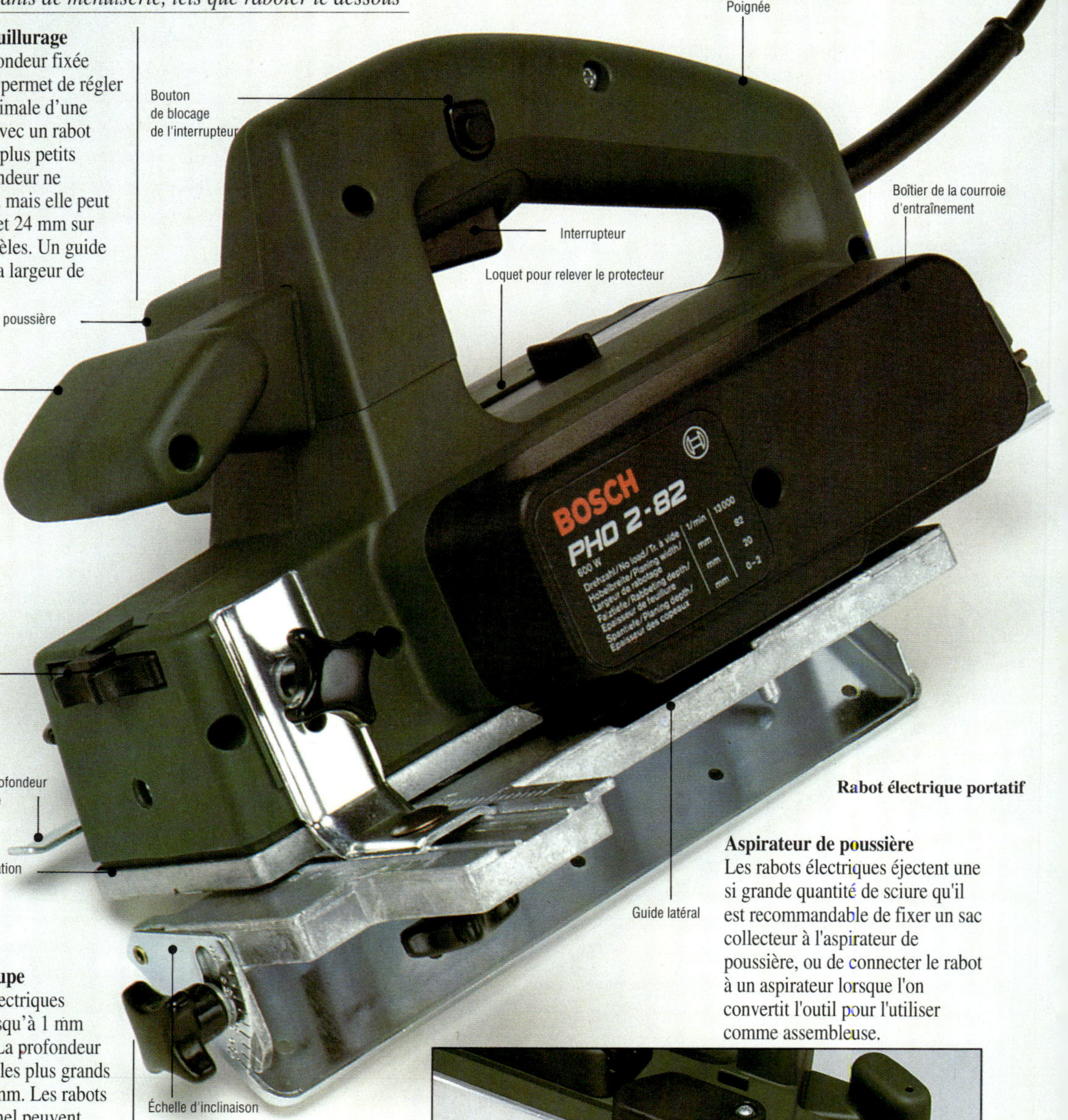

Rabot électrique portatif

- **Puissance du moteur**
La puissance du moteur varie énormément selon les modèles, mais la vitesse moyenne se situe entre 12 000 et 16 000 tours/minute.

Aspirateur de poussière
Les rabots électriques éjectent une si grande quantité de sciure qu'il est recommandable de fixer un sac collecteur à l'aspirateur de poussière, ou de connecter le rabot à un aspirateur lorsque l'on convertit l'outil pour l'utiliser comme assembleuse.

Profondeur de coupe
Les petits rabots électriques peuvent enlever jusqu'à 1 mm de bois par passe. La profondeur de coupe des modèles plus grands peut atteindre 2,5 mm. Les rabots à usage professionnel peuvent retirer 3,5 mm, mais ils coûtent beaucoup plus cher et leurs performances ne justifient pas cette différence de prix.

La profondeur de coupe s'ajuste en levant ou abaissant le fer avant. Pour une épaisseur de coupe minimale, le fer avant est au même niveau que le fer arrière. Choisissez un rabot équipé d'un bouton de réglage facile à manier et indiquant clairement la profondeur.

Largeur de rabotage
La largeur de la semelle du rabot électrique est identique à celle du couteau ; sur la plupart des rabots, cette largeur est de 82 millimètres.

Poignée secondaire
Une poignée secondaire placée sur le nez du rabot facilite le maniement de celui-ci, et maintient le sabot avant bien à plat sur l'ouvrage.

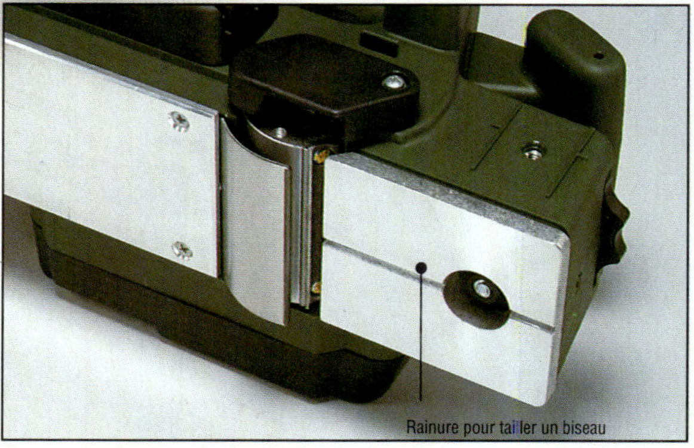

Protecteur du porte-fers
Un protecteur rétractable protège l'utilisateur ainsi que le porte-fers.

CONSIGNES DE SÉCURITÉ POUR LES RABOTS ÉLECTRIQUES PORTATIFS

Suivez les consignes de sécurité applicables à l'outillage électrique en général lorsque vous utilisez un rabot électrique portatif, tout en respectant celles-ci :

- N'utilisez pas le rabot lorsque le protecteur est bloqué en arrière, celui-ci ne doit se trouver dans cette position que lors du changement de lame.
- Vérifiez la surface de l'ouvrage avant de la raboter, pour voir s'il ne s'y trouve pas des clous ou des vis.
- Vérifiez que le bouton de blocage de la gâchette ne soit pas enclenché avant d'allumer le rabot.
- Remplacez les lames émoussées, car l'utilisateur aurait à forcer sur l'outil qui risque d'être projeté en arrière au contact d'un grain noueux ou irrégulier.

Protecteur du couteau
Choisissez un rabot équipé d'un protecteur qui recouvre entièrement les couteaux et se dégage au contact du bois.
Ceci sert non seulement à protéger l'utilisateur, mais aussi la lame dans le cas où le rabot serait posé sur l'établi avant que celle-ci ne soit complètement arrêtée.
Ce protecteur peut être maintenu en arrière au moyen d'un bouton situé sur le corps du rabot, afin de pouvoir changer le couteau.

Rainure du biseau
La rainure en V, située sur le sabot avant, permet de positionner le rabot sur l'angle à 90 degrés du coin d'une pièce de bois afin de le guider. Un guide latéral, pouvant s'ajuster à n'importe quel angle entre 45 et 90 degrés, permet de maintenir l'outil dans l'angle voulu au fur et à mesure que le biseau s'élargit.

Isolation électrique
Choisissez un rabot dont l'isolation est double et le carter entièrement en plastique.

Blocage de la gâchette
La gâchette marche/arrêt peut se bloquer pour une utilisation continue du rabot au moyen d'un bouton de blocage situé sur le corps du rabot.

COUTEAUX DE RABOTS

Le couteau cylindrique d'un rabot comporte deux lames. Il existe trois sortes de couteaux, tous à double tranchant.

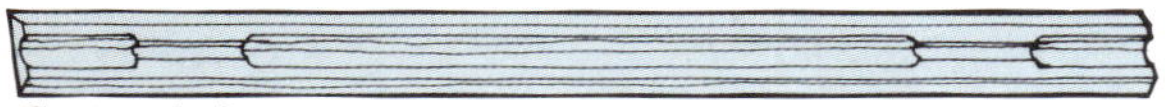

Couteau droit
Un couteau à lames au carbone est à usage général.

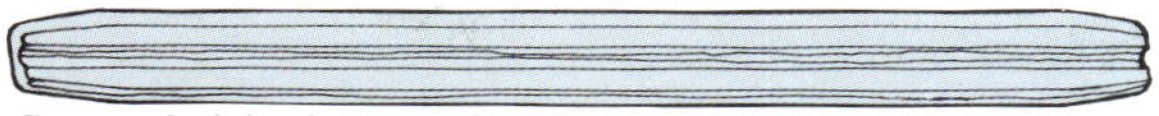

Couteau droit à coins arrondis
Ce couteau est utile lorsque vous rabotez une surface plus large que le rabot, car il ne laisse pas de traces sur la surface du bois.

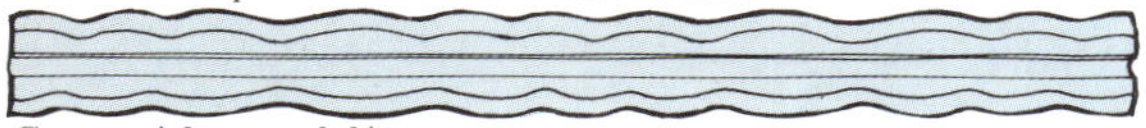

Couteau à lame ondulée
Ce couteau est équipé de lames conçues pour donner aux assemblages « rustiques » un aspect travaillé.

Changer les lames d'un rabot
Un rabot de bonne qualité est conçu pour permettre facilement de remplacer les lames. Celles-ci doivent être changées lorsqu'elles sont émoussées. Pour ce faire, on glisse généralement une nouvelle lame dans la rainure située sur le couteau (1), puis on l'ajuste par rapport à la semelle au moyen d'un petit tasseau de bois (2).
La lame est fixée au couteau par deux ou trois vis.

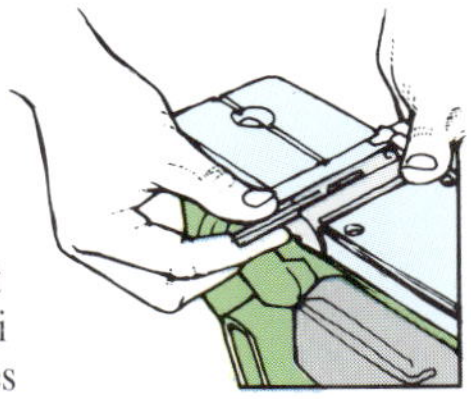

1 Installez le couteau dans le bloc

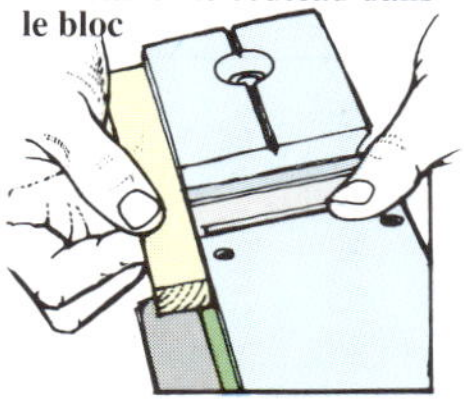

2 Alignez le couteau sur la semelle

RABOTAGE

Lorsque c'est possible, rabotez dans le sens du bois. Si le fil est irrégulier, réglez le rabot afin que sa coupe soit plus fine. Pour obtenir un meilleur fini, il vaut mieux raboter en deux ou trois fois avec une lame finement ajustée, plutôt que de retirer la même quantité de bois en une seule fois.

Positionnez le sabot avant sur la surface à travailler, sans que le couteau ne soit en contact avec le bois. Appuyez sur l'outil avec la poignée secondaire pour l'aligner avec l'ouvrage. Allumez et faites avancer l'outil à un rythme régulier. Lorsque vous atteignez l'extrémité de la pièce à travailler, transférez la pression de l'avant vers l'arrière, afin que le rabot ne « plonge » pas et retire une grosse quantité de bois. Pour corriger une telle erreur, ajustez le rabot pour une coupe fine et rabotez avec soin jusqu'au niveau atteint.

Vérifiez la planéité de l'ouvrage avec une équerre. Certains menuisiers considèrent que le guide latéral aide à maintenir l'équerrage avec la surface de l'ouvrage.

Pour aplanir une large planche, rabotez en travers de celle-ci à recouvrement, puis terminez en rabotant sur la longueur.

Tailler une rainure
Ajustez la profondeur de coupe et le guide latéral aux dimensions voulues pour la rainure (1), puis rabotez à la profondeur voulue, en prenant soin de maintenir appuyé le guide latéral.

Pour tailler une rainure en biseau, procédez de la même façon que ci-dessus, mais ajustez le guide latéral à l'angle voulu. Il est important de maintenir une pression latérale constante sur le rabot afin que celui-ci ne glisse pas sur la pente formée par le biseau (2).

Conversion en assembleuse
Lorsqu'un rabot électrique portatif est monté à l'envers sur un établi, on peut utiliser les deux mains pour faire passer une pièce de bois afin de la raboter. Si le guide latéral est fixé à l'outil, il est alors possible de raboter des épaulements carrés sur l'ouvrage. Mais les rabots portatifs, par opposition aux surfaceuses ou aux assembleuses conçues pour un travail en particulier, ne sont pas suffisamment longs pour garantir le rabotage parfait d'un chant à angles droits sur une longue planche.

Si vous achetez un rabot portatif dans le but spécifique de le monter sur un établi, examinez le système de protection du couteau avant de vous décider. Choisissez plutôt un rabot déjà équipé d'un protecteur rétractable, afin que le couteau soit recouvert jusqu'au moment où vous faites passer la pièce à travailler sur l'outil. Assurez-vous aussi que lorsque le guide latéral est ajusté de manière à ne laisser passer que la largeur d'une pièce de bois, aucune partie du couteau ne soit exposée.

Les rabots électriques sans protecteur intégral sont équipés d'un protecteur à ressort fourni avec l'établi. Ce protecteur est déplacé latéralement par la pièce de bois que l'on veut raboter ; assurez-vous cependant qu'il n'est pas maintenu ouvert par le guide latéral, ce qui exposerait le couteau partiellement.

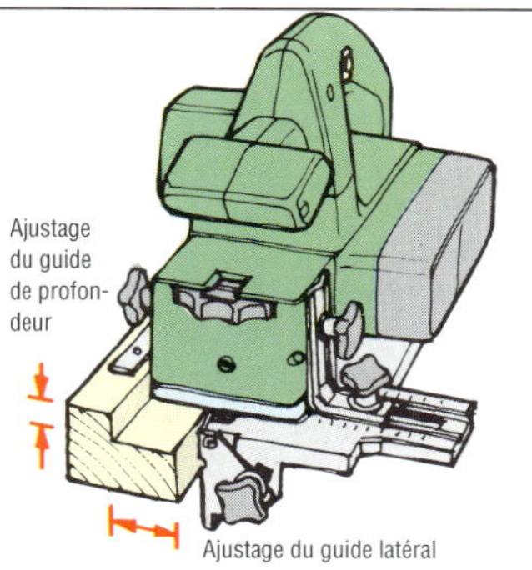

1 Raboter une feuillure

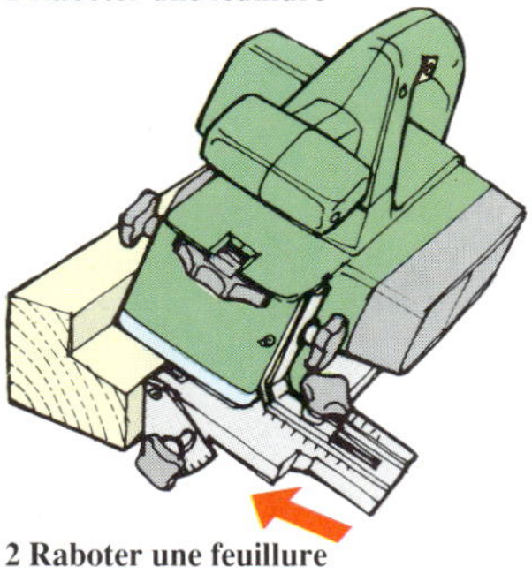

2 Raboter une feuillure biseautée

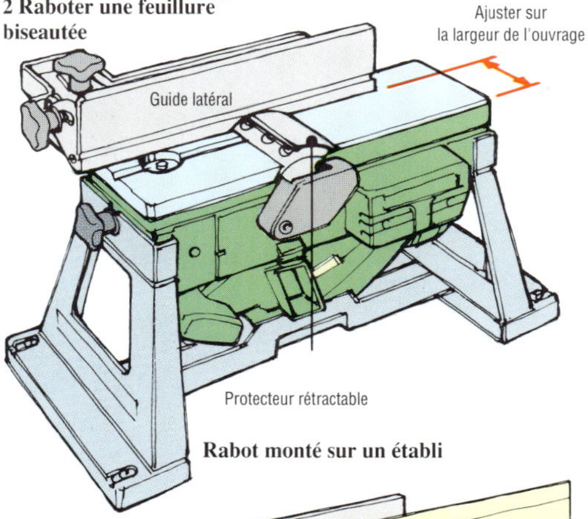

Rabot monté sur un établi

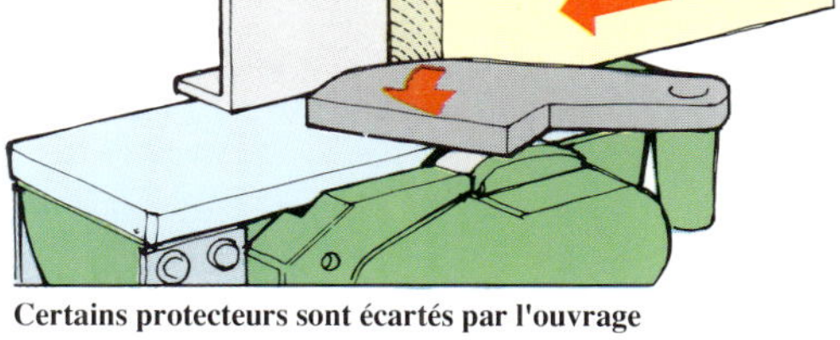

Certains protecteurs sont écartés par l'ouvrage

DÉFONCEUSES

La défonceuse électrique a remplacé toute une série de rabots à moulurer, rainurer et feuillurer. Elle présente un grand avantage sur d'autres outils électriques, en ceci que l'on peut y fixer une fraise et l'ajuster aussi rapidement que l'on prépare un outil manuel pour le même usage. Equipée d'un moteur puissant qui fait tourner une fraise à grande vitesse, elle garantit des résultats précis, de qualité professionnelle. La majorité des défonceuses sont conçues selon le même principe : une fraise est fixée sur l'axe du bloc-moteur, également appelé « berceau », qui est muni de poignées latérales. Sur les défonceuses plongeantes, le déplacement du berceau est guidé par deux colonnes à ressorts ancrées sur le plateau. Les ressorts s'opposant au poids du berceau permettent d'abaisser la fraise dans le bois et de la retirer en toute sécurité avant de relever la défonceuse au-dessus de l'ouvrage. Plus rares, les défonceuses fixes présentent un bloc-moteur entièrement solidaire du plateau ; en l'absence de colonnes de guidage, elles doivent être tenues au-dessus de l'ouvrage et guidées manuellement dans le bois.

VOIR AUSSI

Consignes de sécurité	124
Les fraises de défonceuses	142
Utiliser une défonceuse	143/146

Pince de serrage
La queue d'une fraise de défonceuse s'insère dans une broche filetée maintenue en place par un écrou de blocage de l'arbre.
Le diamètre de cette pince de serrage, généralement de 6 à 8 mm, peut atteindre 12 mm sur les grandes défonceuses. Certains fabricants proposent en option des pinces interchangeables de différents diamètres. Cette dimension ne saurait être confondue avec le diamètre de la fraise, qui varie considérablement selon la forme et la vocation de l'outil.

Variateur de vitesse
La plupart des défonceuses sont équipées d'un variateur électronique qui assure une stabilisation de la vitesse de coupe sélectionnée, quels que soient les efforts demandés à la machine.
Cet accessoire se présente généralement sous forme d'une molette graduée proposant une présélection de 5 à 6 régimes (dont l'intensité varie selon les marques).

Vitesse de rotation
L'arbre des défonceuses entraînées par les moteurs les plus puissants offre des vitesses de rotation de l'ordre de 20 000 à 30 000 tours/minute. Ces vitesses de pointe se prêtent à la plupart des applications, mais pour certains bois durs ou difficiles à travailler, mieux vaut faire quelques essais préalables sur des chutes pour déterminer la vitesse la plus adaptée. Réduisez la vitesse lorsque vous utilisez des fraises de grand diamètre, car celles-ci développent une vitesse périphérique élevée. Préférez également les vitesses basses pour travailler les métaux tendres et les plastiques.

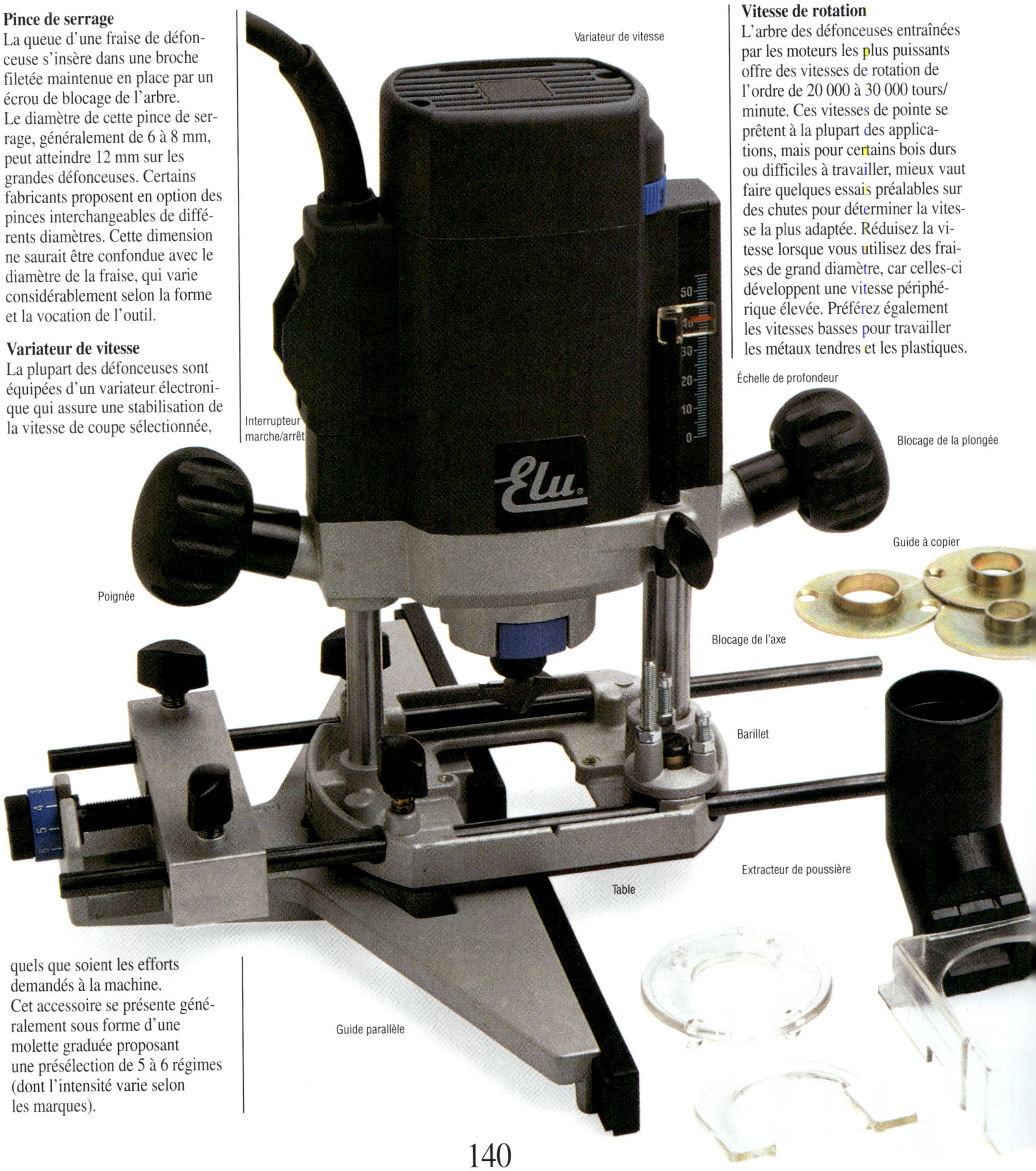

• Boîtier-moteur léger en plastique
Les défonceuses modernes sont équipées de boîtiers-moteurs en plastique léger qui isolent l'utilisateur du courant.

Poignées
Deux poignées latérales permettent de saisir et guider la défonceuse avec précision. Pour assurer une bonne prise en main et un contrôle optimal, elles doivent être placées aussi près que possible de la table.

Interrupteur marche/arrêt
Idéalement, l'utilisateur doit pouvoir l'atteindre sans avoir à lâcher les poignées. Il est parfois intégré à une poignée.

Blocage de la plongée
Il est généralement intégré à l'une des poignées, mais sur certains modèles, il est assuré par un levier à blocage rapide placé près des poignées.

Échelle de profondeur
Elle détermine la course de la fraise dans l'ouvrage, c'est-à-dire la profondeur de coupe. Pour éviter d'émousser le tranchant des lames de fraisage, effectuez les coupes profondes en plusieurs passes. Ainsi, avec une queue de fraise de 6 mm de diamètre, n'abaissez jamais la fraise dans le bois à plus de 3 mm en une seule fois.

Barillet
Lorsque vous travaillez par étapes, vous pouvez le présélectionner pour modifier rapidement la profondeur de fraisage sans interrompre le travail.

Blocage de l'axe
La plupart des défonceuses sont équipées d'un dispositif de blocage de l'axe et sont livrées avec une clé plate permettant de serrer et desserrer rapidement l'écrou de la pince de serrage lors du changement de fraise. Sur les modèles anciens, deux clés sont parfois nécessaires.

Table
Pour la majorité des travaux de fraisage, on guide l'outil en déplaçant la table le long d'un rail-guide ou d'un gabarit.
La table peut être ronde et centrée sur l'axe de rotation ou présenter au moins un côté rectiligne. Elle est munie de brides de serrage qui accueillent les barres de guidage du guide parallèle et d'écrous filetés permettant d'adapter d'autres guides et accessoires.

Guide parallèle et guide à copier
Les défonceuses électriques sont généralement livrées avec un guide parallèle réglable prévu pour lisser et moulurer les chants et exécuter des rainures et des entailles parallèles au chant de l'ouvrage. La plupart des modèles présentent également un guide à copier adapté aux gabarits.

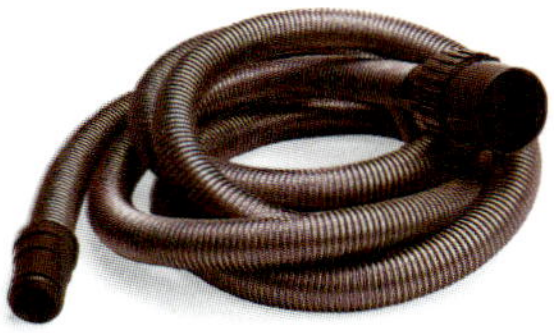

Flexible de l'extracteur d'air

Extracteur de poussière
Toutes les défonceuses en sont aujourd'hui équipées. Il s'agit généralement d'un boîtier en plastique transparent fixé sur le plateau et entourant la fraise. Il est relié par un raccord flexible à un extracteur qui récupère sciure et copeaux au niveau de la tête de la fraise. Par souci de clarté, nous n'avons pas représenté les extracteurs de poussière sur nos illustrations.

CONSIGNES DE SÉCURITÉ

Le travail à la défonceuse ne présente pratiquement aucun risque, à condition d'utiliser la machine dans les règles de l'art. Les défonceuses plongeantes sont d'autant plus sûres que les lames de la fraise sont protégées par les colonnes de guidage. Les règles générales de sécurité s'appliquent mais certains conseils sont spécifiques aux défonceuses :

- Dirigez la défonceuse régulièrement sur l'ouvrage et n'imprimez qu'une légère pression à l'outil.
- Tenez toujours l'outil à deux mains.
- Retirez la fraise d'une défonceuse après chaque utilisation et avant d'éteindre l'outil.
- Avant de changer la fraise ou de fixer des accessoires, débranchez toujours la défonceuse.

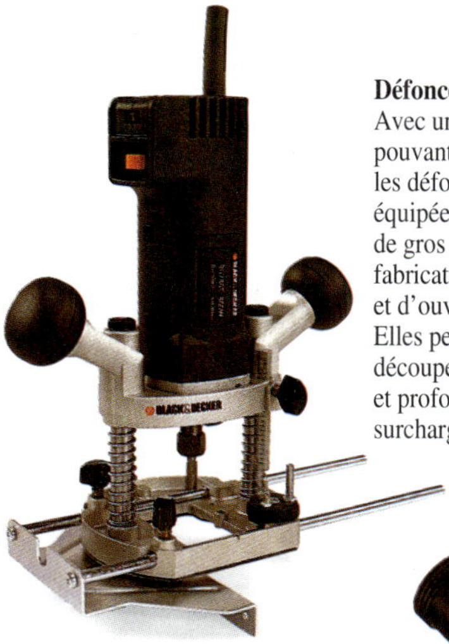

Défonceuses lourdes
Avec une puissance en sortie pouvant atteindre 1 850 W, les défonceuses lourdes sont équipées de fraises à queue de gros diamètre servant à la fabrication de portes et fenêtres et d'ouvrages de menuiserie. Elles permettent d'effectuer des découpes relativement larges et profondes, sans risque de surcharger le moteur.

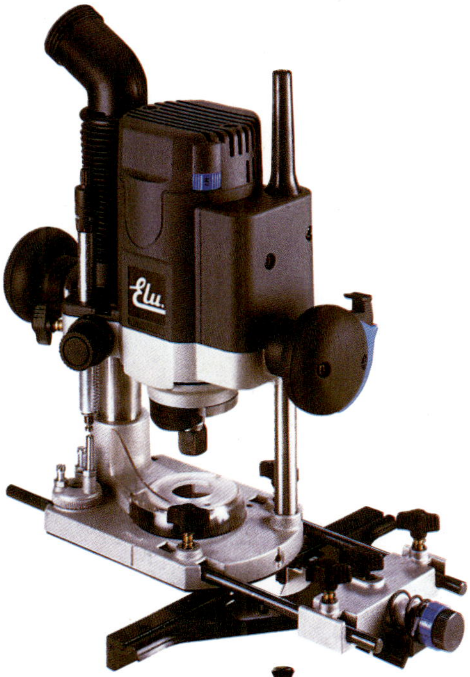

Défonceuses légères
Bon marché, dotées d'un moteur basse puissance (jusqu'à 750 W), ces défonceuses plongeantes légères conviennent à la plupart des travaux de menuiserie, y compris tous types de rainures, feuillures et moulures décoratives. Sur de nombreux modèles, le bloc-moteur est démontable et peut être qui installé sur un support vertical de perçage et de fraisage.

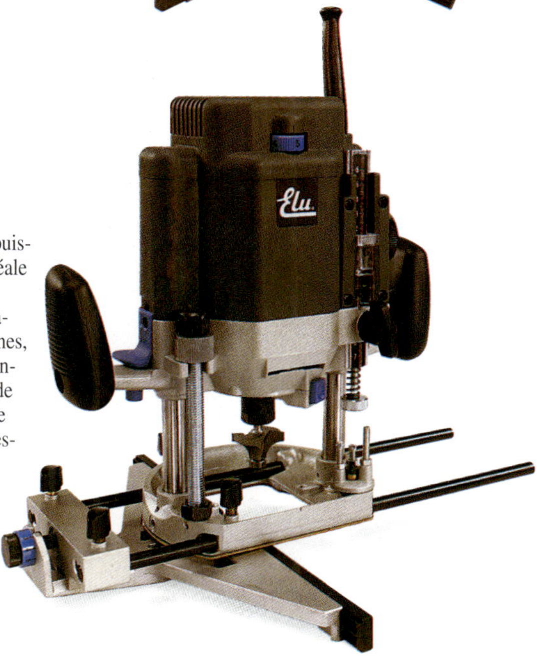

Défonceuses de milieu de gamme
Une défonceuse plongeante de bonne qualité, présentant une puissance de 800 à 1 200 W, est idéale pour les projets d'ébénisterie, l'usinage du bois et certains travaux d'assemblage. Ces machines, relativement compactes, se montent également sur un support de fraisage ou en position inversée et admettent de nombreux accessoires et gabarits.

VOIR AUSSI

Fabrication des placards	62/73
Fabrication des tiroirs	71
Les petites pierres à aiguiser	103
Consignes de sécurité	124/141
Tailler des moulures et des feuillures	144

FRAISES

Les fraises en acier rapide (HSS) conviennent à la plupart des travaux de menuiserie, mais les fraises au carbure de tungstène (HM) conservent leur tranchant plus longtemps, particulièrement lorsque l'on travaille les panneaux de particules ou des matériaux stratifiés. On entretient le tranchant des fraises en acier rapides à l'aide d'une pierre à huile, mais l'aiguisage doit être effectué par un professionnel. Veillez à ne pas surchauffer les fraises en HSS, car elles bleuiraient, perdraient leur trempe, et par-là même leur tranchant. Les fraises au carbure de tungstène ne peuvent être affûtées que par des professionnels disposant d'un touret à meuler spécialisé.

Pour les opérations à la défonceuse plongeante, l'extrémité de la fraise doit être meulée aux mêmes normes que les tranchants latéraux. Pour percer et découper avec ce type de défonceuse, préférez en règle générale des fraises munies d'une pastille en carbure de tungstène, brasée à l'extrémité de la fraise. Les fraises sans avant-pointe ne peuvent attaquer l'ouvrage que par le côté ou le chant.

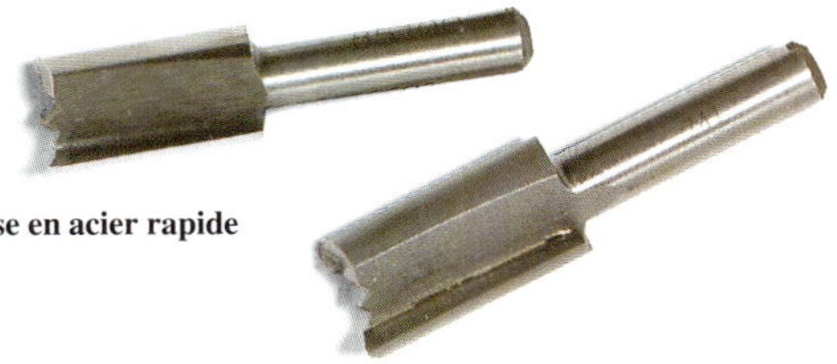

Fraise en acier rapide

Fraise à pointes au carbure

FRAISES DE DÉFONCEUSES

Les fraises de base décrites ci-dessous peuvent être utilisées dans et contre le fil.

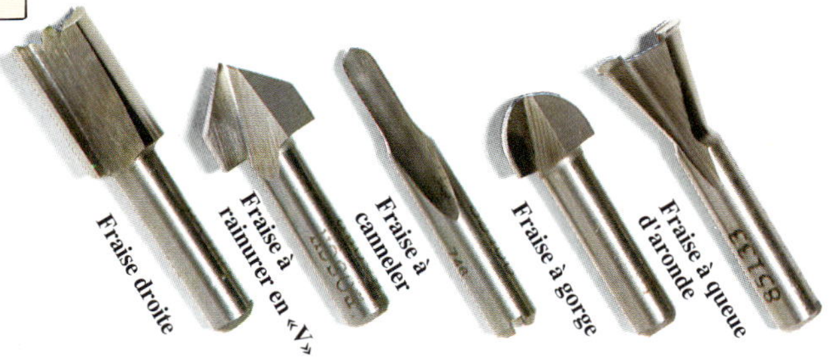

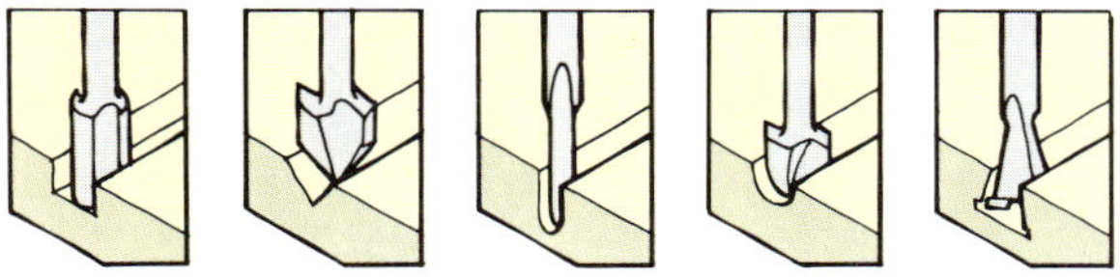

Fraise droite
Sert à découper des logements et des rainures. Elle présente une gorge simple ou double, cette dernière produisant un fini supérieur.

Fraise à rainurer en V
Sert principalement à graver ou dessiner à main levée des lettrages ou des plaques murales.

Fraise à canneler
Sert à tailler des rainures étroites à fond rond.

Fraise à gorge
Sert à tailler des moulures à fond rond plus larges.

Fraise à queue d'aronde
Associée aux gabarits correspondants, elle sert à fraiser les deux parties des assemblages en queue d'aronde.

FRAISES POUR TRAVAILLER LES CHANTS

- **Les fraises des défonceuses plongeantes**
Si vous avez l'intention d'utiliser une défonceuse plongeante avec une fraise d'un diamètre supérieur à 9 mm, assurez-vous que le tranchant fait bien toute la largeur de la base.

Certaines fraises de défonceuses sont équipées d'une avant-pointe qui glisse contre le chant de la pièce à travailler, permettant ainsi de travailler sans guide. La friction qu'exerce ces avant-pointes sur le bois peut brûler celui-ci légèrement, mais on peut généralement faire disparaître ces traces au moyen d'un rabot finement ajusté. Cependant, ce procédé s'avère peu économique lorsqu'il s'agit d'une production commerciale, et il existe certains couteaux équipés de paliers à billes qui permettent de glisser contre le bois sans le brûler.

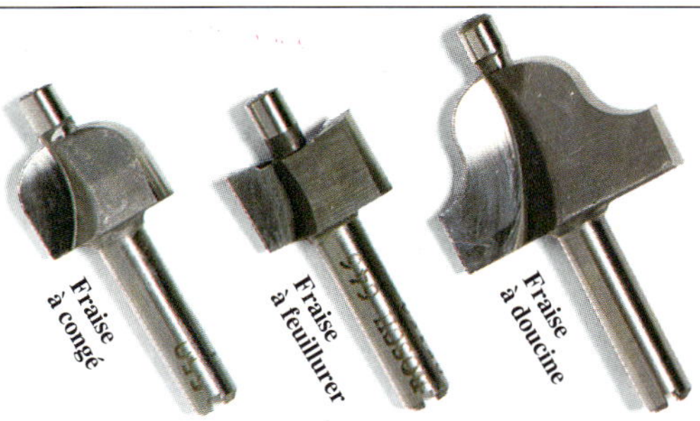

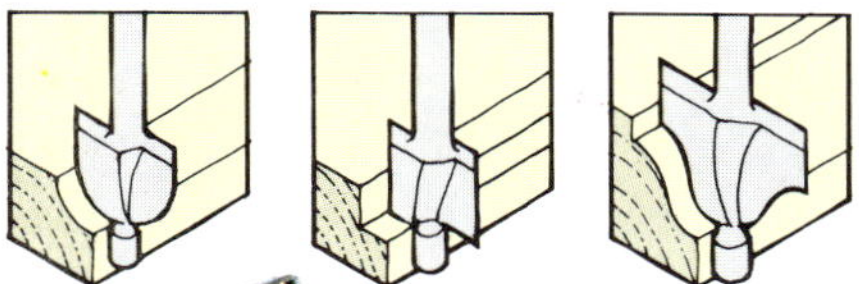

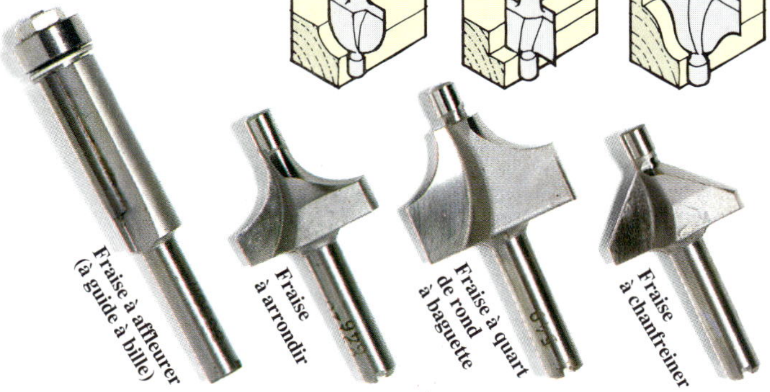

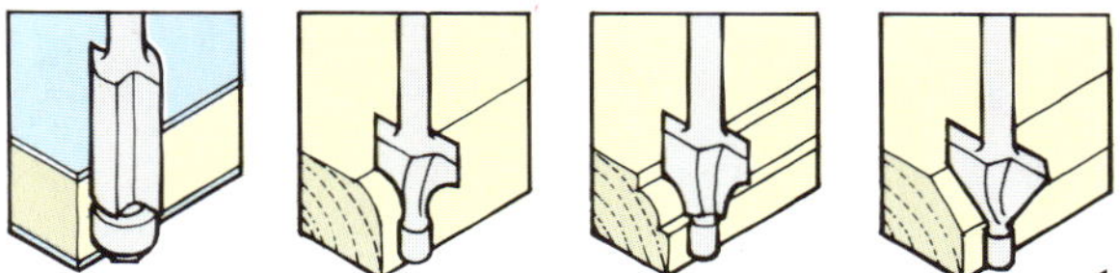

Fraise congé
Sert à tailler des bordures décoratives concaves ou des joints en butée sur les articulations planes des plateaux de table à abattants.

Fraise à feuillurer
Sert à tailler une feuillure sans avoir à fixer de guide supplémentaire sur la défonceuse.

Fraise à doucine
Sert à tailler des moulures décoratives convexes.

Fraise à affleurer
Equipée d'un pilote à roulement à billes, elle sert à araser les chants des stratifiés à fleur d'un panneau manufacturé.

Fraise à arrondir
Sert à arrondir les chants. Ajustée plus bas, elle permet d'exécuter une moulure à épaulement.

Fraise quart de rond
Très proche de la précédente, elle permet de tailler deux épaulements sur le profil de la moulure.

Fraise à chanfreiner
Taille un biseau à 45° sur un chant. La même pointe peut tailler des biseaux de tailles différentes selon son réglage en profondeur.

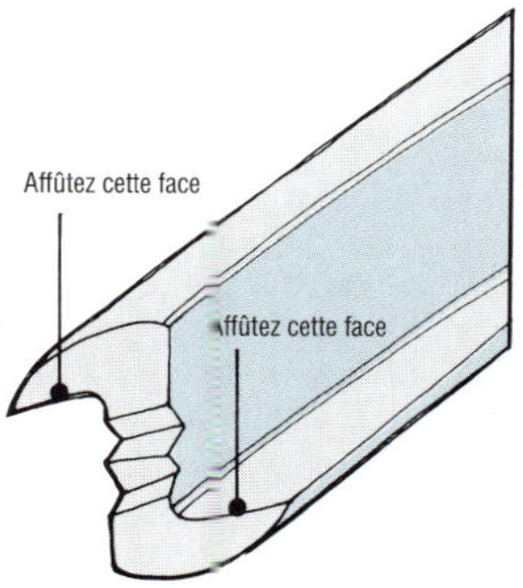

Affûtage d'une fraise
Pour affûter le tranchant d'une fraise en acier rapide, n'aiguisez que la face intérieure de l'arête ; ne touchez jamais à la face externe, car cela modifierait le diamètre de la fraise.

Ajustage d'une fraise
Avant de desserrer la pince de serrage d'une défonceuse pour changer d'accessoire, bloquez l'arbre entraîné par le moteur.

Selon les modèles, il vous faut soit simplement appuyer sur un bouton de blocage de l'arbre, soit desserrer le dispositif à l'aide d'une ou de deux clés plates prévues à cet effet, soit encore introduire une goupille dans le trou de blocage de l'axe (1).

Pour changer aisément la fraise, retournez l'outil sur un établi ou, si la conception de la défonceuse le permet, séparez le berceau de son plateau. Dans tous les cas, débranchez toujours la défonceuse avant de démonter ou remonter un accessoire.

Si une fraise se bloque dans la pince de serrage, faites jouer délicatement la tige dans son logement pour la dégager en veillant à ne pas saisir la fraise par le tranchant.

Avant d'insérer la fraise, assurez-vous qu'il ne reste pas de sciure dans la broche. Une fois l'accessoire fixé, serrez la broche à l'aide d'une clé, en vous assurant au préalable que l'arbre est toujours bloqué.

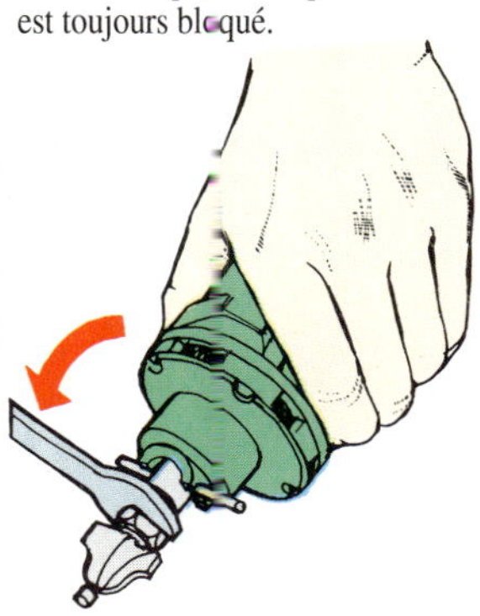

Desserrer le boulon du mandrin
On utilise parfois une goupille pour immobiliser l'axe de la défonceuse.

EXÉCUTION DE RAINURES ET D'ENTAILLES

La véritable rainure est très courante en menuiserie : systématiquement découpée dans le sens du fil, elle permet notamment de réaliser des coulisses pour les fonds de tiroirs ou de meubles et intervient dans plusieurs types d'assemblages sur chant.

Une entaille est une rainure taillée en travers du fil, permettant par exemple d'assembler des étagères fixes aux montants d'une bibliothèque. Rainures et entailles peuvent être exécutées sur toute la longueur d'une pièce ou sur une section déterminée et être arrêtées aux extrémités.

Plusieurs techniques garantissent une finition soignée, mais dans l'ensemble la manipulation de la machine est toujours la même.

Entaille ou rainure ouverte
Abaissez le mécanisme de plongée et bloquez-le. Posez la table de l'outil sur l'ouvrage en vous assurant que la lame n'est pas en contact avec le chant. Mettez le moteur en marche. Commencez à tailler et déplacez régulièrement l'outil sur le trait de coupe jusqu'à ce que la fraise émerge à l'autre extrémité. Coupez le contact et attendez que la fraise soit à l'arrêt avant de relever l'outil de l'ouvrage.

Entaille ou rainure arrêtée
Avant d'allumer une défonceuse plongeante, abaissez la fraise sur l'ouvrage et positionnez-la précisément sur l'une des extrémités de l'entaille ou de la rainure. Relevez la fraise, allumez la défonceuse et plongez la fraise à sa profondeur maximale (1). Déplacez l'outil jusqu'à l'autre extrémité, relâchez le mécanisme de plongée (2) et coupez le contact. Au besoin, finissez les extrémités de la rainure ou de l'entaille au ciseau.

Rainure parallèle à un chant
La plupart des rainures, qu'elles soient destinées à un coulisseau de tiroir ou à recevoir un fond en contreplaqué, sont taillées parallèlement et près d'un chant. Toutes les défonceuses sont livrées avec un guide parallèle amovible, que l'on peut ajuster de façon à positionner la fraise à la distance voulue du chant.

Débranchez l'outil et positionnez-le sur l'ouvrage, en alignant l'arête de la fraise sur un côté de la ligne de coupe (1). Ajustez le guide sur le chant de la pièce à travailler (2), et vissez les brides de serrage. Taillez la rainure comme indiqué ci-dessus en maintenant une pression constante sur le guide tout au long de l'opération (3).

Pour plus de maniabilité, prolongez le guide latéral en y vissant une baguette de bois dur.

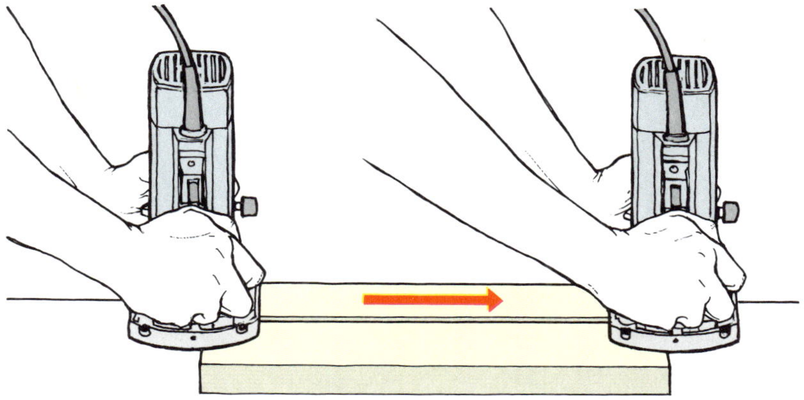

Tailler une rainure traversante

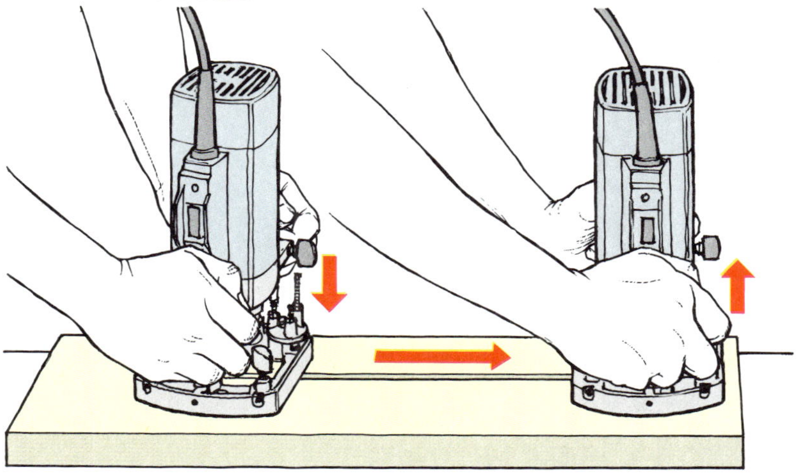

1 Plongez à la profondeur maximale **2 Avancez jusqu'à l'extrémité et relâchez**

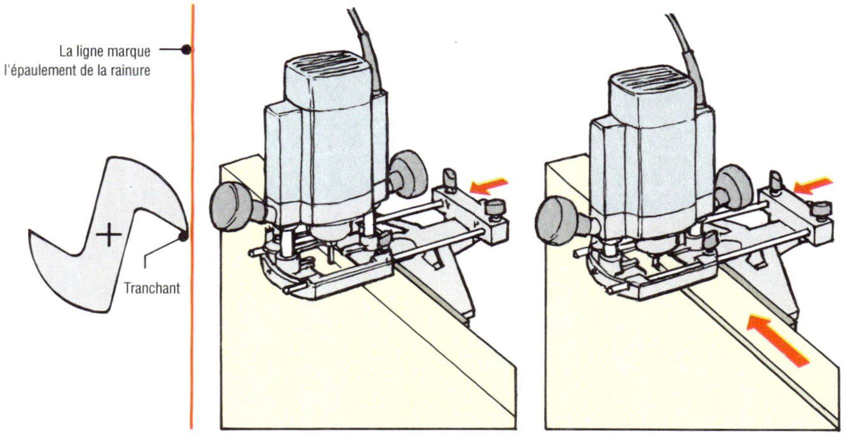

1 Alignez la fraise **2 Faites coulisser le guide le long du chant** **3 Taillez la rainure**

VOIR AUSSI
Panneaux dérivés du bois 34/38
La fabrication des meubles 62/73
Consignes de sécurité 124/141
Les fraises de défonceuses 142

Exécution d'une entaille avec des tasseaux-guides

Positionnez un tasseau maintenu par une presse en travers de la pièce à travailler, afin de guider la base d'une défonceuse lorsque vous devez exécuter une entaille en travers d'une large planche (1). Choisissez un tasseau suffisamment long pour dépasser de chaque côté de l'ouvrage et maintenez la défonceuse appuyée contre ce dernier. Pour exécuter une entaille plus large que le couteau, installez deux tasseaux-guides parallèles sur l'ouvrage, positionnés de manière à permettre au couteau de s'aligner sur un côté puis sur l'autre de l'entaille. Effectuez toujours la première coupe contre le tasseau sur votre droite, puis déplacez la défonceuse pour tailler contre le tasseau sur votre gauche (2).
Cette méthode fait que le mouvement rotatif de la fraise maintient la défonceuse contre le tasseau. Pour effectuer une entaille en queue d'aronde à face découverte, remplacez la fraise à queue d'aronde par une fraise à pointe droite après la première coupe (3).

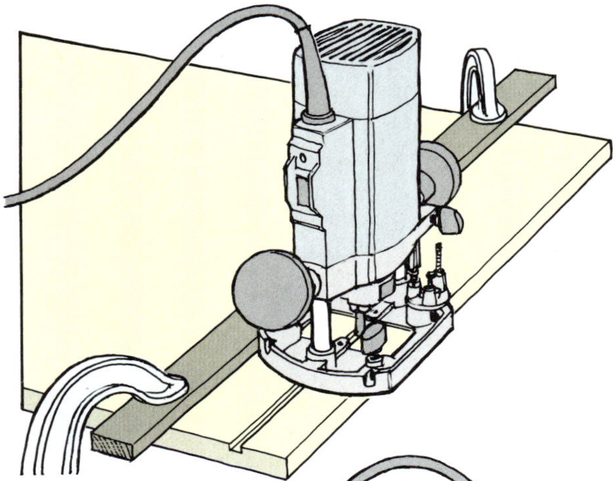

1 Tailler un emboîtement à l'aide d'un tasseau-guide

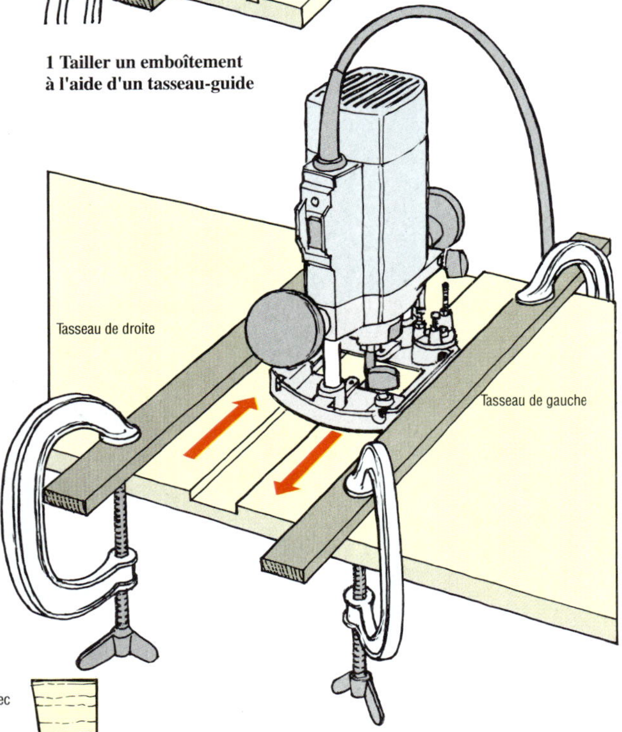

2 Tailler un emboîtement large

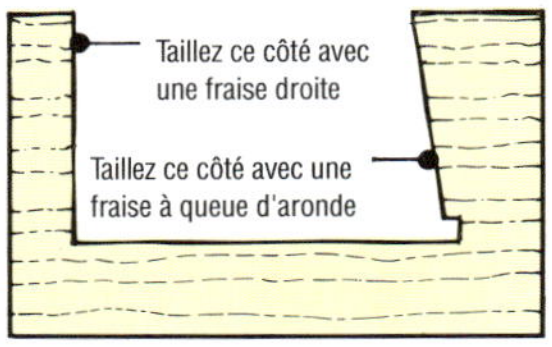

3 Tailler un emboîtement à queue d'aronde à face simple

MOULURES ET FEUILLURES

Les panneaux et les cadres sont souvent moulurés afin de les décorer, de leur donner un aspect plus léger ou tout simplement d'arrondir leurs angles et de les rendre moins dangereux. Le feuillurage se fait dans un but plus fonctionnel, par exemple pour encastrer un panneau dans un cadre.

Feuillurer avec une fraise droite

Vous parviendrez à découper une feuillure avec une fraise droite en faisant glisser le guide parallèle le long du chant de l'ouvrage. Avec la même méthode, vous pouvez découper un chanfrein avec une fraise en V ou une moulure concave avec une fraise à gorge.

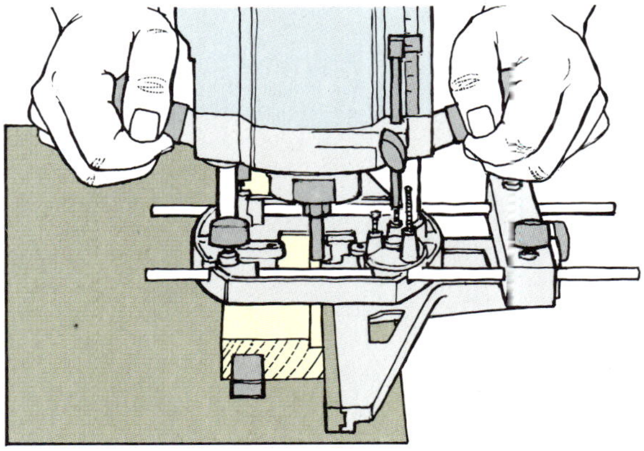

Feuillurer avec une fraise droite et un guide

Moulurer avec une fraise

Le moulurage ou le feuillurage des chants d'un grand panneau se fait avec des fraises à avant-pointes. Entraînez-vous au préalable sur du bois de rebut, afin de développer le « toucher » qui permet de maintenir l'avant-pointe en contact avec la planche sans brûler le bois.

Moulurer les chants d'un panneau dans le sens contraire à celui des aiguilles d'une montre, permettant ainsi au mouvement rotatif du couteau d'attirer celui-ci vers la pièce à travailler (1). Si le panneau est en bois massif, moulurer d'abord les bouts à contre-fil, puis les chants dans le sens du fil (2) ; cette méthode permet de réparer les dégâts si le toupillage a provoqué l'éclatement du bois sur les bouts. Lorsque vous ne voulez moulurer qu'en bout, serrez une pièce de bois de rebut sur le chant afin de protéger celui-ci.

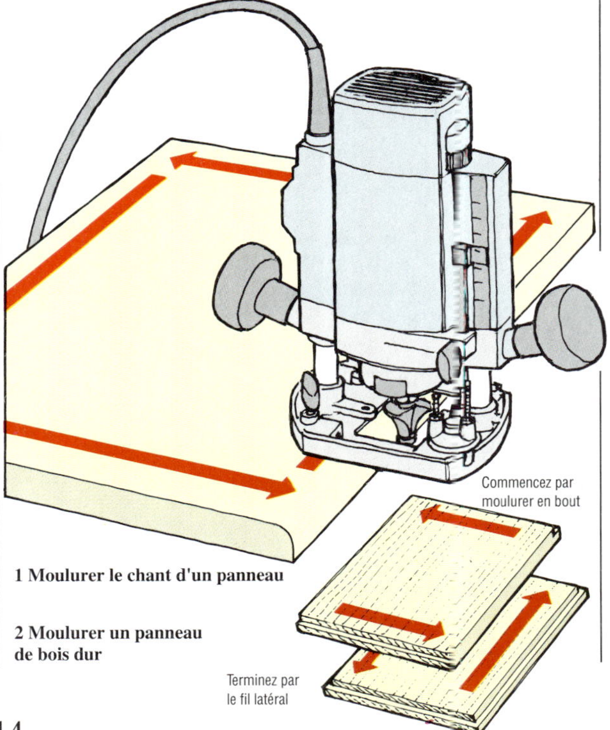

1 Moulurer le chant d'un panneau

2 Moulurer un panneau de bois dur

Moulurer ou feuillurer à l'intérieur d'un cadre

Il est parfois utile de moulurer ou de feuillurer le cadre d'un miroir ou d'un tableau après l'avoir assemblé. Les chants extérieurs peuvent être moulurés comme décrits précédemment, et l'on peut feuillurer les chants intérieurs au moyen d'une pointe à feuillurer ou en fixant une pièce de bois formant un triangle au guide latéral (1).
Il est essentiel que le sommet du triangle soit centré sur la fraise de la défonceuse (2).

Lorsque vous moulurez les chants internes d'un cadre, déplacez la défonceuse dans le sens des aiguilles d'une montre ; les coins seront arrondis, mais vous pourrez les tailler au ciseaux pour les rendre carrés.

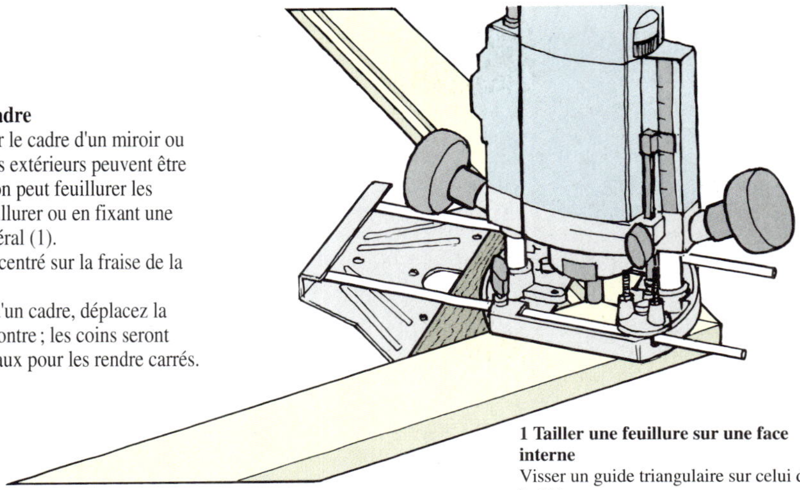

1 Tailler une feuillure sur une face interne
Visser un guide triangulaire sur celui de la défonceuse.

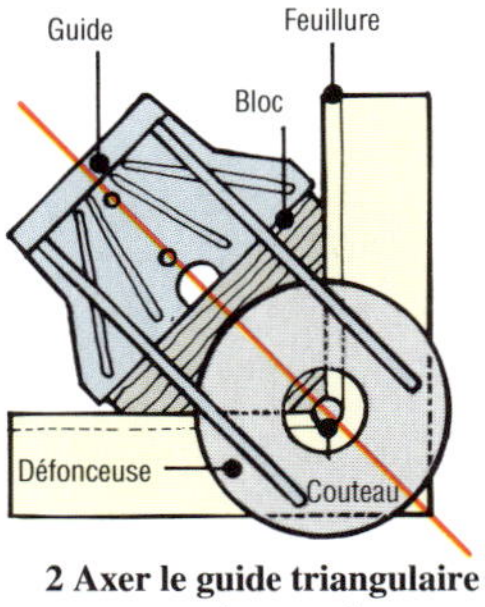

2 Axer le guide triangulaire par rapport au couteau

DÉCOUPES CIRCULAIRES ET À MAIN LEVÉE

En utilisant des guides du commerce ou des gabarits de forme que vous aurez fabriqués, il est possible de tailler des motifs compliqués, ainsi que des cercles, des courbes et des disques parfaits.

Découpes circulaires

Pour découper des rainures circulaires ou moulurer les chants d'une pièce de bois circulaire, les fabricants proposent en option des tiges-compas, tiges rigides munies d'une pointe de centrage, que l'on fixe dans un logement du guide parallèle et qui permettent de faire pivoter à volonté la machine autour d'un point central.

Le compas est idéal pour découper de petits ouvrages, tels que des plateaux à fromage ou des planches à pain. Si néanmoins vous envisagez de moulurer les chants d'une table ronde ou de travailler un ouvrage de grandes dimensions, confectionnez un compas plus long : fixez la défonceuse à l'extrémité d'une baguette de contreplaqué percée d'un trou ou d'une fente pour la fraise, et clouez l'autre extrémité à l'ouvrage. Le clou agira comme pointe de centrage. Si vous craignez d'endommager la pièce de bois, plantez-le sur une chute de contreplaqué fixée au support par de l'adhésif double-face.

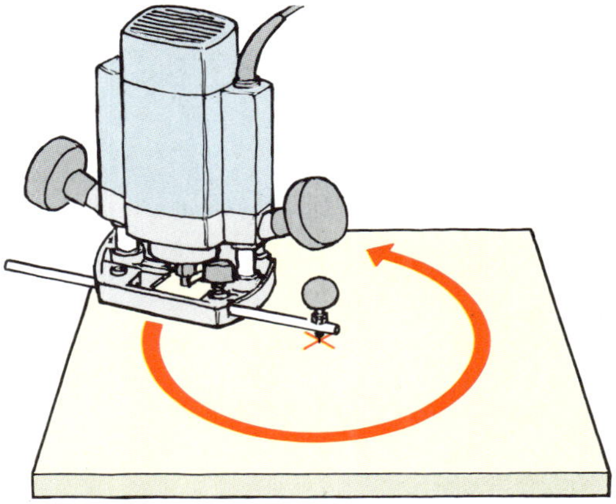

Découper un cercle en utilisant le guide comme un compas

Défonçage au gabarit

Les gabarits de fraisage permettent de reproduire aisément et rapidement des éléments identiques. Bien réglé, un gabarit assure d'excellents résultats.

Vous pouvez également confectionner vous-même un gabarit pour un motif donné et le reproduire fidèlement en adaptant sur la défonceuse un guide à copier. Cet accessoire, fourni avec tous les modèles, est un simple collier cylindrique qui entoure la fraise et se visse au centre du plateau de la défonceuse. Il glisse le long du gabarit, guidant précisément la fraise sur ses contours (1). Lorsque vous fabriquez un gabarit, n'oubliez pas de tenir compte de la différence entre le diamètre du guide et celui de la fraise.

Découpez les gabarits dans des plaques de matériaux stables, tels que le contre-plaqué, l'Isorel ou le medium. Pour les fixer à l'ouvrage, vous pouvez les clouer ou les coller avec un adhésif double face.

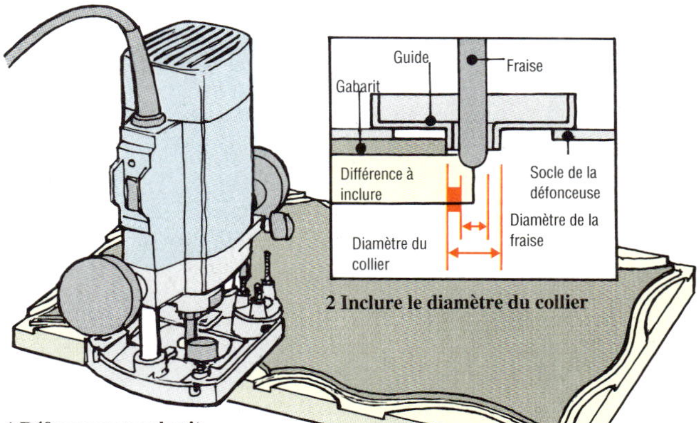

2 Inclure le diamètre du collier

1 Défonçage au gabarit

Fraisage à main levée

Pour graver des lettres ou des motifs sur des pièces de bois à surface plane, les professionnels utilisent la défonceuse. La fraise à rainurer en V est idéale pour les motifs à main levée, car elle permet de tailler dans les bois durs les plus résistants. Les fraises droites ou à canneler conviennent également, mais il faut alors veiller à régler au minimum la profondeur de coupe de la défonceuse. La liberté de mouvement étant essentielle dans les opérations de fraisage à main levée, veillez à choisir un style de lettres qui vous permette de déplacer aisément la machine sans avoir à interrompre le mouvement. Pour graver des lettres régulières, mieux vaut utiliser un gabarit.

Pour éviter que la défonceuse ne soit déviée par des irrégularités du bois, tenez-la par la table en conservant les mains en léger contact avec la pièce de bois.

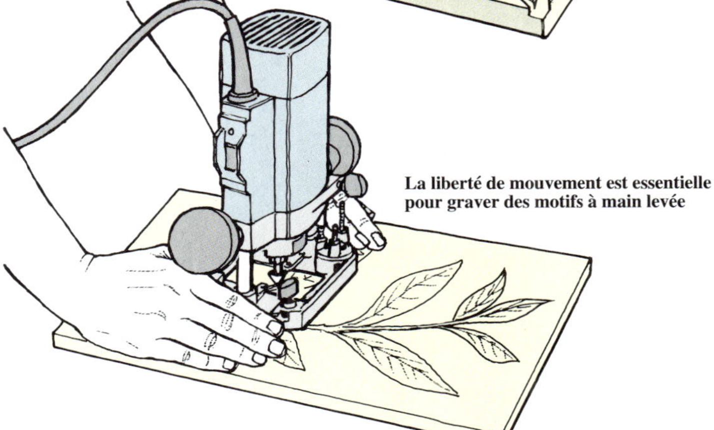

La liberté de mouvement est essentielle pour graver des motifs à main levée

Tailler un joint est bien plus facile si vous transformez votre défonceuse en profileuse ou en toupilleuse en la fixant à l'envers sur une table de travail. Néanmoins, il est possible de tailler bon nombre de joints avec une simple défonceuse en appliquant à la fois la méthode pour effectuer des rainures et des entailles et la méthode pour moulurer et feuillurer.

VOIR AUSSI

Joints à rainure et feuillure

Les joints à feuillure, à rainure et feuillure, d'angle à mi-bois sont tous trois des variations sur le même principe. Bien serrées sur un établi, les diverses pièces composant ces assemblages peuvent être taillées sans aucune difficulté avec une défonceuse équipée d'une pointe droite et glissant contre des tasseaux-guides.

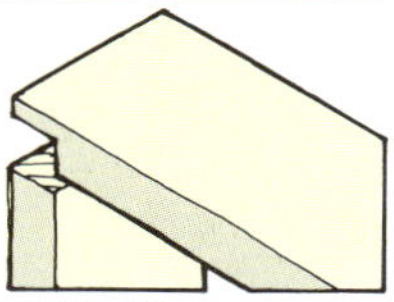
Ass. à feuillure

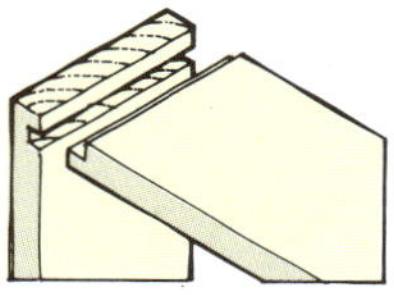
Rainure et languette bâtarde

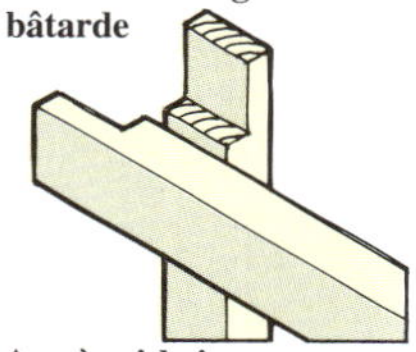
Ass. à mi-bois

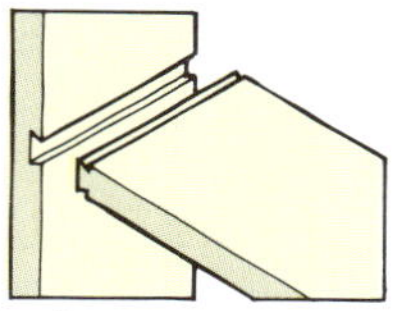
Ass. à queue d'aronde gainée

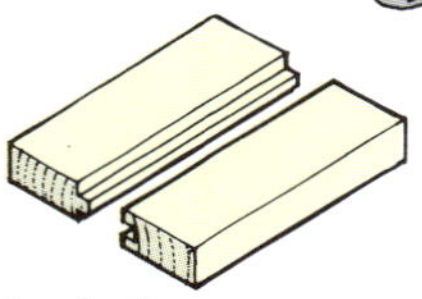
Ass. à rainure et languette

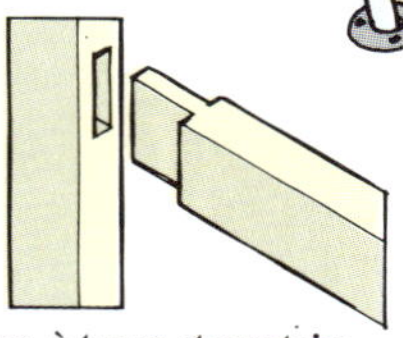
Ass. à tenon et mortaise

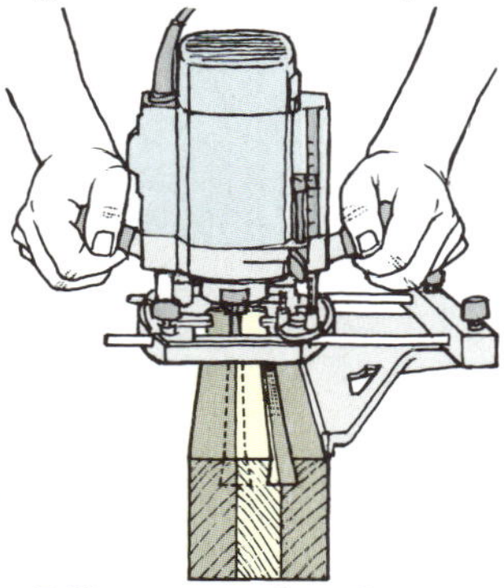
Tailler une queue d'aronde

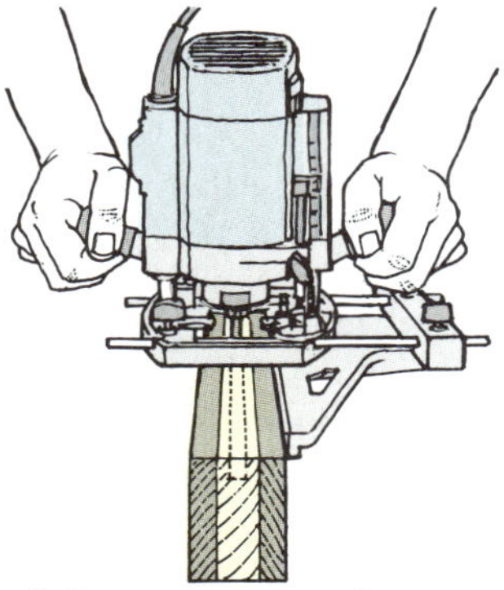
Tailler une rainure centrale

Assemblages à queue d'aronde bâtarde

Rien n'est plus fastidieux que de réaliser à la main un assemblage à queue d'aronde bâtarde. En revanche, avec une défonceuse équipée d'une fraise à queue d'aronde, l'exécution des deux parties de l'assemblage est un jeu d'enfant.

Taillez l'entaille en déplaçant l'outil contre un tasseau-guide, puis découpez la queue d'aronde en la pressant entre deux pièces de bois de rebut. Utilisez le guide parallèle pour diriger la fraise de part et d'autre de la pièce de bois afin que la queue d'aronde soit parfaitement adaptée à l'entaille.

Assemblages à rainure et languette

Utilisez une fraise droite pour découper une languette parfaitement d'équerre sur le chant d'une planche, et reprenez la technique indiquée ci-dessus pour tailler une queue d'aronde. Taillez une rainure correspondante sur le centre d'une autre pièce de bois que vous presserez entre deux tasseaux afin de disposer d'une surface de déplacement assez large pour le plateau de la défonceuse.

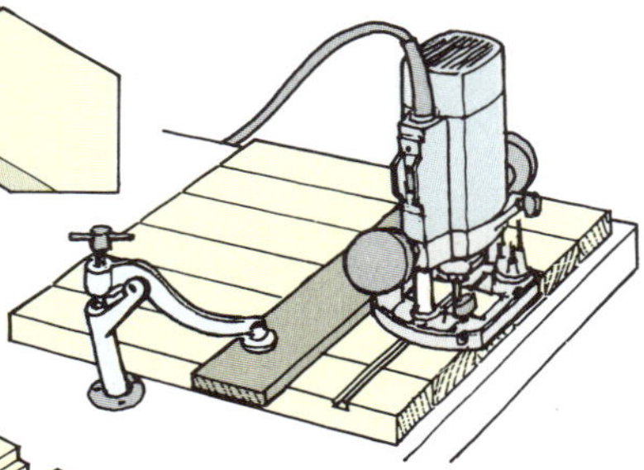
1 Tailler le premier ensemble d'épaulements

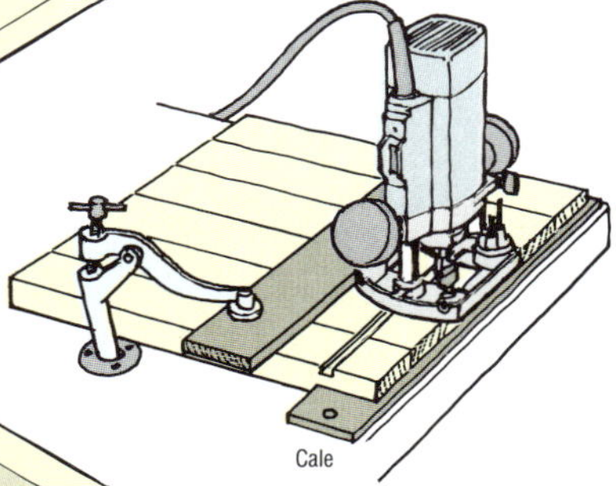

2 Les appuyer sur une cale

Assemblages à tenon et mortaise

La mortaise est en réalité une rainure courte et profonde. Reprenez la technique indiquée ci-dessus pour la découper, en repérant au crayon les points où il vous faudra abaisser et relever la fraise. Vous pouvez également fixer des blocs d'arrêt sur les tasseaux latéraux prévus pour faire glisser le plateau de la défonceuse. Découpez les mortaises par étapes, en augmentant progressivement la profondeur de coupe.

Pour tailler les tenons correspondants, placez tous les composants côte à côte et découpez tous les épaulements d'une face en une seule fois en dirigeant la défonceuse sur un tasseau pressé sur les pièces de bois (1). Retirez le rebut en travaillant à main levée, puis retournez les pièces de bois, appuyez les épaulements sur une cale clouée à l'établi (2), et réitérez la coupe sur l'autre face.

Assemblage pour abattant

Il sert à assembler les deux parties d'une table à rabat. Ce type de joint soutient le rabat quand celui-ci est soulevé, et cache la charnière quand il est abaissé. Les pivots de la charnière doivent se situer juste sous l'épaulement du joint. Taillez les éléments du joint avec les fraises à arrondi d'angle et à cintrer correspondantes.

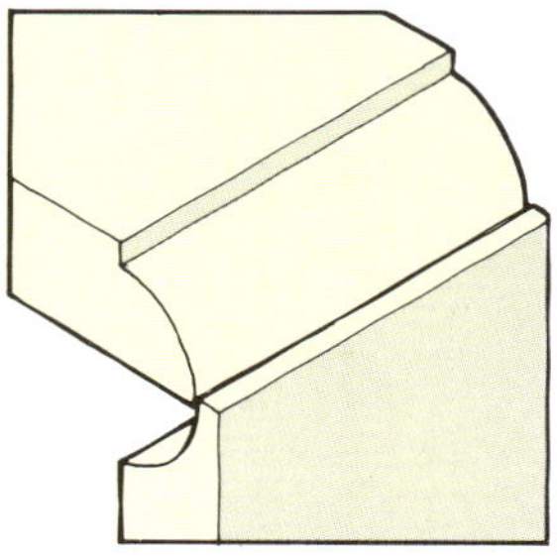
Assemblage pour abattant

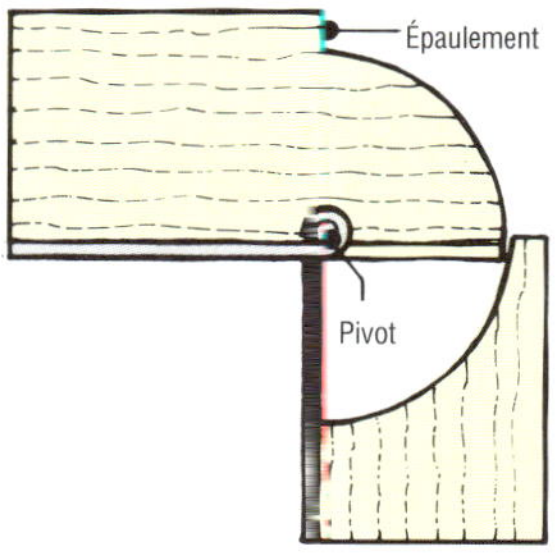

Aligner le pivot de la charnière avec l'épaulement

Assemblages à queue d'aronde

Les fabricants d'outillage électrique proposent des gabarits spéciaux et des bagues de guidage conçus pour réaliser des assemblages à queue d'aronde à la défonceuse portative. Les plus perfectionnés permettent de tailler différents types d'assemblages à queue d'aronde, mais les gabarits standards ne permettent généralement de reproduire que des queues d'aronde recouvertes.

Consultez le mode d'emploi pour monter le gabarit. Le principe de cet accessoire est très simple : les deux éléments de l'assemblage sont pressés à l'intérieur du gabarit, légèrement décalés, et disposés sur l'envers (1). Calculez la largeur des pièces de sorte que les queues et les encoches soient parfaitement centrées sur chaque pièce. Armez la défonceuse d'une fraise à queue d'aronde que vous dirigerez entre les doigts du gabarit (2). Retournez les éléments (3). Ils sont prêts à être assemblés.

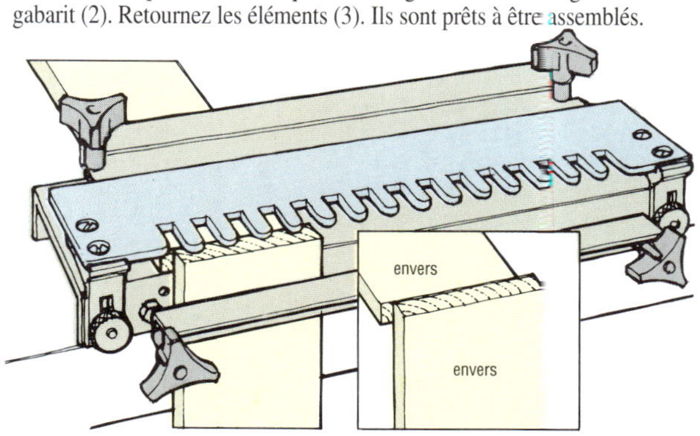

1 Presser les éléments de l'assemblage décalés et à l'envers

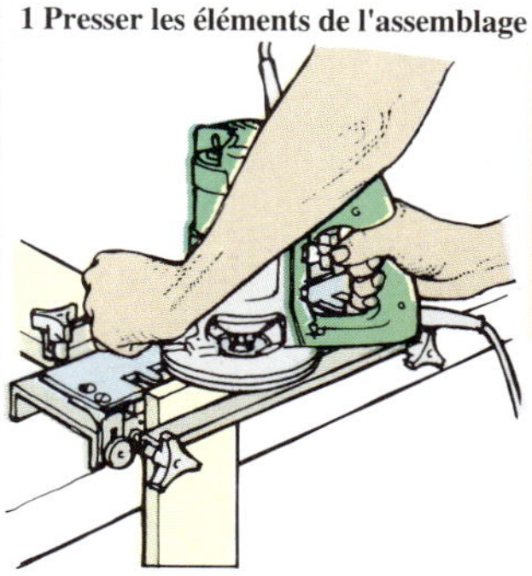
2 Tailler le joint avec une défonceuse

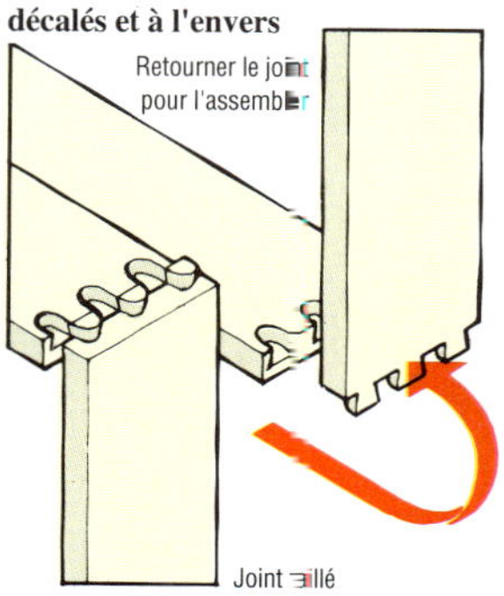

3 Assemblez le joint

PONCEUSES ÉLECTRIQUES PORTATIVES

Les ponceuses électriques facilitent considérablement la finition d'un ouvrage, mais, même les ponceuses à mouvement orbital - surnommées « ponceuses de finition » – ne produisent pas une surface qu'un artisan pourrait considérer comme prête pour l'encaustiquage ou le vernissage. Un ponçage manuel sera toujours nécessaire pour retirer les minuscules marques laissées par les machines.

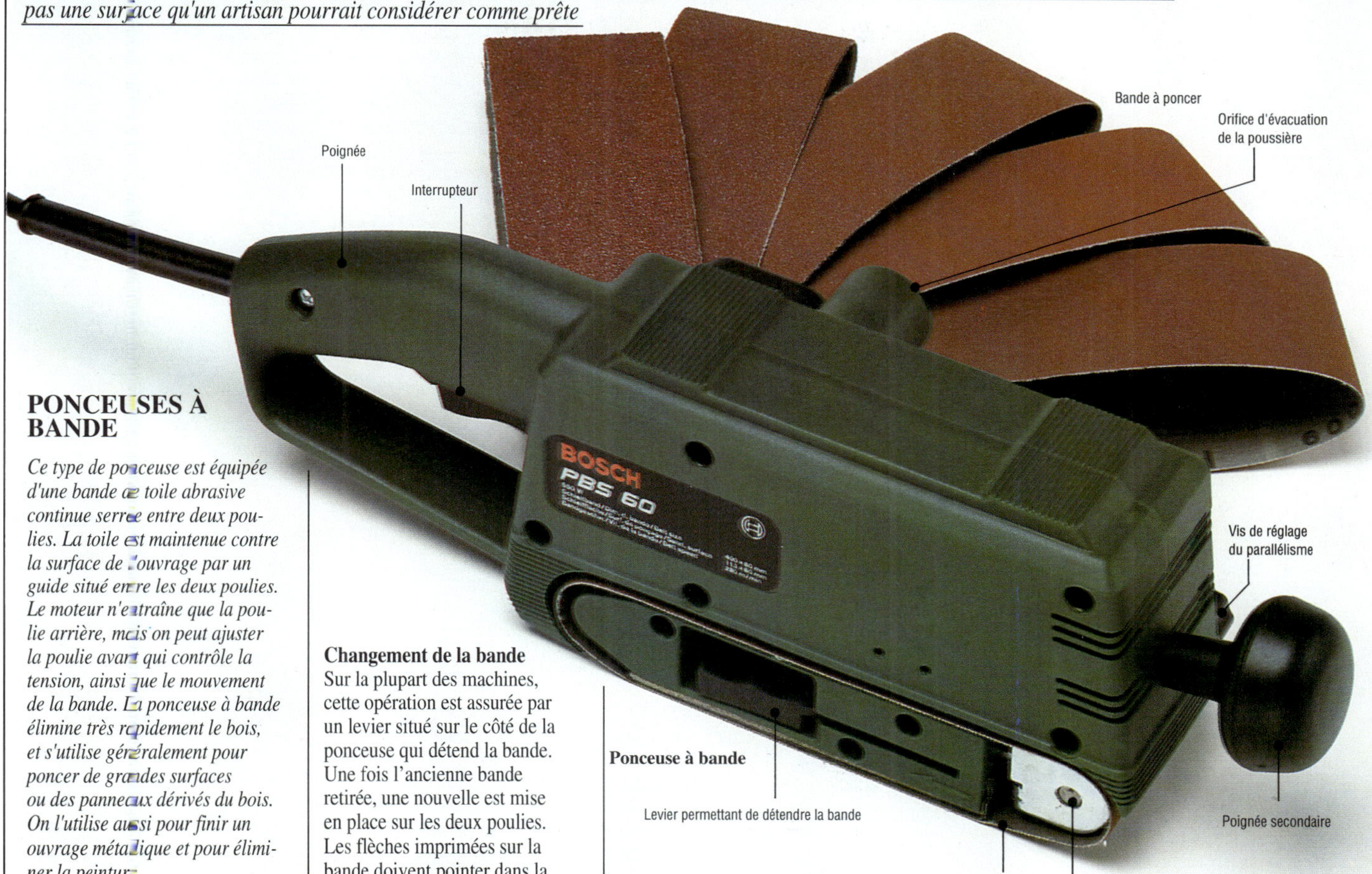

Ponceuse à bande

PONCEUSES À BANDE

Ce type de ponceuse est équipée d'une bande de toile abrasive continue serrée entre deux poulies. La toile est maintenue contre la surface de l'ouvrage par un guide situé entre les deux poulies. Le moteur n'entraîne que la poulie arrière, mais on peut ajuster la poulie avant qui contrôle la tension, ainsi que le mouvement de la bande. La ponceuse à bande élimine très rapidement le bois, et s'utilise généralement pour poncer de grandes surfaces ou des panneaux dérivés du bois. On l'utilise aussi pour finir un ouvrage métallique et pour éliminer la peinture.

Taille de la bande
On classe les ponceuses à bande selon la taille de leur bande abrasive. On équipera une machine petite et légère d'une bande large de 60 mm et longue de 400 mm. Les machines plus grandes accueilleront des bandes de 75 × 533 mm ou 100 × 610 mm. Les grandes ponceuses sont lourdes, et leur utilisation prolongée peut être fatigante.

Vitesse de la bande
La plupart des ponceuses à bande présentent une vitesse à vide de 190 à 360 mètres par minute. Certains modèles disposent d'un sélecteur électronique de vitesse assurant un ponçage adapté à chaque type de matériau. Dans le haut de gamme, on trouve des ponceuses professionnelles offrant une vitesse maximale de 450 m/mn, idéales pour le ponçage rapide du bois et des panneaux manufacturés.

Changement de la bande
Sur la plupart des machines, cette opération est assurée par un levier situé sur le côté de la ponceuse qui détend la bande. Une fois l'ancienne bande retirée, une nouvelle est mise en place sur les deux poulies. Les flèches imprimées sur la bande doivent pointer dans la même direction que celles inscrites sur le boîtier de la ponceuse, sinon la couture de la bande risque de céder. En refermant le levier de blocage, on tend la nouvelle bande.

Lorsque la ponceuse tourne, une vis de réglage du parallélisme permet de centrer la bande de sorte qu'elle recouvre parfaitement son support.

Extracteur de poussière
Toutes les ponceuses à bande sont livrées avec un sac à poussière. Cet accessoire, essentiel pour travailler le bois, doit être retiré lorsque l'on ponce des métaux afin d'éviter les risques d'incendie que peuvent provoquer les étincelles.

Isolation électrique
Choisissez un modèle logé dans un carter en plastique qui protège entièrement des risques de décharge électrique.

Utilisation continue et interrupteur marche/arrêt
L'interrupteur de marche/arrêt peut être verrouillé pour une utilisation continue, au moyen d'un bouton situé sur la poignée.

Poignée secondaire
Située sur le nez de la ponceuse, la poignée secondaire assure un guidage aisé et précis de l'outil sur l'ouvrage. Choisissez un modèle à poignée escamotable ou amovible pour le ponçage au ras des surfaces.

Cadre de ponçage
Certaines machines peuvent accueillir un cadre de ponçage réglable entourant la bande. Cet accessoire évite que la ponceuse ne se renverse accidentellement, ce qui rayerait irrémédiablement les placages et endommagerait les arêtes les plus fines.

CONSIGNES DE SÉCURITÉ

Les ponceuses ne sont pas des outils particulièrement dangereux, mais une bande à gros grain tournant à grande vitesse peut infliger une blessure très douloureuse. Respectez les consignes de sécurité applicables à l'outillage en général, en plus de celles-ci :

- Fixez un sac capte-poussière chaque fois que vous travaillez du bois. Si ce sac ne suffit pas pour capter toute la poussière générée par votre travail, portez un masque facial.
- Tenez la ponceuse à deux mains et ne la reposez pas tant que la courroie n'est pas complètement arrêtée.

BANDES À PONCER

Sur une surface rugueuse, utilisez d'abord une bande à gros grain, puis une bande à grain moyen, et enfin une bande à grain fin permettant d'éliminer les éraflures provoquées par les bandes précédentes.

Une bande déchirée, encrassée ou élimée abîme la surface à travailler et doit être changée le plus vite possible.

VOIR AUSSI

Consignes de sécurité 124/150
Les ponceuses électriques sans fil 150
Les feuilles abrasives 150
Utiliser une ponceuse à mouvement orbital 150
Les aspirateurs de poussière 214

Ponceuse à bande montée sur un établi

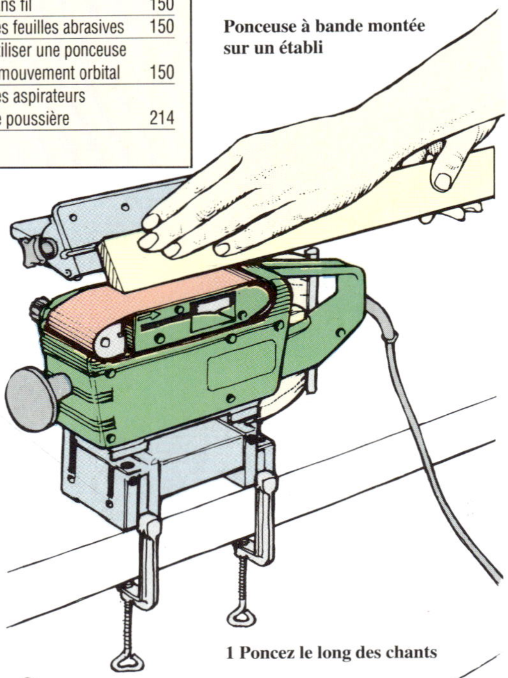

1 Poncez le long des chants

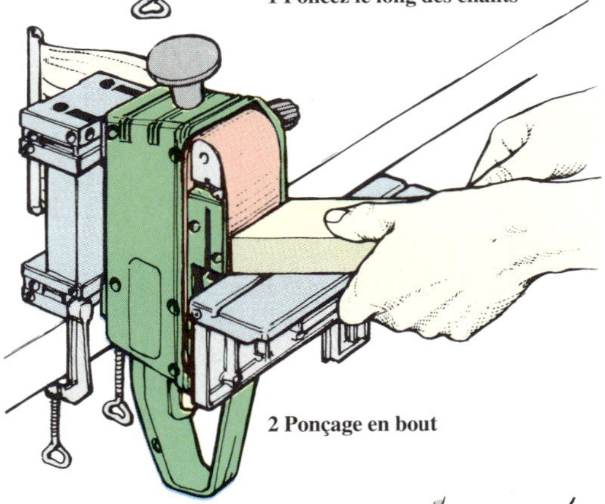

2 Ponçage en bout

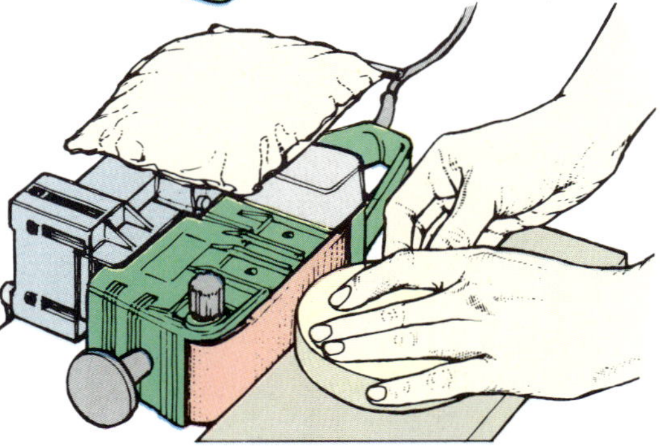

3 Façonnage à la ponceuse à bande

Assortiment classique de bandes à poncer	
Grain de 40	Extra fort
Grain de 60	Fort
Grain de 80	Moyen
Grain de 100	Moyen
Grain de 150	Fin
Grain de 240	Extra fin

Utilisation d'une ponceuse à bande

Mettez en marche le moteur de la ponceuse et abaissez celle-ci sur la surface à travailler. Dès que la bande entre en contact avec la surface de l'ouvrage, déplacez la machine ; si celle-ci restait sur un endroit fixe, elle laisserait une profonde trace qui pourrait être très difficile à faire disparaître. Poncez dans le sens du fil en mouvements parallèles se recouvrant. Pour poncer de la peinture ou un bois très grossier, poncez en travers du fil à 45 degrés et dans deux directions, puis finissez parallèlement au fil.

Prenez soin de maintenir la ponceuse bien à plat sur la surface à travailler lorsque vous approchez les chants d'une planche. Il est extrêmement facile de déborder sur les chants. Lorsque vous travaillez sur des planches de plaqué, il vaut mieux clouer des tasseaux de bois tendre autour des chants et à ras de la surface à travailler afin de ne pas risquer de poncer les chants jusqu'à leur âme.

Soulevez la ponceuse avant d'éteindre le moteur.

Accessoires fixes

Les ponceuses à bande peuvent être fixées à un établi en diverses positions. Fixé à l'envers et équipé d'un guide facultatif (1), l'outil peut servir pour poncer de longues surfaces carrées ou biseautées ; fixé verticalement, il peut servir à poncer en bout (2) ; enfin, fixé horizontalement, il peut servir à façonner un ouvrage.

PONCEUSES VIBRANTES À MOUVEMENT ORBITAL

Elles sont équipées d'une feuille de papier abrasif tendue sur une semelle caoutchoutée qui forme la plaque de ponçage. Le moteur entraîne la semelle en un mouvement elliptique continu et serré, qui présente cependant l'inconvénient d'imprimer sur la surface de petites éraflures circulaires. Certains modèles peuvent aussi exécuter un mouvement de va-et-vient rectiligne qui efface ces marques ; d'autres ont un mouvement orbital irrégulier qui brise la régularité des éraflures et les rend moins visibles.

Taille de la feuille abrasive

Les dimensions des feuilles abrasives équipant les ponceuses vibrantes sont généralement exprimées en millimètres, mais quelques fabricants les mesurent par rapport à la taille standard des feuilles pour ponçage manuel. On trouve ainsi dans certains catalogues des ponceuses à 1/2 feuille et à 1/3 de feuille, présentant respectivement une plaque de ponçage de 260 cm^2 et de 167 cm^2. Les ponceuses légères à paume, offrant une surface de ponçage de 104 cm^2, sont répertoriées sous le nom de ponceuses à 1/4 de feuille.

Vitesse de ponçage

La vitesse de ponçage d'une ponçeuse vibrante est exprimée en oscillations par minute. La plupart des modèles tournent entre 20 000 et 25 000 osc/mn en régime normal. D'autres disposent d'un variateur permettant de sélectionner de très faibles vitesses (de l'ordre de 6 500 osc/mn) pour poncer des plastiques et des peintures thermosensibles. L'utilisateur peut prérégler la vitesse de ponçage ou la modifier en modulant la pression exercée sur la gâchette. Pour les travaux de menuiserie, les modèles à vitesse variable ne présentent que peu d'avantages.

Demi-feuilles abrasives

PONCEUSES DELTA

Equipées d'un patin triangulaire, ces ponceuses à mouvement orbital permettent d'atteindre les moindres recoins, se glissent dans les interstices et poncent jusque dans les cavités les plus inaccessibles. Un cadran permet généralement de présélectionner la vitesse la plus adaptée au matériau à poncer. En remplaçant les feuilles abrasives auto-agrippantes par un patin de feutre, la ponçeuse devient une polisseuse légère et pratique.

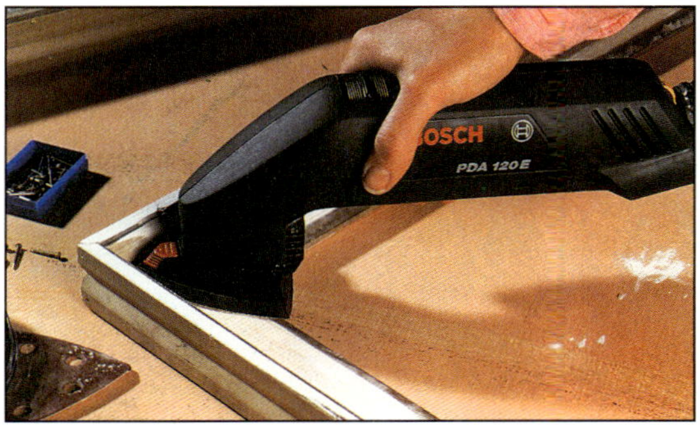

La ponceuse Delta s'attaque à tous les angles et recoins

Aspirateur de poussière
Les meilleures ponceuses vibreuses sont équipées d'un système d'aspiration de poussière intégré.

Les conduits et les tuyaux situés sur la semelle aspirent la poussière autour de l'outil pour la déposer dans un sac capte-poussière. Certains fabricants fournissent un bouclier à poussière qui entoure la semelle et peut se brancher sur un aspirateur. On branche les autres modèles sur un aspirateur au moyen d'un tuyau qui remplace le sac capte-poussière.

Isolation électrique
Le boîtier-moteur en plastique ne sert pas seulement à alléger la ponceuse, mais aussi à protéger l'utilisateur de tout risque de décharge électrique.

PONCEUSES À DISQUE À MOUVEMENT ORBITAL

Lorsque le mouvement d'un disque de ponceuse est excentrique tout en étant rotatif, cela produit une surface presque sans éraflures.
La semelle caoutchoutée de ce type de ponceuse est suffisamment flexible pour s'adapter à une surface concave ou convexe.

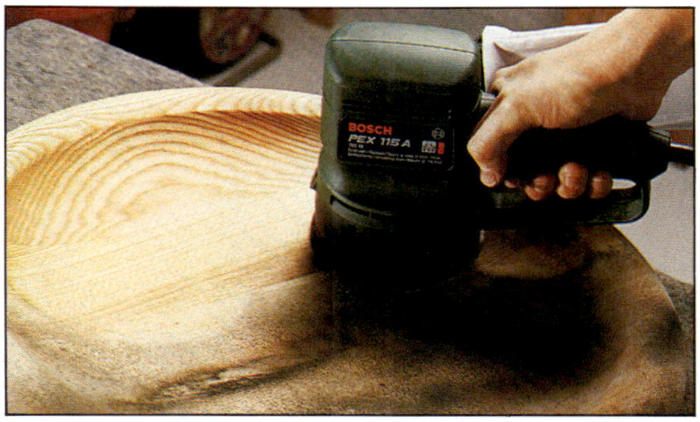

Maintenez l'outil constamment en mouvement lorsque vous poncez

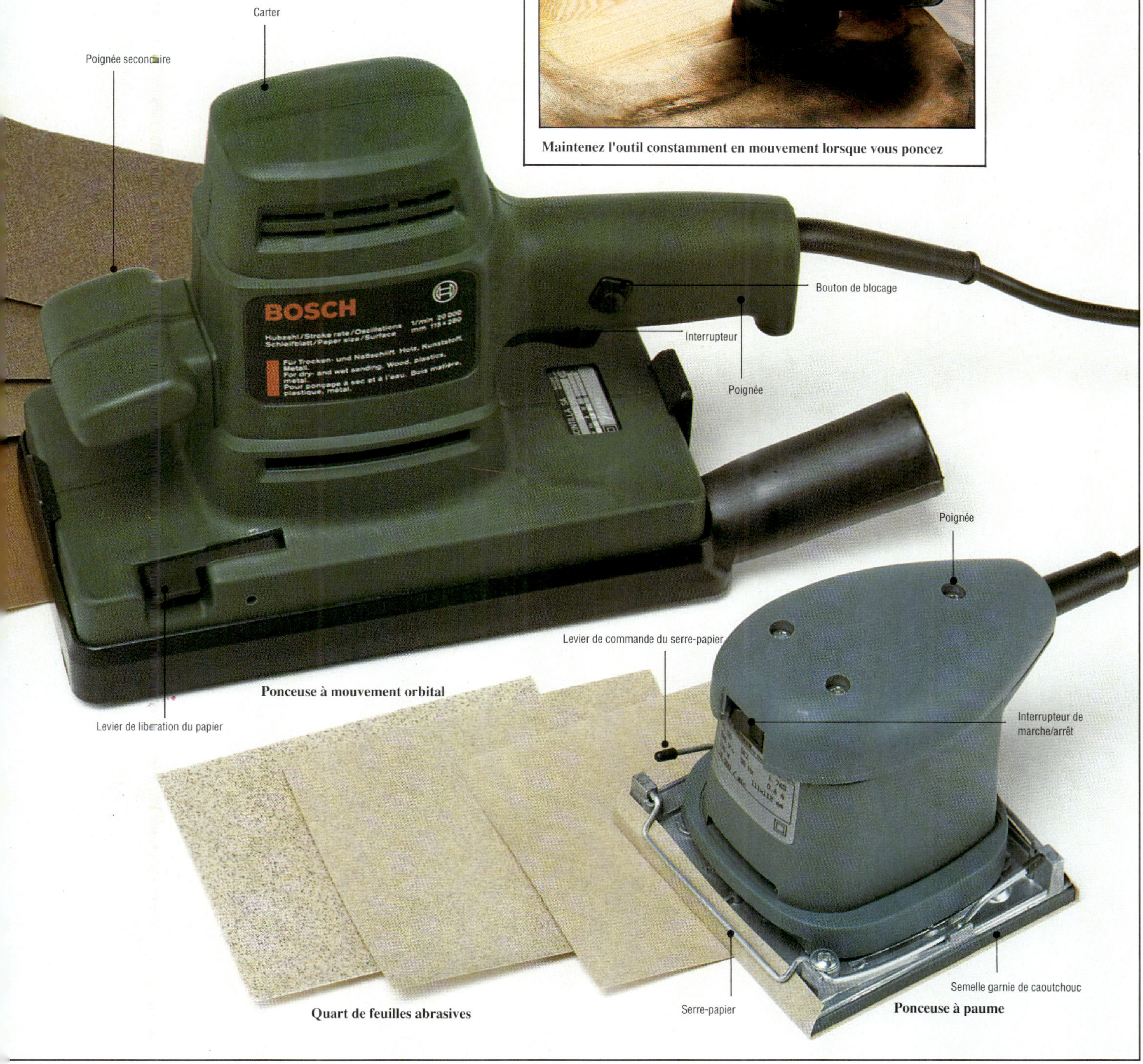

Ponceuse à mouvement orbital

Quart de feuilles abrasives

Ponceuse à paume

FEUILLES ABRASIVES

Les feuilles abrasives, quelle que soit leur taille, sont fabriquées en grains différents qui s'utilisent en séquences du gros grain au grain fin.

Passez à une feuille au grain plus fin dès que les éraflures laissées par le grain précédent ont disparu. Le gros grain sert à poncer les bois tendres débités à la scie. Les grains moyens et fins produisent un fini satisfaisant prêt pour un léger ponçage à la main. Avec les placages de faible épaisseur, n'utilisez que des grains très fins.

Sur le papier abrasif « serré », la répartition du matériau abrasif est extrêmement dense et permet un ponçage général. Sur le papier « ouvert », cette répartition est très clairsemée afin de pouvoir poncer des bois tendres et résineux qui encrasseraient rapidement tout autre papier.

Certaines feuilles abrasives sont préperforées afin d'augmenter l'efficacité du système d'extraction de poussière.
Il existe aussi des gabarits particuliers permettant de perforer les feuilles abrasives standard.

Les feuilles sont généralement fixées par deux pinces situées sur les extrémités de la base de l'outil, mais certaines sont auto-adhésives et se collent sur la semelle.

VOIR AUSSI

Consignes de sécurité	124
Les scies circulaires	132/133
Les défonceuses	140/141
Les ponceuses à mouvement orbital	148/149
Disque de ponçage	190/191
Sécurité et protection de la santé	214

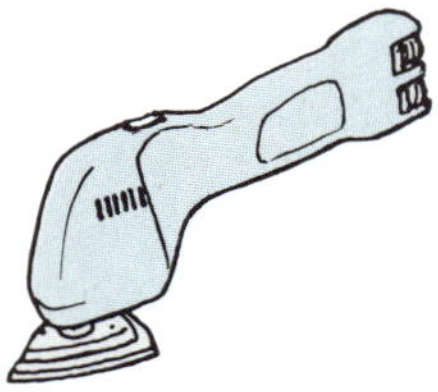

Les ponceuses sans fil
La gamme actuelle des ponceuses sans fil n'est pas très diversifiée, mais pour les travaux de finition minutieux, vous pourrez vous procurer une ponceuse Delta alimentée par batterie.

Un assortiment classique de feuilles abrasives	
Grain de 40	Extra fort
Grain de 50	Extra fort
Grain de 60	Fort
Grain de 80	Fort
Grain de 100	Moyen
Grain de 120	Moyen
Grain de 150	Fin
Grain de 180	Fin
Grain de 240	Extra fin
Grain de 280	Extra fin
Grain de 320	Extra fin
Grain de 400	Extra fin

Utilisation d'une ponceuse vibreuse à mouvement orbital
Utilisez une ponceuse vibreuse en lui faisant exécuter des va-et-vient parallèles se recouvrant. Lorsque vous utilisez un papier à gros grains, faites attention à ne pas arrondir l'arrête des chants ou à poncer à travers des placages de faible épaisseur. Il n'est pas nécessaire d'exercer une trop forte pression sur la ponceuse, le poids même de l'outil permet généralement d'obtenir un ponçage efficace.

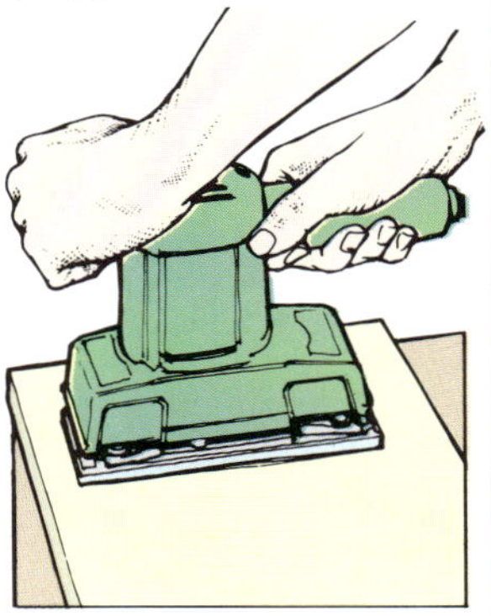

Terminer à la ponceuse à mouvement orbital
Poncez soigneusement en passes légères se chevauchant.

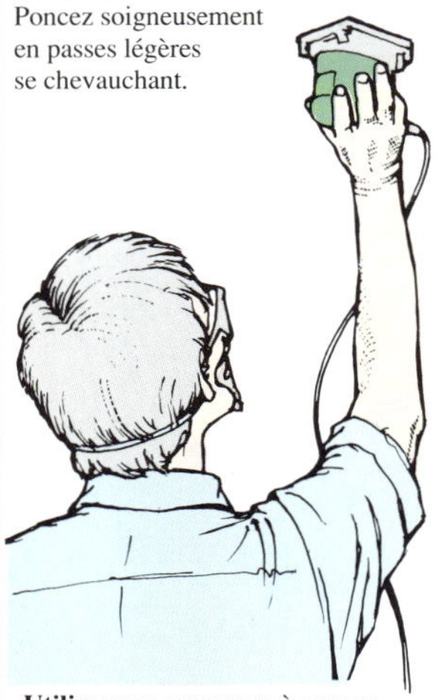

Utiliser une ponceuse à paume
Ce type de ponceuse est suffisamment léger pour être utilisé en l'air.

CONSIGNES DE SÉCURITÉ

A partir du moment où les consignes de sécurité applicables à l'ensemble de l'outillage électrique sont respectées, l'utilisation d'une ponceuse vibreuse est sans danger.

- Portez des lunettes protectrices ainsi qu'un masque facial lorsque vous surplombez votre ouvrage.
- Débranchez toujours la ponceuse avant de changer une feuille abrasive.

PONCEUSES À DISQUES

Pour poncer des parquets ou de la peinture, on utilise fréquemment des disques à poncer flexibles que l'on adapte sur le mandrin d'une perceuse électrique. Ces disques laissent cependant de profondes traces en travers du fil, ce qui les rend inutilisables pour un travail sérieux. Par contre, un disque à poncer rigide monté sur un établi est un outil très utile dans n'importe quel atelier.

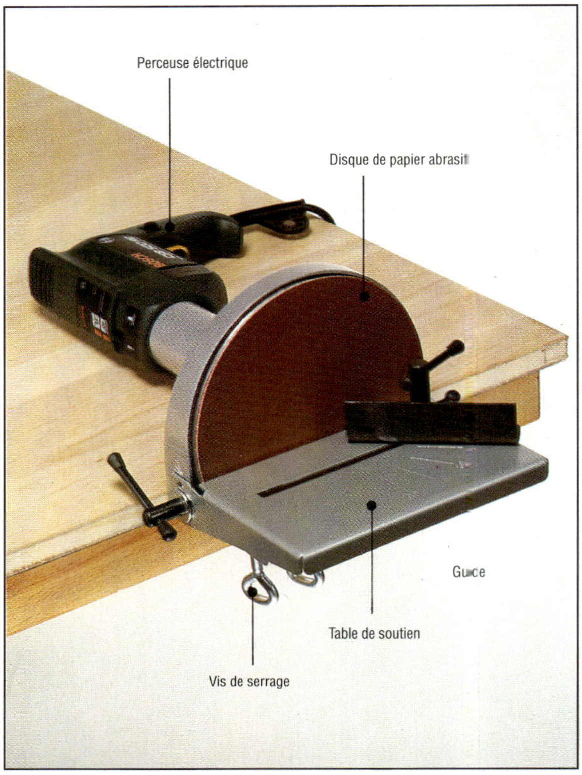

Ponceuse montée sur établi
Une ponceuse montée sur un établi est un accessoire de perceuse électrique qui sert à poncer en bout et à façonner des pièces de bois. Cet outil est équipé d'un plateau métallique rigide sur lequel on colle des disques de papier abrasif. Une table de support est fixée en travers de ce plateau et peut être inclinée selon un angle situé entre l'horizontale et 45 degrés. En reposant la pièce à travailler sur cette table, vous pouvez façonner un ouvrage à main levée (1). Un guide ajustable qui coulisse sur la table de support permet de poncer en bout un biseau ou un carré avec précision (2).

N'utilisez que le côté du disque qui se dirige vers le bas, afin que la rotation de celui-ci maintienne la pièce à travailler sur la table de support. La pièce à travailler doit bouger de façon permanente et n'exercez pas une pression excessive sur celle-ci de manière à éviter qu'elle ne brûle.

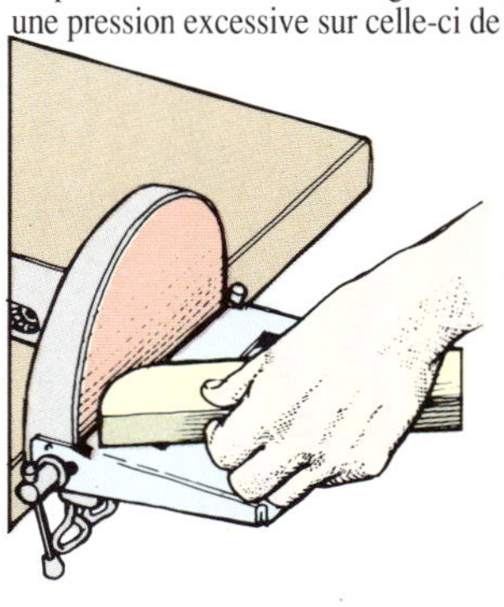

1 Ponçage à main levée
Faites pivoter l'ouvrage sur la table en même temps que vous l'appuyez légèrement contre le disque de ponçage.

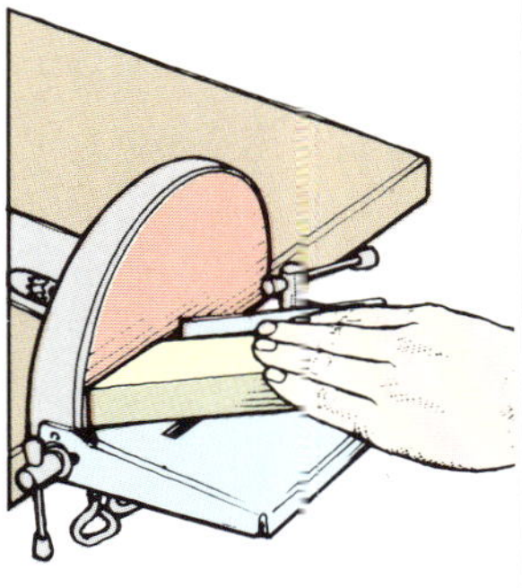

2 Utiliser le guide
Terminez avec précision les bouts d'équerre ou à l'oblique en bloquant le guide sur l'angle voulu.

LES CENTRES D'USINAGE

Les fabricants d'outillage électrique offrent plusieurs accessoires permettant de transformer les scies circulaires portatives, les défonceuses et les scies sauteuses en outils montés sur établi, mais les résultats fournis par ce genre d'accessoires sont rarement satisfaisants pour les menuisiers sérieux. La plupart du temps, les établis sont trop petits pour soutenir des panneaux, et les protections et les guides sont courts et fragiles. Ces accessoires sont bon marché mais ne peuvent être comparés à un centre d'usinage bien conçu, qui offre une table de sciage de bonne taille ou une moulurière efficace, en plus de la possibilité d'utiliser les outils dans la position de surplomb qui est plus courante pour débiter de larges pièces de bois.

Les centres d'usinage sont relativement légers et faciles à transporter. Ils sont équipés de plateaux de montage universels qui permettent l'adaptation de n'importe quelle scie circulaire ou défonceuse connue – et la plupart des menuisiers préfèrent avoir chaque outil monté en permanence sur son propre plateau afin de pouvoir en changer rapidement.

ASPECTS ESSENTIELS

Lorsque vous choisissez un centre d'usinage, assurez-vous qu'il comporte les aspects suivants :

- Un bâti solide et une structure rigide qui soutiennent le centre d'usinage à une hauteur permettant un travail confortable.
- Une table de bonnes dimensions, équipée de rallonges permettant de soutenir de longs panneaux d'aggloméré ou de contre-plaqué.
- Des protections de lame ou de couteau efficaces car à moins de bien fonctionner et d'être facilement ajustables, ceux-ci sont dédaignés par l'utilisateur. Un couteau de dégagement fixé derrière la lame et servant à maintenir l'écartement de la voie est aussi une protection essentielle.
- Des guides rigides qui ne se déforment pas lorsque la pièce à travailler passe sur la lame ou le couteau.
- Un guide de tronçonnage à calibre d'onglet qui coulisse aisément. Celui-ci doit être suffisamment large pour soutenir la pièce à travailler et installé le plus près possible de la lame, afin que la partie qui déborde ne soit pas déformée pendant la coupe.
- Des guides à échelles faciles à lire afin de pouvoir les ajuster avec précision.
- Une transformation facile de la position table à la position de surplomb, ainsi que d'un outil à l'autre.
- Un interrupteur de marche/arrêt facile d'accès, car l'action d'atteindre sous le centre d'usinage pour débrancher ou éteindre peut être trop lente en cas d'urgence.
- La possibilité de pouvoir tronçonner facilement en position de surplomb les larges panneaux dérivés du bois.
- En position de surplomb, les outils doivent pouvoir coulisser aisément.
- Un centre d'usinage qui peut aussi faire office de table d'assemblage est très utile dans un petit atelier.
- Les options permettant d'adapter une scie sauteuse, une ponceuse, un rabot électrique ou une perceuse augmentent la polyvalence du centre d'usinage – mais les performances de ces options ne peuvent être comparées à celles des scies circulaires ou des défonceuses.

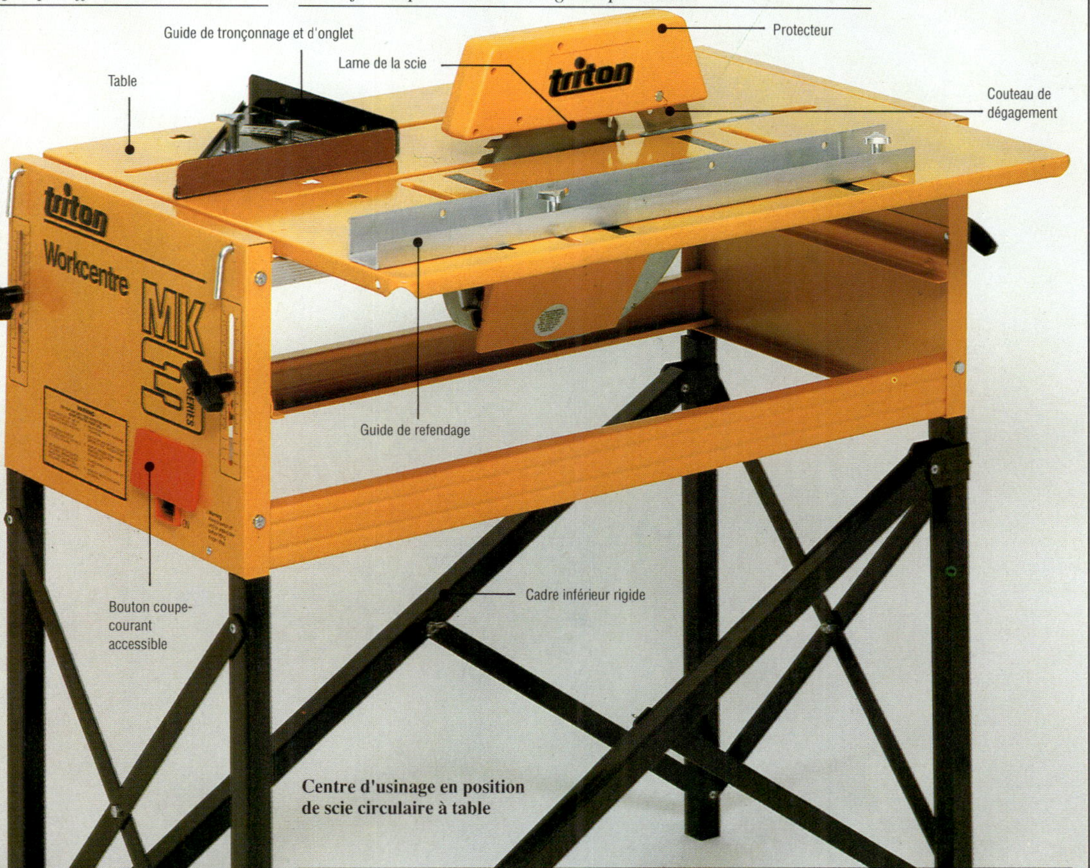

Centre d'usinage en position de scie circulaire à table

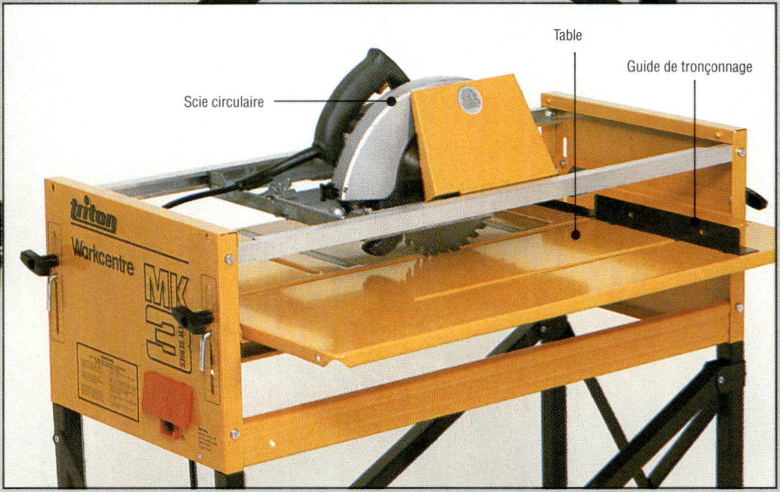

Centre d'usinage en position de surplomb

UTILISATION DU CENTRE D'USINAGE COMME TABLE DE SCIAGE

Bien que les centres d'usinage doivent pouvoir adapter toutes les tailles de scies circulaires, les meilleurs résultats sont obtenus avec une scie circulaire haut de gamme équipée d'une lame de 230 millimètres à pointes au carbure. Si vous voulez obtenir une coupe franche, il ne doit y avoir aucun jeu dans la lame, c'est-à-dire qu'elle ne doit pas bouger de son axe, ne serait-ce que légèrement, ce qui la ferait dévier de sa voie.

VOIR AUSSI

Les scies circulaires	132/133
Les centres d'usinage	151
Ajuster le guide parallèle	159
Les aspirateurs de poussière	214
Protection des yeux	214

Délignage

Le fabricant fournit généralement toutes les instructions qui permettent de monter le centre d'usinage en scie à déligner. Une fois celui-ci monté, ajustez la profondeur de la lame afin qu'elle pénètre juste la surface du bois, puis abaissez le protecteur à 6 millimètres de la pièce à travailler. Assurez-vous aussi que le guide de délignage soit parfaitement parallèle à la lame. Si l'extrémité éloignée du guide est plus proche de la lame que l'extrémité rapprochée, la pièce de bois se bloquera et sera éjectée vers vous par la lame.

Lorsque vous délignez une large planche, maintenez celle-ci contre le guide avec une main, tout en soutenant le rebut de l'autre (1). Faites avancer l'ouvrage régulièrement et lentement tout en vous assurant de le maintenir en mouvement pendant toute l'opération. N'interrompez jamais une opération car cela risquerait d'abîmer le nouveau chant.

Lorsque l'opération est terminée, dégagez la lame de tout bois. Ne ramenez jamais la pièce de bois ou de rebut vers vous tant que la lame tourne encore. Faites-vous aider par un assistant lorsque vous débitez une grande planche.

Lorsque vous délignez une planche étroite, utilisez un poussoir à entaille pour la faire avancer entre la lame et le guide (2), tout en la maintenant au moyen d'une pièce de bois de rebut.

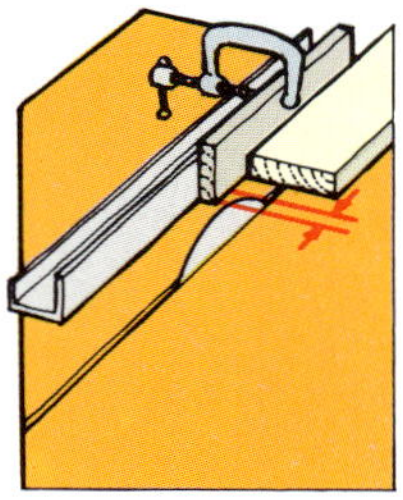

Déligner du bois partiellement sec
Les contraintes internes au bois peuvent être relâchées sous l'effet du refendage, ce qui provoque l'éclatement du trait. L'ouvrage se trouve alors projeté latéralement contre la lame, ce qui la bloque ou fait tomber le bois. Comme mesure de sécurité, placez une pièce de bois contre le guide de refendage du côté de l'alimentation.

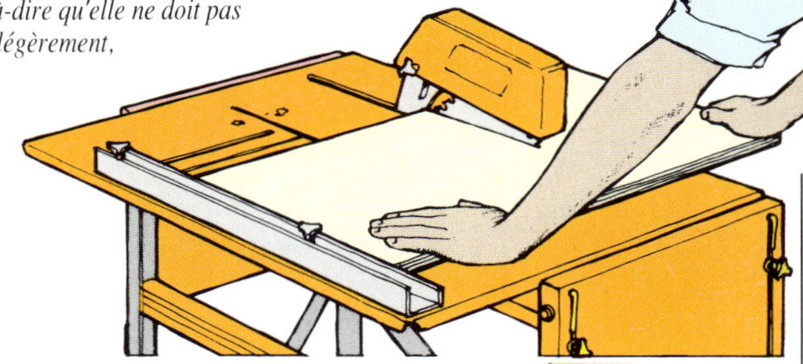

1 Déligner une planche large
Maintenez-la contre le guide et soutenez la chute.

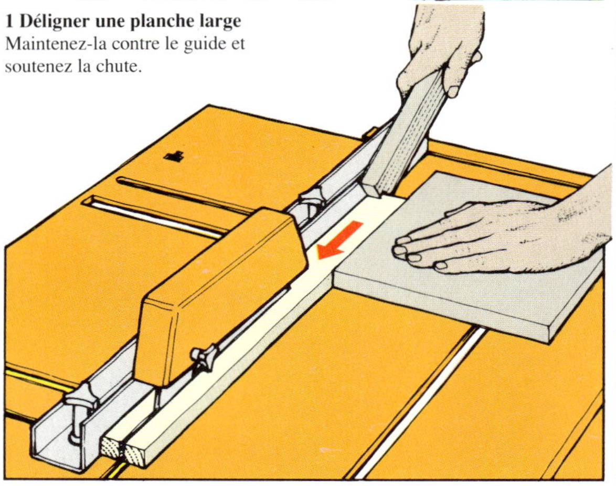

2 Déligner une planche étroite
Utilisez un poussoir pour alimenter l'ouvrage.

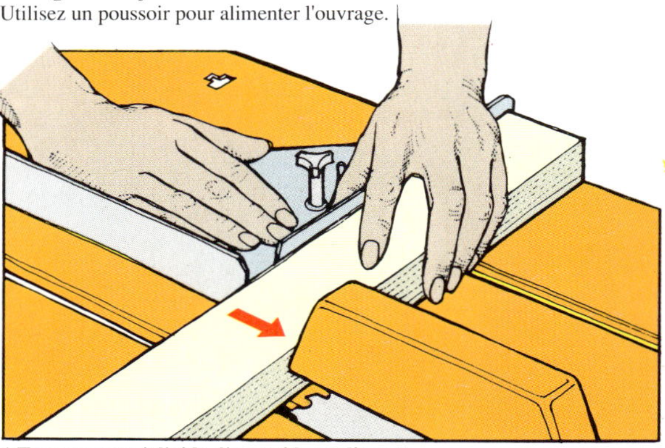

1 Tronçonnage à l'aide d'un guide coulissant

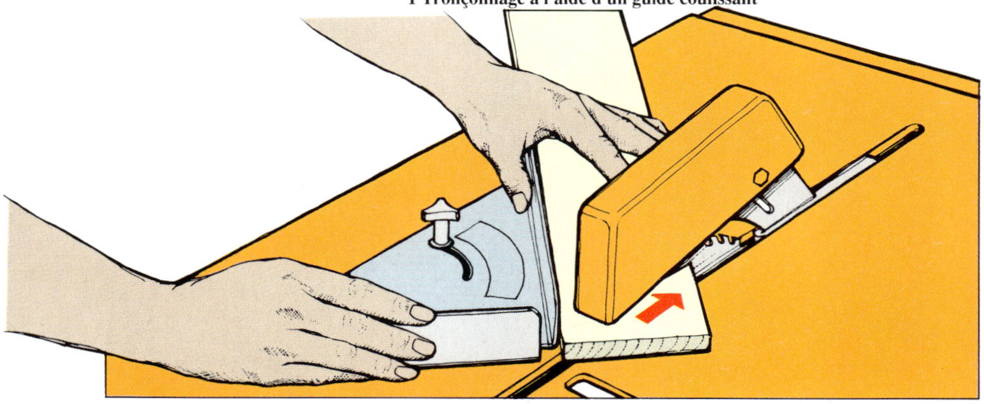

2 Tronçonner une des moitiés d'un joint d'onglet

Tronçonnage

Taillez une pièce de bois en la maintenant fermement d'une main contre le guide de tronçonnage, tout en la faisant avancer régulièrement avec l'autre main (1).

Une petite pièce de rebut pourrait être éjectée par la lame ou bien se coincer entre la lame et la rainure de la table. Si vous devez retirer 5 ou 6 millimètres de bois ou moins, faites-le en éliminant à chaque fois l'épaisseur de la lame, ainsi le rebut se transforme en sciure à chaque passage.

Pour tronçonner à un angle, ajuster le guide de tronçonnage à l'angle voulu, et suivez le même procédé (2).

Tailler des joints

En abaissant la lame de manière à ce qu'elle morde l'épaisseur du bois, vous pourrez tailler des tenons, des languettes et des rainures, des feuillures et des joints à feuillures. Commencez toujours par tailler les épaulements, puis éliminez le rebut par à-coups.

CONSIGNES DE SÉCURITÉ

- N'approchez jamais vos doigts de la lame, et utilisez un poussoir chaque fois que c'est nécessaire.
- Ne vous penchez pas sur une lame en mouvement pour retirer une pièce de bois ou de rebut.
- Assurez-vous que la pièce à travailler et le rebut sont soutenus pendant toute la durée de l'opération.
- Portez toujours des lunettes ou un autre type de protection pour les yeux.
- Ne portez pas de vêtements lâches.
- Fixez un aspirateur de poussière ou un sac capte-poussière à votre table de sciage dès que c'est possible.
- Débranchez l'outil après l'avoir utilisé.
- Ne laissez pas les enfants non accompagnés s'approcher d'un centre d'usinage.

UTILISATION DU CENTRE D'USINAGE EN POSITION DU SURPLOMB

En installant une scie circulaire en position de surplomb sur un centre d'usinage, vous pouvez exécuter tous les tronçonnages et les joints que vous exécutez normalement avec une scie portative – mais beaucoup plus vite, car il n'est pas nécessaire d'installer des tasseaux-guides à chaque fois. La position de surplomb est particulièrement adaptée pour tronçonner de larges planches et les tailler en biseau.

Tronçonner des planches larges

Ayant monté la scie circulaire et ajusté la lame à la profondeur voulue, faites coulisser l'outil une fois afin de vous assurer que son mouvement n'est aucunement gêné.

Maintenez fermement la pièce à travailler contre le guide parallèle et faites avancer la scie avec délicatesse jusqu'à ce qu'elle soit coupée. Coupez toujours le contact et attendez que la lame se soit immobilisée avant de ramener la scie à son point de départ.

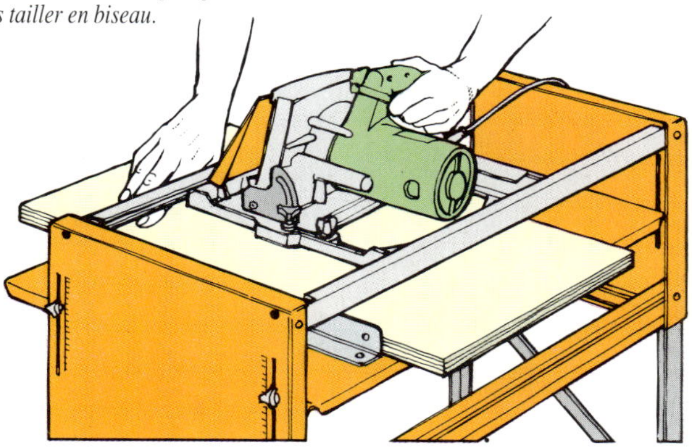

Tronçonner une planche large ou un panneau
Maintenez l'ouvrage contre le guide et avancez la scie lentement.

Tronçonnage multiple

Pour tronçonner plusieurs pièces de bois identiques à une même longueur, alignez leur bout carré, puis attachez-les entre elles avec du ruban adhésif et taillez-les comme décrit précédemment.

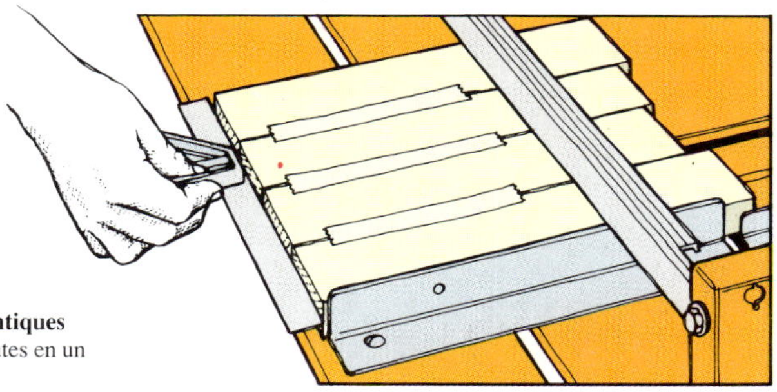

Tronçonner des pièces de bois identiques
Alignez-les en bout, et taillez-les toutes en un seul trait de scie.

Tailler des entailles et des feuillures

Pour tailler une entaille ou une feuillure sur la largeur d'une planche, élevez la lame afin qu'elle morde dans l'épaisseur du bois, puis taillez les lignes des épaulements et éliminez le rebut par à-coups.

Si vous devez tailler des entailles et des feuillures correspondantes sur plusieurs pièces de bois, attachez-les ensemble au préalable.

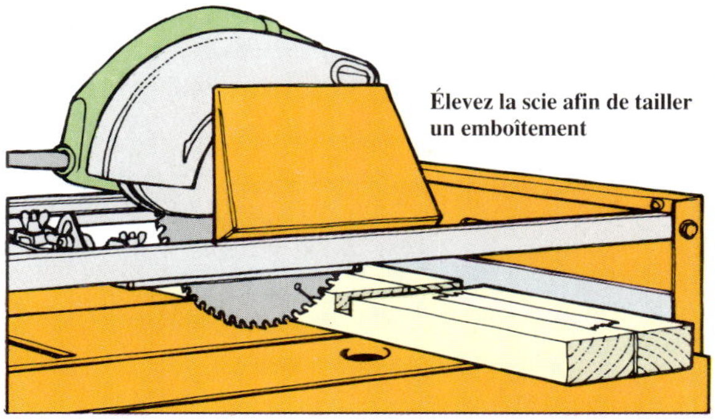

Élevez la scie afin de tailler un emboîtement

Tailler des biseaux

Pour tailler des biseaux en travers d'une pièce de bois, placez d'abord un support sous celle-ci afin de l'élever. Inclinez la scie à un angle de 45 degrés et effectuez un passage. La fente taillée par la pointe de la lame sur le support pourra servir de guide pour les coupes successives.

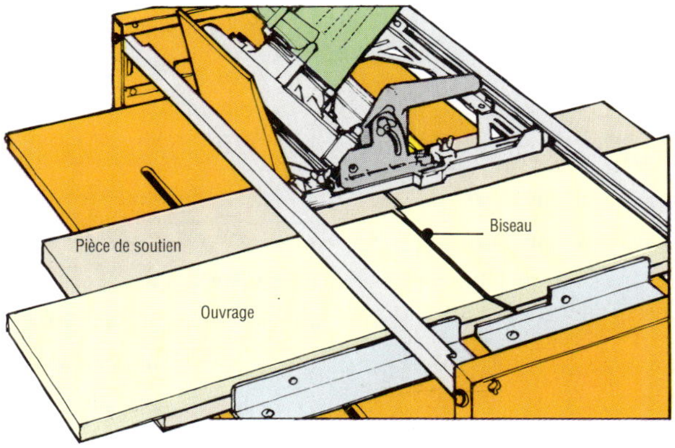

Placez une pièce de soutien plane sous l'ouvrage lorsque vous taillez un biseau

Cintrage par rainure

Cintrer une pièce de bois en taillant une multitude de rainures est un procédé extrêmement facile à réaliser avec la scie en surplomb. Les rainures doivent être à espacement régulier et vous devez tailler presque à travers le bois en ne laissant qu'une épaisseur de bois entre 2 et 6 millimètres.

Pour espacer les rainures, prenez d'abord un tasseau plus profond que la pièce à travailler et fixez-le sur le guide du centre d'usinage. Passez une fois avec la scie afin de tailler le tasseau et marquez-le au crayon pour servir de guide d'espacement (1). Après avoir effectué la première rainure, alignez celle-ci sur la marque au crayon et effectuez la rainure suivante. Réitérez cette opération jusqu'à ce que vous ayez suffisamment de rainures pour cintrer le bois.

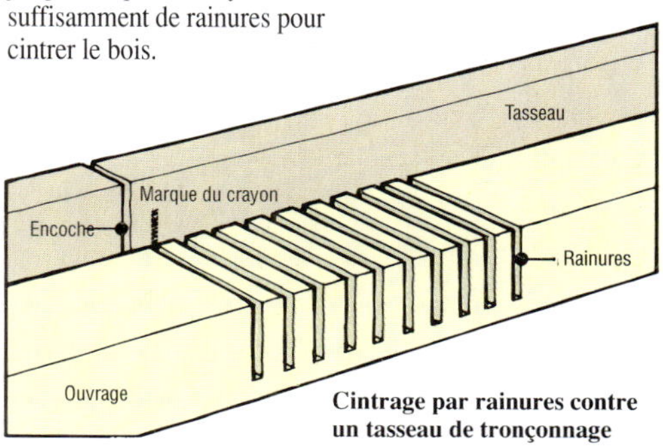

Cintrage par rainures contre un tasseau de tronçonnage

CONSIGNES DE SÉCURITÉ

L'utilisation d'une scie circulaire montée sur un centre d'usinage est généralement moins dangereuse que l'utilisation d'une scie portative. Néanmoins il faut respecter les consignes de sécurité suivantes :

- Soyez toujours concentré sur votre ouvrage et n'utilisez jamais une scie électrique lorsque vous être fatigué.
- Vérifiez toujours par deux fois vos ajustages et révisez les opérations à effectuer dans votre tête avant de mettre en marche l'outil.
- Serrez et maintenez fermement votre ouvrage.
- Protégez toujours vos yeux lorsque vous sciez.
- N'approchez jamais vos mains de la lame.
- Ayant terminé la découpe de votre ouvrage, éteignez votre outil avant de ramener celui-ci à son point de départ, car de petites pièces de rebut peuvent quelquefois être éjectées par la lame.

DÉFONÇAGE AVEC UN CENTRE D'USINAGE

Vous pouvez faire des entailles rapidement et facilement en montant une défonceuse en position de surplomb, ceci même sur une planche large. Pour tailler des rainures, des feuillures et des moulures sur chant, montez le centre d'usinage en moulureuse, en suivant les instructions fournies par le fabricant.

VOIR AUSSI

Les défonceuses	140/141
Les couteaux de défonceuses	142
Les aspirateurs de poussière	214
Protection des yeux	214

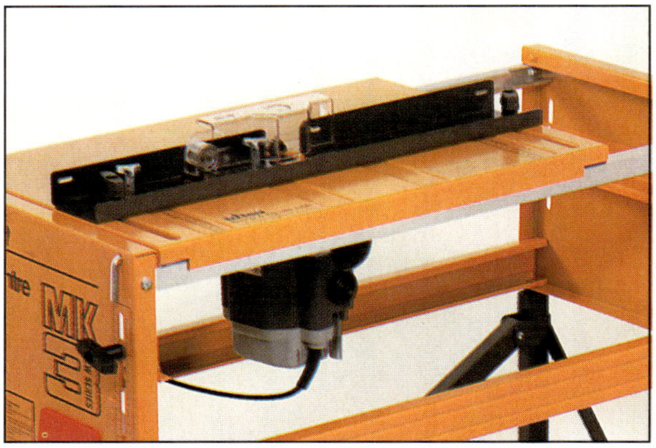

Centre d'usinage en position de mortaiseuse

Tailler des rainures et des feuillures

Pour tailler une rainure ou une feuillure sur la longueur du chant d'une pièce de bois, alignez les deux guides et ajustez le couteau de la défonceuse à la profondeur voulue. Lorsque vous feuillurez, présentez toujours l'ouvrage contre le sens de rotation du couteau (1). Placez vos deux mains sur l'ouvrage, et maintenez-le contre les guides au fur et à mesure qu'il progresse sur le couteau (2).

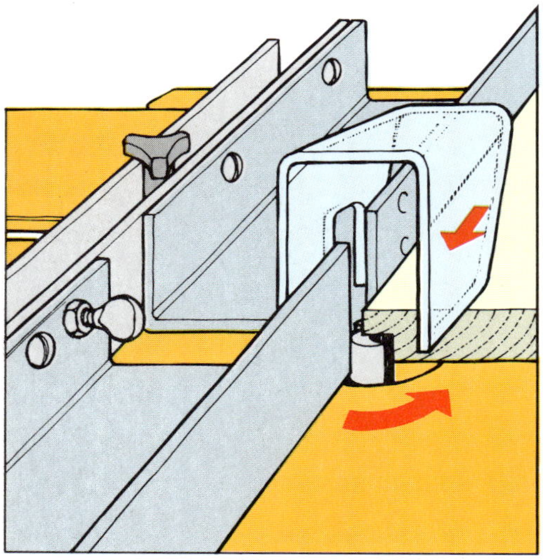
1 Tailler une feuillure
Alimentez l'ouvrage contre le sens de rotation de la lame.

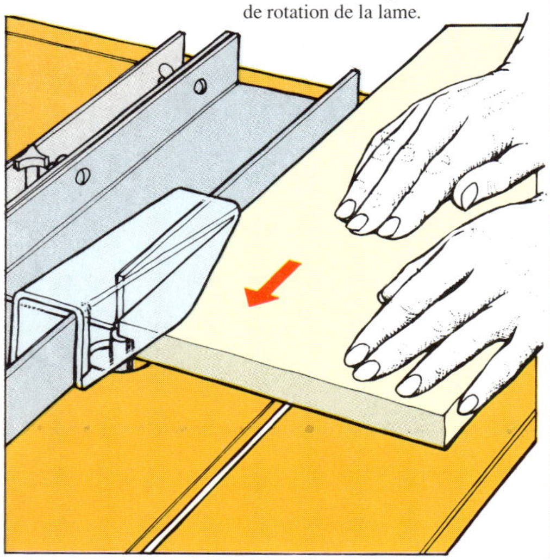
2 Alimentez l'ouvrage à deux mains

CONSIGNES DE SÉCURITÉ POUR MOULURER

- Utiliser le protecteur dès que vous le pouvez.
- Ne laissez jamais courir vos doigts ou vos pouces derrière l'ouvrage lorsque vous le faites passer sur le couteau.
- Lorsque vous moulurez ou rainurez, présentez l'ouvrage contre le sens de rotation du couteau, si vous le présentiez dans le sens de rotation, celui-ci risquerait d'être happé de vos mains. Vous pouvez dessiner une flèche sur la table afin de ne pas vous tromper.
- Maintenez toujours les couteaux de la défonceuse bien affûtés.
- Retirez de grandes quantités de bois en plusieurs fois.
- Travaillez toujours en protégeant vos yeux.

Tailler une mortaise

Pour tailler une mortaise, montez le centre d'usinage comme pour rainurer. Maintenez la pièce à travailler contre le guide et abaissez-le sur le couteau en mouvement afin de commencer la mortaise (1). Faites passer l'ouvrage jusqu'à ce que la mortaise soit terminée, puis soulevez-le (2). Pour tailler une série de mortaises identiques, placez deux tasseaux de blocage à chaque extrémité de l'ouvrage (3).

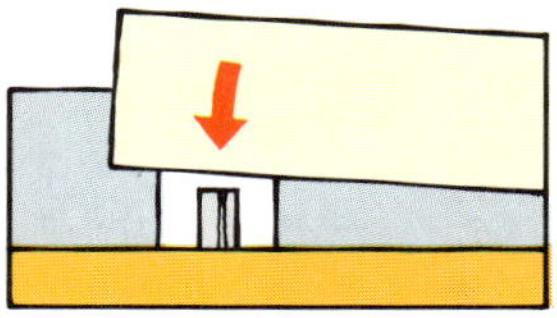
1 Abaissez l'ouvrage sur le couteau

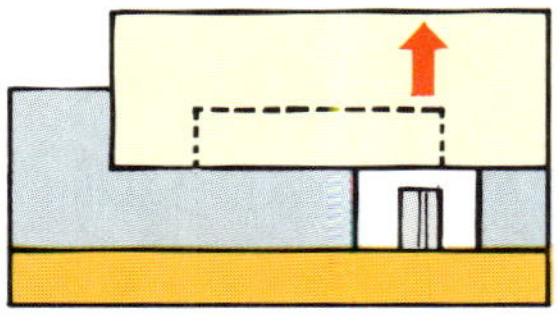
2 Soulevez la mortaise du couteau

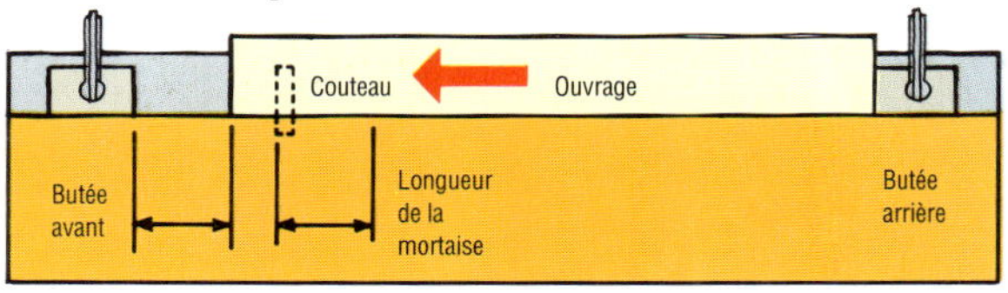

3 Tailler des mortaises identiques

Tailler un chant au carré

Même une lame de scie bien affûtée peut abîmer le chant d'une planche de lamifié de plastique. Utilisez une pointe de défonceuse droite pour tailler le chant parfaitement au carré. Ajustez le guide éloigné de façon à ce qu'il soit parfaitement de niveau avec l'arc du couteau. La position du guide rapproché détermine la profondeur de coupe.

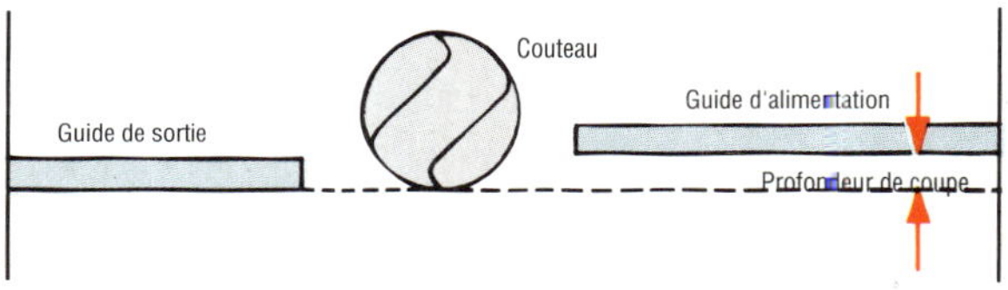

Découper un panneau lamellé

Moulurer un chant

Lorsque vous utilisez une pointe à avant-pointe pour moulurer le chant d'une pièce de bois, ajustez les guides de façon qu'ils servent de protection et utilisez l'avant-pointe pour diriger le travail selon la méthode courante (1).

Si vous préférez faire avancer l'ouvrage juste contre les guides, ajustez ceux-ci de façon à ce que l'avant-pointe soit située juste derrière leur ligne.

Quelle que soit la méthode que vous adoptiez, présentez toujours l'ouvrage contre le sens de rotation du couteau.

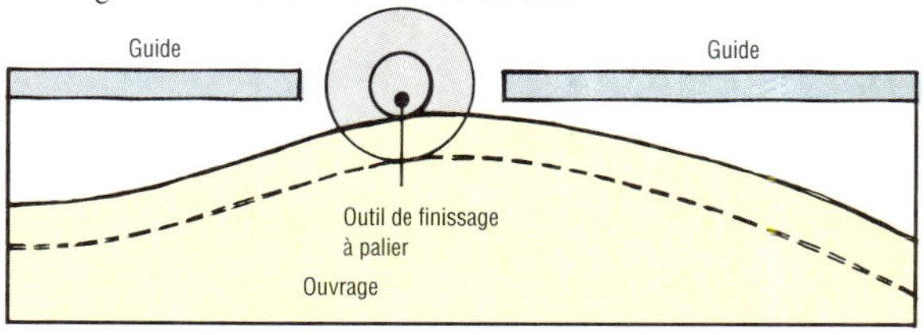

1 Moulurer un chant cintré à l'aide d'un outil de finissage à palier

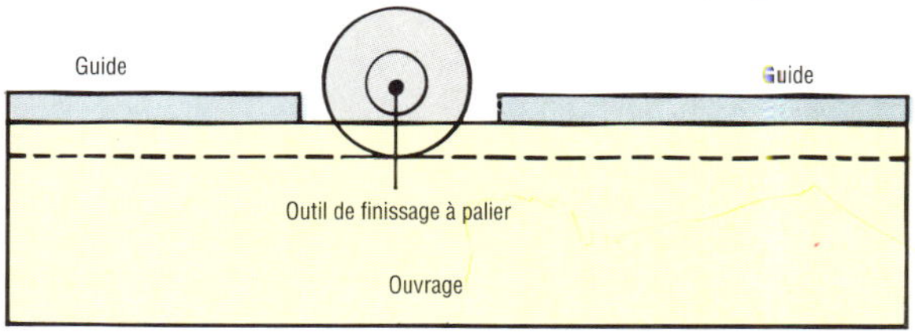

2 Moulurer un chant droit contre les guides

CHAPITRE 5

LES MACHINES-OUTILS

Beaucoup des machines modernes utilisées en menuiserie offrent un tel niveau de précision, ainsi qu'une telle qualité de fini, qu'elles incitent les gens à accomplir des travaux trop difficiles et rébarbatifs pour être faits à la main. Les machines puissantes facilitent aussi grandement le tronçonnage, le délignage et le ponçage de grosses pièces de bois massif, et la plupart d'entre elles sont conçues pour pouvoir tailler des composants identiques avec facilité et précision. Presque toutes les machines utilisées en menuiserie sont un danger en puissance. Il est donc extrêmement important d'appliquer à la lettre les consignes de sécurité ainsi que d'installer un système d'aspiration de poussière. Vous devez faire attention à ne jamais relâcher votre attention, à ne pas abuser des capacités de vos machines en les poussant au-delà des limites de sécurité.

LES MACHINES-OUTILS *sont fabriquées avec des moteurs triphasés ou monophasés. Il est néanmoins peu recommandable d'installer un circuit triphasé dans votre atelier car c'est à la fois cher et inutile, et les machines monophasées peuvent être branchées sur les circuits domestiques courants.*

LES SCIES CIRCULAIRES À TABLE

Dans sa forme la plus simple, une scie circulaire à table est composée d'une lame rotative qui déborde à travers le centre d'une table de travail plate ou d'un établi. Equipée de guides et de protecteurs, cette machine est principalement utilisée pour découper des pièces de bois massif et corroyer des panneaux dérivés du bois. Malgré son utilité apparemment limitée, la scie circulaire à table est la première machine qu'un menuisier achète, et devient très vite le centre d'activité d'un atelier, car on y ramène constamment les pièces à travailler, pour les corroyer, les façonner, les rainurer, les tailler à un angle et les joindre.

VOIR AUSSI

Affûtage des lames	158
Les poussoirs	159
Les aspirateurs de poussière	214
Les masques faciaux	214
Protection auditive	214

Diamètre de la lame
Les scies circulaires à table que l'on trouve dans un atelier d'amateur sont équipées de lames d'un diamètre allant de 140 à 300 millimètres. Le facteur le plus important – la profondeur de coupe maximale – est déterminé par la proportion de la lame qui peut déborder de la table, et cela ne représente en général qu'un tiers du diamètre. Pour effectuer des travaux d'envergure, vous devez considérer l'achat d'une scie équipée d'une lame d'un diamètre de 250 ou même 300 millimètres.

Généralement, on abaisse ou on élève la lame au moyen d'un volant ou d'une poignée de relèvement. Pour obtenir la meilleure coupe et faire durer la lame, ajustez-la de façon à ce que ses dents dépassent la surface de l'ouvrage de 6 à 9 millimètres.

Inclinaison de la lame
La lame peut être ajustée à n'importe quel angle situé entre la verticale et 45 degrés, au moyen d'un volant ou d'une poignée d'inclinaison. Une fois la lame ajustée, vérifiez toujours les guides et le protecteur avant de mettre la scie en marche, ceci afin de vous assurer qu'ils ne gêneront pas son bon fonctionnement. Lisez les instructions fournies par le fabricant afin de déterminer s'il vous faut retirer la plaque à lumière ou baisser la lame avant de l'ajuster. Choisissez une machine à échelles graduées qui indiquent clairement l'inclinaison de la lame.

Plaque à lumière
Afin de faciliter le changement des lames, on peut retirer une petite section de la table de sciage située juste autour de la lame. Cette « plaque à lumière » est équipée d'une fente à travers laquelle déborde la lame. Sur certaines scies de mauvaise qualité, cette fente peut être trop large et les petites pièces de rebut se coincent entre les bords de celle-ci et la lame. On peut remplacer une plaque à lumière dont la fente est trop large par une plaque de bois ou de contre-plaqué à travers laquelle la lame taillera sa propre fente.

Couteau de dégagement
Lorsqu'une pièce de bois est mal séchée, elle peut devenir « partiellement durcie » en fonction des niveaux d'humidité variant à travers son épaisseur. Lorsque l'on coupe du bois partiellement durci, celui-ci bouge immédiatement à cause des pressions qui se relâchent en lui. Si à cause de ce mouvement, une pièce de bois que l'on est en train de découper se ferme et pince la lame, on court le risque de la voir violemment éjectée vers soi par la lame. A cet effet, la scie est équipée d'une pièce métallique courbée, appelée couteau de dégagement, qui est vissée derrière la lame et sert à maintenir la voie ouverte. Le couteau de dégagement peut s'ajuster afin de s'adapter aux différents diamètres des lames. Bien ajusté, le couteau de dégagement doit être écarté des dents d'à peu près 3 millimètres à sa base et de 8 à 9 millimètres à sa pointe, qui elle-même doit se trouver à 2 ou 3 millimètres en dessous du point culminant de la lame. Une fois ajusté, le couteau de dégagement doit être penché sur la lame et suivre automatiquement son mouvement vertical.

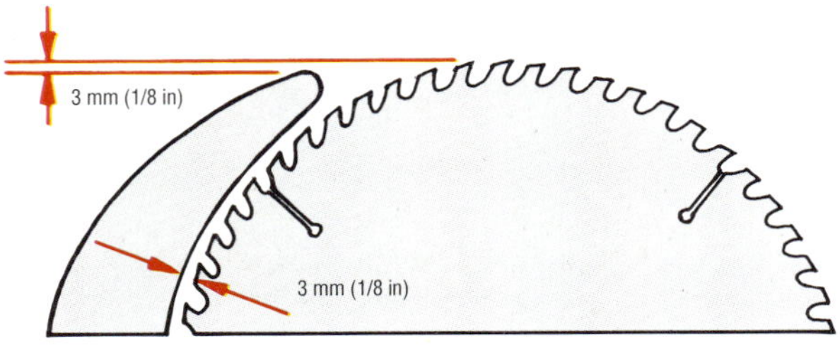

Ajustage recommandé pour le couteau de dégagement

CONSIGNES DE SÉCURITÉ

Peu importe le niveau d'expérience que vous pouvez atteindre en tant qu'opérateur de machines, ne vous écartez jamais des méthodes de travail en sécurité afin de gagner du temps ou de l'argent. Mal utilisées, la plupart des machines-outils infligeront des blessures sévères.

- N'utilisez que des lames ou des couteaux bien affûtés. Ceux-ci sont moins dangereux et la qualité du travail est améliorée.
- Utilisez les protecteurs appropriés en vous conformant aux instructions du fabricant.
- Déconnectez la machine de sa source électrique avant de changer une lame ou un couteau.
- N'effectuez aucun ajustage tant que les lames ou les couteaux sont en mouvement.
- Vérifiez si la surface à travailler ne comporte pas de clous, de vis ou de nœuds branlants.
- Ne travaillez pas avec des vêtements amples ou des bijoux et attachez vos cheveux s'ils sont longs.
- Installez un système d'aspiration de poussière, ou portez au minimum un masque facial.
- Ne travaillez jamais sous l'influence de l'alcool ou de médicaments ou si vous êtes fatigué.
- Vérifiez que vous avez rangé les clés et les outils dont vous vous êtes servi pour les ajustages, avant de mettre la machine en marche.
- Introduisez toujours la pièce de bois contre le sens de rotation de la lame ou du couteau.
- Soutenez correctement la pièce à travailler lorsque vous la faites passer sur ou à travers la machine.
- Utilisez un poussoir pour faire avancer une pièce de bois, plutôt que de risquer de vous couper en approchant la lame avec vos doigts.
- Ne vous penchez jamais sur une lame ou un couteau pour retirer les pièces de rebut.
- N'essayez pas de freiner ou d'immobiliser une lame ou un couteau au moyen d'un bout de bois. Attendez qu'ils se soient immobilisés par eux-mêmes si la machine n'est pas équipée d'un frein adéquat.
- Si l'on vous interrompt pendant que vous travaillez sur une machine, terminez l'opération en cours et coupez le moteur avant de lever la tête.
- Vérifiez régulièrement que tous les boulons, les vis et les écrous de votre machine sont correctement serrés.
- Maintenez propre et bien rangé l'espace qui entoure votre machine. Particulièrement lorsque vous découpez des pièces de plastique, car elles laissent une poussière glissante.
- Ne rangez pas des outils ou des matériaux au-dessus de votre machine de telle façon qu'ils pourraient tomber sur celle-ci.
- Une fois votre travail terminé, débranchez la machine et fermez votre atelier à clé.

Protection de lame
Une solide protection métallique est accrochée directement au-dessus de la lame afin d'empêcher l'utilisateur de la toucher accidentellement, et pour maintenir la pièce de bois si le mouvement de la lame venait à soulever celle-ci de la table. Ce protecteur est fixé sur le guide de dégagement ou accroché à un bras ajustable. Ajustez le protecteur le plus près possible de l'ouvrage.

Moteur électrique
Les scies circulaires à table étant des machines fixes, elles sont équipées de moteurs électriques relativement importants, capables d'entraîner la lame à une vitesse qui permet une coupe franche et nette. Néanmoins, les moteurs les plus puissants éprouveront moins de difficultés à tailler d'importantes pièces de bois durs et denses. Un moteur de 1,5 kilowatt est idéal pour une scie équipée d'une lame d'un diamètre de 250 à 300 mm.

Table de travail
Une table de travail doit être principalement plate et rigide. En conséquence, les meilleures scies sont équipées de tables en fonte ou en acier coulé. Une table pliante meilleur marché est acceptable si son bâti est suffisamment rigide. Choisissez une table aux dimensions généreuses ou équipée de rallonges qui permettent de soutenir une planche de 2,44 x 1,22 mètres.

Guide parallèle
On fait courir une pièce de bois contre un guide parallèle afin de la maintenir dans une trajectoire droite d'une extrémité à l'autre. Il est essentiel que ce guide soit solide et rigide. A cet effet, certains guides sont fixés aussi bien à l'arrière qu'à l'avant de la table, mais ceci n'est pas d'une importance capitale, du moment que la fixation unique est bien conçue. Il doit être possible d'ajuster ce guide avec une grande précision d'un côté à l'autre et son échelle graduée doit être claire. La possibilité d'un ajustage de bout en bout est très utile, mais existe rarement sur les scies destinées à des ateliers d'amateurs.

L'écartement – la distance qui sépare la lame du guide – varie considérablement d'une scie à l'autre. Si possible, choisissez une scie dont l'écartement correspond à la moitié de la longueur d'une planche standard, mais vous verrez que sur la plupart des scies l'écartement est bien inférieur.

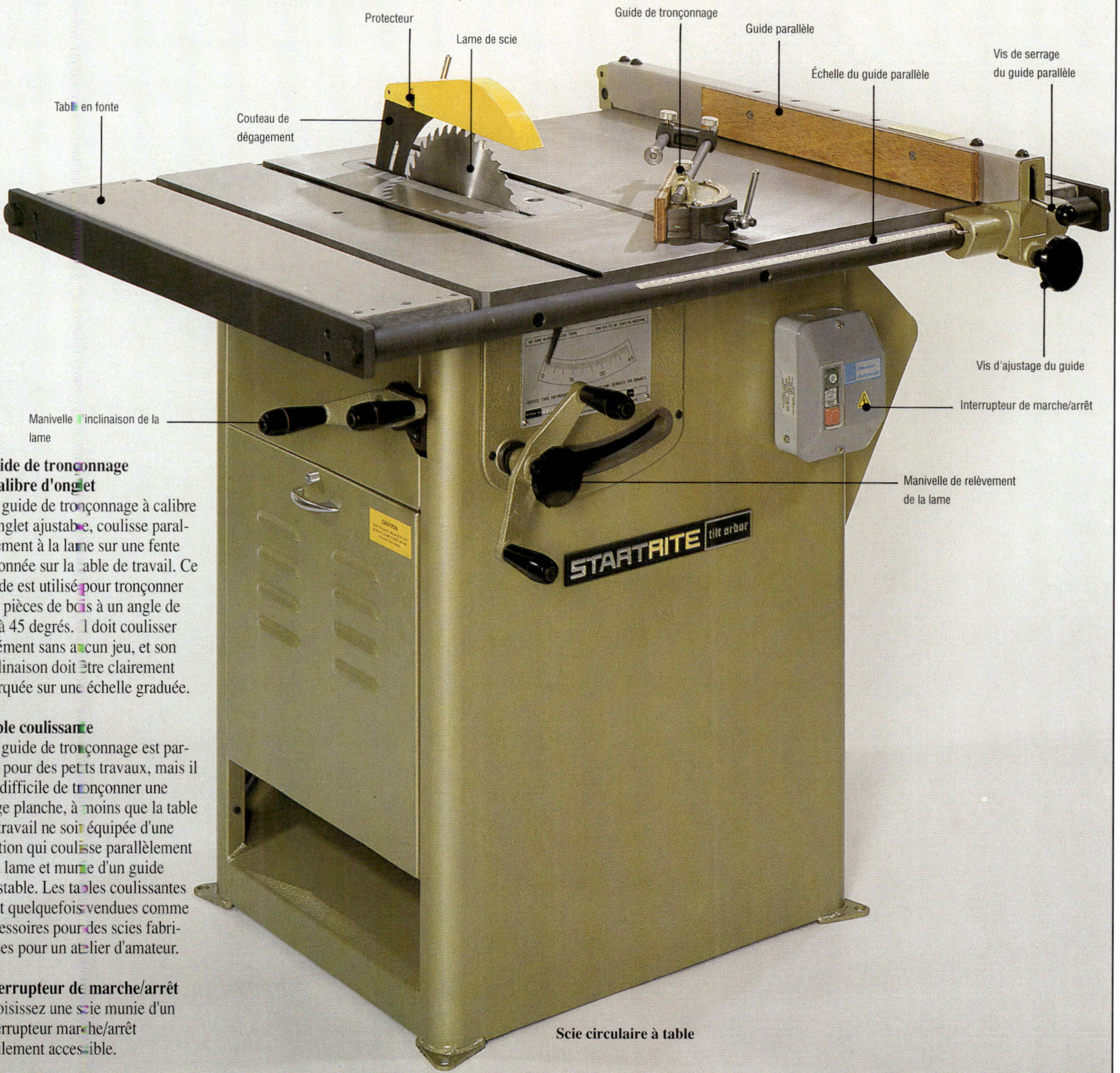

Scie circulaire à table

Guide de tronçonnage à calibre d'onglet
Un guide de tronçonnage à calibre d'onglet ajustable, coulisse parallèlement à la lame sur une fente façonnée sur la table de travail. Ce guide est utilisé pour tronçonner des pièces de bois à un angle de 90 à 45 degrés. Il doit coulisser aisément sans aucun jeu, et son inclinaison doit être clairement marquée sur une échelle graduée.

Table coulissante
Un guide de tronçonnage est parfait pour des petits travaux, mais il est difficile de tronçonner une large planche, à moins que la table de travail ne soit équipée d'une section qui coulisse parallèlement à la lame et munie d'un guide ajustable. Les tables coulissantes sont quelquefois vendues comme accessoires pour des scies fabriquées pour un atelier d'amateur.

Interrupteur de marche/arrêt
Choisissez une scie munie d'un interrupteur marche/arrêt facilement accessible.

LAMES DE SCIES CIRCULAIRES À TABLE

On installe des lames faites pour tronçonner ou refendre lorsque l'on se sert de sa machine pour une seule fonction pendant une certaine durée de temps. Une lame universelle ou à combinaison serait plus appropriée pour un atelier moyen, car changer fréquemment de lame, quelquefois même toutes les quelques minutes, devient rapidement une tâche fastidieuse. Malgré son prix plus élevé, l'idéal serait une lame universelle à pointes au carbure. Cette lame peut tronçonner et refendre des pièces de bois massif tout en laissant un fini impeccable, et peut aussi servir pour découper des panneaux de particules ou de contre-plaqué, qui généralement émoussent les lames très rapidement. Conformez-vous toujours aux instructions du fabricant lorsque vous changez une lame.

VOIR AUSSI

Consignes de sécurité pour les machines-outils	156
Les têtes à rainurer	166
La laque cellulosique	290

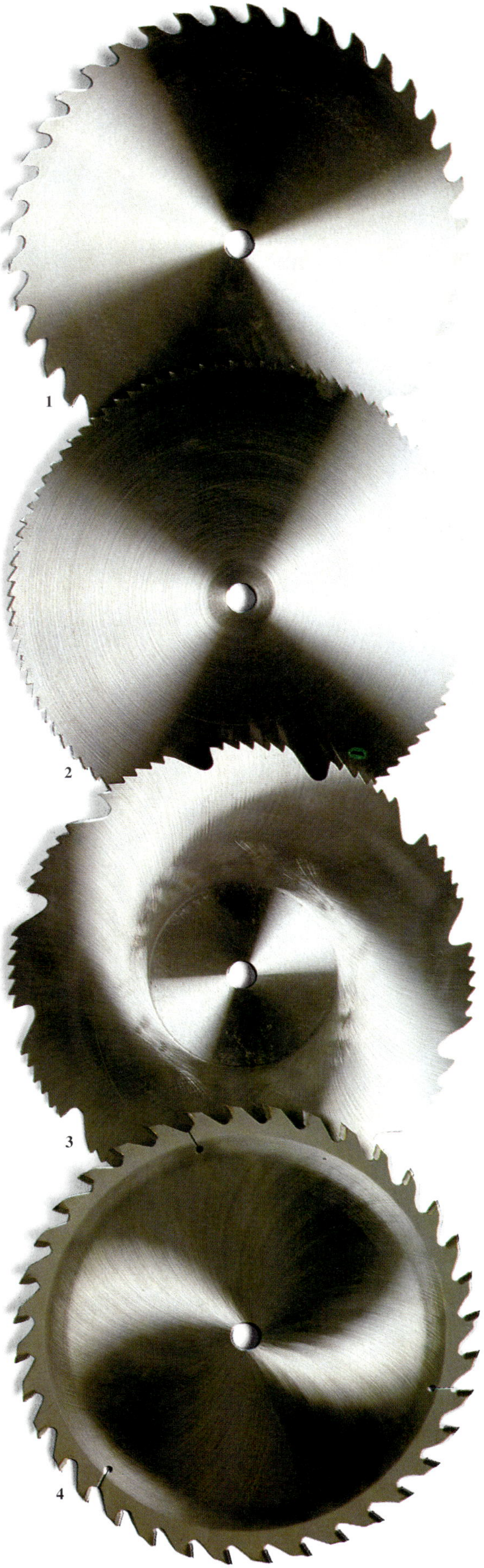

1 Lame à refendre
2 Lame à tronçonner
3 Lame universelle
4 Lame à pointes au carbure

- **Nettoyer une lame de scie**
  Nettoyer la résine de bois d'une lame de scie avec un chiffon trempé dans un diluant cellulosique ou du white-spirit.
  Vous pouvez aussi utiliser un décapant pour le four.

- **Tête à rainurer**
  Deux lames universelles sont combinées avec des lames particulièrement conçues pour éliminer le rebut, ceci afin de former une tête à rainurer qui permette de tailler une large rainure ou un emboîtement.
  Voir les scies radiales.

Lame à refendre
Les dents d'une lame à refendre sont larges, avoyées, semblables à des ciseaux et séparées par de larges canaux qui permettent de dégager d'importantes quantités de rebut. Ces lames ne doivent être utilisées que pour couper dans le sens du fil.

Lame à tronçonner
Les dents d'une lame à tronçonner sont beaucoup plus petites que celles d'une lame à refendre et sont façonnées pour tailler en travers du bois sans le déchirer. Les lames effilées, c'est-à-dire dont l'épaisseur diminue en leur centre, produisent un fini de première qualité et sont parfois appelées « lames raboteuses ».

Lame universelle
Les lames universelles ou combinées, conçues pour à la fois tailler dans le fil et en travers, ont des groupes de dents à refendre séparées par une dent à tronçonner et un canal profond. Les lames universelles ne produisent pas un travail d'aussi bonne qualité que les lames spécialisées.

Lame à pointes au carbure
Ce type de lame n'est pas avoyé dans le sens conventionnel. Au lieu de cela, chaque dent est recouverte d'une large bande de carbure qui permet le dégagement nécessaire dans la voie ou ligne de coupe. Les lames à pointes au carbure sont souvent pourvues de fentes, afin d'éviter que la lame, qui se dilate lorsqu'elle chauffe, ne se déforme. Afin de réduire le sifflement généré par la rotation à grande vitesse de la lame, les trous de chaque fente sont bouchés avec du métal tendre.

Affûtage des lames de scies circulaires à table
Lorsqu'une lame est émoussée, il s'en dégage une odeur de brûlé et vous éprouvez une certaine difficulté à faire progresser la pièce de bois. Une lame émoussée est aussi plus propice à se bloquer et à éjecter l'ouvrage vers l'utilisateur. Envoyez la lame chez un spécialiste pour l'affûter ou pour remplacer une pointe au carbure abîmée.

RONDELLES OSCILLANTES

Une paire de rondelles oscillantes effilées provoque un mouvement latéral du tranchant de la lame pendant que celle-ci tourne, ceci pour tailler une rainure plus large que la voie habituelle.
(Vous pouvez aussi installer une tête à rainurer – voir « Les scies radiales ».)

En tournant les rondelles dans des directions opposées, vous augmentez ou diminuez la largeur de la rainure. Lorsque vous utilisez ces rondelles, il faut retirer le couteau de dégagement et changer la plaque à lumière pour une à fente plus large. Si le protecteur de lame est fixé au couteau de dégagement, il faut en installer un provisoirement.

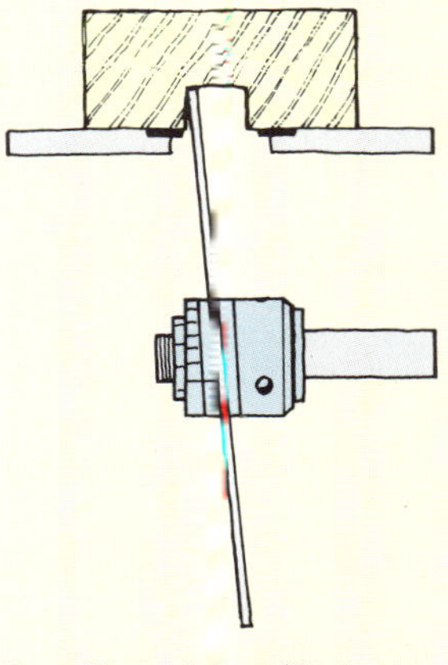

Ensemble rondelle oscillante

DÉLIGNER SUR UNE SCIE CIRCULAIRE À TABLE

Le délignage consiste à tailler des pièces de bois en coupes plus ou moins parallèles au fil. Il faut toujours faire courir la pièce à travailler contre le guide parallèle et jamais à main levée, cela afin de diminuer le risque de la tordre et de bloquer la lame dans le chemin. On déligne les panneaux dérivés du bois de la même façon. Veillez à ce que le couteau de dégagement et le protecteur soient en position lorsque vous refendez.

Ajustage du guide parallèle

Un guide parallèle d'une pièce qui s'étend sur toute la largeur de la table est parfait pour découper des panneaux dérivés du bois. Néanmoins, lorsque vous découpez du bois massif, ce guide fait toujours courir le risque d'un accident. De la même façon que la voie d'un bois partiellement durci pourrait se refermer sur la lame s'il n'y avait pas le couteau de dégagement, des pressions internes pourraient ouvrir la voie plus que nécessaire ; la pression du guide risquerait alors de refermer celle-ci, ce qui bloquerait la lame et éjecterait la pièce de bois. Si le guide parallèle peut s'ajuster de bout en bout, il faut le retirer jusqu'à ce que son extrémité éloignée se trouve 25 millimètres derrière la partie visible de la lame (1), permettant ainsi un dégagement sur la droite de celle-ci. Sur un guide en une pièce, fixez un tasseau de bois (2) afin de permettre un dégagement similaire. De quelque manière que vous ajustiez le guide, assurez-vous qu'il est toujours parallèle à la lame.

Réglez le guide sur l'écartement de coupe au moyen de son échelle graduée, puis faites un essai sur une pièce de bois pour vérifier l'ajustage. Si vous ne pouvez pas vous fier à l'échelle graduée, mesurez l'écartement en partant d'une des dents avoyée vers le guide. Avant de mettre le moteur en marche assurez-vous que le guide est solidement fixé.

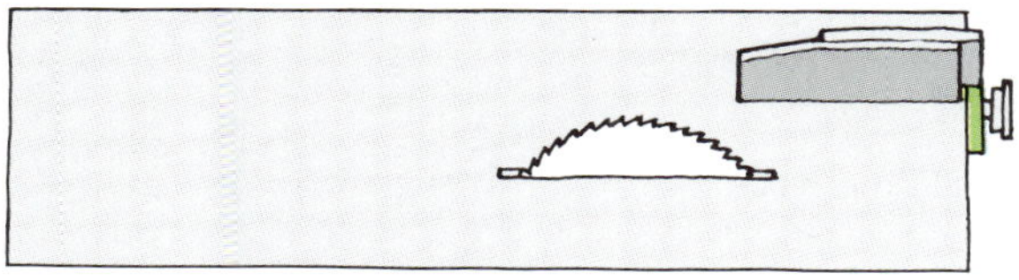

1 Retirez un guide en deux morceaux

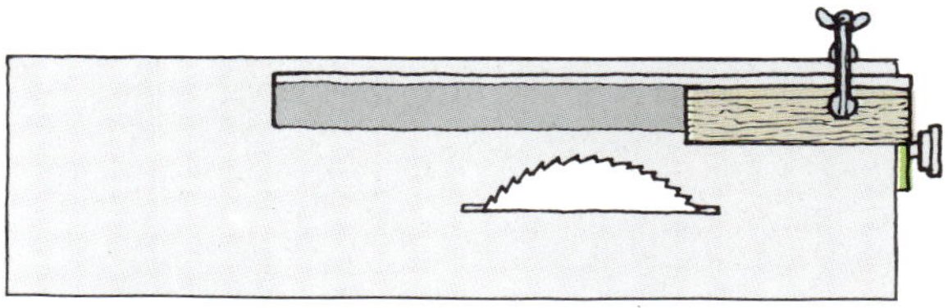

2 Installez une cale sur un guide en une pièce

Déligner une planche large

Utilisez vos deux mains pour déligner une planche large – faites avancer celle-ci en la tenant d'une main positionnée hors de la ligne de coupe et maintenez-la contre le guide et sur la table avec l'autre main. Faites avancer l'ouvrage à un rythme régulier et n'essayez pas de récupérer le rebut avant que la lame ne soit immobilisée.

Si vous délignez une planche très large, faites-vous aider, en précisant à votre assistant que c'est vous qui contrôlez la position et la vitesse de l'ouvrage.

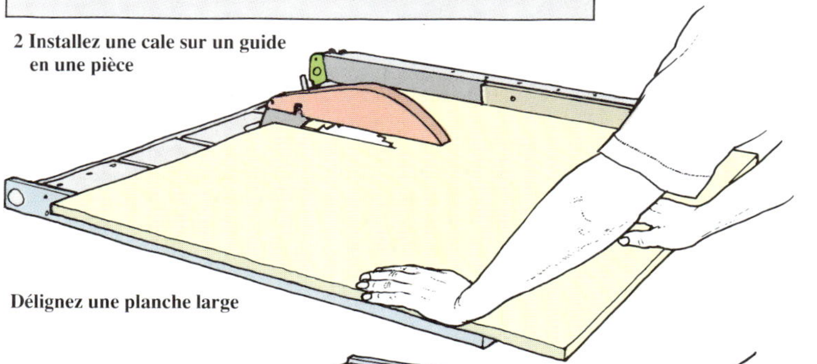

Délignez une planche large

Déligner une planche étroite

Lorsque vous approchez l'extrémité du délignage d'une planche étroite, faites avancer l'ouvrage en vous aidant d'un poussoir – un bout de bois avec une extrémité façonnée en poignée et l'autre entaillée – et utilisez un autre poussoir pour maintenir l'ouvrage contre le guide parallèle. Rangez vos poussoirs près de la scie afin de les avoir à portée de la main lorsque vous en avez besoin.

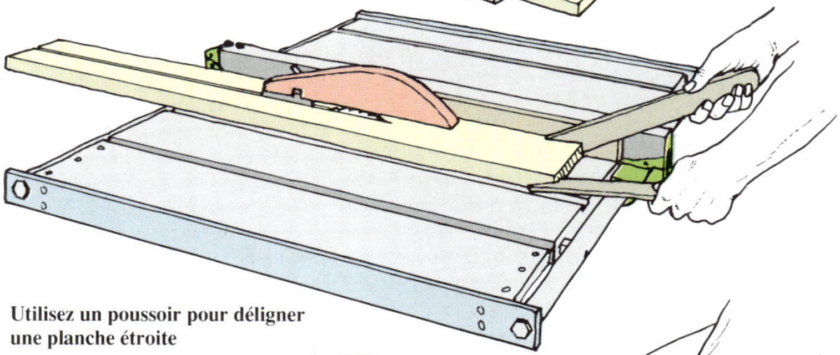

Utilisez un poussoir pour déligner une planche étroite

Déligner en biseau

Pour déligner en biseau sur un ouvrage, inclinez la lame à l'angle voulu avant de mettre la machine en marche et vérifiez que la lame n'est pas en contact avec le guide ou le protecteur. Faites avancer l'ouvrage comme pour un délignage normal.

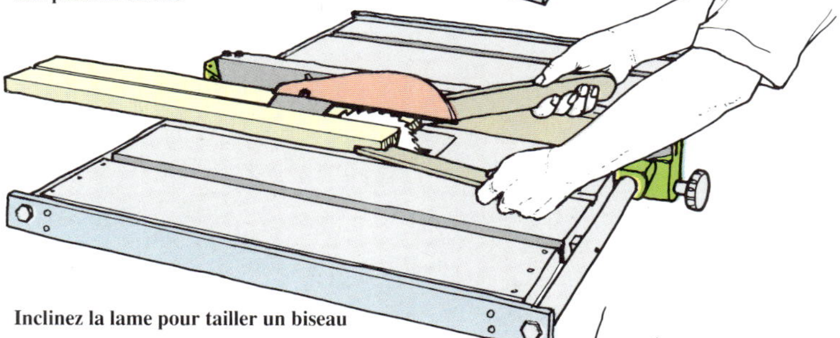

Inclinez la lame pour tailler un biseau

Déligner une pièce effilée

Pour déligner une pièce effilée, taillez un gabarit dans une pièce de contre-plaqué, afin de maintenir l'ouvrage à l'angle voulu par rapport à la lame. Maintenez le gabarit contre le guide parallèle tout en le faisant avancer de la façon courante.

Tailler un coin

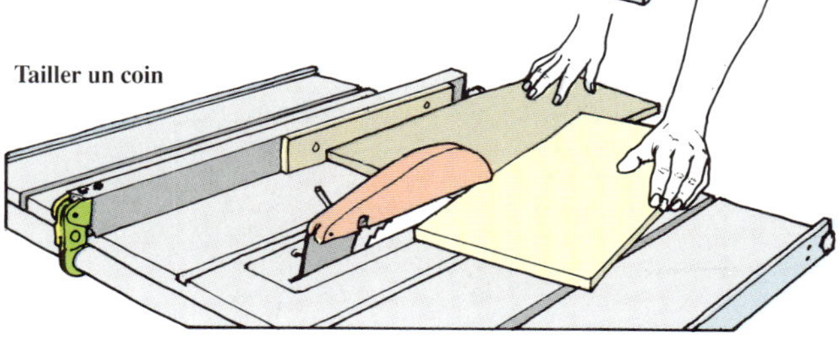

Déligner une pièce de bois à chants ondulés

Il est impossible de faire courir le chant ondulé d'une pièce de bois contre le guide parallèle et de garantir un délignage droit. Afin de pouvoir obtenir une coupe droite, clouez une mince planche de contre-plaqué sous votre ouvrage, de façon qu'elle dépasse légèrement et glisse contre le guide.

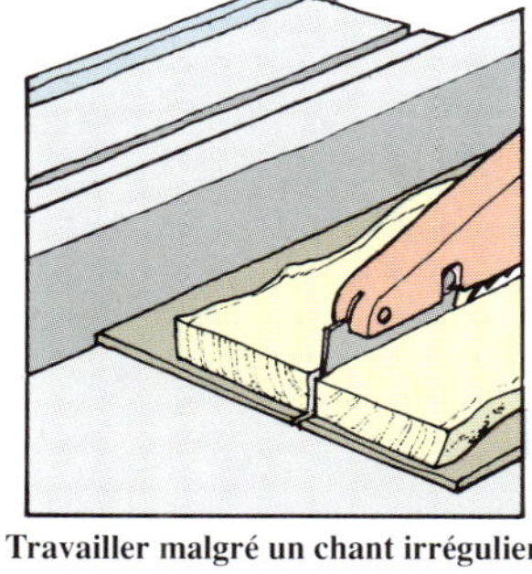

Travailler malgré un chant irrégulier

TRONÇONNER SUR UNE SCIE CIRCULAIRE À TABLE

Lorsque vous corroyez des pièces de bois sur une scie circulaire à table, utilisez le guide de tronçonnage à calibre d'onglets ou une table coulissante pour guider l'ouvrage à travers la lame. Une lame bien affûtée produira un fini tellement parfait qu'il ne faudra probablement aucun travail supplémentaire sur les chants. Maintenez le protecteur et le couteau de dégagement en position, même si ce dernier n'est pas nécessaire lorsque l'on tronçonne.

VOIR AUSSI

Consignes de sécurité pour les machines-outils 156
Couteau de dégagement 156
Les rondelles oscillantes 158
Les poussoirs 159

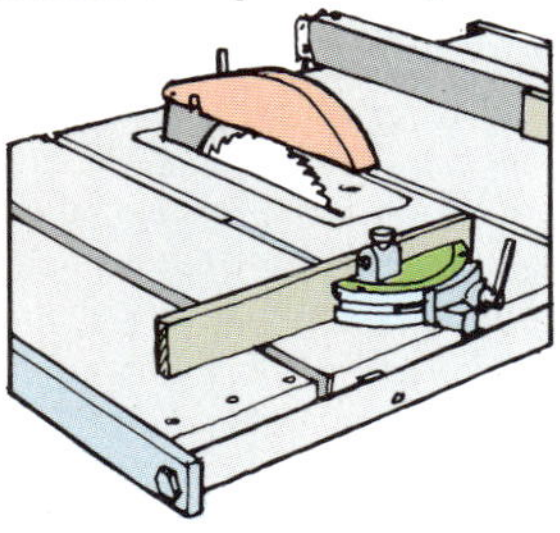

Fixez une bande de bois au guide

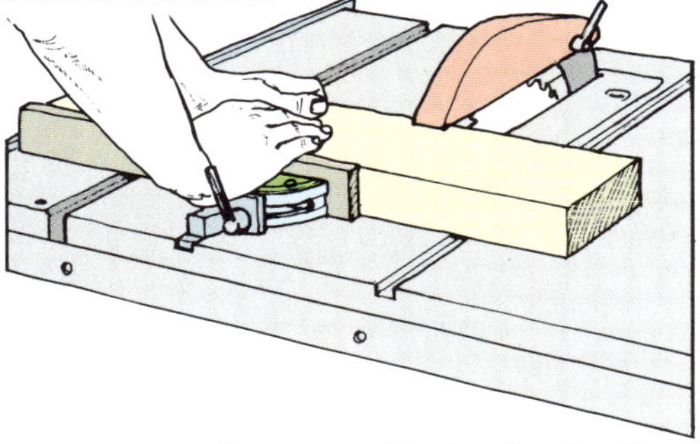

Tronçonnez en faisant coulisser le guide

Tronçonner avec un guide de tronçonnage à calibre d'onglets

Le guide de tronçonnage que l'on trouve généralement sur une scie circulaire à table est relativement court. Il est cependant le plus souvent percé afin de pouvoir y fixer un guide en bois dur. Lorsque vous utilisez un guide en bois dur pour tronçonner, il sert aussi à préserver le chant de la pièce que vous débitez, lorsque vous arrivez en fin de coupe. Vous pouvez installer une pièce de bois de rebut entre l'ouvrage et le guide fourni par le fabricant, si vous n'utilisez que celui-ci.

Maintenez l'ouvrage fermement contre le guide avec vos deux mains et faites-le avancer sur la lame lentement. Si la pièce à travailler est trop courte pour être tenue à deux mains, fixez-la sur le guide au moyen d'un serre-joints.

Tronçonner sur une table coulissante

La friction entre une large planche ou une longue pièce de bois et la table peut compliquer le tronçonnage avec un guide. Une table coulissante qui glisse aisément, facilite grandement le travail et augmente sa précision, quel que soit le poids ou la taille de l'ouvrage. Une table coulissante est équipée d'un guide de tronçonnage plus long que la moyenne qui peut s'ajuster à n'importe quel angle entre 90 et 45 degrés par rapport à la lame. La plupart des guides ont des extrémités ajustables qui servent à des travaux répétitifs.

Tailler un onglet

Pour tailler un onglet sur une scie circulaire à table, ajustez le guide de tronçonnage à calibre d'onglets à l'angle voulu, puis faites avancer la pièce à travailler sur la lame de la manière courante (1). Appliquez-vous à bien maintenir l'ouvrage contre le guide afin de l'empêcher d'être projeté en arrière par la lame. Pour tailler un onglet incorporé, ajustez d'abord le guide, puis l'inclinaison de la lame (2). Pour tailler un onglet sur le chant d'une planche, inclinez la lame à 45 degrés et ajustez le guide à 90 degrés par rapport à la lame (3).

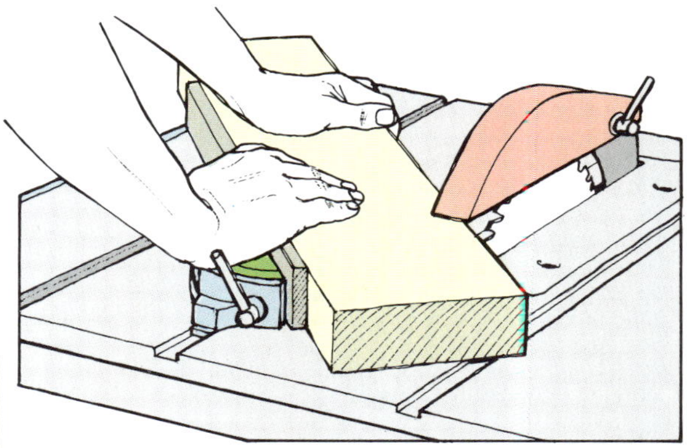

1 Ajuster le guide afin de tailler un onglet

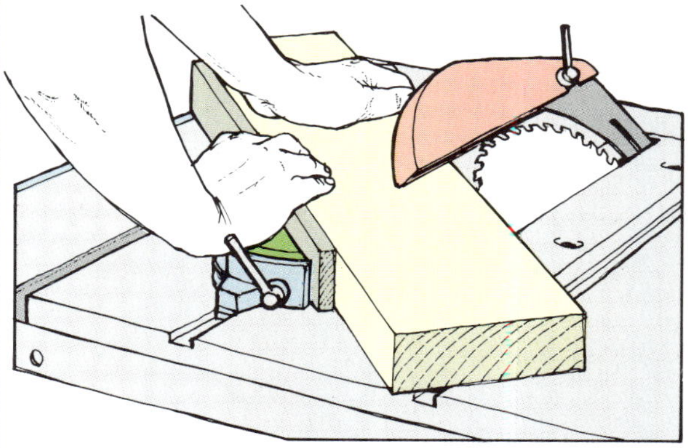

2 Inclinez la lame afin de tailler un onglet interne

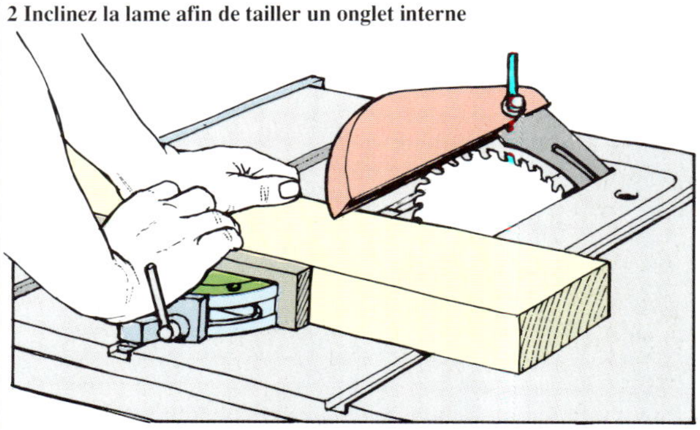

3 Maintenez la guide d'équerre afin de tailler un onglet en bout

TRONÇONNAGE MULTIPLE

Beaucoup de projets de menuiserie nécessitent plusieurs éléments identiques. Plutôt que de tronçonner plusieurs pièces marquées individuellement, installez une ou deux butées qui serviront de repère par rapport à la lame et faites des coupes multiples.

Effectuer des chutes identiques

Il est tentant de faire se buter le bout de l'ouvrage contre le guide parallèle pour s'assurer que les chutes à droite de la lame sont de même taille. Néanmoins, une chute attrapée entre le guide et la lame en rotation peut être rejetée contre l'utilisateur de la machine. La méthode correcte consiste soit à retirer le guide et à dégager la lame, soit à fixer une pièce d'écartement sur le guide, afin de s'en servir comme d'un butoir, laissant ainsi la droite de la lame dégagée (1).

Pour effectuer la découpe, faites coulisser la pièce de bois latéralement jusqu'à ce qu'elle soit calée contre le butoir, puis faites-la avancer sur la lame. Réitérez ce procédé pour obtenir des chutes identiques.

Tailler des pièces identiques

En utilisant le guide de tronçonnage, corroyez chacune des pièces de bois. Fixez un tasseau à l'extrémité du guide prolongé, afin de servir de butoir pour les bouts corroyés (2), puis faites avancer les pièces de bois sur la lame.

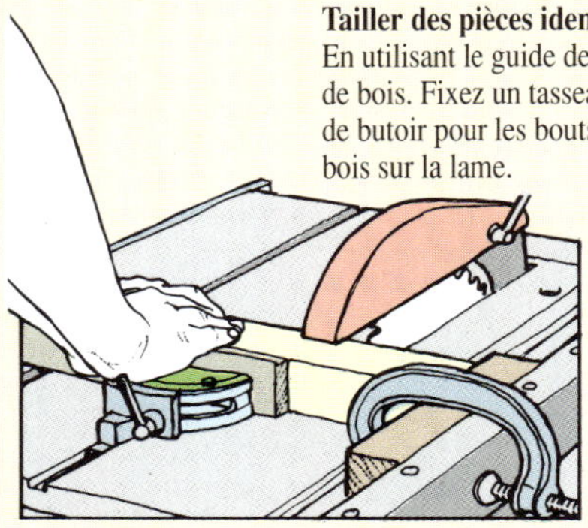

1 Faites des chutes identiques

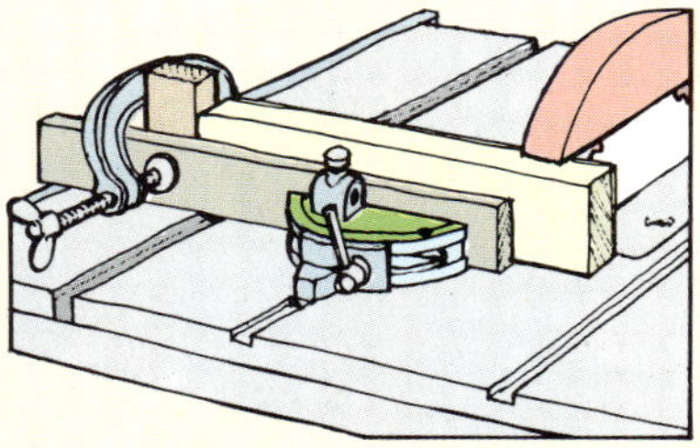

2 Taillez des pièces de bois identiques

FEUILLURER ET RAINURER SUR UNE SCIE CIRCULAIRE À TABLE

Sur certaines scies circulaires à table, il est nécessaire de retirer le couteau de dégagement, ainsi que le protecteur, lorsque vous exécutez une rainure ou une feuillure. En conséquence, ce sont deux opérations qui sont plus dangereuses que le tronçonnage ou le refendage, il faut donc être particulièrement concentré et précautionneux. On peut équiper certaines tables de protecteurs spécialisés verticaux ou horizontaux qui « ferment » l'espace entourant la lame. Vous pouvez de toute façon fabriquer un protecteur simplifié que vous fixez au guide parallèle et qui recouvre la lame.

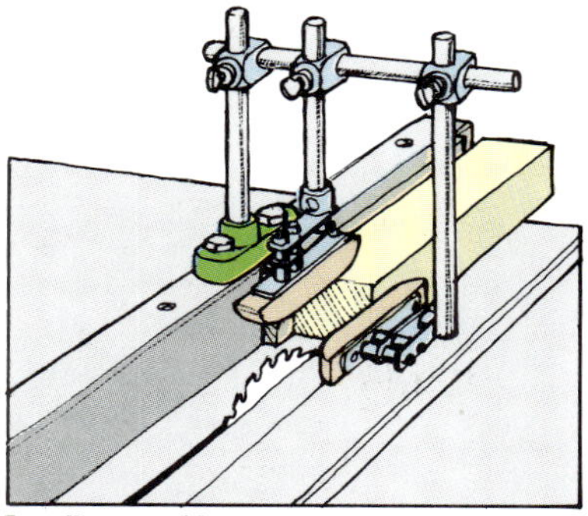

Installez un guide protecteur

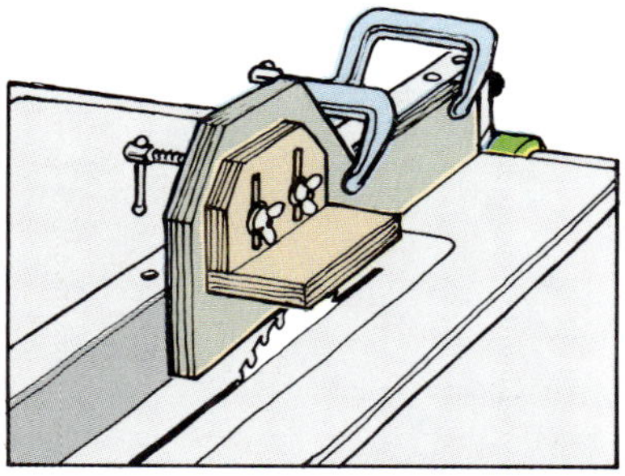

Vous pouvez aussi installer un guide de votre fabrication

Exécuter une feuillure

Vous pouvez exécuter une feuillure en refendant tout simplement par deux fois une pièce de bois. Exécutez la première coupe sur le côté le plus étroit de la pièce (1), en laissant une largeur de bois suffisante de chaque côté du chemin afin de soutenir l'ouvrage. Réajustez le guide, ainsi que la hauteur de la lame, puis effectuez la seconde coupe afin de détacher le rebut de la pièce de bois (2). Effectuez cette seconde coupe de façon à ce que le rebut se trouve du côté opposé au guide, car un rebut attrapé entre le guide et la lame risquerait d'être éjecté en fin de coupe. Placez-vous sur le côté lorsque vous passez la pièce de bois sur la lame.

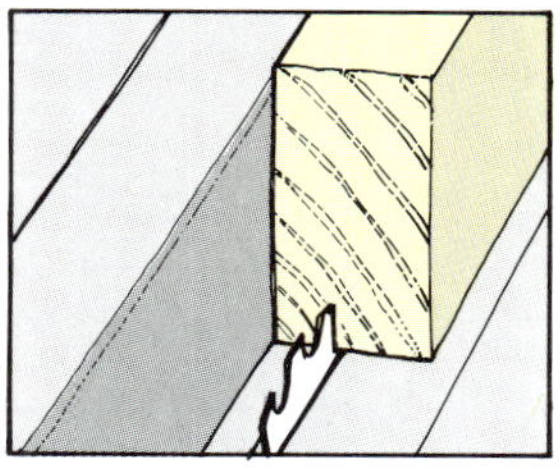

1 Effectuez la première coupe

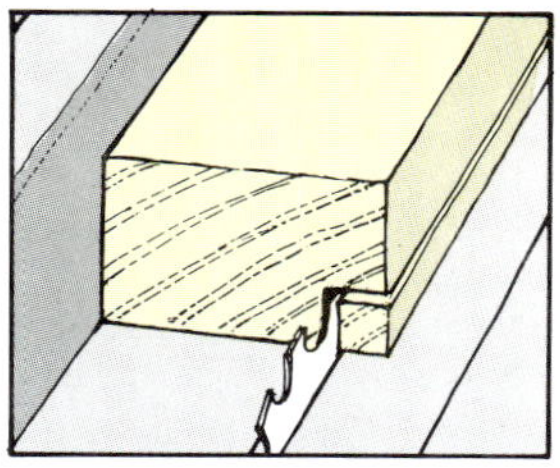

2 La deuxième coupe élimine le rebut

Tailler une rainure

Une lame oscillante permet de tailler une rainure en une seule fois, en s'aidant d'un poussoir pour faire avancer la pièce à travailler, afin de ne pas risquer d'approcher vos doigts de la lame. Si vous ne possédez pas un équipement particulier, effectuez une coupe à la profondeur voulue de chaque côté de la rainure (1), puis ajustez le guide parallèle latéralement afin de tailler l'épaisseur de la voie à chaque passage.

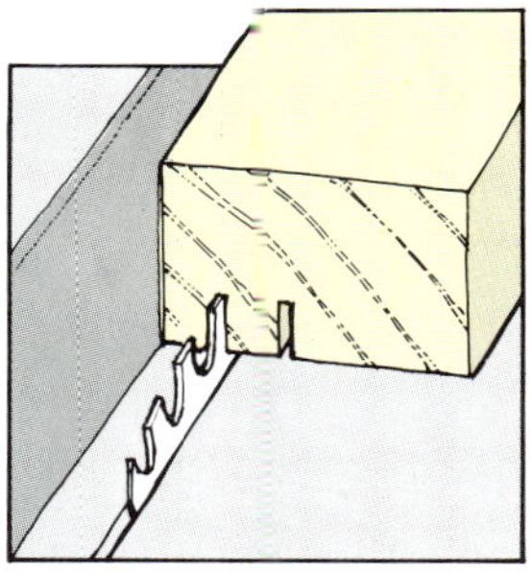

1 Effectuez deux découpes

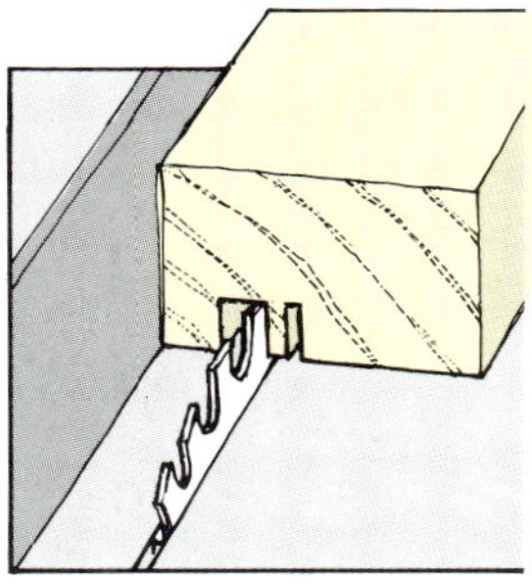

2 Éliminez le rebut entre ces découpes

Tailler une rainure et une languette

Façonnez une languette centrale sur le chant d'une pièce de bois en taillant deux feuillures identiques. Effectuez la première coupe sur le côté le plus étroit, puis retournez la pièce de bois pour tailler l'autre côté de la languette (1). Retirez ensuite le rebut de chaque côté (2).

Pour tailler la rainure correspondante sur une autre pièce de bois, ajustez le guide pour tailler un des côtés, puis inversez les extrémités pour tailler l'autre côté avant d'éliminer le rebut.

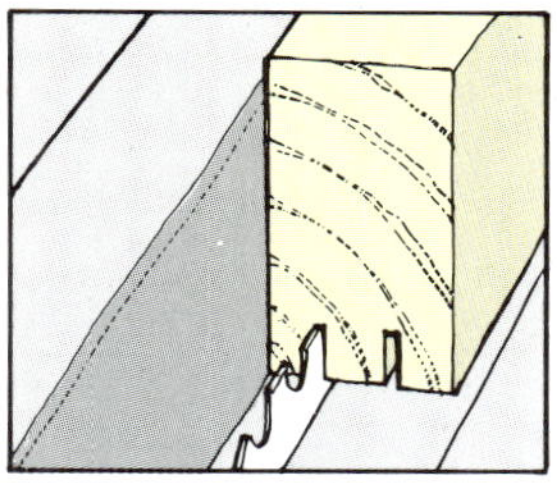

1 Taillez chaque côté de la languette

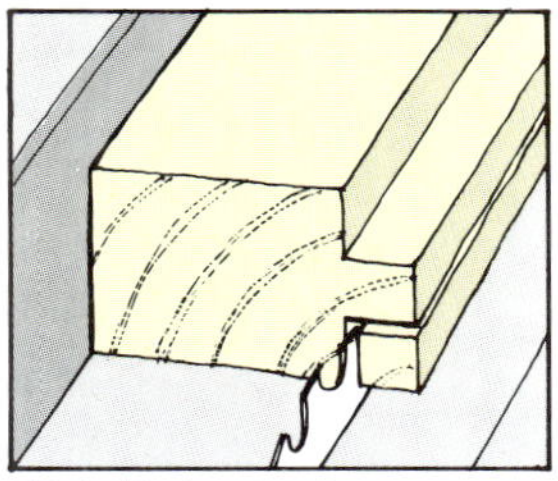

2 Puis éliminez le rebut

CINTRER SUR UNE SCIE CIRCULAIRE À TABLE

Si vous effectuez plusieurs entailles sur une pièce de bois en la coupant presque et en espaçant ces entailles avec régularité, cela vous permettra de cintrer cette pièce de bois. L'espacement exact est une question d'expérience – mais, en règle générale, plus l'espacement sera étroit plus vous pourrez accentuer le cintrage. Ajustez la hauteur de la lame de façon qu'elle laisse intacte une bande de bois de 2 à 6 millimètres, en fonction de la flexibilité de la pièce. Sur certaines scies, vous ne pourrez fixer aucune protection, alors faites extrêmement attention lorsque vous effectuez cette opération.

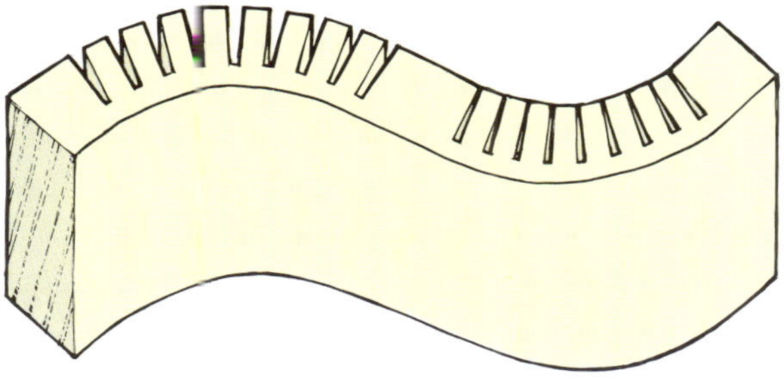

Cintrez une pièce de bois massif par rainurage

Un espacement précis est d'une importance capitale si vous voulez que la courbe obtenue par ce procédé soit bien formée et régulière. Fixez un guide auxiliaire sur le guide de tronçonnage de la scie. Effectuez une coupe sur le guide, et plantez un clou pour marquer l'espacement voulu entre chaque voie, puis coupez la tête du clou (1).

Après avoir taillé une voie dans la pièce de bois, alignez-la sur le clou et taillez la seconde voie ; alignez cette seconde voie sur le clou, puis taillez la troisième voie et ainsi de suite.

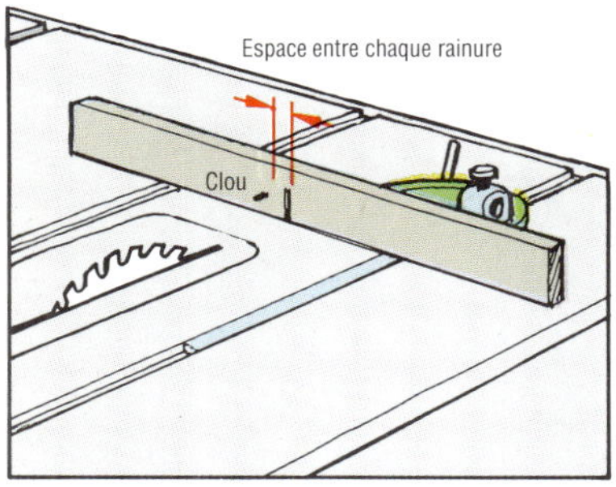

1 Fabriquez un gabarit afin de rainurer avec précision

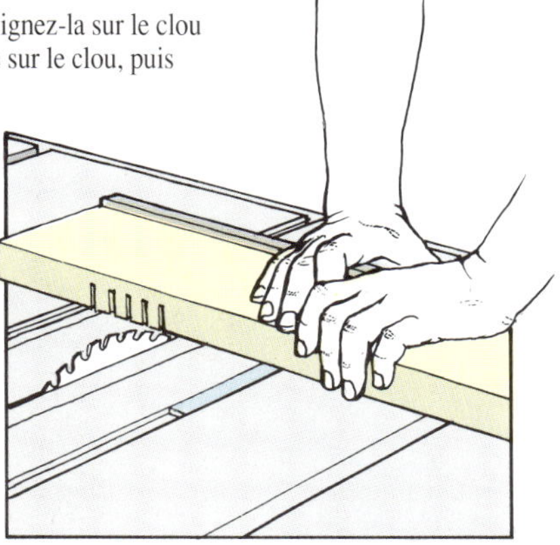

2 Alignez chaque rainure sur le clou

TAILLEZ DES ASSEMBLAGES SUR UNE SCIE CIRCULAIRE À TABLE

Une scie circulaire à table est capable de tailler toute une variété de joints d'assemblage avec une très grande précision. Etant donné qu'il vous faudra probablement retirer le couteau de dégagement ainsi que la protection, faites très attention lorsque vous taillez des joints sur une scie circulaire à table.

VOIR AUSSI

Assemblages à mi-bois

Les deux moitiés d'un joint à mi-bois sont taillées de la même façon. Fixez un tasseau d'écartement sur le guide parallèle et utilisez-le pour aligner l'épaulement du joint sur la lame. Ajustez la lame à la hauteur voulue et effectuez la première coupe (1). Retirez ensuite le rebut par coupes successives de l'épaisseur de la voie, en faisant coulisser la pièce de bois vers le guide de tronçonnage.

Pour tailler un assemblage en croix à mi-bois, utilisez la même méthode, mais placez deux tasseaux d'écartement – l'un sur le guide parallèle, l'autre sur le guide de tronçonnage – afin d'aligner les deux épaulements sur la lame (2). Après avoir taillé les deux épaulements, éliminez le rebut comme décrit précédemment.

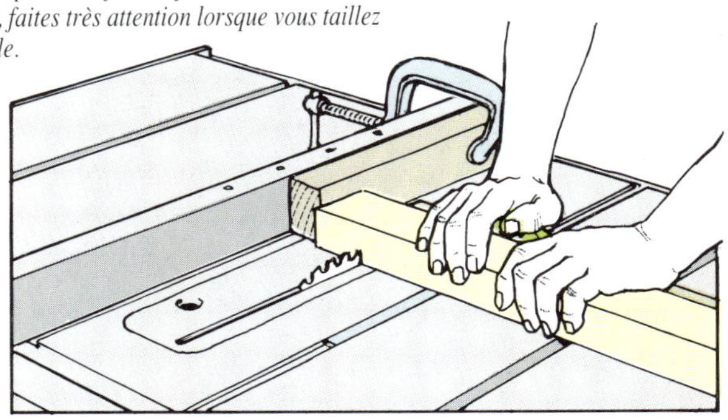

1 Tailler l'épaulement d'un assemblage à mi-bois

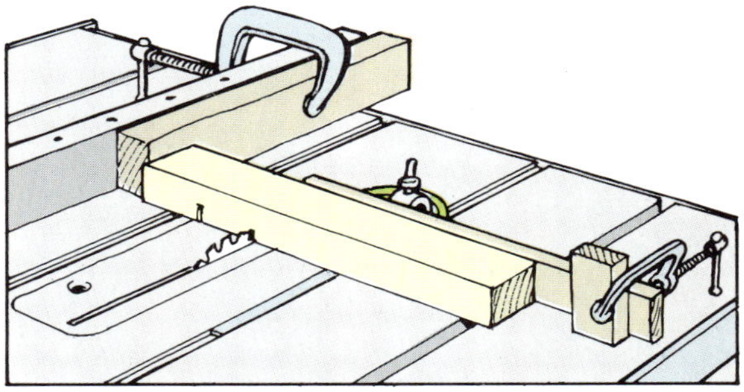

2 Utilisez des cales d'espacement pour tailler des assemblages en croix à mi-bois

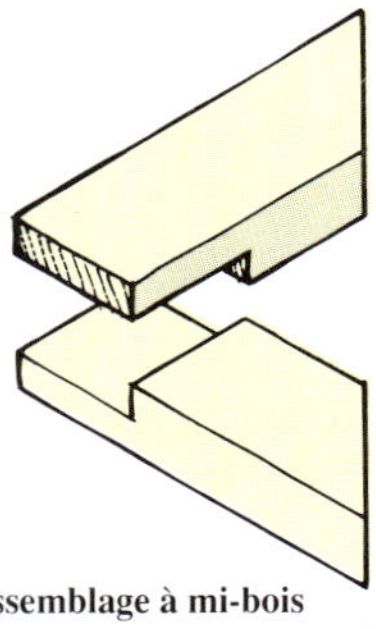

Assemblage à mi-bois

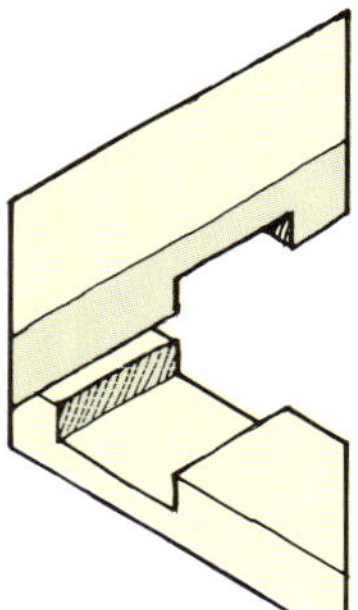

Assemblage en croix à mi-bois

Assemblages à tenons et mortaises

Après avoir taillé les mortaises avec une défonceuse ou une mortaiseuse, taillez les tenons correspondants sur une scie circulaire à table. Certains fabricants de scie fournissent un dispositif à tailler les tenons qui coulisse le long d'une fente façonnée sur le guide de tronçonnage. Vous pouvez aussi construire un gabarit en bois qui servira à soutenir la pièce pendant qu'elle est taillée.

Vissez et collez deux pièces de bois ayant précisément la même épaisseur que la pièce à travailler, sur une planche de contre-plaqué mesurant à peu près 400 x 200 millimètres (1). Assurez-vous que chacun des bouts est d'équerre avec le chant du contre-plaqué, et laissez suffisamment d'espace pour placer une pièce de bois entre la pièce et l'extrémité du contre-plaqué (2). Ne placez des vis que sur la face supérieure du gabarit afin qu'elles ne risquent pas d'entrer en contact avec la lame.

Fixez la pièce à travailler sur le gabarit au moyen d'un serre-joints et passez-la sur la lame afin de couper un des côtés du tenon (3); puis retournez l'ouvrage pour tailler l'autre côté.

Après avoir taillé un des tenons, retirez une petite portion de rebut de chaque côté (4) et vérifiez qu'il correspond à la mortaise. Si besoin est, effectuez les ajustages nécessaires avant de tailler une autre pièce. Tronçonnez les épaulements (5) en fixant un tasseau d'écartement au guide parallèle afin d'aligner les épaulements sur la lame. Si besoin est, réduisez la largeur du tenon en taillant l'abord les épaulements.

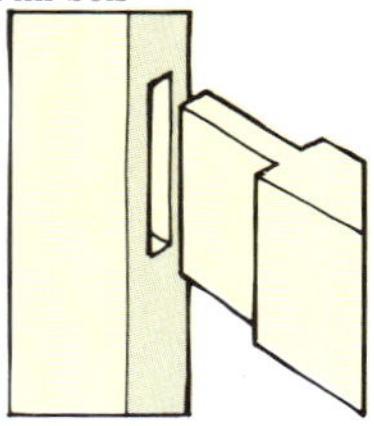

Assemblage à tenon et mortaise

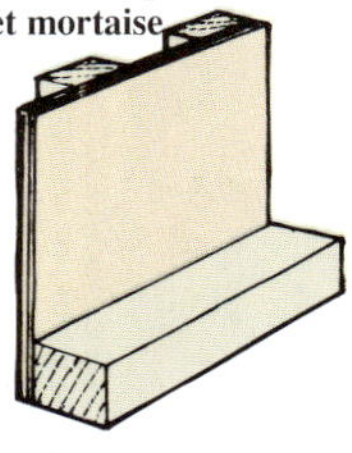

Ajouter un soutien
Si la scie est équipée d'un guide bas, collez une cale sur le gabarit afin d'assurer un meilleur maintien.

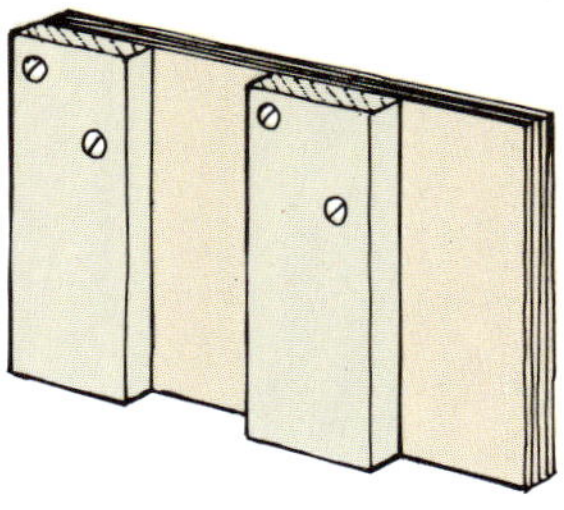

1 Fixez des bandes de bois au contre-plaqué

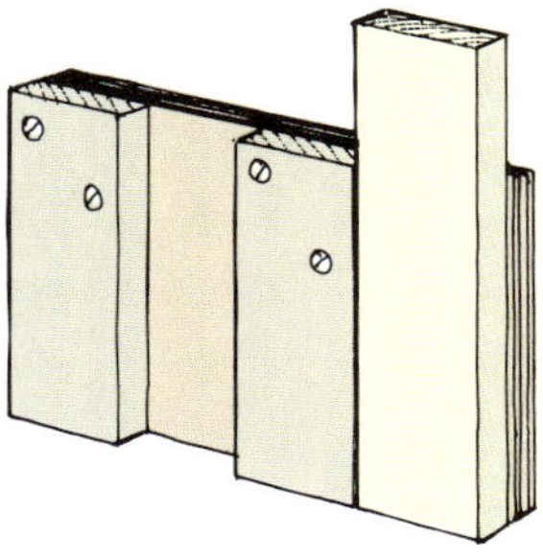

2 Laissez de la place pour l'ouvrage

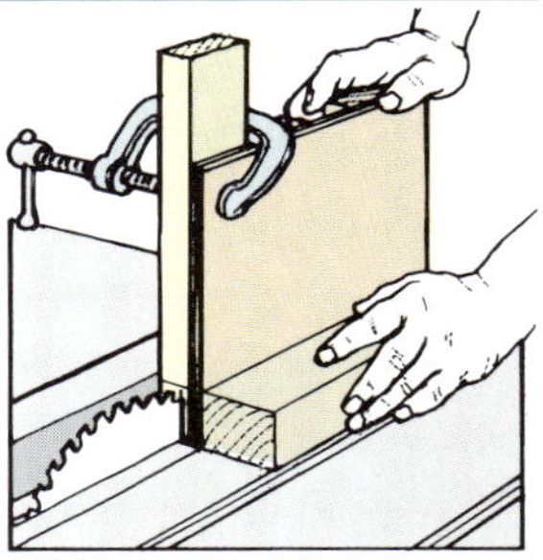

3 Tailler un des côtés du tenon

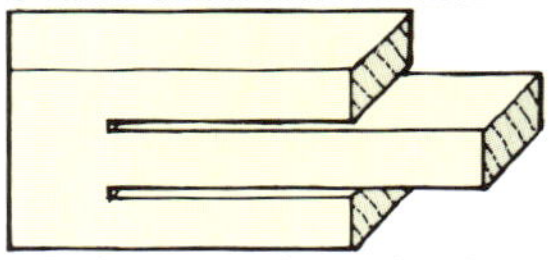

4 Retirez une petite portion de rebut de chaque côté du tenon

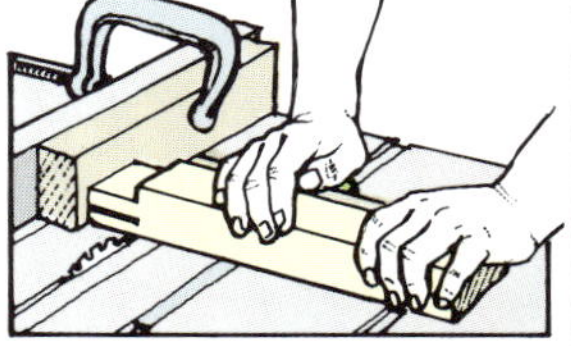

5 Taillez les lignes d'épaulement

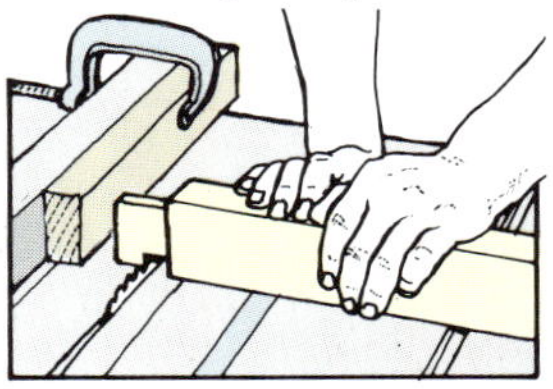

6 Réduisez la largeur du tenon

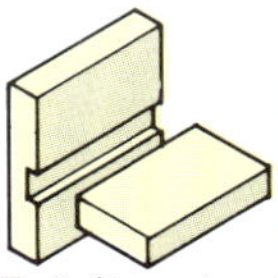

Emboîtement traversant

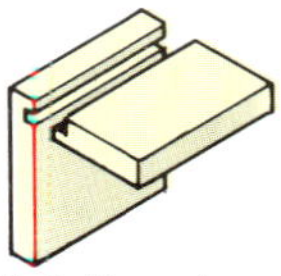

Emboîtement à face simple

Assemblage à emboîtement

Effectuez une entaille ou la rainure étroite d'un assemblage à emboîtement de la même façon que celle d'un assemblage en croix à mi-bois, ou utilisez une lame oscillante pour effectuer la coupe en une seule fois. Taillez la languette de l'autre élément de la même façon qu'un assemblage à mi-bois.

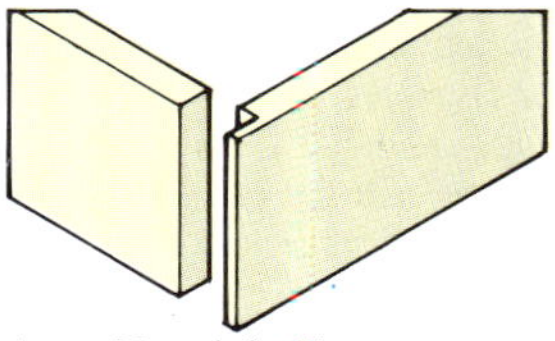

Assemblage à feuillure

Après avoir taillé à l'équerre les deux éléments composant un joint à feuillure, taillez l'élément à languette de la même façon qu'un assemblage à mi-bois.

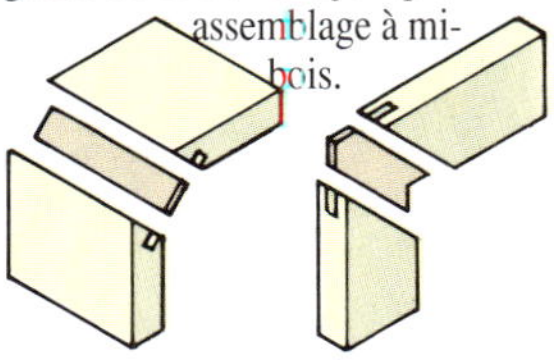

Assemblage d'onglet renforcé

Après avoir taillé les assemblages d'onglet sur la scie circulaire à table, taillez des fentes pour y introduire des languettes rapportées.

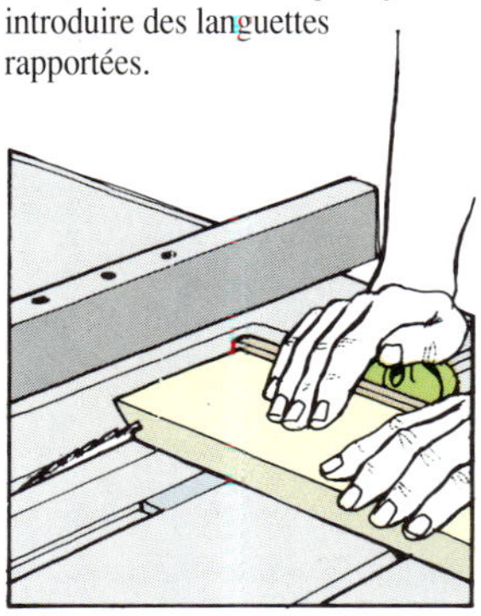

Tailler des fentes sur un ouvrage d'onglet
Inclinez la lame afin de tailler une fente pour une fausse languette.

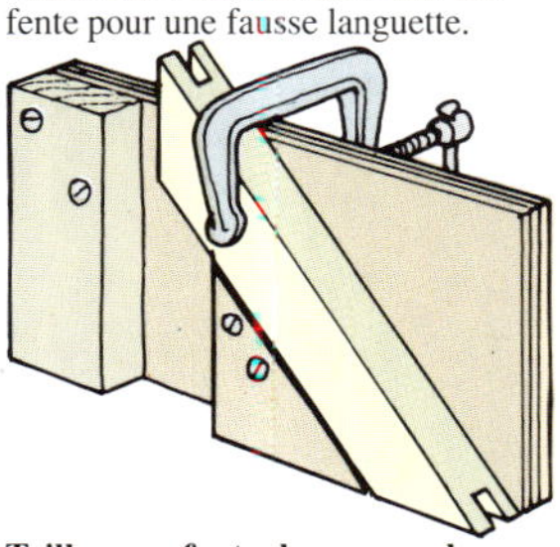

Tailler une fente dans un cadre d'onglet
Modifiez le gabarit afin de tailler une fente dans un onglet large.

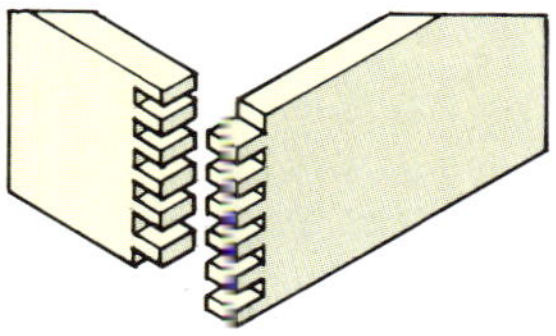

Assemblage à queue droite
Un assemblage à queue droite est un joint d'angle décoratif souvent utilisé dans la fabrication de boîtes ou de tiroirs. Tailler ce type de joints à la main est un travail extrêmement fastidieux, mais en vous aidant d'un simple gabarit, vous pouvez tailler plusieurs assemblages sur une scie circulaire à table en seulement quelques instants. Utilisez une lame qui taille un chemin large ou installez des rondelles oscillantes pour tailler les espacements entre les queues. Calculez l'espacement avec précision afin de répartir les queues régulièrement.

Pour fabriquer le gabarit, fixez une pièce de bois sur le guide de tronçonnage, puis, après avoir ajusté la lame de façon qu'elle dépasse juste l'épaisseur de l'ouvrage, taillez une fente dans la pièce de bois (1). Rabotez une pièce de bois dur de façon qu'elle tienne étroitement dans cette fente, débitez en une section de 50 à 75 millimètres et collez-la sur la fente afin qu'elle forme une languette débordante (2).

Positionnez le gabarit sur le guide de tronçonnage et placez le reste de la pièce rabotée entre la lame et la languette (3), puis fixez le gabarit sur le guide et retirez la pièce de bois non collée.

Placez le premier élément du joint sur son bout et faites-le buter contre la languette. Fixez l'ouvrage au moyen d'un serre-joints (4), puis faites-le passer sur la lame. Positionnez la fente ainsi taillée sur la languette et taillez-en une autre (5). Continuez ainsi jusqu'à ce que vous ayez taillé tous les épaulements (6).

Les queues du second élément doivent être décalées afin de pouvoir s'encastrer sur l'autre élément du joint. Placez ce second élément sur son bout comme précédemment, mais placez la pièce rabotée non collée entre la languette et l'ouvrage (7). Retirez cette pièce de bois et effectuez la première coupe, positionnez cette fente sur la languette et taillez la suivante (8). Réitérez ce procédé sur toute la largeur de l'ouvrage.

Collez et assemblez le joint, puis, une fois que la colle est sèche, rabotez les débordements.

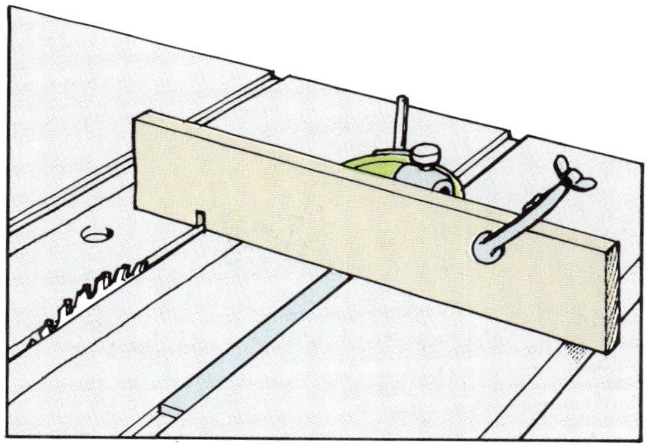

1 Effectuez une coupe sur le gabarit

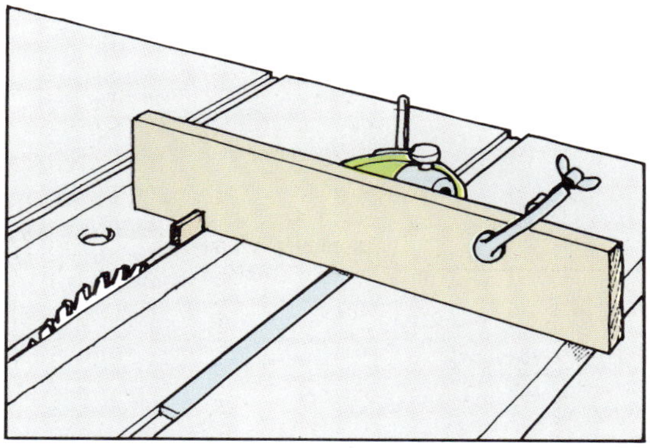

2 Collez une languette dans la fente

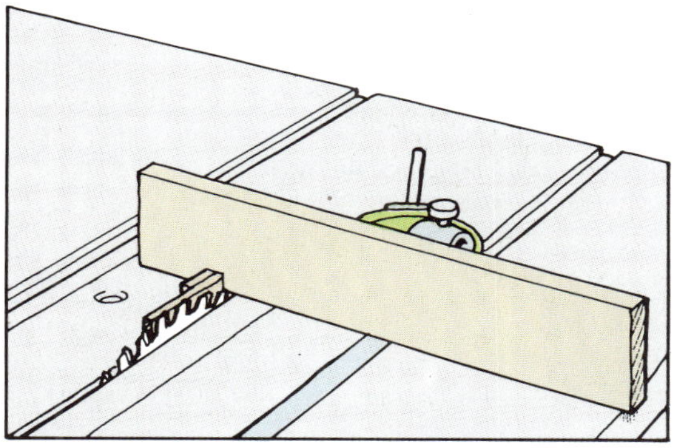

3 Placez une bande de bois entre la languette et la lame

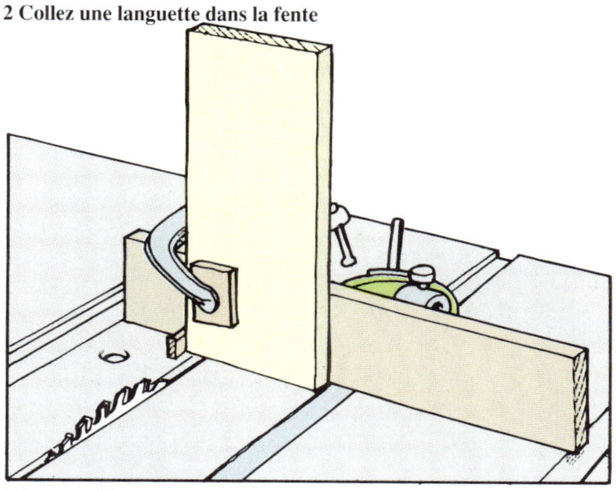

4 Appuyez l'ouvrage contre la languette

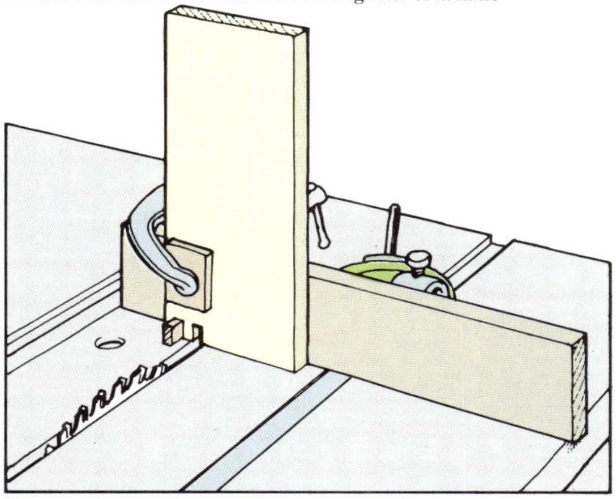

5 Introduisez la rainure sur la languette et effectuez une seconde découpe

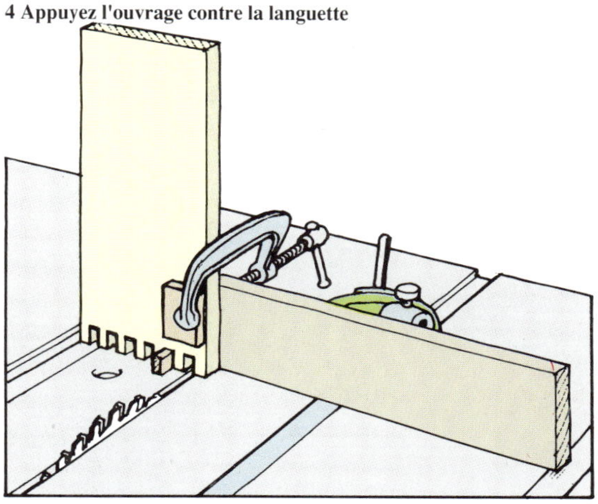

6 Complétez la rangée de queues

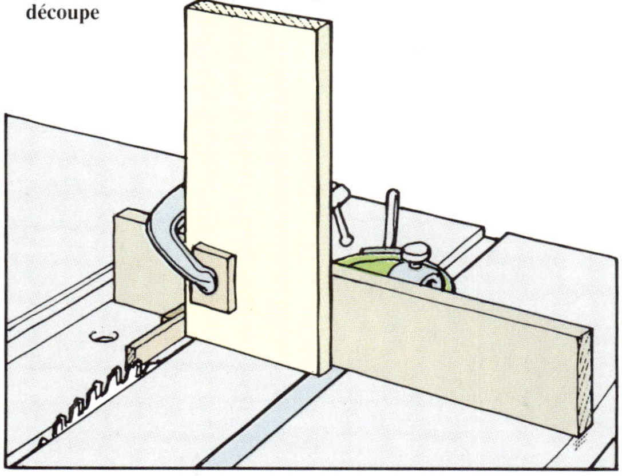

7 Insérez une bande de bois entre la languette et le second élément de l'ouvrage

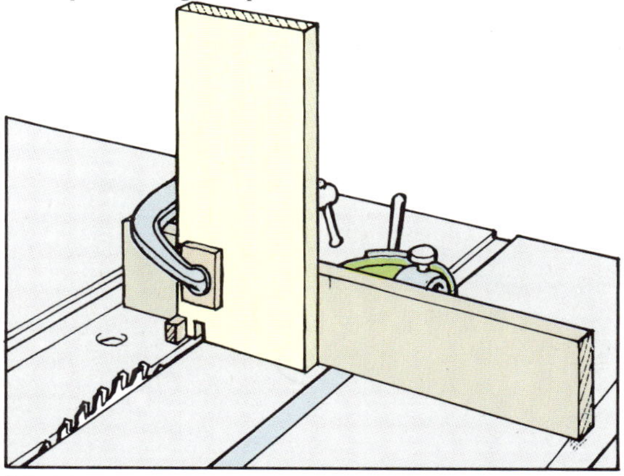

8 Positionnez la découpe sur la languette et sciez la rainure suivante

LES SCIES RADIALES

La scie radiale est avant tout une scie à tronçonner, mais c'est sa polyvalence qui en fait une machine extrêmement attrayante pour le menuisier amateur. Cette scie peut refendre, tronçonner, tailler un biseau ou un onglet et, légèrement modifiée, elle peut être transformée en moulurière, en défonceuse de surplomb, en ponceuse ou en perceuse. Sur une scie radiale standard, la lame et le boîtier-moteur sont suspendus à un bras métallique monté sur une colonne rigide. Le bras peut pivoter d'un côté à l'autre afin de présenter la lame à des angles différents et de tailler des onglets. En même temps, le boîtier-moteur et la lame peuvent être inclinés et pivoter pour tailler à des angles incorporés. Sur un modèle de scie, le bras est fixe, tandis que la table pivote. Etant donné que la colonne est montée à l'arrière de la table de travail, une scie radiale peut être installée contre un mur. La plupart des scies radiales sont posées sur un établi ou bien possèdent leur propre support ; certaines peuvent être pliées et accrochées à un mur. Montez et branchez votre scie en vous conformant aux instructions du fabricant.

VOIR AUSSI

Consignes de sécurité pour les machines-outils 156
Tronçonner 167
Refendre 168
Transformations de la scie 170/171
Les aspirateurs de poussière 214
Protection auditive 214

Moteur électrique
La scie radiale qui équipe couramment l'atelier du bricoleur est équipée d'un moteur à induction d'une puissance de 1,1 kilowatt. Cela est largement suffisant pour entraîner les lames de scie appropriées à une vitesse pouvant atteindre 3 000 tours/minute, mais tout de même insuffisant pour générer une vitesse de couteau de moulurière pouvant être comparée à celle générée par une moulurière professionnelle, à moins que le moteur ne soit équipé d'un arbre secondaire pour les grandes vitesses.

Diamètre de la lame de scie
Les scies radiales fabriquées pour l'atelier du bricoleur sont généralement équipées de lames d'un diamètre de 250 millimètres.

Profondeur de coupe
La plupart des scies radiales ont une profondeur de coupe maximale de 75 millimètres. La lame, en même temps que le bras, s'abaisse ou s'élève au moyen d'une poignée de réglage située soit sur la colonne, soit sous la table de travail.

Inclinaison du bras
Le bras peut pivoter de gauche à droite, une fois son levier de calage débloqué. Un autre levier positionne le bras à un angle de 45 ou 90 degrés, inclinaison que l'on peut vérifier sur une échelle graduée située sur la colonne.

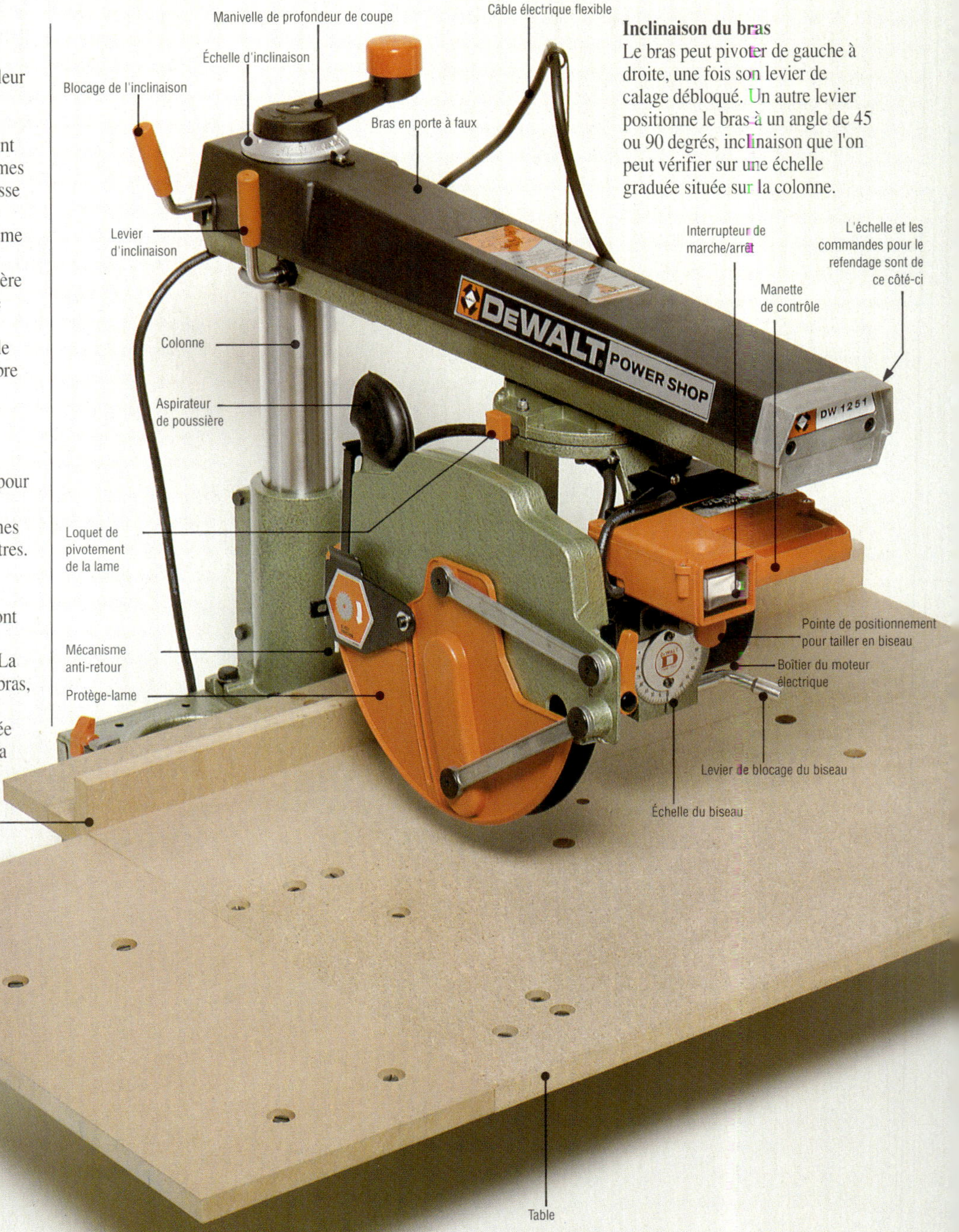

Scie radiale

Inclinaison de la lame
La lame de la scie peut être inclinée à n'importe quel angle entre la verticale et l'horizontale, après avoir débloqué la manette de la bride de biseau et désenclenché le loquet de biseau qui s'enclenche automatiquement lorsque la lame est à 90 ou 45 degrés. Choisissez une machine équipée d'une échelle graduée qui indique clairement l'angle de la lame.

Capacité de tronçonnage
La capacité de tronçonnage maximale est principalement déterminée par la longueur du bras. Pour les scies destinées à des ateliers de bricoleurs, cette capacité varie entre 310 et 465 millimètres. Pour effectuer des découpes pouvant mesurer jusqu'à 600 millimètres, il vous faudra acheter une des plus petites scies radiales destinées à un usage industriel.

Capacité de délignage
La largeur d'un délignage, pouvant atteindre au maximum entre 500 et 650 millimètres, se règle en faisant coulisser le boîtier moteur le long du bras et en le verrouillant à la position voulue. Une échelle graduée située sur le bras de la scie indique la largeur de délignage.

Protecteur de lame
Sur une scie radiale moderne, la lame est entourée par un couvre-lame qui s'élève automatiquement lorsque l'on scie et se rabaisse sous l'effet de son propre poids, dès que l'opération est terminée.

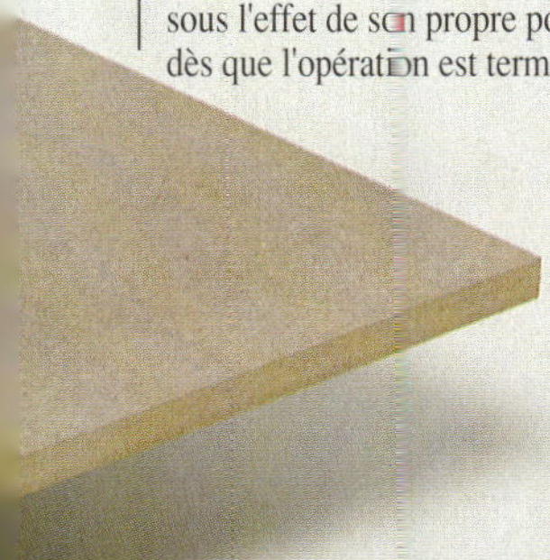

Couteau de dégagement
Lorsque vous refendez, abaissez le couteau de dégagement derrière la lame et bloquez-le au moyen de la vis de serrage, cela afin d'éviter qu'un bois partiellement durci ne se referme sur la lame. Lorsque vous tronçonnez, le couteau se replie à l'intérieur du couvre-lame.

Griffe anti-retour
Si la lame se bloque lorsque vous refendez, elle risque de projeter la pièce de bois vers l'utilisateur. Afin d'éviter cela, une griffe anti-retour, équipée d'un cliquet d'arrêt, est montée sur la scie. Le moindre mouvement de la pièce de bois vers l'arrière provoque l'abaissement de cette griffe afin de la maintenir. La griffe anti-arrêt peut aussi servir à maintenir la pièce de bois dans le cas où la rotation de la lame viendrait à la soulever de la table de travail. Lorsque vous refendez, ajustez la griffe anti-retour de façon à ce qu'elle soit positionnée à 3 millimètres sous la surface de la pièce de bois. Lorsque vous tronçonnez, dégagez complètement la griffe.

Ajuster le mécanisme anti-retour

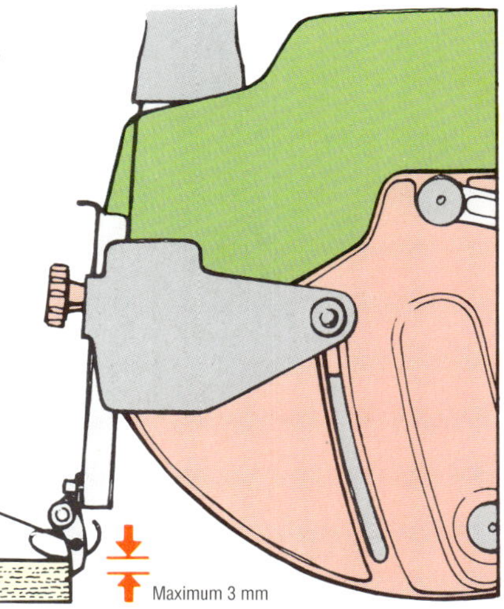

Table de travail
Une simple table en panneau de fibres ou de particules est fixée sur le bâti métallique de la machine. Etant donné que la lame de la scie radiale doit mordre dans la table de travail, il vaut mieux clouer ou coller une fine plaque de contre-plaqué sur sa surface. Prenez garde toutefois à ce qu'aucune fixation métallique n'entre en contact avec la lame.

Interrupteur de marche-arrêt
Les interrupteurs de marche-arrêt sont généralement situés sur l'extrémité du bras ou à côté de la manette principale, là où on peut les atteindre facilement. Certaines scies sont pourvues de clés de contact que l'on peut retirer afin de les rendre inutilisables.

Butée de guidage
On refend une pièce de bois contre une butée de guidage qui couvre la longueur de la table de travail. On utilise cette même butée lorsque l'on veut tronçonner.

Pour refendre, on positionne la butée entre la table et une planche d'écartement – on range la lame derrière la butée entre deux coupes. Pour augmenter la capacité de refendage, on peut positionner la butée derrière la planche d'écartement.

La butée fournie avec la machine est généralement composée du même matériau fibreux que celui qui compose la table de travail. Vous pouvez cependant la remplacer par une butée de bois dur – dans ce cas, taillez-la plus longue que la butée d'origine, car vous pourrez alors y fixer des cales de tronçonnage lorsque vous travaillerez avec des pièces de bois plus longues.

Extraction de poussière
Une scie radiale produit une très grande quantité de poussière, qui est évacuée par un tuyau d'échappement en caoutchouc situé sur le couvre-lame. Il est important d'installer un système d'aspiration de poussière afin d'éviter que l'espace entourant la scie radiale ne se recouvre de poussière glissante.

CONSIGNES DE SÉCURITÉ

Respectez toujours les consignes applicables à l'ensemble des machines-outils et prenez des précautions supplémentaires lorsque vous opérez avec une scie radiale.

- Inclinez légèrement la scie vers l'arrière lorsque vous l'installez, cela afin d'éviter que la lame et le boîtier-moteur ne coulissent vers l'utilisateur sous l'effet de leur propre poids.
- Lorsque vous tronçonnez, assurez-vous que la main qui pousse la pièce de bois ne soit pas sur la trajectoire de la lame.
- Lorsque vous tronçonnez, rangez toujours la lame derrière la butée de guidage entre chaque coupe.
- Ne refendez jamais une pièce de bois sans avoir au préalable positionné le couteau de dégagement et la griffe anti-retour.
- Maintenez toujours l'affûtage de la griffe anti-retour et du couteau de dégagement. Prenez garde lorsque vous refendez des lamifiés de plastique, car ils peuvent être difficiles à accrocher par la griffe anti-retour.
- Ne travaillez jamais à main levée. Utilisez toujours la butée de guidage ou toute autre pièce de bois pour maintenir l'ouvrage afin d'éviter que celui-ci ne pivote ou ne bouge.
- Projetez un refendage de façon à ce que vous puissiez facilement dégager la chute.
- Lorsque vous refendez, ne vous placez pas directement dans la ligne de la lame.
- Faites-vous aider lorsque vous découpez une grande planche.
- Ne refendez pas de petites pièces de bois qui risqueraient de mettre vos doigts en contact avec la lame.
- Maintenez le couvre-lame dans la position adéquate et en bon état de fonctionnement.

- **Préparer la machine**
Placez la scie radiale sur un établi, à une hauteur confortable, tout en laissant un espace suffisant entre le mur et la machine, afin de pouvoir tourner la manivelle de profondeur de coupe.

LAMES ET COUTEAUX DE SCIES RADIALES

Il existe pour les scies radiales les mêmes lames que celles qui équipent les scies circulaires à table. L'idéal pour l'atelier du bricoleur est une lame à usage général ou lame universelle, à pointes au carbure. On peut exécuter des rainures et des entailles en installant des rondelles oscillantes afin de faire bouger la lame d'un côté à l'autre.

VOIR AUSSI

Consignes de sécurité pour les machines-outils	156
Lames de scies circulaires à table	158
Rondelles oscillantes	158
Griffe anti-retour	165
Couteau de dégagement	165
Consignes de sécurité	165
Moulurer	170/171

Tête à rainurer

Une tête à rainurer montée sur l'arbre d'une scie radiale courante, permet de découper en une fois des rainures pouvant atteindre jusqu'à 21 millimètres. Une tête à rainurer est composée de deux lames universelles qui découpent simultanément les deux bords de la rainure ou de l'entaille, tandis que les couteaux à copeaux insérés entre elles éliminent le rebut. La largeur de coupe peut être ajustée avec une grande précision en insérant des rondelles de papier entre les lames.

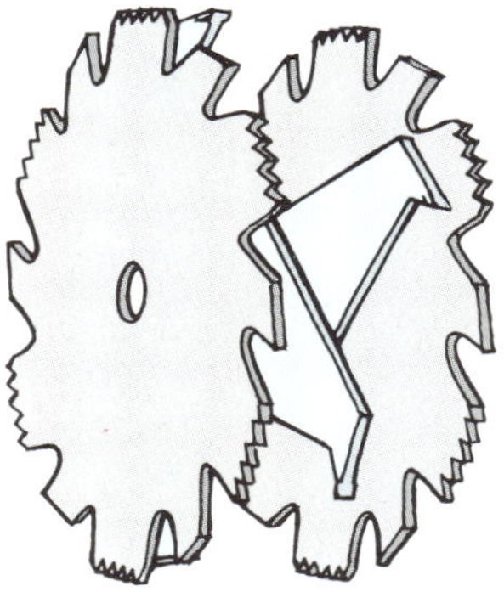

Des lames à copeaux sont installées entre les lames de la tête à rainurer

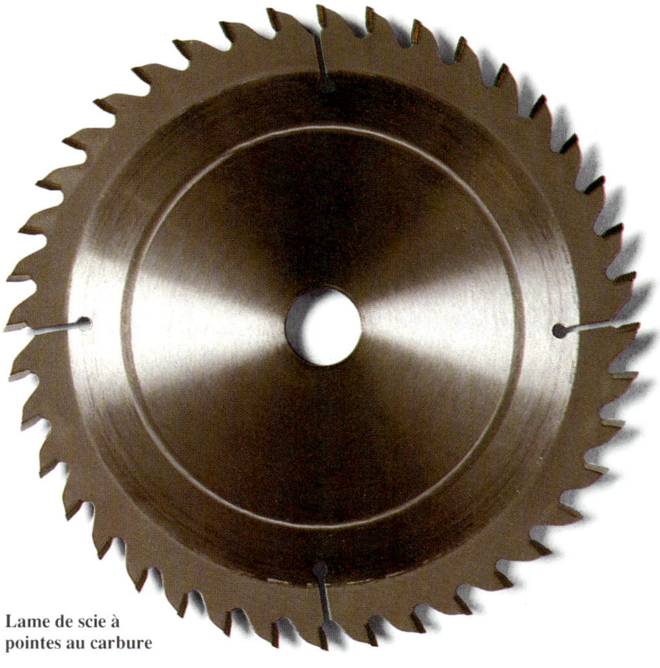

Lame de scie à pointes au carbure

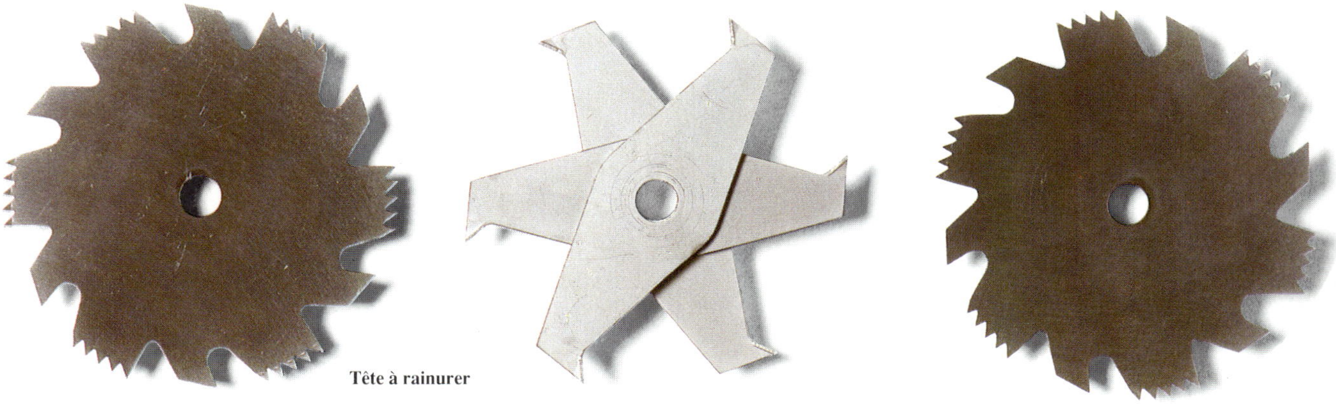

Tête à rainurer

TÊTES À MOULURER

On peut transformer une scie radiale en moulurière en remplaçant la lame par une tête à moulurer sur laquelle on peut installer deux ou trois couteaux. Une tête à trois couteaux laisse un fini de bien meilleure qualité sur une pièce de bois. Chaque couteau est solidement vissé dans une des fentes de la tête à moulurer. Il existe une grande variété de formes de couteaux pouvant équiper une scie radiale.

On peut ajuster la machine de façon à ce que la tête à moulurer tourne horizontalement, auquel cas il faut aussi monter un protecteur et une butée de guidage particuliers. Sur certaines machines, la tête à moulurer peut être montée verticalement comme une lame et l'on utilise alors le couvre-lame normal.

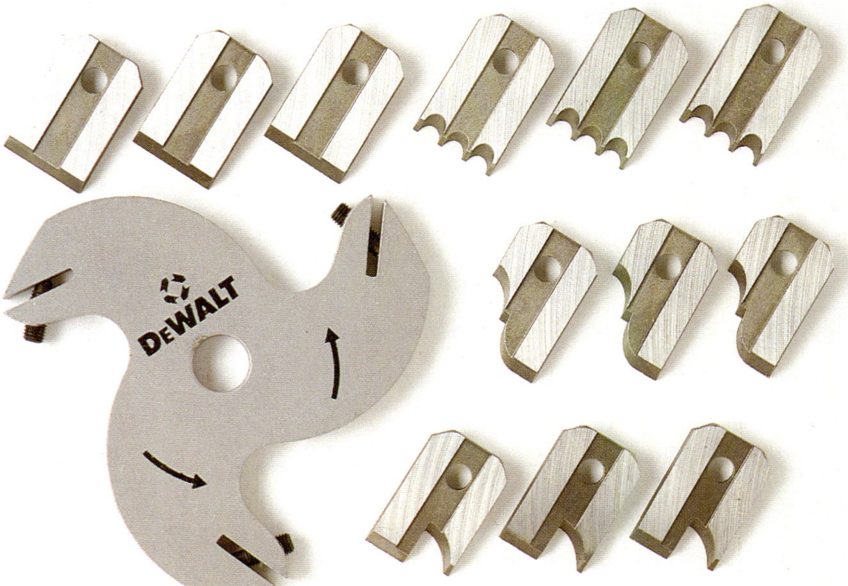

Tête à moulurer et couteaux

- **Changer les lames et les couteaux**
  Conformez-vous toujours aux instructions lorsque vous installez des lames et des têtes à moulurer sur votre scie radiale.

TRONÇONNER AVEC UNE SCIE RADIALE

Afin de découper une pièce de bois, la lame doit mordre à peu près 1 millimètre dans la plaque couvrant la table de travail. Cette trace de sciage doit traverser la table et pénétrer la butée de guidage. La fente ainsi obtenue sur la butée devient un guide parfait lorsque vous voulez aligner un trait de sciage avec la lame. Lorsque vous tronçonnez, le couteau de dégagement et la griffe anti-retour doivent être dégagés.

Effectuer un tronçonnage d'équerre
Maintenez d'une main la pièce de bois contre la butée, de façon que la lame découpe du côté rebut du trait de sciage. Assurez-vous que tous les leviers d'ajustage sont bien serrés, excepté celui qui contrôle le coulissement du boîtier-moteur sur le bras. Mettez la machine en marche et tirez la scie vers vous en un mouvement régulier, de façon à ce qu'elle découpe juste le bois, puis repoussez-la et arrêtez le moteur.

Le tronçonnage est une opération relativement sans danger, car le mouvement de la lame tend plutôt à maintenir la pièce de bois sur la table et contre la butée de guidage. La lame a cependant tendance à être tirée d'elle-même vers l'utilisateur – défaut que vous pouvez corriger en maintenant votre avant-bras en ligne droite avec la manette d'abaissement.

Tronçonnage répétitif
Si vous voulez tronçonner plusieurs pièces de bois à une longueur identique, l'alignement du trait de sciage avec une fente taillée sur la butée ne sera peut-être pas une méthode suffisamment précise. Vous pouvez par contre, fixer une pièce de bois qui servira de cale, sur l'extrémité de la butée – n'installez cependant jamais une cale qui pourrait gêner le mouvement latéral de la chute une fois que celle-ci est coupée. Assurez-vous aussi que des copeaux ne viennent pas s'insérer entre la pièce de bois et la cale ou la butée.

Tailler une planche épaisse ou large
Utilisez une cale lorsque vous voulez découper une pièce de bois plus large que la capacité de tronçonnage ou plus épaisse que la profondeur de coupe maximale.

Découpez la pièce de bois jusqu'à son milieu, puis, retournez-la, maintenez-la contre la cale et terminez de la découper. Cette procédure ne peut être employée que si vous n'avez pas besoin de garder une face de parement.

Tronçonner un biseau
Pour tronçonner un biseau, commencez par incliner la lame et bloquez-la à l'angle voulu ; procédez ensuite comme pour un tronçonnage d'équerre.

Coupe d'onglet
Pour effectuer une coupe d'onglet sur le chant d'une pièce de bois tout en maintenant la lame à la verticale, pivotez le bras à l'angle voulu – généralement 45 degrés – puis bloquez-le. Maintenez fermement la pièce de bois contre la butée, afin d'éviter qu'elle ne bouge pendant l'opération, et effectuez la coupe d'onglet en tirant la scie vers vous.

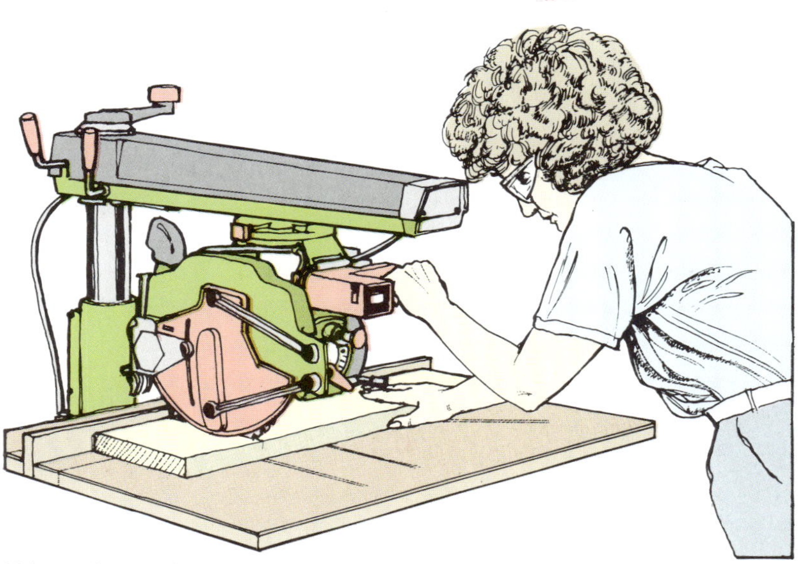
Maintenez l'ouvrage fermement contre la butée lorsque vous tronçonnez d'équerre

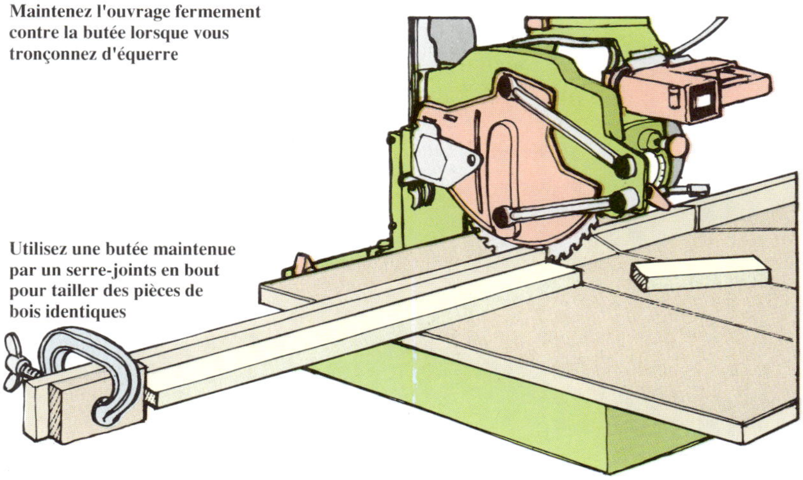
Utilisez une butée maintenue par un serre-joints en bout pour tailler des pièces de bois identiques

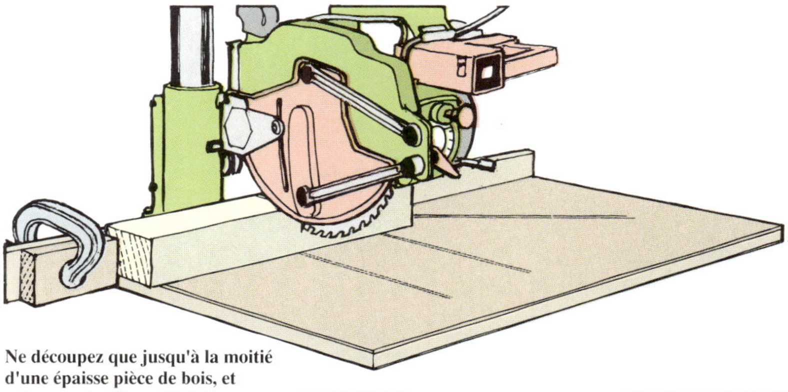
Ne découpez que jusqu'à la moitié d'une épaisse pièce de bois, et retournez-la afin de la tailler complètement

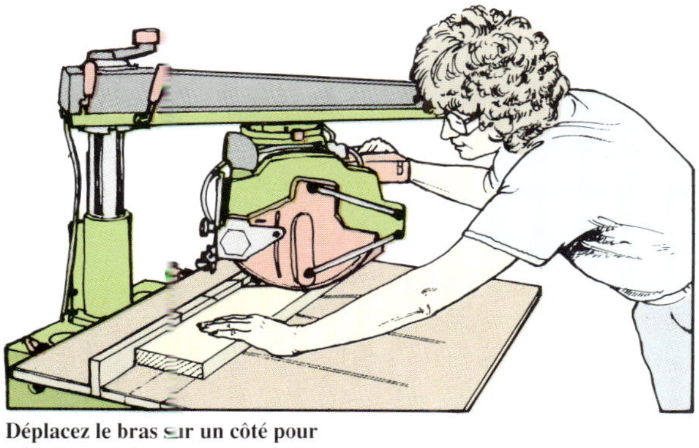
Déplacez le bras sur un côté pour tailler un onglet

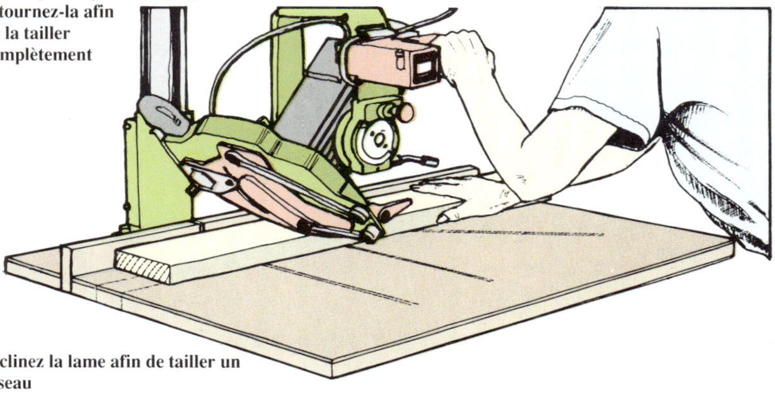
Inclinez la lame afin de tailler un biseau

REFENDRE AVEC UNE SCIE RADIALE

Pour refendre une pièce de bois sur sa longueur, positionnez la lame de la scie parallèlement à la butée de guidage. Lorsque vous refendez des pièces de bois relativement étroites, tournez la lame vers la colonne dans ce qu'on appelle la position de « refendage vers l'intérieur ». Pour des planches plus larges, tournez la lame vers vous en position de « refendage vers l'extérieur ».

VOIR AUSSI

Consignes de sécurité pour les machines-outils	156
Rondelles oscillantes	158
Griffe anti-retour	165
Couteau de dégagement	165
Consignes de sécurité	165
Tête à rainurer	166
Tronçonner un biseau	167
Tailler des mortaises	187

Alimentation du bois

Une pièce de bois doit être alimentée contre le sens de rotation de la lame. Dans le sens contraire, la lame happerait la pièce de bois et peut-être aussi la main de l'utilisateur. Lorsque vous refendez vers l'intérieur, la pièce de bois doit être alimentée d'un côté de la table de travail (généralement, il s'agit du côté droit, mais conformez vous aux instructions du fabricant) ; lorsque vous refendez vers l'extérieur, alimentez-la de l'autre côté, car la lame est tournée dans la direction opposée. Lorsque vous refendez, assurez-vous toujours de positionner le couteau de dégagement et la griffe anti-retour.

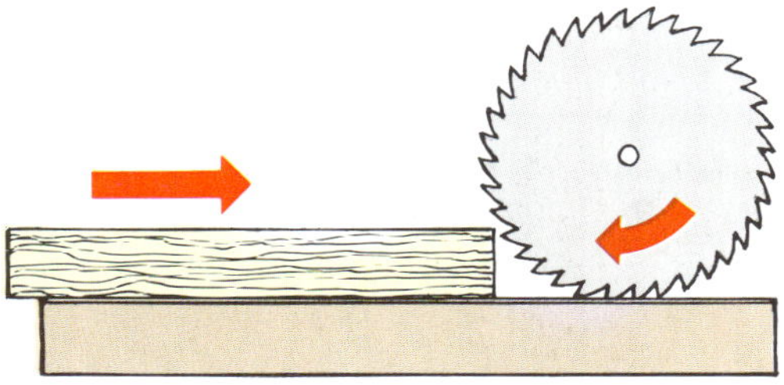

Sens d'alimentation
Avancez toujours la pièce à travailler dans le sens contraire à celui de la rotation de la lame.

Ajustage de la lame

Faites coulisser la lame le long du bras jusqu'à ce que la largeur de coupe voulue soit indiquée sur l'échelle de refendage. Pour vérifier que l'ajustage n'a pas été modifié par le blocage du levier de serrage, effectuez une coupe d'essai sur une pièce de bois de rebut. Vous pouvez augmenter la capacité de refendage en positionnant la butée de guidage derrière la planche d'écartement de la table. Afin de découper une pièce de bois, la lame de la scie doit mordre d'1 millimètre dans la plaque recouvrant la table.

Refendre une pièce de bois sur sa longueur

Assurez-vous que tous les leviers de serrage sont en position, puis mettez le moteur en marche. En maintenant la pièce de bois contre la butée, utilisez vos deux mains pour la faire avancer sur la lame à un rythme régulier. Utilisez toujours un poussoir pour faire avancer une pièce de bois étroite qui risquerait de mettre vos doigts en contact avec la lame. Demandez à un assistant de soutenir une longue pièce de bois à l'autre extrémité de la table.

Refendre un biseau

Pour refendre un biseau sur le chant d'une pièce de bois, procédez de la même façon que pour un refendage d'équerre, mais inclinez la lame à l'angle voulu. Lorsque vous refendez un biseau, conformez-vous aux instructions du fabricant en ce qui concerne l'ajustage de la griffe anti-retour.

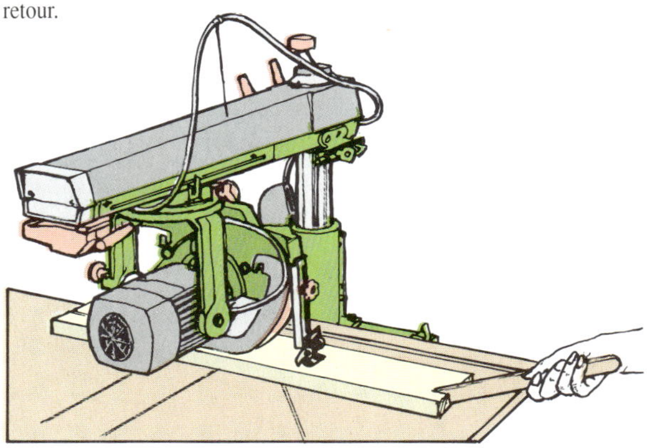

Utilisez un poussoir lorsque vous refendez une étroite pièce de bois sur l'intérieur

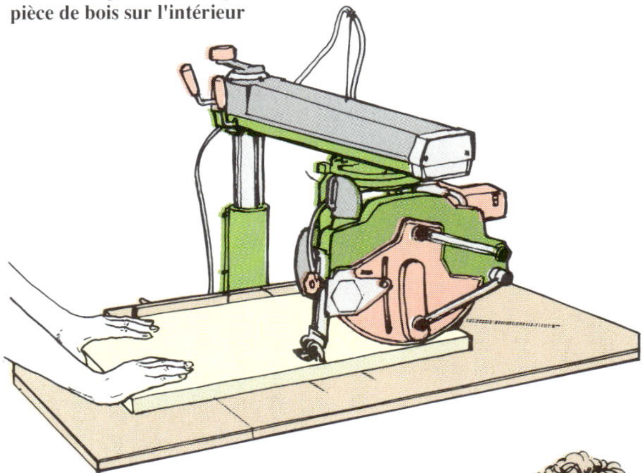

Éloignez la lame de la colonne lorsque vous refendez une large pièce de bois sur l'extérieur

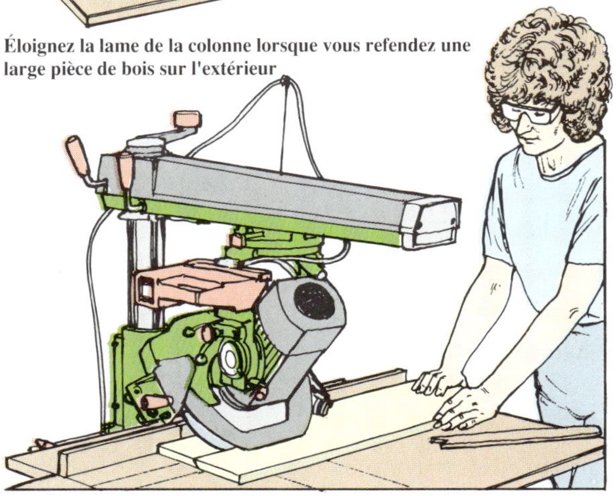

Inclinez la lame pour tailler un biseau

ENTAILLAGE, RAINURAGE ET FEUILLURAGE

On peut effectuer une rainure ou une feuillure dans le sens du fil ou une entaille en travers du fil en utilisant une simple lame de scie pour en découper les deux bords, puis en éliminant le rebut en coupes successives. Il est cependant beaucoup plus facile de rainurer, entailler ou feuillurer en utilisant une lame oscillante ou, mieux encore, une tête à rainurer.

Entailler

Effectuez une entaille avec une tête à rainurer en suivant la procédure employée pour refendre ou effectuer une coupe d'onglet. Etant donné qu'une tête à rainurer est considérablement plus large qu'une simple lame, elle peut augmenter la tendance qu'a la machine à venir vers l'utilisateur – soyez donc prêt à résister à ce mouvement. Si vous voulez effectuer la même entaille sur plusieurs pièces de bois, fixez une cale sur la butée de guidage.

Rainurer

Ajustez la tête à rainurer à la largeur voulue. Retirer le couteau d'écartement, mais gardez la griffe anti-retour et le couvre-lame. Positionnez la tête à moulurer en refendage vers l'intérieur ou l'extérieur, puis procédez comme si vous refendiez.

Feuillurer

Pour effectuer une feuillure le long du chant d'une pièce de bois, utilisez une tête à rainurer comme si vous effectuiez une rainure.

CINTRAGE

Le cintrage d'une pièce de bois par découpes successives est un procédé extrêmement facile à réaliser avec une scie radiale ajustée pour refendre.

Vous pouvez fabriquer un gabarit de cintrage pour garantir l'écartement des entailles, en plantant un clou dans la butée de guidage et en coupant sa tête.

Après avoir effectué la première entaille, déplacez la pièce de bois latéralement en l'alignant sur le clou, et effectuez la seconde entaille. En lieu d'un clou, vous pouvez tout simplement tracer un trait au crayon sur la butée et aligner à vue d'œil.

DÉCOUPER DES ASSEMBLAGES À LA SCIE RADIALE

Certains assemblages parmi les plus simples peuvent être découpés rapidement et avec précision avec une scie radiale. Utilisez une lame universelle ou gagnez du temps en utilisant une tête à rainurer.

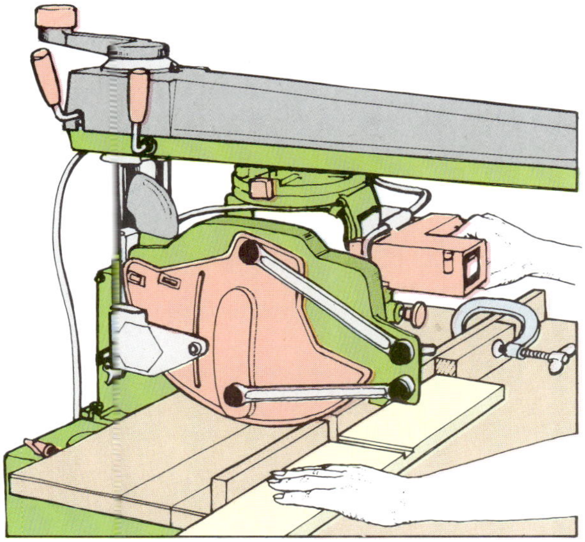

Utilisez une butée en bout afin de positionner correctement des emboîtements

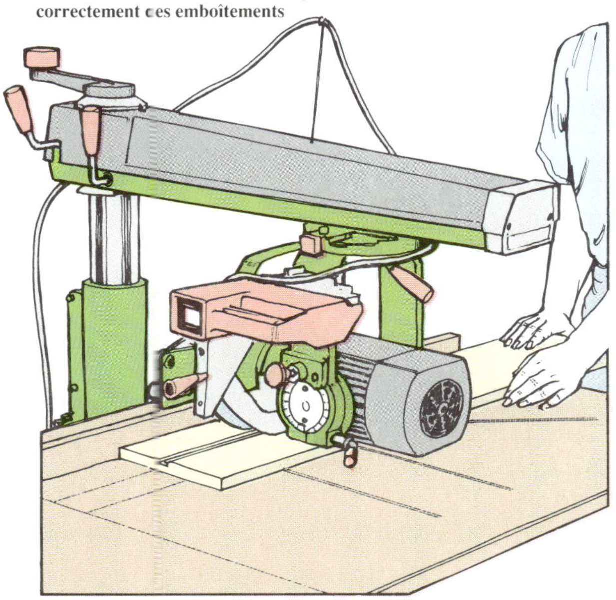

Une tête à rainurer taille une large rainure en une seule fois

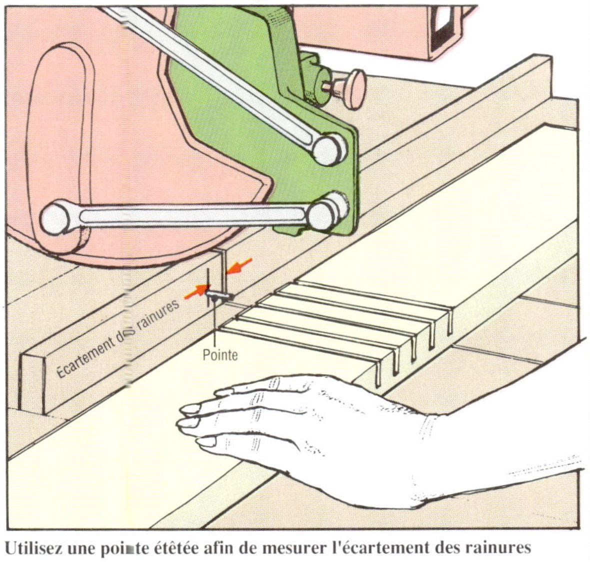

Utilisez une pointe étêtée afin de mesurer l'écartement des rainures

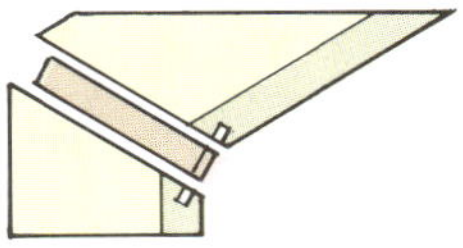

Assemblages bout à bout d'onglet
On utilise fréquemment une languette de contre-plaqué pour renforcer un assemblage d'onglet. Après avoir refendu deux biseaux droits, ajustez la profondeur de la lame, retournez la lame de bout en bout et taillez une fente dans chaque biseau pour la languette. Utilisez une cale afin de vous assurer que la fente est placée au même endroit sur chacun des biseaux.

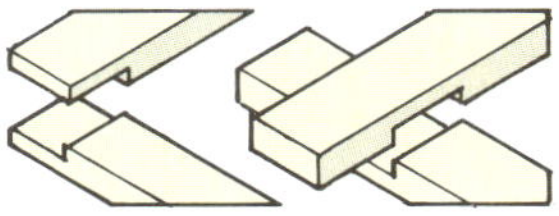

Assemblages à mi-bois
Pour effectuer un assemblage à mi-bois ou en croix à mi-bois, commencez par ajuster la lame pour qu'elle ne coupe qu'à la moitié de la pièce de bois, puis refendez les épaulements. Faites coulisser l'ouvrage contre la butée afin d'éliminer le rebut par coupes successives.

Utilisez une cale afin de répéter avec précision la découpe des épaulements. Lorsque vous découpez un assemblage en croix à mi-bois, placez des cales aux deux extrémités de la butée, une pour chaque ligne d'épaulement.

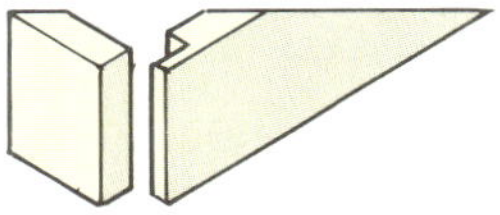

Assemblages à feuillure
Taillez d'équerre les deux éléments composant le joint, puis ajustez la profondeur de lame et découpez la feuillure de la même façon que l'épaulement d'un joint à mi-bois.

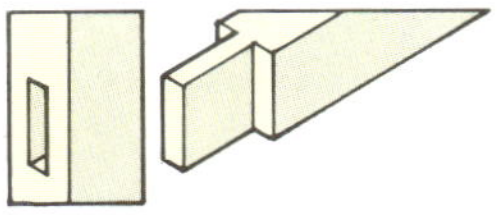

Découper des tenons
En maintenant la pièce de bois contre une cale, taillez un des côtés du tenon de la même façon qu'un joint à feuillure, puis retournez l'ouvrage et réitérez l'opération.

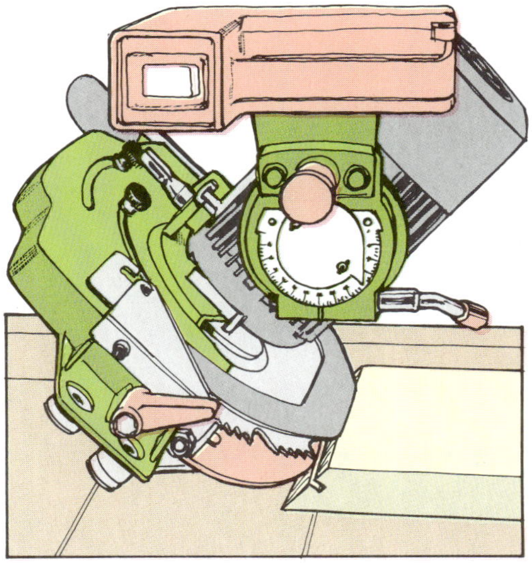

Taillez une fente pour une languette de renforcement d'onglet

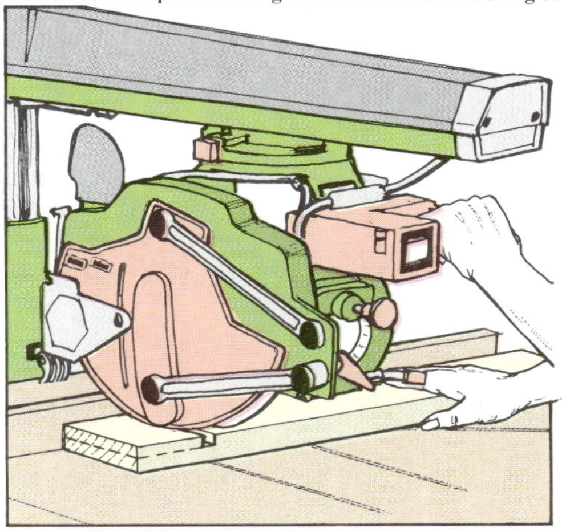

Taillez d'abord l'épaulement d'un assemblage à mi-bois, puis retirez le rebut

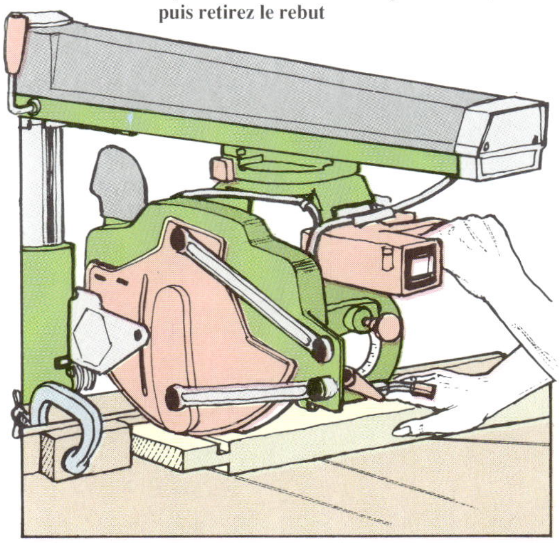

Utilisez une cale en bout afin de faciliter la découpe des deux côtés d'un tenon

PERCER AVEC UNE SCIE RADIALE

Vous pouvez transformer votre scie radiale en perceuse en installant un mandrin sur l'autre extrémité de l'arbre du boîtier-moteur, après avoir retiré la lame.

VOIR AUSSI

Consignes de sécurité pour les machines-outils 156

Consignes de sécurité 165

Têtes à moulurer 166

Percer sur une face

Pour percer la face d'une pièce de bois, ajustez la machine de façon à ce que le mandrin soit positionné face à la colonne. Fabriquez une butée suffisamment haute pour servir de soutien et surélevez la pièce à travailler sur un tasseau de bois. Utilisez une cale pour positionner l'ouvrage avec précision.

Fixez la pièce de bois au moyen d'un serre-joints, mettez le moteur en marche et faites avancer la perceuse en la faisant coulisser sur le bras (**1**). Percez une série de trous en ligne pour éliminer le rebut d'une mortaise.

Percer un chant

Pour percer un chant – par exemple pour insérer des goujons – positionnez le boîtier-moteur de façon à ce que le mandrin soit parallèle à la butée et fermez tous les leviers de serrage. Surélevez l'ouvrage sur une boîte fabriquée pour l'occasion, ou sur un tasseau, et faites-le avancer sur le foret en le maintenant contre la butée (2). Fixez une cale à la butée pour servir de guide de profondeur.

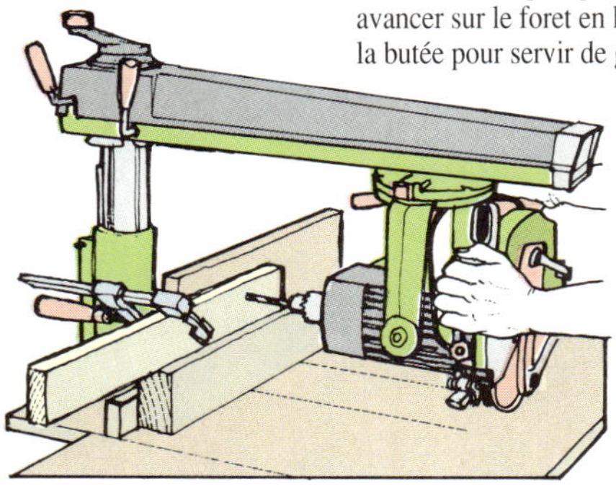

1 Avancez la perceuse vers les faces ou les chants

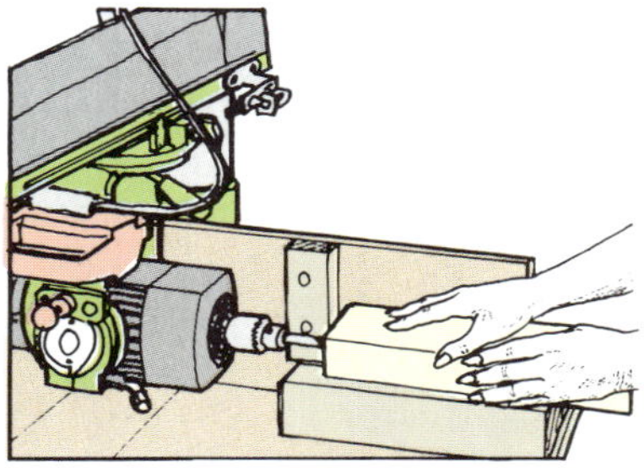

2 Avancez le bois de bout vers la perceuse

DÉFONÇAGE À LA SCIE RADIALE

Les scies radiales sont équipées d'appliques afin de pouvoir adapter une ou plusieurs marques de défonceuses.

La meilleure méthode pour effectuer des entailles arrêtées sur les montants d'une bibliothèque ou une rambarde d'escalier est de faire coulisser la défonceuse sur le bras de la scie.

Rainurez ou feuillurez une pièce de bois en la faisant coulisser contre la butée et sous une défonceuse maintenue en place par le levier de serrage de la scie. Il est plus difficile d'effectuer une rainure arrêtée, car il faut lever et abaisser la défonceuse en utilisant le levier d'ajustage de profondeur.

Lorsque vous moulurez ou feuillurez un chant, souvenez-vous d'alimenter la pièce de bois contre le sens de rotation du couteau.

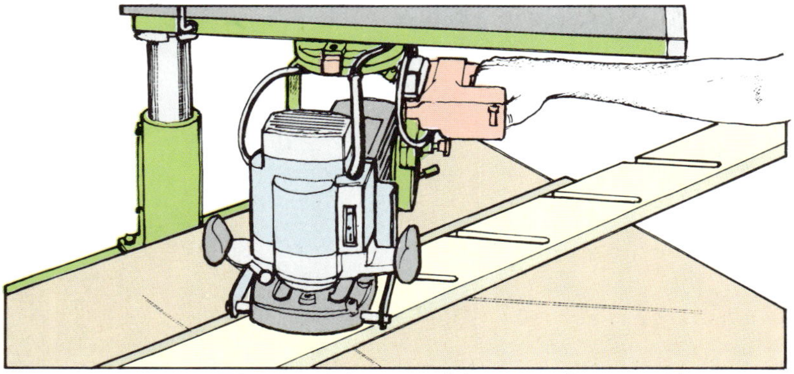

Taillez des emboîtements arrêtés avec une défonceuse mobile

UTILISATION DE LA TÊTE À MOULURER

Si vous voulez profiler une pièce de bois au moyen de la tête à moulurer, vous devez utiliser un protecteur spécial qui entoure les couteaux. Vous devez aussi fabriquer une butée en deux parties et redoubler de précaution afin de limiter les dangers. Il existe un très petit nombre de scies radiales équipées du protecteur vertical/horizontal que l'on peut trouver sur une moulurière. Il vous faudra donc probablement fabriquer un presseur à peigne pour bien maintenir une pièce de bois étroite contre la butée (voir ci-contre).

Conformez-vous toujours aux instructions fournies par le fabricant en ce qui concerne le montage de la machine et l'ajustage des couteaux sur la tête à moulurer, car un couteau mal ajusté peut causer un grave accident.

Fabrication d'un guide de profilage

Lorsque la tête à moulurer est montée horizontalement afin de pouvoir profiler le chant d'une pièce de bois, il faut utiliser un guide en deux parties à travers lequel débordent les couteaux. Serrez les deux parties du guide entre la table et la planche d'écartement, en les ajustant de façon à laisser suffisamment de dégagement pour les couteaux (1). Lorsque vous feuillurez ou que vous exécutez une moulure qui laisse le chant partiellement intact, les deux moitiés du guide doivent être alignées (2).

Pour exécuter une moulure profonde, les deux moitiés du guide doivent être décalées (3). La méthode la plus simple consiste à raboter deux pièces de bois à l'épaisseur que vous désirez moulurer. Placez une de ces pièces devant une moitié du guide et l'autre derrière l'autre moitié (4). Ajustez ces pièces à ras de la table.

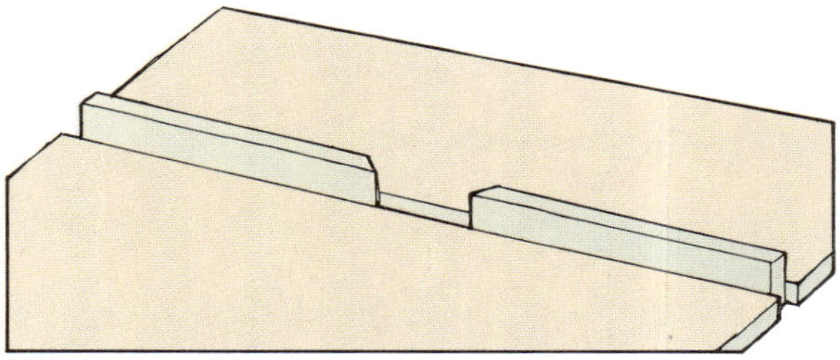

1 Fabriquez un guide en deux parties pour moulurer

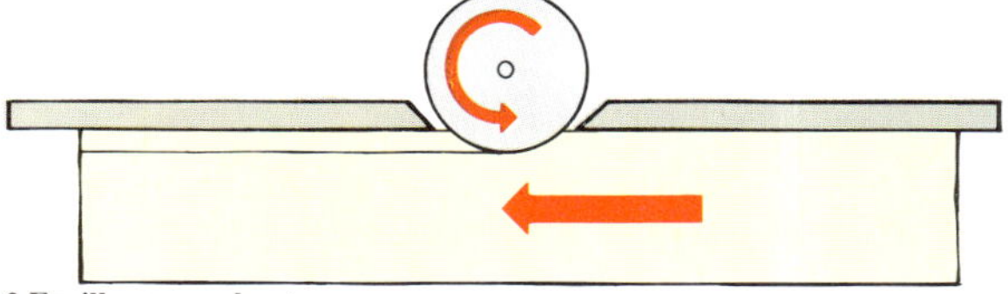

2 Feuillurer un chant

Lorsque l'on ne retire qu'une seule partie d'un chant, maintenir l'alignement entre les deux parties du guide.

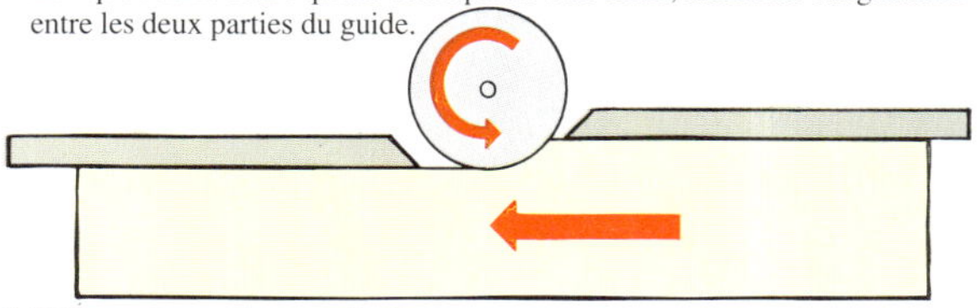

3 Tailler une moulure profonde

Décalez le guide de sortie afin de soutenir la partie moulurée de la pièce de bois.

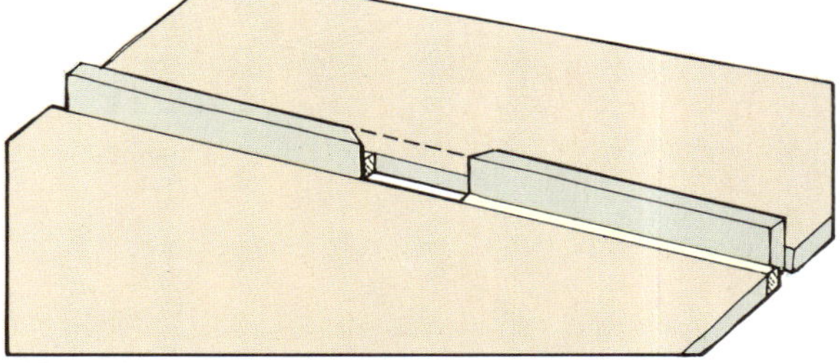

4 Maintenir décalé le guide en deux parties à l'aide de baguettes de bois

Ajustage de la hauteur des couteaux
En utilisant les manettes d'ajustage de la scie, vous pouvez ajuster la hauteur des couteaux pour moulurer une pièce de bois en surplomb (**1**). Néanmoins, moulurer par en dessous (**2**) comprend deux avantages. Premièrement, l'ouvrage protège l'utilisateur des couteaux. Deuxièmement, si l'ouvrage vient à sauter de la table de travail pour une raison quelconque, les couteaux ne risquent pas de l'endommager comme ils le feraient en position de surplomb. On positionne la lame sous l'ouvrage en taillant un trou dans la table de travail et la planche d'écartement ou en surélevant l'ouvrage.

Moulurer une planche large
Alimentez toujours la pièce de bois avec régularité et contre le sens de rotation de la tête à moulurer. Appuyez l'ouvrage contre la butée, les deux mains à plat sur sa surface – en prenant soin de ne pas les approcher de la tête. N'essayez pas d'éliminer une quantité trop importante de bois en une seule fois. Creusez une moulure profonde en exécutant deux ou trois coupes peu profondes et en réajustant la tête à moulurer après chaque passage.

Moulurer une planche étroite
N'alimentez pas avec les mains une étroite pièce de bois sur les couteaux. Fabriquez un presseur à peigne à la scie sauteuse ou à ruban, en taillant de longues queues incurvées sur le chant d'une pièce de bois. Fixez ce presseur à peigne sur la table de sorte que l'ouvrage puisse coulisser entre ses queues flexibles et le guide. Utilisez un poussoir pour alimenter la pièce de bois sur les couteaux. N'essayez pas de moulurer une pièce de bois trop étroite ; profilez plutôt le chant d'une pièce de bois plus large, puis sciez celle-ci aux dimensions voulues.

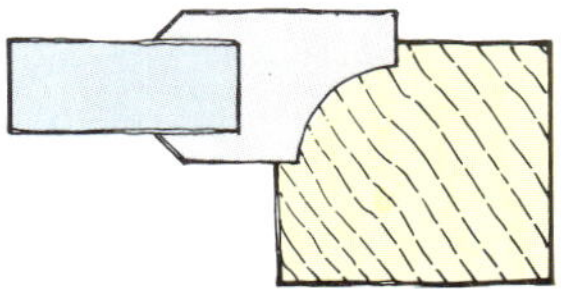
1 Moulurer en surplomb

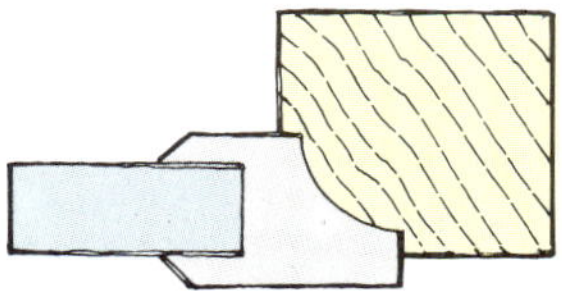
2 Moulurer par en dessous

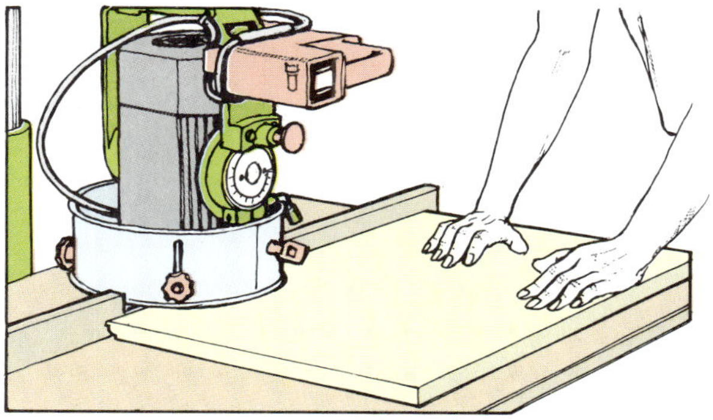
Moulurer une planche large
Alimentez l'ouvrage à la main.

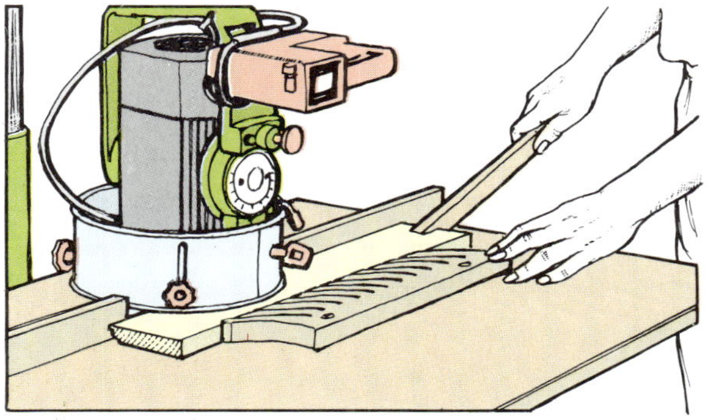
Moulurer une planche étroite
Utilisez un presseur à peigne pour maintenir l'ouvrage contre le guide.

PONÇAGE À LA SCIE RADIALE

Vous pouvez transformer votre scie radiale en une ponceuse extrêmement efficace, en installant un disque ou un tambour de ponçage au lieu de la lame.

Ponçage au tambour
Les petits tambours de ponçage que l'on peut adapter sur les scies radiales sont parfaits pour finir et profiler les chants d'une pièce de bois. On peut alimenter à main levée une pièce de bois concave sur un tambour de ponçage installé verticalement. Séparez la table et la planche d'écartement au moyen de tasseaux afin de créer une brèche dans laquelle vous pourrez abaisser le tambour afin de l'amener à niveau avec la table de travail. Inclinez le boîtier-moteur pour poncer un chant d'onglet.

Pour poncer une pièce de bois étroite, droite et à surface plane, positionnez le tambour horizontalement et alimentez la pièce de bois sous celui-ci.

Faites toujours passer votre ouvrage contre le sens de rotation du tambour, sinon il serait arraché de vos mains et éjecté de la machine.

Ponçage au disque
Pour poncer en bout, pivotez le bras vers un côté et abaissez le boîtier-moteur de façon à présenter le disque le long d'une rallonge de la table. Si vous n'avez pas la place suffisante pour installer une rallonge, surélevez l'ouvrage en le plaçant sur une boîte ou une plate-forme fabriquée pour la circonstance et posée sur la table de travail. Bloquez le bras à 90 degrés et ajustez le disque de façon à ce qu'il soit de niveau avec la plate-forme.

Travaillez toujours contre la partie inférieure du disque, afin que l'ouvrage soit maintenu sur la table. Poncez d'équerre ou selon un angle en vous appuyant sur un guide construit à cet effet, ou bien poncez directement à main levée.

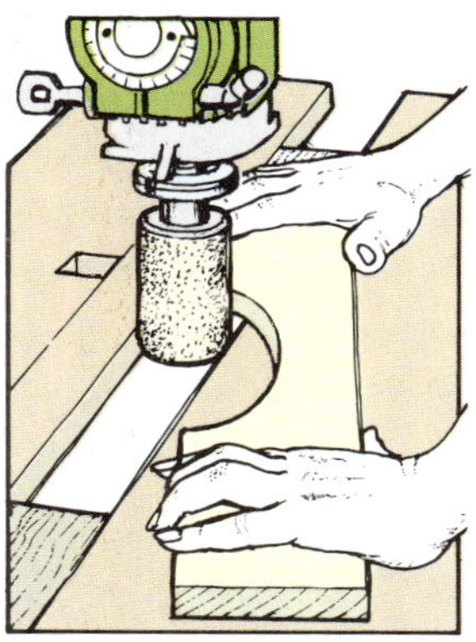
Ponçage de contour
Montez le tambour verticalement.

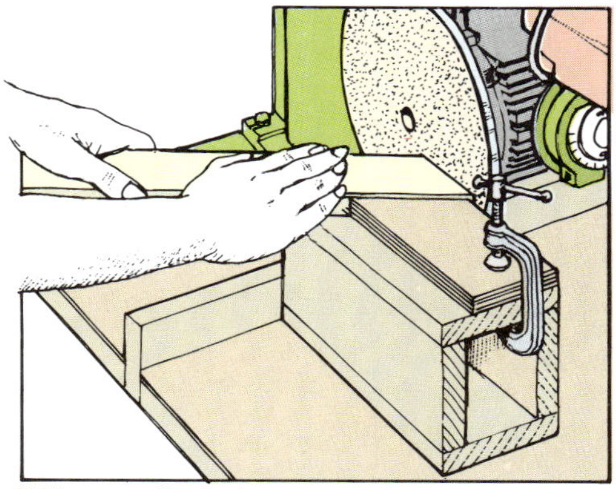
Utilisez un guide afin de poncer sur disque avec précision

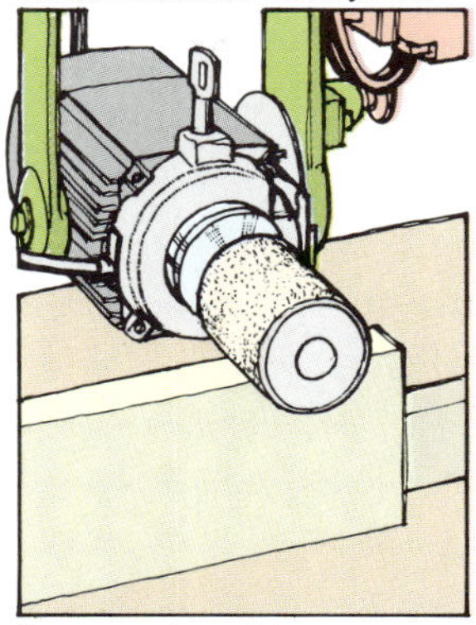
Poncer un chant d'équerre
Montez le tambour horizontalement

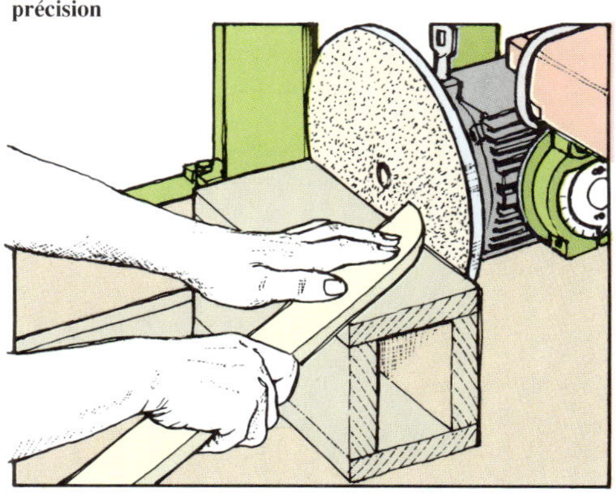
Profilez des pièces de bois cintrées à main levée

LES SCIES À RUBAN

La lame d'une scie à ruban est une boucle métallique continue entraînée par deux ou trois grands volants. Etant donné que la lame est entraînée vers le bas et vers la table de sciage, il n'y a pas de risques de la voir éjecter une pièce de bois vers l'utilisateur. Pour cette raison, beaucoup de menuisiers préfèrent la scie à ruban à la scie radiale, bien qu'elle ne tronçonne ni ne refende avec la même rapidité et la même précision. La scie à ruban possède aussi d'autres avantages : on peut s'en servir pour scier des pièces courbes, elle débite les pièces épaisses plus rapidement qu'aucune autre scie, son utilisation ne génère qu'une très petite quantité de poussière grâce au chemin extrêmement étroit qu'elle taille et elle coûte moins cher qu'une bonne scie circulaire à table. Une scie à ruban n'occupe qu'une très petite place et celles destinées aux ateliers de bricolage sont suffisamment légères pour être déplacées sans équipement particulier. Enfin, une bonne scie à ruban est plutôt silencieuse, ce qui est très avantageux si votre atelier est dans votre maison.

VOIR AUSSI

Consignes de sécurité	156
Remplacer les lames	175
Effectuer des découpes en courbe	176
Les poussoirs	177
Les aspirateurs de poussière	214

Profondeur de coupe
Beaucoup de scies à ruban sont vendues uniquement parce qu'elles permettent de débiter d'épaisses pièces de bois. La scie à ruban que l'on trouve couramment dans l'atelier d'un bricoleur peut débiter du bois d'une épaisseur atteignant 150 millimètres, mais les modèles légèrement plus chers ont une capacité de coupe maximale de 300 millimètres. Cette facilité fait de la scie à ruban la machine idéale pour débiter de grosses pièces de bois en planches et même en placages.

Largeur de coupe
La gorge de la scie à ruban – la distance qui sépare le bâti de la lame – détermine sa largeur de coupe maximale. Sur la plupart des machines, la taille de cette gorge varie entre 300 et 350 millimètres. Si vous pensez devoir débiter des pièces de bois plus larges, choisissez plutôt une des plus petites scies à ruban à usage industriel.

Vitesse de coupe
La vitesse de coupe est déterminée par la distance en mètres parcourue par une dent de la lame en une minute. Les vitesses de pointe varient considérablement d'une scie à l'autre, de 220 à 1 200 millimètres par minute. Sur certaines scies, on peut sélectionner une vitesse plus lente afin de couper des métaux et des plastiques industriels. Sur d'autres, on peut varier la vitesse entre des limites établies. Les fabricants recommandent généralement les vitesses les plus élevées pour couper le bois, mais soyez prêt à diminuer la vitesse si vous sentez qu'un bois très dense surtend la lame.

- **Moteur électrique**
Les scies à ruban conçues pour menuisiers amateurs sont équipées de moteurs électriques variant entre 250 et 750 W, ce qui est suffisamment puissant pour satisfaire les besoins de votre atelier.

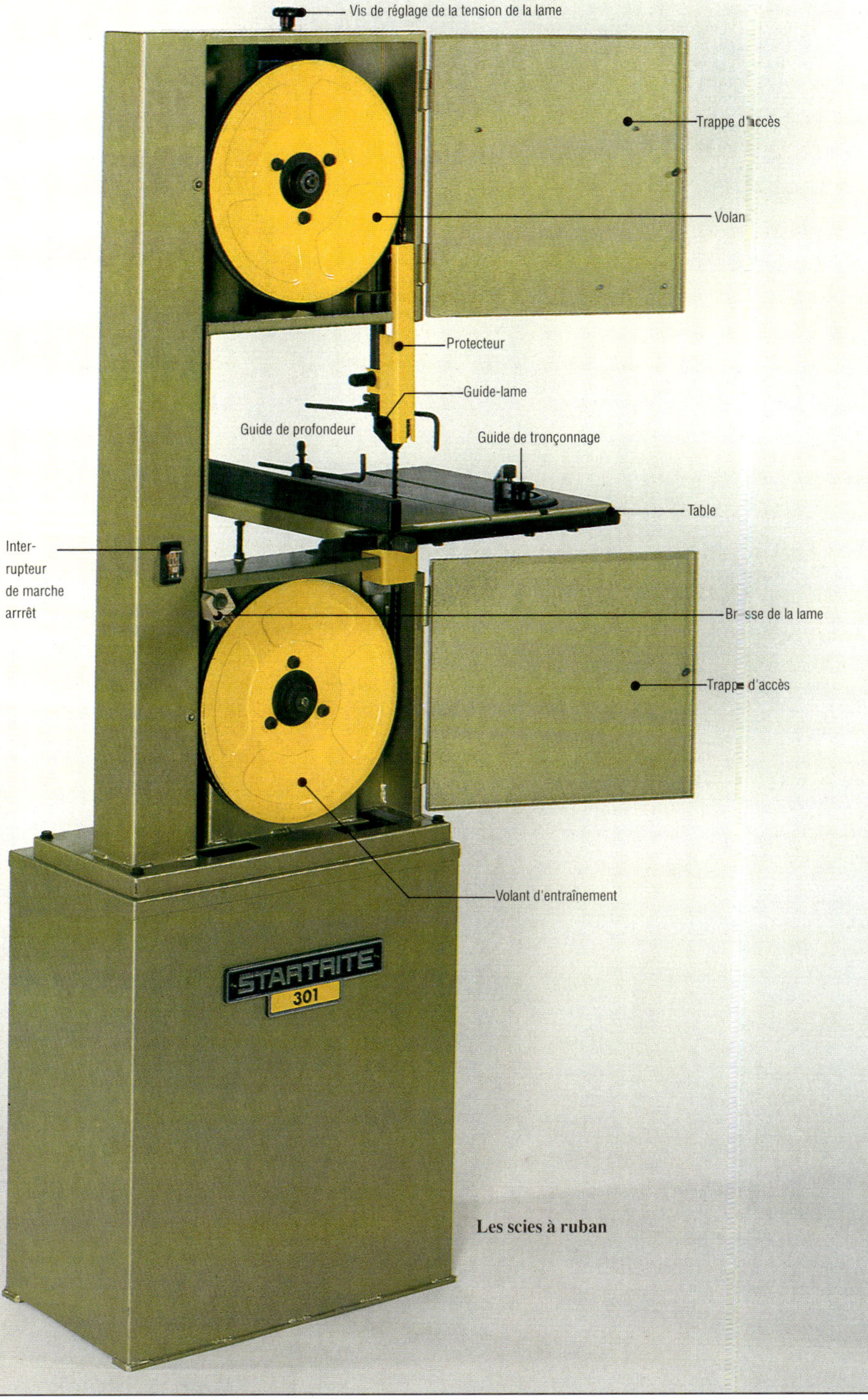

Les scies à ruban

Les volants

Toutes les scies sont équipées d'au moins deux volants pour le ruban, situés l'un directement au-dessus de l'autre. Le moteur entraîne le volant inférieur. Certaines scies sont équipées d'un troisième volant, ce qui a pour effet d'augmenter la largeur de la gorge, car la lame est entraînée sur un côté avant de retourner vers le volant supérieur. Les scies à ruban à trois volants ont tendance à surtendre les lames qui cassent plus souvent. Les jantes extérieures des volants sont garnies de caoutchouc, de liège ou de PVC afin de préserver la voie des lames.

Choisissez si possible une scie équipée d'un balai qui nettoie continuellement la poussière des volants lorsque la machine est en marche, car, si la poussière venait à s'accumuler, la lame patinerait. Cherchez aussi une scie dont les volants sont montés sur des supports hermétiques, car ils n'ont jamais besoin d'être lubrifiés.

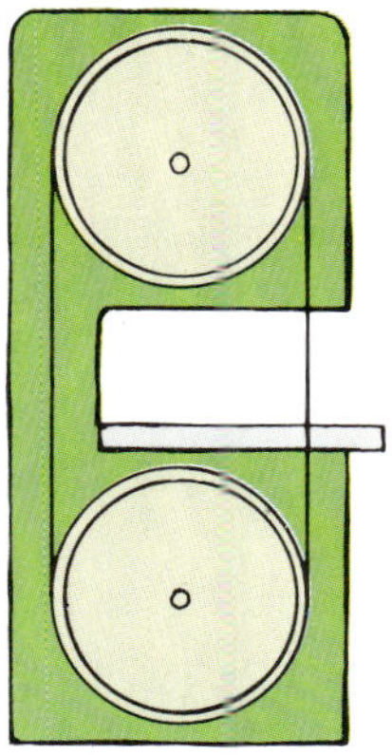

Scie à ruban à deux volants

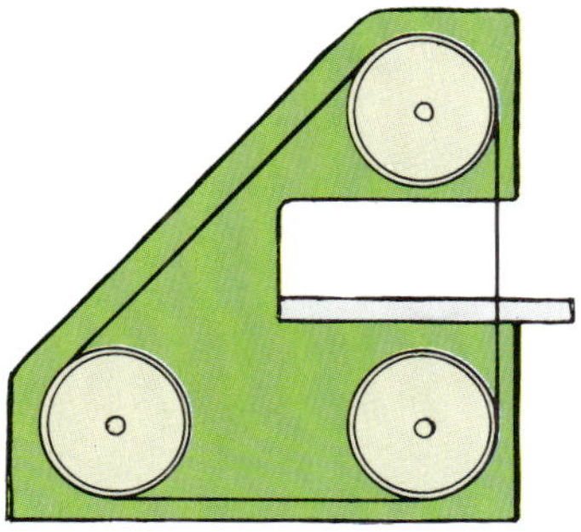

Scie à ruban à trois volants

Guide-lames

Des supports ou guide-lames soutiennent la lame de chaque côté, ceci afin de l'empêcher de se tordre ou de dérailler sous la pression exercée pendant une coupe. Un des guide-lames monté au-dessus de la table peut s'ajuster de haut en bas afin de s'adapter à l'épaisseur d'une pièce de bois, tandis que l'autre, fixe, est généralement situé sous la table. Les guide-lames doivent pouvoir être ajustés avec une très grande précision.

Tension et entraînement de la lame

La tension de la lame se règle généralement en déplaçant le volant supérieur de haut en bas. Certaines scies sont équipées d'une échelle de tension indiquant la tension adéquate pour chaque lame, mais il faut généralement se fier à l'expérience pour obtenir la tension parfaite. On peut aussi régler l'entraînement de la lame afin d'assurer qu'elle tourne bien sur le centre des volants.

Protecteurs de lames

A l'exception de la partie exposée, la totalité de la lame est enfermée par le carter de la machine. La partie apparente de la lame peut être recouverte par un protecteur ajustable verticalement.

Cadre de sciage

Les meilleures scies sont fabriquées avec un cadre d'acier rigide qui sert à résister à la très forte tension exercée sur la lame. Si ce cadre était flexible, la lame ne pourrait pas tourner franchement.

Table de sciage

La plupart des tables de sciage sont en fonte, en acier coulé ou en alliage d'aluminium. Elles sont usinées pour être parfaitement plates ou équipées de rainures pour permettre un dégagement plus rapide de la sciure de bois.

Toutes les tables des scies à ruban peuvent s'incliner à 45 degrés afin d'effectuer des coupes d'onglets et de tailler des biseaux. La surface moyenne d'une table varie entre 400 et 450 millimètres carré.

Guide de refendage

On effectue en refendage droit contre un court guide ajustable. Cependant, vous éprouverez une difficulté certaine à découper de très longues ou très profondes pièces de bois contre ce guide – auquel cas, prolongez-le en y fixant un guide en bois aux dimensions plus grandes. Vous apprécierez le fait que ce guide peut être monté des deux côtés de la lame, particulièrement lorsque vous exécutez un biseau ; la gravité aide à maintenir l'ouvrage contre le guide sur la table inclinée.

Certaines scies sont équipées d'un guide de profondeur, monté devant le guide de refendage et qui sert à tailler les tenons et les autres joints.

Guide de tronçonnage à calibre d'onglet

Un guide de tronçonnage à calibre d'onglet coulisse sur une rainure usinée sur la table. En ajustant l'angle de ce guide, vous pouvez tronçonner d'équerre ou d'onglet. Les guides de tronçonnage sont souvent trop courts et doivent être prolongés au moyen d'un tasseau afin de soutenir les grandes pièces de bois.

Interrupteur de marche-arrêt

Par mesure de sécurité, les interrupteurs de marche-arrêt sont quelquefois équipés d'une clé de contact. Sur certains modèles, le moteur est automatiquement coupé lorsque l'on ouvre les portes d'accès aux volants, afin d'éviter que la scie ne se mette en marche accidentellement lorsque les volants et la lame sont exposés.

Frein au pied

Les scies à ruban sans socle sont quelquefois équipées d'un frein permettant d'immobiliser la lame une fois que le moteur est arrêté.

Aspirateur de poussière

Un tuyau d'échappement pour la poussière peut être connecté à un système d'aspiration autonome.

CONSIGNES DE SÉCURITÉ

La scie à ruban est une machine relativement sans danger si toutefois vous respectez les consignes applicables à l'ensemble des machines-outils ainsi que les règles suivantes :

- Ajustez toujours les guide-lames et le protecteur de lame le plus près possible de l'ouvrage.
- N'alimentez pas une pièce de bois avec vos pouces directement dans la trajectoire de la lame. Utilisez un poussoir pour alimenter une pièce de bois étroite.
- Afin d'éviter que la lame ne déraille, ne retirez jamais une pièce de bois en cours de coupe sans avoir préalablement coupé le moteur.
- Si une lame se casse ou déraille pendant que vous effectuez une coupe, arrêtez immédiatement le moteur et reculez. N'ouvrez pas le carter tant que la machine ne s'est pas totalement immobilisée.
- Remplacez les lames émoussées ou abîmées avant d'avoir à exercer une pression trop forte sur une pièce de bois.
- Utilisez des gants lorsque vous pliez une lame de scie à ruban.

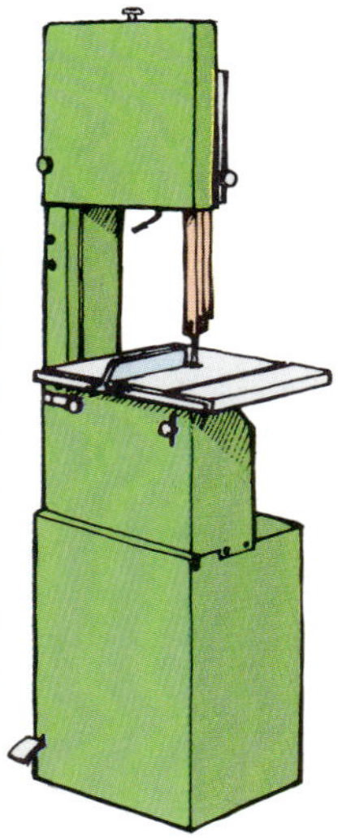

Scie à ruban sur pied

TYPES DE SCIES À RUBAN

Les plus grandes scies à ruban sont posées sur le sol et leur bâti est d'une seule pièce. Les modèles plus petits sont destinés à être placés sur un petit établi. Vous pouvez soit acheter soit fabriquer cet établi.

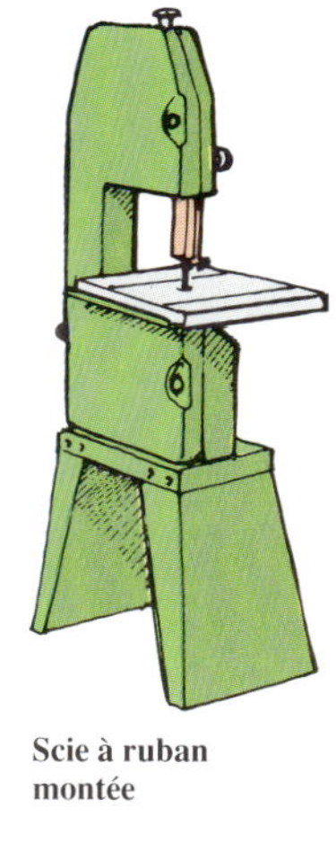

Scie à ruban montée

LAMES DE SCIES À RUBAN

Lorsque vous achetez une scie à ruban, elle sera probablement équipée d'une des lames les plus larges existant pour cette scie. Cependant, on fabrique une grande variété de lames pour chaque scie, et même si vous décidez de continuer à n'utiliser qu'une ou deux lames, cela peut vous être utile de connaître toutes les sortes de lames disponibles, dans l'éventualité d'être un jour confronté à une tâche précise que vos lames standard ne peuvent accomplir.

VOIR AUSSI
Consignes de sécurité 156
Les pièces de la scie à ruban 172
Consignes de sécurité 173

Matériau

Les lames de scie à ruban sont faites en acier flexible et avec un tranchant cassant qui cependant reste affûté et avoyé pendant très longtemps, même lorsqu'elles coupent des panneaux dérivés du bois. Les lames à tranchants durs ne peuvent être affûtées et doivent être jetées dès qu'elles commencent à s'émousser.

Bien que les lames en acier nickelé relativement tendre puissent être affûtées, avoyées et même soudées lorsqu'elles sont cassées, le prix des réparations professionnelles est tellement élevé qu'il est plus sage d'acheter des lames jetables.

Taille des dents

La taille des dents est calculée en fonction du nombre de dents qui tiennent dans une section de lame de 25 millimètres. Pour une même épaisseur, les bois durs, les panneaux de particules et les contre-plaqués nécessitent plus de dents par 25 millimètres que les bois tendres résineux. N'oubliez pas non plus que les petites dents ont tendance à déraper sur les bois tendres.

On obtient généralement le meilleur fini en alimentant lentement une pièce de bois sur une lame à dents relativement fines et tournant à grande vitesse. Pour couper plus vite, utilisez une lame à dents plus grandes et augmentez la vitesse de rotation de la lame et d'alimentation du bois.

Largeur de la lame

Selon le modèle de scie à ruban, la largeur des lames varie entre 3 et 20 millimètres. Les lames plus épaisses maintiennent mieux la rectitude de coupe que les lames étroites et sont généralement utilisées pour tailler des pièces de bois et des planches sur leurs longueurs. Lorsque vous taillez des pièces de bois courbes, choisissez la largeur de lame la mieux adaptée au rayon minimal.

Afin de ne pas perdre de temps à changer les lames, la plupart des menuisiers utilisent une lame de largeur moyenne qui sert pour un usage général.

Forme des dents

Les formes des dents varient pour s'adapter au résultat que l'on veut obtenir ; à savoir, une coupe rapide ou un fini propre.

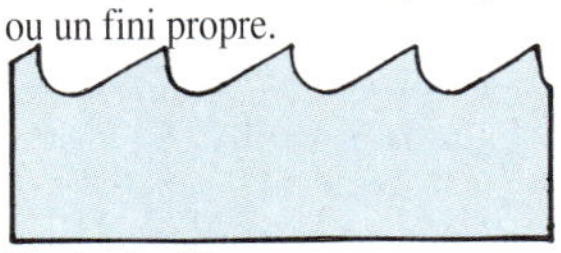

Dents régulières

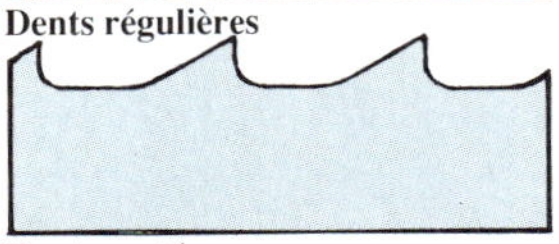

Dents sautées

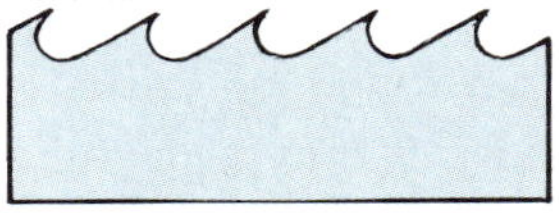

Dents baïonnette

Denture couchée. C'est le type de dents le plus courant que l'on trouve sur la plupart des lames de scies à ruban. Elle offre un fini délicat et précis sur presque toutes les planches de bois ou artificielles.

Denture gencive. La forme d'une denture gencive est la même que celle d'une denture couchée, mais chaque dent est séparée par une profonde rigole qui permet d'éliminer beaucoup de bois. Ce type de dents donne un aspect rugueux. Les lames à denture gencive sont particulièrement efficaces pour tailler d'épaisses pièces de bois.

Denture crochet. Ce type de dent offre ce que l'on appelle une « coupe positive », leurs pointes taillent l'ouvrage à un angle serré. Une denture crochet peut découper des matériaux durs à grande vitesse.

Avoyage des dents

Les dents des lames des scies à rubans sont avoyées latéralement afin de tailler une voie plus large que la lame, diminuant ainsi la friction causée par une coupe droite et permettant les coupes en courbe.

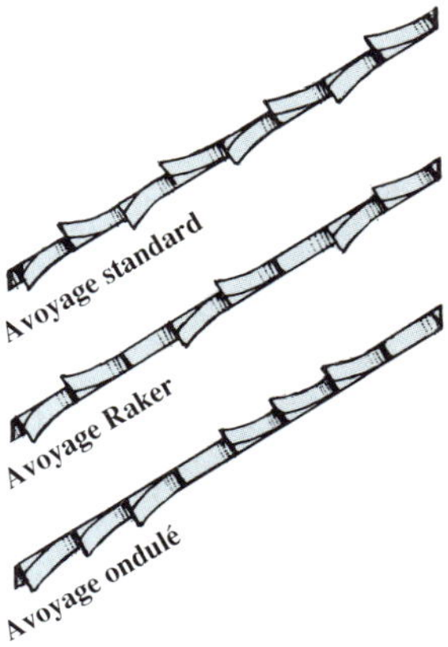

Avoyage standard. Les dents sont inclinées en alternance à gauche et à droite, comme sur la plupart des scies à bois.

Avoyage Raker. Les lames destinées principalement à effectuer des coupes en courbe ont des paires de dents normalement avoyées séparées par une dent non avoyée.

Avoyage ondulé. Les dents sont inclinées en groupe à droite et à gauche, formant ainsi un tranchant ondulé sur la lame. Ce type de lame est idéal pour découper des planches fines.

Ruban à usage particulier

Il peut vous arriver d'avoir à découper des matériaux pour lesquels il faut employer des rubans à usage particulier, plutôt que des lames à dents. Ces rubans s'ajustent de la même façon qu'une lame standard, à l'exception du ruban abrasif qui est soutenu par une plaque rigide.

Ruban à tranchant couteau

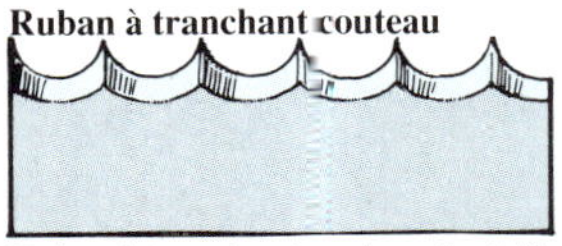

Ruban à tranchant couteau dentelé

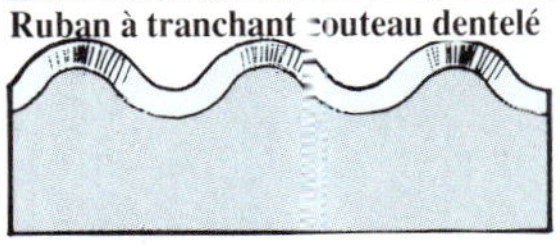

Ruban ondulé

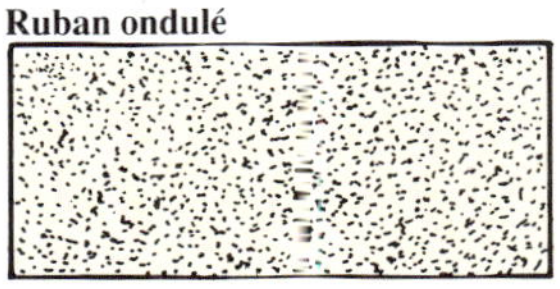

Ruban abrasif

Ruban à tranchant couteau. Pour découper des rembourrages, des tissus et du liège, utilisez un ruban à tranchant couteau droit, dentelé ou ondulé

Ruban abrasif. Ces rubans sont étroits, flexibles et recouverts de matériau abrasif pour profiler et poncer des chants droits ou courbés.

GUIDE DE LARGEUR DES RUBANS

Choisissez la largeur d'un ruban de façon qu'elle corresponde au rayon minimal d'une découpe en courbe.

Largeur de la lame	mm	3	6	10	12	15	20
	in	1/8	1/4	3/8	1/2	5/8	3/4
Rayon minimum	mm	8	25	38	62	100	136
	in	5/16	1	1 1/2	2 1/2	–	5 1/2

CHANGER UNE LAME DE SCIE À RUBAN

Que ce soit pour changer une lame parce qu'elle est émoussée ou pour la remplacer par une lame de largeur ou de forme de dents différente, la procédure est la même.

Changement de la lame

Pour changer une lame, commencez par retirer le guide de refendage et le protecteur, puis le guide-lames. Abaissez le volant supérieur au moyen de la poignée de réglage de tension et retirez la lame de la machine.

Placez la nouvelle lame sur le volant supérieur, puis sur le volant inférieur en tournant ceux-ci très légèrement. Les lames de la scie doivent être face à vous et pointer vers le bas et la table de sciage.

Tendez juste un peu la lame afin qu'elle soit rigide, puis vérifiez l'entraînement en tournant les volants à la main. Les scieurs professionnels préfèrent placer la lame près du bord avant du volant (1), mais il est plus prudent de bien la centrer (2). Conformez-vous néanmoins aux instructions fournies par le fabricant en ce qui concerne l'entraînement de la lame. Ajustez le mécanisme d'entraînement jusqu'à ce que la lame tourne avec facilité. Levez le volant supérieur jusqu'à ce que l'échelle indique la tension adéquate, ou bien à défaut jusqu'à ce que la partie exposée ne puisse pas être fléchie de plus de 6 millimètres de chaque côté.

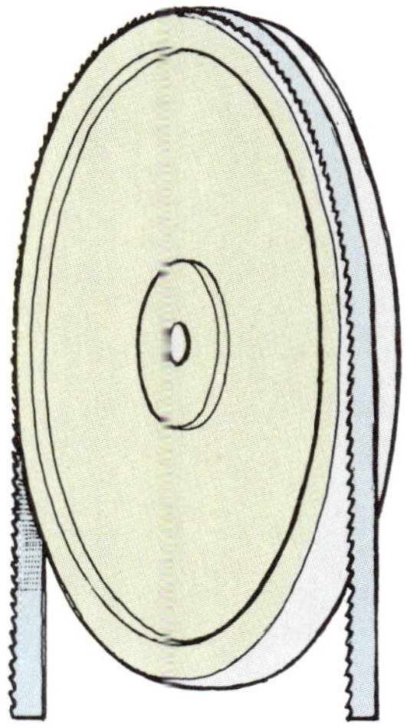

1 Certains scieurs préfèrent placer le ruban sur le bord avant du volant

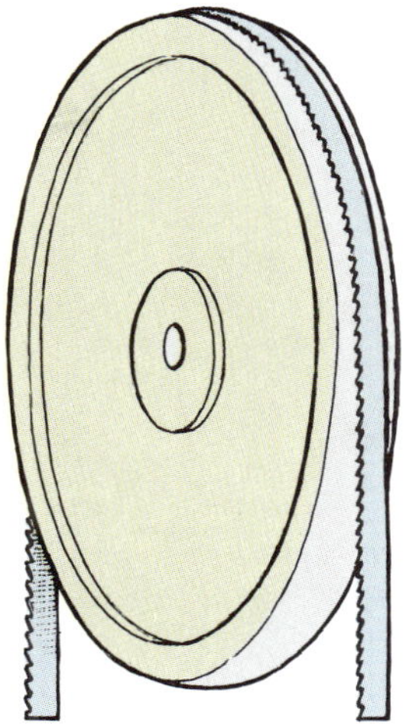

2 Il est plus sûr de bien centrer le ruban sur les volants

Ajustage des guide-lames

Ajustez les deux guide-lames de façon identique. Commencez par aligner le support d'entraînement sur le dos de la lame, en laissant le moins d'écartement possible afin que le contact ne se fasse que lorsqu'une pression est exercée sur la lame.

Ajustez ensuite les supports latéraux en ne laissant qu'un espace de l'épaisseur d'une feuille de papier de chaque côté de la lame (3). Chaque support doit être aligné sur la racine des dents lorsque la lame est en mouvement (4). Si vous avancez trop les supports, ils détruiront l'avoyage de la lame.

Terminez en replaçant la protection, puis refermez les portes d'accès aux volants et réajustez le guide de refendage avant de remettre le moteur en marche.

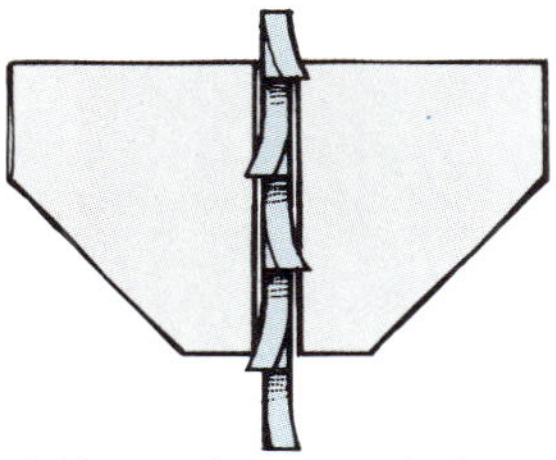

2 Ajustage des supports latéraux
Laissez un petit jour de chaque côté de la lame

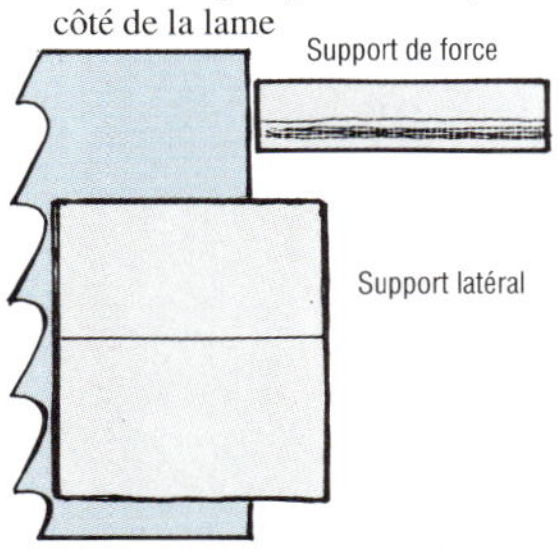

4 Ajuster les supports sur les racines des dents

PLIAGE D'UNE LAME DE SCIE À RUBAN

Rangez les lames de scies à ruban en les pliant en trois boucles et en les accrochant à des crochets sur les murs de votre atelier. Jusqu'à ce que vous ayez acquis le tour de main nécessaire pour plier une lame, utilisez des gants afin de protéger vos mains et poignets. Tenez un des côtés de l'anneau formé par la lame dans chacune de vos mains, les dents s'éloignant de vous, et maintenez légèrement la lame avec un pied (1). Ramenez vos mains et laissez la partie supérieure de l'anneau se pencher vers le sol en formant une boucle (2). Repliez la lame sur elle-même afin de former trois boucles (3), et laissez-la tomber sur le sol avec légèreté.

Pour déplier une lame, tenez-la fermement et séparez lentement les anneaux jusqu'à ce que la lame reforme par ressort l'anneau initial.

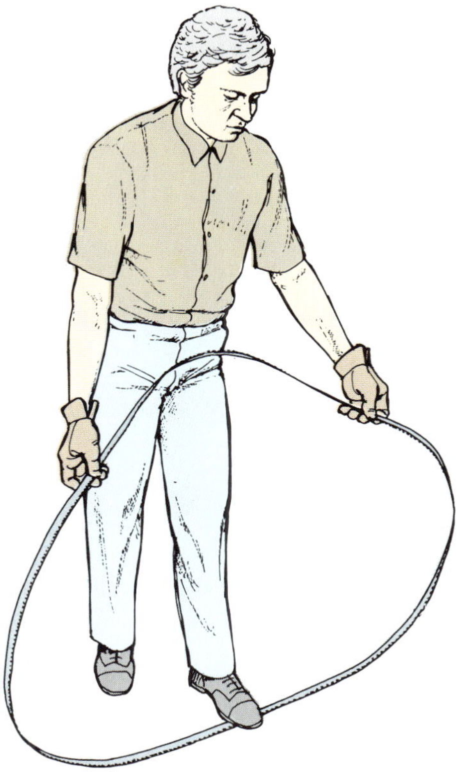

1 Tenez le ruban à deux mains, et maintenez-le avec votre pied

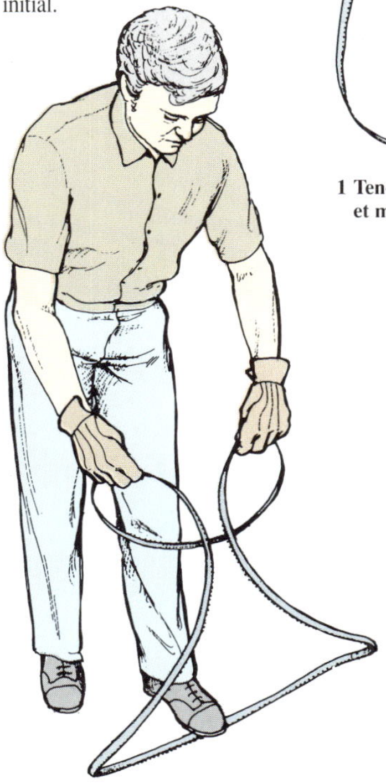

2 Ramenez vos deux mains de façon à former une boucle

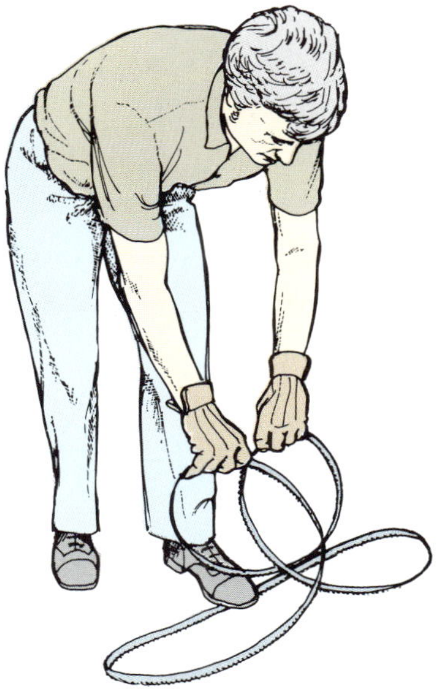

3 Croisez le ruban de façon à former trois boucles et laissez-le tomber

EFFECTUER DES DÉCOUPES COURBES SUR UNE SCIE À RUBAN

Si la lame est bien affûtée et avoyée, il est facile de scier une pièce à main levée, en suivant un trait de sciage. Si la lame est émoussée ou endommagée, elle aura tendance à dévier, et vous aurez constamment à corriger sa trajectoire, ce qui ne lui fait aucun bien. Choisissez la largeur de la lame en fonction du rayon minimal que vous désirez découper et organisez votre travail de façon que le corps de l'ouvrage puisse passer dans la gorge de la scie.

VOIR AUSSI

Consignes de sécurité	156
Consignes de sécurité	173
Guide de largeur des rubans	174
Guide-lames	175
Tailler des mortaises	186/187
Ponçage en bout	191

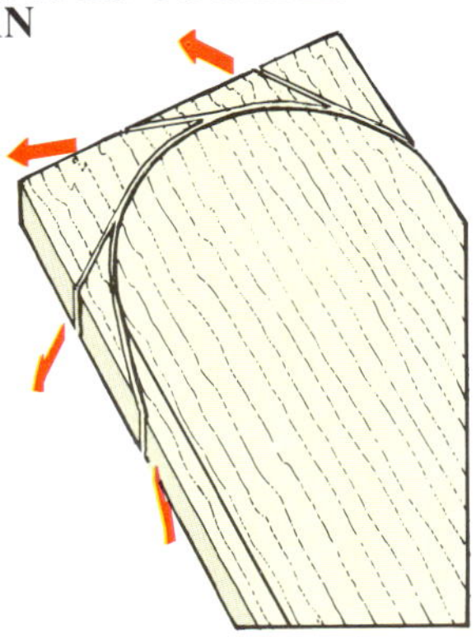

2 Tailler une courbe serrée
Éliminez le rebut par sections.

Exécuter une courbe à main levée

Alimentez l'ouvrage sur la lame à un rythme régulier et du côté rebut du trait de sciage et suivez la courbe en faisant attention de ne pas tordre la lame dans le chemin. Lorsque la lame arrive en fin de coupe, prenez garde de ne pas approcher vos mains du tranchant et, si besoin est, placez une main derrière l'ouvrage afin de le guider (1).

Si la lame commence à se plier alors que vous négociez une courbe serrée, ne la retirez pas ; faites-la plutôt sortir du trait de sciage à travers le rebut, puis recommencez la coupe. Vous aurez peut-être à réitérer ce procédé plusieurs fois pour compléter une coupe en courbe (2).

Si vous savez par avance qu'il sera impossible d'effectuer la coupe en une seule fois, exécutez des coupes de dégagement dans le rebut afin qu'il tombe en petites sections au fur et à mesure de la coupe (3). Vous pouvez aussi percer des trous de dégagement à des points stratégiques, ce qui vous permet de tourner la lame dans la direction voulue (4). Si vous n'avez pas de dégagement pour la lame, éteignez le moteur et retirez-la lentement en la faisant reculer dans la voie.

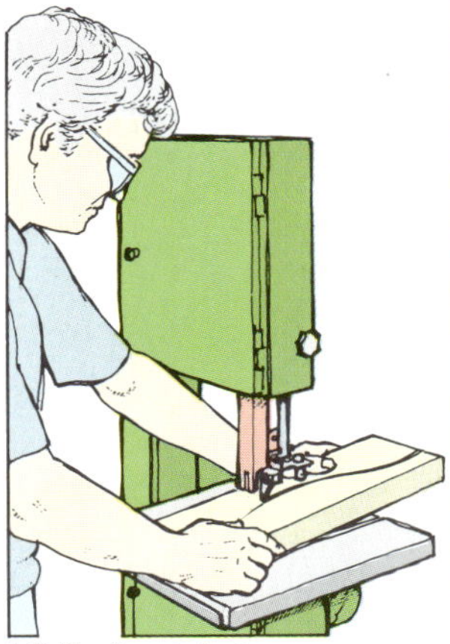

1 Tailler à main levée
Guidez l'ouvrage à deux mains.

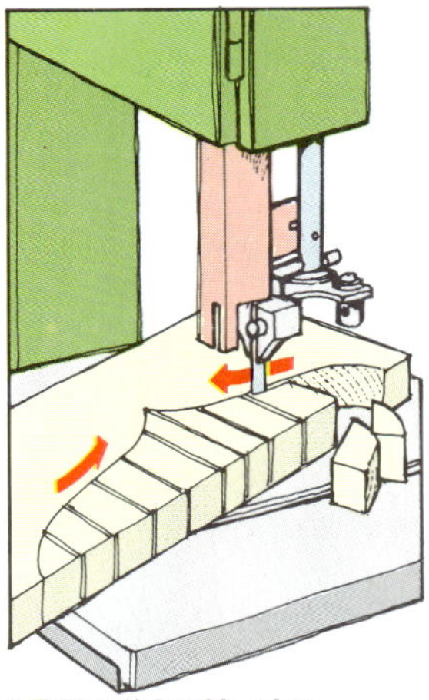

3 Taillez d'abord le rebut
Le rebut tombera au fur et à mesure que la courbe est taillée.

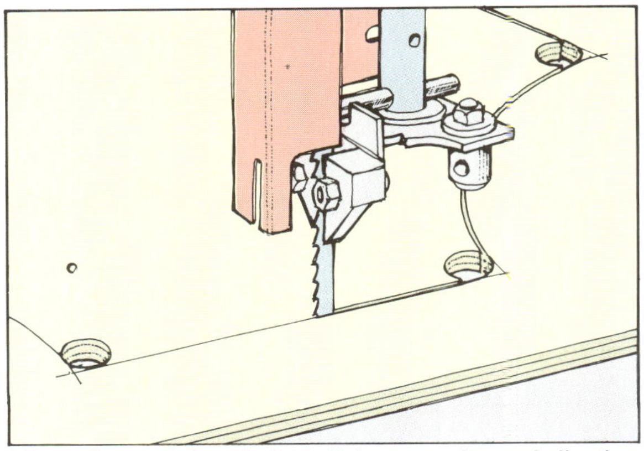

4 Percez des trous à des endroits stratégiques pour changer de direction

Effectuer des coupes en courbes parallèles

Les pièces de bois courbes ont souvent des côtés parallèles. Pour vous aider à tailler une courbe parallèlement à une autre, arrondissez l'extrémité d'une pièce de bois et fixez celle-ci sur la table, en laissant un espacement par rapport à la lame correspondant à l'épaisseur que vous voulez donner à l'ouvrage. Faites glisser la courbe contre l'arrondi de la pièce de bois, tout en faisant suivre le trait de sciage par la lame.

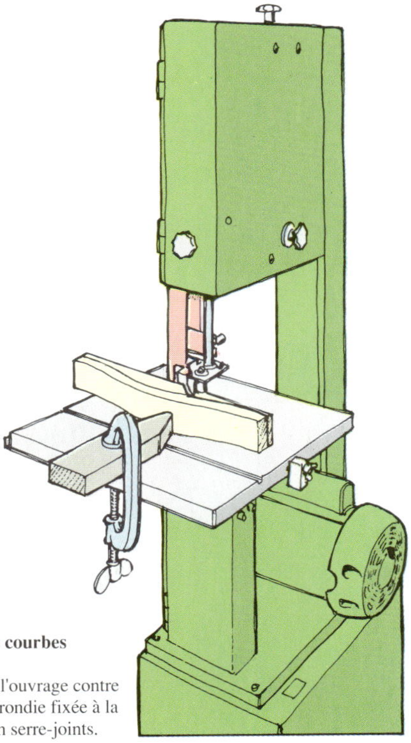

Tailler des courbes parallèles
Alimentez l'ouvrage contre une cale arrondie fixée à la table par un serre-joints.

Découper des pièces identiques

Pour découper des pièces identiques, corroyez plusieurs pièces de bois et clouez-les ensemble. En suivant le trait de sciage tracé sur la première pièce, découpez-les toutes en une seule fois.

Effectuer des coupes composées sur une scie à ruban

Pour découper des courbes composées sur une pièce de bois, (un pied de table, par exemple), marquez les traits de sciage sur deux côtés adjacents d'une pièce corroyée. Effectuez la première coupe à main levée, puis repositionnez le rebut avec du ruban adhésif. Faites pivoter la pièce sur 90 degrés puis effectuez la seconde coupe.

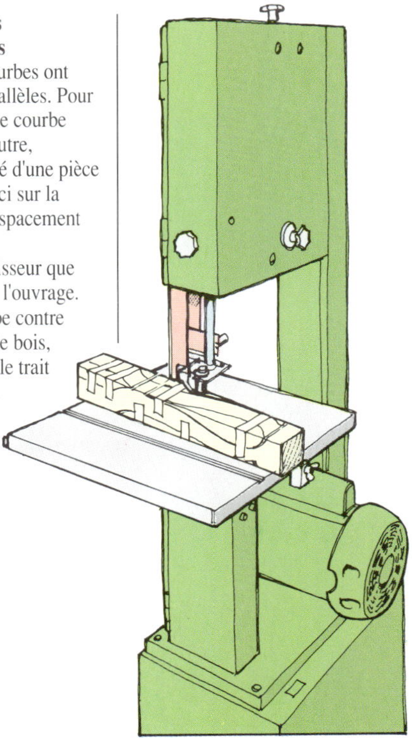

Tailler un pied cabriolet
Collez le rebut avec du ruban adhésif avant d'effectuer la seconde coupe.

DÉLIGNAGE SUR UNE SCIE À RUBAN

Déligner parallèlement à un chant est une opération franche, mais si la lame n'est pas parfaitement affûtée et avoyée, elle aura tendance à dévier du trait de sciage, même si votre ouvrage est appuyé contre un guide de refendage. Assurez-vous que les guide-lames sont bien ajustés et que l'entraînement de la lame se déroule bien.

Déligner contre un guide de refendage
En appuyant l'ouvrage contre le guide de refendage, ajustez celui-ci jusqu'à ce que la lame soit positionnée sur le côté rebut du trait de sciage. Mettez la machine en marche et alimentez l'ouvrage à un rythme régulier, sans jamais le forcer et en le maintenant appuyé contre le guide.

Terminez la découpe d'une étroite pièce de bois en vous aidant d'un poussoir que vous positionnerez en diagonale du guide.

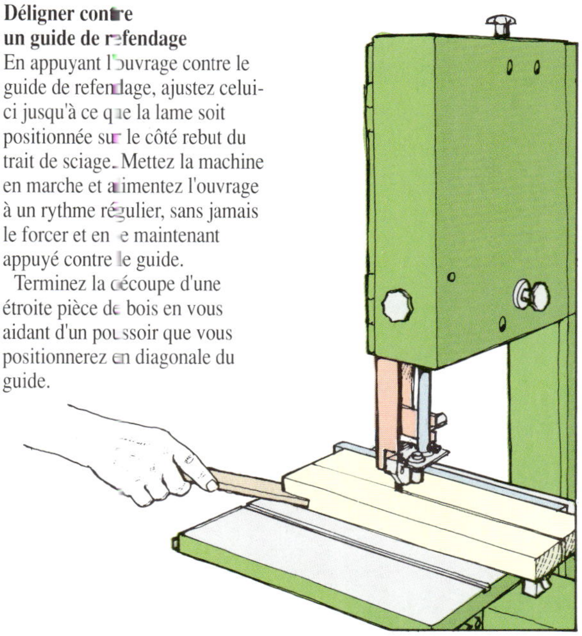

Déligner contre le guide

Délignage contre une butée
Si la lame s'obstine à dévier du trait de sciage, même si vous utilisez le guide, aidez-vous d'un gabarit semblable à celui utilisé pour effectuer une coupe parallèle. Fixez ce gabarit à la table de sciage en laissant l'écartement voulu par rapport à la lame et refendez à main levée afin de pouvoir corriger les déviations latérales en modifiant la direction d'alimentation.

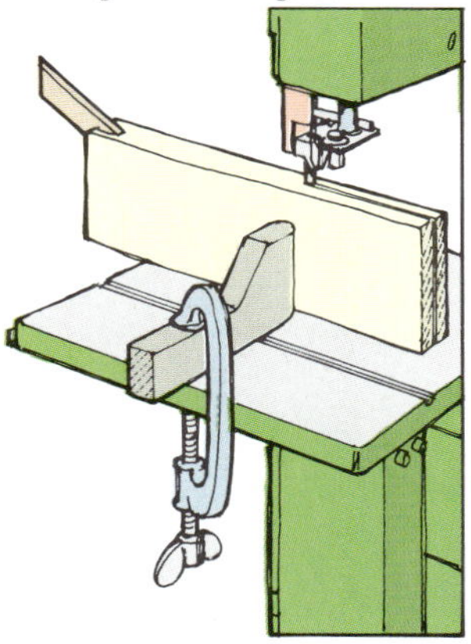

Déligner contre une cale arrondie

Dédoublage d'une pièce de bois
Lorsque vous débitez une pièce de bois en planches plus fines, utilisez une lame large, ainsi que le guide de refendage ou la butée de guidage. Maintenez l'ouvrage contre le guide au moyen d'une pièce de rebut et alimentez-le avec un poussoir.

Délignage en biseau
Inclinez la table et positionnez le guide de refendage sous la lame pour tailler un chanfrein le long d'une pièce de bois. Si vous ne pouvez pas positionner le guide de refendage sous la lame, fixez un guide temporaire en bois sur la table pour refendre en biseau.

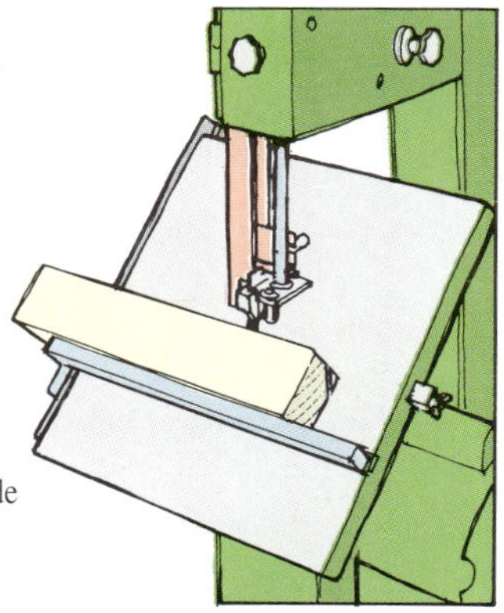

Tailler des chanfreins
Inclinez la table.

TRONÇONNAGE SUR UNE SCIE À RUBAN

Vous pouvez effectuer un tronçonnage relativement précis sur une scie à ruban, mais la qualité du fini sera inférieure à celle obtenue avec une scie circulaire à table. Si c'est l'aspect du fini qui est important, il vous faudra raboter ou poncer en bout.

Maintenez l'ouvrage fermement contre le guide de tronçonnage et alimentez-le sur la lame en faisant coulisser le guide sur la rainure usinée sur la table. Ne tentez jamais de forcer la pièce de bois, car la lame se tordrait. Fixez une cale sur le guide de refendage si vous désirez découper plusieurs chutes identiques (1). Pour refendre plusieurs pièces de bois à la même longueur, prolongez le guide de tronçonnage au moyen d'un tasseau de bois et fixez-y une cale. Butez le bout d'équerre des pièces de bois contre cette cale et effectuez la coupe (2). Effectuez une coupe d'onglet en ajustant l'angle du guide. Pour effectuer une coupe d'onglet intégré, inclinez aussi la table.

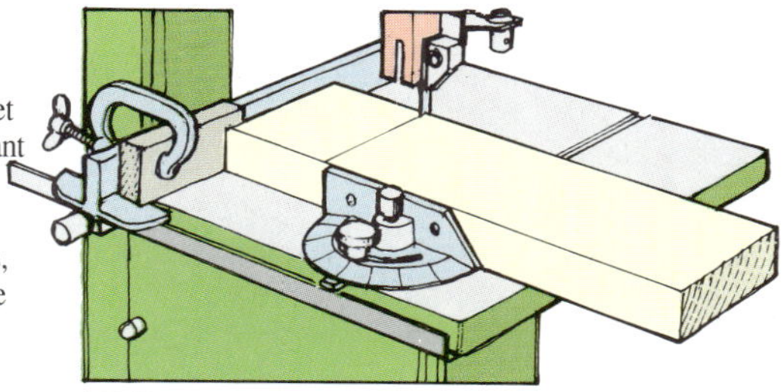

1 Tailler des chutes identiques

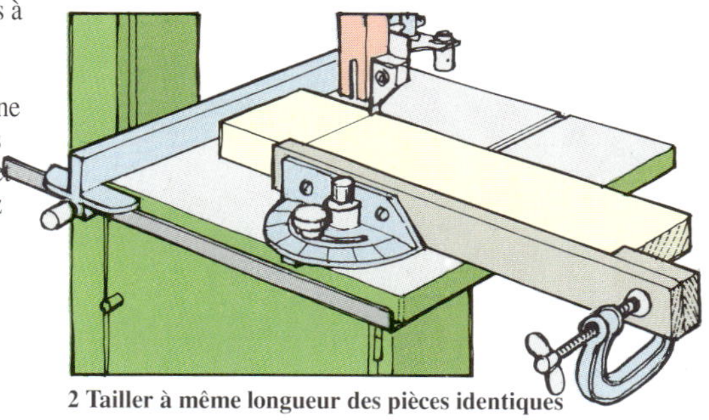

2 Tailler à même longueur des pièces identiques

DÉCOUPER DES ASSEMBLAGES SUR UNE SCIE À RUBAN

Tous les assemblages à languettes – tenon, assemblage à feuillure, assemblage à mi-bois, assemblage en croix à mi-bois et ainsi de suite –, peuvent être découpés de la même façon. La méthode employée pour découper un tenon illustre ce principe. Afin d'éviter de reculer d'un chemin profond, commencez toujours par découper les épaulements, de façon que les rebuts tombent lorsque vous effectuez la coupe en longueur.

En vous servant d'une cale fixée sur le guide de refendage, taillez les épaulements d'un tenon. Ajustez le guide de refendage pour tailler les côtés du tenon, de façon que les rebuts soient de votre côté. Ajustez le guide de profondeur pour compléter la découpe jusqu'aux lignes des épaulements. Si votre scie ne comporte pas de guide de profondeur, fixez une cale sur le guide de refendage à l'avant de l'ouvrage. Afin de vous assurer que le tenon est bien centré, taillez d'abord un de ses côtés, puis retournez l'ouvrage pour tailler l'autre.

Tailler un tenon
Ajustez le guide de profondeur afin de compléter la coupe sur la ligne d'épaulement du tenon.

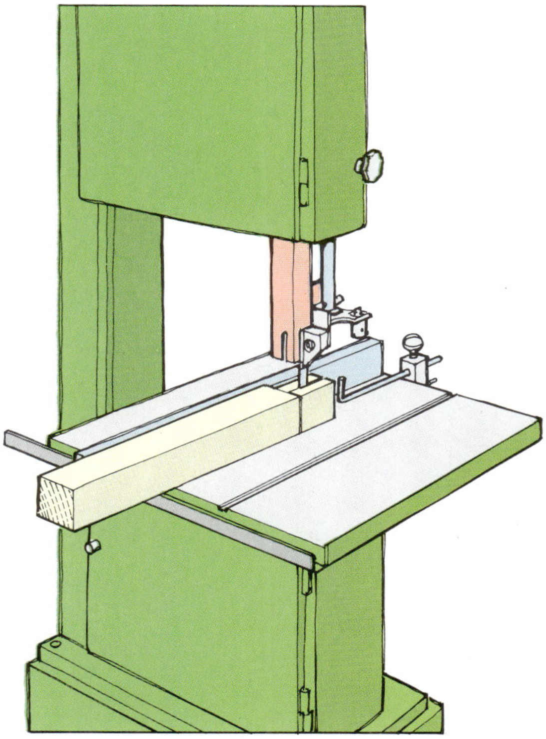

LES SCIES À DÉCOUPER

On associe généralement les scies à découper avec le modélisme et les travaux légers, mais les meilleures scies peuvent facilement découper des pièces de bois relativement épaisses tout en offrant un fini remarquable. Le mouvement alternatif des scies à découper est le même que celui des scies sauteuses, mais les scies à découper laissent vos deux mains libres, vous permettant ainsi de guider l'ouvrage avec beaucoup de précision et de couper, si besoin est, des courbes extrêmement serrées. La très grande popularité de la scie à découper tient aussi à sa réputation de sécurité. Si vous utilisez cette scie avec précaution, tout en respectant les consignes de sécurité applicables à l'ensemble des machines-outils, il est presque impossible qu'un accident survienne. La plupart des scies à découper sont conçues pour être fixées sur un établi à une hauteur adéquate pour travailler debout. Assurez-vous cependant de la solidité de l'établi.

VOIR AUSSI

Les scies à découper	84
Les scies à découper à archet profond	84
Consignes de sécurité	156
Masques faciaux	214

Profondeur de coupe
Même une scie à découper de faible puissance peut découper une pièce de bois d'une épaisseur de 50 millimètres, et les scies plus puissantes peuvent découper des pièces de bois deux fois plus épaisses.

Table
Qu'elle soit en alliage de fonte ou en acier coulé, la table doit avant tout être plate et rigide. Presque toutes les tables peuvent être inclinées pour effectuer des coupes en biseau, et certaines peuvent aussi être abaissées ou élevées afin d'utiliser une autre section de la lame lorsque celle-ci est partiellement usée.

Gorge
La gorge d'une scie à découper – la distance entre la lame et le bâti – détermine la largeur de coupe maximale. La gorge d'une petite scie est d'à peu près 380 millimètres, mais il existe des scies plus grandes qui peuvent découper des planches d'une largeur atteignant 600 millimètres. De toute façon, les lames peuvent être tournées sur 45 ou 90 degrés pour tailler de longues pièces de bois.

Course de coupe
Même si une scie à découper peut débiter des pièces de bois relativement épaisses, la course de coupe – le mouvement vertical de la lame – est plutôt courte. En conséquence, si vous découpez une grande quantité de matériaux fins, la portion de la lame située juste au-dessus de la table s'émoussera rapidement, alors que le reste de la lame sera intact. Pour mieux profiter de la lame, surélevez votre ouvrage en le plaçant sur une plaque de panneau de particules ou de contre-plaqué épais de 18 millimètres et recouvrant la table.

Manchon de tension
Les lames qui équipent les scies à découper sont extrêmement fines et doivent être tendues afin d'éviter qu'elles ne plient lorsqu'elles supportent un poids. Cette tension est obtenue au moyen d'un puissant ressort de tension qui agit sur une des extrémités de la lame. Sur certaines scies, cette tension peut être ajustée en fonction de la taille de la lame.

- **Moteur électrique**
  Le minuscule moteur à induction de 100 W qui entraîne la scie à découper est capable de générer une vitesse de lame allant de 2 800 à 5 750 coups par minute. Certaines scies à découper sont équipées de variateurs de vitesse.

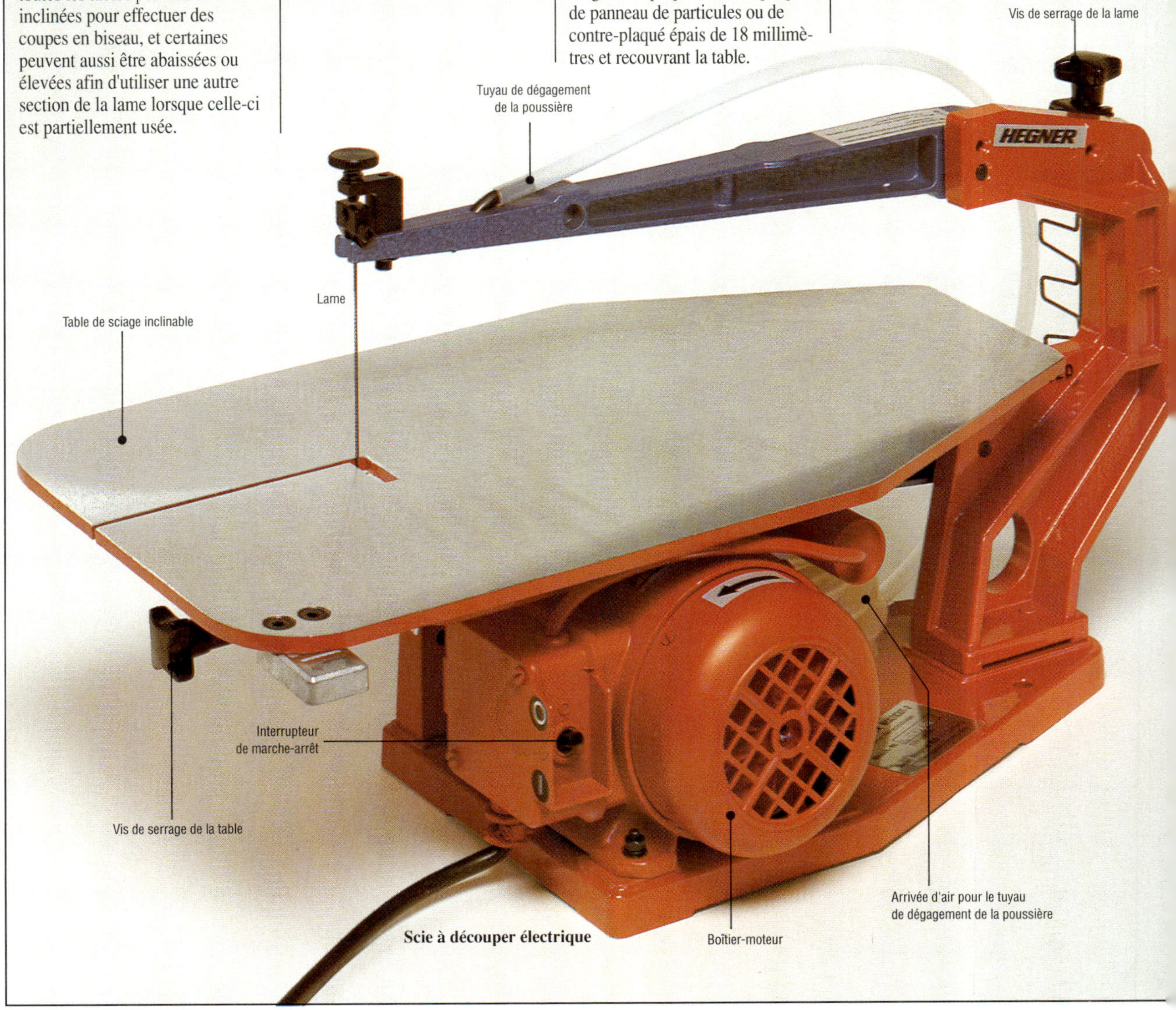

Scie à découper électrique

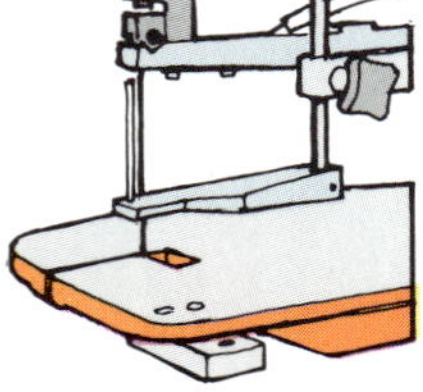

Presse
Une presse ajustable empêche qu'une mince pièce de bois ne vibre.

LAMES DE SCIES À DÉCOUPER

Protecteur de lame
Sur une scie à découper, le protecteur est extrêmement simple, consistant généralement en une ou deux baguettes de plastique montées sur le presseur. Le but de ce guide et d'empêcher vos doigts d'approcher la lame. Cela néanmoins ne devrait jamais avoir lieu si vous alimentez correctement l'ouvrage. Lorsque vous découpez une épaisse pièce de bois, la scie n'est généralement pas équipée d'un protecteur, cet accessoire n'existant qu'en option sur la plupart des scies.

Presseur
Afin d'éviter qu'une pièce de bois ne « frétille » ou ne vibre bruyamment, les scies à découper sont équipées d'un presseur qui empêche la pièce d'être soulevée par l'action de la lame. Un presseur à ressort se soulèvera automatiquement au fur et à mesure qu'une fine plaque de bois est alimentée sur la lame. Un presseur vertical peut être ajusté à chaque pièce de bois avant de commencer la découpe.

Aspirateur de poussière
Normalement, une scie à découper n'est pas équipée d'un aspirateur de poussière ; étant donné que la poussière générée est extrêmement fine, portez un masque si vous avez des problèmes respiratoires.

Interrupteur de marche-arrêt
La plupart des scies à découper sont équipées d'un simple interrupteur de marche-arrêt à bascule.

Dégagement de la poussière
Les meilleures scies à découper sont équipées d'un tuyau de dégagement de la poussière monté derrière la lame et qui aspire la sciure avant que celle-ci n'obscurcisse le trait de sciage.

Ce sont de rudes lames à « tout scier », aux dents avoyées en alternance afin de pouvoir refendre d'épaisses pièces de bois, mais la plupart des lames de scies sauteuses sont à dents sautées – une profonde rigole entre chaque dent ou chaque paire de dents. Les dents sautées taillent les bois et les métaux tendres et vous pouvez aussi acheter des lames de bijoutier pour couper les métaux durs.

SÉLECTION DE LA TAILLE DES LAMES

Taille des lames	Dents par 25 mm	Épaisseur des matériaux
1 2	25 23	Placages et bois jusqu'à 6 mm Plastiques jusqu'à 6 mm Métaux tendres jusqu'à 1,5 mm
3 4	20 18	Bois durs jusqu'à 12 mm Bois tendres jusqu'à 18 mm Plastiques jusqu'à 6 mm Métaux tendres jusqu'à 3 mm
5 6	16 1/2 15	Bois durs de 6 à 18 mm Bois tendres de 6 à 25 mm Plastiques jusqu'à 12 mm Métaux tendres jusqu'à 6 mm
7 8 9	14 14 14	Bois durs de 6 à 25 mm Bois tendres jusqu'à 50 mm Plastiques jusqu'à 12 mm Métaux tendres jusqu'à 12 mm
10 11 12	12 1/2 12 1/2 12 1/2	Bois durs de 18 à 50 mm Bois tendres de 18 à 50 mm Plastiques jusqu'à 18 mm Métaux tendres jusqu'à 12 mm
		Les lames plus larges peuvent avoir le même nombre de dents aux 25 mm, mais elles sont faites en largeurs différentes pour des travaux plus complexes.

Sélectionner la taille de la lame
Les lames sont généralement classées par tailles allant de 1 à 12, bien que tous les fabricants ne fournissent pas la série complète. Chaque taille de lame est destinée à tailler des matériaux de différentes épaisseurs, mais c'est aussi la difficulté de la coupe voulue qui doit influencer votre choix. Si vous n'arrivez pas à négocier une courbe serrée, remplacez votre lame par une lame plus fine.

Le tableau ci-dessus est un guide pour choisir la taille de lame adéquate, mais le choix final, dans lequel intervient la qualité du fini, la vitesse de coupe et la durabilité de la lame, sont fonction de vos préférences et de votre expérience.

Fixer une lame
Conformez-vous aux instructions fournies par le fabricant, pour fixer et tendre une lame. Les dents de la lame doivent toujours poindre vers la table.

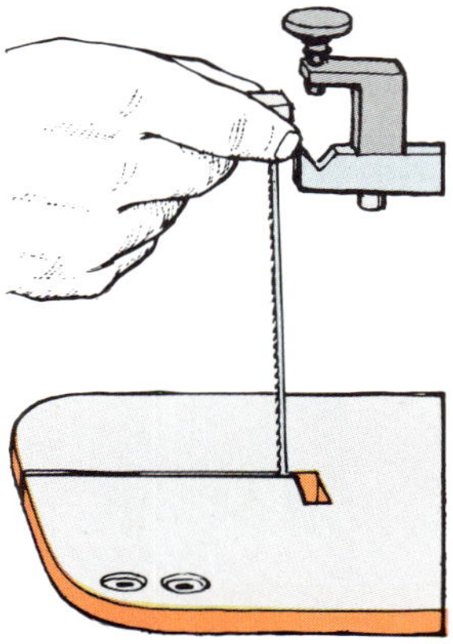

Ajuster la lame d'une scie à découper
Soyez bien sûr que les dents de la lame sont inclinées vers la table.

CONSIGNES DE SÉCURITÉ

Une scie à découper est un outil suffisamment sans danger pour pouvoir être utilisé par de jeunes opérateurs à partir du moment où ils connaissent les consignes de sécurité applicables à l'ensemble des machines-outils. Même lorsqu'une lame de scie à découper casse, il est peu probable qu'elle provoque un accident.

- Lorsque vous alimentez une pièce de bois, maintenez vos mains éloignées de la trajectoire directe de la lame, et assurez-vous que vos pouces ne sont pas dans le chemin lorsque la lame quitte l'ouvrage en fin de coupe.
- Assurez-vous que l'interrupteur est en position d'arrêt lorsque vous branchez la machine.

EFFECTUER UNE COUPE EN COURBE SUR UNE SCIE À DÉCOUPER

Découper une pièce de bois courbe, ou même de forme compliquée, est chose courante sur une scie à découper. Du moment où vous utilisez une table aux dimensions appropriées, suivre un trait de sciage à main levée est relativement facile. Découpez toujours du côté rebut de l'ouvrage, afin d'en préserver la forme.

Tailler des courbes
Alimentez l'ouvrage avec vos deux mains, en le maintenant bien à plat sur la table et en le poussant sur la lame. Gardez vos mains des deux côtés de la lame et jamais directement dans sa trajectoire. Soyez patient, alimentez l'ouvrage lentement et laissez la lame découper naturellement. Si vous devez faire un effort dans l'opération, remplacez la lame émoussée par une nouvelle lame.

Lorsque vous êtes concentré sur le point de coupe, il est très facile de déformer accidentellement une fine lame en exerçant sur celle-ci une pression latérale ou en déplaçant l'ouvrage. Afin de permettre que la lame retourne à sa position initiale, relâchez légèrement la pression exercée sur la lame tout en continuant de contrôler l'ouvrage.

VOIR AUSSI	
Fausse équerre	76/77
Équerre	76/77
Consignes de sécurité	156
Les scies circulaires à table	156/157
Les scies à ruban	172/173
Consignes de sécurité	179, 183
Les surfaceuses	182/183
Protection auditive	214

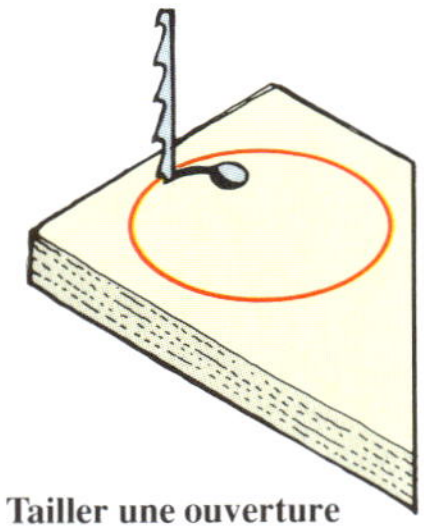

Tailler une ouverture

Tailler une ouverture
Commencez par percer un petit trou dans le rebut, à travers lequel vous pourrez passer la lame ; la scie éteinte, fixez les deux extrémités de la lame à la scie. Mettez la scie en marche et suivez le trait de sciage jusqu'à ce que vous ayez complété l'ouverture, puis détendez la lame pour dégager la pièce de bois.

Tailler en biseau
Pour effectuer une coupe en biseau sur une scie à découper, ajustez l'inclinaison de la table, puis procédez comme pour une coupe droite en faisant particulièrement attention à ne pas déformer la lame. Pour éviter toute déformation exercez la pression en ligne directe avec le tranchant de la lame.

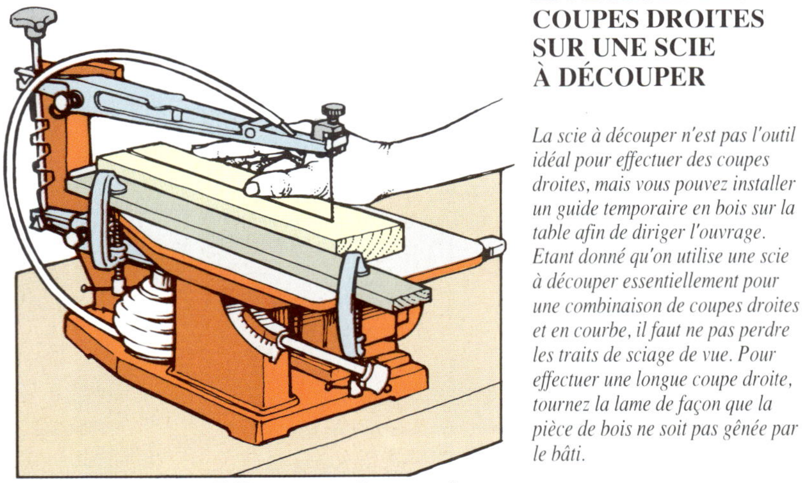

Tailler avec un guide temporaire

EFFECTUER DES COUPES DROITES SUR UNE SCIE À DÉCOUPER

La scie à découper n'est pas l'outil idéal pour effectuer des coupes droites, mais vous pouvez installer un guide temporaire en bois sur la table afin de diriger l'ouvrage. Etant donné qu'on utilise une scie à découper essentiellement pour une combinaison de coupes droites et en courbe, il faut ne pas perdre les traits de sciage de vue. Pour effectuer une longue coupe droite, tournez la lame de façon que la pièce de bois ne soit pas gênée par le bâti.

Combiner les coupes droites et en courbe
Si la combinaison de coupes droites et en courbe est telle que vous devez fréquemment changer de lame, percez des trous à des points stratégiques où le changement pourra s'opérer facilement.

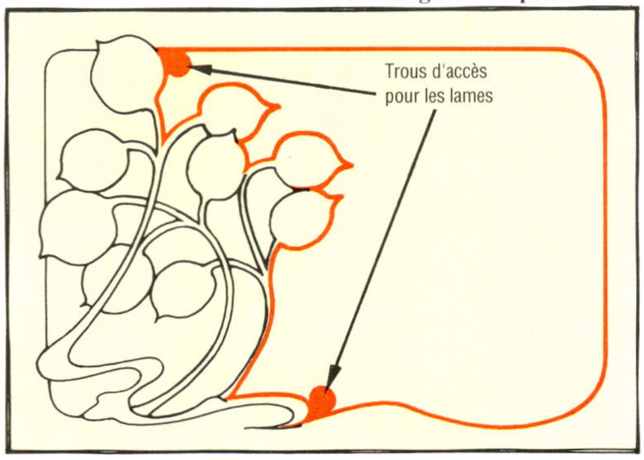

Taillez des trous d'accès afin de pouvoir changer les lames

LES RABOTEUSES

Après avoir acheté une scie circulaire à table ou une scie à ruban, la plupart des menuisiers envisagent l'achat d'une machine qui rabotera avec précision des surfaces lisses sur les quatre côtés d'une pièce de bois. Un atelier industriel est généralement équipé de deux machines. La première est une dégauchisseuse qui rabote la face et le chant de parement d'une pièce de bois. Pièce de bois que l'on passera ensuite dans une surfaceuse pour raboter les deux autres chants d'équerre. S'il n'y a ni la place ni le besoin pour deux machines différentes, les bricoleurs choisissent généralement une dégauchisseuse-surfaceuse qui combine les fonctions des deux machines en une seule.

Largeur de rabotage maximale
Les raboteuses sont classées en fonction de la largeur de la plus grande pièce de bois que l'on peut raboter sur la machine – largeur qui est déterminée par la longueur des couteaux fixés au porte-outil. Les petites dégauchisseuses spécialisées sont équipées de couteaux courts – 150 millimètres ou moins – mais la plupart des raboteuses d'atelier de bricolage ont une largeur de rabotage maximale de 200 millimètres.

Vitesse du porte-outil
Le porte-outil cylindrique et les deux ou trois couteaux qui l'équipent tournent à une vitesse très élevée, afin de produire une surface propre et lisse. La vitesse du porte-outil est quelquefois donnée en tours/minute, mais une mesure plus appropriée est le nombre de coupes effectuées à la minute par les couteaux en rotation. Un porte-outil à trois couteaux effectuera plus de coupes à la minute qu'un porte-outil à deux couteaux tournant à la même vitesse. Pour un porte-outil à deux couteaux, la vitesse correcte est de 12 000 coupes par minutes.

Longueur combinée d'une table
Afin de pouvoir raboter un chant parfaitement d'équerre sur une pièce de bois, la taille combinée de la table d'alimentation et de sortie doit être la plus longue possible. La longueur totale de la dégauchisseuse moyenne est d'à peu près 1 mètre.

Guide
Un guide métallique est d'une importance capitale si vous voulez raboter des chants qui soient véritablement d'équerre ou en biseau. Les guides peuvent être inclinés à n'importe quel angle par rapport à la table, entre 90 et 45 degrés. Les guides se bloquent automatiquement aux deux angles extrêmes, mais il est recommandé de vérifier cet angle au moyen d'une équerre ou d'une fausse équerre.

Profondeur de coupe maximale
Le porte-outil est situé entre deux tables indépendantes en fonte. La hauteur de la table située derrière le porte-outil – la table de sortie – doit être ajustée sur le haut du cercle dessiné par la rotation des couteaux. La table située devant le porte-outil – la table d'alimentation – peut être abaissée à la profondeur de coupe voulue, jusqu'à 3 millimètres. Une coupe très peu profonde, 0,5 millimètre, produira un fini supérieur ; mais pour gagner du temps, il vaut mieux effectuer deux ou trois coupes profondes, suivies d'une ou plusieurs coupes de fini moins profondes. La profondeur de coupe est indiquée sur une échelle située à côté de la table d'alimentation.

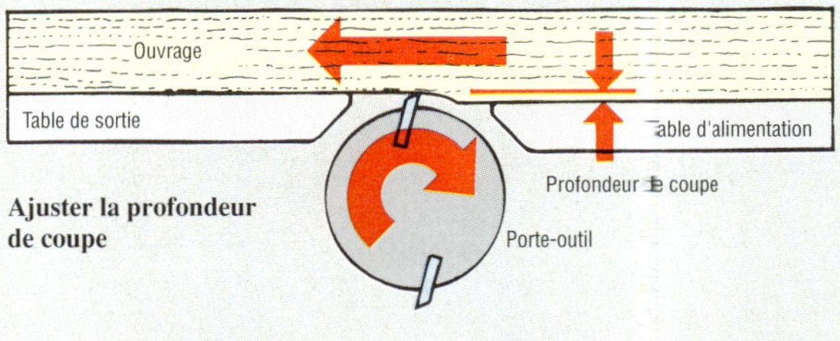

Ajuster la profondeur de coupe

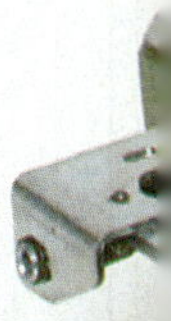

Protection du porte-outil

Les couteaux en rotation d'une dégauchisseuse sont capables de tailler un doigt en une fraction de seconde ; n'utilisez donc jamais la machine sans protection adéquate.

Une protection à hauteur ajustable et couvrant toute la largeur du porte-outil est la plus adéquate. Certaines dégauchisseuses sont équipées de dispositifs de sécurité à ressort qui sont poussés sur le côté par l'ouvrage ; ce type de protecteur est préférable à celui que l'on écarte simplement pour découvrir le porte-outil lorsque l'on veut utiliser la machine.

Une dégauchisseuse doit en plus être équipée d'une sécurité secondaire située derrière le guide, qui couvre automatiquement le porte-outil lorsque l'on ajuste le guide sur le côté.

Vous ne devez jamais essayer de raboter une pièce de bois, sans utiliser un dispositif de sécurité horizontal/vertical afin de protéger vos mains en permanence.

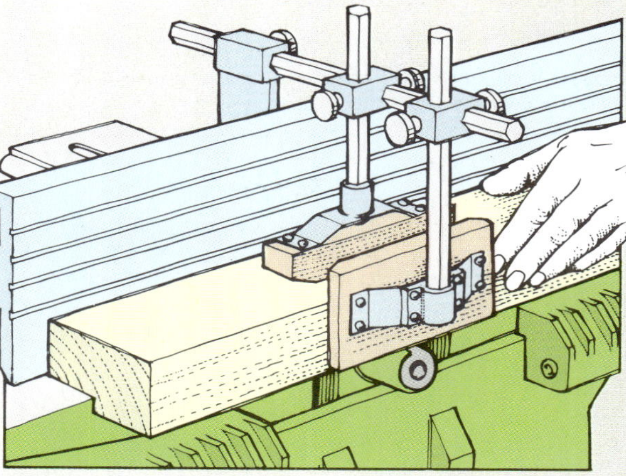

Un dispositif de protection
Utilisez ce dispositif de protection lorsque vous rabotez une feuillure.

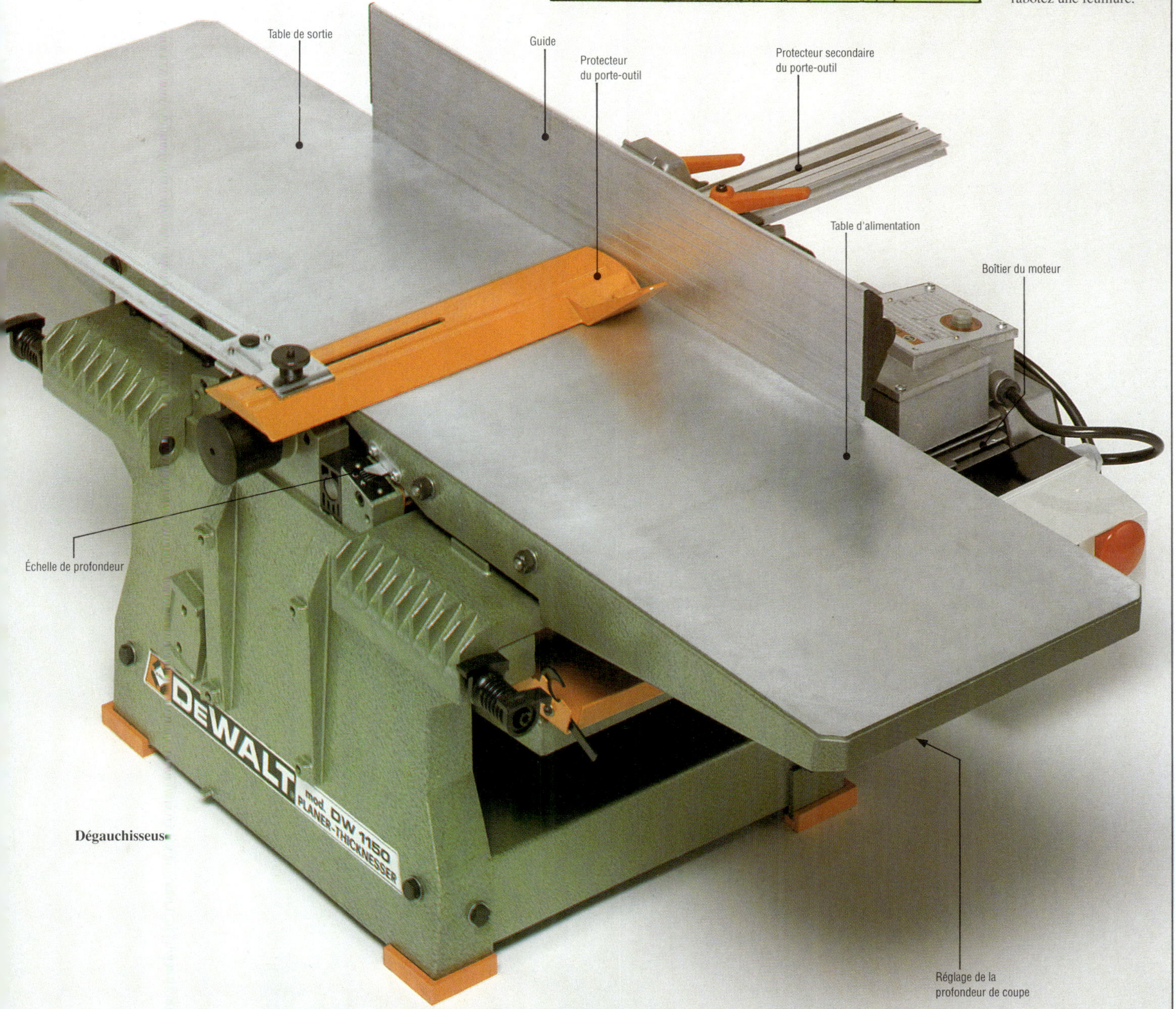

Dégauchisseuse

Interrupteur de marche-arrêt
Vous devez pouvoir atteindre facilement l'interrupteur de quelque côté de la machine que vous vous trouviez, afin de pouvoir l'actionner rapidement en cas d'urgence, et cela que vous soyez en train de dégauchir ou de surfacer.

VOIR AUSSI

Consignes de sécurité	156
Cliquets	165
Dégauchisseuse	180-181
Les poussoirs	185
Aspirateurs de poussière	214
Laque cellulosique	290

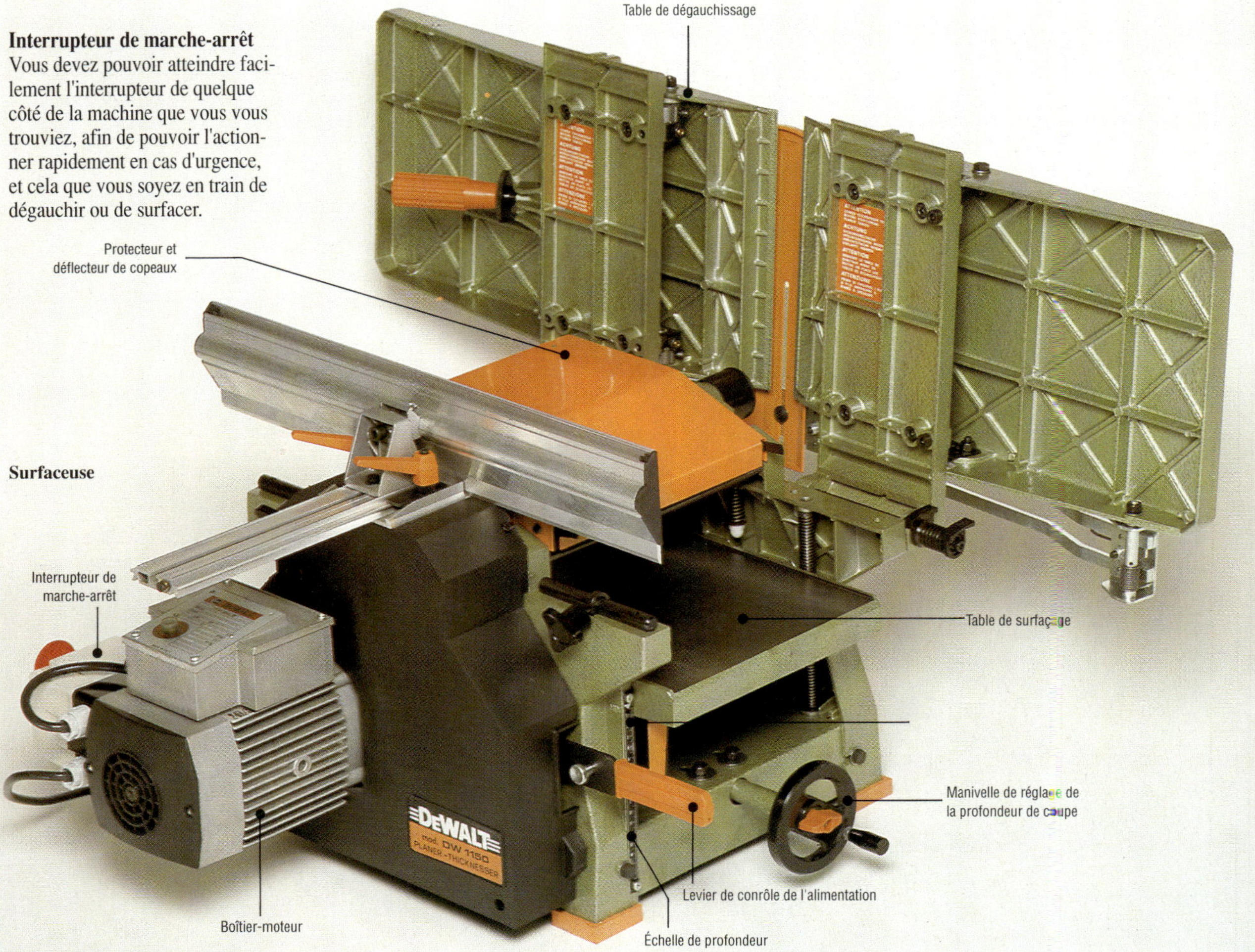

Largeur de table de la surfaceuse
La largeur d'une table de surfaceuse moyenne est d'à peu près 250 millimètres. N'essayez jamais de surfacer une pièce de bois plus courte que la largeur de la table de la surfaceuse. Si une pièce de bois peut déraper latéralement, elle risque d'être fendue par les couteaux et les rouleaux d'entraînement et les débris peuvent être projetés violemment hors de la machine.

Rouleaux d'entraînement
Une surfaceuse est équipée de deux rouleaux à ressorts entraînés par le moteur qui font entrer la pièce de bois sur le porte-outil et la font ressortir de l'autre côté de la machine. Le rouleau d'alimentation, généralement un rouleau en acier à cannelures horizontales, est situé devant le porte-outil et fournit la principale puissance d'entraînement. Le rouleau de sortie, situé derrière le porte-outil est lisse – afin de ne pas marquer la surface rabotée –, et exerce une moindre force d'entraînement. Lorsque vous effectuez une coupe très peu profonde, les traces parallèles laissées par un rouleau à cannelures sont quelquefois visibles. A cet effet, certaines surfaceuses sont équipées de rouleaux gainés de caoutchouc.

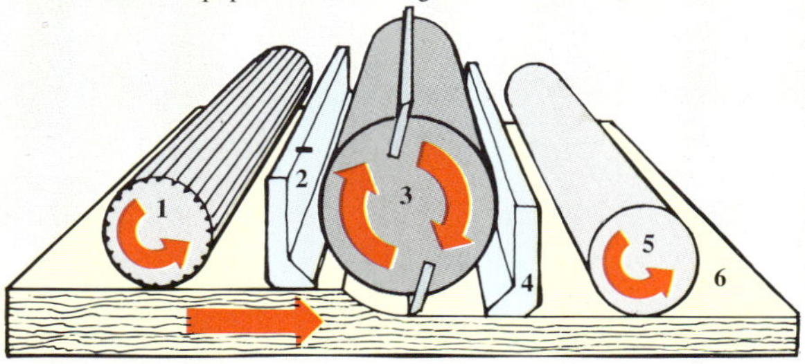

Mécanisme d'alimentation de la surfaceuse
1 Rouleau d'alimentation
2 Brise-copeaux
3 Porte-outil
4 Barre de pression
5 Rouleau de sortie
6 Ouvrage

Profondeur de surfaçage maximale
Lorsqu'une pièce de bois est passée à travers une dégauchisseuse-surfaceuse en position de surfaceuse, elle passe en fait sur une table située sous le même porte-outil utilisé pour dégauchir. Sur une dégauchisseuse-surfaceuse d'atelier d'amateur, la table de surfaçage peut être ajustée à une hauteur voulue pour recevoir une pièce de bois dont l'épaisseur maximale sera de 160 à 180 millimètres. Bien qu'une surfaceuse soit entraînée par un moteur, n'essayez pas de raboter plus de 3 ou 4 millimètres en une fois.

Moteurs électriques
Un petit moteur de 375 watts est suffisamment puissant pour une simple dégauchisseuse. Par contre, le moteur d'une surfaceuse entraîne simultanément les rouleaux et le porte-outil et doit donc être plus puissant, entre 1,5 et 2,2 kilowatts. Sur certains modèles combinés, les rouleaux peuvent être déconnectés, de façon que toute la puissance du moteur serve à dégauchir.

Vitesse d'avance de la surfaceuse
Parce qu'une grande vitesse d'avance n'est pas la préoccupation première du menuisier amateur, il préférera une raboteuse produisant un fini de qualité au détriment de la vitesse – en effet, une petite vitesse d'avance combinée à une grande vitesse de coupe produit le meilleur fini.
En conséquence, beaucoup de surfaceuses sont conçues pour alimenter l'ouvrage à la vitesse relativement faible de 5 mètres par minute.
Vous pouvez cependant acheter une surfaceuse dont la vitesse d'avance est de 9 mètres par minute et peut être augmentée à 11 mètres par minute.
En règle générale, alimentez les bois durs lentement, mais augmentez la vitesse pour les bois tendres.

Dispositif anti retour
Si, pour une raison quelconque, les rouleaux d'alimentation lâchent leur prise sur l'ouvrage, celui-ci peut être éjecté par le porte-outil et causer un grave accident au cas où vous êtes en train de l'alimenter. Pour éviter cela, une rangée de dents métalliques est accrochée devant le rouleau d'alimentation ; ces dents se rétractent lorsque la pièce de bois avance, mais si celle-ci venait à reculer, les dents s'abaisseraient automatiquement et la bloqueraient.

Aspirateur de poussière
Sans aspirateur les copeaux et la sciure s'accumuleraient sur les tables et gêneraient l'efficacité et la précision de la machine, ce qui vous obligerait à l'éteindre régulièrement afin de la nettoyer. Vous pouvez remédier à ce problème en connectant la machine à un aspirateur de poussière portatif.

CONSIGNES DE SÉCURITÉ

Utilisez une dégauchisseuse-surfaceuse avec confiance mais en redoublant de précaution. Un accident peut survenir si rapidement que même les meilleurs réflexes ne vous sauveront pas d'une blessure. Il est donc d'une importance capitale de travailler avec une méthode sûre, tout en respectant les consignes de sécurité applicables à l'ensemble des machines-outils.

- Conformez-vous aux instructions du fabricant pour ajuster les couteaux et terminez toujours les ajustages en cours avant de délaisser la machine. Si vous êtes interrompu et oubliez d'ajuster un couteau, un grave accident pourrait survenir lorsque vous mettrez la machine en route.
- Inspectez toujours la machine avant de la mettre en marche afin de vérifier que rien n'entrave le bon fonctionnement du porte-outil.
- N'utilisez jamais une dégauchisseuse sans protecteur bien ajusté.
- Utilisez un poussoir pour alimenter un ouvrage sur les couteaux et n'essayez jamais de raboter une pièce de bois d'une épaisseur inférieure à 6 millimètres.
- N'essayez jamais de raboter une pièce de bois trop courte pour être tenue correctement à deux mains.
- Ne laissez jamais traîner vos doigts ou vos pouces derrière une pièce de bois.
- Alimentez toujours l'ouvrage contre le sens de rotation du porte-outil. Lorsque vous dégauchissez, faites passer l'ouvrage de la table d'alimentation à la table de sortie ; en position de surfaçage, inversez le sens d'alimentation.
- N'alimentez qu'une pièce de bois à la fois dans une surfaceuse, car la pression des rouleaux d'entraînement pourrait s'avérer insuffisante pour plusieurs pièces de bois, et l'une d'entre elles pourrait être projetée hors de la machine par le porte-outil.
- N'essayez pas de forcer une pièce de bois dans une surfaceuse, laissez les rouleaux l'entraîner à leur propre rythme.
- Lorsque vous rabotez une pièce de bois d'épaisseur inégale, ajustez la profondeur de coupe afin qu'elle commence par raboter la partie la plus épaisse, puis graduellement et par ajustages successifs, la partie plus fine.
- N'alimentez pas une pièce de bois qui serait plus courte que la largeur de la table ou l'écartement entre les deux rouleaux.
- Lorsque vous surfacez de longues pièces de bois, faites-vous aider par quelqu'un pour soutenir les planches au fur et à mesure qu'elles sortent de la machine, ou installez des tréteaux.
- Ne mettez jamais vos mains à l'intérieur d'une surfaceuse pour dégager une pièce de bois ou nettoyer des copeaux.

COUTEAUX DE RABOTEUSES

Certaines raboteuses sont équipées de couteaux jetables à double tranchant, semblables à ceux qui équipent les raboteuses électriques portatives. Néanmoins la plupart des machines sont équipées de deux ou trois couteaux qui doivent être régulièrement affûtés et meulés.

Types de couteaux
Les couteaux qui équipent les dégauchisseuses-surfaceuses pour ateliers de bricolage sont en acier à coupe rapide et parfaitement adéquats, à moins que vous n'ayez l'intention de raboter une grande quantité de panneaux de particules ou de bois « graineux » tel que le teck. Si vous devez raboter ce type de matériaux, conformez-vous aux méthodes employées par les ateliers industriels et installez des couteaux à tranchant au carbure qui resteront affûtés bien plus longtemps, mais qu'il faudra envoyer régulièrement chez un professionnel pour être affûtés. Même les couteaux en acier à coupe rapide doivent être envoyés chez un professionnel pour être remeulés, mais vous pouvez affûter leur tranchant avec une pierre à huile.

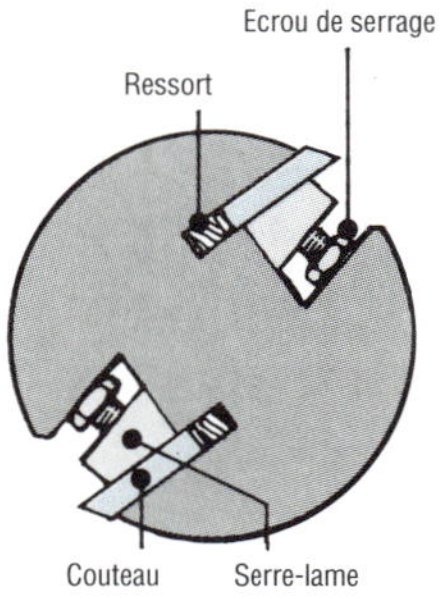

Un porte-outil classique

Installation des couteaux
Il est très important de se conformer aux instructions du fabricant en ce qui concerne l'installation des couteaux sur votre raboteuse. Cependant, en règle générale, chacun des couteaux est inséré dans une des fentes du porte-outil cylindrique. Dans certains cas, le couteau repose sur un ressort situé dans le fond de la planche et le réglage en hauteur se fait en maintenant le couteau abaissé sur son ressort. Le couteau est généralement maintenu par des presses en forme de coins, qui s'ajustent au moyen de vis de serrage. Vérifiez toujours par deux fois que les couteaux sont bien serrés avant de mettre la machine en marche.

Ajustage des couteaux
Tous les couteaux doivent déborder de la même façon hors du porte-outil afin que le travail soit équitablement réparti. Si l'un des couteaux est plus élevé qu'un autre, il effectuera tout le travail, mais la qualité du fini en pâtira. Il existe des équipements spécialisés servant à mesurer l'ajustage des couteaux, mais chez vous, un simple tasseau parfaitement d'équerre est largement suffisant. Débranchez toujours une raboteuse avant de procéder à l'ajustage des couteaux.

Ajustez tous les couteaux à l'œil nu jusqu'à ce qu'ils paraissent correctement alignés. Abaissez légèrement la table de sortie, puis posez-y le tasseau de façon à ce qu'il surplombe une des extrémités du porte-outil. Marquez le bord de la table de sortie sur le tasseau (1). Faites pivoter lentement le porte-outil, de façon qu'il soulève et fasse avancer le tasseau, puis marquez à nouveau le bord de la table sur celui-ci (2).

Alignez le bord de la table sur la première marque du tasseau et faites pivoter à nouveau le porte-outil, il doit faire progresser le tasseau d'exactement la même distance, et le deuxième couteau doit coïncider exactement avec la deuxième marque. Si ce n'est pas le cas, ajustez le couteau jusqu'à ce qu'il coïncide avec la marque. Serrez la presse de maintien, puis réitérez le procédé décrit ci-dessus afin de vous assurer que vous n'avez pas déréglé l'ajustage. Retournez le porte-outil et ajustez chaque couteau de la même façon ; élevez la table de sortie jusqu'à ce que les couteaux ne fassent que raser le tasseau.

- **Nettoyer le porte-outil**
  Avant d'ajuster des couteaux neufs ou affûtés, nettoyez la résine qui s'est amoncelée dans les fentes du porte-outil et sur les serre-lames au moyen d'un diluant cellulosique ou avec du White Spirit.

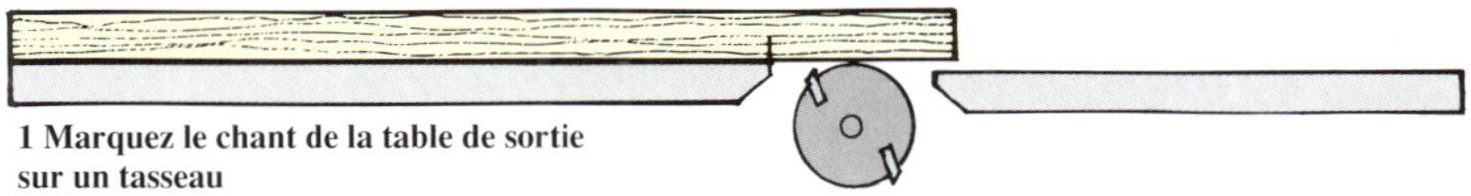
1 Marquez le chant de la table de sortie sur un tasseau

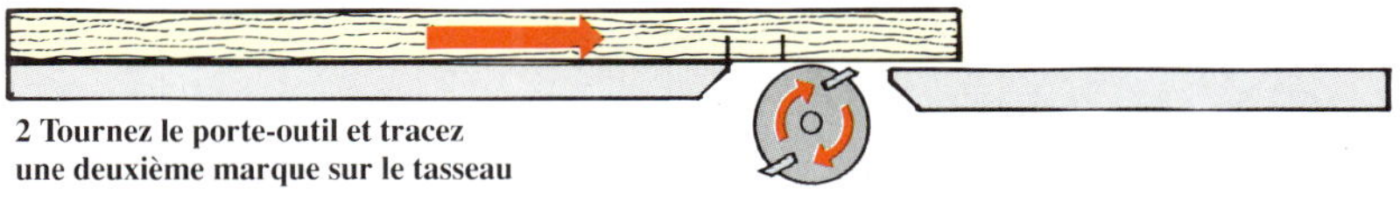
2 Tournez le porte-outil et tracez une deuxième marque sur le tasseau

DÉGAUCHISSAGE

Pour aplanir une pièce de bois sur une raboteuse, commencez par préparer la face et le chant de parement sur une dégauchisseuse, puis rabotez les autres côtés sur une surfaceuse.

Vérifiez la surface de la pièce à travailler afin de choisir les faces les plus aptes à être dégauchies. Si la pièce de bois est voilée, rabotez la face voilée contre les tables – il est presque impossible de dégauchir la face convexe d'une pièce de bois, car elle oscillerait en passant sur les couteaux.

Pour obtenir un fini parfaitement lisse, orientez la pièce de bois afin que son fil coure dans le sens de rotation des couteaux. Si le grain est irrégulier, vous aurez du mal à déterminer dans quel sens orienter l'ouvrage ; faites un essai très fin sur une face et, si le grain se fend, retournez la planche et essayez de nouveau.

VOIR AUSSI

Chant de parement	79
Face de parement	79
Consignes de sécurité	156
Les scies à ruban	172/177
Les dégauchisseuses	180/181
Les surfaceuses	182/183
Consignes de sécurité	183

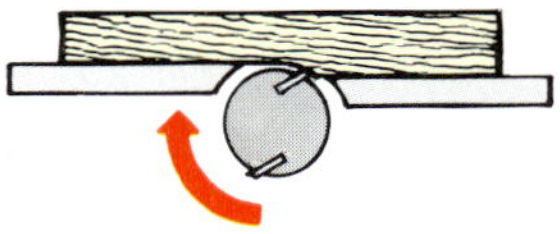

Sens du fil
Alimentez l'ouvrage en laissant le fil du bois s'éloigner des lames.

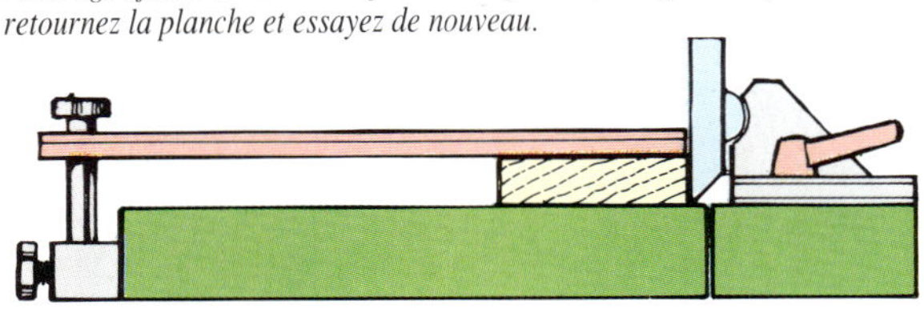

Soulevez le protecteur juste assez pour laisser passer l'ouvrage

Raboter la face de parement

Abaissez la table de surfaçage, puis ajustez le guide sur la face la plus large de l'ouvrage et sélectionnez la profondeur de coupe sur la table d'alimentation.

Positionnez le protecteur afin qu'il recouvre le porte-outil, puis, en appuyant l'ouvrage sur la table d'alimentation, soulevez-le afin que l'ouvrage puisse passer.

Placez-vous sur le côté de la table d'alimentation et mettez le moteur en marche. Votre main posée à plat sur l'ouvrage, alimentez celui-ci sur les couteaux (1). N'exercez que la pression nécessaire pour contrôler l'ouvrage. Si vous aplatissez une pièce de bois cintrée ou voilée sur la table d'alimentation, les couteaux raboteront une quantité uniforme de bois, mais dès que vous abandonnerez la pression, la pièce de bois reprendra sa déformation. Vous ne devez raboter que les points qui sont en contact avec les couteaux, en éliminant progressivement de plus en plus de bois jusqu'à ce que la surface de l'ouvrage soit véritablement plane.

Dès que la pièce de bois passe sous le protecteur, déplacez le poids de votre corps en plaçant votre main gauche sur la table de sortie (2). Continuez d'alimenter l'ouvrage en déplaçant votre main droite vers la table de sortie (3). Maintenez le mouvement de la pièce de bois jusqu'à ce que vous ayez terminé la première coupe. Repositionnez la pièce de bois sur la table d'alimentation et réitérez le procédé décrit ci-dessus jusqu'à ce que la face de parement soit parfaitement plane, puis coupez le moteur.

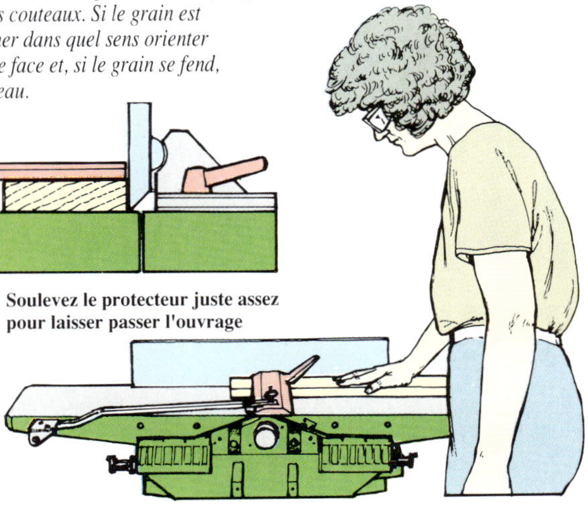

1 Alimentez l'ouvrage en travers des couteaux

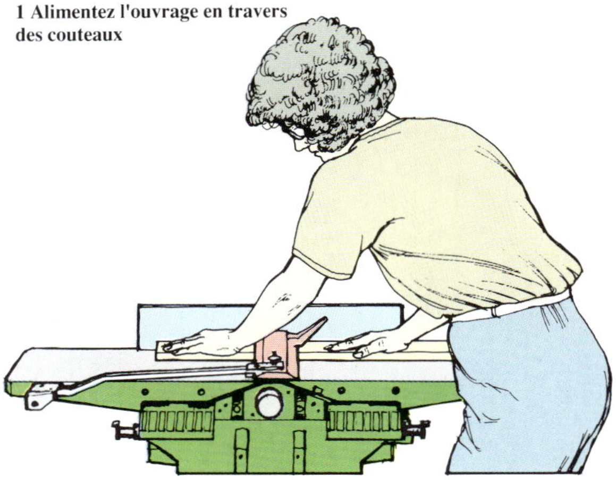

2 Déplacez votre poids vers la table de sortie

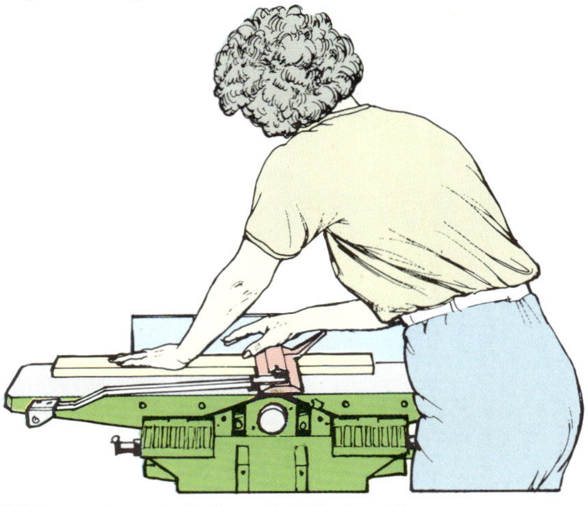

3 Déplacez votre main droite sur la table de sortie

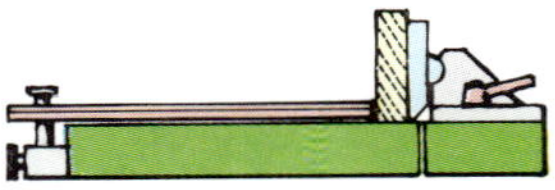

Ajustez le protecteur pour raboter un chant

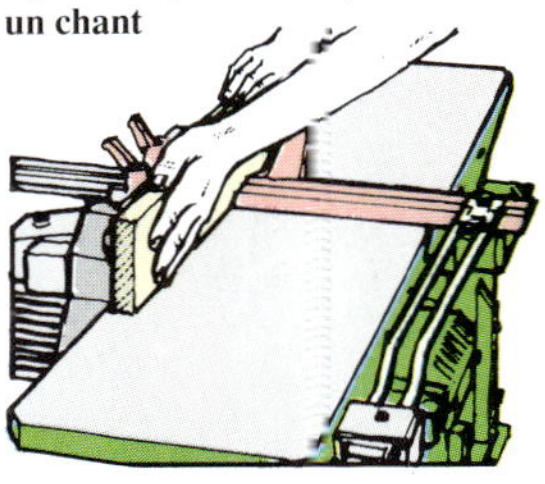

Déplacez l'ouvrage d'une main à l'autre

Raboter le chant de parement

Balayez les copeaux qui entourent le guide et vérifiez qu'il est parfaitement d'équerre et stable.

Abaissez complètement le protecteur et faites-le coulisser latéralement afin de laisser une place suffisante pour que votre ouvrage puisse passer entre le protecteur et le guide. Vérifiez qu'il n'y a pas la place pour que vos doigts glissent entre le protecteur et l'ouvrage.

Mettez la machine en marche, et en maintenant fermement la face de parement contre le guide, faites passer l'ouvrage d'une main à l'autre au-dessus des couteaux.

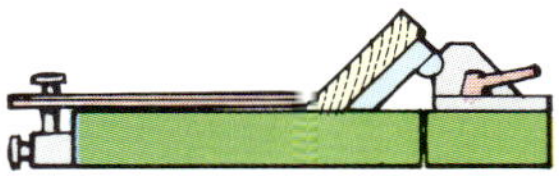

Inclinez le guide pour raboter en biseau

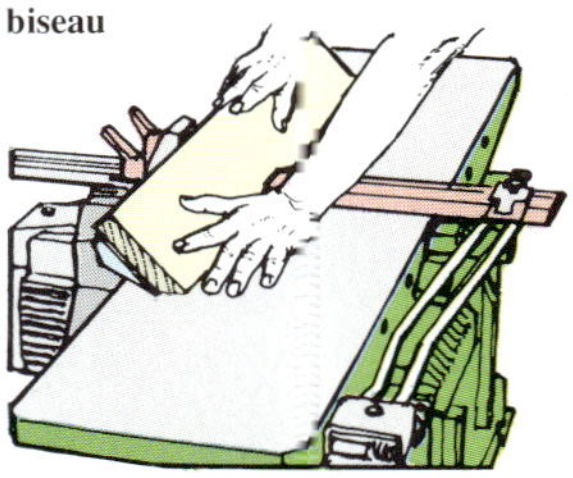

Raboter un chant biseauté
Soutenez l'ouvrage avec votre main gauche.

Raboter en biseau

Pour raboter en biseau le chant d'une pièce de bois, inclinez le guide selon l'angle voulu et faites coulisser le protecteur latéralement, en découvrant le moins possible le porte-outil. Afin de maintenir un biseau précis, vous devez empêcher que le chant inférieur de l'ouvrage ne glisse du guide. Utilisez votre main gauche comme un guide fixe, en maintenant l'ouvrage contre le guide avec l'index et le pouce, et en reposant les trois autres doigts sur la table de sortie ; dirigez la coupe avec votre main droite.

Raboter un chanfrein arrêté

On taille souvent un chanfrein arrêté pour décorer un élément de meuble. La dégauchisseuse est la meilleure machine qui soit pour exécuter ce genre de détail , mais prenez des cours avant de vous essayer à ce genre d'opération. Il faut niveler les deux tables, afin de pouvoir exécuter le chanfrein en une seule fois. Fixez des cales sur une longue planche, que vous fixerez sur le guide incliné à 45 degrés. Ajustez le protecteur comme pour raboter en biseau. Butez une des extrémités de l'ouvrage contre la cale arrière, tout en maintenant l'autre extrémité sur le porte-outil (1). Tenez l'ouvrage sur son bout avec le bout de vos doigts et abaissez-le lentement sur le porte-outil. Attention car, au premier contact, le porte-outil exercera une très forte pression repoussant l'ouvrage. Alimentez l'ouvrage contre le guide jusqu'à ce qu'il bute contre la cale avant, soulevez-le avec précaution et coupez le moteur (2). Par mesure de sécurité, taillez le chanfrein sur une longue pièce de bois que vous taillerez à mesure par la suite.

Chanfreins arrêtés

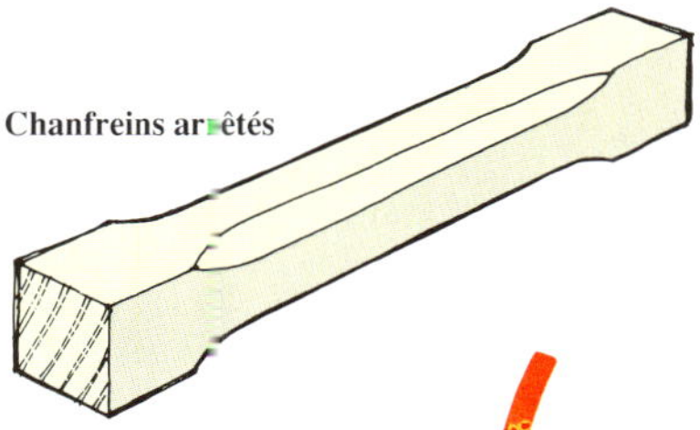

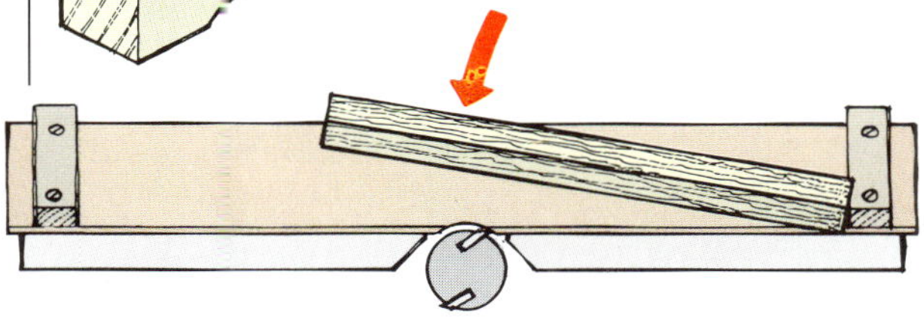

1 Abaissez l'ouvrage sur le porte-outil

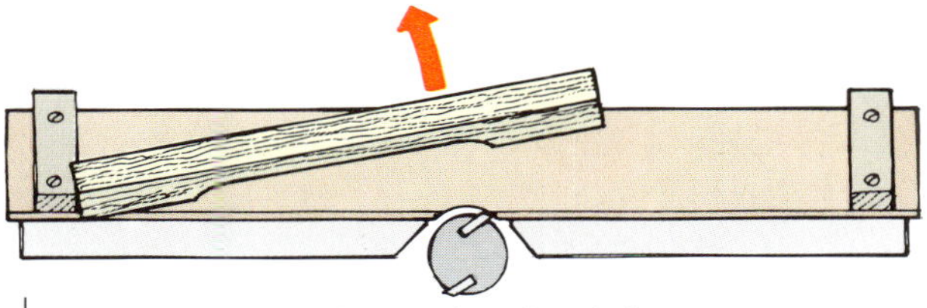

2 Lorsque l'ouvrage atteint la butée, soulevez-le des couteaux

Rabotez en bout

Pour raboter en bout, fabriquez un gabarit identique à celui utilisé pour tailler un tenon sur une scie circulaire à table. Fabriquez-le en bois tendre, car des chants en contre-plaqué se fendraient sur les couteaux. Bridez l'ouvrage dans le gabarit avant de le raboter.

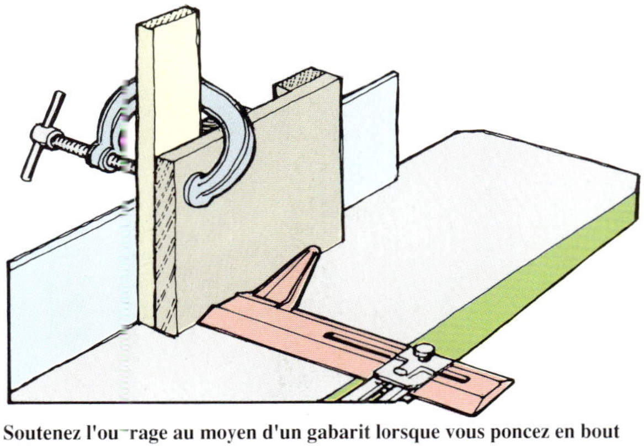

Soutenez l'ouvrage au moyen d'un gabarit lorsque vous poncez en bout

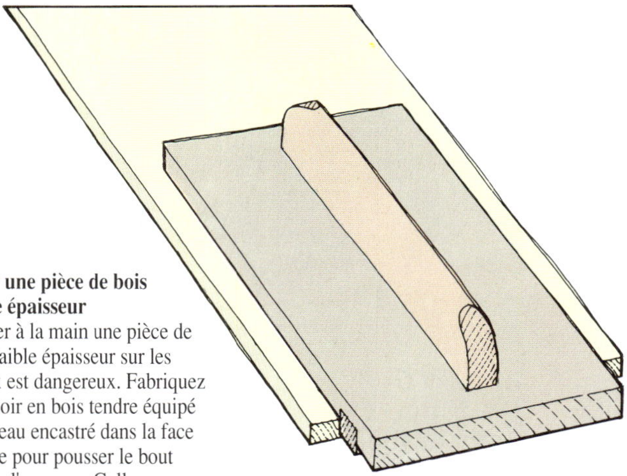

Raboter une pièce de bois de faible épaisseur

Alimenter à la main une pièce de bois de faible épaisseur sur les couteaux est dangereux. Fabriquez un poussoir en bois tendre équipé d'un tasseau encastré dans la face inférieure pour pousser le bout arrière de l'ouvrage. Collez une longue poignée sur le dos du poussoir pour pouvoir le tenir à deux mains.

Poussoir
Utilisez un poussoir pour alimenter un ouvrage peu épais sur les couteaux.

SURFACER

Après avoir été dégauchi sur la face et le chant de parement, l'ouvrage est prêt à être surfacé, mais ne perdez pas de temps et d'argent à transformer trop de bois en copeaux. Taillez les pièces de bois trop grandes à la scie à ruban et finissez-les seulement à la raboteuse.

Préparer la surfaceuse

Retirez le guide, puis soulevez et bloquez une ou deux tables, selon les instructions du fabricant. Positionnez le protecteur et le déflecteur de copeaux de la surfaceuse. Sélectionnez la profondeur de coupe en ajustant la table de surfacement à la hauteur indiquée par l'échelle graduée.

Alimentation de l'ouvrage

Mettez la machine en marche et enclenchez le mécanisme d'alimentation automatique. Puis, en vous plaçant légèrement sur le côté de la machine, introduisez le bout de l'ouvrage dans le surfaceuse jusqu'à ce que les rouleaux d'entraînement le poussent sur les couteaux. Si les rouleaux n'attrapent pas l'ouvrage, alors soulevez la table légèrement.

Allez à l'autre extrémité de la machine et retirez l'ouvrage, mais n'essayez pas d'accélérer le travail en tirant sur l'ouvrage pour le faire sortir plus vite.

Retournez au côté d'alimentation de la machine et réajustez la table pour effectuer une autre coupe.

- **Nettoyer la surfaceuse**
  Nettoyer la résine amoncelée sur les rouleaux et la table de votre surfaceuse au moyen d'un dissolvant tel que le White Spirit ou d'un diluant cellulosique. Polissez la table avec un tissu sec et cirez celle-ci de temps à autre afin d'assurer un bon glissement.

Surfacer une planche de faible épaisseur

Pour aplanir à la surfaceuse une pièce de bois plus fine que la profondeur minimale, collez-la sur une planche de bois plus épaisse déjà aplanie et alimentez les deux planches à travers la machine.

Raboter un chant

Si une pièce de bois est suffisamment épaisse pour être stable, vous pouvez en surfacer le chant – une planche de faible épaisseur se renverserait en passant sur les couteaux, ce qui écraserait ses coins. Si vous craignez d'abîmer l'ouvrage, refendez-le à 1 millimètre de sa largeur finale sur une scie à table ou à ruban. Si vous préparez plusieurs pièces identiques, refendez-les toutes en une seule fois. Portez une pièce à la dégauchisseuse ajustée avec précision et rabotez les premiers 25 millimètres du chant de la planche; vérifiez la largeur et si besoin est, ajustez la profondeur de coupe et rabotez à nouveau les mêmes 25 millimètres. Une fois que vous êtes satisfait avec la largeur, alimentez toute la longueur du chant sur les couteaux. Aplanissez finalement toutes les pièces en une seule fois.

ACCESSOIRES DE MORTAISAGE

VOIR AUSSI

Consignes de sécurité	156
Tailler des tenons	162, 169
Dégauchisseuses-surfaceuses	181/182
Perceuses à colonne	188
Les combinées	204/205

Les ateliers industriels, où l'exécution de joints à tenon et mortaise fait partie d'un programme de production intensive, sont équipés de mortaiseuses. Ces machines spécialisées coûtent excessivement cher ; cependant, un accessoire de mortaisage que l'on peut adapter sur une autre machine, telle qu'une perceuse à colonne ou une raboteuse, est une solution moins chère qui plaît à beaucoup de menuisiers.

ACCESSOIRE DE MORTAISAGE À BEDANE CREUX

On peut transformer une perceuse à colonne en mortaiseuse en adaptant un accessoire de mortaisage sur le mandrin.

Cet accessoire est composé d'une mèche plongeante située à l'intérieur d'un bédane creux à quatre tranchants. Plongé dans une pièce de bois, l'accessoire de mortaisage taille un trou parfaitement d'équerre – la mèche plongeante éliminant le rebut devant le bédane qui taille les coins. Pour tailler une mortaise rectangulaire, déplacez la pièce de bois latéralement entre chaque abaissement du bédane.

Bien qu'il existe de grands bédanes à usage industriel, les accessoires de mortaisage destinés aux ateliers de bricolage sont équipés de bédanes dont la largeur varie entre 6 et 18 millimètres.

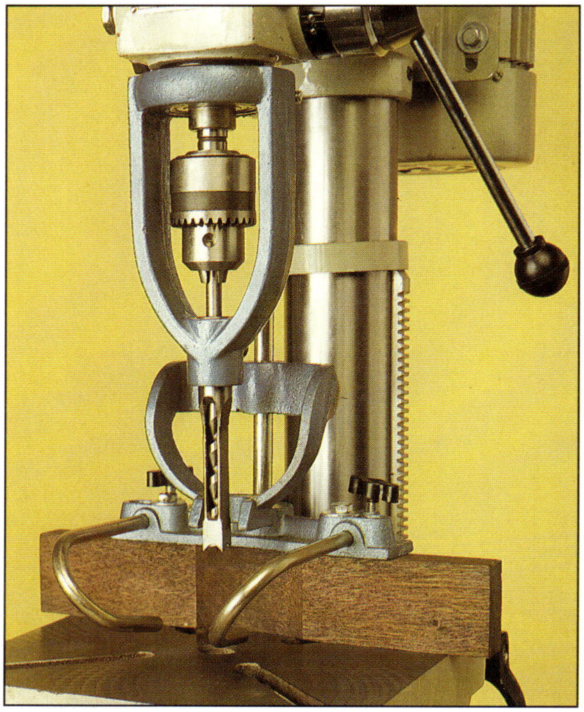

Accessoire de mortaisage à bédane creux

Utiliser un accessoire de mortaisage à bédane creux
Ajustez le guide de profondeur de la perceuse à colonne, afin de déterminer la profondeur de la mortaise. Abaissez le bédane, pour tailler un trou carré contre un des épaulements de la mortaise (1), puis, déplacez la pièce à travailler et taillez un autre trou contre l'autre épaulement (2). Eliminez enfin le rebut entre les deux trous en abaissant répétitivement le bédane (3).

Abaissez le bédane à un rythme ferme mais régulier. N'accentuez pas la pression lorsque vous travaillez sur des bois durs, car de petits bédanes peuvent se fendre sous une pression excessive. Ne ralentissez pas non plus le travail, car le bédane surchaufferait sous l'effet de la friction avec la mèche.

Si vous voulez tailler une mortaise ouverte sur un ouvrage, placez un support en bois aplani derrière celui-ci, afin que le bédane ne morde pas contre la table en fonte et ne fende pas le grain en sortant du côté inférieur de la mortaise. Vous pouvez aussi tailler la mortaise des deux côtés en retournant l'ouvrage.

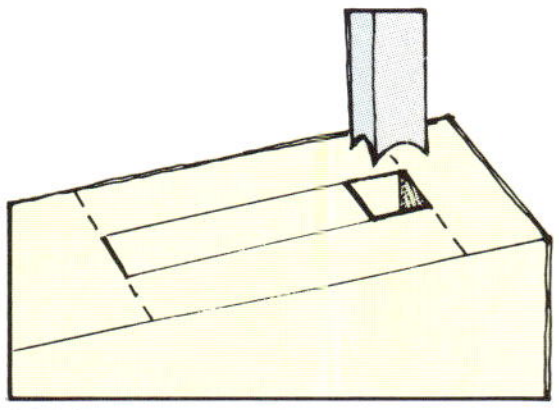

1 Taillez un trou à une extrémité

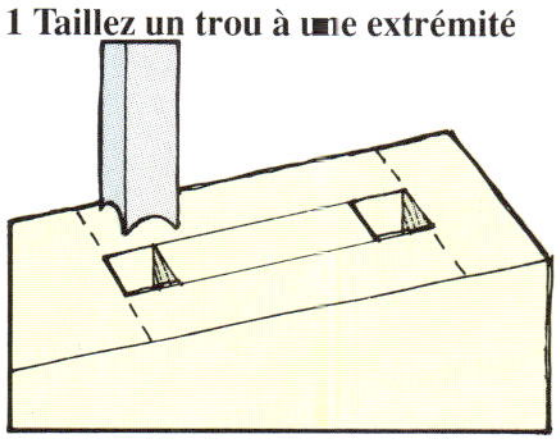

2 Déplacez-vous vers l'autre côté

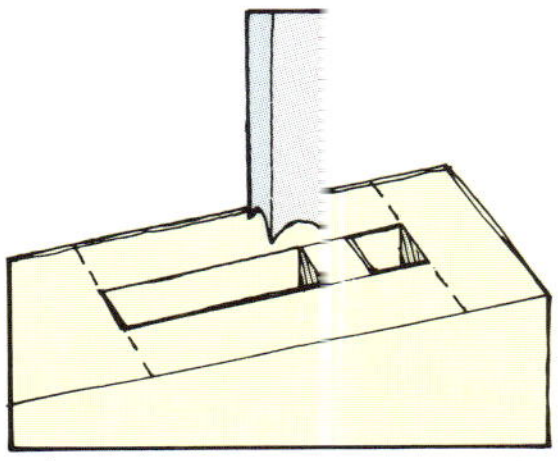

3 Évidez le rebut entre les deux trous

AFFÛTAGE DE LA MÈCHE ET DU BÉDANE

Comme pour les mèches équipant les vilebrequins, on affûte les mèches des accessoires de mortaisage au moyen d'une petite lime. On affûte simultanément les quatre tranchants du bédane avec un outil spécial qui ressemble à une fraise pour tête de vis, mais qui est équipé d'une avant-pointe qui le centre sur le bédane. Montez cet outil sur un vilebrequin pour affûter le bédane ; vous devez avoir un outil correspondant pour chaque bédane.

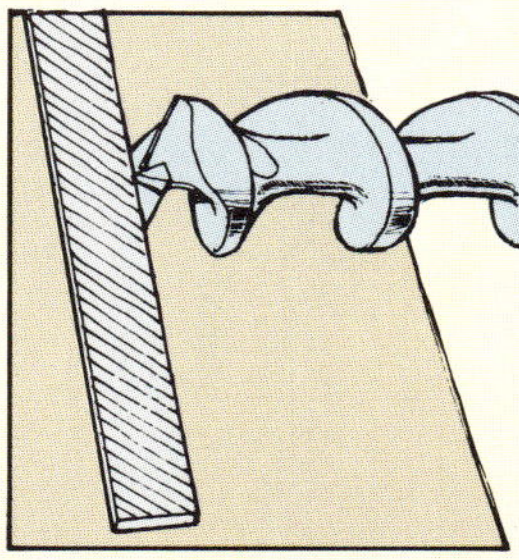

Aiguisez chaque éperon avec une petite lime

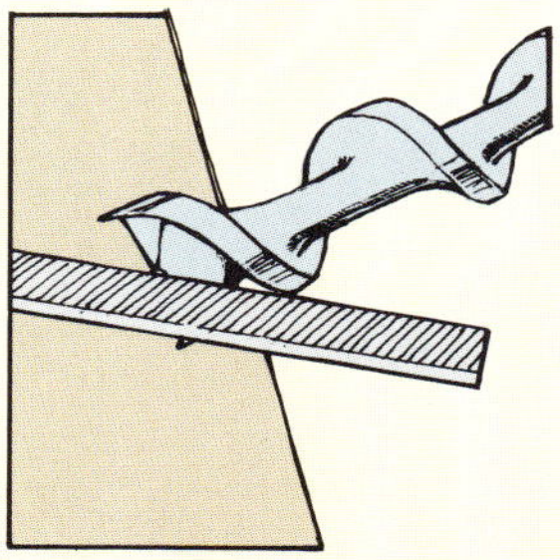

La pointe de la mèche sur l'établi, affûtez les tranchants

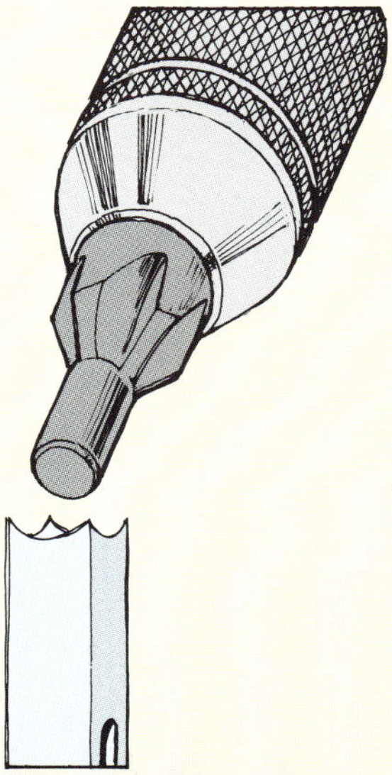

Affûtez le bédane carré avec un outil spécialisé

ACCESSOIRE DE MORTAISAGE HORIZONTAL

Un accessoire de mortaisage horizontal est équipé d'un couteau de fraisage monté horizontalement pour usiner un ouvrage.

Ce type d'accessoire utilise le mécanisme d'entraînement d'une autre machine – généralement une raboteuse ou une machine combinée – et se monte sur un mandrin fixé au porte-outil de celle-ci. Le mandrin, semblable à celui d'une perceuse électrique, accepte des couteaux à deux tranchants – dont un peut être dentelé – et d'un diamètre allant de 6 à 16 millimètres.

L'ouvrage est bridé à une table de mortaisage montée à côté du mandrin. Cette table peut coulisser latéralement, déplaçant ainsi l'ouvrage par rapport au mandrin, qui lui est fixe ; elle peut aussi coulisser d'avant en arrière, afin d'ajuster la profondeur de coupe. Enfin, sa hauteur est ajustable et ses déplacements, contrôlés par des leviers, sont limités par des cales ajustables afin de pouvoir régler la profondeur et la longueur de la mortaise.

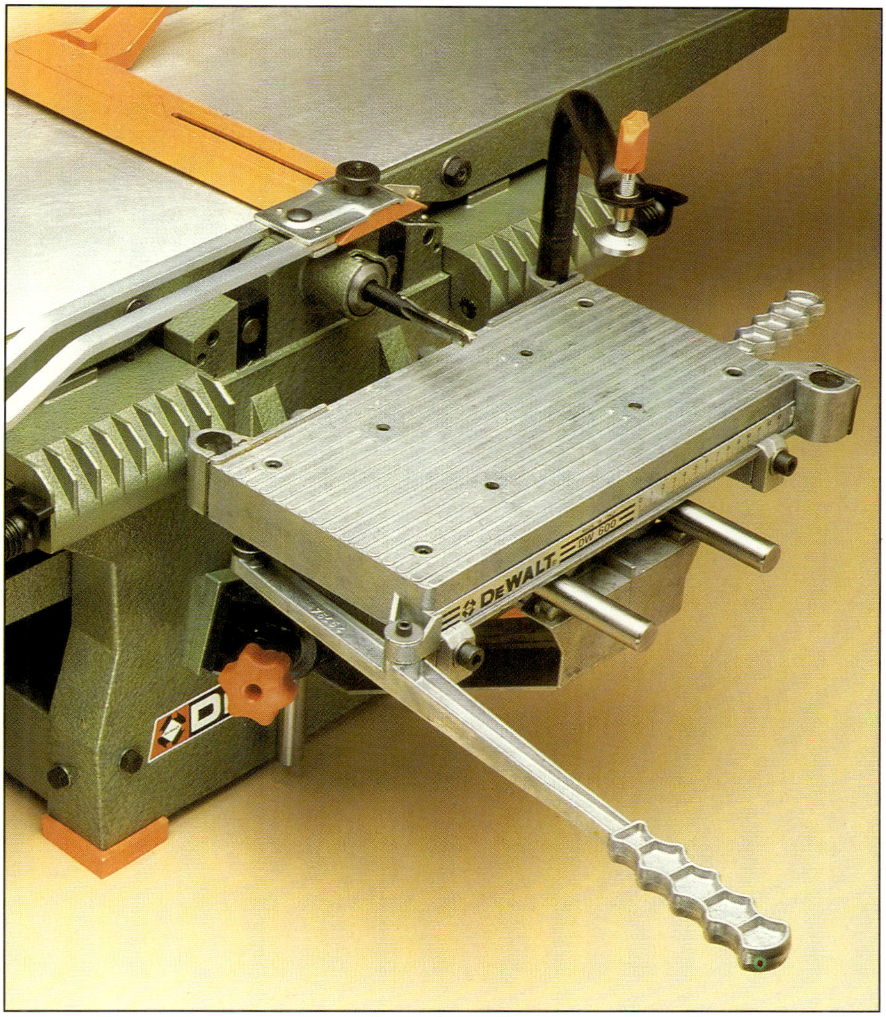

Accessoire de mortaisage horizontal
Ce type particulier d'accessoire se fixe sur une dégauchisseuse-surfaceuse.

- **Affûtage des mèches de mortaisage**
  Affûtez une mèche de mortaisage en meulant les faces intérieures des tranchants sur une petite pierre à huile. Ne meulez pas les faces extérieures car vous changeriez ainsi le diamètre du couteau. Faites recalibrer vos mèches par un professionnel si elles ne coupent pas avec efficacité après que vous les ayez meulées.

CONSIGNES DE SÉCURITÉ

Si vous respectez les consignes de sécurité applicables à l'ensemble des machines-outils, l'utilisation d'un accessoire de mortaisage à fente présente peu de dangers. Cependant, si l'accessoire est entraîné par une raboteuse, assurez-vous que les protecteurs sont en position, cela afin d'éviter de graves accidents.

- Positionnez toujours le protecteur sur les couteaux de la raboteuse, avant d'utiliser un accessoire de mortaisage.
- Généralement, le mandrin de l'accessoire est protégé, car il est encastré dans le corps de la raboteuse. Retirez toujours le couteau de fraisage dès que vous avez fini de tailler les mortaises prévues.

Utilisation d'un accessoire de mortaisage horizontal
Taillez une mortaise par étapes et limitez chaque plongée au diamètre du couteau. Si vous essayiez de couper plus profondément, la pression latérale exercée sur le couteau briserait celui-ci. Après avoir taillé la mortaise, vous pouvez soit rendre les épaulements d'équerre, soit arrondir les chants du tenon correspondant à la lime ou au papier de verre.

Tailler des tenons avec un accessoire de mortaisage horizontal
On peut retirer le rebut de chaque côté d'un tenon au moyen d'un couteau de fraisage, mais, comme le couteau n'est pas entouré de bois de chaque côté, il faut alimenter l'ouvrage contre la rotation du couteau.

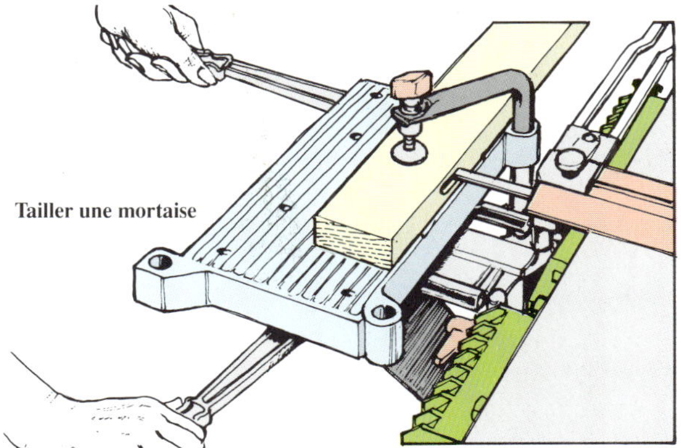

Tailler une mortaise

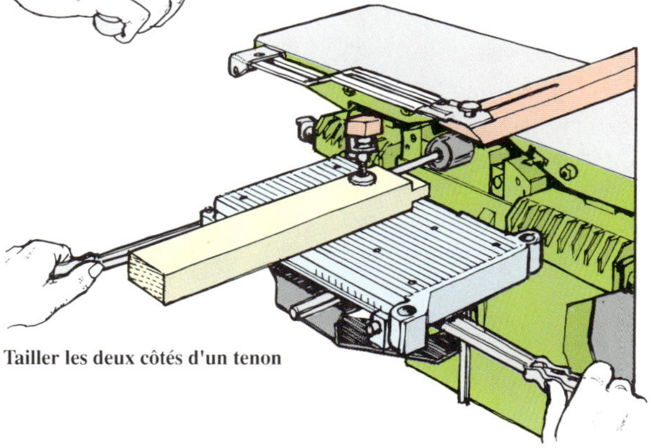

Tailler les deux côtés d'un tenon

LES PERCEUSES À COLONNE

Une perceuse à colonne est une machine fixe pour percer à grand rendement. La tête, qui comprend le mandrin porte-mèches, le mécanisme d'entraînement et le moteur électrique, est montée sur une colonne métallique rigide. La colonne est soutenue par un socle en fonte qui peut être fixé à l'établi ou posé à même le sol de l'atelier ; dans ce cas, la colonne doit être suffisamment haute pour que la perceuse et la table soient à une hauteur permettant de travailler confortablement.

VOIR AUSSI

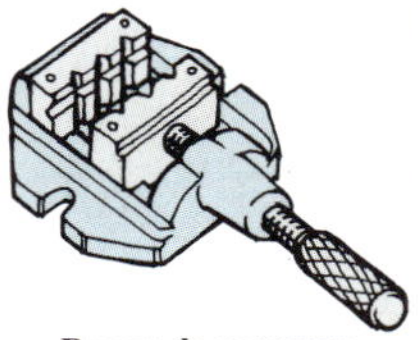

Presse de perceuse à colonne
Cette petite presse d'ingénieur sert à maintenir des ouvrages métalliques sur la table de la perceuse à colonne.

Mandrin

Le mandrin d'une perceuse à colonne est composé de trois mâchoires actionnées par une clé comme sur les perceuses électriques traditionnelles. La plupart des mandrins acceptent des mèches dont le diamètre de la queue peut atteindre 12 millimètres.

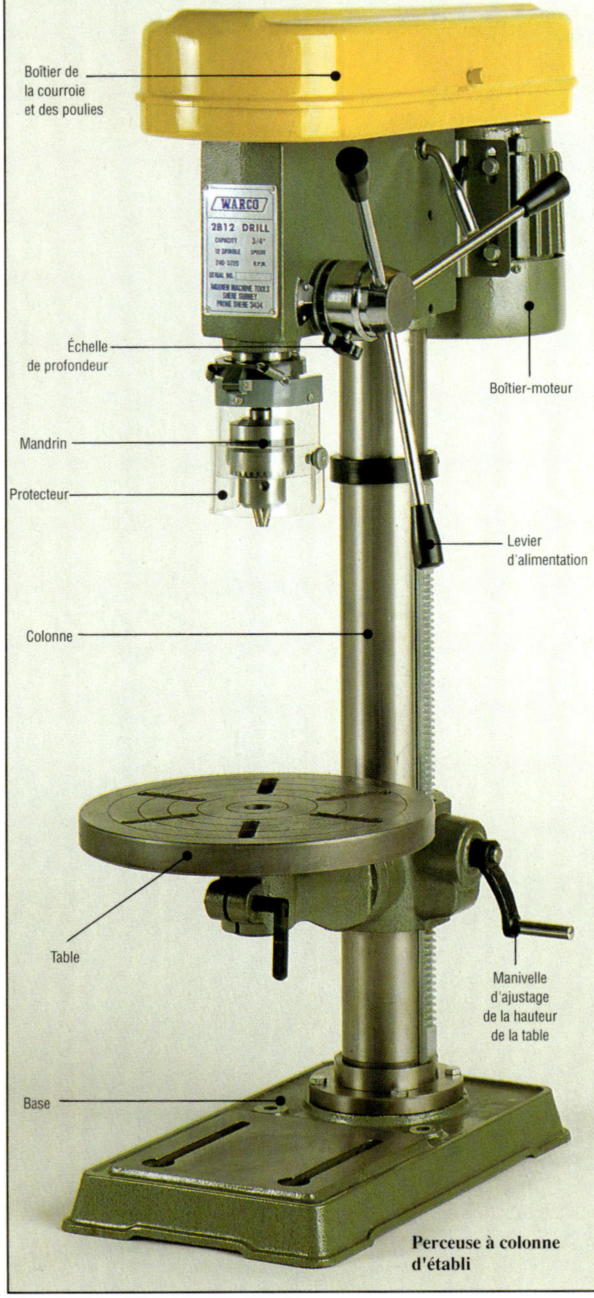

Perceuse à colonne d'établi

Moteur électrique

Les perceuses fixes sont équipées de moteurs électriques à induction dont la puissance varie entre 187 et 750 watts. Ce type de moteur est très efficace, mais l'idéal est d'acheter une perceuse ayant un moteur d'au moins 250 watts.

La puissance du moteur est transmise à l'arbre et au mandrin par un système de poulies et de corde en V. En déplaçant la corde en V sur les poulies à paliers, vous pouvez modifier la vitesse de rotation par tranches de 4 ou 5, de 450 à 3 000 tours par minute.

On choisit les vitesses les plus lentes pour percer les métaux ou de gros trous dans les bois durs. Augmentez la vitesse pour percer ces bois tendres.

Table

La table est accrochée en encorbellement à la colonne. Sur certaines perceuses, la table est élevée ou abaissée à la main et fixée à la hauteur voulue au moyen d'un verrou de serrage ; d'autres perceuses sont équipées d'un système de crémaillère et la hauteur s'ajuste au moyen d'une manette d'élèvement.

Choisissez une machine dont la table peut être inclinée à un angle de 45 degrés et pivotée vers l'arrière afin de se servir du socle pour travailler sur des pièces de bois plus grandes que la moyenne. Un trou situé dans le centre de la table permet de percer à travers un ouvrage sans endommager la mèche. On peut installer des guides, des presses et des gabarits sur les fentes usinées à cet effet sur la table.

Socle de la perceuse à colonne

Afin d'assurer l'équilibre de la machine, le socle doit être large et lourd. Sa partie supérieure doit être parfaitement plane et équipée de fentes afin de pouvoir servir de table secondaire pour travailler les grandes pièces de bois.

Gorge

La gorge – la distance qui sépare la colonne du centre de la table – doit être le plus large possible. La capacité de gorge d'une perceuse à colonne destinée à un atelier de bricolage peut varier entre 100 et 200 millimètres.

Levier d'alimentation

On plonge le mandrin sur une pièce de bois en abaissant le levier d'alimentation monté sur le côté de la machine. Etant mû par un ressort, le levier retourne automatiquement à sa position initiale ; il peut cependant être verrouillé en position abaissée au moyen d'une vis de serrage, afin de vous laisser les deux mains libres.

Profondeur de perçage maximale

La profondeur maximale d'un trou percé par une perceuse à colonne est déterminée par le mouvement vertical du mandrin. Ce mouvement varie entre 50 et 90 millimètres sur les perceuses à colonne que l'on fixe sur un établi, mais les perceuses que l'on pose à même le sol percent bien plus profondément.

Guide de profondeur

La profondeur de coupe est contrôlée par l'ajustage d'un guide de profondeur. Marquez la profondeur que vous désirez percer sur le chant de l'ouvrage. Abaissez le mandrin jusqu'à ce que la pointe de la mèche soit alignée sur le trait, puis ajustez le guide de profondeur afin de limiter le mouvement vertical de l'arbre et du mandrin.

Sécurité

Si possible, achetez une perceuse équipée d'un dispositif de sécurité (généralement en plastique transparent) qui s'abaisse ou pivote pour venir couvrir le mandrin. Ce dispositif empêche que les cheveux ou les vêtements amples ne soient happés par la rotation du mandrin. Sa mise en place vous avertit de la présence de la clé du mandrin au cas où vous auriez accidentellement oublié de la retirer.

MÈCHES ET COUTEAUX

Vous aurez besoin d'une série complète de forets et de mèches hélicoïdaux de bonne qualité, et jusqu'à un diamètre de 10 millimètres. Comme les mèches d'un diamètre plus grand sont sensiblement plus chères, il vaut mieux les acheter une par une, lorsque vous en éprouverez le besoin spécifique.

Forets hélicoïdaux
Choisissez des forets hélicoïdaux en acier rapide, car ils peuvent aussi bien servir pour le bois que pour les métaux. Avant de percer un trou avec un foret hélicoïdal, marquez-en le centre avec une pointe à ferrer ou avec un poinçon si vous percez des métaux ou des bois durs.

Mèches hélicoïdales
Les mèches hélicoïdales sont conçues pour percer en bout, des trous servant à accueillir des goujons. Ce sont aussi d'excellentes mèches pour percer le bois en général.

Mèches à hélice
Utilisez une mèche à hélice pour percer des trous profonds dans une pièce de bois. Les diamètres d'une série de mèches à hélice varient entre 6 et 25 millimètres.

Mèches anglaises
Ces mèches relativement bon marché, percent des trous d'un diamètre de 6 à 38 millimètres. La longue pointe permet un cintrage très précis, même lorsque vous travaillez sur la table inclinée.

Mèches Forstner
Les mèches Forstner sont chères, mais percent des trous à fond parfaitement plat, sans être gênées par les nœuds ou un grain irrégulier. Les mèches Forstner existent dans une grande variété de diamètres, jusqu'à 50 millimètres.

Fraises
Après avoir percé un trou pour une vis à bois, utilisez une fraise pour percer un logement pour la tête de la vis. Vous obtiendrez un fini de bonne qualité en perçant à grande vitesse.

Foret-fraise combiné
Conçues pour des vis particulières, les forets-fraises percent un avant-trou, un trou et un logement en une seule opération.

Foret-fraise à tampon
Noyez une vis en perçant son trou avec un foret-fraise à tampon. Le logement ainsi obtenu peut être bouché avec un tampon coupé à cet effet.

Coupe-tampon
Utilisez ce couteau pour tailler des tampons servant à recouvrir les vis noyées. Taillez les tampons dans un bois dont le grain et la couleur sont identiques à ceux de l'ouvrage.

Scies-cloche
Vous pouvez tailler un trou d'un diamètre pouvant atteindre 89 millimètres au moyen d'une scie-cloche. Sélectionnez une petite vitesse de perçage et fixez l'ouvrage solidement.

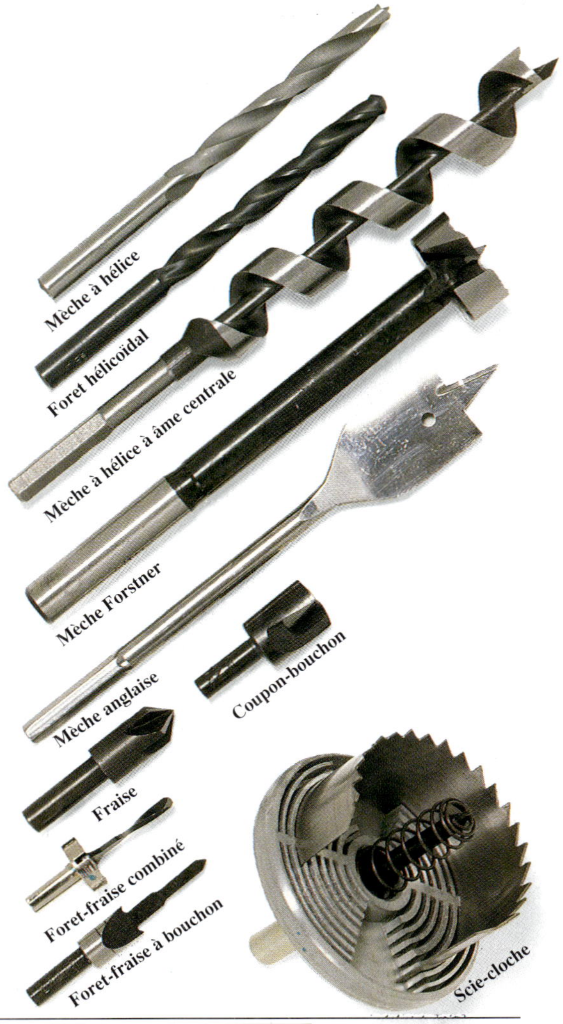

CONSIGNES DE SÉCURITÉ

Si vous respectez les consignes de sécurité applicables à l'ensemble des machines-outils, l'utilisation d'une perceuse à colonne représente peu de dangers. Observez cependant certaines précautions supplémentaires.

- Retirez toujours la clé du mandrin après avoir installé une mèche.
- Abaissez le dispositif de sécurité avant de mettre la machine en marche.
- Fixez solidement l'ouvrage à la table; si celui-ci venait à être attrapé par la mèche, il pourrait tourner et causer un accident. Maintenez l'ouvrage contre la colonne rigide ou contre un guide que vous aurez fabriqué, afin de résister à la rotation de la mèche ou fixez-le à la table.
- Fixez toujours les pièces de métal ou maintenez-les dans une presse de perceuse à colonne.

UTILISER UNE PERCEUSE À COLONNE

Après avoir installé une mèche, ajustez la hauteur de la table, de façon que la surface de l'ouvrage se trouve à 1 millimètre de sa pointe. Ajustez ensuite le guide de profondeur, centrez la mèche et mettez la machine en marche. Alimentez la mèche dans l'ouvrage à un rythme régulier – il n'est pas nécessaire d'exercer une pression exagérée sur une mèche bien affûtée. Relâchez lentement le levier d'alimentation et attendez que le mandrin soit retourné à sa position initiale avant de couper le moteur.

Maintenir l'ouvrage solidement
Il est souvent possible d'appuyer l'ouvrage contre le côté gauche de la colonne, afin de résister à la puissance de rotation de la perceuse à colonne (1). Vous pouvez aussi utiliser une presse à main, ou une presse articulée pour fixer solidement l'ouvrage à la table.

Il est utile de fixer un guide avec des écrous et des vis papillon, ceci afin de pouvoir positionner avec précision des pièces de bois identiques. Butez l'extrémité de chaque pièce de bois contre une cale fixée sur le guide (2).

Faites coulisser l'ouvrage contre le guide, si vous voulez percer une série de trous en ligne – par exemple, pour éliminer le rebut d'une mortaise (3).

Fabriquez une cale en V sur une scie circulaire à table, pour y reposer une pièce de bois cylindrique dans laquelle vous voulez percer un trou.

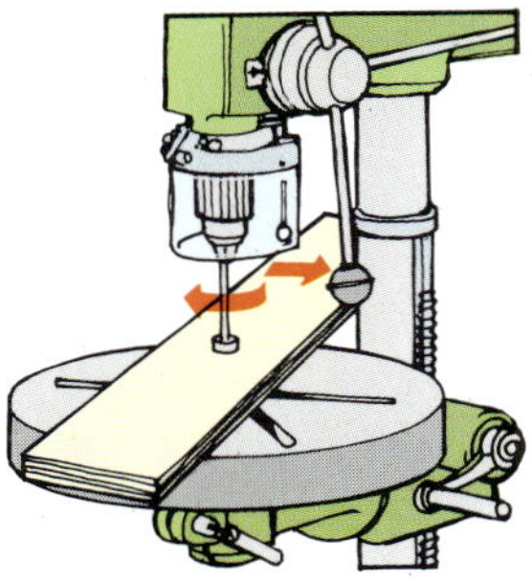
1 Appuyez l'ouvrage contre la colonne

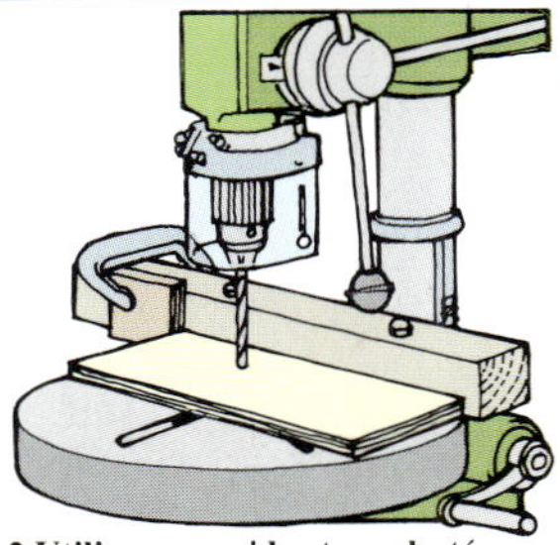
2 Utilisez un guide et une butée pour percer des pièces identiques

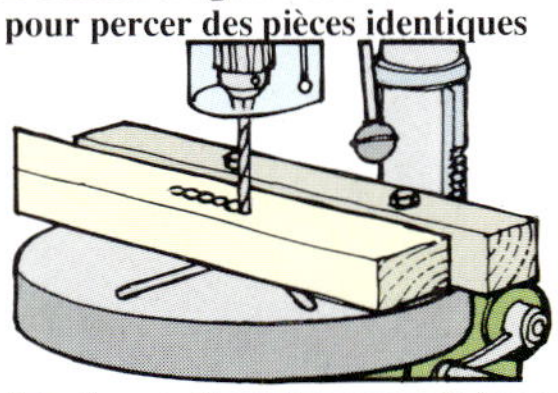
3 Faites coulisser l'ouvrage le long du guide afin de percer des trous en ligne

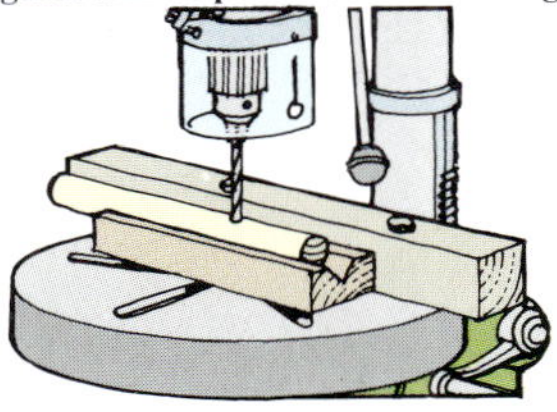
4 Utilisez une cale en « V » pour soutenir une pièce de bois cylindrique

- **Percer un ouvrage**
  Placez une pièce de bois rabotée ou un panneau dérivé du bois sous l'ouvrage si vous avez l'intention de percer un trou traversant.

LES PONCEUSES FIXES

La plupart des menuisiers considèrent que les ponceuses portatives à bandes ou vibreuses sont parfaitement adéquates pour finir des planches ou panneaux larges et plats. Cependant, une ponceuse combinée à courroie et à disque montée sur un socle, vous permettra aussi de profiler des pièces de bois, de poncer en bout et de finir de petits ouvrages.

VOIR AUSSI

Disque de ponçage
Un disque monté verticalement et recouvert de matériau abrasif s'utilise pour poncer en bout des pièces de bois d'équerre ou convexes, ainsi que selon un angle donné.

La largeur maximale que peut avoir un ouvrage poncé sur un disque est égale à un peu moins de la moitié du diamètre de celui-ci. Il existe des disques beaucoup plus larges et destinés à un usage industriel, mais pour un atelier de bricolage, un disque d'un diamètre de 225 millimètres est parfaitement adéquat.

Les papiers abrasifs sont généralement collés sur la face du disque au moyen d'un adhésif particulier. Lorsqu'un papier est usé, retirez-le, et remplacez-le par un papier neuf.

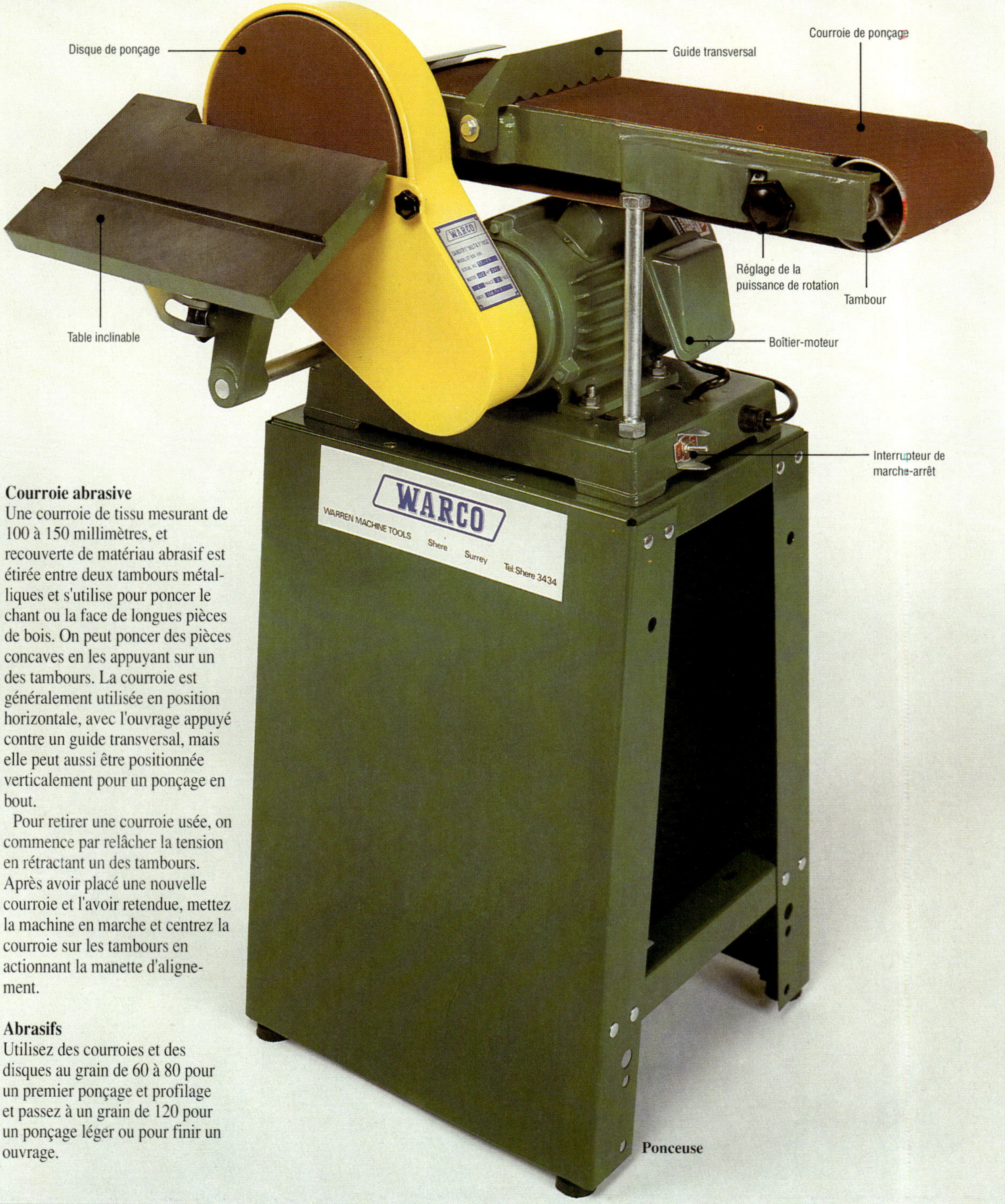

Ponceuse

Courroie abrasive
Une courroie de tissu mesurant de 100 à 150 millimètres, et recouverte de matériau abrasif est étirée entre deux tambours métalliques et s'utilise pour poncer le chant ou la face de longues pièces de bois. On peut poncer des pièces concaves en les appuyant sur un des tambours. La courroie est généralement utilisée en position horizontale, avec l'ouvrage appuyé contre un guide transversal, mais elle peut aussi être positionnée verticalement pour un ponçage en bout.

Pour retirer une courroie usée, on commence par relâcher la tension en rétractant un des tambours. Après avoir placé une nouvelle courroie et l'avoir retendue, mettez la machine en marche et centrez la courroie sur les tambours en actionnant la manette d'alignement.

Abrasifs
Utilisez des courroies et des disques au grain de 60 à 80 pour un premier ponçage et profilage et passez à un grain de 120 pour un ponçage léger ou pour finir un ouvrage.

- **Moteur électrique**
Un simple moteur de 250 à 375 Watts entraîne à la fois le disque et la courroie à poncer.

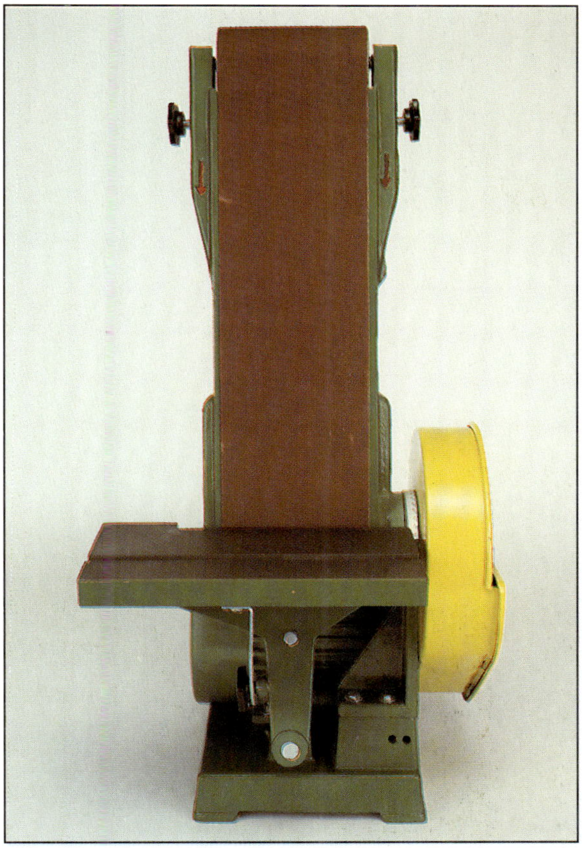

La courroie peut aussi être mise en position verticale

Table
Une table en fonte montée à côté du disque est équipée d'un calibre d'onglet qui permet de positionner l'ouvrage selon l'angle voulu. En inclinant la table selon n'importe quel angle jusqu'à 45 degrés par rapport au disque, la ponceuse peut servir pour poncer des onglets intégrés. Cette même table peut aussi être positionnée pour pouvoir poncer une pièce de bois contre la courroie placée verticalement.

Interrupteur de marche-arrêt
Certaines ponceuses sont équipées d'interrupteurs de marche-arrêt individuels mais la plupart d'entre elles ne sont équipées que de simples interrupteurs à bascule. Assurez-vous que l'interrupteur est en position d'arrêt lorsque vous branchez la machine.

Aspirateur de poussière
Si vous en avez la possibilité, installez un aspirateur de poussière sur une ponceuse. La très fine poussière générée par cette machine est nocive et crée une atmosphère potentiellement explosive dans l'atelier.

CONSIGNES DE SÉCURITÉ

Des accidents surviennent fréquemment avec une ponceuse fixe, car les utilisateurs n'anticipent pas l'éventualité d'un accident sur cette machine d'apparence inoffensive. Respectez donc toujours les consignes de sécurité applicables à l'ensemble des machines-outils, et ne prenez aucun risque lorsque vous travaillez sur une ponceuse fixe.

- Ne maintenez pas une pièce de bois de faible épaisseur sur une courroie en mouvement, car elle risque de passer sous le guide transversal, et votre main se trouverait en contact immédiat avec la courroie abrasive.
- Afin de ne pas risquer d'abîmer le bout de vos doigts, ne poncez jamais de toutes petites pièces de bois sur une courroie abrasive.
- Ne travaillez que sur le côté du disque qui se dirige vers le bas, de façon que la rotation du disque maintienne l'ouvrage sur la table.

UTILISER UNE PONCEUSE FIXE

Chaque fois que c'est possible, poncez dans le sens du fil. Un ponçage à contre fil, que ce soit sur le disque ou la courroie, laisse des traces difficiles à effacer, et impossibles à camoufler avec un vernis clair.

Utilisation du disque de ponçage
Maintenez l'ouvrage fermement contre le calibre d'onglet et appuyez le fil contre le côté du disque qui se dirige vers le bas. Faites effectuer un mouvement de va-et-vient à l'ouvrage, et ne l'appuyez pas trop fort, car vous risquez de le brûler en bout.

Pour profiler une pièce de bois sur un disque, éliminez la plus grande partie du rebut à la scie, puis, après avoir retiré le calibre d'onglet, appuyez l'ouvrage sur la table et poncez-le à la dimension voulue.

Utilisation de la courroie de ponçage
Pour poncer une face d'un ouvrage, butez le bout contre le guide transversal (1). Changez régulièrement la position de l'ouvrage afin de faire durer la courroie et évitez d'arrondir les chants de l'ouvrage.

Pour profiler une pièce de bois courbe, positionnez-la contre un des tambours de la courroie (2).

Si la taille et la forme de votre ouvrage vous le permettent, positionnez la courroie verticalement, et poncez sur toute la largeur (3).

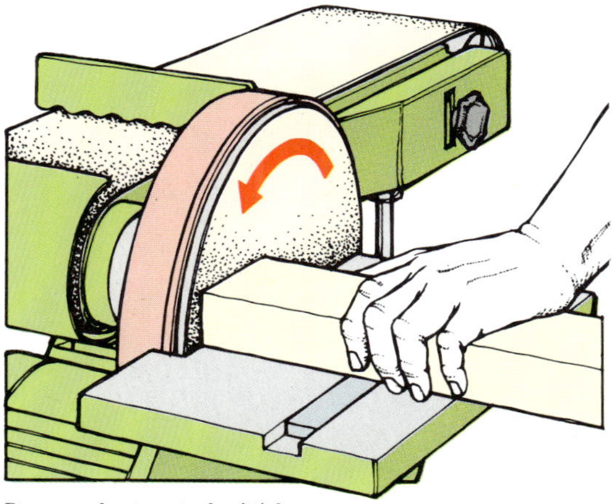

Poncez en bout contre le côté du disque qui descend

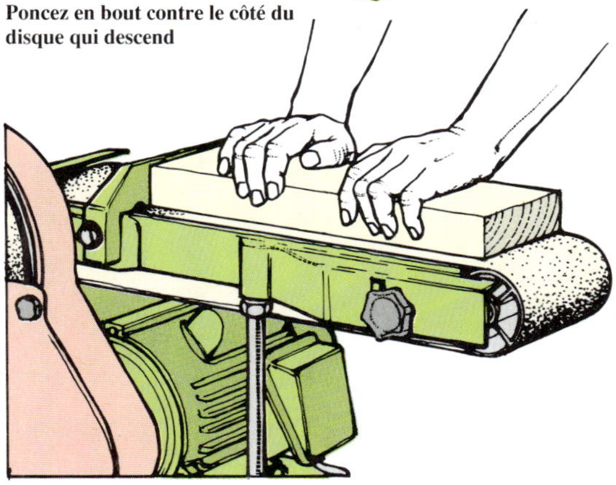

1 Butez une longue pièce de bois contre le guide transversal

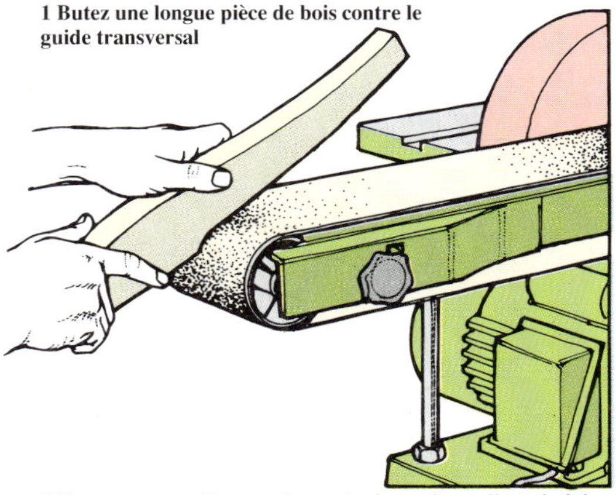

2 Façonnez une pièce courbe contre le tambour d'extrémité

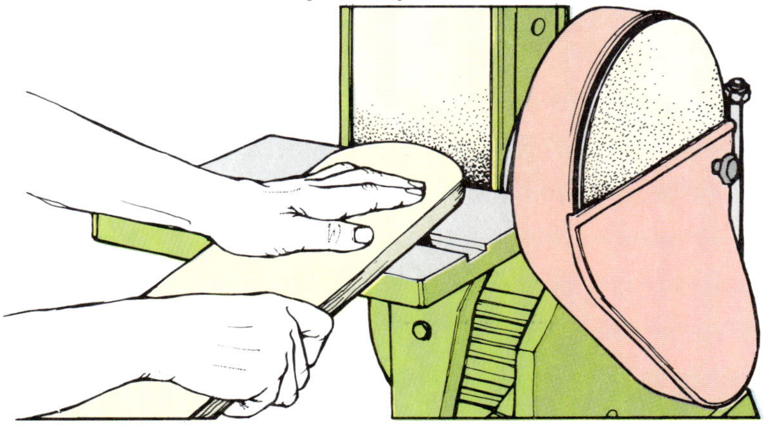

3 Placez la courroie en position verticale pour poncer en bout

LES TOURS À BOIS

Le tournage du bois est bien plus qu'un simple usinage – dans certains cas, cela devient presque un art. Pour tourner correctement le bois, il faut non seulement maîtriser certaines techniques spécialisées, mais encore pouvoir apprécier ce qui compose une forme agréable, aux lignes gracieuses.

Contrairement aux autres machines pour travailler le bois, on utilise rarement le tour simplement pour faire passer un ouvrage d'un stade de fabrication à un autre ; on peut fabriquer entièrement un objet sur un tour à bois, en commençant avec le bois massif et en terminant par le polissage.

VOIR AUSSI

Consignes de sécurité	156
Tournage entre-pointes	196/200
Tournage sur une poupée	201
Tournage sur plateau	202/203
Masque facial	214
Protecteurs faciaux	214

TOURS À MONTER SUR UN ÉTABLI

Il existe de gros tours, montés sur un socle et destinés à un usage industriel, mais pour un atelier de bricolage, il est préférable d'avoir un tour plus léger que l'on monte sur un établi. La structure d'un tour repose sur un banc rigide, équipé à une extrémité d'un mécanisme d'entraînement encaissé dans la poupée fixe et à l'autre, d'une poupée mobile. L'ouvrage est suspendu entre les deux poupées et tourne avec vitesse contre un outil tenu à la main. Généralement, les tours peuvent fonctionner en deux positions : en position de tournage entre-pointes pour façonner des arbres, des pieds de table et autres éléments longiformes et minces, et en position de tournage sur plateau, pour façonner des bols, des boîtes, des coquetiers...

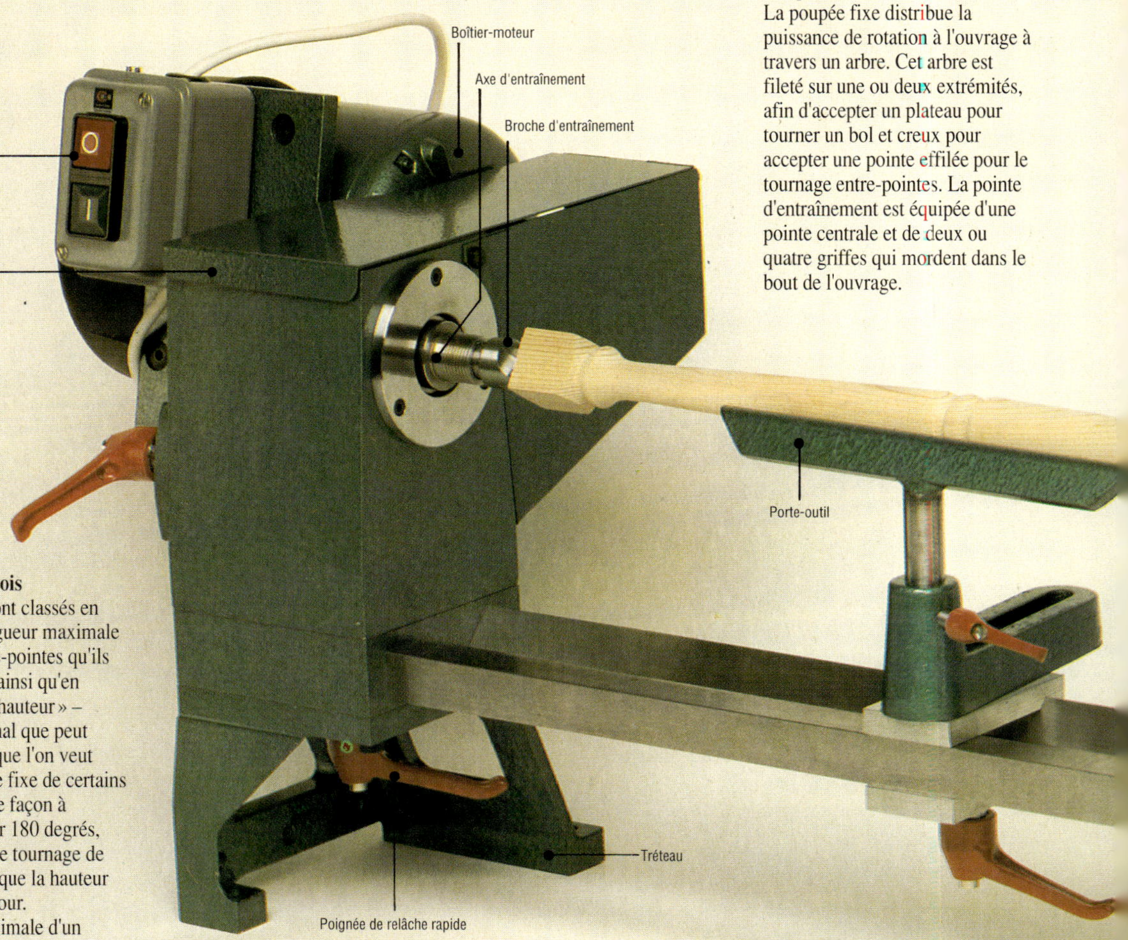

Poupée fixe
La poupée fixe distribue la puissance de rotation à l'ouvrage à travers un arbre. Cet arbre est fileté sur une ou deux extrémités, afin d'accepter un plateau pour tourner un bol et creux pour accepter une pointe effilée pour le tournage entre-pointes. La pointe d'entraînement est équipée d'une pointe centrale et de deux ou quatre griffes qui mordent dans le bout de l'ouvrage.

Taille du tour à bois
Les tours à bois sont classés en fonction de la longueur maximale d'un ouvrage entre-pointes qu'ils peuvent accepter, ainsi qu'en fonction de leur « hauteur » – le diamètre maximal que peut avoir un ouvrage que l'on veut tourner. La poupée fixe de certains tours est conçue de façon à pouvoir pivoter sur 180 degrés, afin de permettre le tournage de pièces plus larges que la hauteur sur l'extérieur du tour.

La longueur maximale d'un ouvrage peut varier entre 500 millimètres et 1,2 mètre sur un tour à bois. Les pièces plus longues doivent être tournées en sections que l'on assemblera par la suite. Le tour est l'outil idéal pour tailler un goujon sur le bout d'une pièce de bois et l'insérer dans un trou sur le bout d'une autre pièce de bois, garantissant ainsi un alignement parfait. Une rainure ou une moulure bien placées camoufleront parfaitement cet assemblage.

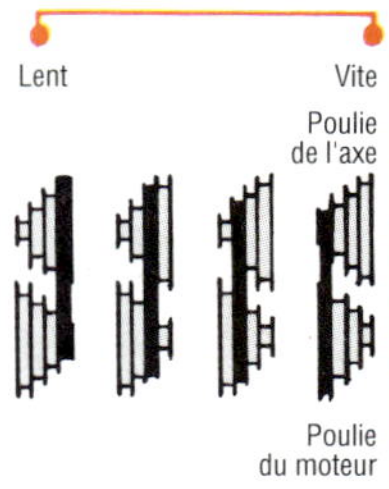

Changer la vitesse du tour

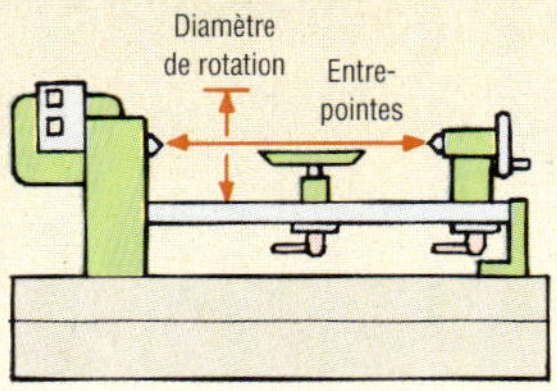

Taille du tour

Contrôle de vitesse
La plupart des tours à bois sont entraînés par une courroie qui transmet la puissance d'un moteur électrique de 375 à 750 watts à l'arbre de la poupée fixe. Des poulies à paliers offrent trois ou quatre vitesses présélectionnées, variant entre 450 et 2 000 tours par minute. Certains tours plus sophistiqués sont équipés d'un variateur électronique.

Utilisez la vitesse la plus faible pour dégrossir une pièce de bois et déplacez la courroie sur les paliers pour augmenter la vitesse au fur et à mesure que le travail progresse. Les dimensions de l'ouvrage et le type de bois que vous tournez influent aussi sur le choix de la vitesse. Il n'existe pas de règle particulière pour sélectionner la vitesse appropriée, mais utilisez le tableau ci-contre comme référence.

CONSIGNES DE SÉCURITÉ

Le tour à bois se distingue des autres machines-outils servant à travailler le bois, car il ne comporte pas de lame ni de couteau en mouvement ; au contraire, on utilise un outil à main pour façonner une pièce de bois en mouvement. Le tour est très apprécié par les menuisiers car c'est une machine apparemment sans danger, qui présente peu de risques de blessure aux doigts. Cependant, si vous n'établissez pas une méthode de travail sans danger, une simple erreur peut provoquer la projection de l'ouvrage à travers l'atelier. Respectez donc toujours les consignes de sécurité applicables à l'ensemble des machines-outils, en plus des consignes suivantes :

- Travaillez toujours dans de bonnes conditions d'éclairage.
- Ne laissez rien traîner autour d'un tour à bois, particulièrement les objets épars et des piles de bois qui pourraient tomber sur un ouvrage en rotation.
- Sélectionnez la vitesse appropriée au travail que vous effectuez.
- N'oubliez jamais une clé sur la pointe d'un tour.
- Adaptez un dispositif de protection sur une pointe de tour à deux ou quatre griffes.
- Avant de mettre le moteur en marche, vérifiez toujours que tous les leviers de serrage sont bien serrés et que rien n'entrave la rotation de l'ouvrage.
- Coupez le moteur lorsque vous repositionnez le porte-outil.
- Assurez-vous que l'outil de tournage repose bien sur le porte-outil avant de l'appuyer sur l'ouvrage.
- Retirez le porte-outil si vous poncez un ouvrage.
- N'abandonnez jamais un tour en marche : il peut paraître arrêté.
- Ne portez pas de vêtements amples, surtout pas de cravate lorsque vous travaillez sur un tour.
- Retirez vos bagues et vos bijoux.
- Portez des lunettes protectrices ou un écran facial pour vous protéger des éclats de bois.
- Portez un masque.

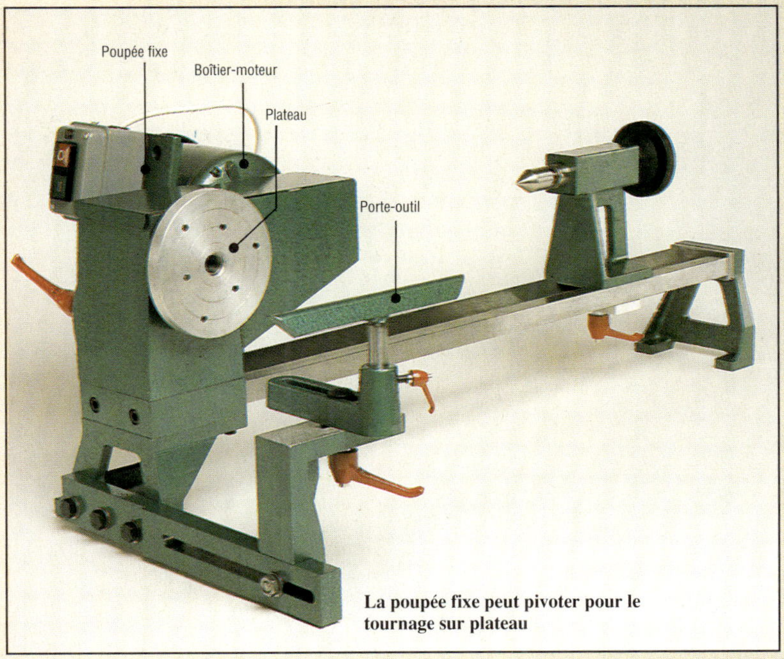

La poupée fixe peut pivoter pour le tournage sur plateau

Banc
La poupée mobile, le porte-outil et les autres accessoires reposent sur un banc monté sur des tubes ou des tréteaux en acier. Le banc doit être suffisamment surélevé, afin de faciliter le dégagement des copeaux.

Poupée mobile
La poupée mobile, fixée au banc par une presse à desserrage rapide, soutient le bout de l'ouvrage lorsque celui-ci est tourné entre-pointes. Elle est équipée d'un arbre coulissant creux actionné par un volant et sur lequel on adapte une pointe simple. Si cette pointe est fixe – quelquefois appelée « pointe moret » –, elle doit être régulièrement lubrifiée à la cire afin d'éviter qu'elle ne brûle l'ouvrage. Vous pouvez aussi adapter une pointe mobile à mouvement à billes sur l'arbre de la poupée mobile.

Porte-outil
Le porte-outil ajustable sert à soutenir la lame d'un outil de tournage contre un ouvrage en mouvement.

Un porte-outil standard – mesurant entre 200 et 300 millimètres – coulisse le long du banc pour se positionner le plus adéquatement possible, au fur et à mesure que le travail progresse. Un porte-outil extra long, qui fait toute la longueur du banc, exige des supports supplémentaires à chacune de ses extrémités. Les porte-outil courbés ou à angle droit servent pour le tournage sur plateau.

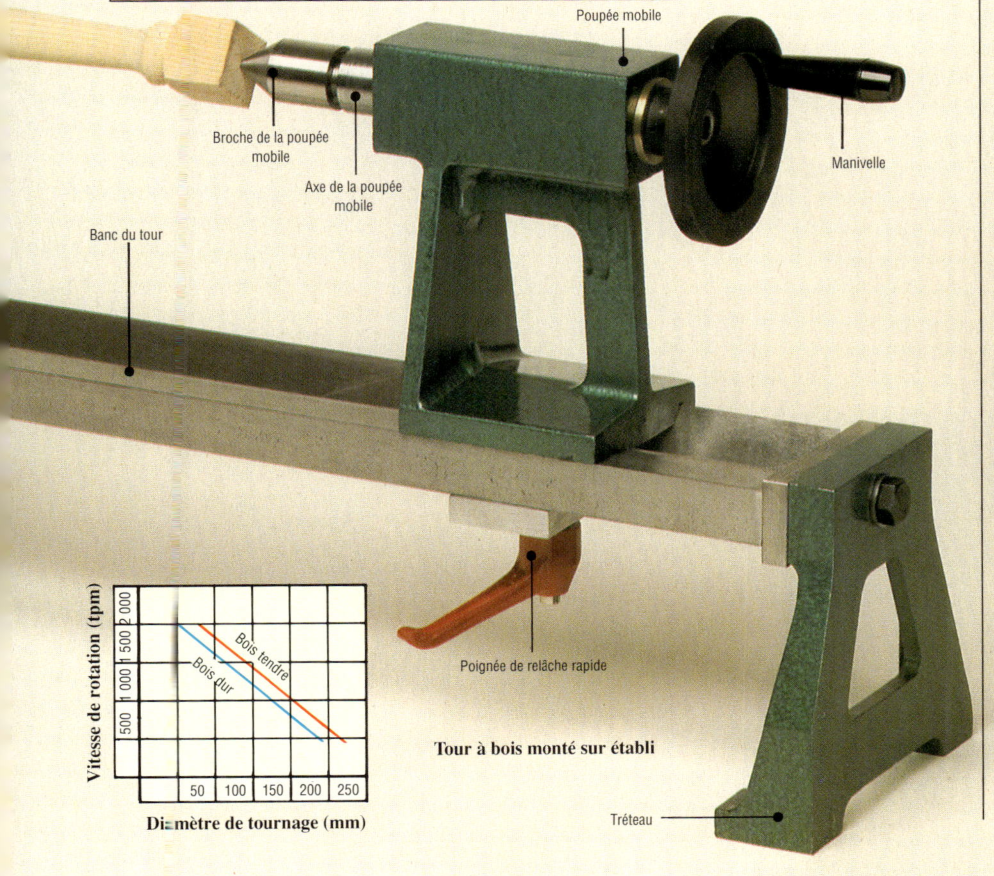

Tour à bois monté sur établi

OUTILS DE TOURNAGE

Lorsque l'on façonne une pièce de bois sur un tour, il faut utiliser des outils coupants spécialement conçus à cet effet. Les lames trapues sont adaptées sur de longs manches afin de permettre l'effet de levier nécessaire pour bien contrôler ces outils. Les lames en acier trempé au carbure sont relativement bon marché, et faciles à affûter. Tant que vous ne tournez pas des bois abrasifs tels que le teck ou l'orme, les lames au carbure maintiendront assez correctement leurs tranchants. Les outils en acier très rapides restent affûtés beaucoup plus longtemps, particulièrement si vous tournez des bois durs ou mouillés, mais ils sont aussi beaucoup plus chers.

VOIR AUSSI	
Mètre-ruban	76/77
Règles	76/77
Consignes de sécurité	156
Consignes de sécurité	193
Maniement des outils	196/197
Outil à couper	199
Tournage sur une poupée	201
Tournage des bols	203

Principaux outils de tournage

Il n'est pas nécessaire d'acheter tous les outils de tournages disponibles. Commencez par acheter les outils suivants, puis complétez votre série au fur et à mesure que le besoin s'en fait sentir.

Gouge à dégrossir - 25 mm
Gouge pour tournage entre-pointes - 12 mm
Gouge pour tournage sur plateau - 9 mm
Ciseau à épauler - 18 mm
Ciseau à couper - 3 mm
Ciseau à nez rond - 12 mm

OUTILS DE TRAÇAGE ET DE MESURAGE

En plus d'un mètre à ruban et d'une règle, vous aurez besoin de certains outils de traçage et de mesurage pour travailler sur un tour.

Compas

Vous aurez besoin d'un compas pour tracer le diamètre de l'ouvrage. Il n'est pas nécessaire d'acheter un compas extrêmement cher, mais choisissez-en un qui restera toujours précis.

Compas d'épaisseur à ressort

Ces compas sont d'une importance capitale pour mesurer le diamètre d'un ouvrage. On utilise un compas d'épaisseur pour mesures extérieures quand il faut mesurer le diamètre d'un ouvrage tourné entre-pointes, et un compas d'épaisseur pour mesures intérieures quand il s'agit de mesurer le diamètre intérieur d'un ouvrage creux.

Gabarit de profondeur

Un gabarit de profondeur est conçu pour être monté sur la lame d'un ciseau à couper. On s'en sert pour déterminer le diamètre d'un ouvrage cylindrique ; accroché sur l'ouvrage, il guide le ciseau pour couper avec précision au diamètre requis.

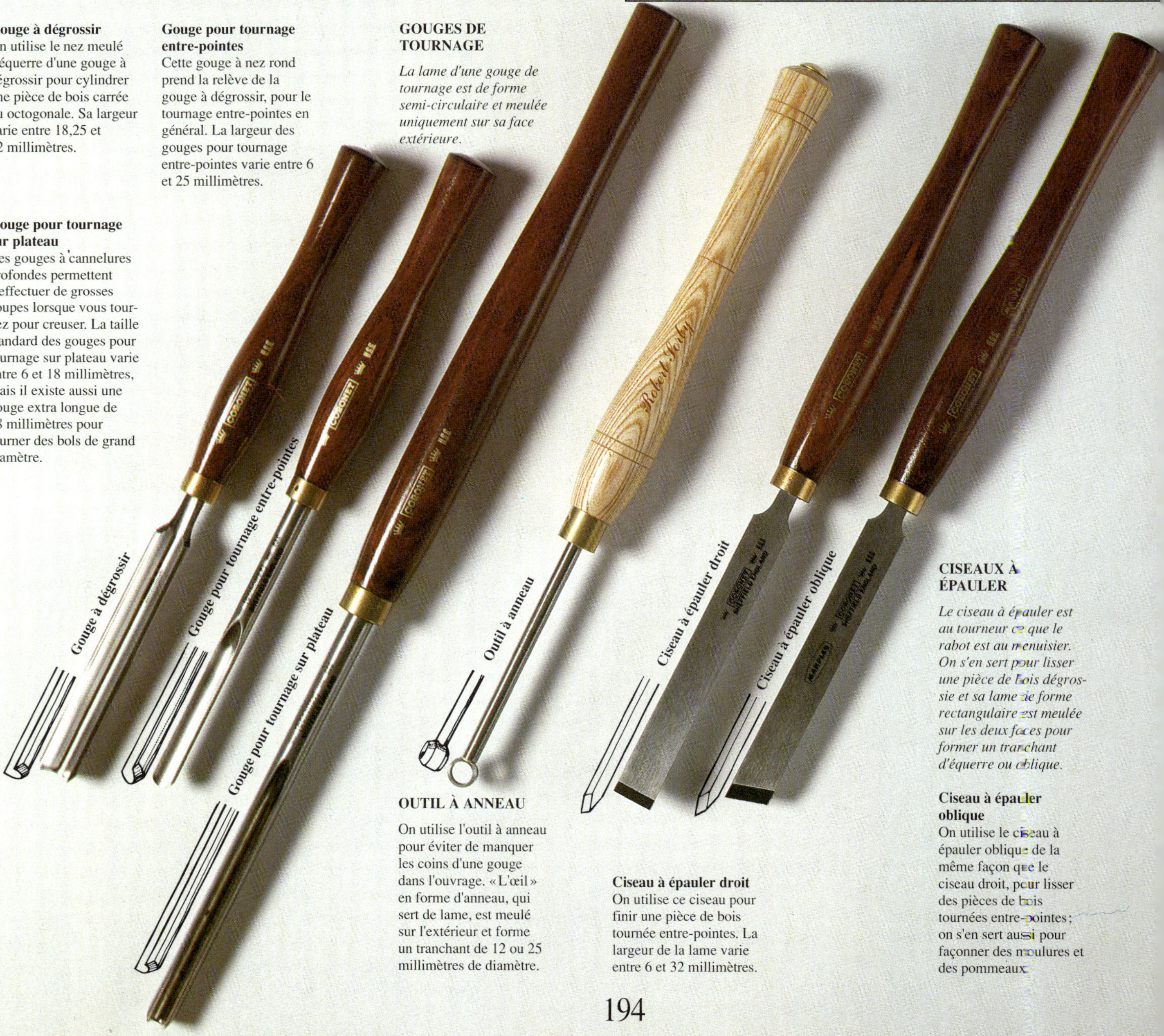

Gouge à dégrossir
On utilise le nez meulé d'équerre d'une gouge à dégrossir pour cylindrer une pièce de bois carrée ou octogonale. Sa largeur varie entre 18,25 et 32 millimètres.

Gouge pour tournage sur plateau
Ces gouges à cannelures profondes permettent d'effectuer de grosses coupes lorsque vous tournez pour creuser. La taille standard des gouges pour tournage sur plateau varie entre 6 et 18 millimètres, mais il existe aussi une gouge extra longue de 18 millimètres pour tourner des bols de grand diamètre.

Gouge pour tournage entre-pointes
Cette gouge à nez rond prend la relève de la gouge à dégrossir, pour le tournage entre-pointes en général. La largeur des gouges pour tournage entre-pointes varie entre 6 et 25 millimètres.

GOUGES DE TOURNAGE

La lame d'une gouge de tournage est de forme semi-circulaire et meulée uniquement sur sa face extérieure.

OUTIL À ANNEAU

On utilise l'outil à anneau pour éviter de manquer les coins d'une gouge dans l'ouvrage. « L'œil » en forme d'anneau, qui sert de lame, est meulé sur l'extérieur et forme un tranchant de 12 ou 25 millimètres de diamètre.

Ciseau à épauler droit
On utilise ce ciseau pour finir une pièce de bois tournée entre-pointes. La largeur de la lame varie entre 6 et 32 millimètres.

CISEAUX À ÉPAULER

Le ciseau à épauler est au tourneur ce que le rabot est au menuisier. On s'en sert pour lisser une pièce de bois dégrossie et sa lame de forme rectangulaire est meulée sur les deux faces pour former un tranchant d'équerre ou oblique.

Ciseau à épauler oblique
On utilise le ciseau à épauler oblique de la même façon que le ciseau droit, pour lisser des pièces de bois tournées entre-pointes ; on s'en sert aussi pour façonner des moulures et des pommeaux.

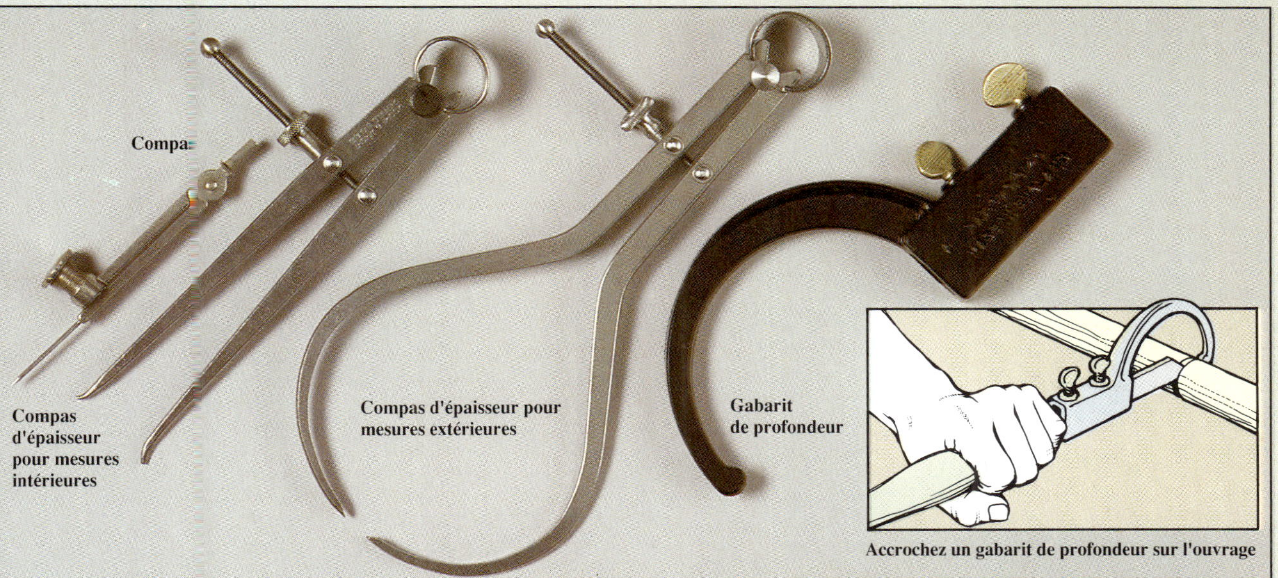

Accrochez un gabarit de profondeur sur l'ouvrage

CISEAUX À COUPER

Ces ciseaux sont conçus principalement pour tailler à travers une pièce de bois et la retirer du tour. En conséquence, la lame – généralement de forme rectangulaire, mais aussi ovale ou à facettes – est meulée de telle sorte que son tranchant soit parallèle à sa face.

Ciseau à couper standard

La largeur de ce type de ciseau est 3 ou 6 millimètres.

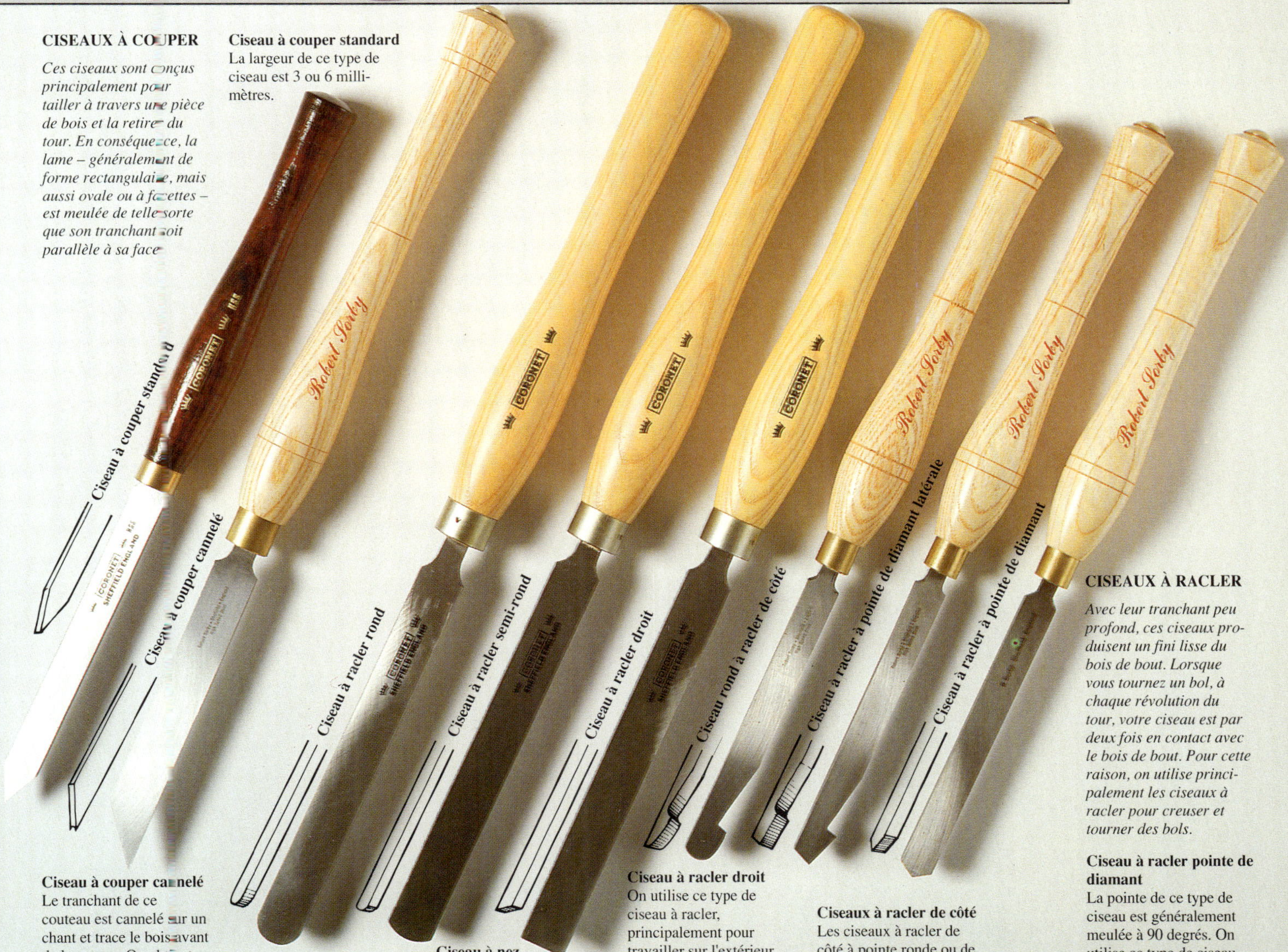

CISEAUX À RACLER

Avec leur tranchant peu profond, ces ciseaux produisent un fini lisse du bois de bout. Lorsque vous tournez un bol, à chaque révolution du tour, votre ciseau est par deux fois en contact avec le bois de bout. Pour cette raison, on utilise principalement les ciseaux à racler pour creuser et tourner des bols.

Ciseau à couper cannelé

Le tranchant de ce couteau est cannelé sur un chant et trace le bois avant de le couper. On obtient un fini de qualité exceptionnelle lorsqu'on positionne ce ciseau face cannelée vers le bas sur le porte-outil. Sa largeur est généralement de 3 millimètres.

Ciseau à nez rond et semi-rond

On utilise ces ciseaux pour racler l'intérieur d'un bol ou d'un gobelet. Leur largeur varie entre 12 et 25 millimètres.

Ciseau à racler droit

On utilise ce type de ciseau à racler, principalement pour travailler sur l'extérieur d'un bol ou sur le dessous plat d'une boîte retournée. Ils sont disponibles dans la même variété de largeurs que les ciseaux à nez rond ou semi-rond.

Ciseaux à racler de côté

Les ciseaux à racler de côté à pointe ronde ou de diamant sont particulièrement utiles pour travailler l'intérieur d'une pièce creuse. La largeur de leur lame est de 18 millimètres.

Ciseau à racler pointe de diamant

La pointe de ce type de ciseau est généralement meulée à 90 degrés. On utilise ce type de ciseau pour exécuter des entailles en forme de « V » sur une pièce de bois tournée entre-pointes, ainsi que pour nettoyer les coins carrés. La largeur de leur lame varie entre 6 et 32 millimètres.

AFFÛTAGE DES OUTILS DE TOURNAGE

Etant donné la vitesse que peut atteindre un tour à bois, un outil de tournage débite une très grande quantité de bois en seulement quelques secondes. En conséquence, il faut affûter ces outils fréquemment. La plupart des tourneurs affûtent leurs outils sur un touret à meuler ; mais certains préfèrent les morfiler sur une pierre à huile. La meilleure méthode consiste probablement à meuler les extrémités pour un usage général et à morfiler avec soin les tranchants pour exécuter un travail délicat.

Quelle que soit la méthode que vous adoptiez, placez votre matériel d'affûtage près du tour afin de pouvoir affûter vos outils fréquemment. Utilisez un outil de dressage à roue étoilée pour nettoyer la surface de votre pierre à meuler lorsque celle-ci est encrassée par des particules métalliques et ayez un récipient d'eau à portée de main pour refroidir les lames.

Les gouges et les ciseaux neufs sont fournis avec un tranchant meulé selon un angle recommandé par le fabricant. Ces outils continueront à servir efficacement si vous préservez cet angle sur la pierre à meuler ; cependant, les tourneurs meulent souvent leurs outils selon un angle de coupe différent et d'une forme différente en fonction de leurs préférences.

VOIR AUSSI

Les tourets à meuler	106/107
Les polissoirs	110
Consignes de sécurité	156
Outils de tournage	194/195

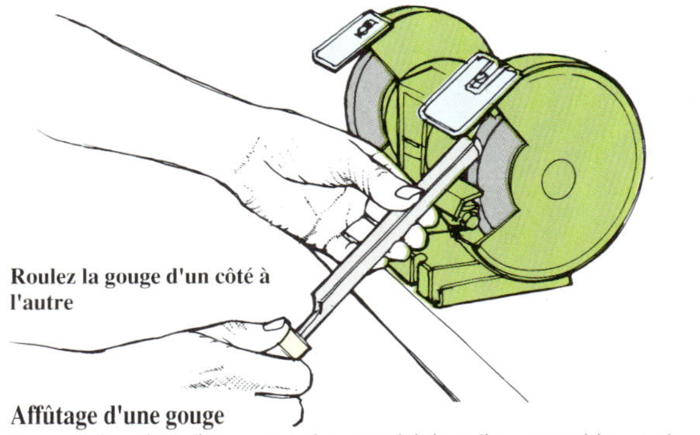

Roulez la gouge d'un côté à l'autre

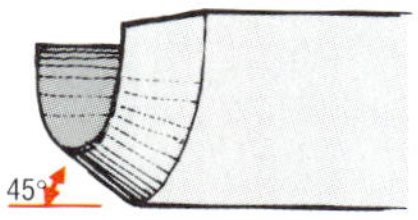

Gouge à dégrossir

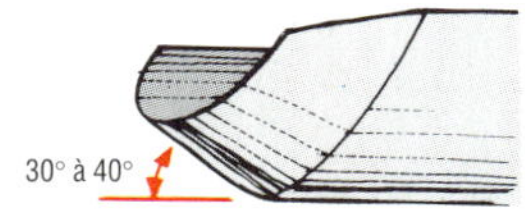

Gouge pour tournage entre-pointes

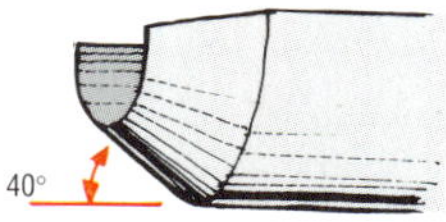

Gouge pour tournage sur plateau

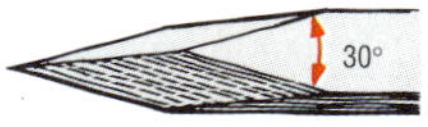

Ciseau

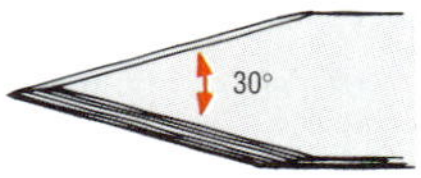

Ciseau à couper

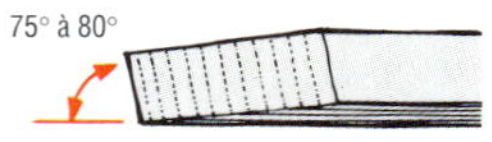

Ciseau à racler

Affûtage d'une gouge

Trempez la pointe d'une gouge dans un récipient d'eau et positionnez-la, biseau vers le bas, sur la pierre à meuler. Dès que le biseau entre en contact avec la pierre, faites osciller l'outil latéralement, afin de meuler la totalité du biseau. N'exercez pas une pression excessive sur la lame et trempez-la régulièrement dans le récipient d'eau. Il est recommandé de meuler le biseau d'une gouge à dégrossir selon un angle de 45 degrés, celui d'une gouge pour tournage entre-pointes entre 30 et 40 degrés et celui d'une gouge pour tournage sur plateau à 40 degrés.

Affûtage d'un ciseau à épauler

Affûtez les deux côtés d'un ciseau à épauler, en déplaçant l'outil latéralement afin de meuler un tranchant d'équerre. N'exercez qu'une pression légère sur l'outil, en faisant attention à ne pas courber le tranchant et trempez-le régulièrement dans un récipient d'eau. Meulez le biseau d'un ciseau à épauler selon un angle de 30 degrés et affûtez son tranchant sur une pierre à huile.

Affûtage d'un ciseau à couper

Meulez le biseau d'un ciseau à couper de la même façon qu'un ciseau à épauler, selon un angle de 30 degrés.

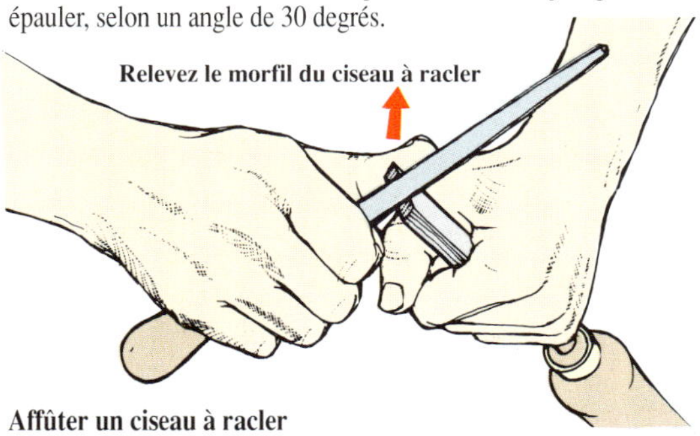

Relevez le morfil du ciseau à racler

Affûter un ciseau à racler

La plupart des tourneurs se contentent de meuler un ciseau à racler mais vous obtiendrez un meilleur tranchant si vous affûtez le biseau et éliminez le morfil au moyen d'un brunissoir. Meulez le biseau d'un ciseau à racler selon un angle de 75 à 80 degrés.

MANIEMENT DE L'OUTIL

Lorsque vous tournez, la position et le déplacement de votre corps sont aussi importants que la manière dont vous tenez l'outil. Même le maniement de base de l'outil nécessite un entraînement ; commencez donc par vous entraîner sur des pièces de bois tendre jusqu'à ce que vous soyez habitué à l'outil et que vous ayez acquis un début de « tour de main ».

Hauteur de travail

Fabriquez un établi solide qui soutiendra votre ouvrage à la hauteur appropriée. Une hauteur de travail confortable pour une personne ne l'est pas forcément pour tout le monde. En règle générale, fabriquez un établi qui permette de positionner l'ouvrage à la hauteur de vos coudes.

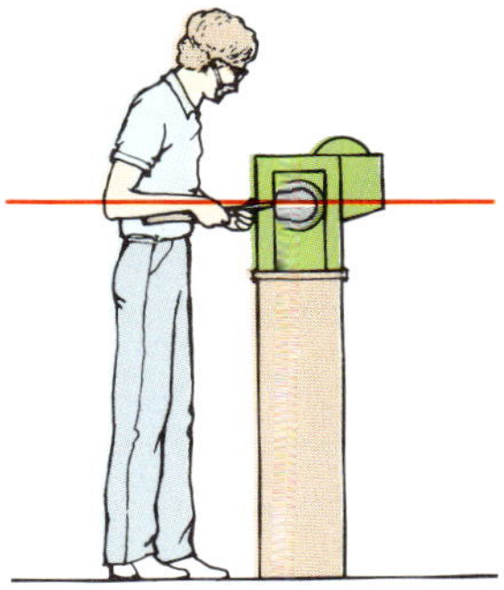

L'ouvrage doit être positionné à hauteur des coudes

Position et maniement corrects

Lorsque vous tournez une pièce de bois entre-pointes, placez-vous en face du tour, bien en équilibre sur vos deux jambes écartées. Ne soyez pas si éloigné du tour que vous deviez vous pencher sur celui-ci, car cette position, en plus d'être fatigante, vous fait partiellement perdre le contrôle de l'outil. Tenez l'outil de façon qu'il prolonge la ligne de votre avant-bras et maintenez votre coude replié.

Contrôlez l'outil avec votre main libre et déplacez-le latéralement sur le porte-outil. Recouvrez la lame avec votre main lorsque vous dégrossissez (1). Pour un travail plus précis, soutenez la lame par son côté inférieur, tout en la maintenant avec votre pouce (2). Quelle que soit la prise, maintenez toujours votre coude replié.

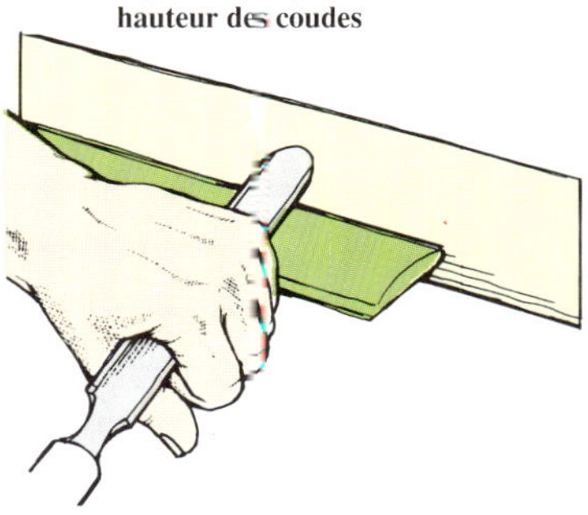

1 Tenez la gouge par dessus pour effectuer un travail de dégrossissage

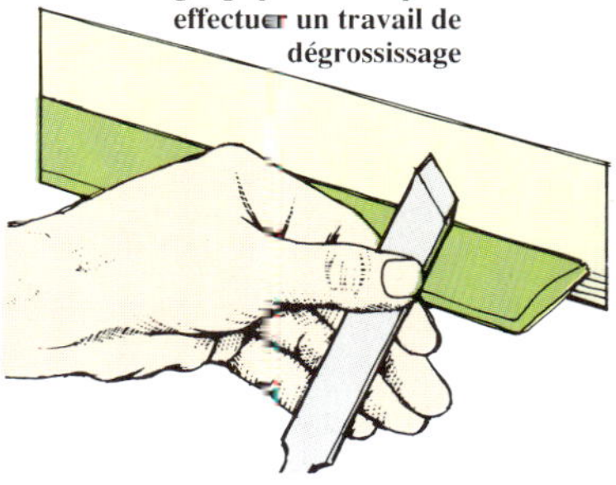

2 Tenez la gouge par en dessous pour effectuer un travail délicat

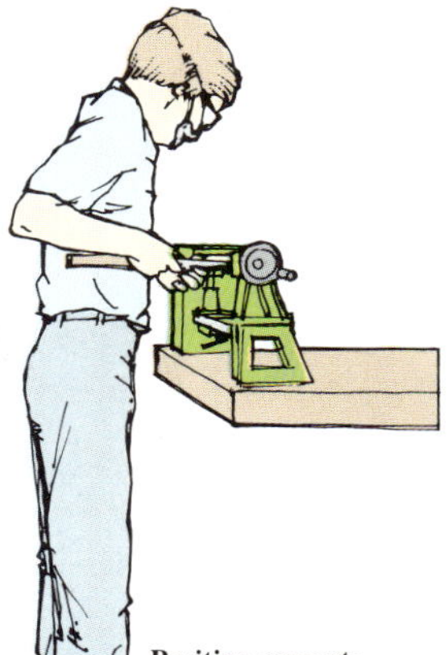

Position correcte
Tenez-vous près du tour, pieds écartés, l'outil calé contre votre corps.

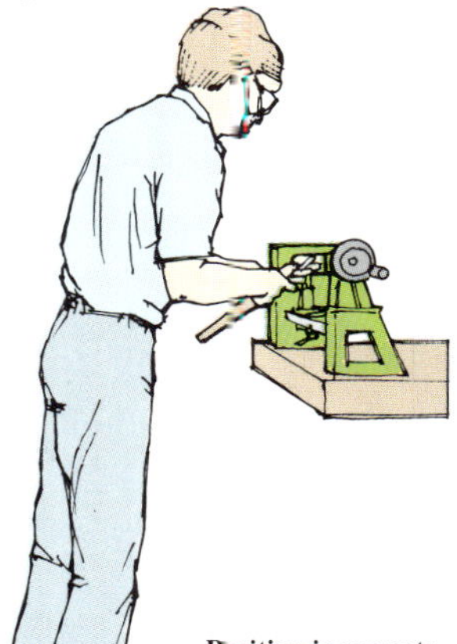

Position incorrecte
Cette position vous oblige à vous pencher vers l'avant, et vous donne un moins bon contrôle de l'outil.

Déplacement

Lorsque vous tournez un simple cylindre, vous devez déplacer l'outil sur une trajectoire parallèle à l'ouvrage. Si vous ne déplacez que vos mains et vos bras, l'outil aura tendance à décrire un arc de cercle. La méthode adéquate consiste à déplacer tout votre corps dans le sens de la coupe, d'une façon régulière mais souple. Ne raidissez pas trop vos muscles, et ne tenez pas l'outil trop fermement.

Lorsque vous travaillez vers la gauche, faites pivoter vos épaules et déplacez votre corps à partir de la taille au fur et à mesure que vous progressez dans la coupe (1). Transférez progressivement le poids de votre corps sur votre jambe gauche et pliez-la en même temps que vous redressez votre jambe droite (2).

Lorsque vous travaillez vers la droite, élargissez votre posture afin de pouvoir maintenir l'outil à l'angle adéquat par rapport à l'ouvrage (3).

Si vous êtes gaucher, inversez tous les mouvements et les postures décrits ci-dessus.

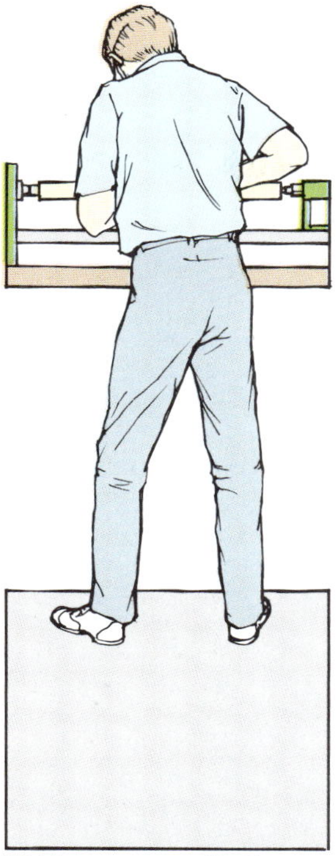

1 Déplacez-vous avec l'outil
Pivotez sur vos hanches au fur et à mesure que vous progressez dans la coupe.

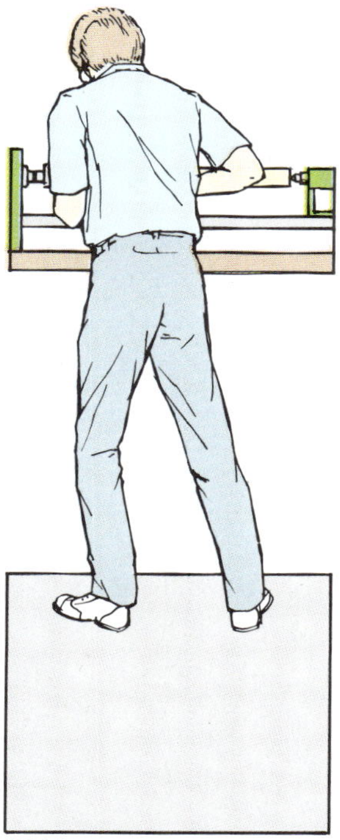

2 Déplacement
Au fur et à mesure que vous vous déplacez, transférez votre poids sur votre jambe gauche et fléchissez le genou afin de maintenir votre équilibre.

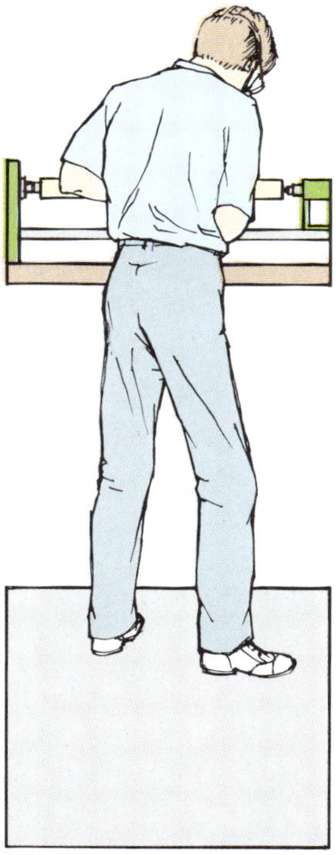

3 Changement de direction
Lorsque vous travaillez vers la droite, repositionnez vos pieds afin de retrouver un bon équilibre ainsi qu'une position confortable.

DÉCOUPER AVEC UN OUTIL DE TOURNAGE

Positionnez un ciseau à racler de façon à ce qu'il soit d'équerre avec l'ouvrage et plus ou moins parallèle par rapport au sol. Beaucoup de débutants utilisent les gouges et les ciseaux de tournage de la même façon, en raclant le bois plutôt que de le tailler avec précision. Bien que cette méthode de travail soit facile à apprendre, elle produit une surface plutôt grossière qui doit être poncée plus que nécessaire pour obtenir un fini satisfaisant. Les tourneurs expérimentés font exercer un mouvement de tranchage à leurs outils, cette méthode nécessite un apprentissage plus long, mais doit être le but que tous les tourneurs cherchent à atteindre.

Ajustez le porte-outil de façon qu'il soit positionné à une distance entre 6 et 12 millimètres de l'ouvrage et alignez-le sur la ligne centrale de celui-ci. Vérifiez l'écartement en tournant l'ouvrage à la main. Mettez le moteur en marche et installez la lame sur le porte-outil avant de l'appuyer sur l'ouvrage. Si vous touchez une pièce de bois en rotation avec un outil non soutenu, la lame sera violemment entraînée contre le porte-outil et vous risquerez d'abîmer et l'outil et la lame, et provoquerez peut-être même un accident.

Maintenez l'outil selon un angle, en reposant son biseau contre le bois (1), puis, élevez lentement le manche afin d'entamer l'ouvrage (2). Vous pouvez contrôler la profondeur de coupe en déplaçant le manche de la lame sur une trajectoire verticale. Pour façonner un cylindre, commencez à trancher le bois en inclinant le corps de l'outil tout en le déplaçant sur une trajectoire horizontale (3) ; en même temps, faites pivoter la lame dans le sens du déplacement afin que son tranchant ne se bloque pas dans l'ouvrage (4). Si l'outil est correctement affûté, cette méthode produira des copeaux extrêmement fins, ainsi qu'une surface lisse qui ne nécessitera qu'un ponçage minimal.

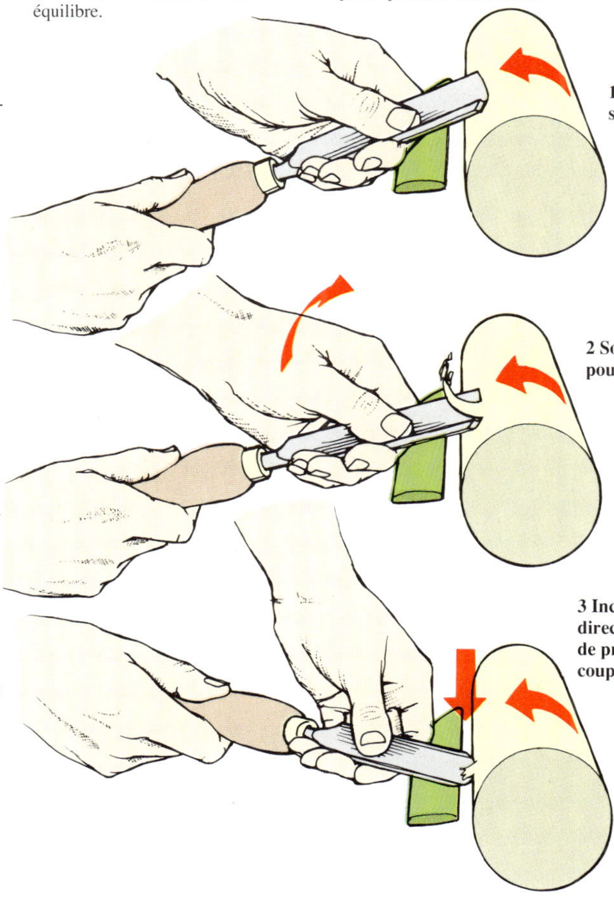

1 Posez le tranchant sur l'ouvrage

2 Soulevez le manche pour entamer le bois

3 Inclinez l'outil dans la direction du mouvement afin de provoquer une action de coupe

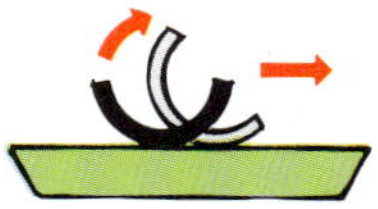

4 Pivotez en même temps la lame dans la direction du mouvement

TOURNAGE ENTRE-POINTES

Le tournage entre-pointes sert à former une pièce de bois cylindrique – par exemple des pieds de table ou de chaise. C'est un travail relativement simple à exécuter, bien que la plupart des tourneurs souhaitent aussi exécuter des formes plus décoratives, comportant des gorges et des moulures. On commence tout travail effectué entre-pointes de la même façon, en transformant sur le tour une pièce de bois d'équerre.

VOIR AUSSI

Préparation et montage de la pièce de bois

Commencez par dégauchir une pièce de bois sur une dégauchisseuse surfaceuse, puis trouvez son centre en traçant des diagonales sur les coins opposés des bouts (1). Tracez sur les bouts la circonférence de l'ouvrage, au compas, et marquez le centre (le point de rencontre des deux diagonales) avec une pointe à ferrer ou un poinçon (2). Taillez un chemin peu profond sur les deux diagonales au moyen d'une scie à dos, afin d'y enclencher la pointe d'entraînement (3).

Un tourneur expérimenté fixera une pièce de bois sur le tour et en rognera les angles à la gouge.

Cependant, il sera plus facile pour un débutant de raboter ces mêmes angles pour former une pièce de bois octogonale (4). Enfoncez la pointe d'entraînement sur le bout scié de la pièce de bois (5), et montez la pointe sur la poupée fixe. Positionnez la poupée mobile sur l'autre bout, en alignant l'extrémité de la pointe sur le trou poinçonné dans le bout. Resserrez la poupée mobile jusqu'à ce que l'ouvrage soit retenu solidement.

Positionnez le porte-outil par rapport à l'ouvrage et vérifiez l'écartement en tournant ce dernier à la main. Sélectionnez une vitesse faible et vérifiez que toutes les vis d'ajustage soient bien serrées avant de mettre en marche. Après avoir fait fonctionné le tour pendant quelques minutes, éteignez-le et revérifiez l'ajustage de la poupée mobile sur l'ouvrage.

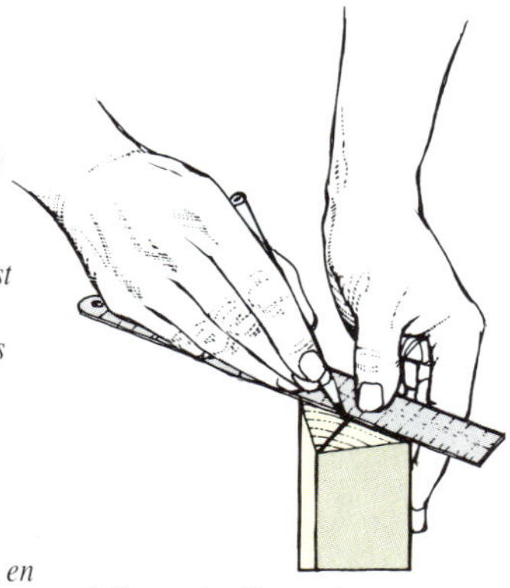

1 Tracez les diagonales

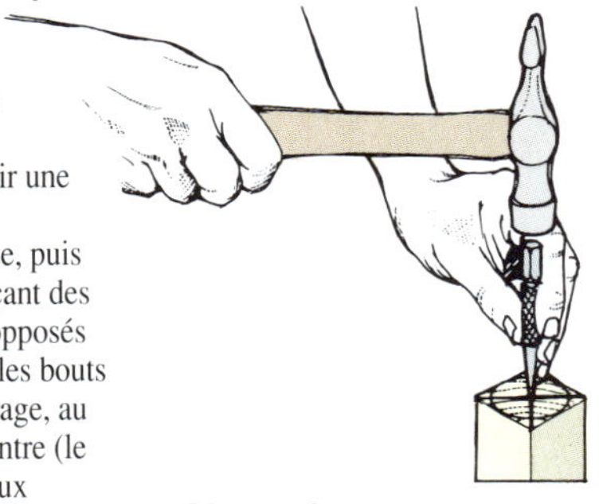

2 Marquez le centre

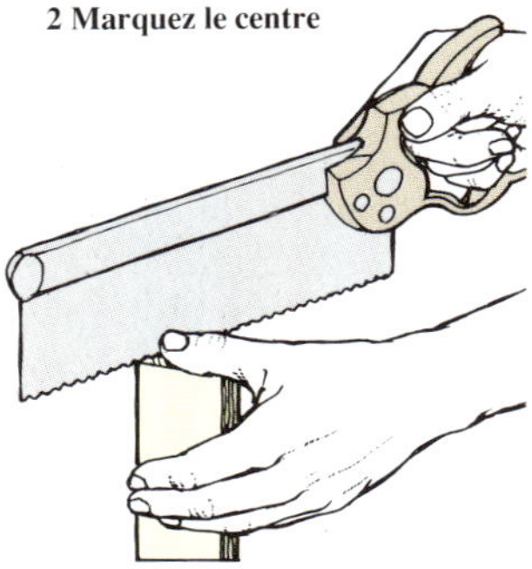

3 Taillez des entailles peu profondes

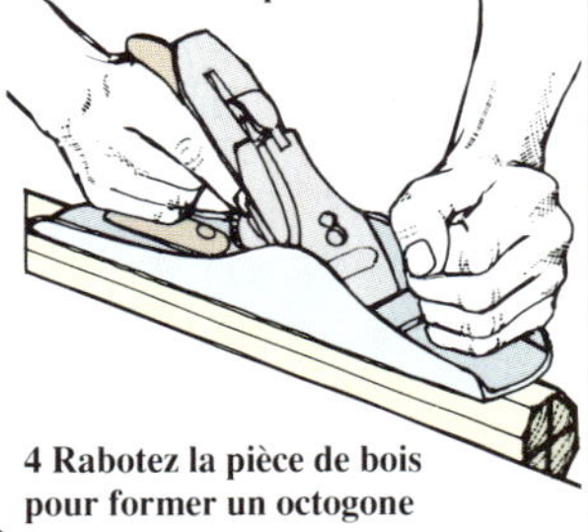

4 Rabotez la pièce de bois pour former un octogone

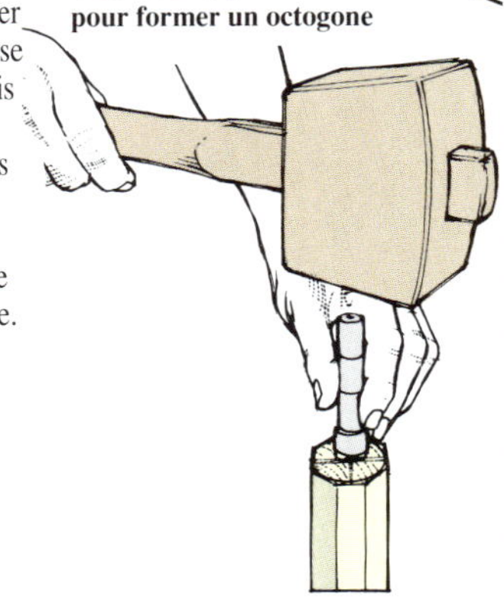

5 Enfoncez la broche de la poupée dans la pièce de bois

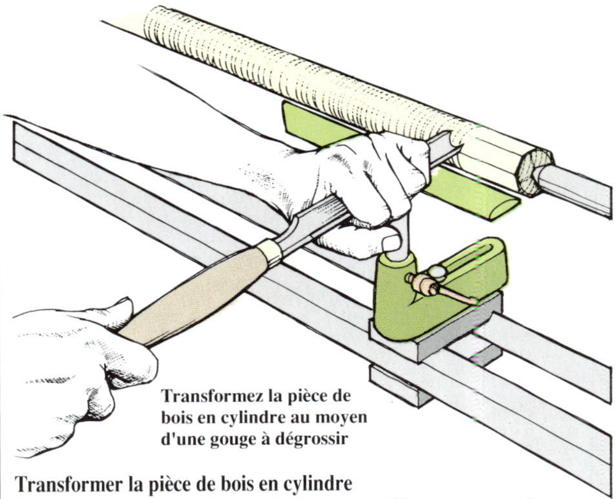

Transformez la pièce de bois en cylindre au moyen d'une gouge à dégrossir

Transformer la pièce de bois en cylindre

En commençant à une extrémité de l'ouvrage, utilisez une gouge à dégrossir pour rogner les angles. Commencez par effectuer des coupes peu profondes, tout en déplaçant légèrement l'outil sur le porte-outil. Si besoin est, éteignez le tour, déplacez le porte-outil et égalisez le diamètre de l'autre extrémité de l'ouvrage. Réitérez ce procédé jusqu'à l'élimination complète de tous les « plats » et l'obtention d'une pièce de bois cylindrique au diamètre uniforme d'une extrémité à l'autre.

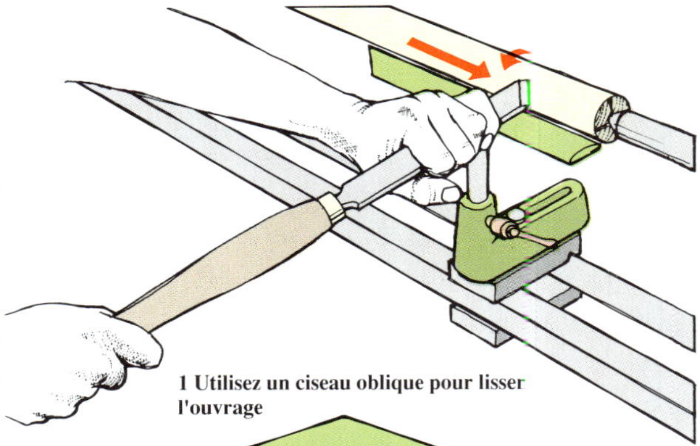

1 Utilisez un ciseau oblique pour lisser l'ouvrage

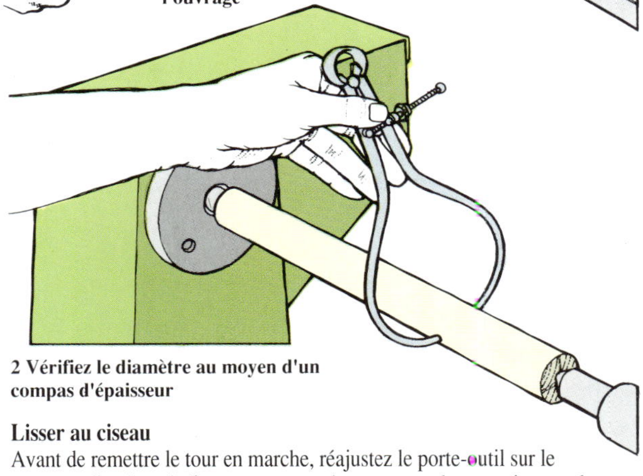

2 Vérifiez le diamètre au moyen d'un compas d'épaisseur

Lisser au ciseau

Avant de remettre le tour en marche, réajustez le porte-outil sur le nouveau diamètre de l'ouvrage et entraînez-vous au bon maniement du ciseau à épauler oblique. Tout en reposant le tranchant sur le bois, faites pivoter légèrement la lame sur le porte-outil pour incliner l'outil dans le sens de la coupe. Effectuez la coupe avec la moitié inférieure du tranchant (1).

Commencez la coupe à une extrémité de l'ouvrage, en touchant légèrement le bois avec le ciseau jusqu'à ce que des copeaux se forment, puis déplacez l'outil latéralement. Maintenez la même profondeur de coupe pendant toute l'opération. Une coupe bien effectuée laisse une surface parfaitement lisse. Interrompez régulièrement votre travail pour vérifier le diamètre de l'ouvrage avec un compas d'épaisseur (2).

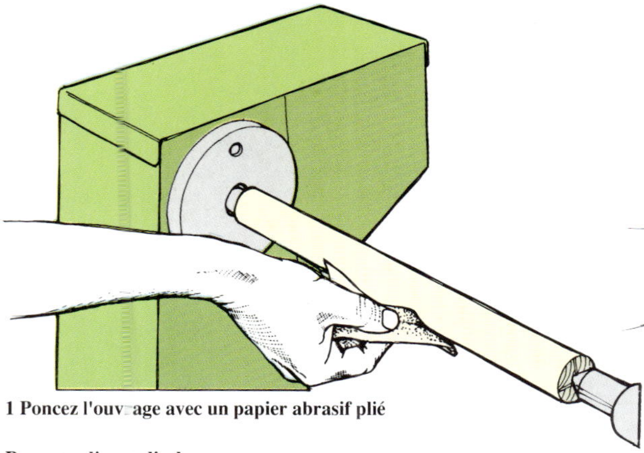

1 Poncez l'ouvrage avec un papier abrasif plié

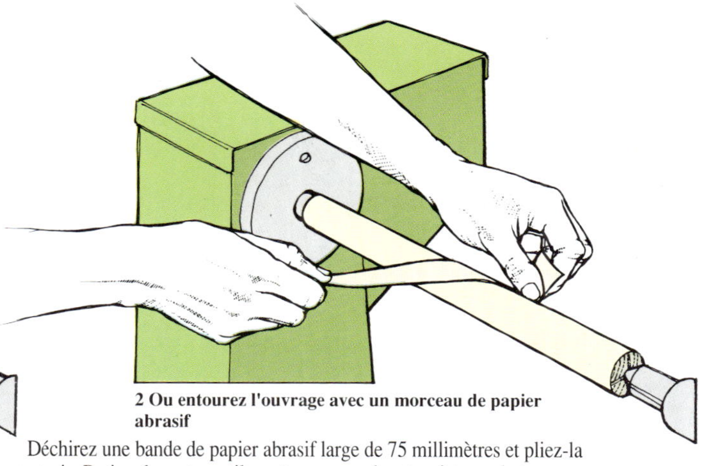

2 Ou entourez l'ouvrage avec un morceau de papier abrasif

Ponçage d'un cylindre
Théoriquement un ouvrage correctement tourné ne nécessite aucun ponçage, le fini produit par le ciseau devant être parfait. Cependant, la plupart des tourneurs nettoient la surface de la pièce de bois en effectuant un ponçage léger. Portez toujours un masque facial lorsque vous poncez sur un tour à bois, car cette opération génère une grande quantité de poussière.

Déchirez une bande de papier abrasif large de 75 millimètres et pliez-la en trois. Retirez le porte-outil, mettez en marche et maintenez le tampon abrasif contre l'ouvrage avec le bout de vos doigts (1). Déplacez constamment le papier abrasif, afin de ne pas laisser de traces en travers du grain. Vous pouvez aussi tenir la bande de papier abrasif à deux mains et en envelopper l'ouvrage (2).

Couper l'ouvrage en longueur
Remettez en place le porte-outil et marquez chaque extrémité de l'ouvrage en reposant la pointe d'un crayon à tracer contre la pièce de bois en rotation (1). Tenez un ciseau à couper à l'équerre par rapport à l'ouvrage, en faisant courir son tranchant sur le côté rebut du trait de coupe. Elevez lentement le manche de l'outil afin de tailler une profonde saignée dans le bois (2). Laissez un « col » de faible diamètre sur le centre de chaque extrémité de l'ouvrage (3). Retirez l'ouvrage du tour et découpez le rebut à la scie à dos (4). Taillez le bout à ras avec un ciseau de modeleur.

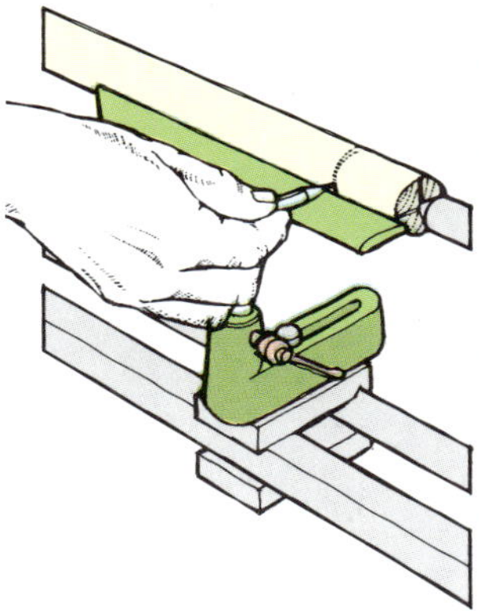

1 Tracez au crayon sur l'ouvrage en rotation

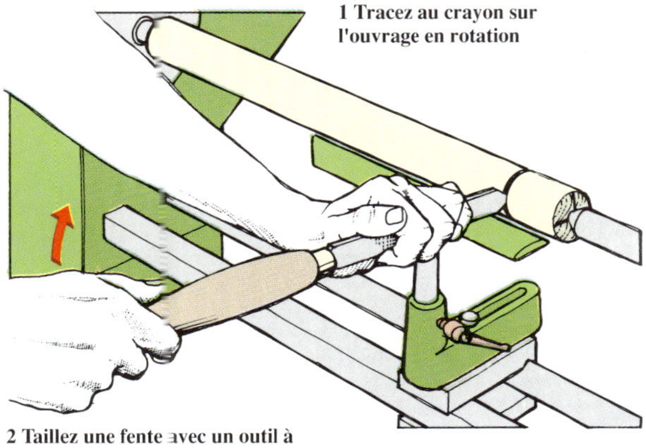

2 Taillez une fente avec un outil à couper

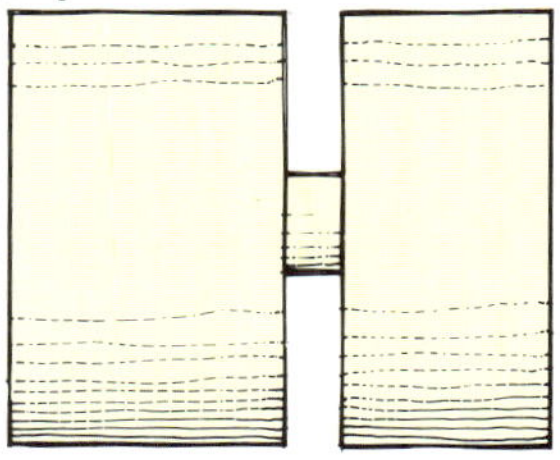

3 Laissez un col au centre

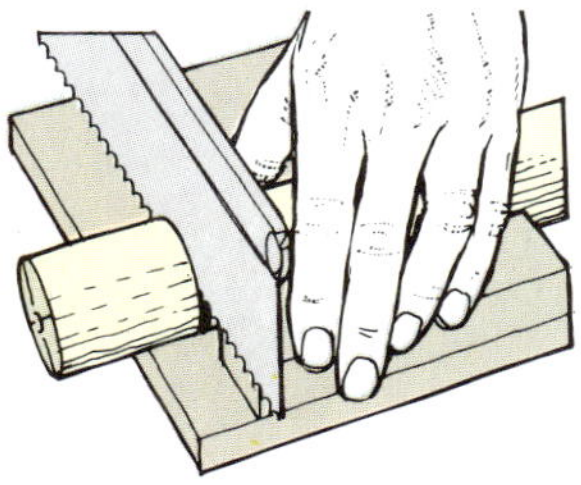

4 Taillez le rebut à la scie

VERNISSAGE AU TOUR À BOIS

Vous pouvez appliquer un vernis sur un ouvrage tourné avant de le retirer du tour. Le vernis au tampon est parfait comme bouche-pores pour tous les bois, à l'exception des bois huileux à grain ouvert tels que le teck. Choisissez un vernis au tampon transparent pour les bois clairs et un vernis grenat pour les bois foncés.

Appliquez le vernis sur l'ouvrage au moyen d'un pinceau (1), puis sélectionnez une vitesse faible et mettez le tour en marche. Portez des lunettes protectrices, afin de protéger vos yeux des éclaboussures de vernis lorsque la rotation commence. Utilisez un tampon pour faire pénétrer le vernis dans le fil (2). Faites attention à ne pas approcher le chiffon des organes d'entraînement du tour. Frottez ensuite de la cire sur la surface de l'ouvrage en rotation et brunissez-la avec un chiffon propre.

Appliquez de l'huile de teck sur les bois à grain ouvert qui ne nécessitent pas un fini vitrifié. Appliquez l'huile au pinceau, puis brunissez la surface des bois avec un chiffon. Pour un bol, utilisez de l'huile de cuisine.

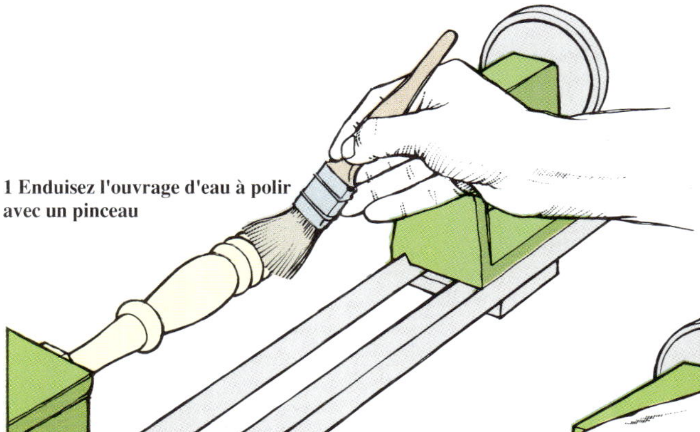

1 Enduisez l'ouvrage d'eau à polir avec un pinceau

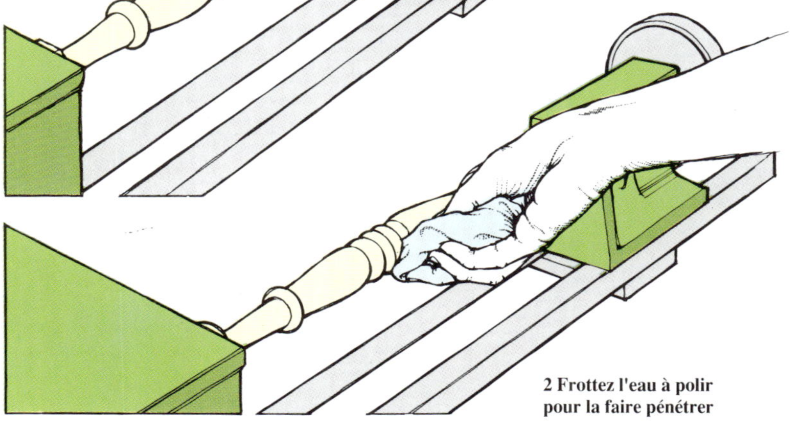

2 Frottez l'eau à polir pour la faire pénétrer

TOURNAGE DÉCORATIF

Si vous voulez décorer votre ouvrage avec des moulures et des gorges, il n'est pas nécessaire de le lisser ou de le poncer avec précision avant de le façonner. Transformez simplement une pièce de bois corroyée en cylindre et tracez les moulures et les gorges.

MOULURES, GORGES ET LISTELS

Une moulure est une forme arrondie convexe utilisée pour décorer une pièce de bois. Son opposé, la gorge est concave. Les gorges et les moulures sont souvent reliées ou séparées par de fins épaulements que l'on appelle listels.

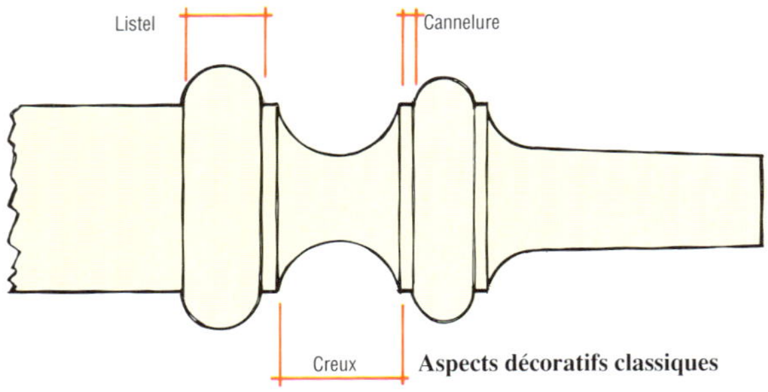

Aspects décoratifs classiques

Traçage des moulures et des gorges

Utilisez une règle plate et un crayon à tracer pour marquer la position des moulures et des gorges sur une pièce de bois. Lorsque vous mettrez le tour en marche, les lignes du crayon se verront comme de fines traces continues. Accentuez ces traces en reposant la pointe d'un crayon sur la pièce de bois en rotation.

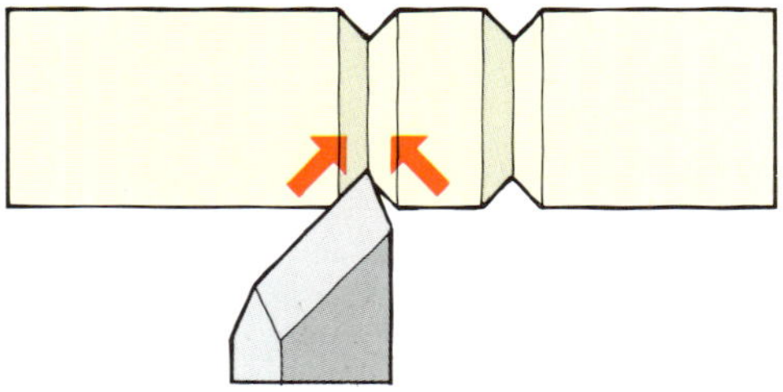

1 Taillez des fentes en « V » de chaque côté du listel

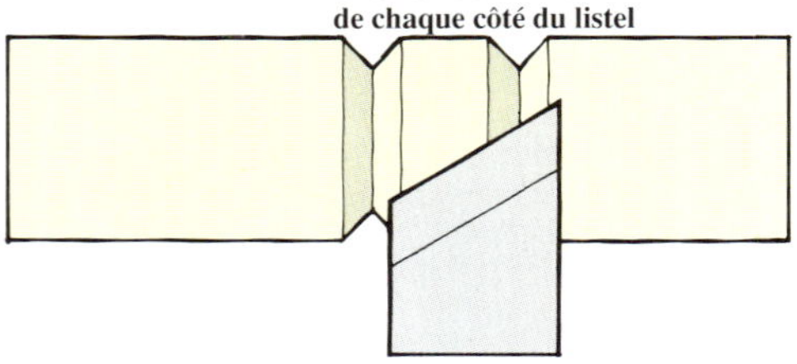

2 Reposez le tranchant sur le sommet du listel

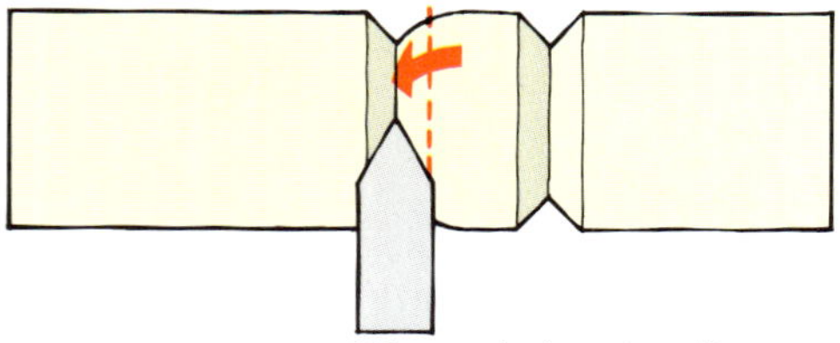

3 Tournez le ciseau jusqu'à ce qu'il soit vertical dans la fente

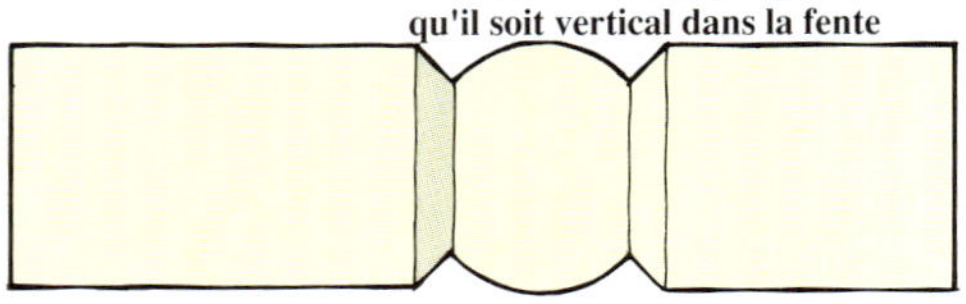

4 Le listel une fois terminé

Exécution des moulures

Positionnez le chant d'un ciseau à épauler oblique sur le porte-outil, et touchez l'ouvrage avec la pointe avancée du tranchant, afin de tailler une petite rainure de 3 millimètres sur les traces. Cette coupe s'effectue en élevant le manche de l'outil, ce qui abaisse son tranchant sur le bois. Faites légèrement osciller la lame sur elle-même, afin d'ouvrir la rainure en « V » (1). Eliminez à peu près 3 millimètres de bois de chaque côté de la rainure. Pour profiler un des côtés de la moulure, reposez le tranchant du ciseau entre les « V » (2), et faites progressivement pivoter le manche de l'outil, de sorte que la lame se redresse sur le centre de la rainure (3). Profilez l'autre côté de la moulure de façon identique. Réitérez cette opération en n'effectuant que des coupes peu profondes à chaque passage, ceci afin de lisser la moulure. Vérifiez régulièrement les formes de la pièce que vous tournez, afin de contrôler avec précision la forme exacte de la moulure que vous taillez (4). Maintenez toujours le ciseau d'équerre par rapport à l'ouvrage, car vous risquez autrement de bloquer le tranchant lorsque vous faites pivoter l'outil.

TOURNAGE CYLINDRIQUE SUR UNE PIÈCE D'ÉQUERRE

Il arrive que l'on maintienne d'équerre une ou deux extrémités des pieds d'une table ou d'une chaise, afin d'y tailler des joints à tenons et mortaises ou à goujons pour les assembler aux montants. Etant donné que le profilage de ces pièces de bois doit être fait sur une pièce d'équerre, n'essayez pas d'effectuer cette opération avant d'avoir une bonne expérience du tournage.

Taillez les joints avant de monter l'ouvrage sur le tour, et marquez clairement les épaulements de chaque section qui doit être maintenue d'équerre (1).

Utilisez la pointe d'un ciseau à épauler oblique pour tailler une rainure en V sur les traces des épaulements, puis faites pivoter le ciseau avec précaution pour tailler des demi-moulures sur chaque épaulement. Utilisez une gouge à dégrossir pour cylindrer l'écartement entre les épaulements, et terminez le travail au ciseau et au papier abrasif.

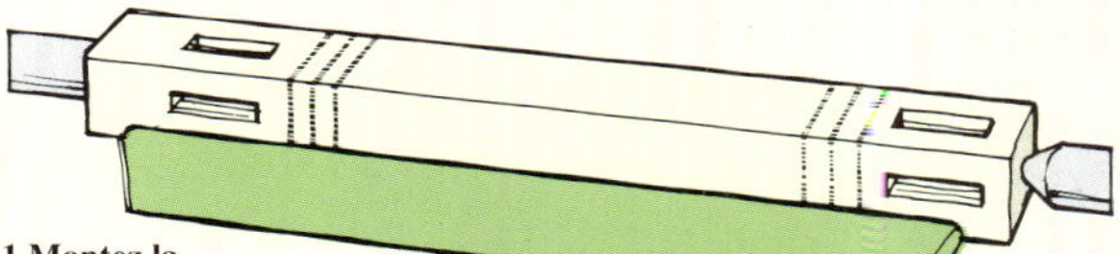

1 Montez la traverse préparée

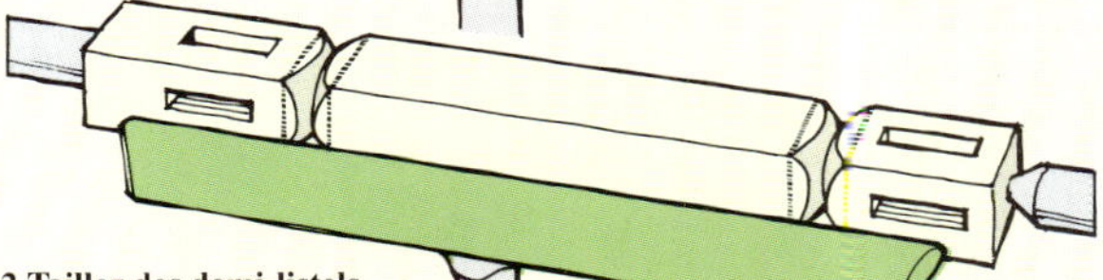

2 Taillez des demi-listels de chaque côté des lignes centrales

Exécution des gorges et listels

Pour profiler des gorges, utilisez une gouge pour tournage entre-pointes de 12 millimètres ou une gouge pour tournage sur plateau dont les coins auront été meulés pour former un tranchant arrondi. Eliminez partiellement le rebut entre les moulures en faisant osciller la pointe de la lame (1).

Utilisez la pointe d'un ciseau à épauler oblique pour tailler avec précision les listels de chaque côté de la gorge (2). Profilez la gorge en faisant pivoter la gouge sur le porte-outil, en partant d'un côté et en vous dirigeant vers le centre. Appuyez en même temps l'outil dans le bois (3). Procédez de façon identique pour profiler l'autre moitié de la gorge.

Réitérez ce procédé en n'effectuant que des coupes peu profondes à chaque passage, en travaillant toujours des côtés de la gorge vers son centre. Vérifiez la bonne forme de la gorge. Terminez l'opération en nettoyant les listels avec un ciseau à épauler oblique, afin de former un coin contre la moulure et un chant sur la gorge.

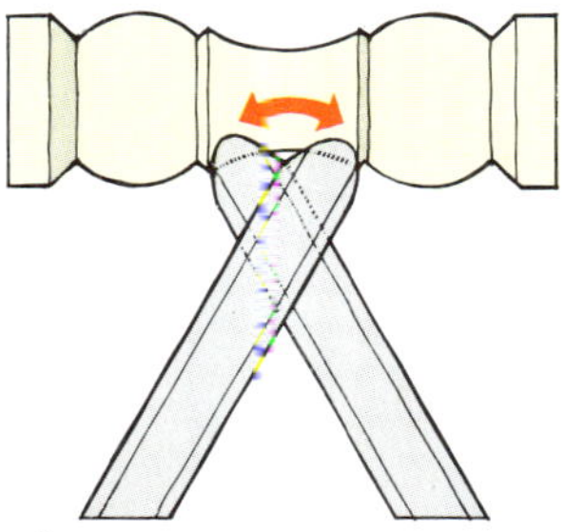

1 Évidez à la gouge une partie du rebut situé entre les listels

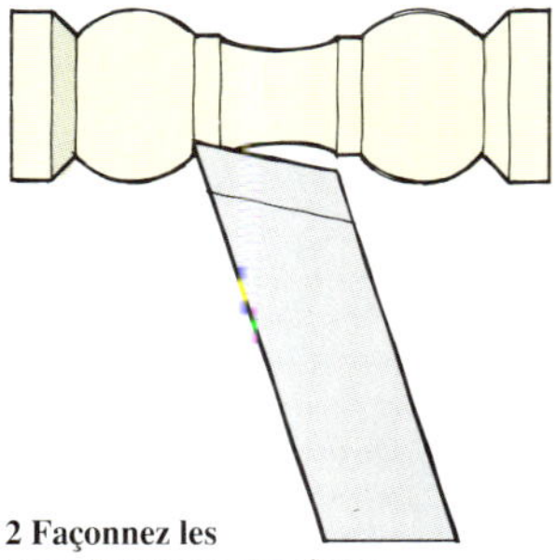

2 Façonnez les cannelures avec un ciseau

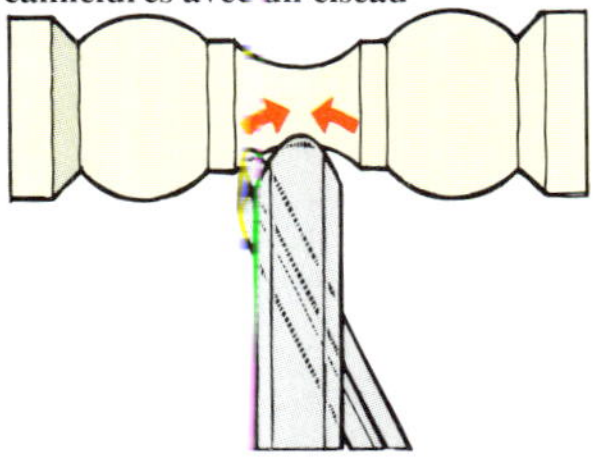

3 Balayez avec la gouge afin de façonner un creux

TOURNAGE SUR UNE POUPÉE

Lorsque vous fabriquez des objets qui doivent être creusés, tels que des boîtes tournées, des coquetiers ou des vases, vous devez retirer la poupée mobile pour pouvoir tourner en bout. En conséquence, l'ouvrage doit être solidement fixé sur une extrémité au moyen d'une des pointes d'entraînement ou d'un des mandrins spéciaux montés sur l'arbre de la poupée fixe.

Pointe à vis centrale
Une des plus simples, cette pointe comporte une vis filetée que l'on visse à un trou percé dans l'ouvrage. Les pointes les moins sophistiquées ne sont équipées que de vis à bois, tandis que celles de meilleure qualité sont équipées de vis spéciales beaucoup plus solides qui peuvent être vissées aussi bien en bout que dans le fil. Une pointe à vis ne peut soutenir que de petits ouvrages.

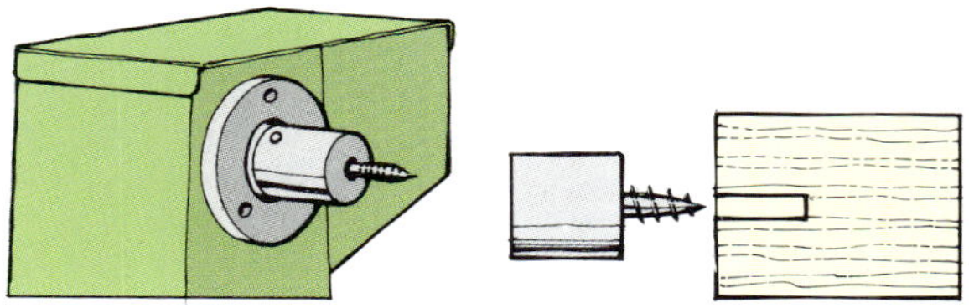
Pointe à vis centrale

Pointe creuse
Une pointe creuse est équipée d'une cavité pour recevoir une broche cylindrique que l'on aura tournée sur le bout d'un ouvrage. Cette pointe fonctionne généralement grâce à une friction étroite entre la broche et la cavité. Néanmoins, le fond de certaines d'entre elles est percé afin de consolider la fixation avec des vis. On utilise une pointe creuse pour tourner les ouvrages trop longs pour être fixés sur une pointe à vis centrale.

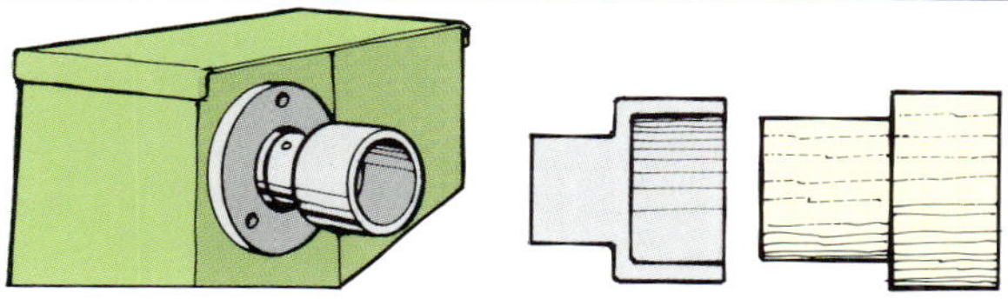
Pointe creuse

Pointe à épingle
Une pointe à épingle est destinée à être insérée dans un trou percé dans le bout d'un ouvrage. Une épingle de petit diamètre repose sur une dépression peu profonde usinée le long de la broche de la pointe. Lorsque le tour est arrêté, la broche et l'épingle s'insèrent facilement dans l'ouvrage. Mais dès que le tour est mis en marche, la force centrifuge déplace l'épingle sur la broche et la fait s'accrocher au bois.

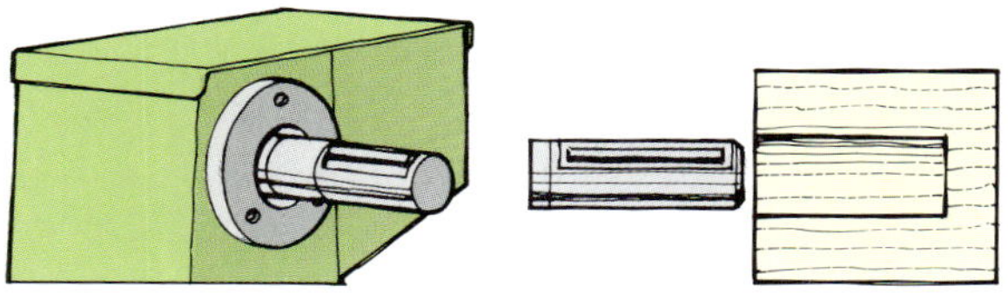
Pointe à épingle

Mandrin à mâchoire triple
Ce mandrin est composé de trois mâchoires concentriques actionnées par une clé, qui se referment autour d'un ouvrage cylindrique ou d'une broche et s'écartent à l'intérieur d'un ouvrage creux. Bien qu'utilisé par des générations de tourneurs, ce type de mandrin voit sa popularité diminuer car on risque de se blesser sur les extrémités débordantes de ses mâchoires lorsque le tour tourne à grande vitesse. Installez un dispositif de sécurité adéquat si vous utilisez ce type de mandrin.

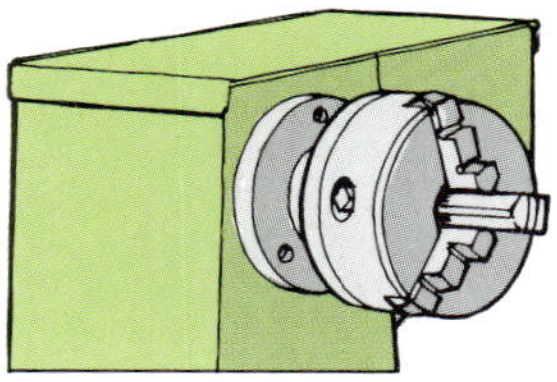
Mandrin à mâchoire triple

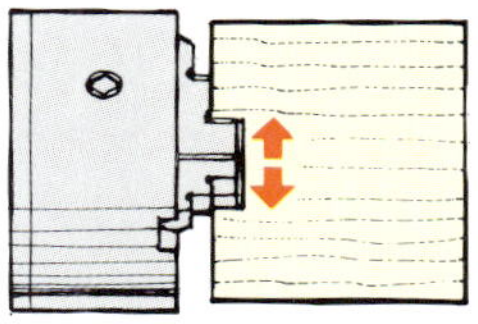
Prise interne

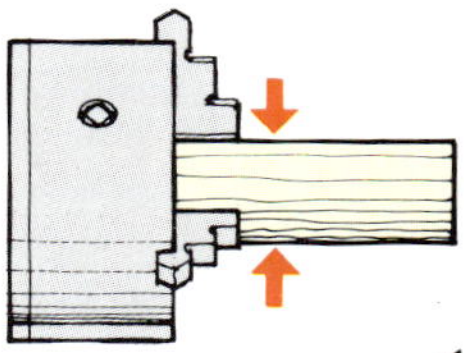
Prise externe

Mandrin à combinaison
L'apparition récente des mandrins à combinaison a révolutionné le tournage sur une poupée. Ces mandrins, ingénieusement fabriqués, comportent non seulement les facilités qui équipent les pointes à vis centrale, à cavité et à épingle, mais aussi des rondelles rétractables qui peuvent se serrer autour d'un ouvrage cylindrique ou s'écarter à l'intérieur d'une cavité tournée sur la base d'un bol ou d'un objet semblable.

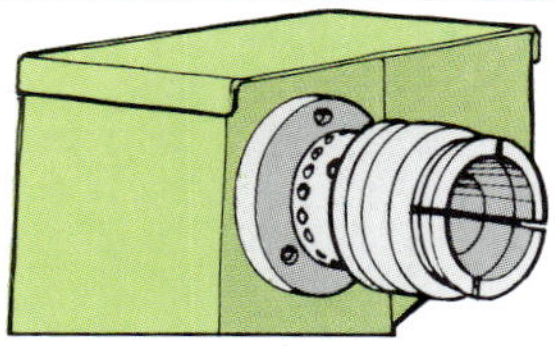
Mandrin à combinaison

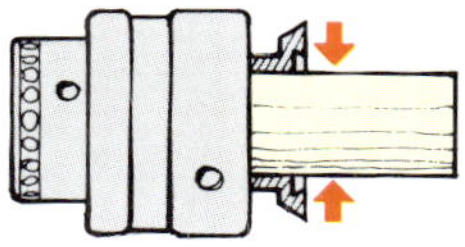
Prise interne

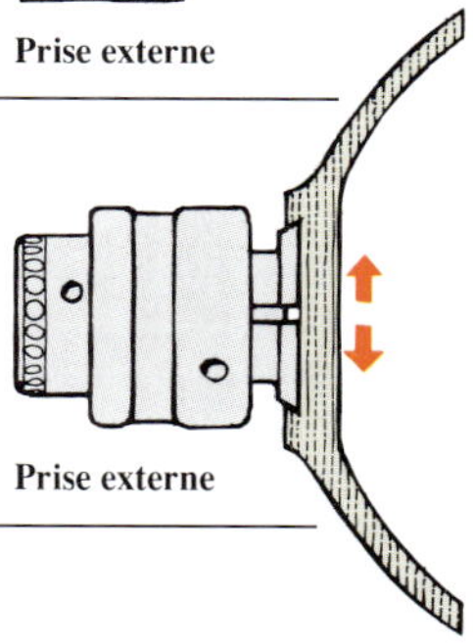
Prise externe

Tourner un ouvrage creux
Dégrossissez la pièce de bois entre-pointes et faites pivoter la poupée fixe afin d'y adapter la pointe ou le mandrin que vous désirez utiliser. Retirez la poupée mobile, fixez l'ouvrage à la pointe ou au mandrin et rasez celui-ci avec une gouge afin de vous assurer du bon centrage de la rotation. Tracez au crayon les marques d'alignement sur la pointe et sur l'ouvrage, afin de pouvoir les repositionner facilement si vous interrompez votre travail. Positionnez le porte-outil devant l'ouvrage et commencez par creuser celui-ci avec une gouge ou un ciseau à racler (1). Lorsque vous tournez en travers du fil, déplacez l'outil sur l'ouvrage, de l'extérieur vers le centre de celui-ci, mais inversez le sens du travail – du centre vers l'extérieur – lorsque vous tournez en bout. Dans chaque sens, travaillez sur le côté de l'ouvrage qui se dirige vers le bas. Vous pouvez préalablement éliminer partiellement le rebut en perçant le centre de l'ouvrage. Vérifiez le diamètre intérieur de l'ouvrage avec un compas d'épaisseur (2), puis tournez la face extérieure de l'ouvrage et détachez-le avec un ciseau à couper.

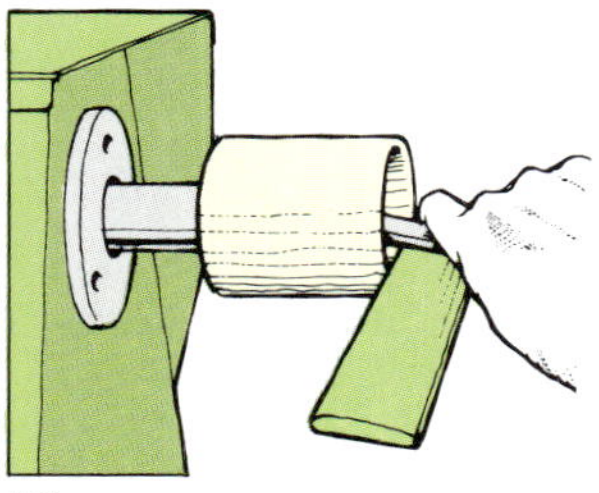
1 Commencez par creuser l'intérieur

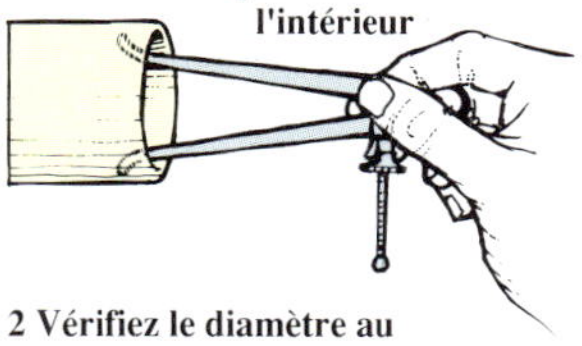
2 Vérifiez le diamètre au moyen d'un compas d'épaisseur

Perçage sur un tour
Pour percer un trou sur le bout d'une pièce de bois, fixez un mandrin de perceuse à tige effilée sur la poupée mobile du tour. Fixez l'ouvrage à une pointe ou un mandrin de tournage à une poupée, sélectionnez une vitesse faible et amenez la mèche sur l'ouvrage en actionnant le volant de la poupée mobile. Vous pouvez utiliser une mèche outil à dents de scie qui taille le grain très proprement ou bien un foret hélicoïdal, une mèche anglaise ou une mèche Forstner.

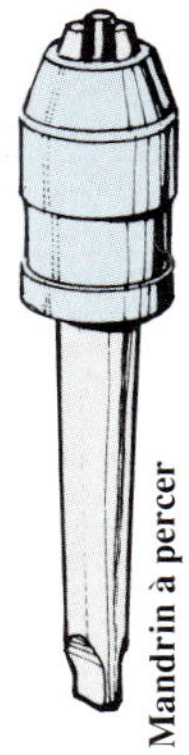
Mandrin à percer

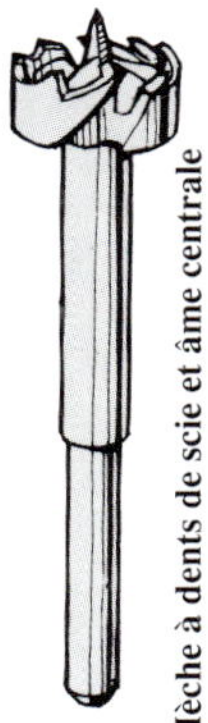
Mèche à dents de scie et âme centrale

TOURNAGE SUR PLATEAU

Tourner des bols en bois ou des coffrets a toujours été un des aspects appréciés du travail au tour – mais comme l'ouvrage est généralement de taille importante, il faut beaucoup de talent pour tourner sur plateau, particulièrement lorsque les tourneurs expérimentés poussent l'art jusqu'à exécuter des ouvrages à parois fines. Le moindre dérapage de l'outil peut briser l'ouvrage en éclats.

La pièce de bois à tourner doit être solidement fixée sur le tour car le poids de l'ouvrage peut provoquer un grave accident. Un mandrin à combinaison offre le système de fixation le plus sophistiqué et probablement le plus sûr, mais un traditionnel plateau de tournage est bien moins cher. Ce disque en acier coulé est fileté sur son centre afin de s'adapter sur l'arbre d'entraînement du tour. On fixe l'ouvrage en faisant passer des vis à travers des trous sur le plateau. Un disque de 100 à 150 millimètres de diamètre est généralement fourni avec le plateau, mais on peut en trouver d'un diamètre bien plus grand. Sélectionnez le disque le plus grand que vous pourrez adapter sur la base d'un ouvrage.

VOIR AUSSI

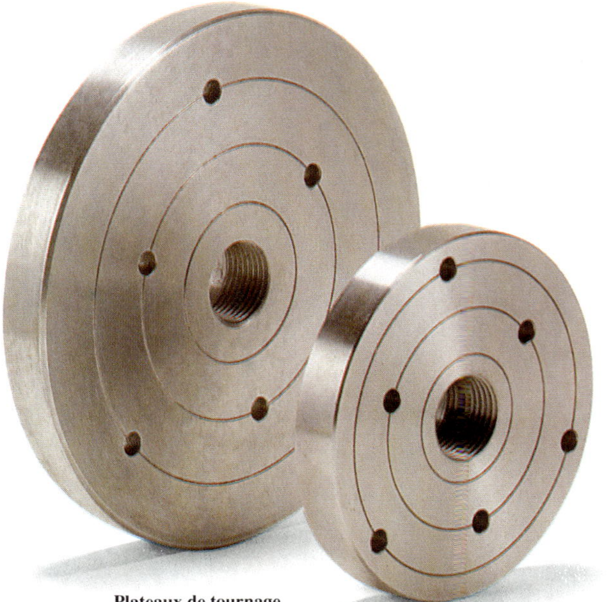

Plateaux de tournage

Montage du plateau

Si la base de l'ouvrage est suffisamment épaisse pour recevoir de grandes vis à bois, attachez-y directement le plateau. Cependant, il vous faudra soit accepter les trous de vis sur la base, soit les reboucher après le tournage.

Une autre méthode consiste à visser le plateau à un disque de bois dur que l'on colle temporairement à la base de l'ouvrage. Commencez par tailler d'équerre une pièce à travailler dans une pièce de bois bien sèche et libre de nœuds et aplanissez-en une des faces. Tracez les diagonales entre les coins pour trouver le centre et tracez avec un compas un cercle légèrement plus large que la circonférence de l'ouvrage et un cercle représentant la base (1). Taillez un disque de bois dur épais de 18 millimètres et du même diamètre que la base de l'ouvrage. Taillez aussi un disque de papier kraft aux mêmes dimensions, qui servira de séparateur entre le disque de bois et la base de l'ouvrage, ceci afin de pouvoir facilement les décoller l'un de l'autre une fois le tournage fini. Appliquez de la colle à bois sur les deux éléments, collez le disque de papier sur le disque de bois et collez les deux sur l'ouvrage (2). Pressez cet assemblage à l'aide de serre-joints et attendez que la colle sèche. Tracez la circonférence du plateau sur le disque de bois, et assemblez ces deux éléments avec trois ou quatre vis à bois numéro 10. Les vis doivent totalement pénétrer l'épaisseur du disque. Eliminez le rebut de l'ouvrage à la scie à ruban afin de produire une pièce à travailler circulaire (3). Ajustez le plateau sur l'arbre d'entraînement – la force centrifuge serrera le plateau sur le pas de l'arbre.

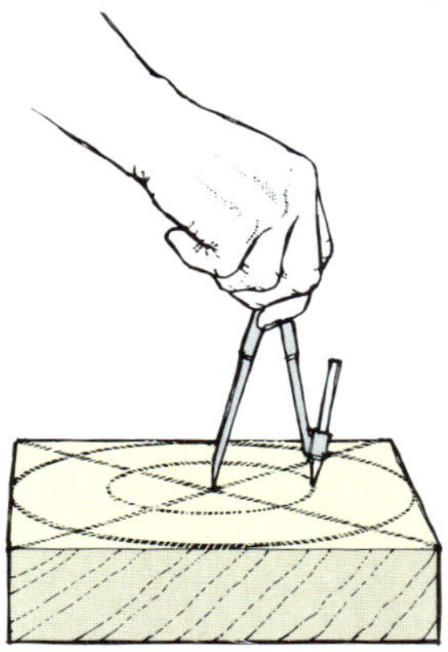

1 Utilisez un compas pour dessiner la base sur l'ouvrage

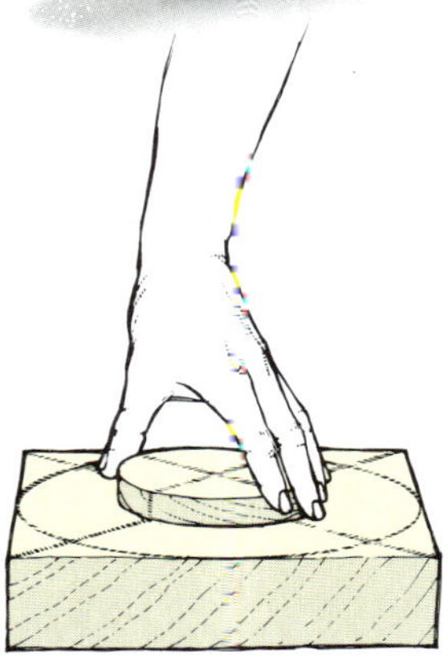

2 Collez le disque sur le centre de l'ouvrage

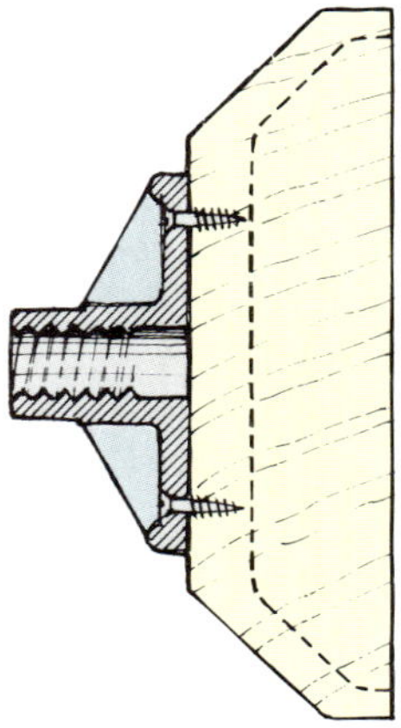

Vissez le plateau directement sur une base épaisse

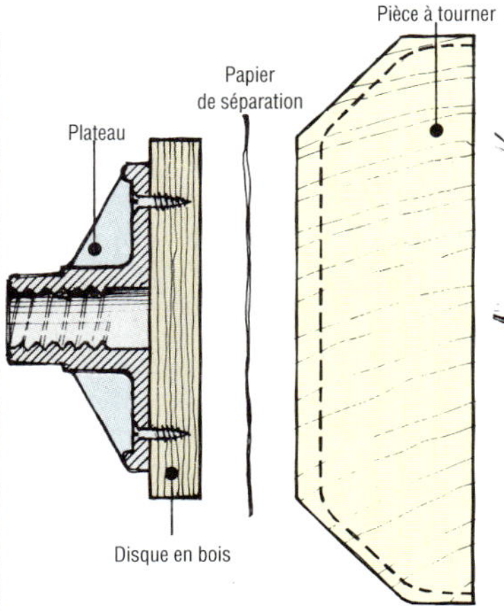

Ou vissez le plateau sur un disque qui est temporairement collé à l'ouvrage

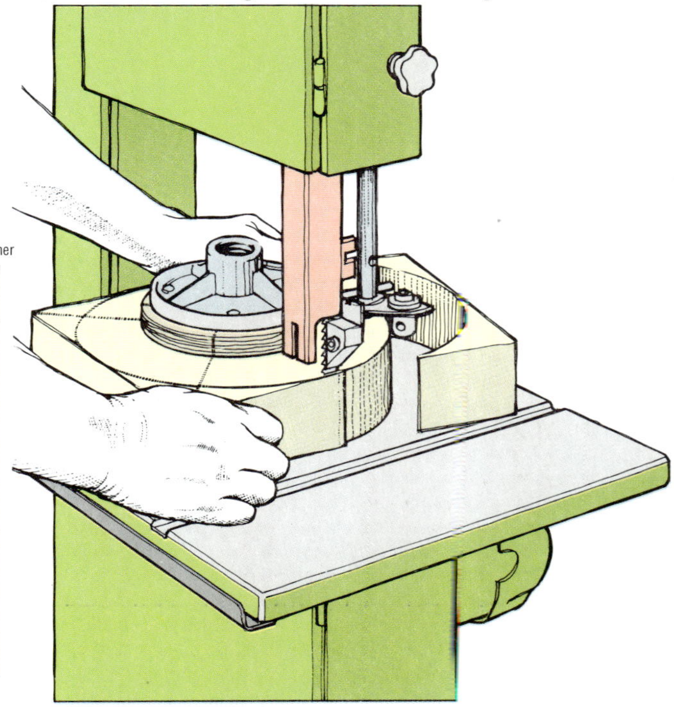

3 Taillez le rebut de l'ouvrage

Tournage de la face externe d'un bol
Positionnez le porte-outil de façon à ce qu'il soit centré sur le chant de la pièce à travailler. Vérifiez l'écartement en tournant l'ouvrage à la main, sélectionnez une vitesse faible et mettez le tour en marche.

Taillez la pièce de bois à la circonférence de l'ouvrage avec une gouge à dégrossir, puis passez à la gouge pour tournage sur plateau de sorte à profiler la face externe du bol. N'essayez jamais d'effectuer des coupes profondes ; éliminez toujours le rebut progressivement jusqu'à l'obtention de la forme voulue.

Utilisez un ciseau à nez rond pour lisser l'ouvrage. Abaissez légèrement le porte-outil, et augmentez la vitesse du tour. Maintenez le ciseau le plus d'équerre possible par rapport à l'ouvrage, le manche juste au-dessus de l'horizontale. Déplacez le couteau latéralement pour effectuer des coupes légères.

Tournage de l'intérieur du bol
Repositionnez le porte-outil pour le centrer sur la face de l'ouvrage et commencez à creuser à petite vitesse. N'oubliez pas de ne travaillez que sur le côté de l'ouvrage qui se dirige vers le bas (1).

Commencez à éliminer le rebut à la gouge pour tournage sur plateau, en partant d'un point situé à mi-chemin entre le bord et le centre de l'ouvrage et en allant vers le centre (2). Rapprochez-vous du bord au fur et à mesure que vous progressez en profondeur, mais travaillez toujours vers le centre.

Après avoir éliminé la plus grande partie du rebut, augmentez la vitesse du tour et terminez le profilage et le lissage de l'ouvrage au ciseau à racler.

Ponçage d'un bol
Diminuez de nouveau la vitesse du tour, retirez le porte-outil et utilisez une bande de papier abrasif pliée pour poncer la surface de l'ouvrage (1). Utilisez un papier au grain moyen à fin et maintenez le mouvement afin de ne pas laisser de traces en travers du grain. Lorsque vous poncez l'intérieur du bol, ne travaillez que sur le côté de l'ouvrage qui se dirige vers le bas (2).

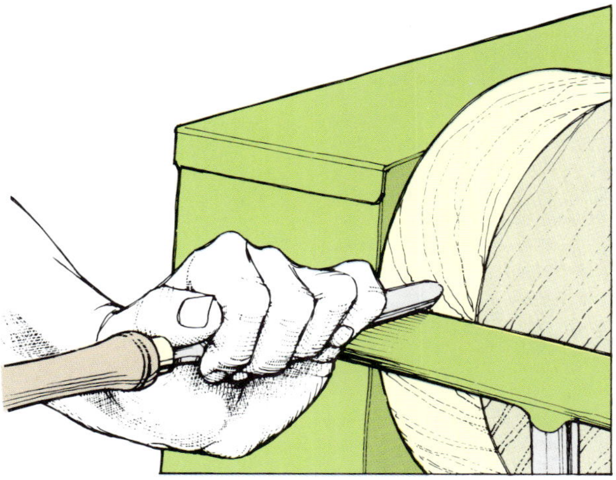
Utilisez un ciseau à racler pour lisser l'extérieur d'un bol

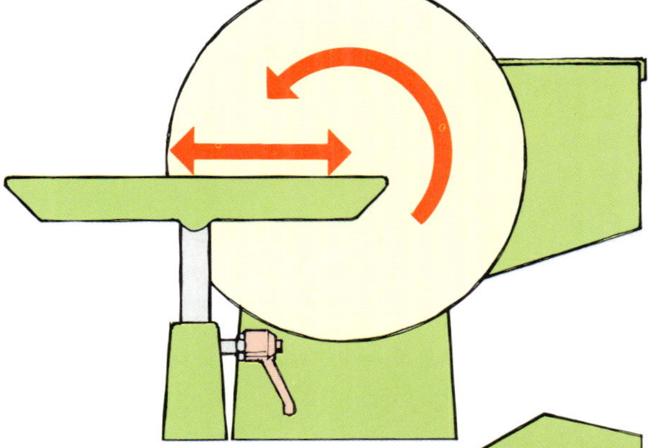
1 Travaillez toujours sur la moitié qui descend

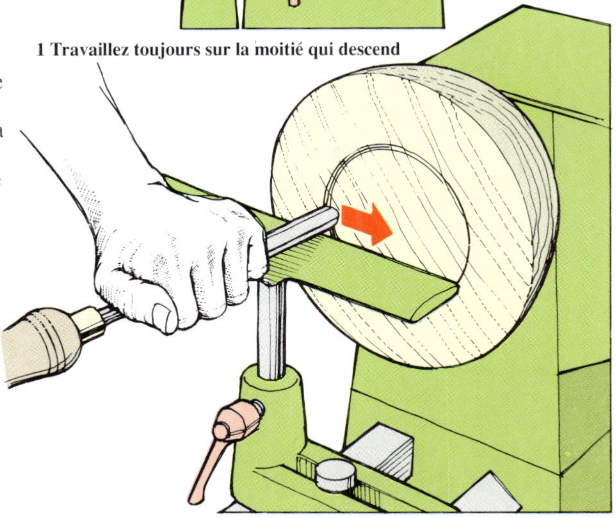
2 Travaillez vers le centre du bol

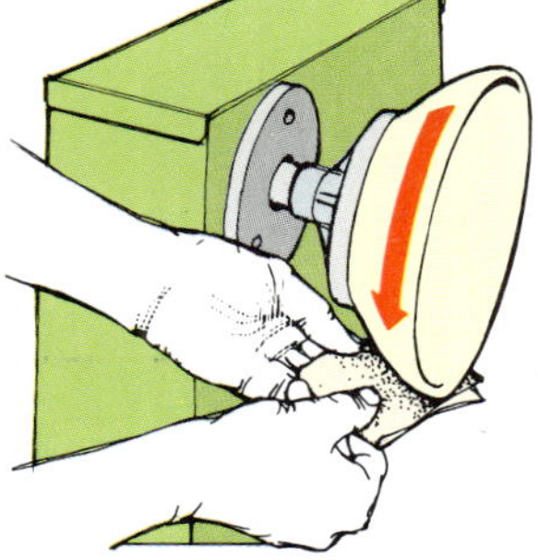
1 Ponçage extérieur

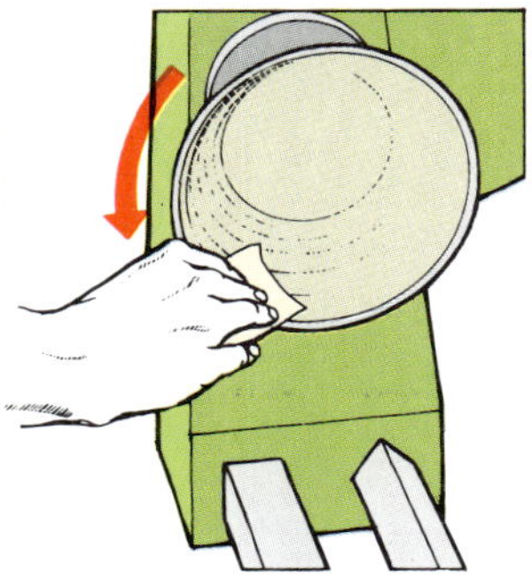
2 Laissez courir le papier sur l'intérieur

VÉRIFIER LA FORME D'UN BOL

Pendant que votre ouvrage prend forme, éteignez de temps à autre le tour afin de vérifier la forme extérieure, la profondeur et l'épaisseur des parois du bol.

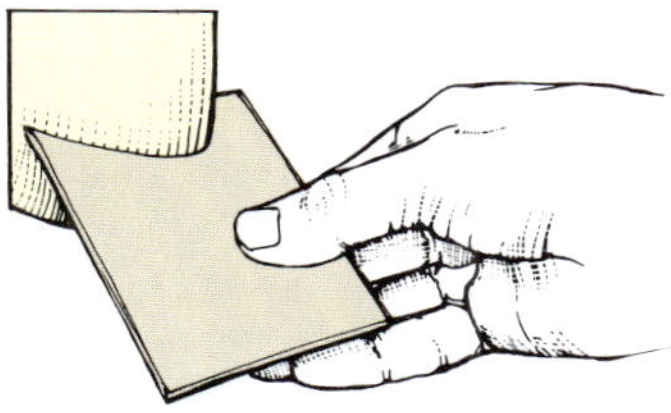

Utilisation d'un gabarit
Positionnez un gabarit en carton contre la face externe du bol afin d'en vérifier la forme.

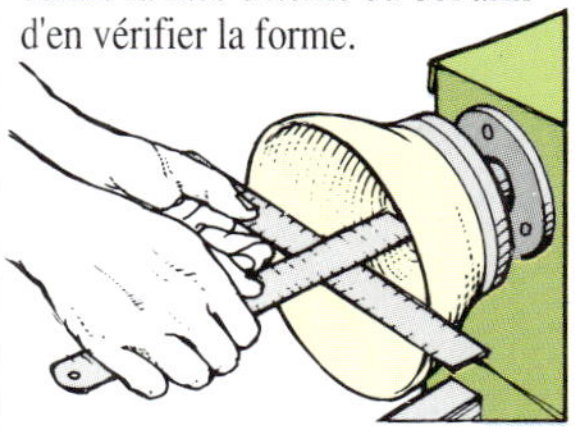

Mesurer la profondeur du bol
Positionnez une limande sur les rebords du bol et mesurez la profondeur avec une règle plate en acier.

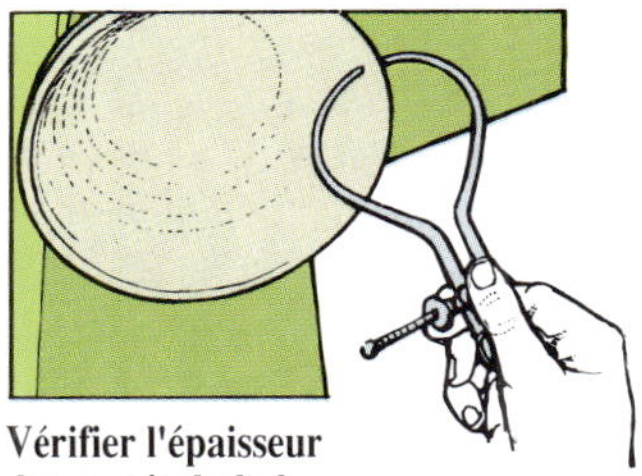

Vérifier l'épaisseur des parois du bol
Utilisez un compas d'épaisseur pour mesurer les parois du bol. Un tourneur expérimenté peut réduire cette épaisseur à 3 millimètres. Un bol est plus résistant si ses parois sont effilées de la base vers le rebord.

FINITION ET DÉMONTAGE

Appliquez un vernis ou de l'huile sur l'ouvrage pendant qu'il est fixé sur le tour, puis dévissez le plateau. Pour séparer le disque en bois de la base du bol, positionnez l'ouvrage verticalement, placez la pointe d'un ciseau bien affûté sur le trait d'assemblage et frappez-le légèrement afin de fendre le papier séparateur. Raclez et finissez la base à la main.

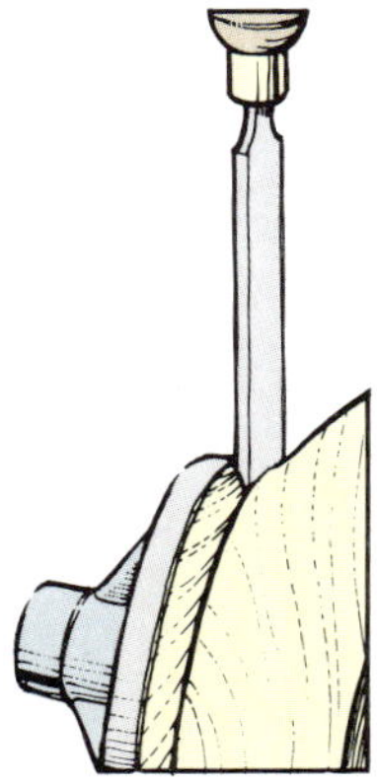
Séparez le disque du bol au moyen d'un ciseau

LES COMBINÉES

Il vaut mieux qu'un atelier soit équipé de machines-outils individuelles correctement espacées, afin de permettre le passage d'un ouvrage de taille d'une machine à l'autre. Néanmoins les menuisiers ne disposant que d'un espace limité peuvent considérer une solution qui n'occupe qu'un minimum de place – une machine combinée qui regroupe plusieurs fonctions en une seule unité. La plupart des combinées regroupent les fonctions d'une scie circulaire à table, d'une dégauchisseuse, d'une surfaceuse, d'une toupie à bois et d'une mortaiseuse horizontale, construites comme des machines séparées partageant la puissance d'un même moteur ou comme une seule machine partageant la même table et quelquefois les mêmes guides.

Evitez les combinées bon marché qui sont mal conçues et choisissez-en une dont les particularités peuvent se comparer à celles des machines individuelles.

VOIR AUSSI

Consignes de sécurité	156
Les scies circulaires à table	156/163
Les raboteuses	180/185
Accessoires de mortaisage	186/188
Moulurage	206/208
Les aspirateurs de pousière	214
Protection auditive	214

Moteurs électriques

Les bonnes combinées sont équipées d'un ou plusieurs moteurs électriques d'une puissance de 1,5 kilowatt. Une machine équipée de moteurs individuels pour chaque fonction est certainement préférable, car les moteurs individuels s'usent moins rapidement et le changement d'une fonction à l'autre est plus facile à opérer. Vous constaterez sans surprise que le coût de ce type de machines est relativement élevé.

Le plus souvent, les courroies d'entraînement de la scie, de la raboteuse et de la toupie doivent être accrochées à tour de rôle sur la poulie d'un moteur unique. Lorsque ce changement se fait en débrayant un levier situé sur le bâti de la machine, c'est un procédé presque instantané, tandis qu'exécuté à la main, ce procédé devient long et fastidieux.

Changement d'une fonction à une autre

Lorsque vous préparez une combinée pour y travailler, il faut toujours retirer certains guides, abaisser certaines lames ou couteaux et en élever d'autres, repositionner certains protecteurs, mais c'est un procédé qui n'est pas plus compliqué que la préparation d'une machine individuelle. En revanche, s'il faut partiellement démonter et remonter la machine à chaque changement de fonction, celle-ci sera plus une source de problèmes que d'aide et vous risquez de vous sentir particulièrement frustré si vous ne réussissez pas à passer facilement de la scie à la raboteuse.

Panneaux de contrôle

En plus d'un panneau d'interrupteurs de marche-arrêt situé côte à côte, les combinées sont équipées de plusieurs interrupteurs d'arrêt d'urgence placés aux endroits stratégiques du bâti. Sur certains panneaux, on peut trouver un interrupteur supplémentaire, qui, en plus de sélectionner les diverses fonctions, sert à couper tous les moteurs lorsque l'on n'utilise plus la machine.

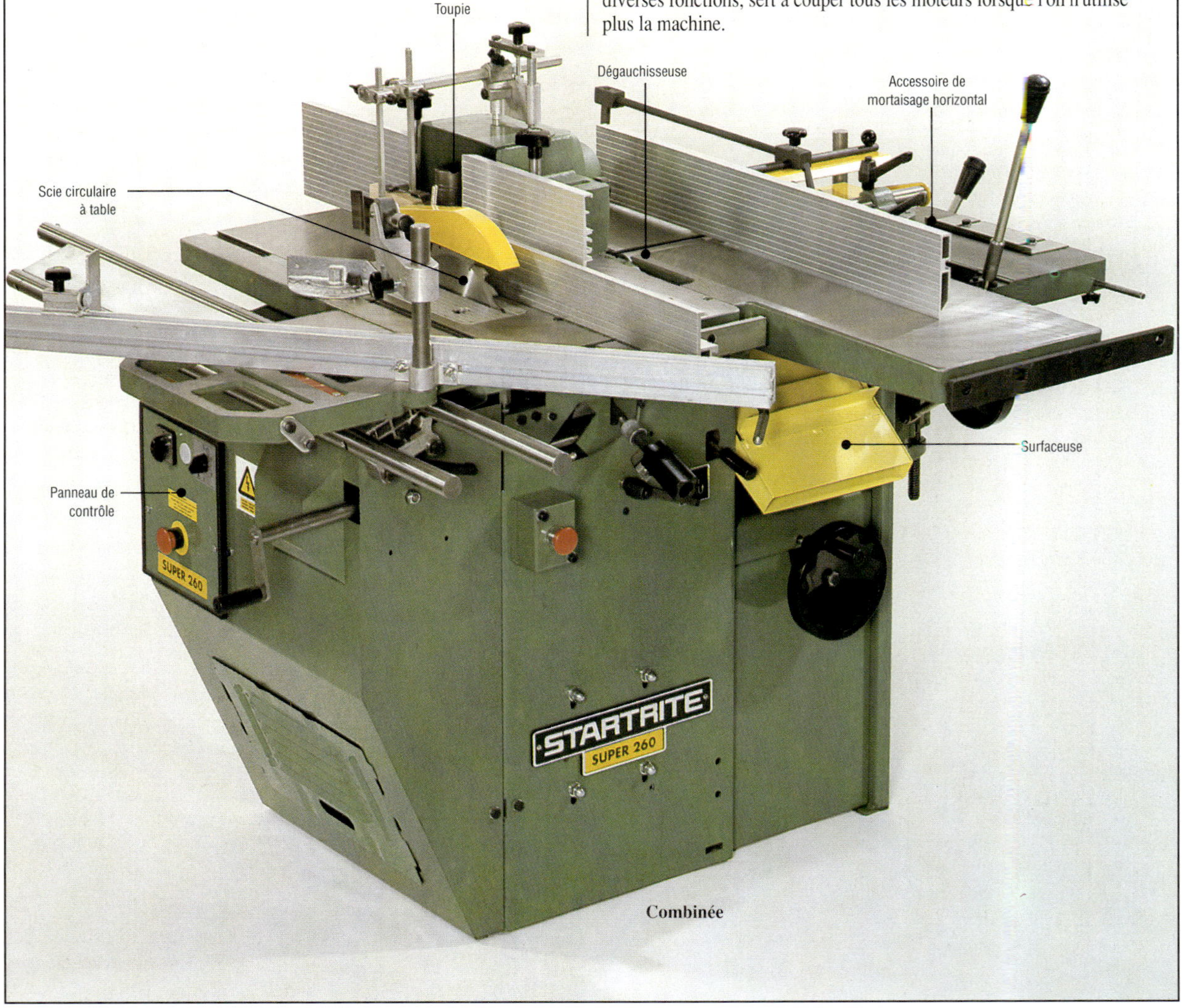

Combinée

UTILISATION D'UNE COMBINÉE

Il est évident que la conception d'une combinée comporte une certaine quantité de compromis, néanmoins, il est possible d'utiliser avec efficacité toutes ses fonctions, et de le faire facilement et sans danger. Conformez-vous aux instructions du fabricant en ce qui concerne l'ajustage de la machine pour chacune de ses fonctions. Les procédures d'utilisation des différentes fonctions sont les mêmes que celles des machines individuelles correspondantes.

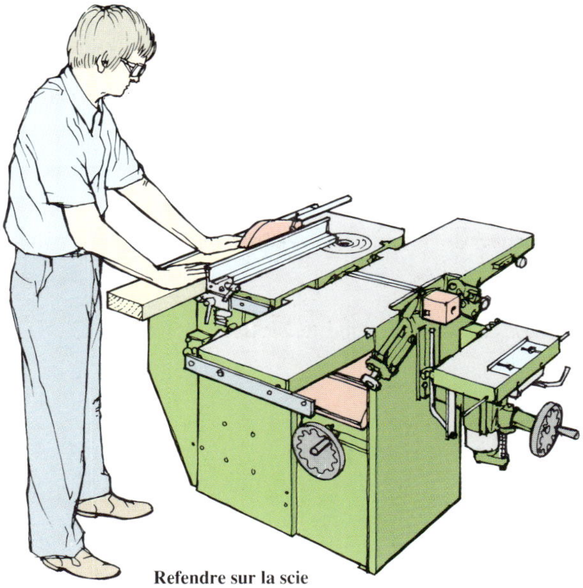

Refendre sur la scie circulaire à table

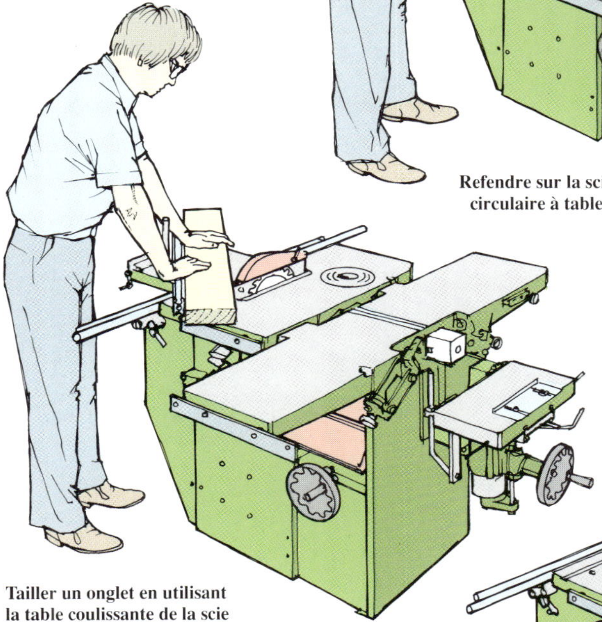

Tailler un onglet en utilisant la table coulissante de la scie

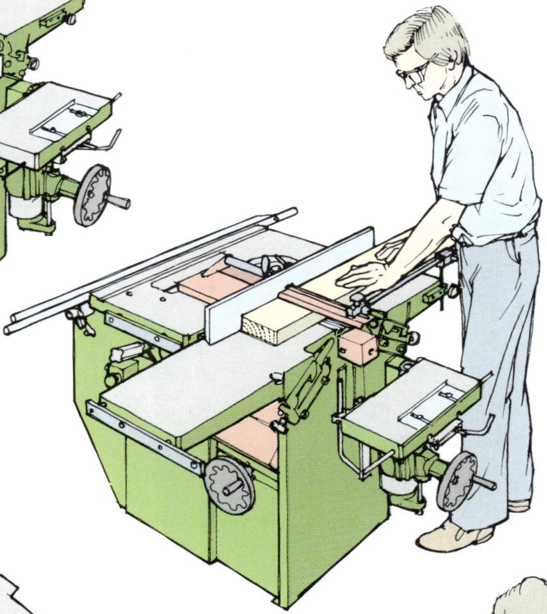

Utilisation de la dégauchisseuse

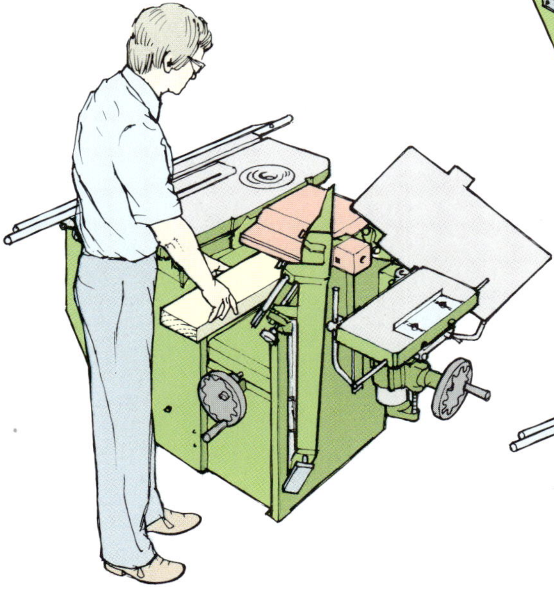

Passer une pièce de bois à la surfaceuse

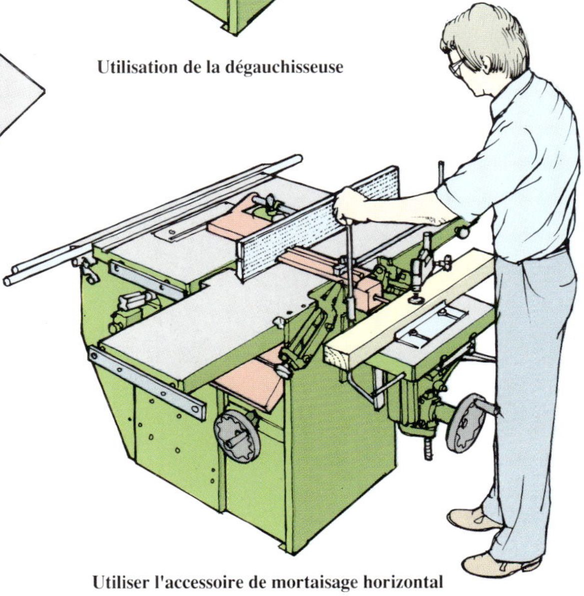

Utiliser l'accessoire de mortaisage horizontal

CONSIGNES DE SÉCURITÉ

Lorsque vous utilisez une combinée, respectez les consignes de sécurité applicables à l'utilisation d'une scie circulaire à table, d'une raboteuse, d'une toupie ou d'une mortaiseuse. En plus des consignes de sécurité applicables à l'ensemble des machines-outils, respectez aussi les consignes suivantes :

- Placez votre combinée dans un endroit où vous pourrez approcher ses quatre côtés sans danger.
- Si possible, installez un système d'aspiration de poussière sur votre machine.
- Si les courroies d'entraînement doivent être changées manuellement, rangez celles dont vous ne vous servez pas loin de l'arbre du moteur et des pièces en mouvement de la machine.
- Soutenez les pièces de bois très longues sur un chevalet, et ayez un assistant pour les recevoir au fur et à mesure qu'elles sortent de la machine.
- Après avoir terminé un ouvrage, rangez les lames et les couteaux dans le compartiment de la machine prévu à cet effet ou couvrez-les correctement avec les protecteurs adéquats. Retirez toujours le couteau de la mortaiseuse dès que vous avez fini de vous en servir.

MOULURER SUR UNE COMBINÉE

On utilise une toupie principalement pour exécuter des moulures et tailler certains joints. Une toupie est composée d'un porte-outil qui tourne à grande vitesse sur un arbre vertical débordant à travers un trou sur la surface d'une table. Des guides ajustables dirigent l'ouvrage sur le porte-outil.

Les toupies individuelles sont généralement destinées à un usage industriel et sont très rarement achetées par des menuisiers amateurs à cause de leur utilité très spécifique et de leur prix très élevé. Par contre, la fonction de toupie que l'on trouve sur une combinée est un atout pour un atelier de bricolage.

VOIR AUSSI
Consignes de sécurité 156
Les poussoirs 159
Consignes de sécurité 205
Les aspirateurs de poussière 214

L'arbre

La toupie, entraînée par une courroie, tourne à une vitesse située entre 4 000 et 8 000 tours par minute. Sur certaines machines universelles, on peut sélectionner plusieurs vitesses. De nos jours, la plupart des fabricants respectent les normes internationales en ce qui concerne le diamètre de l'arbre, qui est généralement de 30 millimètres. Ceci vous permet d'utiliser des porte-outil fabriqués par n'importe quelle société qui respecte les normes internationales, à partir du moment où vous ne les faites pas tourner plus rapidement que la vitesse spécifiée qui est généralement indiquée sur le porte-outil.

Le montage d'un porte-outil variant d'une marque à l'autre, il est important de suivre les instructions du fabricant. On bloque généralement l'arbre au moyen d'une pointe d'acier afin d'empêcher sa rotation, puis on enfile le porte-outil, suivi de collets ou rondelles d'écartement avant de serrer l'ensemble au moyen d'un écrou ou d'une vis moletée. On retire enfin l'épingle de blocage. La hauteur de l'arbre est ajustable afin de permettre le positionnement adéquat du porte-outil par rapport à l'ouvrage.

Dispositifs de sécurité

L'arbre et le porte-outil sont complètement entourés par des dispositifs de sécurité, à l'exception de la partie du couteau avec laquelle l'ouvrage est mouluré. L'arbre est recouvert d'un boîtier métallique sur sa partie arrière, tandis que des protecteurs-presseurs ajustables verticaux maintiennent l'ouvrage contre la table et les guides.

Guide de moulurage

Le guide de moulurage est en deux moitiés séparées par une fente à travers laquelle déborde le couteau ; chacune des moitiés est ajustable afin de permettre le dégagement adéquat du couteau. Lorsque vous exécutez une moulure qui doit laisser le chant de l'ouvrage partiellement intact, les deux moitiés du guide doivent être alignées (1) ; lorsque vous moulurez l'intégralité du chant, le guide de sortie doit être ajusté de bout en bout avec précision, ceci afin de pouvoir soutenir le chant mouluré (2).

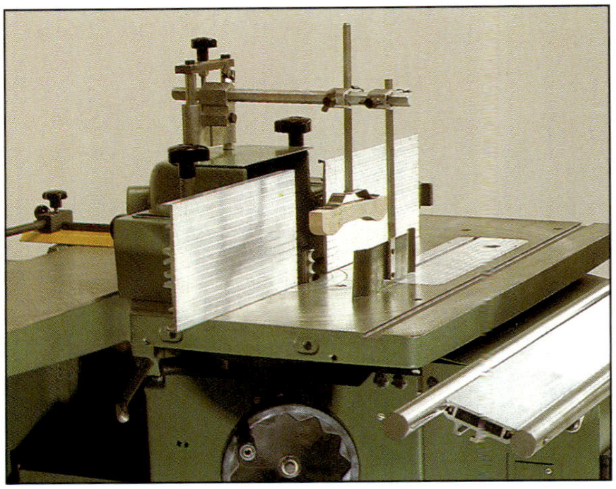

Une combinée en position de moulurage

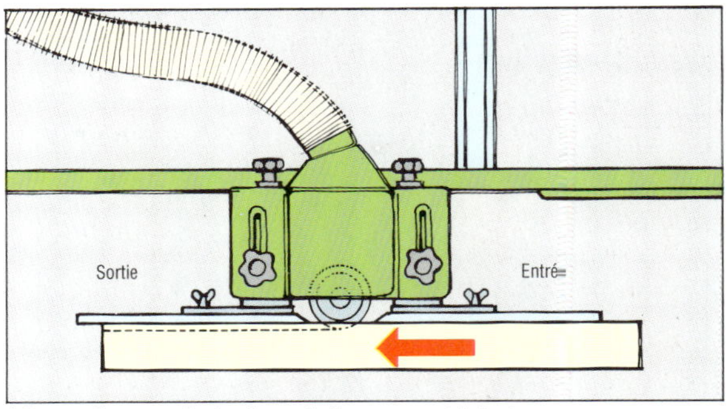

1 Lorsqu'une partie du chant de l'ouvrage est intacte, maintenez le guide en deux parties alignées

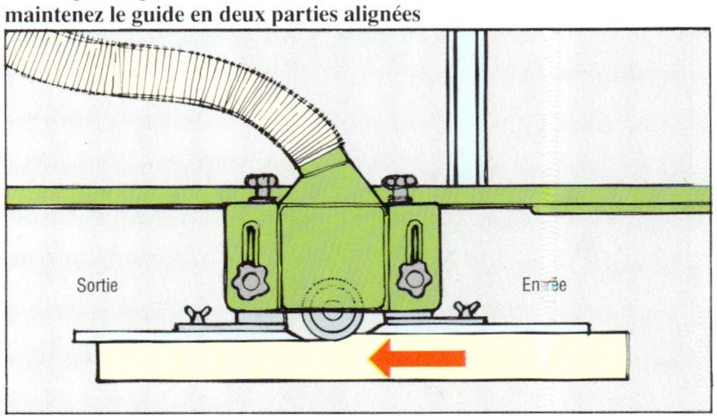

2 Déplacez la moitié sortie du guide vers l'avant, cela afin de soutenir la partie coupée du chant

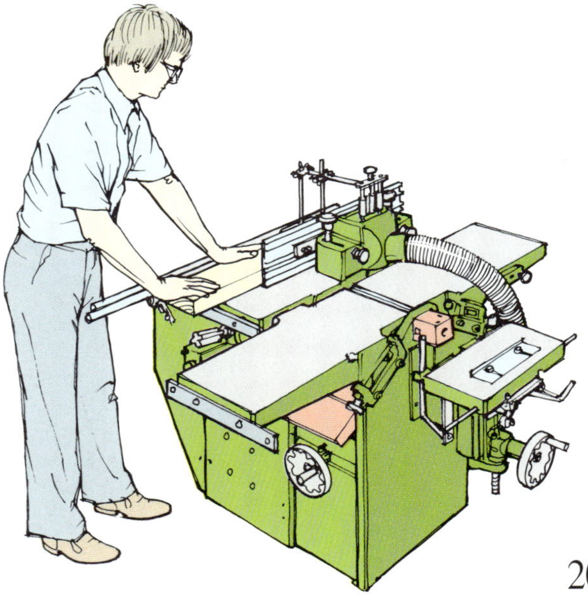

Moulurage
On utilise aussi la table de sciage pour moulurer.

RÉGLAGE DE LA MACHINE POUR LE MOULURAGE

Il est essentiel de se conformer en tout point aux instructions du fabricant pour ajuster votre machine pour la fonction de moulurage, mais la procédure courante est la suivante.

L'arbre partage la table avec la scie circulaire, il faut donc retirer le protecteur de lame et le guide de sciage et abaisser la lame dans le bâti de la machine.

Elevez l'arbre au moyen du volant approprié et montez le porte-outil en suivant les instructions du fabricant. Après avoir positionné les protections et le guide de moulurage, vérifiez que rien n'entrave le bon fonctionnement du porte-outil et mettez en marche.

CONSIGNES DE SÉCURITÉ

Même les menuisiers les plus expérimentés travaillent sur une toupie avec un surplus de précautions, car c'est indéniablement la machine la plus dangereuse de tout l'atelier. Il est très rare qu'un couteau se détache d'un porte-outil en bon état, mais si cela se produit, il est éjecté à une vitesse meurtrière. Néanmoins, la plupart des accidents surviennent lorsque l'ouvrage est projeté sur l'utilisateur par la puissance rotative du couteau. Soyez donc conscient de cette possibilité et prenez les mesures de précautions conséquentes.

Si vous n'avez jamais travaillé sur une toupie, il est recommandé de prendre des cours avec un professionnel avant de vous y essayer. En plus des consignes de sécurité applicables à l'ensemble des machines-outils, respectez les consignes suivantes :

- N'utilisez que des protections et des presseurs brevetés lorsque vous employez la toupie.
- N'utilisez que des couteaux bien affûtés et débarrassez-vous des couteaux et porte-outil endommagés.
- Avant de mettre la machine en marche, vérifiez le bon ajustage et le fonctionnement du porte-outil en le faisant tourner à la main (après vous être assuré que le moteur est éteint).
- Alimentez toujours l'ouvrage contre le sens de rotation du porte-outil.
- Utilisez un poussoir pour alimenter les pièces de bois étroites ou petites.
- N'essayez pas d'exécuter en une seule fois une coupe profonde ; travaillez par étapes ou éliminez au préalable la plus grande partie du rebut à la scie ou au rabot.
- Ne moulez jamais une étroite pièce de bois en bout à main levée, fixez-la à une table coulissante ou à un guide d'onglet.

PORTE-OUTIL ET COUTEAUX

Presque toutes les toupies sont fournies avec un porte-outil de sécurité qui reçoit des couteaux interchangeables. Le porte-outil est généralement cylindrique car, de nos jours, les porte-outil carrés sont considérés comme dangereux. Il existe un très grand assortiment de couteaux que l'on peut installer sur les porte-outil conformes aux normes internationales.

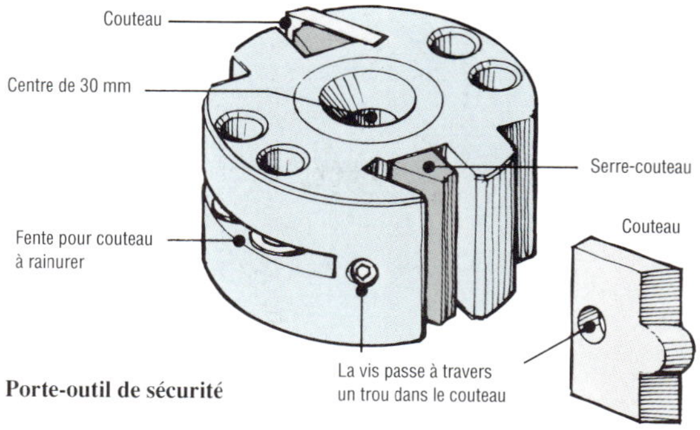

Porte-outil de sécurité

Porte-outil de sécurité

Ce porte-outil cylindrique d'un diamètre approximatif de 100 millimètres est fendu pour recevoir deux couteaux identiques. Une presse en forme de coin, que l'on serre au moyen de vis ou de boulons, maintient chaque couteau en place. Une pointe ou une vis passe à travers chacun des couteaux pour l'ajuster avec précision tout en étant une fixation supplémentaire.

En plus du grand assortiment de couteaux profilés disponibles dans le commerce, vous pouvez acheter des lames de couteaux sur lesquels vous meulerez le profil désiré. Pour conserver le tranchant, affûtez-les légèrement sur une pierre à huile, mais lorsqu'ils sont usés, vous devez envoyer les couteaux par paires chez un professionnel pour qu'il les meule en préservant leur équilibre.

La quantité de bois enlevée à chaque rotation est d'une importance capitale ; suivez donc attentivement les instructions fournies avec le porte-outil. Le débordement du couteau doit être limité afin d'éviter la projection en arrière de l'ouvrage ou tout simplement une défaillance de sa part lorsque vous essayez d'effectuer une coupe trop profonde en une seule fois. La profondeur de coupe maximale est souvent fonction de la forme du porte-outil (1). Vous pouvez aussi monter une paire de déflecteurs devant les couteaux (2).

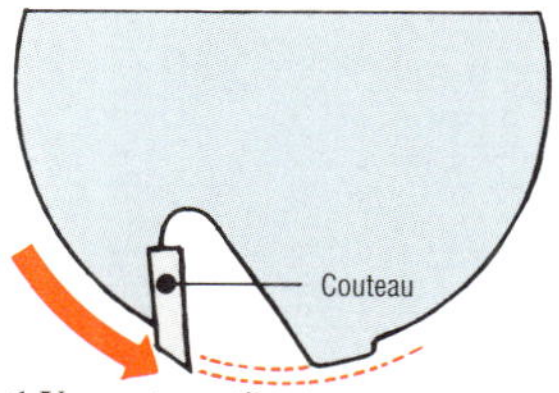

1 Un porte-outil est conçu pour limiter la projection de la lame

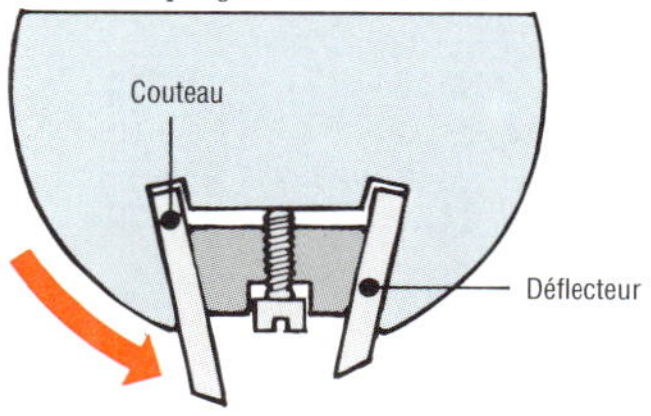

2 On peut aussi monter des déflecteurs devant les couteaux

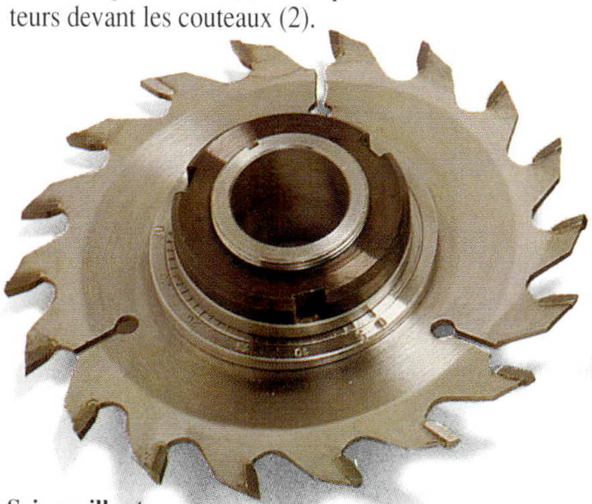

Scie oscillante

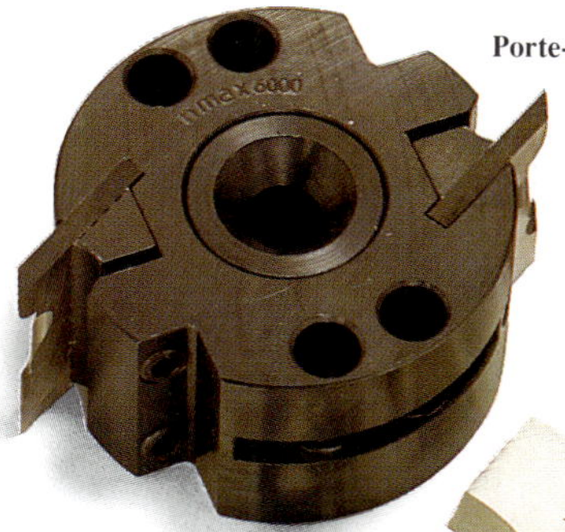

Porte-outil de sécurité

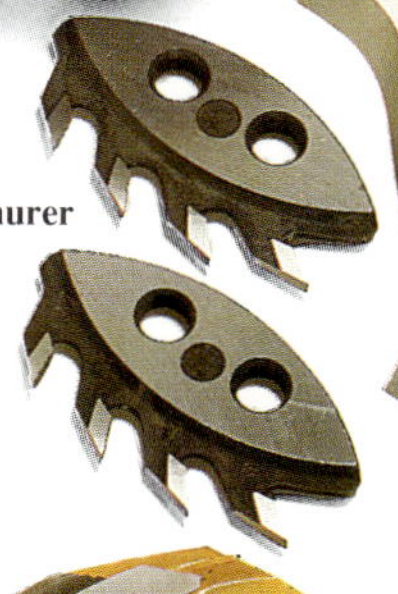

Couteaux à rainurer

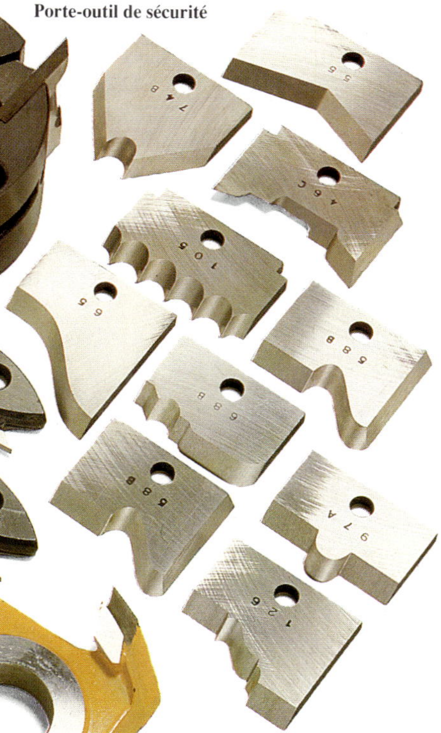

Couteaux à moulurer

Couteaux monopièces

Sur ce modèle, le couteau et le porte-outil sont coulés en une seule pièce et de qualité industrielle. Ce type de couteau est à trois ou quatre tranchants qui produisent un fini de qualité supérieure. Les couteaux monopièces durent plus longtemps que les porte-outil de sécurité, mais leur coût est beaucoup plus élevé.

Couteaux à rainurer

Les couteaux à rainurer ressemblent aux lames de scie circulaires à haute tenue. Certains se fixent autour de l'arbre et peuvent être ajustés pour tailler des rainures de largeurs différentes. D'autres sont faits pour être montés sur des porte-outil cylindriques.

Scies oscillantes

Vous pouvez aussi acheter une scie oscillante de petit diamètre qui taille des rainures larges de 3 à 16 millimètres.

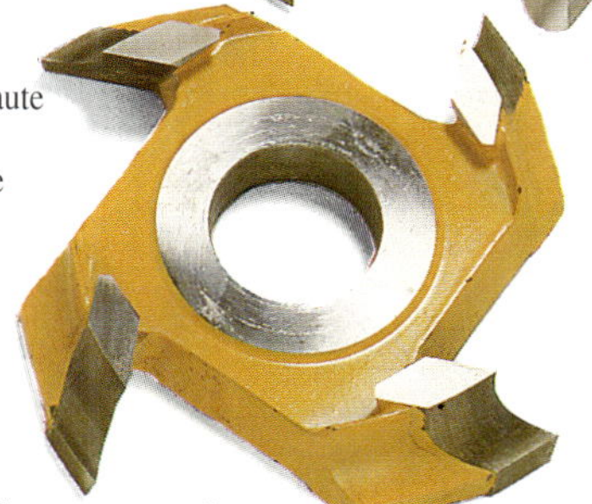

Couteau monopièce

MOULURER

Les couteaux de toupie tournent à une telle vitesse qu'ils produisent toujours un fini d'excellente qualité. Cependant, si possible, avancez l'ouvrage de façon que la machine coupe dans le sens du fil. Arrêtez toujours le moteur avant d'ajuster les couteaux.

VOIR AUSSI

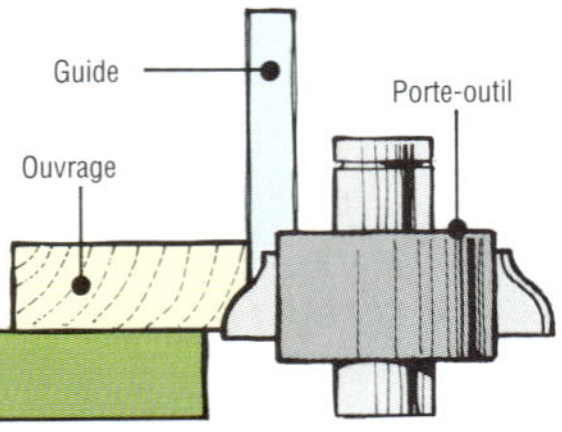

1 Moulurez l'ouvrage par en dessous

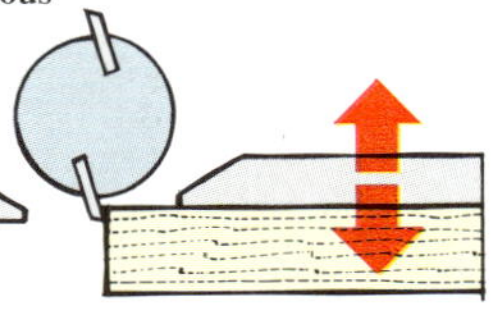

2 Ajustez le guide

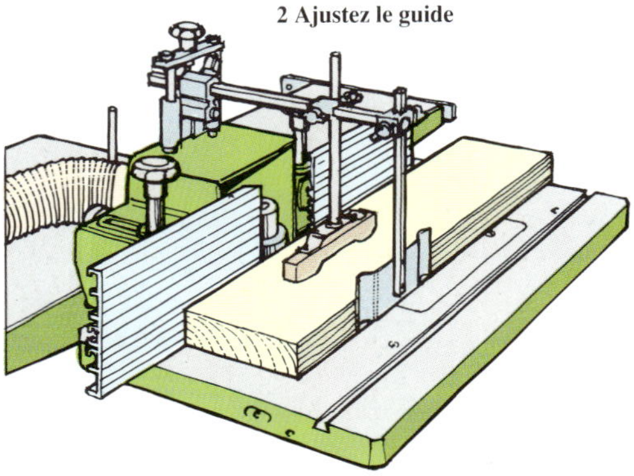

3 Ajustez le dispositif de protection sur l'ouvrage

Après avoir monté le porte-outil, ajustez l'arbre de façon qu'il moulure l'ouvrage par en dessous (1). Dans cette position, l'ouvrage offre une protection supplémentaire en recouvrant les lames en mouvement; il est ainsi impossible d'effectuer une coupe trop profonde, même si l'ouvrage saute légèrement pendant l'usinage.

Positionnez le bout de l'ouvrage contre le couteau immobile et ajustez la profondeur de coupe sur le guide (2). (Faites toujours un essai sur une pièce de rebut avant de travailler l'ouvrage.) Ajustez chaque guide latéralement de façon à ne laisser que le dégagement minimal aux couteaux.

Abaissez la presse supérieure sur l'ouvrage et serrez-la afin d'obtenir une bonne pression de glissement. Ajustez la presse latérale de la même façon (3).

Vérifiez la bonne rotation du porte-outil, et mettez le moteur en marche. Maintenez l'ouvrage contre le guide et amenez-le sur les couteaux à un rythme régulier. Maintenez l'ouvrage constamment en mouvement et terminez de l'avancer en vous aidant d'un poussoir.

Moulurer une pièce de bois de petite taille

Il est dangereux d'essayer de moulurer une pièce de bois d'une taille trop petite pour pouvoir l'avancer sur les couteaux avec les deux mains. Moulurez donc une longue pièce de bois, puis tronçonnez-la aux dimensions voulues.

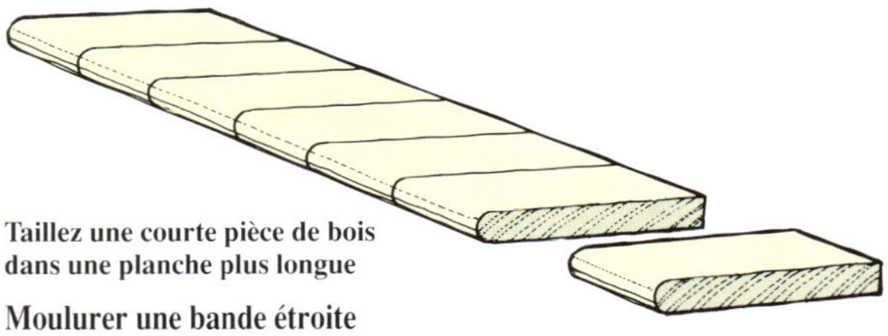

Taillez une courte pièce de bois dans une planche plus longue

Moulurer une bande étroite

Il faut soit moulurer une planche large sur un chant pour ensuite tailler la bande de bois aux dimensions voulues (1), soit moulurer les deux chants d'une pièce de bois pour ensuite la refendre sur sa longueur.

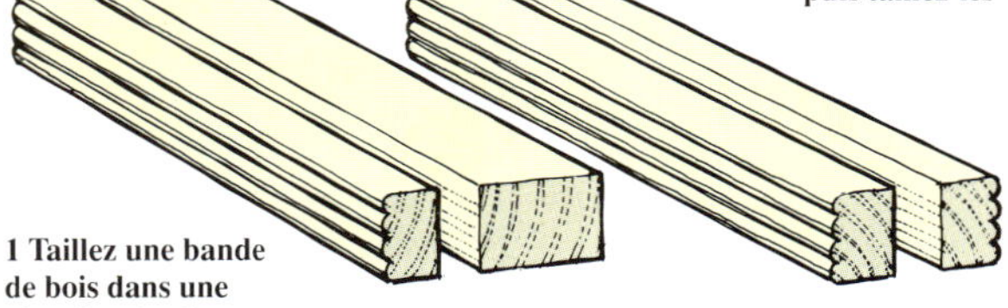

1 Taillez une bande de bois dans une planche plus large

2 Moulurez les deux côtés, puis taillez-les

MOULURER EN BOUT

Pour moulurer une pièce de bois en bout, ajustez la machine comme décrit précédemment, mais ne positionnez pas la presse latérale. Positionnez la presse supérieure pour maintenir l'ouvrage sur la table.

Bridez l'ouvrage sur la table de tronçonnage coulissante de la machine universelle. Pour éviter l'éclatement du fil du chant de l'ouvrage par les couteaux, insérez une pièce de bois entre celui-ci et le guide de la table coulissante. La pièce de bois doit faire toute la longueur de l'ouvrage. Les deux pièces de bois sont moulurées ensemble.

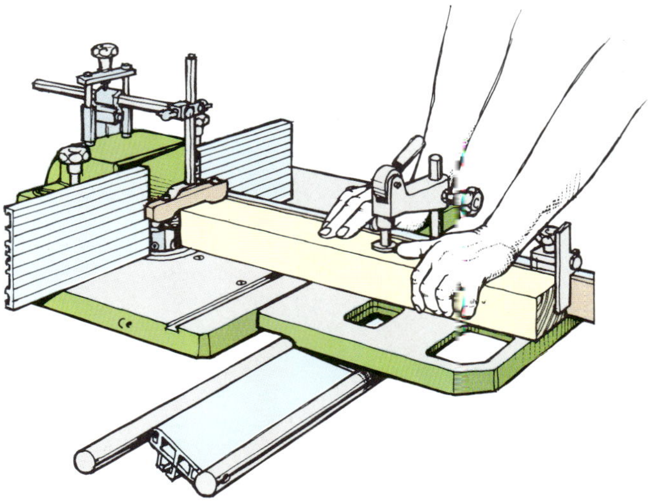

Moulurez en bout en utilisant la table coulissante de la machine

Tailler des joints

Avec les couteaux adéquats, vous pouvez tailler des tenons et des joints à queues droites parfaits sur une toupie. Néanmoins, les couteaux spéciaux et le gabarit nécessaires sont très chers et leur rendement ne justifie pas leur prix.

MOULURER UNE PIÈCE DE BOIS COURBE

Pour profiler une pièce de bois courbe sur une toupie, le dispositif de sécurité et le guide doivent être remplacés par un guide circulaire assurant le maintien. L'ouvrage doit être amené à main levée, ce qui demande une certaine expérience afin d'éviter d'effectuer une coupe trop profonde qui pourrait provoquer le rejet de la pièce. Si cette méthode de travail ne vous est pas familière, il est recommandé de prendre des cours avec un professionnel avant de vous y essayer.

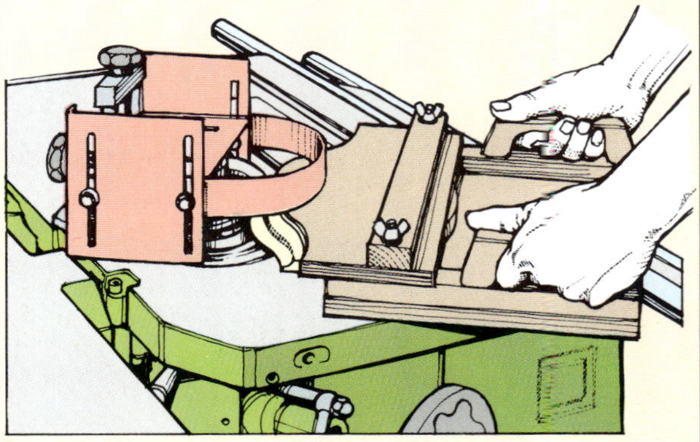

Il faut un guide circulaire pour moulurer une pièce de bois cintrée

CHAPITRE 6

VOTRE ATELIER

Certains artisans sont capables de produire un travail d'une perfection surprenante, dans un environnement à l'aspect chaotique. Cependant, la plupart des menuisiers sont d'accord pour penser qu'un atelier propre et bien agencé incite à travailler avec méthode, tout en étant plus agréable et moins dangereux. Lorsque vous concevez l'agencement de votre atelier, pensez à l'avenir et prenez vos dispositions afin de satisfaire vos besoins futurs. En supposant qu'actuellement vous possédiez un grand assortiment d'outils à main ainsi que quelques outils électriques, pensez qu'un jour vous aurez peut-être envie d'installer des machines-outils; laissez donc une place pour celles-ci, ou tout au moins disposez votre atelier de façon à pouvoir, le moment venu, le transformer facilement. La plupart des menuisiers amassent les rebuts de bois qui pourraient servir un jour, mais un petit atelier s'encombre rapidement si vous mettez de côté chaque chute et il est inutile de les amasser si vous ne les trouvez pas lorsque vous en avez besoin. Il faut donc régulièrement ranger votre atelier à fond et ne garder que les objets strictement nécessaires.

VOTRE ATELIER

A moins de partir de zéro, il vous sera probablement difficile de créer le cadre idéal pour travailler, mais en vous organisant soigneusement, vous pouvez convertir un local tel qu'un garage, un appentis ou une étable en un atelier plus qu'acceptable. La mise en état du sol est d'une importance capitale si vous prévoyez d'installer des machines-outils, elle est importante aussi pour le travail de longues pièces de bois.

L'idéal serait que l'atelier soit séparé des quartiers d'habitation afin de réduire la pollution sonore et de ne pas les envahir de poussière et de vapeurs toxiques. Installez un système de chauffage à thermostat et si possible l'air conditionné, cela afin de maintenir une température constante dans l'atelier, ainsi que d'en contrôler le niveau d'humidité.

VOIR AUSSI

Les outils à main	76/122
Les machines-outils	156/208
Consignes de sécurité	156/214
Les établis	212/213
Les aspirateurs de poussière	214

Prises électriques
Ayez un grand nombre de prises de courant disponibles à proximité des établis.

Profondeur des étagères
Rangez les petits paquets ainsi que les récipients transparents pour les clous et les vis sur des étagères peu profondes.

Rangement des outils
Rangez vos outils à main à proximité de votre établi. Accrochez-les sur des goujons collés sur un panneau de contreplaqué ou fabriquez un râtelier.

Éclairage
Fixez des tubes fluorescents au plafond, avec un écartement ne permettant aucun jeu d'ombre. Choisissez des tubes à « lumière diurne » ; prenez garde car l'éclairage au néon donne l'impression qu'une machine en mouvement est arrêtée, surtout lorsque celle-ci ralentit après que son moteur a été arrêté.

Ventilateur de fenêtre
Installez un ventilateur de fenêtre pour l'évacuation des vapeurs désagréables.

Lumière naturelle
L'idéal serait que la source de lumière naturelle soit exposée au nord.

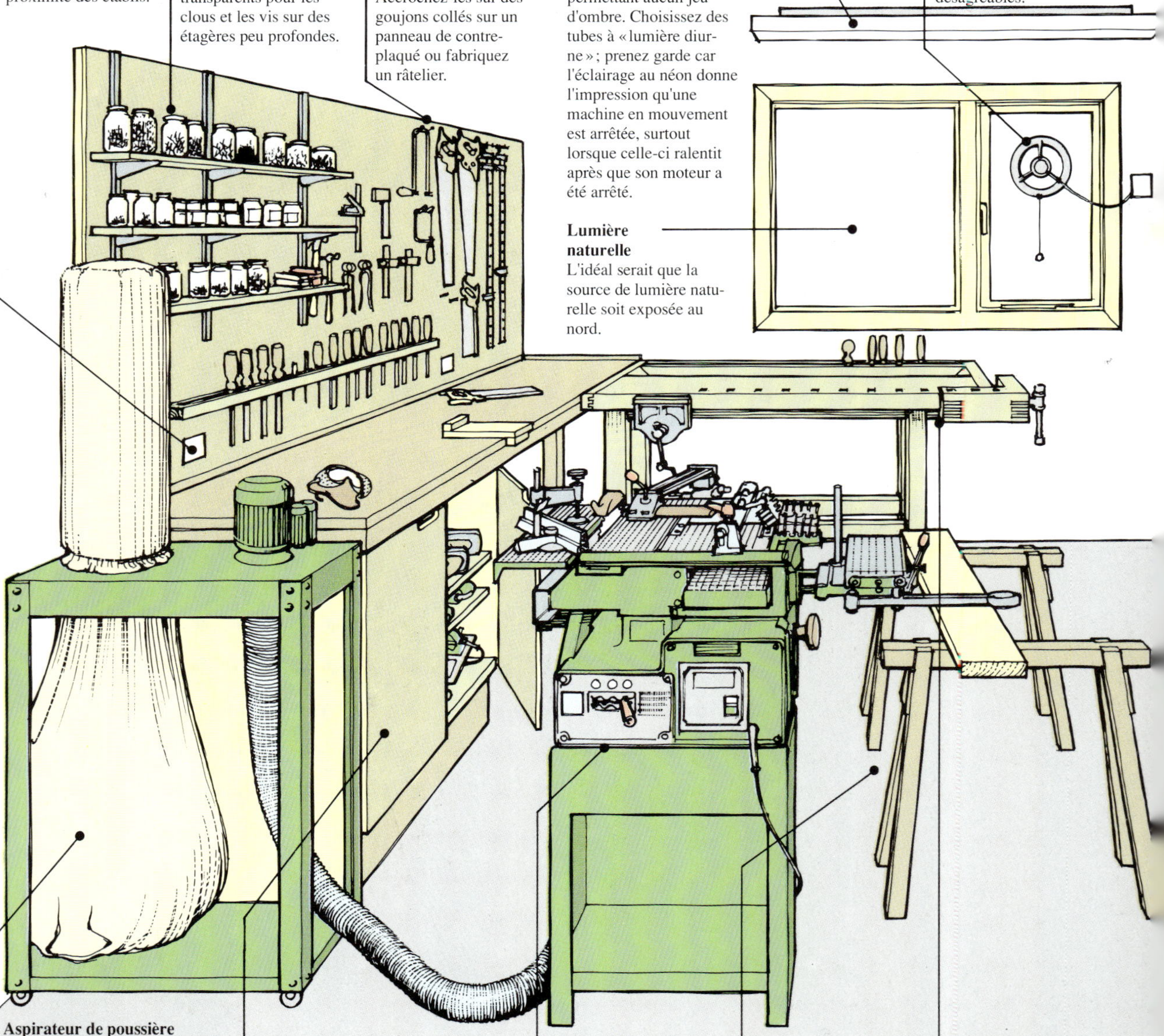

Décoration
Peignez le plafond et les murs en blanc afin d'apporter le plus de luminosité possible à votre atelier.

Aspirateur de poussière
Afin de maintenir propre votre atelier, et de réduire les risques pour votre santé, branchez vos machines sur un aspirateur de poussière portatif.
Il existe aussi de petits aspirateurs de poussière pour l'outillage électrique.

Placard à rangement
Rangez les rabots et les outils électriques portatifs dans un placard bas.

Machine combinée
Si vous avez un besoin véritable de machines-outils et si vous êtes limités en place, vous pouvez installer une machine qui combine les fonctions de plusieurs machines individuelles.

Espace d'assemblage
Laissez un espace dégagé où vous pourrez assembler des meubles ou installer un établi temporaire pour des travaux précis.

Établi
Il est essentiel de posséder un établi solide. Un établi d'ébéniste équipé de presses serait l'idéal, mais vous pouvez fabriquer votre propre établi selon vos goûts.

AGENCEMENT DES MACHINES-OUTILS

La majorité des personnes qui travaillent le bois pour le plaisir, ou même comme source de revenus supplémentaires, n'ont pas les moyens financiers suffisants pour se permettre d'installer deux ateliers séparés – un pour les machines-outils et un pour l'outillage à main – bien que ce soit l'idéal. En conséquence, la plupart des menuisiers doivent trouver un moyen pour installer plusieurs machines dans un espace restreint.

Mesurez votre atelier, dessinez son plan sur du papier millimétré et essayez plusieurs agencements avec des découpes en papier représentant les machines à l'échelle. Le but de cet exercice est de vous assurer que vous aurez suffisamment de place pour déplacer les ouvrages d'une machine à l'autre – et si vous devez débiter une planche de 2,44 par 1,22 mètres sur une scie circulaire à table, l'importance de la place devient évidente. Un agencement courant consiste à regrouper les machines dans le centre de l'atelier, avec les trajectoires d'alimentation perpendiculaires les unes par rapport aux autres (voir ci-dessous). Cette disposition est parfaite tant que vous n'utilisez pas toutes les machines en même temps, ce qui est rare dans un atelier occupé par une seule personne. Cet agencement présente aussi l'avantage de n'avoir à installer qu'une source de courant pour toutes les machines.

Si votre atelier est trop petit pour recevoir ce type d'agencement, essayez d'installer vos machines en ligne, en les décalant légèrement l'une sur l'autre, de façon que l'ouvrage alimenté sur une machine, repose sur la table d'une autre. Ajustez toutes les tables à la même hauteur afin de créer une bonne plate-forme. On peut aussi utiliser un support à rouleau pour soutenir une longue planche sur le côté sortie de la machine ou pour l'alimenter sur la machine suivante.

Pour obtenir un espace de dégagement supplémentaire, alignez une machine sur une porte ou une fenêtre ouvertes, ou même sur un hublot taillé à cet effet dans le mur de l'atelier, du moment que la saillie ne dérange pas d'éventuels passants. On peut placer le tour et la perceuse à colonne contre un mur en laissant le plus de dégagement possible autour de ces machines.

Armoire à pharmacie
Installez une armoire pharmacie bien équipée dans un endroit facile à repérer et à atteindre.

Étagères ouvertes
Rangez les matériaux et les produits de finition sur des étagères ouvertes. Rangez le gros des produits inflammables dans un local séparé.

Rangement des pièces de bois
Rangez les pièces de bois massif et les placages sur des supports solidement fixés.

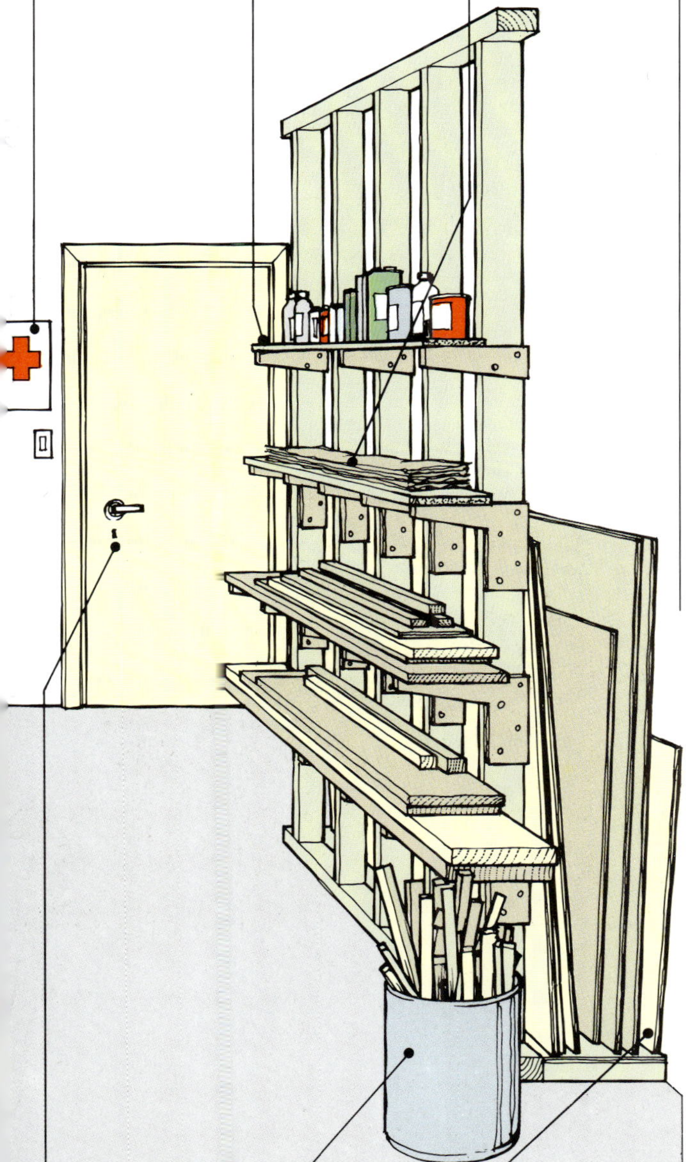

Sécurité
Installez des serrures sur les portes et les fenêtres de votre atelier, non seulement pour décourager d'éventuels cambrioleurs, mais aussi pour éviter que des enfants trop curieux ne s'approchent des machines ou des produits toxiques.

Rangement du rebut
Rangez les courtes pièces de rebut dans des corbeilles en plastique.

Rangement des panneaux
Rangez les panneaux dérivés du bois sur leurs chants, entre les étagères ouvertes et le mur, et dans la trajectoire de la porte d'accès.

Protection anti-incendie
Débarassez-vous régulièrement de la poussière et des copeaux, et ne gardez jamais de chiffons enduits d'huile dans votre atelier. Ayez toujours une couverture anti-feu de bonne qualité, ainsi qu'un extincteur à portée de main ; installez aussi un bon détecteur de fumée.

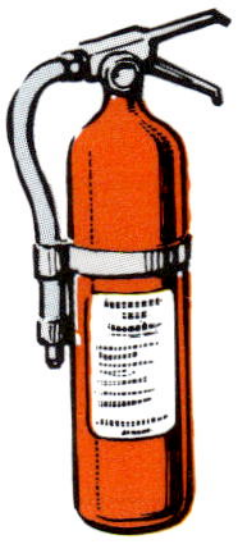

Extincteur

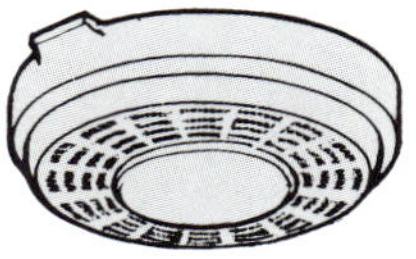

Détecteur de fumée à piles

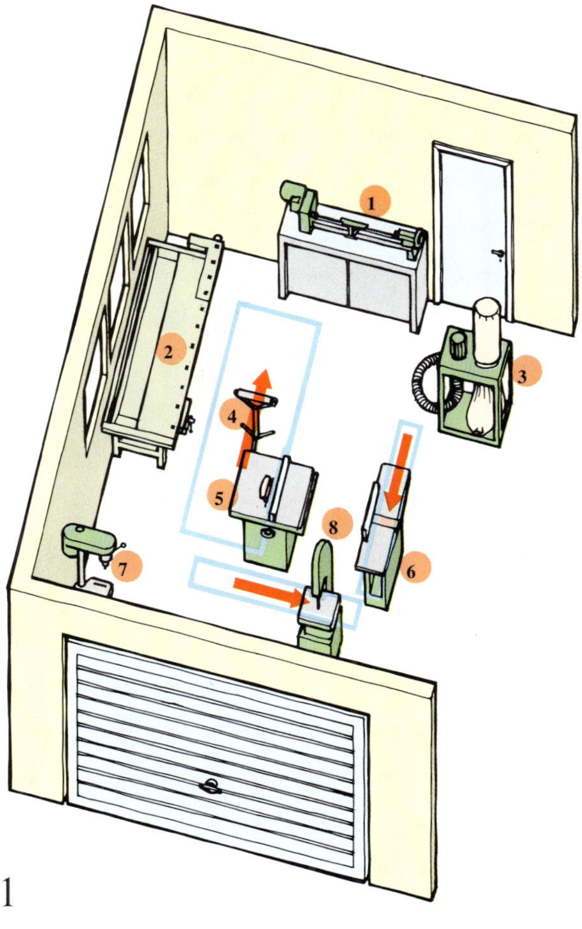

Les machines
Une façon d'agencer vos machines consiste à grouper toutes les machines dans le centre de l'atelier, les trajectoires des ouvrages se croisent ainsi à angle droit

1 Tour à bois
2 Établi
3 Aspirateur de poussière
4 Support à roulettes
5 Scie circulaire à table
6 Dégauchisseuse/surfaceuse
7 Perceuse à colonne
8 Scie à ruban

L'établi est une des pièces d'équipement les plus importantes de l'atelier. Il est presque impossible de produire un travail de bonne qualité sur un établi si la structure de celui-ci n'est pas solide et résistante, et s'il n'est pas équipé de presses en bon état de marche ; choisissez-le donc avec soin.

La plupart des établis ont une hauteur située entre 800 et 850 millimètres, mais vous pouvez en obtenir un qui soit plus haut ou plus bas, fabriqué sur commande. Certains fabricants offrent même des établis pour gaucher qui sont une parfaite réplique inversée d'un établi standard.

VOIR AUSSI

Scier des planches et des panneaux	82
Scies à dos	83
Rabots	88/91

Établi de menuiserie

La table d'un établi de bonne qualité est en bois dur, épais d'au moins 50 millimètres. On utilise fréquemment du hêtre, un bois dur, résistant et au grain court, pour réaliser la table, bien que certains fabricants utilisent du bouleau, de l'érable ou des bois durs africains. Les établis fabriqués en Europe continentale ont une table faite partiellement de contre-plaqué. Si les placages qui constituent le contre-plaqué sont suffisamment épais pour résister au raclage effectué régulièrement pour nettoyer les traces de colle et de produits de finition, cette combinaison n'est pas un désavantage. Vous pouvez choisir un établi avec une simple table ou une table équipée d'une fente pour ranger momentanément les outils, ce qui est très utile pour travailler une grande pièce de bois sans faire tomber les outils à chaque déplacement. D'autres établis sont fournis avec un râtelier à outils que vous pouvez fixer sur le chant de la table. Une fente ou une série de trous sur l'arrière de la table pour y ranger les scies et les ciseaux est une autre option. Il existe un ou deux modèles d'établis à cadre inférieur en bois résineux, mais la plupart sont entièrement fabriqués en bois de feuillus. Choisissez un établi dont les cadres en bout sont solidement assemblés aux barreaux transversaux par des joints à tenons et mortaises, et vérifiez que l'ensemble du cadre inférieur est suffisamment stable pour ne pas se déformer lorsque vous exercez une pression latérale sur la table. Beaucoup de fabricants offrent en option un simple tiroir et le cadre inférieur de certains établis est entièrement refermé pour former un placard de rangement.

Les presses à bois

Tout menuisier nécessite au moins une grande presse fixée en permanence sur le chant avant de l'établi, le plus près possible d'un des pieds du cadre inférieur. Cette position empêchera que la table ne se déforme lorsque vous travaillez sur une pièce de bois serrée par la presse. Certaines presses sont à mâchoires en bois pour serrer le bois sans l'endommager, d'autres sont à mâchoires métalliques que vous devrez recouvrir vous-même. Les deux types de presses s'opèrent au moyen d'une barre de serrage sur la mâchoire mobile, mais certaines presses métalliques sont aussi équipées d'un levier de dégagement rapide qui débloque partiellement le mécanisme de serrage et permet l'ouverture et la fermeture des mâchoires d'un simple geste.

Presse de bout

Les meilleurs établis sont fabriqués avec une presse incorporée à la table et située sur une de ses extrémités. Une presse de bout permet de serrer un ouvrage sur la longueur de la table, entre des cales amovibles métalliques ou en bois, que l'on place dans des trous taillés à intervalles réguliers sur un ou deux côtés de la table et sur la presse. On peut aussi caler l'ouvrage verticalement dans cette presse.

Valet à came

Le valet à came est une presse portative munie d'une longue tige que l'on insère dans un trou percé dans la table et bordé d'une rondelle métallique. Le bras à came du valet est abaissé sur l'ouvrage qu'il maintient à plat sur la table, au moyen d'une vis à oreilles. Si vous bordez d'une rondelle métallique un deuxième trou percé sur un des pieds de l'établi, vous pouvez y placer le valet pour soutenir une longue pièce de bois serrée dans la presse d'établi.

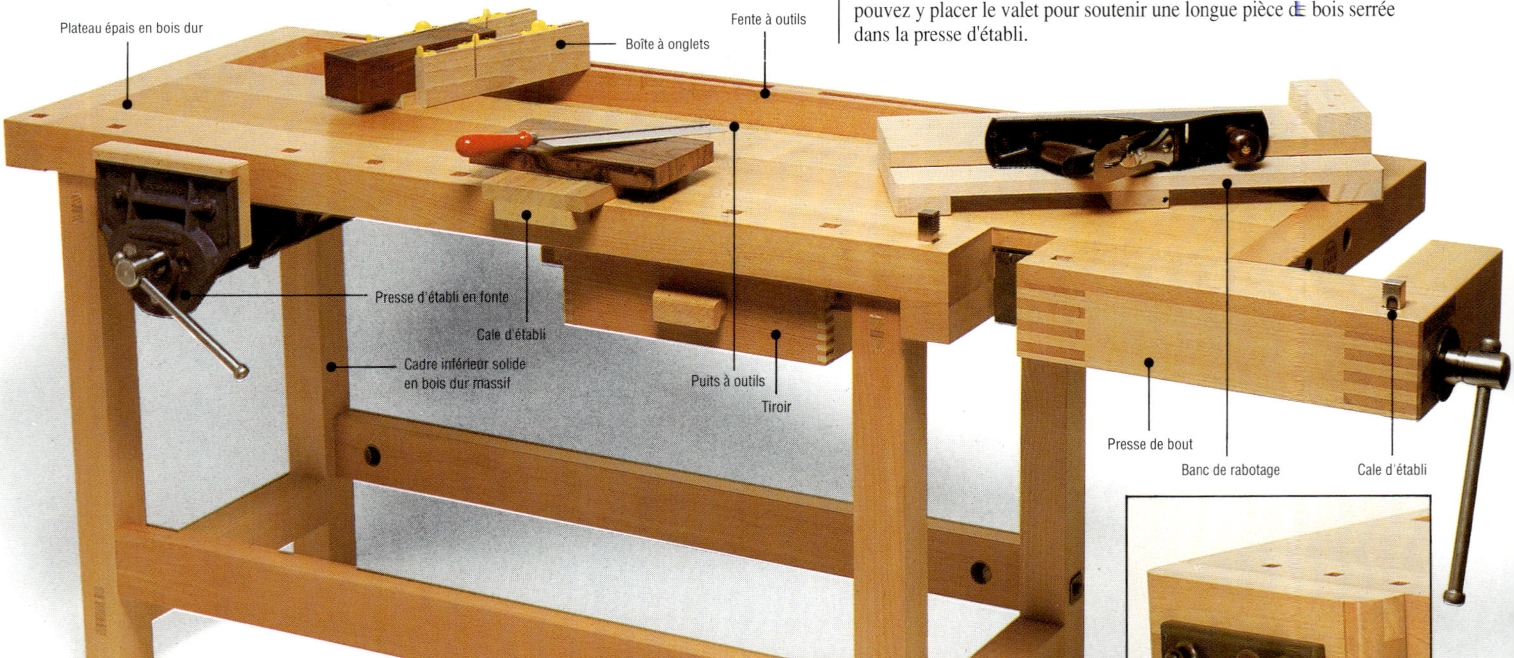

Établi d'ébéniste

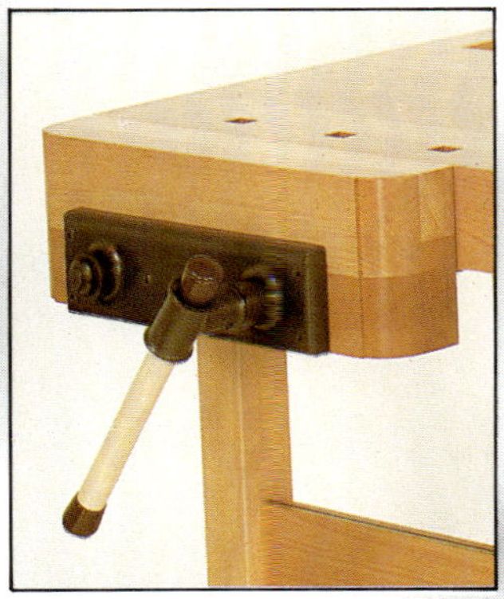

Presse d'établi de style européen en bois

ACCESSOIRES DE L'ÉTABLI

Si vous débitez une pièce de bois directement sur l'établi, vous abîmerez la table. Il faut donc utiliser un accessoire adéquat, qui en plus de protéger la surface de la table, sert de gabarit ou de guide de coupe.

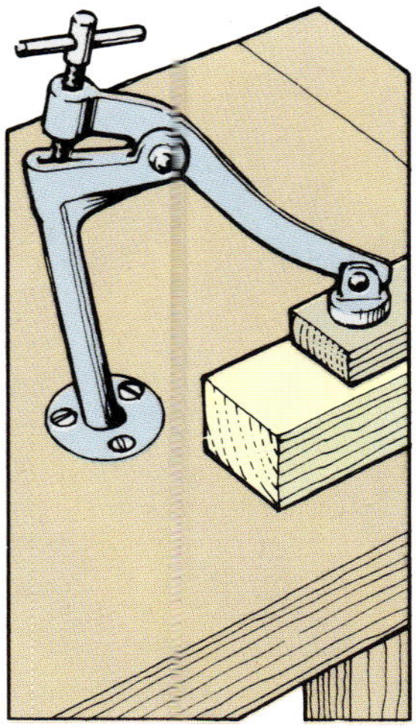

Valet à came monté sur un établi

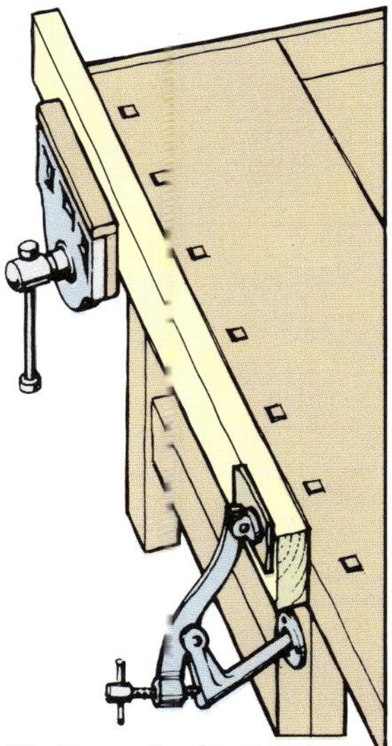

Une longue planche est soutenue par un valet à came

Tréteaux de sciage

Ces tréteaux de faible poids, utilisés seuls ou en paire, servent à soutenir l'ouvrage lorsque vous débitez des planches ou des panneaux. Les jambes sont évasées et renforcées, cela afin de fournir une plate-forme stable et haute d'à peu près 600 millimètres.

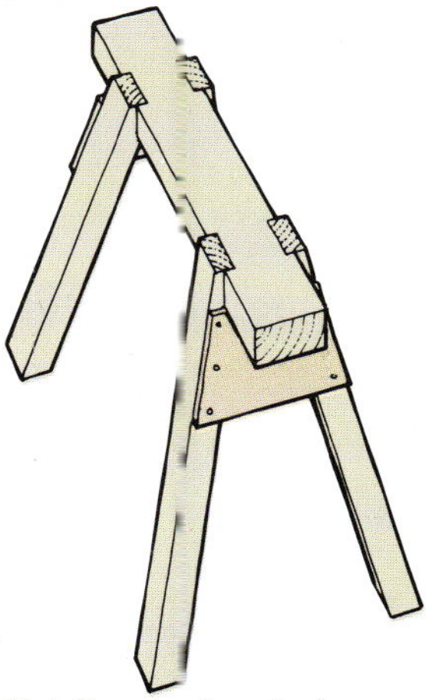

Un tréteau de sciage classique

Cale d'établi

On utilise une cale d'établi en bois dur pour tronçonner de petites pièces de bois avec une scie à dos. La cale inférieure repose contre le chant avant de la table, pendant que l'ouvrage bute contre la cale supérieure. Vous pouvez acheter une cale d'établi, ou si vous préférez, vous pouvez la fabriquer vous-même, en goujonnant deux cales à une pièce de bois aplanie.

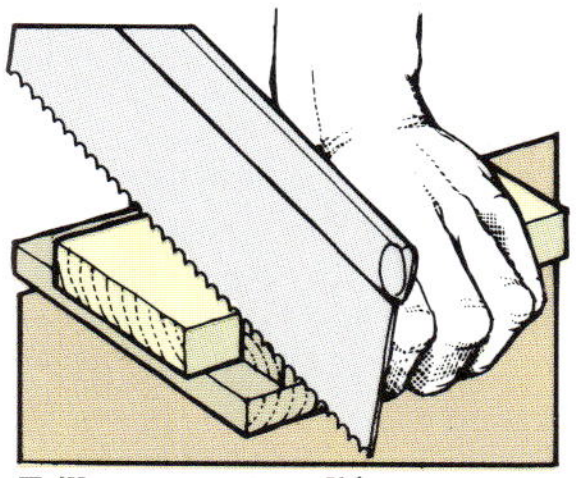

Taillez un ouvrage d'équerre sur une cale d'établi

Boîte à onglet

Cet outil très simple sert à tailler des joints d'onglet ou d'équerre avec une scie à dos. La boîte à onglet est composée de deux pièces de bois verticales, parallèles et entaillées, dont les entailles servent de guide de sciage. On appuie l'ouvrage contre le côté éloigné de la boîte. Les entailles des boîtes à onglet de bonne qualité sont renforcées par des guides de sciage ajustables en nylon.

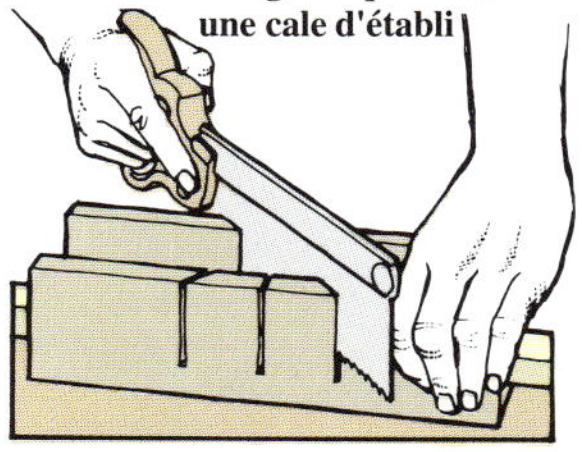

Taillez un ouvrage d'onglet dans une boîte à onglets

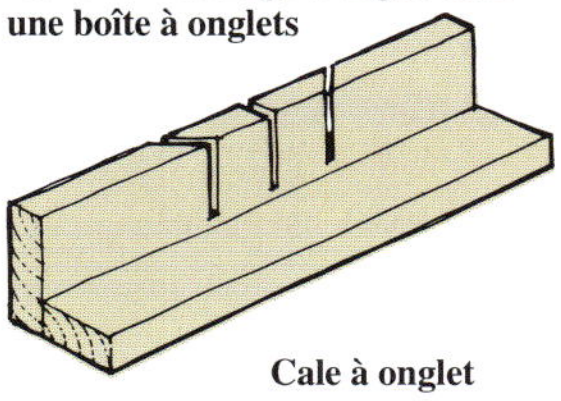

Cale à onglet

Cale à onglet

La cale à onglet est une version simplifiée de la boîte à onglet, qui ne comprend qu'une seule pièce de bois entaillée.

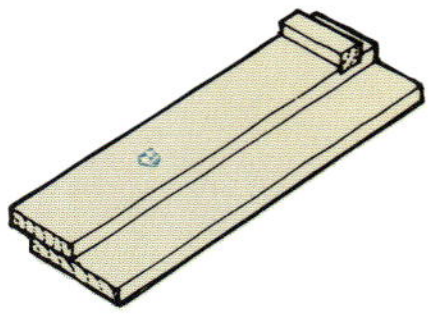

Banc de rabotage

Banc de rabotage

Cet outil est utilisé pour raboter en bout. Il est composé de deux planches de bois collées et décalées de façon à former une large feuillure. L'ouvrage est buté contre une cale fixée sur la planche supérieure, tandis que le rabot glisse sur la planche inférieure pour éliminer une fine épaisseur de bois. Pour raboter des joints d'onglet, utilisez un banc de rabotage à onglet, dont les cales sont fixées obliquement.

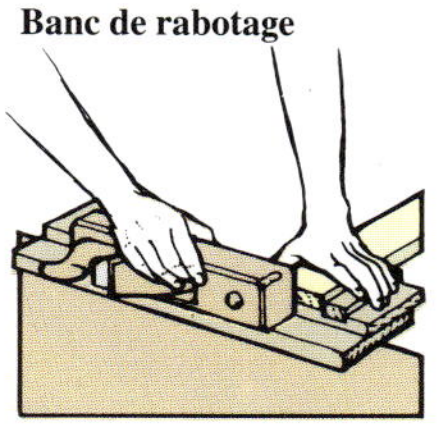

Raboter sur un banc de rabotage

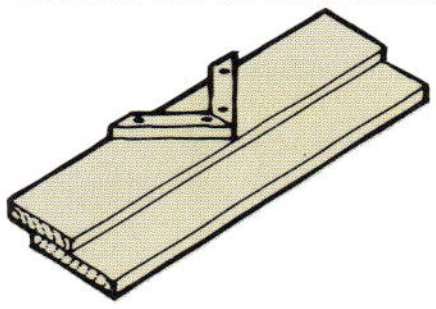

Banc de rabotage à onglet

Cale de rabotage à onglet

Une cale de rabotage à onglet est un outil à mâchoires mobiles qui sert à maintenir un grand ouvrage d'onglet ou d'équerre, afin de l'aplanir avec un rabot ajusté avec précision. Pour raboter à une hauteur confortable, serrez la cale à raboter dans une presse d'établi.

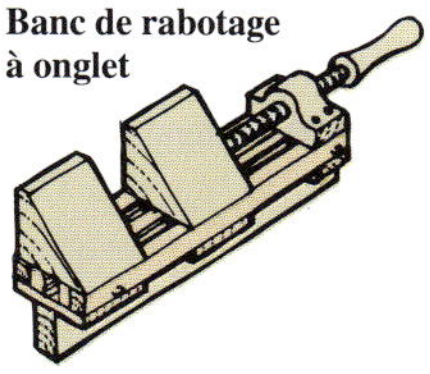

Cale de rabotage à onglet

ETABLI PLIABLE

Peu encombrant, l'établi-étau pliable offre un gain de place appréciable dans les petits ateliers. La table est formée par deux mâchoires, dont l'une peut être inclinée pour serrer un ouvrage étroit ou se relever pour recevoir plusieurs pièces de bois parallèles. Sur certains modèles, la mâchoire mobile de l'étau peut être positionnée à 90° pour assurer un serrage vertical des pièces. Des cales de serrage en plastique permettent également de fixer l'ouvrage à l'horizontale. En position normale, l'établi offre une hauteur de travail d'environ 800 mm, qui peut être réduite pour les opérations de sciage.

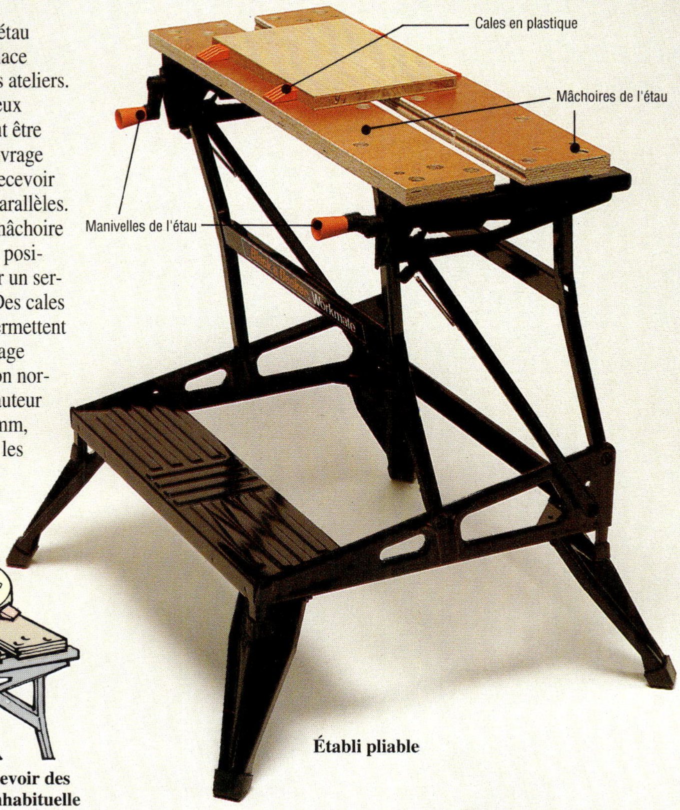

Établi pliable

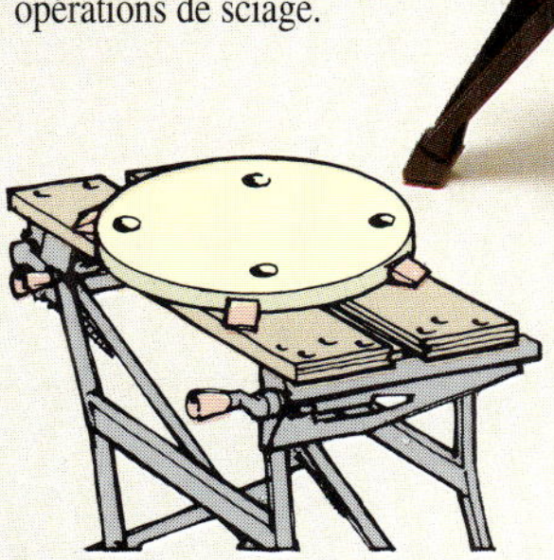

Un établi pliable peut recevoir des pièces de bois de forme inhabituelle

SÉCURITÉ ET PROTECTION DE LA SANTÉ

Les établissements industriels doivent respecter des consignes très strictes en ce qui concerne la sécurité et la protection de la santé de leurs ouvriers. Bien que ces mêmes consignes ne soient pas applicables à votre atelier, il faut vous protéger des vapeurs toxiques, de la poussière, du bruit, ainsi que des éclats de bois ou métalliques projetés par les machines ou les outils électriques.

VOIR AUSSI
Consignes de sécurité 156
Outillage électrique 124/154
Les machines-outils 156/208

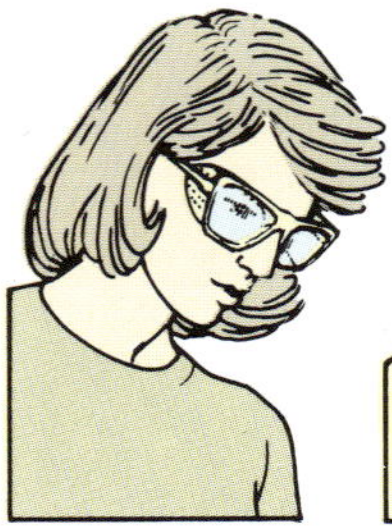

Lunettes de sécurité

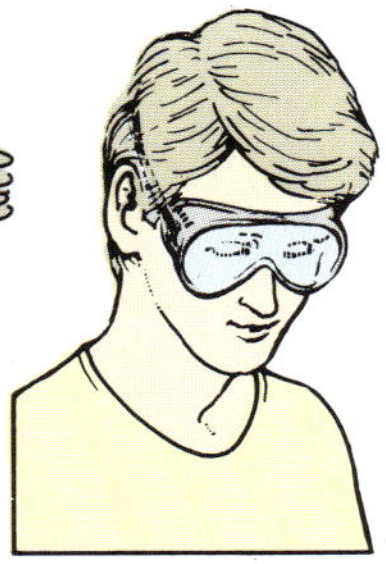

Lunettes de travail

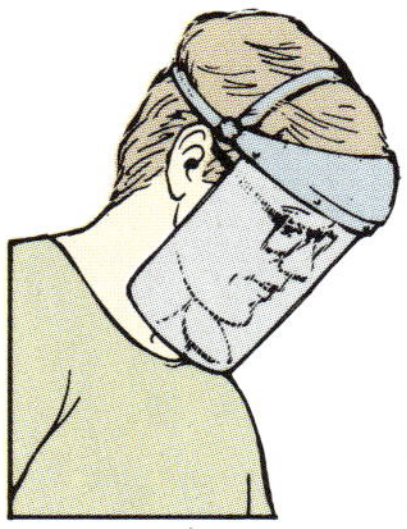

Protecteur facial

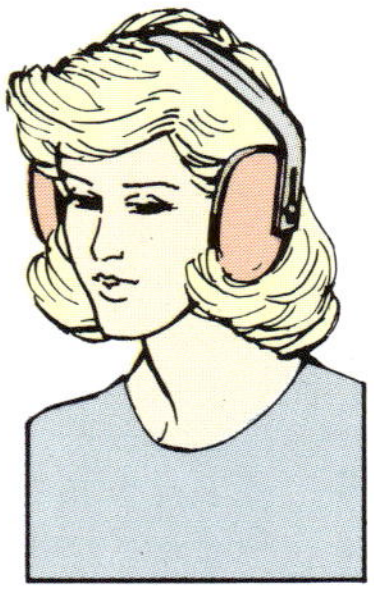

Protecteurs auditifs

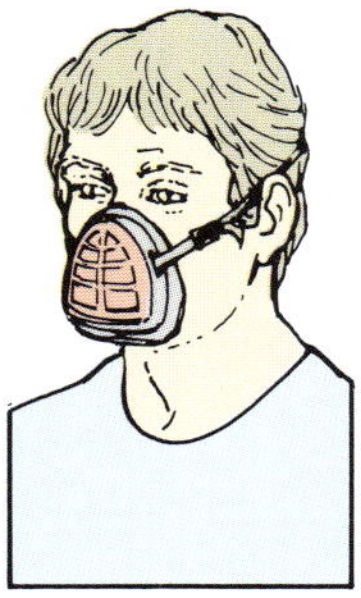

Masque facial

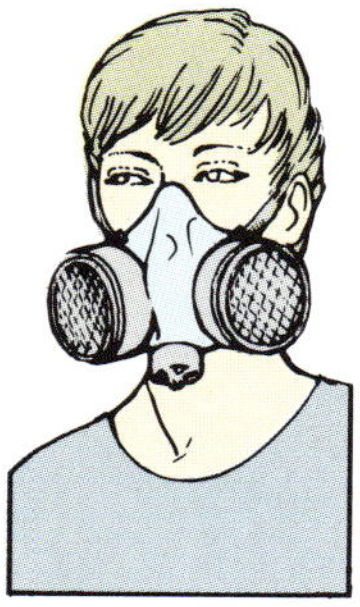

Masque respiratoire

Lunettes de sécurité
Le verre des lunettes de sécurité sont en polycarbone extrêmement résistant. Elles servent non seulement à vous protéger des éclats mais aussi de la poussière générée par les outils électriques. Vous pouvez fixer des gardes latérales pour augmenter la capacité de protection.

Lunettes de travail
Conçues pour envelopper étroitement la partie supérieure du visage, les lunettes de travail protègent entièrement les yeux. Les verres sont généralement en plastique translucide semi-rigide, fixés sur une monture vinylique souple et perforée, pour éviter la condensation. Certaines lunettes de travail sont faites pour être portées par dessus des lunettes de sécurité.

Protecteur facial
L'écran monté sur charnières d'un protecteur facial assure une protection totale à l'ensemble du visage. Ce type de protection est particulièrement agréable à utiliser si vous portez des lunettes.

Protecteurs auditifs
Un casque rembourré ou des boules Quiès protègent l'ouïe d'une surexposition au bruit qui, à long terme, pourrait se révéler nocive. Portez des protecteurs auditifs lorsque vous travaillez sur des machines bruyantes.

Masque facial
Un simple masque facial à filtres protège vos poumons de la poussière, des vapeurs non toxiques, ainsi que de la peinture ou de l'encaustique vaporisées.

Masque respiratoire
Un masque respiratoire professionnel à double cartouche offre une protection totale contre les effets nocifs de la peinture, de la laque, des adhésifs et des poussières toxiques. Les cartouches interchangeables sont de couleurs différentes pour filtrer divers matériaux précis. Ce type de masque peut se porter en même temps que des lunettes de sécurité ou de travail.

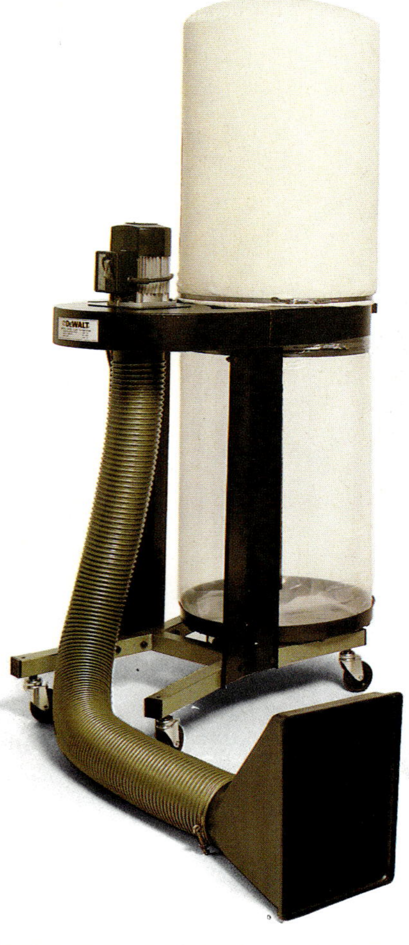

◄ **Aspirateur de poussière de grand volume**
Branchez vos machines-outils sur ce type d'aspirateur.

▼ **Aspirateur industriel**
Cet aspirateur peut aussi servir d'extracteur de poussière pour les outils électriques.

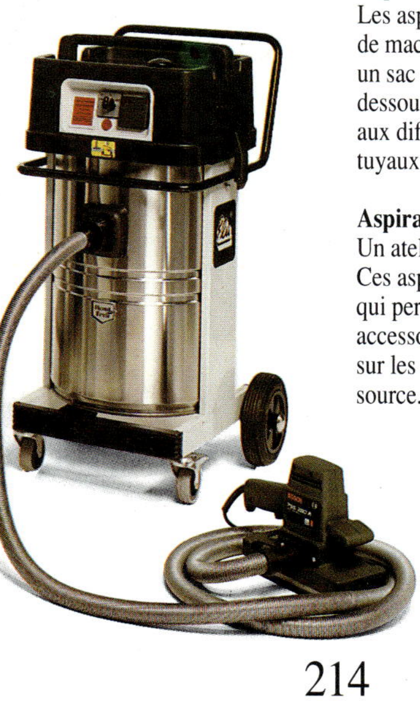

ÉVACUATION DE LA POUSSIÈRE

La sciure de bois et les copeaux amoncelés sur le sol de l'atelier créent un véritable risque d'incendie. Ce risque est augmenté lorsque l'air est plein de poussière très fine, ce qui contribue à créer un potentiel d'explosion. Qui plus est, la poussière rend le sol glissant, est nocive pour vos poumons et peut endommager des surfaces vernies ou laquées. Les ateliers industriels sont équipés de systèmes d'évacuation de la poussière individuels pour chacune des machines ; ce type d'installation est évidemment beaucoup trop cher pour un atelier personnel et il existe des aspirateurs portatifs pour équiper les petits ateliers.

Aspirateur de poussière
Les aspirateurs mobiles de gros volume sont parfaits pour un petit atelier de machines. La poussière aspirée par un tuyau flexible est filtrée dans un sac en mailles de coton et recueillie dans un sac en plastique monté en dessous. Le tuyau accepte un assortiment d'embouts destinés à s'adapter aux différentes machines. Certains aspirateurs sont équipés de deux tuyaux afin de pouvoir être connectés à deux machines en même temps.

Aspirateurs industriels
Un atelier doit toujours être équipé d'un aspirateur à grand rendement. Ces aspirateurs sont fournis avec un assortiment de tuyaux et d'embouts qui permettent d'aspirer le sol et les machines-outils. Équipés des accessoires appropriés, ces aspirateurs peuvent être directement branchés sur les outils électriques, éliminant la poussière et les copeaux à leur source. Installés ainsi, ils sont mis en marche par l'interrupteur de l'outil.

CHAPITRE 7

L'ASSEMBLAGE

Il n'est pas surprenant de voir que la majorité des gens considèrent l'assemblage comme un art faisant partie des talents propres à l'ébéniste, car, pour tailler des joints, il faut pouvoir maîtriser une variété de techniques de coupe bien précises en se servant de scies, de rabots et de ciseaux. Le choix de l'assemblage est aussi important que sa fabrication. Son dessin doit être avant tout fonctionnel, pour assurer sa solidité, tout en respectant le style et l'esthétique du projet. La plupart des joints sont conçus pour camoufler la méthode d'assemblage utilisée, mais certains, comme la queue d'aronde décorative, sont conçus pour être apparents. Le chapitre suivant décrit les joints faits à la main les plus courants et explique comment les tailler. Les dimensions ne sont pas spécifiées car chaque projet nécessite des joints de taille différente, mais des proportions relatives sont fournies afin de vous permettre de tailler de solides joints qui satisferont vos besoins.

ASSEMBLAGE BOUT À BOUT

L'assemblage bout-à-bout est la forme d'assemblage la plus simple, elle consiste à faire se rencontrer deux pièces de bois sans aucun artifice. Ce n'est pas un joint très solide, et il est souvent renforcé. Les joints d'équerre sont utilisés dans la fabrication de cadres et de petites boîtes. Les bouts peuvent être taillés d'équerre ou d'onglet.

VOIR AUSSI

Outils de mesurage et de traçage	76/79
Les rabots	88/96
Raboter en bout	93
Les serre-joints	120/122
Les scies à rainurer	136/137
Les scies circulaires à table	156
Les scies radiales	164
Les établis	212/213

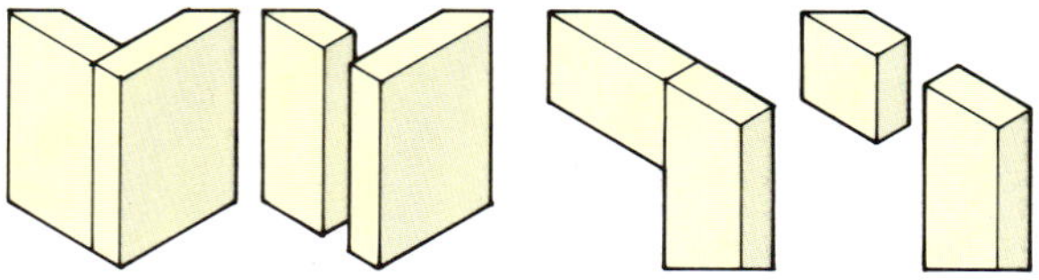

ASSEMBLAGE BOUT À BOUT À ANGLE DROIT

Les assemblages bout à bout utilisés dans la fabrication des boîtes sont exécutés en collant le bout d'une pièce de bois sur la face d'une autre. Pour les cadres, le bout est collé sur le chant. Il est essentiel que les faces soient bien plates, et les bouts bien d'équerre.

Tailler le joint

Marquez la longueur des éléments de l'assemblage et tracez l'équerrage au moyen d'un couteau à tracer. Positionnez l'ouvrage sur une cale d'établi et sciez-le à la dimension voulue du côté rebut du trait de sciage (1).

Rabotez en bout pour offrir une bonne surface de collage, en vous aidant d'un banc à raboter pour garantir l'équerrage (2).

Appliquez la colle sur chaque élément et serrez le joint. Assurez-vous du bon alignement des éléments l'un sur l'autre.

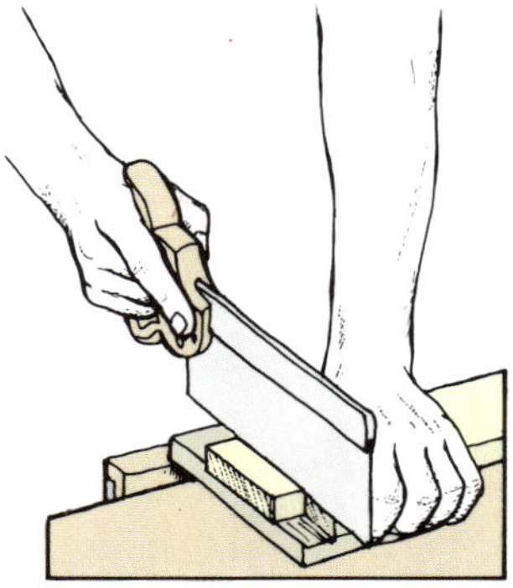

1 Sciez le rebut

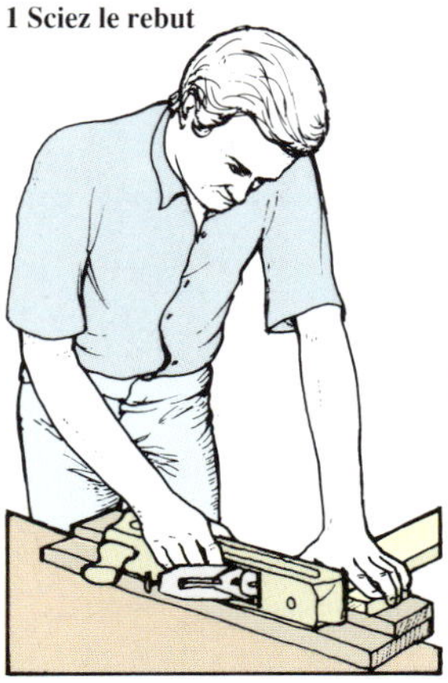

2 Rabotez d'équerre en bout

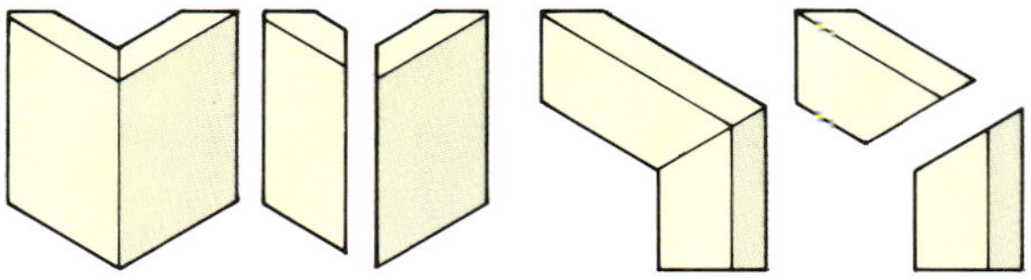

ASSEMBLAGE BOUT À BOUT D'ONGLET

Les deux éléments de l'assemblage se rencontrent sur leurs onglets. Dans la plupart des cas, l'assemblage formant un angle de 90 degrés, les onglets sont taillés à 45 degrés. Les deux bouts n'offrent pas une bonne surface de collage, mais ceci est compensé par la surface plus large qu'offre l'onglet par rapport au bout traditionnel. Un assemblage d'onglet est généralement renforcé par des clous ou des languettes.

Importance de la précision

Les onglets doivent être taillés avec une grande précision, car toute fente se verrait, de l'intérieur ou de l'extérieur, si l'angle de l'onglet n'était pas parfaitement respecté. Utilisez du bois correctement séché car le joint se fendrait si un retrait s'opérait dans le bois.

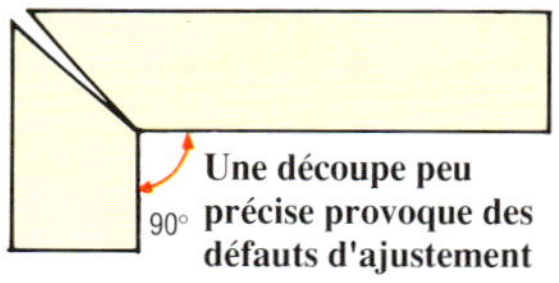

Une découpe peu précise provoque des défauts d'ajustement

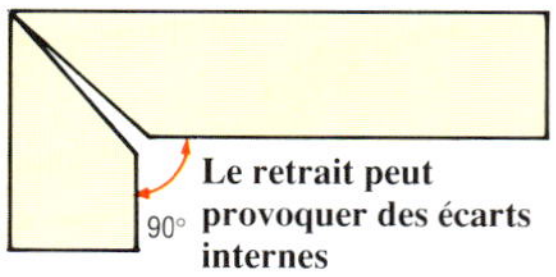

Le retrait peut provoquer des écarts internes

Tailler le joint

Marquez la ligne de coupe au couteau et à l'équerre sur la face ou le chant. La ligne de coupe doit être d'équerre avec la face adjacente à l'onglet. Eliminez le rebut à la scie d'encadreur. Utilisez une boîte à onglet pour plus de précision (1), particulièrement si vous taillez des moulures décoratives sur lesquelles il est difficile de tracer les lignes de coupe. Aplanissez en bout au rabot, sur un banc de rabotage d'onglet (2). Pour les grandes planches, utilisez une cale de rabotage d'onglet (3). En dernier ressort, serrez l'ouvrage dans une presse en utilisant une pièce de rebut, afin d'éviter que le bois ne se fende (4).

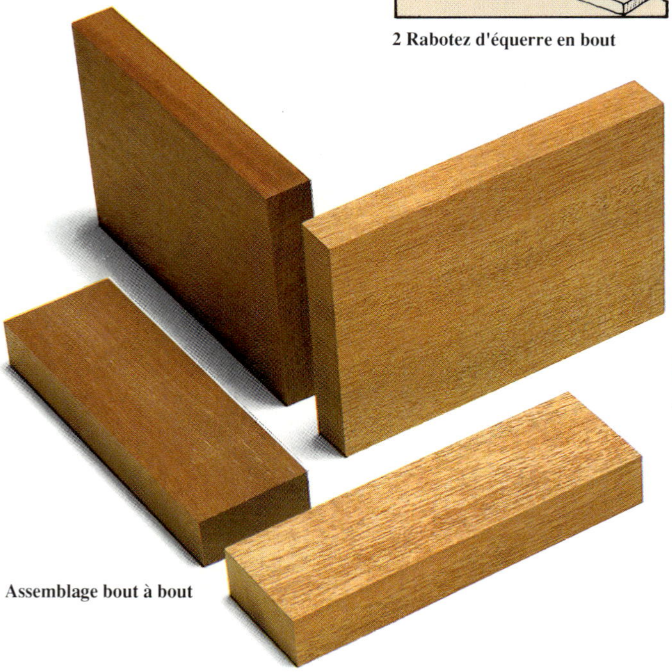

Assemblage bout à bout

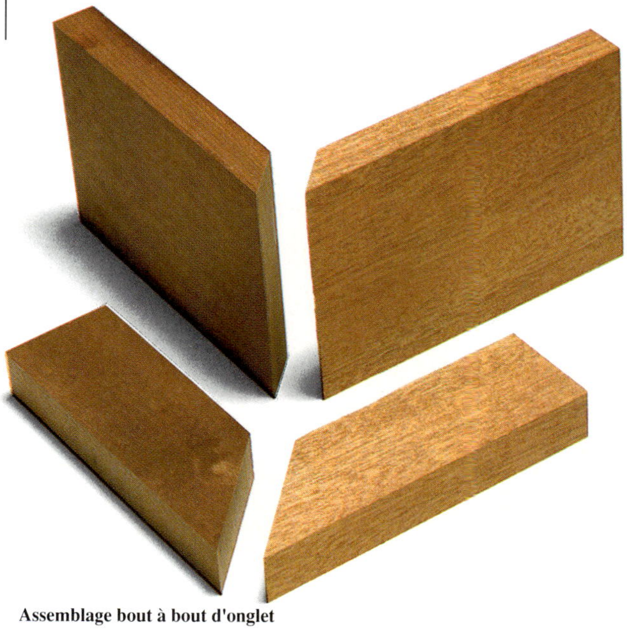

Assemblage bout à bout d'onglet

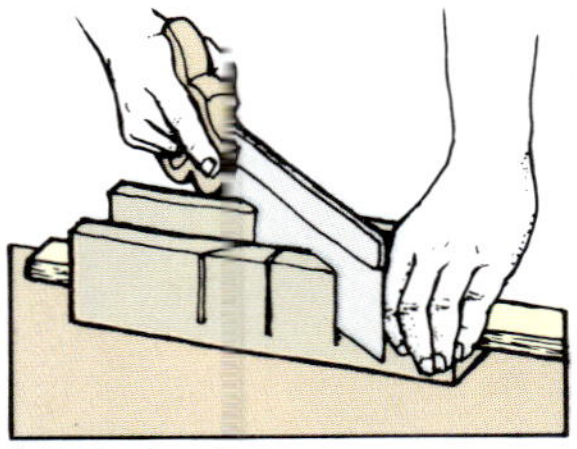

1 Taillez le rebut

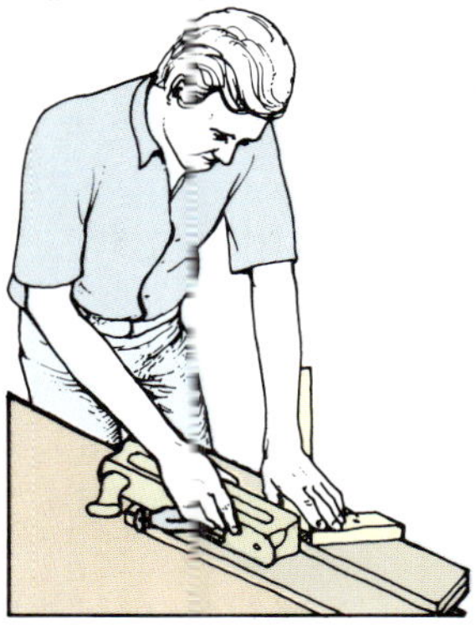

2 Aplanissez en bout

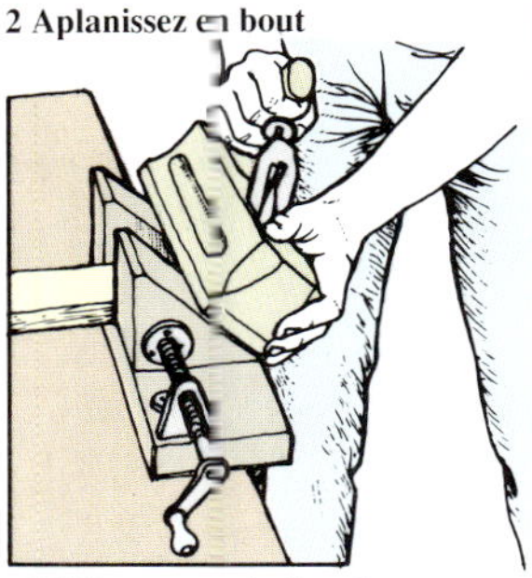

3 Utilisez une cale de rabotage à onglet

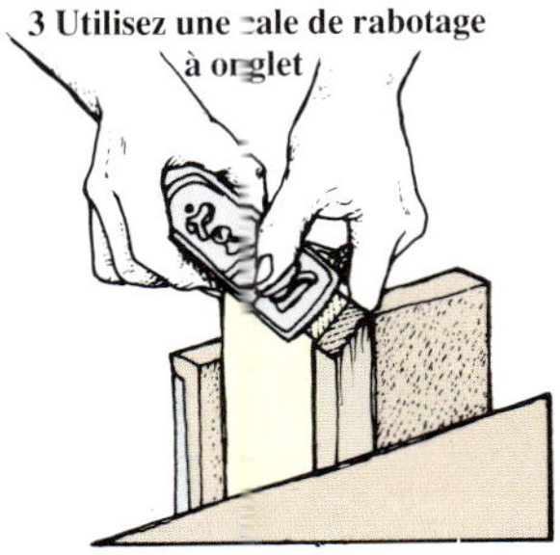

4 Ou utilisez une pièce de rebut comme support

Renforcer un assemblage bout à bout à angle droit
Comme le bout d'une pièce de bois ne colle pas bien, vous aurez souvent besoin de renforcer ce type d'assemblage. Utilisez des clous à tête homme ou collez une cale à l'intérieur de l'angle. Chassez les clous obliquement pour augmenter la résistance. Dans certains cas, clouez les éléments juste après les avoir collés, au lieu de les serrer avec des serre-joints. Si vous utilisez un renfort d'angle triangulaire, ajustez-le dans l'angle avec de la colle et laissez prendre.

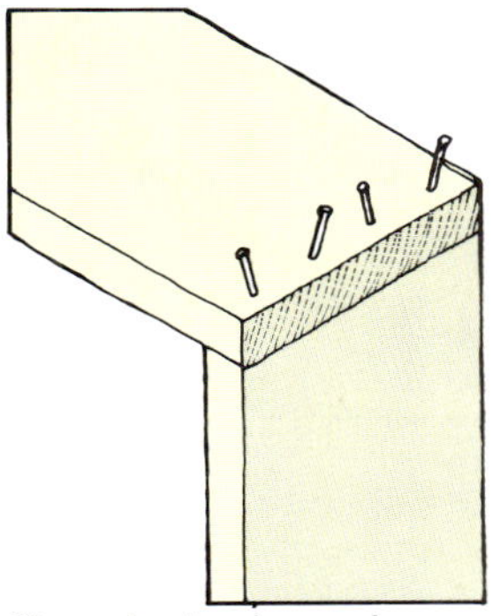

Chassez les clous à un angle

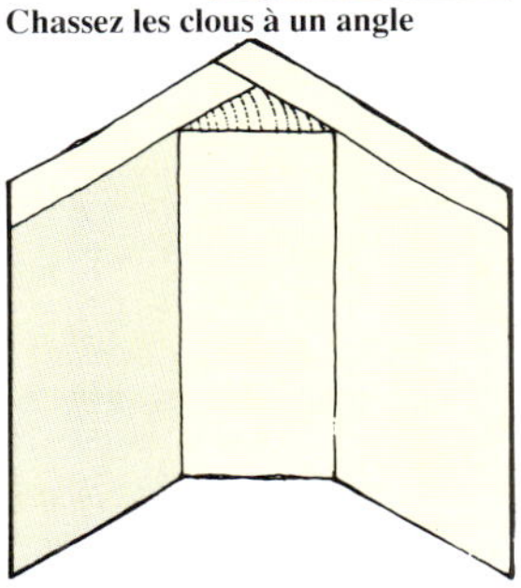

Insérez les cales dans l'angle

RENFORCER UN ASSEMBLAGE BOUT À BOUT D'ONGLET

La meilleure façon de renforcer un assemblage d'onglet est d'abord de le coller, puis de placer les renforcements une fois que la colle est sèche. Utilisez une presse à cadre ou un serre cadre à ruban pour serrer l'assemblage.

Utilisation de clous
Pour le clouage, utilisez des petits clous à tête homme ou des clous très fins selon la taille du joint. Noyez la tête du clou, et camouflez les trous avec un enduit de couleur correspondante.

Utilisation de lamelles
Pour les petits joints, introduisez des petites lamelles de placage ou de contre-plaqué dans des fentes taillées sur le bord extérieur de l'angle. Taillez des fentes obliques pour augmenter la résistance du joint. Collez les lamelles dans les fentes et taillez-les à ras du joint une fois que la colle est sèche. Pour donner un aspect décoratif au joint, renforcez-le avec des lamelles de couleur différente.

Utilisation d'une fausse languette
Pour les joints plus grands, insérez une fausse languette. Ajustez un trusquin à mortaise sur l'épaisseur de la languette, qui doit être en bois massif ou en contre-plaqué, et du tiers de l'épaisseur des pièces du joint ; et tracez les lignes de coupe sur les chants et les bouts. Assurez-vous de bien centrer la rainure.

Placez les éléments du joint dans une presse en positionnant l'épaulement à la verticale. Sciez délicatement les traces de la rainure et terminez l'élimination du rebut au ciseau, en partant des chants vers le milieu. Collez la languette et taillez-la à ras du joint une fois que la colle est sèche. Si vous utilisez une languette de bois massif, le fil doit être transversal.

Renforcement intégral
On peut aussi renforcer l'onglet avec une languette avant de coller le joint. Ce type de joint est plus facile à tailler à la machine mais il peut aussi être taillé à la main.

Taillez une languette large de 12 millimètres dans du contre-plaqué de 3 millimètres ou dans du bois massif au fil transversal. Sciez les rainures correspondantes sur les onglets et évidez le rebut au bouvet ou au ciseau.

Centrez les rainures sur la languette (1). Lorsque le renforcement est en travers de l'onglet, sciez la rainure plus près de l'angle intérieur du joint pour augmenter la résistance (2).

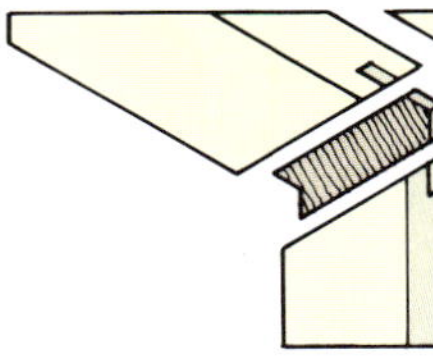

1 Centrez la rainure

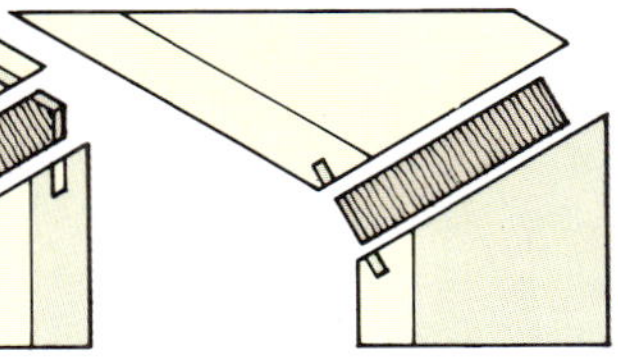

2 Positionnez la rainure près de l'intérieur de l'angle

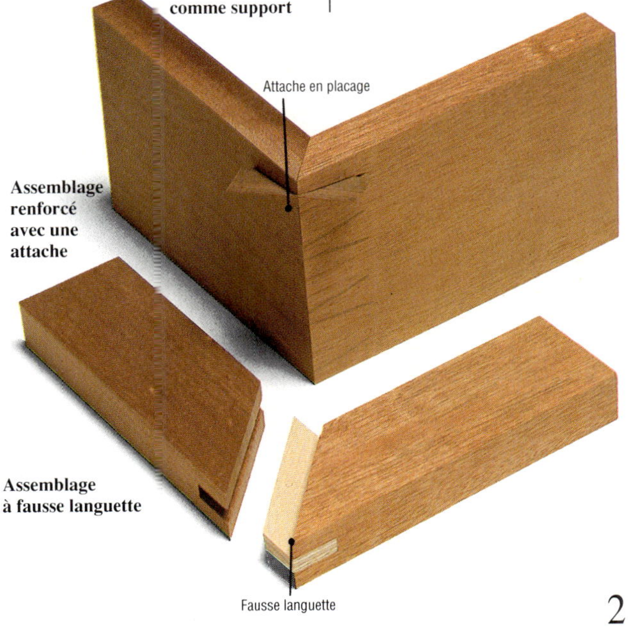

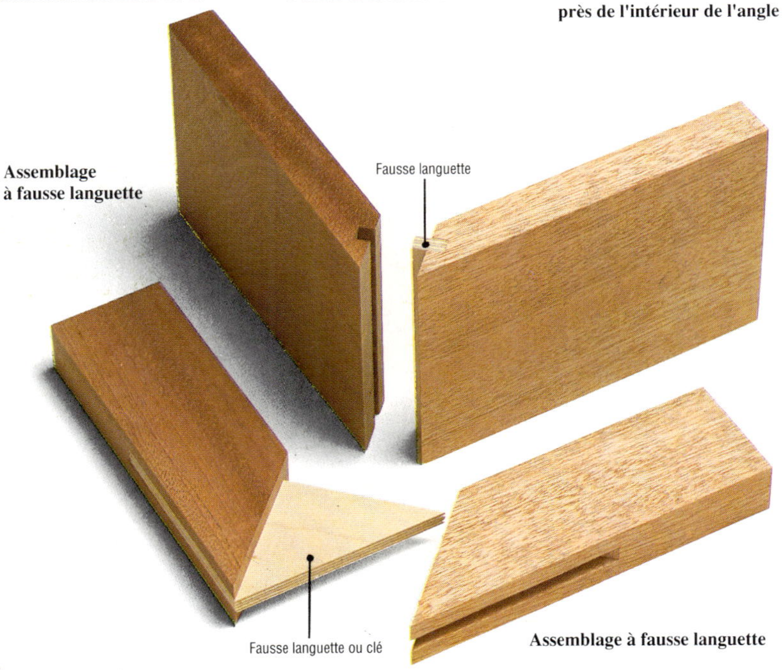

JOINTS À RECOUVREMENT

Le joint à recouvrement simple est un joint de coin utilisé dans la fabrication de meubles et de boîtes simples. Appelé aussi joint à feuillure il est formé par deux pièces de bois, le bout non travaillé de l'une venant reposer contre une feuillure taillée dans l'autre.

VOIR AUSSI

- Outils de mesurage et de traçage 76/79
- Les scies à dos 83
- Les rabots à épaulements 92/93
- Les ciseaux 98/101
- Les défonceuses 140/146
- Les scies circulaires à table 156/162
- Les scies radiales 164/171

JOINT À RECOUVREMENT SIMPLE

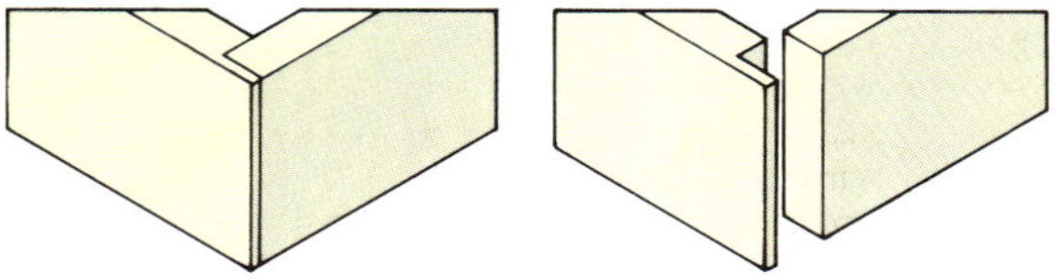

Ce type de joint n'est pas particulièrement résistant et doit être renforcé par des clous ; il est cependant de qualité et d'apparence meilleures que le joint droit.

Tailler le joint

Taillez les pièces de bois aux dimensions voulues. Ajustez un trusquin à tracer sur le tiers ou le quart de l'épaisseur de la pièce à feuillurer. Tracez le trait de sciage sur le bout et les chants en partant du chant de parement (1). Réajustez le trusquin sur l'épaisseur de la pièce qui bute contre la feuillure et tracez le trait de sciage sur la face inférieure (2). Délimitez le rebut au crayon.

Serrez la pièce à feuillurer dans la presse. Sciez le long du trait de sciage jusqu'au trait marquant l'épaulement. Positionnez l'ouvrage sur une cale d'établi et taillez en travers du trait marquant l'épaulement pour éliminer le rebut (3). Aplanissez la feuillure avec un rabot à épaulements.

Appliquez la colle sur les éléments à joindre et renforcez le joint en clouant la feuillure sur l'autre élément.

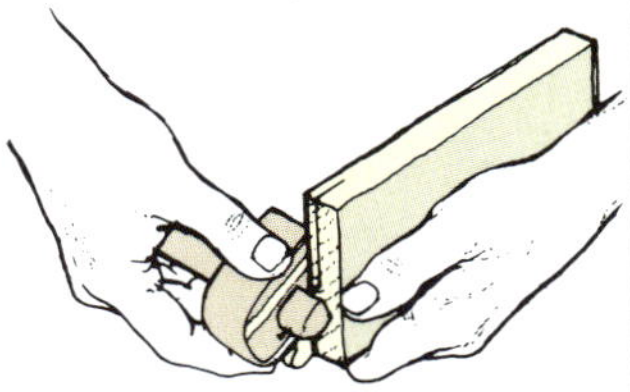

1 Tracez une ligne au trusquin

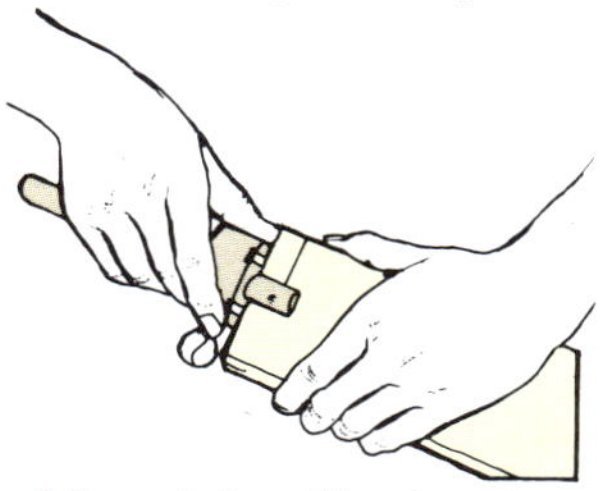

2 Tracez la ligne d'épaulement

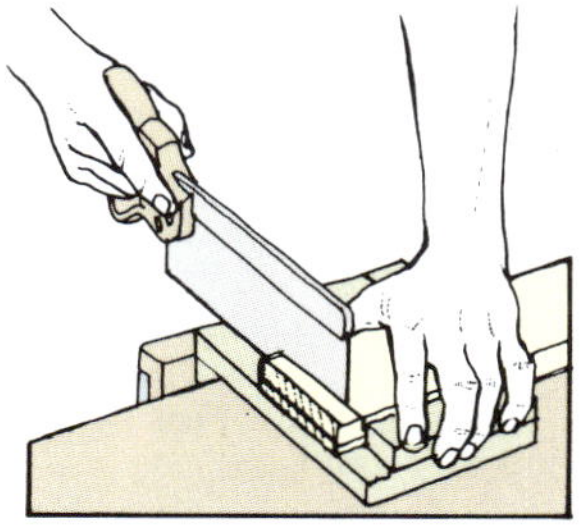

3 Tailler le rebut à la scie

- **Assemblage à sifflet**
  Assemblage à feuillure et d'onglet en un seul joint utilisé pour assembler des pièces de bois bout à bout. Un grand évasement sur chaque élément donne une grande surface de collage. Taillez l'évasement de façon qu'il représente quatre fois l'épaisseur de la pièce de bois.

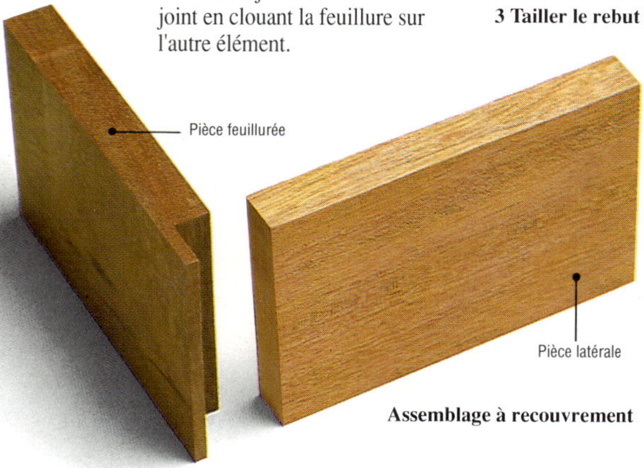

Assemblage à recouvrement

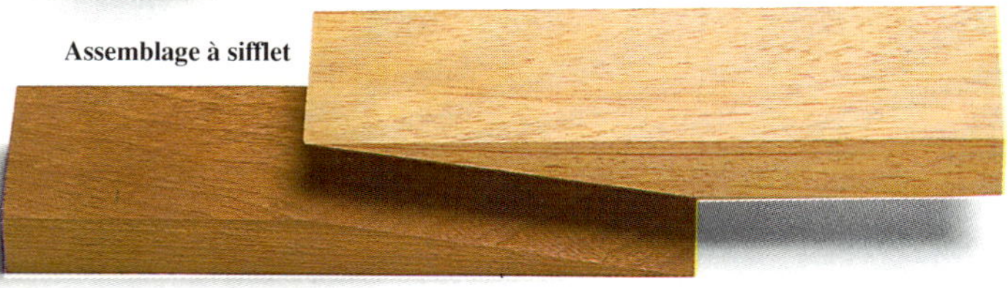

Assemblage à sifflet

JOINT À RECOUVREMENT D'ONGLET

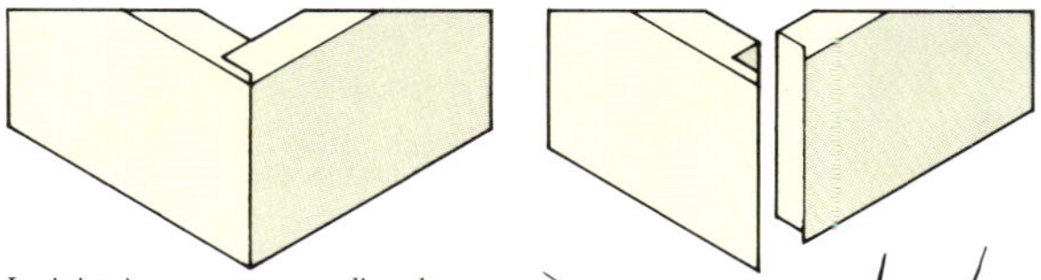

Le joint à recouvrement d'onglet est plus net que le joint à recouvrement simple.

Tailler le joint

Marquez et taillez la feuillure comme décrit précédemment (voir ci-contre). Tracez un onglet à 45 degrés sur les bords de la feuillure (1) et une ligne d'équerre en travers de son intérieur. Rabotez le rebut avec soin jusqu'à la ligne de l'onglet.

Avec le trusquin ajusté sur les mêmes mesures, tracez un épaulement sur l'intérieur et les chants de l'autre élément en commençant sur le bout, puis, en positionnant la semelle du trusquin contre la face de parement, tracez un trait de sciage en travers du bout et des chants jusqu'à l'épaulement. Enfin, tracez un onglet sur chaque chant en partant de la face de parement pour rejoindre le point où le trait de sciage rencontre le trait d'épaulement (2).

Maintenez l'ouvrage à plat sur une cale d'établi et sciez le long du trait de l'épaulement jusqu'à l'onglet. Serrez l'ouvrage dans la presse et sciez le long du trait de sciage. Formez l'onglet avec soin au moyen d'un rabot à épaulements.

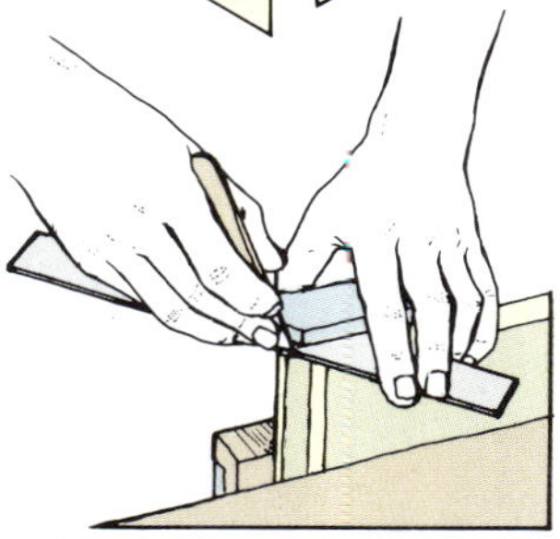

1 Tracez l'onglet de la feuillure

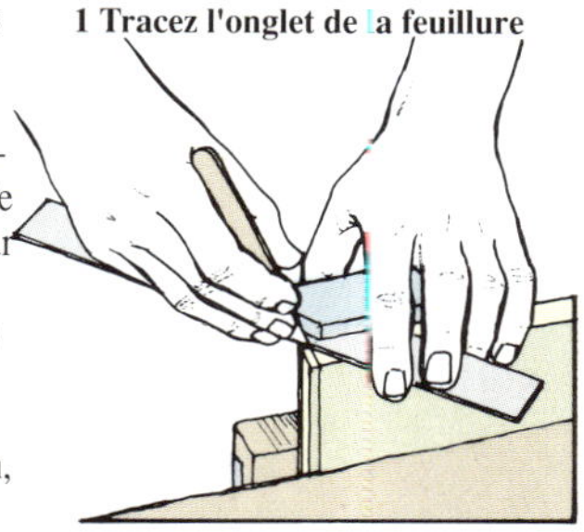

2 Tracez l'onglet du chant

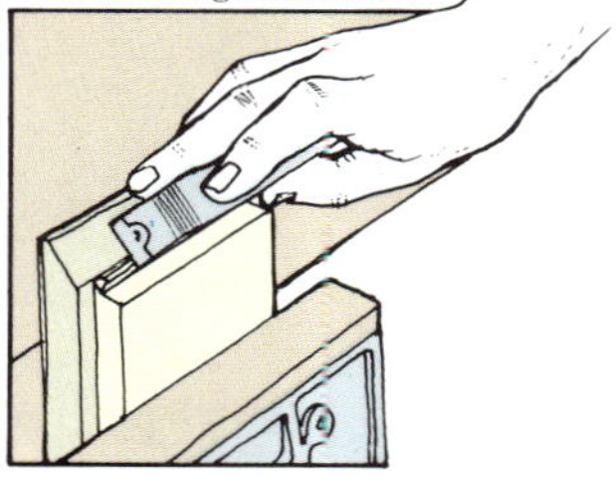

3 Rabotez l'onglet

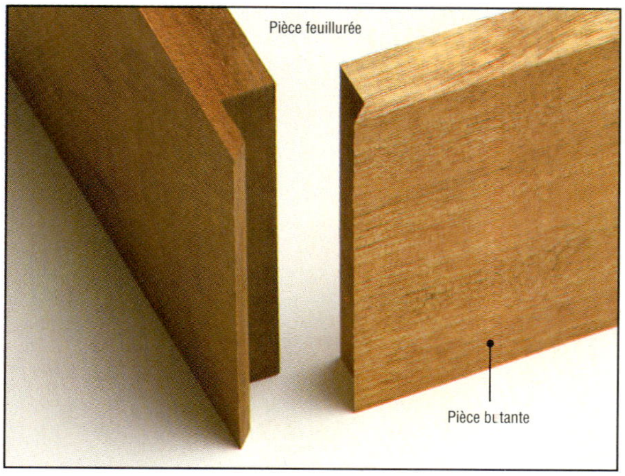

Détail d'un assemblage à recouvrement d'onglet

JOINTS À MI-BOIS

Les joints à mi-bois sont des joints taillés dans deux pièces de bois de même épaisseur, dont on retire la moitié de l'épaisseur. Relativement simples à réaliser, ils sont utilisés dans la fabrication de cadres, là où un élément du joint doit rencontrer l'autre sur le même plan. Ce joint peut être soit taillé à la main avec une scie et un ciseau, soit taillé à la machine. Les méthodes décrites permettent de tailler à la main des variations du joint à mi-bois.

ASSEMBLAGE EN CROIX À MI-BOIS

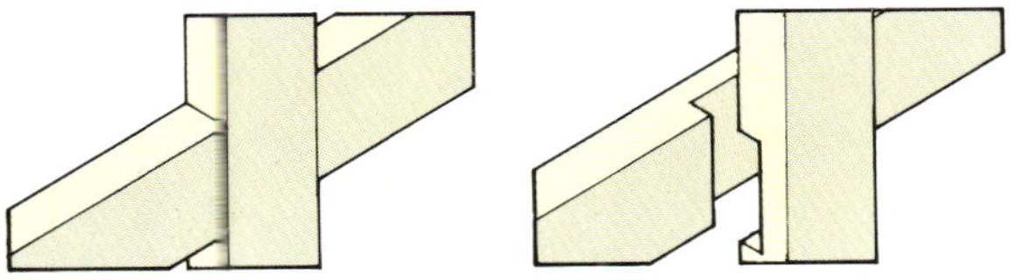

Ce type de joint est idéal pour faire se rencontrer les barreaux horizontaux d'un cadre avec les montants verticaux, comme par exemple pour les divisions d'un meuble à tiroir, ou les croisillons d'une porte ou d'une fenêtre.

Traçage du joint
La pratique courante consiste à faire courir le séparateur sur toute la longueur, bien que cela n'influence en rien la solidité du joint. Tracez la largeur du séparateur sur la traverse (1). Tracez les lignes à angle droit, au moyen d'une équerre et d'un couteau à tracer, sur les faces de celui-ci et prolongez-les sur la moitié des chants (2). Retournez la pièce de bois et suivez le même procédé pour tracer la largeur de la traverse sur la face interne du séparateur.

Ajustez un trusquin à tracer sur la moitié de l'épaisseur du croisillon et tracez une ligne sur le chant entre les deux autres lignes préalablement tracées en faisant reposer le trusquin sur le parement de l'ouvrage (3). Délimitez le rebut.

Tailler le joint
Positionnez l'ouvrage sur une cale d'établi et sciez les épaulements jusqu'à la profondeur délimitée par la trace du trusquin ; travaillez toujours sur le côté intérieur du trait de sciage car un joint trop lâche est laid et peu résistant. Effectuez une ou deux coupes supplémentaires sur le rebut pour en faciliter l'élimination au ciseau (4).

Positionnez l'ouvrage dans une presse et éliminez le rebut au moyen d'un ciseau de taille appropriée ainsi que d'un maillet. Travaillez des bords vers le milieu, en inclinant légèrement le ciseau vers le haut (5). Retournez l'ouvrage pour travailler l'autre côté. Une fois la plus grande partie du rebut éliminée, égalisez bien l'encoche. Utilisez le ciseau verticalement pour couper les fibres de bois restant à la base de l'épaulement. Vérifiez les angles avec le côté du ciseau.

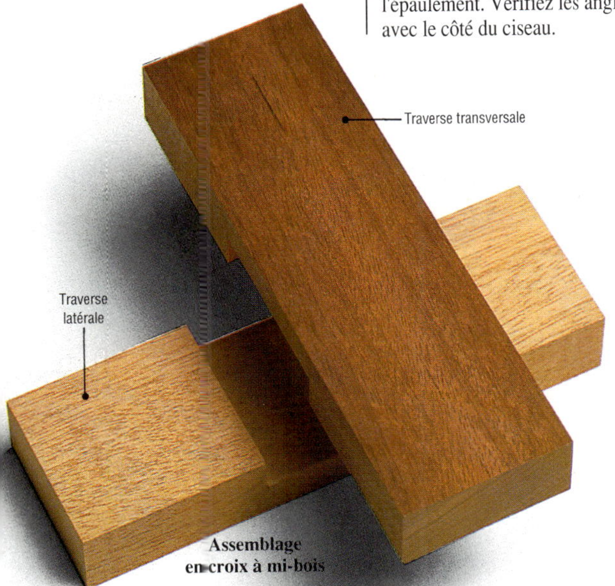

Assemblage en croix à mi-bois

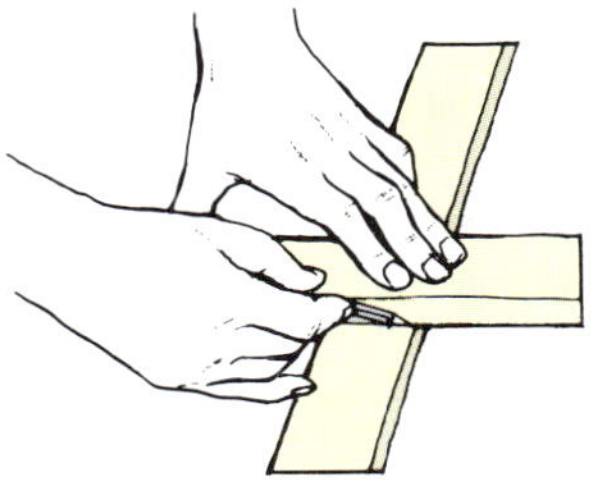

1 Tracer la largeur de la traverse

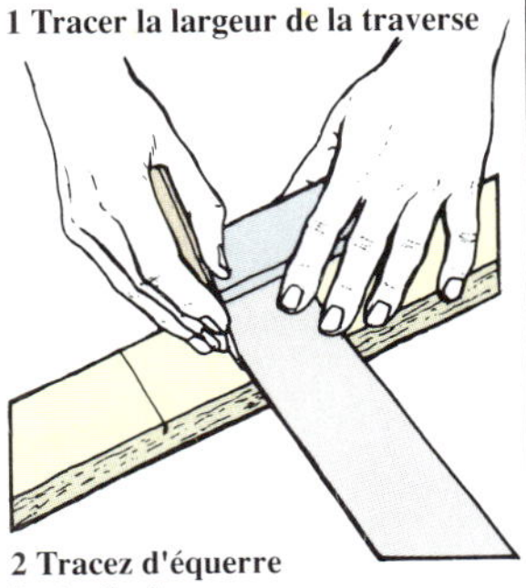

2 Tracez d'équerre les traits de coupe

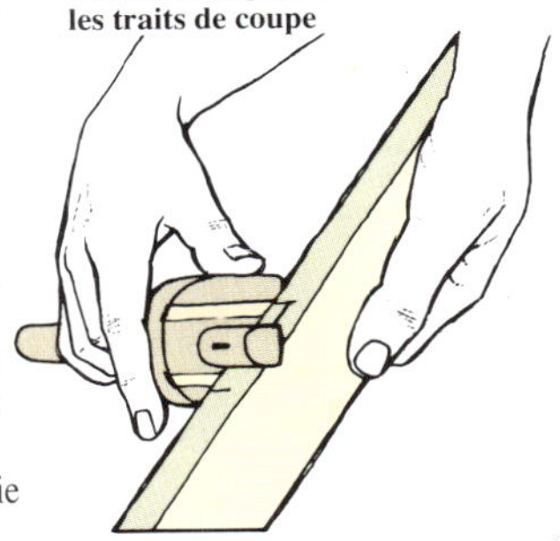

3 Tracez les chants au moyen d'un trusquin

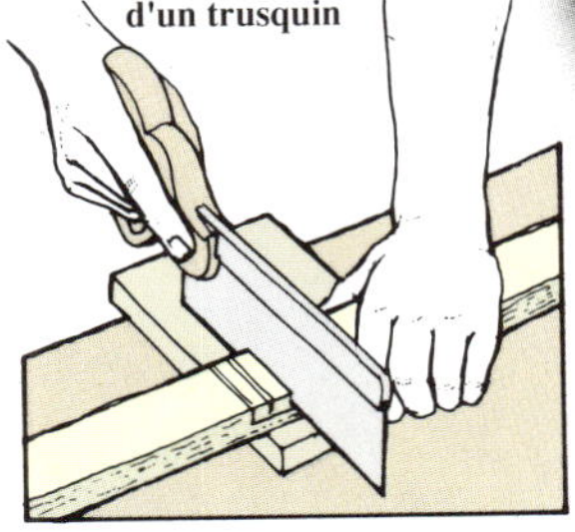

4 Sciez en travers du rebut

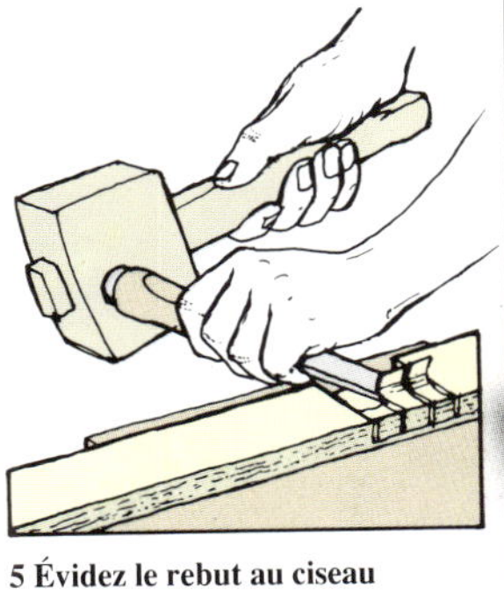

5 Évidez le rebut au ciseau

ASSEMBLAGE D'ANGLE À MI-BOIS

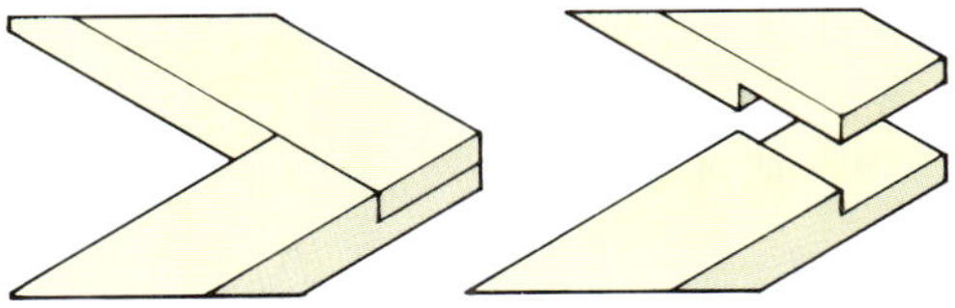

Ces joints sont simples à tailler, mais leur résistance dépend de l'adhésif utilisé et il faut parfois les consolider au moyen de vis ou de goujons. L'assemblage d'angle à onglet est une variante plus sophistiquée, mais sa faible surface de collage le rend peu résistant.

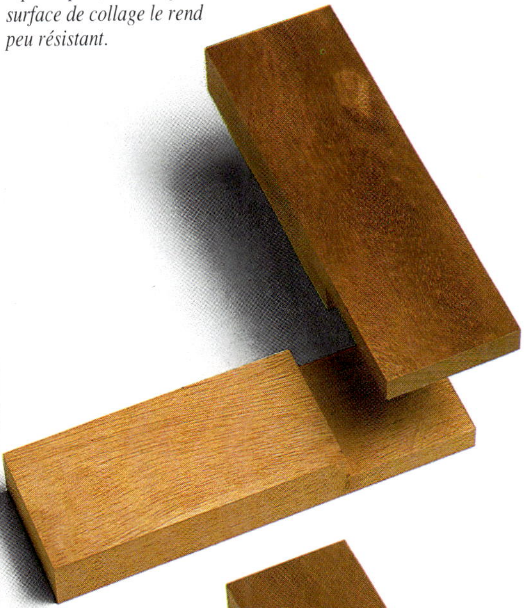

Assemblage d'angle à mi-bois

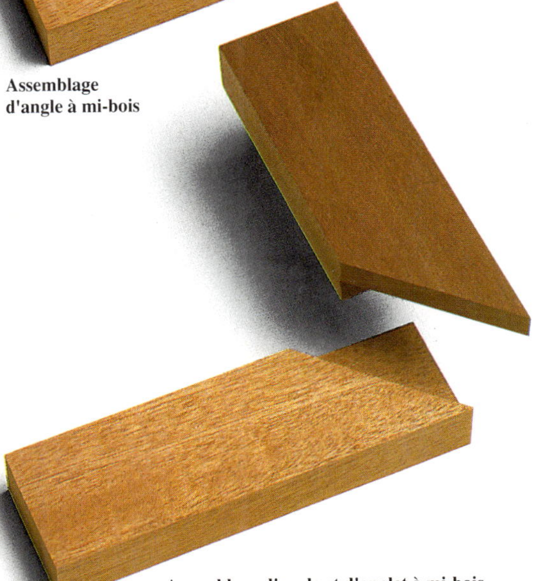

Assemblage d'angle et d'onglet à mi-bois

PETITS BOIS ASSEMBLÉS À MI-BOIS

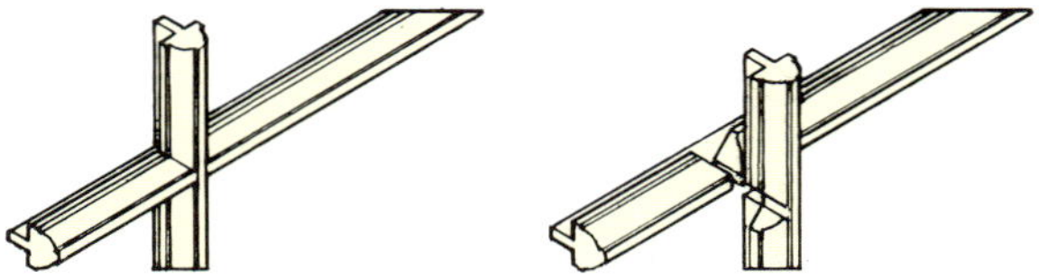

On taille les joints à mi-bois des petits bois de la même façon qu'un joint à mi-bois traditionnel. Cependant, le travail est généralement compliqué par la présence des moulures.

VOIR AUSSI

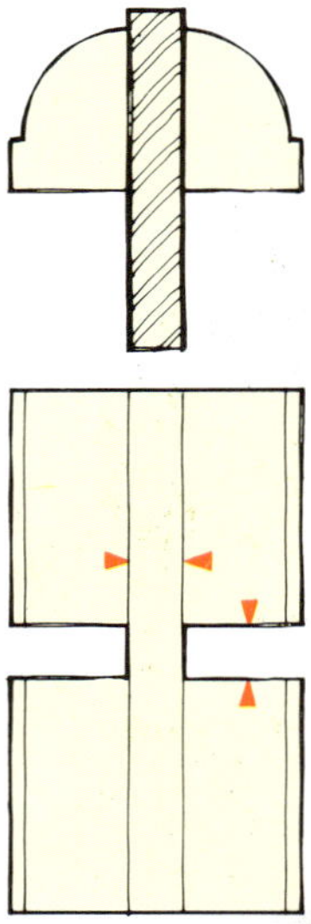

1 Largeur de la découpe
Effectuez la découpe de la même largeur que la face supérieure.

Tailler le joint

Découpez les moulures de chaque côté du joint après avoir tracé sa position. Taillez à une profondeur égale à la face supérieure de la moulure. La largeur de la découpe doit être équivalente à la face supérieure (1). Comme il est difficile de tracer sur les contours de la moulure, aidez-vous d'une boîte à onglet pour effectuer la découpe (2).

Fabriquez une cale à onglet à 45 degrés pour désépaissir la moulure. Bridez la cale à l'ouvrage et égalisez les coins de la moulure au moyen d'un ciseau (3).

Taillez enfin le joint à mi-bois dans la partie restante du croisillon. La profondeur de la découpe doit être à niveau avec la feuillure formée par la moulure.

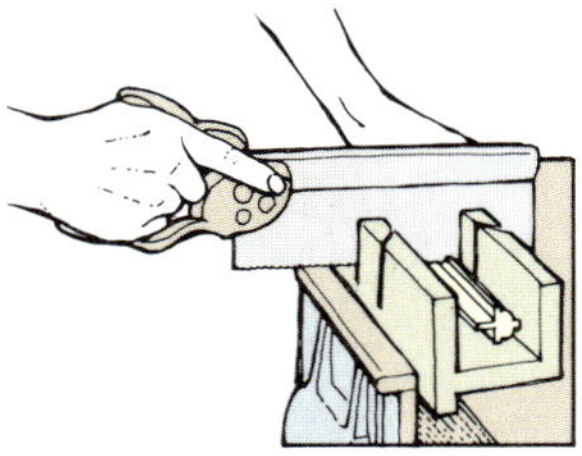

2 Utilisez une boîte à onglet

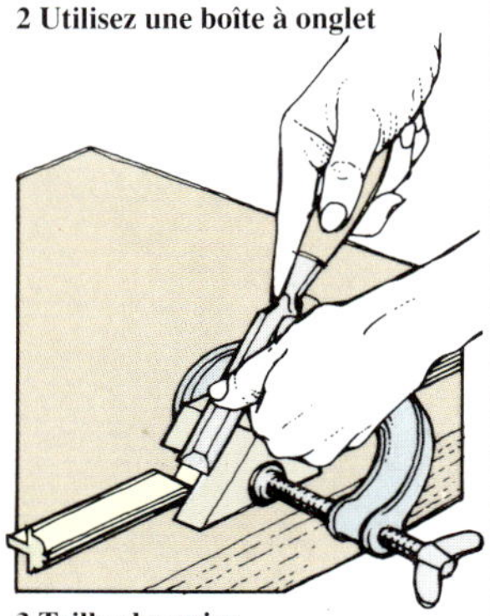

3 Taillez les coins

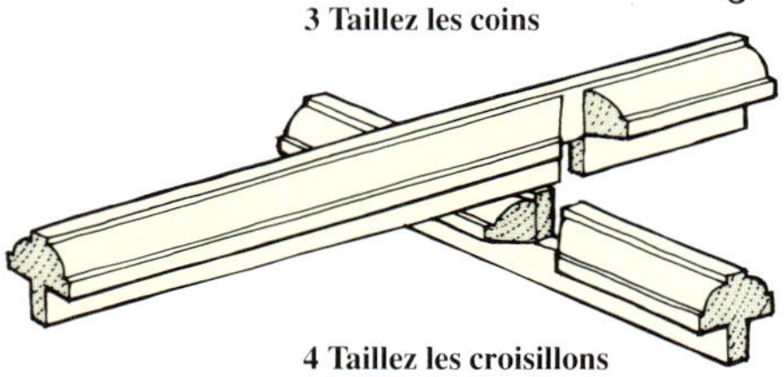

4 Taillez les croisillons à mi-bois

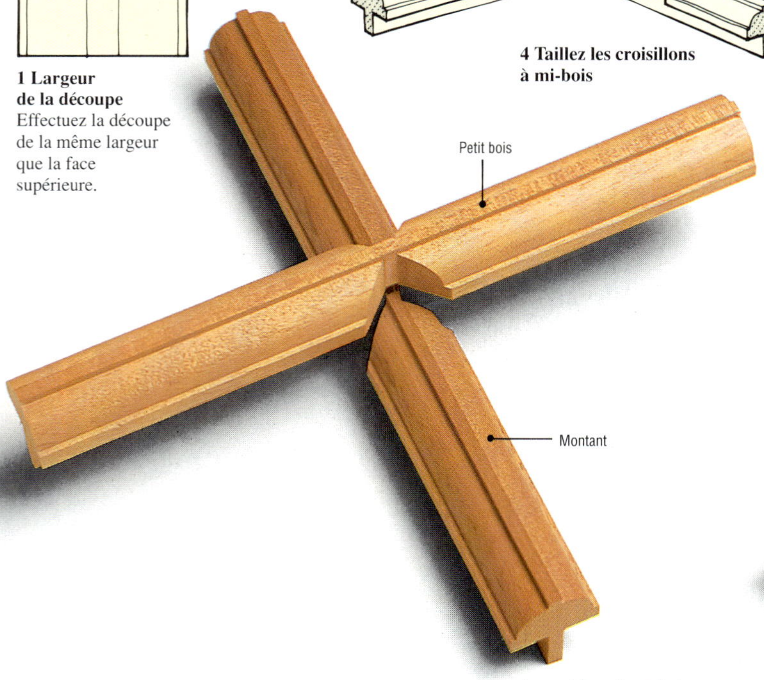

Assemblage à mi-bois pour croisillons

ASSEMBLAGE À MI-BOIS OBLIQUE

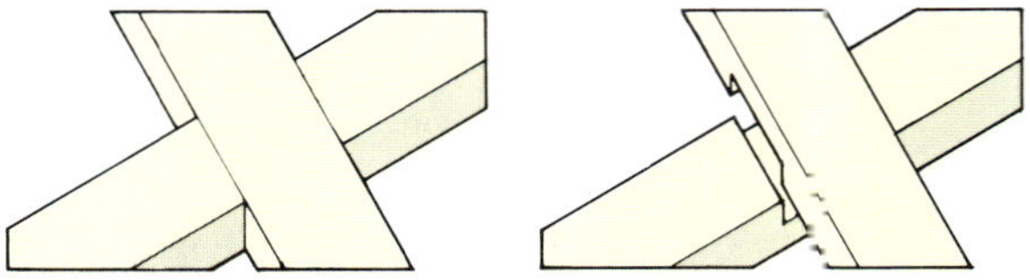

L'assemblage à mi-bois oblique est taillé de la même façon que l'assemblage à mi-bois traditionnel à ceci près que les découpes sont effectuées selon un angle donné. La principale différence d'exécution réside dans le traçage des épaulements.

Tracer le joint

Tracer un angle à 45 degrés est très facile lorsque vous utilisez une équerre à onglet. Pour n'importe quel autre angle, il faut utiliser une fausse équerre ainsi qu'un rapporteur ou reproduire un dessin extrêmement précis.

Tracez un des épaulements sur la face de l'élément inférieur de l'assemblage ; placez l'élément supérieur sur la ligne et tracez la largeur (1). Tracez le deuxième épaulement, prolongez les deux lignes sur la moitié du chant et joignez-les au moyen d'un trusquin ajusté sur la moitié de l'épaisseur du bois.

Positionnez l'élément supérieur face vers le haut et tracez la largeur de l'élément inférieur sur chacun de ses chants (2). Tracez la ligne de coupe sur la face inférieure au moyen d'une équerre à onglet ou d'une fausse équerre.

Tailler le joint

Découpez à la scie et au ciseau comme pour un joint à mi-bois traditionnel, en faisant attention de bien respecter les angles.

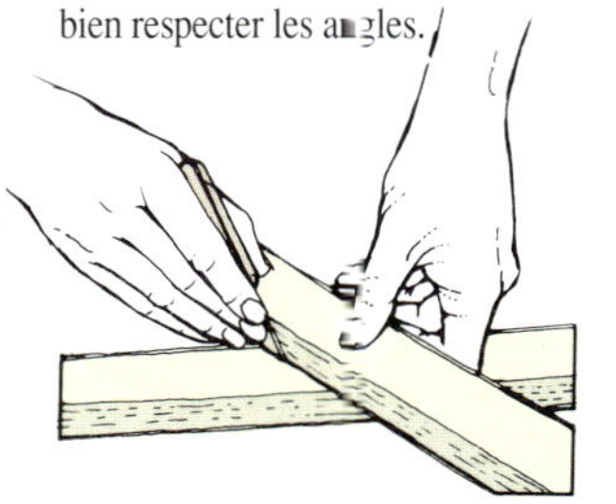

1 Tracez l'épaisseur de l'élément supérieur

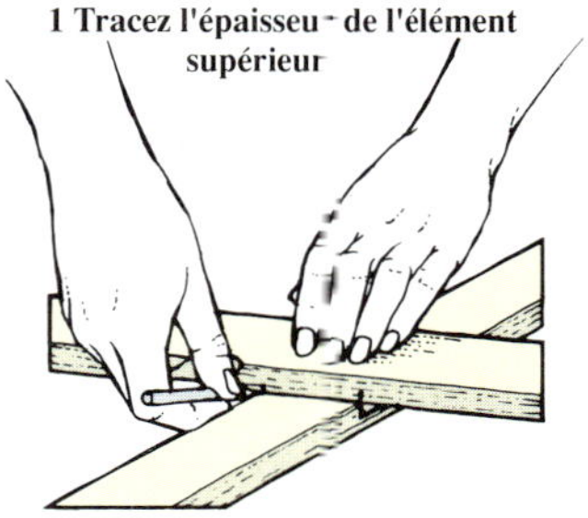

2 Tracez l'épaisseur de l'élément inférieur

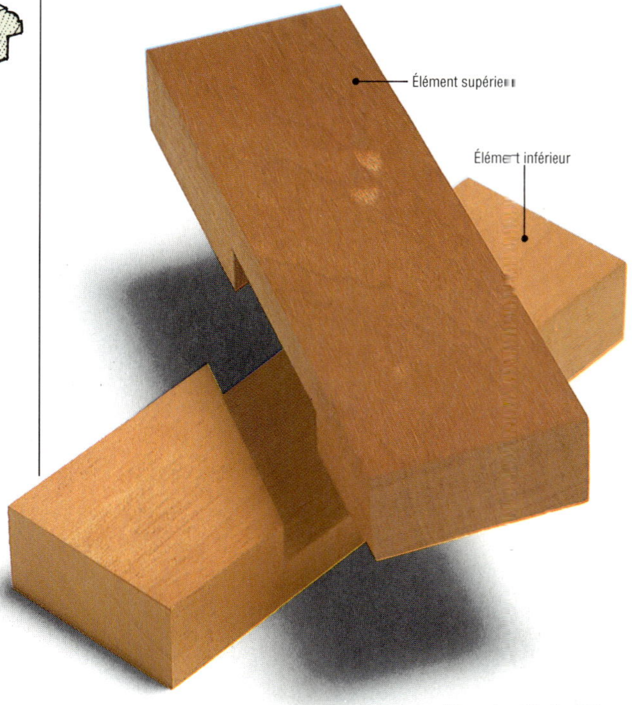

Assemblage à mi-bois oblique

ASSEMBLAGE À MI-BOIS EN « T »

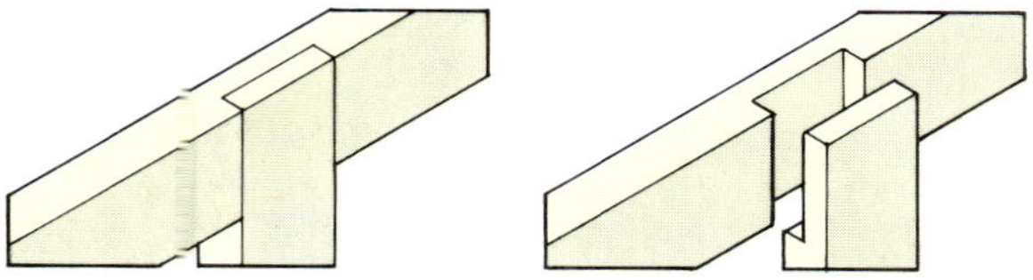

Cet assemblage à cadre relativement solide s'emploie lorsqu'un élément du joint rencontre l'autre à ras de son chant.

Tracer le joint

Après avoir tracé la ligne de coupe sur la barre horizontale du « T » comme pour un joint à mi-bois normal, taillez le bout de la barre verticale à angle droit et tracez la largeur de la barre horizontale sur sa face intérieure. Prolongez la ligne sur les chants et sur le bout (1).

Tailler le joint

Sciez et éliminez le rebut de la barre horizontale (2). Sciez ensuite le long du trait de sciage et de l'épaulement de la barre verticale et éliminez le reste du rebut au ciseau (3).

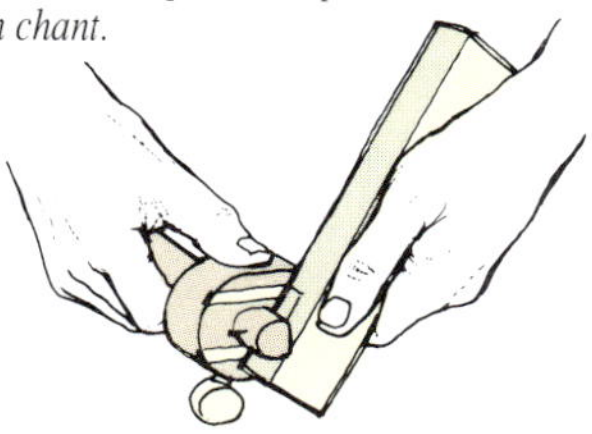

1 Tracez les chants en bout

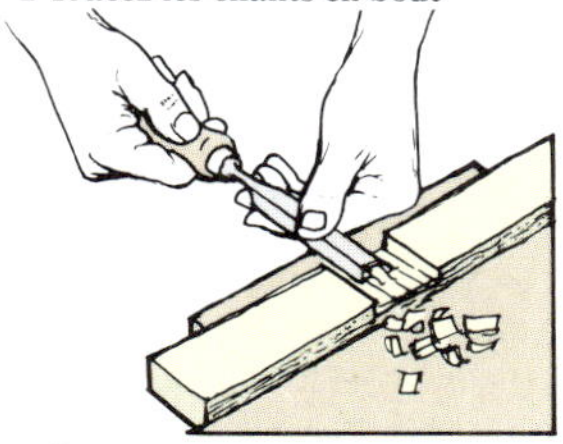

2 Évidez le rebut au ciseau

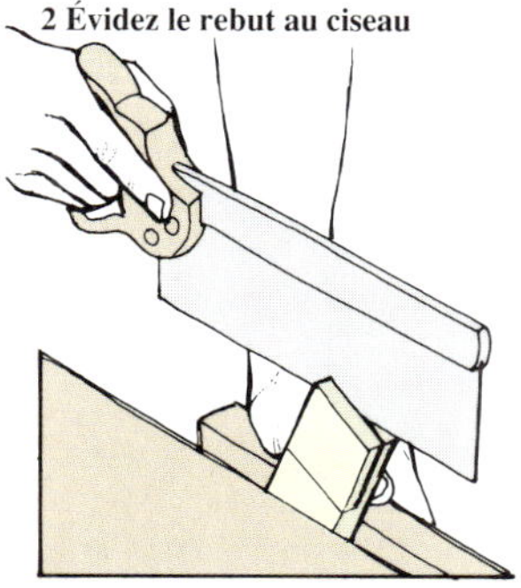

3 Sciez le long de la ligne de coupe

ASSEMBLAGE À MI-BOIS À QUEUE D'ARONDE

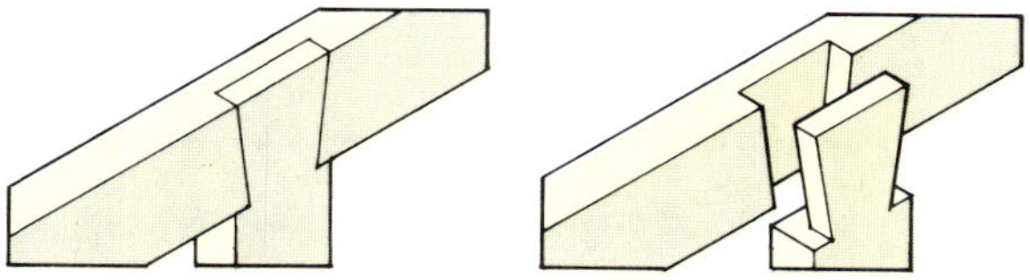

L'assemblage à mi-bois à queue d'aronde est identique à l'assemblage à mi-bois en « T », mais il est plus solide et résiste mieux à une force de traction.

Tracer et tailler le joint

Commencez par découper la barre verticale qui forme la queue d'aronde. Tracez et taillez la feuillure de l'élément horizontal comme pour un joint en « T ». Tracez l'inclinaison de la queue d'aronde avec un gabarit (1) ou avec une règle. Sciez ou éliminez au ciseau le rebut selon la taille de la pièce de bois (2).

Positionnez la queue d'aronde sur l'élément horizontal et tracez sa forme sur la face (3). Prolongez les lignes sur les chants et rejoignez-les avec un trusquin. Sciez et éliminez le rebut au ciseau.

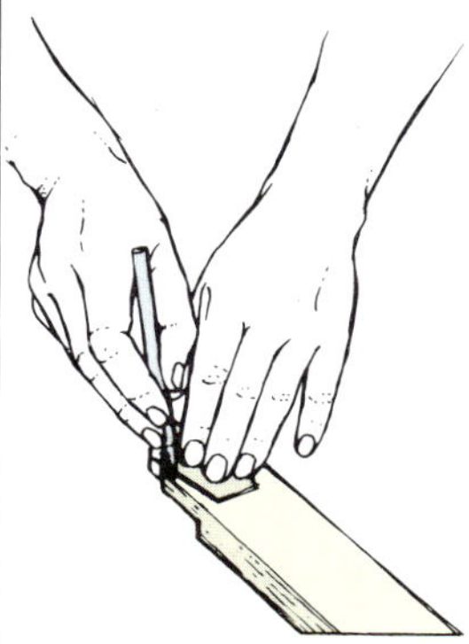

1 Tracez l'inclinaison de la queue d'aronde

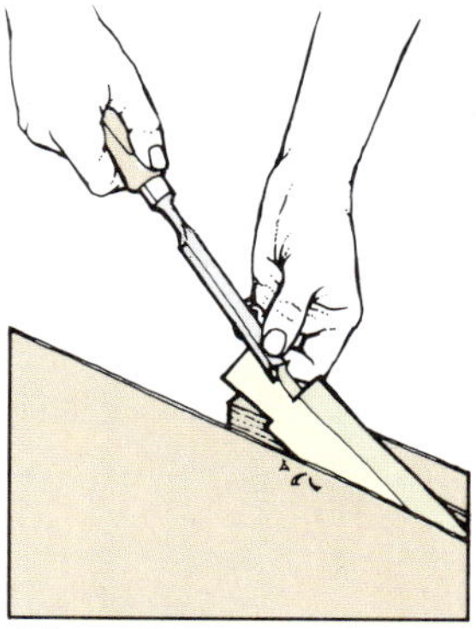

2 Coupez le rebut

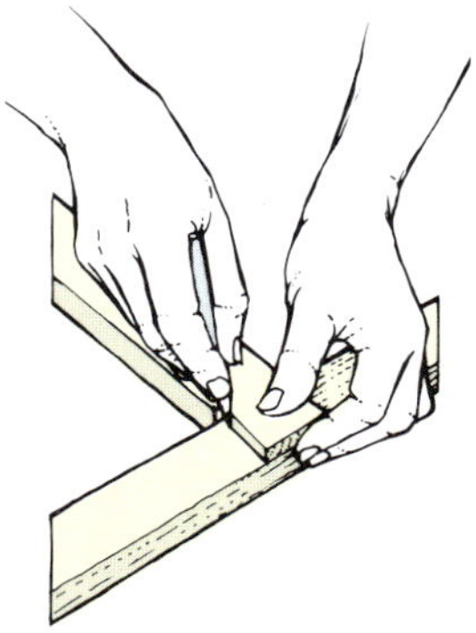

3 Dessinez autour de la forme

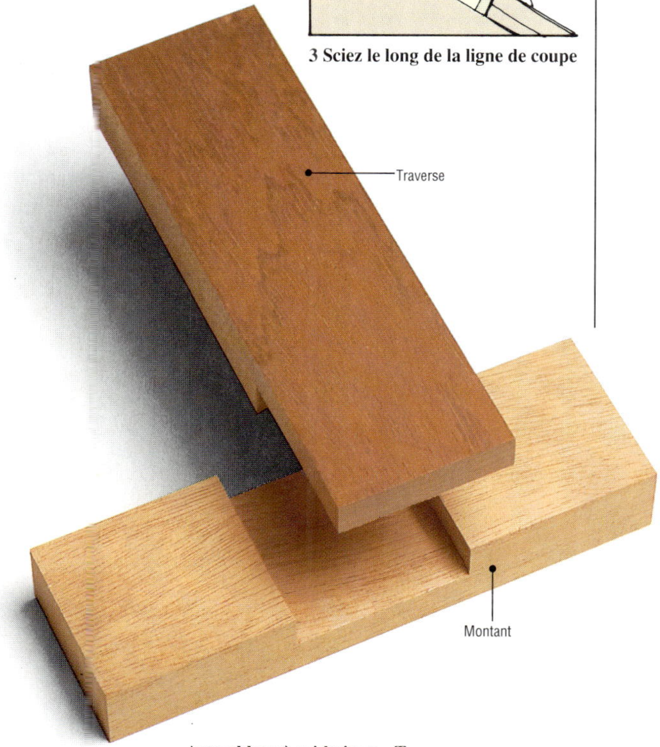

Assemblage à mi-bois en « T »

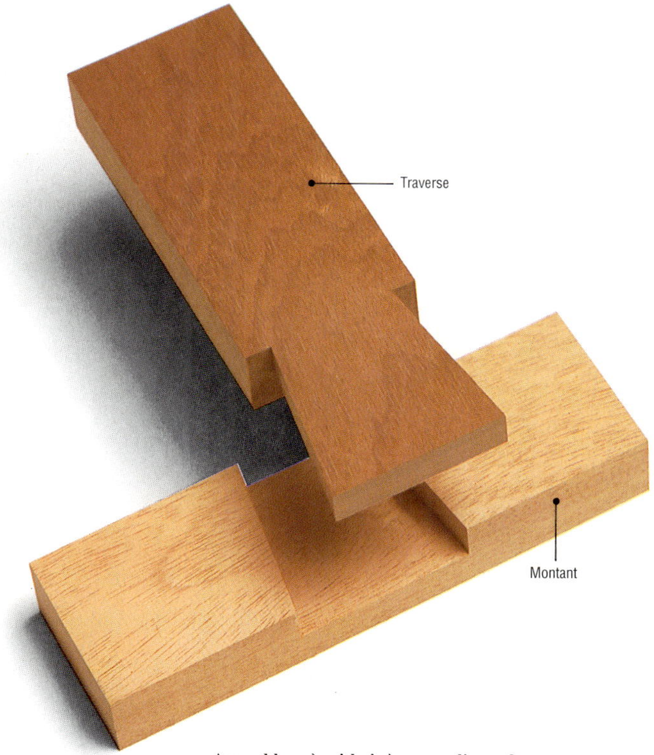

Assemblage à mi-bois à queue d'aronde

ASSEMBLAGE CHANT SUR CHANT

Ce type d'assemblage s'emploie pour joindre des planches relativement étroites afin de former un grand panneau qui servira de plateau de table ou de paroi de meuble. Les chants peuvent être simples ou façonnés. Le façonnement des chants sert à augmenter la surface de collage et à permettre un bon emboîtement facilitant le collage. La résistance de l'assemblage dépend de l'adhésif employé. Les adhésifs modernes sont extrêmement puissants et, si les chants mitoyens sont convenablement taillés, même le simple assemblage chant sur chant est plus solide que le bois lui-même.

VOIR AUSSI

La transformation du bois	12
Les outils de mesurage et de traçage	76/79
Les rabots	88/97
Les serre-joints	120/122
Les défonceuses	143/146
Les scies circulaires à table	161
Dégauchissage	184

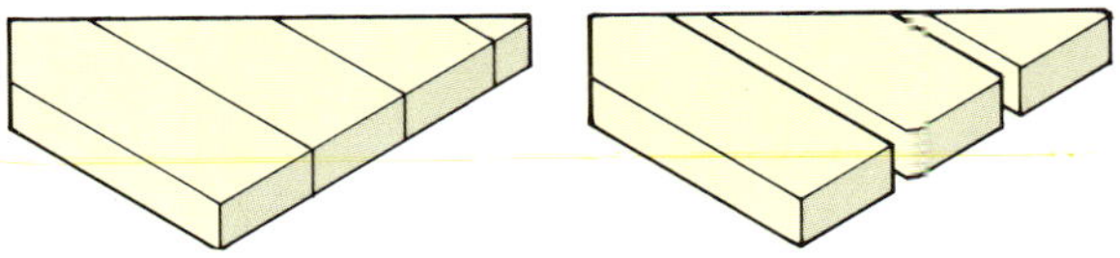

PRÉPARER LE BOIS

Commencez par aplanir les planches à l'épaisseur voulue. Si possible, utilisez des planches débitées sur quartier, car elles sont plus stables que les planches débitées en sciage simple.

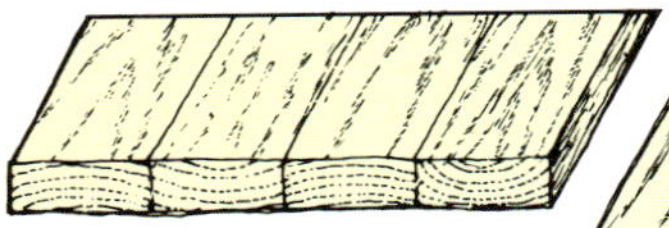

1 Alternez les cernes de croissance

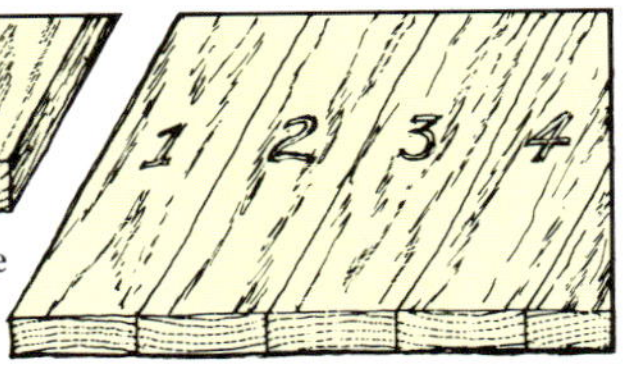

2 Numérotez clairement chaque planche

Sélection et agencement des planches
Si vous n'avez pas le choix ou si vous utilisez des planches débitées en sciage simple pour leur dessin, sélectionnez les planches de façon que leurs cernes de croissance soient alternés (1). Sélectionnez aussi les planches pour leurs couleurs et positionnez-les de façon que leur fil soit dans la même direction, sinon le nettoyage final de la surface du panneau sera plus difficile. Numérotez chaque planche sur la face de parement (2) et travaillez en préservant le sens des chiffres.

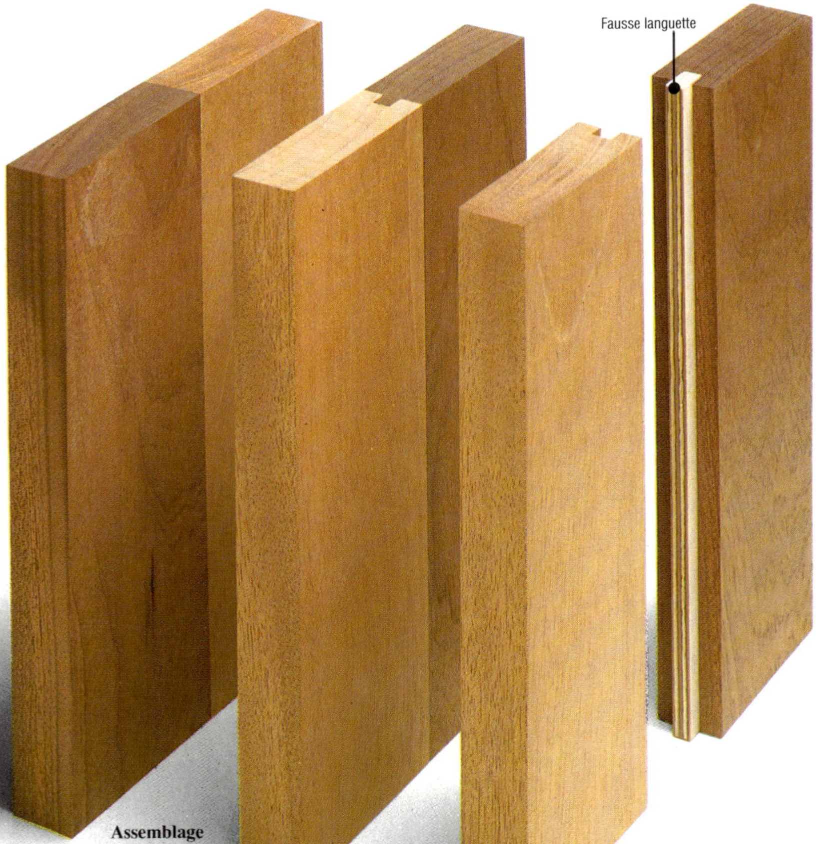

Assemblage chant sur chant collé

Assemblage chant sur chant à rainure et languette

Assemblage chant sur chant à rainure et fausse languette

ASSEMBLAGE CHANT SUR CHANT À PLAT JOINT

Lorsque vous assemblez deux planches, il est courant d'aplanir les chants mitoyens à angle droit de la face de parement.

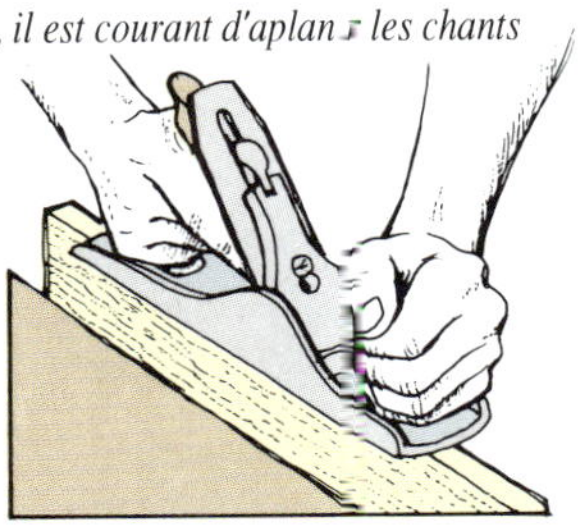

1 Rabotez le chant d'équerre

Vérifier l'équerrage
Utilisez une varlope ou le plus long rabot que vous possédiez pour aplanir chaque chant d'équerre (1). Vérifiez régulièrement l'équerrage de chaque chant au moyen d'une équerre. Vérifiez la rectitude du chant au moyen d'une limande (2).

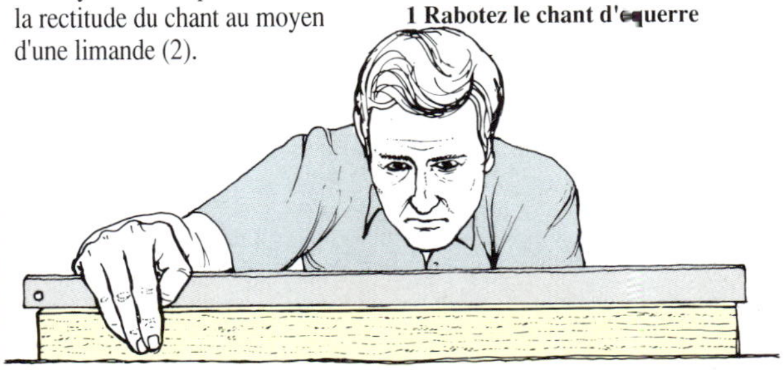

2 Vérifiez la planitude du chant

Planches irrégulières
Si les planches sont serrées entre elles au moyen d'un serre-joints, un léger creux est acceptable, mais les planches doivent être parfaitement planes si elles sont juste collées.

Les chants légèrement concaves (1) peuvent être serrés car la pression exercée sur leur extrémité sera éliminée par le retrait du bois et empêchera leur éclatement. Les chants convexes (2) sont inacceptables car la pression exercée sur leurs extrémités aura tendance à favoriser l'éclatement du bois.

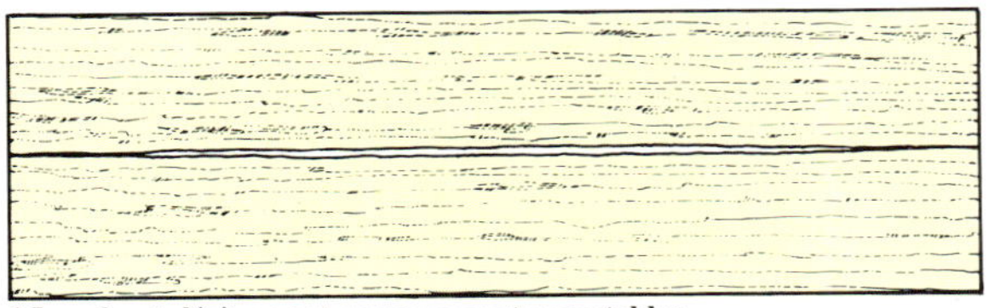

1 Les chants légèrement concaves sont acceptables

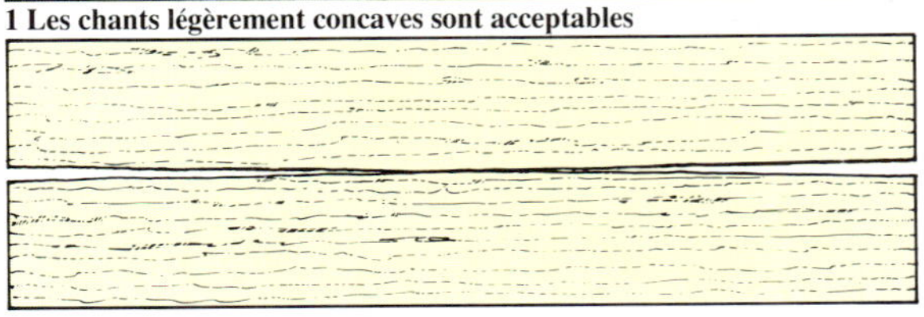

2 Les chants convexes sont inacceptables

SERRER LES ASSEMBLAGES CHANT SUR CHANT

Avant de les coller, vérifiez l'ajustage des planches en les serrant au moyen de serre-joints. Cela présente aussi l'avantage de préajuster les serre-joints avant le collage qui doit être opéré le plus rapidement possible.

Le nombre de serre-joints dépend de la taille de l'ouvrage, mais il en faut généralement un minimum de trois. Placez une pièce de rebut entre le sabot et le chant de l'ouvrage afin d'éviter d'endommager celui-ci. Positionnez l'ouvrage sur des tasseaux placés sur l'établi.

Collage

Appliquez une fine couche de colle sur les chants mitoyens. Positionnez les serre-joints sur les extrémités à peu près à un quart de la longueur de l'ouvrage (1). Evitez tout contact avec la surface de l'ouvrage afin de ne pas risquer une réaction négative avec la colle. Si besoin est, ajustez toutes les planches à ras au moyen d'une cale et d'un marteau (2).

Retournez l'ouvrage et positionnez un serre-joints sur son milieu (3). Ce serre-joints sert non seulement à lier les planches entre elles, mais empêche aussi que l'ouvrage ne se cintre.

Essuyez l'excès de colle qui déborde entre les chants. Laissez l'ouvrage dans les serre-joints jusqu'à ce que la colle ait complètement pris. Si vous devez dégager l'établi, vous pouvez laisser sécher l'ouvrage en l'appuyant contre un mur, mais assurez-vous de le poser à niveau afin d'éviter toute distorsion.

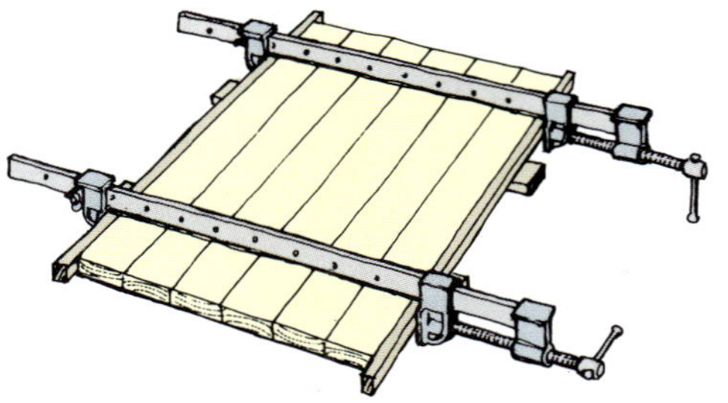

1 Posez les serre-joints en travers du dessus

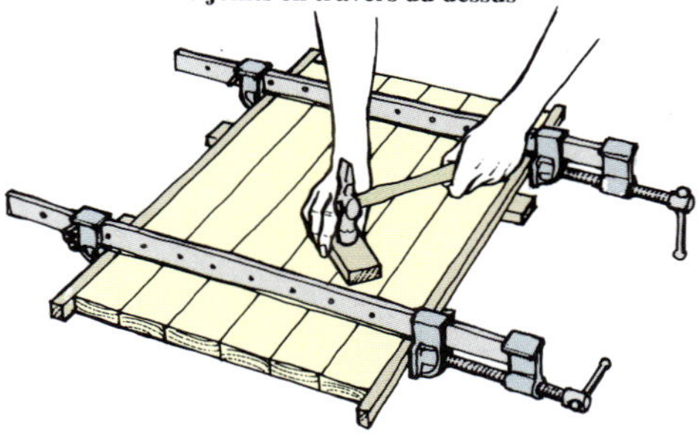

2 Frappez les planches de façon qu'elles soient bien à ras

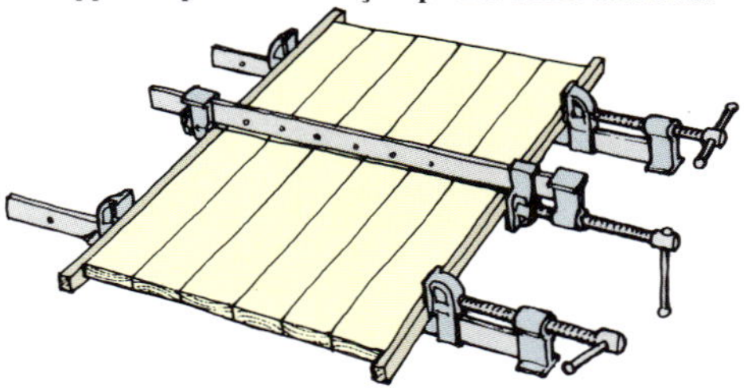

3 Retournez l'ouvrage et serrez-le

Raboter les planches

Il n'est pas facile de raboter d'équerre des planches une par une. Une méthode pour faciliter ce travail consiste à raboter les chants deux par deux. Positionnez deux planches à même niveau dans une presse, dos à dos et faces de parement vers l'extérieur (3). Rabotez les chants d'équerre; si ceux-ci ne sont pas parfaitement d'équerre, les planches tiendront tout de même ensemble et produiront une surface plane (4).

Lorsque vous assemblez chant sur chant trois planches ou plus, les planches intérieures doivent avoir leurs deux chants rabotés. En utilisant la méthode dos à dos pour aplanir les chants, positionnez les deux premières planches dans la presse et rabotez les chants. Retirez la première planche, pivotez la seconde et positionnez-la dos à dos avec la troisième. Rabotez ainsi toutes les planches deux par deux (5).

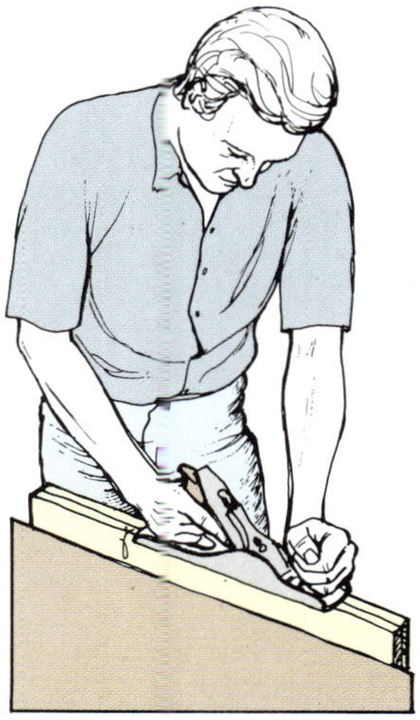

3 Installez les planches dos à dos

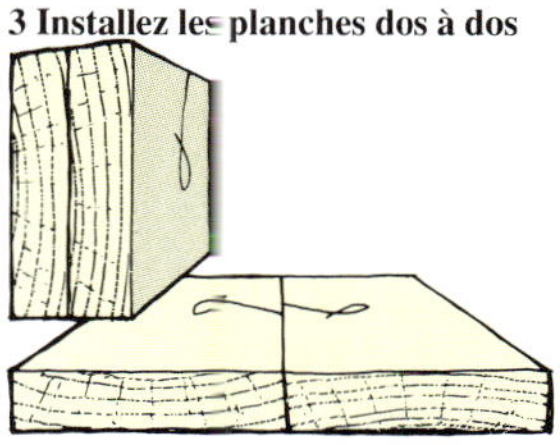

4 Ajustez les chants

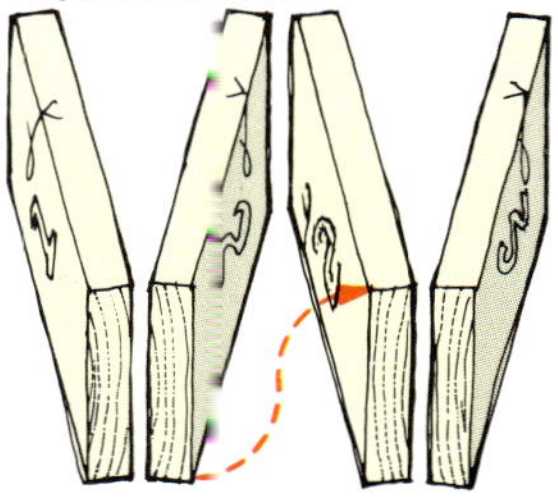

5 Faites pivoter chaque planche l'une après l'autre

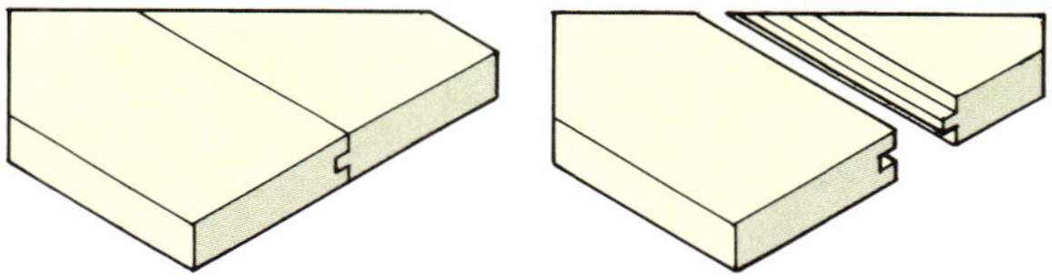

JOINT À RAINURE ET LANGUETTE

Le meilleur outil pour tailler un joint à rainure et languette est un bouvet à combinaisons. Commencez par tailler la languette en utilisant un couteau à languette.

Taillez la languette

Positionnez l'ouvrage dans la presse, face de parement vers vous. Ajustez le guide du bouvet de façon que la languette soit bien centrée sur le chant (1). Vous pouvez vérifier le centrage en effectuant une légère marque, puis en retournant le rabot et en positionnant le guide sur l'autre face; si la lame s'aligne sur la marque, le centrage est correct. Ajustez la profondeur de coupe et taillez la languette en commençant par l'extrémité éloignée (2).

Tailler la rainure

Pour tailler la rainure, installez sur le bouvet, un couteau à rainurer de même largeur que la languette. Positionnez ce couteau sur le chant de la languette et ajustez le guide (3). Ajustez la profondeur de coupe de façon que la rainure soit légèrement plus profonde que la languette. Positionnez la planche dans la presse et taillez la rainure.

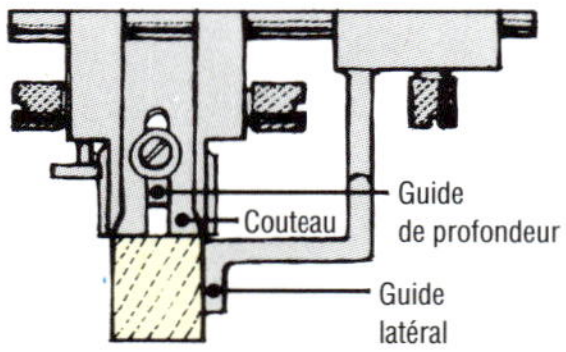

1 Centrez le couteau

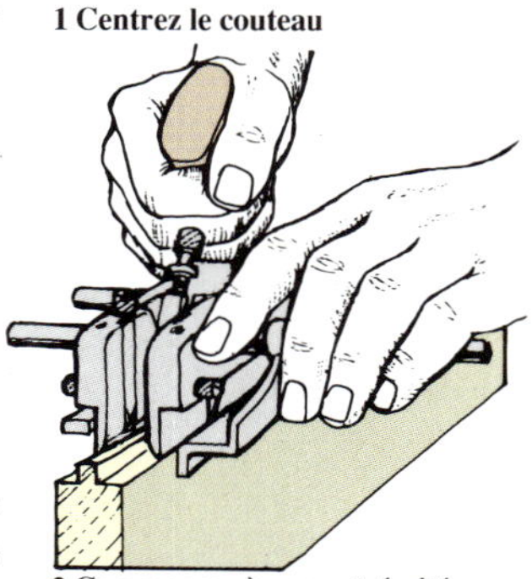

2 Commencez à une extrémité

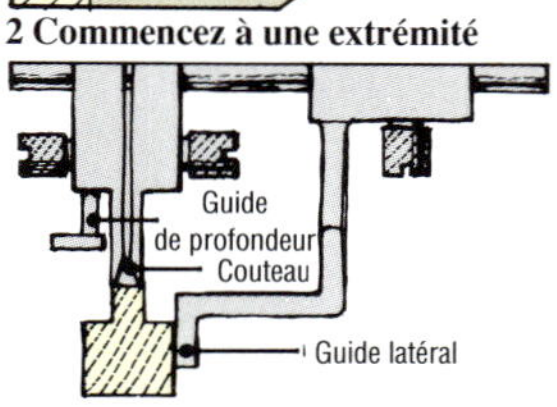

3 Ajustez le rabot pour rainurer

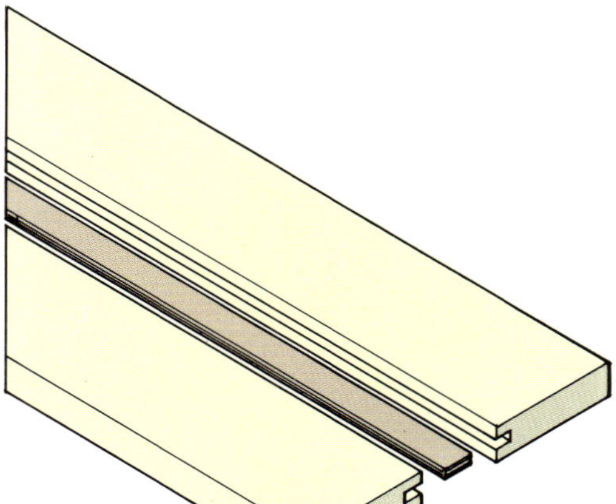

Utilisation d'une fausse languette

Une autre méthode pour assembler deux planches à rainure et languette consiste à utiliser une fausse languette en contre-plaqué, que l'on positionne dans deux rainures taillées sur chaque élément du joint. Ce joint peut être taillé avec un bouvet à rainurer, avec une scie circulaire à table ou avec une défonceuse électrique.

ASSEMBLAGE À EMBOÎTEMENTS

Les emboîtements ou les lambris d'appui sont de profondes rainures taillées en travers du fil d'un panneau de bois. On les trouve principalement dans la fabrication de meubles pour soutenir des étagères ou des séparateurs. On peut exécuter plusieurs variantes de ce type de joints avec des outils à mains ou des outils électriques portatifs. Le plus facile à effectuer est l'assemblage à emboîtement traversant. Le plus solide est l'assemblage à emboîtement à queue d'aronde.

VOIR AUSSI

Les outils de mesurage et de traçage	76/79
Les guimbardes	95
Les mèches Forstner	126, 189
Les scies circulaires portatives	135
Les défonceuses	143/146
Les scies circulaires à table	162

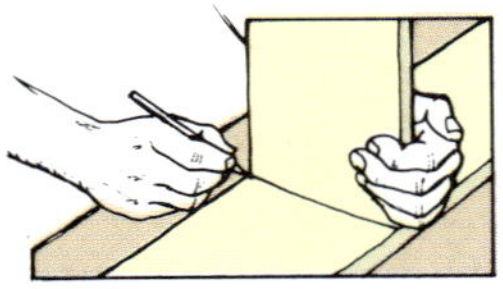

1 Tracez l'épaisseur de l'étagère

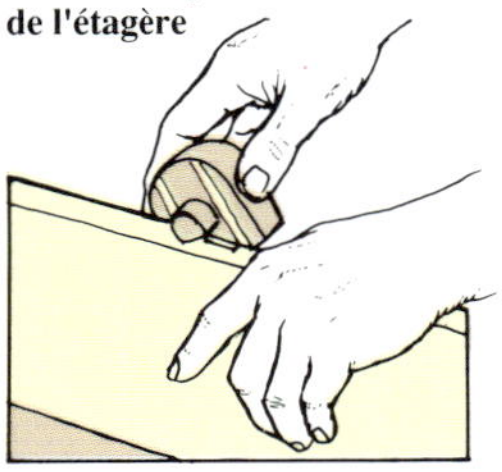

2 Tracez la profondeur de l'emboîtement

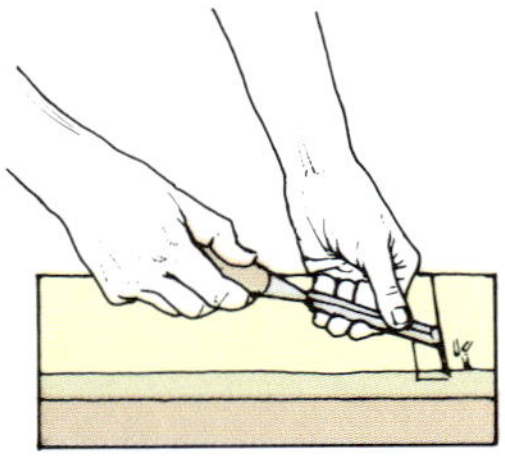

3 Taillez au ciseau une rainure-guide

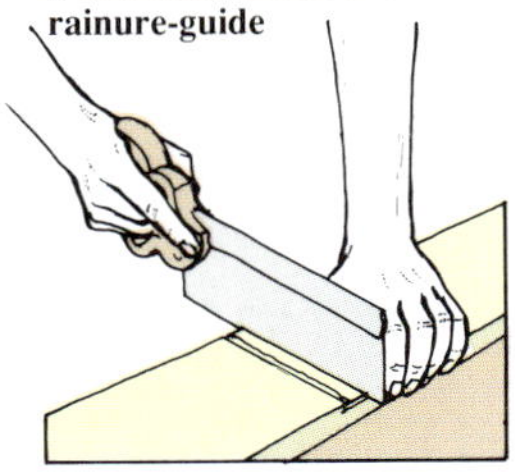

4 Sciez le long du trait

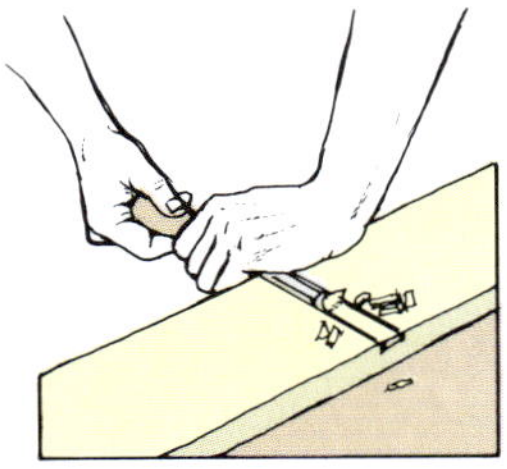

5 Évidez le rebut

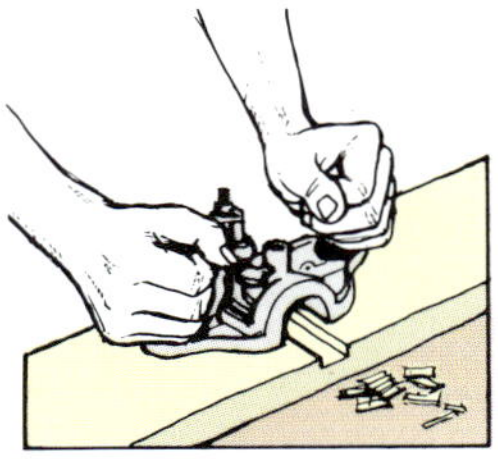

6 Finissez la rainure à la guimbarde

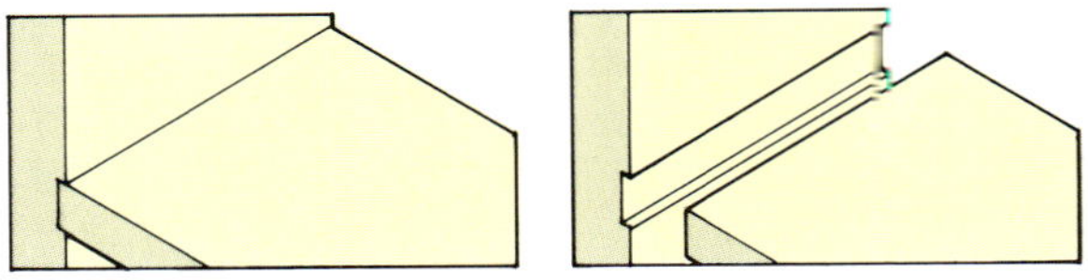

ASSEMBLAGE À EMBOÎTEMENT TRAVERSANT

On peut tailler les emboîtements dans des panneaux dérivés du bois ou dans des panneaux fabriqués à partir de planches assemblées chant sur chant. Préparez la surface et les chants, et sélectionnez la face et le chant de parement. Si les panneaux doivent être plaqués, placez d'abord les placages et les chants avant de tailler les joints.

Tracer le joint
Mesurez et tracez la ligne inférieure de l'entaille de façon à positionner le joint sur la face intérieur du montant. Tracez la largeur de l'entaille en reportant l'épaisseur de la pièce transversale (1).

En vous aidant d'un couteau à tracer et d'une grande équerre, tracez les lignes de coupe sur la largeur du montant et prolongez ces lignes sur les chants, à un tiers de leur épaisseur.

Ajustez un trusquin à tracer à 5 ou 6 millimètres ou moins d'un tiers de l'épaisseur de la planche et tracez la ligne de coupe entre les marques sur les deux chants (2).

Tailler le joint
A l'aide d'un large ciseau, taillez une entaille peu profonde et en forme de coin, sur le côté rebut de la ligne de coupe (3). Utilisez cet épaulement pour guider une petite scie d'encadreur à dents fines, et sciez jusqu'à la ligne tracée au trusquin (4). Si vous n'êtes pas sûr de votre coup de main à la scie, fixez un tasseau le long du trait de coupe afin de guider celle-ci.

Eliminez la plus grande partie du rebut à l'aide d'un ciseau (5) et terminez à la râpe à main afin de bien aplanir l'entaille (6).

Travaillez des chants vers le centre afin d'éviter leur éclatement. Pour des panneaux plus larges, utilisez une guimbarde pour éliminer tout le rebut. N'essayez pas d'éliminer tout le rebut en une seule fois, effectuez plutôt des coupes successives en réajustant à chaque fois le couteau jusqu'à atteindre la profondeur voulue.

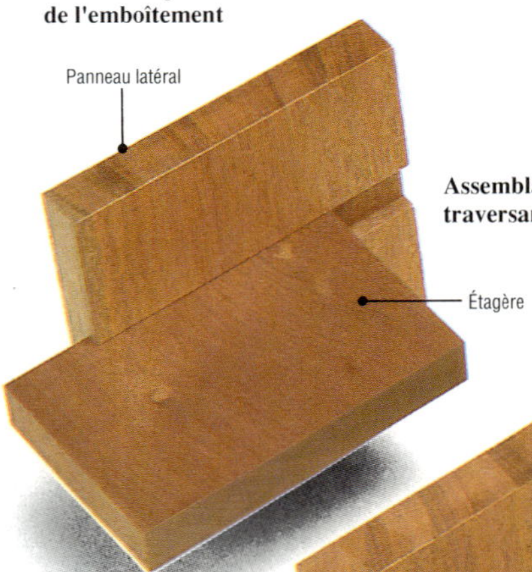

Assemblage à emboîtement traversant

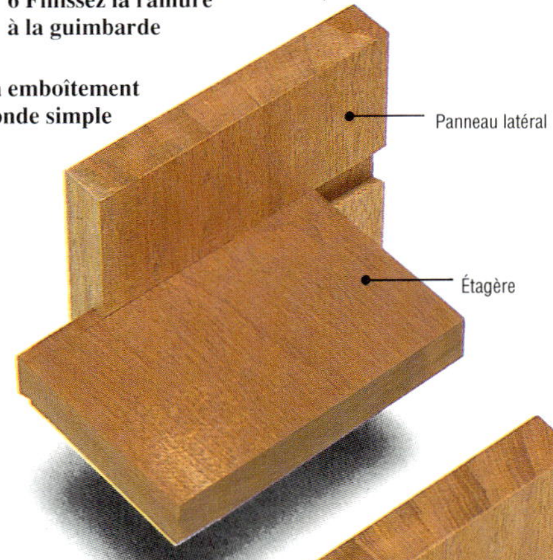

Assemblage à emboîtement à queue d'aronde simple

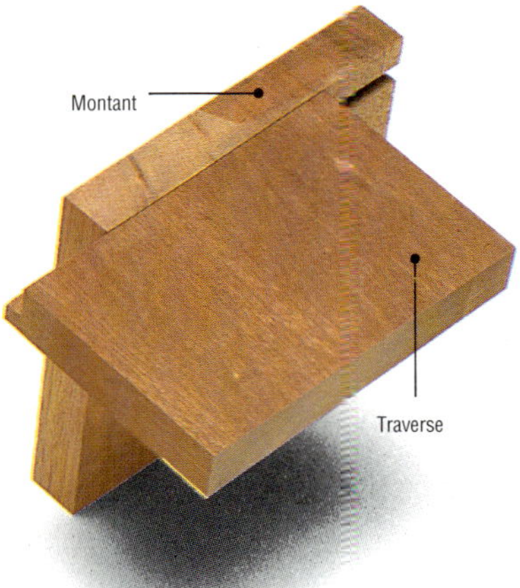

Assemblage à emboîtement à face simple

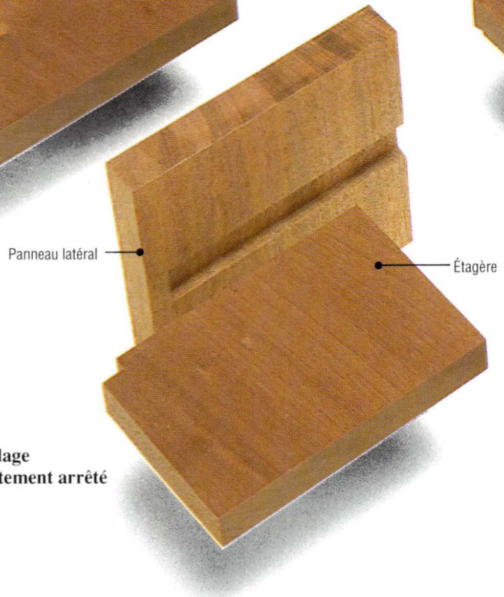

Assemblage à emboîtement arrêté

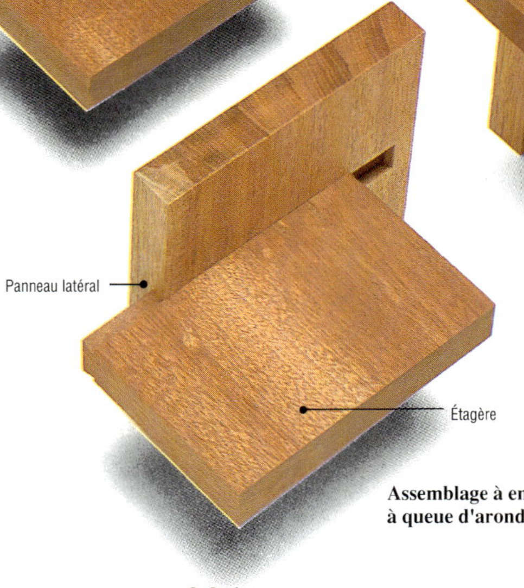

Assemblage à emboîtement à queue d'aronde arrêté

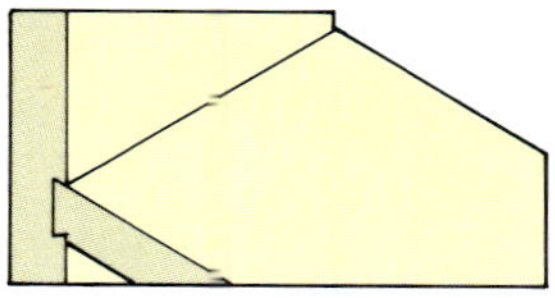

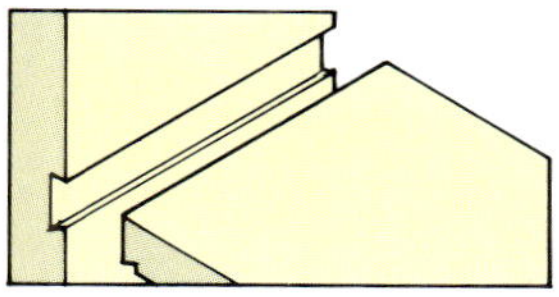

ASSEMBLAGE À EMBOÎTEMENTS À QUEUE D'ARONDE

L'emboîtement à queue d'aronde s'effectue en taillant un ou deux côtés de l'entaille à un angle. La version à un côté est plus facile à exécuter à la main. La version à deux côtés est parfaite pour être taillée à la machine. Ce travail nécessite une grande précision car la queue de la pièce transversale doit coulisser dans l'emboîtement.

Emboîtement à queue d'aronde à un côté
Ajustez un trusquin à tracer sur un tiers de l'épaisseur du montant et tracez une ligne d'épaulement sur la face inférieure en bout de la pièce transversale (1). Prolongez cette ligne sur les chants. Marquez les chants à 3 millimètres à l'intérieur de la face inférieure. Tracez l'inclinaison de la queue du bout de la pièce transversale jusqu'aux marques (2). Sciez le long de la ligne d'épaulement jusqu'à l'extrémité de l'inclinaison de la queue et évidez le rebut. Utilisez une cale-guide que vous aurez fabriquée si vous avez plusieurs joints à tailler (3).

Tracez au crayon la position et l'épaisseur de la pièce transversale sur le montant et prolongez ces lignes sur les chants. Tracez la profondeur de l'entaille sur les chants au moyen d'un trusquin. Tracez le contour de la queue sur les chants du montant en vous servant de la pièce transversale comme d'un guide ; sciez le long de la ligne de coupe à l'angle tracé. Utilisez, si besoin, une cale pour maintenir l'angle (4).

Evidez le rebut au moyen d'un ciseau chanfreiné, puis d'une guimbarde.

Emboîtement à queue d'aronde arrêté
Suivez la méthode décrite pour l'exécution d'un emboîtement arrêté standard, mais utilisez la procédure décrite pour la queue d'aronde. Taillez les deux côtés de l'entaille, ainsi que le bout de la pièce transversale selon un angle pour un emboîtement à queue d'aronde à deux côtés.

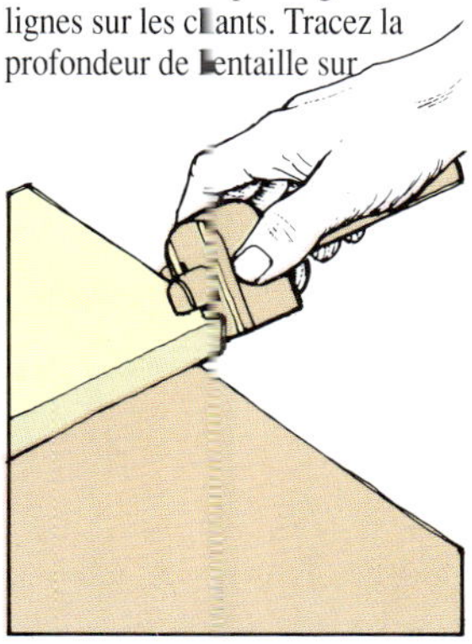

1 Marquez la face inférieure de l'étagère

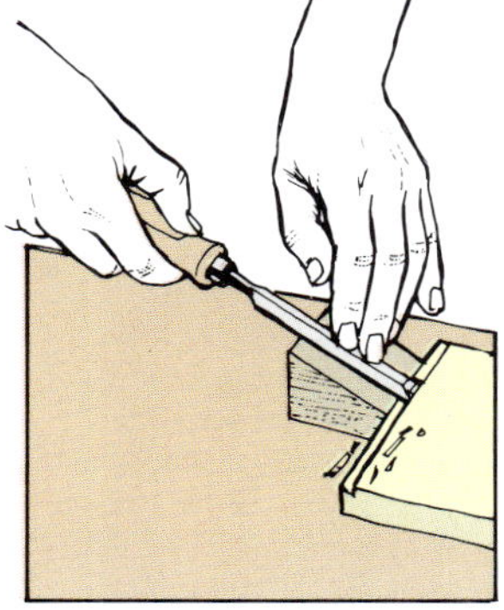

3 Tracez l'inclinaison de la queue d'aronde

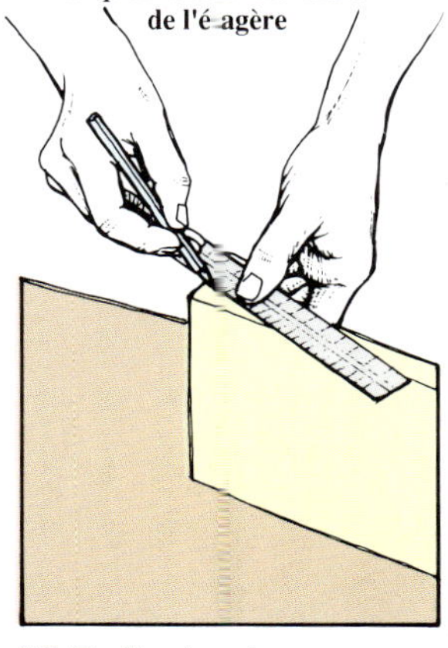

2 Taillez l'angle de la queue d'aronde

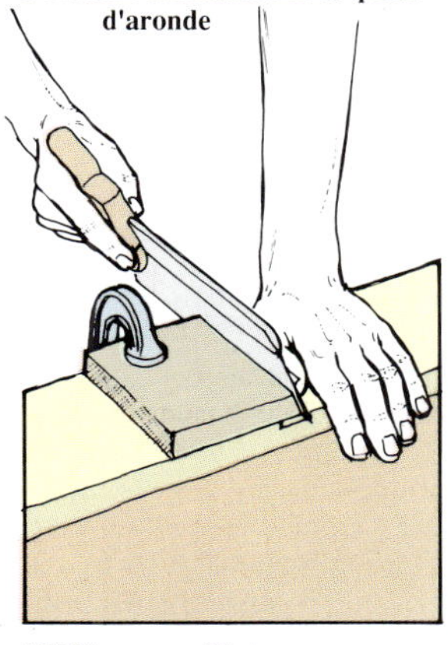

4 Utilisez un guide lorsque vous sciez

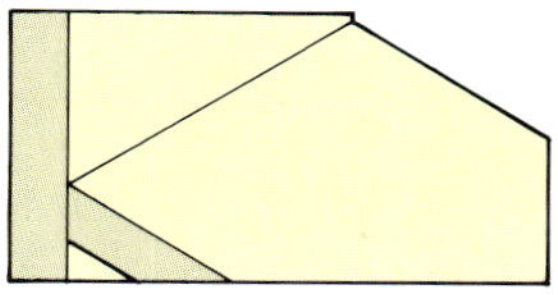

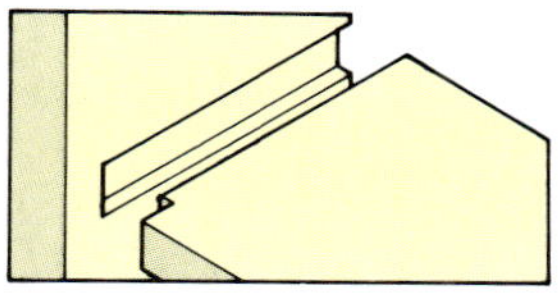

ASSEMBLAGE À EMBOÎTEMENT ARRÊTÉ

L'entaille d'un emboîtement arrêté n'est pas traversante, elle s'arrête entre 9 et 12 millimètres avant le chant du montant. (Le bout de la pièce transversale est taillé dans la proportion correspondante.) Le chant avant de la pièce transversale peut être à ras avec le chant du montant ou décalé par rapport à celui-ci.

Tracer le joint
Tracer l'épaisseur de l'entaille de la même façon que celle décrite pour un emboîtement traversant. Ajustez un trusquin à tracer sur la profondeur de l'entaille et marquez le chant arrière de la pièce transversale. En maintenant le même écartement, tracez une ligne de coupe sur le chant avant de la pièce transversale. Taillez l'encoche à la scie (1). Tracez la longueur de l'entaille à partir du bout de la pièce transversale (2).

Tailler le joint
Pour réaliser l'entaille, commencez par percer ou découper une série de trous à la profondeur voulue, en partant de l'arrêt. Utilisez si possible une mèche Forstner, car celle-ci est équipée d'une pointe centrale peu profonde. Eliminez le rebut des trous que vous aurez percés (3). Sciez le long des lignes tracées et évidez le rebut à la guimbarde.

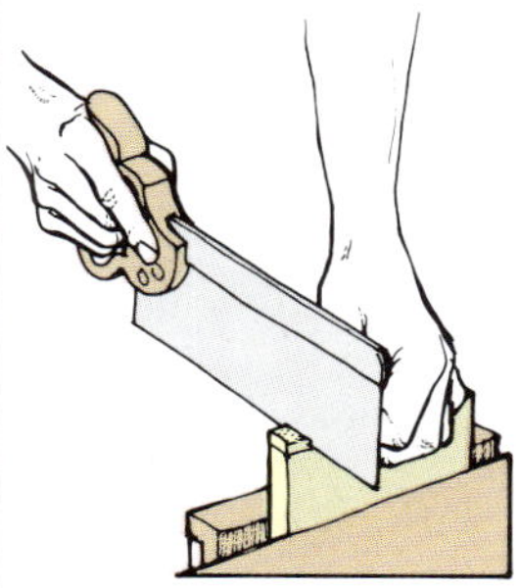

1 Taillez la fente

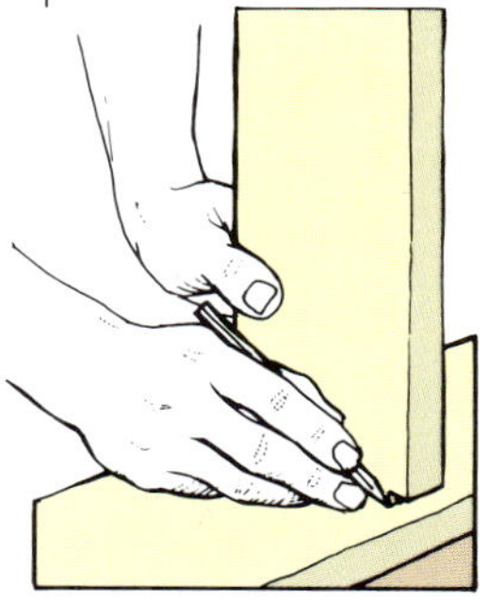

2 Tracez la rainure

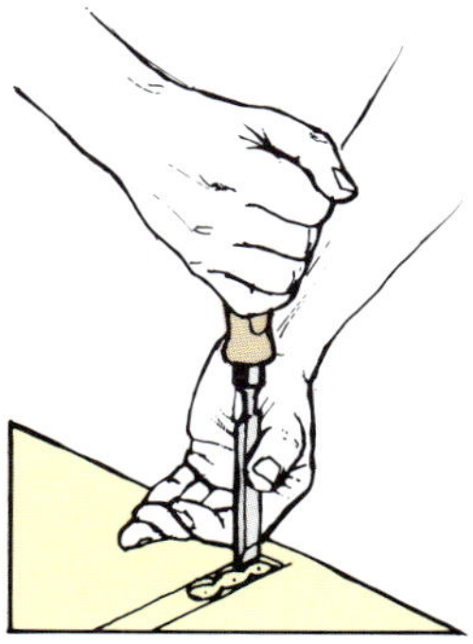

3 Réduisez le contour percé

ASSEMBLAGE À EMBOÎTEMENT À FACE SIMPLE

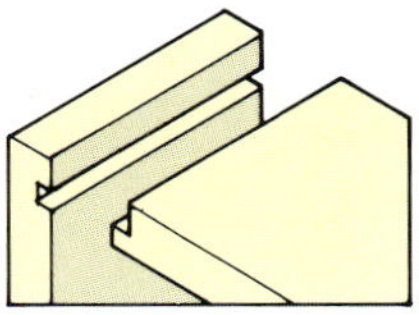

L'emboîtement à face simple, souvent appelé emboîtement à entaille et feuillure ou à rainure et feuillure, est plus résistant que le simple assemblage à emboîtement, et peut être utilisé comme assemblage d'angle. L'épaulement formé par la feuillure sur la pièce transversale rend la profondeur de la rainure moins importante et le retrait du bois lors de l'aplanissement des pièces ne diminue pas la solidité de l'assemblage.

Tracer le joint
Pour fabriquer un joint à face simple pour un angle, commencez par tracer l'épaisseur de la pièce transversale sur la face intérieure du montant et prolongez la marque sur la largeur de la face, ainsi que sur les chants.

Ajustez votre trusquin à tracer sur au plus un tiers de l'épaisseur du montant. Tracez les épaulements de la feuillure sur la face et les chants de la pièce transversale (1). Tracez ensuite la largeur de la languette sur le bout de la pièce transversale, ainsi que sur ses chants à partir de la face intérieure (2). Sciez le rebut de la feuillure et aplanissez si nécessaire au rabot à épaulements. Alignez la face intérieure de la pièce transversale sur la ligne tracée sur le montant. Tracez la largeur de la rainure à partir de la languette et prolongez cette ligne sur la face et les chants. Tracez la profondeur de la rainure sur les chants et taillez la rainure selon la méthode traditionnelle (voir ci-contre).

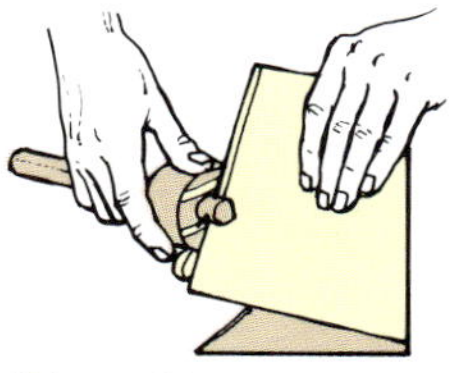

1 Tracez l'épaulement de la feuillure

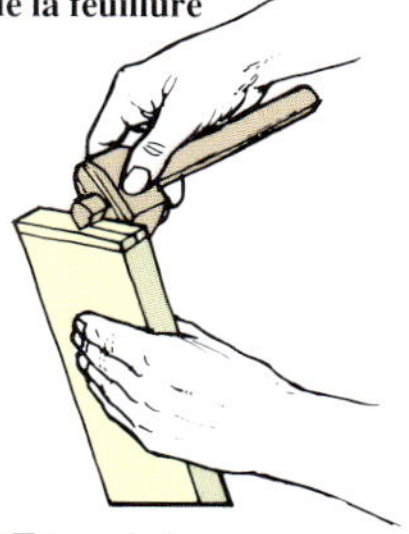

2 Tracez la largeur de la languette

ASSEMBLAGE À TENON ET MORTAISE

L'assemblage à tenon et mortaise possède une importance historique dans la construction des armatures en bois. Un des éléments de l'assemblage s'emboîte dans l'autre, fournissant ainsi un assemblage d'une grande résistance mécanique qui était extrêmement efficace pour les constructions à colombages. De nos jours, ce type de joint est très rarement utilisé dans le bâtiment, car les coûts imposent des armatures différentes et plus simples. Ce joint a été affiné et amélioré par les assembleurs et les ébénistes à travers les siècles et plusieurs variantes ont été développées. L'assemblage à tenon et mortaise possède une grande surface de collage et s'utilise encore fréquemment dans la fabrication de tables et de chaises.

VOIR AUSSI

Les outils de mesurage et de traçage	76/79
Les ciseaux à mortaises	100/101
Les défonceuses	143/146
Les scies circulaires à table	162
Les scies radiales	169
Les accessoires de mortaisage	186/187

PROPORTION DE LA MORTAISE PAR RAPPORT AU TENON

Les proportions de la mortaise et du tenon correspondant ont une influence considérable sur la résistance de l'assemblage. La forme est généralement déterminée par la section de l'élément comportant le tenon.

Dans la plupart des cas, l'élément comportant le tenon est un barreau de section rectangulaire dont la largeur est emboîtée verticalement. Il arrive parfois que sa largeur soit emboîtée horizontalement. Quoi qu'il en soit, les côtés du tenon sont toujours taillés dans le sens vertical de façon à produire un maximum de fil en long pour coller contre les parois de la mortaise (voir ci-dessous). Lorsque l'on taille le tenon dans le sens horizontal, il faut souvent en tailler deux, car l'épaisseur du tenon ne doit jamais dépasser sa largeur.

Lorsque deux pièces de même épaisseur sont jointes, l'épaisseur du tenon doit être un tiers de celle de la pièce de bois. Sa largeur précise est généralement prise sur le ciseau qui servira à tailler la mortaise. Un tenon trop fin n'est pas suffisamment résistant et une mortaise trop large produira des parois trop fines qui ne résisteront pas à une force de torsion.

Lorsque le montant est plus épais que la traverse, l'épaisseur du tenon peut être de la moitié de celle du montant.

La largeur du tenon correspond généralement à la largeur de la traverse. Lorsque cette largeur est excessive, comme pour les traverses d'une grande porte à panneaux, le tenon est divisé en deux et l'on appelle ce type d'assemblage double tenon et mortaise.

La longueur du tenon est déterminée par le dessin du joint. Le tenon d'une mortaise traversante correspondra à l'épaisseur du montant. Pour un assemblage à tenon et mortaise arrêté, la longueur du tenon est d'à peu près les trois quarts de l'épaisseur du montant.

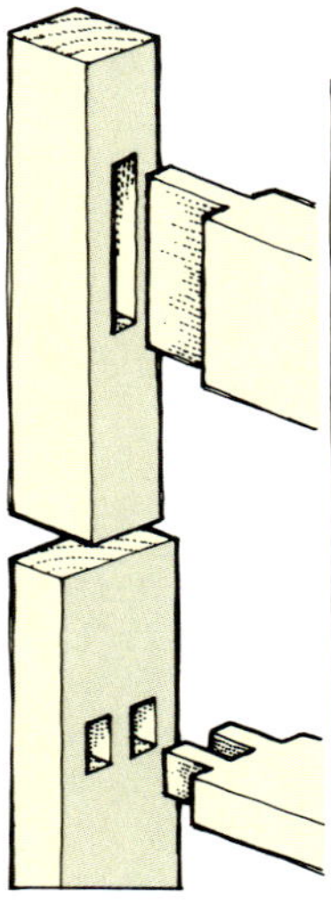

Les tenons
Les tenons sont taillés avec leurs côtés ou joues dans le sens du fil du montant ou du pied mortaisé

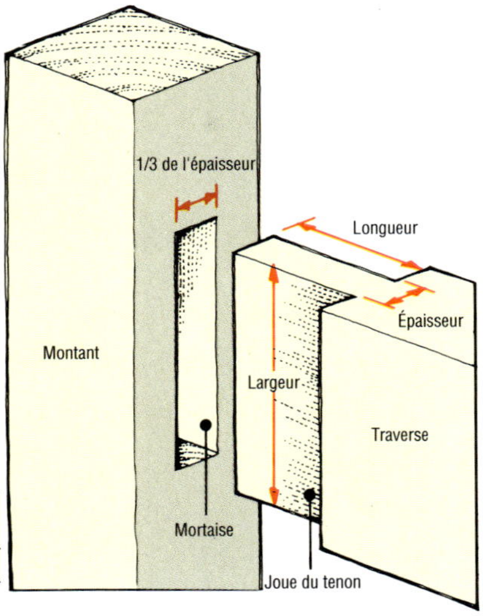

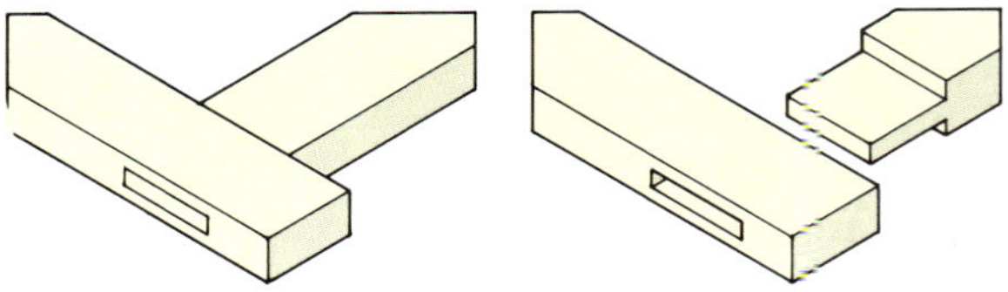

ASSEMBLAGE À TENON ET MORTAISE TRAVERSANT

L'assemblage à tenon et mortaise traversant est fréquemment utilisé dans la fabrication de châssis. Le fil de bout du tenon est apparent sur le chant des montants. Ce type d'assemblage doit être taillé avec beaucoup de précision afin de soigner son apparence. On peut insérer des clavettes afin de renforcer l'assemblage, ainsi que de le décorer si l'on utilise des bois de teintes différentes.

Tracer le joint
Taillez la traverse à la dimension voulue ; on peut laisser une faible quantité de rebut afin de la raboter après le collage. Si le travail que vous effectuez nécessite un joint à chaque extrémité de la traverse, calculez avec précision la distance entre les deux épaulements des tenons. Tracez la ligne d'épaulement tout autour de la traverse au moyen d'un couteau à tracer (1).

Tracer l'emplacement de la mortaise sur le chant du montant, ainsi que l'épaisseur de celle-ci en vous servant de la traverse comme d'un guide (2). Prolongez les lignes au crayon.

Choisissez un bédane à mortaise, en vous souvenant que la mortaise doit être d'à peu près un tiers de l'épaisseur du bois, et ajustez les pointes d'un trusquin à mortaise sur la largeur du tranchant de ce bédane. Ajustez ensuite la semelle du trusquin afin de centrer la mortaise sur le chant du montant.
Le trusquin doit être ajusté et utilisé sur le côté parement. Tracez les côtés de la mortaise entre les marques de largeur, cela sur chacun des chants du montant (3). Tracez le tenon avec le trusquin ajusté aux mêmes dimensions. En partant du côté parement, tracez les lignes de coupe à partir de la ligne d'épaulement sur l'un des chants, le long de celui-ci, par dessus le bout, et redescendez sur l'autre chant jusqu'à la ligne d'épaulement (4). Si la traverse est moins épaisse que le montant, ne changez que l'ajustement de la semelle.

Tailler la mortaise
Taillez toujours la mortaise avant le tenon car, si c'est nécessaire, il est plus facile d'ajuster le tenon sur la mortaise. Serrez l'ouvrage à l'établi ; il est recommandé de placer une pièce de bois de rebut sous l'ouvrage afin d'éviter d'endommager la table.

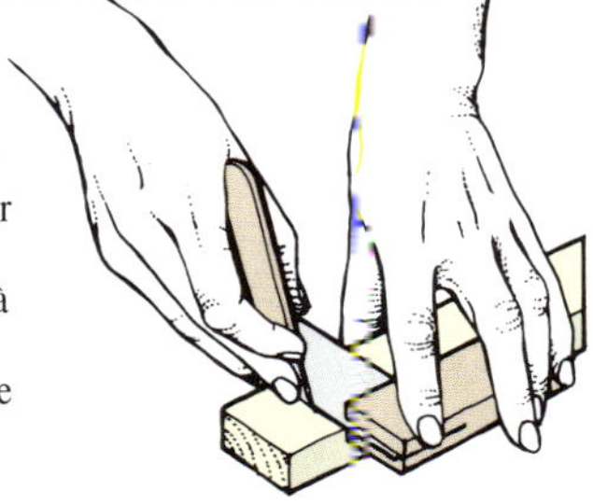

1 Prolongez les lignes de l'épaulement

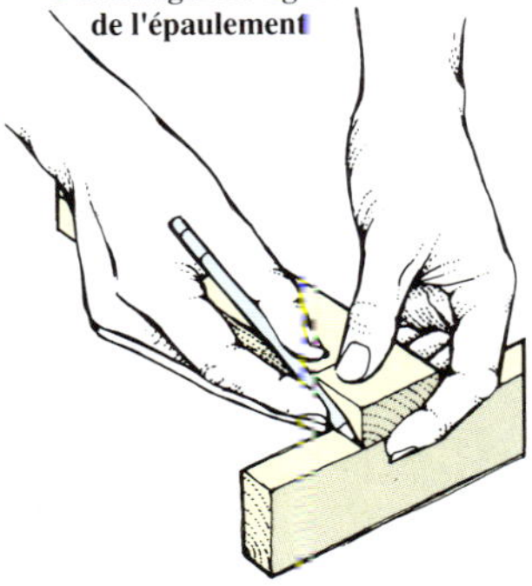

2 Tracez la largeur de la mortaise

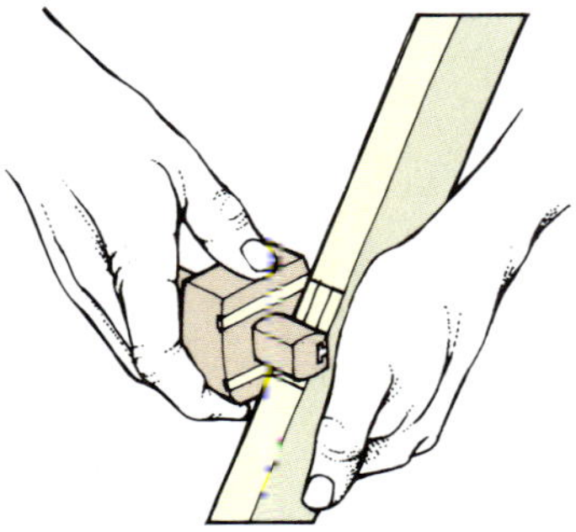

3 Mesurez les lignes de la mortaise

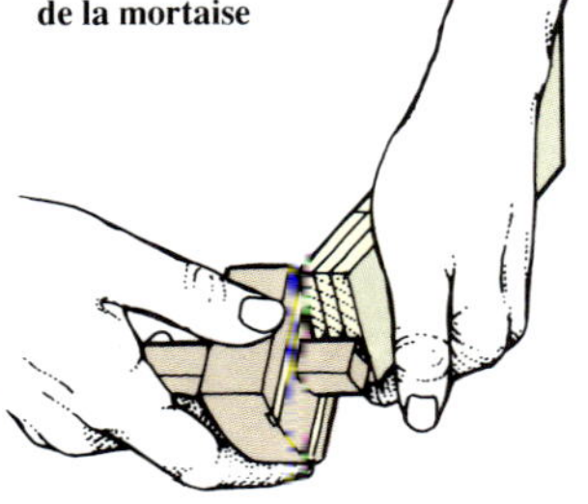

4 Mesurez les lignes du tenon

Alignez-vous sur l'ouvrage afin de bien vérifier la rectitude du bédane à mortaise.

Commencez dans le milieu du tracé de la mortaise, le tranchant éloigné de vous (5). Enfoncez le bédane à l'aide d'un maillet jusqu'à une profondeur d'à peu près 3 millimètres. Travaillez en reculant et en déplaçant à chaque fois le bédane d'à peu près 3 millimètres et arrêtez-vous à 2 ou 3 millimètres de l'extrémité du tracé. Cela sert à fournir un point d'appui au bédane lorsque vous éliminez le rebut. Retournez le bédane et travaillez vers l'autre extrémité. Retirez le rebut en utilisant le bédane, tranchant vers le bas, comme un levier s'appuyant sur les deux extrémités de la mortaise (6).

Afin d'éviter l'éclatement du côté inférieur, ne taillez qu'à la moitié de la profondeur de la mortaise. Taillez le reste du rebut en positionnant le bédane verticalement aux extrémités de la mortaise, tranchant vers l'intérieur (7). Retournez l'ouvrage, secouez-le bien pour faire tomber les restes de copeaux, car de petits bouts de bois coincés pourraient endommager la surface de l'ouvrage. Taillez ensuite l'autre côté de la mortaise de la même façon.

Percer la mortaise

Au lieu de tailler la mortaise au ciseau, vous pouvez aussi la tailler en utilisant une perceuse.
Vous utiliserez ensuite un ciseau pour terminer la découpe.

Utilisez une perceuse à colonne ou une perceuse électrique montée sur un support vertical. Cela vous permettra d'avoir plus de contrôle et de précision que si vous travailliez à main levée. Choisissez une mèche de même taille ou avoisinant l'épaisseur de la mortaise. Fixez un tasseau équipé d'un guide sur la base du support vertical et ajustez-le de façon à pouvoir centrer la perceuse sur la mortaise.

Ajustez le guide de profondeur afin de percer le bois à moitié. Percez un trou à chaque extrémité de la mortaise (1), puis percez entre ceux-ci une série de trous se recouvrant légèrement (2). Retournez l'ouvrage et tout en appuyant la même face contre le guide, percez l'autre moitié de la mortaise.

Positionnez l'ouvrage sur une pièce de bois de rebut et serrez-le à l'établi. Evidez la mortaise et taillez les extrémités à angle droit au moyen d'un bédane à mortaise.

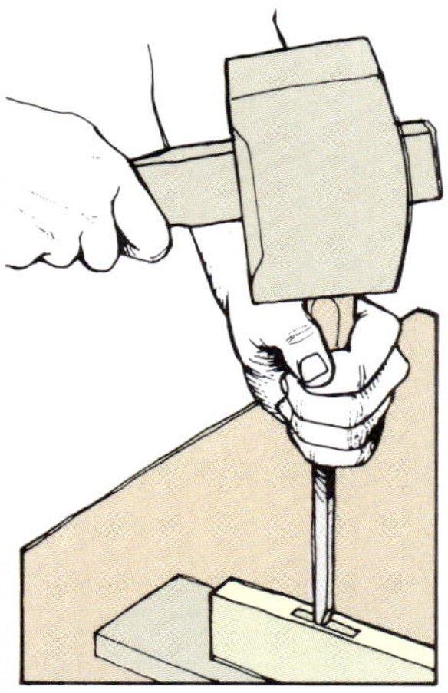

5 Commencez à tailler dans le milieu

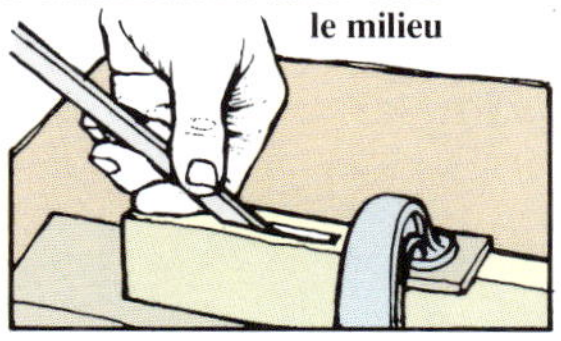

6 Évidez le rebut par un mouvement de levier

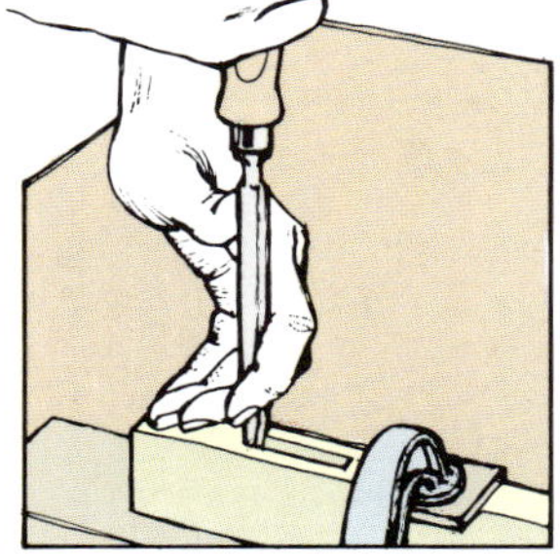

7 Taillez les extrémités d'équerre

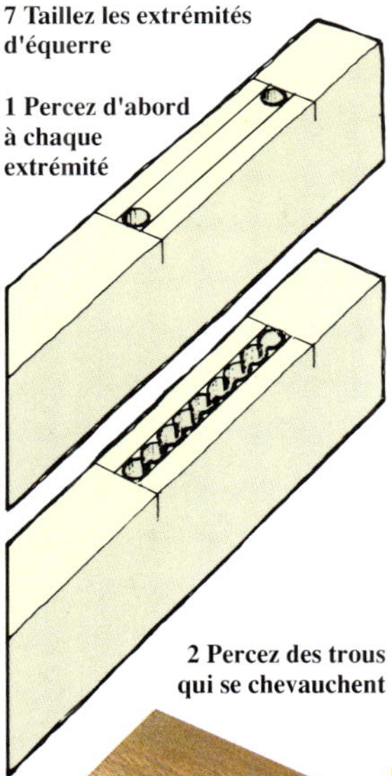

1 Percez d'abord à chaque extrémité

2 Percez des trous qui se chevauchent

Tailler le tenon

Positionnez l'ouvrage obliquement dans une presse, le bout s'éloignant de vous. Avec une scie d'encadreur, sciez le long des lignes de coupe, du côté rebut, tout en maintenant le tranchant de la scie parallèle à l'établi (1). Arrêtez-vous sur la ligne d'épaulement en faisant bien attention à ne pas dépasser cette ligne.
Repositionnez l'ouvrage dans la presse, le bout vers vous et sciez le long de l'autre ligne (2). Positionnez enfin l'ouvrage verticalement dans la presse et terminez la coupe jusqu'à l'épaulement (3).

Placez l'ouvrage sur une cale d'établi et sciez le long des lignes d'épaulement afin de dégager le rebut. Le tenon doit pouvoir être emboîté dans la mortaise sans travail supplémentaire, si toutefois il était trop serré, éliminez au ciseau un peu de bois sur ses côtés. Faites bien attention à maintenir la symétrie du tenon.

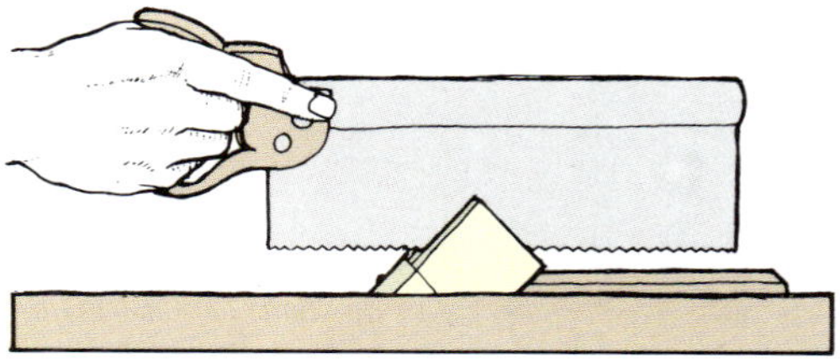

1 Sciez le long de la ligne de tenon

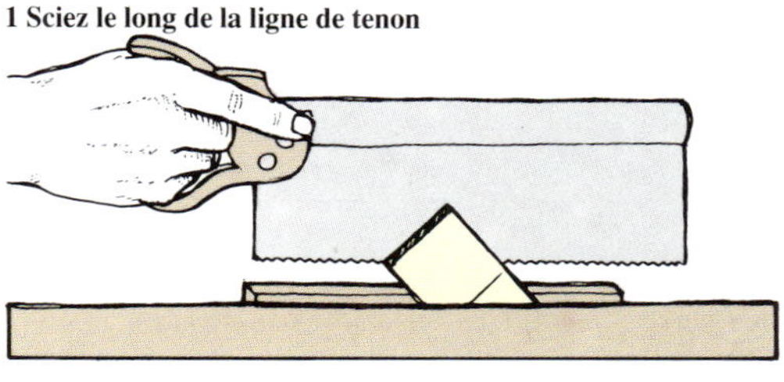

2 Repositionnez l'ouvrage et sciez le long de l'autre ligne

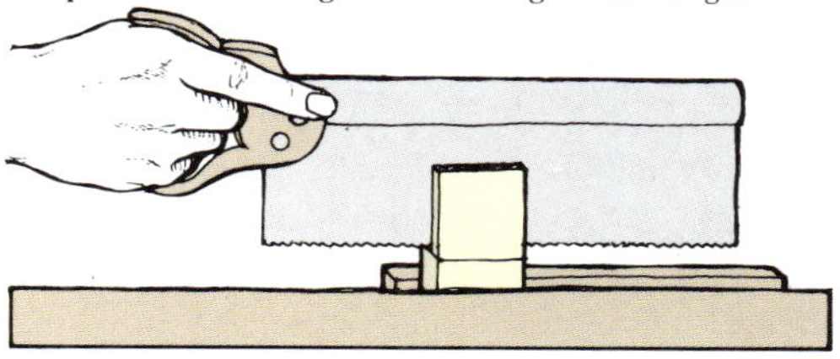

3 Terminez à niveau de l'épaulement

ASSEMBLAGE À TENON ET MORTAISE TRAVERSANT AVEC CLAVETTES

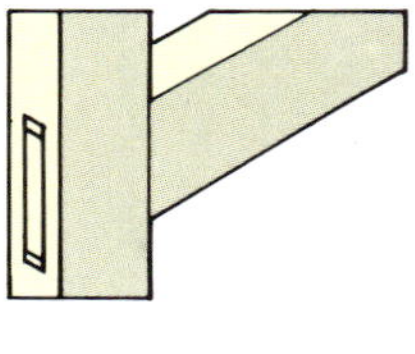

L'assemblage à tenon et mortaise est résistant grâce à sa relativement grande surface de collage. On peut améliorer cette résistance en insérant des clavettes. Sur un assemblage à tenon et mortaise traditionnel, on peut insérer les clavettes de deux façons différentes, à savoir soit sur les extrémités, soit dans deux encoches taillées à la scie dans le tenon.

Insérer les clavettes

En travaillant à partir du bord extérieur, taillez une fente effilée à chaque extrémité de la mortaise. Taillez les clavettes dans le rebut du tenon et légèrement plus inclinées que les fentes. Si vous utilisez la deuxième méthode, effectuez deux encoches à la scie en travers du tenon et à une distance équivalente à l'épaisseur de la clavette en retrait des chants du tenon. Percez un trou à l'extrémité de l'encoche, afin d'éviter que celle-ci n'éclate.

Une fois que le joint est collé, enduisez les clavettes de colle et faites-les pénétrer alternativement pour les maintenir à niveau. Une fois que la colle a pris, égalisez le bout du tenon traversant et des clavettes.

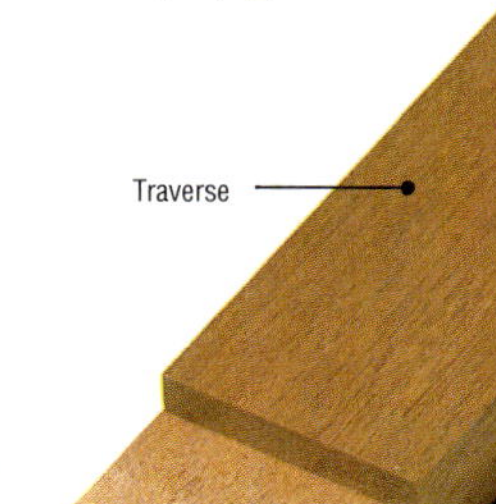
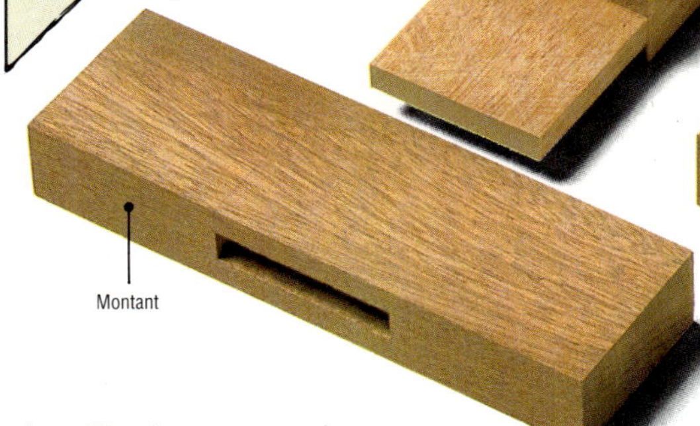

Assemblage à tenon et mortaise traversant

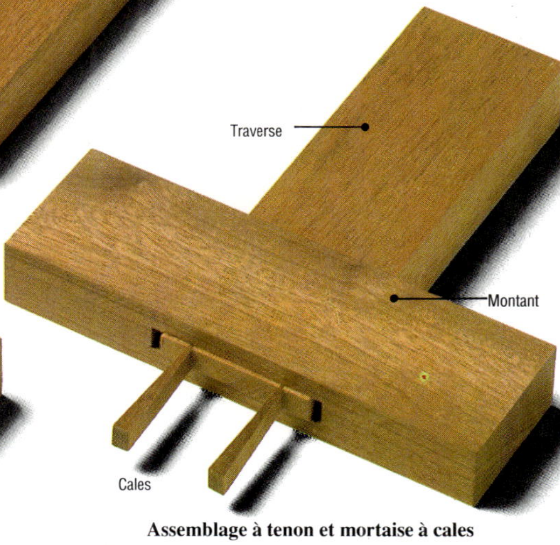

Assemblage à tenon et mortaise à cales

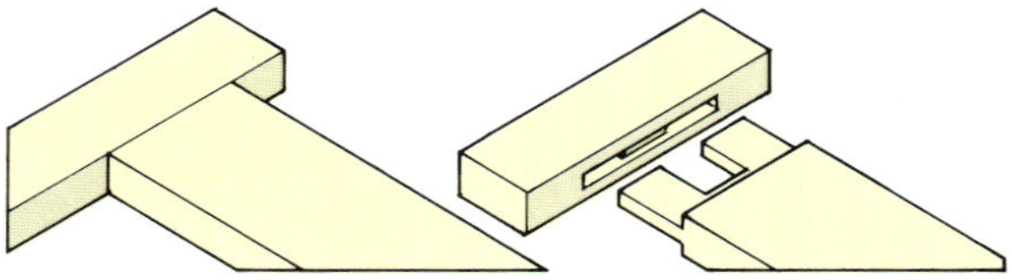

ASSEMBLAGE À DOUBLE TENON ET MORTAISE

VOIR AUSSI

La fabrication des meubles	64/66/69/70
Les joints pour chaises	52
Les trusquins à marquer	78/79
Les scies à découper	84
Les ciseaux à mortaises	100/101
Les accessoires de mortaisage	186/187

On utilise l'assemblage à double tenon et mortaise pour des cadres dont les barreaux transversaux sont trop larges et où la largeur de la mortaise affaiblirait le montant. La traverse intermédiaire d'une porte à panneaux est généralement assemblée selon ce procédé. L'assemblage décrit ci-dessous est un double tenon et mortaise traversant, dans un montant et une traverse d'équerre.

Tracer le joint

Commencez par mesurer et marquer la ligne d'épaulement sur la traverse. Tracez la ligne tout autour de la traverse au moyen d'un couteau à tracer et d'une équerre. Alignez la traverse sur le chant du montant et marquez sa largeur et son positionnement ; prolongez cette marque tout autour avec un crayon.

Ajustez les pointes d'un trusquin à mortaise sur la largeur d'un bédane à mortaise qui doit être approximativement un tiers de l'épaisseur du montant. Ajustez la semelle de façon que les pointes soient centrées sur le chant. Tracez les côtés de la mortaise entre les marques indiquant la largeur du tenon sur chaque chant du montant, mais n'exercez qu'une faible pression sur le chant extérieur. Utilisez le trusquin pareillement ajusté pour marquer le bout de la traverse.

Ce joint est composé de deux tenons en ligne séparés par un intervalle. Afin de ne pas affaiblir la traverse, on laisse un renfort entre les tenons afin de soutenir l'épaulement . La largeur du tenon et de la mortaise correspondante est d'une certaine façon déterminée par la largeur de la traverse. En règle générale, assurez-vous que la largeur du tenon ne soit pas inférieure à quatre fois son épaisseur. Si l'intervalle entre les deux tenons est supérieur au tiers de la largeur de la traverse, augmentez la largeur des tenons.

Ajustez un trusquin à tracer aux dimensions voulues et, en partant successivement de chacun des chants, tracez la largeur des tenons. Prolongez cette ligne en travers du bout et le long des deux faces jusqu'à la ligne d'épaulement.

Tracez sur un des chants la longueur de l'intervalle qui doit être égale à l'épaisseur du tenon. Prolongez cette ligne le long des deux faces. Délimitez la partie rebut comme en (1) afin de bien visualiser la forme des tenons.

Positionnez la traverse sur le montant et marquez les tenons (2).

Prolongez les lignes tout autour de la traverse et délimitez la partie rebut de la mortaise.

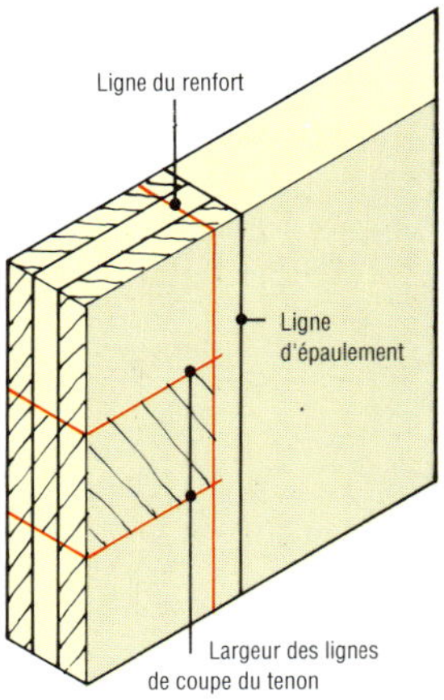

1 Délimitez le rebut pour plus de clarté

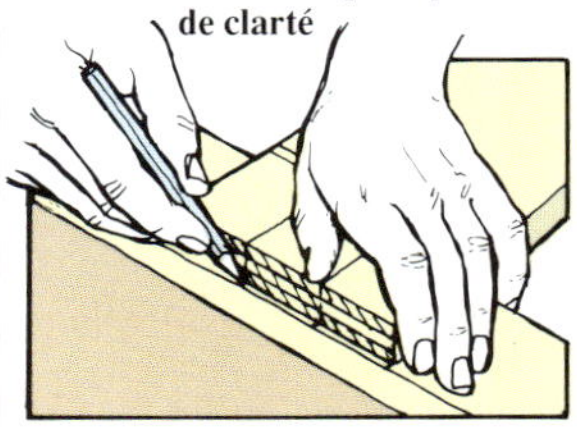

2 Tracer les largeurs des tenons

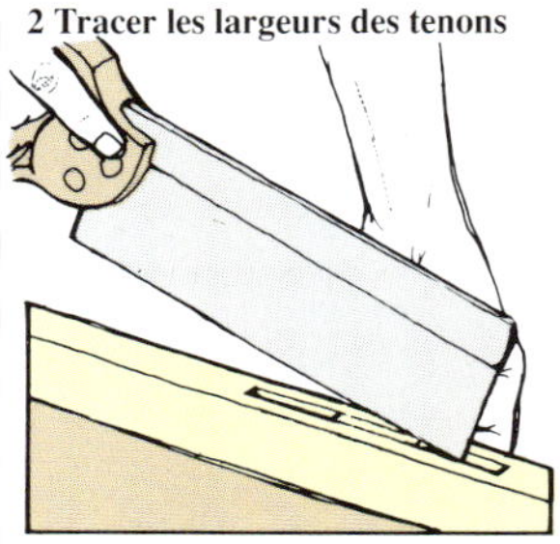

3 Sciez le rebut du renfort

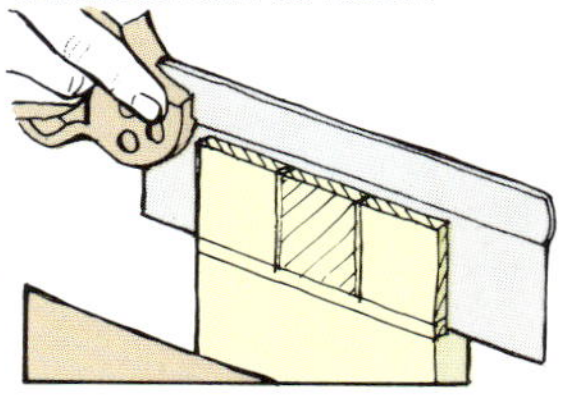

4 Sciez le long des côtés du tenon

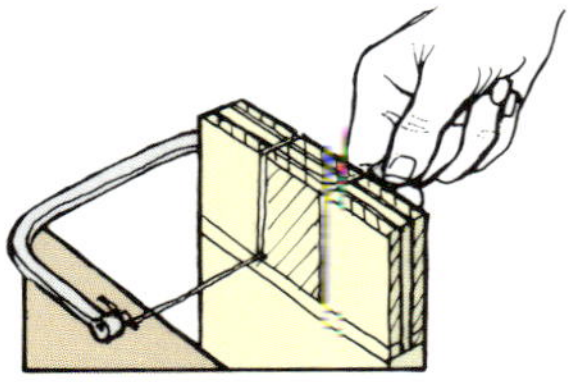

5 Taillez le rebut entre les tenons

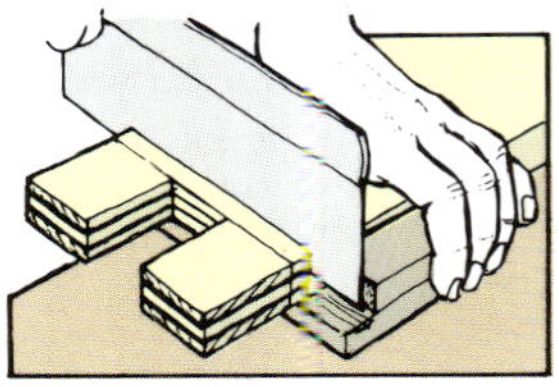

6 Sciez le long de la ligne d'épaulement

Tailler le joint

Taillez chacune des mortaises comme décrit précédemment pour un joint à tenon et mortaise traversant. Si vous avez suffisamment de place, faites courir une scie d'encadreur sur le tracé intérieur de la mortaise afin de découper le rebut correspondant à l'emplacement du renfort (3). Eliminez le rebut jusqu'à la profondeur du renfort. Si vous éprouvez certaines difficultés à travailler à la scie, débitez le rebut de la façon traditionnelle.

Positionnez la traverse dans une presse et taillez les tenons en commençant par scier leurs chants intérieurs et jusqu'à la ligne du renfort. Sciez les côtés des tenons jusqu'à la ligne d'épaulement (4). Débitez le rebut entre les tenons à la scie à découper (5). Sciez le long de la ligne d'épaulement afin de retirer le rebut restant (6). Collez et assemblez le joint de la même façon que celle décrite pour un joint à tenon et mortaise traversant.

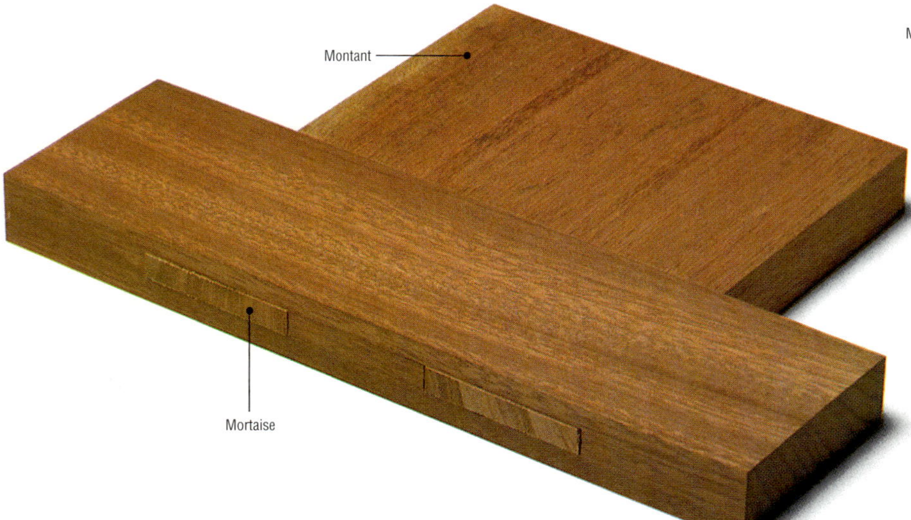

Assemblage à double tenon et mortaise

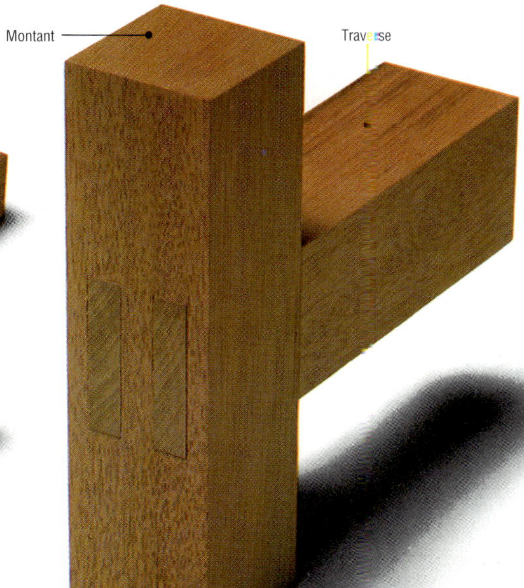

Assemblage à tenon et mortaise jumeaux
Construction lourde

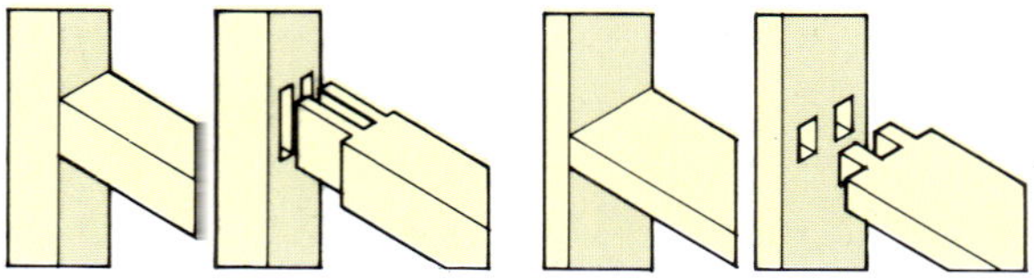

ASSEMBLAGE À TENON ET MORTAISE JUMEAUX

L'assemblage à tenon et mortaise jumeaux offre, comme le double tenon et mortaise, une résistance maximale, mais il est plus particulièrement utilisé lorsque la mortaise est taillée dans la face du montant plutôt que sur son chant. Les proportions du joint sont fonction de son utilisation, à savoir pour fabriquer un châssis lourd ou tout simplement un tiroir.

Tracer le joint
Mesurez et tracez la ligne d'épaulement tout autour de la traverse. L'épaisseur des tenons est tracée en travers de la largeur de la traverse. En règle générale, l'épaisseur des tenons doit correspondre à l'intervalle entre chacun d'entre eux.

Effectuez une marque à au moins 6 millimètres de chacun des chants. Divisez l'écartement entre ces deux marques par trois, afin de déterminer l'épaisseur des tenons et de l'intervalle (1) ; toutefois, en règle générale, l'épaisseur du tenon sera fonction de la largeur du premier bédane que vous trouverez. Ajustez un trusquin à mortaise sur la largeur d'un bédane et positionnez la semelle à l'écartement correct par rapport aux pointes. Tracez les tenons en travaillant à partir des deux chants de la traverse (2).

Positionnez le bout tracé de la traverse sur le montant et tracez la largeur et les lignes des tenons (3). Prolongez les lignes de coupe tout autour du montant au moyen d'un crayon, puis tracez au trusquin les lignes de la mortaise.

Si le montant est plus large que la traverse, alors il vous faudra réajuster la semelle du trusquin.

Tailler le joint
Taillez chaque mortaise comme décrit précédemment pour un assemblage à tenon et mortaise traversant. Sciez chaque côté des tenons de la façon traditionnelle. Sciez le long de la ligne d'épaulement afin de retirer le rebut de chaque côté des tenons et découpez le rebut entre les tenons à la scie à découper (4), enfin, taillez l'épaulement d'équerre au ciseau. Vous pouvez aussi découper le rebut central en commençant par le percer à hauteur de l'épaulement, puis en le découpant le long des tenons, mais il vous faudra tout de même terminer au ciseau.

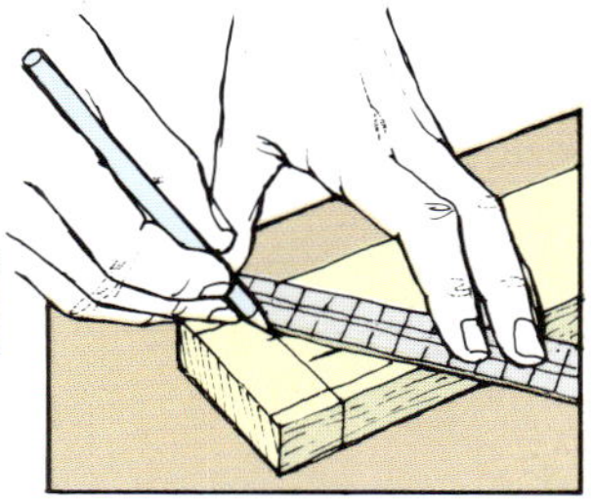
1 Déterminez l'épaisseur du tenon

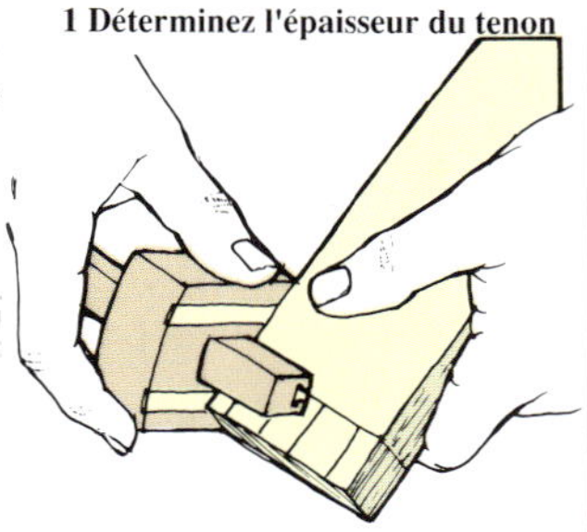
2 Tracez au trusquin les tenons en bout

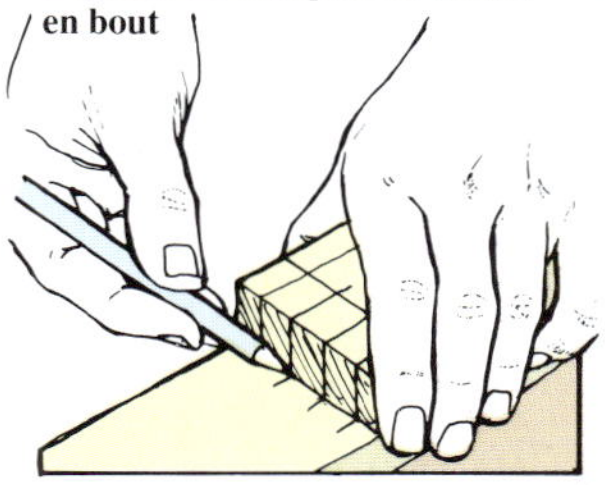
3 Tracez les lignes des tenons

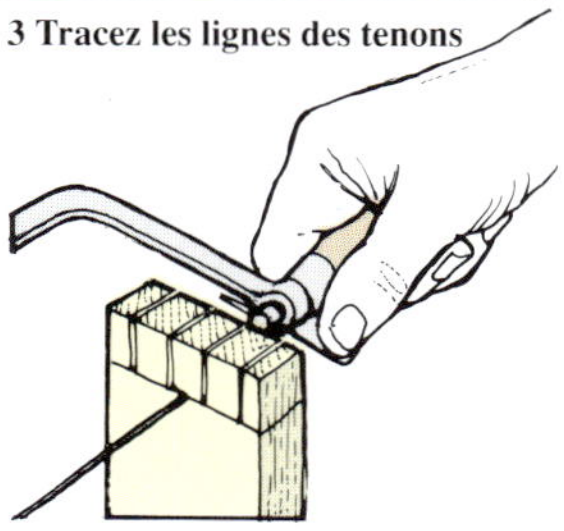
4 Taillez le rebut

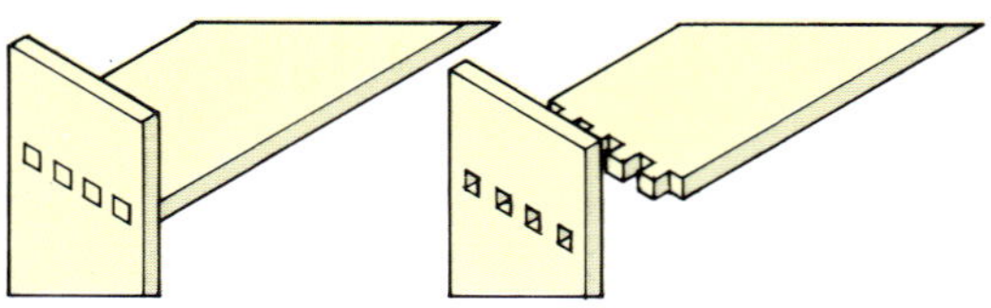

ASSEMBLAGE À TENON ET MORTAISE À TENONS MULTIPLES

L'assemblage à tenon et mortaise à tenons multiples est une variante à répétition du joint à double tenon.

Les tenons
Les tenons ou dents sont généralement de section carrée et régulièrement espacés. Ils peuvent être traversants ou arrêtés. Sur les tenons traversants, on insère les coins dans une entaille faite diagonalement en travers du tenon (1).

Tracer et tailler le joint
Tracez et taillez le joint selon la méthode décrite pour les joints à double tenon. La mortaise peut aussi être arrêtée afin de fournir un joint plus résistant et d'un aspect plus agréable (2).

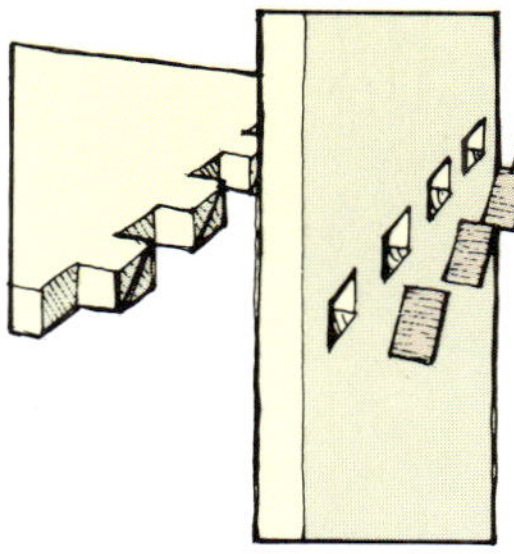
1 Cales disposées en diagonale

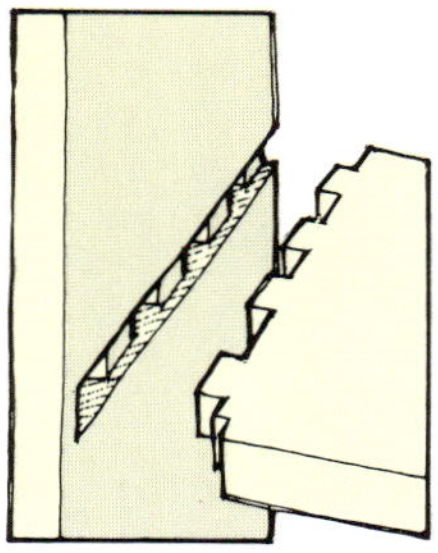
2 Emboîtement arrêté

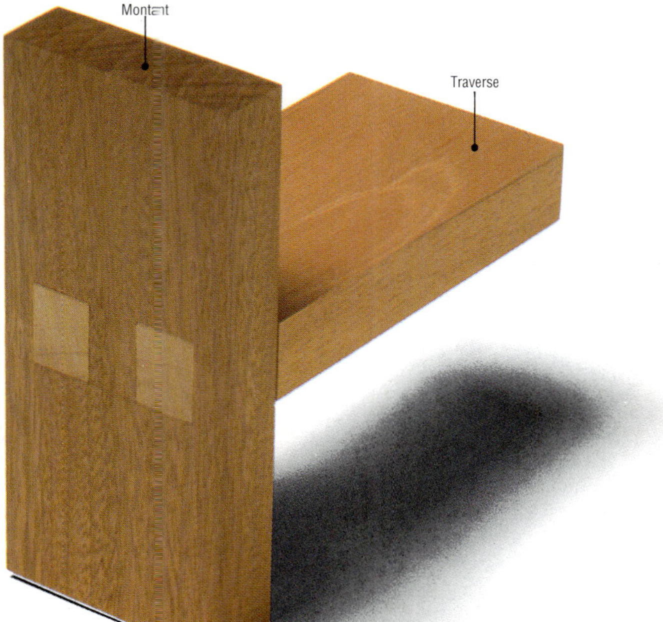

Assemblage à tenon et mortaise jumeaux
Construction légère

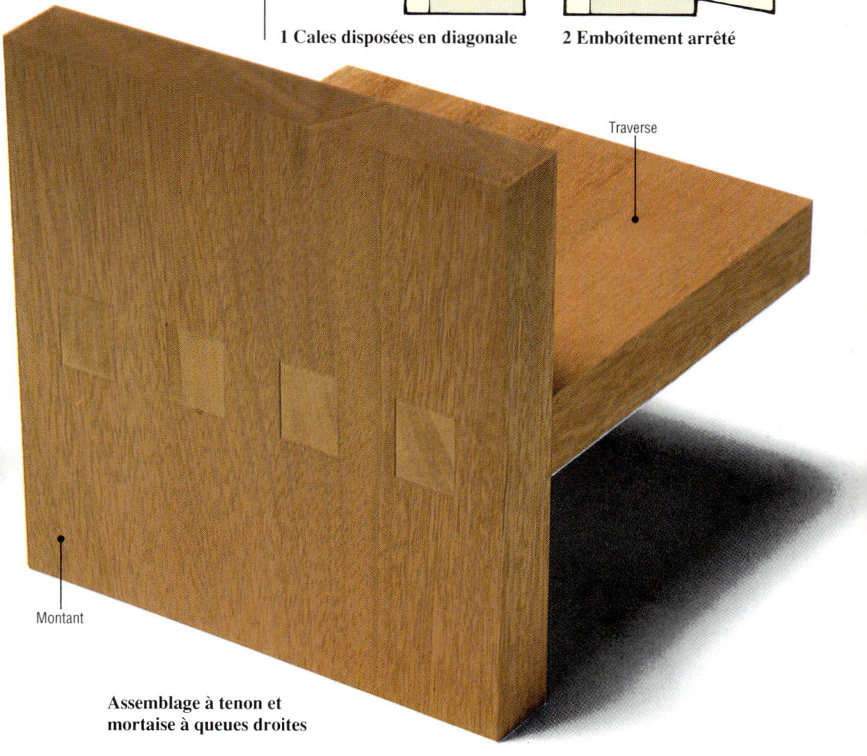

Assemblage à tenon et mortaise à queues droites

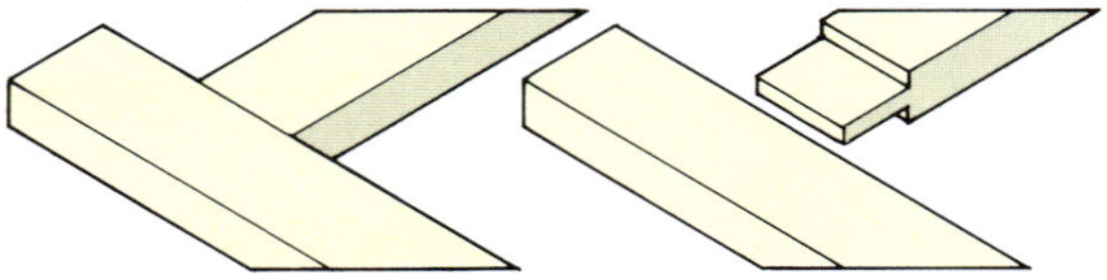

ASSEMBLAGE À TENON ET MORTAISE ARRÊTÉ

L'assemblage à tenon et mortaise arrêté est fabriqué avec une mortaise borgne, de façon que le tenon soit invisible. Cet assemblage est fréquemment utilisé en ébénisterie lorsque le fini doit être particulièrement soigné. La profondeur de la mortaise doit être un peu près les trois quarts de la largeur ou de l'épaisseur du montant, de façon à laisser une quantité raisonnable de bois du côté borgne. Les fabricants de « shoji » (portes coulissantes japonaises) sont extrêmement talentueux et fiers de ne laisser qu'une infime quantité de bois du côté borgne. La méthode décrite ci-dessous est la méthode occidentale traditionnelle.

Tracer le joint

Mesurez la largeur du montant afin de calculer la profondeur de la mortaise ainsi que la longueur du tenon. La longueur du tenon doit représenter à peu près les trois quarts de la largeur du bois (1).

En vous servant d'un couteau à tracer et d'une équerre, tracez une ligne d'épaulement autour de la traverse à distance correcte du bout (2). Ajustez un trusquin à mortaise sur la largeur d'un bédane et positionnez la semelle de façon à centrer les pointes sur les chants de l'ouvrage. Tracez les lignes du tenon sur le bout et délimitez le rebut.

Tracez la position et la largeur de la traverse sur le chant intérieur du montant (3), et prolongez les lignes en travers, puis tracez au trusquin le contour de la mortaise entre les deux autres lignes.

Afin d'établir la profondeur de coupe de la mortaise, collez une bande de ruban adhésif autour de la lame du ciseau. Positionnez le ruban un petit peu au-dessus de la longueur du tenon et du côté tranchant du ciseau (4).

Tailler le joint

Sciez le rebut autour du tenon comme décrit précédemment. Évidez la mortaise, en ne travaillant qu'à partir d'un seul côté et arrêtez-vous lorsque la bande de ruban adhésif est à niveau avec la surface du montant (5). Assurez-vous que le tranchant aussi soit bien à niveau dans le fond de la mortaise.

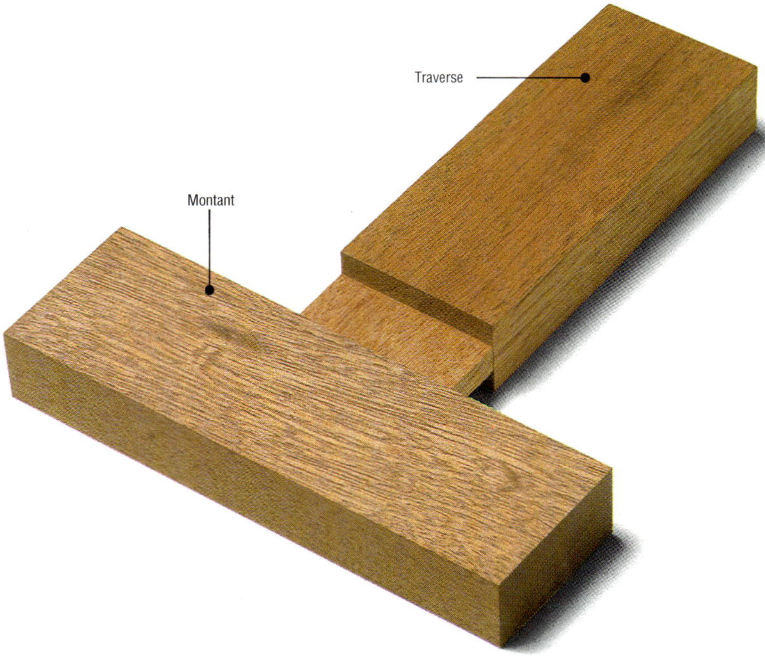

Assemblages à tenon et mortaise arrêté

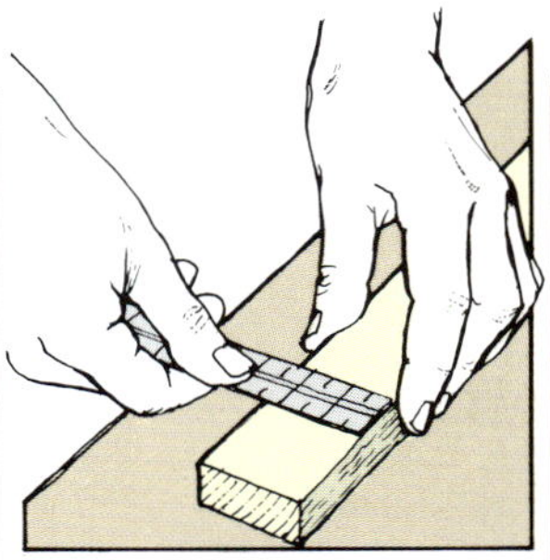

1 Mesurez la largeur de la pièce de bois

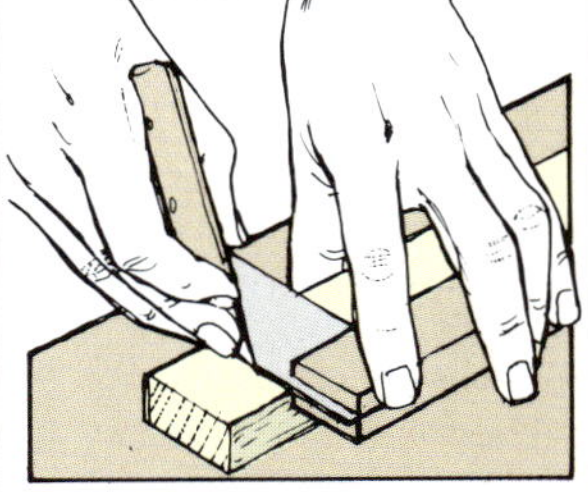

2 Tracez la ligne d'épaulement

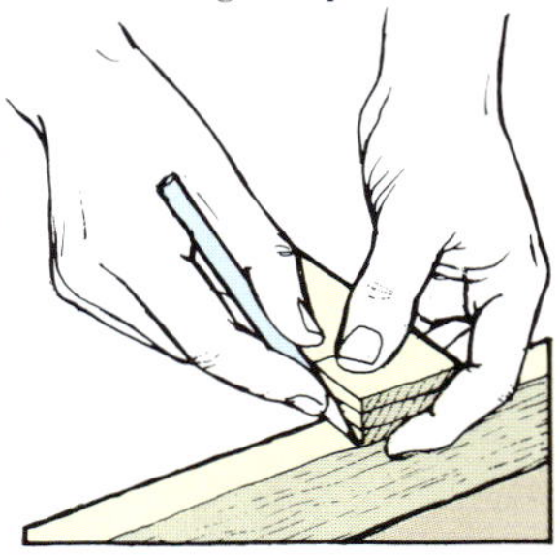

3 Reportez la largeur de la traverse

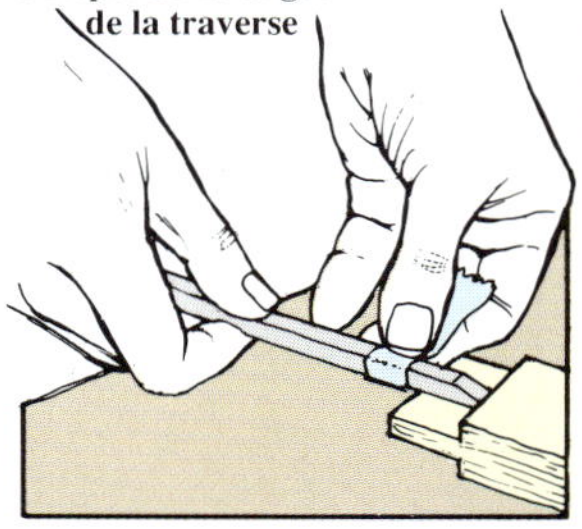

4 Posez le ruban adhésif guide

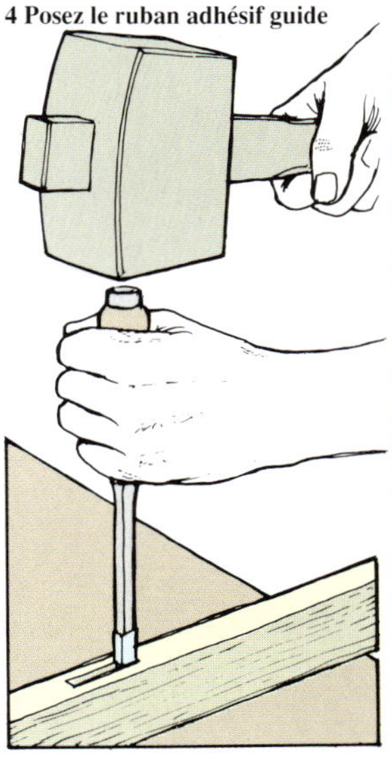

5 Enfoncez le ciseau jusqu'au ruban adhésif

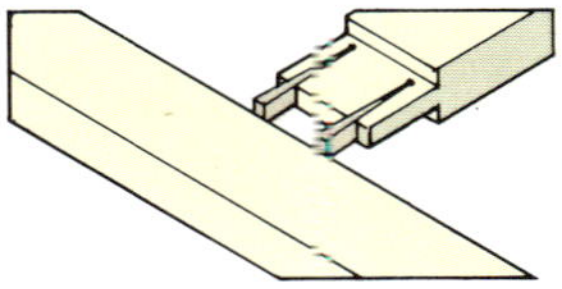

ASSEMBLAGE À TENON ET MORTAISE ARRÊTÉ AVEC CLAVETTES

Un joint à tenon et mortaise arrêté peut être renforcé avec des clavettes invisibles afin d'augmenter sa capacité de résistance. Les éléments doivent être taillés avec une grande précision, car une fois assemblés, il est impossible de les séparer pour les ajuster.

Insertion des clavettes

Les bouts des clavettes sont appuyés contre le côté borgne de la mortaise dont l'épaisseur ne doit pas être inférieure à 9 mm. Taillez à la scie deux fentes dans le tenon, à 6 mm de ses chants, et percez un petit trou à l'extrémité de celles-ci.

Fabriquez deux clavettes de même largeur et longueur que le tenon, et dont le bout le plus épais doit être d'au moins 3 mm. Élargissez les deux côtés de la mortaise en une inclinaison effilée ne dépassant pas 3 mm sur le fond de la mortaise. Encollez le joint et les cales de colle. Insérez les cales dans les fentes et assemblez le joint. Serrez-le avec des serre-joints en plaçant des pièces de rebut entre les mâchoires du serre-joints et le joint. Les clavettes s'enfoncent dans les fentes en écartant le bout du tenon qui tient alors fermement dans la mortaise.

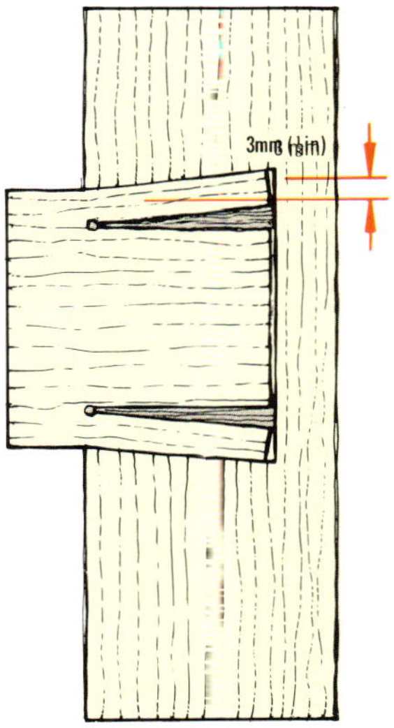

Assemblage à queue de renard
Les clavettes invisibles écartent le tenon à l'intérieur de la mortaise, bloquant celui-ci.

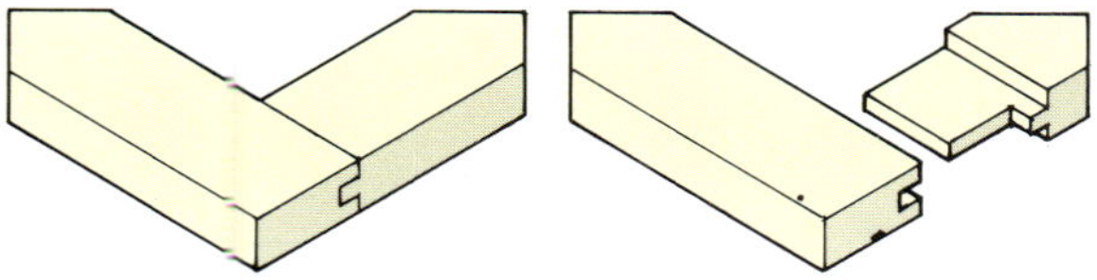

ASSEMBLAGES À TENON ET MORTAISE À RENFORT

Un assemblage à tenon et mortaise en coin d'un traditionnel cadre rectangulaire présente un problème particulier si les chants extérieurs doivent être à ras. Afin que la traverse soit bien soutenue, il faut que le tenon ait toute sa largeur, mais cela voudrait dire que la mortaise serait ouverte comme dans un joint à enfourchement et relativement peu résistante. Le renfort sert donc à résoudre ce problème. Il permet de diminuer la largeur du tenon ainsi que d'arrêter la mortaise avant le bout du montant. Ce renfort peut être droit ou bien oblique.

Le renfort oblique ou « secret » s'utilise lorsque l'aspect de l'ouvrage est important, tel que le cadre de la porte à panneau d'un meuble ou le joint entre le barreau et le pied avant d'une chaise. L'assemblage à tenon et mortaise à renfort est généralement arrêté lorsqu'il est utilisé en ébénisterie et traversant lorsqu'il est utilisé en menuiserie.

Tracer l'assemblage

La proportion du renfort par rapport au tenon et à la mortaise est importante pour l'efficacité de l'assemblage. En règle générale, la largeur du renfort ne doit pas dépasser le tiers de la largeur du tenon, tandis que sa longueur doit être équivalente à l'épaisseur de ce dernier (1).

La méthode de base décrite ci-dessous correspond à un joint à tenon et mortaise arrêté à renfort droit entre deux éléments de même épaisseur.

Commencez par marquer la longueur du tenon, qui doit normalement correspondre au trois quart de la largeur du montant. Prolongez la ligne d'épaulement autour de la traverse avec un trusquin à tracer. Ajustez un trusquin à mortaise à la largeur de votre ciseau, et ajustez la semelle de façon que les pointes soient centrées sur les chants de l'ouvrage. Tracez les lignes du tenon autour du bout. Marquez la largeur du tenon avec un trusquin à tracer ajusté sur les deux tiers de la largeur de la traverse (2). Tracez les lignes sur les deux faces et sur le bout, en commençant par le chant de parement intérieur. Tracez la longueur du renfort sur le chant supérieur. Prolongez la ligne en travers du bout et le long des côtés pour rencontrer la ligne supérieure du tenon (3). Délimitez le rebut en le hachurant.

Taillez le montant à la dimension voulue en laissant à peu près 18 mm de bois supplémentaire en bout. La « corne » comme on appelle cette quantité de bois supplémentaire soutient le bout du montant lorsque l'on taille la mortaise. On scie celle-ci une fois que le joint est assemblé et que la colle est sèche.

Reportez les lignes de largeur du tenon sur le chant du montant (4) et prolongez les autour de celui-ci. Tracez l'épaisseur de la mortaise sur les chants à l'aide d'un trusquin à mortaise et prolongez les lignes jusque sur le bout (5). Ajustez un trusquin à tracer sur la longueur du renfort et tracez une ligne en bout entre les tracés de la mortaise (6). Hachurez la partie rebut.

Tailler l'assemblage

Retirez le rebut de la mortaise avant de tailler le renfort. Si vous utilisez un ciseau, délimitez la profondeur de coupe en apposant un morceau de ruban adhésif à la hauteur voulue. Si vous travaillez à la perceuse, ajustez bien la profondeur de coupe.

Commencez maintenant à tailler le renfort. Positionnez le montant dans une presse et sciez le long des traces jusqu'à la ligne de profondeur située sur le bout (7). Taillez la rainure à partir du bout en maintenant le ciseau parallèle à l'ouvrage (8). Retirez de fines tranches plutôt que de tout découper en une fois, évitant ainsi de tailler trop profondément à cause des irrégularités du bois.

Commencez par tailler le tenon le long des lignes d'épaisseur. Positionnez l'ouvrage verticalement dans la presse et sciez sur la ligne supérieure du tenon. Repositionnez l'ouvrage horizontalement dans la presse et débitez le rebut en coin le long de la ligne du renfort. Terminez en sciant le long des lignes d'épaulement afin de retirer le reste du rebut.

Essayez le tenon dans la mortaise, si l'épaulement ne s'appuie pas correctement contre la surface du montant, approfondissez soit la mortaise, soit la rainure du renfort.

Après avoir collé les éléments du joint, sciez la corne à ras avec le chant de la traverse.

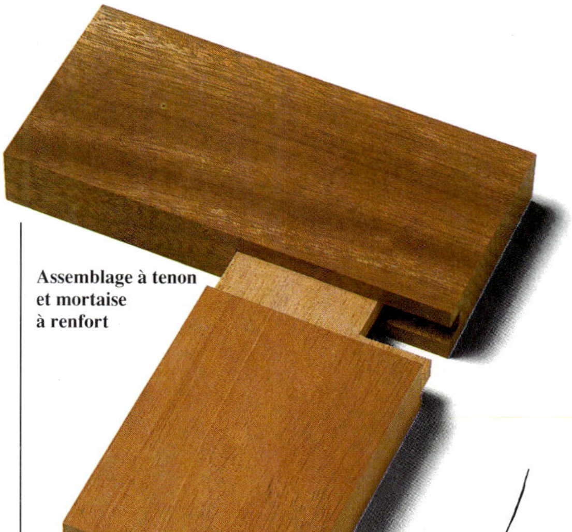

Assemblage à tenon et mortaise à renfort

Renfort oblique

À quelques exceptions près, le renfort oblique se trace et se taille de la même façon que le renfort droit. Utilisez la même méthode de traçage pour la traverse, mais rajoutez une ligne pour l'inclinaison du renfort (1). Sciez le long de cette ligne lorsque vous taillez le rebut en coin.

Lorsque vous tracez au trusquin sur le montant, il n'est pas utile de prolonger les lignes sur le bout. Taillez l'inclinaison du renfort après avoir évidé la mortaise (2).

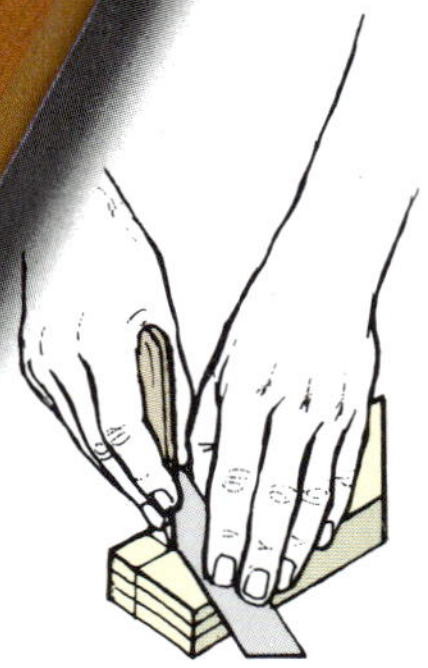

1 Tracez l'inclinaison

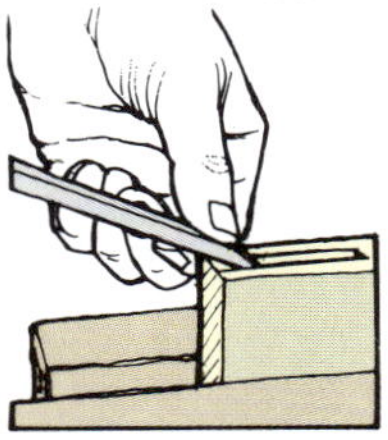

2 Taillez l'inclinaison

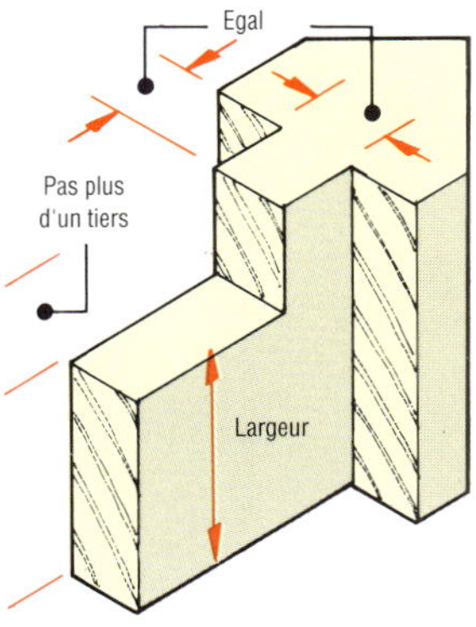

1 Guide général des proportions

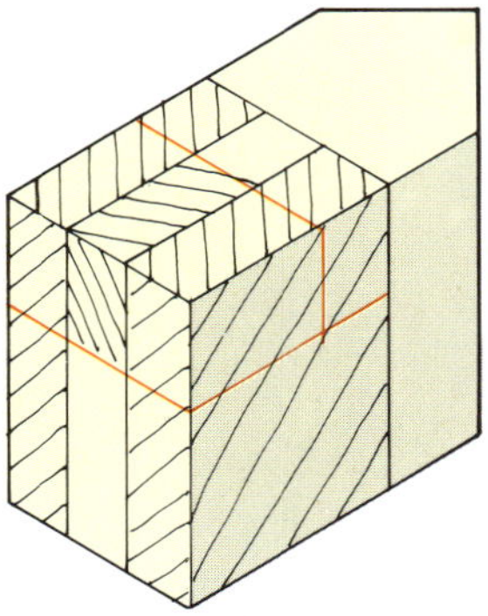

3 Tracez la ligne de longueur du renfort

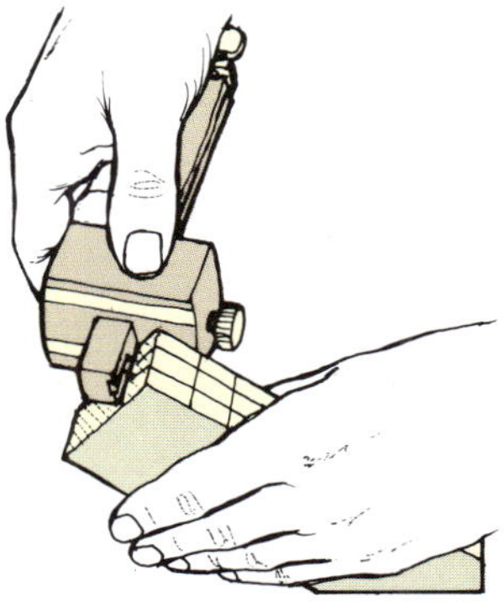

5 Mesurez le chant et le bout

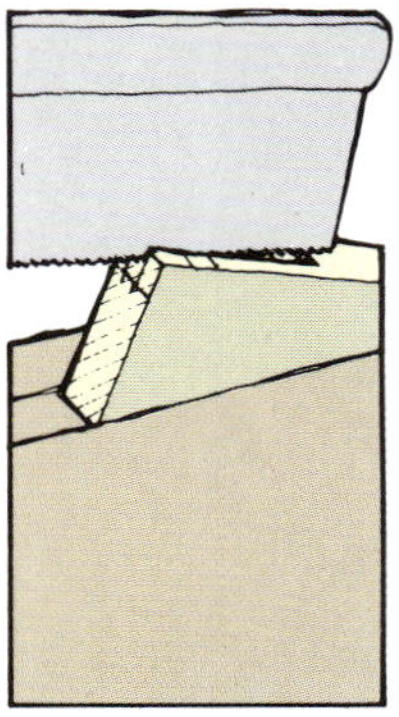

7 Sciez jusqu'aux marques en bout

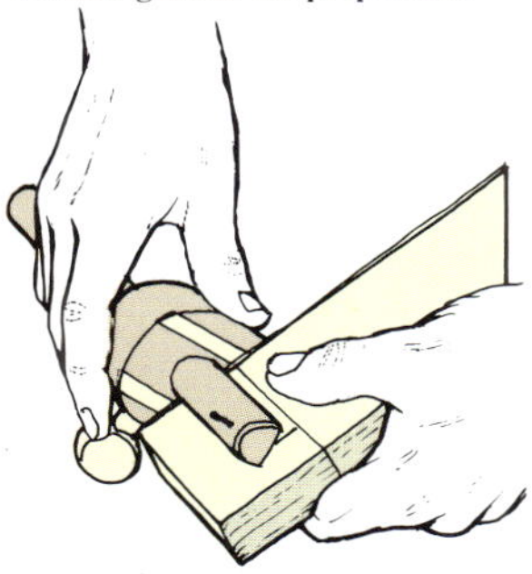

2 Tracez la ligne de largeur du tenon

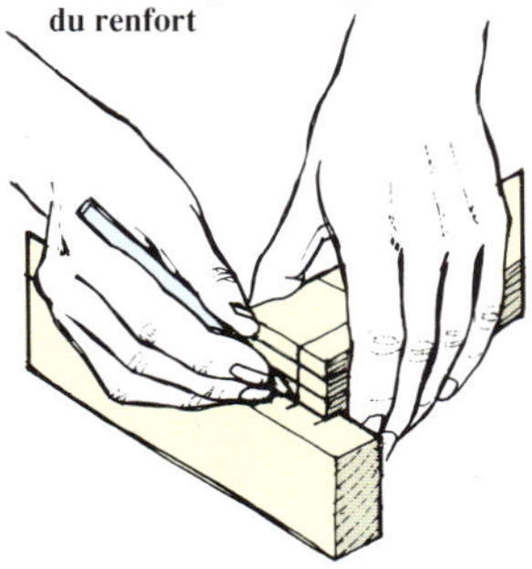

4 Reportez les lignes du tenon

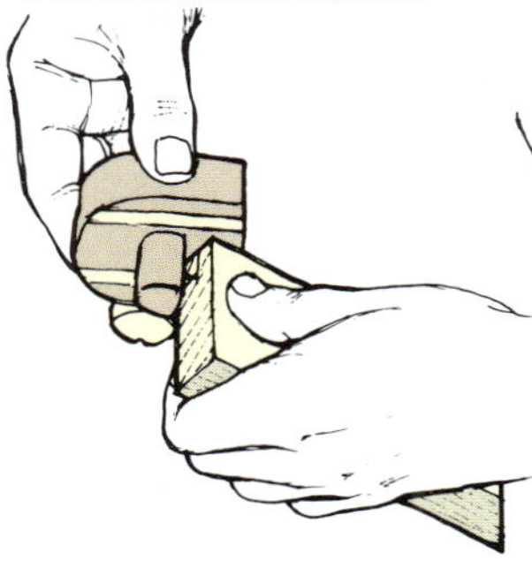

6 Tracez la longueur du renfort

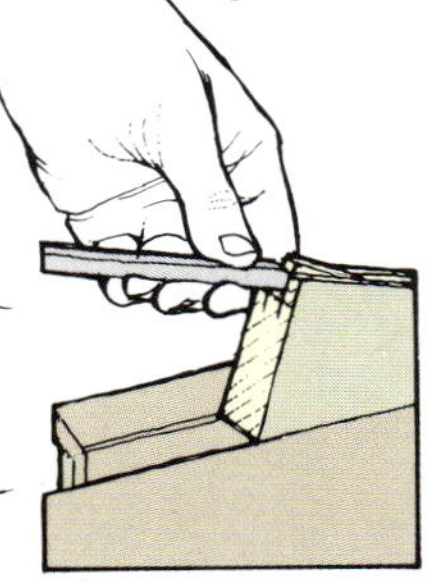

8 Évidez le rebut au ciseau

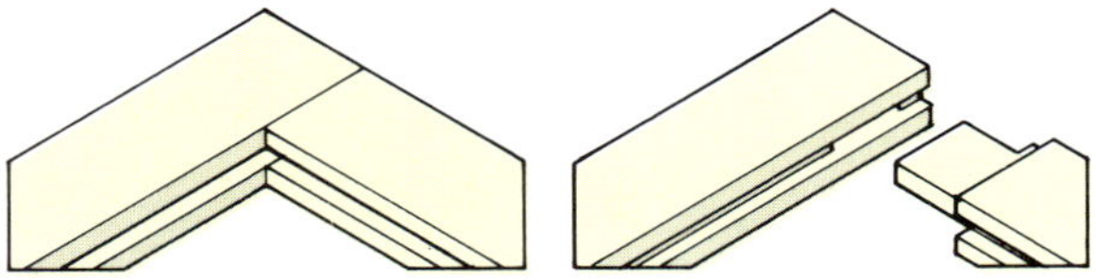

ASSEMBLAGE À TENON ET MORTAISE POUR CADRE RAINURÉ

Le cadre de la porte à panneau d'un meuble est généralement rainuré afin d'admettre le panneau. Le renfort de l'assemblage à tenon et mortaise sert à soutenir la traverse, mais il bouche aussi l'extrémité de la rainure du montant. L'épaisseur du tenon et de la mortaise est calculée de façon à correspondre à celle de la rainure.

L'épaisseur de la rainure représente généralement un tiers de celle des éléments du joint ; elle est centrée sur les chants intérieurs selon la méthode traditionnelle pour ajuster les joints à tenon et mortaise. Ceci n'est cependant pas toujours le cas, et l'épaisseur et la position du joint peuvent varier en fonction de la taille et de la position de la rainure. Taillée à la main, la rainure peut être découpée avant ou après l'assemblage.

VOIR AUSSI
La fabrication des chaises 51
La fabrication des portes 66
Les outils de mesurage et de traçage 76/79
Les rabots à feuillurer 92
Les bouvets et rabots à combinaisons 96/97
Les défonceuses 143/146

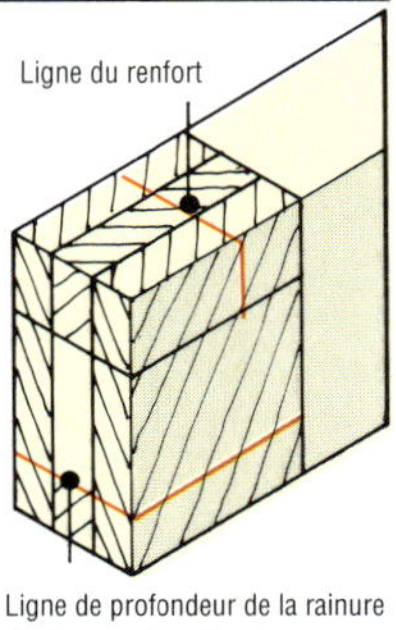

1 Tracez les lignes de coupe

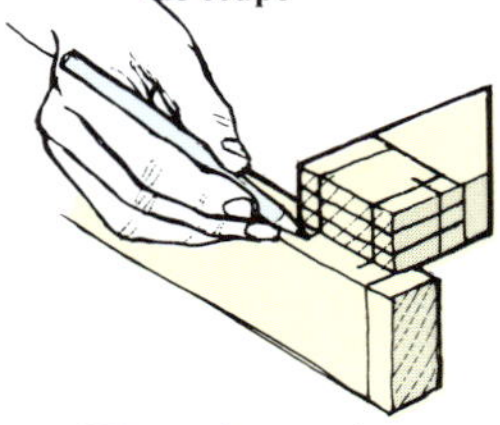

2 Tracez la mortaise

Tracer l'assemblage

Ajustez un trusquin à mortaise sur la largeur de la lame d'un rabot à rainurer et du bédane à mortaise correspondant. Ajustez la semelle du trusquin et tracez la rainure sur les chants intérieurs des traverses et des montants. Prolongez ces lignes jusqu'au bout des traverses et des montants et gardez ce procédé pour tracer le tenon et la mortaise à renfort. En plus, ajustez un trusquin à tracer sur la longueur du renfort et utilisez celui-ci pour tracer la profondeur de la rainure en bout et sur les côtés (1). Cette ligne représente le chant inférieur du tenon. Vous pouvez aussi commencer par déterminer la profondeur de la rainure et tracer ensuite la longueur du renfort afin qu'il corresponde. Lorsque vous rapportez les dimensions du tenon sur le montant, souvenez-vous que la largeur de la mortaise se trouve réduite afin d'admettre le plus petit tenon, réduit par la profondeur de la rainure (2).

Tailler l'assemblage

Suivez la méthode décrite pour les tenons et mortaises à renforts – mais avant de tailler les épaulements, taillez la ligne inférieure du tenon. Il n'est pas nécessaire d'éliminer au ciseau le rebut de la découpe du renfort sur le montant ; celui-ci sera automatiquement éliminé lorsque vous taillerez la rainure après avoir évidé la mortaise. Rabotez la rainure sur les traverses et les montants. Essayez les joints afin de voir s'ils sont bien ajustés, puis découpez et positionnez le panneau avant de coller les joints.

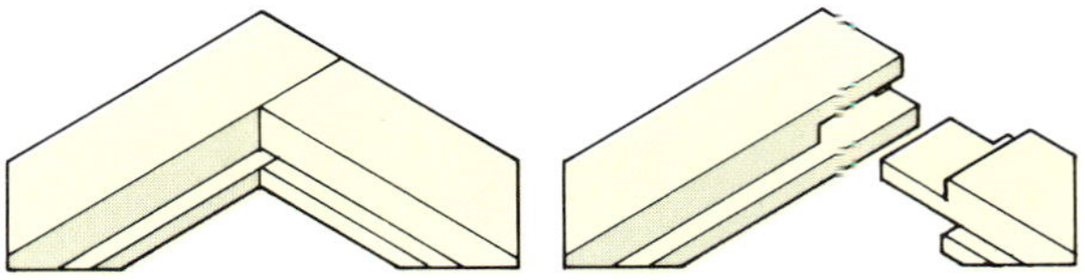

ASSEMBLAGE À TENON ET MORTAISE POUR CADRE FEUILLURÉ

Les cadres des portes de meuble vitrées sont feuillurés et non rainurés pour permettre de retirer et d'installer les vitres. La vitre est maintenue en place par une baguette. Un assemblage à tenon et mortaise dans un cadre feuilluré signifie que la traverse doit avoir un épaulement court et un épaulement long. L'épaulement court remplit la place laissée par la feuillure. Comme pour le cadre rainuré, il est plus facile de tracer et de découper l'assemblage avant de tailler la feuillure.

Tracer l'assemblage

Tracez la largeur et la profondeur de la feuillure sur le chant intérieur des traverses et des montants avec un trusquin à tracer. Ajustez la profondeur sur les deux tiers de l'épaisseur des éléments de façon qu'elle corresponde avec la ligne du tenon. En accord avec la méthode décrite pour tracer l'assemblage à tenon et mortaise à renfort, mesurez et tracez la ligne de l'épaulement long sur la face de la traverse. Prolongez au crayon la ligne sur les chants supérieurs et inférieurs. Mesurez la largeur de la feuillure à partir de cette ligne, afin de tracer l'épaulement court sur la face intérieure, puis prolongez cette ligne sur les chants. Mesurez et tracez la longueur et la largeur du renfort à partir de l'épaulement court, puis utilisez le trusquin à mortaise pour tracer l'épaisseur du tenon.

Rapportez les lignes de largeur du tenon sur le montant et tracez l'épaisseur de la mortaise. Prolongez le tracé en bout et tracez la profondeur de la découpe du renfort, calculée à partir de la ligne de l'épaulement long sur la traverse. Terminez en délimitant la partie rebut.

Tailler l'assemblage

Taillez l'assemblage de la même façon que l'assemblage pour cadre rainuré. Rabotez la rainure après avoir taillé l'assemblage. Taillez le reste du rebut autour de la découpe du renfort de la même façon que pour l'assemblage à tenon et mortaise à renfort.

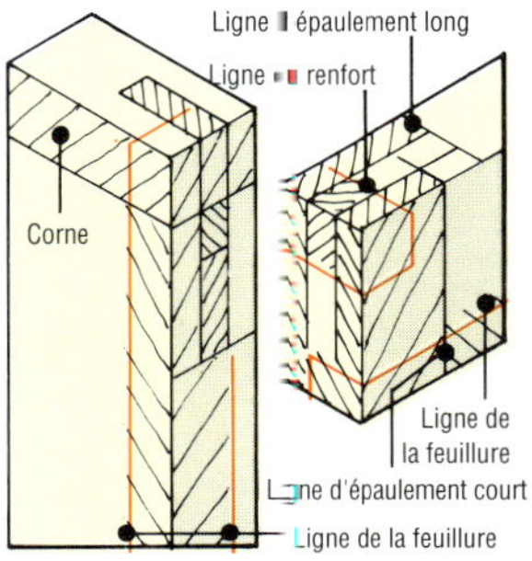

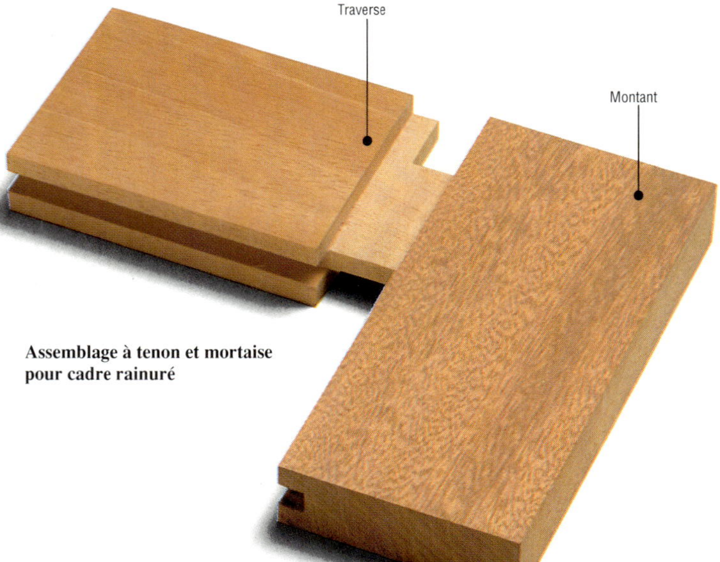

Assemblage à tenon et mortaise pour cadre rainuré

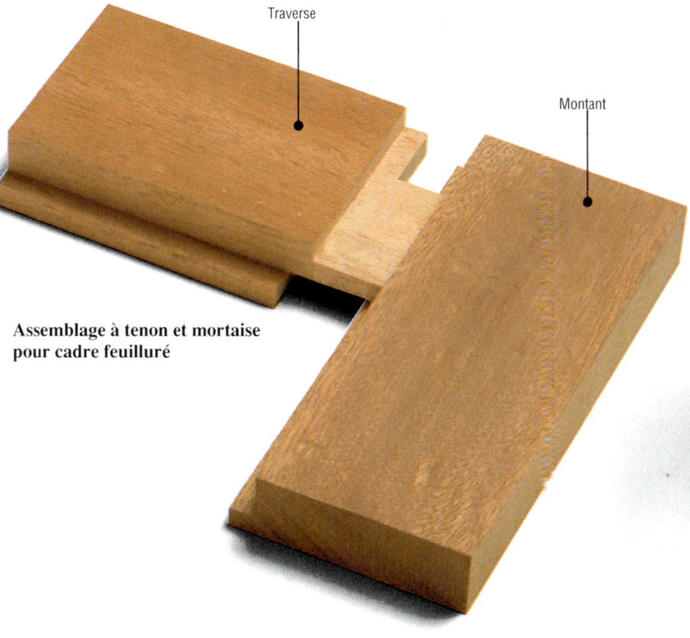

Assemblage à tenon et mortaise pour cadre feuilluré

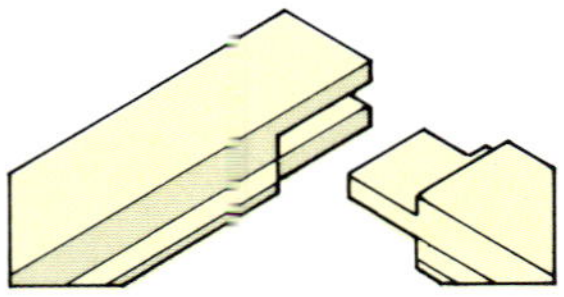

ASSEMBLAGE À TENON ET MORTAISE POUR CADRE MOULURÉ

Il est nécessaire de tailler la moulure d'onglet. Il est courant que la profondeur de la feuillure et de la moulure coïncident, ce qui permet de tailler la moulure au ciseau afin de laisser un épaulement plat. Réduisez la moulure du montant afin qu'elle soit de même largeur que la traverse. Taillez d'onglet l'extrémité de la moulure après avoir taillé l'assemblage.

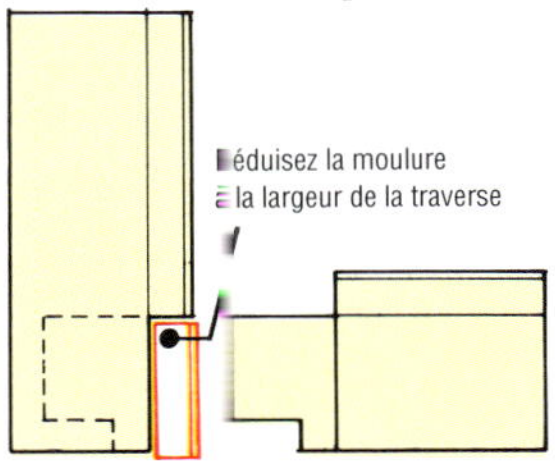

Taillez la moulure du montant

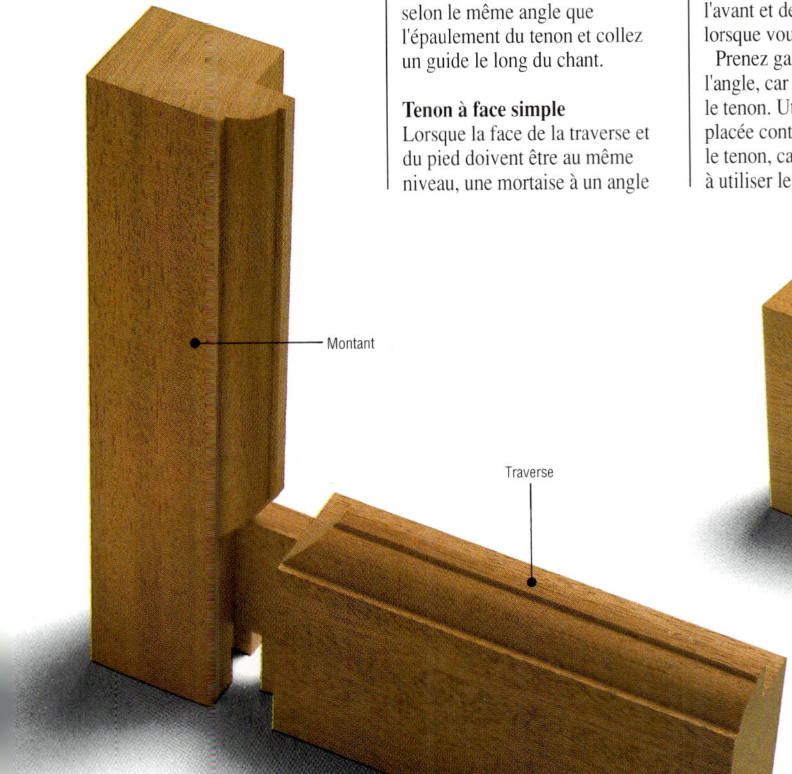

Assemblage à tenon et mortaise pour cadre mouluré

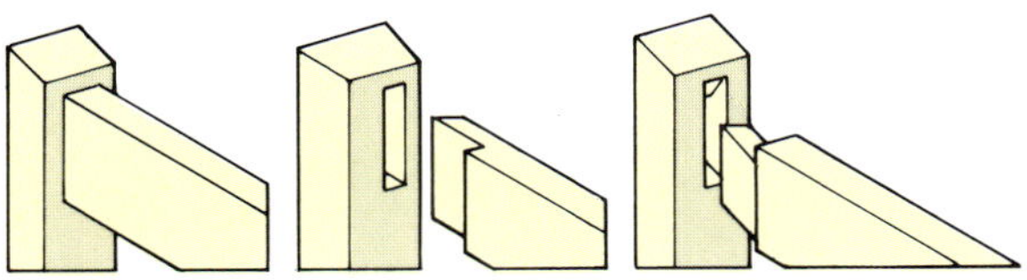

ASSEMBLAGE À TENON ET MORTAISE À ANGLES

Les assemblages à tenon et mortaise simple ou à renfort sont utilisés dans la construction des châssis de chaises. Le dessin d'une chaise veut parfois que l'avant soit plus large que l'arrière. Si les traverses latérales sont assemblées à la fois à la partie avant et à la partie arrière, les traverses doivent être positionnées à l'oblique. Il existe plusieurs solutions en fonction de la proportion des éléments. Le tenon peut être soit sur le même axe que la traverse, soit à l'oblique par rapport à celle-ci. Il peut aussi être nécessaire de décaler le tenon afin de fabriquer un assemblage à tenon et mortaise à face simple.

Tracez l'assemblage de la même façon que pour un joint droit, mais utilisez un biseau ajustable, ajusté sur l'angle voulu. Dessinez un plan de l'assemblage grandeur nature sur lequel vous pourrez ajuster le biseau.

Mortaise à un angle

Pour faciliter le traçage, et optimiser la résistance du tenon, il vaut mieux que le tenon soit dans le même axe que la traverse, c'est pourquoi on taille la mortaise à l'oblique. Afin de pouvoir tenir le ciseau ou la perceuse verticalement pour faciliter leur alignement et leur manipulation, fabriquez un gabarit afin d'y positionner le montant à l'angle voulu. Rabotez une courte planche selon le même angle que l'épaulement du tenon et collez un guide le long du chant.

Tenon à face simple

Lorsque la face de la traverse et du pied doivent être au même niveau, une mortaise à un angle peut affaiblir le côté du pied. Si tel est le cas, fabriquez un tenon à face simple afin d'éloigner la mortaise du chant.

Tenon oblique

Dans certains cas, vous préférerez peut-être tailler la mortaise droite et donner un angle au tenon. Cette méthode positionne les tenons sur chaque traverse, parallèle l'un par rapport à l'autre, ce qui facilite grandement l'assemblage de l'avant et de l'arrière de la chaise lorsque vous les collez.

Prenez garde de ne pas exagérer l'angle, car le fil court affaiblira le tenon. Utilisez une équerre placée contre le biseau pour tracer le tenon, car vous ne réussirez pas à utiliser le trusquin à mortaise.

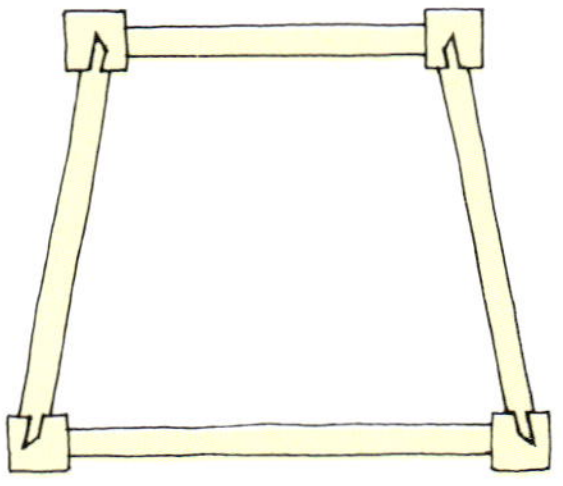

Mortaise à angle
Fabriquez un gabarit afin de maintenir l'outil de coupe à la verticale.

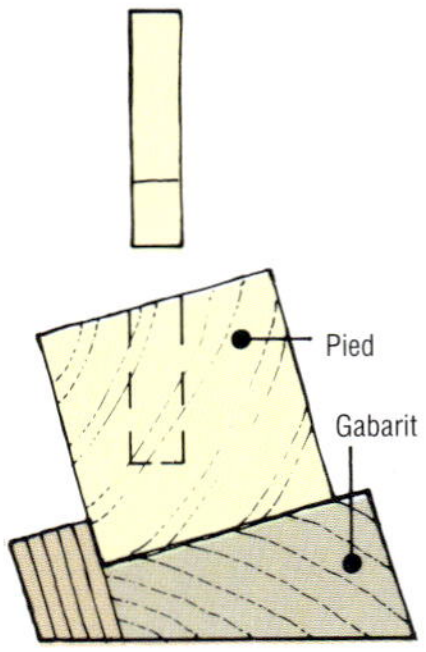

Fabriquer un gabarit
Fixez un guide sur une base à angle.

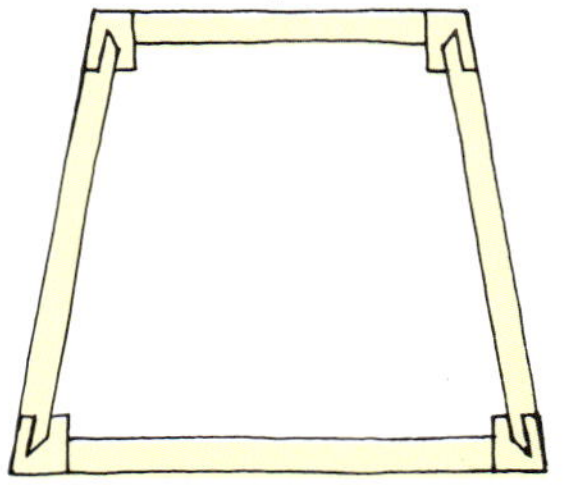

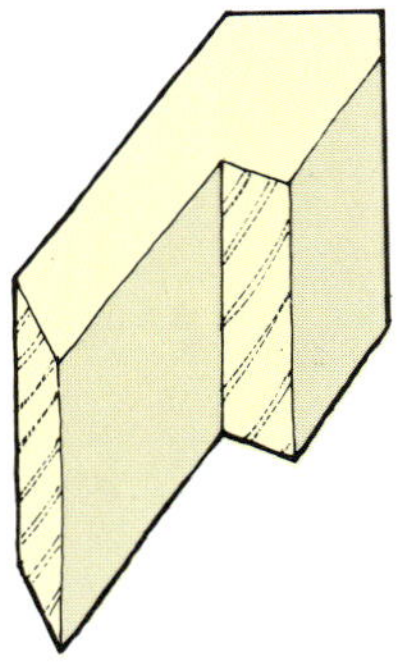

Tenon bâtard
Utilisez un tenon bâtard afin d'éviter que la mortaise n'affaiblisse le pied.

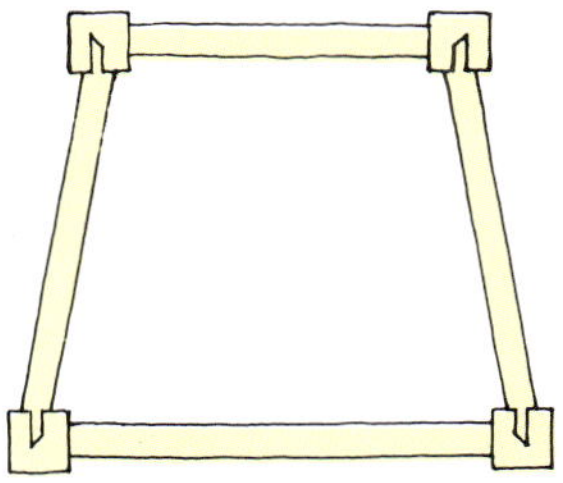

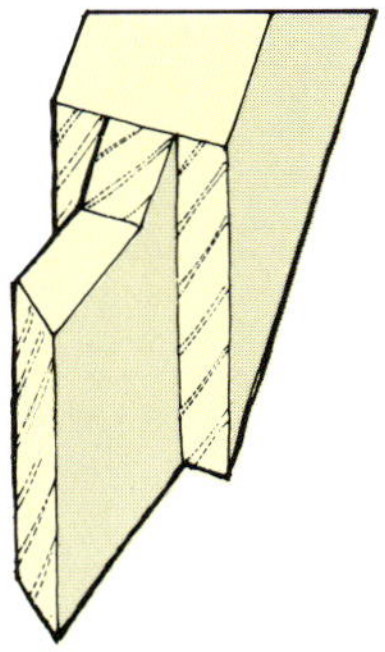

Tenon à angle
Les tenons à angle facilitent l'assemblage d'un cadre lors du collage.

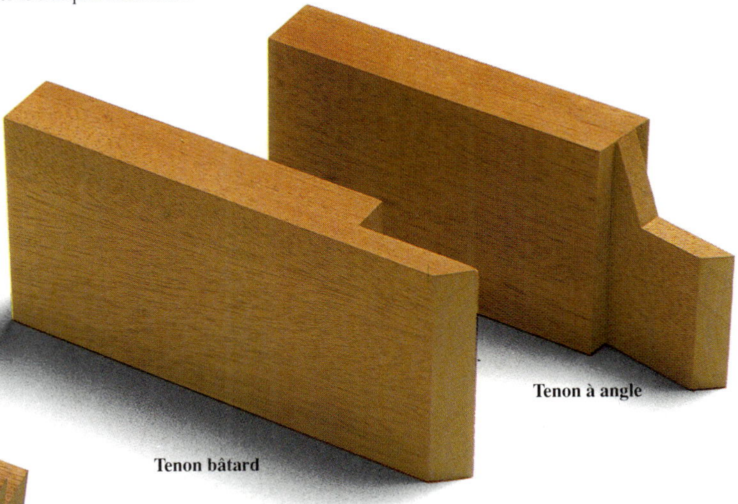

Tenon bâtard

Tenon à angle

VOIR AUSSI

La fabrication des chaises	51/54
La fabrication des tables	56/60
Les outils de mesurage et de traçage	76/79
Les gouges	100
Assemblages taillés à la machine	162, 169, 177

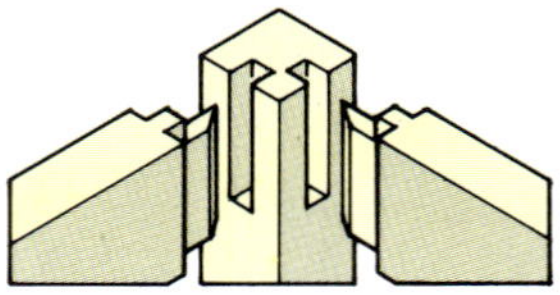

ASSEMBLAGE D'ANGLES À TENON ET MORTAISE

Les assemblages d'angle à tenon et mortaise utilisés dans la fabrication d'une table ou d'une chaise sont tracés et taillés comme décrit précédemment. En ce qui concerne le montant (le pied), les mortaises sont tracées sur les faces adjacentes. Il est normal que le joint soit symétrique et que les mortaises se rencontrent. Afin que les traverses soient bien ajustées, il vaut mieux tailler d'onglet les tenons en bout, plutôt que de les raccourcir ; en effet, la plus grande surface de collage augmente la résistance du joint.

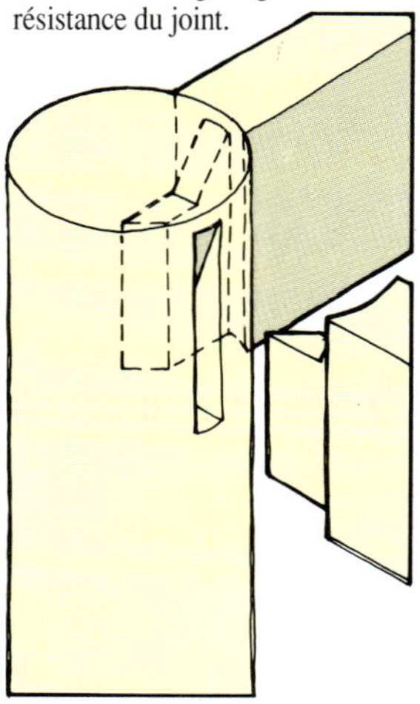

Assemblage d'angle pour pied cylindrique
Tracez et taillez les mortaises avant de tourner le pied. Tracez les épaulements du tenon au trusquin de façon qu'ils correspondent à la courbe du pied.

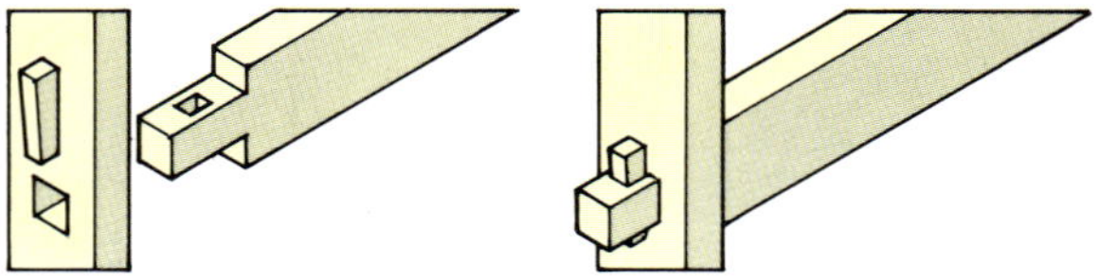

ASSEMBLAGE À TENON ET MORTAISE À CLAVETTE AMOVIBLE

L'assemblage à tenon et mortaise à clavette amovible est démontable, et s'utilise dans la fabrication de table de réfectoire de style Tudor. Il est semblable au traditionnel et plus résistant tenon renforcé, utilisé dans le bâtiment, mais la variante pour l'ébénisterie ne comporte pas de renfort. Les proportions de ce joint doivent donner un épaulement approprié sur la traverse, ainsi qu'un tenon solide qui résistera à l'éclatement qui pourrait être provoqué par la clavette. Celle-ci est généralement insérée verticalement, mais elle peut aussi être insérée horizontalement. La méthode décrite ci-dessous peut être adaptée à vos besoins.

Tracer l'assemblage
La longueur de la partie débordante du tenon doit représenter au moins une fois et demie l'épaisseur du montant. Calculez la longueur du tenon et tracez la ligne d'épaulement autour de la traverse (1). Mesurez la largeur du tenon de façon qu'elle ne soit pas inférieure au tiers de la largeur de la traverse (2). Tracez l'épaisseur du montant à partir de la ligne d'épaulement et prolongez cette ligne autour de la traverse (3). Délimitez le rebut. Marquez la largeur et la position du tenon sur le montant et prolongez les lignes tout autour ; enfin, centrez et tracez au trusquin l'épaisseur du tenon entre ces lignes (4).

Tailler l'assemblage
Percez ou évidez la mortaise en travaillant à partir des deux côtés. Sciez le rebut de la traverse, et introduisez le tenon dans la mortaise ; le tenon doit pouvoir coulisser dans la mortaise.
En serrant bien l'épaulement du tenon contre la mortaise, tracez l'épaisseur du montant sur la face supérieure du tenon (5). Séparez les deux éléments composant l'assemblage, et tracez la longueur de la mortaise de la cale de façon à ce qu'elle soit identique à l'épaisseur du montant, mais positionnez la 3 mm en avant de la première ligne tracée (6). Prolongez ces lignes autour du tenon. Ajustez un trusquin à mortaise sur un tiers de l'épaisseur du tenon et tracez l'épaisseur de la mortaise (7). Fabriquez une cale à un côté oblique et d'une longueur équivalente à trois fois la largeur du tenon. Donnez à la cale une inclinaison de 1-6.

Maintenez la cale sur les côtés du tenon au même niveau que la ligne de mortaise intérieure et tracez l'inclinaison (8). Prolongez cette ligne sur la partie inférieure du tenon. Evidez la mortaise en étant particulièrement soigneux lorsque vous taillez la face inclinée. Assemblez le joint et frappez légèrement sur la cale afin de resserrer l'assemblage.

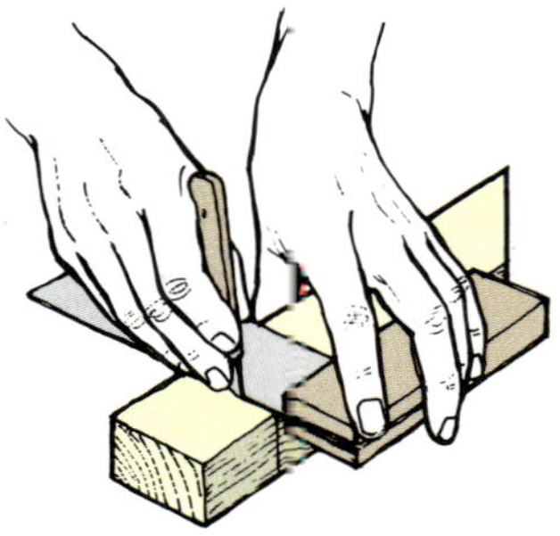

1 Tracez la ligne d'épaulement du tenon

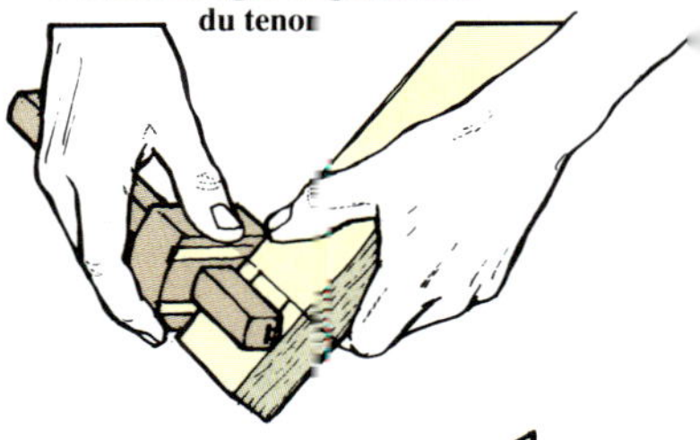

2 Mesurez la largeur du tenon

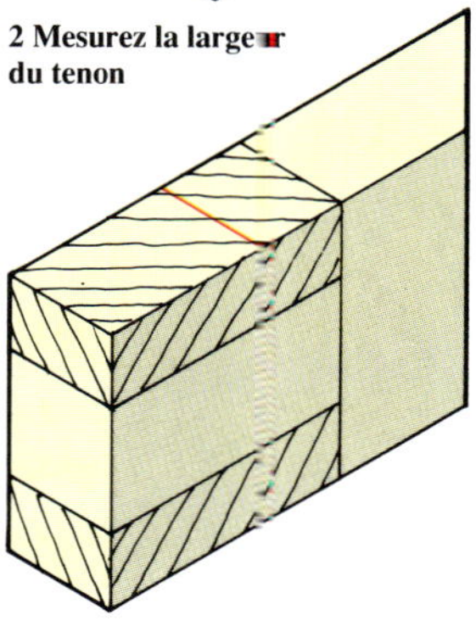

3 Tracez l'épaisseur du montant

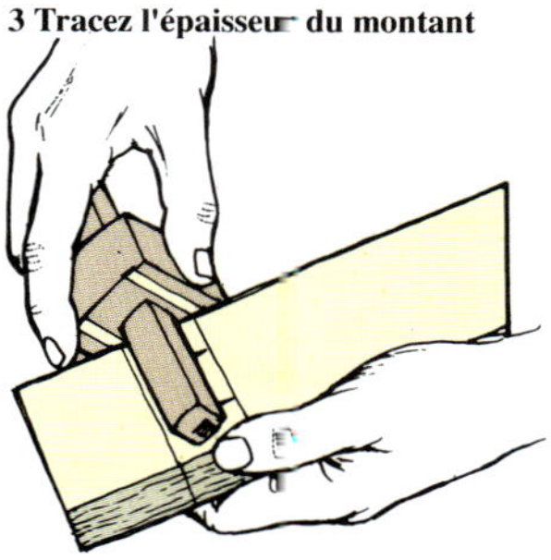

4 Mesurez l'épaisseur du tenon

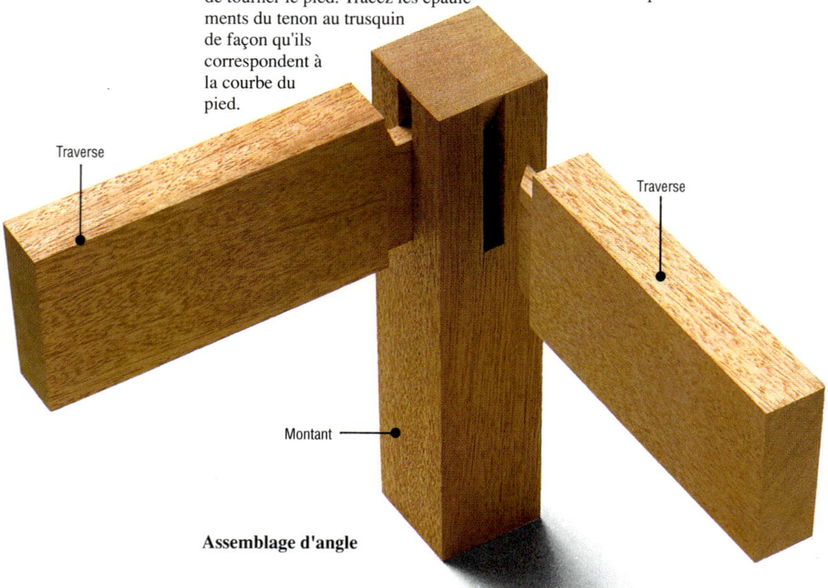

Assemblage d'angle

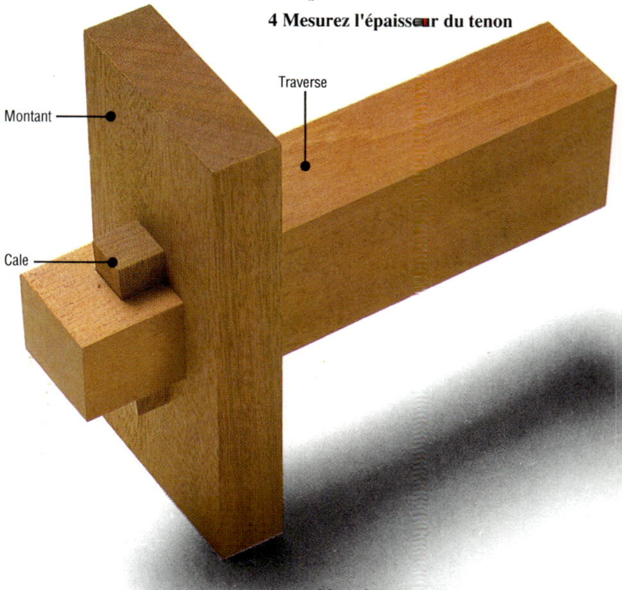

Assemblage à tenon et mortaise à cale amovible

ASSEMBLAGE À ENFOURCHEMENT

L'assemblage à enfourchement rejoint l'assemblage à tenon et mortaise dans la méthode utilisée pour le tracer. Le tenon de l'assemblage représente généralement un tiers de l'épaisseur du bois, mais peut être supérieur lorsque une traverse est assemblée en « T » à un montant plus épais.

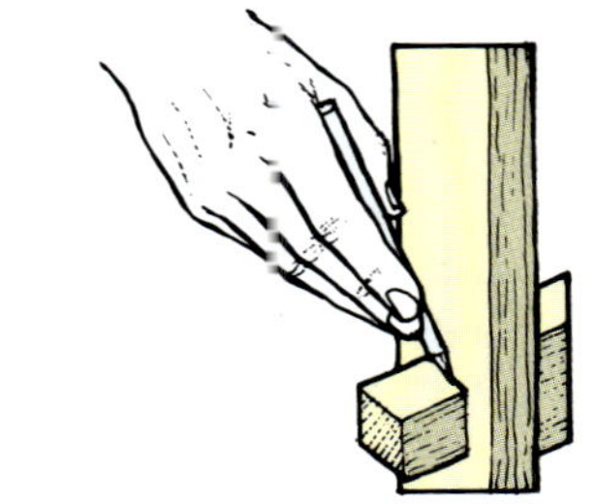

5 Tracez la partie supérieure du tenon

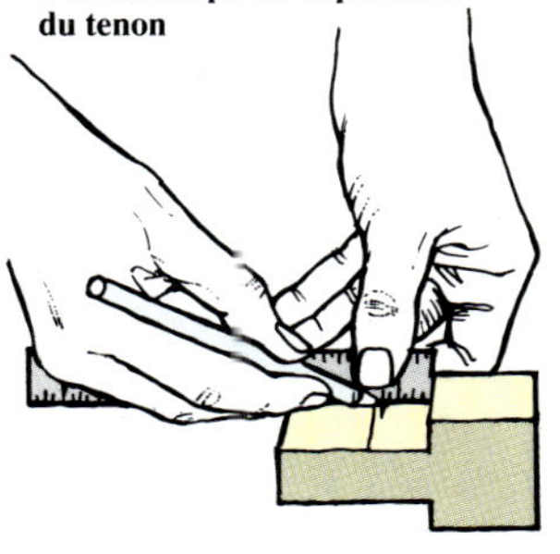

6 Tracez une ligne intérieure à 3 mm

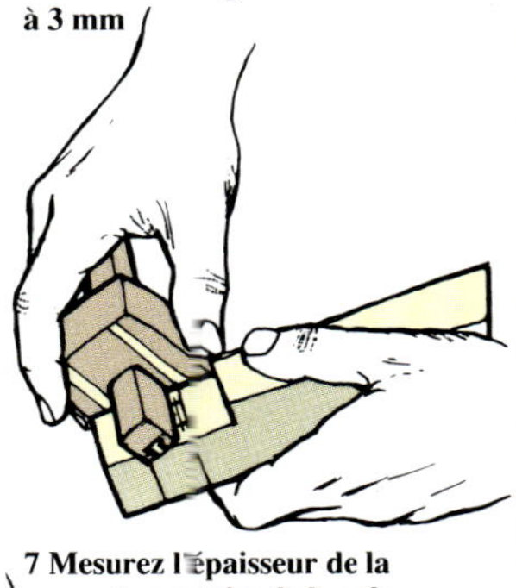

7 Mesurez l'épaisseur de la mortaise de la cale

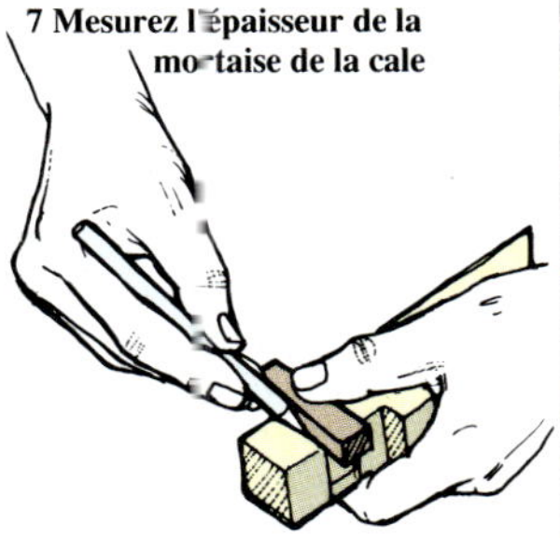

8 Tracez l'inclinaison de la cale

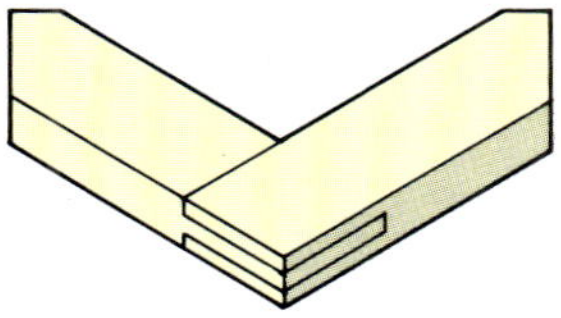

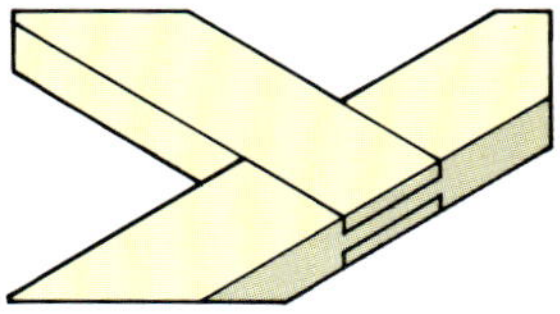

Tracer l'assemblage
Pour un enfourchement d'angle, tracez la largeur du montant en bout de la traverse.
Laissez toujours un peu de rebut supplémentaire, que vous pourrez raboter une fois le joint assemblé et collé. Tracez la ligne d'épaulement autour de la traverse, avec un couteau à tracer et n'appliquez qu'une légère pression sur les chants.

Tracez la largeur de la traverse sur le montant, et prolongez la ligne d'épaulement au crayon.

Ajustez un trusquin à tracer sur le tiers de l'épaisseur de la traverse. Il n'est pas nécessaire d'ajuster le trusquin sur la largeur du tranchant d'un bédane comme pour tracer un assemblage à tenon et mortaise, mais cela peut être utile lorsque vous nettoyez l'épaulement du tracé de la mortaise.

Ajustez la semelle de façon à centrer la pointe et tracez les lignes du tenon par dessus le bout. Tracez la découpe de la mortaise de façon identique et délimitez le rebut sur chacun des éléments, car à ce stade, ils sont identiques (1).

Tailler l'assemblage
Choisissez une perceuse avoisinant la largeur de la mortaise et percez un trou juste à l'intérieur de la ligne d'épaulement, en travaillant sur chacun des chants (2). Positionnez l'ouvrage dans une presse et sciez jusqu'au trou, en travaillant sur le côté rebut du tracé (3). Réduisez le restant du rebut à niveau avec la ligne d'épaulement (4). Vous pouvez aussi commencer par découper à la scie d'encadreur le long du tracé et terminer en taillant le rebut à la scie à découper. Taillez le tenon de la même façon que pour un assemblage à tenon et mortaise.

Pour tracer et tailler un assemblage à enfourchement traversant (5), travaillez selon la méthode décrite ci-dessus, mais utilisez la méthode décrite pour les assemblages à mi-bois pour tailler le rebut de la traverse.

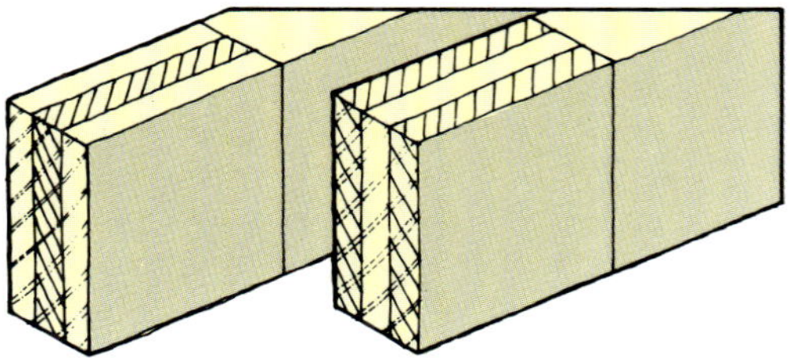

1 Délimitez le rebut sur les deux moitiés

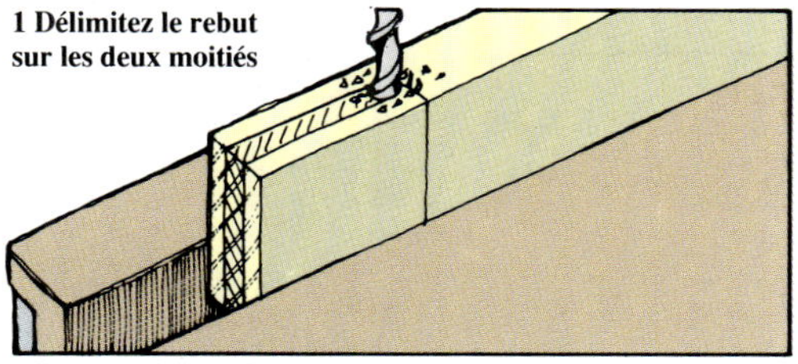

2 Percez près de l'épaulement

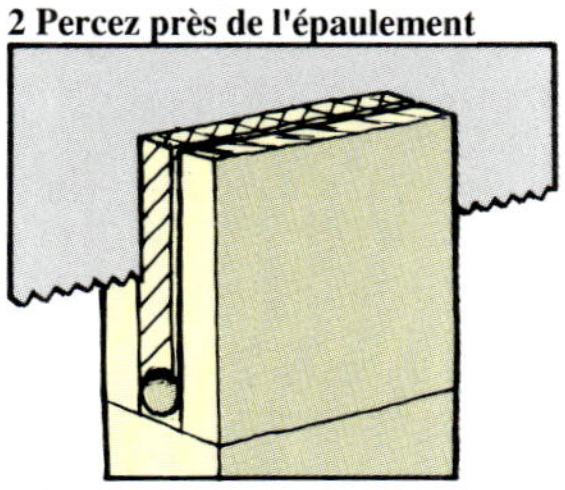

3 Sciez jusqu'au trou

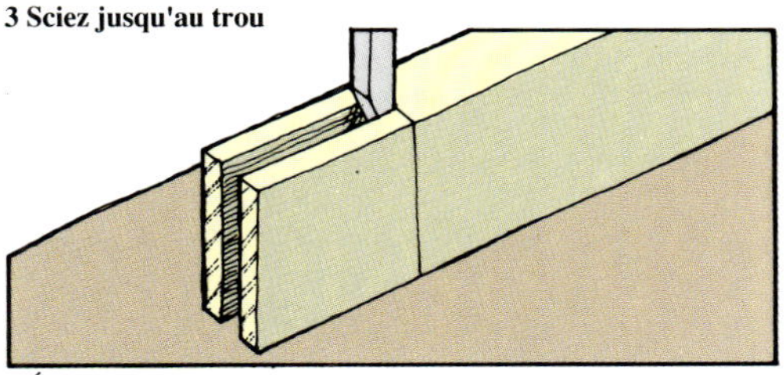

4 Évidez le reste du rebut

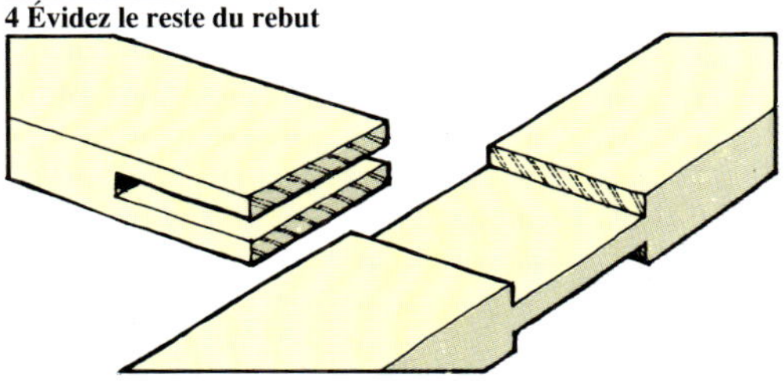

5 Taillez les assemblages à enfourchement en « T » de la même façon

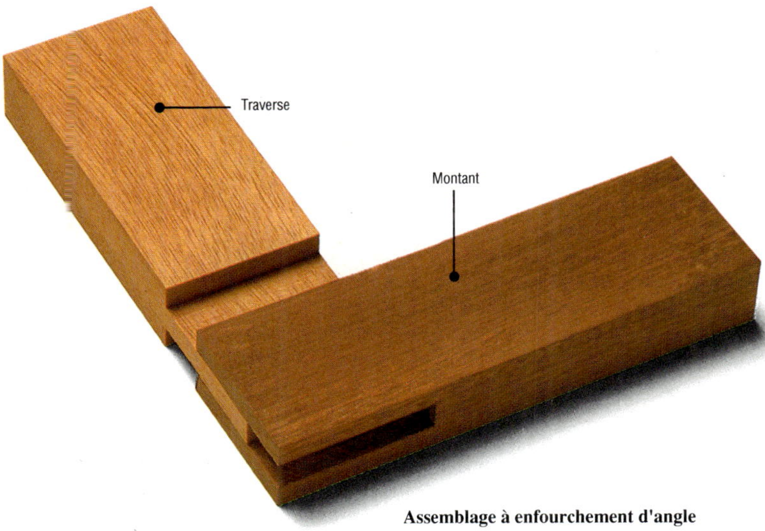

Assemblage à enfourchement d'angle

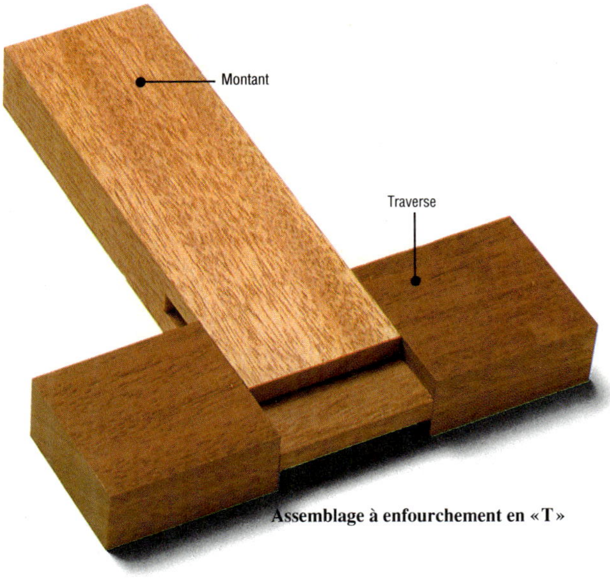

Assemblage à enfourchement en « T »

ASSEMBLAGE CHEVILLÉ

L'assemblage chevillé est relativement simple et facile à tailler. A la base, c'est un assemblage à joint droit, renforcé par des chevilles en bois insérées et collées dans des trous percés dans les deux éléments assemblés. Cette méthode sert pour une multitude d'assemblages utilisés dans la fabrication de cadres et de châssis. L'assemblage chevillé est utilisé par les fabricants de meubles car il est plus économique que l'assemblage à tenon et mortaise. Pour le travail à la main, cet assemblage ne nécessite pas un traçage compliqué et si vous utilisez un gabarit à goujonner, il n'y a presque pas de traçage.

VOIR AUSSI

La fabrication des chaises	51/54
La fabrication des tables	56/60
La fabrication des meubles	63

Baguette à chevilles
La baguette à chevilles est une moulure de section ronde existant dans une variété de diamètres allant de 6 à 47 mm. Pour la plupart de vos travaux, vous n'aurez besoin que des baguettes de 6, 8, 10 et 12 mm. Vérifiez la qualité car elles ne sont pas toujours rondes à cause des variations dues à l'humidité ou du manque de précision des machines.

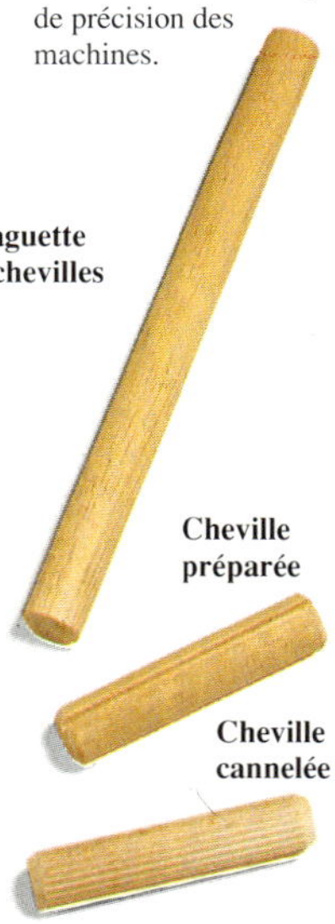

Baguette à chevilles

Cheville préparée

Cheville cannelée

CHEVILLES

Les chevilles sont fabriquées dans des bois durs à texture régulière tels le hêtre, le bouleau, l'érable ou le ramin. Vous pouvez tailler vos propres goujons à partir de baguettes à chevilles du commerce, ou utiliser des chevilles préfabriquées. Si aucune de ces deux solutions ne vous plaît, vous pouvez fabriquer vos chevilles avec un gabarit particulier.

Tailler les chevilles

Utilisez une scie à dents fines pour tailler les chevilles à la longueur désirée. Bloquez le bois sur une cale d'établi ou dans une boîte à onglets. Afin d'éviter que les fibres n'éclatent, tournez la cheville au fur et à mesure que vous la taillez. Si vous taillez plusieurs chevilles à la fois placez une cale en bout afin d'avoir une longueur fixe.

A la scie, taillez une rainure le long des chevilles une fois qu'elles sont taillées à mesure. Cela sert à relâcher la pression hydraulique du trou lorsque la cheville est collée, autrement, le bois risque d'éclater. Terminez en chanfreinant les bouts afin de faciliter l'insertion des chevilles.

Vous pouvez utiliser soit un outil ou une ponceuse particulièrement destinés à chanfreiner les chevilles, soit, pour les plus petites tailles, un taille-crayon.
Les chevilles préfabriquées sont fournies taillées à mesure.
Elles sont chanfreinées et rainurées tout autour, avec des rainures droites ou en spirale.

Le taille-goujons est une épaisse plaque en acier, équipée de trous à goujons aux diamètres standards. Cet outil sert à façonner des goujons ou chevilles aux dimensions voulues, à partir de longueurs de bois aux formes irrégulières que l'on fait passer dans le trou adéquat. Vous pouvez soit fabriquer votre propre gabarit afin de fabriquer des goujons lisses, soit utiliser un gabarit commercial, dont les trous dentés donnent au goujon un relief rainuré au fur et à mesure qu'il passe par le trou.

La longueur du goujon varie en fonction de la taille du bois dans lequel il est inséré. En règle générale, la longueur du goujon ne doit pas être inférieure à cinq fois son diamètre. Plus le goujon est long, plus la surface de collage est grande. Le diamètre du goujon peut atteindre la moitié de l'épaisseur du bois.

Percer les trous pour les chevilles

La résistance de l'assemblage est fonction du bon ajustage du goujon dans le trou. Le trou doit être propre et net, et de profondeur adéquate. On peut utiliser un vilebrequin et une mèche hélicoïdale, ou bien une perceuse électrique et une mèche à cheviller. Si vous travaillez à main levée, positionnez-vous de façon à surplomber l'ouvrage et la ligne centrale des trous (1), car il est essentiel de maintenir la perceuse droite dans l'épaisseur du bois.

Pour une plus grande précision, utilisez un gabarit à goujonner. Il en existe plusieurs types, avec un choix de guide-mèche qui non seulement aident à maintenir la perceuse droite, mais permettent aussi de positionner les trous avec une grande précision.

Les trous doivent être d'une profondeur consistante et seulement légèrement plus profonds que la moitié de la longueur du goujon. Achetez un guide de profondeur ou fabriquez votre propre guide avec un manchon en bois ou en caoutchouc que vous pourrez tailler ou repositionner selon vos besoins.

Fraisez les trous afin de faciliter l'assemblage. Si vous percez un trou dans un axe incorrect, bouchez-le avec un tampon, et percez à nouveau.

Tracer l'assemblage

A moins que vous n'ayez l'intention de fabriquer plusieurs assemblages chevillés, il suffit de tracer cet assemblage en utilisant les méthodes conventionnelles.

Pour les assemblages chant sur chant, placez les planches dans une presse, les chants à même niveau et les faces de parement vers l'extérieur. Espacez régulièrement la position des goujons et tracez les lignes en travers des deux chants. Ajustez un trusquin sur la moitié de l'épaisseur des planches et tracez une ligne centrale sur chacun des chants, en travaillant à partir des faces de parement (2).

Le nombre et l'espacement des goujons utilisés dans les joints à cadres dépendent de l'épaisseur de la traverse. On utilise généralement deux goujons. L'espacement entre les goujons n'est pas très important, mais ne les insérez jamais à moins de 6 mm des chants.

Préparez et tracez la face de parement de la traverse et du montant. Tracez leur longueur. Rabotez l'extrémité des traverses sur un banc de rabotage. Il n'est pas nécessaire de tailler préalablement les montants à la longueur désirée. Placez la traverse et le montant bras dans une presse, face de parement vers l'extérieur. Tracez une ligne en travers des deux éléments du joint. Ajustez un trusquin à tracer sur la moitié de l'épaisseur de la traverse, et tracez la ligne médiane sur les deux éléments en travaillant à partir de la face de parement (3). Centrez la perceuse là où les lignes se croisent.

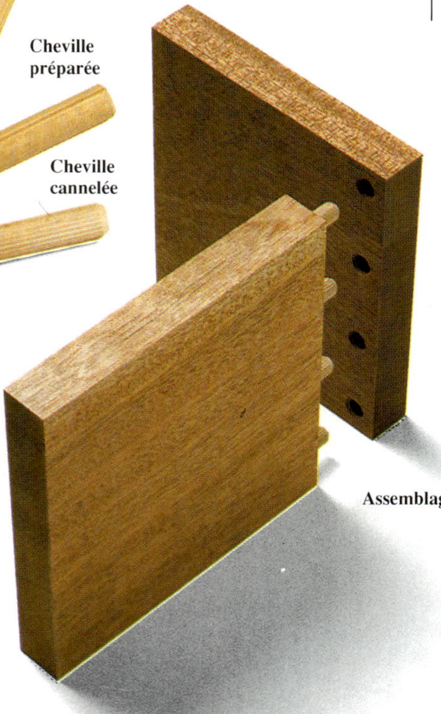

Assemblage de corps de meuble

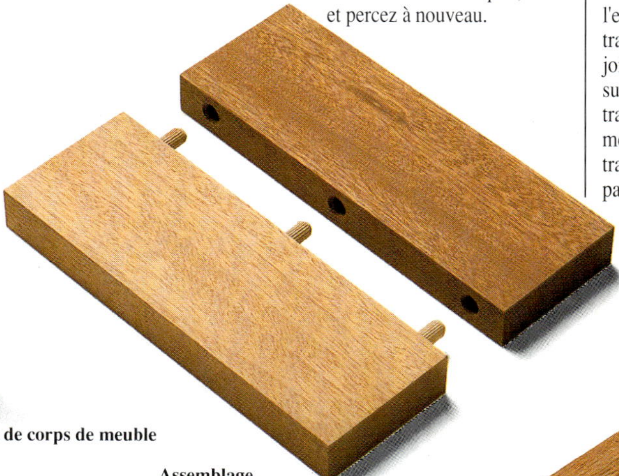

Assemblage chant sur chant

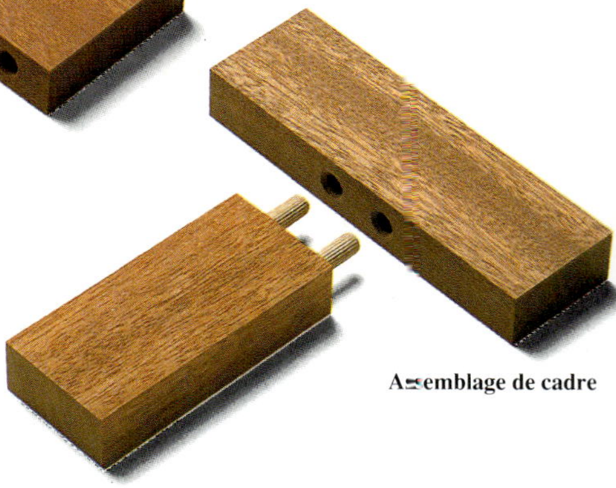

Assemblage de cadre

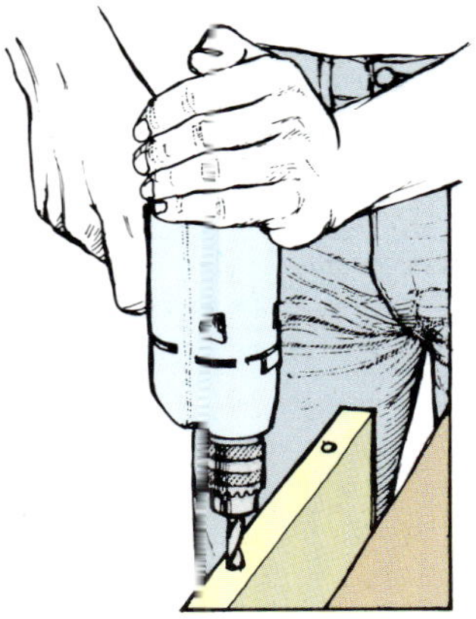

1 Alignez-vous sur le chant

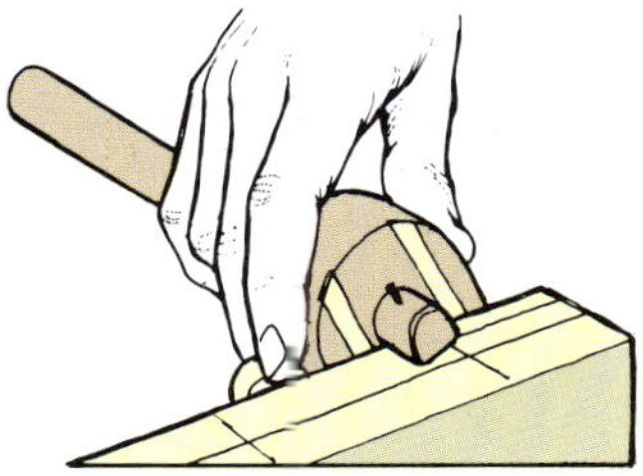

2 Tracez les lignes centrales

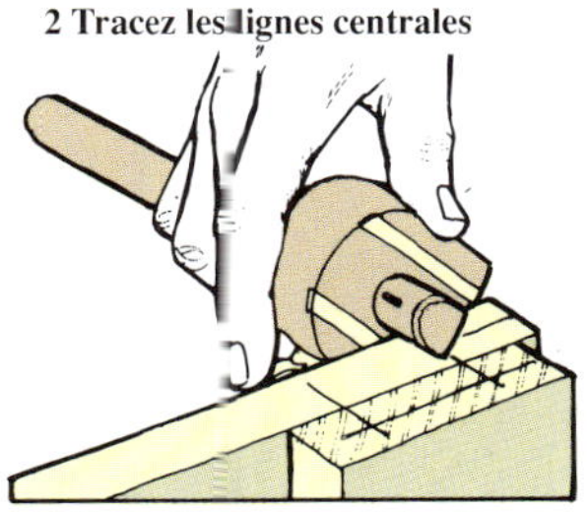

3 Tracez les centres de la traverse et du montant

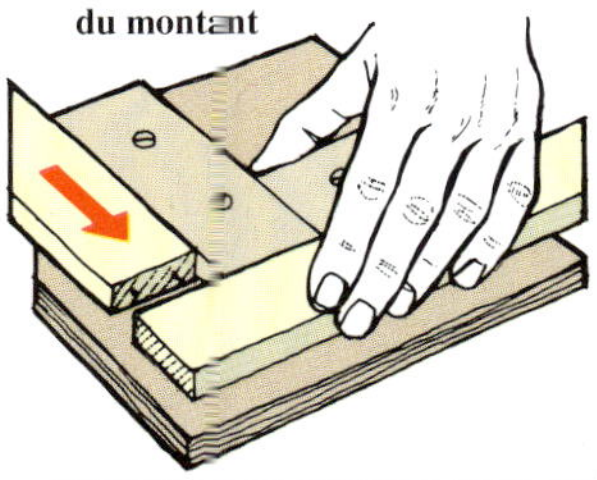

4 Fabriquez un gabarit à angle droit

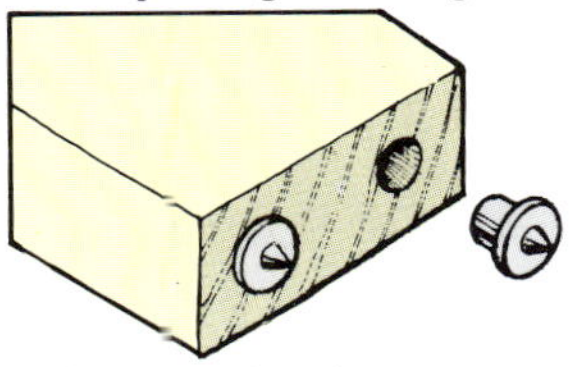

5 Insérez les pointes à centrer

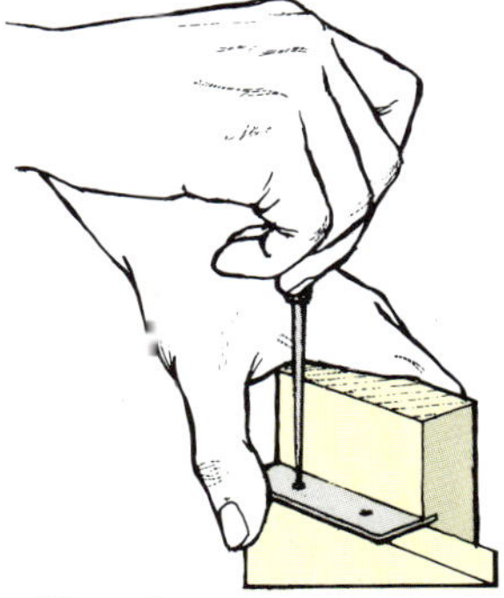

6 Tracez le montant

Utilisation de pointes à centrer
Une autre méthode de traçage, plus facile à utiliser lorsque les éléments du joint sont de forme irrégulière, consiste à utiliser des pointes à centrer afin de marquer une moitié par rapport à l'autre. Vous pouvez soit les fabriquer vous-même, soit les acheter préfabriquées.

Pour assembler des panneaux, marquez la position des goujons sur un des éléments. Pour l'assemblage chant sur chant, utilisez un des deux chants. Enfin pour le joint d'angle pour cadres décrit ci-dessous, placez les pointes en bout de la traverse.

Enfoncez les pointes dans les traces de centrage et taillez les têtes. Positionnez la traverse et le montant sur une surface plate et rapprochez-les de façon que les pointes s'insèrent dans le chant intérieur du montant. Vous pouvez fabriquer un simple gabarit de façon à faciliter l'alignement des éléments du joint (4). Si vous utilisez des pointes à centrer préfabriquées, commencez par tracer et percer la traverse en bout. Puis insérez la pointe à centrer adéquate dans chaque trou et pressez les deux éléments (5).

Utilisation d'un gabarit
Lorsque vous taillez une certaine quantité d'assemblages chevillés identiques, un gabarit accélérera le processus de traçage. Taillez dans une pièce de bois de feuillus, un guide de même largeur que la traverse. Effectuez une légère entaille à la scie afin d'y insérer une fine plaque d'acier. Avant de coller cette plaque dans l'entaille, tracez et percez de petits trous-guides avec l'espacement voulu.

Utilisez un outil pointu pour tracer les centres à travers les trous. Maintenez toujours le guide du gabarit contre la face de parement. Terminez en marquant la traverse, puis retournez le gabarit pour marquer le montant (6).

Utilisation d'un gabarit à goujonner
Un gabarit à goujonner est destiné à être bridé sur l'ouvrage, afin de positionner et guider la perceuse avec précision. Certains sont précalibrés et équipés de bagues interchangeables pour des goujons de 6, 8 ou 10 mm, tandis que d'autres sont équipés de trous pouvant être calibrés au diamètre voulu.

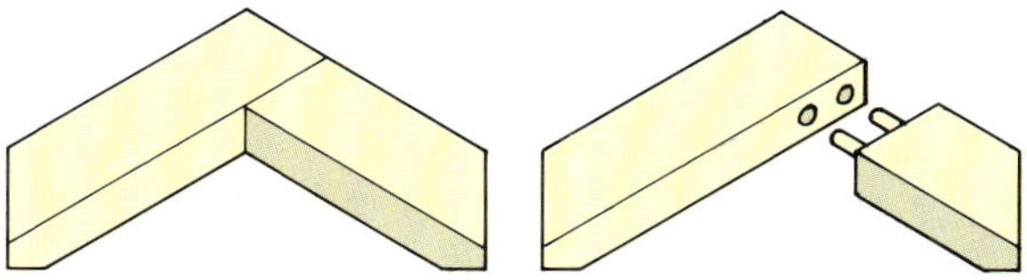

ASSEMBLAGE CHEVILLÉ POUR CADRE

En utilisant un gabarit de type ajustable, ajustez les guide-mèches sur les baguettes de glissement de façon que l'espacement soit proportionné à la largeur de la traverse. Calculez vos mesures à partir du sabot fixe du gabarit. Ajustez les guides sur les guide-mèches de façon à centrer les trous sur l'épaisseur du bois.

Positionnez le gabarit en bout de la traverse et bridez-le avec le guide coulissant. Assurez-vous que le sabot et le guide fixes soient placés contre la face et le chant de parement; percez les trous à la profondeur voulue (1).

Retirez le guide coulissant et, sans modifier les autres ajustements, inversez le gabarit et serrez-le contre le chant intérieur du montant préparé. Percez les trous correspondants pour y insérer les goujons (2).

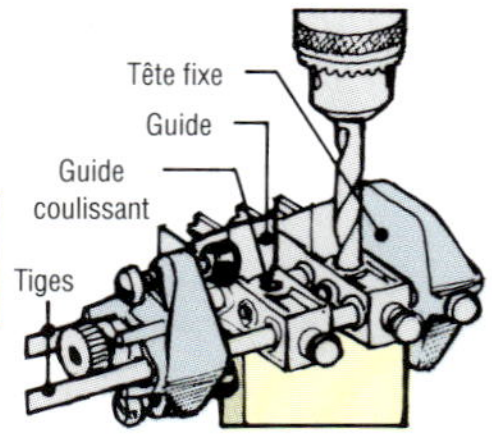

1 Percez les trous de la traverse

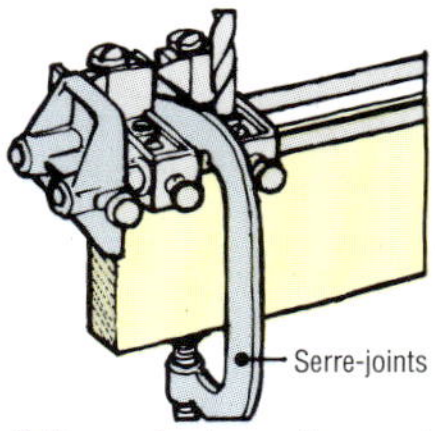

2 Percez les trous du montant

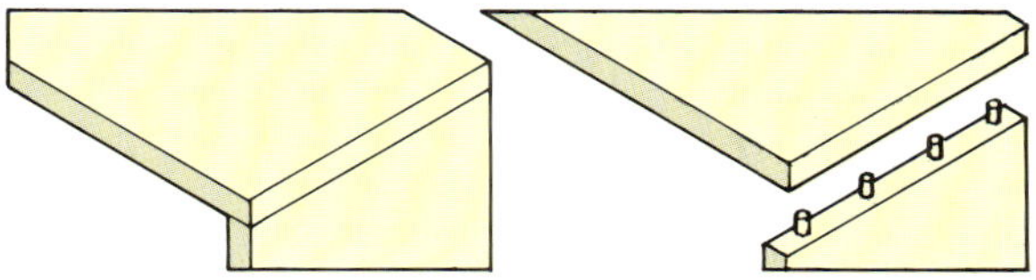

ASSEMBLAGE CHEVILLÉ POUR CHÂSSIS

On peut installer toute une variété de baguettes coulissantes, ce qui permet de joindre des planches larges. Qui plus est, des guide-mèches supplémentaires peuvent être installés afin de permettre de percer plusieurs trous sans avoir à réajuster les deux guide-mèches fournis avec le gabarit. Placez les bagues appropriées dans les guide-mèches afin d'adapter ceux-ci à l'épaisseur de la planche. Placez les bagues en bout à près de 25 mm des chants et les autres bagues à un espacement d'à peu près 75 mm.

Pour un joint d'angle, ajustez les guides de façon à centrer les trous sur l'épaisseur de la planche. Serrez le gabarit en bout avec le guide coulissant. Percez les trous (1).

Serrez l'autre planche en bout sur la partie supérieure du gabarit. Dégagez le serre-joints inférieur et retournez la planche tout en maintenant le gabarit attaché. Percez les trous arrêtés sur la face intérieure (2).

Pour un joint en « T », ajustez et percez les trous en bout comme précédemment. Retirez les guides et serrez le gabarit en travers en centrant les bagues sur une ligne tracée dans ce but (3). Maintenez toujours le sabot fixe contre la face de parement.

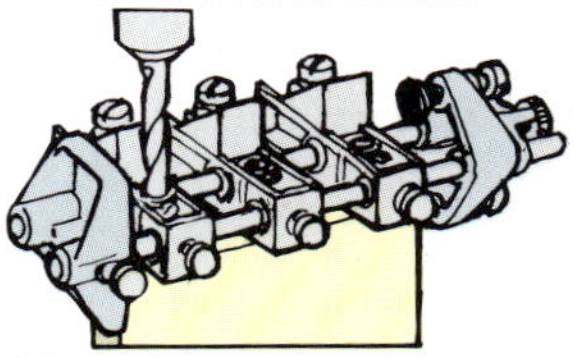

1 Percez les trous en bout

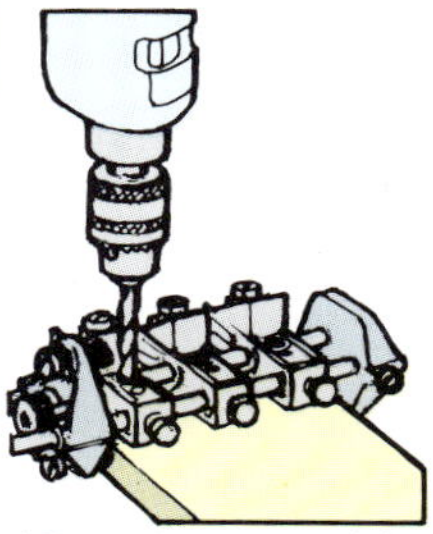

2 Percez les trous arrêtés

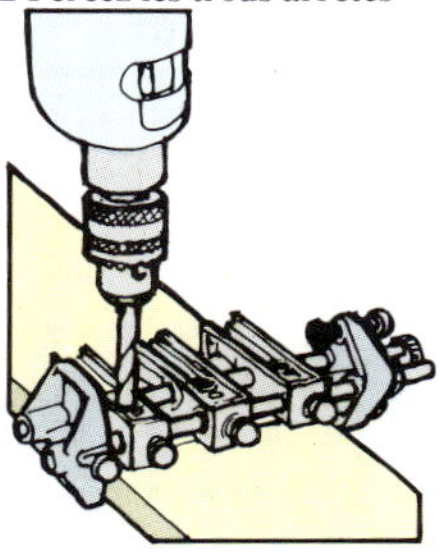

3 Centrez le gabarit sur la ligne tracée

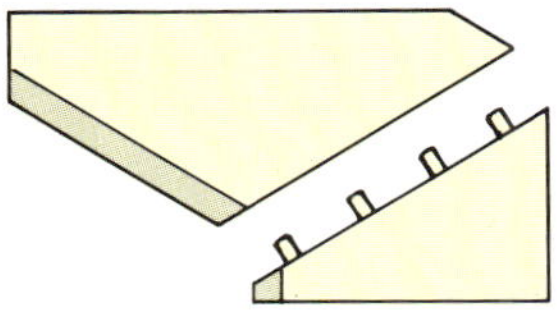

ASSEMBLAGE D'ONGLET POUR CHÂSSIS

Taillez d'onglet les planches en bout. Positionnez le gabarit comme décrit pour l'assemblage d'angle, tout en respectant l'inclinaison de l'onglet. Ajustez les guides afin de placer les bagues au plus près de la face intérieure, là où la planche est la plus épaisse. Percez les trous, puis transférez le gabarit sur l'autre planche (voir ci-dessus).

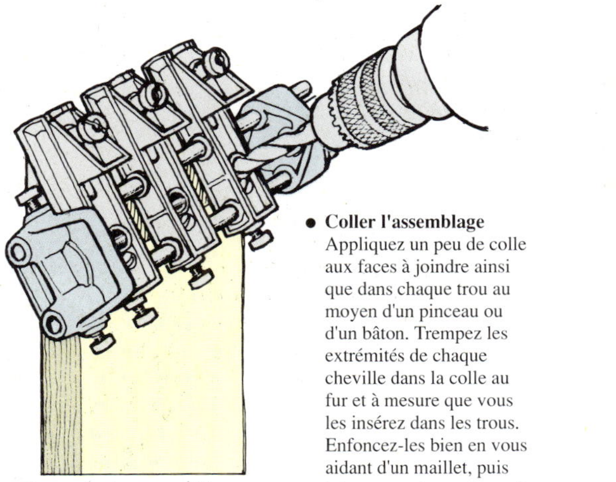

Percez des trous arrêtés à un angle

- **Coller l'assemblage**
Appliquez un peu de colle aux faces à joindre ainsi que dans chaque trou au moyen d'un pinceau ou d'un bâton. Trempez les extrémités de chaque cheville dans la colle au fur et à mesure que vous les insérez dans les trous. Enfoncez-les bien en vous aidant d'un maillet, puis laissez prendre après avoir posé les serre-joints.

ASSEMBLAGE À QUEUES D'ARONDE

Les assemblages à queues d'aronde, peut-être plus que n'importe quel autre type d'assemblage expriment l'esprit de l'assemblage du bois. Dans la plupart des cas, les queues qui s'emboîtent sont clairement visibles, vous laissant parfaitement convaincu que même sans colle, l'assemblage tiendrait. La méthode traditionnelle de fabrication de tiroirs est un exemple classique d'utilisation de l'assemblage à queues d'aronde, où la solidité mécanique des queues et des épaulements est utilisée pour résister à la force de traction appliquée à l'avant du tiroir.

Les assemblages à queues d'aronde peuvent être taillés de diverses manières, certaines profitant de l'aspect décoratif du motif qui se répète, d'autres cachant entièrement ce motif ; toutes sont un défi pour le menuisier.

VOIR AUSSI

La fabrication des tiroirs	71
Les outils de mesurage et de traçage	76/79
Les scies d'encadreur	83
Les scies à découper	84
Les défonceuses	146
Les bancs de rabotage	213

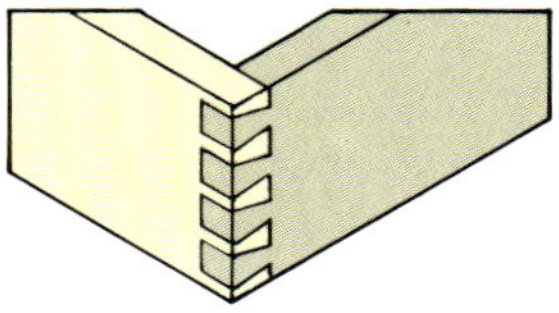

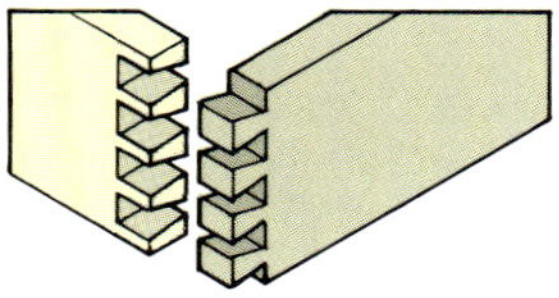

ASSEMBLAGE À QUEUES D'ARONDE TRAVERSANT

L'assemblage à queues d'aronde traversant est un moyen traditionnel d'assembler en bout des planches de bois durs. Il est fréquemment utilisé dans la fabrication de boîtes et de meubles. Les assemblages à queues d'aronde peuvent être taillés à la main ou à la machine. Pour les tailler à la machine, on utilise une défonceuse électrique et un gabarit spécial. Bien que très fonctionnel, l'espacement régulier des queues taillées à la machine est considéré par les traditionalistes comme d'un aspect moins plaisant que les queues taillées à la main et bien proportionnées, comme celles décrites ci-dessous. La queue d'aronde traversante est la plus simple à exécuter, mais elle nécessite tout de même beaucoup de précision dans le traçage et le découpage.

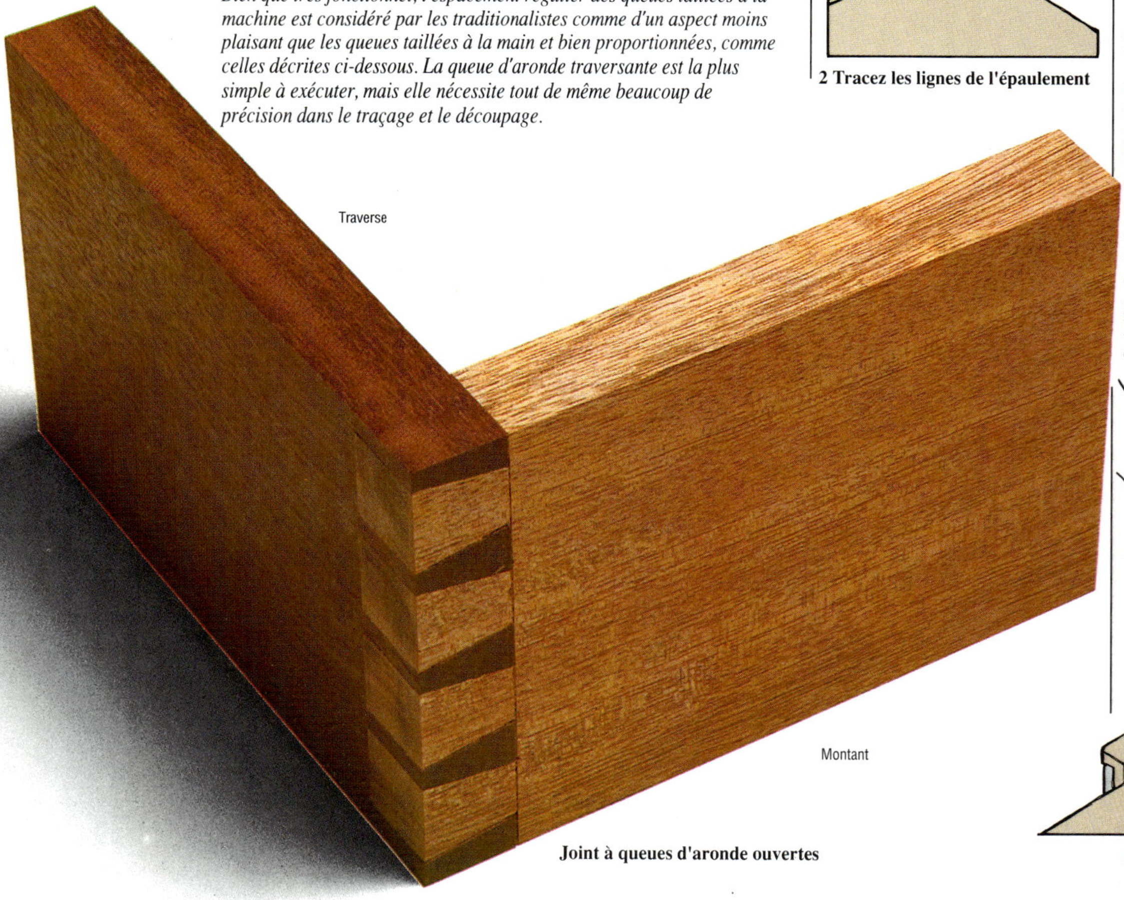

Joint à queues d'aronde ouvertes

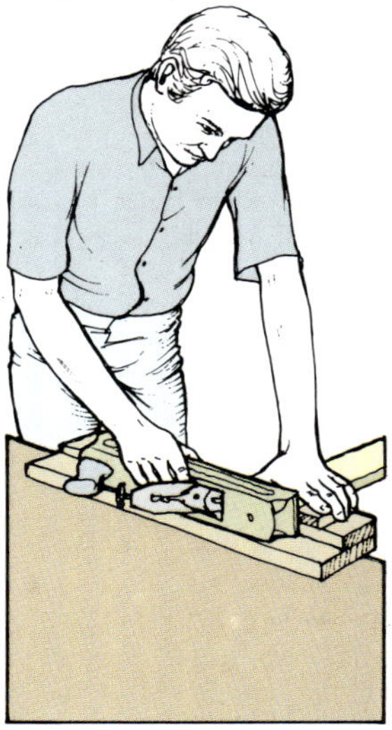

1 Rabotez les bouts d'équerre

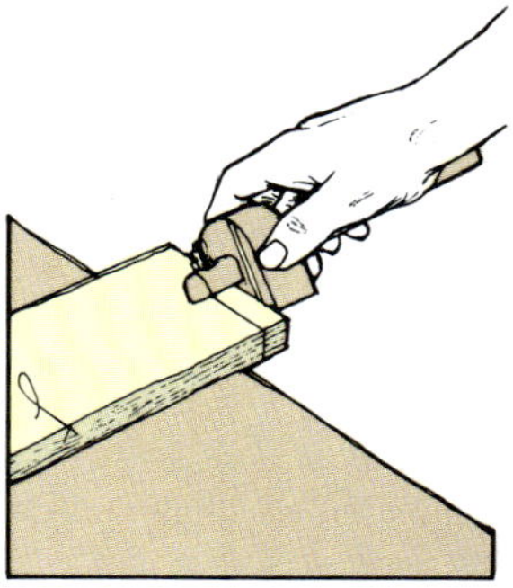

2 Tracez les lignes de l'épaulement

Tracer les queues

Marquez la face et le chant de parement, ainsi que chaque paire de bout qui doit être assemblée. Taillez à mesure avec précision les éléments du joint et aplanissez-les bien d'équerre en bout. Votre travail sera grandement facilité par l'utilisation d'un banc de rabotage (1).

Ajustez un trusquin à tracer sur l'épaisseur du bois. Tracez l'épaulement des queues tout autour de la traverse (2), ainsi que sur les côtés du montant. Là où les traces du trusquin risqueraient d'abîmer l'aspect fini du bois utilisez plutôt un crayon fin et une équerre. Tracez ensuite les queues ; leur taille et leur nombre peut varier en fonction de la largeur des planches que l'on assemble ainsi que du type de bois utilisé (les bois tendres nécessitent des queues plus épaisses et moins nombreuses que les bois durs), tout autant que l'aspect fini du joint. En règle générale, pour un bon aspect, les queues doivent être de même taille et avoir le même espacement que les épaulements mais cependant être plus larges.

Commencez par tracer au crayon deux traits en travers du bout, à 6 mm de chacun des chants, puis divisez l'espace entre chaque trait en un nombre pair de portions identiques. Calculez 3 mm de chaque côté des marques et tracez un trait au crayon en travers du bout (3). Marquez l'inclinaison des queues sur le côté de parement à l'aide d'une fausse équerre ou d'un gabarit queue d'aronde. Délimitez le rebut afin d'éviter les confusions.

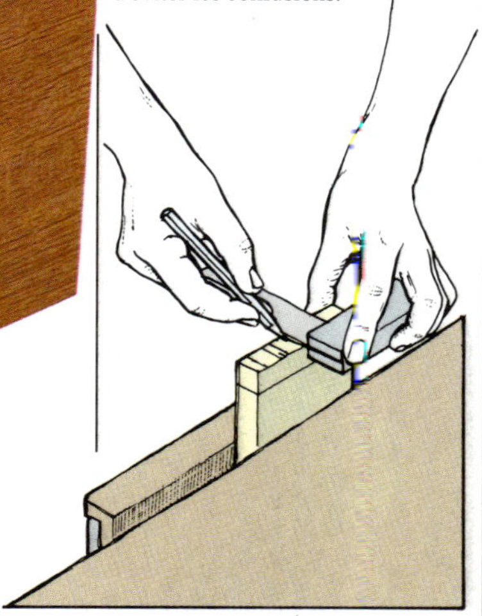

3 Tracez les pointes des queues

Tailler les queues
Pressez les pièces de bois selon un angle de façon qu'un côté de chaque queue soit vertical.

Taillez un des côtés de la queue à l'aide d'une scie d'encadreur. Sciez près de la ligne de coupe (4) et faites attention à ne pas dépasser la ligne d'épaulement (5). Retirez la plus grande partie du rebut entre les queues au moyen d'une scie à découper (6).

Aplanissez le reste au ciseau biseauté en travaillant des deux côtés vers le milieu et en terminant à ras avec la ligne d'épaulement (7).

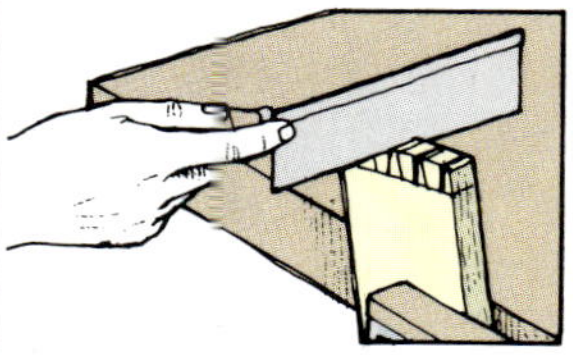
4 Sciez les côtés des queues

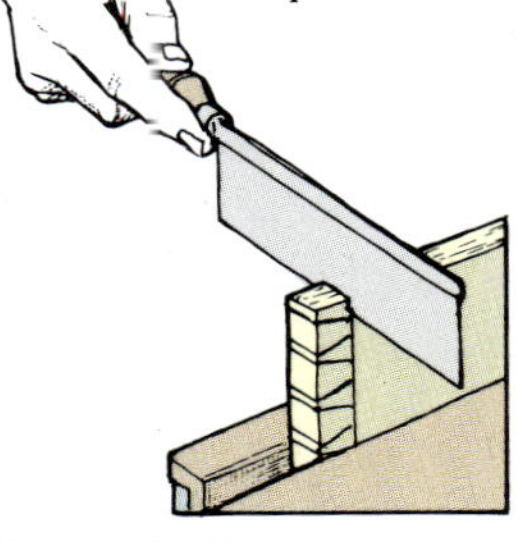
5 Sciez le rebut des coins

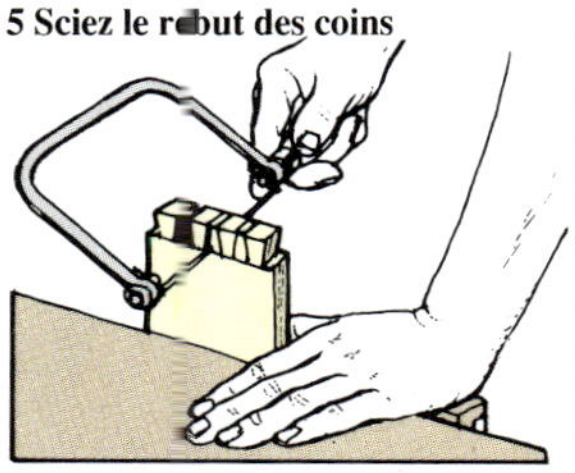
6 Retirez le rebut entre les queues

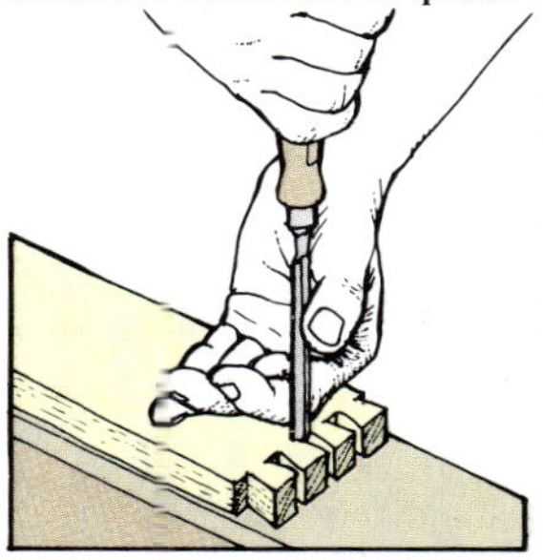
7 Retirez le reste du rebut au ciseau

Tracer les épaulements
Frottez de la craie en bout des pièces de bois préparées et placez-les dans la presse. Positionnez la traverse taillée en vérifiant que les marques des faces de parement correspondent (8). Alignez avec précision les chants et la ligne d'épaulement des queues sur le bout recouvert de craie et tracez leur forme au crayon ou au couteau à tracer (9), prolongez ces lignes le long des deux faces (10). Délimitez le rebut au crayon.

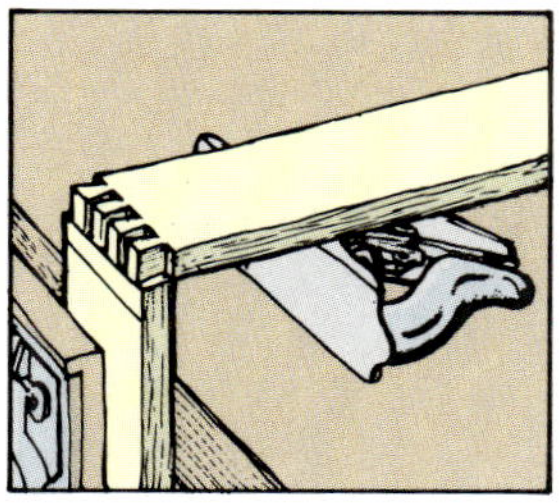
8 Alignez la traverse avec précision

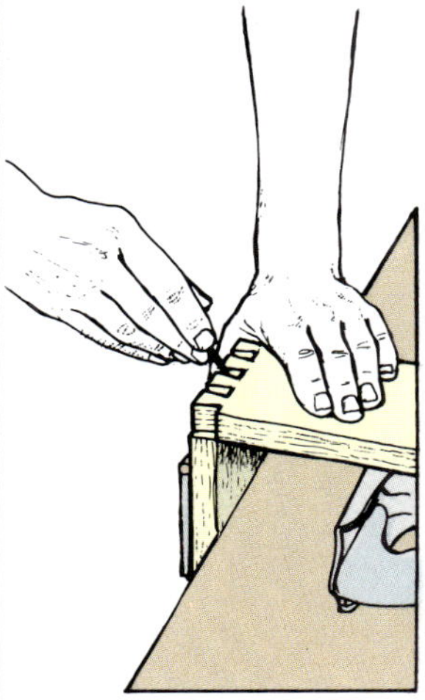
9 Rapportez les queues

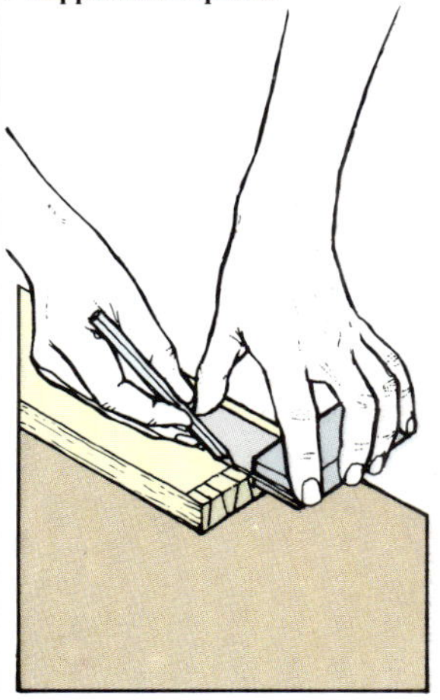
10 Tracez les côtés des épaulements

Tailler les épaulements
Positionnez chaque pièce de bois verticalement dans la presse. Sciez jusqu'à la ligne d'épaulement en suivant les inclinaisons tracées à partir des queues (11). Maintenez bien la découpe en effleurant le tracé du côté rebut. Retirez la plus grande partie du rebut entre les épaulements, au moyen d'une scie à découper. Terminer de retirer le rebut jusqu'à la ligne d'épaulement à l'aide d'un ciseau biseauté. Travaillez des deux côtés vers le milieu. Nettoyez les côtés en tenant le ciseau dans le même angle que les épaulements (12).

Assembler le joint
Les queues d'aronde sont taillées pour être solidement emboîtées et ne doivent être assemblées qu'une seule fois. Pour vérifier l'ajustage, faites un essai et effectuez toutes les rectifications nécessaires. Nettoyez bien les faces intérieures des pièces de bois avant de les coller. Enduisez de colle les deux pièces à assembler et martelez-les ensemble à l'aide d'un marteau et d'une cale de bois pour protéger les surfaces du joint (13). Si vous travaillez sur un assemblage large, tapez en travers de la largeur au fur et à mesure que vous progressez afin de le maintenir à niveau. Essuyez tout surplus de colle avant qu'elle ne sèche. Une fois que la colle a pris, nettoyez le joint au rabot, en travaillant des chants vers le milieu afin d'éviter l'éclatement du bois de bout.

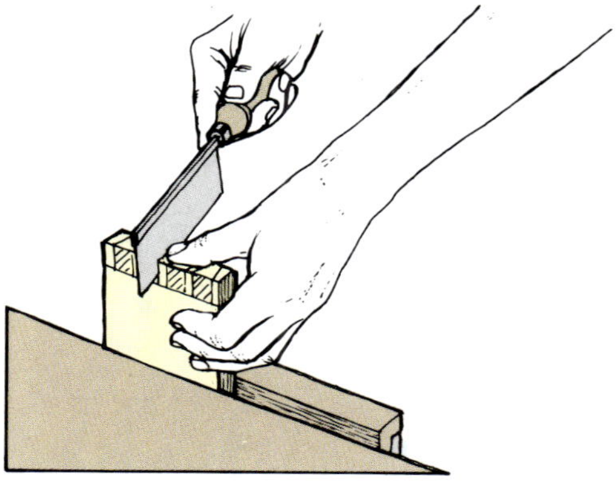
11 Sciez le long des épaulements

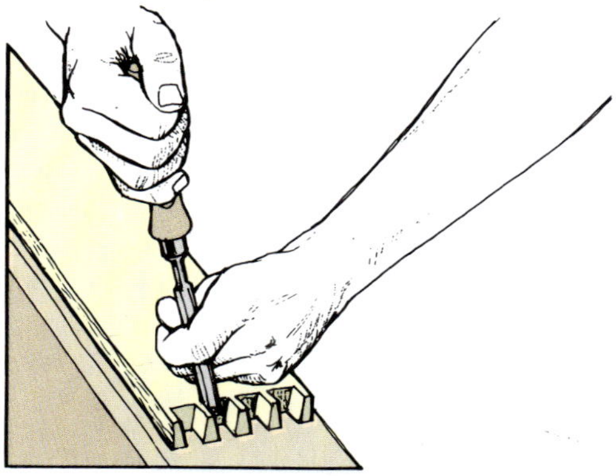
12 Tenez le ciseau à l'oblique afin de tailler dans les coins

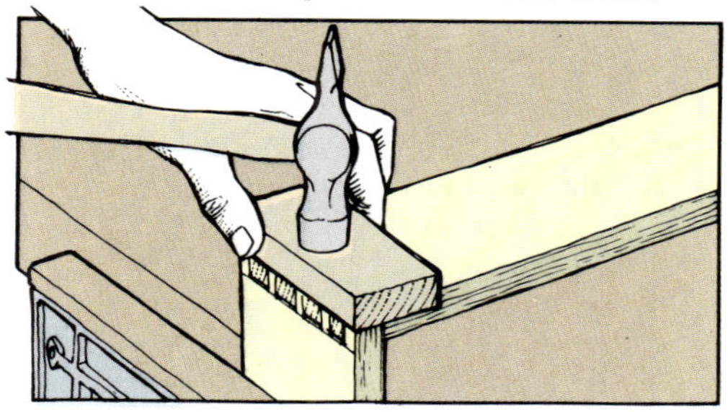
13 Assemblez le joint en le frappant

LES ANGLES DES QUEUES D'ARONDE

L'angle d'une queue d'aronde ne doit être ni trop prononcé ni trop raide.

L'inclinaison excessive d'une queue d'aronde donnera un fil faible et court dans les coins (1), tandis qu'une inclinaison insuffisante réduira la puissance d'emboîtement du joint (2). Tracez les proportions de l'inclinaison sur une pièce de bois et ajustez une fausse équerre sur cet angle, ou bien alors, utilisez un gabarit. L'inclinaison doit être de 1/8 pour les bois de feuillus, et de 1/6 pour les bois résineux.

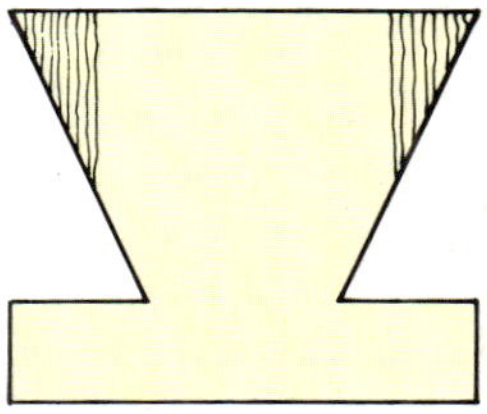
1 Trop incliné

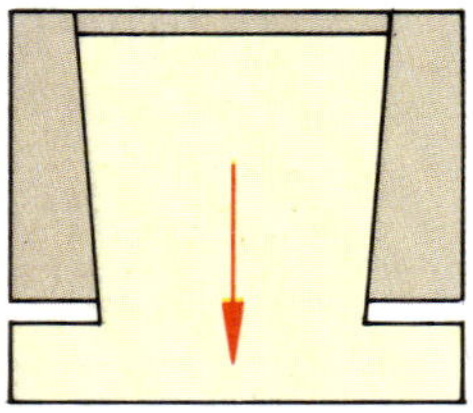
2 Insuffisamment incliné

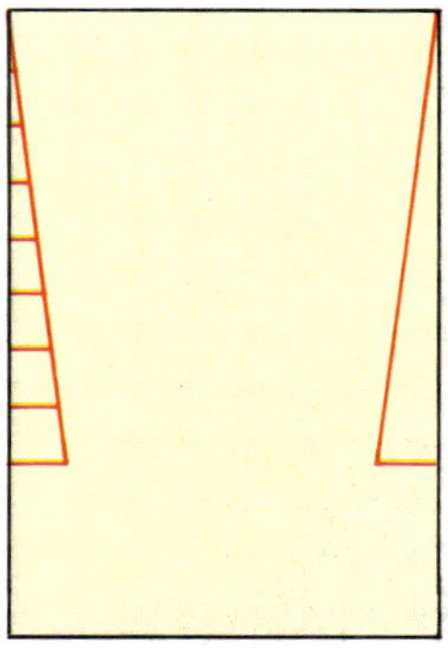
Angle pour les bois de feuillus

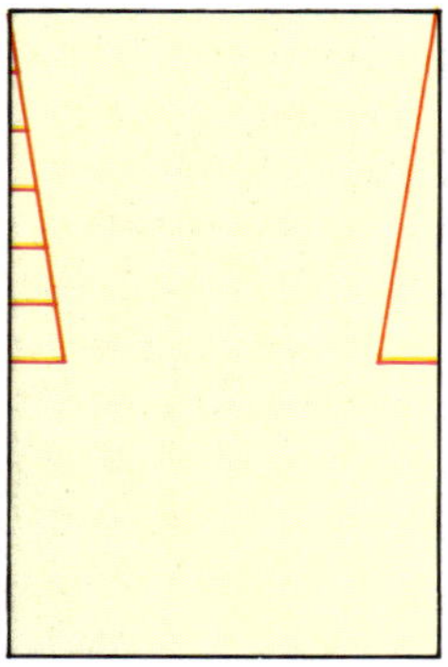
Angle pour les bois résineux

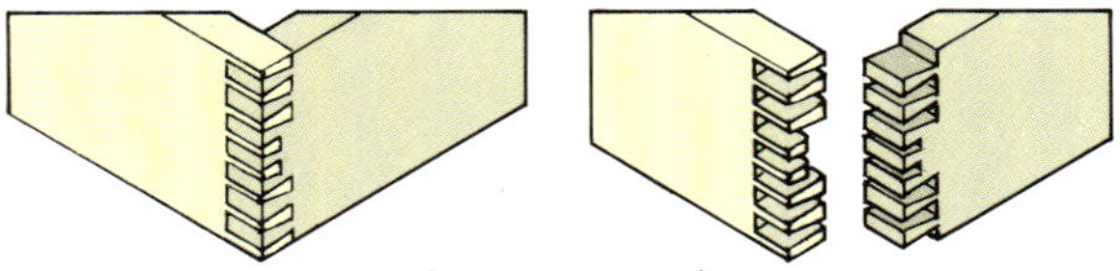

ASSEMBLAGE DÉCORATIF À QUEUES D'ARONDE TRAVERSANT

Un assemblage à queues d'aronde bien proportionné et bien découpé offre un aspect décoratif fréquemment utilisé dans la fabrication d'un meuble. Les assemblages décoratifs à queues d'aronde servent à rehausser la qualité esthétique d'un ouvrage, ainsi qu'à montrer le talent du menuisier. Le dessin de l'assemblage suit des principes de bases très simples, mais les proportions, ainsi que la disposition des éléments du joint permettent une interprétation personnelle. L'exemple ci-dessous utilise des épaulements finement découpés, ainsi que des demi-queues d'aronde.

VOIR AUSSI

Les outils de mesurage et de traçage	76/79
Les scies d'encadreur	83
Les scies à découper	84
Les rabots à feuillurer	92
Les défonceuses	144

Tracer les queues

Tracez au crayon ou au trusquin la ligne d'épaulement tout autour du bout de la traverse. Ajustez l'équerre ou le trusquin sur l'épaisseur du montant. Tracez l'épaulement des demi-queues sur la moitié de cette épaisseur (1).

Là où la ligne est une ligne de coupe, ce qui s'établit après avoir tracé les queues, rehaussez le trait au crayon à l'aide d'un couteau à tracer ou approfondissez le trait au trusquin.

Déterminez la taille et la position des queues et tracez l'inclinaison au moyen d'un gabarit (2). On fait des épaulements très fins en rapprochant entre elles les queues. La distance entre celles-ci n'a pas besoin d'être supérieure à la voie de la scie. Vous pouvez soit mesurer et tracer les queues directement sur le bois, soit les dessiner sur un papier et reporter les dimensions sur la traverse. Prolongez les lignes en bout et délimitez le rebut (3).

Tailler les queues

Taillez le rebut de la même façon que pour une queue d'aronde ouverte, à l'aide d'une scie d'encadreur et d'une scie à découper. Terminer la découpe le long des épaulements au moyen d'un ciseau biseauté.

Tracer les épaulements

Recouvrez le bout du montant avec de la craie. Ajustez un trusquin à lame sur les demi-queues et tracez en bout la ligne des demi-épaulements (4). Reportez la traverse sur le montant et tracez les épaulements à partir des queues, avec la pointe d'une scie (5) ou un couteau à tracer. Prolongez les lignes jusqu'à la ligne d'épaulement sur chaque face, et délimitez la partie rebut.

Tailler les épaulements

Retirez la plus grande partie du rebut avec une scie d'encadreur et une scie à découper, terminez jusqu'à la ligne d'épaulement avec un ciseau biseauté.

Afin de tailler les demi-épaulements aux dimensions voulues, commencez par brider l'ouvrage sur une planche plate placée sur l'établi. Effectuez une découpe en travers du fil près de la ligne d'épaulement (6). Retirez le rebut avec précaution, en travaillant dans le sens du fil (7). Réitérez l'opération et terminez à niveau avec la ligne d'épaulement et d'épaisseur. Assemblez et collez le joint de la même façon qu'un classique joint à queue d'aronde ouverte.

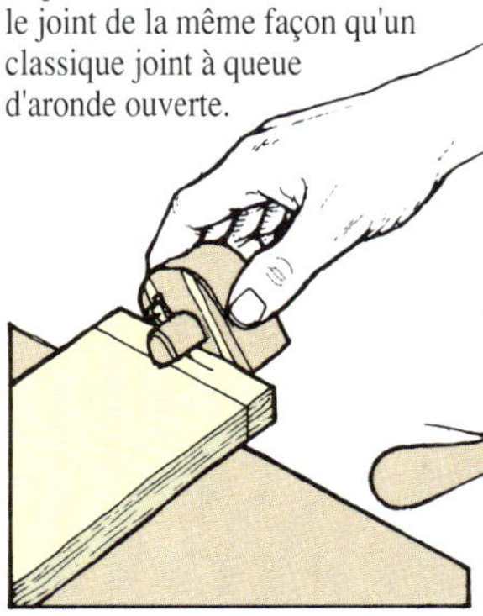

1 Tracez les épaulements des petites queues

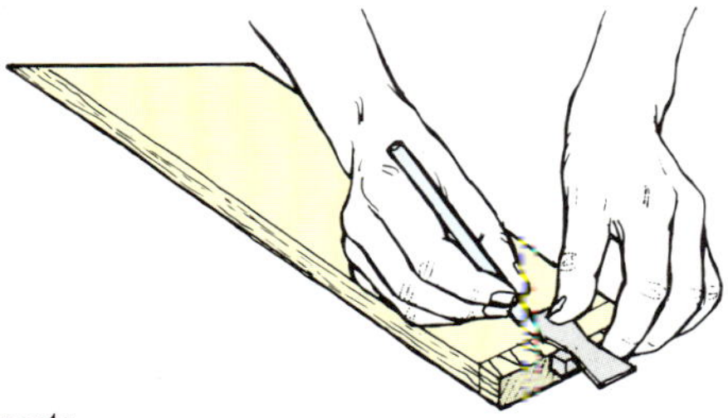

2 Délimitez les queues

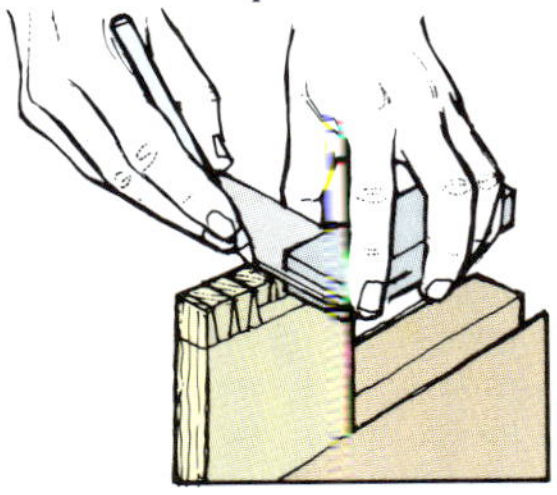

3 Tracez les pointes des queues

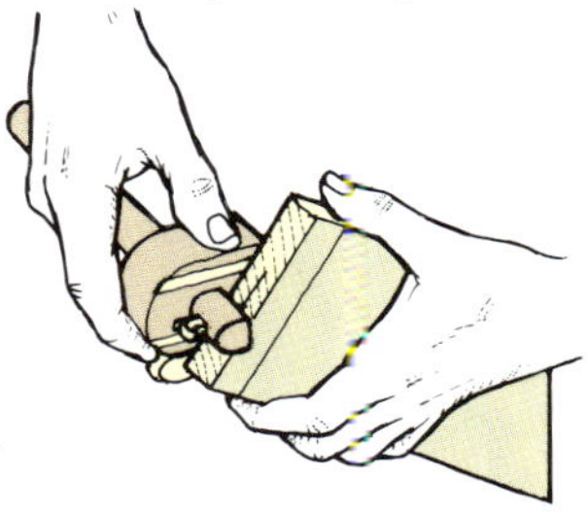

4 Tracez l'épaisseur des petites queues

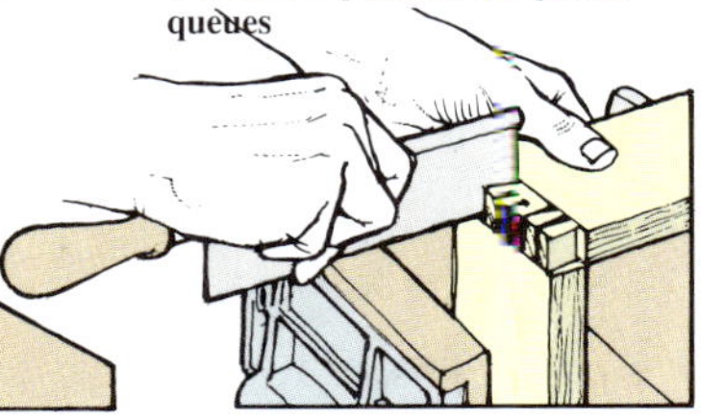

5 Marquez légèrement les queues avec une scie

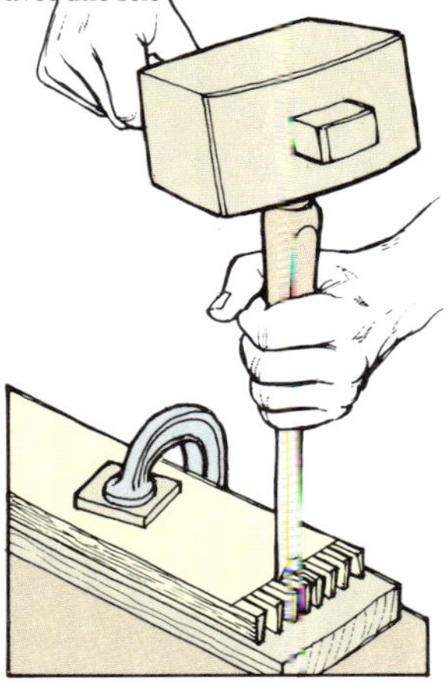

6 Taillez en travers du fil

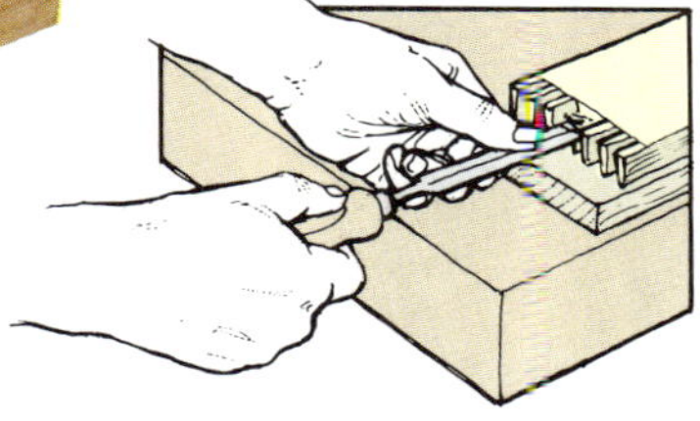

7 Evidez le rebut au ciseau

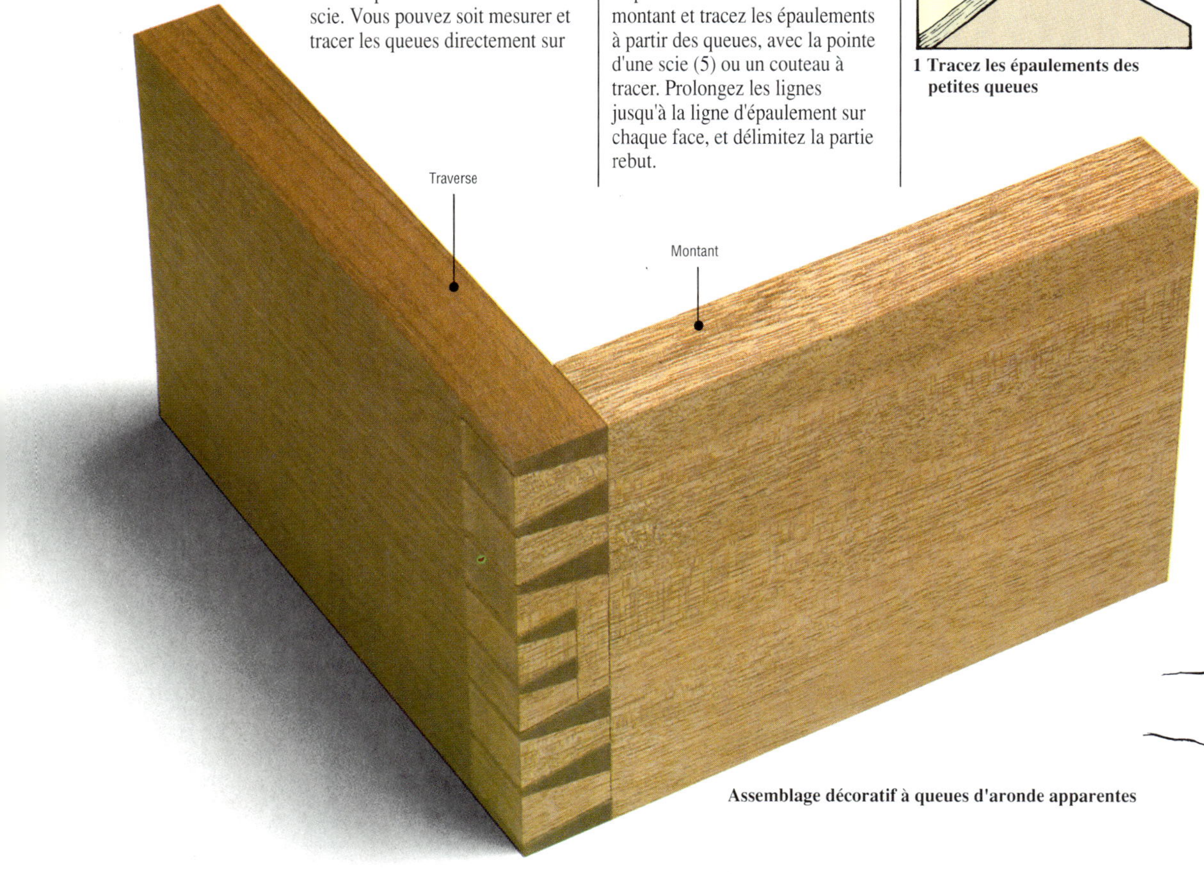

Assemblage décoratif à queues d'aronde apparentes

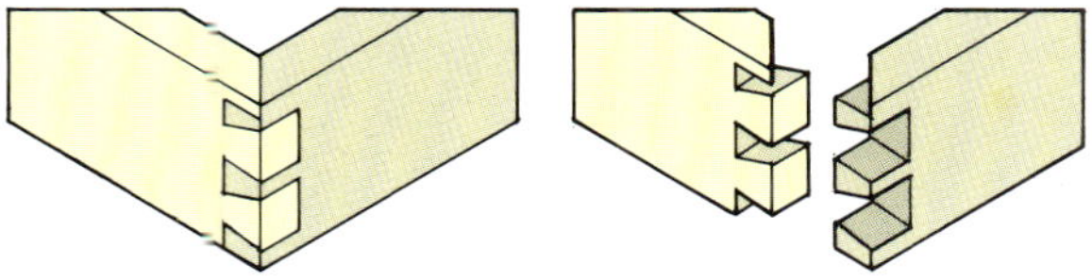

ASSEMBLAGE D'ONGLET À QUEUES D'ARONDE TRAVERSANT

On assemble parfois d'onglet les éléments d'un joint à queues d'aronde afin de pouvoir en moulurer le chant. La profondeur de l'onglet est fonction du contour de la moulure.

Tracer les queues
Tracez au trusquin la ligne d'épaulement sur les deux faces et le chant de la traverse. Tracez l'épaulement de l'onglet sur le chant supérieur (1).

Mesurez à partir du chant supérieur la profondeur requise pour la moulure. Tracez au trusquin une ligne à partir de ce niveau, en travers du bout et jusqu'à la ligne d'épaulement (2).

Effectuez au crayon une légère marque 6 mm au-dessous de la première trace et 6 mm au-dessus du chant inférieur. Divisez la distance séparant ces deux marques et positionnez les queues. Délimitez la partie rebut.

Tailler les queues
Sciez le long des côtés des queues, ainsi que le long de la ligne de profondeur de la moulure. Taillez jusqu'aux épaulements au moyen d'un ciseau biseauté. Ne retirez pas encore le rebut de l'onglet.

Tracer les épaulements
Tracez légèrement au trusquin une ligne d'épaulement de chaque côté du montant. Tracez l'épaulement de l'onglet sur le chant supérieur. Recouvrez de craie en bout et reportez les rebuts de l'onglet et des épaulements à partir de la traverse.

Prolongez les lignes de queues jusqu'à la ligne d'épaulement sur chaque face et jusqu'à la ligne de rebut de l'onglet sur la face intérieure. Délimitez le rebut.

Tailler les épaulements
Taillez le rebut entre les épaulements. Taillez ensuite le rebut de l'onglet du coin supérieur (3). Taillez le rebut de l'onglet de la traverse (4). Rabotez le chant supérieur afin d'obtenir la moulure voulue, avant d'assembler le joint.

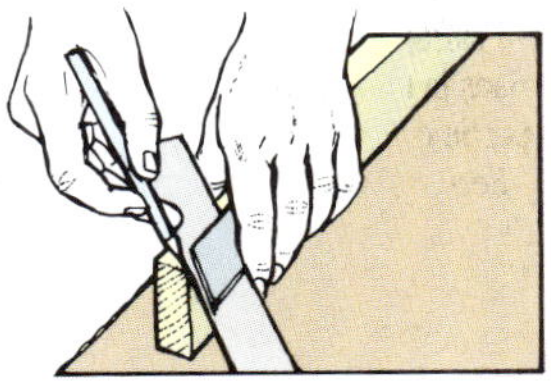

1 Tracez la ligne de l'onglet

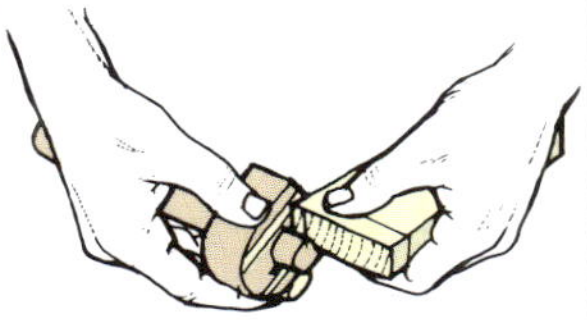

2 Mesurez la ligne de profondeur de la moulure

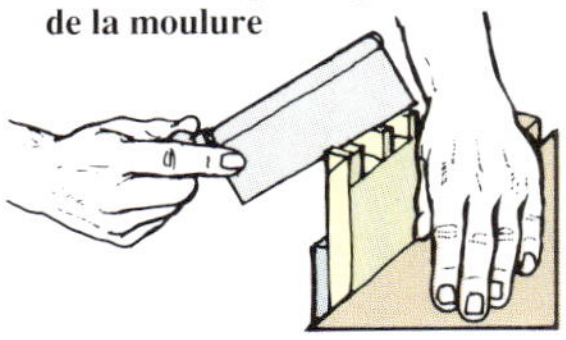

3 Taillez le rebut des épaulements de l'onglet

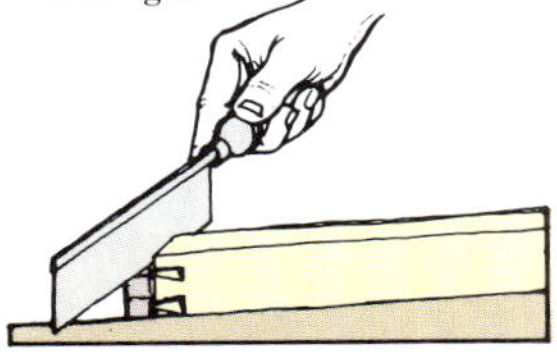

4 Taillez le rebut des queues de l'onglet

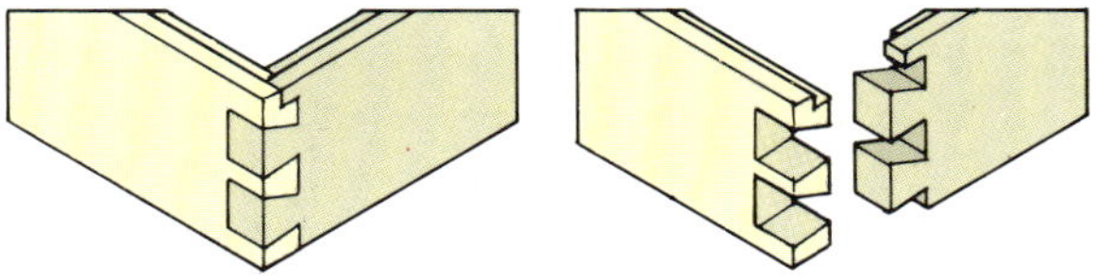

ASSEMBLAGE FEUILLURÉ À QUEUES D'ARONDE TRAVERSANT

Une boîte assemblée à queues d'aronde traversantes, et dont le panneau inférieur est placé dans une feuillure, nécessite l'apport de certaines modifications à la fabrication du joint si vous ne voulez pas voir apparaître un intervalle dans le coin inférieur. Cela s'obtient en faisant déborder l'épaulement de la traverse afin qu'il recouvre la feuillure.

Tracer les queues
Tracez au trusquin la ligne d'épaulement sur les côtés et par-dessus le chant supérieur. Tracez la ligne de profondeur de la feuillure le long du chant inférieur, par-dessus le bout et jusqu'à la ligne d'épaulement sur le côté de parement (1). Tracez aussi la face intérieure du montant sur le même ajustement. Réajustez le trusquin, si cela est nécessaire, et tracez la largeur de la feuillure sur les chants de chacun des éléments (2).

Effectuez une marque au crayon à 6 mm en dessous de la profondeur de la feuillure projetée, ainsi qu'une autre à 6 mm du chant opposé. Dessinez les queues entre ces deux marques.

Prolongez une ligne par dessus le chant feuilluré de la traverse afin qu'elle corresponde à la feuillure sur le montant (3) et délimitez le rebut.

Tailler les queues
Sciez le long des côtés des queues, ainsi que le long de la ligne de profondeur de la feuillure. Retirez le rebut à l'aide d'une scie à découper et d'un ciseau.

Tracer les épaulements
Tracez la ligne d'épaulement sur chaque côté du montant. Recouvrez de craie en bout et tracez les épaulements à partir de la traverse, au moyen d'un couteau à tracer ou d'un crayon bien aiguisé. Délimitez le rebut.

Taillez les joints
Taillez les côtés des épaulements et retirez le rebut au moyen d'une scie à découper et d'un ciseau biseauté. Taillez la feuillure au rabot à la fois sur le montant et sur la traverse. Terminez en éliminant le rebut de l'épaulement débordant de la traverse (4).

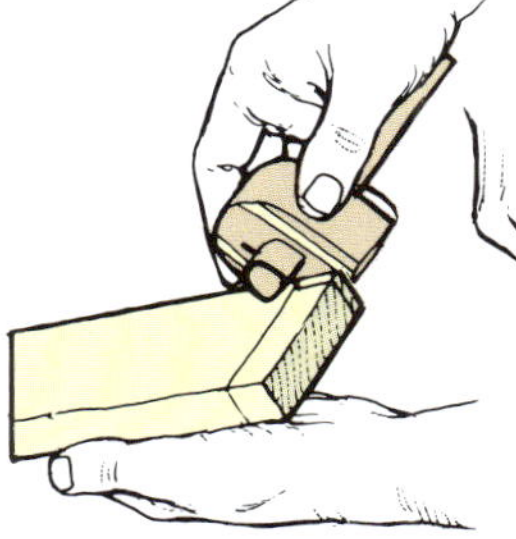

1 Tracez la ligne de profondeur de la feuillure

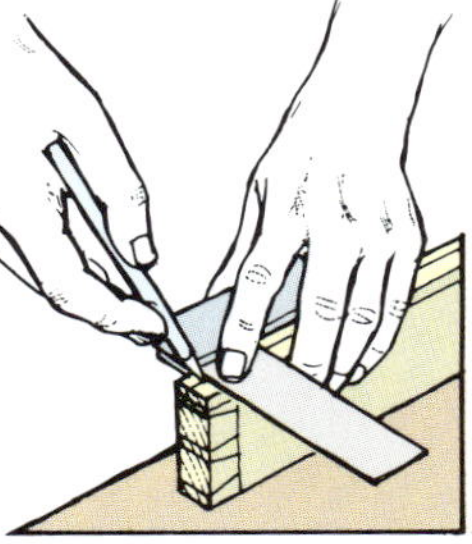

3 Prolongez une ligne par dessus les chants

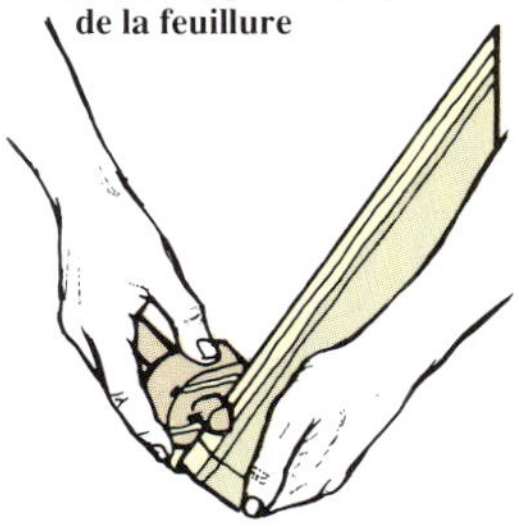

2 Tracez la ligne d'épaisseur de la feuillure

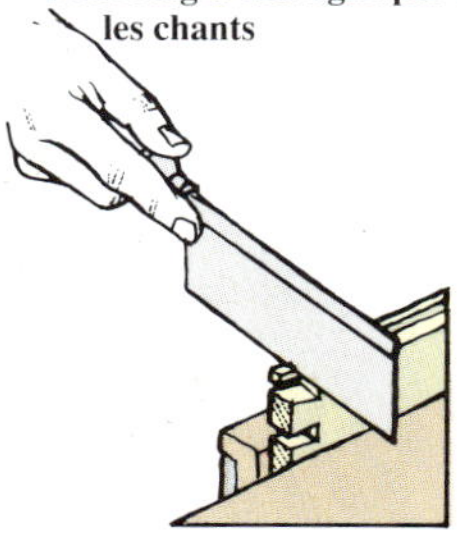

4 Sciez le rebut qui déborde

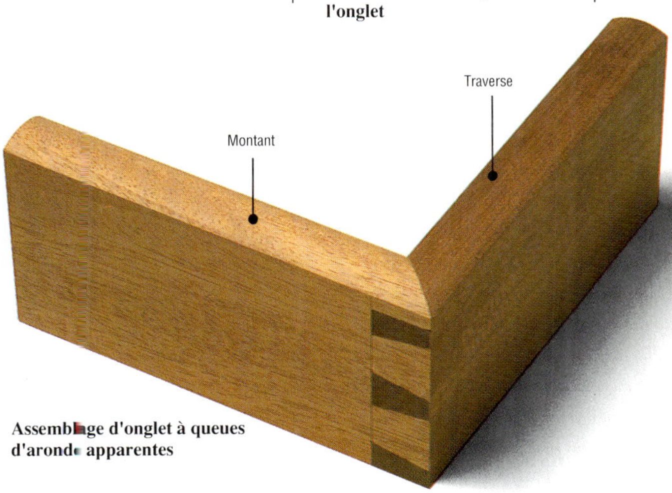

Assemblage d'onglet à queues d'aronde apparentes

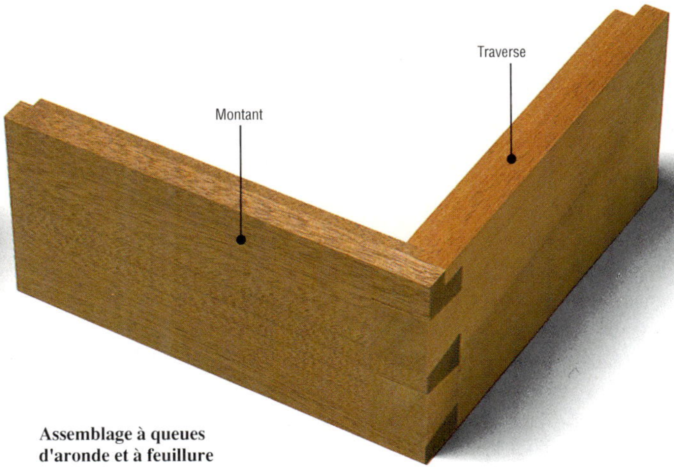

Assemblage à queues d'aronde et à feuillure

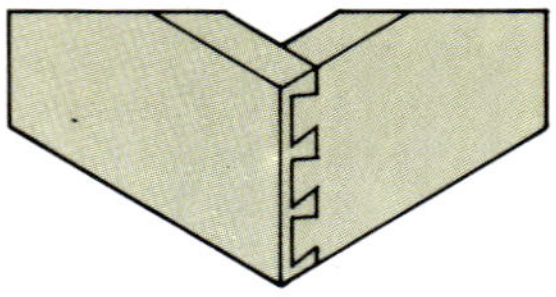

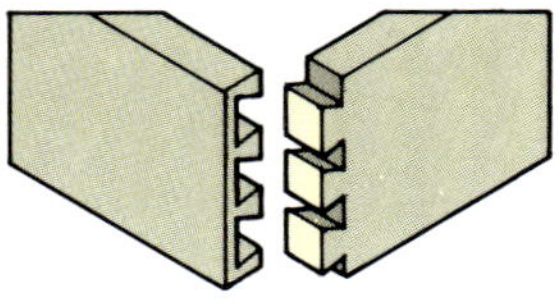

ASSEMBLAGE À QUEUES D'ARONDE À RECOUVREMENT DEMI-BORGNE

Il s'utilise en ébénisterie lorsque l'assemblage à queue d'aronde est nécessaire pour sa résistance mais ne doit pas être visible d'un des côtés. Ce type d'assemblage est utilisé dans la réalisation de tiroirs. Il s'exécute comme un assemblage à queues d'aronde traversantes à l'exception du traçage et de la découpe des épaulements du montant.

VOIR AUSSI

La fabrication des meubles	61
Les outils de mesurage et de traçage	76/79
Les scies d'encadreur	83
Les rabots à épaulements	93
Les ciseaux chanfreinés	98, 101

Tracer les queues

Avant de tailler la traverse aux dimensions voulues, il faut d'abord déterminer l'épaisseur du recouvrement. Pour vous donner une idée, le recouvrement peut représenter un tiers de l'épaisseur du montant sans toutefois être inférieur à 3 mm. Ajustez un trusquin à lame sur la longueur des queues (l'épaisseur du montant moins l'épaisseur du recouvrement), et tracez la ligne d'épaulement tout autour de la traverse préparée. Dessinez ensuite les queues d'aronde et délimitez le rebut.

Tailler les queues

Taillez le rebut à la scie d'encadreur, puis à la scie à découper et terminez les épaulements au ciseau biseauté.

Tracer les épaulements

Ajustez le trusquin à lame sur la longueur des queues et tracez la ligne du recouvrement en bout du montant en travaillant à partir de la face de parement.

Réajustez le trusquin sur l'épaisseur de la traverse et tracez une ligne en travers de la face intérieure, en travaillant à partir du bout. Recouvrez de craie le bout du montant et dessinez les épaulements à partir des queues (1).

Prolongez les lignes jusqu'à la ligne d'épaulement intérieur et délimitez le rebut.

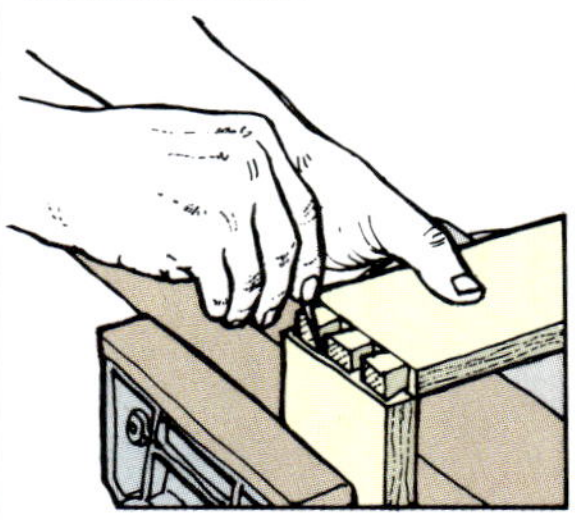

1 Tracez les épaulements à partir des queues

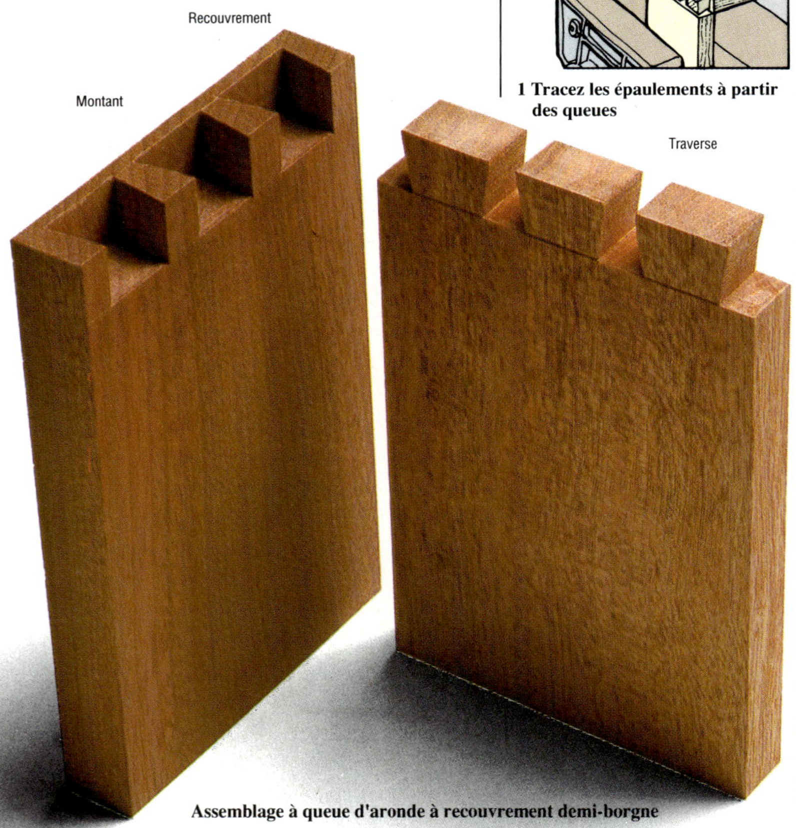

Assemblage à queue d'aronde à recouvrement demi-borgne

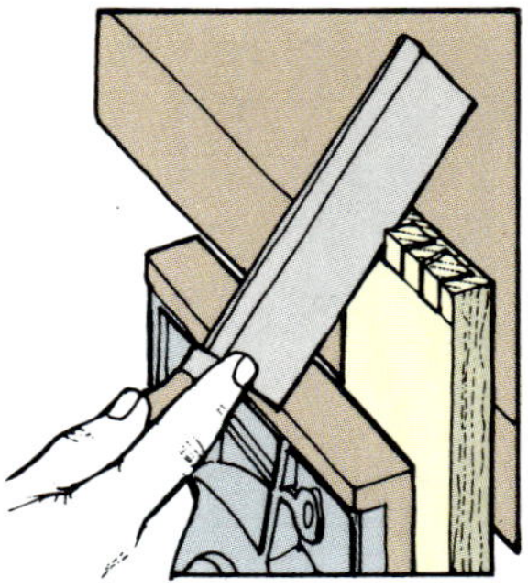

2 Sciez selon un angle

Tailler les épaulements

Positionner l'ouvrage verticalement dans la presse. Tenez votre scie selon un angle et taillez du côté rebut des lignes (2).

Arrêtez-vous sur les lignes de recouvrement et d'épaulement.

Profitez de ce que l'ouvrage soit dans la presse pour scier une partie du rebut des coins (3).

Serrez l'ouvrage sur une planche de bois dans le valet d'un établi. Eliminez le rebut au ciseau biseauté. Effectuez une série de découpes alternées, d'abord en travers du fil (4), puis dans le sens du grain (5). Commencez les coupes en travers du fil du côté opposé à la ligne d'épaulement et avancez vers celle-ci au fur et à mesure que le travail progresse. Eliminez le rebut des coins avec un ciseau biseauté.

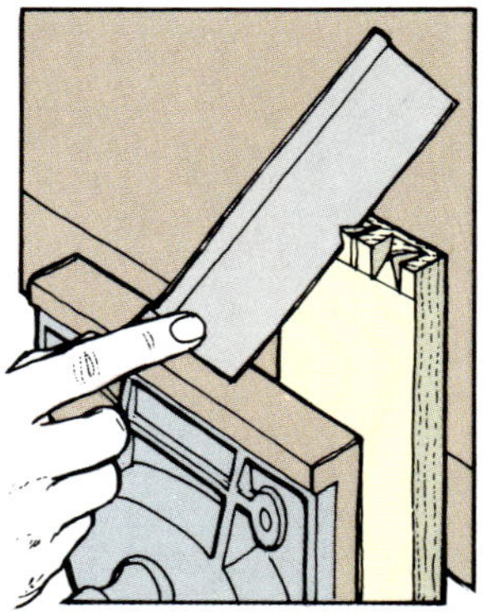

3 Retirez une partie du rebut à la scie

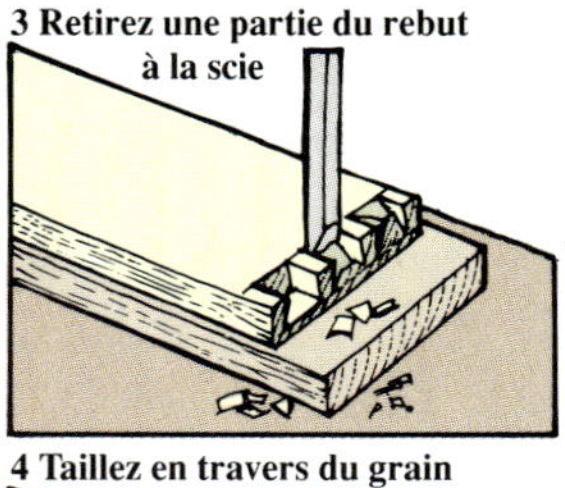

4 Taillez en travers du grain

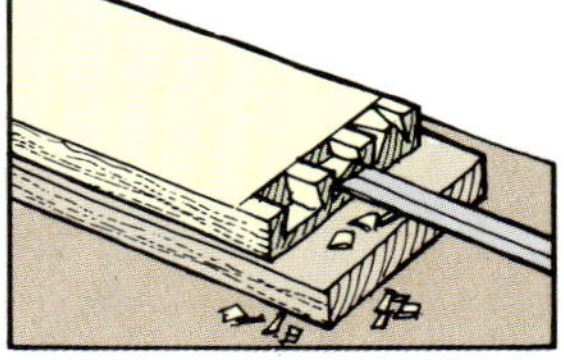

5 Évidez le rebut au ciseau

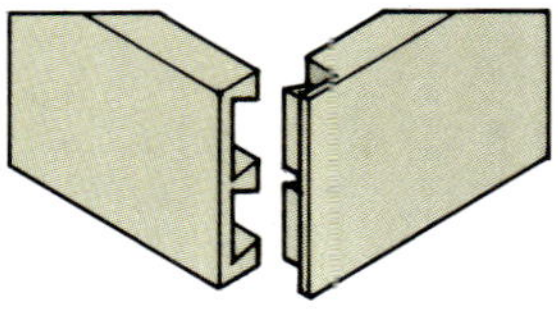

ASSEMBLAGE À QUEUES D'ARONDE À RECOUVREMENT À BUTÉE

L'assemblage à queues d'aronde à recouvrement à butée s'utilise dans la fabrication de boîtes et de meubles lorsqu'il faut que les queues soient cachées. La seule partie visible du joint est le fil en bout d'un des recouvrements ; elle peut se trouver sur la traverse ou le montant. C'est la variante que vous choisirez qui déterminera la façon dont vous tracerez les deux parties.

Si le recouvrement apparent se trouve sur le montant, commencez par tracer les épaulements, et tracez les queues à partir de ceux-ci. Sur la variante décrite ci-dessous, le recouvrement se trouve sur la traverse.

Tracer et tailler les queues

Commencez par tailler les pièces de bois à mesure et rabotez-les d'équerre en bout. Ajustez un trusquin à lame sur l'épaisseur du montant et tracez la ligne d'épaulement sur la face intérieure et les chants de la traverse. Ajustez le trusquin sur la largeur du recouvrement et tracez en bout et sur les chants à partir de la face extérieure. Tracez la ligne de profondeur de la feuillure sur la face intérieure et sur les chants à même distance du bout. (1)

Il faut ensuite tailler la feuillure avant de dessiner les queues. Taillez le rebut de la feuillure avec une grande précision (2). Afin de faciliter le travail de la scie, effectuez une entaille dans le côté rebut du trait de coupe. Terminez la feuillure avec un rabot à épaulements (3).

Ajustez la largeur et les positions des queues et tracez leur inclinaison au moyen d'un gabarit (4). Prolongez les lignes en bout. Délimitez le rebut, puis retirez-le à la scie et au ciseau comme pour un recouvrement demi-borgne.

Tracer et tailler les épaulements

Tracez la largeur du recouvrement en bout du montant. Ajustez le trusquin sur l'épaisseur des queues et tracez une ligne sur la face intérieure en travaillant à partir du bout. Recouvrez de craie en bout et dessinez les épaulements à partir des queues (5). Prolongez les lignes le long de la face intérieure. Délimitez le rebut, puis retirez-le à la scie et au ciseau.

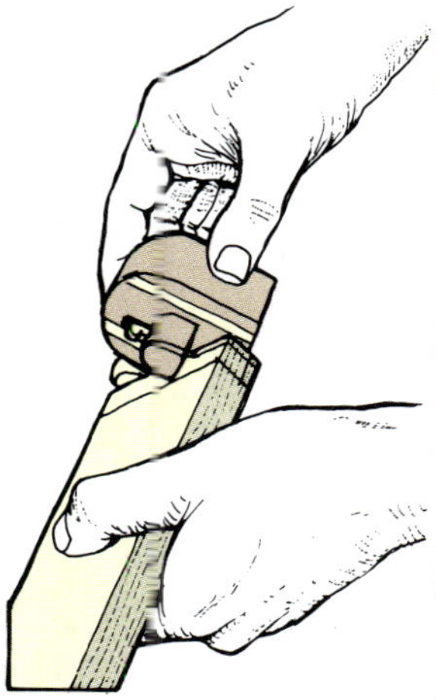

1 Mesurez la ligne de profondeur de la feuillure

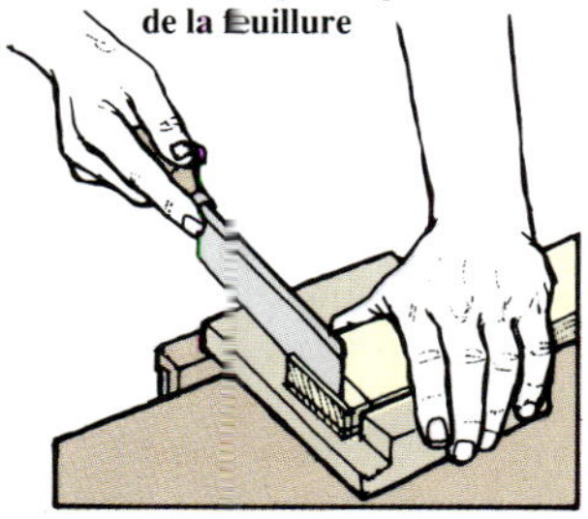

2 Sciez le rebut de la feuillure

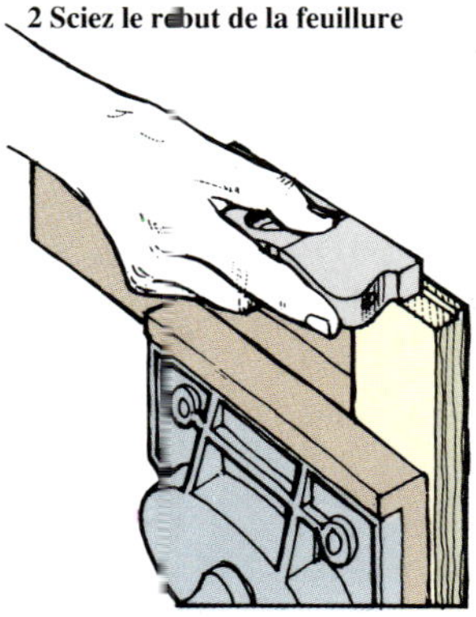

3 Réduisez la feuillure

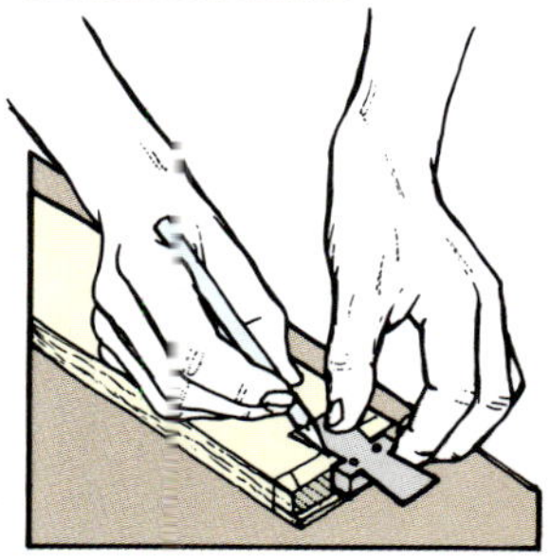

4 Tracez les queues

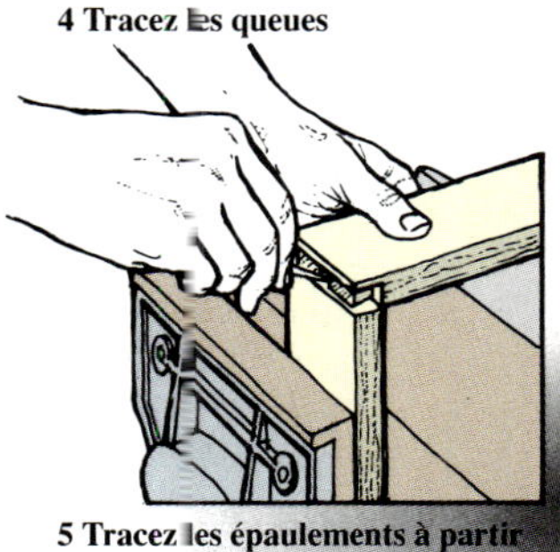

5 Tracez les épaulements à partir des queues

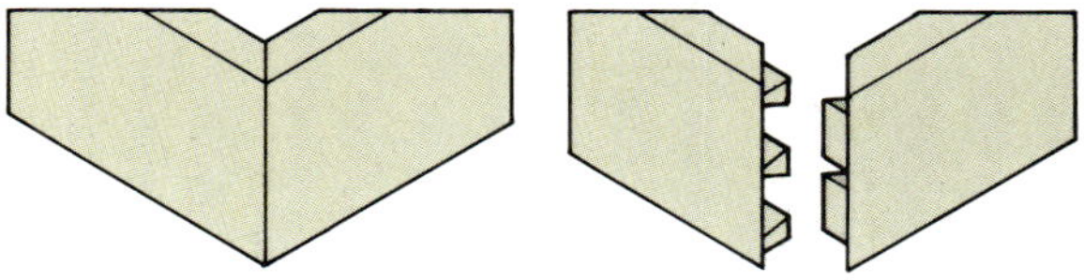

ASSEMBLAGE À QUEUES D'ARONDE À ONGLET CACHÉ

Les détails de cet assemblage à queues d'aronde sont complètement cachés par des recouvrements d'onglet et il est souvent appelé assemblage à queues d'aronde à recouvrement secret. Utilisé pour des travaux délicats, il doit être tracé et taillé avec une très grande précision. Les deux éléments composant le joint doivent être de même épaisseur, ainsi que taillés à mesure. Les queues ne peuvent qu'être dessinées à partir des épaulements, que l'on taille en premier.

Tracer et tailler l'assemblage

Ajustez un trusquin à lame sur l'épaisseur du bois et tracez une ligne d'épaulement sur la face intérieure, en travaillant à partir du bout. A l'aide d'un couteau à tracer et d'une fausse équerre, tracez l'onglet sur chacune des faces, en partant de la ligne d'épaulement pour rejoindre le coin extérieur.

Ajustez le trusquin sur la largeur du recouvrement et tracez la feuillure. Tracez en bout à partir de la face extérieure et tracez la ligne de profondeur à partir du bout (1). Retirez à la scie le rebut de la feuillure et terminez au rabot à épaulements.

Commencez par tracer les épaulements en traçant une ligne parallèle à chaque chant entre la ligne d'épaulement et la feuillure. Ne situez pas cette ligne à moins de 6 mm des chants (2). Délimitez la largeur et la position des épaulements entre les lignes tracées. Fabriquez un gabarit queue d'aronde en carton et maintenez contre le recouvrement pour assurer l'exactitude des mesures. Prolongez les lignes jusqu'à la ligne d'épaulement, puis délimitez le rebut.

Retirez le rebut à la scie et au ciseau comme pour des queues d'arondes à recouvrement demi-borgne. La scie peut légèrement déborder sur le recouvrement (3). Retirez le rebut de l'onglet. Positionnez l'ouvrage bien droit et éliminez au ciseau la plus grande partie du rebut du recouvrement d'onglet (4). Terminez de tailler l'onglet au rabot à épaulements. Soutenez le chant avec une cale à onglet afin de mieux pouvoir diriger le rabot.

Tracer et tailler les queues

Suivez la procédure décrite pour tracer les lignes sur le montant jusqu'à la découpe de la feuillure.

Posez la traverse sur l'établi, face intérieure vers le haut.

Placez le montant sur son bout, avec sa face intérieure à niveau avec la ligne tracée. Tracez les formes des épaulements avec un couteau à tracer (5). Prolongez ces lignes en bout et délimitez le rebut.

Retirez le rebut de l'onglet (6). Sciez ensuite le long des côtés des queues et retirez le rebut entre les queues, entre les queues de l'extrémité et l'épaulement de l'onglet (7). Réduisez et rabotez le recouvrement d'onglet de la même façon que précédemment pour le montant, faites quelques essais d'assemblage avant de coller ensemble les éléments.

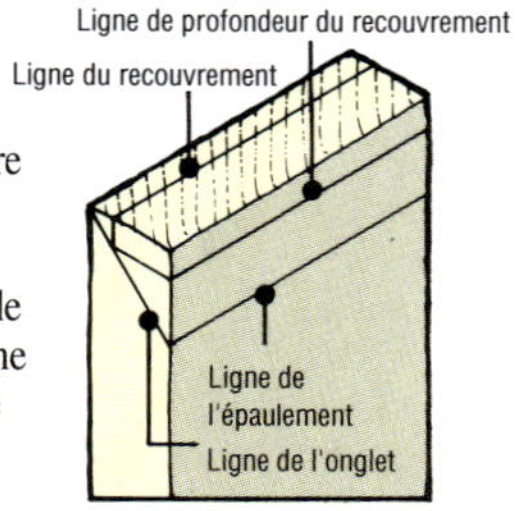

1 Déterminez les lignes

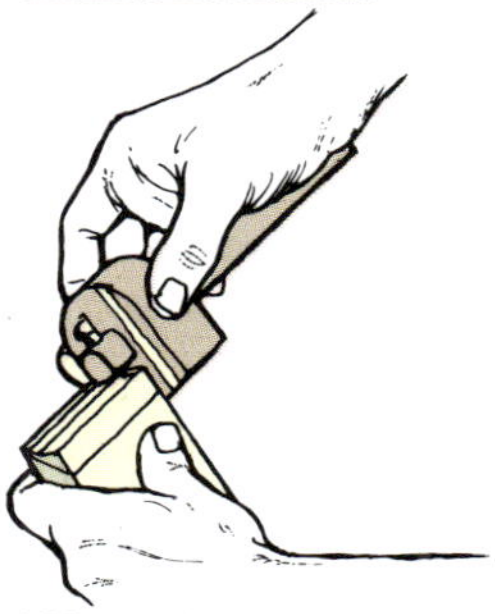

2 Mesurez l'extrémité des épaulements

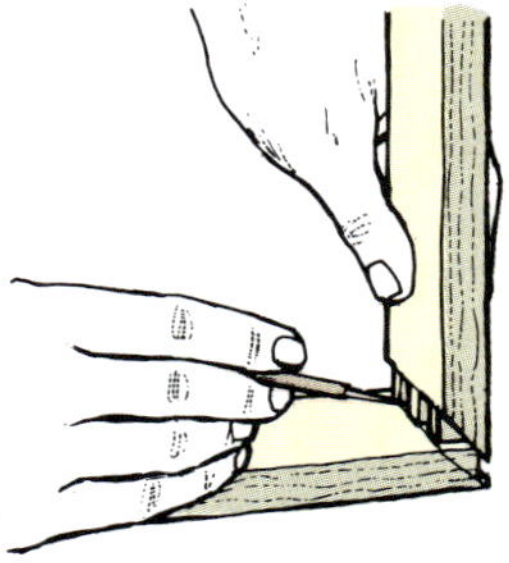

5 Tracez les queues à partir des épaulements

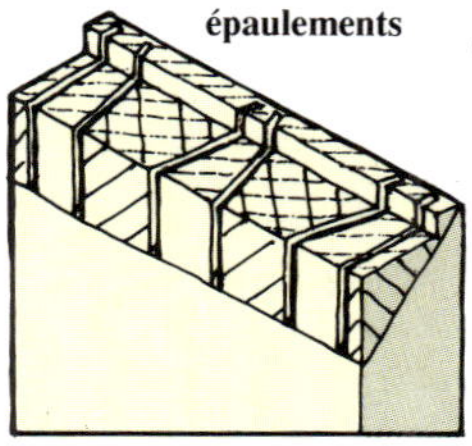

3 Sciez les côtés des épaulements

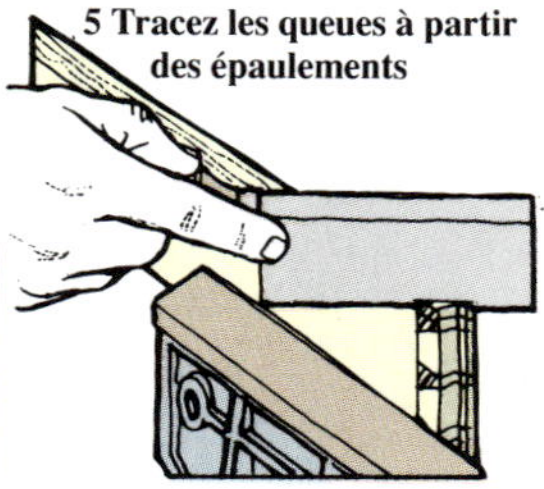

6 Sciez le rebut de l'onglet

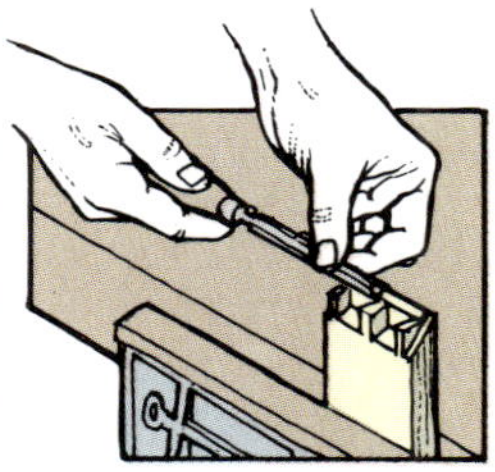

4 Evidez le rebut de l'onglet

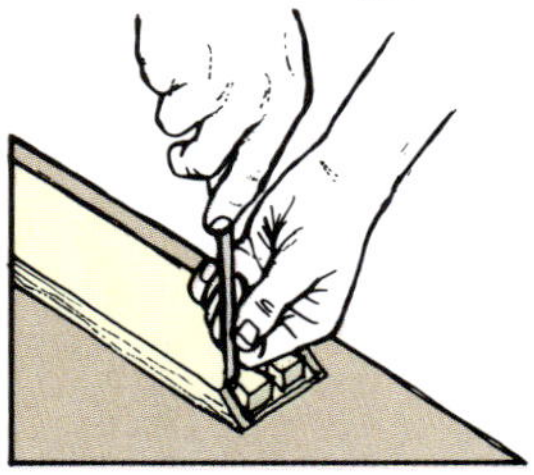

7 Retirez le rebut au ciseau

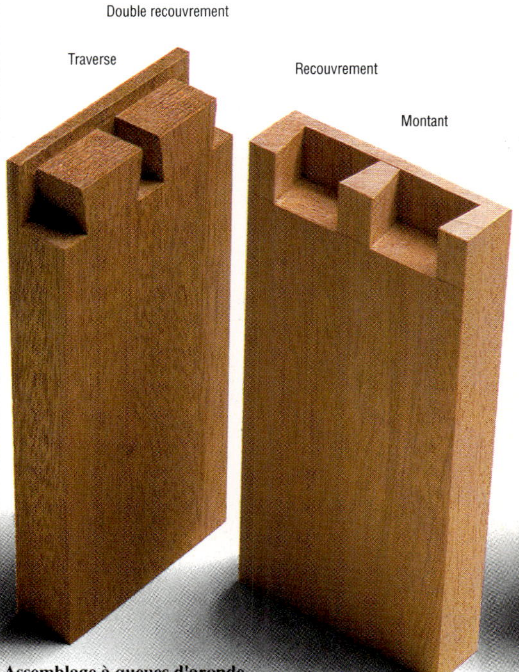

Assemblage à queues d'aronde à recouvrement à butée

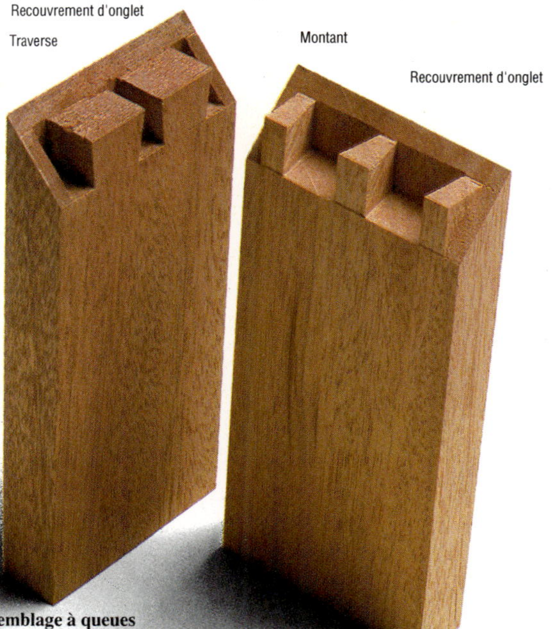

Assemblage à queues d'aronde à onglet caché

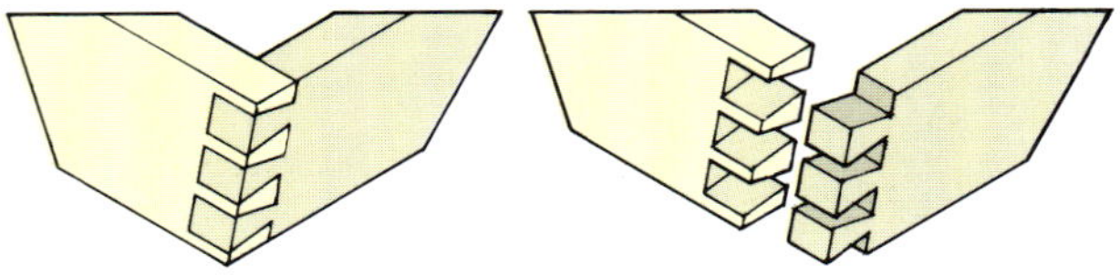

ASSEMBLAGE CHANFREINÉ À QUEUES D'ARONDE

L'assemblage chanfreiné à queues d'aronde s'utilise pour fabriquer un joint rigide entre deux éléments qui se rencontrent selon un angle. Ce n'est pas un assemblage facile à exécuter, car il est difficile à visualiser et tous les chants des éléments sont selon un angle, ce qui nécessite une découpe extrêmement précise. Le bois, qui doit être d'épaisseur uniforme, doit être taillé plus grand en longueur et largeur. Il est nécessaire de faire un plan en élévation à partir duquel on peut calculer la véritable forme des éléments de l'assemblage avant de pouvoir les tracer.

VOIR AUSSI

Les outils de mesurage et de traçage	76/79
Fausse équerre	76
Les scies d'encadreur	83
Les ciseaux chanfreinés	98, 101
Les serre-joints	120
Les serre-cadres à ruban	121

Exécution du plan

Commencez par dessiner l'élévation latérale de l'assemblage à cadre tel qu'il apparaîtrait une fois terminé. Montrez l'épaisseur du bois et ajoutez des lignes pointillées représentant sa largeur et sa longueur originelles. Dessinez le plan immédiatement sous l'élévation latérale.

Néanmoins aucun des plans ne donnera une véritable vue de l'assemblage, car les éléments vus sous cet angle sont raccourcis. Afin d'obtenir une véritable vue, projetez le côté à plat (1). Commencez par ajuster une paire de compas sur un point A. Tracez un arc de cercle du point A1 jusqu'à la ligne de base B. Tracez un second arc de cercle du point A2. Positionnez le compas sur le point A3 et tracez un autre arc de cercle pour rencontrer une ligne verticale en C. Tracez une ligne traversant C et parallèle à la ligne de base. Joignez les points BD et tracez une ligne parallèle à partir de A ; cela donnera une véritable section du côté.

Tracez en pointillés sur le plan, une ligne verticale allant de A à E. Tracez une ligne de B à F sur la prolongation du chant extérieur du plan. De la même façon, tracez une ligne allant de C1 à G ainsi que de D à H. Joignez E et F par une ligne en pointillés représentant le chant extérieur. L'angle X représente le véritable angle du bout.

Pour trouver le véritable angle du chanfrein, tracez une ligne à angle droit pour aligner EF en I. Dessinez une seconde ligne parallèle à celle-ci et séparée par l'épaisseur du bois en J. Tracez une ligne traversant IJ. L'angle Y est le véritable angle du chanfrein.

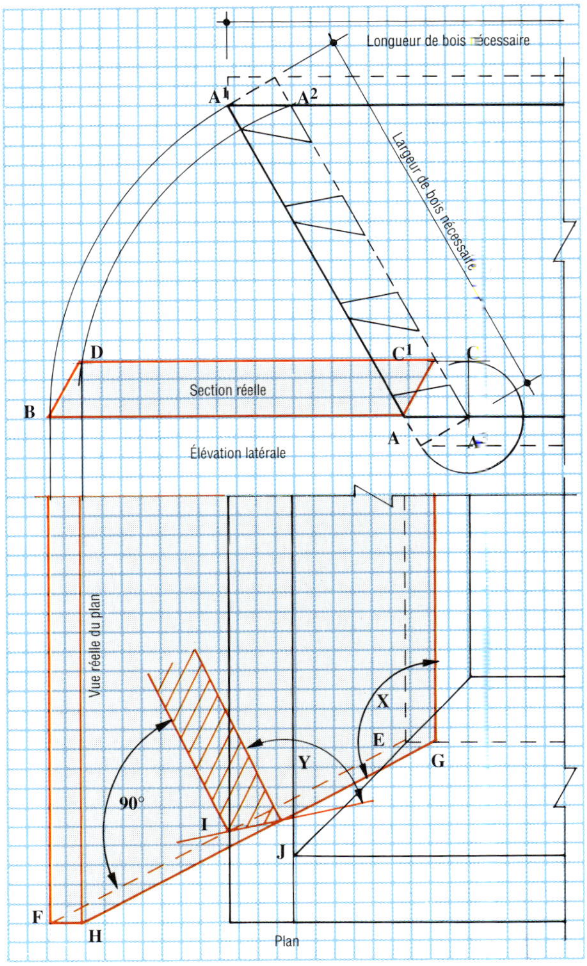

1 Dessinez un plan en élévation et au réel du joint

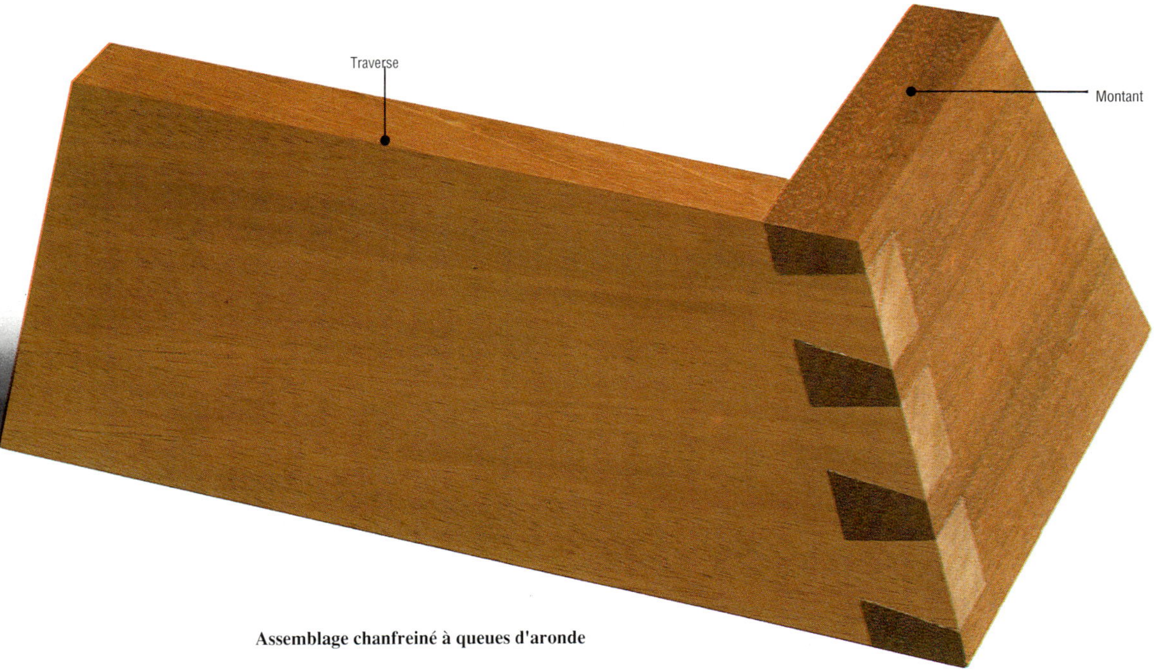

Assemblage chanfreiné à queues d'aronde

Tracer et tailler les bouts
Taillez les éléments à longueur et à largeur suivant les pointillés de l'élévation latérale. Ajustez une fausse équerre sur l'angle du bout X (2). Tracez l'angle du coin intérieur sur la face intérieure du bois à partir du coin (3). Taillez les bouts selon l'angle voulu (4). Ajustez une seconde fausse équerre sur l'angle en bout Y. Tracez l'angle sur les chants à partir de la face de parement extérieure (5). Joignez les traces des chants afin de donner une ligne guide pour raboter le chanfrein en bout. En fait, le chanfrein devrait être vérifié avec la fausse équerre maintenue à angle droit avec le chant, au fur et à mesure que le rabotage progresse, cela afin d'assurer l'exactitude du chanfrein (6).

Positionnez le bois horizontalement dans la presse, bout horizontal, et rabotez le chanfrein avec précaution en bout de chacun des éléments.

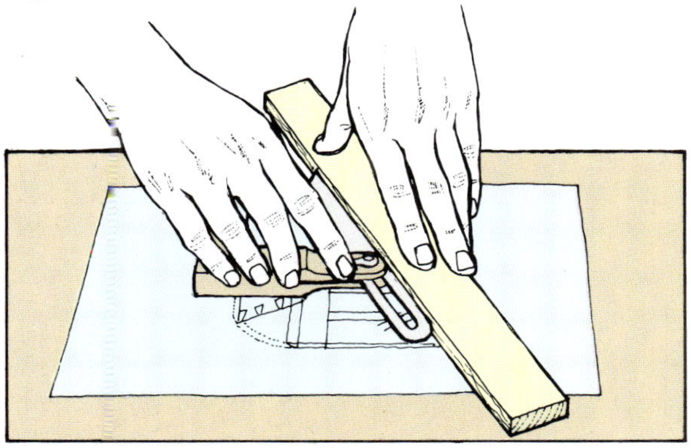

2 Ajustez la fausse équerre sur l'angle du bout

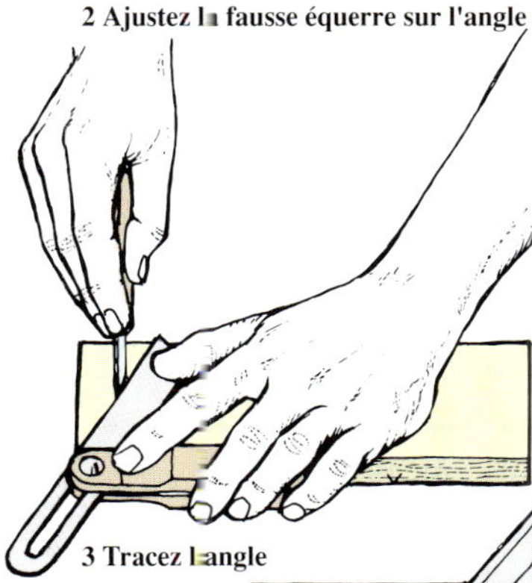

3 Tracez l'angle

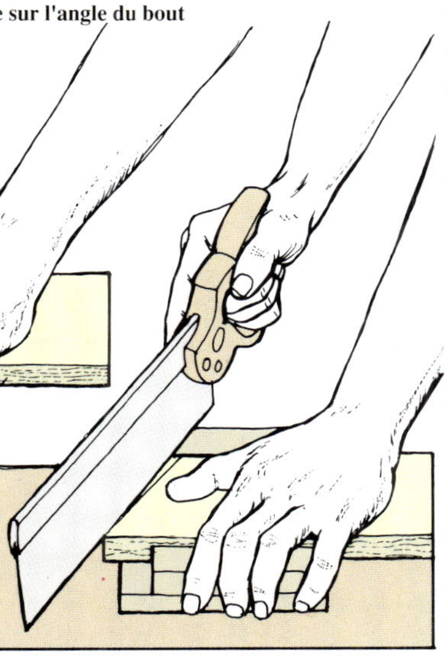

4 Sciez le bout à l'angle voulu

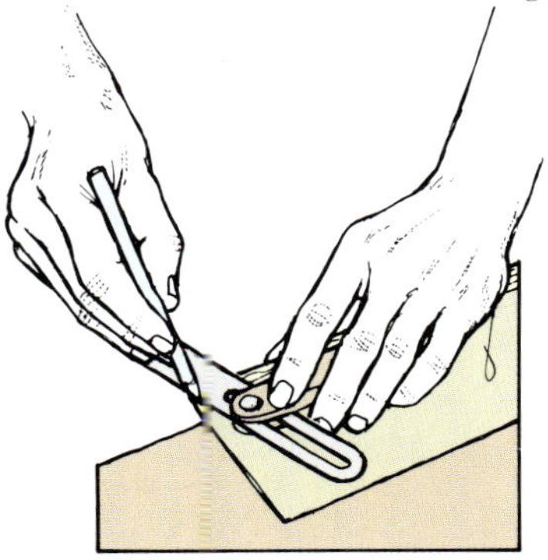

5 Tracez un « Y » sur les chants

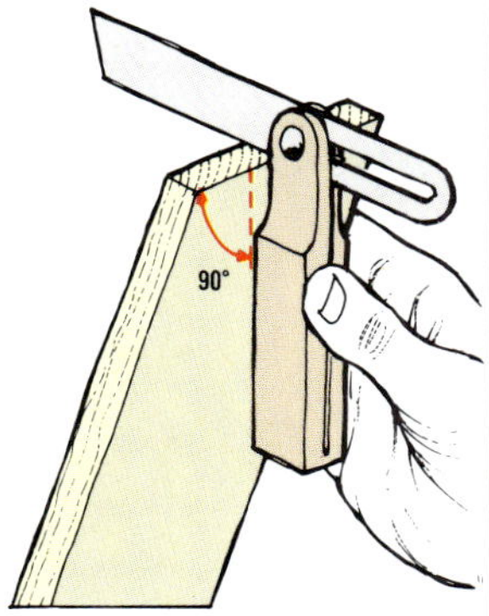

6 Tenez la fausse équerre à angle droit

Tracer et tailler l'assemblage
Positionnez les queues sur la face de parement de la traverse. Commencez par tracer l'épaisseur du bois sur chacune des faces des deux éléments, mesures prises à partir des bouts biseautés (7). Joignez les lignes sur chacun des chants de la traverse.

Ajustez la fausse équerre sur l'angle en bout X, tracez une ligne à partir du coin intérieur inférieur, jusqu'à l'extrémité de la traverse. Effectuez une marque à 6 mm sous le chant supérieur. Etablissez la taille et l'espacement des queues entre ces marques. Ajustez ensuite un gabarit queue d'aronde en carton contre une équerre et tracez les queues sur la face extérieure (8).

Tracez l'inclinaison de l'extrémité des queues sur le côté chanfreiné de la traverse. Utilisez la fausse équerre ajustée sur l'angle X. Maintenez son corps à angle droit avec le bout (9), car telle était sa position lorsque vous avez tracé les plans. Utilisez l'équerre et le gabarit queue d'aronde pour tracer les queues sur la face intérieure. Délimitez le rebut.

Taillez les queues avec précaution, en respectant l'angle tracé. Positionnez selon un angle l'ouvrage dans la presse, afin que les épaulements des queues soient toujours verticaux (10).

Tracez les queues coupées sur le bout du montant. Recouvrez le bout de craie afin de faciliter le traçage. Positionnez la traverse sur son bout avec les chants et les côtés intérieurs à niveau, tracez tout autour des queues.

Utilisez la fausse équerre ajustée sur l'angle X et tracez des lignes parallèles à partir de chaque queue et jusqu'à l'épaulement (11). Délimitez le rebut, puis sciez-le et taillez-le au ciseau avec précaution, en respectant bien les angles tracés.

Vous pouvez raboter le chanfrein des chants avant ou après avoir collé le joint. Utilisez la fausse équerre ajustée sur l'angle X afin de vérifier le chanfrein, quelle que soit la méthode que vous choisissiez. Les pentes inclinées peuvent créer certains problèmes lorsque vous les collez. Si vous enfoncez l'assemblage en le martelant, protégez la surface de l'ouvrage avec une pièce de rebut.

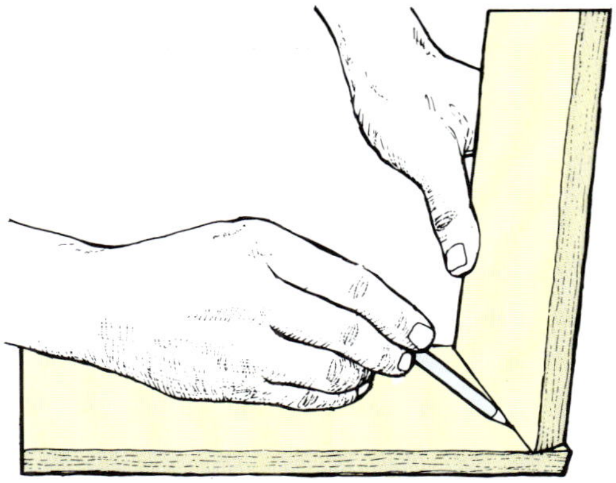

7 Tracez l'épaisseur du bois

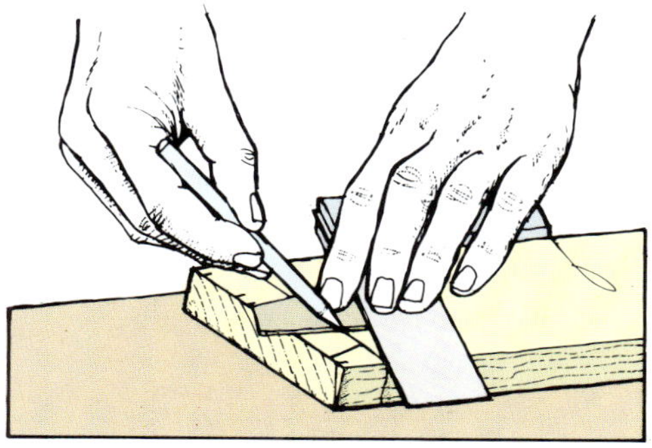

8 Tracez les queues au moyen d'un gabarit en carton

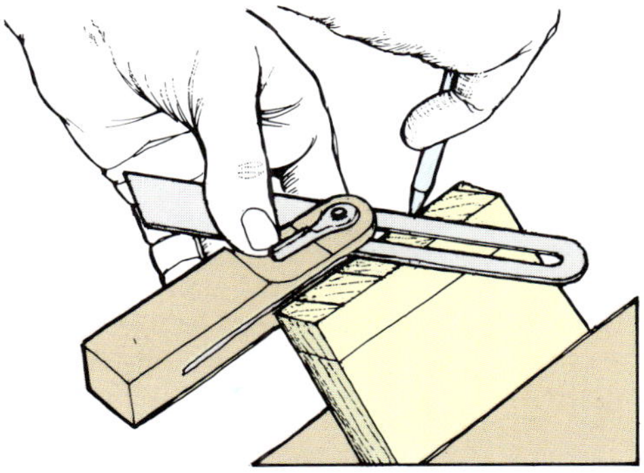

9 Tenez la crosse de la fausse équerre à angle droit par rapport au bout

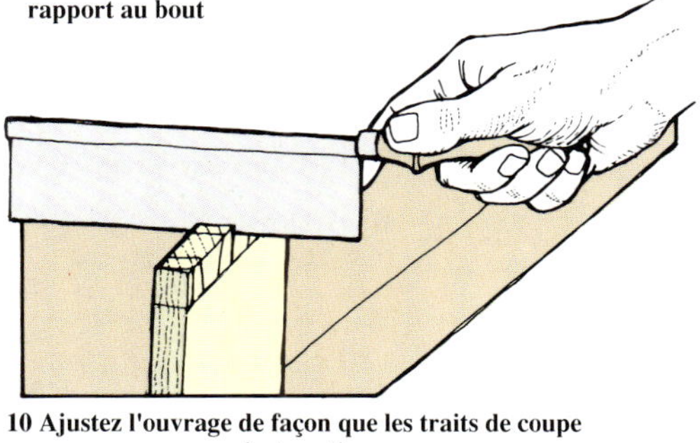

10 Ajustez l'ouvrage de façon que les traits de coupe soient verticaux

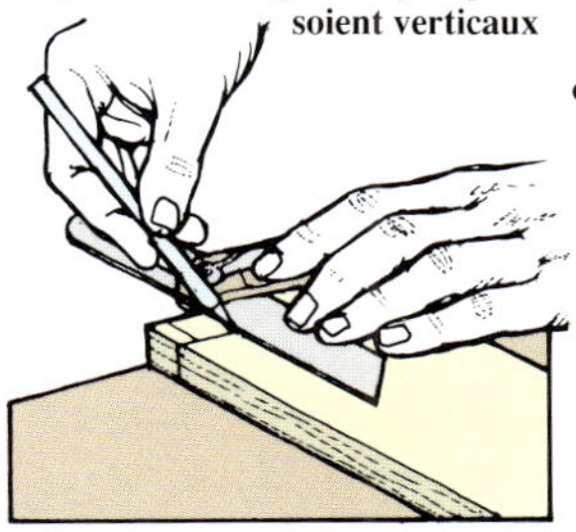

11 Tracez les traits de coupe des épaulements

- **Serrer l'assemblage**
Pour serrer cet assemblage, utilisez des serre-cadres à ruban ou collez des cales en forme de coins à la surface et utilisez des serre-joints. Placez un papier épais entre les cales et la surface de l'ouvrage, afin de pouvoir les retirer facilement sans abîmer le bois.

ASSEMBLAGE DE PANNEAUX DÉRIVÉS DU BOIS

Les panneaux de contre-plaqué, les panneaux lamellés ou lattés, les panneaux de particules et les panneaux de fibres à moyenne densité sont tous utilisés dans la fabrication de corps de meubles. Les panneaux dérivés du bois sont plus stables que des planches de bois massif, cependant, il leur manque la résistance dans le sens du fil. La façon d'assembler ces panneaux varie selon leur composition. On peut utiliser la plupart des assemblages utilisés dans la fabrication des meubles de bois massif. Les assemblages de cadres, tels que les assemblages à tenons et mortaises, les assemblages à mi-bois et à enfourchement ne peuvent pas être utilisés.

VOIR AUSSI

Assemblage à languettes 136/137
Assemblage bout à bout 216/217
Assemblage à recouvrement 218
Assemblage chant sur chant 222/223
Assemblage à emboîtements 224/225

GUIDE DES ASSEMBLAGES

Le tableau montre un assortiment classique de panneaux dérivés du bois ainsi que les assemblages de corps de meubles adaptables à chacun des matériaux. La première colonne indique la résistance de chaque assemblage avec chaque matériau. La deuxième colonne indique la meilleure manière de fabriquer les assemblages. La troisième colonne indique les difficultés relatives en ce qui concerne le découpage à la main ou à la machine.

Traitez les panneaux à âme solide tels que les lamellés et les lattés comme du bois massif lorsque vous choisissez un assemblage pour une application particulière. Par exemple, on ne peut tailler une queue d'aronde que dans le bois en bout, jamais dans le chant d'un panneau.

Il est difficile de tailler des queues d'aronde dans ces matériaux, cela à cause des changements de sens du fil dans la structure de la planche. Taillez des épaulements et des queues forts et de tailles égales (il est préférable de tailler les queues à la machine). Pour des meubles assemblés à queues d'aronde et qui doivent être plaqués, utilisez des joints à recouvrement. Le meilleur joint est celui à onglet caché car il ne montrera pas la structure du joint, dans le cas où le bois viendrait à gonfler ou à rétrécir.

Les panneaux dérivés du bois qui sont pré-terminés avec un placage décoratif doivent être assemblés à queues d'aronde à onglet caché afin que l'âme ne soit pas visible sur la face de l'ouvrage. Vous pouvez aussi utiliser des bandes de recouvrement d'angle, ce qui en plus a le mérite d'être décoratif.

ASSEMBLAGES DE CORPS DE MEUBLE CLASSIQUES

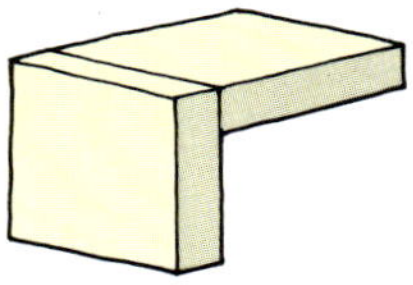

Assemblage d'angle

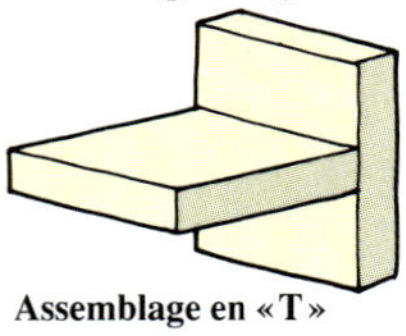

Assemblage en « T »

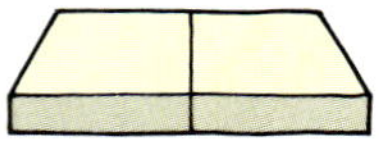

Assemblage chant sur chant

OPTION ASSEMBLAGE D'ANGLE	ADAPTABILITÉ ET RÉSISTANCE RELATIVES: CONTRE-PLAQUÉ	CONTRE-PLAQUÉ À ÂME PLEINE	LAMELLÉ	AGGLOMÉRÉ DE PARTICULES	AGGLOMÉRÉ DE FIBRES MOYENNE DENSITÉ	MEILLEURE MÉTHODE DE FABRICATION: DÉCOUPE À LA MAIN	DÉCOUPE À LA MAIN/GABARIT	DÉCOUPE À LA MACHINE	DÉCOUPE À LA MACHINE	DIFFICULTÉ RELATIVE DANS LA FABRICATION: DÉCOUPE À LA MAIN	DÉCOUPE À LA MACHINE	COMMENTAIRES
BOUT À BOUT	▮ (rose)	▮ (rose)	▮ (rose)	▮ (rose)	▮ (rose)	▲ (jaune)			▲ (violet)	■	■	Âme apparente, le renforcement par clous, vis ou cales augmente la résistance.
BOUT À BOUT D'ONGLET	▮ (vert)	▮ (vert)	▮ (vert)	▮ (rose)	▮ (vert)			▲ (vert)	▲ (violet)	●	■	Âme cachée de même résistance que le bout à bout. Bon pour le placage.
D'ONGLET RENFORCÉ	▮ (vert)	▮ (vert)	▮ (vert)	▮ (vert)	▮ (vert)			▲ (vert)		●	■	Plus résistant que le simple onglet, peut être utilisé comme assemblage décoratif.
D'ONGLET À LANGUETTE RAPPORTÉE	▮ (orange)	▮ (orange)	▮ (orange)	▮ (orange)	▮ (orange)				▲ (violet)	●	■	Un assemblage d'onglet résistant idéal pour le placage.
À RECOUVREMENT	▮ (vert)	▮ (vert)	▮ (vert)	▮ (vert)	▮ (vert)	▲ (jaune)		▲ (vert)	▲ (violet)	■	■	Plus net et résistant que l'assemblage bout à bout, laisse apparaître un peu d'âme en coin.
D'ONGLET À RECOUVREMENT	▮ (vert)	▮ (vert)	▮ (vert)	▮ (vert)	▮ (vert)	▲ (jaune)			▲ (violet)	●	■	Âme cachée, meilleur aspect que la simple feuillure, mais plus difficile à tailler.
EMBOITEMENT À FACE SIMPLE	▮ (vert)	▮ (vert)	▮ (vert)	▮ (vert)	▮ (orange)	▲ (jaune)		▲ (vert)	▲ (violet)	■	■	Âme apparente. Plus résistant que l'assemblage bout à bout.
CHEVILLÉ	▮ (orange)	▮ (orange)	▮ (orange)	▮ (orange)	▮ (orange)	▲ (jaune)	▲ (rouge)	▲ (vert)		■	■	Semblable d'aspect à l'assemblage bout à bout, mais beaucoup plus résistant.
D'ONGLET CHEVILLÉ	▮ (orange)	▮ (orange)	▮ (orange)	▮ (orange)	▮ (orange)		▲ (rouge)	▲ (vert)		●	■	Semblable d'aspect et de résistance à l'onglet à languette rapportée, à tailler avec un gabarit.
QUEUE D'ARONDE TRAVERSANT	▮ (violet)	▮ (violet)	▮ (violet)	▮ (bleu)	▮ (bleu)	▲ (jaune)		▲ (vert)		●	■	Un assemblage résistant peut transparaître si couvert par du placage.
QUEUE D'ARONDE À RECOUVREMENT DEMI-BORGNE	▮ (violet)	▮ (violet)	▮ (violet)	▮ (bleu)	▮ (bleu)	▲ (jaune)		▲ (vert)		●	■	Semblable en résistance à la queue d'aronde ouverte, avec le joint caché sur une face.
QUEUE D'ARONDE À RECOUVREMENT À BUTÉE	▮ (violet)	▮ (violet)	▮ (violet)	▮ (bleu)	▮ (bleu)	▲ (jaune)				●		Semblable au recouvrement demi-borgne mais ne laisse apparent qu'un mince filet d'âme.
QUEUE D'ARONDE À ONGLET CACHÉ	▮ (violet)	▮ (violet)	▮ (violet)	▮ (bleu)	▮ (bleu)	▲ (jaune)				●		Assemblage résistant lorsque l'âme est cachée. Idéal pour placage.
À LANGUETTES	▮ (violet)	▮ (violet)	▮ (violet)	▮ (violet)	▮ (violet)			▲ (vert)			■	Un assemblage résistant taillé à la machine, peut être bout à bout ou d'onglet.

		ADAPTABILITÉ ET RÉSISTANCE RELATIVES					MEILLEURE MÉTHODE DE FABRICATION				DIFFICULTÉ RELATIVE DANS LA FABRICATION		
		CONTRE-PLAQUÉ	CONTRE-PLAQUÉ À ÂME PLEINE	LAMELLÉ	AGGLOMÉRÉ DE PARTICULES	AGGLOMÉRÉ DE FIBRES MOYENNE DENSITÉ	DÉCOUPE À LA MAIN	DÉCOUPE À LA MAIN/GABARIT	DÉCOUPE À LA MACHINE	DÉCOUPE À LA MACHINE	DÉCOUPE À LA MAIN	DÉCOUPE À LA MACHINE	COMMENTAIRES
OPTION ASSEMBLAGE EN «T»	BOUT À BOUT 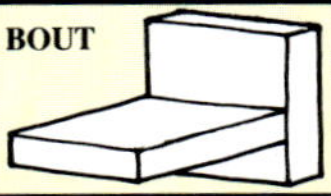	Pauvre	Pauvre	Pauvre	Pauvre	Pauvre	▲		▲	▲	■	■	Relativement faible résistance augmentée par des clous ou des vis.
	EMBOÎTEMENT 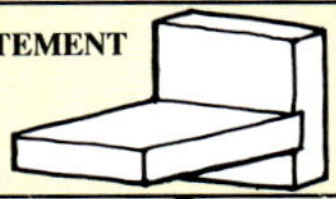	Bon	Bon	Bon	Bon	Bon	▲		▲	▲	■	■	Plus résistant que bout à bout. Il n'est pas nécessaire de renforcer.
	EMBOÎTEMENT ARRÊTÉ 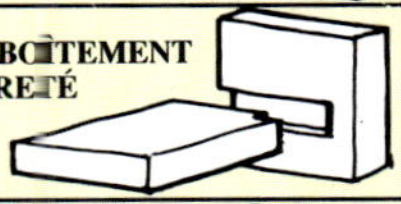	Bon	Bon	Bon	Bon	Bon	▲		▲		■	■	Comme ci-dessus mais plus net sur chant avant.
	EMBOÎTEMENT À FACE SIMPLE 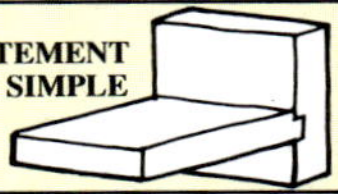	Bon	Bon	Bon	Bon	Bon	▲		▲	▲	■	■	Identique à l'emboîtement.
	EMBOÎTEMENT À QUEUE D'ARONDE 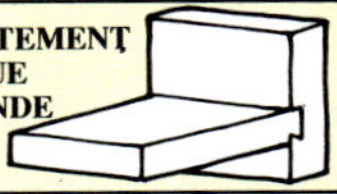	Bon	Bon	Bon	Inadaptable	Bon	▲		▲		●	■	Plus résistant que l'emboîtement mais plus difficile à tailler
	CHEVILLÉ 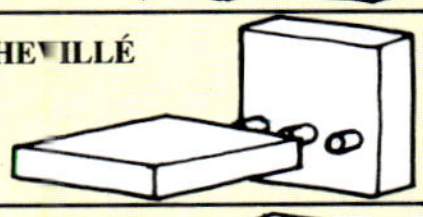	Excellent	Excellent	Excellent	Excellent	Excellent	▲	▲	▲		■	■	Simple et facile à tailler avec gabarit de goujonnage.
	À LANGUETTES 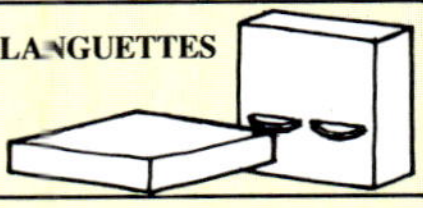	Excellent	Excellent	Excellent	Excellent	Excellent			▲			■	Joint taillé à la machine résistant.
OPTION ASSEMBLAGE CHANT SUR CHANT	BOUT À BOUT 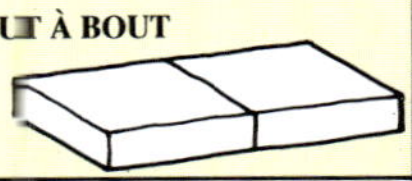	Bon	Bon	Bon	Bon	Bon	▲		▲	▲	■	■	Facile à tailler utiliser de la colle synthétique pour augmenter la résistance.
	LANGUETTE RAPPORTÉE 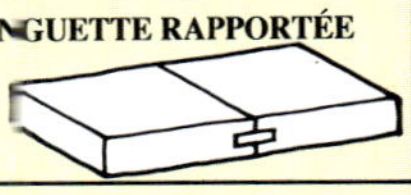	Excellent	Excellent	Excellent	Excellent	Excellent	▲		▲	▲	■	■	Plus résistant que le simple emboîtement; la languette facilite le positionnement des chants.
	RAINURE ET LANGUETTE 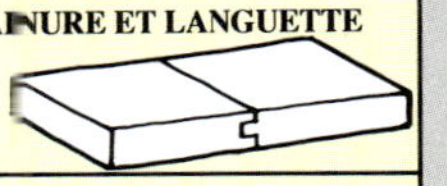	Excellent	Excellent	Excellent	Excellent	Excellent	▲		▲	▲	■	■	Plus résistant que le simple emboîtement; la languette facilite le positionnement des chants.
	À LANGUETTE 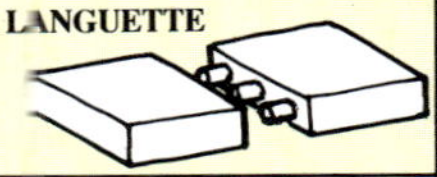	Excellent	Excellent	Excellent	Excellent	Excellent	▲	▲	▲		■	■	Plus résistant que le simple emboîtement; la languette facilite le positionnement des chants.
	BISCUIT 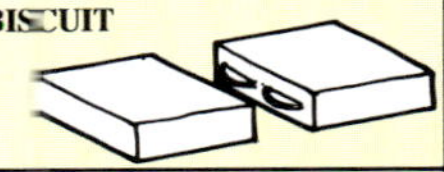	Excellent	Excellent	Excellent	Excellent	Excellent			▲			■	Plus résistant que le simple emboîtement; la languette facilite le positionnement des chants.

CLÉS DU TABLEAU

Adaptabilité et résistance relatives

- Excellent
- Bon
- Correct
- Pauvre
- Inadaptable

Meilleure méthode de fabrication

- ▲ Découpe à la main (outils à main)
- ▲ Découpe à la main/gabarit (outils à main + gabarits)
- ▲ Découpe à la machine (outils électriques portatifs*)
- ▲ Découpe à la machine (machines-outils*)

** On peut aussi utiliser des gabarits*

Difficultés relatives dans la fabrication

- ● Difficile
- ■ Simple

UTILISER UNE ALÈSE D'ANGLE

Avec les panneaux de particules, on peut utiliser une baguette de bois massif pour joindre deux panneaux, ce qui cache aussi l'âme. Le fil de la baguette est perpendiculaire à celui du placage de parement, ce qui forme un motif décoratif. Vous pouvez laisser la baguette telle ou bien la profiler.

Assemblage de l'alèse d'angle
Assemblez l'alèse bout à bout ou, pour plus de résistance, fabriquez un joint à rainure et languette.

Utilisez un joint à rainure et fausse languette rapportée ou bien, taillez la rainure dans le chant de la planche et la languette dans la bande de recouvrement ; quelle que soit la méthode que vous décidez d'employer, arrêtez la languette et la rainure de façon qu'elles ne soient pas visibles (1).

On peut fabriquer un joint plus résistant pour les plinthes et les corps de meuble en utilisant des chants rapportés plus épais. Taillez une languette à face simple dans la planche et une rainure correspondante dans l'alèse. Vous pouvez si vous le désirez profiler la section selon les pointillés (2).

VOIR AUSSI

Les espaces de rangements	62
Les scies égoïnes	80/82
Les scies circulaires	132/135, 157, 159, 161
Travailler les chants	142
Les fraises à affleurer	142
Les défonceuses	146

Formes pour alèses d'angles

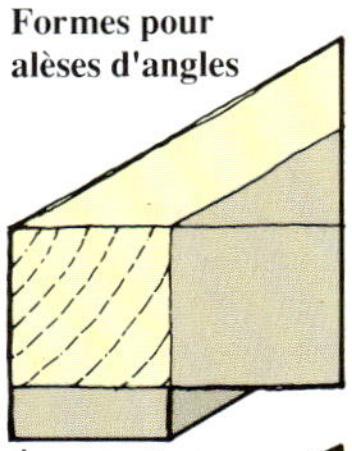
À angle droit

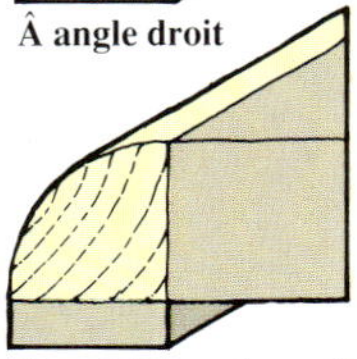
Quart-de-rond

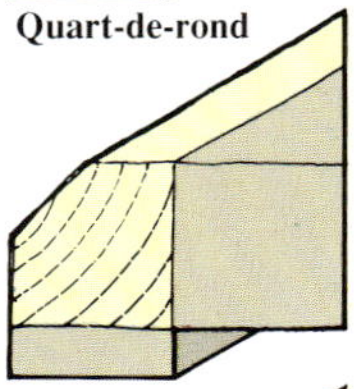
Chanfreiné

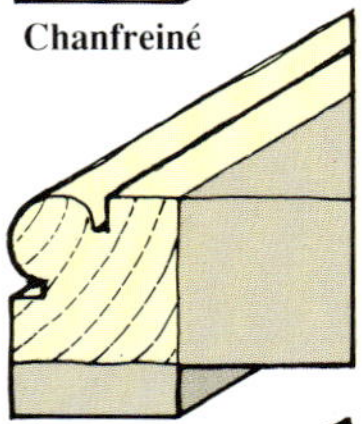
À baguette

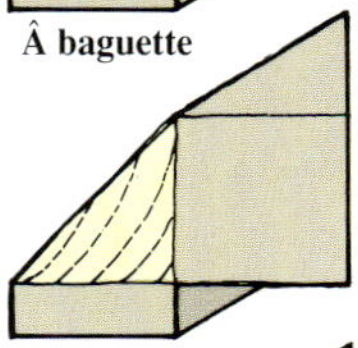
Biseauté

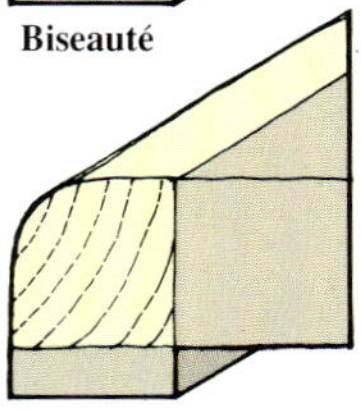
Semi-rond

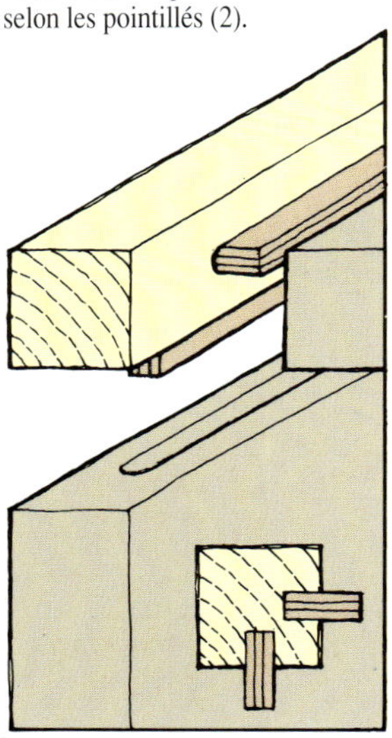
1 Assemblage à rainure et languette à languette rapportée

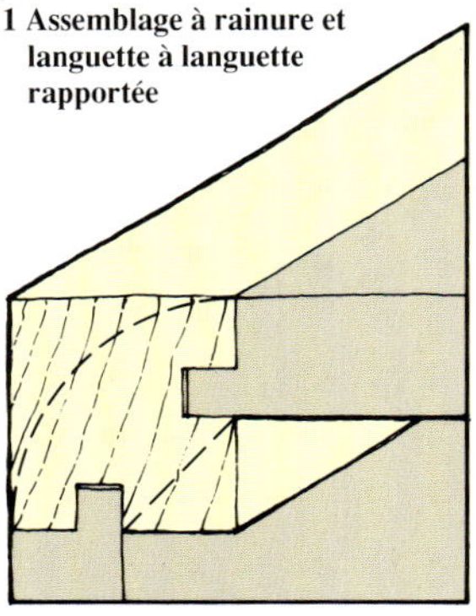
Si besoin, façonnez l'alèse

TYPES D'ALÈSE

Les chants des panneaux dérivés du bois doivent être recouverts afin d'en cacher l'âme. Vous pouvez utiliser soit des placages à grain longitudinal ou transversal, soit une alèse de recouvrement plus consistante en bois assorti ou contrasté. Les alèses peuvent être posées soit avant, soit après la pose du placage des faces ; dans le cas des planches préplaquées, vous vous verrez obligé de poser les alèses en dernier.

Pose des alèses
Les bandes les plus simples à poser sont les placages préencollés qu'il suffit d'appliquer au fer à repasser sur les chants. Ces bandes sont principalement vendues pour la finition des panneaux de particules et ne sont disponibles que dans une petite variété de placages correspondants.

Pour un recouvrement plus consistant, qui peut aussi être profilé, taillez des baguettes épaisses dans un bois correspondant. Cependant, assemblez la baguette au chant ou taillez une rainure et une languette afin d'en augmenter la résistance.

Taillez d'onglet les coins des alèses, cela afin d'améliorer le fini ; c'est particulièrement important si le chant est mouluré.

Lorsque vous collez une bande longue, placez un tasseau rigide entre la bande et les têtes des serre-joints afin de bien répartir la pression sur toute la longueur de l'ouvrage.

Lorsque vous rabotez une bande de recouvrement préencollée à la largeur du chant, faites bien attention à ne pas mordre sur le placage de parement, particulièrement lorsque vous travaillez dans le sens du fil. Terminez le chant en le ponçant.

Les alèses raidissent considérablement les planches à utiliser comme étagère ou plateau de travail. Reposez l'intégralité de l'épaisseur de la planche sur une feuillure que vous aurez taillée dans la bande de recouvrement.

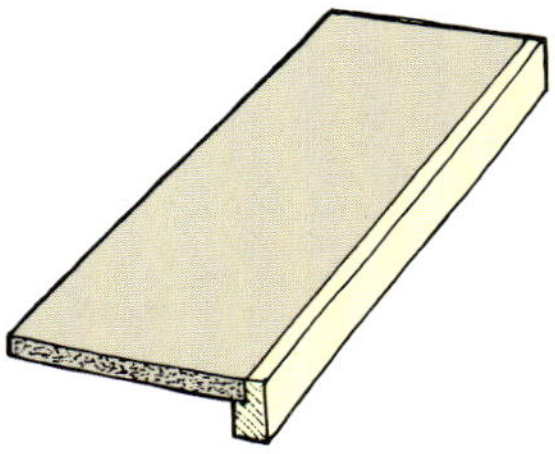
Les hautes alèses raidissent la planche

TRAVAILLER LES PANNEAUX DÉRIVÉS DU BOIS

Découpe à la machine
Les panneaux dérivés du bois sont mieux découpés aux dimensions finales au moyen d'une machine-outil à grande vitesse et à coupe nette. Si vous découpez beaucoup de panneaux, utilisez une lame universelle à dents à pointe au carbure, les dents de la lame doivent pénétrer le panneau du côté parement. Lorsque vous utilisez une scie électrique portative, le parement doit être vers le haut ; avec une scie à table vers le bas. Avancez le panneau sur la scie assez rapidement. Si vous utilisez une scie à ruban, faites tourner la lame à grande vitesse et avancez le panneau lentement.

Découpe à la main
Pour scier à la main, utilisez une scie à panneau avec entre 10 et 12 dents par tranche de 25 mm. Vous pouvez aussi utiliser une scie d'encadreur pour un travail de moindre envergure. Afin d'éviter l'éclatement de la surface, tracez tous les traits de coupes au couteau à tracer afin de séparer les fibres ou les lamelles. Tenez la scie selon un angle peu accentué. Soutenez le panneau près du trait de coupe ou bien alors si c'est un panneau épais, soutenez-le par des tréteaux.

Si vous taillez de larges panneaux, grimpez dessus afin de bien atteindre le trait de coupe. Faites soutenir la chute par un assistant si le besoin s'en fait sentir. De toute façon, soutenez toujours les chutes afin qu'elles ne cassent pas avant que la découpe ne soit terminée.

Raboter les chants
Rabotez les chants de la même façon que ceux des planches de bois, mais travaillez chaque chant comme s'il s'agissait de fil de bout. Vous devez donc raboter en partant des deux extrémités et vous diriger vers le centre, afin d'éviter l'éclatement de l'âme ou du placage des faces. Soyez prêt à régulièrement affûter les lames pendant le travail.

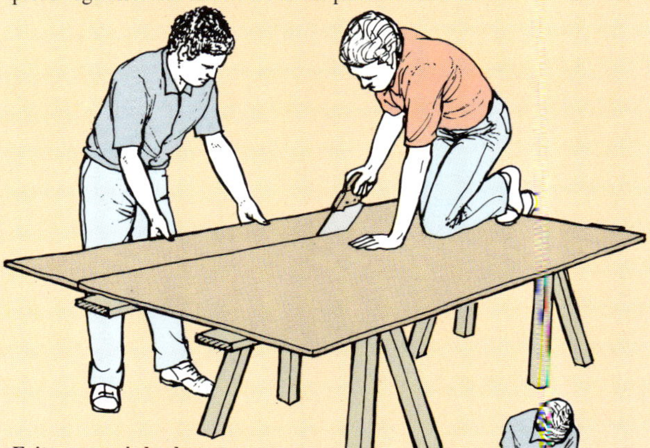
Faites soutenir la chute par un assistant

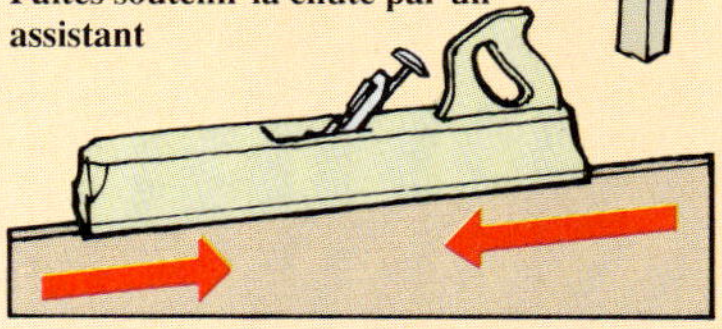
Rabotez les chants à partir des deux extrémités

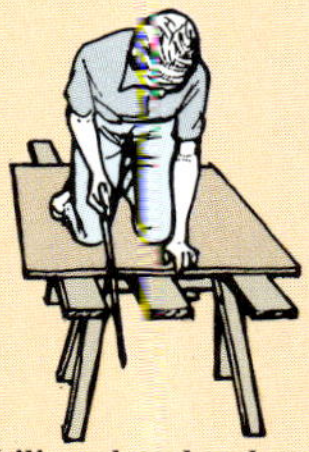
Utilisez des planches de soutien

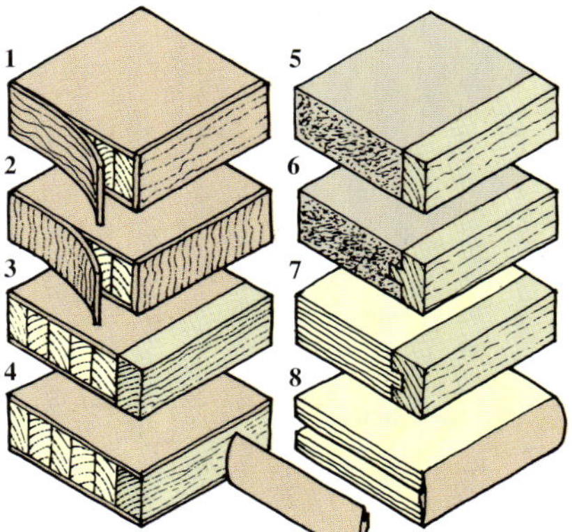

Alèses
1 Placage longitudinal
2 Placage à fil vertical
3 Alèse posée après placage
4 Chant rapporté posé avant placage
5 Baguette collée
6 Alèse à languette
7 Alèse rainurée
8 Baguette d'onglet

CHAPITRE 8

LE BOIS COURBÉ

Construire un bâti de meuble courbé est une opération complexe, tout comme la réalisation de formes très courbes à partir de pièces courtes et droites qui exigent des calculs un peu compliqués pour éviter les bois en fil de travers qui affaiblissent l'ouvrage et pour limiter les chutes. Vous pourrez cependant vous en tirer assez économiquement en travaillant soit à froid soit à chaud, en respectant l'exigence essentielle qui est de conserver le fil du bois dans le sens de la courbe. Le cintrage à froid exige des bois de faible section, celle-ci pouvant être légèrement augmentée pour des bois verts, donc très humides, ou préalablement étuvés. Le plus bel exemple de bois courbé à la vapeur nous est offert par les chaises-bistrot et les rocking-chairs de Michael Thonet. C'est dans les années trente que le développement du placage industriel entraîna la vogue du mobilier à base de panneaux cintrés. Les deux méthodes de cintrage peuvent être employées dans votre atelier comme elles le sont encore dans l'industrie et l'artisanat.

CINTRAGE À FROID PAR ENTAILLAGE

VOIR AUSSI

On peut cintrer à froid une planche assez épaisse en l'entaillant dans la largeur au moyen d'une scie circulaire. Cette technique est surtout utilisée pour les pièces destinées à n'être vues que d'un côté, telles que les contre-marches arrondies au début des escaliers. Les ébénistes l'emploient de la même façon pour les plinthes tournantes.

RÉALISATION DES ENTAILLES

La lame que vous utilisez vous donne la largeur de l'entaille, qui détermine elle-même le rayon de cintrage. Des entailles rapprochées vous donneront une courbe plus régulière mais ne vous éviteront pas le ponçage final destiné à faire disparaître les inévitables facettes sur le parement de votre pièce.

Au moyen d'une scie circulaire
La scie radiale est l'outil le plus adéquat. La largeur de sa lame et la régularité de la profondeur des passes vous permettent de faire moins d'entailles pour un rayon donné. Vous n'aurez d'attention à prêter qu'à l'espacement des entailles. Pour cela, faites confiance à votre œil, guidé par un trait repère sur la règle-butée, ou montez un dispositif de butée de longueur.

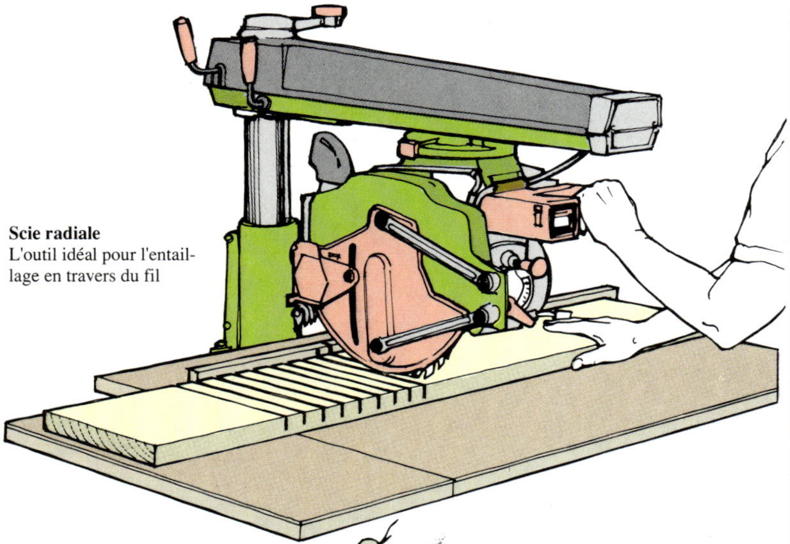

Scie radiale
L'outil idéal pour l'entaillage en travers du fil

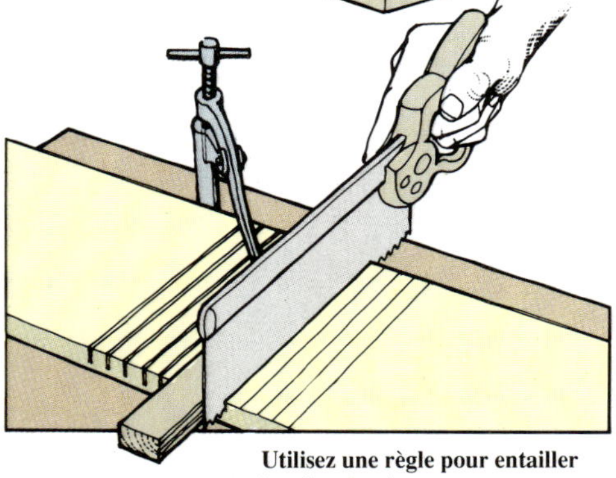

Utilisez une règle pour entailler les planches larges

Entaillage à la main
Il se pratique au moyen d'une scie à dos ou d'une scie à tenon. Tracez d'abord les coupes sur votre pièce et réglez votre trusquin à 1/4 de l'épaisseur de celle-ci ; reportez cette mesure en face de chaque trait de coupe en partant du parement. Bloquez votre pièce au moyen du valet d'établi ; si c'est une pièce importante, utilisez des presses et un tasseau pour guider le trait de scie.

LE CINTRAGE

Collage en forme
Vérifiez la conformité de votre courbe sur le plan. Utilisez une sangle de serrage pour amener la pièce à la forme désirée. Si tout va bien, réouvrez légèrement les entailles, encollez-en le bord et serrez. Ce collage, qui n'implique que les lèvres de l'entaille, n'est pas très résistant et s'il doit beaucoup travailler, vous ferez bien de le consolider par une bande de toile forte ou de placage dont le fil sera disposé dans le même sens que celui de votre pièce et que vous collerez au moyen d'une cale en forme.

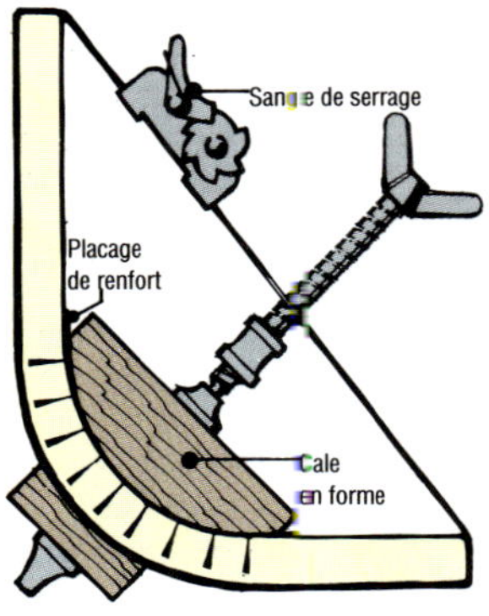

Encollez et serrez

Ajustage de la courbe
Pour diminuer le rayon de votre courbe, limer les lèvres de chaque entaille au moyen d'un tiers-point, en donnant le même nombre de coups de lime sur chaque trait. Vérifiez. Pour obtenir le résultat inverse, glissez un morceau de placage ou de bristol dans l'entaille.

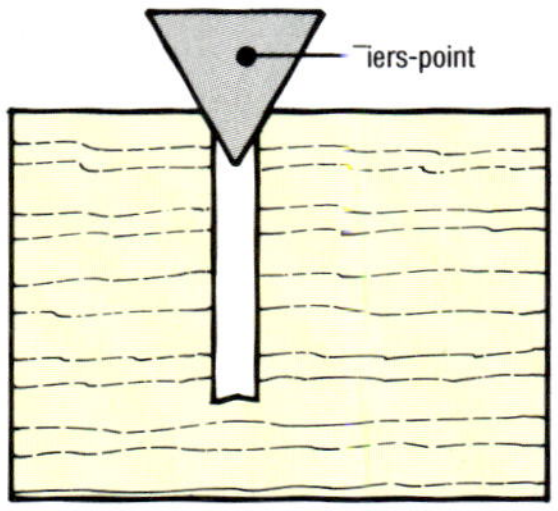

Dégraissez les lèvres de l'entaille pour resserrer la courbe

Pièces cintrées à deux parements
Pour obtenir deux faces visibles, assemblez deux pièces dont les entailles se font face. Le travail est le même, mais le serrage exige des cales en forme.

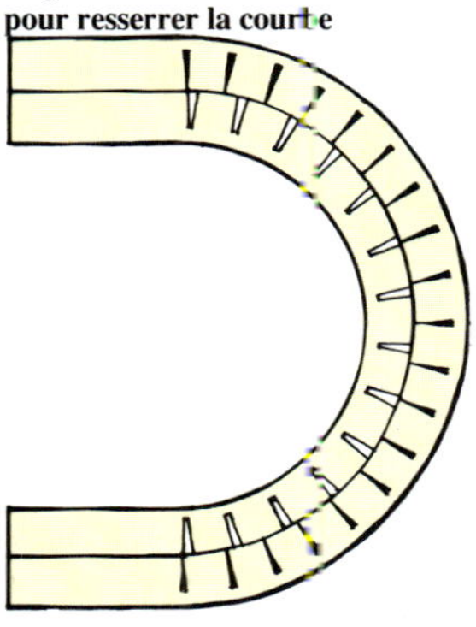

Disposition des pièces pour obtenir deux faces visibles

Entaillage dans le sens du fil
Cette pratique plus rare est surtout utile pour obtenir une courbe à l'extrémité d'une pièce. On glisse dans les entailles des bandes de placage, constituant ainsi une sorte de lamellé-collé très résistant.

Débitez votre pièce plus longue que nécessaire ; pratiquez-y les entailles régulières tant en espacement qu'en profondeur au moyen de la scie à ruban. Plus les bandes seront minces, plus le cintrage sera facile.

Si le trait de scie est trop large, doublez les bandes avant de les coller en les laissant dépasser en longueur et en largeur. Serrez sur une cale en forme. Une fois sec, coupez d'équerre et affleurez.

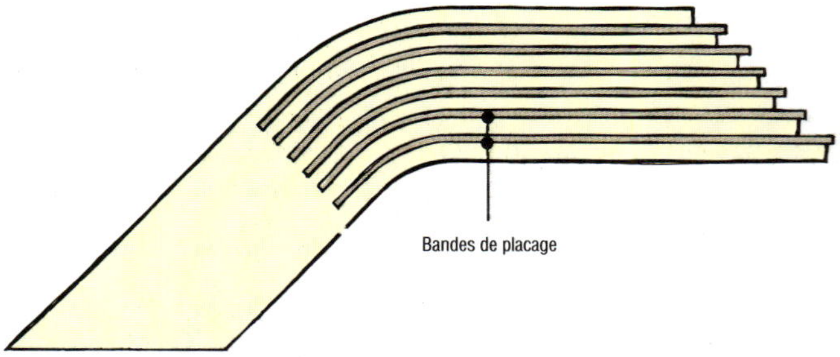

Insertion des bandes avec le fil dans le sens de la courbe

CALCUL DE L'ESPACEMENT DES ENTAILLES

Faites un plan à l'échelle 1 de votre courbe pour en déterminer le rayon et la longueur. Trouvez celle-ci par le calcul ou mesurez-la directement sur le plan à l'aide d'une règle souple.

Le cintrage d'une pièce de bois entraîne toujours une compression des fibres du bois situées à l'intérieur de la courbe et un étirement des fibres extérieures. Entre les deux, se situe une fibre neutre dont la longueur ne change pas et qui devrait théoriquement être utilisée pour les calculs de longueur et de rayon du cintrage. Cependant, l'entaillage repousse cette ligne tout près de la face extérieure, qui peut dès lors être considérée comme une référence acceptable.

Pour réussir un cintrage régulier, il est indispensable d'espacer les entailles à intervalles fixes et de les tailler rigoureusement aux mêmes dimensions, de sorte que les bords de chacune se touchent au moment où vous obtenez le cintrage désiré (1).

Pour déterminer l'espacement optimal des entailles, commencez par tracer sur la planche deux lignes perpendiculaires aux chants, délimitant la longueur de la courbe. Taillez sur celle marquant le début de cintrage une encoche profonde, en laissant au moins 3 mm de bois. Serrez l'extrémité de la planche sur l'établi et soulevez l'autre partie jusqu'à la fermeture de l'entaille. Calez la planche dans cette position et mesurez la distance entre la face inférieure de la planche et la surface de l'établi, à hauteur du trait marquant la fin du rayon (2). Cette mesure sera celle de l'espacement des entailles.

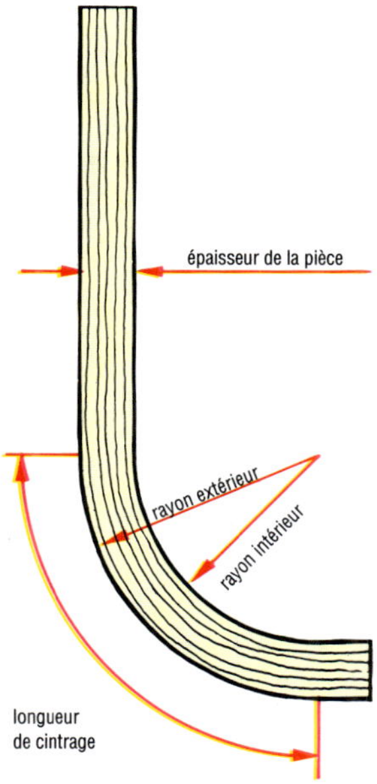

Déterminez la longueur de cintrage sur un plan à l'échelle 1

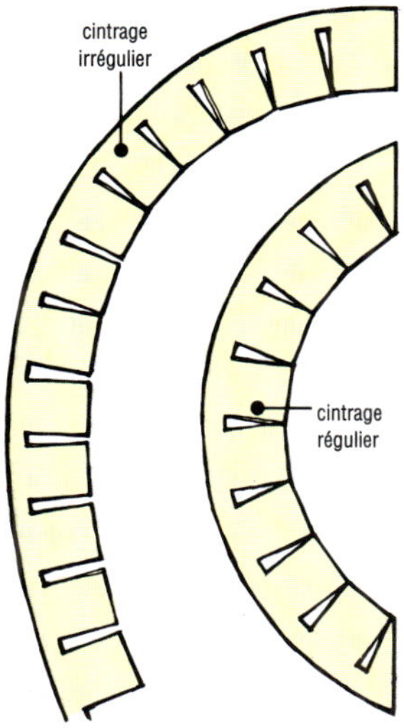

1 Toutes les entailles doivent se refermer

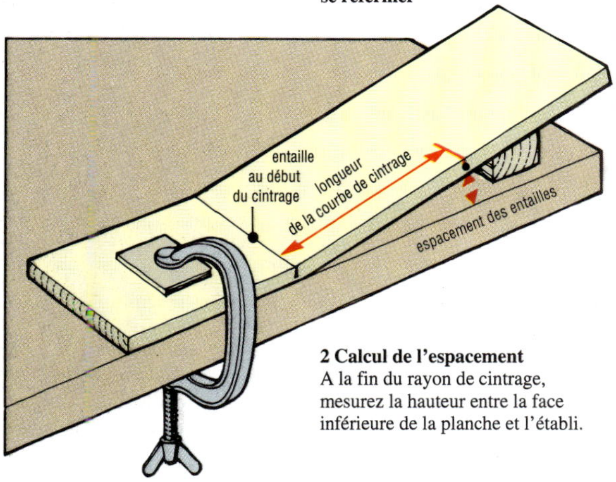

2 Calcul de l'espacement
A la fin du rayon de cintrage, mesurez la hauteur entre la face inférieure de la planche et l'établi.

CINTRAGE À LA VAPEUR

Cette technique permet d'obtenir des courbes très serrées. La vapeur ramollit les fibres du bois et leur permet ainsi de supporter un plus grand effort d'étirement et de compression. Ne reculez pas devant la force parfois considérable qu'il faut déployer pour cintrer certaines pièces. Il ne vous faudra rien de plus qu'une forme de cintrage, un feuillard à poignées et une étuve. Rappelez-vous que le cintrage n'est pas une science exacte ; trop de paramètres sont à prendre en compte et vous devrez en passer par la méthode des essais et des erreurs avant d'atteindre le résultat escompté.

Principe du cintrage
Les pièces minces peuvent se cintrer sans préparation ; le rayon obtenu ne dépend que de la rigidité naturelle du bois et de son épaisseur. Des courbes plus serrées exigent un étuvage et un serrage en forme. Lorsque la section des bois augmente, il devient nécessaire de contenir mécaniquement les fibres extérieures pour éviter leur éclatement. La méthode que nous décrivons permet le cintrage de pièces relativement épaisses.

Préparation des bois
Choisissez des bois droits de fil, exempts de nœuds et de fentes. La moindre faiblesse représente un risque d'échec. Les bois utilisables se comptent par douzaines, la plupart étant des bois durs, dont nous vous donnons quelques exemples à la page suivante.

Le bois sec peut se cintrer, mais plus difficilement que le bois vert. De même le bois séché à l'air se cintre mieux que le bois sorti du séchoir. Il peut être utile de réhumidifier les bois très secs pendant quelques heures avant de procéder à leur étuvage.

C'est la nature du travail qui vous conduira à décider de donner à vos pièces leurs mesures définitives avant ou après le cintrage. Les chaises Windsor, par exemple, sont habituellement finies après la mise en forme. Le bois préalablement poncé présente moins de risques de fentes et facilite les travaux de finition. Le bois vert se rétractera plus en séchant que le bois sec et les pièces de section ronde tendront vers l'ovale. Quelle que soit la méthode choisie, gardez toujours dix centimètres de longueur supplémentaire pour pouvoir vous débarrasser des fentes en bout ou des parties abîmées par le feuillard.

Calculez la longueur sur un plan à l'échelle 1 en mesurant le contour extérieur, de façon à éviter l'allongement des fibres extérieures qui peut aller jusqu'à la fracture, tandis que les fibres intérieures accepteront sans problème le rétrécissement demandé.

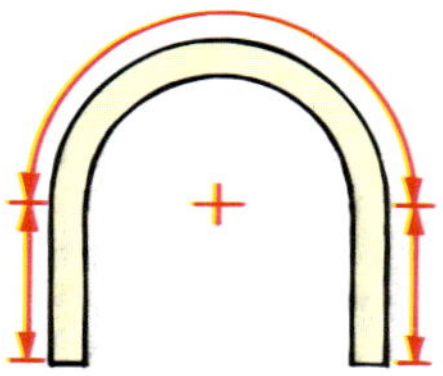

Mesurez le contour extérieur

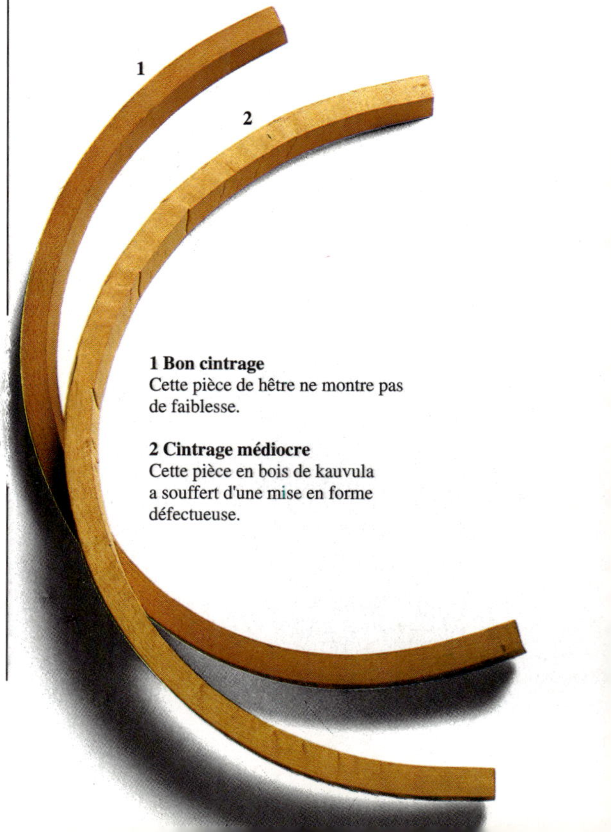

1 Bon cintrage
Cette pièce de hêtre ne montre pas de faiblesse.

2 Cintrage médiocre
Cette pièce en bois de kauvula a souffert d'une mise en forme défectueuse.

Fabrication du feuillard
Seule l'utilisation d'un feuillard métallique permet de reproduire des courbes très serrées. Fabriquez-le dans de l'acier doux de 2 mm d'épaisseur et d'une largeur au moins égale à celle de votre pièce. Pour éviter les taches dues à l'oxydation, choisissez de l'acier inox ou revêtu d'une couche de métal insensible à l'oxydation. Sinon, protégez votre travail avec une feuille de plastique.

Les butées de longueur sont destinées à maintenir en place votre pièce, l'empêchant de s'étirer et de se fendre sur le rayon extérieur. Elles doivent être assez solides pour résister à la très forte pression exercée et aussi large que le bout de votre pièce. On utilise soit des équerres métalliques assez fortes, soit le plus souvent des cales en bois dur de 25 cm de longueur environ pour assurer une assise suffisante. Percez-les de deux trous de 8 mm distants de 15 cm environ. Tracez et percez le feuillard en le positionnant de façon à loger exactement votre pièce, sur-longueur comprise, entre les deux cales. De l'autre côté du feuillard, fixez avec des boulons deux solides poignées de bois qui vous donneront le levier nécessaire.

VOIR AUSSI

Panneaux dérivés du bois	34/38
Scies à chantourner	84/85
Presses	120/122
Scies à ruban	172/176
Perceuses à colonne	188

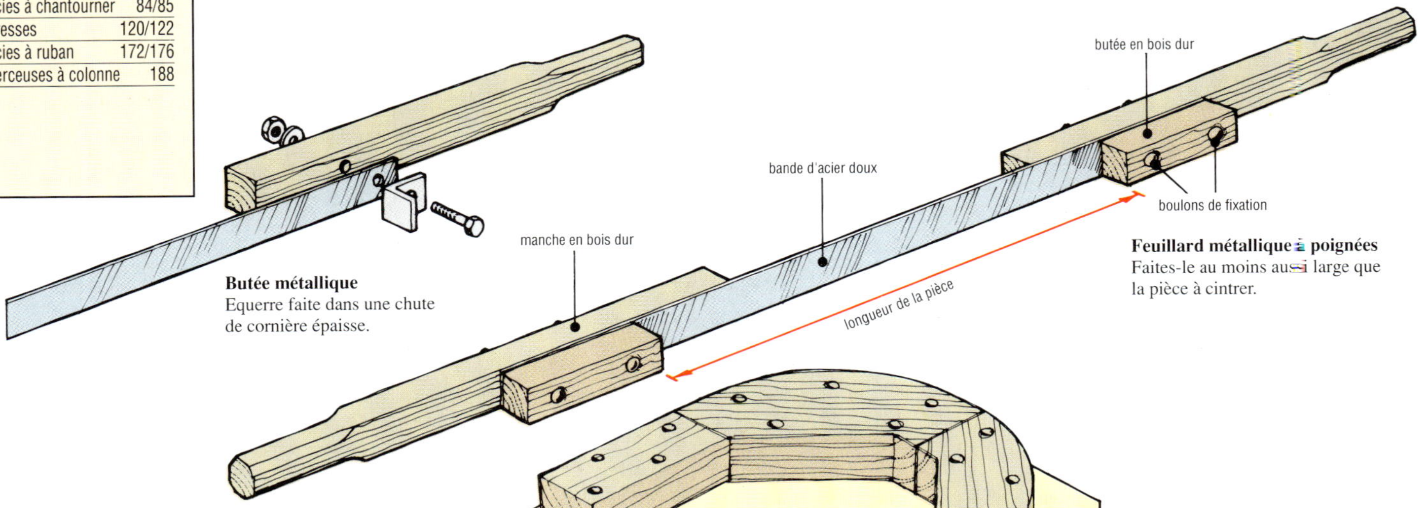

Butée métallique
Equerre faite dans une chute de cornière épaisse.

Feuillard métallique à poignées
Faites-le au moins aussi large que la pièce à cintrer.

Fabrication du moule
Le moule doit être solide, au moins aussi large que la pièce à travailler et construit de façon à permettre le positionnement des presses.

Vous pouvez le réaliser sur un support en contre-plaqué, soit en bois massif, soit en collant plusieurs épaisseurs de contre-plaqué. La tendance du bois à revenir vers sa forme originelle une fois desserré vous obligera certainement à augmenter un peu le rayon de cintrage du moule. Mais seul un ou plusieurs essais vous donneront l'augmentation nécessaire.

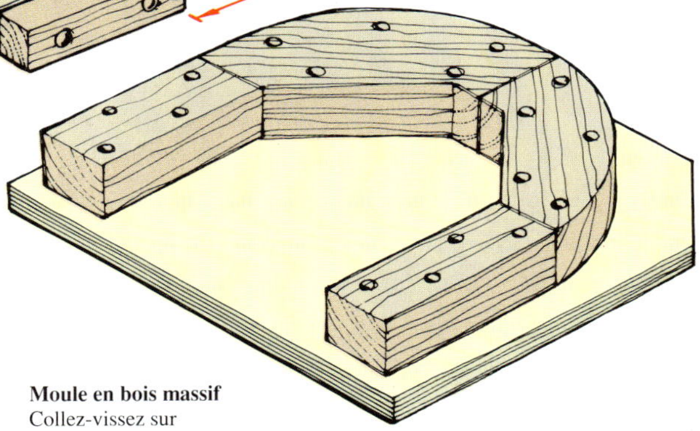

Moule en bois massif
Collez-vissez sur un panneau-support.

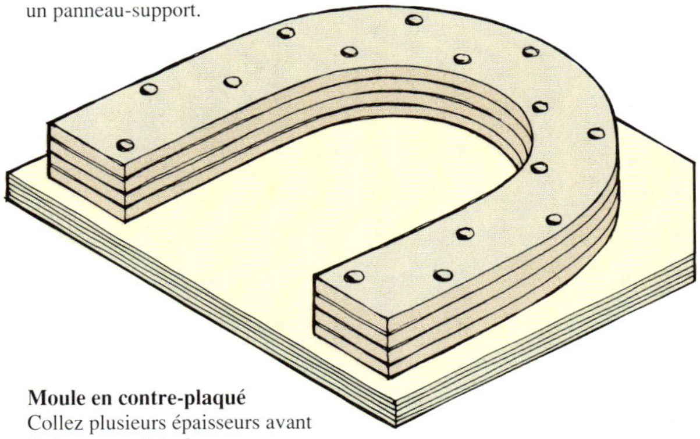

Moule en contre-plaqué
Collez plusieurs épaisseurs avant de les couper à la forme.

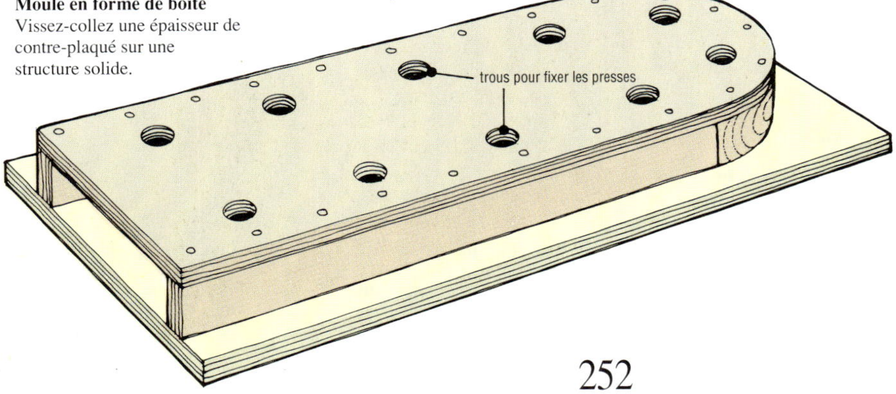

Moule en forme de boîte
Vissez-collez une épaisseur de contre-plaqué sur une structure solide.

ESSENCES À SÉLECTIONNER

- FRÊNE
  Fraxinus excelsior
  Fraxinus americana
- HÊTRE
  Fagus grandifolia
  Fagus sylvatica
- BOULEAU
  Betula pendula
  Betula alleghaniensis
- ORME
  Ulmus americana
  Ulmus procera
  Ulmus hollandica
  Ulmus thomasii
- HICKORY
  Carya
- CHÊNE
  Quercus rubra
  Quercus petraea
- NOYER
  Juglans nigra
  Juglans regia
- IF
  Taxus baccata

Fabrication d'une étuve
La pièce de base sera une boîte en contre-plaqué extérieur vissé et collé ou un simple tube plastique ou métallique. La boîte a l'avantage de vous permettre une construction à vos mesures si vous désirez cintrer des pièces en nombre. Le tube, dont le diamètre est limité par les dimensions disponibles, est idéal pour les petits travaux.

Coupez la longueur de tube nécessaire pour votre travail. Une longueur d'un mètre est suffisante pour de nombreux petits travaux, ainsi que pour des pièces plus longues dont seule une portion doit être cintrée. Fabriquez des bouchons amovibles en contre-plaqué extérieur. Percez l'un des bouchons pour le passage du tuyau d'alimentation en vapeur, et faites un petit replat au rabot en bas de l'autre bouchon pour servir d'évent et d'orifice de drainage. Fabriquez des bouchons percés au centre pour les pièces plus longues que le tube. Ajustez des supports à l'intérieur du tube pour maintenir les pièces au centre de celui-ci.

Isolez votre tube avec de la mousse ou des tasseaux maintenus par du fil de fer. Calez l'ensemble dans un berceau légèrement incliné pour permettre l'écoulement de l'eau de condensation dans un récipient que vous disposerez à cet effet.

Vous pouvez vous procurer un générateur de vapeur spécialement conçu, ou en fabriquer un à partir d'un bidon de 20 litres pourvu d'un couvercle amovible. Utilisez un tuyau de caoutchouc fixé à un bout dans un raccord soudé sur le bidon et enfoncé à l'autre bout dans le bouchon en contre-plaqué. La chaleur peut être dispensée par un réchaud électrique ou à gaz.

Remplissez à moitié le bidon et laissez bouillir en continu. La durée de l'étuvage doit être d'environ une heure par épaisseur de 25 mm. Un étuvage excessivement long n'augmente pas nécessairement la souplesse du bois mais peut au contraire en diminuer les qualités structurelles.

Le cintrage
Tout doit être prêt pour la mise en œuvre : presses, feuillard et bras supplémentaires éventuels pour les travaux lourds, car vous n'avez que quelques minutes avant le refroidissement du bois.

Arrêtez le chauffage ; sortez la pièce de l'étuve et placez-la dans le feuillard lui-même préalablement chauffé ; présentez l'ensemble sur le moule et serrez au centre en interposant une cale entre le feuillard et la presse ; enfin, cintrez la pièce et bloquez le tout avec des presses.

Laissez sécher au moins un quart d'heure avant de transférer votre pièce sur une forme de séchage si vous avez besoin de votre moule. Le séchage complet demande entre un jour et une semaine.

PRÉCAUTIONS DE SECURITE

- Ne serrez pas trop le bouchon ni le couvercle du générateur de vapeur.
- Ménagez une aération dans l'étuve.
- Ne laissez pas le générateur chauffer à vide.
- Ecartez-vous du générateur lorsque vous devez l'ouvrir.
- Portez des gants épais pour toutes les opérations.
- Eloignez tout produit inflammable de la source de chaleur.

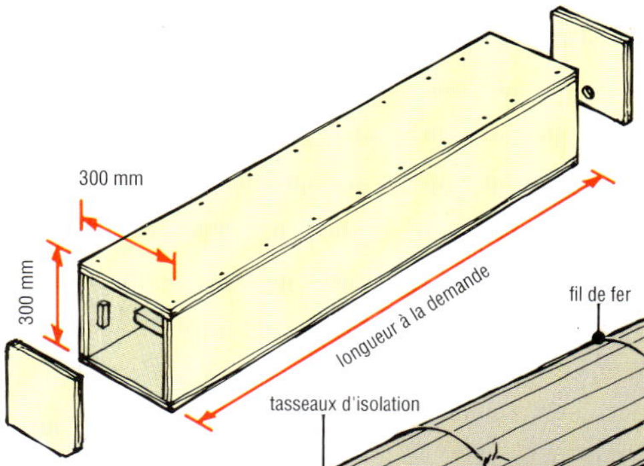

Etuve en contre-plaqué
Protégez toutes les surfaces avec un vernis résistant à l'eau.

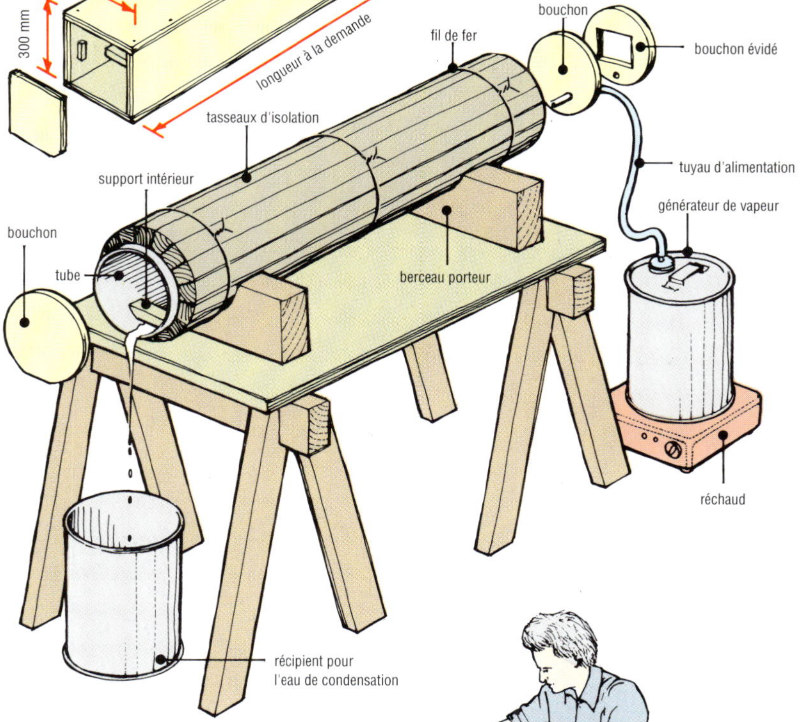

Etuve cylindrique
Un simple tube plastique ou métallique en constitue l'âme.

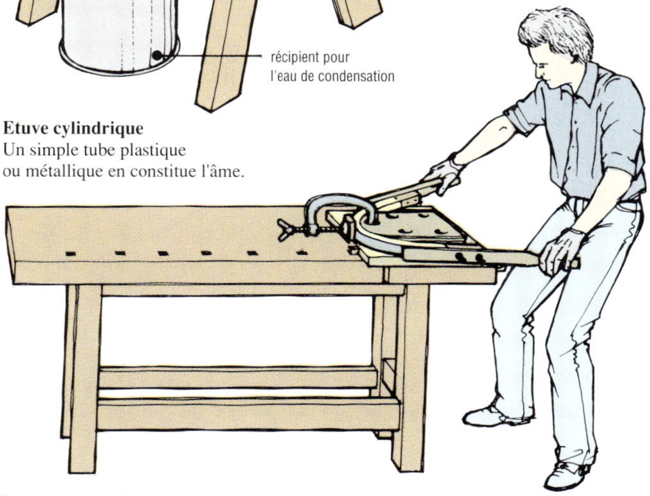

Serrez d'abord le milieu avant de cintrer la pièce

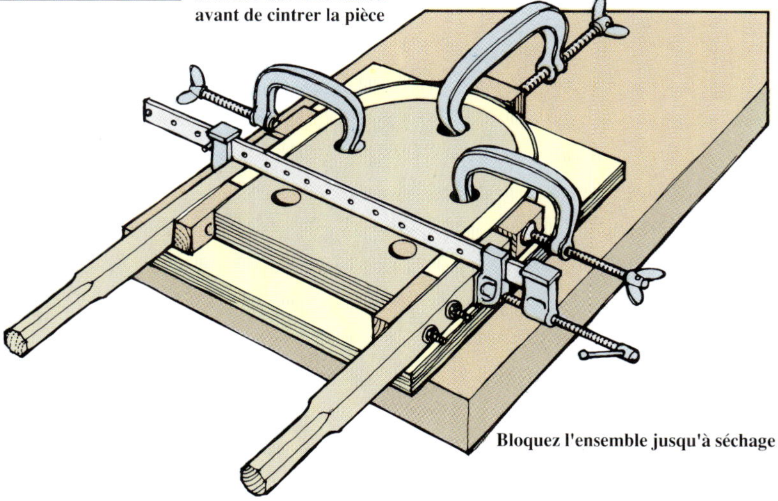

Bloquez l'ensemble jusqu'à séchage complet

LE LAMELLÉ-COLLÉ

Sous de faibles sections, le bois se cintre à sec. Cette facilité est à la base du procédé du lamellé-collé qui consiste à assembler par collage des pièces de faible épaisseur, voire des placages, tout en les mettant en forme. A l'inverse du contre-plaqué dont les feuilles successives sont à fil croisé, toutes les pièces ont ici le fil dans le même sens, ce qui permet, à dimensions égales, d'obtenir des courbes plus serrées et un ouvrage plus solide qu'avec la technique de l'étuvage. L'effet décoratif produit sur chant par la superposition des couches est bien sûr tentant, mais méfiez-vous, surtout dans les parties gainées ou chanfreinées, de l'aspect désagréable que peuvent prendre les joints de colle.

CINTRAGE DE FORME QUELCONQUE

Les courbes complexes de forme libre sont difficiles à visualiser et à dessiner. Commencez donc par plier à votre gré une pièce mince en essayant de lui donner une forme plaisante. Ensuite, bâtissez le moule à partir de cette forme. Le résultat sera un compromis entre votre fantaisie et la bonne volonté du morceau de bois.

Comment faire ?
Précisez d'abord votre idée et débitez les morceaux de bois adéquats. Préparez ensuite une forme dont la base sera constituée de deux cales disposées à chaque extrémité. Serrez votre pièce sur l'une des cales ; mettez-la en forme avant de la serrer sur l'autre cale.

Préparez ensuite des cales intermédiaires coupées et disposées à l'angle voulu pour soutenir le reste de la courbe. Tracez le passage de la pièce sur ces cales avant de la déposer.

La réussite d'un cintrage de forme quelconque nécessite la multiplication des points de serrage. On peut utilement se servir d'une chambre à air de vélo dont on a supprimé la valve en l'enroulant autour de la pièce en place pour obtenir un serrage continu.

Encollez vos bandes et assemblez-les avant de les serrer sur les cales en suivant attentivement votre tracé.
Une fois sec, procédez à la finition au moyen des vastringues, canifs, limes, racloirs et papier abrasif, selon le besoin.

Préparation du bois
Les collages pour des pièces telles que des pieds de table ou de chaise peuvent être réalisés à partir de placages du commerce,
ou de bandes de bois plus épaisses débitées par vous-même dans du bois massif, ce qui donne un aspect plus solide. De façon générale, choisissez des bois sans nœuds ni fentes, bien qu'un aspect contraire puisse être recherché en parement pour des raisons décoratives.

Le bois séché à l'air sera préféré au bois séché artificiellement, car il est moins cassant. Pour des courbes serrées ou des pièces épaisses, un précintrage sur la pièce humidifiée peut s'avérer nécessaire.

Débitez les bandes de placages dans le sens du fil au moyen d'un canif et d'une règle. Choisissez les pièces massives dans des planches débitées sur quartier. Tracez un signe d'établissement en forme de « V » sur une des faces pour retrouver la même disposition au moment du collage. (1)

Des pièces très minces vous permettront des courbes plus serrées et risqueront moins de se décintrer. Cependant, si vous les découpez vous-même, il est bien sûr plus économique de les faire plus épaisses, chaque trait de scie représentant une perte de matière. Faites un essai sur une chute pour trouver la bonne épaisseur.

Le débit peut se faire à la scie circulaire ou à la scie à ruban. Dans ce cas, sciez une première fois un peu large en vous appuyant sur la face dégauchie, rabotez la face brute de sciage et recommencez avec ce deuxième morceau. Enfin, mettez toutes vos pièces à la bonne épaisseur.

L'usage de la scie circulaire est possible, mais un peu plus risqué. Assurez-vous que les pièces ne risquent pas de se coincer dans la lumière de la scie et demandez à un aide de les recevoir à la sortie de la lame, car les petites pièces souples risquent non seulement de s'abîmer en se coinçant mais aussi parfois de vous sauter à la figure. Pour une série de pièces courtes, utilisez un poussoir muni d'une encoche.

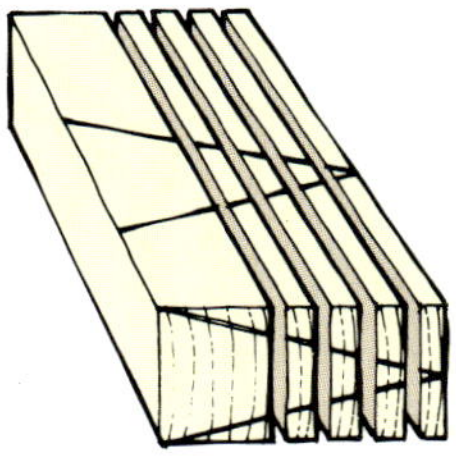

1 Tracez un signe d'établissement sur une ou plusieurs faces

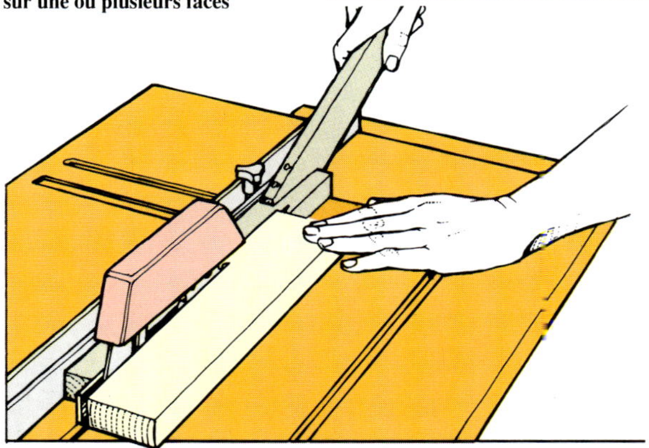

2 Fabriquez un poussoir en bois pour les pièces courtes

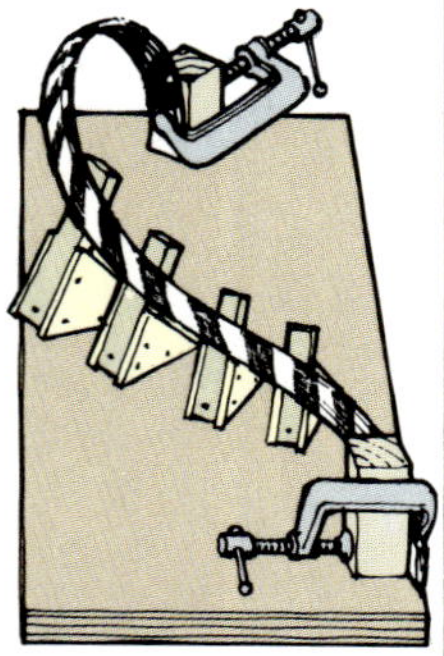

Cintrage d'une forme libre
Serrez la pièce sur les cales.

ESSENCES UTILISABLES

Pratiquement tous les bois sont utilisables dans ce procédé. Cependant, quelques-uns sont naturellement plus souples. Voici les plus répandus parmi ces derniers :

- FRÊNE
  Fraxinus excelsior
  Fraxinus americana
- HÊTRE
  Fagus grandifolia
  Fagus sylvatica
- BOULEAU
  Betula pendula
  Betula alleghaniensis
- HICKORY
  Carya
- ORME
  Ulmus americana
  Ulmus procera
  Ulmus hollandica
  Ulmus thomasii
- CHÊNE
  Quercus rubra
  Quercus petraea
- NOYER
  Juglans nigra
  Juglans regia

LES MOULES

Ils servent à maintenir la pièce de lamellé-collé à la forme désirée jusqu'à séchage complet. Ils peuvent être faits d'une seule pièce ou de deux parties dont la seconde épouse la forme de la première, d'où son nom de moule femelle ou contre-moule. Les moules mâles sont suffisants pour les courbes larges de forme simple.

Fabrication d'un moule mâle

Utilisez du bois massif ou des panneaux de particules. La face de cintrage doit être plus épaisse et plus longue que la pièce à cintrer.

Recopiez la forme exacte sur un dessin à l'échelle et reportez-la sur le moule, puis découpez au ruban. La face arrière du moule sera également découpée approximativement parallèle à la courbe pour faciliter le serrage (1). Vérifiez également que l'angle entre la face d'appui et le panneau support est rigoureusement droit. Rapprochez autant que possible les points de serrage, en tenant compte des contraintes dues à la forme de la courbe.

Pour éviter les vagues entraînées par un serrage trop ponctuel, intercalez une bande d'isorel dur ciré ou paraffiné et rajoutez des cales en bois tendre sous chaque presse pour répartir la pression (2).

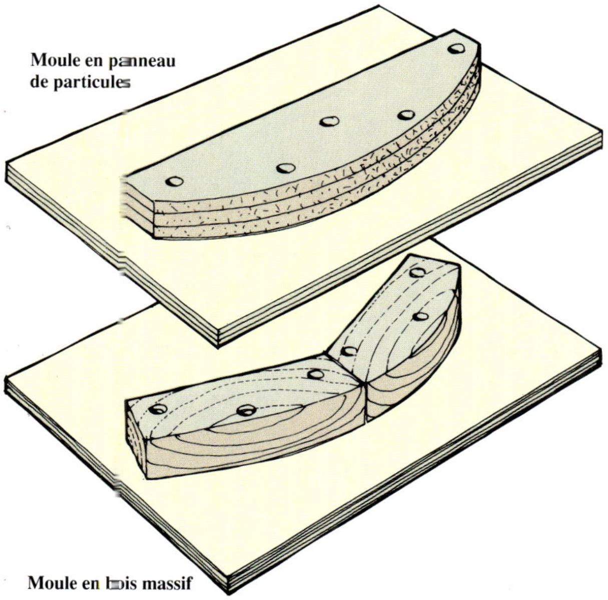

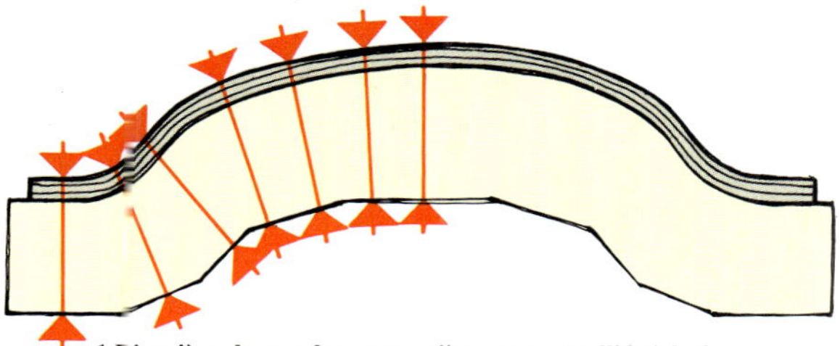

1 L'arrière du moule est grossièrement parallèle à la face

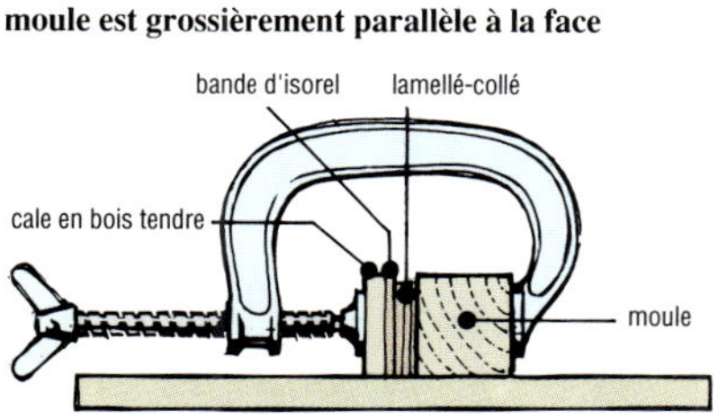

2 Mettez des cales sous la rotule des presses

Moule et contre-moule

Voici un travail rendu plus exigeant par la nécessité de serrer de façon parfaitement continue sur des pièces à double courbure ou des panneaux larges.

Pas de problème si vous pouvez disposer d'un châssis à plaquer ; sinon il vous faudra un grand nombre de presses. Dans ce cas, prévoyez dans les moules les trous permettant la pose de ces presses (1), ou découpez les deux moules avec des faces grossièrement parallèles.

Pensez vos moules en fonction de deux critères : économie de matériau et répartition de la pression (2), ce qui entraîne souvent la disposition de la pièce servant de moule à un angle quelconque par rapport à l'axe principal de la pièce à cintrer (3).

Un moule en deux parties ne s'obtient pas avec un seul trait de scie. Les deux faces doivent être parallèles mais en tenant compte de l'épaisseur de la pièce à cintrer, ce qui suppose deux coupes différentes.

Serrez ensemble les pièces à coller et mesurez-en l'épaisseur exacte. Les portions de cercle se reportent directement au compas. Pour les courbes quelconques, faites l'un des deux tracés et déterminez l'autre en reportant l'épaisseur au compas à intervalles rapprochés.

Le tracé recherché est celui qui tangente tous les petits cercles successifs (4). Sciez les deux traits au ruban avec précaution.

Dans certains cas de courbes très refermées, vous serez obligé de séparer le contre-moule en deux ou plusieurs parties pour faciliter le montage et le démoulage (5).

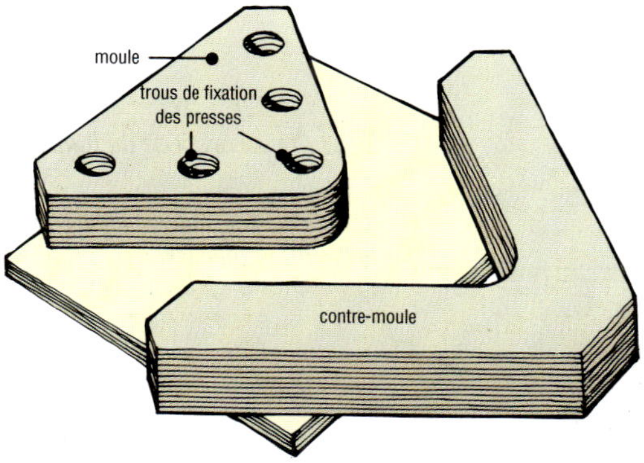

1 Percez les trous dans le moule

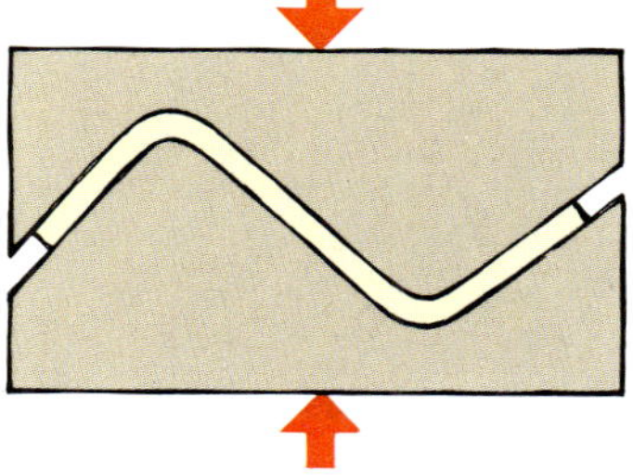

2 La forme du moule permet un serrage uniformément réparti

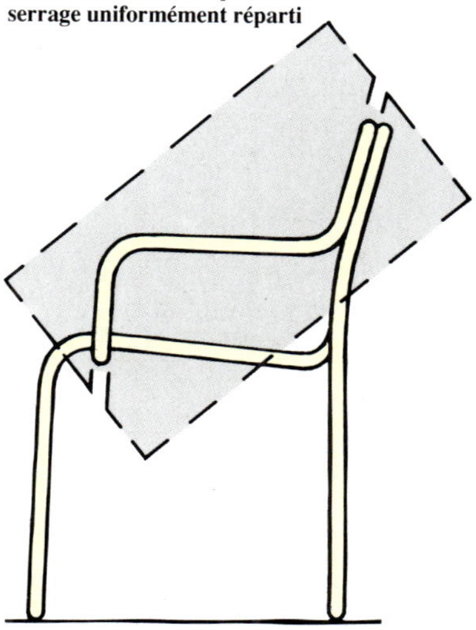

3 Déterminez la forme sur le dessin

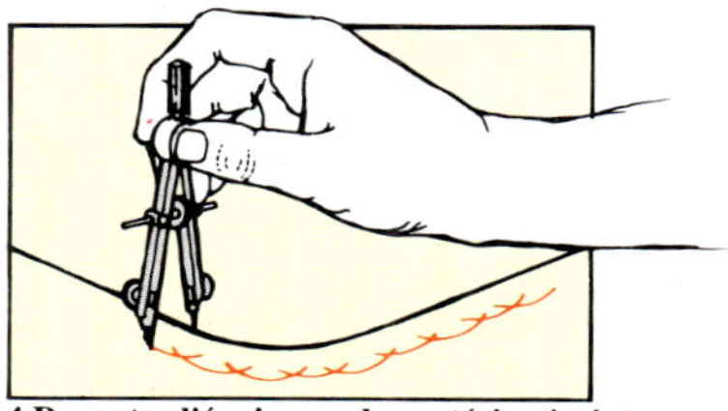

4 Reportez l'épaisseur du matériau à cintrer

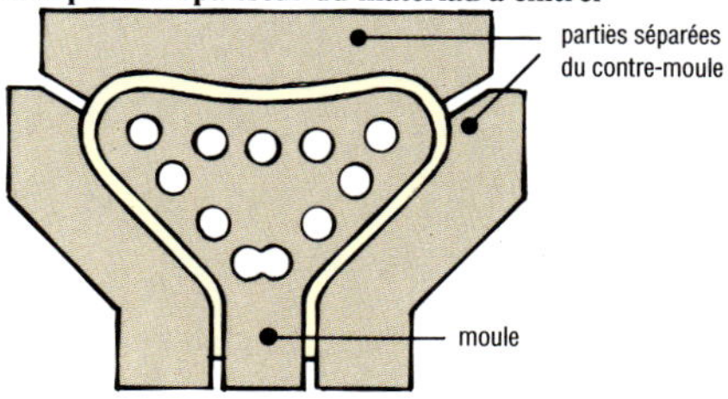

5 Contre-moule en plusieurs parties

COLLAGE ET MISE AUX DIMENSIONS

L'encollage des lamelles se fait à plat sur une feuille de plastique. Les colles urée-formol sont les plus utilisées à cause de leur temps de prise assez long.

Empilez les pièces à coller dans l'ordre voulu en plaçant dessus et dessous les éventuelles faces décoratives.

Etalez une couche régulière de colle sur toutes les faces destinées à être collées et rempilez le tout dans l'ordre inverse. Mettez en place dans le moule et serrez progressivement du centre vers les bords afin de chasser l'air et la colle en excès. Si les lamelles glissent lors de cette opération, desserrez légèrement et repositionnez-les en tapant doucement avec un marteau et une cale en bois tendre. Les adhésifs double face peuvent être utilisés pour maintenir les collages de panneaux galbés. Ne desserrez pas avant une douzaine d'heures.

Mise aux dimensions
Avant de démouler un panneau large, tracez sur les chants l'axe de la courbe. Ce repérage vous permettra de tracer facilement la coupe définitive. Si vous coupez à la machine, maintenez toujours la ligne de coupe en contact avec la table. Finissez les chants au rabot.

La coupe de longueur des pièces étroites est déterminée par un trait repère porté sur le moule. Enlevez l'épaisseur en trop au ruban ou au rabot ; coupez de longueur et finissez les extrémités au rabot. Si vous avez besoin de nombreuses pièces étroites identiques, fabriquez plutôt un panneau que vous débiterez ensuite.

VOIR AUSSI

Panneaux dérivés du bois	34
Les presses	120/122
Les scies à ruban	172/176
Les colles à bois	302/303

Moules pour panneaux galbés
Un moule pour une forme aussi large qu'un panneau de porte galbé ne peut se concevoir d'une seule pièce ; son poids et son prix serait trop lourd. On utilise dans ce cas des boîtes faites de nervures assemblées avec des traverses et recouvertes de contre-plaqué. (1)

Débitez d'abord quelques bandes de panneaux surdimensionnées destinées à fabriquer les nervures. Leur nombre est fonction de la taille du panneau et de la force de serrage requise.

Ensuite, reportez le dessin de la courbe sur la première de ces bandes, en réservant l'épaisseur du contre-plaqué d'habillage (2). Assemblez provisoirement l'ensemble de ces bandes, les chants bien à fleur. Faites deux entailles pour le passage des traverses (3) et sciez-les ensemble au ruban. Vissez-collez les traverses dans les entailles en les espaçant de 5 à 10 cm. Vissez-collez cette structure sur un panneau support (4) et faites de même pour le contre-plaqué de 3 mm sur la face cintrée (5). Cirez ou paraffinez ces panneaux pour les empêcher de coller à l'ouvrage, ou recouvrez-les d'une feuille de plastique. Si vous ne disposez pas d'un châssis à plaquer, serrez vos deux moules entre deux ou plusieurs longueurs de chevrons (6).

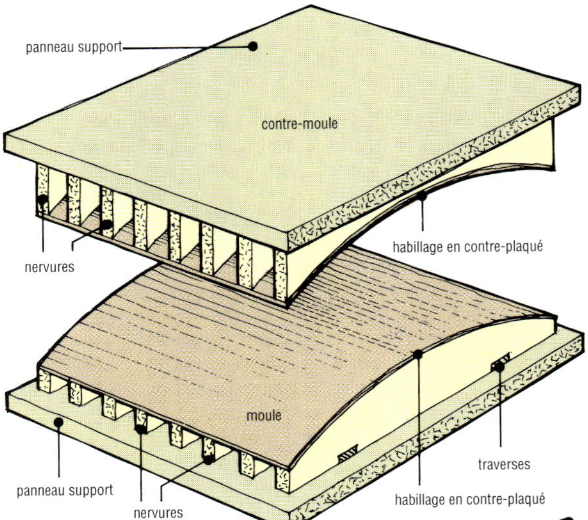

1 Moule et contre-moule pour panneaux galbés

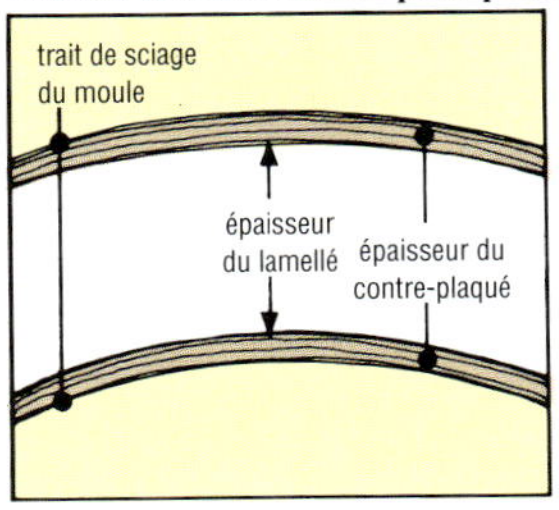

2 N'oubliez pas l'épaisseur du contre-plaqué

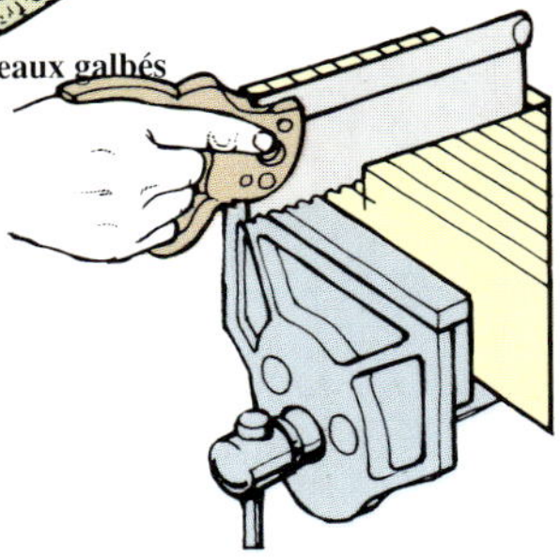
3 Entaillage des traverses

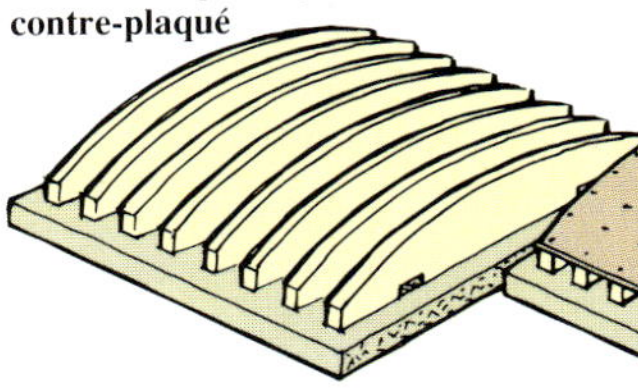
4 Collez l'ensemble sur le panneau support

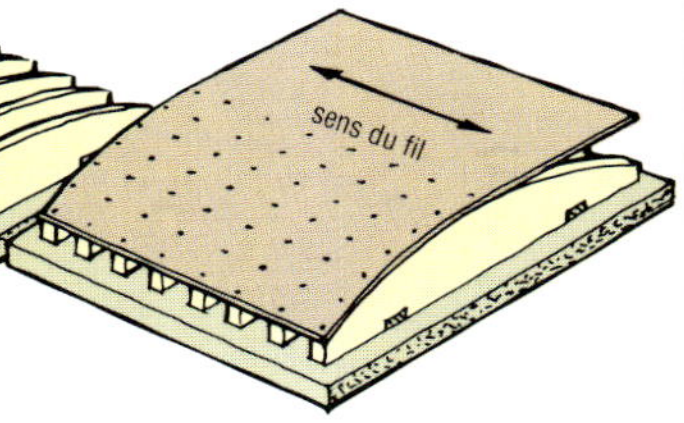

5 Fixez le contre-plaqué sur le moule

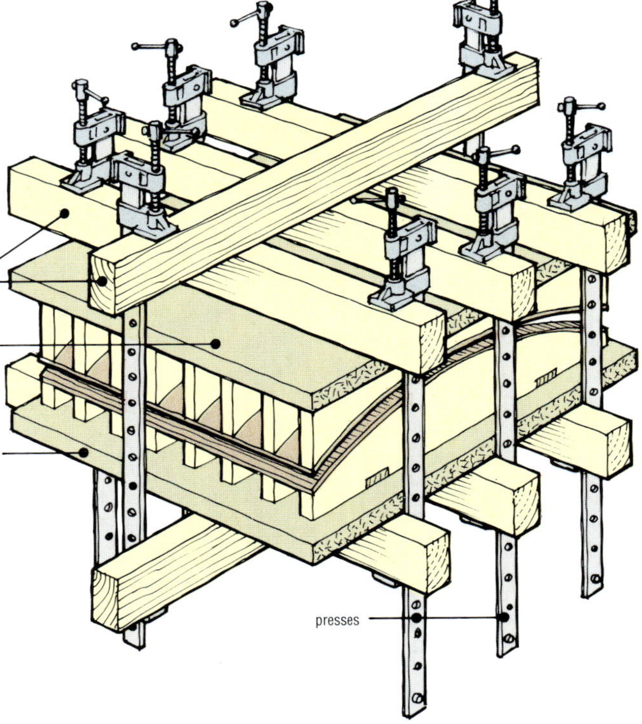

6 Serrage des moules
Si vous n'avez pas de châssis à plaquer, utiliser des presses et de solides chevrons pour serrer les moules.

CHAPITRE 9

LE PLACAGE ET LA MARQUETERIE

L'art raffiné du placage, qui exige tout à la fois un œil d'artiste et une main d'artisan, était déjà pratiqué par les anciens Egyptiens. En Europe, c'est au XVIIIe siècle que cet art atteignit des sommets d'élégance et de créativité, parvenant même, au siècle suivant, à devenir assez populaire pour rivaliser avec le mobilier en bois massif. Aujourd'hui, les placages utilisés ne sont plus seulement faits de bois naturel, mais aussi de matériaux nouveaux imprimés ou teintés dans la masse qui parviennent à imiter le bois jusque dans sa texture la plus fine. Cependant, les avantages du placage authentique sont un peu oubliés. Certains, parmi les plus beaux, sont issus de défauts du bois et sont si rares que leur utilisation sous forme massive serait ruineuse et techniquement impossible à cause de leur faiblesse structurelle et de leur instabilité. Mais, utilisé en faible épaisseur sur des supports modernes et avec des colles modernes, le placage offre un matériau économique et stable qui supporte très bien les contraintes modernes du chauffage central tout en présentant les qualités esthétiques et tactiles du bois massif. De plus, les bois reconstitués aujourd'hui disponibles sous différentes formes se prêtent très bien aux opérations de placage.

L'OUTILLAGE

Les travaux de placage peuvent s'échelonner du simple collage d'une seule feuille jusqu'aux appareillages compliqués de placages d'essences différentes exigeant des coupes et des opérations complexes. Votre équipement de base comprend déjà une partie de l'outillage nécessaire : outils de mesure et de traçage, établi, scie à découper, rabots divers, ciseaux, racloirs et outils de ponçage.

Si vous voulez vous spécialiser dans les travaux de placage, la liste va s'allonger un peu. La plupart de ces outils sont disponibles chez les bons fournisseurs d'outillage ou de placage. Certains, comme les tarabiscots ou les planches à joindre ou à découper les placages, sont habituellement fabriqués par l'utilisateur.

VOIR AUSSI

La stabilité du bois	13
Les placages	30/33
Contre-plaqué	34
Panneaux dérivés du bois	34/38
Le tarabiscot	96
Les pierres à aiguiser	102/103
Les colles à bois	302/303

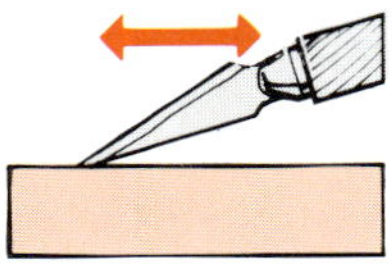

Affûtage d'une pointe de canif
Habituellement seule la pointe est émoussée ; pour la reformer, passer le dos sur la pierre.

Les règles
En plus du mètre ruban, vous apprécierez l'utilité d'une règle à poignée centrale de 30 cm de long qui permet un appui solide sur l'ouvrage, évite les dérapages et les blessures aux doigts. Pour les coupes plus longues, servez-vous d'un réglet métallique.

Le tapis de coupe
Si vous ne vous contentez pas d'un panneau comme surface de coupe, procurez-vous ou fabriquez-vous un tapis spécial fait d'un composé caoutchouté qui n'émousse pas le tranchant des outils.

La scie à placage
Elle est utilisable pour toutes les épaisseurs de placage. Appuyée sur le chant d'une règle, elle produit une coupe d'équerre utilisable pour les joints vifs. Sa denture est inversée à partir du milieu, sa forme arrondie et ses dents sans voie, tout cela pour ne pas produire d'éclats de sciage.

Le fer électrique
Un vieux fer domestique fait très bien l'affaire. Son usage est de réchauffer la colle lors du placage à la main.

Les canifs
Sous ce nom, on peut regrouper tous les outils dérivés du couteau, comprenant aussi bien les scalpels de chirurgien que les cutters de formes diverses à lames interchangeables dont les plus minces sont bien utiles pour suivre les courbes.
Tous ces outils ont un affûtage à double biseau qui produit un tranchant en forme de « V », ce qui oblige à tenir l'outil incliné contre la règle si l'on veut obtenir une coupe d'équerre.

Les emporte-pièce
Ces outils sont bien difficiles à trouver dans le commerce en France. Ils servent à enlever le bois autour d'un défaut et en même temps à produire dans du placage sans une sorte de rustine destinée à boucher le trou ainsi fait.

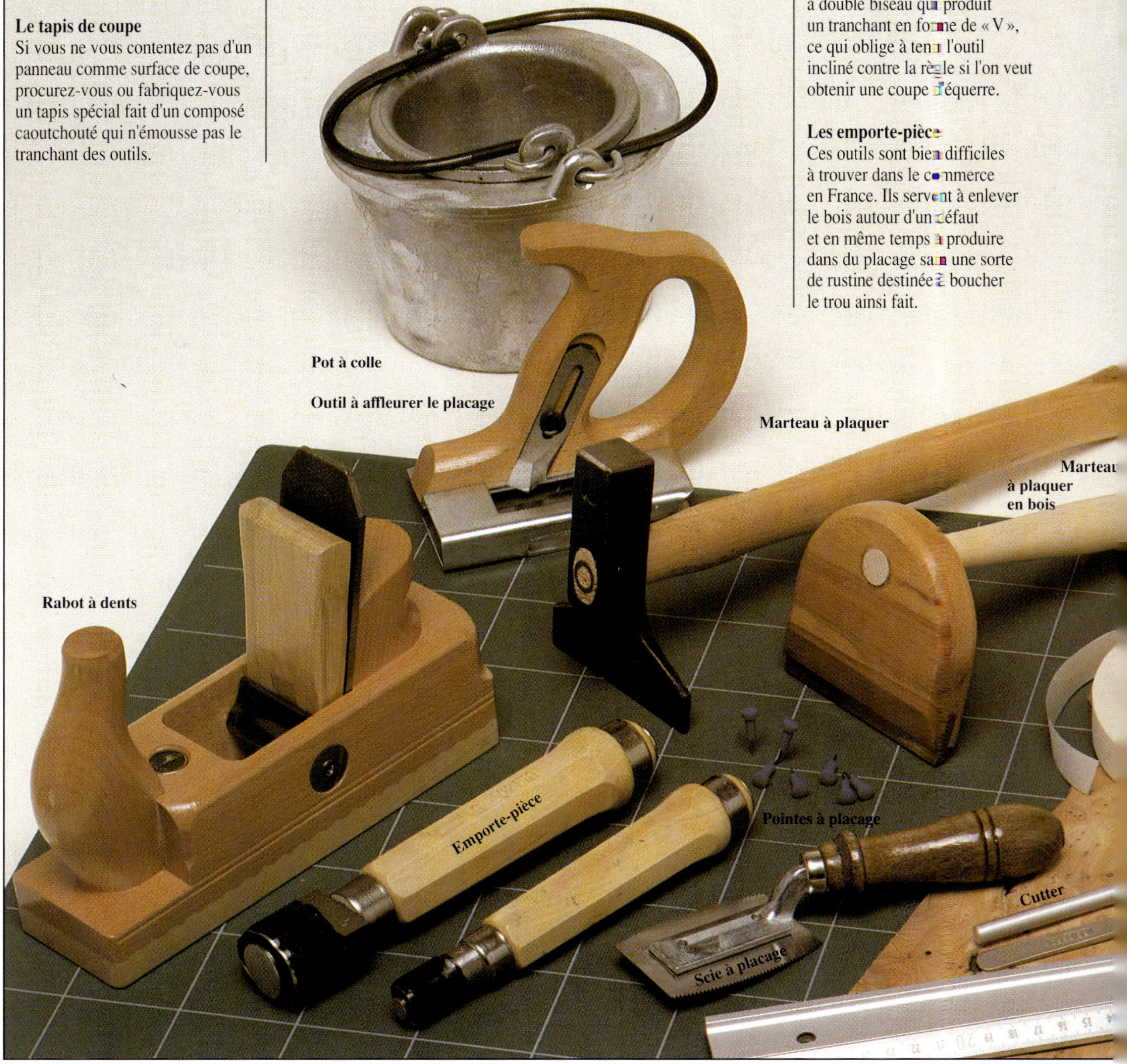

Outil à affleurer le placage
L'outil représenté sur la photo est simplement constitué d'une lame montée sur une poignée en bois. La saillie inférieure de la lame est réglable et permet de couper proprement les parties du placage qui dépassent du panneau après séchage, que ce soit dans le sens du fil ou en travers.

Rabot à dents
Cet outil sert uniquement à la préparation des surfaces avant le collage. Sa lame presque verticale, son biseau retourné et les fines dentures de son tranchant le différencient d'un rabot normal. L'affûtage se fait sur le biseau.

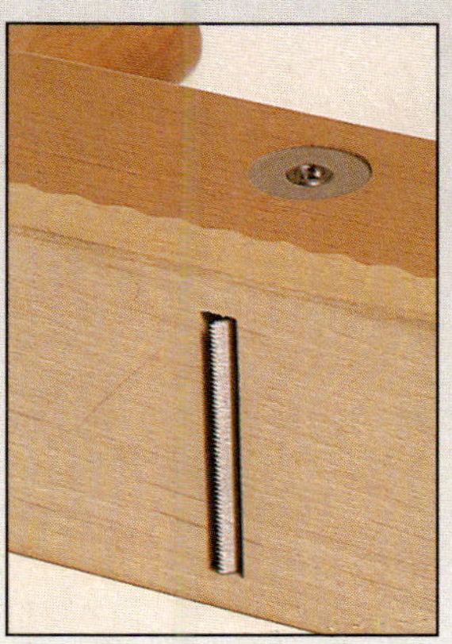

Détail d'un fer de rabot à dents

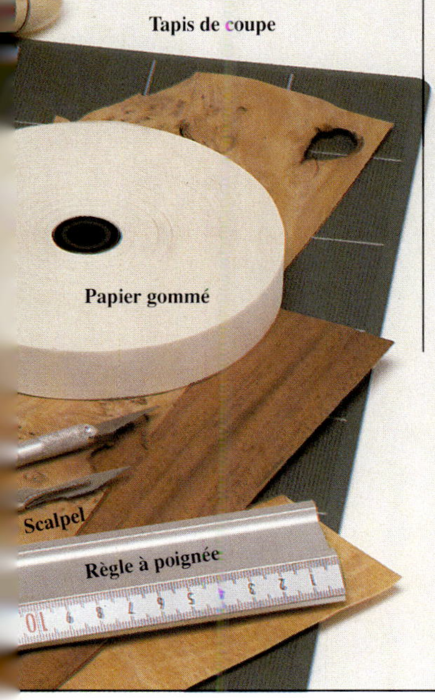

Le pot à colle
Les ébénistes utilisent traditionnellement de la colle chaude d'origine animale qu'ils préparent au bain-marie dans un pot double qui évite à la colle de brûler tout en la maintenant à température d'utilisation. Le chauffage se fait au gaz ou à l'électricité. Autrefois en fonte, la plupart des bains-marie sont aujourd'hui en cuivre, plus rarement en aluminium. Des appareils à contrôle thermostatique sont disponibles, mais assez coûteux.

Pour préparer de la colle animale en perle, remplissez le petit pot jusqu'au quart de sa contenance et ajoutez une quantité égale d'eau. Laissez tremper quelques instants avant de remplir à moitié le grand pot et de chauffer.

Remuez pour obtenir un mélange homogène en ajoutant un peu d'eau si la colle vous semble trop épaisse. Ne laissez pas la colle bouillir en oubliant de rajouter de l'eau dans le grand pot.

Le papier gommé
Le papier collant ou papier gommé, sert à maintenir ensemble les joints de placage avant le collage et à protéger les joints fraîchement collés du retrait dû au séchage. Il s'enlève après séchage à l'éponge humide et au racloir.

Pointes à placage
Ce sont de toutes petites pointes sans tête qui servent à maintenir les placages pendant la pose du papier. On en trouve aujourd'hui munies d'une tête en plastique.

Marteaux à plaquer
C'est l'outil qui permet de plaquer à la main, sans l'aide de presses, en utilisant la panne très large pour chasser l'air et la colle par un mouvement zigzaguant en direction de l'extérieur du panneau.

Seul le modèle métallique est utilisé traditionnellement en France.

LE SUPPORT

Le matériau destiné à recevoir le placage est appelé le support ou l'« âme » lorsqu'il est emprisonné entre deux feuilles de placage. Du choix et de la préparation de ce support dépend largement la qualité du travail, le placage ne pouvant en aucun cas servir à masquer les défauts du support. Toutes les irrégularités de surface du support apparaîtront à la surface du placage lorsque celui-ci commencera à briller lors du polissage.

Les résineux de bonne qualité et, pour les travaux de choix, les bois de la famille de l'acajou étaient autrefois utilisés à cet effet. Aujourd'hui, les panneaux dérivés du bois fournissent bien sûr l'essentiel des supports de placage, grâce à leur facilité d'utilisation et à leur stabilité.

PRÉPARATION DU SUPPORT

Le bois massif, qui bouge beaucoup au gré des variations hygrométriques, est un support bien délicat auquel vous préférerez donc les panneaux du commerce dont l'état de surface est déjà assez proche du niveau requis pour le placage.

Support en bois massif
Si vous devez plaquer sur du bois massif, il faut rechercher l'équilibre des tensions entre les deux pièces. Pour plaquer sur une seule face une planche sciée sur dosse, choisissez toujours le côté cœur, de façon à contrarier le mouvement naturel de ces planches qui est de se creuser à l'opposé du cœur.

Il est d'ailleurs préférable d'utiliser des planches sciées sur quartier ; leur stabilité est plus grande et leur retrait se fait surtout dans l'épaisseur. Dans la mesure du possible, plaquez toujours des deux côtés.

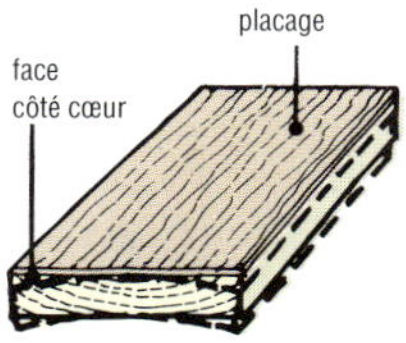

Planche débitée sur dosse
Plaquez côté cœur pour contrer la déformation de la planche.

Support en panneaux dérivés du bois
La plupart de ces panneaux sont prêts à l'usage et ne réclament qu'une préparation des surfaces au rabot à dents et un préencollage. Les panneaux lamellés ou lattés peuvent demander la pose d'une contre-plaque si leur fil ne se trouve pas disposé à l'inverse de celui du placage final.

Réparation des défauts dans le bois massif
Choisissez si possible du bois sans défauts. Ceux qui restent seront enlevés et remplacés par des pièces de forme convenable, dont le fil sera dans le même sens que celui de la pièce principale. Prévoyez ces « rustines » un peu plus épaisses que le support et affleurez-les au rabot après séchage.

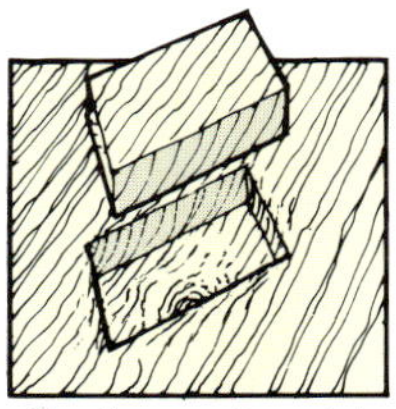

« Rustine » rectangulaire

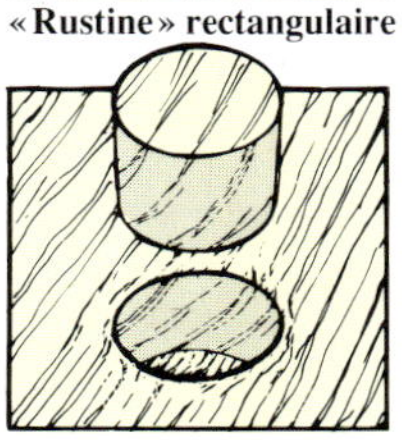

« Rustine » ronde

Passage du rabot à dents
Pour améliorer l'accrochage de la colle, toutes les surfaces à plaquer seront préparées au rabot à dents par des passes diagonales et croisées. A défaut de rabot à dents, vous pouvez utiliser une vieille lame de scie à dos passée transversalement. Dépoussiérez soigneusement après cette opération.

Préencollage
Le préencollage est destiné à boucher les pores du bois. Il limite l'absorption de colle par le support et rend le collage plus facile et plus solide. Attention, le pouvoir d'absorption varie beaucoup selon les supports.

On utilise de la colle chaude diluée dans la proportion de un pour dix ou de la colle à papier peint passée à froid. Appliquez la colle également sur les surfaces et généreusement sur les chants. Une fois bien sec, poncez légèrement pour enlever les surépaisseurs.

LES SUPPORTS CINTRÉS

La minceur et la souplesse du placage rendent ce matériau tout à fait apte à suivre les courbes d'un support cintré, qu'on le dispose dans le fil ou en travers de celui-ci. Les différentes méthodes de cintrage sont décrites au chapitre précédent intitulé « Le bois courbé ».

VOIR AUSSI

Les placages	30/33
Le contre-plaqué	34
Le rabot cintrable	95
Les vastringues	108
Le cintrage du bois	250/256

Support cintré en bois massif
On peut utiliser une seule pièce de bois massif comme support si l'ouvrage est de petite taille et la courbe peu prononcée. Débitez au ruban et finissez les arrondis au rabot cintré et à la vastringue, puis passez-les au rabot à dents. Garnies de liège ou de feutre épais, les chutes peuvent être utilisées comme cales de serrage.

Support à base de pièces courtes
A partir d'une certaine taille, le débit de pièces courbes dans un seul morceau de bois massif conduit à des pertes énormes. On est donc amené à l'utilisation de pièces courtes collées bout à bout. Pour pallier la faiblesse qu'entraîne la multiplication des joints, on dispose ceux-ci « en coupe de pierre », comme le font les maçons pour monter les murs. On conserve bien sûr pour chaque pièce le fil dans la direction générale du travail. Les façades de tiroir cintrées étaient souvent construites de cette manière. On fabrique d'abord des longueurs en raboutant par collage des pièces courbées mais un peu plus larges que nécessaire, puis on assemble ces longueurs en prenant bien soin de croiser les joints des rangées successives.

Support lamellé
Dans cette méthode, le fil du bois est disposé dans l'autre sens, perpendiculairement à la courbe. Les pièces sont assemblées par collage sur chant, chacune étant débitée à l'angle voulu pour obtenir la courbe désirée. Les portes cintrées étaient souvent fabriquées ainsi. Le collage se fait dans une forme de serrage spécialement construite. Les petites pièces peuvent être maintenues au moyen de papier adhésif. Après séchage, la mise en forme définitive se fait au rabot cintré. Le rabot à dents sert à préparer les surfaces avant l'application du placage en fil croisé.

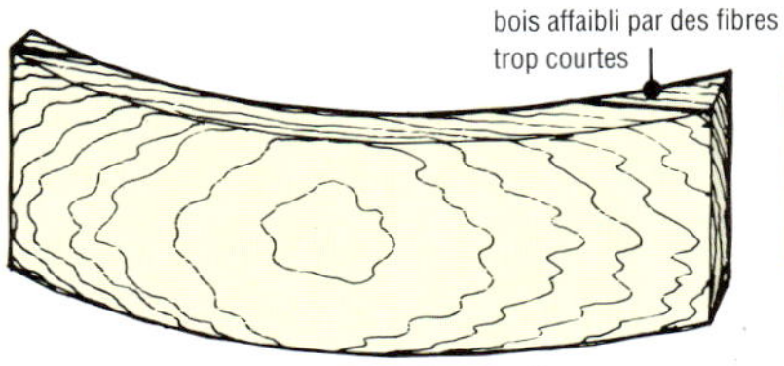

Support en bois massif

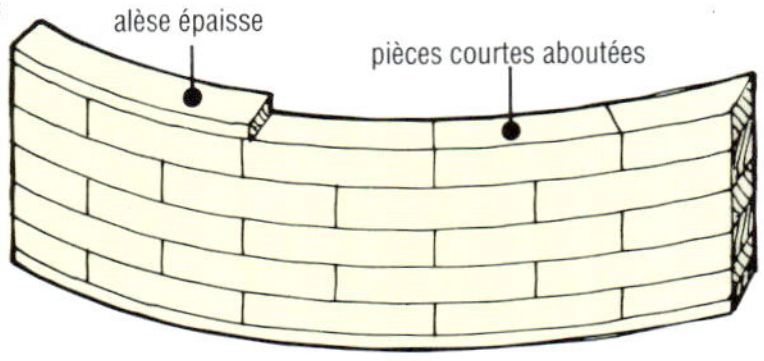

Support par assemblage de pièces courtes

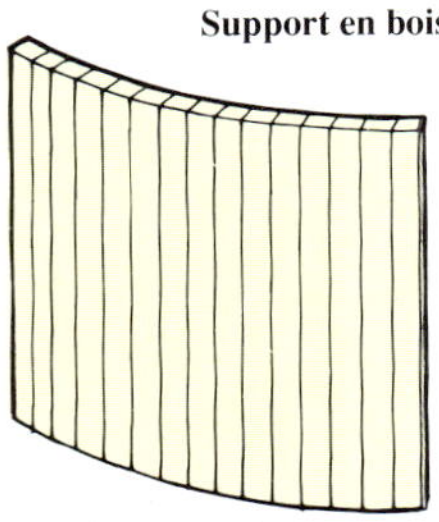

Support lamellé

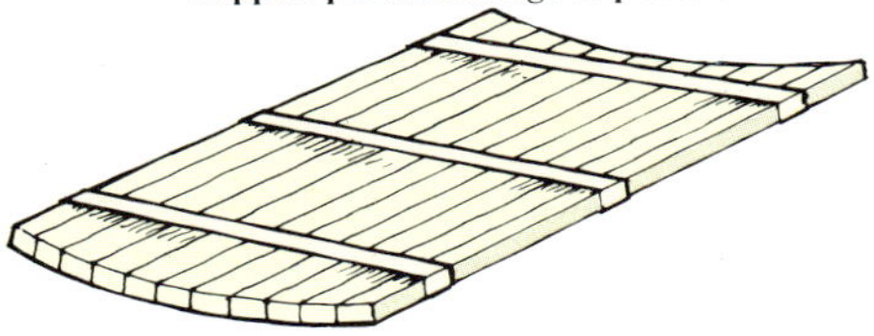

Serrage d'un petit panneau au moyen de ruban adhésif

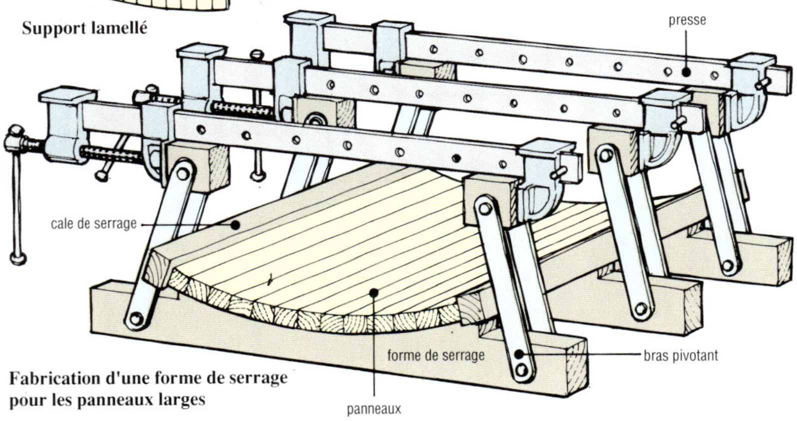

Fabrication d'une forme de serrage pour les panneaux larges

PRÉPARATION DU PLACAGE

C'est une des joies de ce travail que de pouvoir utiliser le bois pour sa seule beauté, sans avoir à se soucier de ses qualités de résistance. Votre fantaisie et votre volonté seront vos seuls guides dans l'utilisation des dessins et des couleurs révélés par le débit comme dans l'exploitation pour de nouvelles compositions des possibilités immenses offertes par la diversité de ce matériau.

Manipulation des placages
Elle demande beaucoup d'attention et de précautions. Le stockage se fait à plat, en respectant l'ordre de débit. N'essayez jamais de tirer une feuille d'une botte sans soulever celles qui sont au-dessus. Les feuilles de grande longueur doivent être manipulées à deux.

Replanissage des feuilles
Les placages légèrement déformés ou gondolés doivent être remis à plat avant leur mise en œuvre. Il suffit de les humidifier au moyen d'un fer à vapeur, d'un trempage rapide ou tout simplement à l'éponge avant de les serrer entre deux panneaux. Serrez les panneaux ou chargez-les jusqu'à séchage complet.

Les placages craquelés ou fortement gauchis reprendront plus facilement leur forme avec l'aide d'un peu de colle. Utilisez de la colle animale chaude fortement diluée ou de la colle à papier peint. Encollez légèrement le placage avant de le serrer entre deux panneaux protégés par des feuilles de plastique. Laissez sécher 24 heures. Vous pouvez accélérer le processus en chauffant les panneaux.

DISPOSITION DES PLACAGES

Vous devrez raccorder plusieurs feuilles de placage entre elles chaque fois que le support sera plus large que la feuille. Il y a de nombreuses manières de disposer les feuilles pour mettre en valeur les dessins et les couleurs du bois.

Raccord simple
Si vous cherchez seulement à obtenir une largeur suffisante, vous pouvez vous contenter de faire glisser les feuilles l'une sur l'autre sans toucher à la direction principale du fil ni chercher un effet particulier au niveau du raccord. L'inconvénient de cette méthode rapide est que le joint sera désagréable à l'œil si le fil n'est pas exactement parallèle au bord de la feuille.

Raccord déployé
Pour bien raccorder le dessin de deux feuilles consécutives, il faut les ouvrir comme les pages d'un livre, en gardant dans l'axe central le dessin que vous voulez privilégier. Vous ouvrirez donc à gauche si ce dessin est situé à gauche de la feuille (1), à droite dans le cas contraire (2). Prenez bien soin de la qualité du raccord qui doit être parfait.

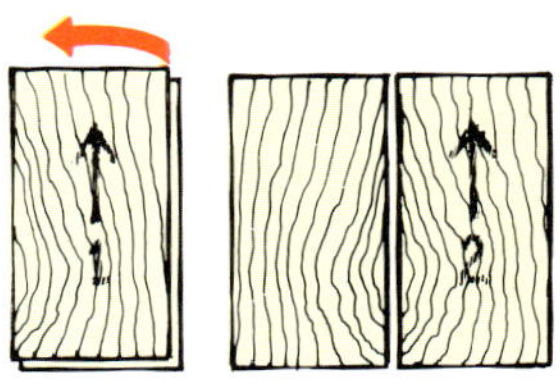

1 Ouvrez vers la gauche

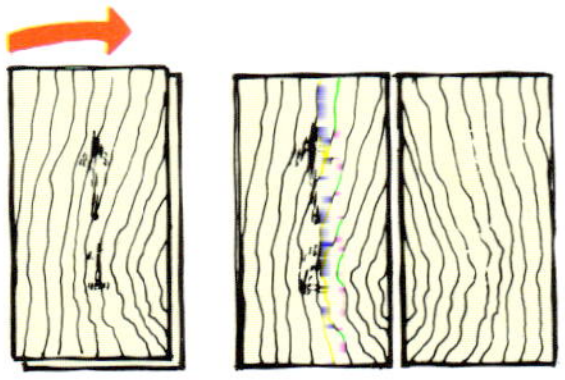

2 Ouvrez vers la droite

Raccord en frise de quatre feuilles
Ce n'est qu'une variante un peu plus compliquée de la méthode précédente. Prenez quatre feuilles à la suite sur la pile et choisissez sur ces feuilles un dessin qui sera le point central de votre composition.

Prenez les deux premières feuilles et disposez-les comme indiqué au paragraphe précédent. Pour obtenir un raccord propre dressez d'abord l'un des deux bords, posez-le contre l'autre et dressez le deuxième joint d'après le premier. Jointez les deux feuilles au papier gommé (1) et coupez le raccord inférieur bien droit et d'équerre.

Répétez cette opération pour la deuxième paire, mais en retournant les feuilles autour de l'axe horizontal la face sur l'établi (2). Vous allez maintenant préparer le raccord horizontal en faisant se chevaucher les deux paires de feuilles jusqu'au point où les dessins se raccordent parfaitement. Coupez les deux feuilles ensemble et jointez-les au papier gommé.

Raccord en pointe de diamant
Utilisez du placage de fil. Empilez quatre feuilles consécutives et dressez-en les deux grands chants. Coupez les deux extrémités à 90°, les deux traits bien parallèles (1). Ouvrez les deux feuilles supérieures autour de l'axe diagonal que vous venez de couper, ce qui vous donne un V la pointe en l'air. Jointez (2) et coupez en rejoignant exactement les deux angles (3). La chute triangulaire vient se loger exactement dans le creux du V (4) pour former un rectangle.

Répétez cette opération pour la deuxième paire après l'avoir retournée face sur l'établi. Vous obtenez deux rectangles semblables qui doivent se raccorder parfaitement (5).

Utilisation du miroir
Pour bien préparer les raccords des dessins, on utilise habituellement un miroir que l'on promène verticalement sur le placage et qui permet de visualiser le résultat recherché. Vous pouvez vous servir du miroir pour tracer la coupe.

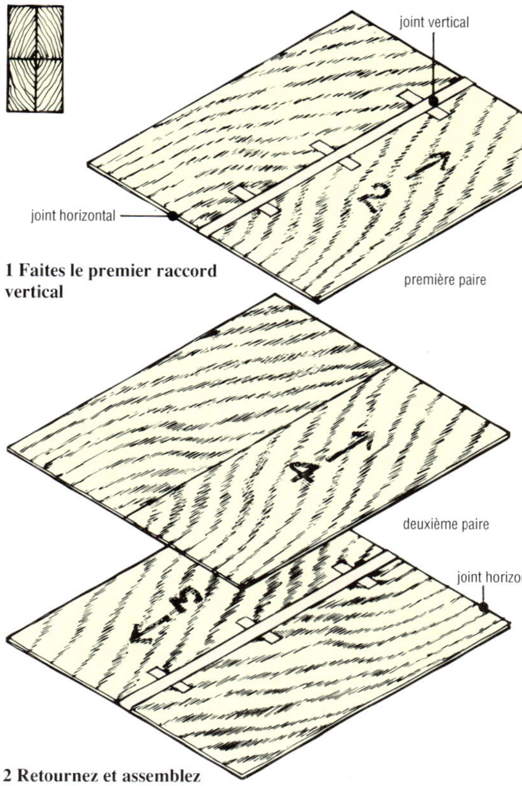

1 Faites le premier raccord vertical

2 Retournez et assemblez la seconde paire

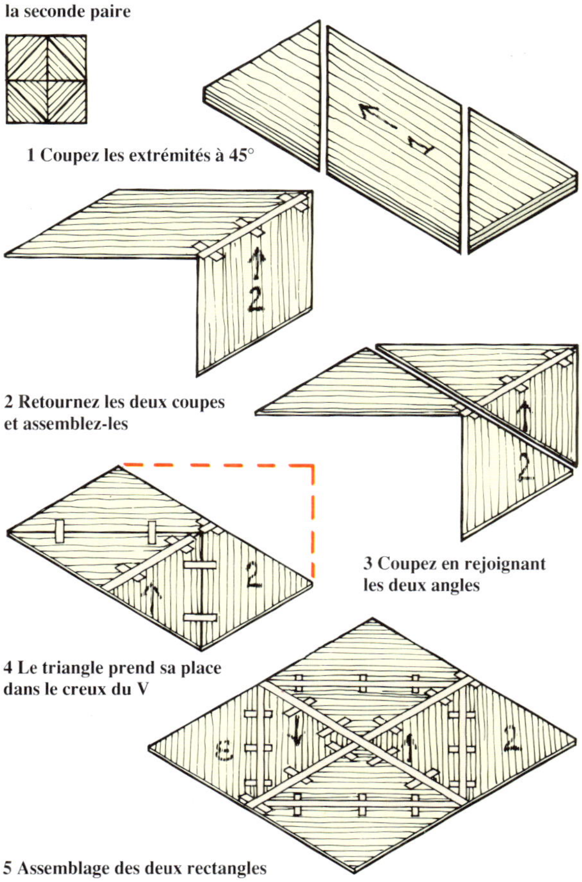

1 Coupez les extrémités à 45°

2 Retournez les deux coupes et assemblez-les

3 Coupez en rejoignant les deux angles

4 Le triangle prend sa place dans le creux du V

5 Assemblage des deux rectangles

VARIATION DE TEINTES

Les placages laissent souvent apparaître de légères variations de teinte selon l'angle qu'ils font avec la lumière. Ces différences peuvent ressortir lorsque des éléments tirés d'une même feuille ont été disposés dans des directions opposées.

Tracez à la craie une flèche indiquant la face et le sens de vos feuilles lors du stockage. Cela vous permettra non seulement de mieux apparier vos placages, mais aussi de repérer la meilleure face, celle qui n'a pas été abîmée lors du débit par le passage du couteau de la trancheuse.

Confection des joints
Pour obtenir des joints parfaitement droits, disposez vos deux feuilles en les faisant se chevaucher régulièrement jusqu'à ce que le raccord soit parfait. Fixez-les provisoirement avec quelques pointes à placage et coupez les deux feuilles ensemble au cutter ou à la scie à placage en appuyant fortement sur la règle.

La qualité d'un joint se vérifie en le présentant à la lumière. Les retouches se font au rabot avec très peu de fer, en serrant la feuille entre deux tasseaux.

Pose du papier gommé
Maintenez fermement le joint d'une main tandis que de l'autre vous posez perpendiculairement quelques bandes de papier collant (tous les quinze centimètres environ) et, pour finir, une bande à cheval sur le joint dans toute la longueur.

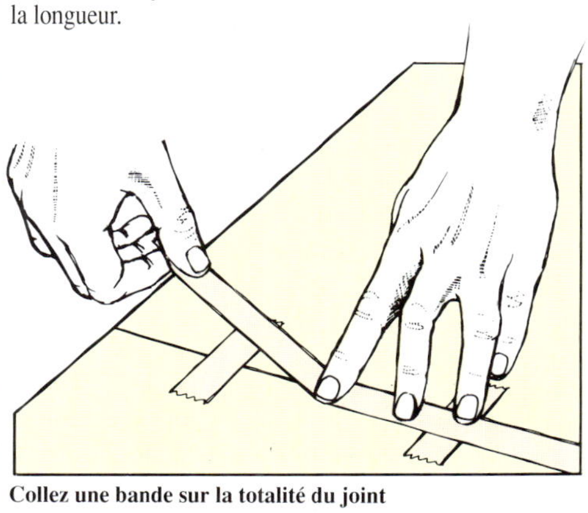

Collez une bande sur la totalité du joint

PLACAGE À LA CALE

Cette technique nécessite un serrage mécanique exercé par l'intermédiaire d'un système de cales planes ou incurvées. Elle exige plus de moyens en hommes et en matériaux, mais c'est la meilleure méthode pour la mise en œuvre des placages composés de plusieurs feuilles ou des placages fragiles, comme les loupes et les ronces, ainsi que pour le placage simultané des deux faces du support. Associée à l'utilisation des colles modernes à prise lente, elle permet la réalisation de placages délicats sur de grandes surfaces cintrées.

VOIR AUSSI

Le placage	32/33
Panneaux dérivés du bois	34/38
Les presses	120/122
Les alèses	248
Les moules et contre-moules	256
Les supports lamellés	260

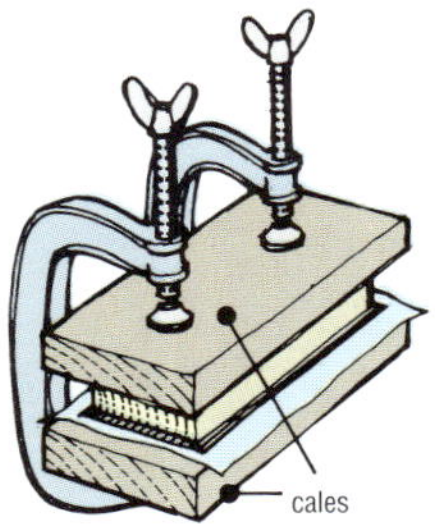

Serrage de petites pièces

FABRICATION D'UNE PRESSE À PLAQUER

Serrage de pièces plates

Pour les petits travaux, deux cales épaisses serrées bien au milieu sont suffisantes.

Pour les collages de pièces plus larges, utilisez des panneaux d'au moins 19 mm d'épaisseur et plus larges que le panneau à plaquer. La pression sur les cales est transmise par des chevrons au nombre de trois au moins auxquels vous aurez donné au rabot un profil légèrement courbe de façon que la force de serrage s'exerce d'abord au milieu, chassant ainsi l'air et l'excès de colle vers les bords, malgré le fait que les points de serrage soient situés à l'extérieur du panneau. Les presses peuvent être remplacées par des tiges filetées traversant les chevrons.

L'interposition d'une feuille d'aluminium préchauffée permet à la fois d'accélérer le séchage des colles synthétiques et d'empêcher les colles animales de figer prématurément pendant les opérations de collage.

Il faut aussi intercaler une épaisseur de papier journal pour rattraper les petites différences de niveau entre les éléments à plaquer et une feuille de plastique pour empêcher les cales d'adhérer au placage.

Utilisation de cales cintrées

Les panneaux cintrés peuvent être plaqués dans des moules et des contre-moules identiques à ceux utilisés pour le cintrage des lamellés-collés ; mais vous pouvez aussi fabriquer une presse inspirée de la précédente dont les cales seront faites de panneaux flexibles serrées par des traverses en forme.

Déterminez par le dessin la courbe de ces traverses en tenant compte de l'épaisseur des cales et du matériau à plaquer.
Plutôt que de fabriquer un panneau lamellé-collé selon la technique décrite précédemment, nous vous conseillons de réaliser un panneau souple fait de lattes d'environ 12 mm collées sur une toile forte. Ce dispositif vous sera utile pour d'autres serrages avec des courbes différentes. Coupez à la forme voulue des traverses en nombre suffisant pour pouvoir en disposer une tous les quinze centimètres environ. Placez les cales sous les traverses, la toile vers le haut, puis une feuille d'aluminium ou un panneau de fibres pour répartir la pression également.

Assemblez le tout comme pour le pressage à plat. Serrez d'abord au milieu au moyen d'une paire de forts chevrons, puis serrez les traverses.

Placage au sable

Pour les petits travaux cintrés ou de forme quelconque, on utilise un sac rempli de sable fin que l'on chauffe avant de le serrer entre deux cales sur l'ouvrage à plaquer.

LA POSE DU PLACAGE

Préparez votre lieu de travail de façon à avoir sous la main tous les outils nécessaires. Vous pouvez plaquer les deux faces en même temps ; si vous n'en plaquez qu'une à la fois, commencez par le contre-parement.

Appliquez régulièrement au pinceau une couche de colle à froid – colle blanche ou urée-formol – sur le support seulement et laissez-la tirer un peu.

Notre illustration montre le placage de deux faces simultanément. Positionnez les traverses et serrez uniformément. Il est utile de se faire aider pour cette opération.

Laissez sécher au moins douze heures. Après le desserrage, affleurez le placage en excès et stockez le panneau sur chant pendant quelques jours pour lui permettre de se stabiliser. Il ne vous reste plus qu'à aléser les chants du panneau avant la finition.

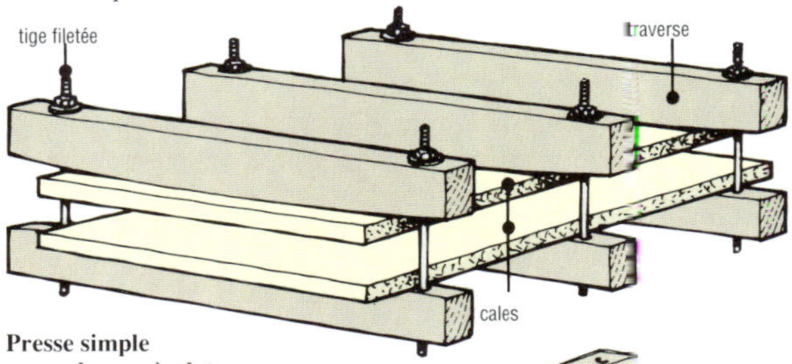

Presse simple pour plaquer à plat

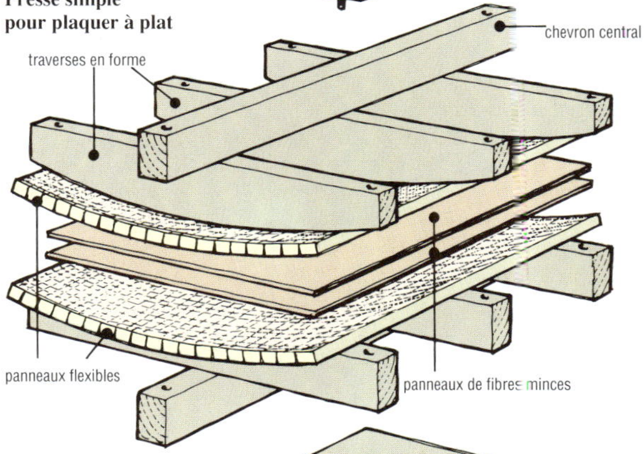

Presse à plaquer les panneaux cintrés

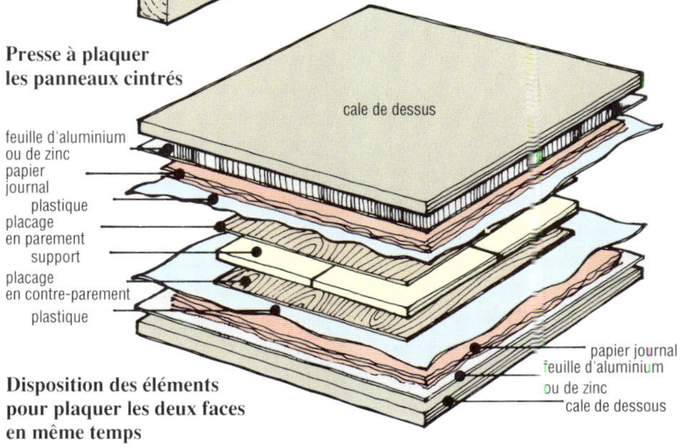

Disposition des éléments pour plaquer les deux faces en même temps

PLACAGE À LA MAIN

La pratique séculaire du placage à la colle chaude et au marteau conserve bien des avantages, notamment la possibilité de réchauffer la colle, même des années après le collage, et ainsi de réparer les placages abîmés ou cloqués. Cependant, la consistance de la colle doit être surveillée en permanence et la mise en œuvre est réellement délicate. Les colles modernes n'ont pas toutes ces qualités, mais elles sont d'utilisation plus facile. Dans tous les cas, soignez la préparation et le préencollage du support. La méthode que nous allons décrire suppose que la feuille de placage utilisée suffit à recouvrir l'ensemble du support.

PLACAGE AU MARTEAU

Un seul secret : garder la colle à la bonne température. La colle animale réchauffée au bain-marie doit rester à une température aussi proche que possible de 50 °C. Sa consistance doit être celle d'une purée liquide, exempte de grumeaux, coulant du pinceau sans former de gouttes. Travaillez dans une pièce chaude et sans poussière. Gardez près de vous une éponge et un récipient plein d'eau chaude, un marteau à plaquer et un fer à repasser réglé sur la position « soie ».

Application de la colle
Passez au pinceau une couche de colle mince mais régulière sur le support et sur le placage (1), et laissez la colle tirer jusqu'à ce qu'elle soit presque sèche. Etalez le placage sur le support et marouflez doucement avec la main (2).

Placage au marteau
Trempez l'éponge dans l'eau chaude et essorez-la pour pouvoir humidifier légèrement la surface du placage (3) afin de resserrer les pores et d'empêcher le fer de coller.

Passez le fer chaud sur toute la surface pour liquéfier la colle et la faire pénétrer dans le placage (4). Empoignez sans retard le marteau à plaquer et faites-le glisser sur la surface en partant du centre et en décrivant un mouvement zigzaguant en direction des bords (5).

Plus vous avez d'air et de colle en trop à chasser, plus vous devez exercer de pression sur la panne du marteau. N'hésitez pas à employer les deux mains (6), mais ne travaillez jamais en travers du fil, sous peine d'arracher des fibres. Repartez du milieu vers l'autre bord. Si la colle a séché, recommencez l'opération à l'éponge et au fer. Nettoyez à l'eau chaude la colle en excès avant qu'elle ne sèche.

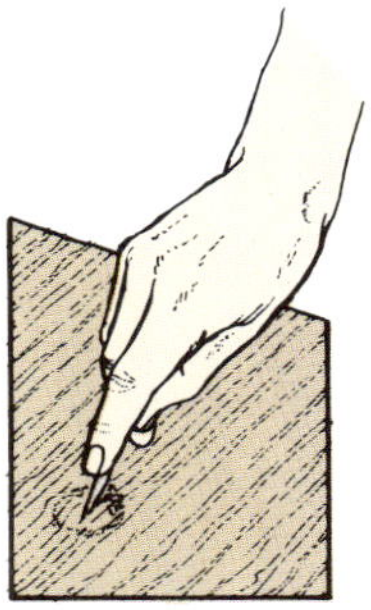

Attention aux cloques
Les bulles d'air se détectent en tapotant la surface avec les doigts. Réchauffez au fer tout endroit sonnant creux et passez le marteau. Si cela est nécessaire, fendez légèrement le fil avec une lame de rasoir pour permettre à l'air de s'échapper.

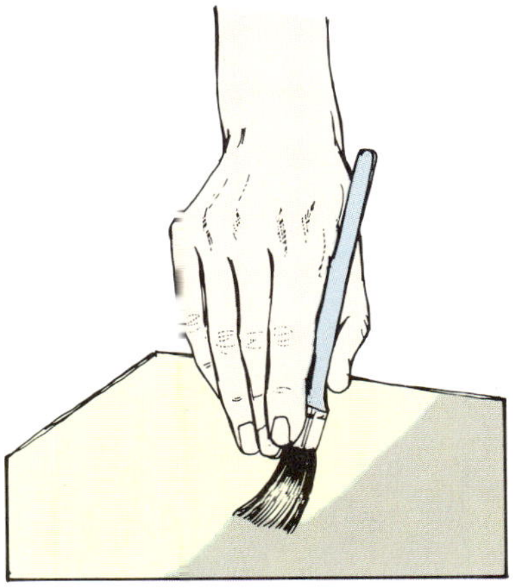

1 Encollez le support et le placage

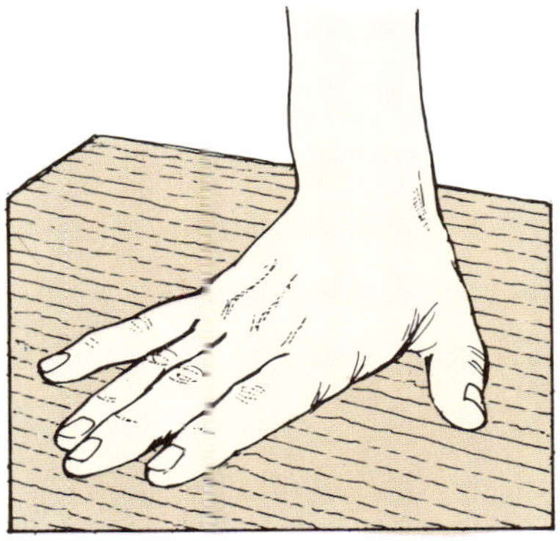

2 Marouflez à la main

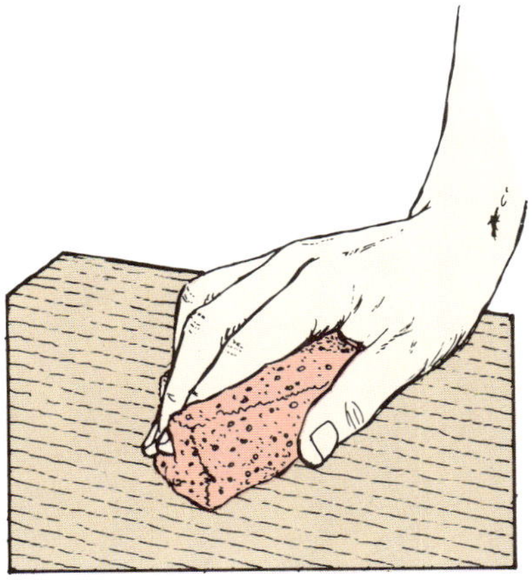

3 Mouillez légèrement la surface

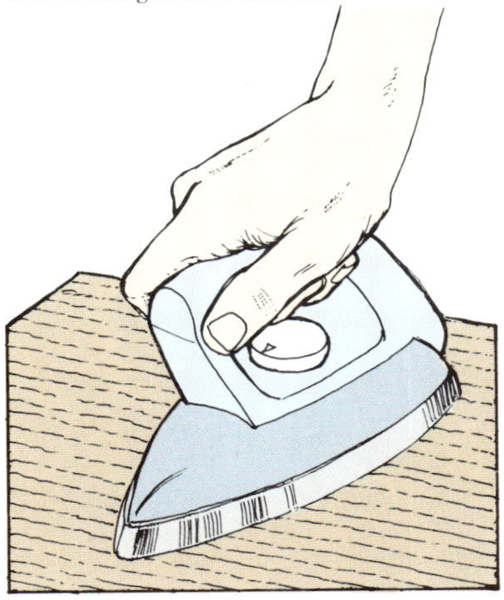

4 Réchauffez la colle avec le fer

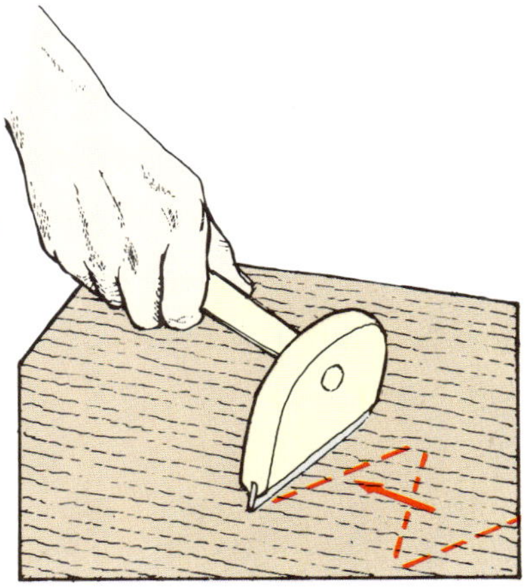

5 Travaillez le placage au marteau

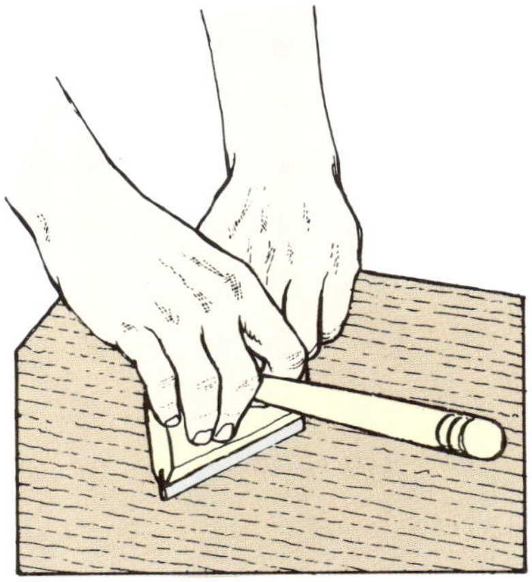

6 N'hésitez pas à mettre les deux mains

UTILISATION DE LA COLLE EN FILM

Ce procédé est en quelque sorte une modernisation de la méthode traditionnelle à base de colle animale, avec une mise en œuvre plutôt plus facile. Il est encore peu connu en France, mais il est intéressant d'en connaître l'existence.

VOIR AUSSI

Application du film
Coupez avec des ciseaux la dimension nécessaire, un peu plus que celle du support. Placez le film de colle sur le support et réchauffez-le avec un fer réglé sur une position intermédiaire. Laissez refroidir avant de retirer le papier protecteur (1).

Pose du placage
Positionnez votre placage et recouvrez-le avec le papier protecteur.
Passez doucement le fer d'une main pour réchauffer la colle en travaillant du centre vers les bords. L'autre main tient le marteau à plaquer et suit le fer en pressant le placage (2). Une cale en bois tendre aux bords arrondis peut remplacer le marteau.
Chassez les cloques et affleurez une fois sec.

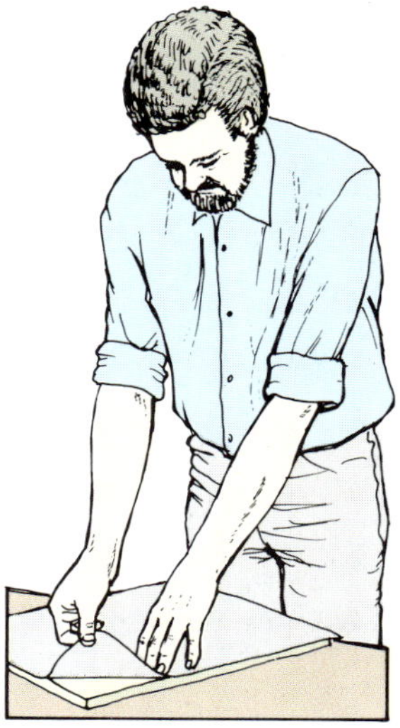

1 Enlevez le papier protecteur

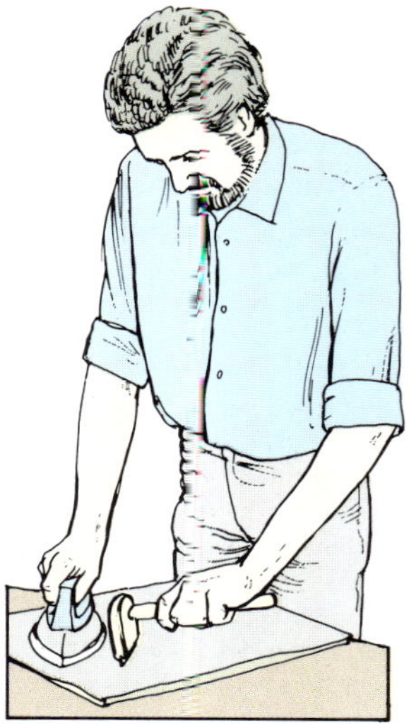

2 Réchauffez et pressez

PLACAGE À LA COLLE CONTACT

Les colles à base de néoprène, dites colles contact permettent le collage de revêtements divers sans le secours d'aucun moyen de serrage.
Les bords des placages collés de cette façon sont plus vulnérables ; il sera donc prudent de munir ces panneaux d'une alèse de protection.
Ces colles sont impropres au collage des loupes et des ronces.

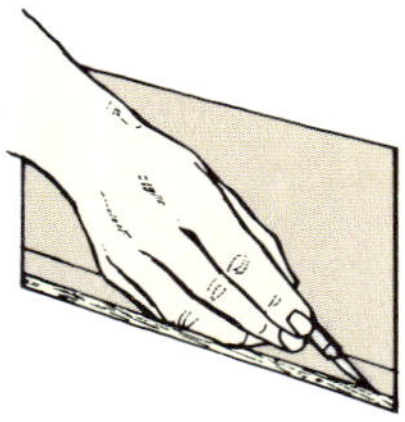

Affleurage du placage
Quand la colle est sèche, l'affleurage se fait soit à l'outil à affleurer, soit au canif, en retournant le panneau face contre la planche à découper.
En travers du fil, travailler des angles vers le centre, pour éviter les éclats.

Application de la colle
Encollez régulièrement les deux éléments au moyen d'un pinceau, d'une chute de placage ou d'une spatule crantée, en couvrant bien toute la surface, et laissez sécher à l'abri de la poussière.

Pose du placage
Dès que la colle n'adhère plus au doigt, étalez sur le support une feuille de papier journal ou de papier d'emballage en laissant une marge de quelques centimètres à une extrémité (1). Approchez votre placage en le centrant bien sur le support. Dès que l'alignement vous semble bon, pressez le bout du placage sur la partie non protégée du support.
Enlevez lentement la feuille de papier en la faisant glisser tout en marouflant soigneusement le placage avec une cale en bois tendre (2). Répétez le marouflage en surveillant les bords avant de procéder à l'affleurage.

Elimination des cloques
Tapotez la surface pour localiser les bulles d'air. Incisez le placage avec une lame de rasoir à l'endroit voulu et glissez-y une goutte de colle. Marouflez fortement au moyen d'une roulette de tapissier et nettoyez les taches de colle avec le diluant approprié pendant qu'elles sont encore fraîches.

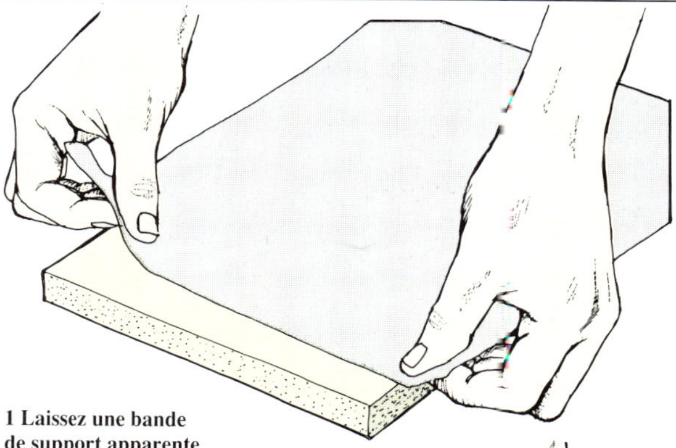

1 Laissez une bande de support apparente

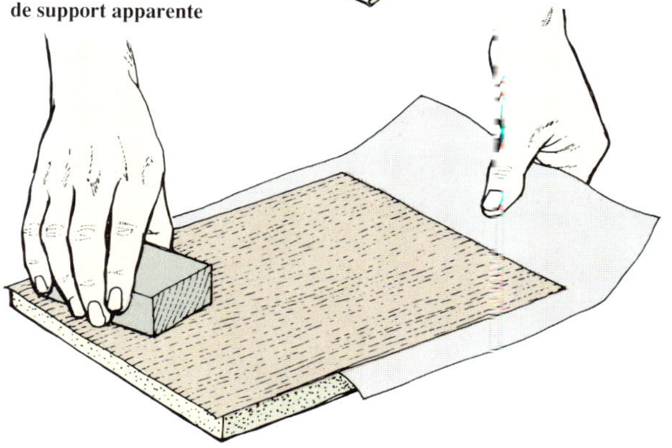

2 Retirez le papier de dessous le placage

EXTRACTION D'UN CORPS ÉTRANGER

Aucune pression ne peut faire disparaître un corps étranger qui se serait glissé sous le placage. Pratiquez une incision en forme de « V » pour pouvoir soulever délicatement le placage et récupérer l'intrus à la pointe du couteau ou avec une pince. Recollez la partie opérée avec la même colle que vous avez utilisée pour le reste du travail selon la méthode décrite plus haut.

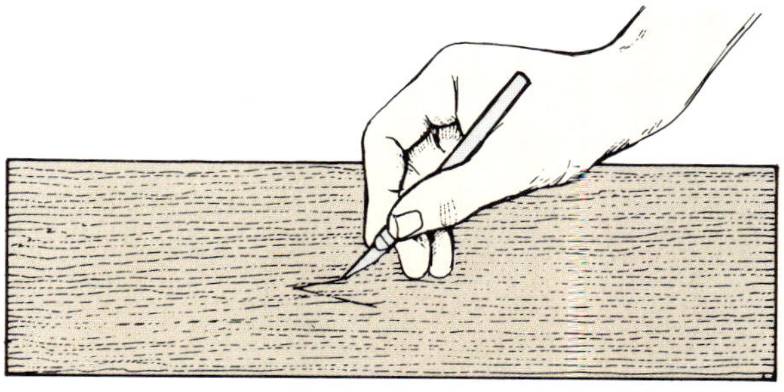

Faites une entaille en forme de V pour retirer un corps étranger

FILETS ET MOTIFS RAPPORTÉS

Ils suffisent à transformer un simple panneau en un vrai travail décoratif dans le style ancien. Les filets sont des bandes de bois minces simples ou composées de plusieurs éléments qui servent à encadrer et à décorer les bordures. On peut les fabriquer soi-même, mais le commerce en offre un assez grand choix.

Les motifs, destinés à être encastrés, sont également disponibles sous forme de compositions géométriques ou florales. Leur mode de pose est relativement simple, que ce soit dans le bois massif ou plaqué. Dans ce dernier cas, le collage à l'aide de cales est recommandé.

Placage d'une bordure de panneau
Commencez par coller la feuille centrale en retrait des bords du panneau. Découpez-la parallèlement aux bords à la distance voulue au moyen du trusquin à lame (1). Enlevez la chute et la colle en excès (2). Si c'est de la colle forte, réchauffez-la au fer.

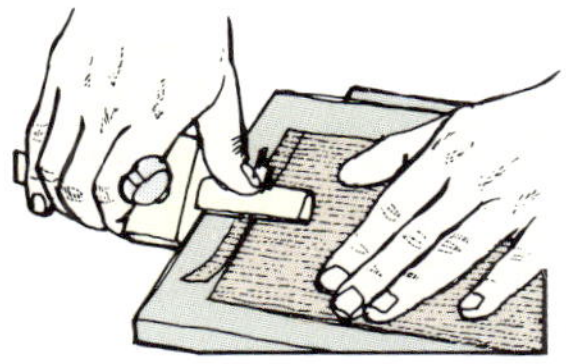

1 Utilisation du trusquin à filet

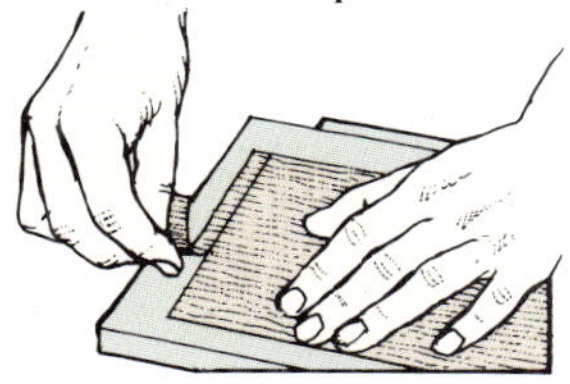

2 Tirez doucement sur la chute

Découpe de bandes en bois de travers
Vous les choisirez à l'extrémité de feuilles de placage consécutives. La découpe se fait au trusquin à lame guidé sur un chant bien droit (3), après avoir dressé le bord du placage au rabot avec très peu de fer. Prévoyez un peu plus long et un peu plus large que la dimension définitive.

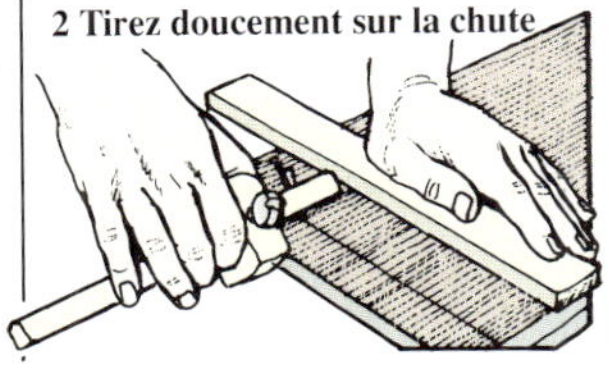

3 Guidez le trusquin sur un chant bien droit

Pose à la main des bandes d'entourage
Les coupes d'onglet peuvent être faites avant la pose ou une fois le placage en place, ce qui est plus sûr. Encollez le placage et le support avec de la colle chaude. Marouflez au marteau à plaquer ou au marteau à filet. Pour faire les coupes d'onglet en place, joignez les angles intérieurs et extérieurs à la règle et coupez ensemble les deux épaisseurs de placage (4). Enlevez la première chute puis soulevez doucement l'angle pour retirer la chute inférieure. Collez les angles au marteau. Coupez les chutes de longueur et posez du papier gommé sur les joints et les bords.

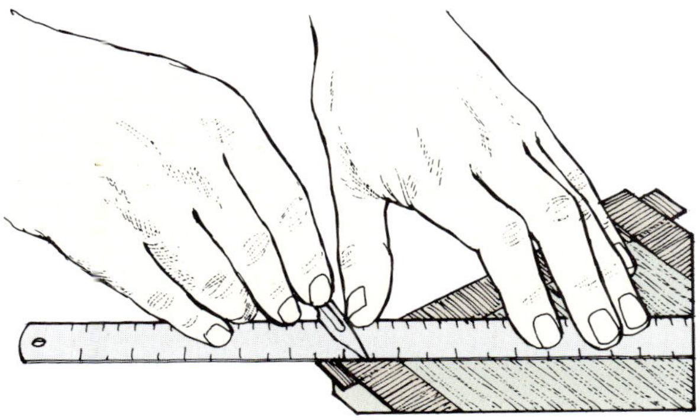

4 Coupez d'onglet à travers les deux placages superposés

Pose de filets.
Si vous voulez inclure un filet entre la feuille centrale et la bordure, posez-le selon la même technique mais avant la bordure.

FILETS SIMPLES ET COMPOSÉS

Les filets disponibles dans le commerce sont vendus en botte et tirés de bois sélectionnés. Les variations de teinte et de taille n'étant pas rares, soyez sûrs d'acheter du premier coup tout ce dont vous avez besoin.

Filets simples
Ce sont de simples bandes de bois de fil clair ou sombre qui servent à créer des espaces ou à souligner des changements de fil sur les panneaux plaqués. L'ébène et le buis en étaient les bois de base, mais l'ébène est aujourd'hui remplacée par divers bois teintés en noir.

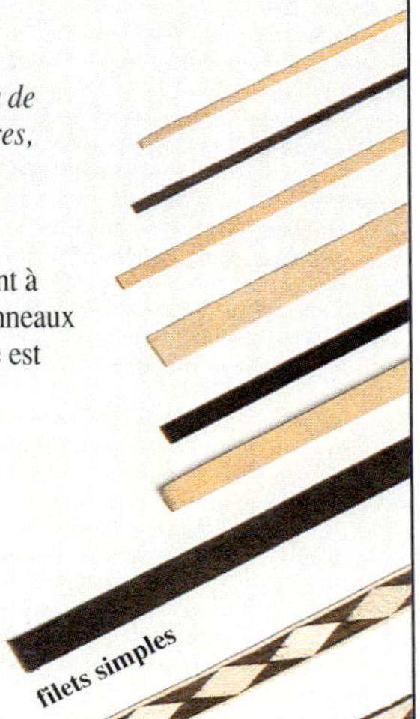

Filets composés
Ils sont constitués de petites sections de bois de couleurs différentes disposées le plus souvent en fil de travers.
Ils sont vendus prêts à coller, bordés d'un filet clair ou sombre, à l'épaisseur d'environ 1 mm.

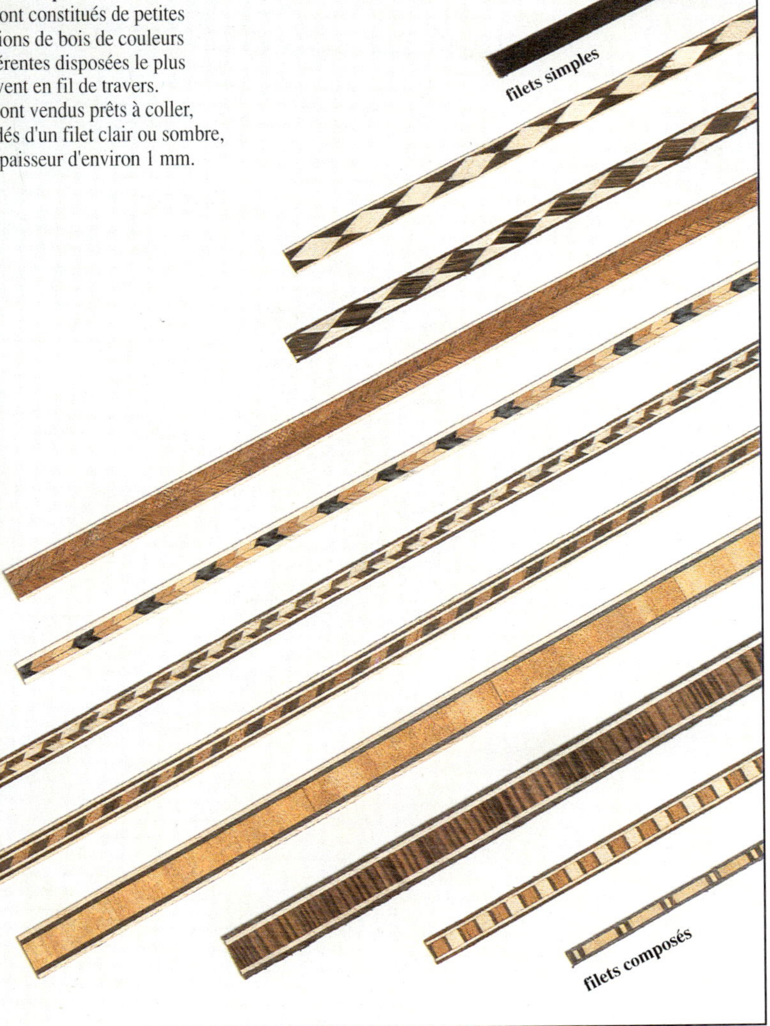

Pose des filets à la presse
Cette opération peut se faire soit en même temps que le placage de la section centrale soit après.

La pose en deux fois permet de s'assurer que le panneau central est bien centré par rapport aux bords. Dans ce cas, desserrez le collage avant le séchage définitif, ajustez vos bordures, encollez le support et posez les bordures en les fixant au papier gommé avant de remettre le tout sous presse (1).

Incrustation des filets
Les filets peuvent être incrustés dans le bois massif à l'aide du trusquin à lame et du tarabiscot.

Réglez le trusquin à la largeur désirée et tracez la coupe sur les deux bords de l'entaille. Enlevez le bois entre les deux traits au moyen du tarabiscot et d'un ciseau pour les coins. La profondeur doit être un peu moindre que celle du filet. Faites les coupes d'onglet, encollez et pressez avec le marteau à filet (2).

VOIR AUSSI

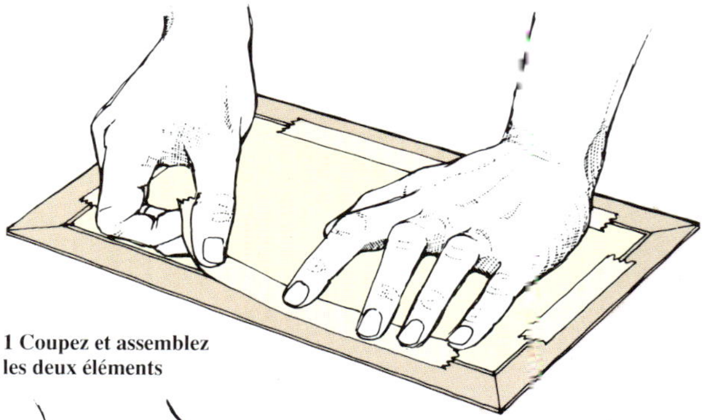

1 Coupez et assemblez les deux éléments

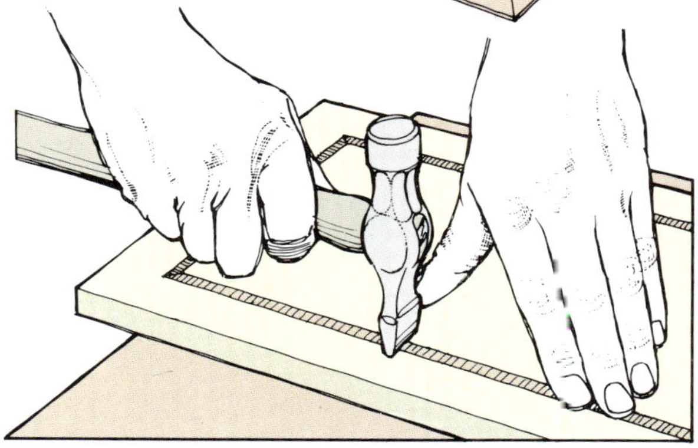

2 Collez le filet au marteau

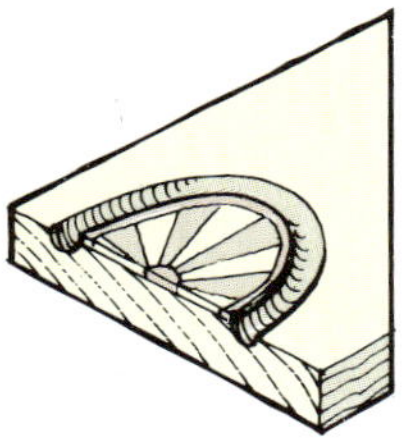

Pose en saillie
Si le motif est collé directement sur le bois, cernez-en le contour par une gorge creusée à la gouge.

MOTIFS DÉCORATIFS À INCRUSTER

Ils sont fournis recouverts d'une feuille protectrice sur le dessus. Certains sont à leur forme définitive, d'autres doivent être redécoupés avant l'incrustation.

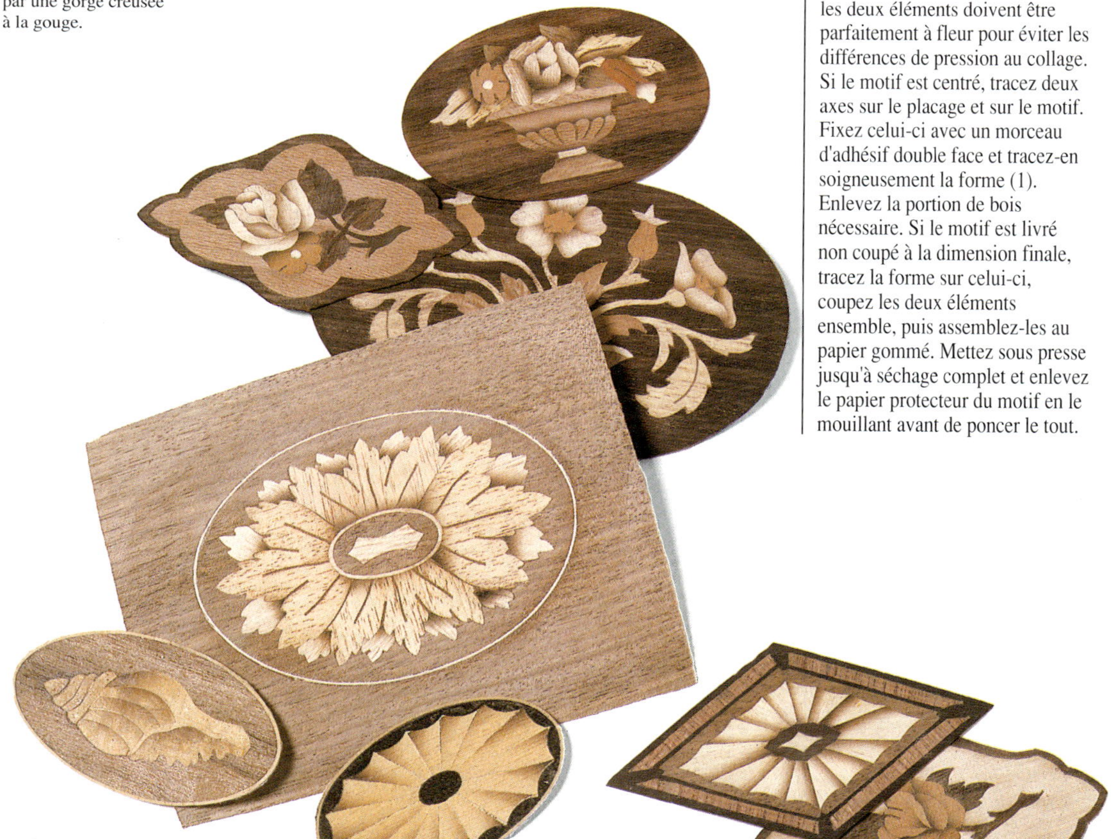

Incrustation d'un motif décoratif
Cette opération peut se faire avant la mise sous presse de l'ensemble, mais, si vous incrustez un motif dans une feuille de placage, les deux éléments doivent être parfaitement à fleur pour éviter les différences de pression au collage. Si le motif est centré, tracez deux axes sur le placage et sur le motif. Fixez celui-ci avec un morceau d'adhésif double face et tracez-en soigneusement la forme (1). Enlevez la portion de bois nécessaire. Si le motif est livré non coupé à la dimension finale, tracez la forme sur celui-ci, coupez les deux éléments ensemble, puis assemblez-les au papier gommé. Mettez sous presse jusqu'à séchage complet et enlevez le papier protecteur du motif en le mouillant avant de poncer le tout.

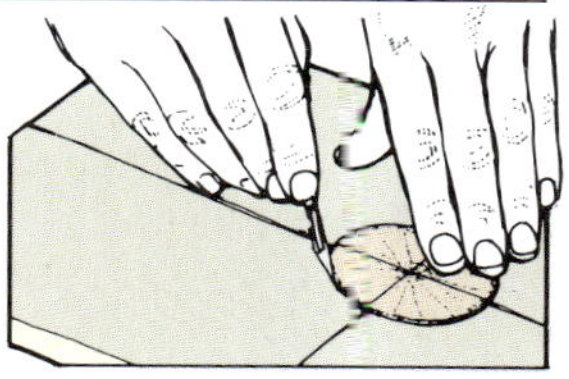

1 Tracez la découpe sur le placage

Incrustation dans le bois massif
Positionnez le motif et faites autour un trait de canif assez profond. Enlevez un peu de bois à l'intérieur de ce trait au ciseau et à la gouge (2) et finissez avec une défonceuse bien réglée, à une profondeur à peine inférieure à l'épaisseur du motif. Les deux opérations peuvent aussi se faire en sens inverse. Collez le motif en place et serrez avec une cale en bois protégée par une feuille de plastique.

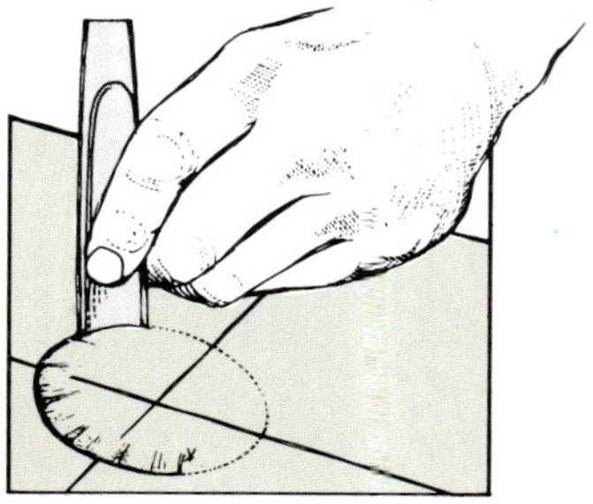

2 Enlevez un peu de bois à l'intérieur du trait

LA MARQUETERIE

De tout temps, l'homme a cherché à dépasser l'aspect purement fonctionnel de ses travaux en leur ajoutant des éléments décoratifs. Le placage de bois a longtemps servi ce but et les diverses manières d'en combiner les dessins et la couleur ont donné naissance à la marqueterie. Les artisans du passé en ont tellement affiné les techniques et les méthodes d'ornementation qu'ils en ont fait un art à part entière. Malgré sa difficulté intrinsèque, cet art continue à vivre aussi bien au niveau commercial pour la fabrication de motifs rapportés que dans les ateliers d'amateurs dont l'enthousiasme est à l'origine de bien des travaux de grande qualité.

Le travail du marqueteur
Les découpes se font à la scie à découper ou au canif. Le sciage est plus indiqué pour les formes complexes et les épaisseurs multiples, le canif pour les pièces uniques. Ce travail demande un certain entraînement. Essayez donc sur quelques chutes avant de vous lancer dans un vrai projet. Vous pouvez travailler sur vos propres dessins ou acheter un kit contenant le dessin et les matériaux nécessaires.

Si vous montez vous-même votre projet, rassemblez autant de placages différents que vous pourrez. Ce n'est que par des essais que vous définirez vraiment leur fonction et leur place. L'habileté manuelle n'est pas tout. C'est votre sens artistique qui détermine d'abord la qualité de l'ouvrage.

LE SCIAGE

Les placages disponibles dans le commerce sont débités en paquets sur une scie alternative qu'on appelle « l'âne du marqueteur ». Le scieur est assis à cheval et tient le paquet de placage grâce à une presse commandée au pied. La main droite sert à actionner la scie et la main gauche à déplacer l'ouvrage dans les mâchoires de la presse. Les éléments sont assemblés à plat au moyen de papier collant.

Sciage à la scie à découper
Pour l'amateur, une scie à découper électrique, outre ses multiples usages dans l'atelier, permet toutes les coupes nécessaires au travail de marqueteur.

La scie à main est bien sûr toujours utilisable, mais son usage au-delà de deux épaisseurs de placage est assez délicat.

Découpe de deux éléments ensemble
Choisissez vos placages – un pour le fond et un pour le motif, de façon à produire deux dessins identiques avec des couleurs opposées. Coupez les feuilles un bon centimètre plus large que le dessin choisi. Prenez-les en sandwich entre deux chutes de placage disposé en fil croisé et assemblez le tout avec du papier gommé (1).

Pratiquez un petit trou de départ dans lequel vous insérez la lame pour pouvoir la fixer dans le bras de la scie. Coupez soigneusement en suivant le trait et en maintenant fermement l'ouvrage (2). Réunissez les pièces découpées avec du papier collant et bouchez le trait de scie avec un mastic teinté.

Comment reporter un dessin.
N'importe quel dessin peut être utilisé comme base d'un travail de marqueterie. Si l'échelle n'est pas bonne, vous pouvez la modifier sur du papier millimétré ou beaucoup plus simplement en utilisant les pouvoirs agrandisseurs ou réducteurs des photocopieuses. De plus, les dessins livrés par ces machines sont aisément transférables sur le bois ; il suffit de passer un fer chaud au dos de la photocopie pour obtenir une image inversée.

La méthode traditionnelle pour reproduire un grand nombre de copies du même dessin consistait à en percer le contour d'innombrables petits trous et à répandre une poudre fine et colorée qui traversait le modèle et permettait de retrouver le dessin sur la feuille inférieure.

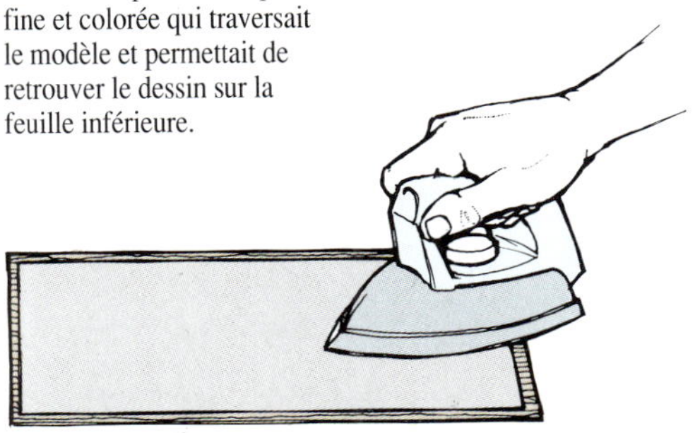

Chauffez au fer le dos d'une photocopie

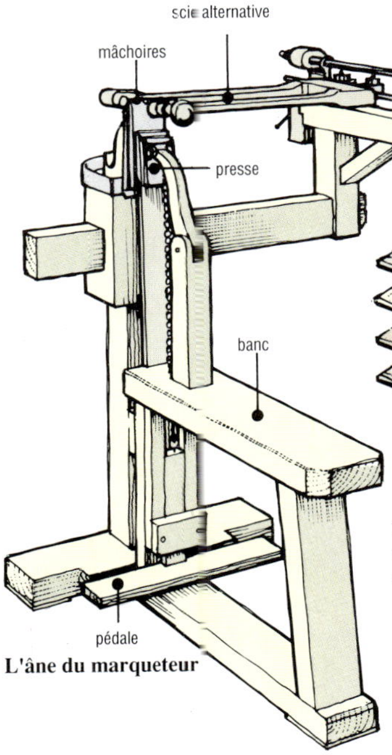

L'âne du marqueteur

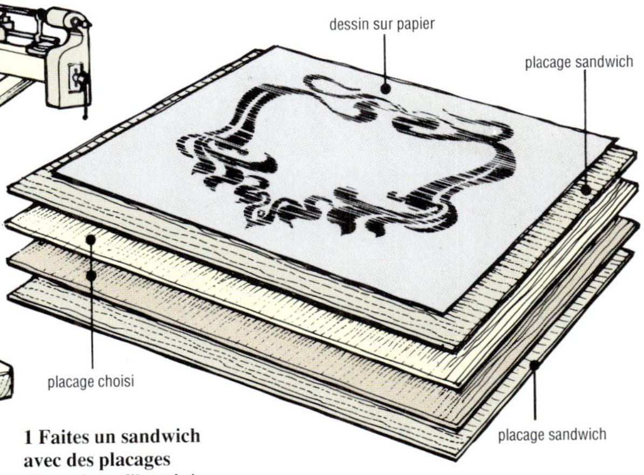

1 Faites un sandwich avec des placages disposés en fil croisé

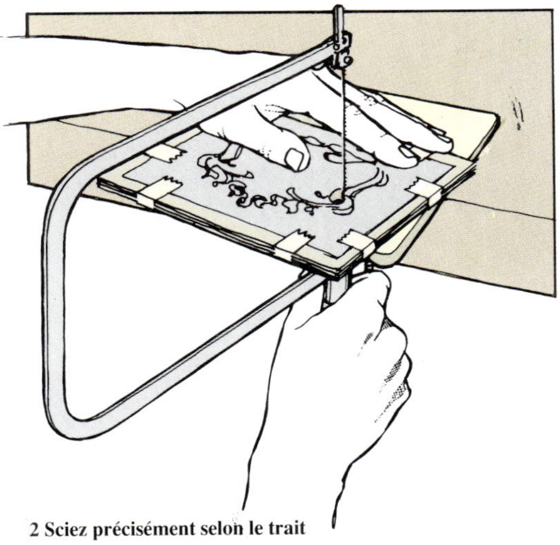

2 Sciez précisément selon le trait

COMMENT FAIRE UN TABLEAU EN MARQUETERIE

Faire un tableau en marqueterie, c'est utiliser les qualités naturelles du placage pour reproduire la couleur, les formes et les ombres de l'original.

VOIR AUSSI

Le placage	32/33
Les racloirs	110
Les placages à la cale	262
Les filets	265
Les papiers abrasifs	285
Les colles à bois	302/303

Choix du sujet
N'importe quel sujet – paysage, animal ou végétal – peut alimenter votre inspiration.

Une photo peut très bien faire l'affaire, mais choisissez-en une qui ne soit pas surchargée de détails.

Les grandes lignes en seront reproduites sans problème, mais la subtilité des ombres qui donne l'impression de profondeur est bien plus difficile à interpréter. La nature même du procédé semble exclure toute idée de gradation tonale. Et pourtant, grâce à un choix attentif des bois et à l'usage des méthodes d'ombrage au sable, on parvient à créer d'intéressants effets de perspective.

Conseils au débutant
On trouve des ouvrages de marqueterie en kit dans lesquels les placages choisis et numérotés correspondent à un modèle également fourni. Le débutant n'aura plus qu'à disposer soigneusement les éléments en fonction de l'effet recherché et à se concentrer sur la qualité du travail de coupe.

La méthode de la fenêtre
Les placages pour un tableau étant coupés un par un, il suffit d'un canif à la pointe bien affûtée.

La méthode dite de la fenêtre permet de construire le tableau pièce par pièce en essayant à chaque étape l'effet réciproque produit par les placages avant de les découper.

Le dessin est reporté soit sur une feuille de placage soit sur un carton support. Une première forme est coupée dans ce support et enlevée, dégageant une fenêtre derrière laquelle vous glissez le placage à travailler pour juger de son effet. Quand il est bien à sa place, coupez-le en vous servant de la fenêtre comme guide. Répétez la même opération – ouverture et remplissage d'une fenêtre – jusqu'à ce que le dessin soit entièrement reproduit et prêt pour le collage.

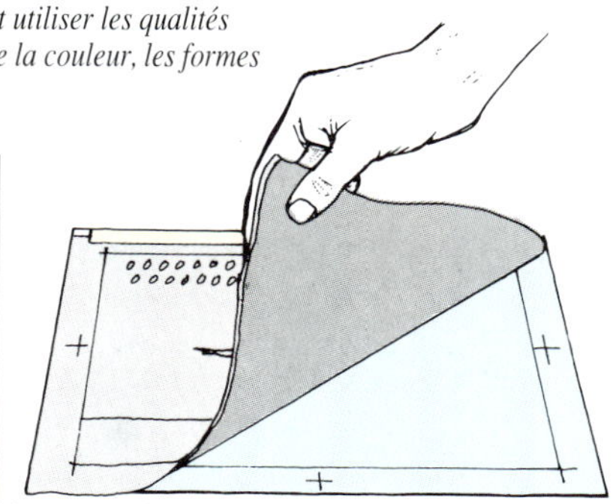

1 Tracez les axes et le contour définitif

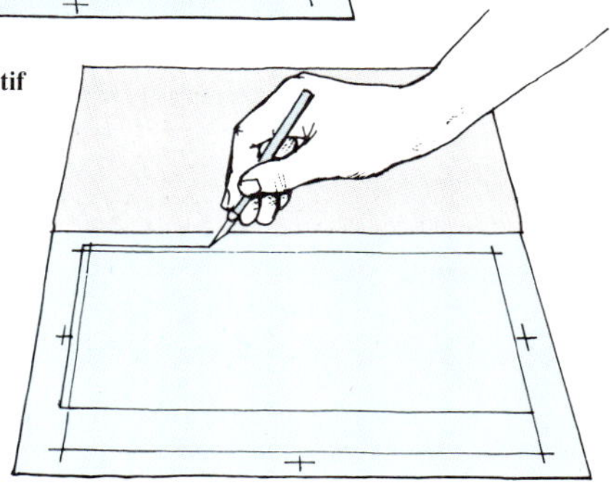

2 Découpez un des éléments principaux

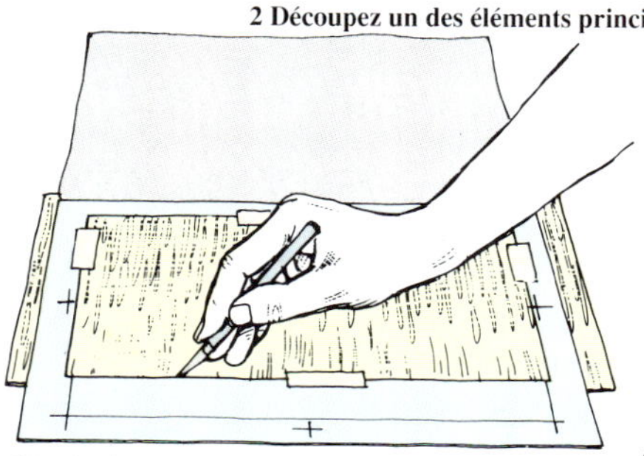

3 La fenêtre sert de guide de coupe

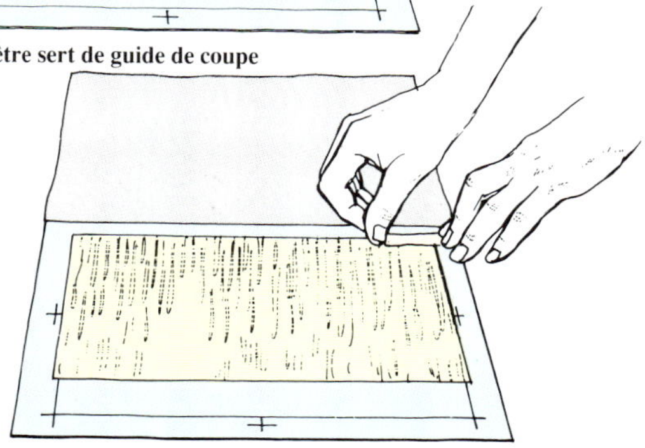

4 Le placage découpé retourne à sa place

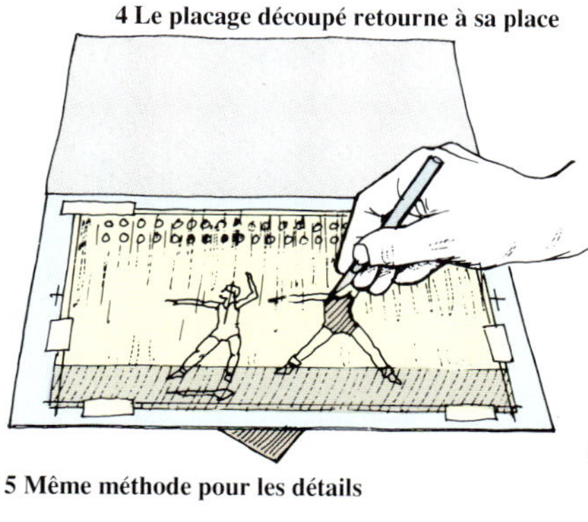

5 Même méthode pour les détails

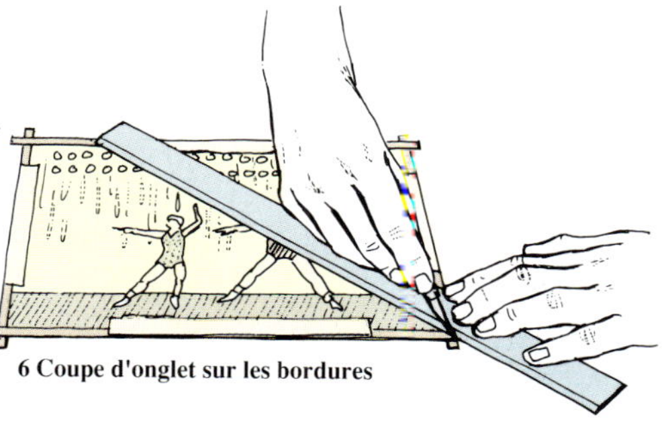

6 Coupe d'onglet sur les bordures

Détail de la méthode de la fenêtre
Fixez provisoirement le dessin avec de l'adhésif sur un côté du support, placage ou carton; placez un papier carbone en dessous et tracez les axes et le contour définitif (1).

Ensuite, reportez les principaux contours du dessin en négligeant les détails pour le moment. Découpez un des éléments principaux, en suivant son contour précisément mais en le laissant légèrement dépasser au-delà du tracé définitif (2).

Placez le placage choisi sous la fenêtre et positionnez-le pour obtenir le meilleur effet possible. Fixez-le légèrement avec du papier gommé et tracez au canif en suivant le bord de la fenêtre (3). Dégagez votre placage, coupez-le selon le tracé et réassemblez-le dans la même position (4).

Coupez de la même façon la fenêtre suivante, mais cette fois, rajoutez une couche de colle blanche sur les arêtes des deux éléments à raccorder et maintenez-les en place avec un panneau lesté. Procédez ainsi pour toutes les grandes lignes du tableau.

Replacez la feuille portant le dessin initial et tracez de nouveau les contours définitifs ainsi que les détails que vous aviez omis. Recommencez l'opération pour les détails jusqu'à la fin du tableau (5).

A ce moment, séparez l'ouvrage du support. Rapportez une bordure décorative coupée d'onglet autour du tableau (6). Quelques bandes de papier gommé sur cet encadrement et votre ouvrage est prêt à passer sous la presse.

NETTOYAGE DE L'OUVRAGE

La surface doit être préparée avant la finition, sans oublier que les placages sont minces et qu'il est facile de les percer.

Tout d'abord, mouillez légèrement la surface à l'eau chaude et enlevez les restes de papier collant au racloir. Laissez sécher.

Raclez l'ensemble de la surface pour faire disparaître les inégalités. Travaillez dans le sens du fil lorsque c'est possible, et en diagonale lorsque le fil est dans plusieurs directions.

Poncez avec des abrasifs de plus en plus fins en utilisant une cale en bois tendre ou en liège. Restez autant que possible dans le sens du fil. Dépoussiérez et passez un chiffon à peine humide.

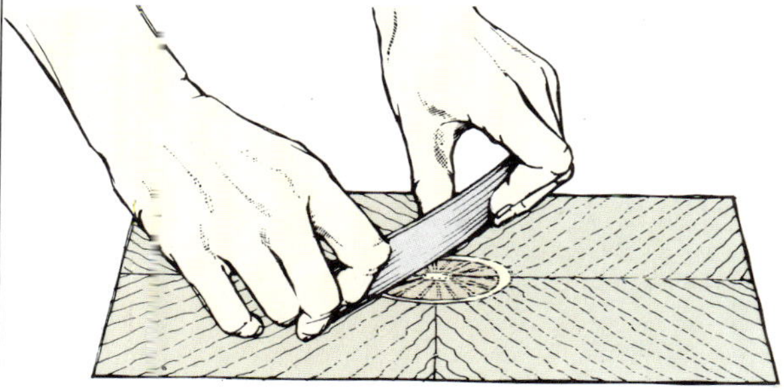

Sens de travail au racloir sur les fils opposés

Ombrage de la marqueterie

La méthode traditionnelle pour obtenir un effet de profondeur sur les marqueteries consiste à brûler légèrement les pièces en les trempant dans du sable chaud. L'« ombrage » – c'est le nom habituel de cette technique – produit un subtil effet de gradation tonale à condition d'être bien maîtrisé et vous ferez bien de vous y entraîner sur des chutes pendant quelque temps.

Chauffez du sable fin dans un plat allant au four. Gardez-le à la température nécessaire pour produire le résultat recherché en une dizaine de secondes. Il vaut mieux augmenter la température plutôt que le temps d'immersion, ce qui risquerait de faire rétrécir le placage. Saisissez la pièce à ombrer avec une petite pince et plongez-la dans le sable chaud en comptant le nombre de secondes que vous avez déterminé lors des essais (1).

Vous pouvez opérer sur des pièces surdimensionnées, ce qui vous permettra de rattraper d'éventuelles erreurs. Si vos pièces sont coupées à la dimension finale, prenez garde de ne pas les tremper trop longtemps, ce qui les brûlerait ou les rétrécirait définitivement. Si cela vous semble nécessaire, humidifiez-les et mettez-les quelque temps sous presse après l'ombrage. Pour ombrer les parties centrales que vous ne pouvez pas tremper, prenez une petite cuillère et versez un peu de sable chaud sur la zone intéressée (2).

Si vous recherchez des ombres très contrastées avec des bords nets, posez une bande de papier collant à l'endroit voulu.

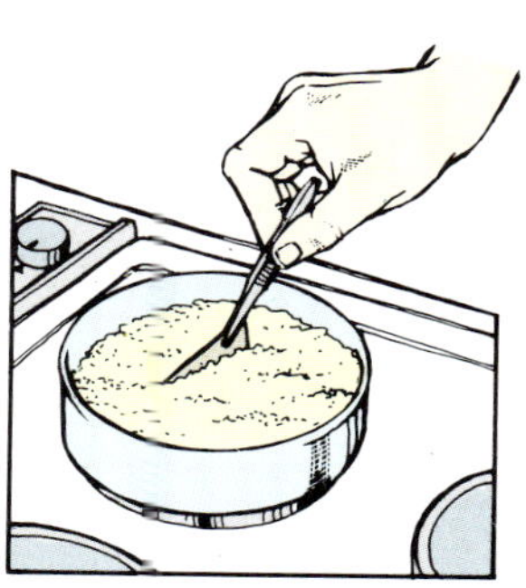

1 Plongez la pièce dans le sable chaud

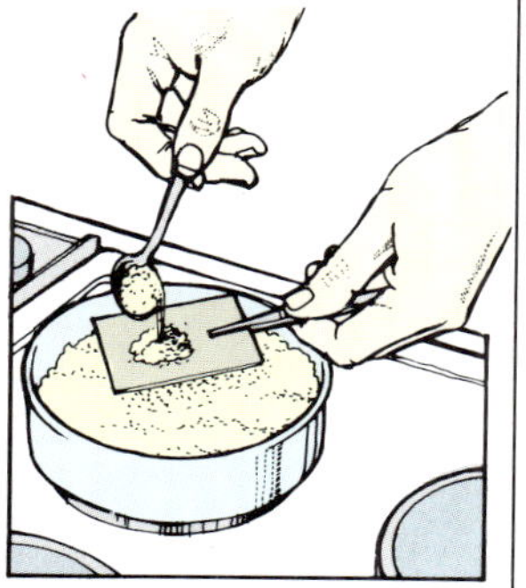

2 Versez du sable sur la partie à ombrer

MARQUETERIE À MOTIFS GÉOMÉTRIQUES

La combinaison des dessins et des couleurs différentes des placages avec toutes les variétés possibles de figures géométriques – carrée, rectangulaire, triangulaire ou polygonale – vous offre un nombre illimité de possibilités.

L'élaboration du dessin

Entraînez-vous à créer des formes sur du papier millimétré en travaillant avec des crayons ou des feutres de couleur (1). Les dessins répétitifs sont faciles à couper en série et à assembler. Les dessins dont les formes s'emboîtent, comme les cubes ou les étoiles, doivent être traités comme des pièces uniques.

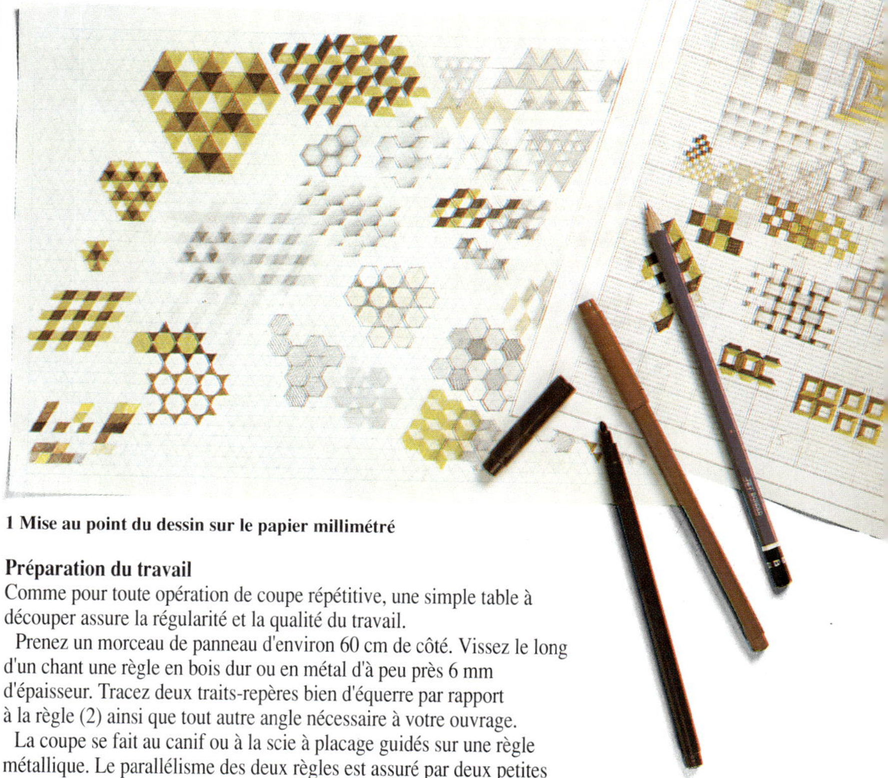

1 Mise au point du dessin sur le papier millimétré

Préparation du travail

Comme pour toute opération de coupe répétitive, une simple table à découper assure la régularité et la qualité du travail.

Prenez un morceau de panneau d'environ 60 cm de côté. Vissez le long d'un chant une règle en bois dur ou en métal d'à peu près 6 mm d'épaisseur. Tracez deux traits-repères bien d'équerre par rapport à la règle (2) ainsi que tout autre angle nécessaire à votre ouvrage.

La coupe se fait au canif ou à la scie à placage guidés sur une règle métallique. Le parallélisme des deux règles est assuré par deux petites cales coupées ensemble à la largeur nécessaire. Prévoyez aussi du papier gommé pour fixer vos pièces.

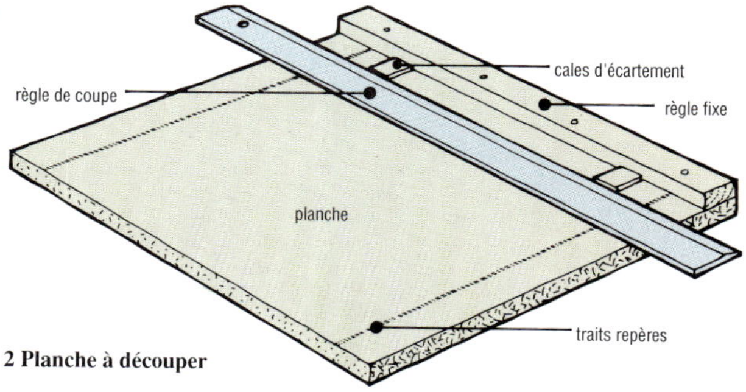

2 Planche à découper

FABRICATION D'UN ÉCHIQUIER

C'est l'exemple le plus simple et le plus connu de marqueterie géométrique. L'opposition entre les cases noires et les cases blanches peut être obtenue par l'utilisation de placages différents ou, plus subtilement, avec le même placage disposé en fil croisé. Les meilleurs résultats sont obtenus avec des placages veinés ou rubanés.

VOIR AUSSI

Le placage	32/33
Panneaux dérivés du bois	34/38
Le placage à la cale	262
Les filets	265

Choisissez vos placages contrastés et coupez-les un peu plus longs que le support. Coupez un des chants bien droits à la règle puis, en réglant la largeur au moyen des cales d'écartement, coupez cinq bandes de l'un des placages et quatre de l'autre (1). Numérotez-les dans l'ordre de coupe.

Joignez soigneusement les bandes en alternant les couleurs et assemblez-les avec du papier collant. Placez cet assemblage perpendiculairement à la règle et coupez l'extrémité bien d'équerre en vous aidant des traits repères de la planche (2).

Enlevez la chute et calez le bord coupé contre la règle fixe. Il ne vous reste plus qu'à couper des bandes en conservant le même écartement pour obtenir des séries de carrés égaux.

Assemblez de nouveau ces bandes en les décalant d'un carré (3) et retirez les carrés supplémentaires.

Complétez le travail en posant un filet et une bordure d'encadrement tout autour de l'échiquier et collez à la presse.

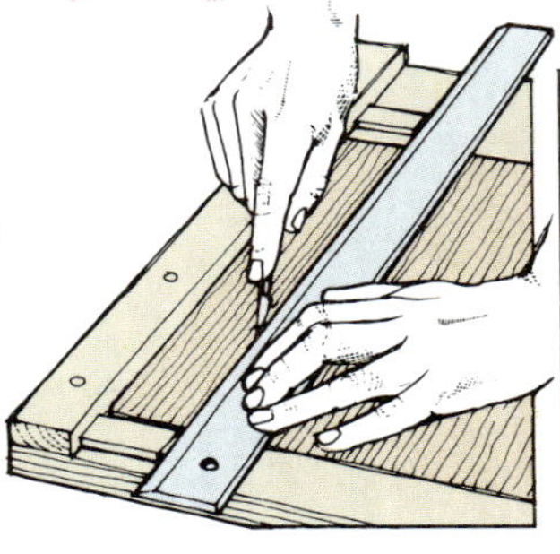

1 Coupez les bandes en largeur

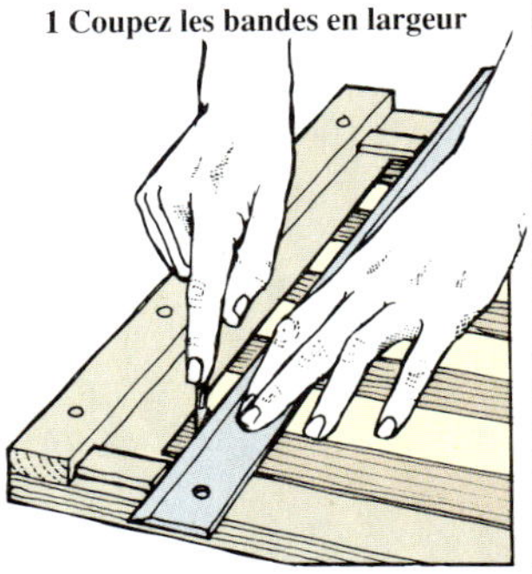

2 Coupez d'équerre

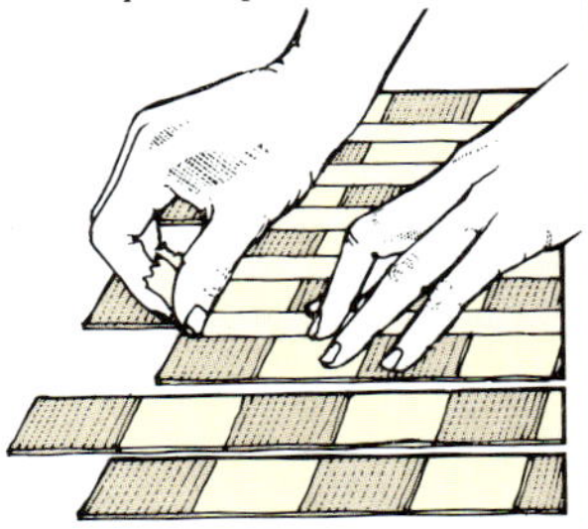

3 Décalez et assemblez au papier à joints

FABRICATION D'UN CUBE

Le cube s'obtient à partir de trois losanges assemblés avec le fil dans des sens différents pour former un hexagone.

Pour répéter cette figure, coupez d'abord les losanges selon la méthode décrite ci-contre mais assemblez-les très légèrement.

Pour la mise en œuvre, séparez les losanges et assemblez-les sur un support recouvert d'une feuille très légèrement encollée (quelques points de colle à papier ou colle animale très diluée) sur laquelle vous avez tracé le dessin final.

Couvrez tous les joints avec du papier gommé avant de décoller prudemment la feuille inférieure. Mettez sous presse.

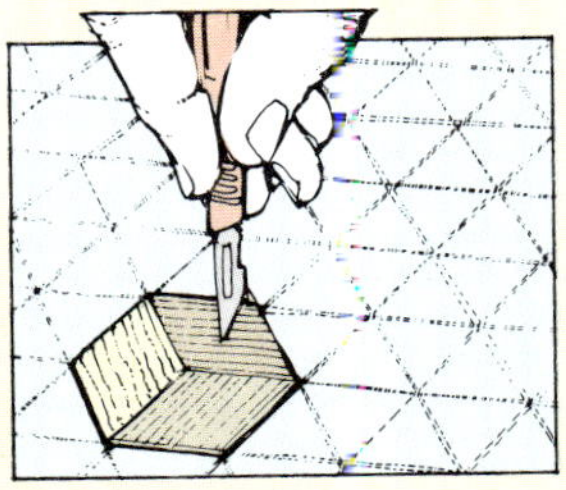

Assemblage des losanges sur le dessin

DESSINS VARIÉS À BASE DE BANDES

Cette méthode permet de créer de nombreuses variétés de dessin en faisant varier la largeur des bandes et en remplaçant les carrés par des rectangles.

En coupant les carrés en diagonale vous obtenez des bandes de triangles rectangles qui, décalés d'un demi-élément, donnent un dessin en zigzag. En retournant les bandes successives, vous ferez apparaître des successions de triangles de même sens mais aux couleurs alternées.

Le dessin dit «à pointe de diamant» est produit par la coupe des bandes à 60°. Coupez d'abord des bandes parallèles de couleurs alternées à la largeur voulue. Fixez la première bande le long d'un trait à 60° et assemblez-la avec les autres en faisant toucher les pointes sur la règle fixe.

Coupez la partie en dents de scie ainsi formée et calez le chant ainsi obtenu contre la règle. Vous pouvez maintenant débiter des bandes de losanges avec la même cale d'écartement et les disposer en un motif répétitif, toujours grâce au décalage d'un élément.

La découpe horizontale par le centre de ces figures vous donnera des alignements de triangles équilatéraux que vous pourrez arranger en de nouvelles compositions par décalage ou retournement.

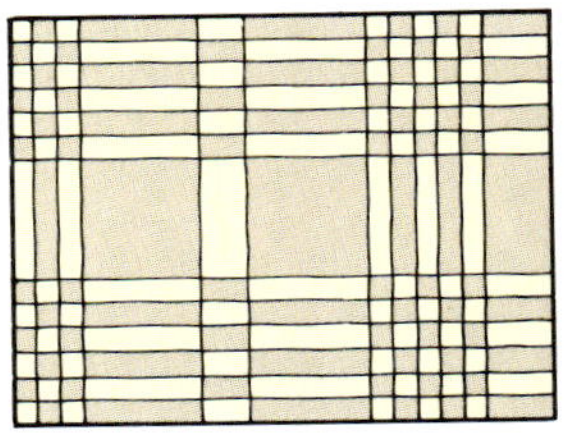

Différentes largeurs de bandes

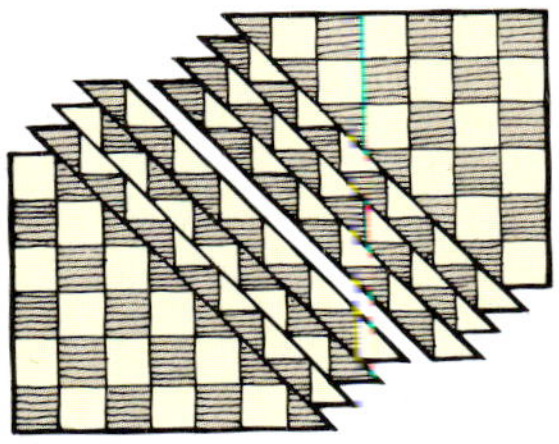

Coupes à 45°

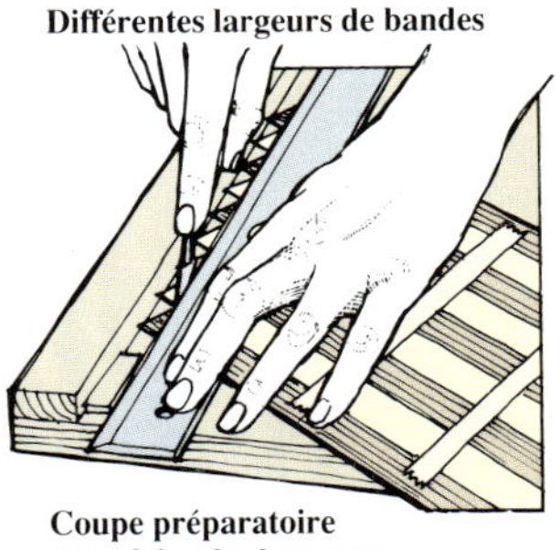

Coupe préparatoire pour faire des losanges

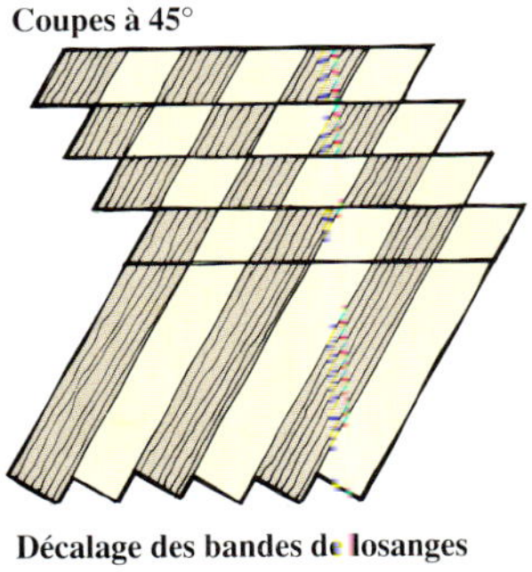

Décalage des bandes de losanges

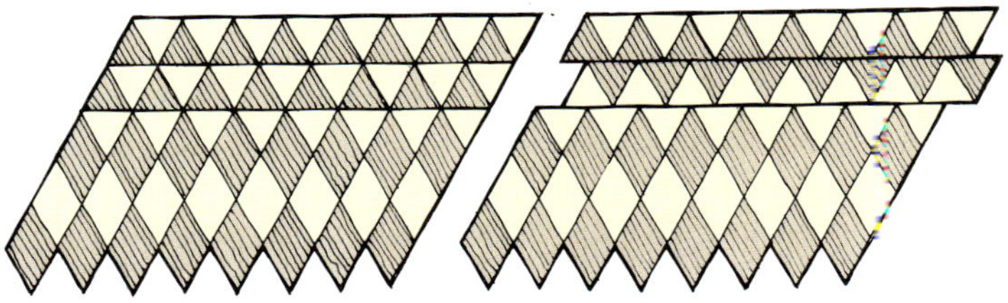

Variations à base de losanges

CHAPITRE 10

LA SCULPTURE SUR BOIS

Depuis les temps reculés où un homme découvrit qu'un simple objet tranchant pouvait servir à tailler un morceau de bois, l'humanité n'a cessé de s'adonner à cette activité qui lui permet de produire aussi bien des ustensiles de cuisine que des objets de culte. De nos jours, le développement du travail industriel du bois et des productions en série fait de la sculpture une activité principalement réservée aux loisirs. Cependant, certains artisans perpétuent cette technique pour la restauration et aussi pour la fabrication de meubles sculptés. Bien au-delà de la production d'objets utiles, la sculpture offre à ses adeptes un moyen d'expression proprement artistique. Il faut pour cela un bon œil pour bien voir dans les trois dimensions, mais aussi beaucoup de travail avant de maîtriser les gestes qui feront de vos mains les alliées fidèles de votre imagination créatrice, lui permettant de reculer sans cesse ses limites. Tout un éventail de ciseaux, gouges et autres outils spécialisés ont été mis au point pour répondre à cette infinie variété de formes.

CISEAUX ET GOUGES POUR LA SCULPTURE

Pour sa panoplie, le sculpteur a le choix entre près de vingt profils différents pour le tranchant, cinq profils dans la plupart des cas pour la forme de la lame et un éventail de tailles allant de 2 à 50 mm. A l'inverse des outils traditionnels, les outils de sculpteurs ont le plus souvent les deux faces biseautées, ce qui permet une plus grande variété dans les angles d'attaque du bois. Les ciseaux de sculpteurs, appelés fermoirs, ont un contre-biseau identique au biseau et les gouges et burins un contre-biseau intérieur plus faible que le biseau. Une bonne pierre à affûter vous sera indispensable ainsi que des pierres fines à la forme des différents outils.

VOIR AUSSI

Les pierres à aiguiser 102/103
L'affûtage 274
L'étau de mécanicien 276
La tenue des outils 278

Emmanchement d'un outil
Les outils de sculpteur sont vendus sans manche. Pour l'emmanchement, percez d'abord un avant-trou au centre de votre manche. Serrez la lame à fixer dans un étau de mécanicien pourvu de mordaches tendres; enfoncez légèrement la lame sans forcer puis dégagez-la; recommencer l'opération en tapant un peu plus fort sur le manche et agrandissez le trou si nécessaire. Parvenu à quelques millimètres de l'épaulement de la lame, vérifiez le bon alignement des deux éléments et enfoncez définitivement la lame.

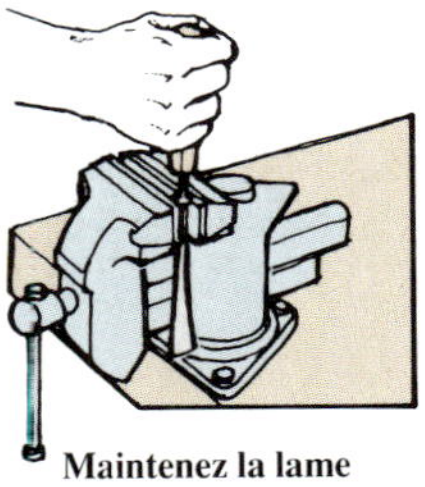

Maintenez la lame dans l'étau aussi haut que possible

Manches pour outils de sculpture
Ils sont en bois dur de hêtre, de buis ou de frêne. Vous les trouverez soit ronds avec une virole métallique soit octogonaux avec ou sans virole. L'avantage de cette dernière forme est d'empêcher les outils à lame droite de rouler sur l'établi.

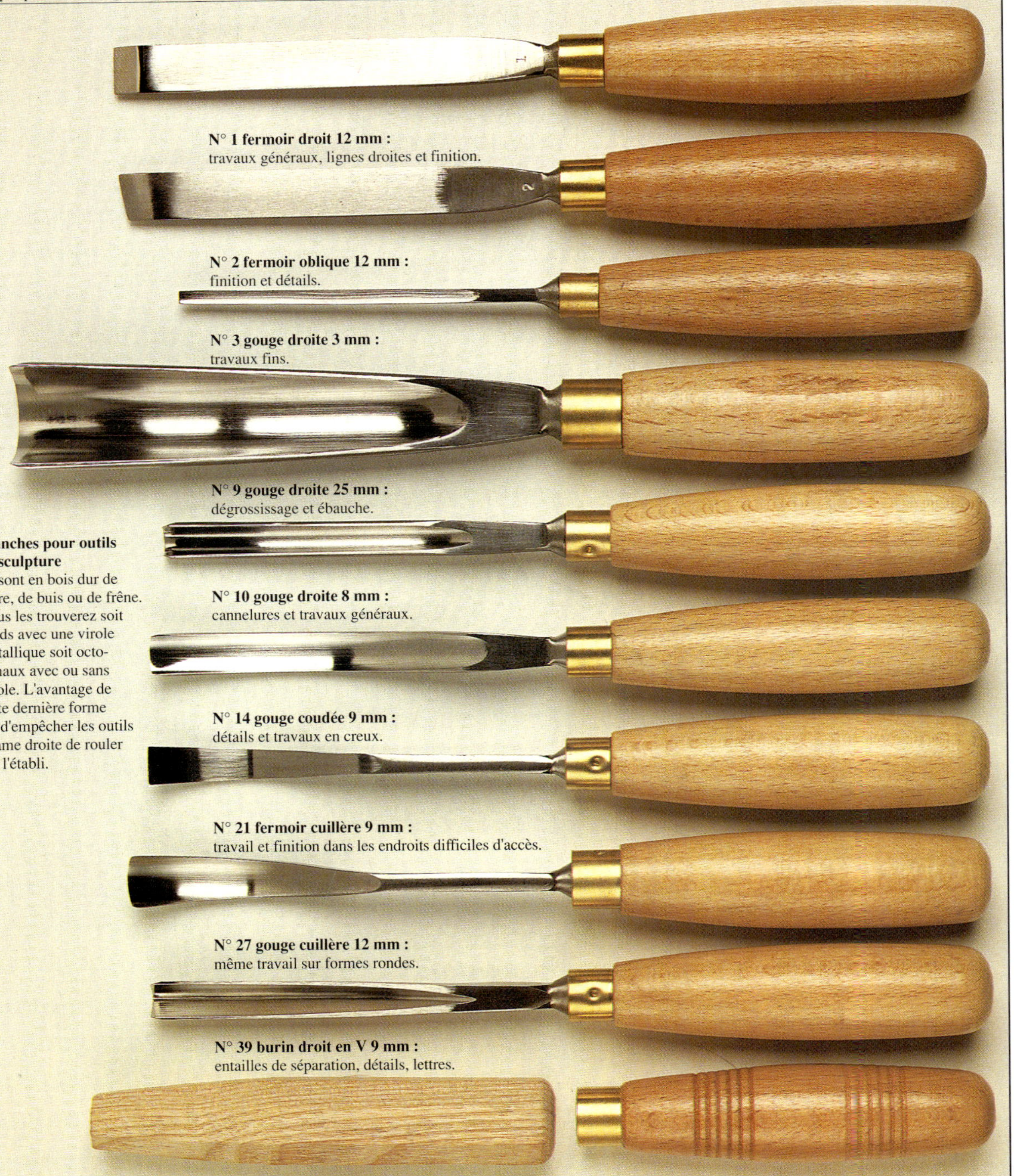

N° 1 fermoir droit 12 mm : travaux généraux, lignes droites et finition.

N° 2 fermoir oblique 12 mm : finition et détails.

N° 3 gouge droite 3 mm : travaux fins.

N° 9 gouge droite 25 mm : dégrossissage et ébauche.

N° 10 gouge droite 8 mm : cannelures et travaux généraux.

N° 14 gouge coudée 9 mm : détails et travaux en creux.

N° 21 fermoir cuillère 9 mm : travail et finition dans les endroits difficiles d'accès.

N° 27 gouge cuillère 12 mm : même travail sur formes rondes.

N° 39 burin droit en V 9 mm : entailles de séparation, détails, lettres.

Manche octogonal en bois de frêne

Manche rond en bois de hêtre

FORMES ET TAILLE DES OUTILS

On désigne habituellement les ciseaux et les gouges par un nom et un numéro. Le nom se réfère à la forme du tranchant ou de la lame, par exemple, gouge cuillère ou fermoir droit. Cependant, le profil de l'arête tranchante pouvant également varier, on est conduit à des dénominations trop compliquées. C'est pourquoi on a adopté au XIXe siècle un système de numéros destiné à synthétiser toutes ces données.

Attention, les numéros peuvent varier légèrement d'un fabricant et d'un pays à l'autre. Fermoirs et gouges forment l'essentiel des outils de sculpteur et leur numérotation part des formes les plus simples et les plus plates pour aller vers les plus compliquées et les plus creuses. Ainsi, le N° 1 est un fermoir plat et droit, le N° 2 un fermoir plat oblique, les N° 3 à 12 des gouges droites de plus en plus creuses. Tous les profils de gouges sont des portions de cercle à l'exception de la plus creuse qui est plus fermée (N° 11). La série de numéros suivants (12 à 20) représente la même variété de tranchants dans une forme de lame différente et ainsi de suite. De plus, chaque lame étant disponible dans un certain nombre de tailles, celle-ci doit être précisée à la commande.

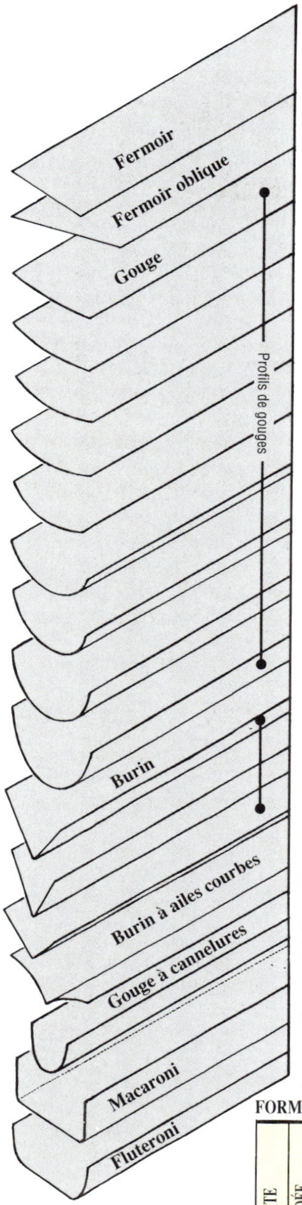

OUTILS SPÉCIALISÉS

Outils spécialisés
Voici quelques outils à profil ou à forme spéciale, utilisables pour des travaux particulièrement délicats ou situés dans des endroits peu accessibles.

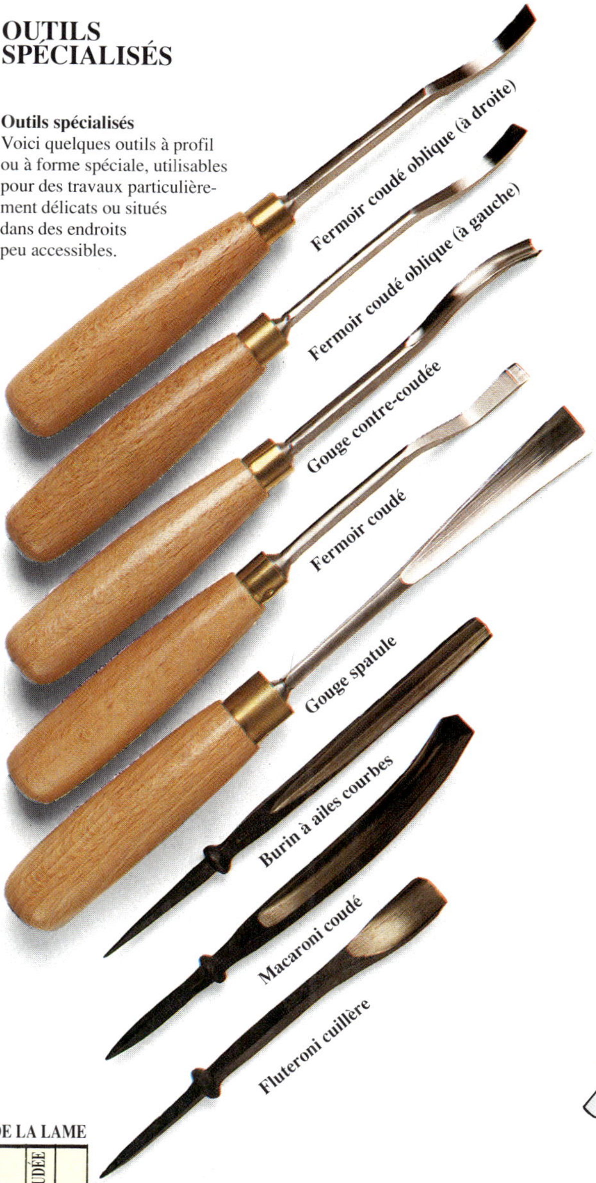

FORME DE LA LAME / TAILLES DISPONIBLES (POUCES EN HAUT, MILLIMÈTRES EN BAS)

	DROITE	COUDÉE	CUILLÈRE	CONTRE-COUDÉE	FERMOIR	1/16 2	1/8 3	3/16 5	1/4 6	5/16 8	3/8 9	7/16 11	1/2 12	5/8 16	3/4 18	7/8 22	1 25	1 1/4 32	1 1/2 38	2 50
FERMOIR	1		21		61	•	•	•	•	•	•	•	•	•	•	•	•	•	•	•
FERMOIR OBLIQUE	2		22-3		62	•	•	•	•	•	•	•	•	•	•	•	•	•	•	•
GOUGE	3	12	24	33	63	•	•	•	•	•	•	•	•	•	•	•	•	•	•	•
	4	13	25	34	64	•	•	•	•	•	•	•	•	•	•	•	•	•	•	•
	5	14	26	35	65	•	•	•	•	•	•	•	•	•	•	•	•	•	•	•
	6	15	27	36	66	•	•	•	•	•	•	•	•	•	•	•	•	•	•	•
	7	16	28	37	67	•	•	•	•	•	•	•	•	•	•	•	•	•	•	•
	8	17	29	38	68	•	•	•	•	•	•	•	•	•	•	•	•	•	•	•
	9	18	30		69	•	•	•	•	•	•	•	•	•	•	•	•	•	•	•
BURIN	39	40	43			•	•	•	•	•	•	•	•	•	•	•	•			
	41	42	44			•	•	•	•	•	•	•	•	•	•	•	•			
	45	46				•	•	•	•	•	•	•	•	•						
BURIN À AILES COURBES	47						•	•	•	•	•	•	•	•						
GOUGE À CANNELER	48					•	•	•	•											
MACARONI	49	50				•	•	•	•	•	•	•	•							
FLUTERONI	51		52			•	•	•	•	•	•	•	•							

Outils de sculpture
Le tableau ci-contre donne l'étendue des outils disponibles. Les carrés rouges correspondent aux outils illustrés sur la page précédente.

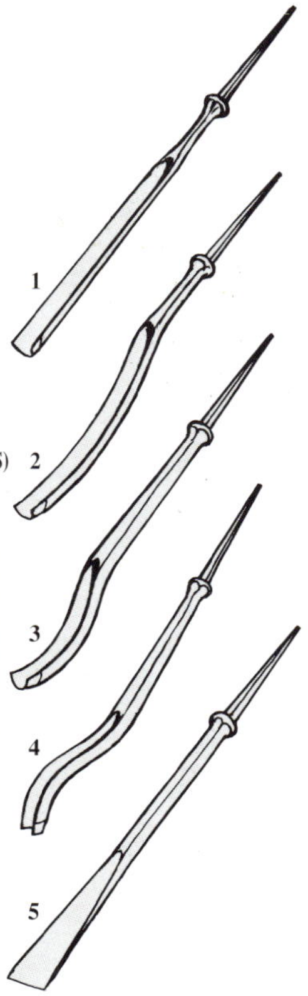

Principales formes de lames
1 Droite
2 Coudée
3 Cuillère
4 Contre-coudée
5 Fermoir (à deux biseaux)

LES MAILLETS ET LES HERMINETTES

Les sculpteurs utilisent bien sûr beaucoup d'outils communs à tous les métiers du bois, tels que les scies, rabots, vastringues, râpes et limes. Quelques outils électriques comme la scie à ruban, la perceuse électrique et même une tronçonneuse pour le dégrossissage peuvent avoir leur utilité. En plus, voici quelques outils particuliers dont vous serez appelés à vous servir pour la sculpture.

VOIR AUSSI

La croissance de l'arbre	10/11
Le séchage du bois	13
Les bois résineux	16/19
Les bois de feuillus	20/29
L'affûtage	102/105
Les tourets à meuler	106/107

Le maillet de sculpteur
On ne peut pas s'en passer dans le travail des bois durs et le dégrossissage, surtout en bois de travers. Sa tête est ronde, en bois de hêtre ou de gaïac massif ou lamellé, et son manche en frêne ou en hêtre tourné. La forme de la tête permet la frappe sous tous les angles. On en trouve de plusieurs diamètres, généralement entre 75 et 150 mm. Choisissez un poids moyen, les maillets plus lourds deviennent rapidement fatigants.

Les herminettes
Ce sont des variantes de l'herminette traditionnelle du charpentier, mais plus légères pour pouvoir être utilisées d'une seule main. Le tranchant peut être plat ou incurvé comme celui d'une gouge. Leur usage principal est d'enlever rapidement une grande quantité de bois au début du travail.

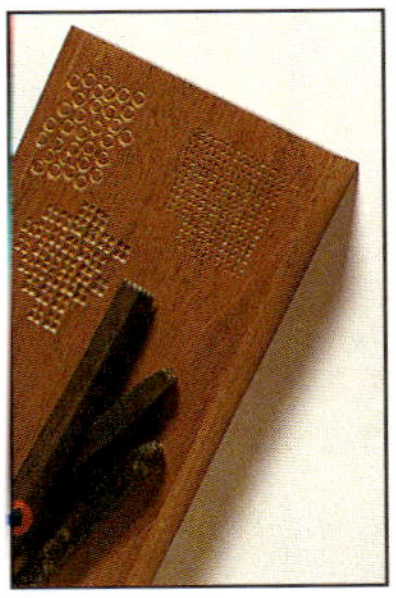

Les poinçons
Ils servent à créer par estampage des réseaux de dessins géométriques répétitifs à but décoratif. Ils sont en acier et de nombreux dessins différents en sont proposés.

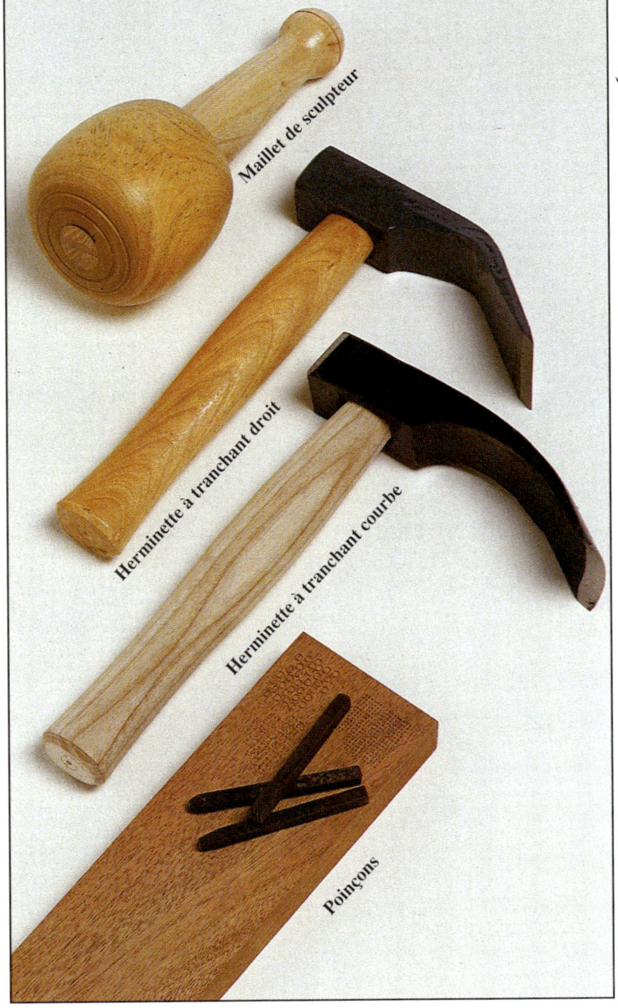

L'AFFÛTAGE DES OUTILS DE SCULPTURE

Le plaisir du sculpteur, c'est la vue du copeau se déroulant sans effort sous le tranchant de l'outil et le son familier de la gouge se glissant sous la fibre du bois sans la faire éclater. Mais seuls des outils affûtés comme des rasoirs peuvent produire un tel résultat. Les autres fatiguent l'ouvrier et abîment le travail. Au moindre signe qu'un outil déchire la fibre au lieu de la trancher, donnez-lui un coup de polissoir et n'hésitez pas à réaffûter dès que cela vous semble nécessaire.

Affûtage des outils neufs
Les outils neufs sont vendus meulés en forme, mais pas affûtés. Cette opération peut être très longue, compte tenu de la présence d'un double biseau, mais doit être exécutée avec beaucoup de soin. Pour les pierres, voyez la partie « Outils à main ».

Affûtage des ciseaux et des fermoirs
Contrairement à ce que nous avons indiqué pour les ciseaux ordinaires, on conservera ici un seul angle sur toute la surface du biseau. Le talon, c'est-à-dire l'endroit où la lame reprend toute son épaisseur au bout du biseau sera généralement arrondi.

Commencez biseau à plat sur la pierre et reculez en inclinant le manche, puis poussez en remontant le manche. Continuez ainsi des deux côtés jusqu'à obtention de beaux arrondis et d'un léger morfil sur le tranchant. Morfilez sur le cuir jusqu'à obtenir un véritable affûtage rasoir.

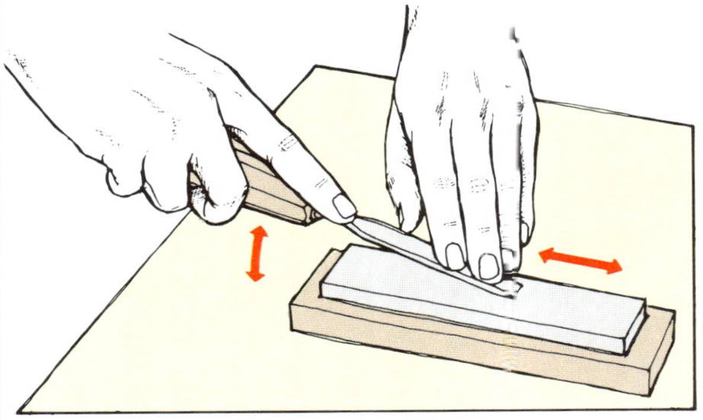

Passez les deux côtés sur la pierre

Affûtage d'un burin en forme de « V »
On commence par arrondir la pointe extérieure du « V » jusqu'à l'obtention d'une pointe coupante à l'intérieur et de deux profils bien symétriques de part et d'autre de la pointe. Effilez cette pointe en faisant des aller-retour sur la pierre tout en déplaçant latéralement celle-ci que vous tenez dans l'autre main, afin d'éviter de la rayer profondément. Travaillez le biseau intérieur sur une pierre en « V » jusqu'à obtention du morfil que vous enlèverez sur le cuir.

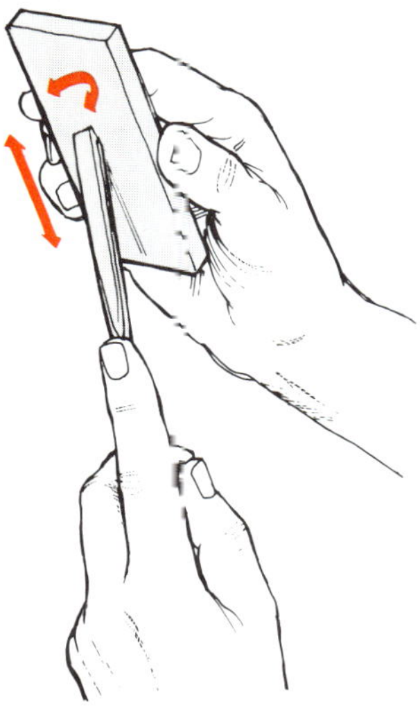

Effilez attentivement la pointe du « V »

Affûtage d'une gouge
Placez-vous face à la pierre, la main bien perpendiculaire, le biseau de l'outil bien à plat et amorcez un mouvement de translation guidé par la main gauche accompagné d'un mouvement de rotation initié par la main droite. Attention, le risque est soit d'arrondir le biseau extérieur à cause d'un mauvais contrôle de la main droite, soit de moucher les angles en insistant trop à la fin de l'arrondi.

Utilisez une pierre de forme adéquate pour le biseau intérieur qui doit avoir une longueur d'environ un quart à un tiers de celle du biseau extérieur. Morfilez en utilisant un morceau de cuir replié pour l'intérieur des outils très creux ou appuyé sur un support convenablement incurvé pour les gouges de courbure moyenne.

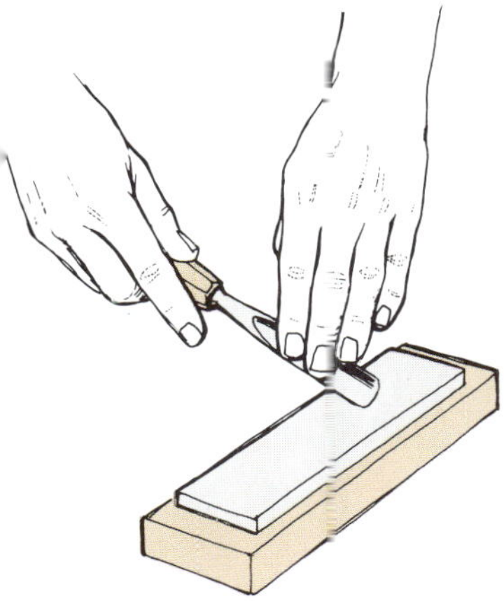

Faites rouler le biseau sur la pierre

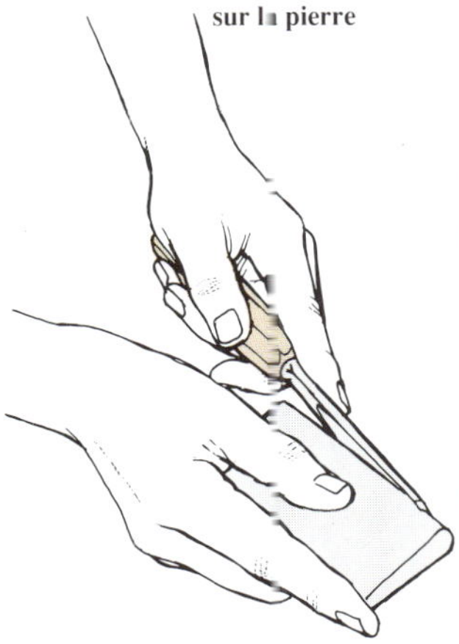

Utilisation de la pierre à gouges

LES BOIS DE SCULPTURE

Le bois de menuiserie est transformé en pièces de section régulière et assemblé pour former des structures tridimensionnelles. Le travail de sculpture, lui, commence avec une pièce parfois très largement surdimensionnée qu'il s'agit de dégrossir progressivement pour en tirer une forme quelconque. Presque tous les bois peuvent se prêter à cette transformation, et les critères de choix seront plutôt du côté de la disponibilité, de la taille et de l'adéquation à un projet déterminé. Les bois de récupération – démolition, vieux meubles ou bois de flottage – font souvent le bonheur des sculpteurs qui sont presque tous à l'affût de tout morceau de bois qui traîne et dans lequel ils voient déjà la forme cachée qu'ils se feront un plaisir de révéler.

De façon générale, les bois à grain fin et à fil droit comme le tilleul ou le jelutong sont plus faciles à travailler que les bois au fil compliqué et à la texture grossière. Leur finesse de grain fait souvent préférer les bois durs aux bois tendres ou résineux, dont certains présentent entre les deux couches d'accroissement une telle différence de dureté que le travail en travers du fil est rarement propre. C'est par exemple le cas du Douglas, plus connu en France sous le nom de Pin d'Orégon.

La couleur comme le dessin du bois contribuent à la qualité du résultat. Vous prendrez par exemple un tilleul très pâle pour un ours blanc et un teck rouge sombre pour un ours polaire.

Le fil naturel du bois peut servir vos desseins mais aussi les contrarier. Ainsi un bois ramageux au dessin très voyant fera merveille s'il souligne une forme ou un volume mais pourra nuire gravement aux contours subtils d'un portrait.

Toutes les sculptures ne sont pas forcément destinées à laisser apparaître le bois. Si vous choisissez de peindre, vous pouvez utiliser un bois plus ordinaire mais éventuellement plus facile à travailler.

Peut-on sculpter du bois humide ?

Le bois vert qui contient un énorme pourcentage d'humidité va bien sûr rétrécir et se fendre au séchage. Le bois en bûches, surtout de forte section, se rétracte très irrégulièrement. Tout cela devrait vous inciter à choisir du bois sec dans la mesure du possible ce qui, bien sûr, peut s'avérer difficile surtout pour les œuvres de grande taille.

Si vous avez acquis des bûches provenant d'un arbre récemment abattu, il est plus prudent de les débiter en deux ou en quatre pour leur garantir un meilleur séchage.

Bien sûr, si vous ne voulez pas attendre des années, rien ne vous empêche de travailler votre bois vert, mais vous courez le risque de le voir se fendre au fur et à mesure du séchage. On peut limiter ce risque en creusant au maximum les parties non apparentes de la sculpture. Ainsi réduite à une épaisseur raisonnable et à peu près régulière, elle séchera plus uniformément. On trouve aussi parfois dans le commerce des produits stabilisateurs et accélérateurs de séchage pour les bois verts. Si vous utilisez du bois vert, protégez-le avec une bâche étanche en dehors du travail pour limiter les dégâts.

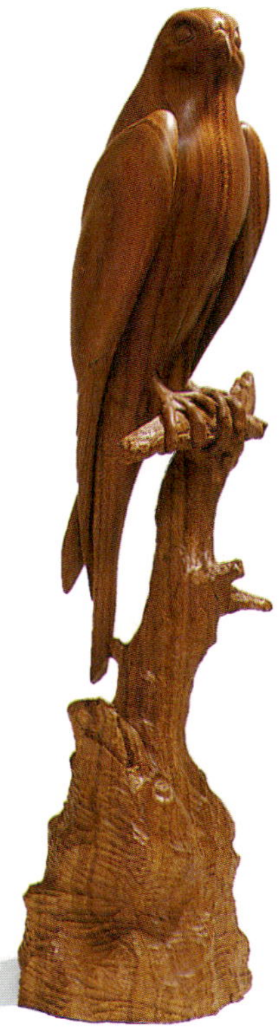

Le faucon pèlerin
La finition et le veinage du bois évoquent le plumage de l'oiseau.

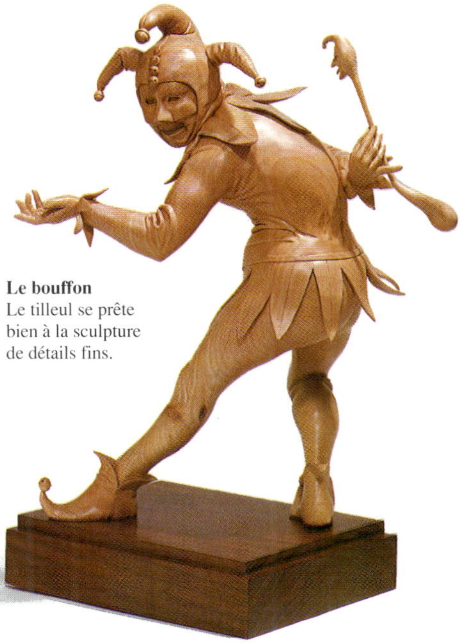

Le bouffon
Le tilleul se prête bien à la sculpture de détails fins.

FIXATION DE L'OUVRAGE

VOIR AUSSI

Les presses	120/122
L'établi	212/213
Le bas-relief	279
La sculpture au couteau	281/282

Le travail de sculpture exige des outils parfaitement affûtés sur lesquels il est parfois nécessaire d'exercer une très forte pression. C'est pourquoi il est essentiel que les pièces soient parfaitement maintenues, aussi bien pour la sécurité que pour la qualité du travail. Plusieurs méthodes ou dispositifs existent, spécifiques ou non au sculpteur. Certains peuvent être faits par vous.

L'étau de mécanicien
Ces solides étaux en fonte sont très utiles à condition de les munir de mordaches douces (en plomb ou en bois tendre) pour ne pas abîmer les pièces fragiles. Choisissez le modèle qui tourne sur sa base.

Le valet d'établi
Très utile pour la fixation des pièces plates, mais n'oubliez pas la cale en bois entre l'acier et l'ouvrage.

L'établi
Ce peut être un établi de menuisier traditionnel aussi bien qu'une sellette de sculpteur. De toute façon, ce doit être un support solide et confortable. Pour la sculpture en volume, la hauteur de travail sera celle de votre coude, ou tout au plus une dizaine de centimètres en dessous.

Certaines techniques de sculpture au couteau se pratiquent habituellement à main levée, le sculpteur, assis, maintenant l'ouvrage sur ses genoux.

Les ouvrages plats et, en général, tout le travail de bas-relief s'accommodent fort bien d'un établi normal et de ses dispositifs de serrage.

L'étau pivotant
L'étau à boules, ou étau pivotant, est particulièrement précieux pour les travaux qui nécessitent l'attaque de la pièce sous tous les angles, ce qui est souvent le cas pour les sculptures en volume. La tête mobile peut être munie de platines de serrage de tailles différentes pour s'adapter à tous les travaux.

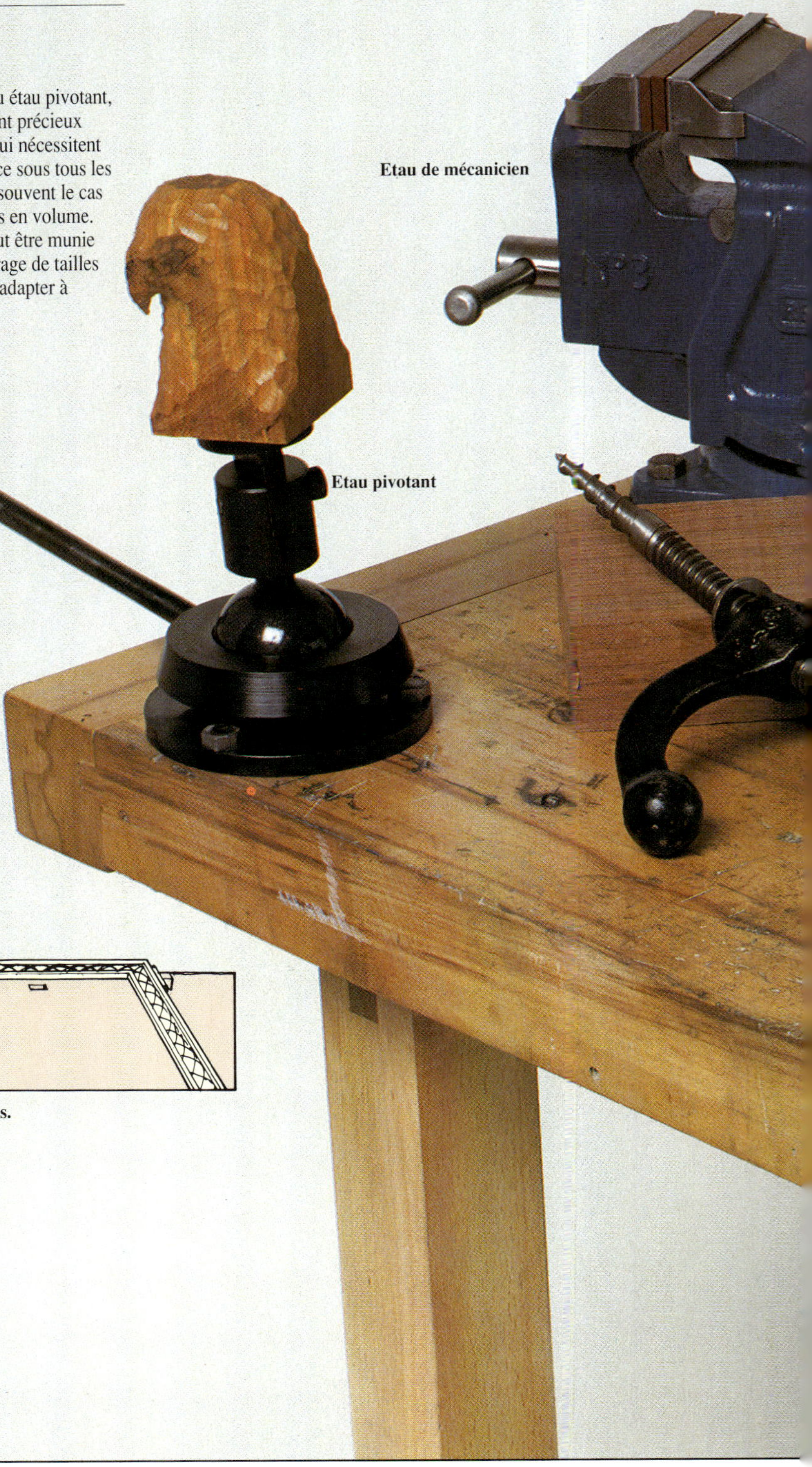

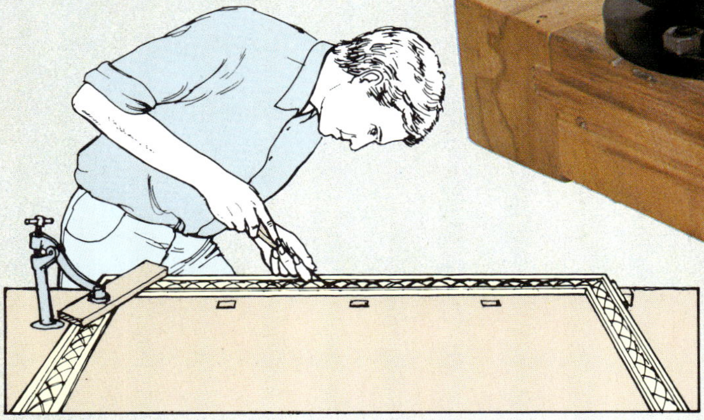

L'établi normal est un bon support pour les pièces plates.

Maintien des pièces
Si l'établi lui-même est en général insuffisant pour le serrage des pièces, il constitue un bon support pour les serre-joints à crémaillère et autres dispositifs qui à leur tour servent à maintenir l'ouvrage fermement.

Les butées mobiles d'établi
Egalement pour la fixation des pièces à plat, elles servent surtout avec la presse en bout.
En l'absence de celle-ci, vous pouvez bloquer l'ouvrage avec des coins entre deux butées ; fixez ou même vissez quatre cales sur l'établi autour du panneau à fixer.

L'étau de sculpteur
Aussi appelé étau à chariot, il est semblable à l'étau de mécanicien, mais fabriqué en bois, doté de mâchoires profondes souvent protégées par du liège ou du cuir épais. Une seule vis le fixe sur l'établi, ce qui lui permet de tourner sur lui-même. Sa taille (20 à 25 cm de haut) met l'ouvrage à la hauteur de travail idéale.

L'étau de modeleur
C'est une variante métallique de l'étau de sculpteur, avec de larges mâchoires articulées en bois.

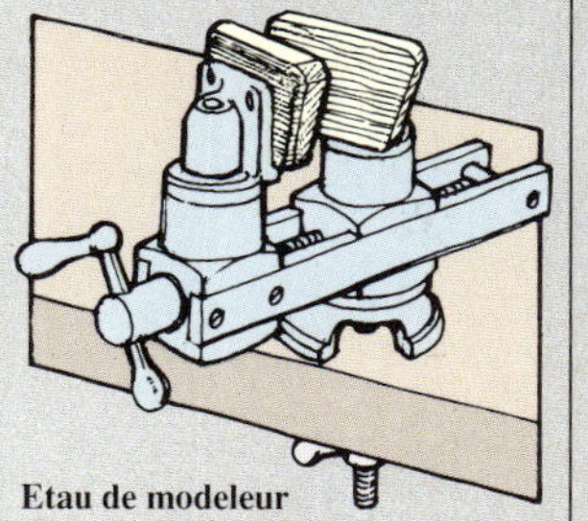
Etau de modeleur

La queue de cochon (ou vis anglaise)
Elle sert à fixer les pièces par dessous l'établi ; l'illustration montre clairement son utilité et son fonctionnement.

La sellette
Ce support est particulier au sculpteur, qui peut ainsi tourner à volonté autour de sa pièce.
Sa construction peut être rustique mais solide : quatre pieds robustes et bien triangulés, un dessus percé pour recevoir une queue de cochon et une embase lestée pour assurer la stabilité.

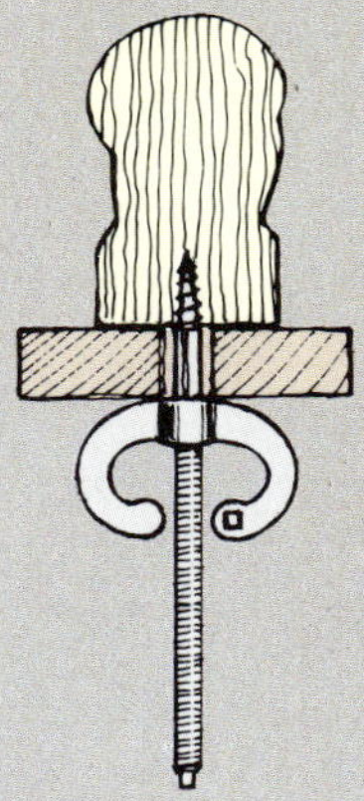
La queue de cochon est vissée dans la pièce et l'ensemble bloqué sous l'établi par l'écrou à ailettes.

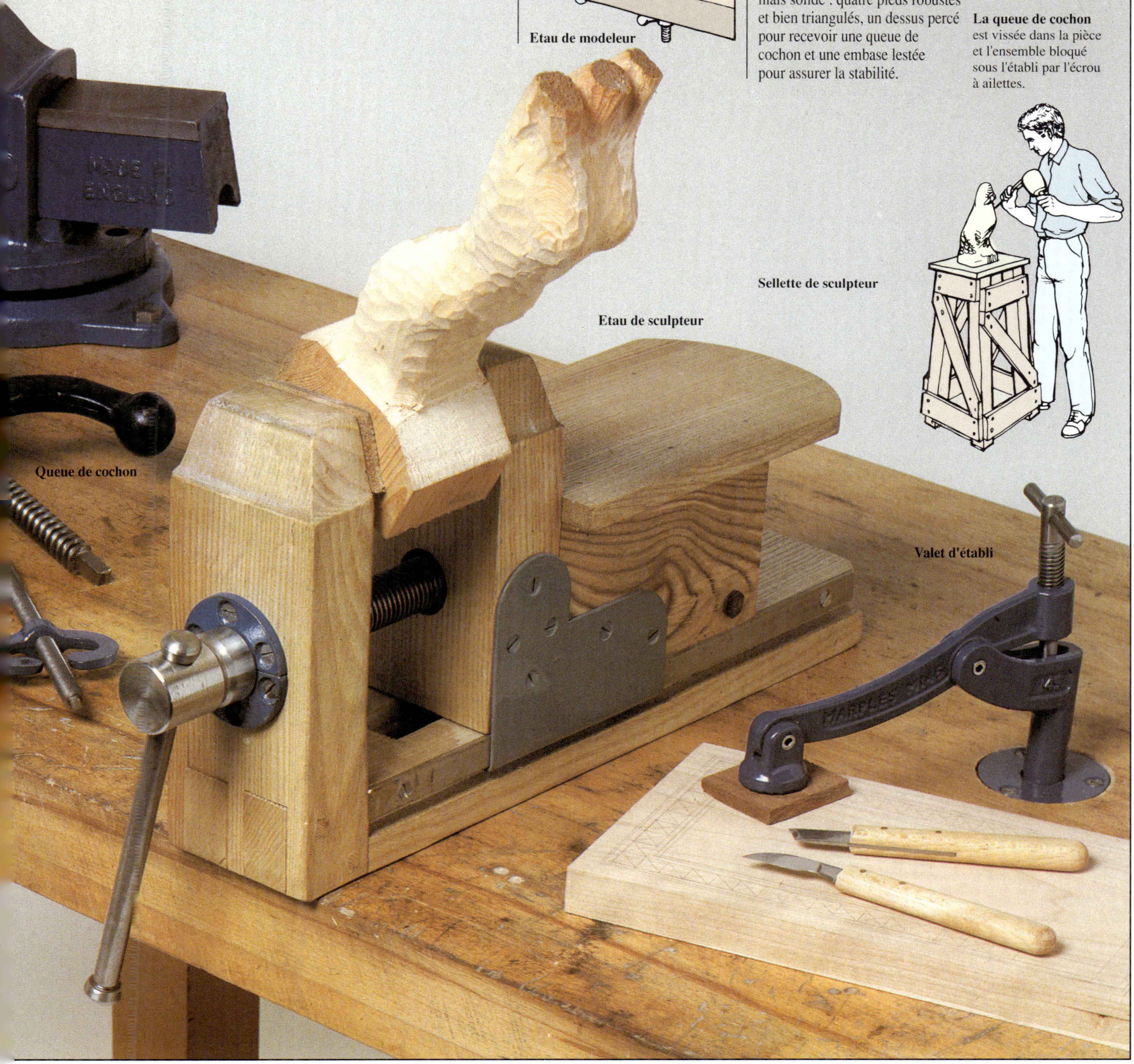

PRATIQUE DE LA SCULPTURE

Il existe deux principales sortes de sculpture : le haut ou bas-relief d'une part et la ronde-bosse d'autre part. Le haut ou bas-relief se pratiquent sur des panneaux généralement plats et de peu d'épaisseur qui ne sont visibles que d'un côté. La profondeur relative de la sculpture et l'épaisseur du panneau déterminent la différence entre le haut et le bas-relief. Cette forme de travail est surtout destinée à l'embellissement des panneaux muraux et du mobilier. La sculpture en volume, que nous appellerons donc ronde-bosse, son nom traditionnel, est au contraire inscrite dans les trois dimensions et peut être vue sous tous les angles. C'est le moyen d'expression le plus exigeant et le plus satisfaisant qui soit proposé au sculpteur.

VOIR AUSSI

Le fil du bois	15
Les trusquins	78
Les outils de sculpture	272-274

LA MAIN ET L'OUTIL

Les techniques de travail sont les mêmes pour les deux types de sculpture ; les exigences aussi : bonne coordination entre l'œil et la main, sens des proportions, faculté de « lire » le matériau et d'en deviner les formes virtuelles. Mais il faut commencer par apprendre à tenir les outils ; la prise en mains varie en effet selon le type de coupe recherché et la dureté du bois.

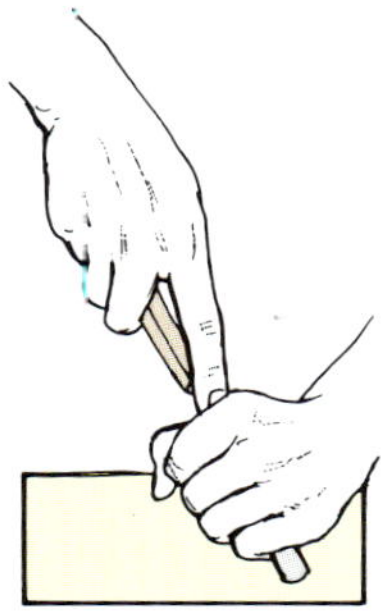

1 Prise pour coupe profonde

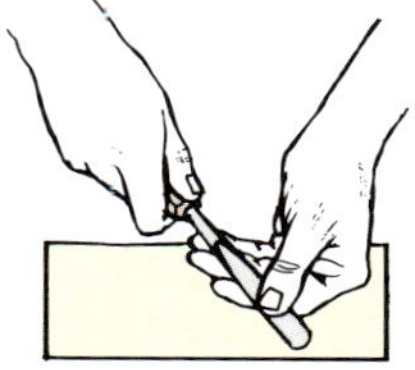

2 Prise pour coupe superficielle

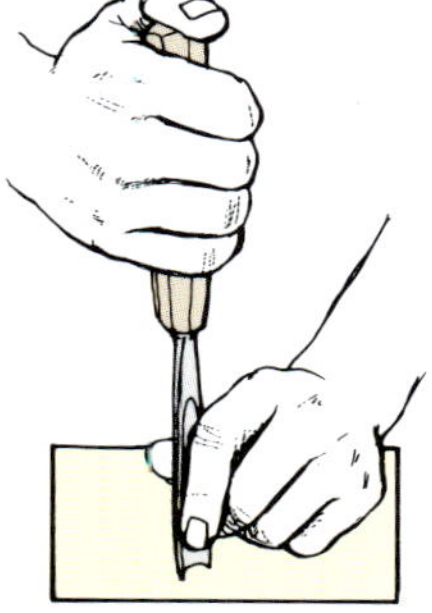

3 Prise pour coupe verticale

Travail à la main
La taille manuelle exige la participation des deux mains. La main dominante tient le manche, mais il est bon d'être capable d'inverser, ce qui évite souvent d'avoir à déplacer la pièce. L'index de cette main se place dans l'axe de l'outil, sur le début de la lame, le manche tombant alors tout seul dans sa meilleure position, au creux de la paume. La main gauche reste en contact à la fois avec le bois et avec la lame pour la guider et régler la vitesse et la profondeur de coupe.

Pour prendre beaucoup de bois, la main gauche vient empoigner toute la lame (1). Pour prendre peu de bois, on retourne les mains comme sur la figure (2).

Pour les coupes verticales, le pouce de la main droite vient se placer en haut du manche et on guide la lame avec deux doigts de la main gauche qui doit rester bien calée sur l'ouvrage (3).

Travail au maillet
C'est la main dominante qui tient habituellement le maillet.

Tenez l'outil par le bas du manche, le plan du tranchant parallèle à celui du dessus de votre main (4). Dans cette position, la simple rotation du poignet vous permet de changer l'angle de coupe sans changer la prise de l'outil.

Frappez sur le maillet à petits coups bien nets ; l'expérience vous enseignera rapidement le bon angle d'attaque et la force nécessaire pour enlever à chaque frappe la quantité de bois voulue.

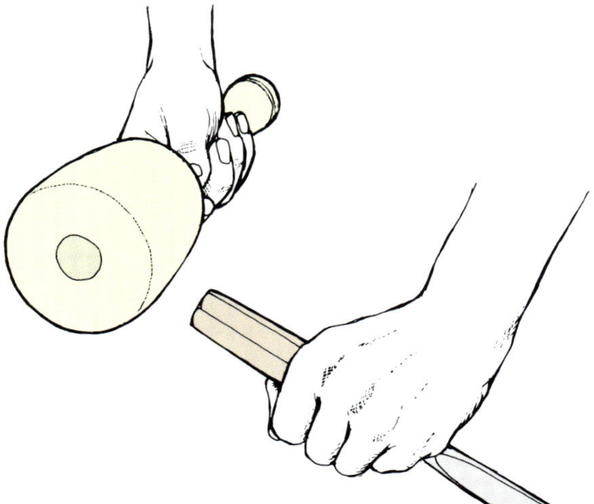

4 Prise pour le travail au maillet

Apprenez à sentir le fil
Le sculpteur est le seul parmi les travailleurs du bois à couper principalement en travers du fil. Tout le travail d'ébauche, notamment, est fait ainsi. Cela évite l'arrachage des fibres longues qui se produit souvent quand on travaille dans le sens du fil. Même profondes, ces coupes en travers peuvent être maîtrisées avec des outils parfaitement affûtés.

Il viendra toujours un moment où vous serez obligé de tailler dans n'importe quel sens par rapport au fil. Faites très attention pour trouver le bon angle de coupe. Procédez par petits essais et guidez-vous sur la qualité du résultat obtenu.

Un coup de gouge donné en biais produit toujours un bord de coupe propre (dans le sens du fil) et l'autre plus rugueux (5). De même, lorsque le fil tourne et que son angle par rapport à la surface du bois change, il vous faudra changer le sens de l'attaque (6).

Les fils nerveux ou irréguliers et les contre-fils fréquents dans certains bois obligent le sculpteur à travailler en prenant très peu de bois et avec des outils toujours parfaitement affûtés.

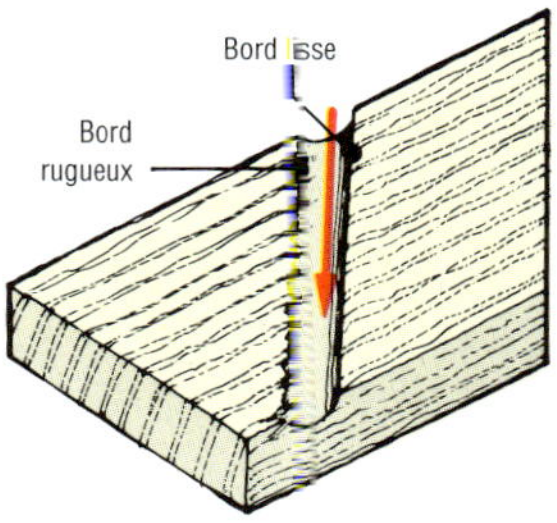

5 Coupe en biais

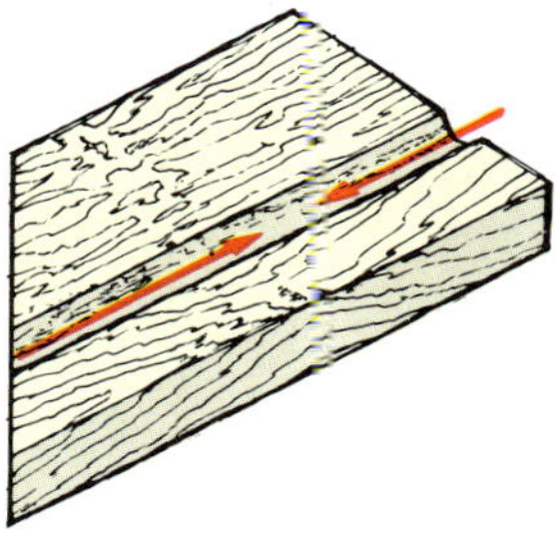

6 Changez le sens de coupe en fonction du fil

DESSINEZ AVANT DE SCULPTER

Les ouvrages de sculpture sont le plus souvent figuratifs. Pour obtenir un degré satisfaisant de ressemblance, même pour un sujet « stylisé », le premier stade est celui de l'observation.

Commencez donc par dessiner pour vous familiariser avec la combinaison dans l'espace des surfaces, des formes et des textures différentes. Cet entraînement vous sera fort utile pour le travail de visualisation qui est au cœur de l'art du sculpteur.

LE BAS-RELIEF

La sculpture en bas-relief tire son pouvoir expressif du jeu de l'ombre et de la lumière. Plus le relief est contrasté, plus l'effet est violent, voire dramatique. On y emploie tous les outils du sculpteur, mais la visualisation y est moins délicate que dans la sculpture en volume pour laquelle c'est une très bonne préparation. Par ailleurs, le matériau est moins dispendieux et un établi traditionnel suffit à supporter l'œuvrage sans dispositifs de serrage spécifiques.

Utilisation du papier quadrillé
Pour agrandir ou réduire un dessin, préparez deux feuilles quadrillées dans le rapport d'échelle désiré. Posez par exemple une feuille de papier calque avec un quadrillage de 5 mm sur le dessin à reproduire, et préparez une autre feuille quadrillée à 25 mm pour un agrandissement de cinq fois l'original. Aidez-vous du quadrillage pour reproduire très fidèlement le dessin.

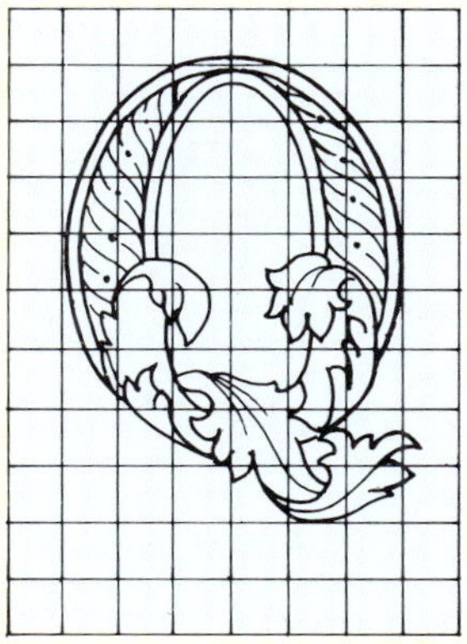

Elaboration du dessin
Faites d'abord un dessin à l'échelle 1 de votre projet. L'exemple que nous illustrons représente une lettre ornée de feuillages. Le dessin est donc d'inspiration à la fois naturaliste et géométrique. C'est un très bon exercice d'entraînement. Si votre dessin original n'est pas à la bonne échelle, agrandissez-le ou réduisez-le selon la méthode du papier quadrillé exposée ci-contre ou plus simplement à la photocopieuse. Reproduisez-le alors sur le bois à l'aide d'un papier carbone. Tracez au trusquin la profondeur maximale de travail sur le chant de la pièce (18 mm).

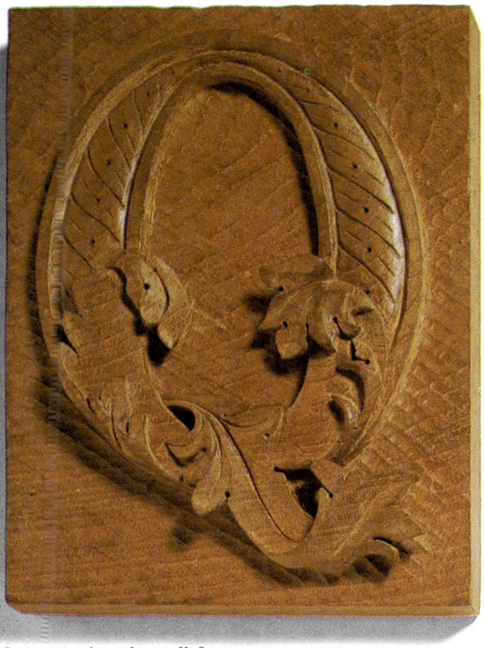

Lettre ornée en bas-relief

Dégagement de l'arrière-plan
Pour commencer, pratiquez une entaille autour du dessin à la gouge creuse ou au burin, en restant à 3 mm du trait environ (1), et en observant bien les différents aspects du fil. Dégagez l'extérieur jusqu'à 2 mm du trait de trusquin avec une gouge N° 8 ou 9 au pas de 18 mm environ en travaillant en travers du fil.

Au ciseau ou à la gouge approprié, taillez soigneusement les bords verticaux du dessin (3). N'allez pas trop profond si vous ne voulez pas voir réapparaître les coups d'outils une fois l'arrière-plan entièrement dégagé.

Terminez cette partie du travail avec une gouge plate et large pour l'extérieur et une gouge cuillère pour l'intérieur de la lettre (4). Vous pouvez très bien laisser les traces de la gouge apparentes, mais aussi les effacer au ciseau.

De la même façon, enlevez 9 mm de bois sur la surface de la lettre elle-même, ne laissant en saillie que la partie destinée à figurer le feuillage.

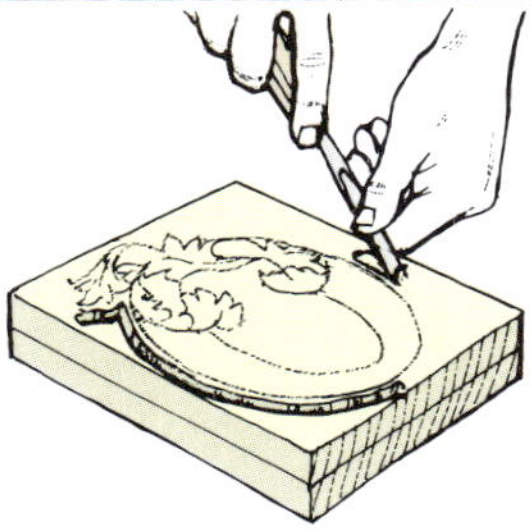

1 Entaillez suivant le contour

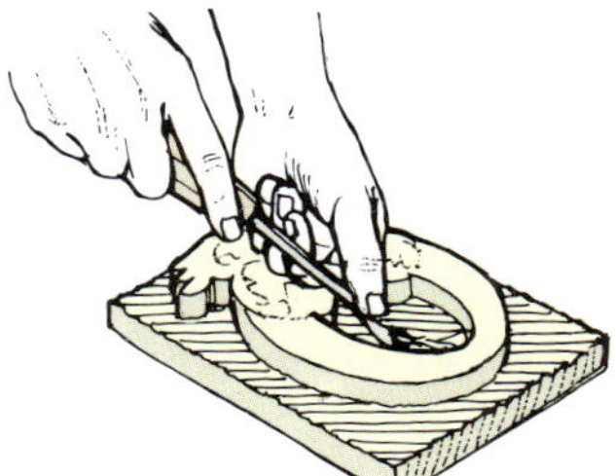

4 Utilisez la gouge cuillère au milieu

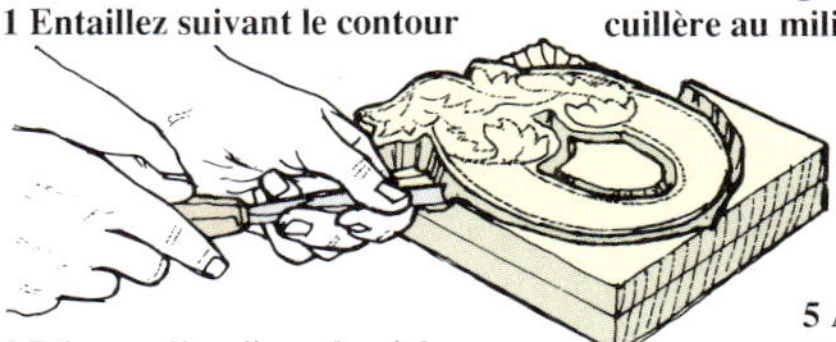

2 Dégagez l'arrière-plan à la gouge

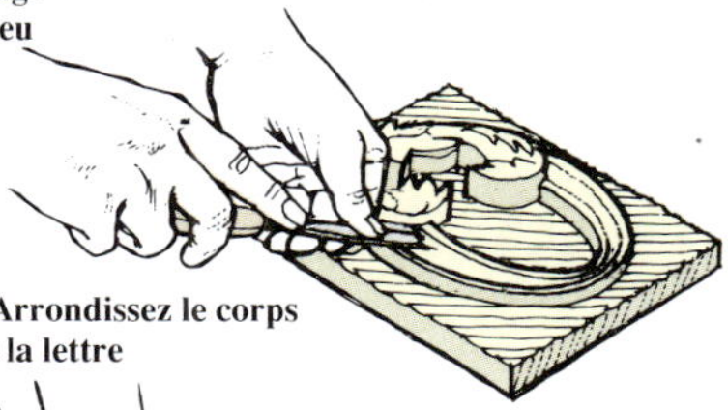

5 Arrondissez le corps de la lettre

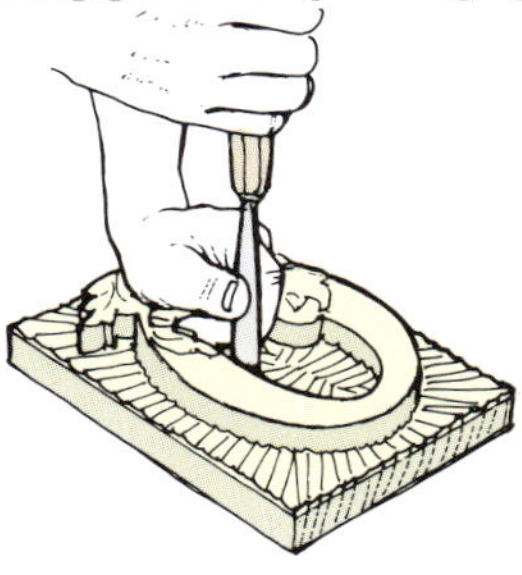

3 Taillez les bords verticaux

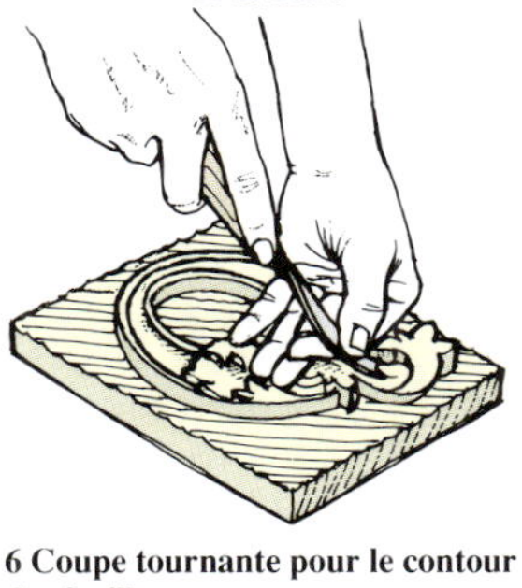

6 Coupe tournante pour le contour des feuilles

Sculpture de la lettre et du feuillage
Tracez et entaillez légèrement au burin en « V » les lignes qui bordent l'intérieur de la lettre. Arrondissez au ciseau ou à la gouge plate entre les deux entailles (5). Cette opération délicate peut être parfaite au papier de verre mais seulement à la fin du travail.

Commencez l'ébauchage du feuillage à la gouge et à la gouge cuillère.

Approchez les bouts des feuilles arrondies puis la forme des feuilles elle-même par des gestes circulaires (6), puis détaillez-en les veines au burin. Affinez les feuilles en enlevant un peu de bois par en dessous en allant vers la pointe.

Il ne vous reste plus que les entailles décoratives sur le corps de la lettre (au burin) et les points entre les lobes des feuilles (à la perceuse ou au poinçon).

LA SCULPTURE EN RONDE BOSSE

C'est le sommet de l'art du sculpteur, qui exige à la fois un haut niveau d'intelligence artistique et une grande habileté manuelle, dans le domaine du figuratif comme dans celui de l'abstrait. Les ouvrages comportant beaucoup de parties creuses ne laissant que de faibles sections de bois présentent de réelles difficultés pour le débutant qui fera bien de se contenter de formes pleines et pas trop compliquées pendant la période d'apprentissage.

VOIR AUSSI

Les scies égoïnes	81
Les pierres à aiguiser	102/103
Les rifloirs	111
Les râpes rotatives	127
Les scies à ruban	172/176
Les outils de sculpture	272/274
La fixation de l'ouvrage	276/277

Préparation du travail

Certains sculpteurs se contentent de poser un morceau de bois sur l'établi et se lancent à l'aventure, se laissant guider au fil du bois par le souffle de leur imagination. Cette attitude peut réserver quelques déboires et nous vous conseillons plutôt de dessiner quelques esquisses et de les reporter sur la pièce à travailler.

Nous montrons, à titre d'exemple, la réalisation d'une sculpture représentant un point fermé. Regardez votre propre main dans différentes positions et vous comprendrez pourquoi les mains sont des sujets si intéressants pour les sculpteurs.

La partie dessin doit comporter au moins une vue de face et une vue de profil à la grandeur voulue, éventuellement une vue de derrière et une vue en plan. Vous pouvez partir de vos propres photographies, si possible prises sous tous les angles. Les photos reproduisent les effets de perspective, montrant plus petites les parties éloignées de l'objectif. Il vous faudra bien sûr en tenir compte au moment du dessin. La manière de réduire ou d'agrandir un document est expliquée à la page précédente.

Préparez un morceau de bois qui contienne juste la forme projetée et reportez sur ses faces avec un carbone la vue de face et la vue de profil (1). Laissez un peu de bois sur le dessus pour les besoins du serrage.

Le dégrossissage

Ce travail, qui consiste à enlever rapidement le maximum de matière pour approcher la forme recherchée, peut être fait à la gouge.
Pour accélérer le travail, faites d'abord, en partant des deux côtés, une série d'entailles horizontales approchant le trait de la face avant (2) et dégagez la chute ainsi délimitée. Mais il est souvent plus avantageux de scier d'un coup tout le contour au ruban. Dans ce cas, dès que vous avez enlevé un morceau, refixez-le provisoirement à sa place avec du papier collant (3) ou de petites pointes, en prenant bien garde que celles-ci soient enfoncées dans une partie destinée à être enlevée et qu'elles ne se trouvent pas sur le trajet futur de la lame. Cela vous permet de conserver les tracés pour les prochaines découpes.

Faites de même pour la face avant ; vous avez maintenant une forme prête pour le travail de sculpture proprement dit sur laquelle vous pouvez tracer de nouveaux contours si cela vous semble nécessaire.

La sculpture

La pièce solidement fixée sur l'établi, vous pouvez maintenant attaquer l'ébauche de la forme définitive en commençant par les angles. Travaillez en travers du fil, à la gouge et au maillet (4).

Taillez la forme des doigts avec une gouge assez plate. Dégagez dans la masse le creux formé par la rencontre des doigts et de la paume et celui entre le pouce et l'index (5). Arrêtez-vous de temps en temps et regardez votre travail sous tous les angles.

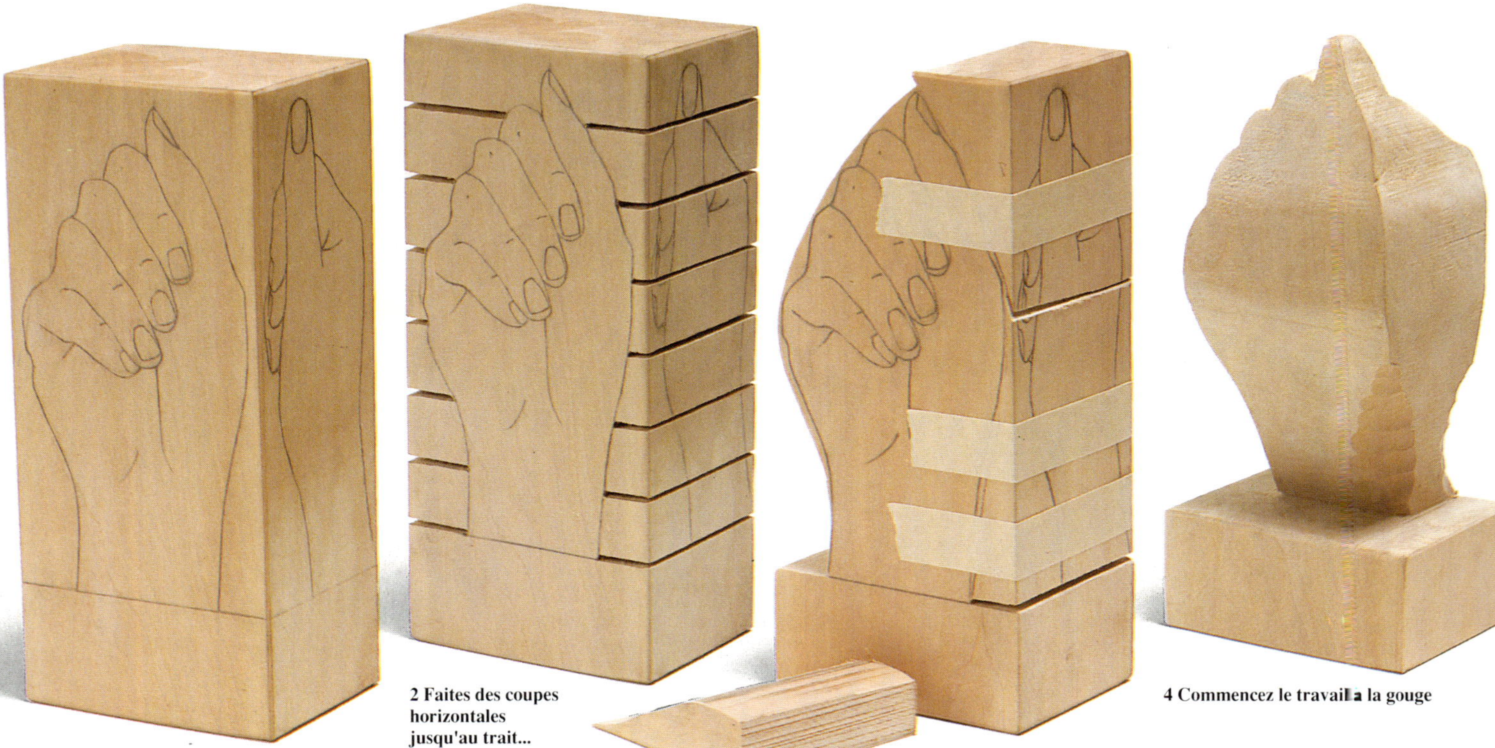

1 Tracez au moins deux faces

2 Faites des coupes horizontales jusqu'au trait...

3 ...Ou bien sciez directement au ruban

4 Commencez le travail à la gouge

SUR QUOI POSER VOS SCULPTURES ?

Une œuvre peut contenir son propre support, taillé dans la masse ou être posée sur un support rapporté.

Ne négligez pas cette question : un montage intelligent et plaisant peut mettre en valeur votre ouvrage. Pensez aux matériaux différents : bois d'autres essences, métal, pierre, marbre. Assemblez les deux éléments par vissage ou par des chevilles collées.

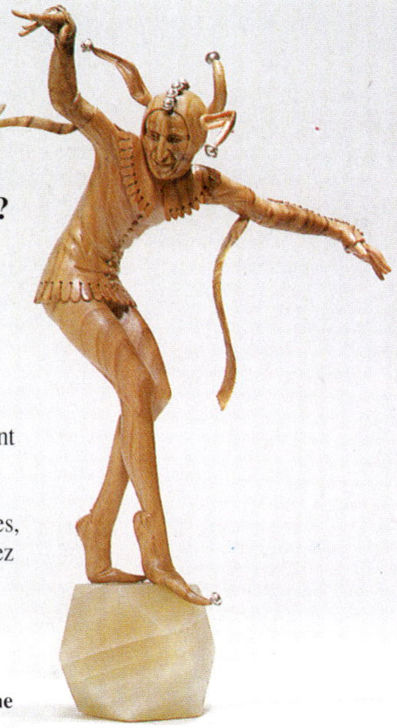

Ce fou est négligemment posé sur un morceau d'onyx de forme polygonale.

Les détails

Précisez les contours des articulations et des doigts au ciseau et à la gouge. Avancez encore dans le détail des doigts jusqu'aux lignes de la main, aux plis de la peau et aux contours des ongles (6), pour lesquels vous aurez besoin de ciseaux et de gouges plus petits. Choisissez le degré de finition que vous donnerez à votre ouvrage : soit le laisser tel quel, soit effacer les traces de coups d'outils au rifloir et au papier de verre. Passez enfin une couche de bouche-pores incolore et une couche de cire.

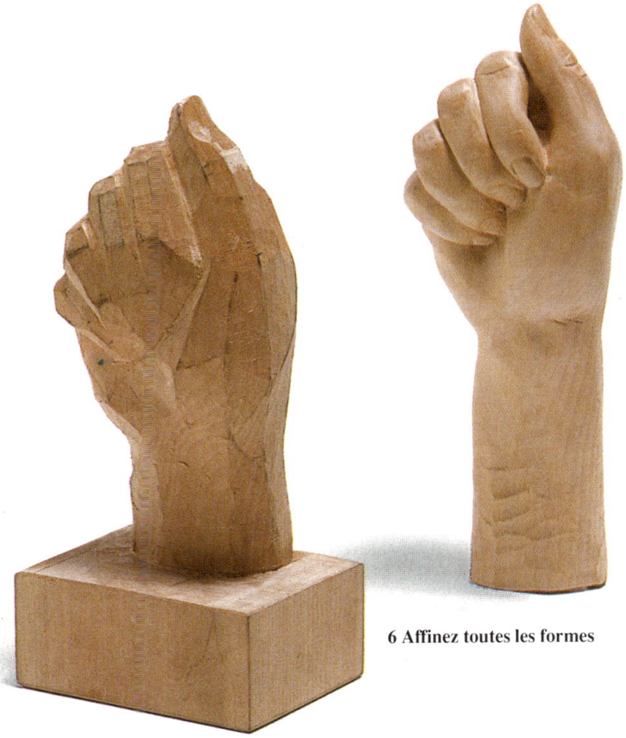

6 Affinez toutes les formes

5 Dégagez les surfaces plates de la main

LA SCULPTURE AU COUTEAU

Cette vieille technique, proche du travail du graveur et du ciseleur, sert surtout à décorer le mobilier et les ustensiles en bois. Le geste de base consiste à pratiquer une entaille de forme simple et géométrique dont la répétition produit des motifs infiniment variables.

LES OUTILS

Le couteau de sculpteur comprend un manche en bois qui doit s'adapter parfaitement à la paume et une lame courte et solide.

La forme des lames est très variable et il n'est pas nécessaire de posséder tout l'éventail, au moins au début. On peut distinguer deux sortes de lames qui correspondent à deux gestes différents.

Dans le premier type, le tranchant de la lame est disposé latéralement comme un couteau normal et travaille en enlevant des copeaux. Le second type a un tranchant en bout, plus ou moins en biais, et s'utilise un peu comme un ciseau, produisant dans le bois de petites entailles ou des empreintes répétitives.

En plus de ce jeu de couteaux, vous aurez besoin d'une règle, d'un crayon bien affûté avec une mine B, d'un compas et d'une équerre pour les dessins.

L'affûtage des couteaux

Les formes produites doivent être nettes avec des bords vifs, ce qui ne peut s'obtenir qu'avec des outils affûtés comme des rasoirs.

Passez d'abord sur la pierre à grain moyen en tenant le couteau bien d'équerre par rapport à la pierre et donnez un angle d'environ 10 degrés, pas plus, entre la lame et la pierre.

Frottez bien de chaque côté en maintenant toute la longueur du tranchant en contact avec la pierre.

Recommencez sur une pierre douce jusqu'à l'obtention du morfil que vous enlèverez sur le cuir. L'opération est la même pour les tranchants en bout, mais l'angle de coupe est semblable à celui d'un ciseau, 30 degrés environ.

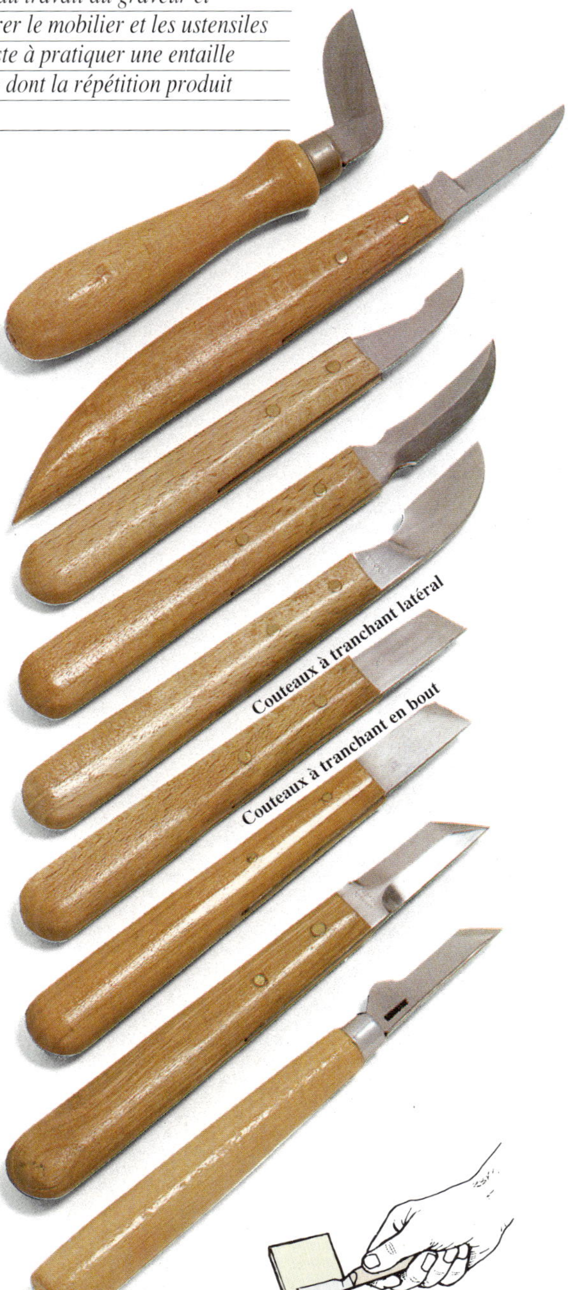

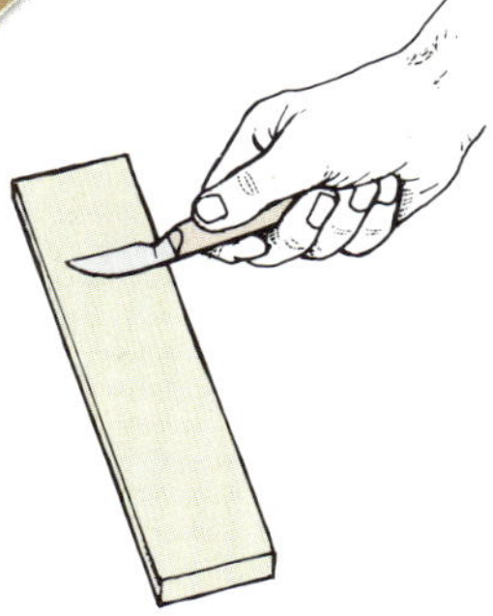

Affûtage des lames de couteau
Tenez le couteau bien d'équerre par rapport à la pierre.

VOIR AUSSI
La fixation de l'ouvrage 276/277
Les outils 281

Le traçage

Il vous est loisible d'inventer des formes libres mais les formes géométriques restent les plus employées. Vous pouvez tracer directement sur le bois ou reporter un dessin préalable sur papier. Faites des traits légers et précis ; ceux qui subsisteront après le dessin devront être enlevés à la gomme, car l'utilisation du papier de verre détruirait la vivacité des arêtes.

La tenue de l'outil

La coupe peut être verticale ou inclinée selon un angle quelconque. Les figures à facettes s'obtiennent en tenant l'outil à 45 degrés.

Parmi les trois principaux gestes de coupe que l'on peut distinguer, deux sont en tirant et un en poussant. Le pouce sert à la fois de guide et de pivot pour les coupes arrondies. Il permet aussi de mieux sentir la profondeur de la coupe. Utilisé verticalement, le couteau à tranchant en bout produit de petites entailles en forme de « V ».

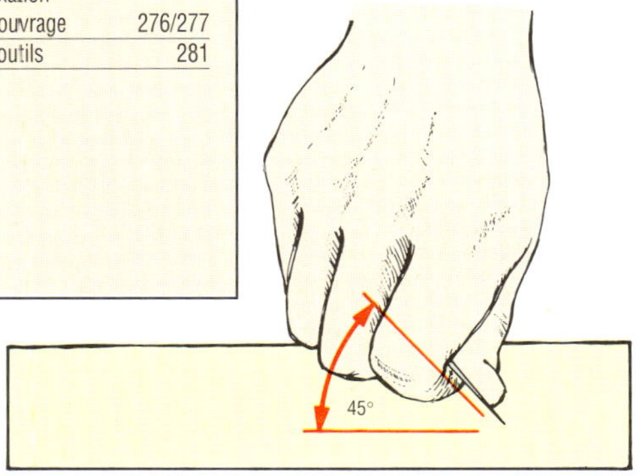

Maintenez l'outil à un angle constant

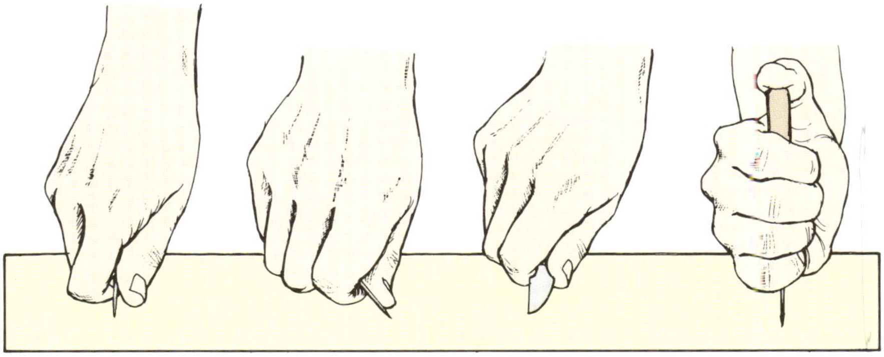
Coupe verticale — **Coupe d'angle en tirant** — **Coupe d'angle en poussant** — **Coupe avec le tranchant en bout**

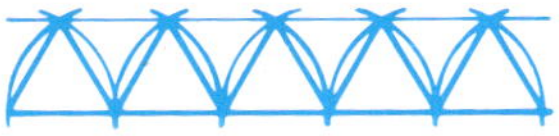
Dessin à base de triangles équilatéraux

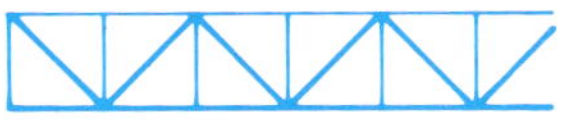
Dessin à base de triangles rectangles

LES BORDURES

Les motifs – le plus souvent à base de triangles – destinés à l'entourage des panneaux constituent l'application la plus répandue de cette technique.

Commencez par tracer les contours du dessin (1). Placez la pointe du couteau sur le sommet d'un angle et enfoncez-le bien droit jusqu'à une profondeur de 3 mm environ ; tirez de façon à ce que la pointe ressorte du bois juste sur la ligne parallèle au chant du panneau (2). Recommencez sur l'autre côté du triangle et enlevez le copeau en suivant la ligne principale en tenant l'outil selon un angle beaucoup plus faible (3).

Pour faire des triangles rectangles à facettes, tracez d'abord des carrés avec une diagonale. Posez votre couteau sur un point de départ en calculant l'angle de coupe nécessaire. Enfoncez et tirez l'outil en revenant vers la surface (4). Répétez le même geste pour les carrés successifs ; retournez l'ouvrage et recommencez pour les autres côtés mais en poussant cette fois (5).

Pour finir, coupez le long de la ligne principale pour dégager le copeau en gardant toujours le même angle (6).

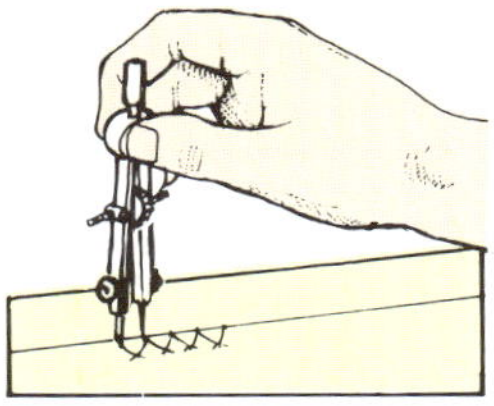
1 Tracez

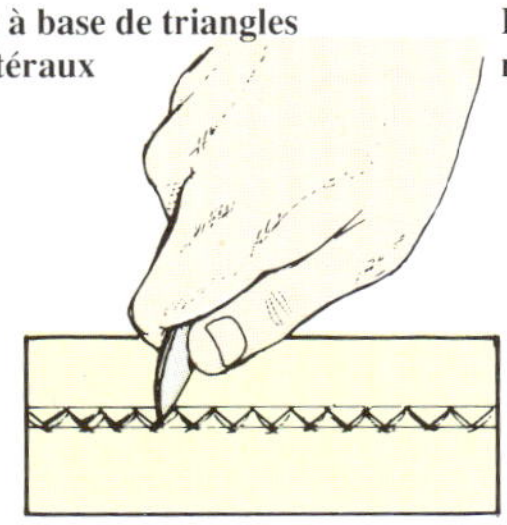
2 Coupez en tirant vers le bord

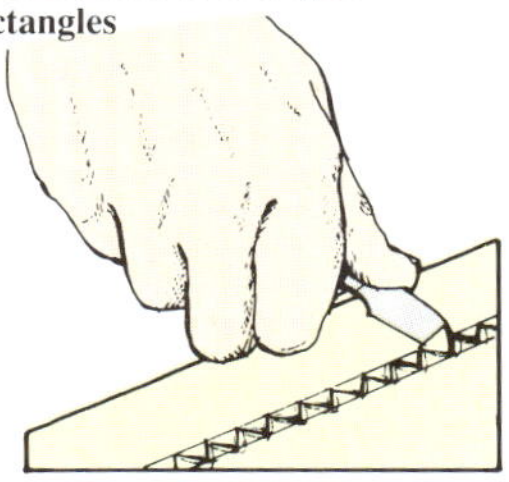
3 Dégagez le copeau

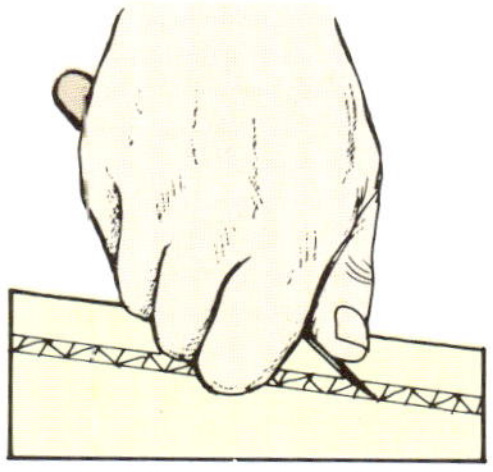
4 Coupez en dégageant la lame

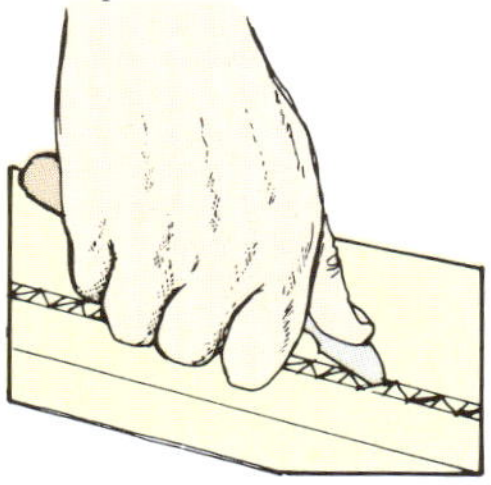
5 Même chose en poussant

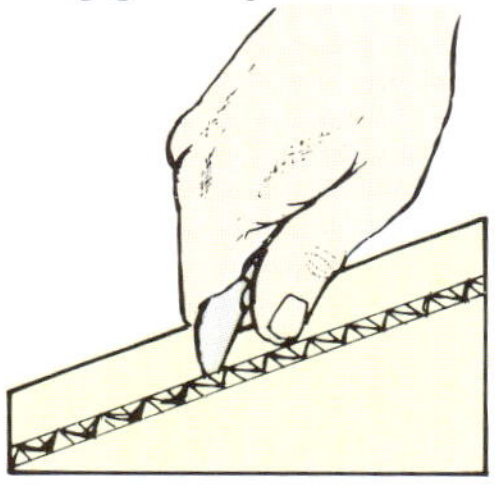
6 Dernière coupe sur la ligne

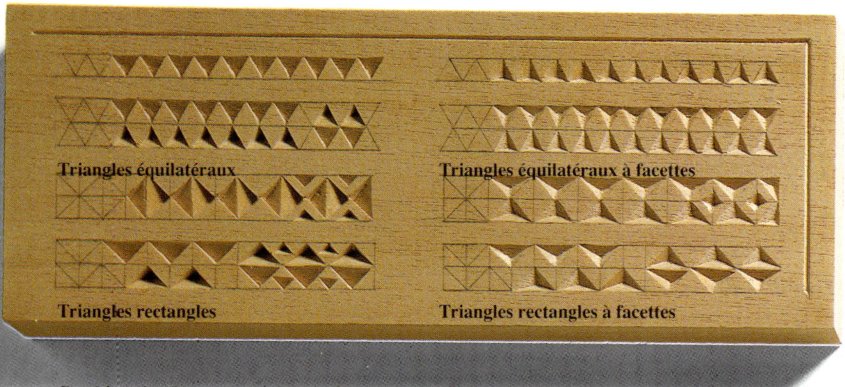

Combinez les figures pour obtenir des dessins variés

COUPE D'UNE ENTAILLE DROITE

Les dessins d'entourage de panneaux sont généralement délimités eux-mêmes par une entaille droite en forme de « V » qui peut se faire également au couteau.

Essayez de conserver le même angle et de suivre le trait en gardant l'œil juste devant la lame. Travaillez en tirant et retournez l'ouvrage pour la deuxième coupe.

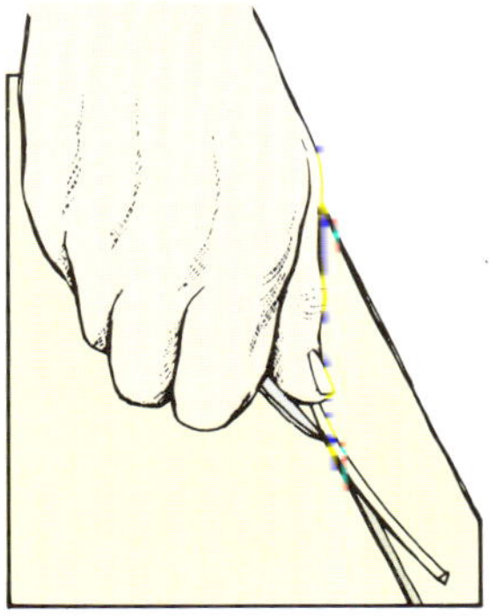

CHAPITRE 11

LA FINITION DES BOIS

Rendre le bois encore plus beau à force de patience et de technique, que ce soit à l'aide de la cire, du vernis ou de la teinture, est toujours une grande source de satisfaction pour l'amateur. Mais les travaux de finition du bois ont bien sûr aussi un but très fonctionnel, qui est de le protéger. C'est donc l'usage d'un ouvrage, et non seulement son aspect, qu'il faut considérer pour décider de la finition à lui appliquer. Tout objet un peu exposé devra être laqué ou revêtu d'un vernis moderne plutôt que d'un vernis au tampon qu'on réservera pour les pièces précieuses et moins vulnérables. La texture du bois fournit un autre critère de choix. Les essences homogènes à texture serrée, comme le noyer ou l'acajou, sont merveilleusement mises en valeur par le vernis au tampon. Les bois à texture large, comme le chêne, accepteront mieux une finition à base d'huile et de cire qui en remplira les pores sans former une épaisseur désagréable à la surface. Quelle que soit la technique employée, un bon travail de finition exige, un environnement propre et chaud ainsi qu'un bon éclairage.

PRÉPARATION DES SURFACES

Le bois doit être propre, poncé et exempt de défauts avant toute application d'un produit de finition. Si la peinture peut cacher quelques défauts mineurs, les finitions transparentes, surtout brillantes font au contraire ressortir les moindres imperfections, y compris les minuscules rayures de ponçage en travers du fil. C'est pourquoi cette étape de préparation est aussi importante.

REBOUCHAGE DES TROUS ET DES FENTES

Les bois présentant des trous, des fentes ou des nœuds morts doivent être rejetés au moment du choix. Si cela s'avère impossible ou si les fentes sont apparues en cours de travail, il faut procéder à leur rebouchage.

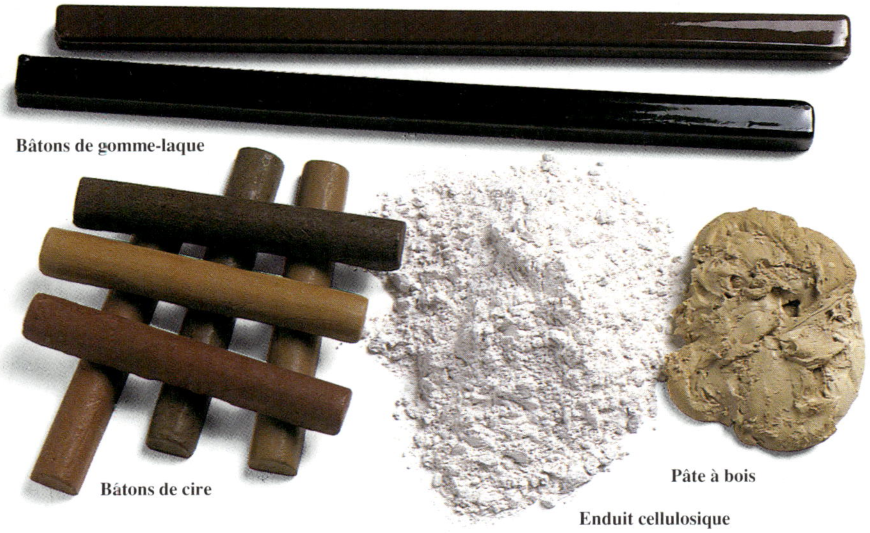

- **Attention aux taches de colle**
  Lors des opérations de collage, il faut bien nettoyer les excès de colle avec une éponge plongée dans l'eau chaude, sinon ils réapparaîtront une fois secs sous formes de taches claires sous le vernis. La colle sèche s'enlève au racloir.

- **Attention aux taches de résine**
  Les nœuds des bois résineux vont continuer à « saigner » et des taches sombres apparaîtront sous le vernis ou la peinture. Pour éviter cela, appliquez deux couches claires de vernis à la gomme laque après avoir enlevé au ciseau l'excès de résine.

La pâte à bois
Plusieurs sortes de mastics sont vendus dans le commerce sous cette appellation, dans une assez grande variété de teintes. Pour approcher d'encore plus près la couleur de votre pièce, vous pouvez essayer d'ajouter à ces produits une goutte de teinture, en prenant garde que cette teinture utilise le même diluant que le mastic.

Bouchage avant peinture
Avant l'application d'une finition opaque, vous pouvez passer une couche d'enduit cellulosique comme celui utilisé par les peintres.

Bouchage à la gomme-laque
La gomme-laque est vendue en bâtons dans toutes les teintes nécessaires. Elle est idéale pour le rebouchage des petits défauts avant vernissage.

Bouchage à la cire
Egalement vendue en bâtons teintés, la cire à reboucher doit être réservée aux travaux qui recevront la même finition, les autres produits risquant de ne pas sécher sur la cire. On trouve également des crayons pour les retouches après la finition.

Utilisation de la pâte à bois
Faites pénétrer la pâte dans le défaut à l'aide d'une spatule souple (couteau de peintre) ou d'un vieux ciseau. Une fois bien sec, affleurez au papier de verre. Si la teinte n'est pas bonne, essayez de retoucher à la peinture à l'huile avec un pinceau très fin et très peu de peinture. Laissez bien sécher avant l'application de la finition.

Utilisation de la gomme-laque
Faites chauffer un fer à souder et mettez-le en contact avec le bâton juste au-dessus du trou à boucher jusqu'à ce qu'une goutte de gomme-laque tombe sur le bois. Appuyez très rapidement sur cette goutte avec un ciseau humide pour la faire pénétrer dans le bois. Réchauffez si nécessaire. Affleurez au ciseau et au papier de verre très fin.

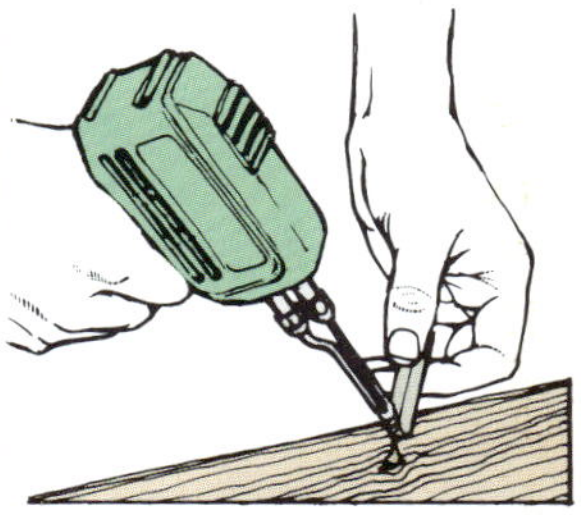

Utilisation de la gomme-laque et du fer à souder

Utilisation de la cire à boucher
Une lame de couteau chaude suffit pour faire fondre la cire et la faire pénétrer dans les craquelures et les petits trous. Enlevez la cire en excès pendant le durcissage et finissez en frottant fortement avec le dos d'une feuille de papier de verre.

COMMENT FAIRE DISPARAÎTRE UNE TRACE DE COUP

Si la fibre du bois n'est pas arrachée mais seulement enfoncée, vous pouvez la faire remonter en chauffant avec un fer domestique un bout de chiffon humide appliqué sur l'endroit en cause. La vapeur ainsi produite fait gonfler les fibres du bois et disparaître la trace malencontreuse. Laissez sécher avant de poncer.

CONSIGNES DE SÉCURITÉ

La plupart des produits de finition sont hautement inflammables. Stockez-les à l'abri, si possible en dehors de l'atelier et de l'habitation.

- Conservez tous les produits hors de portée des enfants. En cas d'ingestion, n'essayez pas de faire vomir. Appelez le médecin ou rendez-vous à l'hôpital.
- Les chiffons gras augmentent les risques d'incendie. Faites-les sécher à l'air libre avant de les jeter.
- Ayez toujours un extincteur et une couverture antifeu dans l'atelier.
- Ne fumez jamais pendant l'application des finitions.
- Les émanations de solvant sont toujours désagréables et parfois dangereuses. Suivez les instructions des fabricants concernant la toxicité des produits et n'hésitez pas à porter un masque.
- Aérez efficacement vos locaux et ne travaillez pas au pistolet dans des locaux non pourvus d'une ventilation.
- Portez des gants pour passer les teintures.
- Protégez-vous les mains avec des crèmes adéquates. Utilisez des produits nettoyants pour la peau plutôt que des diluants pour vous débarrasser des taches de peinture.
- Si vous avez reçu une goutte de peinture ou de vernis dans l'œil, lavez à grande eau et consultez un médecin.

Le ponçage électrique vous évite des heures d'un travail monotone et fatigant. C'est un bon progrès, mais accordez quand même à votre ouvrage une dernière passe manuelle ; la qualité s'en ressentira.

Les papiers abrasifs
Sous l'appellation habituelle un peu vague de papier de verre se cachent diverses fabrications basées sur le principe de l'agglomération par collage sur un support papier d'un matériau granuleux plus ou moins gros d'origine minérale ou synthétique.

Le papier de verre proprement dit, à base de silex broyé, en général de couleur jaune, économique mais s'usant très vite, n'est acceptable que pour les petits travaux sur bois tendres.

Le papier grenat porte le nom de la pierre qui le constitue. C'est un matériau de bonne qualité, même pour les bois durs.

Le papier à l'oxyde d'alumine, encore plus dur que le précédent, est assez largement utilisé pour le ponçage mécanique. On le trouve en différentes couleurs. Nous vous le recommandons pour les bois durs.

Le papier au carbure de silicium, de couleur grise ou noire, est souvent appelé « papier à l'eau », car on l'utilise avec l'eau comme lubrifiant pour la finition des métaux. La variété de couleur grise est autolubrifiante, même à sec, grâce à un additif à base de poudre d'oxyde de zinc.
On l'utilise pour les ponçages très délicats, notamment pour les vernis au tampon.

Les différents grains de papier abrasif
Les papiers abrasifs sont classés en fonction de leur granulométrie, du très gros grain au très fin. Un système de numéros précise cette classification. L'ancien système (de 9/0 à 1) est progressivement abandonné au profit d'un classement allant de 50 à 600 et même 800 pour le plus fin.
Travaillez avec du papier de plus en plus fin, chaque passage faisant disparaître les traces du passage précédent. Le grain fin suffit généralement pour les travaux normaux, le très fin est utilisé pour l'égrenage des couches de vernis.
Certains papiers ont, à finesse égale, un plus grand nombre de grains sur la même surface. Ils enlèvent donc plus de bois, mais s'encrassent aussi plus rapidement. C'est pourquoi on préfère les papiers moins denses pour les bois tendres et résineux.

Grain des abrasifs		
Très gros	50	1
	60	1/2
Gros	80	0
	100	2/0
Moyen	120	3/0
	150	4/0
	180	5/0
Fin	220	6/0
	240	7/0
	280	8/0
Très fin	320	9/0
	360	—
	400	—
	500	—
	600	—

Le ponçage à la main
Pliez une feuille et débitez-la à la taille convenable sur l'arête de l'établi. Enroulez-la autour d'une cale en liège et poncez en suivant le fil du bois (1). Attention à ne pas arrondir les arêtes par inadvertance, sauf si vous avez décidé de « casser » les angles. Dans ce cas, faites-le visiblement et franchement (2).
Pour les moulures, utilisez une cale à la forme appropriée (3).
Pour le ponçage de surfaces courbes ou pour la toute dernière passe, vous ne vous servirez plus que du bout de vos doigts (4).
Quand le papier commence à s'encrasser, tapotez-le sur le bord de l'établi pour le nettoyer un peu.
Quand la surface vous semble assez douce et égale, mouillez-la légèrement à l'éponge pour faire gonfler les pores et laissez sécher. Une dernière passe suffira alors à éliminer les petites fibres soulevées par l'humidité, et vous n'aurez plus qu'à dépoussiérer avec un chiffon imprégné de white-spirit.

Ponçage des bois de bout.
Passez d'abord votre doigt sur le bois de bout dans les deux sens. S'il vous semble plus doux dans un sens que dans l'autre, choisissez cette direction, vous obtiendrez un plus beau poli.

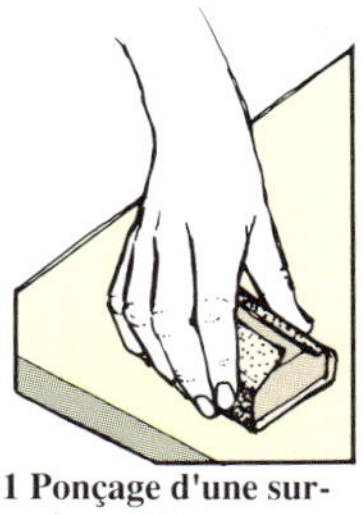
1 Ponçage d'une surface plate

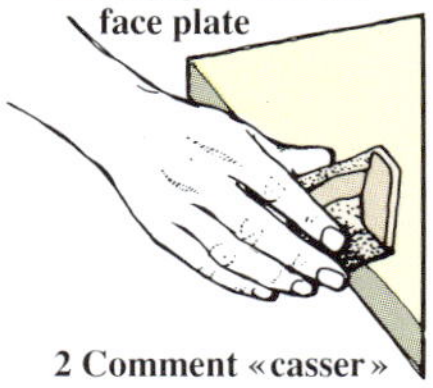
2 Comment « casser » une arête

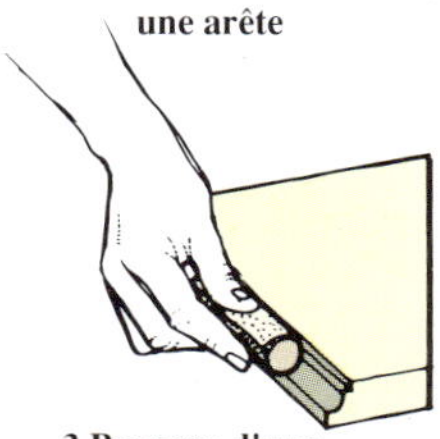
3 Ponçage d'une moulure

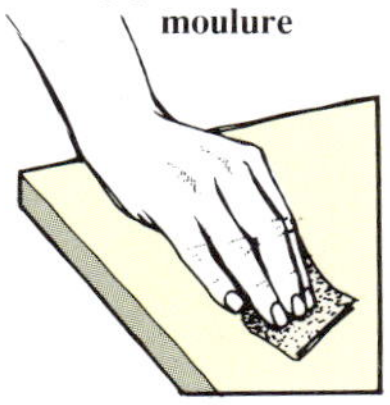
4 Ponçage fin avec les doigts

- **Conservation du papier abrasif**
Gardez les feuilles dans un emballage plastique pour les préserver de l'humidité.

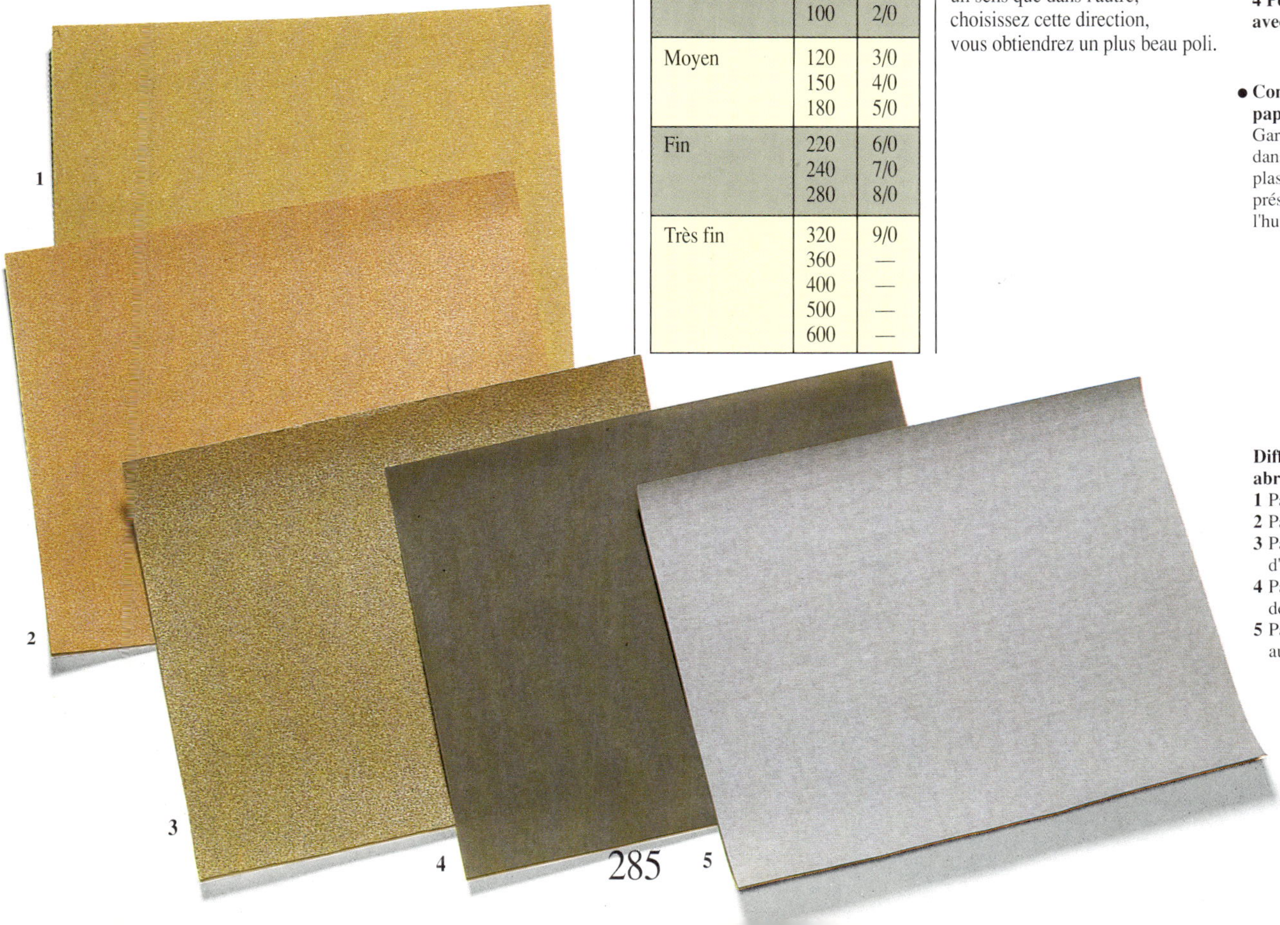
1
2
3
4
5

Différents papiers abrasifs
1 Papier de verre
2 Papier grenat
3 Papier à l'oxyde d'alumine
4 Papier au carbure de silicium
5 Papier autolubrifiant au carbure de silicium

VOIR AUSSI
Les ponceuses vibrantes 148/150
Les masques de protection 214
Les lunettes de protection 214
Consignes de sécurité 284
Les papiers abrasifs 285

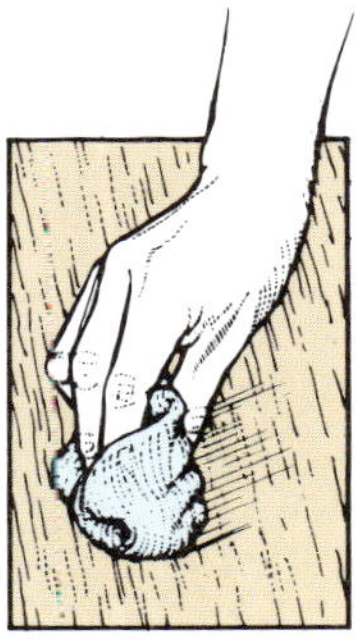

Remplissage des bois à gros pores

LE REMPLISSAGE

Les bois à gros pores comme l'acajou, le noyer, le chêne et le frêne doivent être remplis avec un bouche-pores adéquat avant de recevoir une finition brillante, faute de quoi le poli final apparaîtrait terne et inégal.

La méthode traditionnelle de remplissage par couches successives de vernis minutieusement poncées évite les opérations de raccords de couleur et de bouche-porage. Elle est néanmoins longue et fastidieuse et les amateurs préfèrent généralement utiliser un bouche-pores en pâte, dont il existe dans le commerce toute une gamme de nuances. Choisissez un ton légèrement plus sombre que le bois, le bouche-pores ayant tendance à éclaircir au séchage. Au besoin, vous pourrez toujours l'assombrir en lui ajoutant une teinte à bois compatible.

Etendez le bouche-pores à l'aide d'une toile de jute épaisse en travaillant par passes circulaires pour bien faire pénétrer le produit. Ressuyez l'excédent dans le sens du fil avec un chiffon propre. Laissez sécher toute la nuit avant de poncer très légèrement au grain fin dans le sens du fil.

Remplissage des bois teintés
Si vous bouchez les pores après la mise en teinte, poncez très délicatement pour éviter d'enlever la teinte. Si vous choisissez au contraire d'appliquer une teinte sur un bouche-pores, la capacité d'absorption du bois risque d'être très inégale, ce qui produirait un résultat irrégulier. Par précaution, neutralisez préalablement la surface teintée par une couche de fond dur qui protègera la teinte lors du ponçage du bouche-pores.

Utiliser un fond dur
Le fond dur à base de gomme-laque constitue un excellent apprêt : il préserve la teinte et évite les remontées de résine et autres impuretés sur la couche de finition. Appliquez-le au pinceau et poncez au papier abrasif à grain fin. Une fois qu'il est sec, passez une seconde couche, laissez sécher et égrenez à l'aide d'un tampon de laine d'acier extra-fine (n° 0000). Assurez-vous que le produit de finition envisagé est compatible avec le fond dur, car certains vernis accrochent mal sur cet apprêt.

LA TEINTURE DU BOIS

Cette opération n'est pas obligatoire et beaucoup de bois sont vernis directement. Cependant, on peut dans un certain nombre de cas être appelé soit à décolorer un bois trop foncé ou inégalement coloré soit à lui appliquer une teinte pour en rehausser le ton général ou pour mieux le marier avec d'autres échantillons de la même essence.

LA DÉCOLORATION DU BOIS

Un support traité avec un décolorant à deux composants doit impérativement être neutralisé par une solution légère d'acide acétique, composée d'une cuillerée à café de vinaigre diluée dans un demi-litre d'eau. La décoloration ne réussit pas à toutes les essences : le châtaigner et le palissandre s'éclaircissent mal, mais la formule fait merveille sur le chêne et le bouleau. Pour éviter tout impair, faites un essai préalable sur une chute de même bois ou une partie cachée de l'ouvrage. Les décolorants étant des produits très actifs, suivez scupuleusement le mode d'emploi. Travaillez dans un local aéré et portez des gants, des lunettes et un tablier de protection.

Appliquez le premier composant (flacon « A » ou « 1 ») en couche régulière à l'aide d'un pinceau en fibres végétales ou en nylon. Laissez sécher 5 à 10 minutes, puis passez le second composant (flacon « B » ou « 2 ») avec un pinceau propre. Laissez agir jusqu'à obtention de l'effet recherché, puis neutralisez le décolorant à l'acide acétique. Attendez trois jours avant de rabattre la fibre au papier abrasif fin, en veillant à porter un masque anti-poussière.

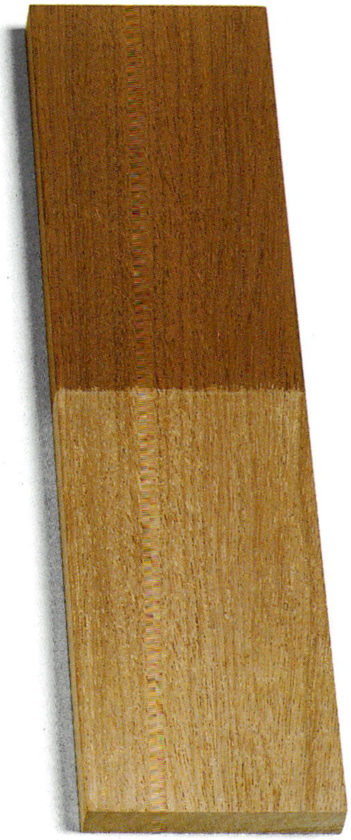

Décoloration d'un morceau de sipo

Quelques échantillons de teintures
1 Bleue, à l'eau, sur du sycomore
2 « Noyer », à l'eau, sur du hêtre
3 « Chêne clair », à l'alcool, sur du hêtre
4 « Acajou », à l'huile, sur du hêtre

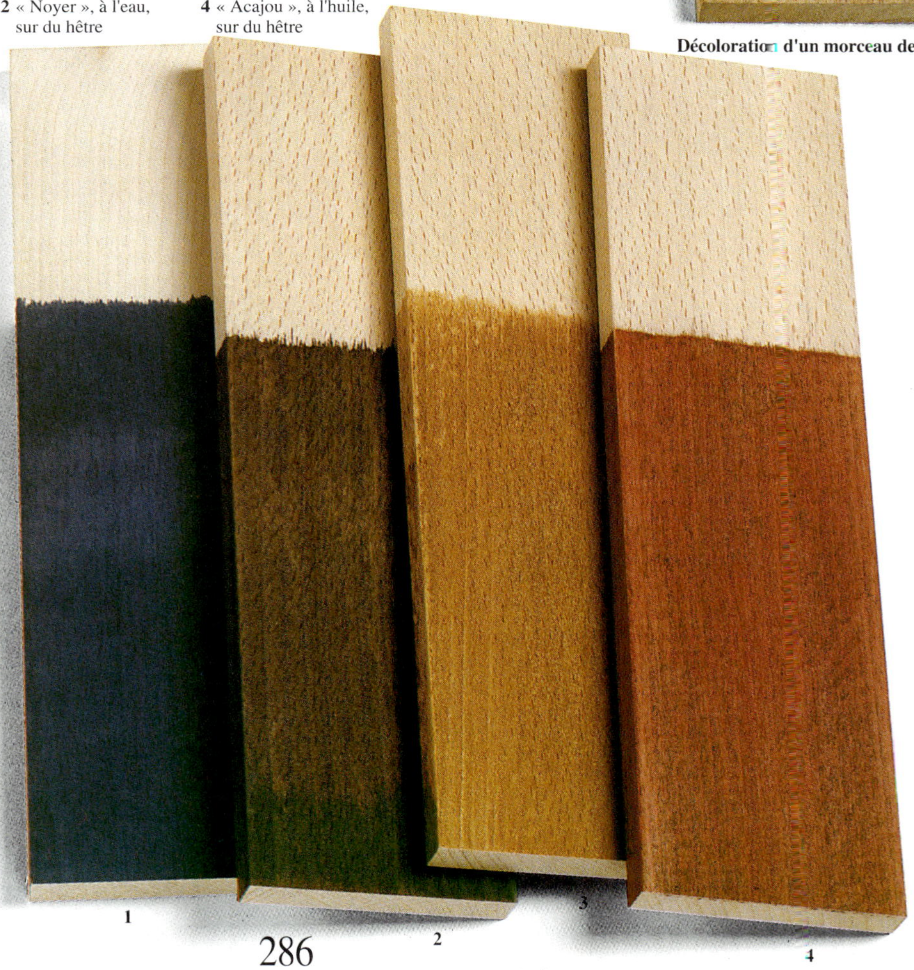

LES TEINTES À BOIS

Pour recevoir une teinte à bois, le bois doit être parfaitement propre, dégraissé et délicatement poncé dans le sens du fil. Si une ponceuse orbitale a laissé des petites rayures circulaires, effacez-les au papier abrasif très fin passé à main légère. Avant d'appliquer une teinte à l'eau, humidifiez le bois pour relever les fibres, sans quoi le bois absorbera la teinte et, au séchage, présentera des irrégularités de surface.

DIFFÉRENTS TYPES DE TEINTES

Les magasins spécialisés proposent un nuancier très riche de teintes prêtes à l'emploi, très pratiques. Un peu plus difficiles à se procurer, les teintes en poudre à préparer soi-même ont la faveur des professionnels, car elles autorisent tous les mélanges jusqu'à obtention de la tonalité recherchée.

Teintes à l'eau
Faciles à appliquer, les teintes à l'eau pénètrent bien le bois et sèchent lentement. On peut donc aisément, en cours d'exécution, les assombrir ou retirer de la couleur au chiffon ou à l'éponge humide afin d'unifier la tonalité du fini en cours d'exécution. Elles sont en outre compatibles avec tous les produits de finition. On les trouve prêtes à l'emploi ou à préparer soi-même, sous le nom de poudre d'aniline. Mélangez 25 grammes de poudre dans un litre d'eau chaude et laissez refroidir avant d'appliquer.
Les teintes à l'acrylique relèvent moins la fibre que les teintes à l'eau classiques et passent moins vite. Pour teinter un bois dur de texture fine, diluez-les à 10 %.

Teintes à l'alcool
Les amateurs utilisent moins volontiers ces produits dilués dans l'alcool méthylique, car ils sèchent très rapidement. Seule une main sûre et expérimentée parviendra à éviter les traces de pinceau sur les grandes surfaces et les décolorations intempestives sur les arêtes. C'est pourquoi on préfère généralement les appliquer au pistolet. Les teintes à l'alcool sont proposées sous forme liquide prête à l'emploi ou en poudres à mélanger. Les proportions de la préparation sont les mêmes que celles des teintes à l'eau. Au besoin, elles peuvent être mélangées à du vernis gomme-laque pour faciliter les retouches ou les raccords de teintes.
Si vous les recouvrez d'un vernis tampon ou d'une laque cellulosique, les teintes à l'alcool risquent de se décoller sous votre pinceau. Ceci ne se produit pas en revanche lorsqu'elles sont pulvérisées au pistolet.

Teintes à l'huile
Leur temps d'évaporation, relativement lent, laisse tout le temps d'étaler le produit et de reprendre les traînées éventuelles. Ces teintes prêtes à l'emploi, diluées dans du white spirit et de l'huile de naphte, ne font pas regonfler les pores du bois, mais sont incompatibles avec la cire et les vernis polyuréthannes, qui contiennent également du white spirit et risquent donc de les dissoudre. Si vous tenez à ces finitions, neutralisez la teinte à l'aide d'un fond dur à la gomme-laque avant application.

APPLICATION

Les teintes s'appliquent sur des surfaces planes à l'aide d'un pinceau de bonne qualité ou d'un tampon propre. Etalez-les généreusement et régulièrement, en travaillant dans le sens du fil et en ressuyant très rapidement les coulures et les traces de pinceau. Essuyez la surface humide avec un chiffon sec et doux pour uniformiser la couleur et enlever l'excès de teinte.
Sur un panneau vertical, l'application au tampon de chiffon propre permet de mieux contrôler les coulures. La mise en teinte au chiffon est également la seule méthode efficace pour les pièces tournées et les bois tendres très absorbants. Enfilez des gants de protection et imbibez généreusement le chiffon de teinte. Essorez-le pour éviter les gouttes et les coulures qui ressortiraient sous le vernis si vous n'avez pas eu le temps de les effacer avant séchage.

FAITES DES ESSAIS

Il est très difficile de prévoir le résultat d'une application de teinture. D'une part, chaque essence de bois absorbe différemment la teinte ; d'autre part, le vernis ou la cire que vous appliquerez en finition peut lui aussi changer notablement le ton initial.

Préparez donc un échantillon de la même provenance et faites quelques essais. Passez une couche de teinte et laissez sécher. Passez alors une deuxième couche sur une partie seulement de l'échantillon pour pouvoir comparer. Deux couches doivent normalement suffire, mais pour les besoins de la comparaison, passez-en encore une ou deux autres. Laissez bien sécher et passez une couche de vernis sur une moitié de toute la longueur de l'échantillon. Vous avez ainsi devant les yeux toutes les nuances possibles.

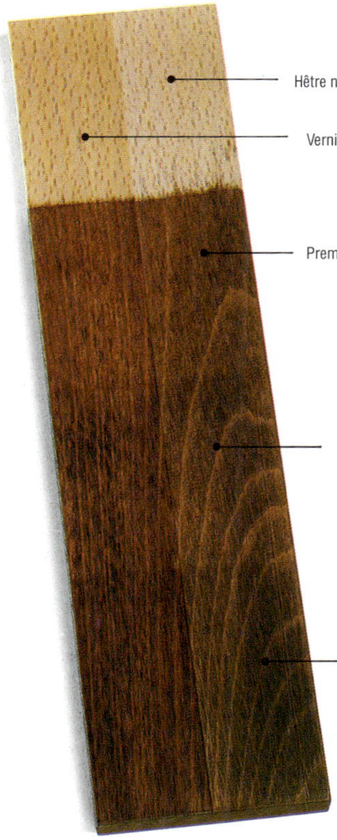

Bout d'essai

TEINTURE PAR FUMAGE

Les vapeurs d'ammoniaque colorent par réaction chimique les bois riches en tanin. Le chêne est l'essence qui se prête le mieux à cette technique. Selon le temps d'exposition, il ressort paré d'une couleur dorée ou d'un brun sombre. Le noyer, l'acajou, et le châtaignier réagissent également très bien à la teinture par fumage.
Demandez à votre pharmacien une solution forte d'ammoniaque à 30 %. A défaut, procurez-vous de l'ammoniaque domestique classique, mais le processus prendra alors un peu plus de temps.
Ce produit est très irritant pour les yeux et les voies respiratoires et doit donc être employé à l'extérieur ou dans un local bien aéré. Portez systématiquement des lunettes et un masque respiratoire pour le manipuler.

Confection d'une cabine de fumage
Pour traiter une pièce volumineuse, montez autour un cadre en bois et recouvrez-le d'une bâche en plastique opaque (la lumière naturelle risque de faire tourner la couleur du bois). Avant de sceller hermétiquement cette tente, disposez-y quelques soucoupes remplies d'ammoniaque. Veillez à retirer toutes les pièces métalliques et vis apparentes du meuble qui, sous l'effet de l'ammoniaque, noirciraient le bois.
Pour obtenir un ton moyen, laissez agir au moins vingt-quatre heures. Vérifiez de temps en temps si vous souhaitez un ton plus léger, sans oublier que la réaction se prolonge quelque temps après l'arrêt du fumage.

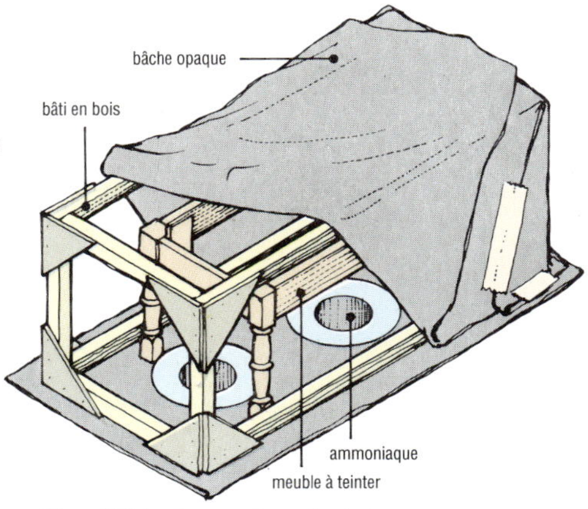

Dispositif simple pour fumer les bois

LE VERNIS TRADITIONNEL AU TAMPON

VOIR AUSSI
Consignes de sécurité 284
Les papiers abrasifs 285
La teinture du bois 286/287
Les cires 294

C'est, bien sûr, la méthode de finition la plus fameuse et la plus difficile aussi. Fabriqué par dissolution d'une résine d'origine végétale, la gomme-laque, dans l'alcool méthylique, ce vernis peut prendre, sous les doigts de l'artisan habile, un poli « miroir » qui a fait sa réputation. Cette qualité fait oublier ses inévitables défauts : une certaine fragilité de surface et une grande vulnérabilité aux taches dues à l'eau ou à l'alcool. Son attrait reste tel que beaucoup d'amateurs sont prêts à investir les nombreuses heures de travail que nécessitent sa maîtrise.

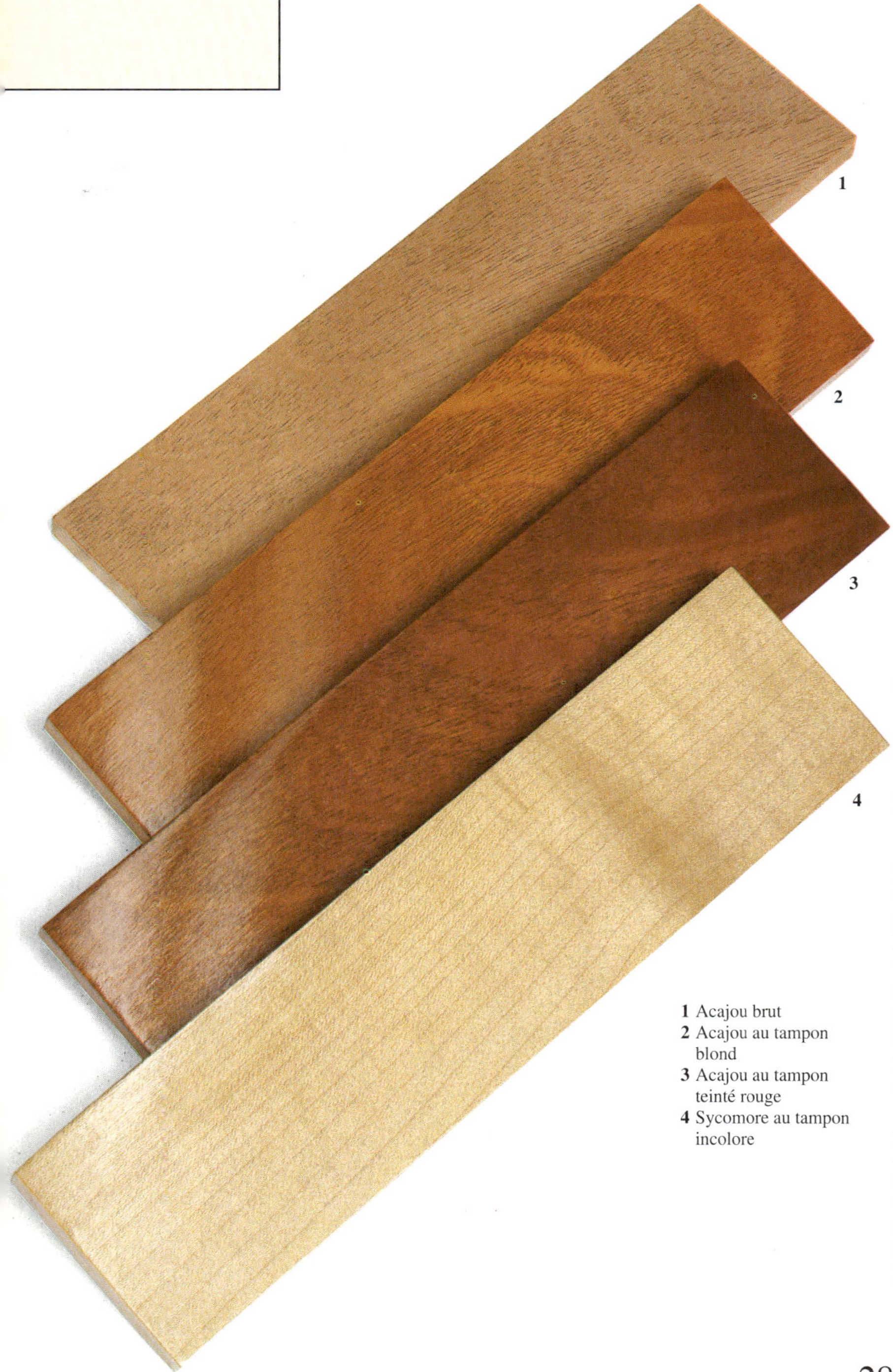

1 Acajou brut
2 Acajou au tampon blond
3 Acajou au tampon teinté rouge
4 Sycomore au tampon incolore

VERNIS AU TAMPON

Vous pouvez préparer votre vernis au tampon en dissolvant des paillettes de gomme-laque « fine orange » dans l'alcool dénaturé, mais sachez que le commerce propose une gamme de vernis au tampon prêts à l'emploi de très bonne qualité.

Tampon blond, caractérisé par une couleur blonde d'un brillant éclatant, il est fabriqué à partir de pastilles de gomme-laque de très grande qualité. A contre-jour, les plus pures sont d'une parfaite transparence. Le tampon blond se présente plus souvent aujourd'hui sous forme de paillettes.

Vernis tampon classique, préparé avec des paillettes de gomme-laque fine orange, le vernis tampon est parfaitement exempt de toute impureté et rehausse le bois d'une belle couleur brune.

Tampon cerise, d'un beau rouge brun, il est particulièrement indiqué pour la finition de l'acajou et des essences cuivrées, et confère chaleur et élégance aux bois les plus ordinaires.

Tampon blanc, il s'obtient à partir de gomme-laque décolorée et convient essentiellement aux bois clairs.

Tampon incolore, confectionné à partir de gomme-laque préalablement blanchie et décirée, il est recommandé sur les bois très clairs qui tolèreraient mal une mise en couleur.

Tampons colorés, le vernis au tampon peut être coloré de teintes noire, rouge ou verte. Le tampon noir est la finition de prédilection des pianos de concert. Les tampons rouge et vert sont en revanche utilisés pour rabattre ou mettre en valeur la couleur naturelle d'une essence. Quelle que soit leur teinte, les vernis au tampon peuvent être modifiés par addition d'une goutte de teinte à l'alcool.

Application au pinceau

La technique traditionnelle de vernis au tampon qui s'applique au tampon de mèche, ne supporte pas la moindre imperfection et est réservée aux artisans les plus habiles. Néanmoins, l'amateur obtiendra des résultats satisfaisants en appliquant un vernis tampon dilué au pinceau. Il existe en outre des vernis tampon contenant des retardateurs de séchage, ce qui laisse suffisamment de temps pour effacer les traces de pinceau et autres maladresses en cours d'exécution.

La technique d'application au pinceau est relativement simple. Choisissez un pinceau doux pour étendre une couche régulière de vernis. Laissez sécher 1 h et égrenez au papier autolubrifiant au carbure de silicium avant de passer une deuxième couche, puis une troisième en ponçant à main légère entre chaque application. Laissez sécher et polissez avec un tampon de laine d'acier extra-fine (n° 000) imprégné d'encaustique. Laissez reposer 15 mn avant de lustrer au chiffon doux.

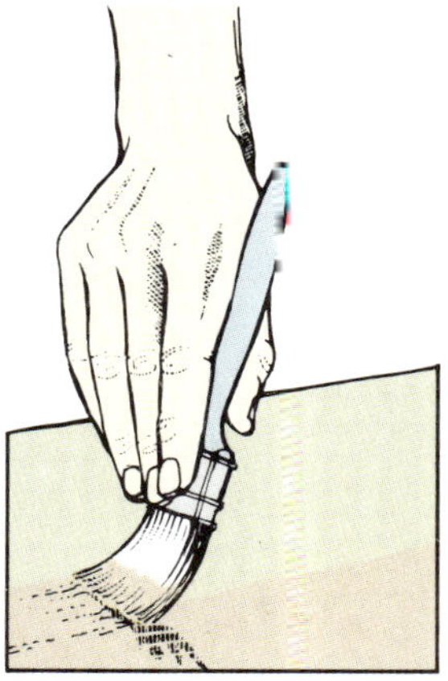

Application au pinceau

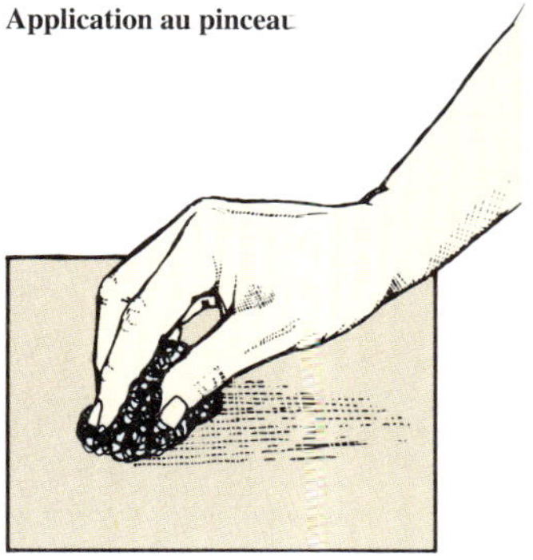

Application au tampon

LA PRATIQUE DU VERNIS AU TAMPON

Le tampon, qui sert à l'application du vernis et donne son nom à cette technique, est fait d'une boule de laine enveloppée dans une toile de lin ou de coton.

Fabrication du tampon

Prenez une petite boule de laine et roulez-la en forme d'œuf. Placez-la au milieu d'un morceau de chiffon de lin ou de coton non pelucheux d'environ vingt-cinq centimètres de côté (1). Repliez un des angles sur la laine (2) puis rassemblez tous les côtés (3) pour que l'ensemble tienne dans la paume de la main (4). La partie opérante du tampon doit être parfaitement lisse.

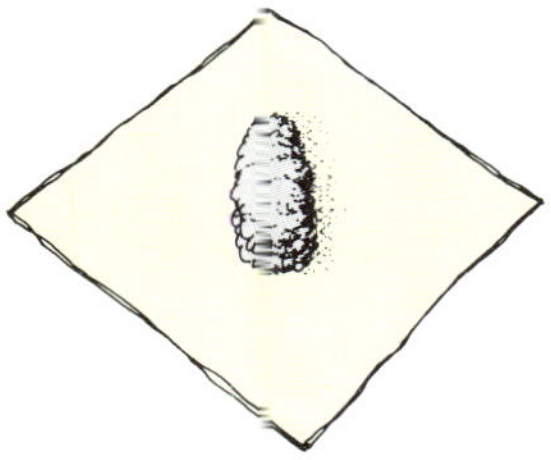

1 Placez le tampon de laine sur la toile de lin

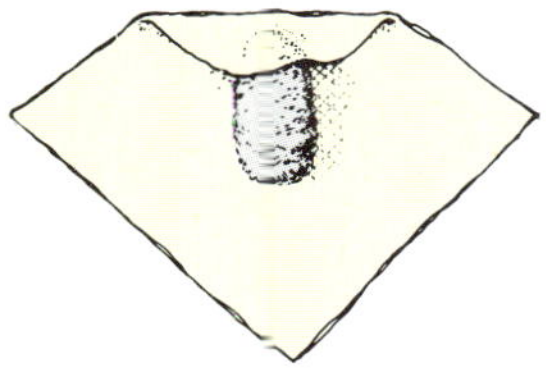

2 Repliez un des coins

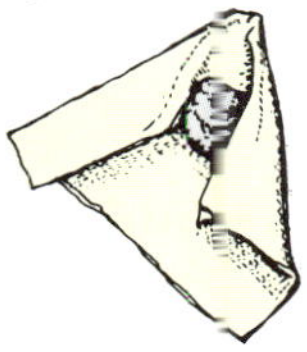

3 Rassemblez les côtés

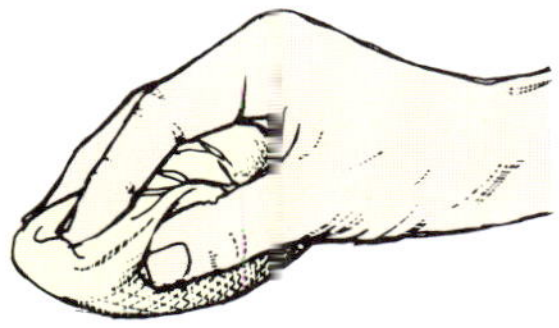

4 Le tampon doit tenir dans la paume de la main

Remplissage du tampon

Ouvrez le tampon dans une main et, de l'autre, versez le vernis sur la laine en la chargeant bien sans la saturer. Repliez le tampon et essorez-le sur une chute de façon à bien répartir le vernis. Humectez la surface extérieure du tampon avec une goutte d'huile de lin, en utilisant votre doigt.

Vernissage

Commencez par couvrir toute la surface du panneau par une succession de cercles concentriques (1). Recommencez l'opération en faisant des huit (2). Ce changement de figure garantit une bonne couverture de la surface à vernir. Finissez par des passes longitudinales dans le sens du fil du bois (3). La pression doit être faible au début du travail, lorsque le tampon est bien chargé, et de plus en plus forte en progressant.
Le tampon doit toujours être en mouvement, surtout au moment du contact avec l'ouvrage et au moment de quitter celui-ci. Si vous vous arrêtez en laissant le tampon en contact avec le bois, celui-ci restera collé à la surface et y laissera une trace que vous n'aurez plus qu'à poncer après avoir laissé durcir le vernis. Rechargez le tampon dès que vous en sentez la nécessité et rajoutez une goutte d'huile de lin quand le tampon commence à coller à l'ouvrage.

Supposons que cette première couche est sans défaut et laissons-la tirer pendant une demi-heure environ. Quatre ou cinq couches peuvent être passées ainsi dans la journée. Laissez durcir le vernis pendant la nuit, mais enfermez votre tampon dans une boîte étanche ou un bocal en verre bien fermé pour l'empêcher de sécher, afin de le réutiliser le lendemain.

Le jour suivant, poncez au papier au carbure de silicium très fin toutes les imperfections, traces et poussières et répétez l'application de quatre ou cinq couches de vernis, ou plus, jusqu'à l'obtention du brillant et de la profondeur désirés. Sachez qu'il faut compter en moyenne entre dix et vingt couches de vernis pour un résultat satisfaisant.

Les moulures et les sculptures

Les moulures à profil large peuvent être normalement vernies au tampon. Les moulures très profondes qui ne peuvent pas être proprement travaillées avec le tampon pourront être vernies au pinceau avec du vernis au copal ou à la mèche avec du vernis à mécher. Dans ce cas, prenez garde au moment des opérations finales d'éclaircissage et de polissage de ne pas frotter trop fort, de peur d'enlever le vernis sur les parties saillantes de la moulure.

L'éclaircissage

L'huile de lin utilisée pour la lubrification du tampon laisse toujours quelques traces à la surface du vernis. L'opération d'éclaircissage est destinée à enlever ces traces. Elle consiste à passer un tampon chargé avec le minimum de vernis mais sur la toile duquel on a déposé quelques gouttes d'alcool à vernir. Employez des passes longitudinales et parallèles, en faisant bien glisser le tampon en dehors du panneau au départ et à l'arrivée de chaque passe. Remettez un peu d'alcool dès que vous sentez que le tampon colle au vernis. Laissez reposer quelques instants pour vérifier l'efficacité de votre travail. Si vous apercevez encore des traces, recommencez l'opération d'éclaircissage jusqu'à l'obtention d'un brillant régulier. Après une demi-heure de séchage, lustrez la surface avec un chiffon très doux et laissez le vernis tirer et durcir pendant au moins une semaine.

Comment obtenir une finition satinée

Si vous ne recherchez pas le maximum de brillant, vous pouvez mater légèrement le vernis en le frottant avec de la laine d'acier ultra-fine trempée dans de la cire liquide. Travaillez par passes parallèles se recouvrant mutuellement jusqu'à l'obtention d'un fini satiné bien régulier, puis repolissez l'ensemble avec un chiffon doux, éventuellement additionné d'un peu de cire.

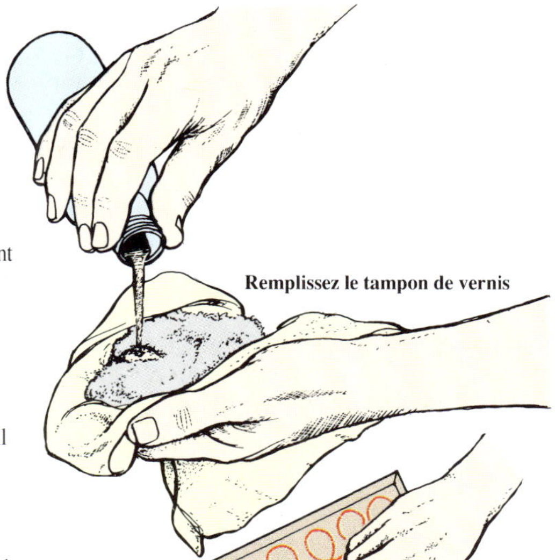

Remplissez le tampon de vernis

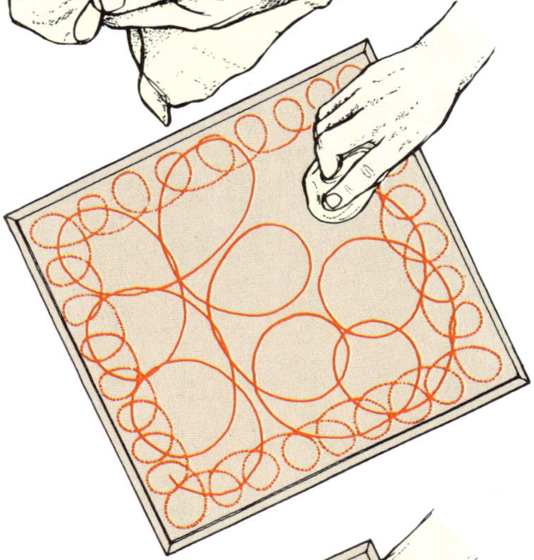

1 Passez en tournant sur tout le panneau

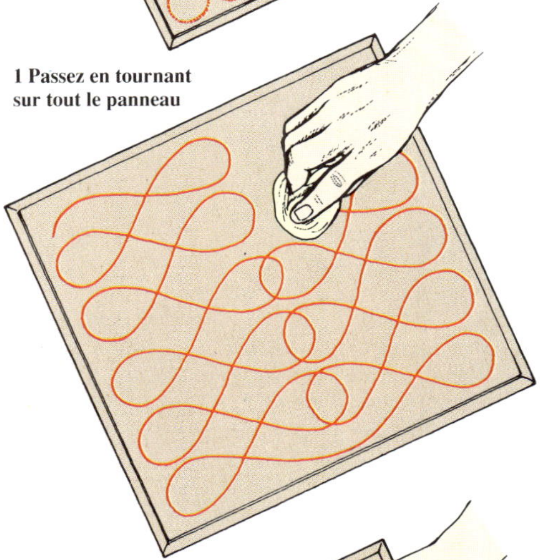

2 Continuez en faisant des huit

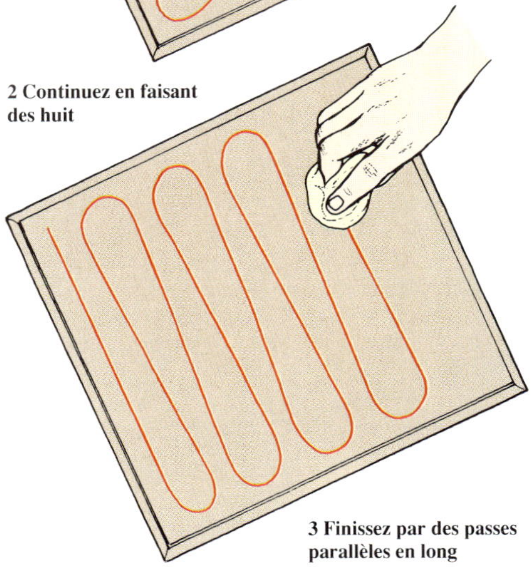

3 Finissez par des passes parallèles en long

LAQUES, VERNIS ET PEINTURES

Au niveau de la composition chimique comme des méthodes d'application des produits modernes, il est devenu difficile et presque superflu de distinguer entre laque et vernis. Même certaines peintures ne sont que des vernis transparents auxquels on a ajouté des pigments. C'est pourquoi nous présentons ensemble ces trois produits de finition.

VOIR AUSSI

Laques, vernis et peintures

1 Laque cellulosique sur du sycomore
2 Laque transparente à deux composants sur du pin
3 Même produit en noir
4 Vernis polyuréthanne transparent sur du sipo
5 Vernis polyuréthanne teinté sur du chêne
6 Peinture à l'huile sur du pin

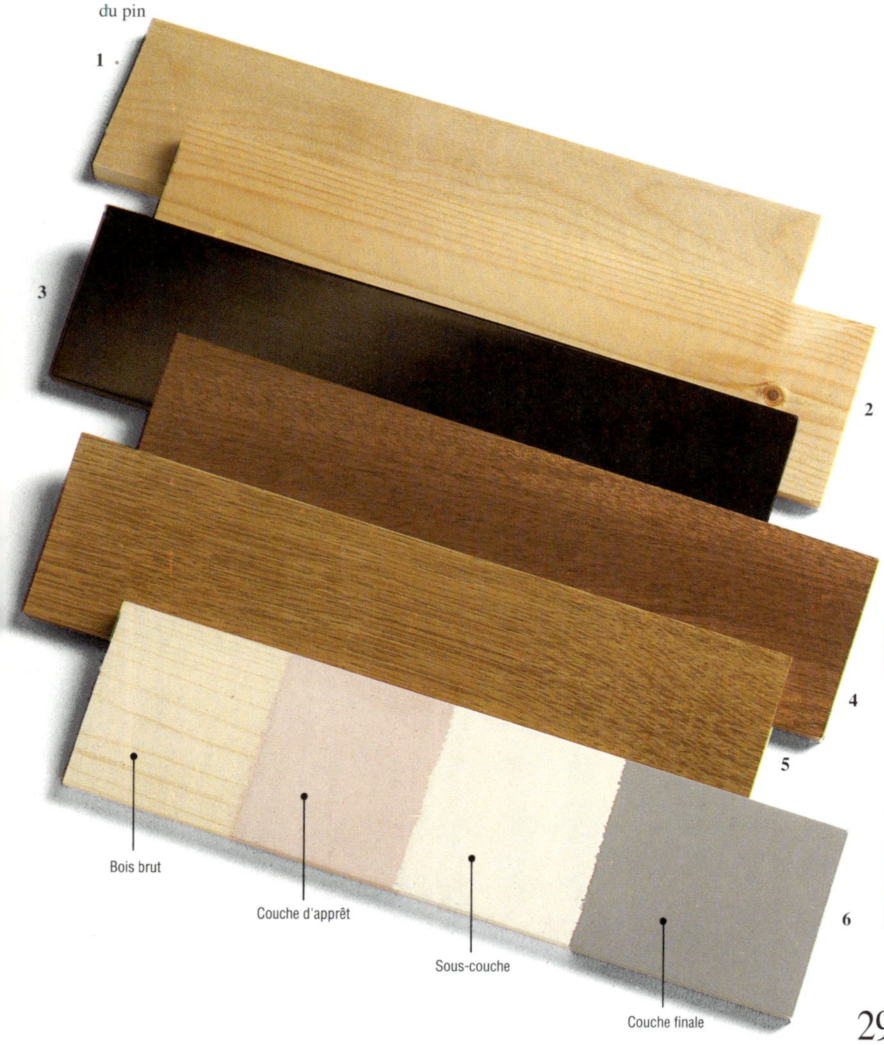

Laques cellulosiques

Ce produit déjà très ancien est particulièrement apprécié pour son séchage très rapide. Certaines variétés peuvent être appliquées au pinceau, mais la laque donne des résultats bien plus convaincants lorsqu'elle est pulvérisée au pistolet.

Séchant par évaporation du solvant, elles laissent en surface une couche qui est partiellement redissoute par la suivante, jusqu'à formation d'une finition parfaitement homogène.

Les laques cellulosiques, pratiquement transparentes, modifient à peine la couleur du bois. Elles forment une surface dure qui résiste parfaitement à la chaleur et à l'humidité.

Laques à deux composants

Appelées aussi laques à catalyseur, elles ne sèchent que par l'action chimique d'un durcisseur. Dans les produits prêts à l'emploi, la laque et le catalyseur sont déjà mélangés, et c'est l'action de l'air qui déclenche le processus de durcissement. Dans la plupart des cas, la laque et le durcisseur sont fournis dans deux flacons différents, et il faut les mélanger juste avant l'application. Très transparents et remarquablement résistants à l'usure comme aux taches, ces produits sont proposés en finitions brillante ou mate. Vous pourrez également vous procurer des laques à deux composants opaques, noire ou blanche. Dans tous les cas, elles peuvent être mélangées à des solvants prévus pour l'application au pistolet.

Vernis

Les résines synthétiques modernes, telles que le polyuréthanne, permettent de fabriquer des vernis extrêmement résistants à la chaleur, à l'humidité et à toutes les formes d'usure. Les vernis prévus pour les travaux extérieurs résistent également aux intempéries et présentent un filtre ultra-violet qui empêche la décoloration du bois. Le vernis marin est celui qui résiste le mieux aux agressions de l'eau salée, et est tout indiqué si vous habitez près de la mer ou dans une ville polluée.

Le commerce propose des vernis gras transparents en finitions mate, satinée ou brillante, ainsi que des vernis teintants permettant de colorer le bois. Ces produits s'appliquent au pinceau ou, dilués dans le white spirit, au pistolet. Très pratiques pour les raccords et les retouches d'une pièce déjà vernie, les vernis teintants ne pénètrent néanmoins pas aussi bien la fibre que les véritables teintes à bois, et les marques d'usure risquent toujours de provoquer des différences de ton. Par précaution, appliquez une ou deux couches supplémentaires de vernis incolore pour fixer la couleur.

Les vernis hydrosolubles sont constitués de résines acryliques en suspension dans l'eau. D'aspect blanchâtre à l'application, ils laissent une pellicule transparente au séchage. Ininflammables, non toxiques et pratiquement inodores, les vernis acryliques sèchent si rapidement qu'une journée suffit à exécuter la plupart des taches.

Peintures

Les peintures à bois sont composées de pigments solides liés à un médium d'huile et de diluant par une résine synthétique (polyamide, vynilique, urée-formol ou polyuréthanne). L'ajout de siccatifs accélère leur temps de séchage, et d'autres additifs leur confèrent un fini mat, brillant ou satiné. La plupart des peintures à l'huile sont fluides, mais on trouve également dans le commerce des peintures "thixotropiques", qui se présentent sous forme de gel. Très pratiques pour les surfaces verticales, elles s'étalent aisément au pinceau.

Certaines peintures particulièrement résistantes, appliquées en couches successives, protègement remarquablement les surfaces. Afin d'assurer un bon accrochage de la finition, bouchez tout d'abord le bois brut par une impression, que vous recouvrirez d'une ou deux sous-couches épaisses et généreusement chargées en pigment. Enfin, appliquez uniformément la peinture de finition, qui ressortira avec un superbe lustré.

Les produits à l'huile monocouches, qui se posent directement sur le support, sont tout indiqués pour masquer une peinture ancienne.

Les peintures acryliques sèchent très rapidement, ce qui permet de travailler rapidement. Veillez à ne pas les utiliser dans une atmosphère trop humide, car elles prendraient alors très mal. Tous ces produits se prêtent bien à l'application au pinceau.

Pour le travail au pistolet, choisissez des peintures à l'huile ou acryliques. Les peintures thixotropiques sont à proscrire.

NETTOYAGE DES PINCEAUX

Après chaque séance, essorez l'excès de peinture, de vernis ou de laque sur un vieux journal pour nettoyer la touffe. Lorsque vous avez utilisé un produit à l'huile, trempez le pinceau dans le white spirit, puis lavez soigneusement les soies à l'eau savonneuse tiède et rincez. Eliminez les peintures ou vernis à l'acrylique sous un filet d'eau fraîche. Reformez la touffe avec la main. Lorsqu'elle est sèche, enveloppez-la dans un sac en papier maintenu par un élastique passé autour de la virole du pinceau.

L'application des finitions au pistolet nécessite une infrastructure lourde et coûteuse. Peu d'amateurs peuvent s'offrir une cabine de vernissage conforme aux normes de sécurité et ils sont donc limités à la bonne vieille technique du pinceau. Ce n'est pas une raison pour renoncer à faire du bon travail ; beaucoup de patience et d'attention servies par des outils de qualité et bien entretenus vous permettront d'atteindre des résultats plus que satisfaisants. Munissez-vous d'un jeu de pinceaux de différentes tailles jusqu'à 50 mm et d'un pinceau très large (brosse dite « queue de morue ») d'au moins 100 mm pour les surfaces plates.

Laques cellulosiques

Pour l'amateur, réussir une finition laquée au pinceau est une véritable gageure, tant il est difficile de rattraper les traces et coulures. Si l'entreprise vous tente, commencez par isoler le support d'une couche de laque diluée à 50 %. Puis appliquez une première couche de laque pure, en tenant le pinceau presque parallèle à la surface. N'essayez pas de tirer la laque comme du vernis, mais travaillez par longues passes droites et franches, en évitant les repentirs et les chevauchements.

Rechargez le pinceau pour reprendre très vite les coulures sur les arêtes et les chants, et laissez les traces s'effacer d'elles-mêmes. Superposez deux à trois couches à une heure d'intervalle environ (vérifiez les temps de séchage indiqué par le fabricant), en ponçant délicatement au papier au carbure de silicium très fin entre chacune. Si vous n'êtes pas satisfait du résultat, poncez entièrement le fini et appliquez une pâte à polir au chiffon doux jusqu'à obtention d'un beau lustré.

Pour donner à la laque un brillant irréprochable, certains artisans recouvrent le fini d'une solution composée de trois mesures de white-spirit pour une mesure de diluant cellulosique. Dépolissez légèrement la surface au papier au carbure de silicium très fin, puis imbibez un tampon de chiffon doux de cette solution. La charge du tampon doit être rigoureusement contrôlée, car si elle est trop généreuse, vous risquez de dégarnir votre belle laque ! Reprenez la technique du vernis au tampon, en travaillant par petites passes circulaires chevauchées, suivies de grandes passes longitudinales dans le sens du fil.

Laques à deux composants

D'une marque à une autre, la proportion de catalyseur à ajouter au produit de base varie sensiblement. La laque ne tirera bien que si vous respectez scrupuleusement les dosages indiqués sur le mode d'emploi. Versez le mélange dans un récipient en verre ou en polyéthylène. (Le métal et les autres plastiques sont à proscrire car ils risquent de réagir avec le catalyseur et donc d'empêcher le tirage.) Ne préparez que la quantité nécessaire de mélange et ne le remettez jamais dans le pot, sans quoi tout le produit durcirait.

La surface à laquer doit être parfaitement nettoyée, dégraissée et, le cas échéant, décirée. Installez-vous dans un local raisonnablement chauffé mais bien aéré.

La technique d'application peut varier en fonction de la composition chimique des produits, mais en règle générale, commencez par étaler une couche généreuse de laque par grandes passes parallèles dans le sens du fil. Ne tirez pas la laque comme vous le feriez d'un vernis à l'huile, mais laissez-la se tendre d'elle-même. La laque commençant à prendre en moins d'un quart d'heure, travaillez assez rapidement sur les grandes surfaces pour pouvoir rattraper les coulures. Attendez une bonne heure avant d'égrener au papier au carbure de silicium très fin, puis déposez une deuxième couche. Si vous souhaitez ajouter une troisième couche, attendez le lendemain.

Pour un poli « miroir », utilisez une laque brillante et laissez-la durcir quelques jours avant de la dépolir au papier abrasif autolubrifiant. Ensuite, passez une crème à polir au chiffon doux. Pour une finition satinée, frottez la laque brillante à la laine d'acier fine (n° 000) chargée d'un peu d'encaustique et lustrez au chiffon doux.

Vernis

Avant de revêtir un bois brut de vernis à l'huile, bouchez la surface à l'aide d'un vernis dilué à 10 % dans le white-spirit. Appliquez cette impression dans le sens du fil au chiffon doux, en la faisant bien pénétrer dans les pores. Au besoin, utilisez un pinceau pour les recoins, moulures et autres parties difficiles d'accès. Laissez sécher puis poncez à main légère au papier au carbure de silicium très fin. Dépoussiérez soigneusement avec un chiffon humecté de white spirit.

Appliquez la première couche de vernis non dilué au pinceau, sans jamais tremper plus d'un tiers de la tirure dans le produit. Essorez très délicatement l'excédent contre la paroi intérieure du pot, mais ne frottez pas les soies sur le rebord : vous risqueriez de créer des bulles d'air qui ressortiraient sous le fini.

Etendez le vernis en couches minces et régulières, en tirant dans toutes les directions et en masquant au mieux les coulures de la couche précédente. Finissez par passes légères dans le sens du fil. Ne tentez jamais de retoucher un vernis qui a commencé à durcir, car vous laisseriez sur le fini des traces de pinceau disgracieuses. Pour les effacer, laissez sécher toute la nuit, poncez délicatement les imperfections au papier au carbure de silicium autolubrifiant et repassez une couche de vernis.

Si la couche de finition brillante a ramassé des grains de poussière, vous pouvez soit la refaire après ponçage, soit la dépolir avec un tampon de laine d'acier fine (n° 000) imprégné d'encaustique. Frottez dans le sens du fil, puis lustrez au chiffon doux pour masquer les défauts les plus apparents.

Les vernis acryliques sont appliqués en couches généreuses, en travers fil dans un premier temps, puis dans toutes les directions pour unifier la pellicule. Ces produits, qui sèchent en moins d'une demi-heure, vous obligeront à rattraper les coulures très rapidement. Laissez sécher deux heures avant de passer la couche suivante.

Peintures

Les peintures acryliques présentent des caractéristiques très voisines de celles des vernis acryliques et s'appliquent de la même façon (voir ci-dessus).

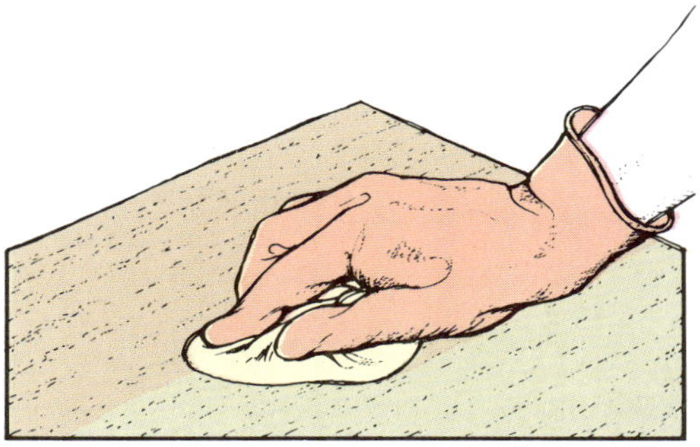

Application de la couche d'apprêt au chiffon

La plupart des peintures à l'huile se passent au pinceau en couches régulières, puis, comme les vernis, doivent être tirées par passes longitudinales. En revanche, il convient de ne pas trop travailler au pinceau les peintures dites thixotropiques (gélatineuses). Appliquez-les en couches relativement généreuses, par grandes passes parallèles, et laissez les traces de pinceau s'effacer d'elles-mêmes.

Laissez sécher chaque couche de peinture avant de la poncer délicatement au papier de carbure de silicium, pour gommer les imperfections et fournir une surface d'ancrage à la couche suivante. Dépoussiérez la surface au chiffon doux et laissez sécher la couche finale à l'abri de la poussière.

COMMENT ÉVITER LES COULURES

Une couche de peinture à l'huile qui n'a pas été tirée soigneusement sur une surface verticale glissera sous son propre poids et donnera en séchant un superbe effet de drapé. Pour éviter cela, croisez les passes au pinceau en étalant bien la peinture (1).

La pression d'un pinceau sur une arête ou une moulure entraîne toujours une coulure. Suivez toujours les chants et les moulures dans leur longueur pour ressuyer la peinture en excès, en partant des angles quand il y en a (2).

Peignez du centre vers les bords pour ne pas essorer votre brosse sur l'arête (3).

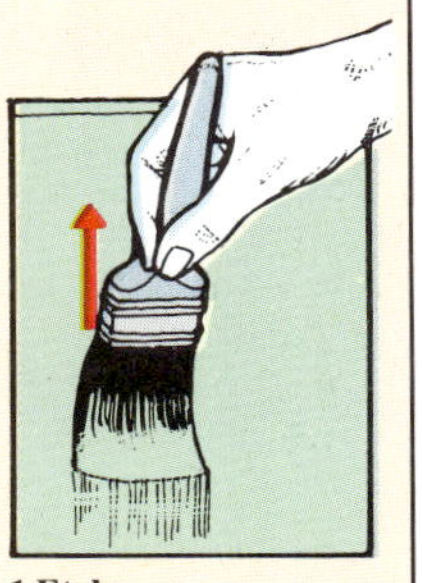

1 Etalez

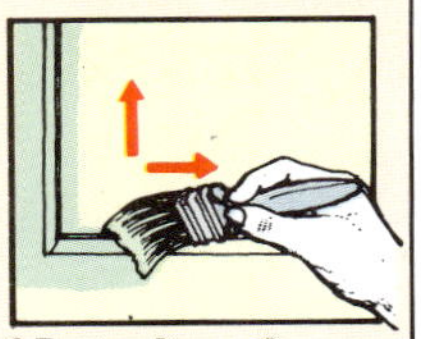

2 Partez des angles

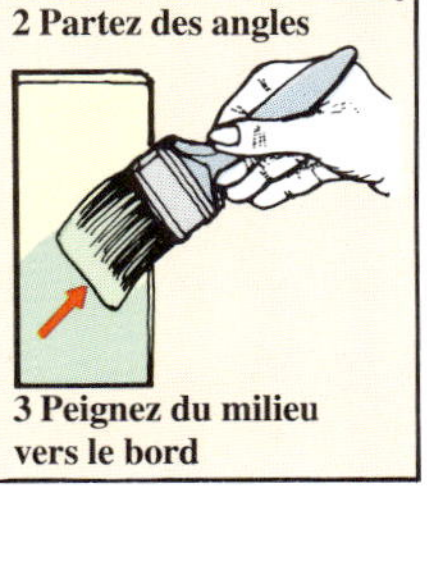

3 Peignez du milieu vers le bord

LES FINITIONS AU PISTOLET

Appliquées au pistolet, les vernis, peintures et laques assurent des finitions parfaitement lisses et homogènes — à condition toutefois de bien régler le pistolet et le compresseur et de maîtriser la technique de pulvérisation. Les brouillards produits par ces appareils sont néanmoins explosifs et peuvent être nocifs. Il est donc indispensable de travailler en extérieur ou dans une cabine de pistolettage équipée d'un puissant extracteur. Renseignez-vous au préalable auprès des autorités compétentes pour tout ce qui concerne les mesures de sécurité et les éventuelles interdictions locales.

VOIR AUSSI

ÉQUIPEMENT DE PISTOLETTAGE

Sa fonction est de transformer le vernis en un brouillard de très fines gouttelettes grâce à un jet d'air comprimé pour le déposer sur la surface à vernir.

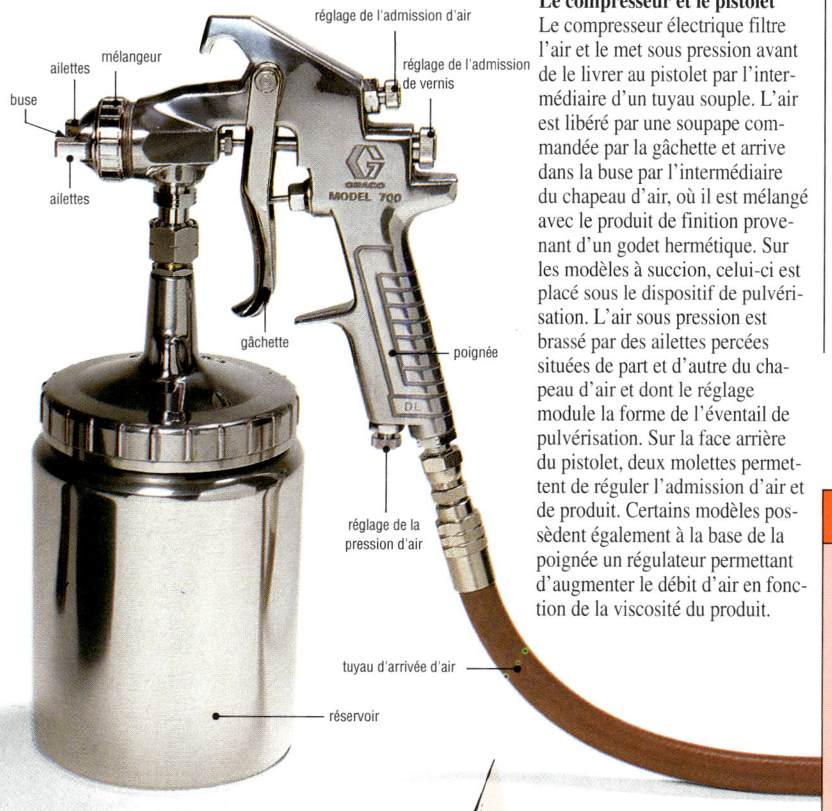

Pistolet pulvérisateur

Le compresseur et le pistolet
Le compresseur électrique filtre l'air et le met sous pression avant de le livrer au pistolet par l'intermédiaire d'un tuyau souple. L'air est libéré par une soupape commandée par la gâchette et arrive dans la buse par l'intermédiaire du chapeau d'air, où il est mélangé avec le produit de finition provenant d'un godet hermétique. Sur les modèles à succion, celui-ci est placé sous le dispositif de pulvérisation. L'air sous pression est brassé par des ailettes percées situées de part et d'autre du chapeau d'air et dont le réglage module la forme de l'éventail de pulvérisation. Sur la face arrière du pistolet, deux molettes permettent de réguler l'admission d'air et de produit. Certains modèles possèdent également à la base de la poignée un régulateur permettant d'augmenter le débit d'air en fonction de la viscosité du produit.

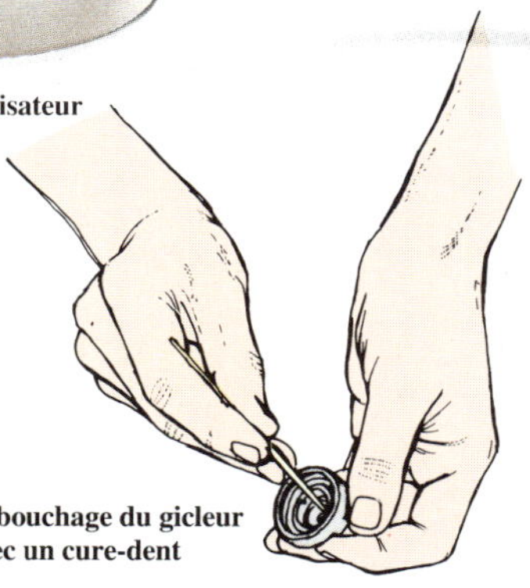

Débouchage du gicleur avec un cure-dent

Nettoyage du pistolet
A la fin du travail, videz le réservoir et mettez-y un peu de diluant. Vaporisez ce diluant jusqu'à ce qu'il apparaisse parfaitement clair, puis démontez la buse et nettoyez-la avec un chiffon imbibé de solvant. Utilisez un cure-dent pour déboucher les trous obstrués.

Confection d'une cabine de pistolettage
Pour travailler au pistolet à l'intérieur en toute sécurité, prévoyez impérativement une cabine parfaitement étanche et bien isolée du reste de l'atelier. Installez avant tout un ventilateur d'extraction sur un mur extérieur pour dégager les vapeurs nocives. Procurez-vous auprès d'un fournisseur spécialisé un moteur d'extracteur antidéflagrant, car l'air de ces cabines est hautement inflammable. Installez sur la sortie d'air un filtre textile pour piéger les particules de pulvérisation. Munissez-vous en outre d'ampoules antidéflagrantes et placez l'interrupteur à l'extérieur de la cabine. Si votre compresseur ne peut pas être installé à l'intérieur de la cabine, fixez le tuyau dans la paroi et prévoyez un raccord rapide et un système anticondensation, car il suffit de très peu d'eau dans le tuyau pour compromettre le travail de finition. Disposez les petites pièces sur un support pivotant improvisé à partir d'un disque de contre-plaqué vissé à un vieux tabouret de piano et disposez-le face à l'extracteur. Les pièces plus volumineuses seront posées sur tréteaux.

CONSIGNES DE SÉCURITÉ

- Portez des lunettes de protection et un masque respiratoire, même à l'extérieur.
- Construisez une cabine conforme aux règles de sécurité.
- Ne tolérez ni flamme ouverte ni cigarette dans la zone de travail.
- Eloignez les jeunes enfants du matériel de pulvérisation.
- Ne dirigez jamais le pistolet sur quelqu'un.
- Avant toute intervention mécanique sur le pistolet, relâchez la pression, appuyez sur la gâchette pour vider le tuyau, puis débranchez le pistolet.

LA DILUTION DES PRODUITS

Les produits sont habituellement vendus à la consistance nécessaire à l'application à la brosse et doivent être dilués pour la pulvérisation. Le bon solvant et les bonnes proportions sont donnés par les fabricants.

Voici une méthode empirique pour juger de la viscosité d'une préparation : mélangez avec un morceau de bois et observez l'écoulement de la peinture ou du vernis à l'extrémité de celui-ci. S'il est régulier, vous être proche du résultat recherché ; s'il est interrompu, le mélange est trop épais. Pour mesurer un éventuel excès de fluidité, il faut faire une petite passe d'essai sur une pièce verticale ; si le produit coule instantanément, le mélange est trop liquide.

Pour une mesure plus précise de la viscosité, les fournisseurs de matériel de pulvérisation peuvent vous procurer des récipients calibrés. Il suffit de chronométrer le temps de remplissage à travers la buse et d'ajuster la viscosité en fonction de ce résultat.

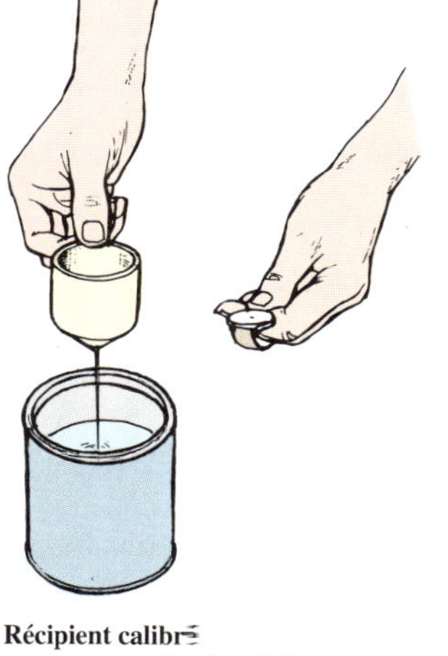

Récipient calibré pour mesurer la viscosité

LA TECHNIQUE DU PISTOLAGE

Si c'est votre première expérience, faites d'abord quelques essais sur des chutes de bois ou de panneaux.

Pistolage d'un panneau vertical
Tenez le pistolet à vingt centimètres environ de la surface à garnir. Si votre buse est munie d'ailettes, disposez-les horizontalement. Dirigez le pistolet vers l'ouvrage et pulvérisez avec un geste régulier en restant bien parallèle à la surface (1). Si votre main décrit un arc de cercle, le produit pulvérisé sera moins épais aux deux extrémités (2). Commencez la pulvérisation avant le début de l'ouvrage et ne relâchez la gâchette qu'après en être sorti (3). Pour la première passe, visez le chant du panneau ; au retour, recouvrez la moitié de la passe précédente (4) et continuez ainsi jusqu'à la fin du panneau.

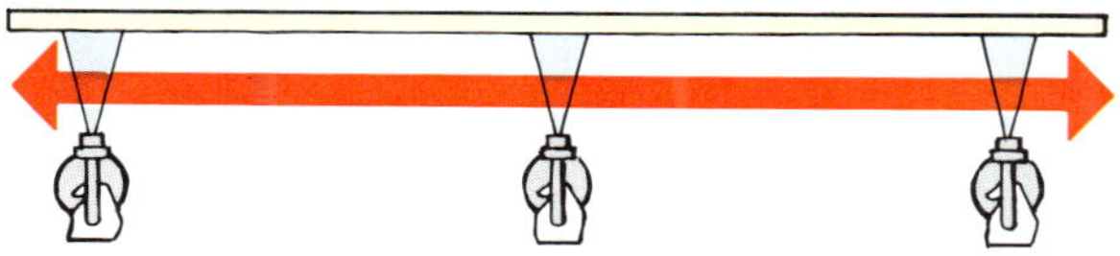

1 Restez bien parallèle à l'ouvrage...

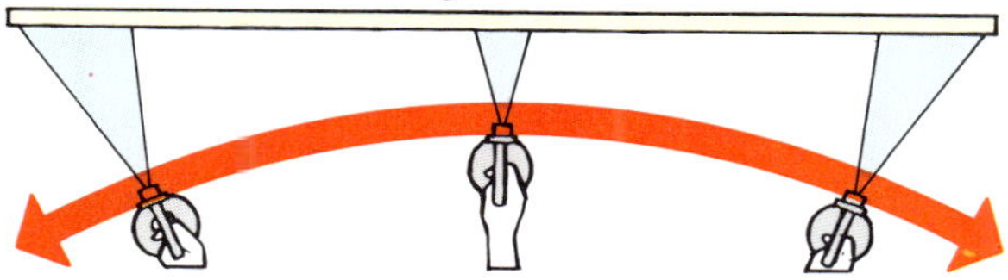

2 ...sinon l'épaisseur de la couche sera inégale

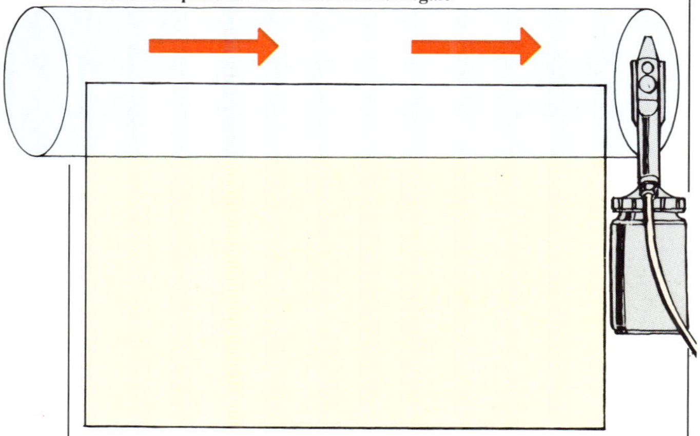

3 Commencez et finissez de pulvériser en dehors de l'ouvrage

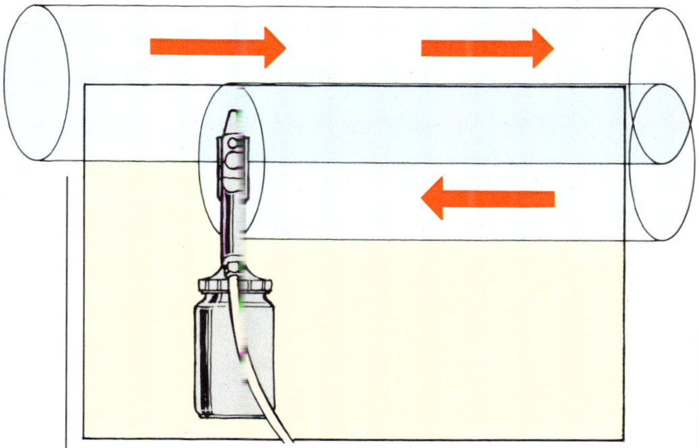

4 Recouvrez la moitié de la passe précédente

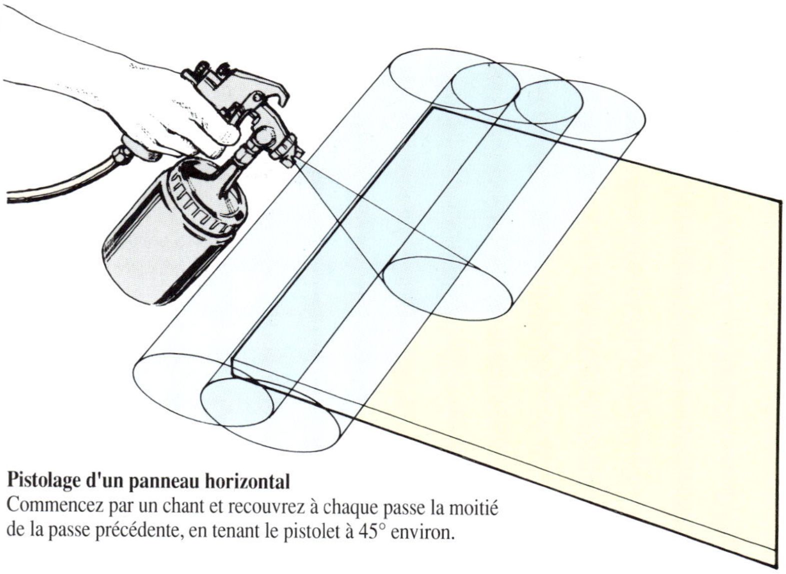

Pistolage d'un panneau horizontal
Commencez par un chant et recouvrez à chaque passe la moitié de la passe précédente, en tenant le pistolet à 45° environ.

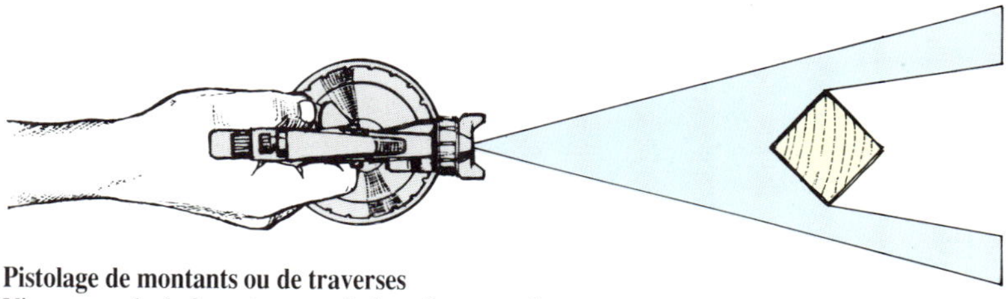

Pistolage de montants ou de traverses
Visez un angle de façon à recouvrir deux faces en même temps, puis retournez la pièce.

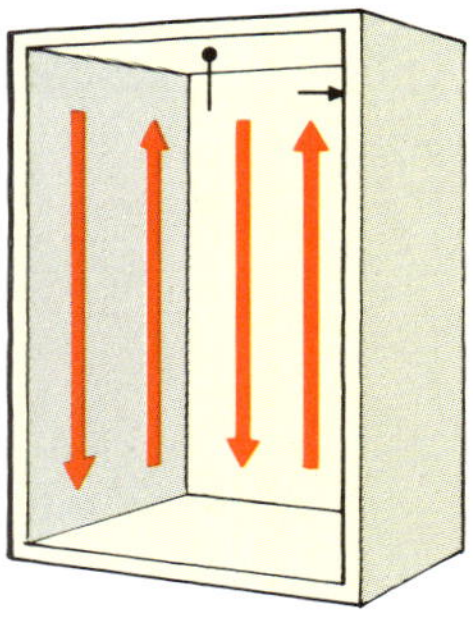

Ordre des opérations pour l'intérieur d'un meuble

Pistolage de l'intérieur d'un meuble ou d'un tiroir
N'essayez pas de tout faire en même temps. Commencez par le plafond, s'il y en a un, puis, dans l'ordre, un côté, l'arrière, l'autre côté et pour finir le fond horizontal. Vernissez l'extérieur après l'intérieur.

MODIFICATIONS DU FINI

Si l'état de finition de votre ouvrage ne vous satisfait pas tel qu'il est, il existe plusieurs moyens de le modifier.

Pour un fini brillant, laissez durcir vingt-quatre heures et poncez les traces et les grains de poussière au papier au carbure de silicium très fin. Finissez par un polissage avec une pâte à polir au chiffon doux jusqu'à l'obtention du résultat désiré.

Pour une finition satinée, laissez durcir et frottez avec un tampon de laine d'acier très fin trempé dans de la cire, puis lustrez avec un chiffon doux. On peut également utiliser de la poudre de ponce mélangée à de la paraffine fondue et passée avec un morceau de liège. Nettoyez et lustrez avec un chiffon doux.

LES FINITIONS À BASE D'HUILE ET DE CIRE

VOIR AUSSI

Ce sont les plus faciles à mettre en œuvre, les seules qui n'exigent aucun coup de main difficile à acquérir. L'huile pénètre dans le bois sans former de couches à la surface ; elle ne peut donc ni retenir la poussière ni laisser de traces de pinceau. La cire est une très ancienne méthode de finition, mais elle sert aussi comme produit de polissage des vernis.

LES HUILES

Certains bois gras qui refusent toute autre forme de finition ont toujours été traités avec de l'huile. C'est le cas du teck et de l'afromorsia. Mais rien n'empêche d'en faire autant avec d'autres bois durs et même des bois tendres, à qui l'huile donne une riche couleur ambrée. Ses propriétés de résistance à l'humidité la rendent particulièrement adéquate pour les travaux extérieurs. Les bois souffrant d'une exposition excessive au soleil peuvent être avantageusement nourris à l'huile. Seuls les aménagements intérieurs recevant des objets que l'huile pourrait tacher doivent être exclus.

- **Entretien des surfaces huilées**
  Les égratignures et les taches disparaissent le plus souvent après une simple application du produit.

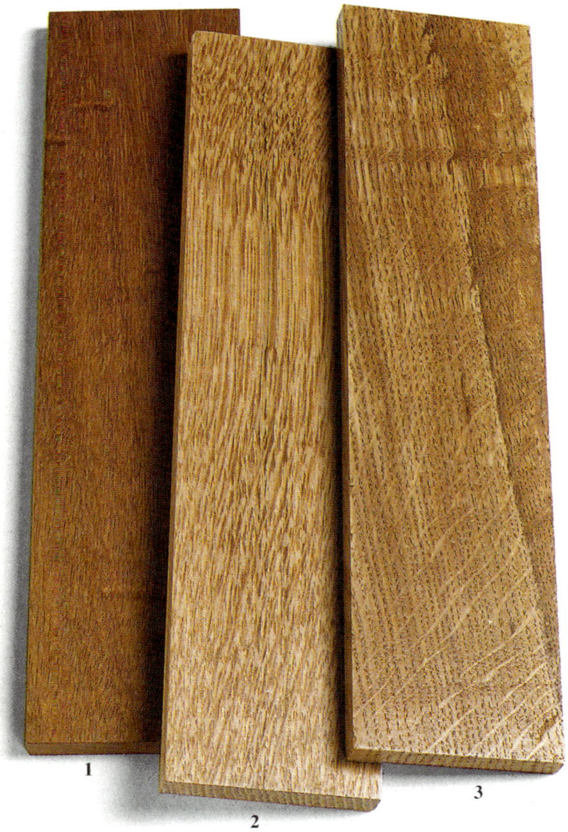

1 Huile sur de l'iroko
2 Cire incolore sur du chêne
3 Cire « à l'ancienne » sur du chêne

L'huile de lin
L'huile de lin brute ne peut servir que pour les petits objets. Il lui faut plusieurs jours pour sécher, ce qui lui donne tout le temps de ramasser la poussière ambiante. Même bouillie, son temps de séchage est encore de vingt-quatre heures et elle n'offre pas un fini très durable.

Les autres huiles végétales
On trouve assez facilement dans le commerce en France, souvent sous l'appellation d'huile de teck, des huiles végétales d'origines diverses, en général siccativées de telle façon que les applications puissent se succéder toutes les deux ou trois heures. Les taches ont moins de prises sur ces finitions et disparaissent parfois d'elles-mêmes au bout de quelque temps ; sinon il suffit d'un très léger ponçage et d'une nouvelle application. Attention, la véritable huile de teck comporte des précautions d'emploi draconiennes contre les risques d'incendie.

Les huiles alimentaires
La plupart des huiles destinées à la finition des bois contiennent des produits toxiques. C'est pourquoi tous les ustensiles de cuisine, bols, saladiers, couverts, doivent être finis avec une huile spéciale ou tout simplement avec de l'huile d'olive ou toute autre huile à usage alimentaire.

LES CIRES

Traditionnellement fabriquée par les artisans eux-mêmes à base de cire d'abeille et de cire végétale diluée dans de l'essence de térébenthine, la cire est aujourd'hui disponible sous forme de préparations dont la qualité et la diversité de teintes sont suffisantes pour satisfaire la plupart des amateurs.

Sa couleur de miel et ses teintes dorées semblent s'améliorer avec l'âge. Certaines cires imitent assez bien la patine des vieux meubles tout en bouchant les fentes et les petites imperfections.

Les cires au silicone sont plus faciles à faire briller mais quand elles ont pénétré le bois, il devient impossible d'appliquer sur celui-ci aucune autre sorte de finition, ce qui rend problématique un éventuel travail de restauration.

Les cires liquides
Leur consistance permet de les appliquer à la brosse. Toutefois, deux ou trois couches au moins sont nécessaires pour obtenir une protection raisonnable.

La cire en pâte
Sa consistance est bien plus épaisse. On l'applique au moyen d'un tampon de laine d'acier très fine. Le polissage et le lustrage lorsqu'elle est à peine dure lui donne un très beau brillant.

Cirage des bois tournés
Prenez simplement un pain de cire dure et frottez-le sur la pièce en mouvement.

FINITIONS À L'HUILE

Etendez généreusement au pinceau ou au chiffon une couche d'huile sur une surface bien préparée. Laissez-la pénétrer pendant quelques instants avant d'essuyer le surplus avec un chiffon propre. Appliquez une deuxième couche quelques heures plus tard et laissez sécher toute la nuit. Le lendemain, appliquez une dernière couche et polissez-la au chiffon doux jusqu'à ce que vous obteniez un léger brillant.

FINITIONS À LA CIRE

Bien que le bois brut admette volontiers la cire, mieux vaut préalablement boucher la surface par un vernis. Pour les travaux exigeants et les pièces revêtues d'une teinte à l'huile, passez deux couches de fond dur à la gomme-laque ou de vernis tampon blanc. Cette préparation empêchera la cire de pénétrer trop profondément dans le bois, surtout s'il s'agit d'une encaustique liquide. Autre avantage, elle protègera le bois des taches et de la poussière, qui pourraient traverser la cire et finir par s'incruster dans le meuble.

Poncez légèrement cette couche d'apprêt au papier au carbure de silicium très fin et appliquez uniformément au pinceau une première couche d'encaustique. Recouvrez-la une heure plus tard d'une deuxième couche de cire passée au chiffon doux par petites passes circulaires. Lorsque le produit a bien pénétré le bois, frottez dans le sens du fil. Au besoin, ajoutez une troisième couche. Laissez tirer jusqu'au lendemain et lustrez vigoureusement avec un chiffon propre.

Si vous préférez utiliser une cire en pâte, appliquez-la au chiffon doux comme indiqué ci-dessus. Un quart d'heure plus tard, chargez de cire un tampon de laine d'acier fine (n° 000) et frottez dans le sens du fil. Répétez trois à quatre fois l'opération, puis laissez durcir toute la nuit et faites briller au chiffon doux.

CHAPITRE 12

AUTRES MATÉRIAUX

Tous les amateurs du travail du bois sont un jour ou l'autre amenés à se confronter avec des matériaux différents, soit par nécessité pratique, soit dans le but d'enrichir le décor d'un ouvrage. On trouve dans le commerce de nombreux éléments métalliques destinés aux bricoleurs. Les filets métalliques ont toujours été utilisés pour la décoration des dossiers de chaise, des couvercles de coffre et des canons de fusils. Dans une cuisine, rien ne vaut un marbre bien lisse pour rouler une pâte à tarte. Quels que soient les progrès du plastique, le verre reste le matériau prépondérant pour les encadrements et les vitrines destinées à mettre en valeur vos objets préférés. Le marbre et le verre font aussi des dessus de table agréables et faciles à nettoyer. Le cuir est d'un confort inégalable pour l'écriture. Il équipe les bureaux et les secrétaires, mais aussi les boîtes à bijoux, les coffrets et tous les objets de gainerie. On le trouve parfois en habillage sur les façades de tiroirs ou les portes de meuble. Il est bon de connaître les tours de main propres au travail de ces matériaux, ne serait-ce que pour pouvoir en discuter utilement avec les fournisseurs ou les artisans lorsque vous aurez recours à leurs services.

LE MÉTAL

L'utilisation du métal permet de créer des contrastes plaisants avec les tons plus doux et plus variés du bois. Pourquoi ne pas vous lancer dans la fabrication de décors ou d'accessoires métalliques répondant à vos désirs et à vos besoins, et ajoutant ainsi une touche originale à votre ouvrage ?

VOIR AUSSI

Les tourets à meuler	106/107
Le perçage vertical	127
Les défonceuses	140/145
Les perceuses à colonne	188/189
Les masques de protection	214
L'étau de mécanicien	276
Les finitions	290/293

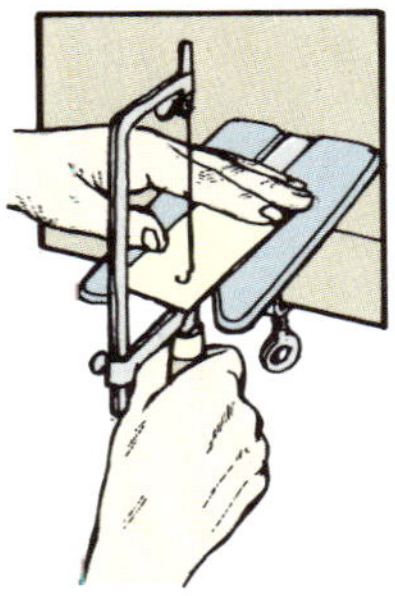

Pour scier, utilisez un support muni d'une entaille

Les outils pour le métal
1 Scie à métaux
2 Limes aiguilles
3 Scie bocfil
4 Limes
5 Equerre de mécanicien
6 Compas à pointes sèches
7 Cisaille universelle
8 Cisaille à bec droit
9 Cisaille à bec courbe
10 Réglet en acier
11 Pointe à tracer

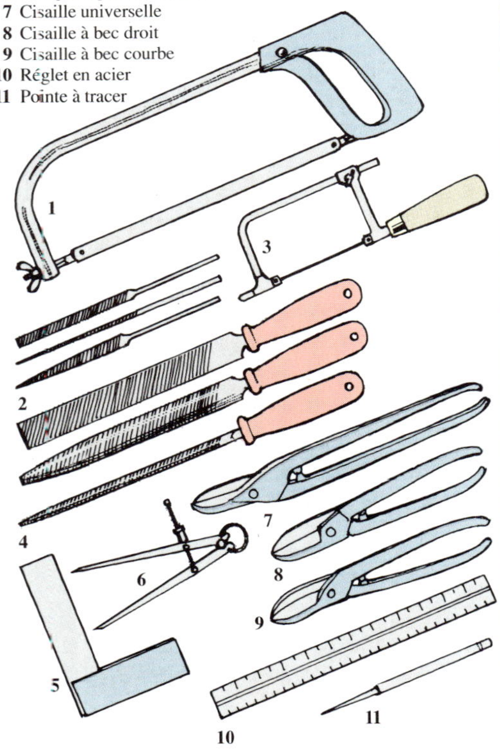

LES OUTILS POUR LE TRAVAIL DU MÉTAL

La plupart des métaux peuvent se travailler à la main avec un outillage de base assez simple.

Pour la marqueterie métallique et pour la gravure, les outils de bijoutier sont les plus adéquats. Pour des travaux un peu plus lourds – bâtis métalliques, consoles, etc. – vous aurez besoin d'une scie à métaux, de cisailles diverses et d'un jeu de limes plates, rondes et demi-rondes dans au moins deux grains différents. Les scies à métaux dont la denture seule a été trempée et dont la lame garde sa souplesse naturelle ont une durée de vie plus longue et vibrent moins sous la poussée que les lames ordinaires au carbone.

Pour le travail de marqueterie, une petite scie de bijoutier (« scie bocfil ») et un jeu de limes aiguilles vous seront nécessaires. Sciez sur un support muni d'une entaille fixé au bord de l'établi et permettant un bon maintien de la pièce. L'effort de sciage ne doit s'exercer qu'en poussant.

Le traçage exige une pointe en acier capable de marquer la surface du métal, un compas à pointes sèches pour les cercles, une équerre et un réglet en acier pour les mesures et le traçage des lignes droites.

Le découpage des métaux en feuille se fait au moyen de cisailles. Il vous en faudra au moins deux modèles, l'un à bec plat pour les coupes droites et les courbes extérieures, l'autre à bec courbe pour les courbes intérieures. Ajoutez à cela une meule d'établi double, qui est de toute façon un investissement indispensable dans un atelier. A une extrémité se trouve la meule proprement dite, pour le meulage et l'affûtage, et à l'autre extrémité un mandrin permettant le changement rapide des outils de polissage et de lustrage.

UN ÉTABLI POUR LE TRAVAIL DU MÉTAL

Si cela vous est possible, réservez un établi pour le travail exclusif du métal. Vous éviterez de transférer dans vos bois les fines particules produites par le travail du métal et vous éloignerez les chalumeaux des copeaux et de la sciure. En plus du support de sciage et de la meule, fixez un étau de mécanicien et une petite perceuse à colonne. Même constituée d'un simple support vertical adapté à une perceuse, cela vous permettra de maintenir dans un endroit délimité les copeaux métalliques et l'huile de coupe.

L'ASSEMBLAGE DES MÉTAUX

Collage, soudage et brasage sont les trois principaux modes d'assemblage des métaux, que l'on choisit en fonction de la solidité recherchée.

Le collage
Il n'est en général utilisé que pour la décoration ou les petits travaux, malgré la très grande résistance offerte par les colles modernes. Les assemblages structurels doivent être soudés, mais on se servira de la colle pour la confection des maquettes et des calibres ou la fixation provisoire de pièces devant être soudées.

Les colles à base de cyano-acrylates, les résines époxy et les colles contact peuvent être employées pour coller le métal sur lui-même, sur le verre ou sur d'autres matériaux non poreux.

La soudure à l'étain
L'inox, le laiton et le cuivre peuvent être soudés à l'étain ou brasés. Pour la soudure à l'étain (dite soudure douce) du cuivre et du laiton, un ou deux fers électriques de 150 W vous seront nécessaires pour le métal en feuille jusqu'à 1,5 mm. Pour les feuilles très minces et le fil, un fer de 40 W suffira. Pour des épaisseurs supérieures, il faut un chalumeau à gaz butane avec un brûleur à pointe fine. Le point de fusion des soudures douces, qui sont des alliages de plomb et d'étain, est assez bas. N'essayez pas de souder deux éléments bord à bord. Faites plutôt des joints se recouvrant ou des joints à plis fermés.

Les parties à souder doivent être parfaitement propres et dégraissées. Toute opération de soudure implique l'utilisation d'un flux destiné à décaper le métal et à empêcher son oxydation pendant la chauffe.

Nous vous conseillons d'utiliser de la soudure en fil avec un flux liquide ou pâteux séparé, plutôt que de la soudure à âme décapante telle qu'on l'utilise pour les connexions électriques et qui est plus tendre, donc plus faible. Conservez la panne de votre fer bien propre et étamez-la légèrement quand elle est chaude en la passant dans le flux puis dans la soudure avant de commencer à souder.

Pour souder, étendez un peu de flux sur les parties à souder et chauffez avec la panne du fer ou la pointe de la flamme jusqu'à ce que la soudure fonde. Ne brûlez pas le flux et ne surchauffez pas le métal qui risquerait de se déformer et d'empêcher le bon écoulement de la soudure. Si le métal n'est pas assez chaud, la soudure ne fondra pas vraiment et formera de petites billes collées le long du joint.

Pour éviter la surchauffe, si vous utilisez un chalumeau à gaz, dirigez la flamme un peu à l'écart du joint et laissez celui-ci chauffer par conduction.

Laissez refroidir lentement. Tremper la pièce brûlante dans l'eau pour gagner quelques secondes provoque un affaiblissement de la soudure. Pour finir, essuyez l'excès de flux au chiffon.

La brasure et la soudure autogène
Si la soudure à l'étain est à la portée de tous les bricoleurs, on laisse le plus souvent aux professionnels la brasure (dite aussi soudure forte) et la soudure autogène. Les garagistes et les serruriers sont équipés pour tous ces petits travaux.

Cependant, la miniaturisation et la baisse des prix des équipements de brasure et de soudure électrique et à gaz rend accessible à l'amateur la soudure de l'aluminium, de l'inox et d'autres métaux.

LES MÉTAUX

L'or et l'argent

Ce sont les deux métaux traditionnellement les plus utilisés pour l'incrustation et la décoration des meubles, souvent en association avec d'autres matériaux comme la nacre et l'écaille.

L'or est disponible en alliage de plusieurs titres et en feuilles de différentes épaisseurs pour la marqueterie, mais son prix très élevé fait qu'on l'utilise plutôt en placages extrêmement minces (quelques centièmes de millimètres à peine). L'argent, moins cher et plus facile à travailler est également disponible dans un plus grand choix d'épaisseurs, en feuille comme en fil et c'est sous cette forme qu'il est le plus souvent utilisé.

Le laiton

On le trouve en petite quantité chez les commerçants spécialisés sous forme de feuille, de rouleau, de tige pleine et de tube et également en profilé plat ou en cornière. Les marchands de modèles réduits constituent souvent une bonne source d'approvisionnement pour de petites quantités de ce métal.

Les aciers au carbone

Ils sont plus ou moins durs selon la quantité de carbone que contient l'alliage. On les trouve chez les marchands de métaux sous forme de tube, de barre ou de feuille. La plupart de ces marchands ne refusent pas de vendre leurs chutes ou de prendre les petites commandes.

L'acier doux se travaille facilement avec des outils normaux, mais il est difficile à souder. Les assemblages structurels doivent être brasés ou soudés à l'arc. Dans les parties cachées, on peut éventuellement utiliser des boulons ou des rivets. A l'exception des variétés inoxydables, tous les aciers doivent être peints ou protégés par un traitement contre la rouille.

L'acier inoxydable

L'« inox » se trouve en feuille, en tube et en cornière chez les marchands de métaux et chez les fournisseurs spécialisés dans la construction navale. La plupart des variétés d'inox sont faciles à travailler et à polir. On peut les souder, mais l'opération est un peu délicate. On peut également les coller.

L'aluminium

Les magasins de bricolage, les marchands de matériaux et de métaux vendent l'aluminium sous une très grande variété de formes. C'est un métal qui se travaille très facilement mais qui se soude mal. Les variétés les plus douces ont tendance à encrasser les lames. Pour prévenir cet inconvénient, enduisez la lame de white-spirit ou de talc. La protection de l'aluminium est assurée de façon industrielle par un procédé électrolytique, l'anodisation, et artisanalement par l'application d'un vernis à métaux.

Le cuivre

Il est disponible sous les mêmes formes que le laiton. Il se travaille et se soude facilement. Le cuivre se patine très rapidement par oxydation.

LA MARQUETERIE MÉTALLIQUE

Les motifs de décoration métallique peuvent prendre une forme géométrique – bande, filet, cercle, ovale – ou toute autre forme quelconque de votre choix.

La pose d'un décor métallique incrusté dans un support en bois se fait par entaillage au moyen d'une défonceuse. La coupe peut être conduite par le guide parallèle de la machine pour les entailles droites, par le guide de coupe circulaire pour les cercles ou en suivant un gabarit approprié pour les formes quelconques. Il est possible mais délicat de travailler à main levée en suivant un dessin. Le support doit être parfaitement plat, surtout si vous utilisez des feuilles minces. Travaillez avec une fraise à deux tranchants d'au moins 9 mm de diamètre montée sur une défonceuse à tête plongeante. Pour les découpes fines, choisissez une fraise plus petite.

Finissez les angles avec un ciseau bien affûté et vérifiez en posant une règle dessus que votre pièce de métal rentre bien dans son logement sans s'enfoncer en dessous de la surface du support.

Utilisez une colle à base de résine époxy étalée en couche mince et serrez en interposant une cale en bois bien plate protégée par une feuille de plastique. Si vous disposez d'une presse à plaquer, vous pouvez bien sûr l'utiliser.

FINITION DES MÉTAUX

Plusieurs techniques spécialisées peuvent être employées pour parfaire l'aspect décoratif des métaux, notamment le replanissage, le sablage, le repoussage et le martelage.

Le brossage

C'est une technique qui ne demande ni qualification ni outillage particulier. On utilise des brosses métalliques en inox de plus en plus fines fixées dans le mandrin de la meule pour obtenir un fini satiné. La qualité du fini dépend de la vitesse de rotation des outils et de la finesse des brosses utilisées.

Le polissage

Portez toujours un masque lors des opérations de polissage, la poussière de métal pouvant être dangereuse pour vos poumons. Il est préférable, quand c'est possible, de polir à la meule les incrustations métalliques avant leur mise en place.

Commencez par enlever les rayures avec une brosse dure enduite de tripoli (abrasif fin vendu en poudre ou en pâte par les fournisseurs d'outillage pour bijoutiers).

Passez ensuite au polissage avec des brosses en feutre enduites de tripoli, puis pour finir d'une pâte à polir adéquate.

Si vous devez polir des éléments déjà en place, travaillez à main levée avec des petites brosses fixées dans le mandrin d'un flexible relié à une perceuse attachée à l'établi. Avant le polissage, protégez le bois alentour des projections de particules métalliques et de l'oxydation.

- **Collage du métal sur le bois**
  Encollez d'abord le bois avec une couche claire de vernis ou de colle blanche. Pour une grande surface où le bois risque de jouer, utilisez une colle contact souple.

LUBRIFIANTS POUR COUPE

Il faut lubrifier les parties métalliques en contact lors des travaux de coupe :

Acier : un peu d'huile tous usages. Voici les principaux lubrifiants utilisés :
Aluminium : white-spirit, térébenthine ou talc.
Cuivre : huile de machine légère, white-spirit ou talc pour prévenir l'encrassement.
Laiton : à sec.

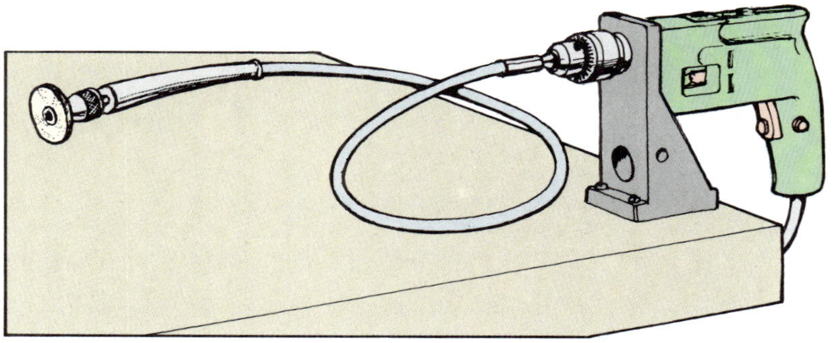

Polissage des incrustations métalliques
Utilisez une brosse au bout d'un flexible.

Application des finitions

Les peintures et vernis polyuréthannes ou cellulosiques, précédées d'une sous-couche ou d'une couche adéquate de primaire sont les plus indiquées pour la finition du métal. Ils se passent à la brosse ou au pistolet, cette dernière méthode donnant les meilleurs résultats. Si vous n'avez pas d'équipement de pulvérisation, les aérosols destinés aux retouches de la peinture des voitures constituent une bonne solution de remplacement. Mais il existe de tout petits pistolets qui donnent d'assez bons résultats.

Ne travaillez que dans une atmosphère exempte de poussière et jamais à l'intérieur, sauf si vous possédez une cabine spéciale (voyez le chapitre sur la finition des bois). Nettoyez et dégraissez la surface à traiter et passez-la à la laine de verre fine pour obtenir une meilleure adhérence. Laissez bien sécher chaque couche et poncez légèrement au papier à l'eau entre chaque couche.

LE VERRE

On distingue trois catégories de verre : le verre transparent (verre étiré et glace claire), le verre opaque (verre dépoli et verre à motifs) et les verres spéciaux (verre trempé, verre antireflet, verre antique, etc.). La plupart des verres sont maintenant produits selon la méthode du verre flotté (float-glass), *qui a détrôné la vieille technique du verre étiré qui donnait des produits d'épaisseur inégale, causant des reflets et des distorsions.*

VOIR AUSSI

Les marques de protection	214
Les lunettes de protection	214
Les colles à bois	303
Les ferrures d'assemblage	308/309

Quelques précautions

- Prévoyez vos étagères de verre avec le maximum de surface portante.
- Si elles reposent sur des équerres ou des consoles, maintenez-les avec des clips ou tout autre moyen de fixation.

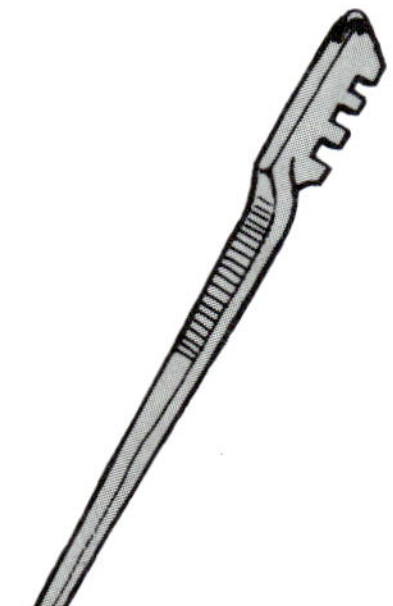

Coupe-verre à molette

MANIPULATION DU VERRE

- Portez des gants épais et prenez garde aux chutes de verre.
- Portez des gants et des lunettes pour la coupe, plus un masque pour le meulage.

Le verre étiré

C'est le procédé ancien de fabrication du verre, qui fournit encore aujourd'hui les qualités ordinaires de verre à vitre.
On le trouve dans des épaisseurs allant de 3 à 6 millimètres.

Le verre flotté

Dénommé glace à partir de 4 mm, et glace claire lorsqu'il est transparent, le verre flotté constitue aujourd'hui la majorité des fabrications à usage ordinaire (encadrement, portes de placards, miroirs, etc.). Les épaisseurs disponibles vont de 4 à 10 millimètres.

Le verre antique

Chez les fournisseurs spécialisés, on peut trouver du verre fabriqué à la main selon les méthodes traditionnelles. Ce matériau reproduit toutes les caractéristiques et surtout tous les défauts qui faisaient le charme du verre d'autrefois : irrégularité d'aspect et d'épaisseur, nuances de couleurs et bulles de formes diverses emprisonnées dans le verre. Le verre opale est une variété du verre antique.

Le verre antireflet

Son usage principal est l'équipement des tableaux et des panneaux d'affichage. Il apparaît légèrement translucide lorsqu'on le tient en main, mais redevient transparent si on le rapproche d'un objet.

Pour un tableau, la distance entre le verre et l'objet ne doit pas être supérieure à l'épaisseur du carton de montage. Pour d'autres usages, la distance peut aller jusqu'à 2 centimètres.

Le verre trempé

La découverte majeure effectuée lors des recherches menées pour parvenir à rendre le verre moins fragile fut la méthode du trempage. On trouva d'abord que le fait de recuire la pâte donnait au verre une meilleure résistance.
Du verre recuit on passe au verre trempé, chauffé jusqu'à ce que sa résistance soit multipliée par quatre. Le verre Securit, qui équipe notamment les pare-brise de voitures, est un sous-produit amélioré du verre trempé ; en plus de sa résistance, il a la propriété de se briser en tout petits morceaux non agressifs.
Ce produit, difficile à couper, n'est pas facile à obtenir en petites quantités.

Le verre feuilleté

Encore plus solide face aux chocs divers, le verre feuilleté se compose de deux feuilles de verre en sandwich autour d'un film de plastique. En cas de rupture, le plastique maintient ensemble les morceaux de verre, évitant la chute des objets dans le cas d'une étagère ou la blessure des personnes proches. C'est pourquoi on l'utilise pour les plateaux de table et la confection d'étagères destinées à supporter des poids importants.

Où acheter le verre

La plupart des variétés de verre sont disponibles chez les marchands spécialisés qui peuvent aussi assurer la coupe et les façons diverses possibles sur le verre (décoration, polissage, chanfreins sur les bords, etc.).

Le perçage du verre

Vous pouvez percer le verre avec une mèche au carbure de tungstène en utilisant une vitesse de perçage très lente. Pour le refroidissement de la mèche, faites un petit monticule de mastic autour du départ du trou et remplissez-le de térébenthine ou de white-spirit.

Découpe du verre

Au-delà de 4 mm d'épaisseur, il est préférable de confier la coupe du verre à un spécialiste.
Si vous tenez absolument à le faire vous-même, il vous faudra une petite meuleuse d'angle sans fil équipée d'un disque diamanté et d'un dispositif de refroidissement.
Cette machine vous sera également utile pour le meulage des chants et des angles.

Jusqu'à 4 mm, il est relativement facile de couper le verre à l'aide d'un coupe-verre à molette ou d'un diamant de vitrier. Posez le verre à couper sur un support plat garni d'une épaisseur de moquette ou de papier journal. Dégraissez soigneusement la partie à couper à la térébenthine ou au white-spirit.

Marquez la coupe à chaque extrémité avec un crayon feutre et posez une équerre ou une règle rejoignant les deux traits. Tenez la molette bien verticale et bien ferme d'une main et la règle très fermement de l'autre en écartant bien les doigts. Coupez en une seule passe en exerçant une pression bien régulière (1). Attention à ne pas écailler l'arête du verre à la sortie de la coupe.

Mettez des gants et des lunettes de protection et posez le verre sur le bord d'un panneau de bois en alignant l'arête du bois avec le trait de coupe, la chute étant dans le vide. Pour casser le verre, appuyez fermement des deux côtés du trait (2). Si la coupe n'est pas franche, rognez les parties dépassantes en utilisant l'encoche la plus appropriée parmi celles qui sont disposées sur le manche du coupe-verre (3). A défaut, utilisez des tenailles. Si la chute est constituée d'une bande étroite, détachez-la en empoignant un côté dans chaque main et en les repliant d'un geste sec (4).

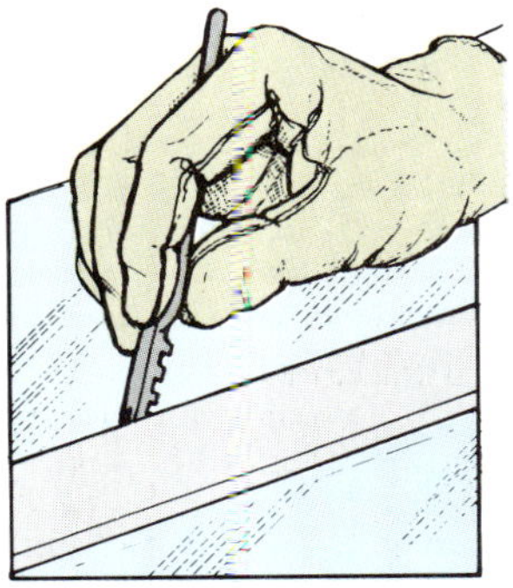

1 Tirez le coupe-verre vers vous

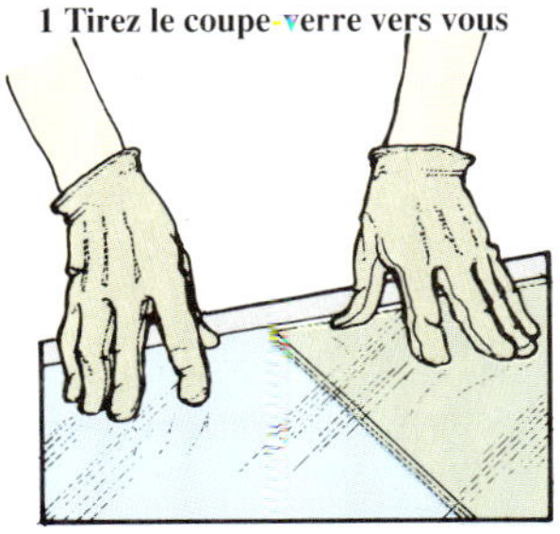

2 Appuyez de chaque côté du trait

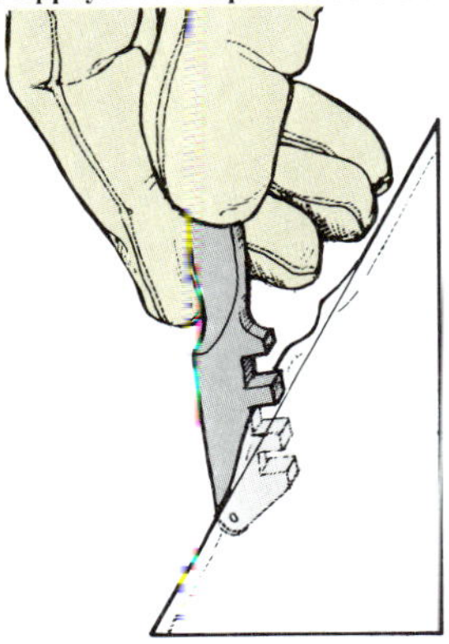

3 Rognez les bavures

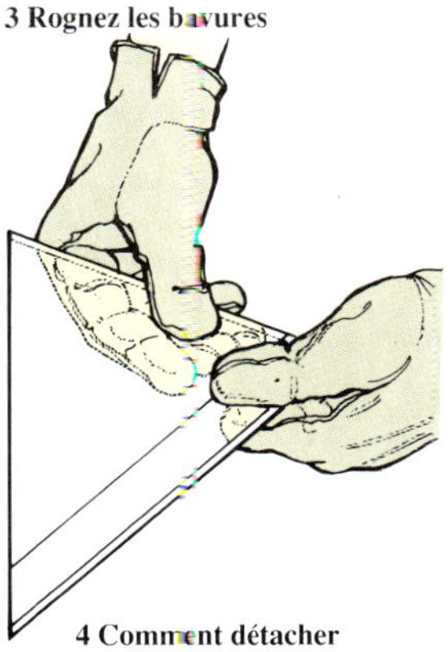

4 Comment détacher une bande étroite

Meulage et polissage du verre
Les chants d'un panneau de verre doivent être meulés pour ne pas risquer de blesser s'ils sont destinés à rester apparents (plateau de table ou étagère par exemple). Le meulage se fait selon un des profils habituels dont nous vous donnons quelques exemples. Ce travail doit en principe être confié à un professionnel, mais vous pouvez vous y essayer au moyen de papier à l'eau de différents grains et de produits tels que ceux utilisés pour le ponçage des carrosseries de voiture.

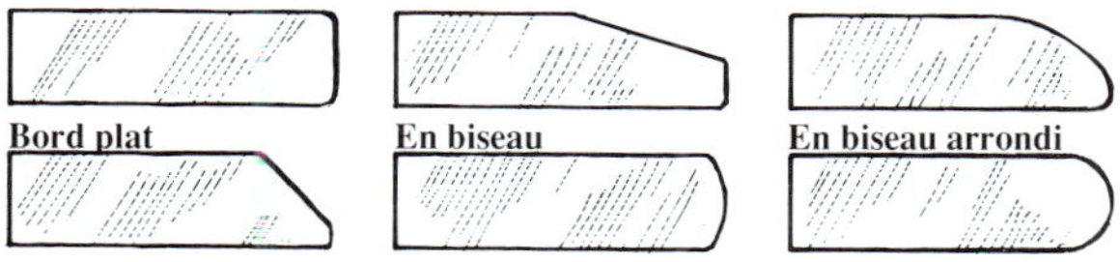

Bord plat — **En biseau** — **En biseau arrondi**

Bord chanfreiné — **Bord demi-rond** — **Bord rond**

Assemblage du verre
On peut assembler deux panneaux bout à bout ou à recouvrement, en utilisant les colles à base de résine époxy, les colles cyano-acrylates ou les mastics au silicone. Seules les colles cyano-acrylates forment un joint invisible à condition que les deux surfaces joignent parfaitement. Les coupes d'onglet éventuelles doivent être confiées à un homme du métier.

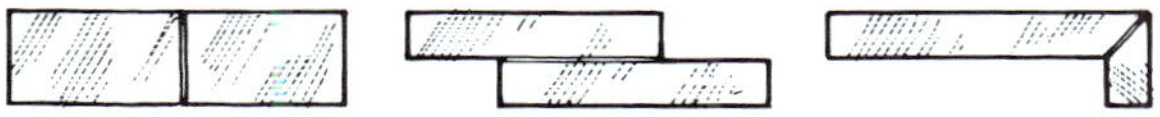

Assemblage bout à bout — **A recouvrement** — **D'onglet**

Choix des épaisseurs
Les portes en verre de petites dimensions (jusqu'à 30 x 30 centimètres) peuvent être prises dans du verre de 3 ou 4 millimètres. Au-delà et jusqu'à une hauteur de 75 centimètres environ, n'utilisez pas de verre en dessous de 4 millimètres. La charge admissible d'une étagère de verre est donnée dans le tableau ci-dessous.
Les calculs de résistance sont établis en fonction de la formule suivante :

$$\frac{2}{3} \times \frac{\text{profondeur}}{\text{portée entre appuis}}$$
$\times$ épaisseur du verre
$=$ charge maxi en kg

Cependant, la profondeur d'une étagère ne doit en aucun cas être inférieure à 15 centimètres et le rapport entre la portée et la profondeur supérieure à 7/1.

Portée	Profond.	6 mm	10 mm
500 mm	150 mm	7 kg	20 kg
500 mm	200 mm	9 kg	26 kg
500 mm	300 mm	14 kg	40 kg
750 mm	150 mm	4 kg	13 kg
750 mm	200 mm	6 kg	17 kg
750 mm	300 mm	9 kg	26 kg
1 000 mm	150 mm	3 kg	10 kg
1 000 mm	200 mm	4 kg	13 kg
1 000 mm	300 mm	7 kg	20 kg

Par exemple, une étagère de 15 centimètres de large ne peut pas mesurer plus de 1,05 mètre. Pour des rangements normaux, prévoyez des étagères pouvant porter 15 à 20 kilogrammes.

Dimensions des plateaux de table
Les plateaux supportés sous les quatre côtés peuvent avoir les dimensions maximales suivantes :

verre de 6 mm : 50 x 50 cm
verre de 10 mm : 90 x 90 cm
verre de 12 mm : 110 x 110 cm,

ou la surface correspondante si la découpe n'est pas un carré.
Les dessus de table doivent être maintenus sur les ceintures par des clips ou reposés dans des feuillures.

Plateaux dépassants
Un plateau qui dépasse de la ceinture de la table doit être fixé par des goujons ou des vis traversant le verre pour ne pas risquer d'être déplacé par une fausse manœuvre. Les vis placées sur le verre devront être équipées de rondelles souples en caoutchouc ou en nylon.
Pour ce genre de travaux, utilisez plutôt du verre de 12 mm et limitez le surplomb à 50 centimètres au maximum.

LE MARBRE

Le marbre tire sa réputation de la richesse et de la variété de son aspect. Mais il ne faut pas oublier ses qualités pratiques. Il forme le meilleur support pour les travaux de cuisine et notamment pour la pâtisserie, grâce à sa résistance aux taches et à l'abrasion.

Différents types de marbre
Sa couleur va du blanc pur ou du crème du marbre italien au gris et au noir du marbre belge.
Des marbres gris viennent de Tinos en Grèce ; des beiges et des bruns du Portugal, de Sicile et de France ; des jaunes et dorés d'Iran, d'Espagne et de Yougoslavie ; des roses et des rouges d'Italie, de Grèce, de Scandinavie et du Portugal.
Le Travertin, pierre calcaire imitant le marbre, présente aussi un très beau poli.

Découpe et travail du marbre
Le travail mécanique du marbre exige un outillage très lourd réservé à des spécialistes.
Malgré sa dureté, le marbre se travaille un peu comme le bois. Les outils mécaniques sont les mêmes (scies à rubans, scies circulaires et défonceuses) mais les tranchants en sont diamantés.
Vous pouvez percer le marbre jusqu'à un diamètre de 16 mm avec des mèches au carbure de tungstène en maintenant la vitesse de rotation un peu en dessous de 1 000 tours-minute. Pendant toutes la durée de la coupe, l'outil doit être arrosé à l'eau pour le refroidir.
Le polissage se fait à la laine d'acier.
On trouve également des préparations spéciales pour nettoyer les taches sur le marbre. Elles se passent aussi avec un tampon de laine d'acier.

Comment acheter du marbre
Les marchands de matériaux (pierres, dallages...) et les importateurs de marbre acceptent parfois de satisfaire les petites commandes.
Pour acheter, donnez toujours des mesures exactes. Pour toute coupe de forme quelconque, fournissez un gabarit précis en indiquant clairement la face supérieure ainsi que toutes les coupes ou façons supplémentaires que vous désirez.

Les épaisseurs disponibles vont de 7 à 50 mm environ. Mais vous pouvez bien sûr obtenir sur commande n'importe quelle autre épaisseur. On trouve dans le commerce de détail des tablettes toutes prêtes dans diverses mesures destinées notamment à surmonter les radiateurs.

Fixation et collage du marbre
Vérifiez la planéité et la solidité du support pour ne pas gauchir le marbre en le posant.
Les dessus de table sont parfois fixés dans la ceinture au moyen de vis apparentes équipées de cache-vis décoratifs. Mais on peut réaliser des fixations cachées avec des écrous dont la tête vient se loger sous la table dans un trou borgne et qu'on scelle avec une colle époxy à deux composants. Dans tous les cas, laissez au bois la place de jouer en utilisant des taquets libres en rainure (1) ou des équerres à lumière (2).
Si votre plateau doit arriver à fleur avec un autre élément, assemblez-les avec des taquets en laiton logés dans une entaille sur chant, au bout des pièces.

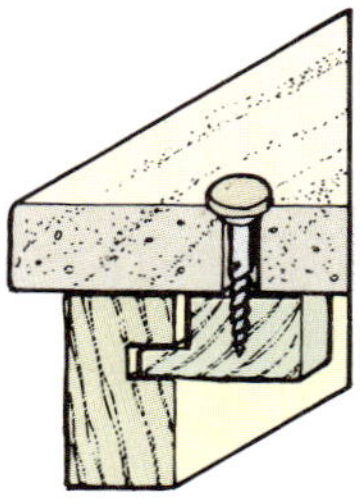

1 Taquet libre

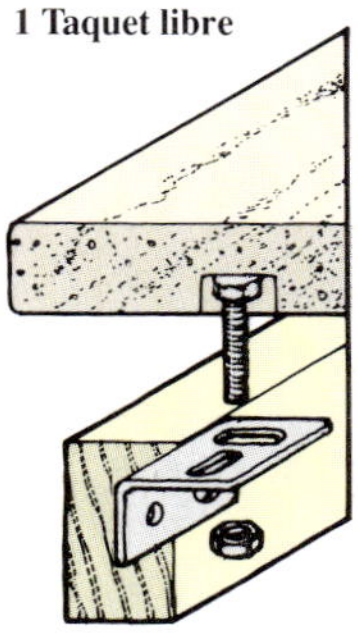

2 Equerre à lumière

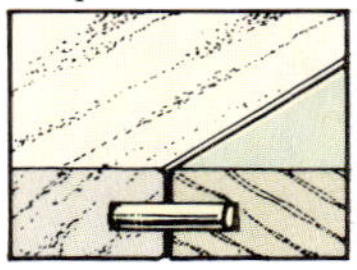

3 Taquet en laiton en bout

LE CUIR

Le cuir est utilisé comme support pour l'écriture sur les abattants de secrétaire et les bureaux, comme tissu d'ameublement et comme revêtement pour les sièges.

VOIR AUSSI

Les défonceuses	140/145
Les aleses	248
Les colles à bois	302/303

Comment acheter du cuir
On trouve le cuir débité en petites surfaces chez certains détaillants spécialisés dans les fournitures pour l'artisanat, ou en peaux entières chez les fournisseurs en maroquinerie. Vous pouvez aussi essayer d'acheter des chutes dans les ateliers de confection.

Les fournisseurs pour ébénistes et tapissiers vendent des peaux prêtes à poser pour les secrétaires et les bureaux. Les couleurs sont variables, ainsi que les finitions, plus ou moins patinées.

Le cuir le plus souvent utilisé pour la garniture d'ameublement est un cuir de vache attendri et apprêté. La surface utilisable chez une vache adulte est d'environ cinq mètres carrés.

Pour les bureaux et les secrétaires, on préfère l'agneau ou le mouton, pris dans la « fleur ». Leur peau est plus mince et plus facile à poser, mais aussi plus petite. La dimension maximale d'une telle peau est d'environ 84 x 60 centimètres. Pour couvrir de plus grandes surfaces, il faut assembler deux peaux entre elles, ce qui peut être fait par le fabricant.

Comment commander une peau
Il est important de donner les dimensions exactes de l'entaille qui doit recevoir la peau, ainsi que les angles s'il y en a. Il est toujours préférable de fournir un gabarit de coupe en indiquant bien la face apparente.
Cela devient indispensable si vous avez à faire à une surface courbe. Reportez sur le gabarit la position des façons décoratives que vous demandez, s'il y en a. Le coupeur, dont c'est le métier, calculera la marge de coupe et ajustera, si c'est nécessaire, la position des motifs pour cacher les joints ou les imperfections.

Répartition des coupes sur une peau de vachette

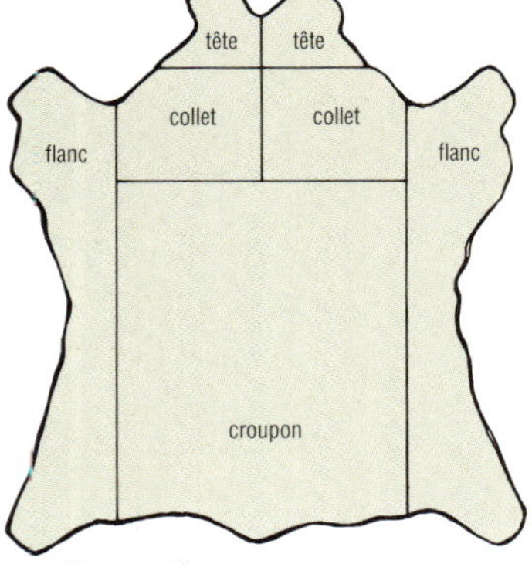

Peau entière

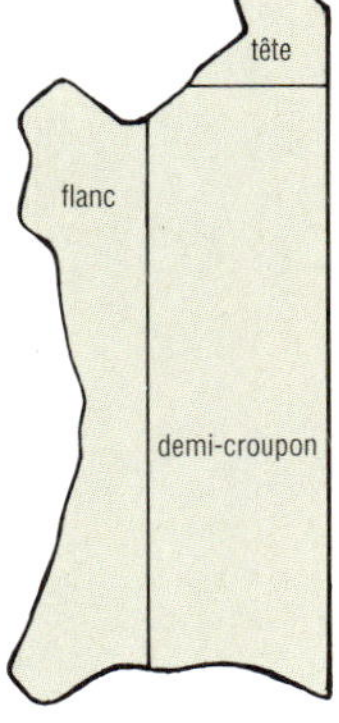

Demi-peau

DÉCORATION DU CUIR

Les peaux collées sur les secrétaires sont souvent décorées par des motifs imprimés et dorés, la dorure étant appliquée après l'estampage du dessin.

Il est possible de se procurer les outils nécessaires à ce travail, mais le résultat sera meilleur entre les mains d'un professionnel.

Exemple de motifs pour décorer les peaux

POSE D'UN CUIR SUR UN PLATEAU

Le cuir dans la fleur sert pour les écritoires, bureaux et secrétaires, et aussi pour décorer les tables basses ou les tables à jeux. On le trouve parfois en décor sur les coffrets, les façades de tiroirs ou les portes de meuble.

Les peaux se collent habituellement à la colle forte ou à la colle à papier peint (colle d'amidon). Cependant, il est de plus en plus fréquent d'utiliser de la colle blanche diluée dans la proportion d'une part d'eau pour quatre parts de colle.

L'encastrement destiné à loger la peau peut être obtenu par défonçage mécanique (1) ou en bordant le panneau d'une alèse en saillie (2). On peut créer un effet de coussin en forçant le bord préalablement encollé de la peau dans une rainure en V pratiquée sur le pourtour (3).

Si votre peau est ornée de motifs, prenez garde de bien les répartir également au moment du collage.

Coupez d'abord un bord bien droit et positionnez-le sur la surface du bois que vous venez d'encoller. Appuyez doucement avec un morceau de feutre replié bien propre (4). Marouflez l'ensemble du panneau de la même façon en suivant l'ordre indiqué par les flèches sur le dessin (5). Faites disparaître délicatement toutes les cloques et tous les plis, mais sans étirer le cuir, jusqu'à ce que la surface soit bien lisse et plane.

Vous pouvez maintenant couper les trois autres côtés, soit en utilisant une règle, soit en faisant apparaître l'arête de l'entaille en la suivant doucement avec une règle en bois (6) avant de la couper en suivant cette marque (7), sans sortir du trait et sans abîmer le bois autour de l'entaille. Faites la chasse aux cloques pendant le séchage de la colle.

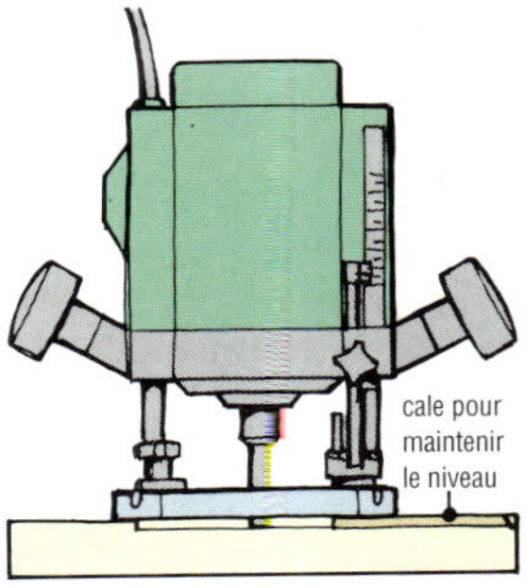

1 Défonçage du logement d'une peau

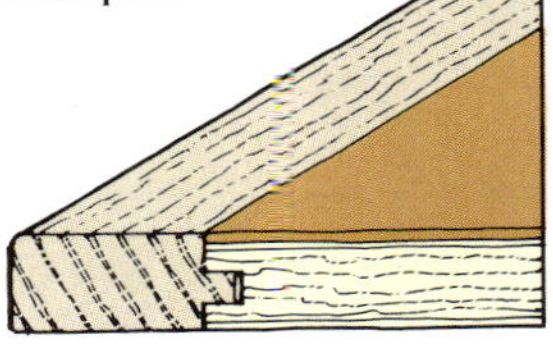
2 Alésage au niveau du cuir

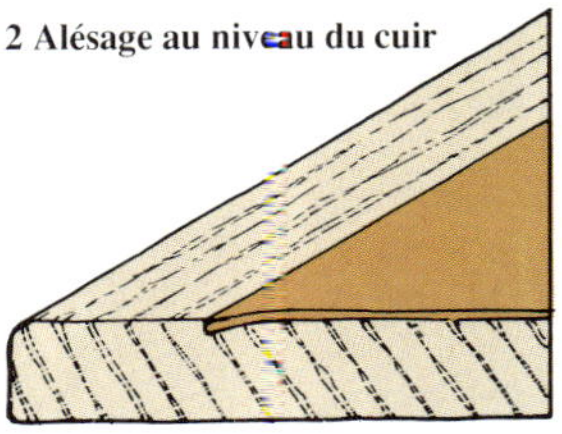
3 Collage du bord dans une entaille en « V »

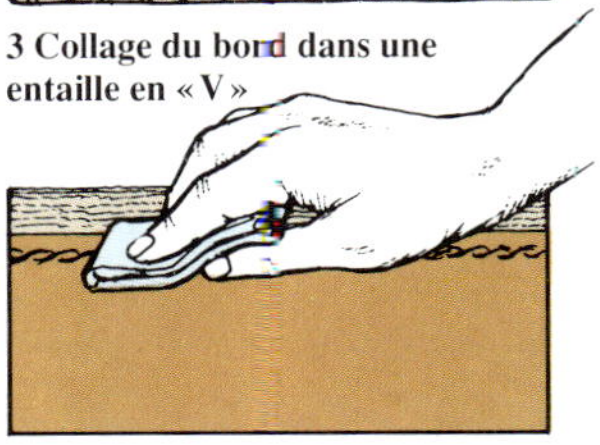
4 Marouflez d'abord un des bords

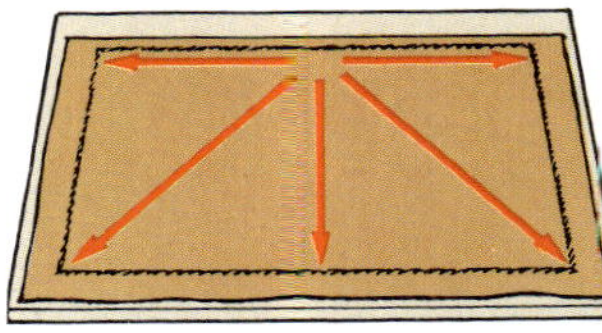
5 Continuez dans l'ordre ci-dessus

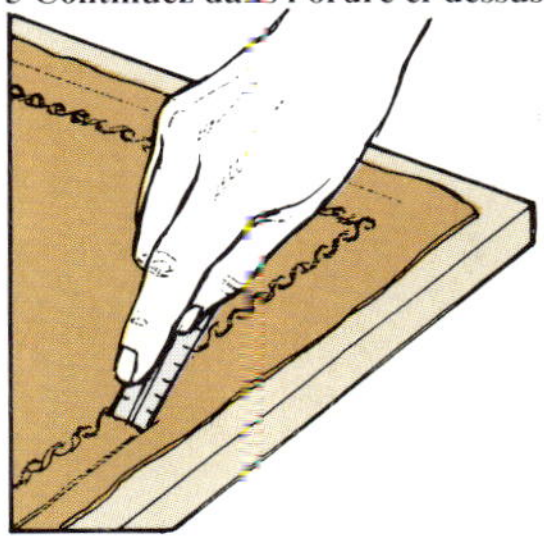
6 Frottez pour marquer la coupe

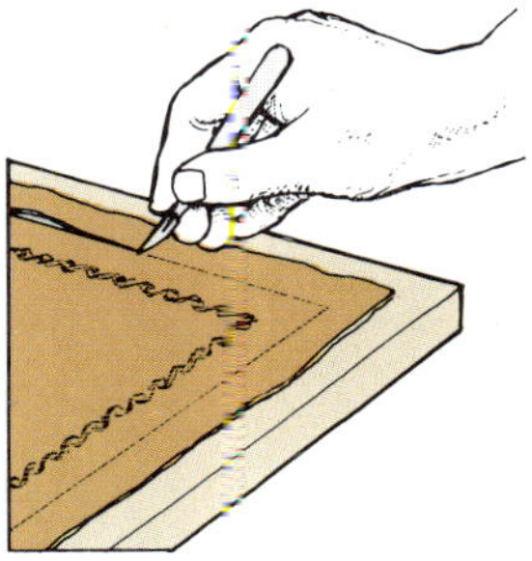
7 Découpe finale

CHAPITRE 13

LES COLLES ET LA QUINCAILLERIE

Dans les pages suivantes, nous donnons quelques conseils pour l'achat et l'utilisation des colles et de la quincaillerie de base qui forment le fond de roulement de tout atelier. Les vis et les clous sont des objets si quotidiennement utiles que vous vous devez d'en posséder un assortiment permanent. Les quincailleries de rotation (paumelles, charnières...), et de condamnation (loqueteaux, serrures...), ainsi que les poignées et boutons sont des objets plus chers, moins souvent nécessaires et d'une telle variété qu'il est souvent plus facile de les acheter au fur et à mesure des besoins. Les colles modernes sont aussi diverses parce que souvent très spécialisées. C'est pourquoi vous risquez de vous retrouver avec un certain nombre de pots sur l'étagère à colles. Malheureusement, certaines colles n'ont pas une très longue vie en pot. Il vaut donc mieux être prudent et savoir résister à l'envie d'acheter de grandes quantités qui peuvent s'avérer moins économiques lorsqu'il faudra jeter les pots.

LES COLLES À BOIS

Le collage est depuis des siècles une des principales méthodes utilisées pour réunir deux pièces de bois sans autre renfort mécanique. Mais quand on étudie les meubles anciens, on voit bien que la colle utilisée à cette époque présentait quelques défauts, notamment une piètre résistance à l'humidité conduisant à l'affaiblissement des assemblages. Aujourd'hui, les colles modernes ont atteint un grand degré de diversité et de solidité. Avez-vous besoin d'une colle résistant à la chaleur, aux acides, à l'humidité ? D'une colle à prise rapide ou au contraire à prise lente ? D'une colle pouvant vivre très longtemps dans un pot entamé ? Vous la trouverez et si solide que le joint de colle aura une résistance à l'arrachement supérieure à celle des fibres du bois qui l'entoure

VOIR AUSSI

Les presses	120/122
Les lunettes de protection	214
Le placage à la main	263
Utilisation de la colle contact	264

La colle animale

Les colles traditionnelles sont à base de protéines animales obtenues par broyage de la peau, des nerfs ou des os de différents animaux. Après avoir régné en maître unique dans tous les ateliers pendant des siècles, la « colle forte » n'est plus utilisée aujourd'hui que pour la restauration et le placage à la main.

Sa présentation la plus fréquente est la colle en perles, qu'il suffit de laisser fondre dans l'eau chaude en utilisant un pot à bain-marie chauffé au gaz ou à l'électricité.

Les colles animales ne sont pas toxiques. Elles forment un film dur qui peut être travaillé et poncé. Elles sont réversibles à la chaleur et à l'humidité, ce qui est à la fois leur principal avantage (pour le restaurateur) et leur principal inconvénient structurel.

La colle thermofusible

On trouve, durcie sous forme de bâton, des colles qui ne peuvent être utilisées qu'avec un applicateur spécial, une sorte de pistolet réchauffeur qui liquéfie la colle. Le principal avantage de ce produit est son temps de prise extrêmement court : la colle fige en quelques secondes en se refroidissant à l'air libre. Cette qualité la rend idéale pour les travaux rapides – construction de maquettes et de gabarits, par exemple.

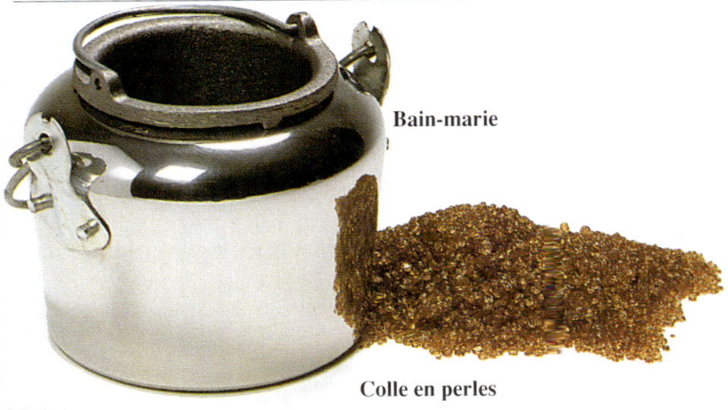

La colle vinylique

Fabriquée à base d'acétate de polyvinyle, c'est la fameuse « colle blanche » qui équipe tous les ateliers où l'on travaille le bois. Elle sèche par évaporation de l'eau qui la dissout, n'est pas toxique et peut servir à la plupart des collages normalement exigés par le travail du bois. Sa vie en pot est par ailleurs pratiquement illimitée pourvu qu'on la conserve dans des conditions raisonnables de température. Elle forme un joint dur mais tout de même relativement souple. La colle blanche normale n'est pas faite pour résister à l'humidité, mais il en existe une variété dite « extérieure » qui peut affronter toutes les intempéries.

On trouve par ailleurs plusieurs variétés de colle vinylique destinées à des usages particuliers et notamment des colles à prise rapide ou à prise retardée, pour permettre la mise sous presse d'ouvrages compliqués ou de grandes dimensions.

La colle urée-formol

C'est un excellent produit pour les travaux exposés à l'humidité. Elle se présente soit en poudre, à mélanger dans l'eau avant d'ajouter le durcisseur, soit sous forme de crème qui doit également être mélangée à un catalyseur chimique, le mélange pouvant se faire en étendant chacun des éléments sur une des parties à coller. Ces colles sont très dures ; elles tachent le bois, abîment les outils métalliques et produisent des vapeurs désagréables. Portez des gants, des lunettes et aérez bien votre atelier lors de leur utilisation.

La colle à la résorcine

C'est une colle proche de la précédente par ses qualités et sa mise en œuvre. Elle se présente le plus souvent sous la forme d'un liquide rougeâtre qui doit être mélangé à un catalyseur avant d'être appliqué sur les deux faces de l'ouvrage. Elle forme un joint rouge assez visible, très dur et parfaitement résistant à l'humidité. La prise ne se fait pas en dessous de 15°C, mais elle peut être accélérée par réchauffage des pièces. Les précautions à prendre sont les mêmes que pour la colle urée-formol.

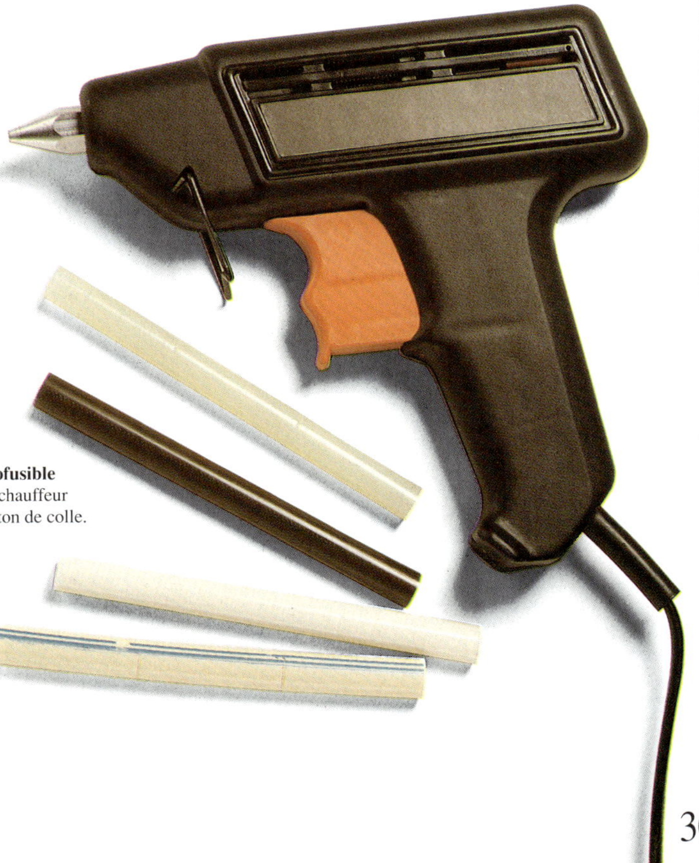

Colle thermofusible
Le pistolet réchauffeur liquéfie le bâton de colle.

LA PRATIQUE DU COLLAGE

Un bon collage suppose un joint bien préparé. Les surfaces à coller doivent être lisses, propres, sèches et exemptes de taches de graisse.

La colle contact
On l'appelle aussi colle au néoprène. Sa fonction est de permettre des collages par simple contact des deux éléments, sans serrage mécanique. Elle se passe en couches minces sur les deux parties à coller. Dès que le solvant est évaporé, on rapproche les pièces et le collage est instantané, sans possibilité de faire glisser les deux éléments l'un sur l'autre. On parfait l'opération par un marouflage au rouleau ou avec une cale en bois tendre.
Cette technique est la plus employée pour le collage des stratifiés sur les panneaux supports (plan de travail des cuisines, etc.). Certaines variétés sont vendues en gel pour le collage des matériaux de revêtements muraux et permettent une certaine liberté d'ajustage. Attention, ces colles émettent des vapeurs désagréables et très inflammables.

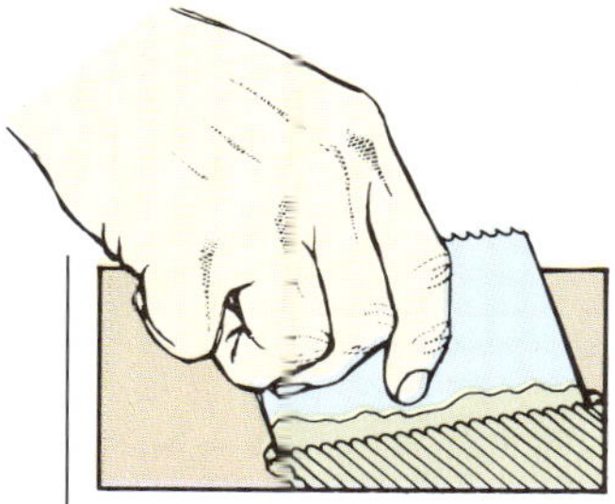

Appliquez en couche mince

La résine époxy
Cette résine a donné naissance à l'une des plus fameuses colles modernes, l'Araldite.
Toujours présenté en deux composants à mélanger en parties plus ou moins égales selon le résultat désiré, ce produit peut servir à toutes sortes de collages entre matériaux divers. Le joint de colle est transparent, très dur mais aussi très souple, insoluble à l'eau et pratiquement irréversible.
Le temps de séchage varie selon les produits et selon la température. Le produit non durci se nettoie à l'eau chaude savonneuse ou à l'alcool, mais il peut être irritant pour les peaux sensibles.

Humidité du bois
Le taux d'humidité du bois peut influer grandement sur la qualité d'un collage. Au-delà de 20 % d'humidité, certaines colles refusent de prendre et en dessous de 5 %, le bois risque d'absorber trop vite la colle et le joint de s'en trouver affaibli.

Application de la colle
Sauf indications contraires du fabricant, il est toujours conseillé d'étaler la colle sur les deux faces à joindre, en couches bien régulières. Cette indication est particulièrement importante pour les tenons et les mortaises, la colle risquant d'être repoussée lors de l'enfoncement du tenon et le joint de se retrouver à sec.
Certaines colles à deux composants s'utilisent en étendant la résine sur une des faces et le durcisseur sur l'autre. La réaction chimique ne commençant que lors de la mise en contact des deux composants, vous disposez ainsi de tout le temps nécessaire à la mise en place des pièces, même dans le cas de collages compliqués.

Serrage des collages
La plupart des collages doivent être maintenus serrés mécaniquement pendant le temps nécessaire à la prise de la colle. Nettoyez la colle en excès au moment du serrage au moyen d'un chiffon ou d'une éponge humide. Quelques minutes plus tard, vérifiez si la colle continue à déborder du joint. Si oui, essuyez de nouveau et redonnez un tour de serrage à vos presses.

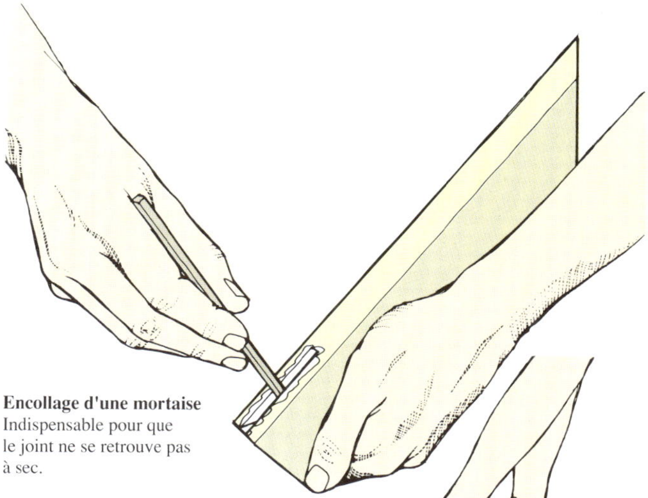

Encollage d'une mortaise
Indispensable pour que le joint ne se retrouve pas à sec.

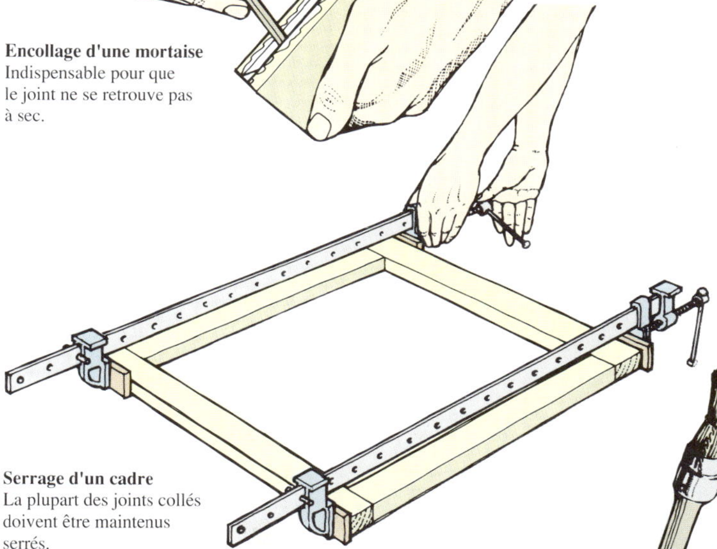

Serrage d'un cadre
La plupart des joints collés doivent être maintenus serrés.

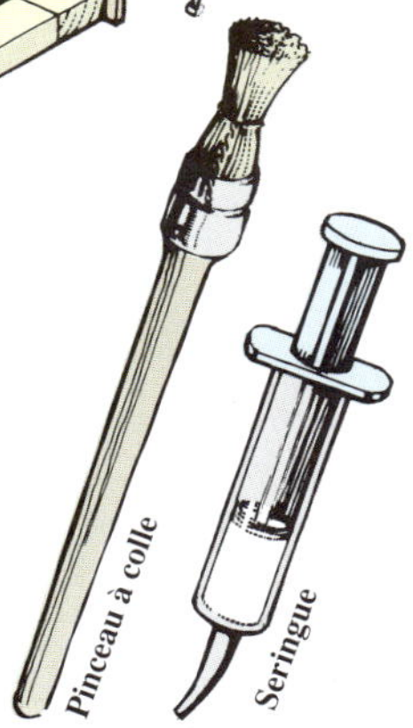

OUTILS POUR ÉTALER LA COLLE

Si la colle n'est pas vendue avec un applicateur spécial, elle peut être étalée au pinceau ou au rouleau. Pour les mélanges, suivez bien les indications du fabricant.

Pinceau à colle
Attachez les soies à mi-longueur pour les maintenir ensemble.

Seringue
Elle peut être utilisée pour déposer de petites quantités de colle ou dans les endroits inaccessibles.

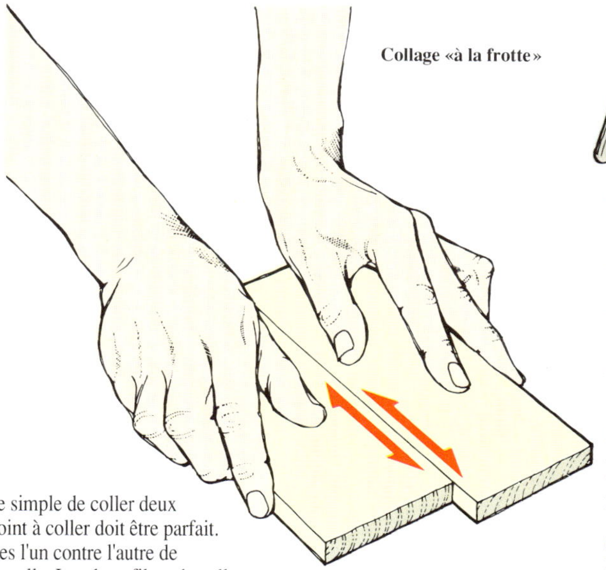

Collage «à la frotte»

Collage «à la frotte»
Il existe une méthode ancienne et toute simple de coller deux pièces sans avoir à les serrer, mais le joint à coller doit être parfait. Encollez les deux éléments et frottez-les l'un contre l'autre de manière à chasser l'excédent d'air et de colle. Les deux films de colle adhèrent ensemble par un effet de succion. Les ébénistes appellent cette méthode « le collage à la frotte ».

LES VIS

Leur première destination était de maintenir fortement ensemble deux pièces de bois par un procédé facilement démontable. Mais elles servent aussi à la fixation des quincailleries diverses, charnières, poignées, etc. Les vis standard sont fabriquées en acier, mais on trouve couramment des vis en laiton et en inox pour les travaux extérieurs ou pour la fixation dans des bois comme le chêne, dont l'acide tannique réagit avec le métal et produit des taches sur le bois. La plupart des vis pour matériaux modernes comportent un filet profond pour une meilleure résistance à l'arrachement et sont vendues zinguées et bichromatées pour une meilleure résistance à la corrosion.

VOIR AUSSI

Les mèches de tournevis	113, 127
Les marteaux	115/117
Les tournevis	118/119
La pose des vis	119
Les assemblages bout à bout	216/217
Les assemblages d'onglet	217

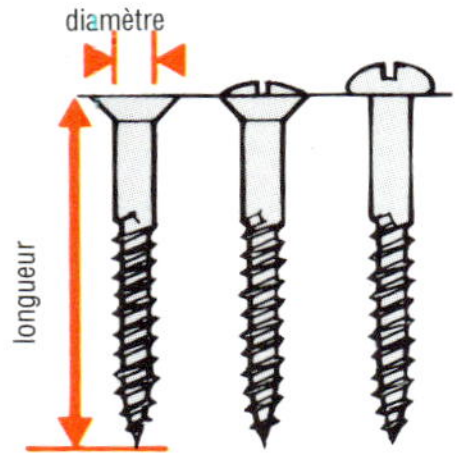

Comment déterminer la taille d'une vis

TAILLE DES VIS

La longueur nominale d'une vis est la longueur qui pénètre réellement dans le bois. Ainsi, pour une vis à tête fraisée, c'est la longueur totale de la vis, mais pour une vis à tête ronde, c'est la longueur à partir du dessous de la tête. Les longueurs couramment disponibles vont de 8 à 140 millimètres. Choisissez une longueur de vis qui laisse au moins 3 millimètres de bois en bout de vissage, sinon la seule pression de la vis suffit à soulever les fibres du bois et à faire une bosse.

Les vis sont également désignées par leur diamètre, mesuré au plus épais, c'est-à-dire sous la tête pour les vis traditionnelles et en haut du filet pour les vis à filet roulé. Les dimensions habituelles vont de 2 à 8 millimètres. Au-delà, on dispose de tire-fonds, qui sont des vis avec une tête hexagonale qu'on manœuvre avec une clé plate ou une clé à tube, comme un boulon. Le tableau ci-dessous donne les principales dimensions disponibles dans le commerce pour les vis traditionnelles. Pour les vis modernes, elles peuvent être légèrement différentes.

Les vis traditionnelles
Elles sont filetées sur 60 % environ de leur longueur. La partie la plus épaisse est le corps, non fileté, ce qui suppose le perçage d'un avant-trou à ce diamètre si l'on ne veut pas voir éclater le bois.

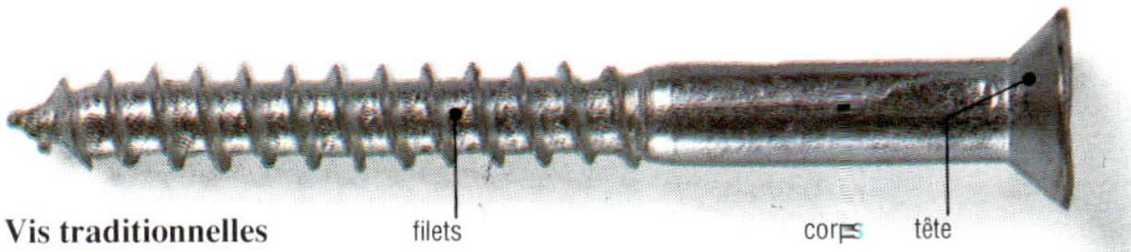

Vis traditionnelles

Les vis pour matériaux modernes
La nécessité de faire tenir solidement des vis dans les matériaux modernes comme les panneaux agglomérés et les panneaux de fibres (MDF) a donné naissance à une nouvelle sorte de vis, dite vis à filet roulé et couramment vendues en France sous l'abréviation VBA (vis pour bois agglomérés). Le filet plus profond accroche mieux dans le panneau, le pas permet une pénétration plus rapide et la pointe très effilée permet dans certains cas l'attaque du vissage sans avant-trou.

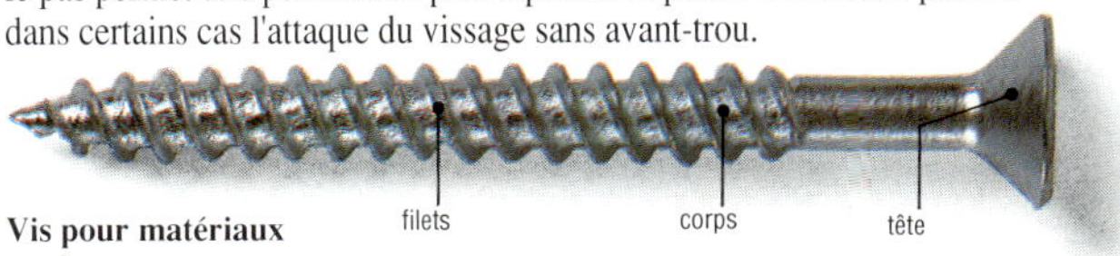

Vis pour matériaux modernes

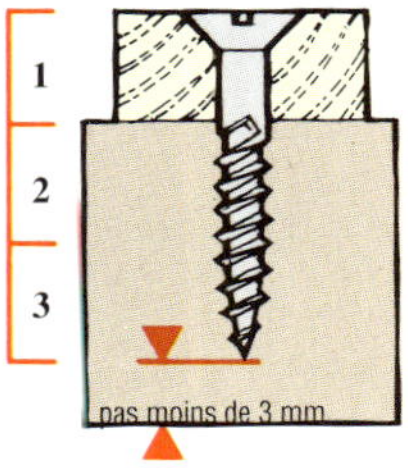

Choix de la longueur d'une vis
La vis doit être environ trois fois plus longue que l'épaisseur du matériau à fixer.

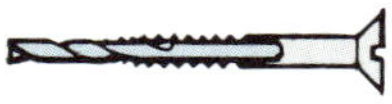

Avant-trou
Pour empêcher le bois d'éclater, percez un avant-trou d'un diamètre légèrement inférieur à celui de la vis.

VIS À BOIS TÊTE FRAISÉE

L / Ø	8	10	12	16	20	25	30	35	40	45	50	55	60	70	80	90	100	110	120	140
2	•	•	•	•	•															
2,5	•	•	•	•	•	•														
3		•	•	•	•	•	•	•	•											
3,5		•	•	•	•	•	•	•	•	•										
4			•	•	•	•	•	•	•	•	•		•							
4,5				•	•	•	•	•	•	•	•		•							
5				•	•	•	•	•	•	•	•	•	•	•	•		•			
6					•	•	•	•	•	•	•		•	•	•	•	•	•	•	•
8									•		•		•	•	•	•	•			

DIFFÉRENTES FORMES DE FENTES DANS LES TÊTES DE VIS

Vis à tête fendue
C'est la vis traditionnelle pour une lame de tournevis normal.
Vis à tête cruciforme
Munie de deux petites fentes non traversantes, elle offre une meilleure prise à l'outil. Il en existe différentes variantes (tête Philips, tête Posidriv, etc.).

NB. La dernière forme de tête représentée à droite sur la photo est une spécialité anglaise, non vendue sur le continent.

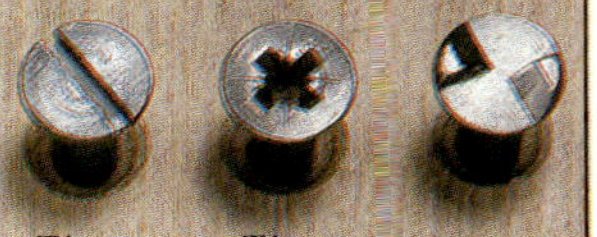

Tête fendue Tête cruciforme

DIFFÉRENTES SORTES DE TÊTE DE VIS

Vis à tête fraisée
Dite aussi tête plate, elle nécessite un logement préparé qui lui permet de disparaître au ras du bois.

Vis à tête fraisée-bombée
Dite aussi tête goutte de suif ou tête demi-ronde, elle se loge comme la vis à tête plate, mais sa partie bombée est destinée à rester apparente.

Vis à tête ronde
Plate sous la tête et ronde en dessus, elle sert à fixer les matériaux de peu d'épaisseur sur un support quelconque.

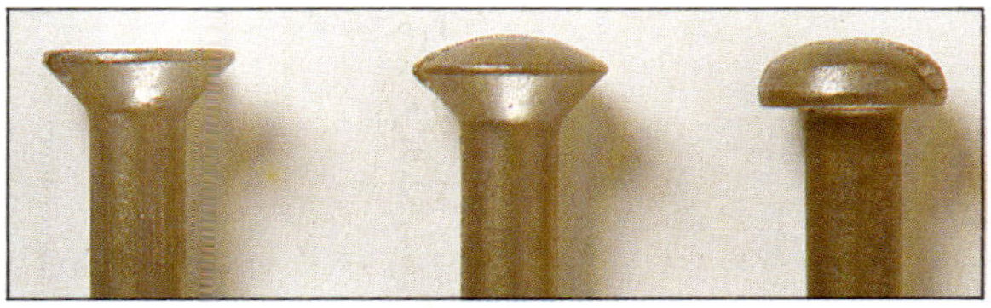

Tête fraisée **Tête fraisée bombée** **Tête ronde**

LES RONDELLES ET LES CACHE-VIS

On les utilise pour cacher ou pour améliorer l'aspect des vis qui doivent rester apparentes.

Rondelle plate pour vis à fleur : elle est destinée aux vis qui doivent rester démontables.

Rondelle cuvette : son usage est le même, mais elle reste en saillie sur le bois.

Cache-vis bombé : il se fixe par clipsage autour d'une vis spéciale.

Cache-vis plat : il se fixe par un ergot central dans la fente des vis à tête cruciforme.

Cache-vis pour miroir : il est muni d'un petit écrou central qui se visse au milieu de la tête des vis dorées ou chromées vendues pour la fixation des miroirs.

Rondelles et cache-vis
1 Rondelle plate
2 Rondelle cuvette
3 Cache-vis bombé
4 Cache-vis plat
5 Cache-vis pour vis de miroir

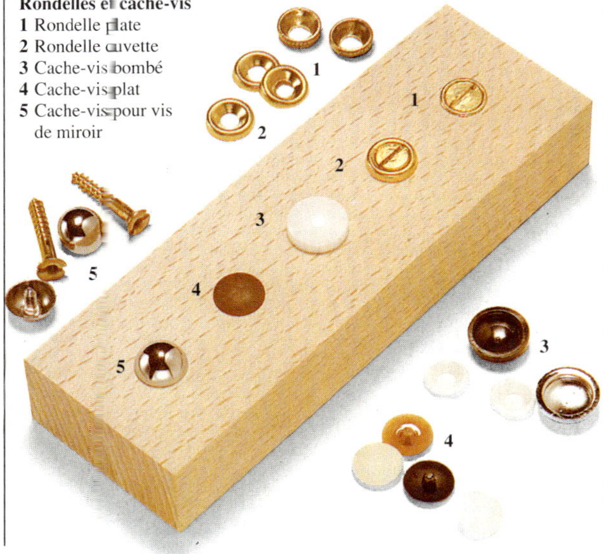

LES POINTES

Les travailleurs du bois n'ont pas l'occasion d'utiliser toutes les variétés et toutes les tailles de pointes fabriquées par l'industrie. Nous présentons ci-dessous les plus couramment utilisées, ainsi que les pointes spéciales utilisées par les tapissiers pour la garniture des sièges. Les dimensions sont également les plus courantes dans le commerce.

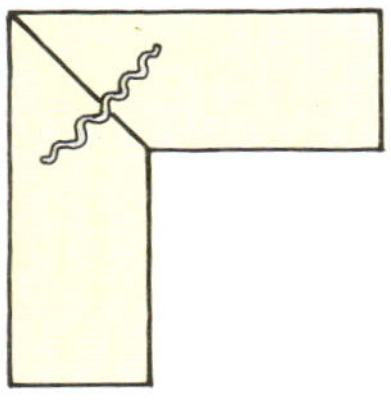

Crocodile
Enfoncez-le en travers du joint.

Les pointes à tête plate
Pour les fixations solides lors des travaux de charpente et les gros travaux de menuiserie. Longueur : de 20 à 140 mm.

Les pointes ovales
Ce type de pointe, dont la forme est destinée à limiter l'éclatement des fibres, n'est pas habituellement vendu en France.

Les pointes à tête homme
Elles servent pour tous les clouages de joints. Leur tête est conçue pour être noyée sous la surface du bois. Longueur : de 20 à 60 mm.

Les pointes à moulure
C'est une variante en plus petit du modèle précédent.

Les crocodiles
Cette appellation familière désigne une pièce métallique de forme ondulée qui sert à maintenir les assemblages dans les travaux grossiers. On utilise une pièce semblable enfoncée au bout des planches pour éviter les fentes dues au séchage trop rapide.

Les connecteurs métalliques
Ce sont des platines métalliques garnies de crampons que l'on enfonce pour maintenir les assemblages dans les travaux grossiers. On en trouve de différentes formes pour le renforcement des assemblages de charpente.

Les semences
Ce petit clou à tête large et à pointe très effilée est destiné au maintien des garnitures en tissu sur le bois des sièges. Longueur : 12 à 30 mm environ.

Les clous de tapissier
Ils sont destinés au même usage que les précédents, mais sont faits pour rester apparents. Ils se font en laiton en acier chromé ou en bronze.

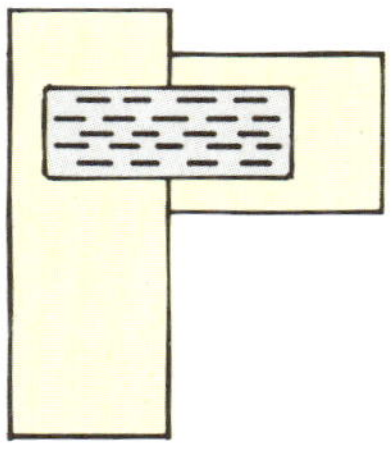

Connecteur métallique plat

1 Pointes à moulure
2 Pointe à tête plate
3 Pointe ovale
4 Pointe tête homme
5 Crocodile
6 Connecteur métallique plat
7 et **9** Semences
8 Clous de tapissier

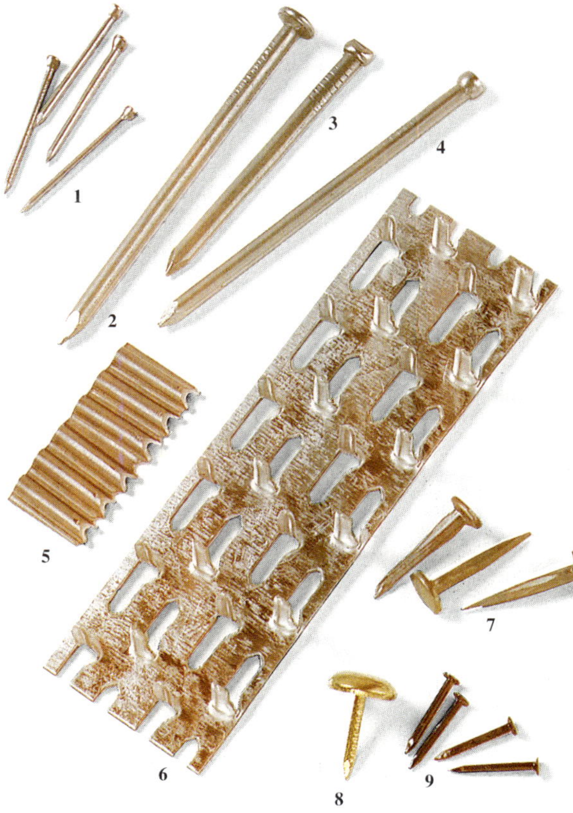

CHARNIÈRES ET PAUMELLES

Les charnières et les paumelles sont des pièces qu'il vaut mieux choisir de bonne qualité, même si cela vous semble un peu cher.

VOIR AUSSI

Les tables à rallonges	58/59
Les tables Pembroke	59
Les tables pliantes	60
Les portes de placard	66/68
Les abattants	67
Les rangements encastrés	72
L'outillage à main	76/122
Les perceuses à colonne	188/189
Les vis à bois	304/305

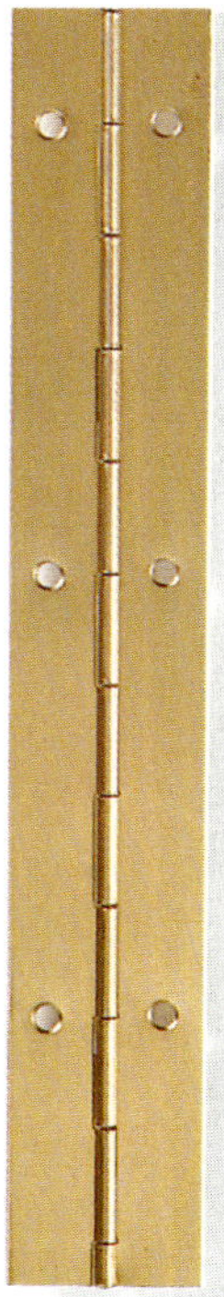

Charnière piano
Vendue au mètre, elle se fixe sur toute la longueur de l'articulation qu'elle rend très solide.

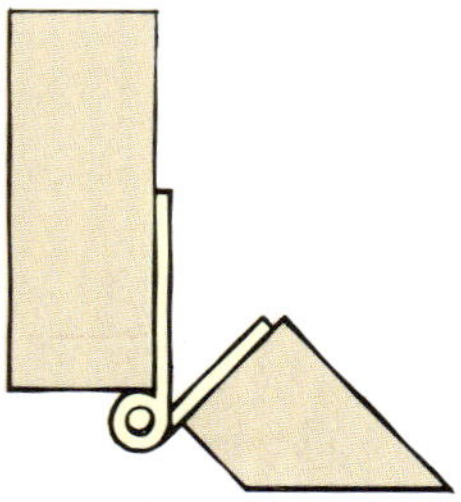

La charnière pour porte légère se pose sans entaille

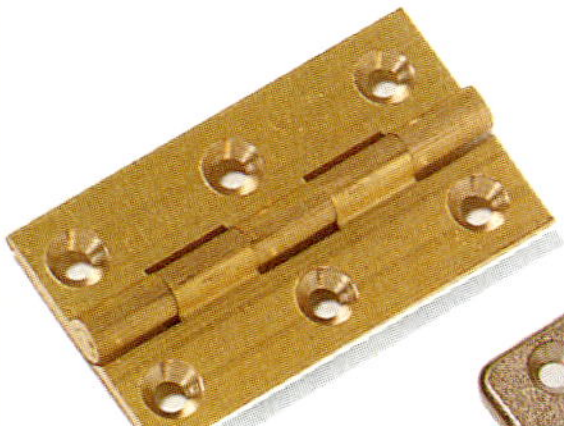

Charnière universelle
C'est la pièce la plus utilisée par les ébénistes. La largeur de ses lames est bien sûr variable et doit être adaptée à la dimension de l'ouvrage. Les charnières universelles peuvent servir à ferrer les portes à fleur ou en saillie sur le bâti.

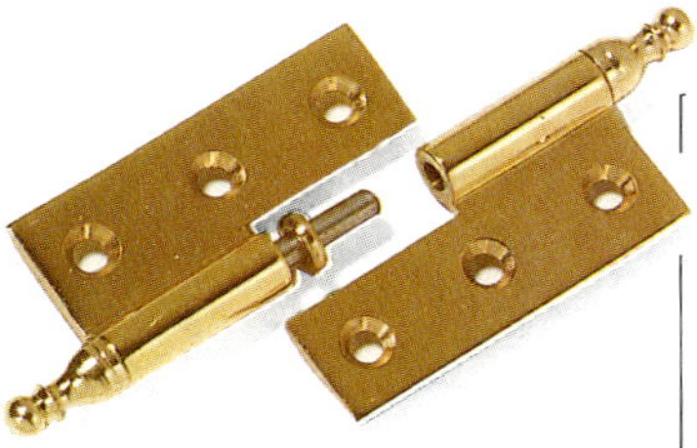

Charnière dégondable (ou paumelle de meuble)
Elle permet la dépose de l'élément en cas de besoin. Les meilleures sont en laiton massif avec un axe en acier. Elles sont soit à droite, soit à gauche.

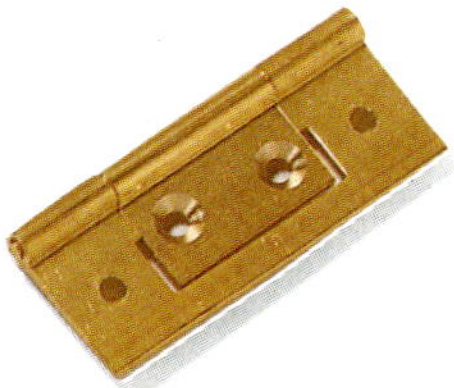

Charnière pour porte légère
Elle est très facile à poser car elle ne nécessite aucune entaille. Limitez son emploi aux portes et éléments vraiment légers.

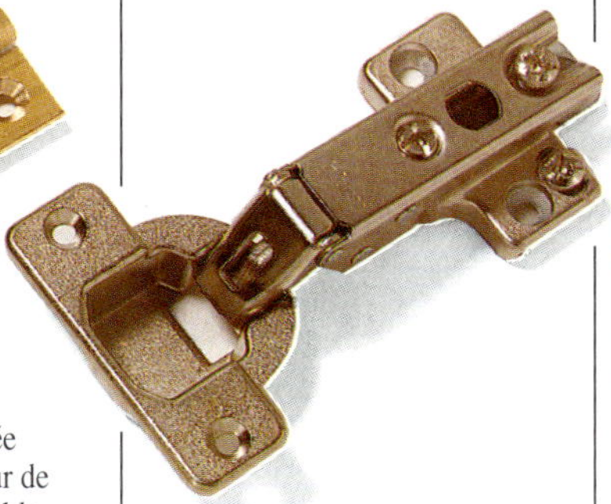

Charnière invisible réglable
Elles équipent la plupart des placards, notamment dans les cuisines, car on peut les régler pour aligner les façades. Elles comportent en général une partie ronde à fixer dans un trou de 35 mm sur la porte et une platine plate à fixer sur la porte. Elles permettent à une porte de s'ouvrir sans interférer avec la porte voisine. Les modèles à ressort maintiennent les portes fermées.

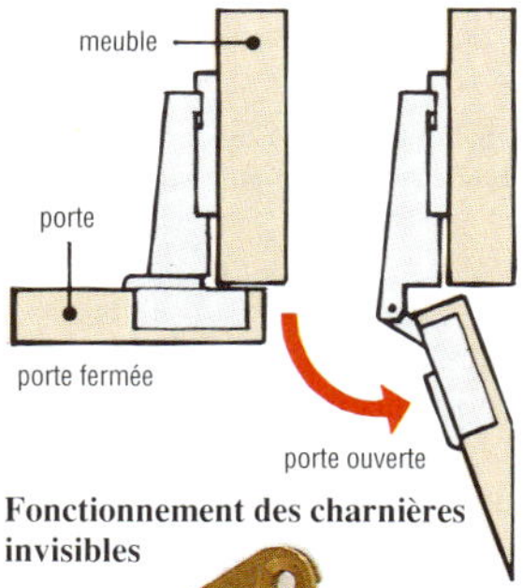

Fonctionnement des charnières invisibles

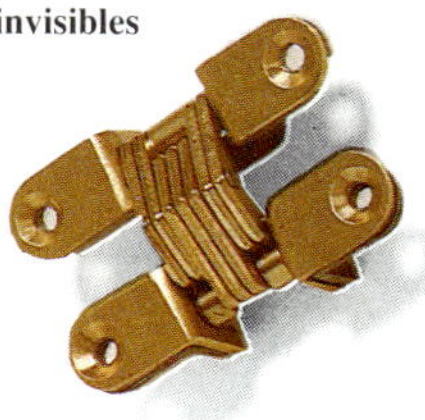

Charnière invisible à lames
On l'utilise comme la précédente, mais sa pose est plus délicate et sa résistance supérieure.

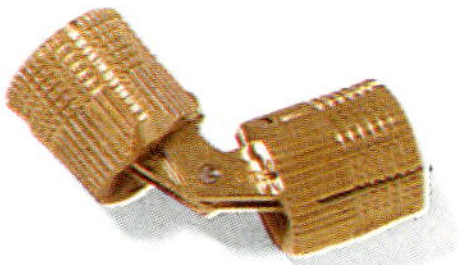

Charnière invisible cylindrique
Invisible quand la porte est fermée, elle permet l'ouverture des vantaux à 180°. Sa fixation est simple, puisqu'il suffit de deux trous. Elle est idéale pour les portes repliées en accordéon.

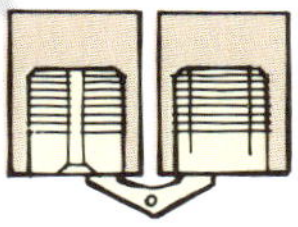

Charnière cylindrique sur portes pliantes

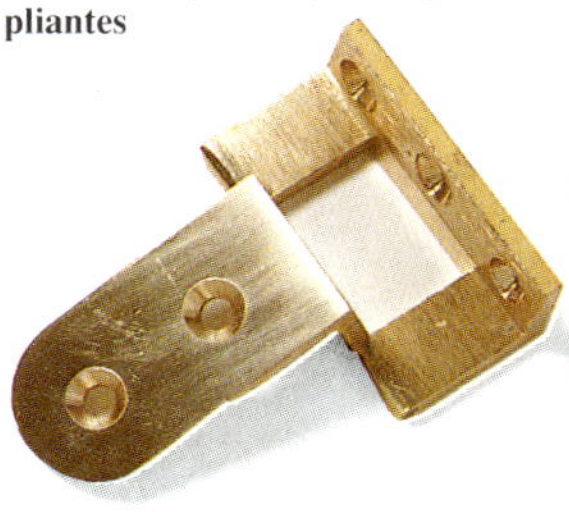

Charnière coudée
Elle permet l'ouverture à 180° des portes en saillie. On l'utilise dans les fabrications de qualité.

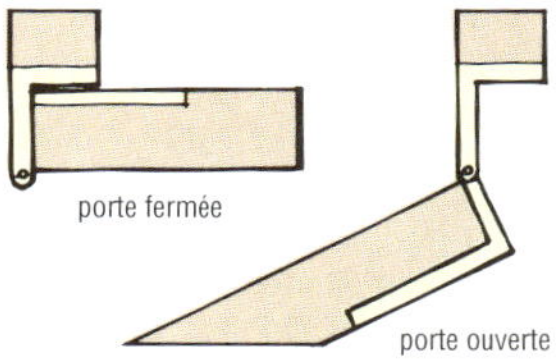

Fonctionnement d'une charnière coudée

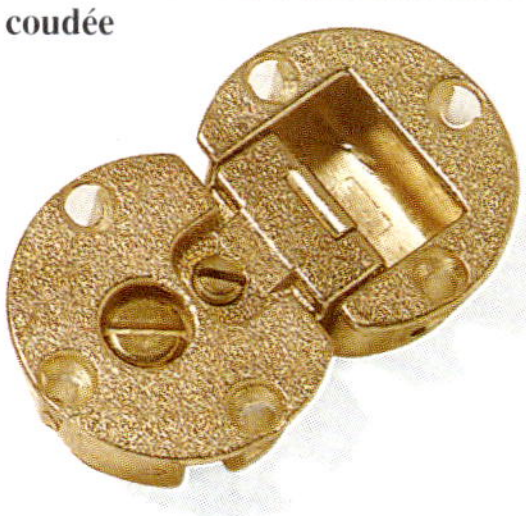

Charnière d'abattant cylindrique
Elle permet le réglage d'écartement pour les abattants légers.

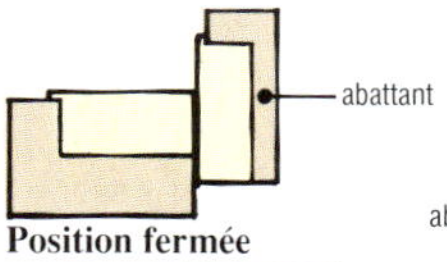

Position fermée

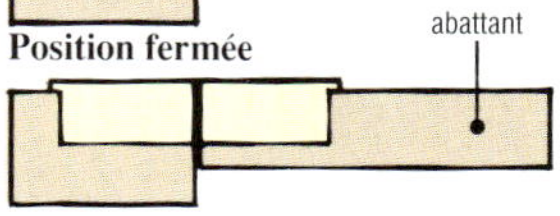

Position ouverte : l'abattant est à fleur

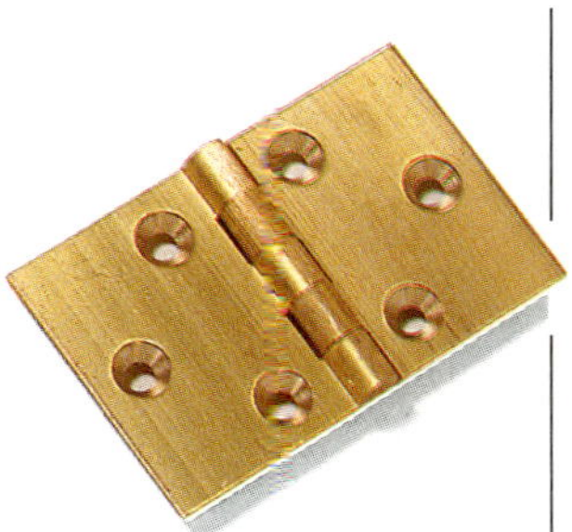

Charnière d'abattant
Avec ses larges lames en laiton massif, c'est la charnière traditionnelle pour les abattants de secrétaire.

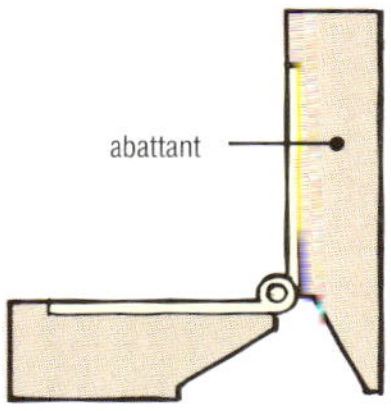

Abattant ouvert

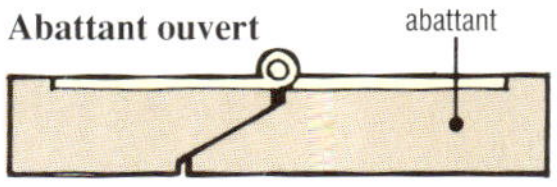

Abattant fermé

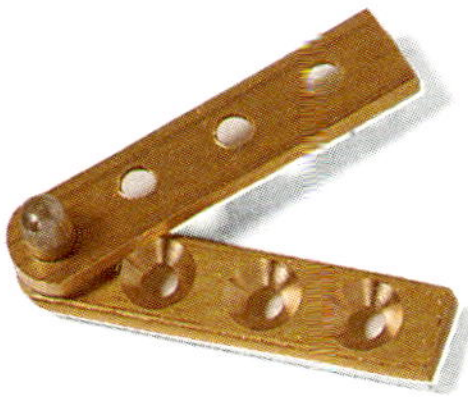

Pivot droit
Entaillé sur le chant d'une porte ou d'un abattant, il est pratiquement invisible une fois la porte fermée.

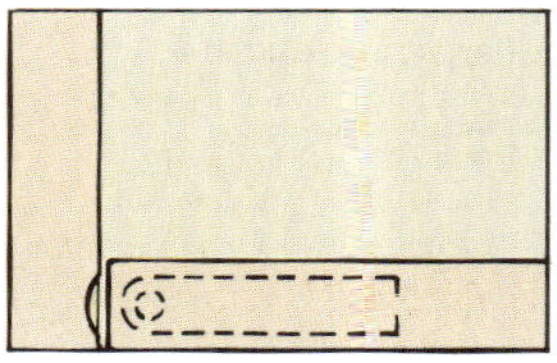

Porte sur pivot fermée

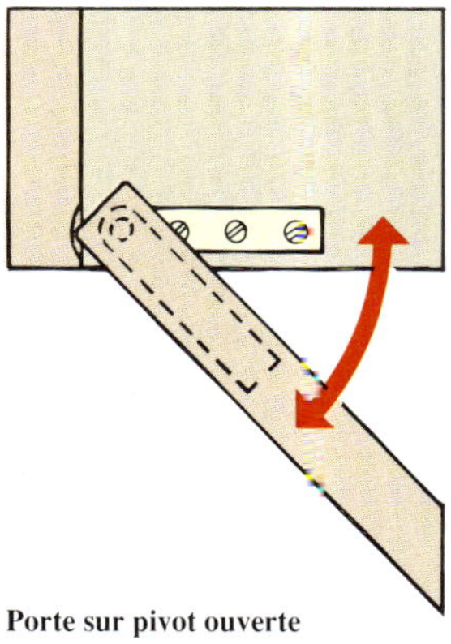

Porte sur pivot ouverte

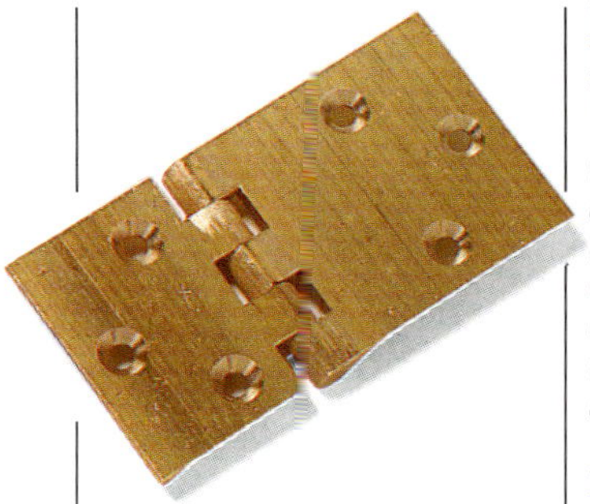

Charnière de table pliante
C'est une variante de la charnière d'abattant destinée à ferrer les éléments pliants des tables avec des chants moulurés. La partie la plus longue se fixe sur l'abattant.

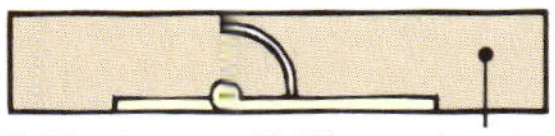

Table abattant déplié

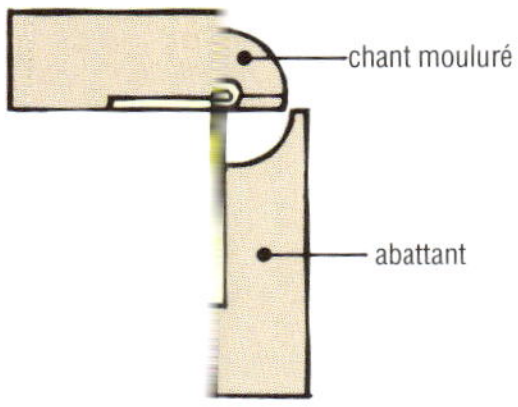

Table abattant replié

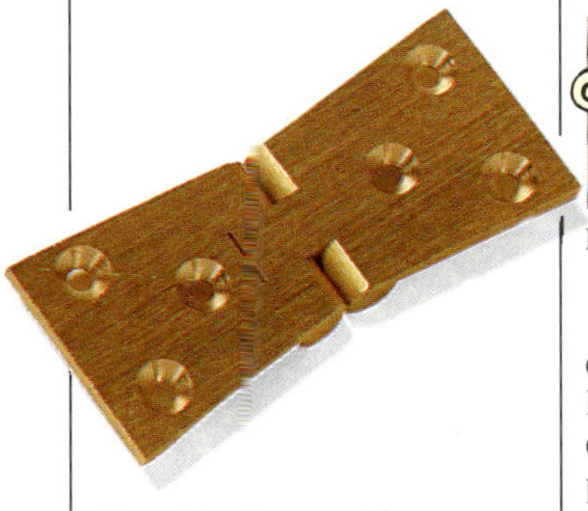

Charnière de comptoir
Elle sert pour replier un élément épais sur une partie centrale. Sa forme en queue d'aronde augmente la résistance à la force de cisaillement exercée sur les vis en position ouverte.

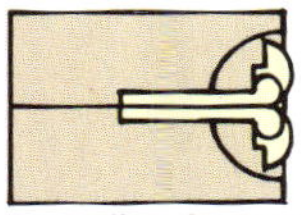

Charnière de comptoir en position repliée

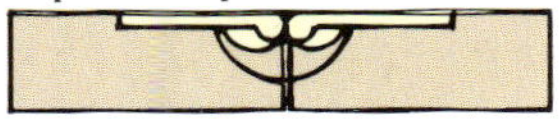

Charnière de comptoir en position ouverte

POSE D'UNE CHARNIÈRE UNIVERSELLE

On peut entailler également les deux lames de la charnière dans le montant et dans la porte. On peut aussi décaler l'axe de la charnière de façon à ne pas interrompre l'alignement vertical du côté du meuble.

Dans la hauteur, on place habituellement la charnière à une distance du bord horizontal égale à sa longueur. Si la porte comprend un panneau, le haut de la charnière supérieure est aligné sur le bord inférieur de la traverse.

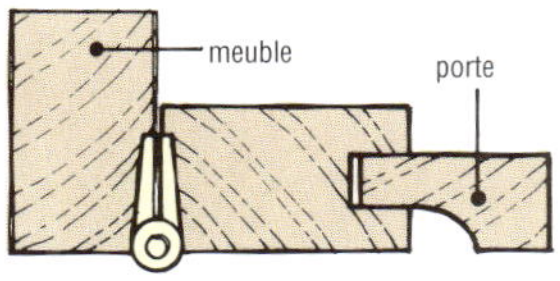

Pose avec l'axe centré

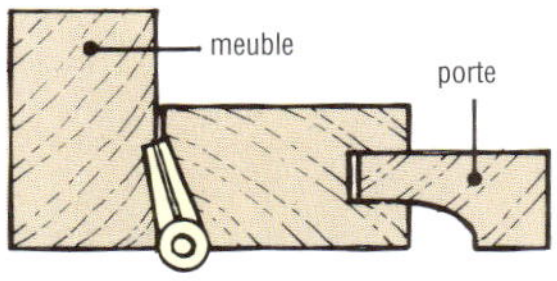

Pose avec l'axe décentré

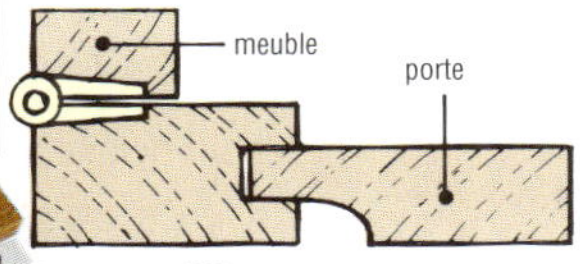

Pose en saillie

Marquez le contour de la charnière et la profondeur de l'entaille à l'équerre et au trusquin et faites plusieurs entailles dans la partie à enlever (1). Dégagez le trait arrière au ciseau avant de faire sauter le bois sur le trait de trusquin. Ajustez la charnière et vissez-la.

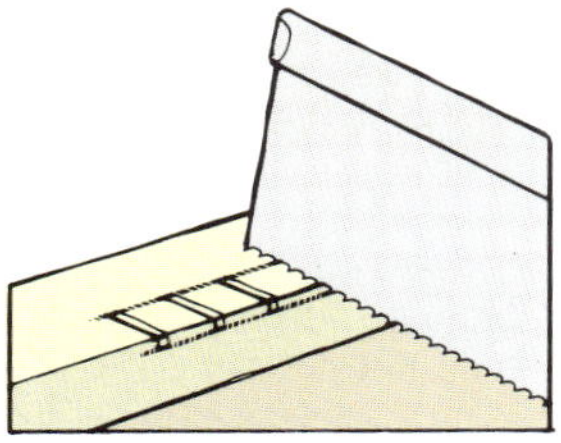

1 Entaillez jusqu'au trait à la scie à dos

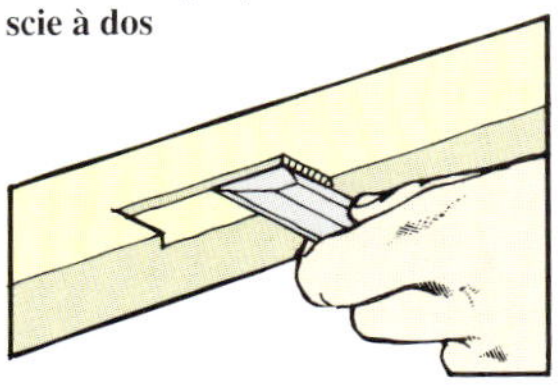

2 Finissez au ciseau

FABRICATION D'UNE CHARNIÈRE EN BOIS

Les tables pliantes étaient parfois équipées de consoles pivotantes articulées sur des charnières en bois. C'est notamment le cas des tables anglaises dites « tables Pembroke » Cette charnière est plus solide, si elle est bien faite, qu'une quincaillerie métallique.

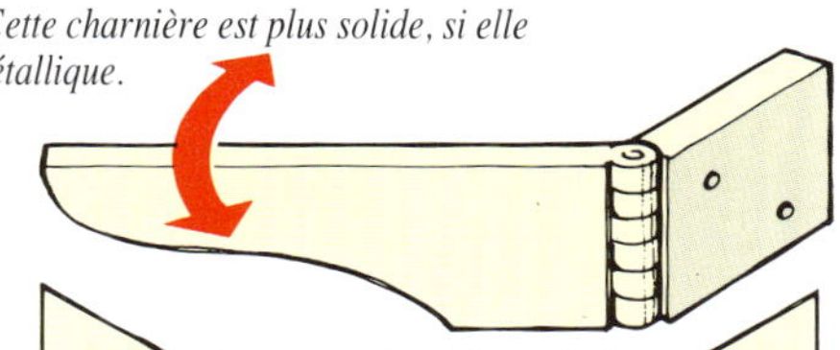

Console à charnière en bois

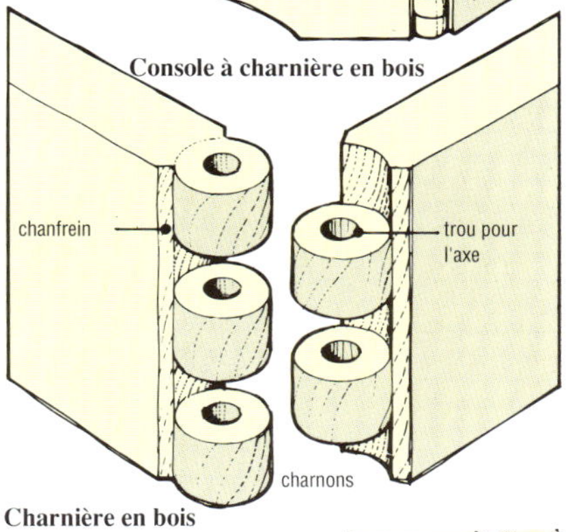

Charnière en bois

Traçage

Avec un trusquin à lame réglé à l'épaisseur du bois, tracez sur les quatre faces un trait parallèle à l'extrémité de chaque pièce. Tracez également les diagonales des carrés ainsi délimités (1). Tracez les cercles inscrits dans ces carrés (2). Tracez les chanfreins de la charnière en portant la perpendiculaire aux diagonales aux points de tangence avec le cercle (3). Reportez ces lignes sur toutes les faces.

Exécution du joint

Sciez les chanfreins extérieurs sur tous les côtés, puis taillez les chanfreins intérieurs au ciseau (4). Serrez la pièce sur un guide d'onglet et finissez proprement au rabot les épaulements des chanfreins (5).

Terminez les arrondis à la râpe et à la lime, puis à la cale à poncer. Divisez les pièces en cinq parties égales et tracez au trusquin (6) à chaque extrémité de la pièce. Répartissez les coupes de façon à garder trois parties mâles, appelées charnons, sur une pièce et deux sur l'autre. Coupez à la scie à dos jusqu'au trait vertical et enlevez la chute à la scie à découper. Creusez les parties concaves en travaillant avec un ciseau le biseau en dessous. Affinez si possible ce travail avec une gouge à biseau intérieur (7). Terminez à la lime jusqu'à obtenir un assemblage forçant légèrement.

Assemblez les deux éléments et maintenez-les bien en place avec deux tasseaux et des presses. Percez le trou de l'axe à la perceuse à colonne, au diamètre de la tige d'acier ou de laiton dont vous disposez. Enfoncez l'axe et limez-le à fleur du bois.

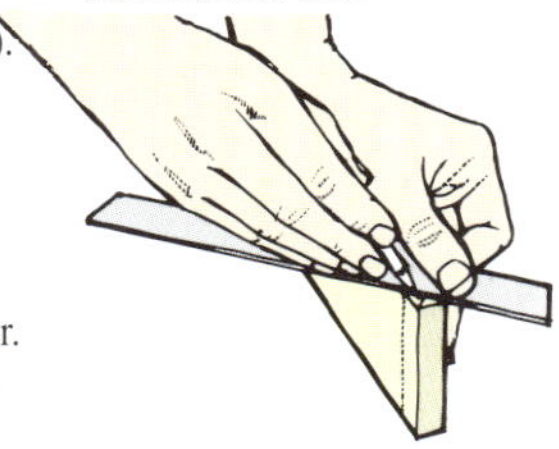

1 Tracez les diagonales

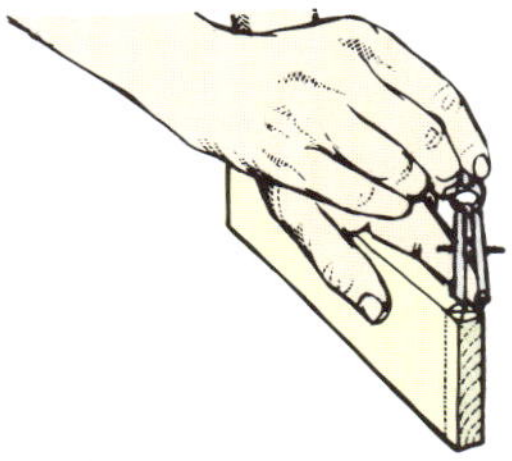

2 Tracez les cercles

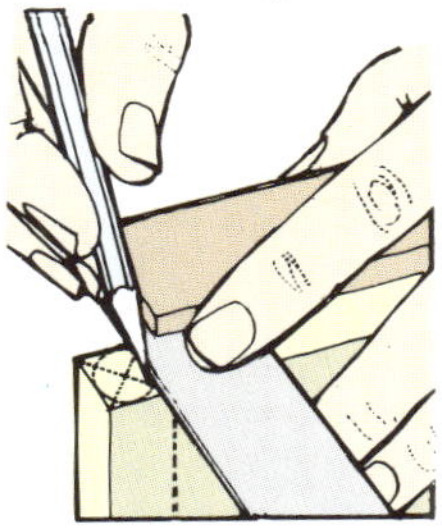

3 Tracez les chanfreins

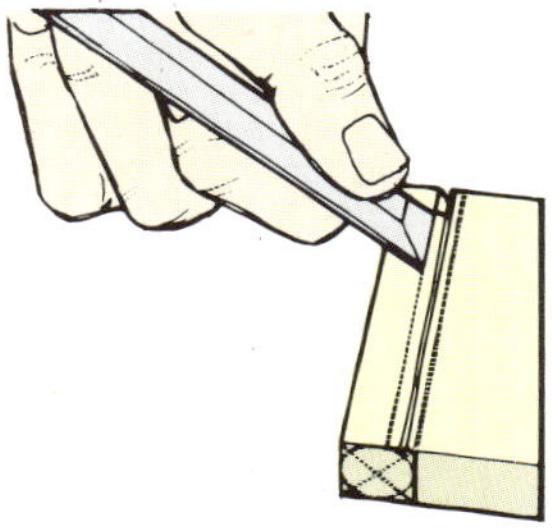

4 Dégagez les chanfreins

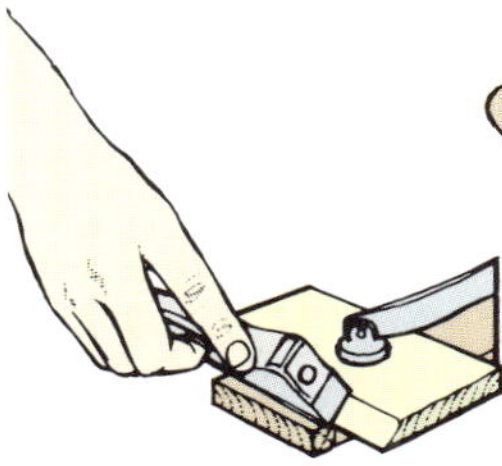

5 Rabotez les épaulements

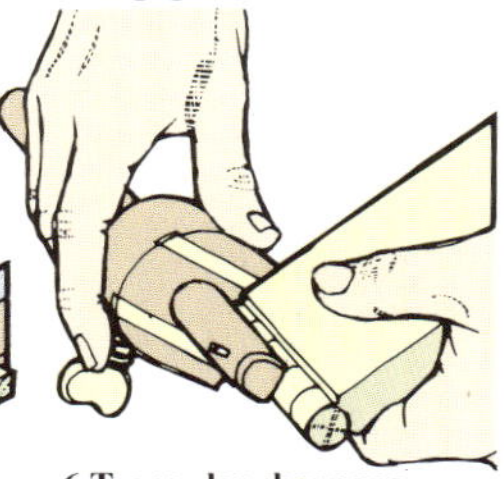

6 Tracez les charnons

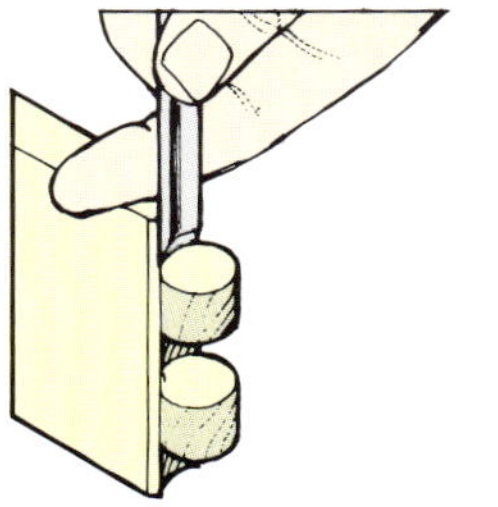

7 Finissez à la gouge

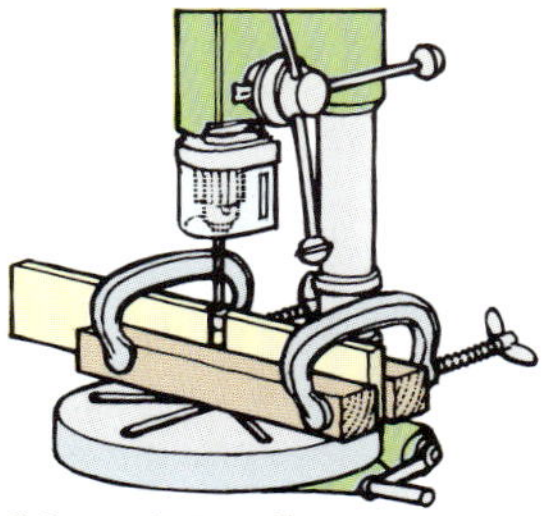

8 Percez le trou d'axe

LES FERRURES D'ASSEMBLAGE

Pour les ouvrages de grande dimension, les ensembles à monter sur place, ou plus simplement tout ce qui un jour ou l'autre peut avoir besoin d'être démonté, vous serez amené à utiliser des ferrures d'assemblage spécialement étudiées à cet effet. Elles sont le plus souvent prévues pour lier des panneaux bout à bout et exigent le perçage préalable de trous calibrés et positionnés de manière très précise.

VOIR AUSSI	
Construction d'une table	56/57
Construction d'un meuble	63/70/72
Les abattants	67
Les portes coulissantes	67/73
Les tournevis	118/119
Les vis à bois	304/305

Chevilles plastiques
Cette quincaillerie est employée pour les fixations dans les chants des panneaux de particules où le vissage est généralement insuffisant. La vis à bois provoque l'expansion de la cheville, assurant la fixation.

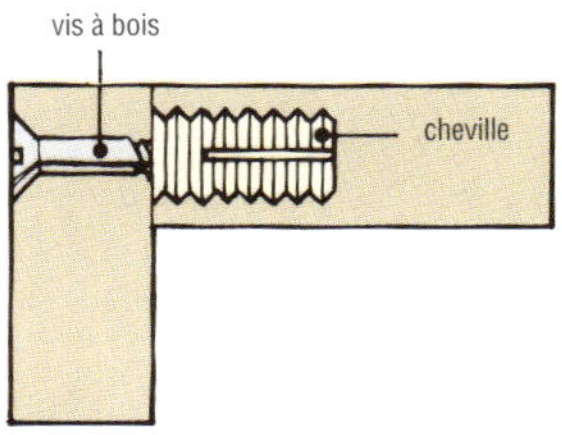

Cheville plastique

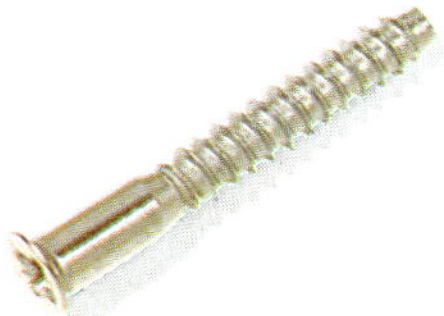

Vis auto-taraudantes
Elles permettent de lier les panneaux de particules sans adjonction de chevilles. La vis, à filet très profond, taraude elle-même son emplacement dans un avant-trou. Sa force de traction lui permet de creuser elle-même le logement de sa tête (sauf dans les panneaux mélaminés).

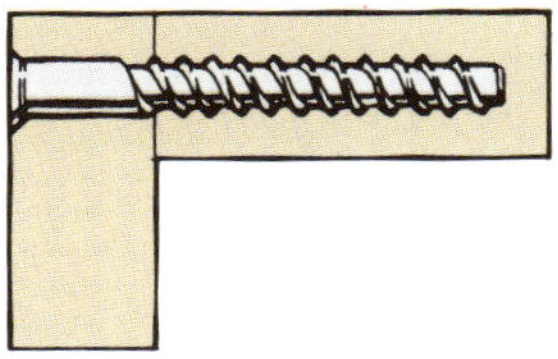

Vis auto-taraudante

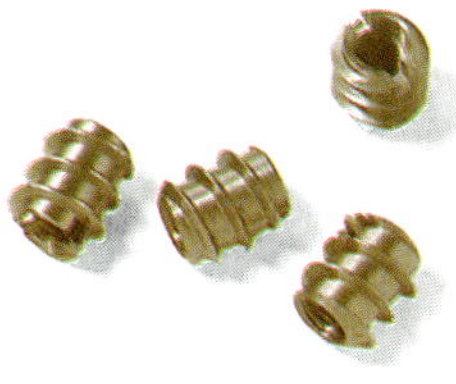

Ecrous à douille
La douille métallique se pose comme une vis dans le bois ou le panneau grâce à son filet profond. Sa tête est fendue pour être manœuvrée avec un tournevis. Le centre est percé et taraudé pour recevoir la vis à métaux qui sert à la fixation.

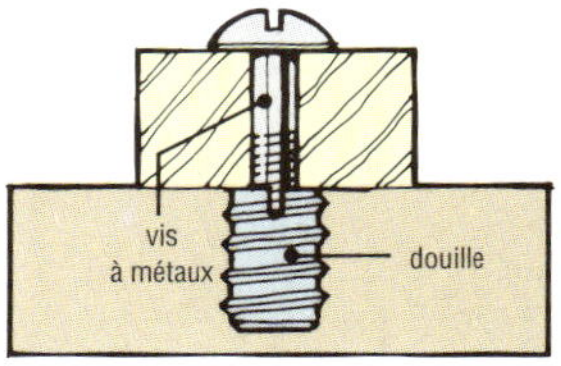

Ecrou à douille

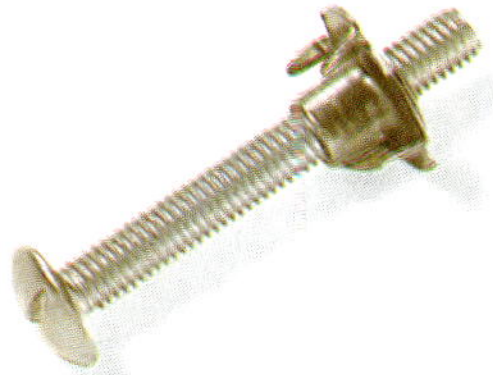

Vis et écrous à picots
C'est un système de fixation tout simple qui ne nécessite que le perçage de deux trous identiques dans les pièces à joindre. Enfoncez légèrement l'écrou au marteau jusqu'à ce que les picots mordent dans le bois. La traction de la vis fera le reste, bloquant le tout.

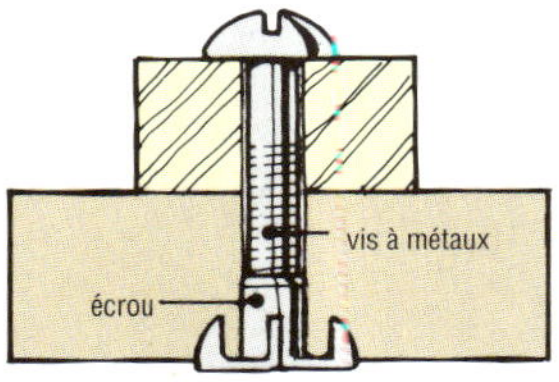

Vis et écrou à picots

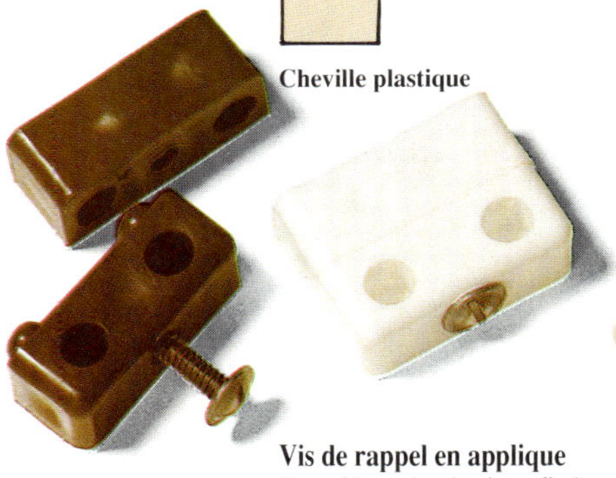

Vis de rappel en applique
Deux blocs de plastique fixés chacun à un élément sont réunis par une vis à métaux. Cette fixation ne nécessite aucun perçage. Elle sert pour réunir deux panneaux d'équerre.

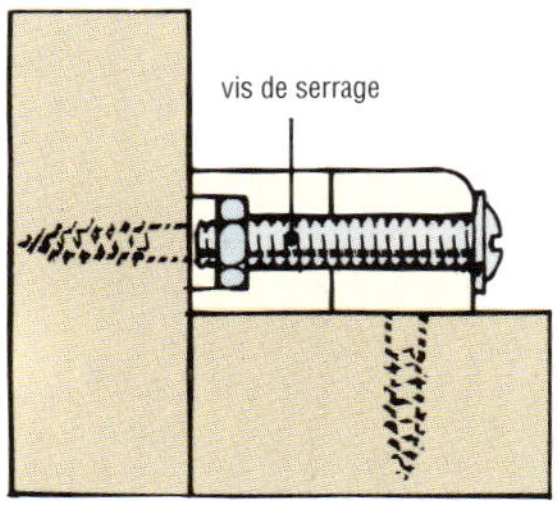

Vis de rappel en applique

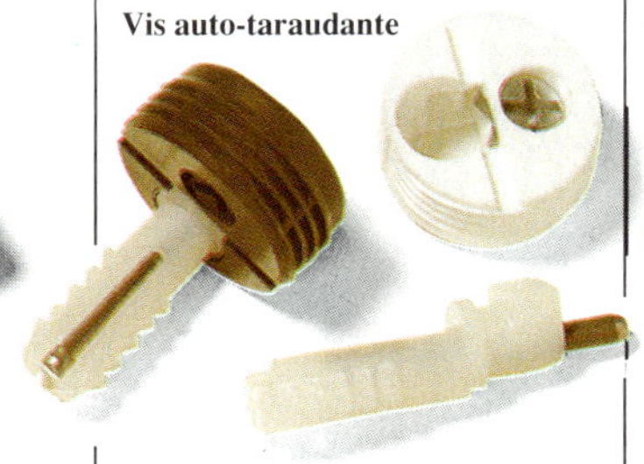

Vis de rappel quart de tour
Elles comprennent une cheville en nylon pourvue d'une tête spéciale qui vient se loger dans une douille plastique encastrée dans l'autre panneau. Un simple quart de tour sur une vis provoque le déplacement d'une came sur un palier pratiqué dans la tête de la cheville et le blocage de l'ensemble.

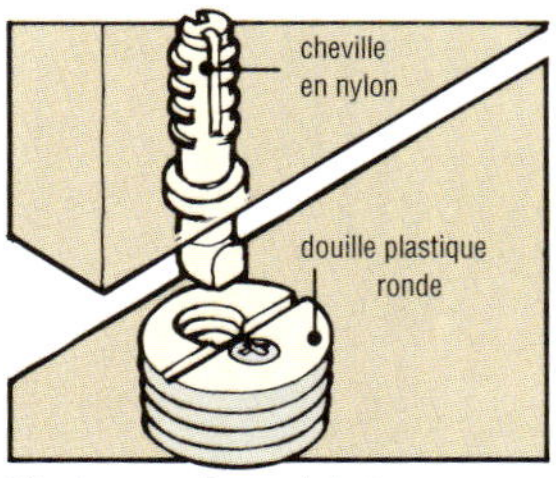

Vis de rappel quart de tour

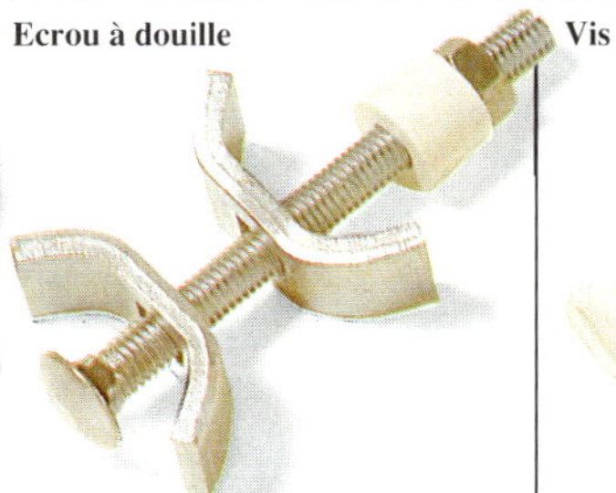

Vis de rappel horizontale
Ce dispositif sert spécifiquement à serrer deux éléments d'un plan de travail bout à bout. Percez un trou borgne en dessous de chaque élément et reliez ces trous par une entaille pour le passage de la vis. Le serrage se fait avec une clé plate sur un écrou hexagonal, mais la mise à niveau exact des deux plans doit être assurée par des tourillons fixés sur leurs chants.

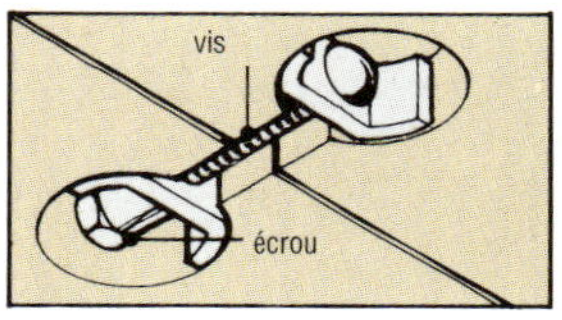

Vis de rappel horizontale

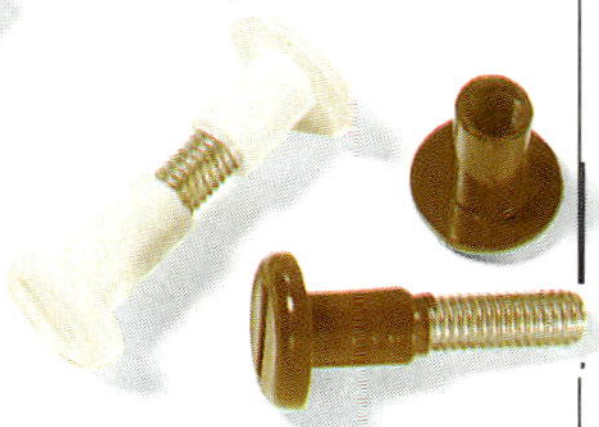

Vis de rappel de placard
Deux vis la constituent : une femelle qu'on immobilise dans son trou et une mâle dont l'embout plastique est fendu pour être serré au moyen d'un tournevis. Elles servent à réunir en place des meubles disposés côte à côte.

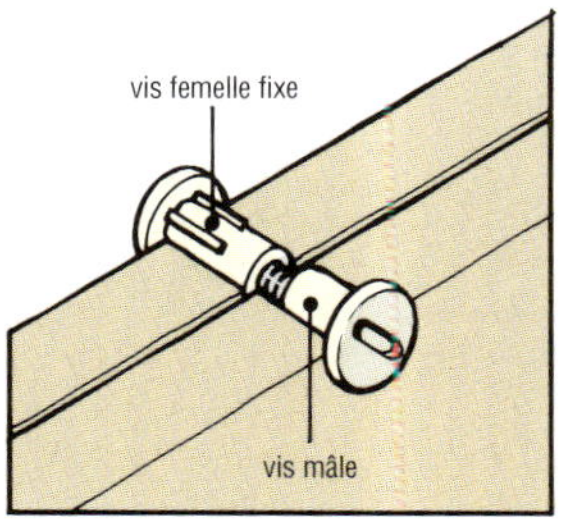

Vis de rappel de meuble

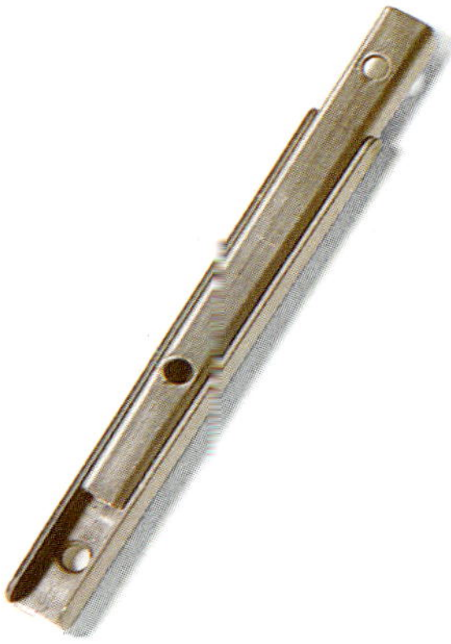

Ferrures en formes de coin
Différentes sortes de ferrures fonctionnent selon le principe du coincement de deux pièces de forme appropriée. Ici, le profil en forme de « V » assure la fixation verticale et le pliage en forme de queue d'aronde retient ensemble les deux éléments.

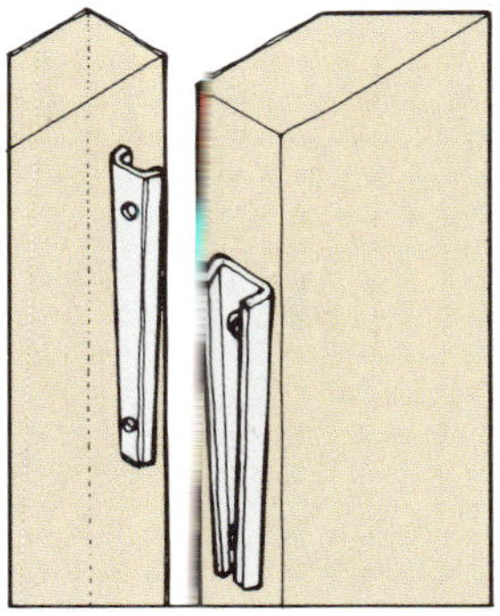

Ferrure d'assemblage en « V » (démontée)

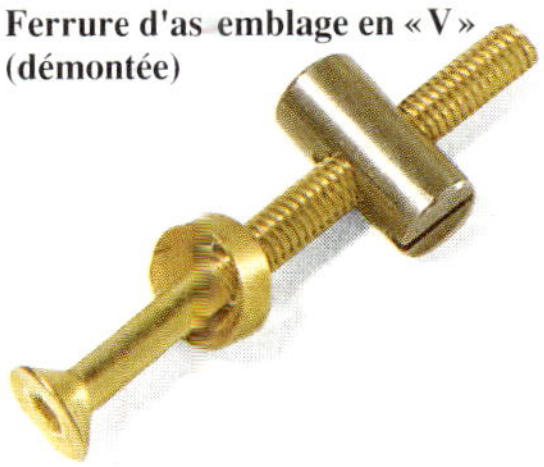

Vis à tête six pans
C'est une fixation très solide qui sert pour les piètements de siège. Le positionnement correct est maintenu par un ou deux tourillons. La vis est serrée avec une clé mâle à six pans dans un goujon métallique percé et taraudé, fixé lui-même dans la traverse du siège.

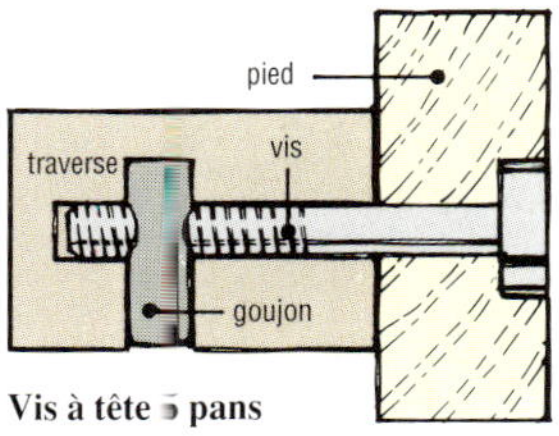

Vis à tête 6 pans

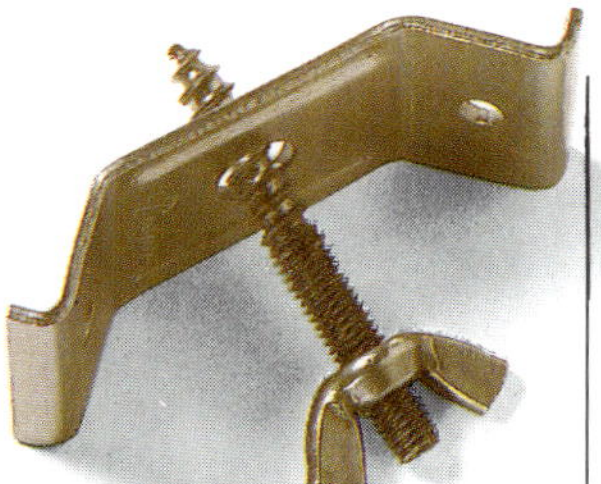

Platines d'angle
Cette quincaillerie est spécifiquement destinée à la fixation des ceintures de table. Deux ailettes viennent se loger dans des rainures verticales pratiquées dans les traverses. Elles sont bloquées en place par deux vis à tête ronde. L'angle arrière du pied doit être chanfreiné pour recevoir la platine. La fixation est assurée par une vis à deux filets – vis à bois à un bout, vis à métaux à l'autre. Le serrage se fait au moyen d'un écrou papillon.

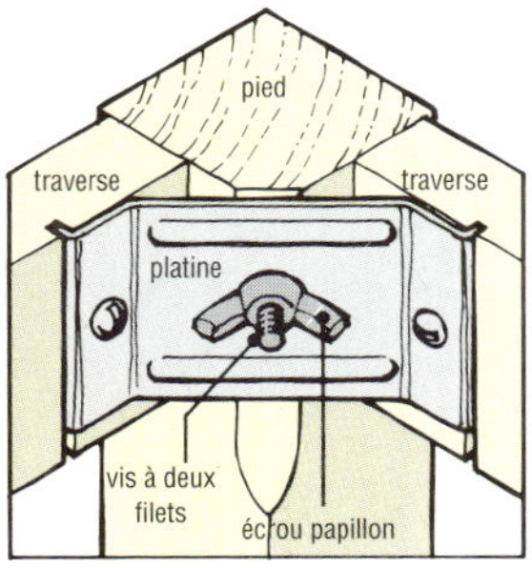

Platine d'angle

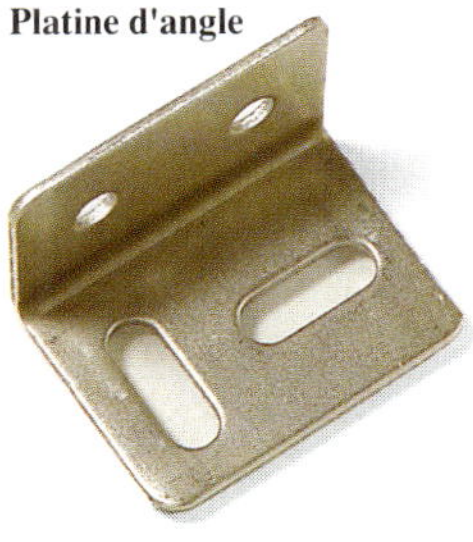

Equerres métalliques à lumières
Ces petites équerres servent à fixer les plans de travail en bois massif sur les meubles qui les supportent tout en permettant un certain jeu du bois. La fixation se fait par une vis à tête ronde dans la lumière qui se trouve disposée perpendiculairement au fil du bois.

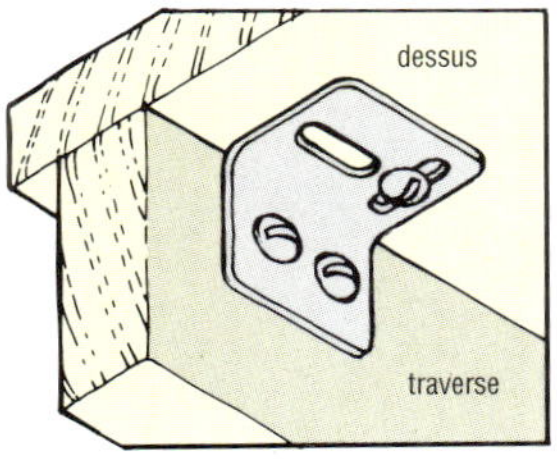

Equerre à lumières

LES FERMETURES

Les serrures de meubles sont de petites serrures assez fragiles à but aussi décoratif que fonctionnel qui ne prétendent pas à un haut niveau de sécurité. Les meubles d'utilisation quotidienne sont usuellement fermés par des loqueteaux de diverses sortes.

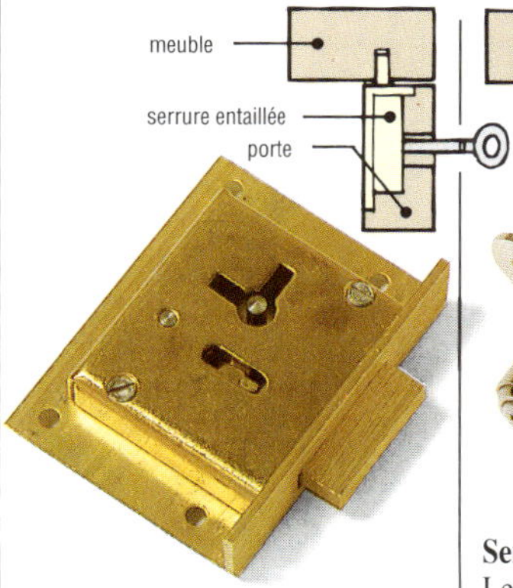

Les serrures de meuble
Elles servent à condamner les portes d'armoire et les tiroirs. Elles se posent soit en applique par vissage direct sur la face intérieure de l'élément, soit entaillées dans l'épaisseur et sur le chant de celui-ci. Cette dernière manière est bien sûr plus discrète. On trouve aussi des serrures de coffre à cylindre qui ferment par rotation d'une came derrière une petite équerre métallique.
La plupart des serrures sont différentes pour la gauche ou pour la droite.

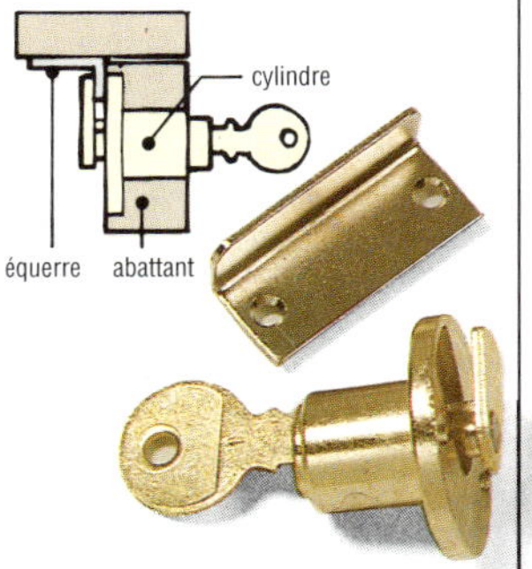

Les serrures d'abattant
Ce sont des serrures à cylindre qui doivent être parfaitement à fleur avec l'abattant en position ouverte. La clé, qui ne peut être retirée qu'en position fermée, actionne un petit verrou à ressort.

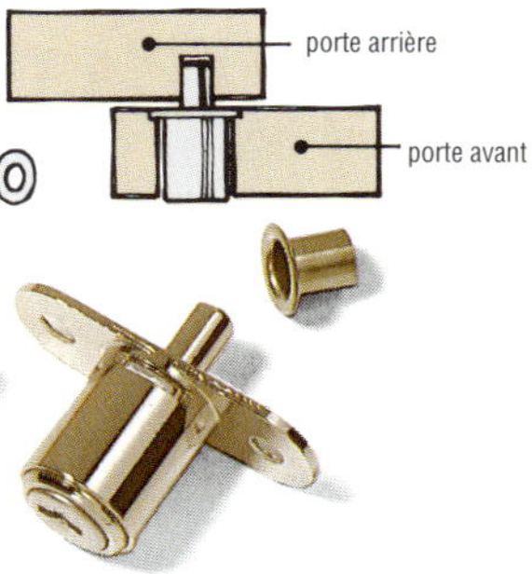

Serrures de porte coulissante
Les portes coulissantes, qui se recouvrent sans se toucher, exigent une condamnation spéciale. Elle est constituée d'un cylindre qui libère un goujon métallique qui va s'enclencher dans une mortaise pratiquée sur la porte arrière. Un tour de clé en sens inverse décondamne la porte.

Entrées de serrure
Ce sont de petites plaques décoratives qui entourent le trou de la serrure. La plupart sont simplement clouées ; on trouve quelques modèles destinés à être entaillés.

Loqueteaux magnétiques
Ce sont de petits aimants prisonniers d'une platine de plastique et fixés sur le bâti d'un meuble. Ils attirent une plaque métallique fixée sur la porte.

Loqueteaux à bille
Une bille d'acier se trouvant comprimée par un ressort à la surface d'un petit cylindre de laiton vient se loger, en position fermée, dans une gâche ronde ménagée dans une platine fixée sur l'autre partie du meuble.

Loqueteau magnétique automatique
Une simple pression sur la porte libère un ressort et entraîne l'ouverture de la porte. Les portes munies de ces loqueteaux n'ont pas besoin de poignées.

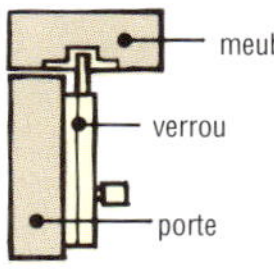

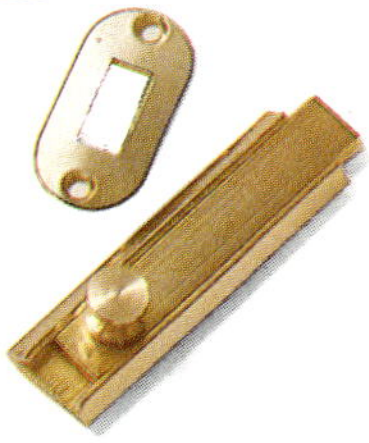

Verrou à glissière
On monte la serrure sur la porte de droite des placards à deux portes ; l'autre est condamnée par un ou deux petits verrous à glissière.

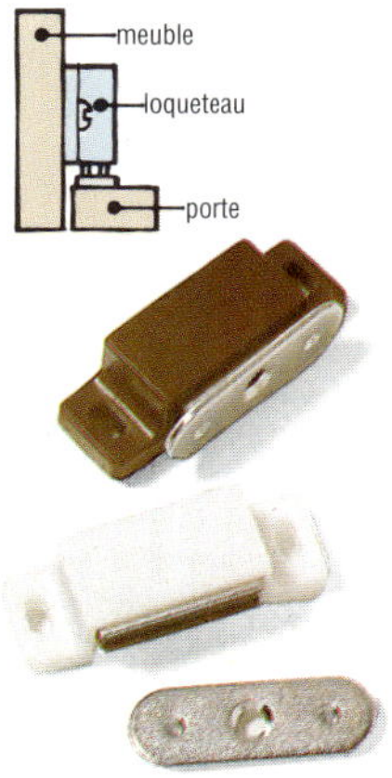

Loqueteau magnétique

Loqueteau à bille

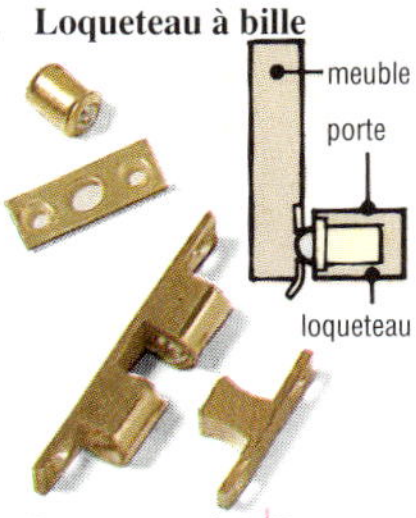

Loqueteau à bille en applique

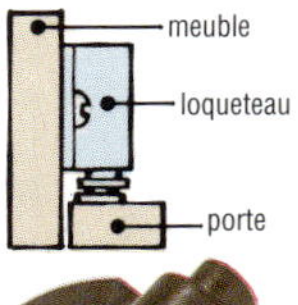

Loqueteau automatique

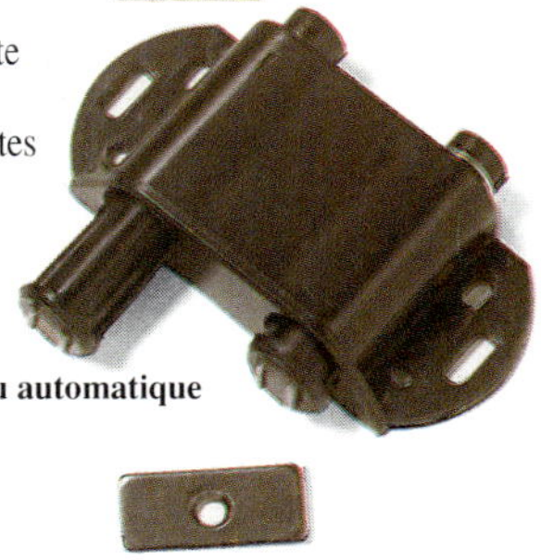

POIGNÉES ET COMPAS

Un compas est une pièce de quincaillerie initialement destinée à limiter l'ouverture des abattants horizontaux. On les utilise aussi pour les empêcher les portes normales d'ouvrir à plus de 90° et pour soutenir les couvercles de coffre ou les portes à ouverture montante.

Comme toute la quincaillerie, les poignées ont un rôle fonctionnel doublé d'un grand rôle décoratif. Choisissez-les d'une taille et d'un style approprié à celui de votre ouvrage.

VOIR AUSSI

Les portes de placard	66/68
Les tiroirs	71
Les rangements encastrés	72/73
Les vis à bois	304/305

Les poignées de meuble
La poignée de meuble traditionnelle est mobile, ses deux extrémités pivotant librement dans leurs supports. On la trouve dans une infinie variété de styles et de formes, comme par exemple la classique poignée col-de-cygne représentée ici.

Les poignées-anneaux
Les poignées-anneaux, plus brièvement appelées anneaux, sont proches des précédentes, mais ne comportent qu'un point d'attache sur le support. Elles équipent souvent les petits tiroirs. Dans une autre variété, le point d'attache se trouve tout en haut de l'anneau.

Les boutons
Ils sont en bois, en métal ou en porcelaine et on les trouve dans une très grande variété de choix, aussi bien pour le style que pour la taille. Ils équipent aussi bien les portes de placard que les tiroirs. Ils sont fixés par une simple vis à bois ou, pour plus de solidité, par une vis à métaux traversant la façade de l'élément à fixer.

Les poignées à cuvette
On les appelle aussi poignées bateaux, car leur peu d'encombrement les fait apprécier dans les petits espaces à bord des bateaux. Elles viennent presque à fleur du bois et sont fixées par des vis à tête fraisée.

Les poignées de tiroir
Faites d'une seule pièce et fixée par trois vis, c'est la plus solide des quincailleries traditionnelles pour les tiroirs, mais qui peut servir aussi pour les portes de placard.

Les poignées modernes
En bois, métal ou plastique, elles équipent la plupart des fabrications modernes sans prétention de style. Elles sont toujours fixées par l'intérieur avec des vis à métaux.

Les poignées de portes à coulisse
Elles sont rondes ou rectangulaires, et creuses par nécessité. Elles se posent encastrées dans la surface des portes.

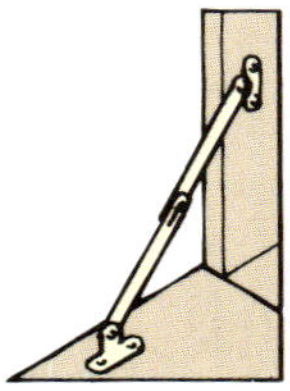

Compas à genouillère

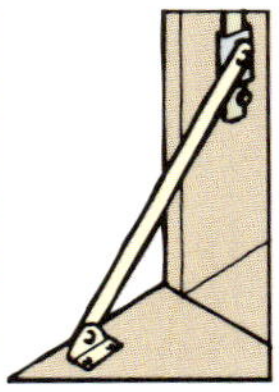

Coulisseau

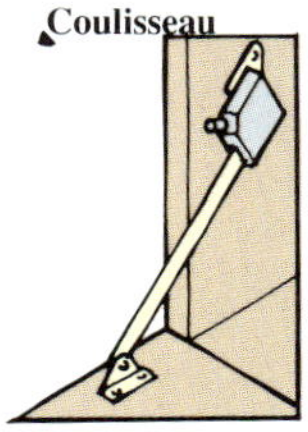

Compas à frein

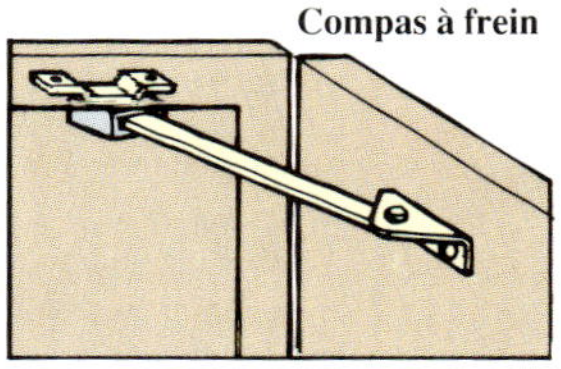

Compas de porte

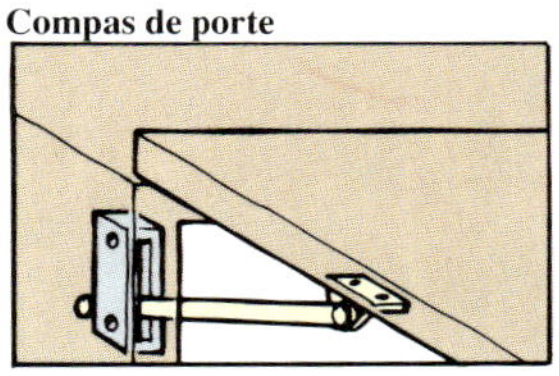

Compas de porte montante

Les compas d'abattant
Le modèle de compas le plus simple est simplement vissé aux deux bouts et possède une articulation rivetée au milieu. C'est le compas à genouillère. Plus élaboré et plus silencieux, le coulisseau va et vient sur un guide métallique ou plastique fixé à l'intérieur du meuble. Le compas à frein permet la maîtrise de la vitesse du mouvement de chute de l'abattant en fonction de son poids. Il est réglable au moyen d'une simple vis.

Les compas de portes
Ce sont des coulisseaux ou des compas à frein qui sont utilisés pour empêcher l'ouverture d'une porte au-delà de 90°, ou son ouverture trop rapide.

Les compas pour portes montantes
Ce sont des variantes des modèles précédents. Le maintien en position horizontale est obtenu par un système de blocage couplé au système de freinage qui empêche la chute brutale de la porte. Le déblocage se réalise en soulevant très légèrement l'abattant.

Poignées
1 Poignée col-de-cygne
2 Poignée tombante classique
3 et **4** Anneaux tombants
5 Poignée de tiroir
6 Boutons
7 Poignée cuvette
8 Poignées modernes
9 Poignée de porte coulissante

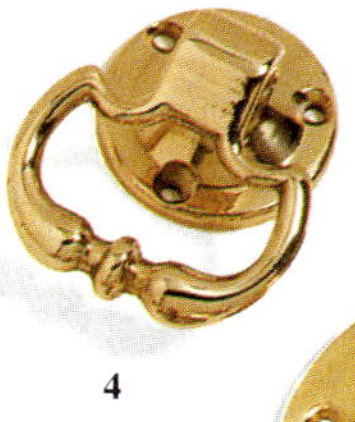

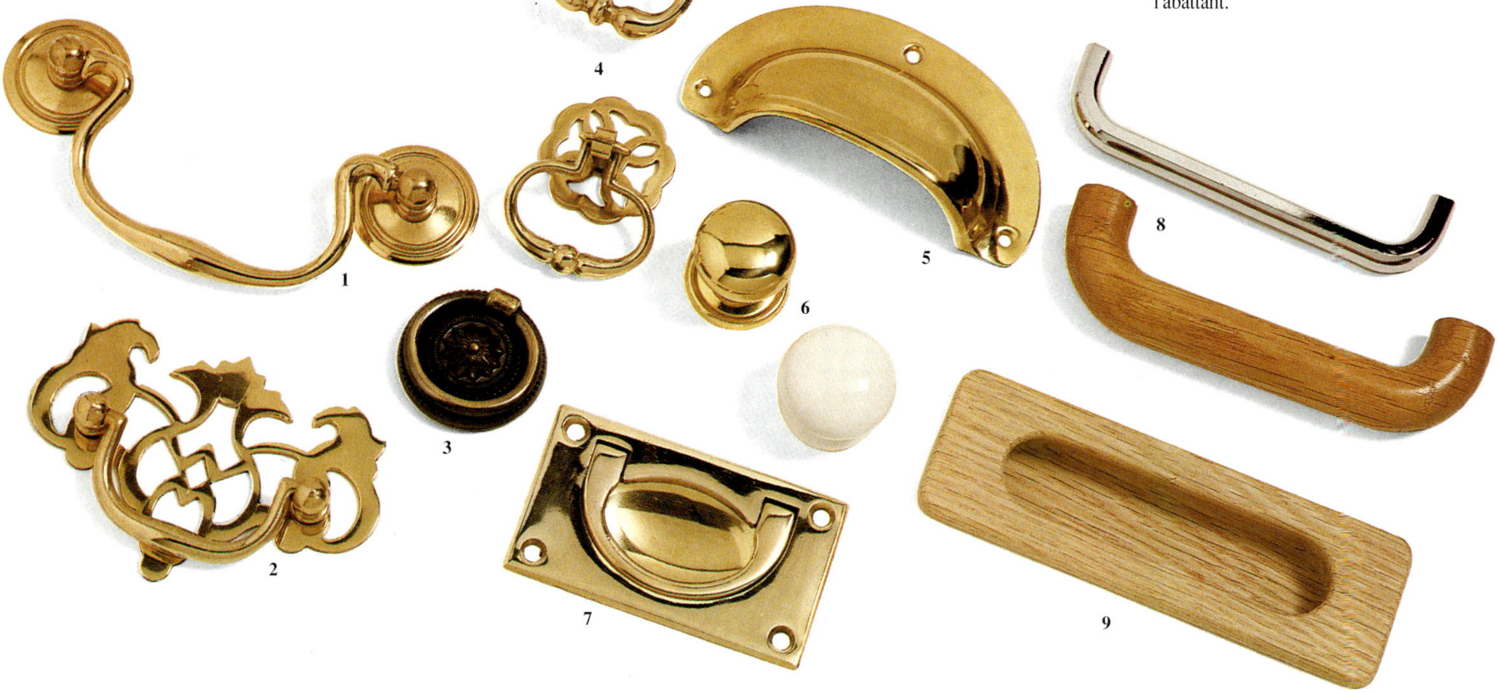

GLOSSAIRE

A

Alèse (ou alaise)
Baguette de bois massif plus ou moins fine rapportée sur le chant d'un panneau pour le renforcer. (On disait autrefois emboîture).

Alliage
Mélange de plusieurs métaux pour obtenir un matériau possédant des propriétés spécifiques.

Âme
Partie centrale d'un panneau emprisonnée entre deux feuilles de placage.

Anthropométrie
Etude comparative des dimensions du corps humain.

Arc
Partie d'un cercle.

Aubier
Couche extérieure de l'arbre en cours de formation généralement impropre pour le travail du bois.

Avant-trou
Trou de diamètre inférieur à celui d'une vis destiné à faciliter sa progression dans le bois.

Avoyage
Action de redonner de la voie à une lame par torsion alternative de ses dents.

Axe
Ligne imaginaire qui sépare un objet en deux parties symétriques.

B

Bas-relief
Technique de sculpture utilisant pour support un panneau de peu d'épaisseur.

Bâtard
Se dit d'un tenon à un seul épaulement.

Biseau
Surface qui en rencontre une autre selon un angle quelconque, par exemple le tranchant d'un ciseau.

Bois d'été
Couche plus dense, plus étroite et plus sombre correspondant à la période de pousse plus lente et plus tardive dans la saison.

Bois de bout
Disposition des fibres à l'extrémité d'une pièce de bois.

Bois de fil
Bois dont les fibres sont en gros parallèles à l'axe de la pièce.

Bois de printemps
Couche concentrique d'une arbre qui correspond à la poussée rapide au moment de la montée de la sève. Elle forme la couche la plus tendre et la plus claire des bois hétérogènes (la plupart des résineux et quelques feuillus).

Bois durs, bois tendres
Cette distinction un peu imprécise recouvre très grossièrement celle entre les feuillus qui sont presque tous durs ou demi-durs, et les résineux qui sont pour la plupart des bois tendres.
Les bois blancs, synonyme de fabrication économique, sont souvent confondus à tort avec les bois tendres. Le hêtre par exemple, n'est pas un bois tendre.

Bois vert
Bois récemment scié non encore séché.

C

Calibre
Dispositif permettant le recopiage d'une forme ou la réalisation répétitive d'une opération.

Cannelure
Rainure de forme arrondie.

GLOSSAIRE

Catalyseur
Produit acide que l'on ajoute à certains vernis ou colles pour en déclencher la prise par réaction chimique.

Chanfrein
Biseau à 45° poussé sur l'arête d'une pièce de bois.

Charnon
Partie cylindrique percée reliée à une plaque métallique fixée dans le bois. La réunion de deux de ces plaques constitue une charnière.

Cisaillement
Force s'exerçant perpendiculairement à l'axe principal de résistance d'un élément.

Cliquet
Dispositif autorisant une mouvement dans un seul sens.

Cloque
Petite zone de placage non collée et emprisonnant une bulle d'air.

Colle animale
Aussi appelée colle forte. Colle traditionnelle à base de nerfs, de peaux ou d'os broyés. S'utilise à chaud.

Contact (colle)
Colle moderne permettant le collage par mise en contact des deux parties, sans serrage.

Contre-fil
Inversion du sens des fibres du bois qui rend difficile le travail des outils.

Contre-parement
Face opposée au parement.

Contre-plaque
(ou contre-balancement)
Feuille de placage ou de stratifié collée sur la partie non visible (contre-parement) d'un panneau.

Contre-plaqué
Panneau industriel fait de couches de placage collées ensemble en nombre impair et à fil croisé.

Coupe
Dessin de tout ou partie d'un ouvrage selon un plan qui le coupe à un endroit quelconque.

D

Déroulé (placage)
Placage obtenu par déroulage de l'arbre face à une lame.

Double isolation
Tous les outils électriques sont normalement fabriqués avec une carcasse en plastique destinée à éviter les chocs électriques à l'utilisateur en cas de court-circuit.

Durcisseur (voir catalyseur)

E

Ebauche
Pièce de bois approchant grossièrement la forme recherchée (pour un tourneur ou un sculpteur).

Ebéniste
Ouvrier spécialisé dans la fabrication et la restauration des meubles à base de placages.

Elévation
Dessin d'une vue de face.

Entrée de serrure
Pièce métallique de style variable entourant et ornant un trou de serrure.

Ergonomie
Etude des relations de l'homme et de l'environnement propre à son milieu de travail.

Etuvage
Méthode de séchage des bois utilisant la pression de la vapeur pour évacuer la sève. Procédé de même type permettant le cintrage des bois.

F

Feuillure
Coupe de section rectangulaire poussée dans la longueur sur l'angle d'une pièce de bois.

Fil
Disposition générale des fibres du bois.

Fil plongeant
Fil qui s'écarte de la direction générale de la pièce.

Filet
Bande décorative faite d'un ou de plusieurs placages disposée en entourage d'un panneau.

Fraisage
Perçage d'un trou à bords chanfreinés permettant le logement d'une tête de vis dans le bois.

G

Gauche (gauchissement)
Déformation d'une pièce de bois (en courbe ou en hélice).

Gauchir
Déformer un bâti en exerçant une pression latérale.

Gerces
Fentes produites dans le bois par un séchage irrégulier.

Gomme-laque
Résine végétale utilisée pour la fabrication du vernis au tampon.

Guide
Pièce métallique fixe ou mobile servant à présenter une pièce dans une machine dans une position déterminée.

GLOSSAIRE

L

Lamellé, ou lamellé-collé
Assemblage par collage de fines lattes de bois. Cette technique permet la fabrication de panneaux ou de pièces cintrées.

Latté
Panneau industriel fait de lattes à peu près carrées assemblées par collage en sandwich entre deux épaisseurs de placage.

Loupe
Excroissance maladive de certains arbres. Ces défauts ont l'avantage d'offrir une variété de dessins et de couleurs qui en font les plus précieux des placages.

Lumière
Espace entre la lame d'une scie et la table qui l'entoure. Espace (parfois réglable) dans la semelle d'un rabot par où se fait la sortie de la lame.

M

Maroufler
Frotter une surface à coller (placage, cuir, stratifié) à la main, au chiffon ou avec un outil pour en chasser l'air et la colle en excès.

Marqueterie
Manière d'assembler les placages pour créer toutes sortes de dessins ou de motifs géométriques. La marqueterie se fait aussi à base de matériaux divers : métaux, nacre, écaille, etc.

Menuisier
Ouvrier spécialisé dans le travail du bois massif sous toutes ses formes.

Mordaches
Morceaux de bois tendre, de cuir ou de plomb utilisés pour empêcher les mâchoires d'un étau métallique d'abîmer les pièces fragiles.

Morfil
Minuscule bavure d'acier produite par l'affûtage d'un outil au bout du biseau.

Morfilage
Action d'enlever le morfil sur une pierre fine ou sur un cuir.

Mortaise borgne
Mortaise qui ne traverse pas la pièce qui la supporte.

O

Ondé (bois ondé ou madré)
Effet de veinage brillant produit en travers du fil du bois par certains débits dans certains bois (l'érable ondé est célèbre pour son utilisation pour les fonds de violon).

Onglet (coupe d'onglet)
Coupe à 45° permettant de joindre d'équerre deux pièces de profil quelconque.

P

Panneau de fibres
Type de panneaux industriels faits de fibres de bois recollées sous presses.

Parement
Face d'une pièce usinée en premier et servant de référence pour la suite du travail. Egalement, le plus souvent, face destinée à rester apparente.

Particules (panneau)
Panneaux industriels faits de bois déchiquetés et recollés sous presse, d'où leur nom habituel de panneaux agglomérés.

Patine
Aspect et teinte particuliers donnés à un bois ou à un métal par le vieillissement naturel.

Photosynthèse
Processus naturel par lequel la chlorophylle transforme la lumière en nourriture pour la croissance de l'arbre.

Placage
Feuille de bois de qualité destinée à être collée sur un support plus économique. L'épaisseur va de 0,6 mm (placages modernes déroulés) à plusieurs millimètres (placages sciés traditionnels, difficiles à trouver aujourd'hui).

Plan
Dessin d'une vue de dessus.

Ponce
Pierre volcanique pulvérisée très finement et utilisée pour le ponçage des vernis.

Pores
Comme la peau, la surface du bois comprend des pores. Leur taille est importante pour la finition. Les bois à gros pores absorbent une plus grande quantité de produits de finition et sont plus difficiles à polir.

Porte pliante
Porte faite de panneaux qui se replient sur eux-mêmes.

Poussoir
Tasseau muni d'une encoche et utilisé pour pousser les bois de petites sections dans les machines.

Q

Quartier
Sciage sur quartier : méthode de sciage qui tend à garder le maximum de planches débitées dans le sens du rayon, permettant une moindre déformation au séchage.

GLOSSAIRE

R

Recul
Mouvement d'une pièce projetée vers l'opérateur par un outil mécanique fixe par suite d'un blocage, ou l'inverse, lorsque la pièce est fixe et l'outil mobile (scie circulaire utilisée à main levée).

Ronce
Placage tirée du pied d'un arbre, d'une fourche ou de la naissance des racines et offrant un dessin ramageux aux veines enchevêtrées très recherché des ébénistes.

Ronde-bosse
Technique de sculpture utilisant les trois dimensions.

S

Séchage à l'air
Méthode traditionnelle de séchage des bois qu'on laisse empilés dans un endroit ventilé mais protégé du soleil et de la pluie.

Soie
Partie d'un outil à main (lime, ciseau) destinée à pénétrer dans le manche.

T

Tampon
Boule de laine enfermée dans une toile de lin ou de coton et utilisée pour le vernis traditionnel.

Taquet
Petite pièce de bois fixée sous un plateau pour le relier à la ceinture qui le supporte.

Tenon et mortaise (assemblage)
Assemblage de base du menuisier pour la construction de bâtis et de cadres. Il est constitué d'une partie mâle (le tenon) généralement située sur la traverse et d'une partie femelle sur le montant (la mortaise). L'assemblage tient pas collage ou par chevillage.

Thixotropique
Se dit d'une peinture qui a la consistance d'un gel mais redevient liquide à l'application.

Traîner
Reporter sur une pièce de bois le profil d'un élément quelconque (mur, plafond) pour les faire s'épouser.

Tranché (placage)
Placage obtenu par tranchage de feuilles parallèles au moyen d'une lame.

V

Virole
Anneau métallique consolidant le bois au bout d'un manche d'outil, là où la soie de l'outil risquerait de le faire éclater.

Viscosité
Qualité d'un fluide qui le rend plus ou moins apte à couler.

Voie (d'une lame de scie)
Inclinaison des dents de la scie de part et d'autre de son axe.

Z

Zingué
Protégé de l'oxydation par une couche de zinc.

INDEX

A

B

C

INDEX

CDE

INDEX

INDEX

LMNOP

INDEX

Q

R

S

INDEX

STUVWXYZ